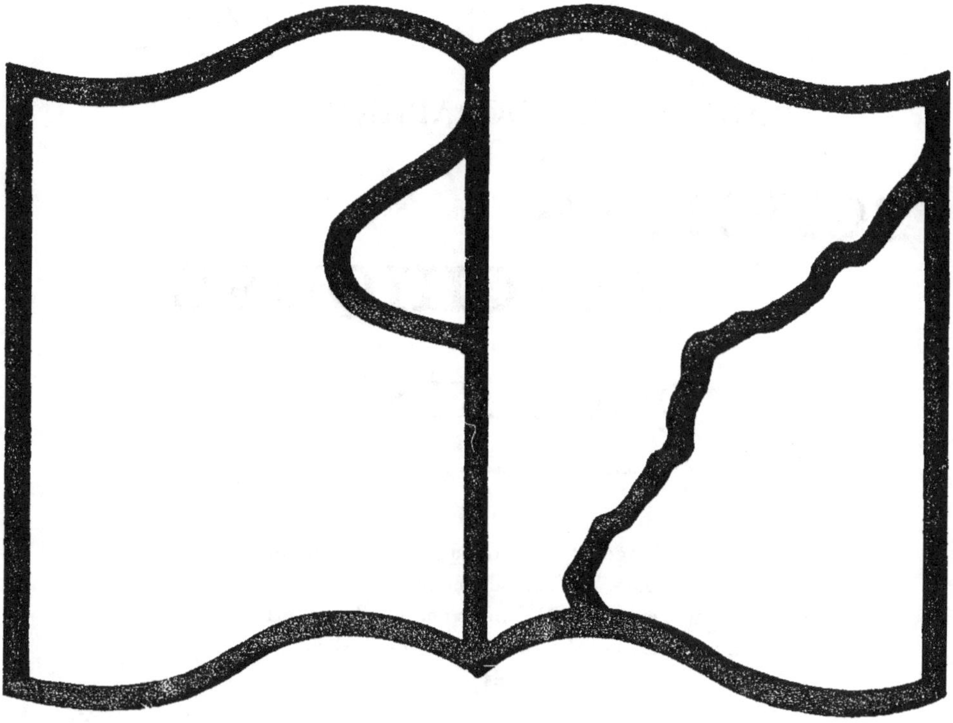

Texte détérioré — reliure défectueuse

NF Z 43-120-11

Albert L. CAILLET I. C.

✝✝✝✝✝✝✝✝✝

MANUEL BIBLIOGRAPHIQUE
des
SCIENCES
PSYCHIQUES
ou
OCCULTES

✝✝✝✝✝✝✝✝✝✝✝

Sciences des Mages. — Hermétique. — Astrologie
Kabbale. — Franc-Maçonnerie
Médecine ancienne. — Mesmérisme. — Sorcellerie
Singularités. — Aberrations de tout ordre
Curiosités

Sources Bibliographiques et Documentaires sur ces sujets
Etc.

TOME III — M.-Z.

« Quærite et Invenietis... »
MATTH. VII, 7.

❦❦❦❦❦❦❦❦❦❦❦❦

PARIS
LUCIEN DORBON, libraire
6, Rue de Seine, 6
1913

MANUEL BIBLIOGRAPHIQUE
des
SCIENCES PSYCHIQUES
ou
OCCULTES
✛✛✛✛✛

Albert L. CAILLET I. C.

MANUEL BIBLIOGRAPHIQUE
des
SCIENCES
PSYCHIQUES
ou
OCCULTES

Sciences des Mages. — Hermétique. — Astrologie
Kabbale. — Franc-Maçonnerie
Médecine ancienne. — Mesmerisme. — Sorcellerie
Singularités. — Aberrations de tout ordre
Curiosités

Sources Bibliographiques et Documentaires sur ces sujets
Etc.

TOME III — M.-Z.

« Quærite et Invenietis... »
Matth. VII. 7.

PARIS
LUCIEN DORBON, libraire
6, Rue de Seine, 6
1912

Manuel Bibliographique

des

SCIENCES PSYCHIQUES

ou

OCCULTES

6809 M... officier en non activité.— Ce que c'est que le magnétisme ou le magnétisme en défaut, nouvelle dédiée aux dames de Rennes, par M..., officier en non activité.

Paris, Béchet, Rennes, Duchesne, 1818, in-8°. 41 pages.

Épigraphe :

Je parle sans aigreur, je parle avec franchise
L'amour de mon prochain lui seul me ma-
[gnétise,
Il m'inspire, il m'anime à dévoiler l'erreur,
A montrer le poison dérobé sous la fleur.

La prose de cette nouvelle est-elle meilleure que les vers ?

(D. p. 91)

6900 M***—L'Art de former les somnambules, traité pratique de somnambulisme magnétique, à l'usage des gens du monde et des médecins qui veulent apprendre à magnétiser, par M*** de Montpellier.

Montpellier, De l'imp. de Pierre Grollier, 1846, in-8° de 68 p. la table est au v° de la couverture à l'extérieur (2 fr.).

Du fluide magnétique. — Qualités du Magnétiseur. — Choix du Sujet.— Prescriptions hygiéniques et morales. — Magnétisation. — Réveil. — Des accidents et des moyens de les prévenir. — Éducation du Somnambule, etc.

(D. p. 134)

6901 M... — Le chien primitif.— Aperçus nouveaux sur l'origine du culte des animaux, du langage, du pouvoir représentatif de la musique, par M...

Nantes, Forest, 1840, in-8°, (4 fr.).

Sc. psych. — T. III. — 1.

7 pl. lith. d'après les documents anciens de toutes les religions zoolatres.

6902 M... — Eblis ou la magie des Perses, par M...

Paris, Pillet, 1813, in-12 de XV-203 pp. (5 fr.).

[Y² 31688

Conte persan, genre des Mille et une Nuits, ou du Zoroastre de Marion Crawford. — Eblis est une fée, un génie, qui parait, p. 138.

Couverture bleue à cadre ondulé ; titre imprimé en anglaise.

6903 M .. de la Marne. — Etude raisonnée du magnétisme animal et preuves de l'intervention des puissances infernales dans les phénomènes du somnambulisme magnétique, par M... de la Marne, un des rédacteurs de l'Eclair.

Paris, Gaume, Rusand ; Lyon, Rusand, 1828, in-8°, 36 pages. (1 fr.).

L'auteur croit au magnétisme mais comme intervention satanique. Il écrit « l'infâme Mesmer », ce qui indique suffisamment le but de son travail.

(D. p. 103

6904 M... de Lyon. — Journal du traitement magnétique de Melle D.... et de Mme N... par M..., de Lyon.

S. l., 1780, in-8° 184 et 107 pages.

(D. p. 76

6905 M***— Mesmer blessé ou Réponse à la lettre du P. Hervier sur le magnétisme animal par M***.

Londres et se trouve à Paris chez Couturier, 1784, in-8°, 34 pages.

Réponse à une lettre du P. Hervier ; l'auteur cherche à persuader au P. HERVIER qu'il n'était point malade (!) et que par conséquent il n'y avait aucune difficulté à le guérir.

(D. p. 20

M*** (Mlle). " Seule élève et continuatrice de DESBAROLLES ". — Voir :

PASSERIEU (Mlle Marthe).

6906 M. A. — Lettre de M. A. à M. B., sur le livre intitulé Recherches et doutes sur le magnétisme animal de M. Thouret.

Bruxelles, 22 août 1784, in-8°, 42 pages.

Cet ouvrage a été aussi publié avec cette variante dans le titre : Observations sur le livre... etc. (MIALLE).

(D. p. 44

6907 M. A. de Nantes. — Clef des Œuvres de Saint Jean et de Michel de Nostre Dame, par M. A. de Nantes.

Nantes Mazeau, Augers, Lachèse, 1872, in-12 de 396 pp. pl. lithogr. p. 32.

[R. 31868

Curieux ouvrage, fort estimé des Hermétistes modernes.

Des Prophéties et des Prophètes. — St Jean. Michel de Nostre Dame. Torné Chavigny, leur premier traducteur. — Coup d'œil sur l'Apocalypse. — Coup d'œil sur les Centuries. — Du Plan divin. — De la Grèce. — HERMÈS et ses Disciples. — Physique hermétique. — Œuvres hermétiques. — Mythes Egyptiens. Hiéroglyphes. — Mythes Grecs. — Travaux d'Hercule. — La Guerre de Troie et la Prise de cette ville. — Descente d'Enée aux Enfers. — De la PIERRE PHILOSOPHALE ; Figure et Réalité. — Usage de la Clef. — Etc.

6908 M. B. D. — Dissertation sur la médecine et le Magnétisme. — Triomphe du somnambulisme.

Paris, 1826, in-8°. (4 fr.).

6909 M. C***— Instruction pratique sur l'organisation des groupes spirites spécialement dans les campagnes, par M. C***.

Paris, Librairie spirite, 1869, in-12. (1 fr. 50).

(G-1466

M. C. D. L. — Voir :
LANDRESSE (Mr C. de).

6910 M. G. C... — Observations sur le rapport des commissaires chargés par le Roi de l'examen du magnétisme animal, par M. G. C.... Membre de diverses académies.

Vienne. 1784, in-8°, 17 pages.

En faveur du magnétisme. Il y a une édition citée par M. Mialle, dans laquelle se trouve une *Lettre de M. Nicolas, médecin du Roi adressée à M. Vicq d'Azir*, in-8°, 20 pages.

(D. p. 46

6911 M. J. D. A. D. M. — Remarques sur la conduite du sieur MESMER et de son commis le P. HERVIER et de ses autres adhérents, où l'on tâche de venger la médecine de leurs ouvrages. A Messieurs *** par M. J. D. A. D. M.

- *Paris*. 1784, in-8°, 30 pages. (2 fr.)

Violente diatribe contre le P. HERVIER, que l'auteur traite de moine impie et apostat.

(D. p. 20

M. L. C. D. L. G. — Voir :
LA GARAYE (M. le Cte de).

6912 M. P. J. — Le Paradis des Sages. — Rêveries philosophiques sur le monde intellectuel, par M. P. J.

Paris, 1826. (4 fr.).

Dans les vingt chapitres de cet ouvrage de haut spiritualisme, l'auteur étudie les doctrines de l'immortalité de l'âme chez tous les peuples et les paradis des différentes religions : les Champs Elysées, le paradis des Brahmes, le Walhalla d'Odin, les Nuages d'Ossian, etc... Il dégage de ces diverses allégories une philosophie très personnelle suivant laquelle les morts habitant l'espace nous entourent sans cesse, nous protègent, nous guérissent des maladies graves, nous sauvent de nombreux périls. — Le chapitre X traite de l'origine du Bien et du Mal, le chap. XVI des rapports secrets de la Musique avec l'âme : le chapitre VII des erreurs des Illuminés.

6913 M. T. D. M. — Essai sur la théorie du somnambulisme magnétique par M. T. D. M.

Londres, 1785, in-8° (3 fr.).

Autre édition :

Ibid., 1786, in-12 de 74 p.

6914 M. V. D. — Etre heureux sur la terre, vivre 100 ans et plus. — Curieux et indispensable; par M. V. D.

Paris. 1888, in-12. (2 fr.).

Compendium de formules précieuses pour la santé de l'âme et du corps. — Les aliments de première ligne. — Les maladies avec les plantes, leurs remèdes. — Elixir de longue vie, etc...

6915 MAB. — Les premières impressions d'Adam. — Etude sur le premier homme.

Saint-Etienne, 1882, in-8°, (5 fr.).

Tiré à 15 exemplaires seulement : ouvrage autographié.

6916 MABERAT (Frère Anne de), commandeur du Temple d'Agen. — Sommaire des privilèges octroyez à l'ordre de S. Jean par les Papes, Empereurs, Roys et Princes, tant en Hiérusalem, Margat, Ptolemaïde, Rhodes qu'à Malthe du vivant de tous les grands Maistres, avec leurs portr. et pl. des dites citez.

S. l., [1626], in-fol. planches. (25 fr.).

Illustré d'un front. dessiné par Jean Blanchin, de vues gravées de Jérusalem, Chypre, Rhodes, Malte, etc.., le portr. des 53 grands maitres de l'Ordre de St-Jean de Jérusalem, un arbre généalogique, un portr. gr. par I. Picart, d'une abbesse d'un monastère de Malthe, etc... A la fin des Privilèges de l'ordre se trouvent plusieurs traités dont : « *L'instruction pour faire les preuves de Noblesse des Chevaliers de Malthe, la forme de leur don-*

ner l'habit... « Malthe suppliante aux pieds du Roy, » etc...

6917 MABRU (G.). — De la décadence de la Franc-Maçonnerie en France et des moyens d'y remédier.

Paris, Libr. Centrale, 1865, in-12 (4 fr.).

Ouvrage consciencieux et intéressant. — Dissensions et discordes dans la F∴ M∴ leurs causes et leurs remèdes. — Nécessité de la régénération maç∴ — Ce qui a dénaturé la F∴ M∴ — L'auteur résume l'histoire de la F∴ M∴ d'une manière tout à fait impartiale en faisant ressortir ses défectuosités constitutives.

6918 MABRU (G.). — De l'erreur et de la vérité au point de vue philosophique, politique et religieux.

Paris, 1860, in-12. (3 fr.).

Ce livre est extrait de l'ouvrage : « Les magnétiseurs jugés par eux-mêmes » dont il forme une partie distincte et séparée.

6919 MABRU (G.). — Les Magnétiseurs jugés par eux-mêmes, nouvelle enquête sur le Magnétisme animal, ouvrage dédié aux classes lettrées, aux médecins, à la magistrature et au clergé par G. Mabru, lauréat de l'Académie des sciences.

Paris, Mallet-Bachelier, 1858 in-8°, 564 pages. (5 fr.).

[Tb⁶⁴ 224

Ce gros livre coté d'abord 6 francs se trouve depuis longtemps sur les quais à 1 franc 50 : ce n'est pas autre chose qu'une longue boutade. L'auteur confond volontairement ou par ignorance le Magnétisme et le Somnambulisme. « L'intérêt de la cause Mesmérienne » c'est pour lui « la double vue ». Or Mesmer ne s'est point occupé du somnambulisme et trouvait même qu'il était dangereux de s'en occuper. A en croire M. Mabru aucun fait magnétique ne peut soutenir un examen sérieux. « Le Magnétisme est devenu le patrimoine du charlatanisme et la honte d'une infinité d'hommes qui portent le titre de docteurs (sic). — Les procédés employés par l'auteur pour prouver que le magnétisme est devenu une duperie consistent à relever les fautes d'impression d'un journal et à citer comme articles de foi des couplets dûs à un chansonnier spirituel.

(D. p. 164
(G-1875

6920 MABRU (G). — Le Siècle et la Patrie devant la vérité, par G. Mabru, auteur des Magnétiseurs jugés par eux-mêmes.

Paris, l'auteur, 1858, in-12. 50 pages.

[R. 42418

Cette brochure contient deux lettres dont l'auteur ne put obtenir l'insertion. Elles n'offrent aucun intérêt.

(D. p. 167

6921 MACARIO (Dr). — Du sommeil, des rêves, du somnambulisme dans l'état de santé et de maladie, précédé d'une lettre du Dr Cerise.

Paris, et Lyon, 1857, in-8°. (6 fr.).

Du sommeil. — Des rêves. — Hallucinations. — Causes des rêves. — Nature des rêves avec les occupations habituelles. — Rêves sensoriaux. — Incubes et succubes. — Sorciers. — Rêves prophétiques. — Vampirisme. — Prévision, etc...

6922 MACÉ (Jean) né à Paris en 1815, professeur, éducateur, créateur de la Ligue de l'Enseignement et sénateur inamovible. — Les idées de Jean-François. — La séparation de l'église et de l'école.

Paris, 1872, in-32 de 64 pp. (1 fr.).

6923 MACÉ (Jean). — Philosophie de poche ; suivie de : le Grand Savant.

Paris, s. d., [1893], in-18, (2 fr.).

[8° K. 11761

L'univers et Dieu. — Le mouvement et la vie des astres et des atômes. — Le règne humain. — Rôle de l'homme sur le globe. Après? etc....

6924 MACHIAVEL (Nicolas) illustre homme d'état né à Florence en 1469, mort au même lieu en 1527. — Nicholai MACHIAVELLI. Princeps, curante Herm. Corningio.

Helmstadii. 1600, 2 vol. in-4°.

Pour l'étude des doctrines de ce célèbre diplomate, voir : *Essais sur les œuvres et la doctrine de Machiavel avec la traduction littérale du Prince et de quelques fragments historiques et littéraires, par Paul* DELTUF.

Paris. C. Reinwald, 1867, in-8° de (2)-517 p.

(S-3039)

6925 MAC-KENTY (Mme Emma). — La Polarité dans l'Univers.

Paris. 1000, in-18. couv. illust. de Dorville. (3 fr. 50).

[8° R. 23008

Ouvrage initiatique d'une originalité savante. — Les signatures divines. — Le caractère de la Genèse. — Polarité des êtres. — Adaptation. — L'Homme, la Femme, les Tempéraments, etc..

6926 MACKENZIE (J.). — Histoire de la santé et de l'art de la conserver, ou exposition de ce que les médecins et les philosophes anciens et modernes ont enseigné de plus intéressant sur cette matière.

Liège. 1762, 2 vol. in-12. (5 fr.).

Nourriture de l'homme avant la chûte. — L'arbre de la Vie. — Méthode des Egyptiens pour conserver la santé. — Régime de Pythagore. — Porphyre et l'interdiction de l'usage de la chair. — Roger Bacon. — Antidote ou Panacée universelle pour prolonger la vie. — Jér. Cardan, Lemne, Rantzau, etc... De la longévité ou longue vie, etc...

Autre édition :

La Haye, 1761. in-12, de 482 pp.

6927 MAÇON DÉMASQUÉ (le) ou le vrai secret des Francs-Maçons mis au jour dans toutes ses parties avec sincérité et sans déguisement.

Berlin. 1757, in-12 (15 fr.).

Ouvrage très rare, avec figures très intéressantes représentant les épreuves d'admission aux premiers grades et 1 planche d'alphabets secrets.

6928 MAÇONNERIE D'ADOPTION.

Paris. 1807. in-4°, 24 pages. (10 fr.).

Rituel rare.

6929 MAÇONNERIE écossoise (La) comparée avec les trois professions et le secret des Templiers du XIVᵉ siècle.

Mêmeté des quatre vœux de la compagnie de S. Ignace et des quatre grades de la Maçonnerie de S. Jean.

Orient de Londres. 1788, 2 vol. in-8°. (16 fr.).

Ouvrage rare orné d'une curieuse planche gravée.

6930 MAÇONNERIE PRATIQUE. Cours d'enseignement supérieur de la Franc-Maçonnerie, rite écossais ancien et accepté par le très puissant souverain Grand Commandeur d'un des Suprêmes conseils confédérés à Lausanne en 1875.

Edition sacrée s'adressant exclusivement aux Francs Maçons réguliers.

Paris, Ballenweck. 1885, 2 vol. in-12. 500 p. chacun. (20 fr.).

[8° H. 5024

Ce monument maçonnique considéré à l'heure actuelle par tous les initiés comme le plus sérieux et le plus complet sur la question est devenu d'une extrême rareté, le Suprême Conseil du Rite Ecossais en ayant fait retirer l'édition du commerce. Chaque volume est orné d'un magnifique frontispice se déployant (50× 40) contenant : le premier 18 figures symboliques et donnant les instructions secrètes des trois premiers grades ; le second 17 figures synthétisant les systèmes combinés des anciennes et nouvelles

Initiations. Le tome II comprend en outre une superbe planche en héliogravure reproduisant les portraits de 19 membres du Suprême Conseil réunis au Convent de Lausanne en 1875. L'ouvrage expose l'histoire de la Franc Maç∴ depuis l'origine, remontant aux corporations de constructeurs du Moyen Age en passant par les Rose ☩ Croix gnostiques. Puis il donne les rituels complets de tous les grades; celui du 33° y est particulièrement développé et occupe à lui seul 230 pages de texte. Le Tuileur des 33 degrés de l'Ecossisme, arrêté au Grand Convent de Lausanne y est contenu in extenso avec les ornements les plus sacrés, etc... c'est le Tuileur le plus complet et le plus moderne : il est éclairé par un grand tableau synoptique (1 m. 20 × 1 m. 60) qui constitue à lui seul un document de premier ordre et d'un prix inestimable. L'ouvrage renferme encore un grand tableau hors texte contenant les catéchismes des trente trois degrés de l'Ecossisme. Il est donc unique en son genre et considéré à juste titre comme le plus complet et le plus pratique qui ait été écrit.

6931 MAÇONNERIE SYMBOLIQUE et Maç∴ des H∴ suivant le régime du Grand Orient de France.

S. l., 5808 [Paris, 1808], in-32. (12 fr.).

Avec quatre curieuses planches illustrant ce catéchisme des grades d'apprenti à Rose ☩ Croix avec quatre planches gravées d'alphabets et hiéroglyphes maçonniques.

6932 MAÇONNERIE symbolique ; grade de compagnon au rite Français et Ecossais avec l'explication du tableau.

Paris, 1856, in-8°. Avec 28 figures dans le texte, emblèmes et symboles maçonniques. (4 fr.).

6933 MAÇONNERIE symbolique suivant le régime du G∴ O∴ de France. Rites Français et Ecossais.

Paris, 1835, in-24.

Contient les planches de nombres et de l'alphabet secrets.

6934 MACQUER (Pierre-Joseph), célèbre chimiste, né et mort à Paris (1718-1784). Docteur en Médecine, Académicien, Professeur de chimie au Jardin du Roi, etc. — Dictionnaire de chymie, contenant la théorie et la pratique de cette science, son application à la physique, à l'histoire naturelle, à la médecine et à l'économie animale ; avec l'explication détaillée de la vertu et de la manière d'agir des médicamens chymiques.

Paris, Lacombe, 1766. 2 vol. pet. in-8°. (16 fr.)

[R. 17178-179

Les ouvrages de MACQUER sont recherchés, ils contiennent un grand nombre de préceptes de philosophie hermétique, des secrets et des recettes de médecine spagyrique. Macquer fut un adepte convaincu et un chimiste distingué.

Chaque vol. contient un curieux en-tête finement gr. sur cuivre, dont un représentant un laboratoire d'alchimie fort curieux.

(G-535

6935 MACQUER (P. J.). — Elémens de chymie pratique contenant la description des opérations fondamentales de la chymie avec des explications et des remarques sur chaque opération.

Paris, Didot, 1756, 2 vol. in-12. (5 fr.).

[R. 55004-005

Cet ouvrage est orné de 3 planches gravées.

Autres éditions :

Paris, J. T. Hérissant, 1751. 2 vol. in-18.

[R. 55002-003

Paris, Didot, 1756, in-12, (2 fr. 50).

Paris, J. T. Hérissant, 1749, in-18.

[R. 55000
(G-1570

6936 MACRAKIS (A.). — L'Arbre de Vie et l'Arbre de la Science du bien et du mal, ou la Philosophie chrétienne et la philosophie moderne.

Paris. 1864. in-8°. (4 fr.).

6937 MACROBE (Ambroise). — La Flore pornographique. Glossaire de l'Ecole naturaliste extrait des œuvres de M. Emile Zola. et de ses disciples ; illustrations par Paul Lissön.

Paris, 1883. in-12. Figures. (3 fr. 50).

[8° X. 2383

6938 MACY (l'abbé). — Traité de l'âme des bêtes avec des réflexions phisiques (sic) et morales.

Paris, Le Mercier, 1737. in-12. (3 fr.).

L'abbé GOUGET, dans son catalogue, prétend que MACY ne serait que l'éditeur de cet intéressant traité contre les hypothèses cartésiennes, dont le fond aussi bien que la forme serait du célèbre P. NICOLLE.

(G-1571

6939 MADEUF (Dr). — Journal de la Santé.

Paris. 26. faubourg St-Jacques, depuis 1883. in-8°.

[4° T²². 445

Le n° du 24 décembre 1905 (22° année p. 965) contient une intéressante notice sur le capitaine Paul MAURIES, accompagnée de son portrait.

Le capitaine Paul MAURIES est le précurseur en France de la célèbre méthode développée par M. Horace FLETCHER, q.v., pour la guérison de toutes les maladies du tube digestif, par une mastication intégrale de tous les aliments liquides et solides, ce qui permet de réduire leur quantité d'environ un quart à un tiers. Voir aussi MAURIES.

6940 MADONIS (Pierre) et BORCHEN (Henri de). — Flagellum maleficorum editum par eximium | sacre theologie professorem magistrum petrum | Madonis natione Lemouicentis ciuitatis. et eius | dem ecclesie canonicum. necnon ecclesie beati | Petri pictavensis eiusdem alme vniuersitatis | regentem egregium. incipit feliciter.

In-8° Gothique, de 42 folios de 36 lignes a la page, sans chiffres ni réclames. Les signatures, en partie mss se comptent : a par 3 (ou 4 en comprenant un feuillet blanc initial destiné, sans doute, à recevoir un Titre orné), dont « a 2 » mss ; — b. c. d, par 4 (dont les 2 et 4 mss, et le 3 surchargé à la main d'un 2 imprimé); — e, et f, par 3 (dont le 2 mss, et le 3 surchargé à la main d'un 2 imprimé). — Le feuillet de titre, et la place des lettres ornées sont en blanc.

[Réserve R. 2440

Au V° du f° 37. commence le « Tractatus de Superstitiosis » de Henri de BORCHEN (voir ce nom, qui est aussi quelquefois énoncé GORICHEN).

(S-7312 b

6941 MADROLLE (Antoine), né à Saint-Seine (Bourgogne) en 1792. mort en 1861. Ecrivain religieux, disciple de Pierre Michel VINTRAS. — Dieu devant le siècle, ou législation de la Providence, où l'on élève enfin la science et la religion tout entière à la hauteur de l'époque pour servir de consolation aux bons et d'effroi aux méchants, dans les derniers temps.... etc... où l'on dévoile l'avenir de la France, etc...

Paris, Gaume frères, 1841. in-8°. (5 fr.).

[R. 42490

La liberté de l'homme conciliée avec la présence de Dieu. — Marche du bien et du mal. — Les époques du monde.— Les signes et les approches de sa fin. — Le Judaïsme considéré comme la cause et le signe intime des progrès de l'erreur et du mal, etc...

6942 MADROLLE (Ant.). — L'Esprit-Saint des tables animées et démonstratif de l'innocence des corps et du péché des Esprits, de l'inexistence d'autres démons que les méchants, et d'autres peines après la vie, que les peines spirituelles voulues par les Esprits eux-mêmes ; ou les tables encore inconnues ; ou le Sacerdoce et la Cène des Ames de tout le genre humain, constituant les 6e et 7e trompettes de l'Avènement du Roi des Rois à Jérusalem (Apocal. IX-XII) etc...

Paris, s. d. in-8°. (3 fr.).

Curieuse dissertation sur l'Apocalypse par un disciple de VINTRAS. — Cette brochure fait partie des publications de l'Œuvre de la miséricorde de VINTRAS.

6943 MADROLLE (Ant.). — Le grand prophète et le grand roi... de la République Française appelés, par toute la suite de l'Ecriture Sainte et la Tradition universelle du genre humain, à réaliser le droit divin des peuples, etc...

Paris, Rome. année Jubilaire. 1851 in-8°. (12 fr.).

[Lb⁵⁵ 2002

Le Grand Prophète annoncé par MADROLLE. est VINTRAS (Pierre-Michel) : le Grand Roi, Louis XVII (NAUNDORFF). C'étaient eux qui, suivant l'auteur, devaient amener sur terre le règne du Saint-Esprit. — Le Visionnaire MARTIN de Gallardon et tous ceux qui eurent des révélations au sujet de ce mouvement extraordinaire, tiennent une place dans ce volume étrange, souvent cité mais presque inconnu de nos jours, parce qu'introuvable.

(G-536

6944 MADROLLE(Ant.).— Histoire des assemblées délibérantes où l'on démontre par le raisonnement et par les faits, la marche naturelle des collèges électoraux et des chambres au schisme des peuples, à l'élévation des gouvernemens tyranniques et au renversement des rois constitutionnels.

Paris, Blaise, s. d. [1829], in-8°. (6 fr.).

[Lb³⁹ 1043

Ouvrage peu commun et recherché du célèbre mystique MADROLLE, disciple de VINTRAS et adepte du Carmel.

(G-537

6945 MADROLLE (Ant.).— Les Magnificences de la Religion (Démonstration Evangélique Nouvelle) où l'on rend enfin éclatants pour la Raison des plus incrédules, et obligatoires pour tous les Gouvernements et tous les Hommes, les Dogmes fondamentaux de l'Eglise et de l'Etat, de la Société et de l'Homme, de la Félicité publique et du Salut individuel, de l'Esprit humain : l'Humanité d'un Dieu, et la maternité d'une Vierge.

Paris, s. d., in-8° de XXX-500 p. (8 fr.).

[D. 42505

L'auteur conclut que l'on doit être bon chrétien, pratiquer la charité chrétienne et que tout aussi dans la religion, même la Foi, l'Espérance, la Prière ont cette Charité pour objet unique.

Exposé d'une interprétation ésotérique du Symbolisme de la Croix depuis les Temps les plus reculés jusqu'à nos jours, accompagné de figures schématiques et symboliques d'après les Nombres, dont MADROLLE possédait la Science au plus haut degré.

6946 MADROLLE (Ant.). — Le prêtre devant le siècle : véritable histoire universelle du catholicisme. Où l'on réduit à la précision des termes, à l'unité des parties, à la puissance de la démonstration, la magnifique philosophie, le génie encyclopédique et le triomphe de plus en plus éclatant de la seule Eglise Romaine, dans tout l'Univers, au milieu de la stérilité, des malheurs et de la chûte incessante de tous ses ennemis.

Paris, Hivert, Waille, Gaume, s. d. (vers 1835), in-8° de XXVI-444 pp. et errata. (4 fr. 50).

[E. 42567

Ouvrage rare de ce grand mystique Vintrasien. Il était célèbre pour trouver partout et en tout des preuves du mystére de la Très Sainte Trinité. — Ouvrage bâti sur les facultés providentielles des nombres et des noms.

(G-538)

6047 MADROLLE (Ant.).— Tableau de la Dégénération de la France, des Moyens de sa grandeur et d'une Réforme fondamentale dans la Littérature, la philosophie, les lois, le gouvernement.

Paris, Aillaud, s. d., in-8° de XXIII-404 p. (6 fr.).

[Lb⁵¹ 2267

Il y a de tout dans cet ouvrage singulier : surtout des appréciations sur les divers auteurs qui ont traité de la Magie, PORTA, FERDINAND de CORDOUE, LAVINHETE (pour Raymond LULLE), DRESELIUS, GALLUCCI, Lazare MEYSSONNIER (Médecin extraordinaire, d'après l'auteur), Jean l'Hostre (Disciple de Raymond LULLE) et quantité d'autres occultistes passablement inconnus bien qu'ils aient laissé des Ouvrages. Quelques aperçus intéressants sur SAINT-MARTIN, BAADER, WRONSKI, FOURNIER, etc.

6048 MADROLLE (Ant.).— Le voile levé sur le système du monde recherché depuis 6000 ans. La Révolution dans les sciences, démonstration invincible de tous à tous par la puissance simplifiée des nombres.

Paris, Hivert, s. d. (1842), in-8°. (10 fr.).

[R. 42492

Etude sur les 10 premiers nombres et sur l'Infini.

L'UNITE : Dieu, ses Personnes, ses attributs. — Les Unités Métaphysiques de la Vérité, des nombres, du Lieu, du Milieu, de la Dimension, des Rapports, etc. relatives à l'homme Physique ou Moral. — Langue originelle, les Noms, la Bible. — Unités Physiques, spirituelles, etc.

Le Nombre DEUX : Le Signe du Faux, du Laid, du Faible, du Stérile, du Malheureux, etc., dans les couleurs, les sociétés, la nature, la métaphysique, etc.

Le Nombre TROIS : considéré comme réparateur du nombre Deux. Tableau des Trinités universelles dans toute la Nature, les Mathématiques, les Temps, les Astres, les Eléments, etc... dans l'Homme et la Société... dans l'Homme matériel, etc.

Le Nombre QUATRE : considéré comme splendeur de l'Unité, ou le Nombre Trois en action et dans son objet. — Identification du Trois et du Quatre chez les Anciens. — Le Quatre en Dieu, en ses noms, en ses Attributs ; dans les Anges, les patriarches, dans l'Ancien et le Nouveau Testament, dans l'Homme, la Société, les Devoirs, les Vertus, les Prières et les Offices de l'Eglise ; dans les Mathématiques, l'Astronomie, et dans toute la Nature. — Tableau des Quarternaires relatifs à l'Homme, à la Vie et à la Mort communes. Etc., etc.

(G-539)

6049 MAETERLINCK (Maurice Polydore Marie Bernard) né à Gand le 29 Août 1862. D'abord inscrit au barreau de sa ville natale, puis poète et dramaturge profond. — Les Disciples à Saïs et les Fragments de Novalis, trad. de l'allemand et introduction par Maurice Maeterlinck.

Bruxelles, 1895, in-18 (3 fr.).

Cette œuvre très curieuse et d'une originalité singulière se recommande aux philosophes sincèrement amoureux du du vrai.

6950 MAETERLINCK (Maurice).— L'ornement des noces spirituelles de RUYSBROECK l'admirable, traduit du flamand et accompagné d'une introduction.

Bruxelles, Lacomblez, 1891, in-8° (7 fr.).

[D. 83307

Edition originale très rare.

Œuvre mystique d'une haute envolée.

(G-1573)

6951 MAETERLINCK (Maurice). — Pelléas et Mélisande.

Bruxelles, 1892, in-18 (2 fr.).

[Yth. 20581

6952 MAETERLINCK (Maurice). — La Sagesse et la Destinée.

Paris, 1898, in-18 (3 fr.).

[8º R. 15684

La caractéristique de ce maitre donne l'impression qu'il se surpasse dans chacune de ses œuvres. — Cependant son idéal si élevé est vécu, il est partout vivant.

6953 MAETERLINCK (Maurice). — Le Temple enseveli.

Paris, 1902. in-12, 308 p. (2 fr. 50).

[8º R. 17904

Cette œuvre du maître flamand impressionne, et initie l'esprit du lecteur qu'il conduit vers la Justice en lui montrant l'Evolution du Mystère, le Règne de la Matière, le Passé, la Chance, pour arriver enfin à la vision de l'Avenir.

6954 MAETERLINCK (Maurice). — Le Trésor des Humbles.

Paris, 1896, in-12 (3 fr.).

[8º R. 13494

L'auteur de « l'Ornement des Noces spirituelles de Ruysbroeck » s'est montré grand et profond philosophe dans cette nouvelle œuvre. — Ses études sont typiques : le Silence, le Réveil de l'âme, les Avertis, la Morale mystique, Sur les Femmes, Ruysbroeck l'admirable, Emerson, Novalis, le Tragique quotidien, l'Etoile, la Bonté invisible, la Vie profonde et la Beauté intérieure, sont autant de charmes qui transportent l'âme vers des régions meilleures.

Sur Maurice MAETERLINCK, voir : *Maurice Maeterlinck*, par Ad. van BEVER.

Paris, E. Sansot, 1904, in-18 de 44 p., port. fac-sim. (1 fr.) avec une très bonne Bibliographie à la fin, ou encore Gérard HARRY: « *Les Ecrivains de la Belgique; Maurice Maeterlinck*»; Bruxelles, Ch. Carrington, 1909, in-12, planches.

6955 MAGAZIN für die höhere Naturwissenschaft und Chemie.

Tübingen, Jakob Friedr. Heerbrandt, 1784-87. 2 vol. in-8º de XXXII-302 et XXXII-376 pp.

Contient sept ouvrages, et les extraits de quatre autres.

(O-628, 1168, 1170, 1453, 1514, 1516, 1520, et 1710.

6956 MAGEN (Hippolyte). — Les Prêtres et les Moines à travers les âges. Les Drames des Cloîtres. Les Horreurs féodales. Les Supercheries Sacerdotales. Les Persécutions Religieuses, par Hippolyte MAGEN.

Paris, Librairie illustrée, s. d., [1879-1881], fort in-4º de 2 fºs-1072 p. à 2 colonnes. Nomb. ill. (5 fr.).

[4º H. 50

Ouvrage publié en livraisons.

Autre édition :

Bordeaux, chez tous les libraires, s. d.

6957 MAGER (Henri) Conseiller du Commerce Extérieur, né à Paris en 1859. — Les Radiations des Corps Minéraux. Recherche des Mines et des Sources par leurs Radiations, par Henri MAGER.

Paris, Dunod et Pinat, 1910, in-4º de 72 p. avec 66 fig. (3 fr.).

[4º R. 2180

La Baguette. — Actions réciproques des Corps en présence. — Recherche des Trésors. — Recherche des Mines. — Recherche des Sources, etc.

2ᵐᵉ édition : « Pour découvrir les Sources, les Mines et les Trésors au moyen de la baguette divinatoire... »

Paris, Librairie du Magnétisme, (1911?), in-18 de 96 p. avec 11 fig. (1 fr.).

MAGESSE (La). Etude Initiatique. [anonyme]. — Voir :

LA ROCHEFOUCAULD (Cᵗᵉˢˢᵉ A. de)

6958 MAGHERINI-GRAZIANI (J.). — Le Diable, mœurs toscanes.

Paris, s. d. (1886). in-12, fig. (2 fr. 25).

[8° Y². 9259

Le Diable. — La Sorcière. — Le Livre de commandement. — Le Miroir, etc....

6959 MAGIA divina, oder gründ- und deutlicher Unterricht, von denen Fürnhmsten caballistichen Kunst-Stücken derer alten Isrealiten, Welt-Weisen, und Ersten, auch noch einigen heutigen wahren Christen,.... Von L. v. H. der geheimen göttlichen Weiszheit Liebhabern.

Franckfurt und Leipzig, s. adr. 1745, in-8° de 79 pp.

Cet écrivain est un adepte de Jac. Böhme.

(O-1701

6960 MAGICA, das ist : Wunderbarliche Historien von Gespensten und mancherley Erscheinungen der Geister, von zauberischen Beschwerungen, Beleidigungen, Verblendungen und dergleichen Gauckelwerck ; item von Oraculis, Verkündigungen und Weissagungen zukünfftiger dinge, von Treumen, Gesichten und Offenbarungen. Hiernechst auch von allerley Betrug der bösen Geister dadurch sie die Menschen zur Anruffung der verstorbenen Heiligen, Anbetung der Bilder, und Bestetigung des Gedichts vom Fegfewer, und sonsten allerley Aberglauben verführet haben ; aus bewerten und glaubwirdigen Historicis und andern Scribenten mit besondern Fleisz inn lateinischer Sprache zusammengetragen, itzo aber allererst gemeinem Vaterlande, deutscher Nation zu Nutz in die deutsche Sprache trewlich gebraucht, und in Druck verfertiget. Cum Privilegio.

Eiszleben, typis Grosianis (1600), 1 vol. in-4° de IV-180 ff.

Magicorum ander Theil, darinnen viel wunderbarliche Geschichte, von mancherley Gespensten und Erscheinungen der bösen Geister ; item von Oraculis Verkündigung und Weissagungen zukünfftiger Dinge, von Treumen, Gesichten Offenbarungen, und endtlich von allerley Betrug der bösen Geister...: verführet haben.

(Eiszleben) Gedruckt im Jahr nach Christi geburt, 1600, in-4° de 245 ff. En tout 2 vol. in-4°.

(O-1698-

MAGICA DE SPECTRIS. — Voir : GROSIUS.

6961 MAGIE (De la) au dix-neuvième siècle et dans les âges antérieurs, traduit du Foreign Quaterly Review ; dans la Revue Britannique, Juillet, 1830.

(O-1673

6962 MAGIE (La) naturelle ou mélange divertissant, contenant des secrets merveilleux et des tours plaisants.

Amsterdam, chez Robert le Turcq. 1715, in-12 (9 fr.).

Recueil assez peu commun rempli de formules curieuses ou de divertissantes recettes.

(G-341

6963 MAGIE ROUGE (La), grande initiation à la vraie pratique des célèbres physiciens anciens et modernes.

Paris, s. d., 2 vol. in-10. planches (2 fr. 50).

Prestidigitation. — Adresse. — Subtilité. — Jeux de gobelets et tours de gibecière. — Escamotage. — Combinaisons. — Illusions. Fascination. — Tours de cartes. — Physique amusante. — Tours d'équilibre. — Phénomènes tirés de la nature, etc...

MAGIE ROUGE. — Voir aussi : BLOCQUEL (Simon).

6964 MAGINUS (Iohannes Antonius) ou

MAGINI, Astrologue et Mathématicien italien né à Padoue en 1555, mort à Bologne en 1617. — De astrologica ratione, ac usu dierum Criticorum seu Decretoriorum ; ac præterea de cognoscendis et medendis Morbis ex corporum cœlestium cognitione, opus duobus libris distinctum : quorum primus complectitur commentarium in Claudij Galeni librum tertium de diebus decretoriis, alter agit de legitimo Astrologiæ in medicina usu.

Venetiis, apud hæredem D. Zenarij, 1607, in-4" (17 fr.).

[V. 7672

Ouvrage où l'auteur, ami de COPERNIC et de KEPLER, dévoile sa passion pour l'astrologie et les horoscopes. — Avec de nombr. fig. astrologiques.

Autre édition (2e) :

Francofurti, typis Wolffgangi Richteri, 1608, in-4".

6965 MAGINUS (I. A.).— I. Ephemerides cœlestium motvvm ab anno 1608 vsque ad annum 1630, secundum Copernici observationes.... continvatæ ad longitudinem inclytæ Venetiarum vrbis. Eiusdem Isagoge in Astrologiam itemque de vsv Ephemeridum de annorum revolutionibus.... Accedit huic editioni notæ Isagogicarum Ephemeridum supplementum quo continentur reductio facilis motus Solis harum Ephemeridum ad Thychonicam rationem, necnon astrologicæ circa agriculturam et nauigatoriam observationes.

II. Continvatio ephemeridvm cœlestivm motvvm cum supplemento Isagogicarum Ephemeridum.

Francofurti, sumptibus I. Schönvvetteri, 1608, in-4". Avec titre front. et nombr. fig. d'astrologie sur bois dans le texte (20 fr.).

[V. 8331

6966 MAGISTER (Rodolphe) de Tonnerre, Conseiller et Médecin du Roi. — Rodolphi MAGISTRI Tonnerrani, regii consiliarii et medici : — De temporibus humani partus. — Eiusdem, Apologia medicinæ.

Nemausi [Nimes] apud Guid.Maliniaqum, 1501, in-4" (45 fr.).

6967 MAGIUS (Hieronymus) ou Jérome MAGGI, antiquaire Toscan né à Anghiari, mort à Constantinople en 1572. Juge dans l'île de Chypre. — Hieronymi Magii, de Tintinnabulis Liber Posthumus.

Amstelodami, 1684.

De Equuleo Liber, cum notis Goth. Jungermanni.

Amstelodami, 1664.

Tous deux in-12 av. Figures.

Autre édit. :

Hanoviæ, C. Marnium et J. Aubrii, 1608.

[R. 42532

Traités sur les Cloches et le Chevalet, composés pendant la captivité de l'auteur chez les Turcs.

Il mourut étranglé dans sa prison.

(S-6578

6968 MAGNÉTISME ANIMAL.—Recueil général et complet de tous les écrits publiés pour et contre le *Magnétisme Animal.*

S. l. [Paris] 14 volumes, in-4".

[Tb⁶².1

Recueil factice avec titre imprimé renfermant, outre les ouvrages imprimés publiés de 1779 à 1787.... des extraits (presque tous manuscrits) des journaux du temps.... plusieurs gravures satiriques.... et deux pièces de vers manuscrites.

Précieux recueil où tous les ouvrages inférieurs au format in-4" sont remontés à chassis page à page en ce format. Contient probablement toutes les pièces rares mentionnées par M. DUREAU.

6069 MAGNÉTISME animal (Le) démontré par les lois de la nature.

Paris (?) 1800.

Ouvrage cité par M. Mialle sans autre indication.

(D. p. 77

6970 MAGNÉTISME (Le) conte en vers, par un citoyen de cette commune ancien professeur de réthorique.

Amiens, An III de la République (1794). in-8° 15 pages.

Brochure contre le magnétisme. On annonce qu'elle a déjà été imprimée à Besançon « il y a quelques années. »

(D. p. 77

6971 MAGNÉTISME, insensibilité absolue produite au moyen du sommeil magnétique. Trois nouvelles opérations chirurgicales pratiquées à Cherbourg, le 4 juin 1847, en présence de plus de 60 témoins.

Cherbourg, Beaufort et Lecouf, s.d. [1847]. in-8°.

(D. p. 137

6972 MAGNÉTISME. Monsieur Lafontaine et les sourds-muets.

Paris. Germer Baillière, 1860, in-8° 24 pages.

(D. p. 174

6073 MAGNÉTISME. Moyens magnétiques pour faire tourner les tables, les chapeaux.

Paris. 1853, in-12.

N'offre rien de sérieux pour l'étude du magnétisme.

(D. p. 150

6974 MAGNÉTISME. — Statuts de la Société de magnétisme de Paris fondée en 1815 par MM. de Puységur et Deleuze, et reconstituée en 1842.

Paris, René, 1848, in-4°.

(D. p. 141

6975 MAGNÉTISME. — Statuts de la Société du mesmérisme séant à Paris.

Paris, A. René, 1845. in-8°.

(D. p. 134

6076 MAGNÉTISME. — Statuts des sociétés magnétologiques philantro-magnétiques, etc...

Paris, 1845-1852, in-8° et in-12.

(D. p. 136

6977 MAGNIN (Émile), professeur à l'Ecole de magnétisme de Paris. — L'Art et l'Hypnose. Interprétation plastique d'œuvres littéraires et musicales. Préface de Th. Flournoy. Deuxième édition.

Genève. Atar; Paris, Félix Alcan, s. d. [vers 1905]. in-4° de XV-463 pp. photos de F. Boissonnas. (8 fr.).

Ouvrage très documenté, intéressant aussi bien les artistes que les savants. — Analogies et différences entre le magnétisme et l'hypnotisme. — Limitation de l'état hypnotique. — Les facteurs du phénomène. — De la suggestion, etc.. Orné d'un très grand nombre de reproductions photographiques d'après nature, par Fréd. Boissonnas.

Du même genre que « *Les Sentiments, la Musique et le Geste* » par le Col. de Rochas. q. v.

6978 MAGNIN (Dr Paul de). — Etude clinique et expérimentale sur l'hypnotisme ; de qq. effets des excitations périphériques chez les hystéro-épileptiques à l'état de veille et d'hypnotisme.

Paris, 1884. gr. in-8° (2 fr. 25).

[Te¹⁴. 70.

Somnambulisme. — Catalepsie. — Léthargie. — Hypnose hémicérébrale. — Hypnotisations. — Sensibilité. — Contractures, etc..

Autres ouvrages intéressants au Cat. Gén. de la Bib. Nat¹ᵉ.

6979 MAGNUS (Eusèbe). — Les derniers jours de la terre, par le Dr. E. Magnus, ancien initié des mystères d'Ellora, de Thèbes et d'Eleusis, et disciple de Veda-Vyasa et de Pythagore, dernier Grand-Maître de la Société des Frères de Rose-Croix, et dernier alchimiste. (Publié par C. E. Falk, neveu du susdit).

Paris, 1875, in-12. (3 fr.).

[Y² 50002

Ouvrage curieux. — Charge contre les sciences occultes.

6080 MAGNUS (Olaus). — De gentibus septentrionalibus, earumque diversis statibus, conditionibus, moribus, superstitionibus, ritibus, disciplinis, exercitiis, victu, bellis, structuris, instrumentis, mineris metallicis, et rebus mirabilibus.

Francofurti, Chr. Velleri. 1618. fort vol. pet. in-8°. (15 fr.).

Recherché surtout pour le très curieux chap. intitulé : *De superstitiosa cultura Daemonum, populorum Aquilonarium.*

6981 MAGNUSEN (Finn). — Priscæ veterum Borealium Mythologiæ Lexicon, cuncta illius Cosmologica, Theosophica et Dæmonica, Numina, Entia et Loca, ordine alphabetico indicans, illustrans, et e magna parte cum exteris, ista contingentibus, comparans. Accedit Septentrionalium Gothorum Scandinavorum aut Danorum Gentile Calendarium ex Asia oriundum, jam primum expositum et cum variis cognatorum gentium fastis, festis et solemnibus Ritibus vel Superstitionibus collatum.

Havniæ (Copenhague), 1828, gr. in-4° de 874 p. à 2 col. (30 fr.).

[M. 13540

Intéressant Dictionnaire de tous les Mythes du Nord comparés à ceux des autres peuples. Les Génies, les Démons, les Divinités, les Esprits, leurs Légendes, leurs Cultes, leurs Mystères, les pratiques magiques y sont successivement décrits. Le Druidisme est l'objet d'une étude spéciale. Enfin le Traité intitulé « *Ævi ac ætatis Mysteria* » est particulièrement intéressant au point de vue Théosophique.

6982 MAGON DE GRANSELVE. — Les Rois devant le Destin.

Paris, 1885, in-12. (4 fr.).

Curieuse étude astrologique consacrée aux souverains des principales cours d'Europe. — L'auteur s'y montre parfois heureux dans l'interprétation des thèmes, notamment en ce qui concerne le Roi d'Italie. — L'Horoscope de Louis XVII favorable à la survivance a donné à ce volume une grande vogue.

6983 MAGUS (Antonio). — L'art de tirer les cartes avec toutes les explications anciennes et modernes des cartomanciens les plus célèbres, précédé d'un dictionnaire abrégé des sciences divinatoires.

Paris, Garnier, 1875, in-12 de 320 p. figures. (3 fr.).

Autre édit. :

Paris, Garnier (1882) in-18.

[8° V. 4878

Ouvrage à la fois très intéressant, sérieux et pratique, contenant toutes les méthodes employées pour prédire l'avenir d'après les cartes.
Arithmancie. — Astrologie. — Cartomancie. — Chiromancie. — Horoscope. — Marc de café. — Nécromancie. — Pratique du Grand-Jeu, Signification des 78 tarots du jeu de Thot (avec la reproduction des 78 figures du Tarot).

6984 MAGUS (Antonio). — Le magicien amateur, tours de physique amusante, faciles pour tous.

Paris, Gautier, 1897, in-8°. Nombr. fig. expl. (2 fr. 50).

[8° R. 12383

MAHOMET (Sur). — Voir :
BAILLY (Edmond).
MILLS (C.).
NICOLAS (A. L. M.).
RINN (Louis).

6985 [MAHON]. — Examen sérieux et impartial du magnétisme animal.

Londres et Paris. Royez, 20 Juillet 1784. in-8°, 43 pages. (2 fr. 50).

Ce petit ouvrage, très bien fait, est attribué à un médecin de province, M. Mahon. L'auteur se range du côté des gens sérieux, qui doivent étudier le magnétisme sans parti pris et sans enthousiasme : « *Rien de tout ce qui intéresse la vie des hommes ne doit être indifférent pour le médecin.* »

(D. p. 26

6986 [MAHON].— Lettre de l'auteur de l'Examen sérieux et impartial du Magnétisme animal à M. JUDEL, médecin, membre de la Société de l'Harmonie, où, en répondant à la critique qu'en a faite ce docteur, et qu'il a insérée dans les Affiches du pays chartrain, on fait voir que les disciples de d'ESLON peuvent être aussi instruits de la doctrine du magnétisme animal, que ceux de M. MESMER et quelquefois mieux.

Paris et à Philadelphie, 1784, in-8° 16 pages. (1 fr. 50)

Cette lettre est datée du 12 août. Le sous-titre indique suffisamment son objet. JUDEL, comme MESMER et ses intimes, reprochait aux commissaires de s'être rendus de préférence chez d'ESLON, accusé de ne connaître que très imparfaitement la Doctrine du maître. Celui-ci, en effet, avait soutenu qu'il fallait au moins trois mois à un médecin d'une capacité peu commune pour être en état de traiter des malades par le magnétisme. — Que dirait-il donc aujourd'hui !

(D. p. 35

MAIER (Michel), ou MAYER, célèbre alchimiste et grand maitre de la Rose † Croix, né à Rindsbourg (Holstein) en 1568, mort à Magdebourg en 1622. Il fut médecin de l'Empereur Rodolphe II, qui le créa Comte Palatin.

6987 MAIER (Michel).— Arcana Arcanissima, hoc est Hieroglyphica Egyptio-Græca, vulgo necdum cognita, ad demonstrandam falsorum apud Antiquos deorum, dearum, heroum, animantium et institutorum pro sacris receptorum originem, ex uno Ægyptiorum artificio, quod aureum animi et corporis medicamentum peregit, deductam. unde tot poëtarum allegoriae scriptorum narrationes fabulosæ et pertotam encyclopœdiam, errores sparsi clarissima veritatis luce manifestantur, quæque tribui singula restituuntur sex libris exposita.

S. l. [circa 1612]. in-4°. Extrêmement rare : 35 fcs (Fournier 20 livres.)

[J. 7934

Le même :

Londres. 1614. pet. in-4°

Un peu moins rare, 25 fcs (Fournier, 10 à 12 liv.).

(F

6988 MAIER (Michel). — Atalanta fugiens, hoc est Emblemata nova de Secretis Naturæ Chimicæ.

Oppenheimii, H. Galleri, 1618, in-4° Figures de de Bry. (Fournier 20 liv.)

[Rés. R. 1438

Le plus rare, comme le plus recherché des Ouvrages de MAIER.

(F -

6989 MAIER (Michel).— Cantilenæ intellectuales de Phœnice redivivo.

Romæ. 1622, (25 fr.).

6990 MAIER (Michel).— Cantilenæ intellectuales de Phœnice redivivo ou Chansons intellectuelles sur la Résurrection du Phénix, par Michel MAIER. Trad. en français par LEMASCRIER.

Paris, Debure, 1758. in-12. (25 fr.).

[Yc 11366
(S-5888

6991 MAIER (Michel).—Michaelis MAJERII Chymisches Cabinet, derer grossen

Geheimnussen der Natur, durch wohl ersonnene sinnreiche Kupfferstiche und Emblemata, auch zu mehrerer Erleuchtung und Verstand derselben, mit angeheften sehr dienlich- und geschicksen Sententien und Poëtischen Uberchriften, dargestellet und ausgezieret.... zur Speculation, Betracht-und Untersechung aus wohlmeinender Veneration und Liebe zum zwey-ten mahl in der Lateinische übersetzet ist; von G. A. K. der philosophischen Künsten Liebhabern.

Franckfurt, Georg Heinr. Oehrling. 1708. in-4° de IV-152 pp. avec 50 grav. imprimées dans le texte.

(O-1127

6992 MAIER (Michel). — De Circvlo Physico Qvadrato, hoc est Auro eiusqve virtvte medicinali svb dvro cortice instar nvclei latente ; an et qualis inde petenda sit, tractatus haud inutilis avthore Michaele MAJERO Com.P. Med D. Eq. exemp. etc...

Oppenheimii, 1611, in-4° Figures. Vign. sur le titre. Fournier 5 liv. (20 fr.).

(F

6993 MAIER (Michel). — Emblemata nova Physica.

Oppenheimii, 1618.

6994 MAIER (Michel). — Jocus severus ; hoc est tribunal qvaevm, qvo noctvu regina avivm, phœnice arbitro post varias disceptationes et qverelas voluctum eam infestantium prononciatur et ob sapientiam singularem palladi sacrata agnoscitur.

Francofurti, 1617, in-4°. Figures, Fournier 7 liv. (30 fr.).

[Ye 3557

Orné sur le titre d'une curieuse figure représentant divers oiseaux entourant le Phénix.

(F

6995 MAIER (Michel). — Lusus Serius, quo Hermes,seu Mercurius Rex mundanarum omnium... judicatus est.

Oppenheimii, sumpt. Lucæ Jennis, 1616, in-4°. (Fournier 5 liv.).

[R. 7043
(F

6996 MAIER (Michel) — Scrutinium Chimicum.

Francofurti, imp. Heinrici Oehrlingii, 1687, in-4" Figures (Fournier 8 liv.).

[R. 7044
(F

6997 MAIER (Michel). — Septimana Philosophica qua aenigmata avreola de omni Naturæ genere a Salomone, regina Saba necnon Hyramo... proponuntur et enodantur.

Francofurti, sumpt. Lucæ Jennis, 1620, in-4" Figures, Fournier, 5 liv. (40 fr.).

[D. 7945

Très rare ouvrage du célèbre alchimiste allemand, orné d'un titre frontispice, du portr. de Michel Maier, de fig. géométriques, de vignettes et de pl. astronomiques et explicatives des différentes phases de la Création.

(F

6998 MAIERUS (Michael). — Silentivm post clamores, hoc est tractatvs apologeticus, qvo causæ non solum clamorum seu revelationum Fraternitatis Germanicæ de R. C. sed et Silentii, etc.

Francofurti apud Lucam Jennis, 1617, in-12. (20 fr.).

[R.42551 et
[H.16354

« Ouvrage de toute rareté sur les Frères de la Rose ☩ Croix par l'Alchimiste et cabaliste Michel Mayer. Ce traité a autant de prix pour le chercheur érudit,que pour le bibliomane car sa singularité égale sa rareté » (St de Guaita).

Autre édition :

Francofurti, 1624, in-12.

(G-543 et 1574)

6900 MAYERI (Michaelis) subtilis allegoria super Secreta Chymiæ.

Francofurti, 1077, in-4" (?).

(S-3384)

7000 MAIER (Michel).—Symbola aureæ Mensæ duodecim Nationum.

Francofurti, imp. *Lucæ Jennis*, 1617, in-4" figures de de Bry (Fournier 8 livres).

[R 7040

Rare et recherché.

(F

7001 MAIERUS (Michael). — Michaelis MAIERI Themis avrea, hoc est, de Legibus Fraternitatis R. C. tractatvs.

Francofurti, sumpt. *Lucæ Jennis*. 1618, in-8", figures (20 fr.).

[H 16355

Autre édit.

Francofurti, 1624, in-12.

« Ouvrage de toute rareté, sur les frères de la Rose + Croix, par l'Alchimiste et cabaliste Michel Mayer. Ce traité a autant de prix pour le bibliomane que pour le chercheur érudit car sa singularité égale sa rareté » (St de Guaita).

(S-3402 h
(G-543 et 1574)

7002 MAIER (Michel). — Tractatus Ulysses, necnon ejusdem MAIERI Tractatus alter, cui Titulus est : Silentium post Clamores.

Francofurti, apud L. *Jennisium*. 1624, in-8°. (Fournier 5 liv.).

[R. 42552
(F

7003 MAIER (Michel). — Tripus Aureus.

Francofurti, imp. *Jennis*. 1618, in-4" figures. (Fournier 6 liv.).

[R. 8605
(F

7004 MAIER (Michel).— Verum Inventum, seu vera Germaniæ Inventa.

Francofurti, 1619, in-8°. (Fournier, 4 liv.).

[M. 29376
(F

7005 MAIER (Michael). — Viatorium, hoc est de Montibus septem Planetarum.

Oppenheimii, sumpt. *Theodori de Bry*, 1618, in-4" figures. (Fournier, 7 liv.).

[R. 7947
(F

7006 MAIERUS (Michael).— Viatorivm hoc est, de montibus planetarvm septem seu metallorum : tractatus tam utilis, quam perspicuus, quo, ut Indice Mercuriali in trivijs, vel Ariadneo filo in Labyrintho, seu Cynosura in Oceano Chymicorum errorum immenso, quilibet rationalis, veritatis amans, ad illum qui in montibus sese abdidit de Rubea-petra Alexiacum omnibus Medicis desideratum, investigandum, uti poterit.

Rothomagi, *Berthelin*, 1651, in-8°. (25 fr.).

[R. 42553

Joli frontispice gravé et curieuses figures à l'eau-forte dans le texte.

(G-544

7007 MAILHOL (D. de).— Dictionnaire spécial de Langage secret à clefs multiples.

Paris, 1885, in-18 de 600 pp. env. (2 fr. 25).

[8° X. 3225

De la Cryptographie. — Langage secret. — Nombres écrits en chiffres et groupes du langage chiffré. — Méthode cryptographique, etc...

Sc. psych. — T. III. — 2.

7008 MAILLARD DE CHAMBURE (Charles-Hippolyte) historien et antiquaire né à Semur (Bourgogne) en 1772 mort en 1841. Secrétaire de l'Académie de Dijon. — Règles et statuts secrets des Templiers précédés de l'histoire, de l'établissement, de la destruction et de la continuation moderne de l'ordu Temple, publiés sur les manuscrits inédits des archives de Dijon, de la Biblioth. Royale à Paris, et des archives de l'Ordre.

Paris, Dijon, 1850, in-8° de 578 pp. pl. (10 fr.).

[H. 17725

Cet ouvrage est l'un des plus remarquables sur l'histoire et le procès des Templiers.— On y trouve aussi le résumé de la règle manuscrite de l'Ordre du Temple, d'après les manuscrits de Rome, de Paris et de Dijon, avec le texte même de la règle. — Un glossaire et des notes terminent l'ouvrage.

7009 MAILLET (Benoit de) né à St Mihiel en 1656, mort à Marseille en 1738. Consul de France en Egypte et administrateur dans le Levant. — Telliamed ou entretiens d'un philosophe indien avec un missionnaire françois sur la diminution de la mer, la formation de la terre, l'origine de l'Homme, etc... Mis en ordre sur les mémoires de feu M. de MAILLET, par J. A. Guers.

Amsterdam, l'Honoré, 1748. 2 vol in 8°. (5 fr.).

Déserts de l'Afrique pleins de pétrifications de vaisseaux.— Chrétiens indiens adorant une idole obscène. — Eau bénite détrempée de bouse de vache.—Animaux à figure humaine.— Moyen d'avoir des enfants. — Secrets perdus. — Volupté accrue par les bains, etc...

(S¹-Y-1275
(G-606

7010 MAILLET (de). — Telliamed, ou Entretiens d'un Missionnaire et d'un Indien sur la diminution de la mer... avec une vie de l'auteur par l'abbé LE MASCRIER.

La Haye, 1755. 2 vol in-12, (7 fr.).

Le titre de l'ouvrage est l'anagramme du nom de l'auteur. Cet ouvrage est dédié à « l'illustre Cyrano de Bergerac. »

Et encore :

Basle, 1749, in-12.

(S-1149

7011 MAILLOT (l'abbé).—Voyage mystérieux à l'isle de la vertu.

S. l. [*Besançon*]. 1788, in-8° (3 fr. 50).

7012 [MAILLY (le chevalier de)] mort âgé à Paris en 1724, filleul de Louis XIV. — Anecdote, ou Histoire secrète des Vestales [par de MAILLY].

Paris, Cavelier, 1701. [le Cat. Sepher dit 1700], in-12.

Auteur dévoilé dans le Dic¹ de BARBIER.

(S-4074

7013 MAIMONIDE.— Moïse ben Maimoun ; en arabe Abou Amran Mouça ben Maimoun ben Obeidallah. Savant Philosophe juif né à Cordoue en 1135 mort en 1204. Probablement disciple d'Averrhoës. Il abjura le Mosaïsme et fut un moment musulman par force, puis émigra à Fez. voyagea en Palestine et se fixa au Vieux-Caire en Egypte. Là il fut médecin de la Cour de Saladin. Albert le Grand et St-Thomas d'Aquin furent parmi ses disciples. Ce grand philosophe a écrit sur la Théologie, sur la Philosophie et sur la Médecine.—MAIMONIDE.Constitutiones de fvndamentis legis Rabbi Mosis F. MAIEMON. Latine redditæ per G. Vorstium.

Amstelodami, G. et J. Blaeu, 1638, petit in-4°. (12 fr.).

[A. 2832

7014 MAIMONIDE. — De Cultu Divino, ex R. Mose MAJEMONIDE, in Latinum vertit Ludovicus de Compiegne de Veïl.

Parisiis, 1678, in-4° Belles Planches.

[A. 2828
(S-5454

7015 MAIMONIDE. — Le guide des égarés. Traité de théologie et de philosophie par Moïse Ben MAIMOUN dit MAIMONIDE, publié pour la première fois dans l'original arabe et accompagné d'une traduction française et de notes critiques, littéraires et explicatives par S. MUNK, membre de l'Institut.

Paris, Franck, 1856-1861-1866, 3 vol. in-8° de XVI-462 pp. errata et קבץ [128] ff. ; XVI-380 pp. errata et קב [102] ff. et XXIV-1038 pp. (80 fr.).

[A. 10357

Traduction avec le texte arabe, en caractères hébreux.

Les trois parties du *Guide des Égarés* forment *trois* volumes. On annonçait à part les *Prolégomènes*.

Il a paru simultanément sous un titre très peu différent, chez le même éditeur, une traduction française sans le texte hébreu, portant la même date, et en 3 volumes de même format. (60 fr.).

7016 MAIMONIDE. — Ex Rabbi Mosis MAJEMONIDÆ Opere, quod " Manus Fortis " inscribitur, Tractatus Tres : de Jejunio, de Solemnitate Expiationum, et de Paschate, auctore Ludovico de Compiegne.

Parisiis, Le Mounier, 1667, in-12.

[A. 6618
(S-5459

7017 MAIMONIDE. — R. Mosis MAJEMONIDÆ, de Sacrificiis Liber, cum notis Ludovici de Compiegne.

Londini, 1683, in-4°.

[A. 2827
(S-5452

7018 MAIMONIDE. — Tractatus de cibis vetitis in latinam linguam versus notisque illustratus a Marco Woldike. *Hafniæ*, 1734, pet. in-8° (6 fr.).

Traité rare des Nourritures défendues du rabbin MAIMONIDE.

7019 MAIMONIDE. — R. MAJEMONIDIS, Tractatus de Vacca Rufa.

Amstelodami, P. Humbert, 1713, in-12.

[A. 10334
(S-5469

7020 MAIMONIDE. — Porta Mosis, sive dissertationes aliquot suis in varias Mishnaioth, sive textus Talmudici partes, commentariis præmisso, quæ ad universam fere Judaeorum disciplinam aditum aperiunt.

Oxoniæ, 1655, in-4° (25 fr.),

[A. 2767
(S-2091

7021 MAINE (Louis Auguste de BOURBON, duc du). — Fils naturel légitimé de Louis XIV et de Mme de Montespan, né à Versailles en 1670, mort à Sceaux en 1736. — Méditations sur sur le Sermon de Notre Seigneur sur la Montagne. Publiées pour la première fois d'après un manuscrit authentique et précédées d'une notice historique par l'abbé A. Mellier.

Paris, Victor Palmé, 1884, in-8° de IX-CLXXVIII-2 ff-277 p. et tab.

[D. 67345

Contient une importante notice biographique (178 p.) sur le Duc DU MAINE, et 61 méditations, plus quelques sentences choisies.

7022 MAINE de BIRAN (Marie François Pierre GONTHIER de BIRAN, dit) célèbre philosophe né à Bergerac en 1766 mort à Paris en 1824. D'un tempérament nerveux et maladif. Sous-préfet, puis député de Bergerac, puis conseiller d'Etat. — Nouvelles considérations sur le sommeil, les songes et le somnambulisme par MAINE DE BIRAN.

Paris, 1842, in-8° 83 pages.

(D. p. 185

MAINE de BIRAN (Sur). — Voir:
JERARD (J).
TISSERAND (P.).

MAINVILLE, ou Mainvillers, ou Mainvilliers (le Chevalier de). — Voir :
GENUSOALHAT DE MAINVILLE (le chevalier).

7023 MAIOLE D'AST (Simon) ou Maiolo, évêque italien né à Asti vers 1520 mort vers 1597. — Dies canicvlares, hoc est colloqvia tria et viginti physica, nova et penitvs admiranda.... quibus pleraque naturæ admiranda quæ aut in aethere fiunt aut in Europa, Asia atque Africa quin etiam in ipso orbe nouo et apud omnes antipodas sunt item mirabilia arte hominum confecta recensentur. Aæditio noua et cæteris auctor et correctior.

— *Moguntia, apud Schönwetter*, 1610, très fort vol. in-4" (15 fr.).

7024 MAIOLE d'AST (Simon), euesque de Valteurre. — Les iovrs canicvlaires, c'est-à-dire : vingt et trois excellents discours des choses naturelles, embellis d'exemples et d'histoires tant anciennes que modernes, sacrées et profanes, recitez par un Theologien, un Philosophe et un Gentilhomme, ov sont comprises plvsieurs autres choses, dv tovt admirables, qui se font en l'air, sur la mer et sur la terre, par l'Europe, l'Asie, l'Affrique (sic) et par toutes le terres nouvellement decouvertes, avec tout ce que l'artifice des hommes a jamais inuenté de remarquable. Mis en françois par F. de Rosset. Le second tome des iovrs caniculaires contenant sept excellens et agréables discours...

Paris, Rob. Foüet, 1610, 2 vol. in-4º avec vignette de L. Gaultier sur les titres (35 fr.).

Complet en 3 volumes : voir le nº qui suit.

(G-667)

7025 MAIOLE d'AST (Simon). — Le troisiesme tome des iovrs canicvlaires, c'est-à-dire plvsievrs et rares discovrs de l'origine, progrez et douteux euenements de la guerre ; des capitaines et des soldats courageux et couards ; des séditions ; de la discipline militaire, des stratagèmes ; des triumphes et des victoires ; des menées ; des entreprises ; des prisons ; des meurtres et pertes de batailles, et des moyens pour y remédier. — Embellis d'exemples et d'histoires, tant anciennes que modernes, sacrées et profanes, avec un tres excellent traité des vivres. Composez en latin, par Messire Simon Maiole, et mis en françois par F. de Rosset.

Paris, Robert Foüet, 1612, fort in-4º (25 fr.).

Troisième tome de cet ouvrage qui se rencontre bien rarement complet.

Autre édition :

Troisième edition reueue et corrigée.

Paris, 1643, 3 vol. in-4º.

(St Y-2470)

7026 MAISTRE (Joseph Marie, comte de) homme d'état et philosophe né à Chambéry (Savoie) en 1754, mort en 1821. Ministre plénipotentiaire du roi de Sardaigne à St Petersbourg. Académicien de Turin. — Œuvres.

Lyon, Pélagaud, 1850-53, 7 vol. in-8º. (25 fr.).

Soirées de St-Pétersbourg, 2 vol.
Examen de la Philosophie de Bacon, 2 vol.
Du Pape, 1 vol.
De l'Église anglicane, 1 vol.
Lettres sur l'Inquisition espagnole, 1 vol.

7027 MAISTRE (J. de). — Examen de la Philosophie de Bacon, ou l'on traite différentes questions de philosophie rationnelle suivi de l'ouvrage de Plutarque sur les délais de la Justice divine.

7028 MAISTRE (Joseph de). — L'Illuminisme, par le comte Jos. de MAISTRE. Chap. IV de ses *Quatre chap. inédits sur la Russie.* (1859), 86-106.

Curieux.

(O-523

7029 MAISTRE (Comte Joseph de). — Lettre à un gentilhomme russe sur l'Inquisition espagnole.

Lyon, 1846, in-8º (5 fr.).

Autre édition :

Paris, 1871, in-8º.

7030 MAISTRE (J. de). — Du Pape.
Louvain, 1821, in-8º. Portr. (4 fr.).

Autre édition :

Paris, 1840, in-8º.

7031 MAISTRE (J. de). — Quatre chap. inédits sur la Russie ; I. la Liberté. II. la Science. III. la Religion. IV. l'Illuminisme.

Paris, 1859, in-8º (5 fr.).

Ouvrage rare et très recherché pour la partie traitant de l'Illuminisme. — Cet ouvrage ne figure pas dans les œuvres complètes de Jos. de MAISTRE.

7032 MAISTRE (Comte J. de). — Les soirées de St-Pétersbourg, ou entretiens sur le gouvernement temporel de la Providence, suivies d'un traité sur les sacrifices.

Lyon, Pélagaud, 1850, 2 vol. in-8º (5 fr.).

Quoique cet ouvrage soit écrit à un point de vue exclusivement catholique, certaines idées semblent inspirées par la prévision des temps présents, et à ce titre, méritent l'attention des penseurs.

Bruxelles, 1844, 2 vol. in-8º (3 fr.).

Autres éditions :

Lyon, Witte, 1884, 2 vol. in-12.
Lyon, Rusand, 1831, 2 vol. in-8º.
Paris, 1872, 2 vol. in-12.
Paris et Lyon, 1870, 2 vol. in-12.

MAISTRE (Comte Joseph de). — Voir :

BARTHELEMY (Charles).
SENLI (P. E.).

7033 MAITLAND (Edward) né en 1824, à Ipswich (Angleterre). — Anna KINGSFORD. Her Life, Letters, Diary, and Work. Illustrated with Portraits, Views et and Facsimiles.

London, Redway, 1896, 2 vol. in-8º de 806 pp. (50 fr.).

7034 MAITRE (Abbé Joseph). — La prophétie des papes attribuée à S. Malachie. Etude critique.

Beaune, G. Loireau, 1901, in-16, XII-804 p. fig. (3 fr. 50).

[8º H. 6470

7035 MAITRE (l'abbé). — La ruine de Jérusalem et la fin du monde, d'après les prédictions de Jésus au mont des Oliviers.

Beaune, 1901, in-8º de 78 pp. (1 fr. 50).

[D. 84872

Extrait de la *Prophétie des Papes*, qui précède.

7036 MAITRE (Léonce). — Une loge maçonnique au XVIII-ème siècle, en Bretagne (Notes historiques).

Paris, 1903, gr. in-8º de 24 p. env. (1 fr.).

Cette intéressante brochure, écrite par un fr∴ m∴ et dont le tirage fut très restreint, retrace l'histoire complète de la F∴ M∴ en Bretagne. On y trouve d'intéressants détails sur un grand nombre de personnalités maç∴ peu connues et sur la Révolution, ainsi que la liste des prêtres et des moines qui faisaient partie de la F∴ M∴ en Bretagne à cette époque.

7037 **MAJEWSKI (Adrien).**— Médiumnité guérissante par l'application des fluides électrique, magnétique et humain.
Paris, s. d., in-8°, 24 fig. h. t. (3 fr.).

Cet ouvrage est divisé en trois parties: 1°Recueil d'observations sur le magnétisme spirituel appliqué aux maladies ; notre mode général de magnétisation ; 2° photographie des effluves humains ; 3° expériences de MM. David, Luys, Baraduc.

7038 **MAJUS (Jean Henri)** orientaliste allemand né à Pfortzheim en 1653, mort en 1719, Professeur à Giessen. — Vita Jo. REUCHLINI Phorcensis, primi in Germania Hebraicarum græcarumq; et aliarum bonarum literarum instauratoris ; in qua multa ac varia ad historiam superioris Seculi, tum sacram, tum profanam, remq: liter. spectantia memorantur.
Francofurti, 1687, fort in-12, (4 fr.).

Cette vie du célèbre cabaliste allemand est très recherchée pour les commentaires de MAJUS. — Il y a eu d'ailleurs quatre membre de cette famille qui se sont illustrés dans les lettres, la philosophie et la Kabbale (V. LAROUSSE, X-984).

7039 **MALACHIE (Saint)**, le dernier des douze petits prophètes. On pense qu'il prophétisait vers 410 av. J. C. — Prophéties de St Malachie sur les Papes.
Paris, 1655.

Edition latine :

S. l., 1642, in-4°.
[Rés. H. 1070

Réfutation des Prophéties de St Malachie sur les Papes. — Examen de la suite des Papes, sur leur élection.
Paris, 1689. 2 ouv. in-4°.
[Hp. 303. 304
(S-4895

7040 **MALBEC de TREFEL (Jean)** médecin chimique. — Recueil des remèdes et secrets tirez des mémoires de M. le chevalier Digby, chancelier de la Reyne d'Angleterre. — Avec plusieurs autres secrets et parfums, tous experimentez.
Paris, 1669, in-12, (8 fr.).

Fort curieux et rare recueil de secrets que l'on ajoute à la « Poudre de sympathie » et autres œuvres du Chevalier DIGBY.

7041 **MALDANT (Eugène).** — Matière et Force.
Paris, 1882; in-8°. (3 fr.).
[8° R. Pièce 2387

Les illusions humaines.— Pensée, âme cerveau. — L'électro-magnétisme. — Matérialisme et spiritualisme.— Vie universelle. — L'homme et les rêves, etc..

7042 **MALDONAT (le P. Jean)** Jésuite espagnol né dans l'Estramadure en 1534, mort à Rome en 1583. Professeur de Philosophie à Paris. — Traicté des anges et démons du rev. p. [Jean] MALDONAT jesuite mis en françois par maistre François La Borie. [Sieur de l'Arnault] grand archi-diacre et chanoine à Périgueux [publié par F. J. BLANCONE, religieux de l'Observance de Tholose].
Paris, François Huby, 1605, pet. in-12 de VII-242 ff. avec titre gravé. (15 fr.).
[D. 42046

Curieux traité d'Angéologie et de Démonomanie.—Des noms des anges, de la nature des anges ; s'ils sont composés de matière et de force. — Des actions des anges. — Hiérarchie des anges. — Office des anges, etc... Démons, de leur distinction, de leur puissance sur les corps humains, si par l'ayde du démon les sorciers peuvent se rendre invisibles. — Si les corps peuvent être changés en diverses formes par les démons. — Si les démons peuvent abuser des humains pour la paillardise. Si les démons enchanteurs peuvent empescher l'accouplement.

(O-1724

7043 MALDONAT (le P. Jean).— Traité des Anges et demons, du P. Maldonat, traduit par Fr. de La Borie, grand archidiacre et chanoine à Périgueux.

Rouen, Besongne, 1616, in-12.

[D. 42640

Id.

Paris, Fr. Huby, 1607 in-12.

Beau titre gravé par Léonard Gaultier.

(S-3140
(G-1575

7044 MALEBRANCHE (le P.) Oratorien. Philosophe français né et mort à Paris (1648-1715). — Entretiens sur la métaphysique et sur la religion.

Rotterdam, chez Reinier Leers, 1688. (10 fr.).

(G-1576

7045 MALET (le chevalier de). — Recherches politiques et historiques qui prouvent l'existence d'une secte révolutionnaire, son antique origine, son organisation, ses moyens ainsi que son but ; et dévoilent entièrement l'unique cause de la Révolution française par le chevalier de Malet.

Paris, Bide fils, A. Egron, 1817, 1 vol. in-8°.

(O-208

7046 MALFATTI de MONTEREGGIO (Docteur Jean). — Etude sur la mathèse ou anarchie et hiérarchie de la science, avec une application spéciale à la médecine. Traduite par Chritian Ostrowski.

Paris, A. Franck, 1849, in-8° de III-160 pp. 2 pl. (10 fig. de divinités indoues repliées à la fin) (25 fr.).

[R 42736

« Extrêmement rare » (St. de Guaita). La Mathèse comme hiéroglyphe et symbolique de la vie triple de l'univers, ou l'Organon mystique des anciens Indiens. — Sur le double sexe en général, et sur le sexe humain en particulier, etc.

Donne la clef du denaire selon l'initiation védique. — L'auteur est parvenu à retrouver l'Organon mystique des anciens indiens et par là même, à tenir la clef du Pythagorisme et de la Kabbale elle-même. Les planches sont du traducteur Ostrowski.

(G-668

7047 MALLARMÉ (Stéphane) poète français né à Paris en 1842. Il fut professeur d'anglais au Lycée Fontanes (ou Condorcet). Chef de l'Ecole des Décadents. — Les Dieux antiques, nouvelle mythologie, illustrée d'après Georges W. Cox, et les travaux de la Science moderne. Ouvrage orné de 260 vignettes.

Paris, 1880, in-8°. (7 fr.).

[J. 25654

Les ouvrages du maitre symboliste Mallarmé sont très recherchés. — En dehors du texte très soigné, ce volume est particulièrement remarquable par ses très belles illustrations d'où se dégage le plus savant ésotérisme.

7048 MALLARMÉ (Stéphane).— Préface de : Beckford. — Le Vathek, conte arabe. Réimprimé sur l'édition française originale avec préface par Stéphane Mallarmé.

Paris, Labille, 1876, in-8° (14 fr.).

[8° Y² 188

Curieuse publication. — Tirage limité à 200 exempl. numérotés. Edition recherchée pour la longue préface (40 p.) de Stéphane Mallarmé.

7049 MALLEMANS (C.) de Sacé. — Le secret des secrets de nature, extrait tant du petit Albert qu'autres philosophes hébreux, grecs, arabes, chaldéens, latins et plusieurs autres modernes. Enrichi de plusieurs rares secrets de Cornelius Agrippa, Hermès Thémégiste, Alexis Piémontois, etc…

Tropes, Vve André, 1822, in-18 de 72 p. (3 fr. 50)

Nombreuses recettes de remèdes.

Autres éditions :

Orléans, s. d., [1750].

Troyes, Garnier, s. d., [1800].

7050 MALLEMENT ou MALLEMANS (Jean) né à Beaune en 1649. mort à Paris en 1740. Ancien capitaine de Dragons devenu chanoine. — Le grand et fameux Problème de la Quadrature du Cercle, résolu géométriquement par MALLEMANT.

Paris, 1686. in-8°.

[Rés. V 2072
(S-3412

7051 MALLET (Mme Joséphine).— La Bible, ses origines, ses erreurs, ses contradictions.

Paris, 1882. in-12, (3 fr. 50).

[A. 14025

Analyse raisonnée de la bible, ayant en vue de rechercher à travers les âges, les origines de la Religion juive.

7052 MALLET (P. H.).— Edda, ou monumens de la mythologie et de la poésie des anciens peuples du Nord.

Genève, Barde, 1790. in-12, (4 fr. 50).

7053 MALLEUS MALEFICARUM | Opus egregium : de varijs in | cantationum generibus ori | gine : progressu : medela | atque ordinaria dam | natione : compila | tus ab eximijs | Heinrico | Institoris : et Jacob Sprenger | ordinis predicatorum | sacre pagine doctoribus | et heretice pestis inquisitori | bus : non tam utilis quam necessarius, 1519.

[In fine] *Impressum Nurenberge in officina Frederici Peypus mense Augusto. Anno a Christo nato. M. D. XIX* (1519), in-4° goth. de 152 ff. chiffrés titre dans un encadrement historié gravé sur bois et lettres ornées.

(N° 130 de la vente BOURNEVILLE. 12 fr.: vaut environ 25 fr.).

Edition rare de ce fameux recueil de lois et exorcismes contre la Sorcellerie rédigé par les inquisiteurs INSTITOR et SPRENGER.

7054 MALLEUS MALEFICARUM maleficas, et earum hæresim, ut phramea potentissima conterens.

[In fine] *Coloniæ, excud. Ioan. Gymnicus, anno* XX [1520] fort vol. pet. in-8° (25 fr.).

Edition rare imprimée en lettres rondes, de cet ouvrage curieux qui traite des sortilèges, des apparitions, de la manière d'instruire les procès de sorcellerie, etc...

7055 MALLEUS MALLEFICARUM.

Venise, 1574, in-12 (15 fr.).

Ouvrage de l'Inquisiteur Jacques SPRENGER, célèbre dans les fastes de la sorcellerie. Il contient un traité complet des maléfices, les remèdes que l'on peut leur opposer, des dissertations heureusement écrites en latin sur les incubes et enfin la procédure adoptée par l'inquisition contre les sorciers.— Une partie de l'ouvrage est consacrée aux maléfices qui frappent les organes de la génération, et l'auteur y donne libre carrière à sa plume pittoresque.

7056 MALLEUS MALEFICARUM. — Malleorum qvorundam Maleficarvm tam vetervm quam recentiorum authorum. Cont : I. Malleum maleficarvm P. J. SPRENGER. II. F. R. NIDER. Librum vnum Formicani, qui tractat de maleficis et eorum deceptionibus. III. M. Bern. BASIN. Opusculum de artibus Magicis, ac Magorum Maleficis. IV.U. MOLITORIS. Dialogum de Lamiis. et Pythonicis mulieribus. V. Flagellum Dæmonum : seu Exorcismi efficacissimi, et remedia probatissima ad malignos spiritus expellendos, eorumque facturas et maleficia effuganda: per F. I. MINGUM. VI. D. I. de GERSON Libellum de probatione Spiritum. VII. M. Th. MURNER Libellum de Pythonico contractu. VIII. F. MALLEOLI. Tractatus duos exorcismorum seu Adiurationum. Item.

Tractatum ejusdem de credulitate Dæmonibus adhibenda. IX. Barth. de SPINA. Quæstionem de Strigibus seu Maleficis. Item, ejusd. Apologiam quadruplicem de Lamiis : contra I. Fr. PONZIBINVM etc...

Francofurti, 1582. 2 forts vol. pet. in-8" (10 fr.).

Ce recueil d'Exorcismes est très curieux et contient des traités fort rares. — Celui de SPRENGER le « *fléau des Sorciers* » servit de Manuel aux Tribunaux de l'Inquisition.

7057 MALLEUS MALEFICARUM : De Lamiis et Strigibus et Sagis, aliisque Magis et Dæmoniacis, eorumque Arte et Potestate et Poenâ, Tractatus aliquot, Tam Veterum quam Recentiorum Auctorum, In Tomos Dvos distributi quorum primus continet : Malleum Maleficarum Jacobi SPRENGERI et Henrici INSTITORIS inquisitorum : II. Ioannis NIDERI Theologi, Formicarum de Maleficis earumque præstigijs ac deceptionibus.

[In fine] : *Francofurti, Sumptibus Lazari Zetzneri*. 1588. 2 vol. in-8" de 7 f's nc. — 880 p. — 18 f's n. c. index et table. Tome II ?

[R. 42788

Manque le Tome II à la Bibliothèque Nationale, et c'est la seule édition qu'elle possède de ce recueil (?).

7058 MALLEUS MALEFICARUM de Lamiis et Strigibus et sagis aliisque Magis et Dæmoniacis, eorumque et potestate, et poena, etc...

Francofurti, 1600. fort vol. pet. in-8º (6 fr.).

Tome 1-er complet, contenant : SPRENGERI et Henrici INSTITORIS.Inquisitorus herericæ pravitatis, Malleus maleficarum et NIDER (Fr. Joannis) Theologiæ Professoris, Formicarius de maleficis earum præstigiis ac deceptionibus.

7059 MALLEUS MALEFICARUM.

Francofurti, 1598.
id. 1600.

Lugduni, 1666.

Malleus Maleficarum, maleficas et eorum hæresim framea conterens, ex variis auctoribus compilatus.

[*Bibliothèque Cardinal Col. 966 du Catalogue*].

Lugduni, 1669 in-4".

Ces 4 éditions toutes en quatre volumes, et rarissimes sont plus ou moins complètes et excessivement recherchées.

Très curieux recueil de Traités de Sorcellerie, par des auteurs, pour la plupart peu répandus et difficiles à trouver séparément. En voici le détail, suivant GRAESSE (*Bibl. Magica*. p. 32).

TOME I :

1)— SPRENGERI, Fr. Jac. et Henrici INSTITORIS, Inquisitorum Hæreticæ pravitatis Malleus Maleficarum.

2).— NIDER. Fr. Joannis. Theologiæ Professoris Formicarius de Maleficis et earum Præstigiis ac Deceptionibus.

TOME II

3)— BASIN, Bernardi, Cæsaraugustensis [*de Saragosse*]. de Artibus Magicis ac Magorum Maleficiis.

4).— MOLITORIS, Ulrici, Tractatus de Pythonicis mulieribus.

5)— GERSONII, Joannis, Tractatus de Probatione Spirituum.

6)— MURNERI, Thom. (Prof. Friburg.) ord. Minorum, Tractatus de Pythonico contractu. [*Paru antérieurement en 1499, (Graesse)*].

7)— SPINA, Bartholemæi de, ordin. Prædicat. Quæstio de Strigibus.

8)— Ejusdem, in Ponzinibium de Lamiis Apologia.

9)— ANANIÆ, Joann Laurent., Theologi, Tabernatis. de Naturâ Dæmonum, Libri V. [*Autres éditions*; *Venetiis*, *Aldus*, 1581 et 1589, in-8°].

10)— BERNARDUS, Fr. Comensis. ord. Prædicat., de Strigibus,cum notis Fr. PEGNIÆ. — Ambrosii de Vignate Laudensis Quæstio de Lamiis seu Strigibus, et earum delictis, cum Commentario Francisci Pegniæ.

11)— GERSONII, Joannis, Tractatus de Erroribus circâ Artem Magicam et Articulis reprobatis.

12)— LEONIS, Joan. Francisc. Ipporegiensis [d'Ivrée] Episcopi Thelesini, Libellus de Sortilegiis.

13)— SIMANCAS, Jac., Pacensis Episcopus, de Lamiis.

14)— CASTRO, Alphonsus à Zamorensis ord. Minorum, de impiâ Sortilegarum, Maleficarum, et Lamiarum Hæresi, earumque Punitione.

15)— GRILLANDI, Pauli, Castillionei, Tractatus de Sortilegiis, earumque Pœnis.

TOME III :

16)— MENGI, Hieronymi, ord. Minorum, Flagellum Dæmonum. Exorcismos ad Spiritus malignos expellendos complectens.

17)— Ejusdem, Fustis Dæmonum.

18)— STAMPA, Petr. Antonius, Clavensis, de Fugâ Satanæ.

19)— MAMORIS [alias MADONI], Lemovicensis, Flagellum Maleficorum.

20)— GORICHEN [alias BORCHEN], Henricus de, de Supertitiosis quibusdam Casibus.

TOME IV :

21)— Ars Exorcistica, tribus Partibus.

(Gr. p. 32

MALLEUS MALEFICARUM. — Voir aussi :

SPRENGER (Frater Jac.)

7060 MALON (B). — Exposé des Ecoles Socialistes françaises ; suivi d'un aperçu sur le Collectivisme international.

Paris, 1882, in-12. (2 fr. 50).

Côté socialiste de la Convention (Robespierre, St-Fargeau, etc.) Pensée de Condorcet, St-Simonisme (St-Simon, Enfantin, etc...) Fouriérisme (Fourier, Considérant, etc...) Doctrine de l'humanité (P. Leroux). — Positivisme (A. Comte), etc...

7061 MALON (B). — La morale sociale: Genèse et évolution de la morale. Morales religieuses. — Morales philosophiques.

Paris, 1886, gr. in-8°, (3 fr. 50).

[8° R. 7749

Védisme. — Hermétisme. — Magisme. — Druidisme. — Judaïsme. — Islamisme. — Christianisme. — Pythagore. — Kant. — Fichte. — Renouvier. — Vanini. — Giordano Bruno. — Spinoza. — Le Bouddhisme, etc...

Nombreux autres ouvrages du même à la Bib. Nat¹⁰.

7062 MALPIERE (D. B. de). — Le Purgatoire de Saint-Patrice, nuit du 10 août 1835. — Nouvelles de l'autre monde, première révélation. — Athénéon, établissement en faveur des savants, des gens de lettres et des artistes. Pharamond ou la Franciade, bandit, par D. B. de Malpière.

Paris, Haute-Cœur-Martinet, libraire, 1830, 2 vol. in-8° 337 et 338 à 645 p. 2 planches lithog. pliées. (6 fr.).

[Y². 50388 et o

Curieuse publication romantique illustrée de 2 grandes planches lithographiées dont une à l'aspect d'un dessin médiumnique. L'autre est une planche d'architecture. Elévation de la façade de l' « Athénéon. »

MALTE (Chevaliers de). — Voir :
BOSIO (G).
VERTOT (abbé).

7063 MALTHUS (Thomas Robert) économiste anglais, né à Rookery (Surrey) en 1766, mort à Bath en en 1834; ministre anglican. — Essai sur le principe de Population, trad. de l'angl. par P. et G. Prévost, précédé d'une introduction par Rossi, et d'une notice sur la vie et les ouvrages de l'auteur par Ch. Comte, avec les notes des trad. et de nouvelles notes par Jos. Garnier.

Paris, Guillaumin, 1852, in-8° (8 fr.).

Obstacles qui se sont opposés à l'accroissement de la population dans les parties du monde les moins civilisées et dans les temps passés. — De la fécondité des mariages, etc...

Curieux ouvrage qui fit beaucoup de bruit, et dont les doctrines furent attaquées comme immorales et dures à l'humnité.

Autre édition :

Genève, 1823, 4 vol. in-8°.

7064 MALVENDA (Thomas) Dominicain espagnol né à Xativa (royaume de Valence) en 1566, mort en 1628 à Valence. — De Anti-Christo, libri undecim F. Th. MALVENDA Setabitano.
Roma, 1604, in-f°.

Thomas MALVENDA, de Anti-Christo.

Lugduni, 1647. in-f°.

Ouvrage d'une immense érudition et rempli de singularités.

(S¹ Y-400
(S-572

7065 MALVESIN (L.). — Les Assises du Temple. Poésies maçonniques.

Bordeaux, 1857, in-16. (2 fr. 50).

Très intéressantes poésies maç.·. pour fêtes solsticiales et cérémonies diverses. — Le Progrès. — Jéhovah. — Les deux soleils. — Chant funèbre. — Chant d'espérance. — Symboles maç.·. — La Marseillaise de la Paix, etc.

7066 MANACÉINE (Marie de) de St Pétersbourg. — L'anarchie passive et le comte Léon TOLSTOI (Le Salut est en vous), par Marie de MANACÉINE. Edition originale. (Août 1894).

Paris, Félix Alcan, 1895, in-18 de 160 p. (1 fr. 50).

[8° R. 12414

7067 MANACÉINE (Marie de). — Le Semmeil, tiers de notre Vie, Pathologie, Physiologie, Hygiène Psychologie. Traduit du Russe avec l'autorisation de l'auteur par Ernest Jaubert.

Paris, G. *Masson*, 1896, in-18 de 358 p. (2 fr.).

[Th⁸⁰. 37

7068 MANDAROUX-VERTAMY (Mᵉ) Avocat à la Cour de Cassation. — Mémoire pour le sieur Ricard, professeur de magnétisme et la demoiselle Virginie Plain, somnambule, demandeurs en cassation d'un Jugement qui les condamne aux peines de l'escroquerie pour avoir accepté un salaire à l'occasion d'un traitement par le magnétisme, par M. MANDAROUX-VERTAMY, avocat à la Cour de cassation.

Paris, Pommeret et Guénot, 1845, in-4°, 63 pages.

Ce mémoire sans date a dû paraître en 1845. C'est un travail remarquable qui a annulé le jugement du tribunal de Niort et renvoyé les parties devant la Cour d'Angers où ils furent acquittés.

(D. p. 133

7069 MANDEVILLE (Chevalier Jean de) voyageur anglais, né à St Alban (comté de Hartford) en 1300, mort à Liège en 1372. Les relations de son grand voyage de 33 ans en Orient sont entachées de merveilleux. — Le Lapidaire du Quatorzième siècle. Description des pierres précieuses et de leurs vertus magiques, avec notes, commentaires et un appendice sur les caractères physiques des pierres précieuses, par Js. del Sotto.

Vienne, Imp. impériale et royale de la Cour et de l'État, 1862, gr. in-8° de XV-213 p. 2 pl. hors texte. (30 fr.).

[Z. 3983

Intéressante réimpression gothique du *Grand Lapidaire de Jean de Mandeville*. Cette réimpression quoique moderne, est rare. De plus, elle offre un intérêt que n'avaient pas les anciennes, avec ses notes, commentaires, avant-propos de 15 p. et appendice de 86 pp. Les Magistes y verront que les pierres précieuses sont de véritables trésors, des moyens magiques irrésistibles avec lesquels on peut arriver à tout.

7070 MANDON (Dr). — Histoire critique de la Folie instantanée, temporaire, instinctive, ou étude philosophique, physiologique, médicale et légale des rapports de la volonté avec l'intelligence pour apprécier la responsabilité des fous instinctifs, des suicides et des criminels.

Paris, 1862, in-8°, (3 fr. 50).

De l'irresponsabilité dans la monomanie et dans la folie instinctive. — Responsabilité des criminels, etc...

MANÉTHON, hiérophante Egyptien originaire de *Sebennytis*, garde des Archives sacrées du Temple d'Héliopolis sous Ptolémée Philadelphe (vers 263 av. J. C.). Il ne reste de son « *Histoire universelle d'Egypte* » que quelques fragments, qui constituent toutefois la source la plus exacte de la Chronologie des Pharaons, par exemple.

Cette Chronologie est d'autant plus intéressante qu'elle recule l'âge du monde bien au-delà de ce qu'on aurait pu penser d'après la Bible. Il n'y a certainement pas concordance entre ces deux textes; or comme MANÉTHON peut se vérifier, et se vérifie en effet par les monuments archéologiques mis au jour, la Bible ne semble pas devoir conserver ce caractère de véracité infaillible qu'on lui a longtemps attribué.

La Chronologie de MANÉTHON a été soigneusement étudiée et collationnée pour l'expurger des erreurs de copistes, par M. LESUEUR (q. v.) qui a publié un important ouvrage sur ce sujet.

Les Fragments de MANÉTHON qui nous ont été conservés par des citations d'auteurs anciens ont été publiés par MM. AXTE et RIGLER, Cologne 1832 (LAROUSSE, Art. « *Manéthon* »).

Voir aussi notre article :

BOVET.

7071 MANGET (Jean Jacques), médecin et philosophe hermétique suisse né à Genève en 1652, mort en 1752. Médecin honoraire de l'Electeur de Brandebourg. — Bibliotheca chimica curiosa seu rerum ad Alchemiam pertinentium thesaurus instructissimus : quo non tantum Artis Auriferæ, ac scriptorum in ea nobiliorum historia traditur, Lapidis veritas argumentis innumeris, immo et jurisconsultorum judiciis evincitur; cautiones contra impostores, et difficultates in Tinctura Universali conficienda occurentes declarantur; verum etiam tractatus omnes vivorum celebriorum, qui in Magno sudarunt Elixire, quique ab ipso Harmete, ut dicitur, Trismegisto, ad nostra usque tempora de Chrysopœa scripserunt, cum præcipuis suis commentariis concinno ordine dispositi exhibentur.

Genevæ, de Tournes, 1702, 2 vol. in-fol.

[R 1017-1018

Ouvrage de la plus grande rareté, contenant un superbe portr. gr. par Manget. — C'est le moins commun des ouvrages de M. Manget; il contient les auteurs les plus estimés et les moins suspects, en matière de chimie métallique. — Le dernier recueil est intitulé : ANONYMI MUTUS LIBER. Il n'y a ni discours, ni parole dans ce petit livre, mais seulement 15 feuilles de fig. hiéroglyphiques, par lesquelles on explique les mystères de la philosophie herm. — Très estimé des adeptes d'Hermès.

7072 MANGET (J. J.). — Bibliotheca Pharmaceutico-medica, seu rerum ad Pharmaciam Galenico - chymicam spectantium Thesaurus refertissimus, in quo ordine alphabetico non omnis tantum Materia Medica historice, physice, chymice ac Anatomice explicata ; sed et celebriores quaeque compositiones, tum ex omnibus dispensatoriis Pharmaceuticis ; imo secretiores non paucæ præparationes Chymica, mechanicæ, etc...

Genève, 1704, 2 vol. in-fol. (22 fr.).

[Te¹¹⁶ 117

Rare ouvrage très estimé.

Contenant une abondante collection de préparations chimiques et pharmaceutiques, et enrichi d'une quantité de fig. gr. h. t. de plantes et d'instruments de laboratoire. Cet ouvrage est encore consulté avec fruit de nos jours.

7073 MANGET (Joannes Jacobus). — Joannis Jacobi MANGETI Medicinæ Doctoris. Bibliotheca scriptorum medicorum, veterum et recentiorum : in qua sub eorum omnium qui a mundi primordiis ad hunc usque omnium vixerunt, nominibus, ordine alphabetico adscriptes. vitæ compendis enarrantur ; opiniones, et scripta, modesta subinde adjecta recensentur ; ad sectæ præcipuæ, sub quarumque propria appellationes explicantur: sicque historia medica vere universalis exhibetur, opus doctis omnibus, maximeque medicis utile ac perjucundum, etc…

Genevæ, 1731. 4 vol. in-fol. (30 fr.).

[Td² 10

Source inépuisable de renseignements sur les ouvr. de médecine de l'époque.

7074 MANGIN (Arthur) écrivain vulgarisateur français né à Paris en 1824. Savant chimiste. — Les poisons.

Tours, Alfred Mame, 1869. in-8° de 356 p. avec 3 tables très détaillées frontisp. pl. et figures (3 fr.).

[T¹ˢ f. 78

Néron et Locuste. — La Brinvilliers. Mme Lafarge. etc….

(G-660

MANGIN (ou MENGIN) de RICHEBOURG (Jean), éditeur de la Bibliothèque des Philosophes Chimiques, recueillie par :

SALMON (Guillaume) ; voir ce nom.

Et aussi à :

MAUGIN de Richebourg.

7075 MANIFEST der unbekannten Ordens-Obern an die Glieder geheimer Grade und Systeme.

S. l. n. adr. [*Hanover, Habn*], 1793, in-8° de 24 pp.

(O-197

7076 MANILIUS (Antiochus, ou Marcus) affranchi, originaire de Syrie, contemporain d'Auguste. Poëte Astrologue. — Astronomicon a Josepho Scaligero ex vetusto codice Gemblacensi infinitis mendis repurgatum. Ejusdem J. Scaligeri notæ.

Lugduni, apud Cb. Raphelengium, 1600. pet. in-4°. (4 fr.).

7077 MANILIUS (Marcus). — Marci Manilii. Astronomicon libri quinque….. cum interpretatione gallica et notis ; edente Al. G. Pingré Sanctæ Genovefæ Canonico et Bibliothecæ Præfecto, Regiæ Scientiarum Academiæ Socio….

Parisiis, Via et Ædibus Serpentinis, 1786. 2 vol. in-8° li-309 et 347 p. (7 fr.).

« *Sub privilegio Regiæ Scientiarum Academiæ* ».

Excellente édition contenant en regard du texte latin, la traduction française. — Cet ouvrage est certainement le plus intéressant que nous possédions sur l'influence des astres. — Ces Astronomiques renferment en d'admirables pages dignes d'un poète du siècle d'Auguste, la partie la plus intéressante sur l'Astrologie : elles traitent des décrets des astres, c'est-à-dire de leur action et de leur influence sur les destinées de l'homme.

Le Travail de M. PINGRÉ, Bibliothécaire de Ste Geneviève, et Académicien, fait le sujet d'une note élogieuse de DELALANDE et LEMONNIER, contresignée par CONDORCET (II-346).

7078 MANIN (Joseph). — Le Carnet d'un Philosophe.

Paris, Bibliothèque des Modernes, 1808, in-16. (2 fr.).

[8° R. 16082

7079 MANIN (J.). — La Cosmographie de l'Esprit (paradoxe philosophico-scientifique, suivie de « A travers l'Infini », poème scientifique.

Paris, Biblioth. des Modernes, 1908, in-8°, (2 fr.).

[8° R. 15040

Facultés de l'intelligence. — Lois intellectuelles et lois cosmiques. — Idées subites. — Idées confuses, etc...

7080 MANN (G. A.). — Le Développement de la Volonté par l'entraînement de la Pensée.

Paris, 1910 [puis 1913], in-8°. (7 fr. 50).

7081 MANN (G. A.). — Cosmogonie et Force-Pensée ou Faculté unique de l'homme, mécanisme de la Télépathie, extériorisation de la Volonté, appel et captation des Forces Cosmiques. Théorie nouvelle de l'influence de l'Homme sur l'Homme.

Paris, 1910, in-8°, 6 pl. hors texte (9 fr.).

La Force Curative. — Action et Force-Pensée. — La Pensée thérapeute. — Influence de la Pensée. — Les Effluves. — Radio-activité humaine. — La Maîtrise de l'Esprit. — Les Forces universelles ou courants Cosmiques. — Le Fluide Humain. — La FOI en thérapeutique.

MANOU (Lois de), une des Bibles de l'Orient ; voir :
LOISELEUR-DESLONGCHAMPS

MANSUET-JEUNE (le R. P. B. P.). — Auteur d'une Histoire des Chevaliers du Temple... « par B. P. J. ». Voir :
JEUNE (le R. P. B. P. MANSUET).

7082 MANSUETUS. — Le Milieu Social ; étude sociologique.

Paris, 1902, gr. in-8°. (3 fr.).

La Sociabilité. — Classification des Sociétés. — Le Langage. — Inventions et découvertes. — Le principe de population. — La Religion, etc...

7083 MANSUETUS. — Le Sens Commun et son application aux sciences.

Sceaux, imp. de E. Charaire, 1898, gr. in-8°. (3 fr. 50).

[8° R. 15568

La Superstition. — Le Spiritualisme. — Les religions. — Le fétichisme. — Sadisme. — Superstition des origines miraculeuses, etc...

7084 MANSUY (P. N.). — Aperçus nouveaux sur les causes et les lois des trombes et des tempêtes ; trad. de l'angl. de Seaman.

Paris, 1878, in-8° de 40 p.

7085 MANSUY (P. N.). — Essai de synthèse universelle. — Science et foi.

Meaux. Pauteur, 1898. in-8° de 400 p. env. Fig. dans le t. et pl. h. t. (5 fr.).

[8° R. 14932

Œuvre intéressante que l'on peut mettre en parallèle avec les traités d'Éliphas Lévi, Papus et Guaita. — Etude des nombres, leur essence, leur application ; la philosophie occulte ; la magie des cérémonies religieuses et du culte catholique, où l'on trouve des pages vraiment initiatiques et d'une grande profondeur. — Le mysticisme y est l'objet de considérations très élevées. — Le volume est illustré de nombr. dessins et de 8 pl. h. t. extraites de l'œuvre du Dr. Baraduc.

7086 MANTEGAZZA (Paolo). — Physiologie de l'amour.

Paris, 1886. in-12. (6 fr.).

[8° R. 7536

L'amour chez les plantes et chez les animaux. — La pudeur. — La volupté. — La chasteté dans ses rapports avec l'amour. — Des manières d'aimer. — Les hontes et les crimes de l'amour. — Le pacte d'amour, etc...

7087 MANTEGAZZA (Paolo). — Physiologie du plaisir, par le prof. MANTEGAZZA, trad. et annoté par M. COMBES DE LESTRADE.

Paris, 1886, in-8° de 280 p. (5 fr.).

Plaisirs sexuels, usage du tabac, plai-

7088 MANUEL (L. P.). — Lettre d'un garde du Roi, pour servir de suite aux Mémoires sur CAGLIOSTRO.

Londres, 1786, in-12. (4 fr.).

(G-670)

7089 MANUEL (L. P.) — CAGLIOSTRO démasqué à Varsovie, ou relation authentique de ses opérations alchimiques et magiques faites dans cette capitale, en 1780. Par un Témoin oculaire.

S. l., 1786, in-12. (4 fr.).

Petits opuscules curieux et rares.

(G-670)

7090 MANUEL à l'usage des actionnaires de la loterie nationale ou le grand CAGLIOSTRO. Ouvrage dans lequel se trouvent les savantes combinaisons de cet homme célèbre, etc...

Paris, Labrousse, an VII, in-8°. (10 fr.).

Curieux et très rare ouvrage orné d'un frontispice, d'un beau portrait de Cagliostro, d'une figure le représentant dans son cabinet, et de 90 figures fatidiques gravées en 15 planches.

(G-671)

7091 MANUEL des Chevaliers de l'Ordre du Temple. [3ᵉ édition].

A Paris, chez le Chevalier A. Guyot imprimeur de la milice du Temple, 707 — 1825, in-18 de viij-401 pp. et errata. (15 fr.).

[Ld 189. 10

Autres éditions :

Ibid. 600-1818. in-8° (?) et Ibid. 603-1811. in-4°.

Précieux petit volume pour l'*Histoire des Templiers* jusqu'aux temps modernes. Il donne in-extenso la Charte du Grand Maître Jean Marc LARMENIUS (p. 43-51),
les statuts, la liste des Grands Maîtres, la Concordance des Calendriers, et une multitude de renseignements intéressants. Et de plus il se termine par une BIBLIOGRAPHIE des plus soignées : pages 352-383.

Ouvrage contenant aussi le Tableau général des Charges Bénéficiales de l'Ordre du Temple, d'après la carte géographique dressée en exécution du Décret Magistral du 11 Tab. 695 (1813) avec la Liste des Bailliages et Commanderies de la Lieutenance générale d'Europe, d'Asie, d'Afrique et d'Amérique. — Tableaux des Chevaliers qui composent le Gouvernement de l'Ordre du Temple.

(G-672)

7092 MANUEL (Le) des Dames de charité, ou Formule de Médicamens faciles à préparer, dressé en faveur des Personnes charitables qui distribuent des Remèdes aux pauvres dans les villes et dans les campagnes ; avec des Remarques utiles pour faciliter la juste application des Remèdes qui y sont contenus, et un *traité abrégé* sur l'usage des différentes *saignées*.

Paris, in-12 ou pet. in-8°. (9 fr.)

Devenu assez rare, malgré ses nombreuses éditions.

La première signalée par BARBIER date de 1747 : *Orléans et Paris*, pet. in-8°. Le privilège est au nom de Louis Daniel ARNAULT de NOBLEVILLE. Le Traité de la Saignée, qui termine le volume, est de Et. CHARDON DE COURCELLES, Médecin de la Marine à Brest. Il y a des éditions datées de 1750, 1751 et 1765 ; la dernière date de 1810, revue et augmentée par J. CAPURON, *Paris, Thomine*, in-8°.

L'édition de 1765 a un Frontisp. gravé par Desfriches.

L'ouvrage comporte une table alphabétique des Maladies pour lesquelles on trouve des Remèdes dans le Manuel et une Table des Formules.

(S-3374
(SᵗY-1411

7093 MANUEL des Sorciers ou cours de récréations physiques, mathématiques, tours de cartes et de gibecière ; suivi des petits jeux de sociétés et de leurs pénitences.

Paris, Ferra, 1825, in-12. Front. (4 fr.).

Autres éditions :

Paris, 1820, in-12.

7094 MANUEL (Le) du magicien contenant la Poule noire, le grand Grimoire et la Clavicule de Salomon, avec l'indication des Talismans, pactes et invocations infaillibles pour évoquer les esprits terrestres, aériens et infernaux et pour obtenir d'eux tout ce que l'on désire.

Paris, s. d., in-12.

Édition moderne illustrée de dessins fantastiques.

(G-1577

7095 MANUEL général de la Maçonnerie comprenant les 7 grades du rite Français, les 33 degrés du rite Ecossais et les trois grades de la Maçonnerie d'adoption suivi d'un formulaire pour les travaux de banquets, pour les affiliations, pour les installations d'at∴, et inauguration des temples pour les baptêmes maç∴, et les cérémonies funèbres, et d'un dictionnaire des mots usités en maçonnerie. Orné de planches avec l'explication de la pierre cubique et de la croix philosophique.

Paris, Tessier, 1856, in-8°. (4 fr. 50).

Orné de planches lithographiées hors texte.

(G-1879

7096 [MANZOLLI (Pier Angelo)] poète latin, né près de Ferrare, dans le xvie siècle. On pense qu'il était médecin du Duc de Ferrare. — Marcelli PALINGENII Zodiacus Vitæ ; id est de Hominis Vitâ, Studio, ac Moribus optime instituendis, Libri XII.

Lugduni, F. Tornæsius, 1556, in-12. (5 fr.).

La hardiesse des tirades du Zodiaque contre l'Eglise catholique lui donna dans son temps un grand succès. On sait que les lettres initiales des 20 premiers vers du Premier Livre de ce Poème forment le nom de l'auteur : Pier-Angelo MANZOLLI, en latin.

Autre édit :

Rotterodami, 1722, in-12.

(S¹-Y-1884

7097 MANZOLLI (P. A,). — Le Zodiaque de la Vie humaine ou préceptes pour diriger la conduite et les mœurs des hommes. — Divisé en XII livres sous les douze signes. — Trad. du poème latin [par Lamonnerie]. Nouvelle édit, revue, corr. et augm. de notes historiques, critiques, politiques, morales et sur d'autres grandes sciences.

Londres, 1733, 2 vol. in-12. (4 à 8 fr.).

[Ye 7805

Autre édition :

La Haye, Jean Sicart, 1731, 2 vol. de 240 p., etc. et 241 à 520 p.

(S-4300 et Sup. 88

MANZOLLI (P. A.). — Voir :

REYNIER (Gustave), auteur d'une Thèse sur cet écrivain.

7098 MARACCIUS (Ludovicus) ou Louis MARACCI orientaliste italien, né à Lucques en 1612, mort à Rome en 1700. Clerc régulier de la Mère de Dieu, professeur d'Arabe à Rome, et confesseur du pape Innocent XI. — Alcorani Textus universus cum prodromo, autore Ludovico MARACCIO.

Patavii, 1698, in-f°.

(S-2148

7099 MARANDE. — Ivgement des actions humaines. Reueu, corrigé de nouveau et augmenté des Discours du Mouuement de la Terre et de l'astrologie iudiciaire.

Paris, P. Lamy, 1035, in-8°. (12 fr.).

Ouvrage curieux et rare avec un frontispice et un joli portrait gravé du Cardinal de Richelieu.

(G-1592

7100 **MARAT** (Jean-Paul), né à Boudry (canton de Neuchâtel, Suisse), mort assassiné dans sa baignoire par Charlotte Corday, en 1793. Médecin des Gardes du Comte d'Artois, célèbre conventionnel, rédacteur de l' " *Ami du Peuple* ". Son véritable nom était MARA, et sa famille était d'origine espagnole. — De l'Homme, ou des Principes et des Loix, de l'Influence de l'Âme sur le Corps et du Corps sur l'Âme.

Amsterdam, Marc Michel Rey, 1775, 3 in-12 de XXXIV-323 pp. et 1 F° (I) ; 2 ff. 370 p. (II) ; 2 ff. 220 p. (III) ; (50 fr.).

[T¹², 45

1 pl. pliée au T. I (p. 99).

Rappelle (II-82) l'ouvrage de FYENSUS sur les Forces de l'Imagination.

Le premier ouvrage qui sortit de la plume de MARAT ; c'est aussi le plus considérable et le plus saillant. — VOLTAIRE en rendit compte dans la *Gazette littéraire*. — On a prétendu que CABANIS avait mis à profit les vues de l'auteur sans jamais le citer.

7101 **MARAT** (J. P.). — Recherches physiques sur le feu.

Paris, Jombert. 1780, in-8°. (18 fr.).

Curieux ouvrage, accompagné de 7 gr. pl. pliées et gr. par Mme Ponce. — Ce traité révèle dans le farouche démagogue un homme de science que bien peu de gens connaissent.

MARAT (Sur). — Voir :

BRUNET (Ch.).

7102 **MARBODÆUS GALLUS.**—MARBODÆI Galli, de Gemmarum Lapidumque prætiosarum formis, scholiis illustratum per Alardum.

Coloniæ, 1539, in-8°.

(S-3259 b

MARC HAVEN. — Voir :

LALANDE (Dʳ Emmanuel).

7103 **MARCAULT.**— Neuf Upanishads. Traduction française de M. MARCAULT.

Paris, Publications Théosophiques, in-32 colombier. (2 fr.).

[O²k. 1202

7104 **MARCEL.** (J. J.). Administrateur de l'Imprimerie Impériale. — Oratio Dominica C. L. linguis versa, et propriis cujusque linguæ characteribus plerumque expressa edente J. J. MARCEL, typographeï Imperialis Administro Generali.

Parisiis typis imperialibus. 1805, in-4°. (40 fr.).

Curieuse édition, donnant des spécimens typographiques de 150 langues.

Il a été publié sous la même date une contrefaçon signalée par Brunet (T. III). Un an plus tard, en 1806 le célèbre imprimeur Giambattista Bodoni de Parme a donné une superbe édition d'un travail analogue en 155 langues :

[Rés. A. 559

7105 **MARCELLUS** (Marie Louis Jean André Charles DEMARTIN DU TYRAC Comte de) diplomate et littérateur français né au château de Marcellus en Guyenne, en 1795, mort en 1865. C'est lui qui envoya en France la Vénus de Milo (1820). — Les Grecs anciens et modernes.

Paris, 1861, in-8° (8 fr.).

L'éminent helléniste et remarquable vulgarisateur des Dionysiaques, le magnifique poème initiatique de NONNOS (q. v.) donne dans ce beau volume une série de traductions d'œuvres ésotériques dont il n'existe pas, d'ailleurs, d'autre version que la sienne. — Ces pièces qui contiennent l'essence des enseignements secrets des Mystères antiques, sont les Hymnes de PROCLUS, les Argonautes d'ORPHÉE, l'Hymne de Cérès à Éleusis, et autres ouvrages de grande valeur tels que Méléagres. — Le volume se termine par une très forte étude symbolique sur les Dionysiaques de NONNOS, dont il donne ici la clef.

7106 MARCHAL (C.). — La Croix de Chine instructive et historique trouvée en Chine, en 1636.

Paris, 1850. in-8° de 40 pp. 1 pl. lith.

7107 [MARCHAL (Jules)]. — C. de BUSSY. — Histoire des excommuniés depuis les temps les plus reculés jusqu'à nos jours.

Paris, 1860. in-18. (2 fr.)

Donatistes, Rebaptisants, Albigeois, Jean Huss, Anabaptistes et Zwingliens, frères Moraves, les Jansénistes, les Jacobins, etc...

7108 [MARCHAL (Jules)]. — C. de BUSSY. — Histoire et réfutation du socialisme depuis l'antiquité jusqu'à nos jours.

Paris, 1850. in-12. (3 fr.).

Les Vaudois, les Albigeois, les Anabaptistes, les frères Moraves, le Saint-Simonisme, etc... Platon, Th. Morus, Campanella, Pierre Leroux, Cabet, Fourier, Proudhon, la Révolution de 1793, etc...

7109 MARCHAL (P. V.). — L'Esprit consolateur ou nos destinées.

Paris, 1878, in-12 de 450 pp. (2 fr.).

Les âmes en peine. — La coupe mystérieuse. — Les harmonies célestes. — Les Esprits captifs. — La grande tradition. — Les mystères dévoilés. — Les gouffres expiatoires. — Les mondes heureux. — Le mystère de la douleur. — Le noir et le bleu. — La clef merveilleuse. — Les corps éthérés. — Les messagers célestes, etc...

7110 MARCHAND (l'abbé D.). curé de N. D. de Pontoise. — La Science des Nombres d'après la tradition des siècles. — Explication de la table de PYTHAGORE.

Paris, Téqui. 1877. in-12 de XII-180 pages. (2 fr. 50).

[8° V. 3356

Très curieuse étude des principes de PLATON et de PYTHAGORE. — Triangle arithmétique de Pascal (p. 25) — algébrique de NEWTON (p. 134).

7111 MARCHANGY (Louis Antoine François de), magistrat français, né à Clamecy (Nièvre) en 1782 mort à Paris en 1826. Procureur du Roi fort impopulaire. — Plaidoyer prononcé le 29 Août 1822 devant la Cour d'Assises de la Seine, par M. de MARCHANGY, dans la Conspiration de la Rochelle.

Paris, 1822. in-8° de 241 pp. (8 fr.).

Curieux et violent réquisitoire prononcé contre la *Franc Maçonnerie* et le *Carbonarisme* dans le célèbre procès des *Quatre Sergents de la Rochelle* qui furent condamnés à mort. Ce plaidoyer féroce, qui révèle de curieux dessous de la Franc-Maçonnerie de l'époque, a toujours pesé sur la mémoire de MARCHANGY comme une iniquité et n'a pas peu contribué à son extrême impopularité.

7112 MARCO (F.). — L'Unité dynamique des forces et des phénomènes de la nature ou l'Atôme tourbillon.

Paris, 1875. in-12. (2 fr.).

Les atomes tourbillons. — La matière pondérable. — Phénomènes électriques et magnétiques, etc...

7113 MARCOLINI (Francesco) ou MARCOLINO, imprimeur et artiste italien né à Forli et florissant au XVI° siècle. — Le Sorti di Francesco MARCOLINO da Forli intitolate Giardino di Pensieri allo illustrissimo signore Hercole Estense Duca di Ferrara.

(*Al fine*) :

In Venetia per Francesco Marcoli-

no da Forli, negli anni del Signore MDXXXX nel mese di Ottobre, in-f° à 2 col. Italique. Fig. s. bois (350 à 400 fr.).

[Rés. Z. 497

Première édition : 107 pp. chiffrées I à CVII. Puis une série de chiffres doubles répétés au verso et au recto, 108 à 206.

Les « Sorti » de MARCOLINO sont un des plus beaux livres de gravures surbois Italiens. Les planches sont dessinées par le GARFAGNINO.

(Ye-928

7114 MARCONIS DE NÈGRE (le Fr∴ Jacques-Etienne) fondateur du Rite Maç∴ de Memphis. — Le Mentor des Initiés, contenant l'instruction développée des trente-trois grades de la Maç∴ avec un choix de discours pour toutes les solennités maç∴, les conférences sur Dieu, la création, l'âme humaine, l'esprit, le cœur, l'amour, la sympathie, l'amitié, l'union, l'harmonie, la fraternité et la loi première; tous les rituels des cérémonies de l'Ordre ; le grand chap. philosophique des chevaliers de Rose † Croix ; avec l'agape des anciens chevaliers ; l'aréopage des grands élus chevaliers Kadosch (saint purifié) avec la cérémonie du triomphe de la lumière ; le rituel des sublimes Maîtres du Grand-Œuvre complet, etc...

Paris, 1864, 3 cahiers pet. in-18. (10 fr.).

[H. 16478

Ces trois cahiers contiennent les instructions pour les trois premiers grades maçonniques.

7115 MARCONIS (J. E.). — Le Panthéon maç∴. Instruction générale pour tous les rites.

Paris, 1860, in-8°. (20 fr.).

[H. 5640

Ouvrage d'une importance considérable pour l'étude de la Franc-Maçonnerie. — Origine de la F∴ M∴. Loge et Temple maç∴. Explication des objets symboliques réunis dans le Temple. — Formation d'une loge. — Affiliations. — Costumes et insignes maç∴. — Cérémonies maç∴. Travaux complets des 3 grades symboliques. — Calendrier maç∴. Royal Arche. Chevaliers Rose † Croix. — Kadosch. — Grand Aréopage des Sages des Pyramides. — Grand élu de la Cité mystique. — Sublime Maître du grand œuvre, etc.

7116 MARCONIS (le Fr∴ J. Et.). — Le rameau d'or d'Eleusis, contenant l'histoire de la Maçonnerie, son origine, ses mystères, son action civilisatrice, son but, et son introduction dans les divers pays du monde ; l'origine de tous les rites et les noms de leurs fondateurs ; le tableau de toutes les grandes Loges, le lieu où elles sont établies, l'année de leur fondation, le rite qu'elles professent, le nom de tous les grands maîtres qui les régissent, le nombre de celles qui en relèvent : les 95 rituels de la Maçonnerie, renfermant toutes les connaissances des rites les plus universellement pratiqués : l'explication de tous les symboles, emblèmes, allégories, hiéroglyphes, signes caractéristiques de tous les degrés, et le Calendrier perpétuel de tous les rites maç∴ : le Kadosch templier avec l'agape des anciens initiés ; le grand Chap. des Chevaliers de la rose croissante ; le Tuileur universel ; les 5 Rituels de la M∴ d'adoption pour les dames, avec le Tuileur complet, etc.

Paris, chez l'auteur, 1861, gr.in-8° (25 fr.).

[H. 5641
(G-689

7117 MARCONIS de NÈGRE. — Le sanctuaire de Memphis ou Hermès. Développements complets des mystères maçonniques.

Paris, Berlandier, 1866, in-8°. (8 fr.).

[H. 16479

Le sanctuaire de Memphis, est orné d'un portrait de l'auteur et d'un tableau lithographié.

Ouvrage contenant : Histoire abrégée de la Maç∴ — Origine de tous les Rits maç∴ connus. — Anciens mystères maç∴ de Memphis. — Statuts organiques du Rit Maç∴ de Memphis. — Initiation de Platon aux mystères de Memphis. — Calendriers maç∴, etc.

(G-690

7118 MARCONIS (J. E.). — Le Soleil mystique. Journal de la Maçonnerie universelle.

Paris, s. d., in-4° de 240 pp. (15 fr.).

Orné de lith. et gr. sur acier représentant : 1° l'Ésotérisme maç∴ — 2° Le Soleil mystique. — 3° L'Initiation de Pythagore. — 4° L'Échelle mystérieuse. — 5° Initiation antique du G∴ Elu de la cité mystique. — 6° La Pierre cubique entourée de la chaine symbolique. — 7° La mort d'Hiram. — 8° Une page du Grand Livre d'or. — 9° La croix philosophique, avec la clef de tous les mots sacrés.

7119 MARCONIS (J. E.). — Travaux complets des Sublimes Maîtres du grand Œuvre, contenant : Préliminaires, le Pronaos, l'Examen du candidat, le Sanctuaire des Esprits, les Épreuves morales et physiques, le Temple de la Vérité, l'Ouverture des travaux, l'Ordre des travaux, la Réception, le Serment, la Consécration, la Proclamation, le Discours de l'Orateur, l'Allocution du sublime Daï, les Conférences, la Suspension des travaux.

Paris, 1866, gr. in-8° (20 fr.).

[H. 16480

7120 MARCONIS (J. E.). — La Tribune maçonnique, contenant un choix de discours sur tous les sujets maç∴

Paris, 1866, in-8° (15 fr.).

[H. 5042

Ouvrage rare du célèbre fondateur du rite de Memphis. — Parmi les magnifiques chap. qui composent ce recueil, citons spécialement : L'origine de la F∴M∴ — Une initiation aux Mystères de l'Antiquité. — Installation d'une loge. Discours à un nouvel initié. — Discours sur la Maç∴ placée dans l'horizon de l'art. — Les symboles et les emblèmes maç∴ — Installation d'un Vénérable. — Banquets maç∴ — Discours sur le principe de la lumière maç∴; sur le Temple de Salomon; sur les nombres symboliques; sur les fonctions des dignitaires en loge; pour la mort d'un F∴; explication des 33 grades maç∴ sur le chap. des Chevaliers de Rose-Croix…; aux ff∴ visiteurs ; sur la Pierre cubique ; sur la grade de Kadosch ; sur les hauts mystères ; sur la Croix philosophique ; pour un Chap. de Chev∴ du Soleil, Prince adepte ; pour un atelier de Prévôt et Juge ; pour un chap. de Chev. d'or∴ ; sur l'origine du fils de la Veuve ; sur la mort d'Hiram. etc…

7121 MARCONVILLE ou **MARCOUVILLE** (Jean de) né dans le Perche vers 1540, mort vers 1575. — Recueil mémorable d'aucuns Cas Merveilleux advenus de nos Ans, et aucunes Choses Étranges, etc. par J. de Marconville.

Paris, Jean Dallier, 1563-1564, pet. in-8°.

Documents sur les Incubes et les Succubes.

(Y-P-587
(S-0075

7122 MARDRUS (Dr). — Le Livre des Mille et Une Nuits, traduit par le Dr. J. C. Mardrus. Première traduction littérale et complète du texte arabe.

Paris, Revue Blanche et Fasquelle, 1895-1904, 16 vol. in-8° (60 fr.).

[8° Y². 51828

Voici la première traduction complète de ce célèbre ouvrage !... Et si l'on s'explique que personne jusqu'à présent n'avait voulu le traduire, on se demande comment le Dr Mardrus a osé le faire. Au milieu de pages tout à fait innocentes, il y a dans cet ouvrage des pages telles que l'on en n'a jamais publiées en France, sauf peut-être sous la signature du marquis de Sade. — Ces pages d'un érotisme inouï et vraiment oriental, où toutes les choses sont nommées par leur nom et sont racontées avec les détails les plus pittoresques et les plus positifs sont d'ailleurs peu nombreuses: mais elles se rencontrent dans chacun des volumes. et rien n'est plus piquant que la naïveté avec laquelle le conteur arabe et son fidèle traducteur passent ainsi du plaisant au sévère. — Cet ouvrage, où l'Orient des Mille et Une Nuits nous est enfin dévoilé, est de ceux qu'il faut lire et qu'il faut ensuite cacher.

7123 MARÉCHAL (Pierre Sylvain) d'abord Avocat au Parlement, puis sous-bibliothécaire au Collège Mazarin, né à Paris en 1750, mort en 1803. Célèbre philosophe, d'un athéisme paradoxal. — Dictionnaire des athées anciens et modernes, 2me édit. augm. des suppléments de J. Lalande, de plusieurs articles inédits et d'une notice nouvelle sur MARÉCHAL et ses ouvrages, par J. B. L. Germond.

Bruxelles, 1833, in-8° (12 fr.).

La première édition parut en 1799, et le gouvernement d'alors empêcha la circulation de cet ouvrage et défendit aux journaux d'en rendre compte. — LALANDE, l'auteur des 2 suppléments n'est autre que le célèbre astronome.

Ont collaboré à cet ouvr. D'Alembert, Apollonius de Tyane, d'Argens, Bacon, Beausobre, J. Bodin, Campanella, les Druides, Dupuis, Rob. Fludd, Francs-Maçons, Court de Gébelin, les Gnostiques, Lamettrie, les Manichéens, Philon, Porphyre, Plottin, G. Postel, Pythagore, R. Lulle, les Frères de la Rose-Croix, etc...

7124 MARÉCHAL (Sylvain).— Pensées libres sur les Prêtres.

A Rome, et se trouve chez les marchands de nouveautés, l'an 1er de la raison et VI de la République française, in-12 (3 fr.).

7125 MARÉCHAL (Sylvain).— Pour et contre la Bible.

A Jérusalem, l'an de l'ère chrétienne, 1801 in-8° (4 fr.).

Ouvrage rare et recherché.

(G-691)

7126 MARÉCHAL (Sylvain).—Voyages de Pythagore en Égypte, dans la Chaldée, dans l'Inde, en Crète, à Sparte, en Sicile, à Rome, à Carthage, à Marseille et dans les Gaules ; suivis de ses lois politiques et morales.

Paris, Deterville, An VII — 1799, 6 vol. in-8°, planches (25 fr.).

[J. 11691-11696]

Avec gr. sur acier. — Ouvrage le plus important sur Pythagore et ses doctrines; le tome VI est entièrement consacré aux Symboles et Lois de Pythagore (Hermès, Litanies de Vénus. — Prodiges de l'Égypte. — Enseignements des prêtres de Memphis. — La Science des Nombres. — Initiation et épreuves de Pythagore. — Culte d'Isis. — Culte de Mythras. — Pythagore chez les Mages. — Mystères d'Eleusis. — Pythagore chez les Druides et à Lutèce, etc....)

(G-1593)

7127 MARÉCHAUX (Dom Bernard Marie). — Le merveilleux divin et le merveilleux démoniaque.

Paris, Bloud, s. d., in-8° (4 fr. 50).

Autres ouvrages analogues du même : *La réalité des apparitions angéliques....* Paris, Téqui, 1901, in-18 IX-139 p. [D. 84882, etc. — (Bib. Nat°).

7128 [MARESCOT (Michel), Médecin à Paris]. — Discours véritable sur le fait de Marthe BROSSIER. [Par Michel MARESCOT, Médecin à Paris].

Paris, Mamert Patisson, 1599, in-8° (15 fr.).

Autre édition :

....*Avec l'arrest de la Cour du Parlement de Paris. Jouxte l'exemplaire imprimé à Paris,* 1599, in-8°.

Pièce rare, que TALLEMANT DES RÉAUX attribue à P. le BOUTEILLIER archevêque de Tours, tandis que Guy PATIN lui donne pour auteur Michel MARESCOT, avec pour collaborateur, son gendre, Simon Piètre, tous deux médecins à Paris.

(Y-P- 636
(S-3227 h

7129 MARESTHAN (Axel Jean). — Le Merveilleux et l'homme coupé en morceaux.

Paris, La Revue spiritualiste illustrée 1901, in-8° de 64 p. Figures (1 fr.).

Note sur la clairvoyance. — Miroir magique. — La Psychométrie. — Essais de somnambulisme.

Il s'agit d'un crime commis à Paris sur un homme qui fut coupé en morceaux. L'auteur consulte toutes les Sibylles parisiennes à ce sujet et publie leurs réponses.

7130 MARESTHAN (J.). — Les Miracles, la Magie et le moderne Hypnotisme. *Paris*. 1905, in-8° (0 fr. 50).

Autre édition :

Paris. 1909, in-8°.

7131 MARESIUS nom latin de DESMARETS (Samuel) théologien protestant français, né à Oisemont (Picardie) en 1599, mort à Groningue en 1673. Pasteur et professeur en France et à Groningue. — Samuelis MARESII Exorcista, sive de Exorcismis.

Groningæ, typis J. Nicolai, 1638. in-12.

[D². 7074
(S-3222 h

7132 MARESIUS (Samuel). — Sam. MARESII, Joanna Papissa restituta.

Groningæ Frisiorum, typis J. Cöllenii, 1658. in-4°.

[H. 3213
(S-4879

7133 MARET (H. L. C.). — Essai sur le Panthéisme dans les sociétés modernes.

Paris, 1845, in-8° de XXX-494 pp. (7 fr.).

Histoire du Panthéisme. — Le Système de l'émanation. — Origines hindoues. — Théologie indienne. — L'Egypte, la Chaldée, la Perse, la Chine. — Doctrines antiques. — Doctrines des mystères. — Essence et théorie de l'émanation. — Le Panthéisme philosophique. — Pythagore, Timée de Locres, Ocellus de Lucanie. — Ecole métaphysicienne d'Eléa. — Les Gnostiques, les Néoplatoniciens. — Plotin, Proclus. — Moyen-âge. — Scot-Erigène. — Amaury. — Epoque moderne : Jordano Bruno, Spinoza, Fichte, Schelling Hégel, etc....

7134 MARGIOTTA (le Chevalier Domenico) Docteur ès-Lettres et Philosophie, Chevalier du St-Sépulcre. — Le Culte de la Nature, suprêmes horreurs de la Franc-Maçonnerie universelle.

Grenoble et Bruxelles, s. d. [1890] in-8°. Portr. (8 fr.).

[8° H. 6110

Tiré à très petit nombre.

L'Ecossisme. — Grades symboliques. — Grades israélites-bibliques. — Grades illuministes. — Allemand du Tribunal Vehmique. — Rose-Croix. — Grades Templiers. — Grades Hermétiques, etc...

En cet ouvrage, la femme dans la Fr∴M∴ apparait changée en démon de lubricité.

7135 MARGIOTTA (Domenico). — Francesco CRISPI, son œuvre néfaste.

Grenoble, Paris, 1890, in-8°. Portr. (3 fr. 50).

[8° K. 3040

Histoire véridique du ministre italien présentée sous son vrai jour avec les dessous de la guerre contre Ménélick, le roi d'Ethiopie.

7136 MARGIOTTA (Domenico). — Le Palladisme, culte de Satan Lucifer, dans les triangles maçonniques. Troisième édition.

Grenoble H. Falque, 1895, in-16 X-346 p. Frontisp. et portr. de l'aut. (2 fr. 50).

[8° H. 6084

Livre étrange qui fit un bruit énorme au moment de sa publication, et dont les exemplaires ont mystérieusement disparu depuis longtemps. — Il s'agit ici d'accusations précises et nominales, formulées par un professeur de philosophie initié et témoin des faits incroyables qu'il raconte; les Messes noires, le Temple de Satan du palais Borghèse, les rites et prières palladistes; la traduction du livre secret Gennaïth-Menngog : la cabale du Palladisme ou l'explication des 22 lettres de l'alphabet des Mages. — De curieuses figures complètent ces révélations singulières et y ajoutent un nouveau mordant.

7137 MARGIOTTA (F. ·. Antonio Domenico). — Ricordi di un Trentatre ·.

Paris (?), 1895, in-8° fig. (6 fr.).

Ces *Souvenirs d'un Trente-troisième* sont plus complets dans cette édition italienne que dans l'édition française. — S'adressant directement ici à ses compatriotes, l'auteur met les points sur les I, et par des indications rigoureuses des fac-similes de ses diplômes maçonniques, il prouve qu'il est du bâtiment et en connaît les détours. — Les pratiques de la maçonnerie occulte, avec évocations, apparitions, etc... sont dévoilées sans réticences, avec la désignation des loges, le nom des opérateurs. — Les scènes reconstituées sont parfois d'un tel fantastique, que l'on est souvent littéralement estomaqué.

7138 MARGIOTTA (Domenico). — Souvenirs d'un trente-troisième. Adriano LEMMI, Chef suprême des Francs-maçons.

Paris, Lyon, s. d., in-8°. (4 fr. 50).

Traduction française du précédent.

Etude très documentée sur la maçonnerie italienne et sur le rite Ecossais ancien et accepté qui avait pour président à cette époque, en 1870, Albert PIKE. Il contient aussi plusieurs documents reproduits en fac-simile par la gravure.

7139 MARIAGE (Aimé). — Numération par huit anciennement en usage par toute la terre, prouvée par les Koua des Chinois, par la Bible, par les livres d'Hésiode, d'Homère, d'Hérodote etc...

Paris, l'auteur, imprimerie Lenormant, 1857, in-8°, 243 p. 1 grande pl. (15 fr.).

[V. 45949

Ouvrage singulier et particulièrement précieux pour l'étude des nombres. — On sait que le nombre huit est le nombre de l'équilibre ; il n'est donc pas étonnant qu'on le retrouve partout dans l'Univers. — Les 8 générations étrusques. — Les 8 années du siège de Troie. — Le nombre 8 dans Homère et Hésiode. — Numération chinoise par 8. — Les 8 Koua symboliques et leurs interprétations. L'année primitive de 8 mois, etc. Ce volume contient les fameux trigrammes de Fo-Hi, avec fig. et interprétation, et une grande pl. se déployant représentant le Jeu de l'oie et son interprétation symbolique.

7140 MARICOURT (Comte R. de). — Souvenirs d'un magnétiseur.

Paris, Plon, 1884, in-12, 315 p. (2 fr.).

[Tb⁶³. 281

7141 MARIE (Dr A.). — Mysticisme et Folie.

Paris, 1899, in-8° de 40 pp.

7142 MARIE (Dr A.). — Etudes sur qq. symptômes des délires systématisés et sur leur valeur.

Paris, 1892, gr. in-8°. Fig. (2 fr. 50).

[Td⁴⁶. 623

Bizarreries de langage et d'écriture. — Réactions défensives élémentaires. Attitude, costumes, gestes défensifs. — Incantations conjuratrices parlées. — Formules d'exorcisme, symboles, signes cabalistiques, etc...

MARIE-ANTOINETTE (sur). — Voir :

ALMERAS (Henri d').
FLEISCHMANN (H).

7143 MARIE D'AGRÉDA Mystique et religieuse cordelière espagnole, née à Agréda (Espagne) en 1602, morte en 1665. Supérieure du couvent de l'Immaculée Conception. — La Cité mystique de Dieu, miracle de sa toute puissance, abîme de la grâce, histoire divine, et la vie de la Très Sainte-Vierge, notre Reine et Maîtresse, manifestée dans ces derniers siècles par la même Ste Vierge à la sœur Marie de Jésus, abbesse du monastère de l'Immaculée Conception de la ville d'Agréda, etc... qui l'a écrite par le commandement de ses supérieurs et de ses confesseurs. Trad. de l'espagnol par le R.P. Crosset, franciscain. — Revue par un religieux du même ordre.

Bruxelles, Foppens, 1715, 3 vol. in-4°. (25 fr.).

[D. 5555

Ouvrage fort rare, avec front. gr. donnant le portr. de la Mère Marie de Jésus.

Autres éditions :

Paris, Poussielgue, 1857, 6 vol. in-8°.

Paris, 1852, 6 vol. in-12.

7144 MARIE d'AGRÉDA. — La Vierge Marie, divine maîtresse des vertus.

Paris, s. d., fort in-8° de 500 pp. (4 fr.).

Marie d'Agréda, mystique célèbre, eut de longs démêlés avec le clergé de son temps, et, même de nos jours, elle est encore pour certains d'une orthodoxie contestable. Ce volume publié par le P. Séraphin, se rapproche, par maints endroits, du célèbre Secret de la Salette, notamment dans ses parties critiques des chrétiens de nos jours.

7145 MARIE DE FRANCE, femme poète française, née à Compiègne et vivant au XIIIe siècle. Elle vécut en Angleterre à la Cour des rois Anglo-Normands. — L'espurgatoire Seint Patriz, an Old-French poem of the 12th century, published with an introduction and a study of the language of the author by Thomas Atkinson Jenkins.

Philadelphia, A. J. Ferris, 1894, pet. in-8°. (5 fr.).

[8° Ye. 4071

Contenant le texte original du Purgatoire de St Patrice, poème du XIIIe siècle en vieux français.

Cette Légende se trouve aussi dans les « Poésies de MARIE de France » poète anglo-Normand du XIIIe siècle publiées par B. de ROQUEFORT.

Paris, 1820, 2 vol. in-8°.

7146 MARIE la Juive, peut-être disciple d'OSTANÈS le Mage. Initiée Néo-Platonicienne, d'existence un peu problématique, qui, d'après GEORGES LE SYNCELLE aurait été contemporaine de DÉMOCRITE d'Abdère et de ZOSIME le Panoplite vers le IVe siècle. Elle aurait inventé le Bain Marie. Quant à la légende qui la dit sœur de MOÏSE, elle est à coup sûr inexacte. — Dialogue de Marie et d'Aros, sur le Magistère d'Hermès : dans Bibliothèque des philosophes chimiques, T-e I (1741) 74-84.

Paru d'abord dans la 1-re édit. (1672), et dans la II-e (1678), T-e II.

(O-052

7147 MARIE la Juive. — Der Prophetin MARIÆ. Moysis Schwester, Practica in die Kunst der Alchymie ; à la suite de Arnaldi de Villa Nova Chymische Schriften (1683), pp. 225-31.

Marie est présumée avoir vécu vers 470 après J-C, elle ne peut donc avoir été la sœur de MOÏSE ; du reste pour plus de renseignements, voy. HOEFER Histoire de la Chimie, I, 282-85.

(O-050

7148 MARIE DE VENISE. — Hiérologies ou discours historiques et dogmatiques sur les superfétations apportées à la révélation du Christ, prononcés au Temple des Chrétiens primitifs; suivis du discours sur les trois versions de la Bible.

Paris, 1834, in-8°. (5 fr.).

[D² 9205

7149 MARIETTE-BEY (Auguste Edouard) célèbre égyptologue né à Boulogne sur Mer en 1821. — Créateur et conservateur du Musée de Boulogne : auteur de la découverte du Sérapéum de Memphis. Académicien. Mort au Caire en janvier 1881. — Abydos, description des fouilles exécutées sur l'emplacement de cette ville. T. 1-er : ville antique. Temple de Séti.

Paris, Franck, 1869, in-fol. 53 pl. teintées. (70 fr.).

7150 MARIETTE-BEY. — Choix de monuments et de dessins découverts pendant le déblaiement du Sérapéum de Memphis.

Paris, Gide et Baudry, 1856, in-4° 18 pl. gr. ou lith. (4 fr.).

7151 MARIETTE-BEY (Auguste). — Expos. universelle de 1867. — Aperçu de l'hist. anc. d'Egypte pour l'intellig. des monuments exposés dans le temple du parc égyptien.

Paris, Dentu, 1867, in-8°. (2 fr.).

7152 MARIETTE (Auguste). — Identification des dieux d'Hérodote avec les dieux Egyptiens.

Paris, 1885, in-8°. (1 fr.).

[8° J. Pièce 450

7153 MARIETTE (Auguste). — Mémoire sur cette représentation (suit une gravure égyptienne) où l'on établit : 1° Que la vache associée au culte d'Apis n'est pas une Hathor; 2° Qu'elle n'est pas une vache mystique. 3° Qu'elle n'est pas non plus une compagne favorite de ce dieu ; 4° Qu'elle est une mère d'Apis.

Paris, 1856, in-4° (5 fr.).

Etude savante du plus grand intérêt sur un des points les plus importants de la religion égyptienne.

7154 MARIETTE BEY (Auguste). — Notice des principaux monuments exposés dans les galeries provenant du musée d'antiquités égyptiennes de S. A. le Khédive à Boulaq.

Paris, Franck, 1872, pet. in-8° (4 fr. 50).

7155 MARIETTE PACHA (Auguste). — Le Sérapéum de Memphis, publié d'après le mss. de l'auteur par G. Maspéro. Atlas.

Paris, Gide et Baudry, 1857, in-4° (7 fr.).

[O² a. 323

Cet atlas est composé de 6 pl. gr. représentant 28 dessins (complet en 6 pl.)

Autre édition :

Paris, Vieweg, 1852, in-fol. de 36 pl. noires et coloriées (15 fr.).

7156 MARIN (le R. P.). — Les vies des Pères des déserts d'Orient, leur doctrine spirituelle et leur discipline monastique. — Edit. avec notes par E. Veuillot.

Paris, 1869, 6 vol. in-8° (25 fr.).

7157 [MARIN (Capitaine Paul)]. — U. N. Badaud. — Coup d'œil sur la magie au XIX-ème siècle.

Paris, Dentu, 1891, in-12, (6 fr.).

Cet ouvrage résume les expériences de Crookes, 1874. Il étudie plusieurs phénomènes extraordinaires survenus à des personnes de bonne foi, au Dr Gibier, au curé d'Ars, au comte de Laborde. Clinique de l'hôpital de la Charité. — Spiritisme, résurrection de l'antique magie. — Le périsprit est l'intermédiaire entre l'homme et le corps. — A la merci des formes invisibles. — Rayons jaunes et rouges. — Résurrection de l'occultisme et de la magie. — Réalité des phénomènes spirites. — Opposition des témoignages de Crookes et du curé d'Ars. — Je puis endormir.

C'est dans cet ouvrage que se trouvent réimprimées les « Recherches sur la Magie Égyptienne » du Comte Léon de LABORDE.

7158 [MARIN (Capitaine Paul)]. — Coup d'œil sur les Thaumaturges et les Médiums du XIX-ème siècle, par U. N. BADAUD.

Paris, Dentu, 1891, in-12. (3 fr.).

[8° R. 10475

Tiré à petit nombre. Examen de divers phénomènes extraordinaires produits à Kaltern, à Capriana, à Oria. Observations de Brierre de Boismont, Crookes, Dr Gibier, Gœrres, Imbert-Gourbeyre, L. Lateau, Ochorowicz, Wallace, etc.

7159 MARIN (Capitaine Paul). — Les médiums et les thaumaturges du XIX-e siècle : Thomas Martin, de Gallardon.

Paris, Flammarion, s. d., in-12. (3 fr. 50).

Édition originale (?).

Paris, Georges Carré, 1892, in-12 de 322 p.

[Ln^{27}. 40613

7160 MARIN (Dr Paul) (La couverture porte MARRIN et le titre MARIN). — L'hypnotisme théorique et pratique, comprenant les procédés d'hypnotisation.

Paris, Ernest Kolb, s. d., [1889], in-12 X-336 p. (2 fr. 50).

[Te^{11}. 127

L'hypnotisme ancien. — L'hypnotisme moderne. — Procédés d'hypnotisation. — Phénomènes observés dans l'hypnotisme. — Suggestions hypnotiques. — Les somnambules lucides. — Dangers de l'hypnotisme. — Influence de l'hypnotisme sur les idées et les mœurs actuelles.

Autre édition :

Paris, Taride, s. d., in-12.

(G-1594 et 1888

7161 MARIN (Gilles). — Ægidius MARINUS, de Compositione Hominum.

Parisiis, 1656, in-12.

(S-3221 b

7162 MARIN de BOYLESVE. — La Trinité.

Paris, 1874, in-12. (2 fr.).

Étude très développée sur le ternaire dans toutes ses manifestations : la divinité, la création, l'homme, la substance, les sens, les relations, etc...

7163 MARINIS (Dom. de). — De Re Monstruosâ à Capucino per urinam excreta, Dissertatio philosophico-medica, auctore Dom. de MARINIS.

Romæ, 1678, in-12.

[Td^{112}. a
(S-3307 b

MARIO (Marc). — Voir : JOGAND (Maurice).

7164 MARION (Élie) prophète cévenol né à Barre (Lozère) en 1678. Mort en Allemagne. — Avertissemens prophétiques d'Élie MARION, l'un des Chefs des Protestans qui avoient pris les Armes dans les Cevennes, ou Discours prononcés par sa bouche sous l'Opération du S. Esprit, et fidellement reçus dans le tems qu'il parloit.

Londres, Roger, 1707, in-12.

[Rés. Lb^{37} 4248
(Y-P-672

7165 MARIVETZ (Étienne Clément, Baron de) physicien français né à Langres en 1728, guillotiné en 1794. — Essai sur l'économie physique et générale du monde pour servir d'introduction à la science théorique et pratique du magnétisme animal par M. le Baron de MARIVETZ (élève de Mesmer).

S. l., 1784.

Cité par M. Mialle comme étant écrit en faveur du magnétisme.

(D. p. 56

7166 MARLÈS (Lacroix de) historien français mort vers 1850. — Histoire générale de l'Inde ancienne et moderne, depuis l'an 2000 av. J. C. jusqu'à nos jours ; avec carte.

Paris, Emler frères, 1828, 6 vol. in-8° de 4 à 500 p. chacun, 2 cartes pliées. (15 fr.).

[O²k. 203

Description des monuments célèbres de l'Inde. — Chronologie des Hindous. — Avatars ou Incarnations de Vischnou. — Des Menous et du déluge Vaivassouata. — Bouddha. — Religion et mythologie hindoue. — Sur l'âme du monde et l'âme vitale. — Culte du feu. — La Trinité hindoue. — Culte des astres. — Les trois grandes déesses des Hindous. — Kali, déesse de la mort, Douréa, Lackschmi. — Sacrifices volontaires. — Tortures des Yoguis. — Les prêtres hindous. — Saturne ou Manou. — Janus ou Ganésha.— Jupiter ou Brahma. — Bacchus ou Ramas.—Apollon ou Crishna.—Nymphes de la musique. — Le phallus ou linguam. — Vénus ou Rembha. — Diane ou Kali. Génies ou esprits célestes. — Pan ou l'Univers. — Rapports des Egyptiens et des Brahmes. — Des hiéroglyphes. — Rapports de la religion des Persans et des Druides, avec celle des Brahmes. — Autels et cultes des bois. — Danses sacrées. — Mithra. — Littérature hindoue. — Le Sanscrit. — Livres sacrés, etc.... L'ouvrage est suivi d'une précieuse table alphabétique.

7167 MARMISSE (M. G.).— Merveilles évangéliques éclairées par les sciences médicales.

Paris, 1855, in-12. (6 fr.).

Le titre de ce volume est tout un programme que l'auteur réalise pleinement. — D'un bout à l'autre, il défend les guérisons merveilleuses de l'Evangile, non avec les armes de la métaphysique, mais avec celles de la science. — A signaler : Dissertation médicale sur les sueurs de sang ; Dissertation physiologique sur le jeûne de quarante jours ; Dissertation physiologique sur la possibilité d'une vierge mère ; Etudes médicales et physiologiques sur les résurrections. — Des possessions et des maladies que l'on peut voir dans quelques-unes.

Somme toute, ouvrage très curieux et unique dans son genre.

7168 MARNE.— Détails historiques sur la religieuse qui a été trouvée enchaînée depuis plusieurs années dans la prison du couvent des Religieuses de l'Hôpital d'Avignon ; 2ᵉ édit. augm. des observations de deux médecins sur un phénomène surnaturel.

Avignon, 1844, in-12. (2 fr.).

Pièce peu commune.

7169 MARQUIS de*** (M. le).— Lettre de M. le Marquis de*** à un médecin de province.

Octobre 1782, in-8°, 46 pages.

Défense plus vigoureuse que bien adroite d'un chaud partisan de Mesmer. Le médecin désigné M*** est d'Eslon. Cette brochure contient la lettre de Mesmer au docteur Philip, une lettre de d'Eslon à Mesmer dans laquelle il se plaint de la lettre précédente, et une réponse de Mesmer assez vive.

(D. p. 16

7170 MARRE (Aristide). — Makôta Radja-Radja, ou la couronne des Rois par Bokhâri de Djohôré.

Paris, 1878, in-12. (3 fr.).

Ouvrage traduit du Malais et embrassant la philosophie, la morale, la sociologie.

MARRIN (Dr. P.). — Voir : MARIN.

7171 MARSCIANO (Francisco Onuphrio de). — Der unterwiesene Anfänger in der Chymie hermetisches Sendschreiben von comite Francisco Onuphrio de Marsciano an seinen auserwehlten Schüler in der Kunst überschicket anno 1744 zu Cöln auf Kosten dieses seines Schülers gedrucket, zum Nutzen derer Liebhaber der Chymie ; die Geheimnusse der Kunst, und von niemand bisshero erklärte wunderwürdige Dinge.

Wienn, Joh. Paul Krausz, 1751, in-8° de CX-182 pp.

(O-1265-1380-1390)

7172 [MARSOLLIER (l'abbé Jacques)], né à Paris en 1647, mort à Uzès en 1725.—Histoire de l'Inquisition et son origine [par l'abbé Jacques MARSOLLIER],

Cologne, chez Pierre Marteau, M. DC. XCIII [1093], in-12 de 502 p. (8 fr.).

[E. 6509

Cette histoire est une des plus curieuses sur ce tribunal, c'est en somme un excellent abrégé du *Directorium Inquisitorum* de LIMBORCH. Malgré cela, il fut jugé trop libre et mis à l'index. — Ouvrage dirigé contre l'autorité papale.

Autres éditions :

Cologne, Marteau, 1697, fort in-12.

Cologne, chez Pierre Marteau, 1700, 2 vol. in-12.

(S-5372)

7173 MARSTALLERUS (Gervasius). — Artis diuinatricis, qvam astrologiam seu judiciariam vocant, encomia et patrocinia quarum catalogum sequens pagella continet.

Parisiis, excudebat Christianus Wechelus, 1549, in-4° de 180 p. (35 fr.).

Rare.

(G-1890)

7174 MARSYS (François de). — Histoires tragiques et glorieuses, arrivées en Angleterre depuis cinq à six ans en çà. — Avec les véritables causes de leur guerre civile, les intérests et rencontre qui l'ont mise au jour, et les désolations qui l'ont suivie... Ensemble un discours apologétique en faveur de l'Eglise, contre ceux qui l'ont opprimée en Angleterre.

Cologne, 1647, in-4°, front. gr. (20 fr.).

7175 MARSYS (Fr. de). — La mort glorieuse de plvsieurs prestres anglois secvliers et religievx, qui ont souffert le martyre en Angleterre pour la deffense de la foy, en cette dernière persécution.

Paris, Blaizot, 1646, in-4°, front. gr. (20 fr.).

Ouvrage relatant la persécution des catholiques en Angleterre et l'injustice de la loi qui condamne les prêtres à mort pour le sacerdoce.

7176 MARTHIN-CHAGNY (Louis). — Satanisme. — L'Anglais est-il un Juif ?

Paris, s. d., fort in-12. (4 fr.).

Singulier ouvrage, où l'auteur fait les plus étrange révélations. — Selon lui, les Anglais adorent un dieu inverse et poursuivent dans leurs triangles « ou loges » le culte baphométique des Templiers. — Lucifer, Jéhovah et le Grand Architecte de l'Univers sont-ils un même personnage ? — Le Sabbat anglais, sa description méticuleuse. — Les étrangetés. — Qu'y a-t-il au fond de cela ? — Les Triangles, ou l'administration occulte supérieure de l'occulte F∴ M∴ et l'Illuminisme, etc...

7177 MARTHIN CHAGNY (L.). — L'Angleterre suzeraine de la France par la Franc-Maçonnerie, par L. MARTHIN-CHAGNY.

Paris, Chamuel, 1800, in-18. (2 fr. 25).

[Nk. 286

Mœurs anglaises.

Cette curieuse suite à l'ouvrage « L'Anglais est-il un Juif ? » est d'une réelle valeur. — C'est une véritable histoire de la F∴ M∴ créée en Angleterre en 1717. — Le juif dans la maç∴ et son rôle prépondérant. — Panthéisme. — Socianisme. — Manichéisme. — Nombres cabalistiques. Situation précaire de l'Angleterre avant 1717. — L'Anglais est-il un israélite ? Il le serait d'après MICHELET. — Le Juif d'après GOUGENOT DES MOUSSEAUX et KALIXT DE WOLSKI. — Jéhovah et God. — Mammon. — Tout un chap. très intéressant est consacré au Luciférianisme.

7178 MARTIN (Barth.). — Traité du Lait, du choix qu'on doit en faire, et de la manière d'en user. Par Barth. MARTIN, Apoticaire du Corps de S. A. S. Monseigneur le Prince [de Condé]. Seconde édition, corrigée...

A Paris, chez Laurent d'Houry, M. DCC. VI, [1706], in-12 de 7 fol. 215 p., 4 f^ns. (4 fr.).

Différentes idées sur la génération du Lait dans le corps des animaux. — Qu'on trouve certains hommes avoir du lait. — Le lait retient l'odeur et le goust des aliments dont les animaux sont nourris. — Du Beurre. — Du Fromage. — Du Lait clair, ou petit-lait ; ses Proprietez et son Usage dans la Médecine. — Des différentes sortes de lait que la Médecine employe et de leurs qualitez. — Pierre d'Egypte, appelée Galaxide. — De l'Usage du lait, et des précautions qu'on y doit apporter. — De la préparation convenable pour se mettre au lait. — Méthode de prendre le lait et le Régime qu'il faut observer. — Aliments incompatibles avec le lait. — En quelles maladies le lait est nuisible. — Maladies auxquelles le lait peut être utile. Etc.

7179 MARTIN (Dr E.). — Histoire des monstres, depuis l'antiquité jusqu'à nos jours.

Paris, Reinwald, 1880, in-8°, VIII-415 p. (3 fr. 50).

Les législations antiques et les monstres, les cultes antiques et les monstres composés. — Procès des Templiers. — Ambroise Paré ; son mysticisme. — Paracelse. — Son système sur l'origine des monstres. — La science moderne et les monstres. — Les monstres célèbres. — On trouve à la fin une bibliographie de 25 pages des ouvrages anciens et modernes qui traitent de la question des monstres.

7180 MARTIN (Gabriel). — La Religion enseignée par les Demons aux Sorciers Vaudois, par Gabriel MARTIN.

Paris, 1641, in-8°.

[D. 65137
(S-80 Supp.

7181 MARTIN (Gabriel). — Margarett, Roman. 4° édition.

Paris, Antour, 1000, in-18 de VI-387 p. (2 fr.).

[8° Y² 52513

Etude sur les Mœurs des Maisons de Rendez-vous, le Proxénétisme et la Prostitution à Paris.

7182 MARTIN (H.). — La Foudre, l'Electricité et le Magnétisme chez les Anciens.

Paris, 1860, in-12 de 418 p. (2 fr.).

Tradition mythologique sur la foudre, pratiques superstitieuses qui la concernaient. — Une science profonde de l'électricité est-elle contenue dans les figures symboliques de la religion grecque et de la religion romaine ? — Les Grecs ont-ils eu des moyens de diriger et de faire tomber la foudre ? — Les Celtes et les Etrusques faisaient-ils descendre la foudre des nuages ? etc.

7183 MARTIN (Isaac). — Le Procès et les souffrances de Isaac MARTIN, mis à l'Inquisition en Espagne.

Londres, 1723, in-8°.

(S-5381

7184 MARTIN (Dom Jacques). — Explication de divers monumens singuliers qui ont rapport à la Religion des plus anciens temples par Dom Jacques MARTIN avec l'examen de la dernière édition des ouvrages de S. Jérôme et un traité sur l'Astrologie judiciaire.

Paris, Lambert, 1739, in-4°. Figures. Avec de nombreuses et grandes figures en taille-douce de Baquoy, Le Parmentier, Scotin, etc.

Ce bel ouvrage très réputé, contient de fortes études sur Mithra et les mystères de ce culte solaire. — Les mystères de Cérès, les Eleusinies et les Tesmophories. — La religion des Egyptiens. — Le culte des dieux infernaux. — Les Druides et le Druidisme. — Les Mystères de Bacchus. — Un traité sur l'astrologie judiciaire et les talismans, etc... — 12 pl. gravées, se déployant, relatives aux mystères de Bacchus, aux Druides, aux mystères égyptiens, au culte de Mithra, aux Abraxas, aux talismans, aux divinités antiques, etc...

(S-6524
(G-1595

7185 MARTIN (Dom Jacques). — La Religion des Gaulois, par Dom Martin, tirée des plus pures sources de l'Antiquité.

Paris, Saugrain, 1727, 2 vol. in-4° Figures. (7 fr.).

]La² 39
(S-5553

7186 MARTIN (Jean). — Orvs Apollo de Ægypte de la signification des notes hiéroglyphiques des Ægiptiens, c'est-a-dire des figures par lesquelles ilz escripuoient leurs mystères secretz et les choses saintes et diuines. — Nouuellement traduict de grec en francoys et imprimé avec les figures a chascun chapitre.

On les vend à Paris à la rue Sainct Iacques à l'enseigne des deux Cochets par Iacques Kerner. 1543, in-12. (25 fr.).

[Rés. Z. 2507

Première édit. française, non citée par Brunet, ornée à chaque page de fig. sur bois, dont qq.-unes assez lestes.

Voir aussi Horapolle.

7187 MARTIN (Louis). — L'Eschole de Salerne en suite le poëme macaronique en vers burlesques, par Louis Martin.

Paris, Quinet, 1664, pet. in-12. Orné d'un portrait de l'auteur en front. grav. en taille-douce. (5 fr.).

7188 MARTIN (Louis). — L'Angleterre et la Franc-Maçonnerie. — Mœurs anglaises.

Paris, Savine. 1894, in-12. (3 fr.).

[Nk. 282

7189 MARTIN (Louis). — La Franc-Maçonnerie ennemie de la France.

Paris, Lyon. 1896, in-12, (3 fr. 50).

Voir aussi MARTHIN Chagny.

7190 MARTIN (Louis-Aimé) littérateur, né à Lyon en 1782, mort à Paris en 1847. Professeur à l'Athénée, Secrétaire rédacteur de la Chambre des Députés en 1815 et conservateur de la Bibliothèque Ste-Geneviève. Auteur célèbre des " Lettres à Sophie sur la Physique, la Chimie et l'Histoire naturelle". — Plan d'une Bibliothèque Universelle. Etudes des Livres qui peuvent servir à l'Histoire Littéraire et Philosophique du Genre humain, suivi du Catalogue des Chefs d'Œuvre de toutes les langues et des Ouvrages originaux de tous les Peuples. Par L. Aimé-Martin.

Paris, A. Desrez. 1837. in-8° de 543 p. et errata, (3 fr.).

Introduction. — Théologie. — Jurisprudence. — Philosophie. — Sciences. — Belles-Lettres. — Histoire. — Voyages. — Table des Divisions [les mêmes] du Catalogue de la Bibliothèque Universelle.

7191 MARTIN (Thomas-Ignace) né vers 1783 à Gallardon, près Chartres (Eure et Loir) mort au même lieu en 1834, cultivateur, voyant et prophète. — Le passé et l'avenir expliqués par des événements extraordinaires arrivés à Thomas Martin, laboureur de la Beauce, avec des notes curieuses, des faits inédits et des observations critiques sur qq. personnages qui ont figuré dans ces évènements : qq. mots sur les relations publiées à ce sujet par M. Silvy. — On y a joint une dissertation sur le procès-verbal de la mort de Louis XVII, sur les Mémoires dits " du Duc de Normandie " et sur divers ouvrages récemment publiés touchant le même sujet.

Paris, Bricon, 1832, in-8°. (10 fr.).

Recueil de prophéties curieuses que Th. Martin fit au commencement du XIX-e siècle, et dont qq-unes se sont réalisées. — Seule édit. qui soit revêtue de l'attestation de Th. Ign. MARTIN.

7192 MARTIN (le voyant Thomas Ignace). — Relations concernant les évènements qui sont arrivés à un laboureur de la Beauce, dans les premiers mois de 1816.

Paris, Egron, 1817, in-8° [2]-113 p. (5 fr.).

[Lb¹⁸. 527

Curieux mémoires de ces apparitions. — A Paris, MARTIN est interrogé et finalement envoyé à Charenton !...

7193 MARTIN (Thomas Ignace). — Révélations faites en faveur de la France par l'entremise de Thomas MARTIN, en 1816.

Paris, Gueffier, 1827, in-12. (5 fr.)

Recueil des prophéties curieuses que Th. MARTIN, laboureur à Gallardon, fit au commencement de ce siècle, et dont quelques-unes se réalisèrent, dit-on.

(G-693

Sur Thomas MARTIN, voir aussi : *SILVY.*

M*A*RIN (le Capitaine Paul).

7194 MARTIN (Thomas Henri) philosophe français, né à Bellême (Orne) en 1813, mort à Rennes en 1884. Doyen de la Faculté des Lettres de Rennes. — Galilée, les droits de la science et la méthode des sciences physiques.

Paris, 1868, in-12, (2 fr.).

Ouvrage qui a remporté le Prix Monthyon.

7195 MARTIN (Th. Henri.). — Recherches sur la vie et les ouvrages de HÉRON.

Paris, Impr. Imp. 1854, in-4° de 488 pp. (4 fr.).

Cet ouvrage forme le tome IV (première série) des Mémoires présentés à l'Académie des Inscriptions et Belles-lettres.

7196 MARTIN (Th. Henri). — Theonis Smyrnaei Platonici, cum Sereni fragmento...

Paris, (10 fr.).

7197 MARTINES de PASQUALLY, ou MARTINEZ-PASQUALIS, Israëlite Portuguais mort en 1779 à Port au Prince (Ile d'Haïti). — Traité de la Réintégration des Etres dans leurs premières propriétés, vertus et puissances spirituelles et divines. Publié pour la première fois intégralement et précédé d'une Notice historique sur le Martinésisme et le Martinisme, par un chevalier de la R. ✝ C.

Paris, Bibliothèque Chacornac, 1899, in-16, (6 fr.).

[8° Z. 14619

(Bibliothèque Rosicrucienne, 1-ère série, n° 5.)

(Pen. p. 179

7198 MARTINET (Docteur). — Le Juif, voilà l'ennemi !

Paris, s. d., in-12, (6 fr.).

Livre devenu rare à la suite de certaines manœuvres occultes. — Le rôle du Juif dans la F∴ M∴ y est longuement étudié. — D'après l'auteur, qui fait à sa façon un historique de l'Ordre, la F∴ M∴ est une institution juive, dont le but est la domination universelle d'Israël. — Les rites où intervient le sang chrétien, forment un chap. curieux, dont l'opinion exaspérée voudrait enfin une réfutation sérieuse ou des preuves irréfutables. — Le Dr MARTINET semble convaincu des monstruosités qu'il dénonce.

7199 [MARTINET (A.)]. — Platon-Polichinelle, ou la sagesse devenue folie pour se mettre à la portée du siècle. Par un solitaire auvergnat.

Lyon et Paris, 1854 (1-re édit.). 4 vol. in-16 (7 fr.).

MARTINUS de ARLES. — Voir : *ARLES* (Martinus de).

7200 MARTONE (A. de). — La piété du Moyen-Age.
Paris, Dumoulin, 1855, in-8°, (5 fr.).

Des miracles et des mystères ; des fêtes des fous, des innocents, de l'âne ; du diable, des animaux et de qq. types ; danses macabres, etc...

7201 MARLY (H.). — Révélations.
Paris, chez l'auteur, 1909, in-8°. (4 fr. 50).

L'inconnu, les religions et le Grand Architecte de l'Univers; vision de l'invisible; exorcisme, évocation, une voix d'en haut etc..

MARY SUMMER. — Voir : *FOUCAUX* (Madame).

7202 MASENIUS (R. P.). — Speculum imaginum veritatis occultæ, exhibens symbola, emblemata, hieroglyphica, oenigmata, omni tam materiæ, quam forma varietate ; exemplis simul, ac præceptis illustratum.
Coloniæ Agrippinæ, 1714, 2 vol. pet. in-8° (10 fr.).

Autre édition :

Coloniæ Ubiorum, J. A. Kinchi, 1650, in-8°.
[Z. 17592
(G-094

7203 [MASINI (Eliseo)]. — Sacro arsenale ouero Prattica dell'officio della Santa Inqvisitione. Di nuouo corretto et Ampliato.
In Genova et Perugia, 1653, pet. in-4°, vignette symbolique sur le titre. (15 fr.).

Manuel de l'Inquisition de la plus grande rareté, l'édition ayant été détruite presque en entier par ordre du St Office (Voir Cat. LIBRI).

Autres édit. :

Roma gl'heredi del Corbelletti, 1639 in-4°.
[E 2295

Bologna, Braglioni, 1665, in-8°.
[E 0514 et
[E. 4604

Bologna, G. Longhi, 1679, in-8°.
[E 0515 ?

Roma, stamp. della Cam. apostolica, in-4°.
[E 2290
(G-2072

7204 MASON (Johann). — Die Selbstkenntnisz, worinnen die Natur und der Nutzen dieser wichtigen Wissenschaft und die Mittel, dazu zu gelangen, gezeiget werden : mit eingestreusen Betrachtungen und Anmerkungen über die menschliche Natur, von Johan Mason, A. M. aus dem Englischen übersetzt von M. J. B. (arth.) Rohler. IV et. verbesserte. Aufl.
Leipzig, Christ. Gottl. Hilcher, 1795, in-8° de XVI-251 pp.
La 1-re édit. est de 1774.
(O-300

7205 MASPÉRO (Gaston Camille Charles) égyptologue né à Paris en 1846. Professeur d'archéologie au Collège de France. Successeur de M. MARIETTE comme Directeur du musée de Boulaq, puis Académicien. — Etudes de mythologie et d'archéologie égyptienne.
Paris, E. Leroux, 1803-1000, 4 vol. gr. in-8° avec planches, (28 fr.).
[O³ a. 812

7206 MASPÉRO (G.). — Histoire ancienne des peuples de l'Orient classique.
Paris, Hachette, 1893, 3 vol. gr. in-8°. Nombr. gravures. (50 fr.).
[O² 881

7207 MASPERO (G.).—Histoire ancienne des peuples de l'Orient. Avec 9 cartes et qq. spécimens des écritures hiéroglyp. et cunéiformes.

Paris, 1876 (2-ème édit). (1 fr. 50).

7208 MASSARD (J.). — Harmonie des prophéties anciennes avec les modernes, sur la durée de l'Antechrist, et les souffrances de l'Eglise.

Cologne, P. Marteau, 1686. in-12. (10 fr.).

Ouvrage curieux.

(G-605)

7209 MASSARD (Jacques), agrégé au collège des médecins de Grenoble. — Panacée ov discovrs svr les effets singuliers d'un remède expérimenté et commode pour la guérison de la plus part des longues maladies, même de celles qui semblent incurables. Avec un traité d'Hypocrate de la cause des maladies et de l'ancienne médecine.

A Grenoble, chez l'auteur, 1679/80 2 parties in-12. (12 fr.).

[T¹⁸ 112

Ce petit ouvrage fort rare est orné de deux frontispices allégoriques gravés par Gilbert. La seconde partie « dédiée à Messeigneurs dv Parlement de Dauphiné» contient un traité des abus de la médecine ordinaire et les avis de Van Helmont sur la composition des remèdes.

(G-1506)

7210 MASSÉ (Pierre) du Mans. — De l'imposture et tromperie des diables, devins, enchanteurs, sorciers, noueurs d'esguillettes, chevilleurs nécromanciens, chiromanciens et autres, qui par telle invention diabolique, arts magiques et superstitions abusent le peuple, par Pierre MASSÉ, du Mans, advocat.

Traicté enseignant en bref les causes des maléfices, sortilèges et enchanteries, tant des ligatures et neuds d'esguillettes pour empescher l'action et exercice du mariage qu'autres, et du remède qu'il faut avoir à l'encontre, par M. René BENOIST, curé de Sainct Eustache, à Paris.

Paris. Jean Poupy, 1579. 2 ouv. à pagination suivie, format in-8°. de 259 ff (le Traicté de René Benoist commence au feuillet 217). (40 fr.).

Très rare.
[R. 43207
(G-606 et 1507
(S-3152 b

7211 MASSIAS (le Baron). — Influence de l'Ecriture sur la Pensée et sur le Langage.

Paris, 1828. in-8° (3 fr.).

7212 MASSOL (le F. .). — Rapport sur la question de la morale.

Paris, 1859-64, in-8° (8 fr.).

7213 MASSON (Dr A.). — La Sorcellerie et la science des poisons au XVIIe siècle.

Paris, Hachette, 1903. in-16, 342 p. (2 fr.).

[T²¹. 744

7214 MASSON (Mme Alphonsine). — Discours prononcé par Mme Alphonsine MASSON, au banquet de Mesmer de l'année 1857. rue de Richelieu.

Paris. Imp. Pommeret et Moreau, 1857. in-8°.

(D. p. 163

7215 MATEOS GAGO Y FERNANDEZ. — La fable de la papesse Jeanne, trad. de l'espagnol, avec introduction par Auguste Roussel.

Paris, Bruxelles, Genève. Palmé. Albanel. Grosset, etc. 1880, in-12. X-244 p. (2 fr.).

Intéressant ouvrage, donnant à la fin une « Bibliographie de la Papesse » ou catalogue alphabétique des ouvrages ayant trait à cette question.

7216 MATEX (M.). — Emmanuel de Swédenborg, sa vie, ses écrits et sa doctrine.

Paris, 1863, in-18, (4 fr.).

7217 MATHERS (S. Liddell Mc Gregor). — The Kabbala Denudata. Translated into English. Containing the following Books of the Zohar : — 1. The Book of concealed Mystery. 2. The Greater Holy Assembly. 3. The Lesser Holy Assembly. Collated with the original Hebrew, and the Latin text of Knorr de Rosenroth's « Kabbala Denudata ». By S. Liddell Mac Gregor Mathers. Fra. Ros. Cros.

London, 1887, in-8° (15 fr.).

(O. P. C.)

7219 MATHERS (S. Liddell Mc Gregor) — The Key of Solomon the King. Now first Translated and Edited from an ancient MSS. in the British Museum by S. Liddell Mc Gregor Mathers, author of « Kabbalah Unveiled », etc.

London, 1888, in-4° Couronne, (35 fr.).

[4° R. 828

Outre les Sceaux, Caractères et Diagrammes Magiques, près de 50 Pantacles ou talismans sont donnés hors texte.

(O. P. C.)

7220 MATHIEU (P. F.) — Histoire des miraculés et des convulsionnaires de St-Médard, précédée de la vie du diacre Paris, d'une notice sur Carré de Montgeron et d'un Coup d'œil sur le Jansénisme depuis son origine jusqu'à nos jours ; par P. F. Mathieu.

Paris, Didier et Cie, 1864, in-18 jésus, de IV-VIII-491 pp. (4 fr.).

[Ld³. 227

Le faux titre porte :

Le Merveilleux dans les temps modernes.

Très bon ouvrage fait avec de nombr. et longues citations des meilleurs auteurs sur la question. — L'auteur termine son ouvrage par qq. pages de conclusion sur les événements plus ou moins merveilleux dont il s'est fait à son tour l'historien.

(G-1509 et 1670)

7221 MATHIEU (Philippe Antoine) né près de Romans (Drôme) en 1808, mort en 1865, Homme politique et météorologiste. — De la prédiction du temps.

Paris, 1869, in-8° de 60 pp.

Intéressant ouvrage devenu rare, de l'auteur de l'almanach bien connu.

7222 MATHIEU (Albert). — La Théophilanthropie et le culte Décadaire (1796-1801).

Paris, F. Alcan, 1903, fort in-8°, (7 fr.).

[Ld¹⁵⁸. 60

Essai sur l'Histoire religieuse de la Révolution, complétant et rectifiant l' «Histoire des Sectes religieuses » de l'abbé Grégoire.

7223 MATIGNON (Dr J. J.). — Superstition, crime et misère en Chine.

Lyon et Paris, A. Storck, 1899, in-8° 61 fig. (5 fr.).

[O² n. 1856

Superstition. — Auto-crémation des prêtres bouddhistes. — Infanticide et avortement. — Pédérastie. — Eunuques. — Médecins des mongols. — Nubilité chez les Pékinoises, etc...

7224 MATIGNON (P. A.). — La question du surnaturel, ou la Grâce, le merveilleux, le Spiritisme au XIX° siècle.

Paris, Le Clère, 1861, in-12 de X-450 pp. (3 fr.).

L'intervention des Esprits. — La Magie contemporaine. — Le spiritisme et la démonologie, etc,..

7225 MATTE-LA-FAVEUR (S.). — Pratique de chimie divisée en quatre parties ; par S. MATTE-LA-FAVEUR, avec un avis sur les eaux minérales.

Montpellier, Daniel Pech, 1671, in-4º de XII-360-XLII pp. avec de gr. pl.

[R. 43353
(O-1095

7226 MATTÉI (Comte César) né à Bologne le 11 janvier 1809, mort dans son château de Rochetta entre Florence et Bologne, le 3 avril 1896. — Electro-homéopathie. — Principes d'une science nouvelle, 1-re édit. française par l'inventeur.

Nice, 1879, in-12. 1 portr. et 1 pl. (4 fr. 50).

130 p. env. de cet ouvrage sont consacrées à des formules électro-homéopathiques pour la guérison des diverses maladies qui sont indiquées sous forme alphabétique.

7227 MATTEI (Le Comte César). — Médecine électro-homéopathique, ou nouvelle thérapeutique expérimentale.

Paris, Gaulbier, 1883, in-8º figures (3 à 8 fr.).

Remarquable ouvrage du célèbre homéopathe, dans lequel, il décrit ses remèdes et ses méthodes de traitement.

Autres éditions :

Nice, 1883, in-8º.

[Te^135. 262

7228 —— Electro-Homœopathie, Seconde édition.

Bologne, 1880, in-8º.

[Te^15. 133 A

7229 MATTEI (Comte César). — Spécifiques électro-homéopathiques du comte MATTEI avec les indications nécessaires pour la guérison de toutes les maladies et spécialement des maladies incurables. Science nouvelle... 7º édition.

Valence, Combier, 1884, pet. in-8º 498 p. Planche au trait pliée. (3 fr.)

Comment M. MATTEI a été conduit à la découverte de ses Spécifiques. — Nom des Remèdes. — Indications générales sur les Spécifiques Mattéi et leur mode d'action. — Sphère d'Action des Remèdes. — Doses et modes d'application. — Seconde partie : Catalogue Alphabétique des maladies guéries par les remèdes du comte MATTEI, avec indication des remèdes qui peuvent être nécessaires pour chacune et avec cas de guérison à l'appui.

MATTEI (Cte César), voir :
SATURNUS (pseud. de ?) son disciple et biographe : « *Iatro-Chimie et Electro-Homeopathie.* »

7230 MATTER (Jacques) historien et philosophe français né à Alt-Eckendorf, près Saverne (Alsace) en 1791, mort en 1864. Professeur d'histoire à Strasbourg, et de religion protestante. — Emmanuel de SWEDENBORG, sa vie, ses écrits et sa doctrine ; par m. [Jacques] MATTER.

Paris, Didier et Cie, 1863, in-8º de IV-XVI-436-7 pp. (7 fr.).

[M 29591

Les sept dernières pages sont consacrées au catalogue des ouvrages de SWEDENBORG, traduits en français par J. F. E. LE BOYS DES GUAYS.

Voy. encore l'art. SWEDENBORG de la Biographie générale (XLIV. 690-703), par P. LOUSY.

L'art. SWEDENBORG de la Biogr. universelle (MICHAUD, XLIV, 249-58), par CATTEAU-CALLEVILLE.

Ce second art. est loin de valoir le premier.

Consultez encore GRÉGOIRE, Hist. des sectes religieuses II édit. V. chap. VII SWEDENBORGISTES, pp. 84-109.

Il n'y a pas dans l'histoire, il n'est dans aucun siècle, d'homme plus remarquable qu'Emmanuel SWEDENBORG au point de vue du développement de certaines facultés de l'âme. Savant de premier ordre dans l'art de manier les métaux et d'explorer la nature, ce grand homme est comme le surnaturel incarné : ce fut le plus grand des Illuminés.

(G-097
(O-123

7231 MATTER (J.). — Essai historique sur l'Ecole d'Alexandrie et coup d'œil comparatif sur la littérature grecque, depuis le temps d'Alexandre le Grand, jusqu'à celui d'Alexandre Sévère.

Paris, Levrault, 1820, 2 vol. in-8°
(17 fr.).

[8° R. 18293

Ouvrage fort estimé.

Il est inutile d'insister sur la haute compétence de l'auteur célèbre de l'Histoire du Gnosticisme. — La fameuse Ecole d'Alexandrie, où allèrent se faire initier tous les plus grands philosophes, a trouvé en J. MATTER un historien digne d'elle.

(G-098

7232 MATTER (J.). — Histoire de l'Ecole d'Allemagne, comparée aux principales Ecoles contemporaines. 2-ème édit. entièrement refondue.

Paris, Hachette, 1840-44-48, 3 vol in-8° (45 fr.)

[R 43355-43356

C'est la bonne édition de cet ouvrage : elle comporte un volume de plus que l'édition originale de 1820.

7233 MATTER (Jacques). — Histoire de la Philosophie dans ses rapports avec la religion, depuis l'ère chrétienne.

Paris, Meyrueis, 1854, fort in-12. (5 fr.).

[R 43357

Tout ce que les autres ont systématiquement négligé ou méprisé Matter le met en valeur avec une visible complaisance et sans le moindre oubli. Le christianisme dans ses rapports avec la Kahbale : les divers systèmes gnostiques ; l'Ecole d'Alexandrie ; Ammonius Saccas, Plotin, Porphyre, Jamblique, etc... Le Soufisme.— Le Platonisme dans l'Eglise : le mysticisme · Eckart, Ruysbroek, Marsile Ficin, Politien, Paracelse, Van Helmont, Weigel, Fludd, Boehme, Pordage, Jeanne Leade, Poiret ; les Théosophes : St-Martin, etc... Molitor, Goerres, etc...
Plus de 500 philosophes sont soigneusement étudiés et analysés dans ce volume très recherché.

7234 MATTER (J.). — Histoire critique du Gnosticisme, et de son influence sur les sectes religieuses et philosophiques des six premiers siècles de l'ère chrétienne.

Paris, Levrault, 1828, 3 vol. in-8°
dont un atlas de 18 planches h. t. litho. et leur description. (50 fr.).

[H. 10632-34

Ouvrage de la plus grande rareté.

(G-090 et 1891

7235 MATTER (J.). — De l'influence des mœurs sur les lois et de l'influence des lois sur les mœurs.

Paris, Didot, 1832, in-8°. (4 fr. 50).

Ouvrage auquel l'Académie Française décerna un prix extraordinaire de 10.000 fr. et où l'on remarque une instruction profonde et beaucoup de justesse d'esprit et de sagacité.

7236 MATTER (Jacques). — Lettres et pièces rares ou inédites publiées et accompagnées d'introduction et de notes par MATTER, inspecteur général des Biblioth. du Royaume, etc...

Paris, Amyot, 1846, gr. in-8°. (4 fr. 50).

Contient en outre : Catalogue d'une Collect. de livres du XI° siècle. — Les livres d'une maison religieuse à la fin du XIII° siècle ; Une collection de livres d'une femme du monde à la fin du XIV° siècle ; Un jugement de la fin du XVI° siècle sur le favoritisme et le métier de roi, etc...

7237 MATTER (Jacques). — Le mysticisme en France au temps de Fénelon.

Paris, Didier, 1865, in-8° de 428 p. (3 fr. 50).

L'Historien du Gnosticisme, de Saint-Martin et de Swédenborg, était par la nature même de ses études, très documenté sur toutes les questions théosophiques. — Ce volume est rempli jusqu'au bord de faits suggestifs et d'observations curieuses. — Fénelon, d'ailleurs, est une énigme de l'histoire que l'on n'a pas encore réussi à déchiffrer complètement. En dehors de son commerce spirituel avec Mme Guyon, il y aurait à préciser le rôle qu'il joua dans l'Église en qualité de prélat Templier, point assez obscur de sa vie pastorale. MATTER entre ici dans de longues considérations au sujet des visions, des extases, des doctrines gnostiques, et met en lumière cette figure si sympathique du XVIII° siècle.

(G-1000 et 1802)

7238 MATTER (Jacques). — Saint-Martin, le Philosophe Inconnu, sa vie et ses écrits, son maître MARTINEZ [PASQUALIS et l'abbé Pierre FOURNIÉ] et leurs groupes, d'après des documents inédits ; par m. MATTER.

Paris, Didier et Cie, 1862, in-8° de XII-400 pp. (8 fr.).

[Ln²⁷ 18204

2ᵐᵉ édition.

Ibid. Id. 1864.

[Ln²⁷ 18204 A.

Ouvrage fort intéressant, qui nous fait connaître une figure remarquable. Du reste, depuis quelque temps on s'est beaucoup occupé en France, du théosophe d'Amboise, notamment MM.:

L. MOREAU Réflexions sur les idées de L. Cl. de Saint-Martin le théosophe.

Paris, 1850, gr. in-18.

E. CARO · Essai sur la vie et les doctrines de Saint-Martin, le philosophe inconnu.

Paris, 1852, in-8°.

SAINTE-BEUVE : Saint-Martin le philosophe inconnu ; dans ses Causeries du Lundi, X-190-225, et bien d'autres, le dernier est :

Ad. FRANCK : La philosophie mystique en France à la fin du XVIII-e S. — Saint Martin et son maître Martinez Pasqualis.

Paris, 1866, gd. in-18.

Monsieur FRANCK a eu l'avantage d'avoir à sa disposition, et de pouvoir donner (pp. 202-26) les premières pages du traité manuscrit de Martinez Pasqualis, intitulé : Traité sur la réintégration des êtres dans leurs premières propriétés, vertus et puissances spirituelles et divines (in-4° d'environ 355 pp. composé de plusieurs parties). Il faut espérer que m. le pasteur MATTER, fils de l'historien du Gnosticisme, et possesseur du ms. en fera un jour la publication. On ignorait les principaux points de la doctrine de MARTINEZ qui n'a rien publié; le peu qu'on en connaissait se trouvait dans l'ouvrage de l'abbé Pierre FOURNIÉ, (voy. ce nom), qui n'est pas terminé ; quand à SAINT-MARTIN, il s'était beaucoup éloigné de son maître, tout en ne le reniant pas.

M. MATTER qui a tenu deux exemplaires de ce Traité, en parle ainsi : « Il a pour objet, non pas l'état actuel des choses, mais le rétablissement de leur état primordial, celui de l'homme et celui des êtres en général. Et loin d'offrir une discussion ou une hésitation quelconque, il expose la pensée de son auteur très magistralement. Point de doute, ni de difficultés sur rien ; des révélations du mystère, de l'obscurité partout. Son point de départ est pris dans nos premiers textes sacrés, mais c'est moins un commentaire qu'une nouvelle révélation, du moins une dogmatique substituée à une autre.... son auteur en cessant d'écrire, n'en est encore qu'à Saül, et s'il donnait dans sa pensée aux discours des prophètes, à ceux de Jesus-Christ et à ceux de ses apôtres la même étendue qu'à ceux de Moïse et de ses successeurs, il nous laissait toute une bibliothèque... » Voy. MATTER ; Saint Martin (1862), pp. 12-8.

Comme l'ouvrage de l'abbé FOURNIÉ est très rare, nous en donnons ici le titre :

« Ce que nous avons été, ce que nous sommes et ce que nous deviendrons » avec cette épigraphe :

Ne vous arrêtez point à considérer la personne de celui qui écrit, soit qu'il ait peu ou beaucoup de science ; mais que l'amour pur de la Vérité vous porte à lire tout ce que vous lirez. (Imitation de Jésus-Christ, L. I, ch. V.).

Par Pierre FOURNIÉ, clerc tonsuré. Première (et unique) partie.

Londres, A. Dulau et Cie, 1804, in-8° de VIII-375 pp. plus 1 d'errata.

Pierre Fournié n'était pas un lettré, à ce qu'il paraît, car voici ce qu'il dit de son ouvrage : « D'après ce que j'ai annoncé de ma complète ignorance des sciences humaines on jugera bien que le traité tout imparfait qu'il est encore par rapport à la tournure des phrases, était lorsque je l'écrivis, bien différent, mais quant au style seulement, de ce qu'il est aujourd'hui. Pour le rendre intelligible, il m'a fallu trouver et j'ai trouvé moyennant la grâce de Dieu, un homme qui s'est assujetti à rendre exactement le sens de mes paroles et les idées telles qu'elles sont énoncées dans mon premier écrit, ne changeant que certaines expressions absolument vicieuses, et les tours de phrases qui choquoient trop ouvertement les règles du langage les plus usités parmi les hommes. » (l'auteur, p. 368).

Une note copiée sur celle mise par m. Fr. Herbort, de Berne, sur son exemplaire et citée par MATTER, se trouvait sur un exemplaire appartenant à M. le prince Odoïefski ; la voici : « Pierre FOURNIÉ, prêtre émigré lors de la révolution française a vécu depuis à Londres. Avant la révolution, Fournié a été instruit quelque temps à l'école de Dom (*sic*) Martinez de Pasqualis. — D'après une relation certaine que j'ai eu de l'abbé FOURNIÉ, par m. de V... qui a été à Londres en juin 1819, et a vu bien des fois l'abbé, celui-ci n'a point jugé à propos de faire imprimer le 2-d volume, disant qu'il contenait bien des choses que l'on ne peut point publier. Cet abbé FOURNIÉ, en l'an 1819, a 81 ans, et se trouve bien portant et fort vif. » Voyez l'analyse de l'ouvrage de l'abbé FOURNIÉ, dans MATTER (J) : Saint-Martin (1862) pp. 35 à 54.

(O-151

(G-700, 1601 et 1893

7239 MATTER (Jacques). — Schelling ou la philosophie de la nature et la philosophie de la révélation.

Paris, Comptoir des imprimeurs réunis, 1845, in-8° (5 fr.).

[R 43366

(G-1600

7240 MATTHEUS (J.). — Incidents de la vie de H. P. BLAVATSKY (Sa naissance, son origine, son mariage, son enfance ; ses voyages à travers le monde ; sa mort).

S. l.. [1891], in-12, (0 fr. 70).

7241 MATTHIOLE ou MATTIOLI (Pierre André) médecin et naturaliste italien, né à Sienne en 1500, mort à Trente en 1577. Premier médecin de l'empereur Maximilien II. — Commentaires de P. A. MATHIOLE svr les VI livres de Dioscoride Anazarbéen, de la matière médicinale. — Reueuz et augm. en plus de mille lieux par l'auteur mesme et enrichis pour la troisième fois, d'un grand nombre de pourtraits de plantes et animaux tirés au vif, plus qu'aux précédentes édit ; auec certaines tables médicinales, tant des qualités et vertus des simples médicamens, que des remèdes pour toutes maladies qui peuuent auenir au corps humain, comme aussi des sentences, mots et matières traictées esdicts fourneaux et alembics pour distiller et tirer les eaux de toutes plantes, auec le moyen de les conserver en leurs natiues odeurs : mis en françois sur la dernière édition latine de l'autheur par M. Jean des Moulins, doct. en médecine,

Lyon, 1572, in-f°, (30 fr.).

Autres éditions :

Lyon, 1567, in-fol.

Lyon, Prost, 1555, fort in-fol.

Lyon, 1680, gr. in-fol.

(S-3290 b

7242 MATTHIOLE. — Les commentaires de M. P. André MATHIOLUS médecin Senois sur les six livres de Pedacius DIOSCORIDE, Anazarbéen, de la matière médicinale. Traduit du latin en françois par Anthoine Dv Pinet et illustrez de nouveau d'vn bon nombre de figures et augmentez en plus de mille lieux à la dernière édition tant de plusieurs remèdes à diverses sortes de maladies, comme aussi des distillations et de la connaissance des simples.

Venise, Carboul, 1634, in-fol. (35 fr.).

Très rare. — Avec nombreuses fig. s.b. dans le texte dont plusieurs coloriées à la main.

7243 MATTHIOLE (F. A.). — P. A. MATTHIOLI Senensis Commentarii secvndo aveti. in libros sex Pedacii DIOCORIDIS Anazarbei de medica materia. Adiectis quam plurimis plantarum, et animalium imaginibus quæ in priora editione non habentur eodem authore. His accessit eivsdem apologia adversvs Amathum Lusitanum. quin et censura in eiusdem enarrationes.

Venetiis, ex officina Erasmiana Vincenti Valgrisii, 1558, in-4º (20 fr.).

Bonne édition de cet ouvrage du célèbre savant italien, longtemps consulté comme le meilleur traité de botanique et aussi de distillation et de parfumerie. C'est un des livres les plus curieux traitant des simples et plantes employées pour la guérison et le soulagement de toutes les maladies ; il est enrichi d'un nombre considérables de fig. sur bois des plus curieuses, tant de zoologie que de botanique.

7244 [MAUBERT de GOUVEST] (Jean Henri), publiciste et historien, successivement capucin, officier d'artillerie, calviniste, directeur des comédiens français en Allemagne, naquit à Rouen en 1721, et mourut à Altona, le 21 octobre 1767.

7245 [MAUBERT de GOUVEST]. — Lettres Chérakeesiennes mises en français de la traduction italienne, par J. J. Rufus sauvage européen.

Rome de l'impr. du Sacré Collège de la Propagande, 1769, in-12, (6 fr.).

[Z 15278

Célibat des Prêtres chrétiens contraire à la voix de la nature. Ils savent se dédommager de la contrainte dans laquelle on les retient. — Sentiment du Chérakées touchant le système de la loi de Moïse. Généalogie du diable. — Conférence du Chérakées avec un juif touchant le Judaisme, le Christianisme et le Mahométisme. — Témérité des vœux de continence dans les jeunes filles. — Description de l'Enfer. — Trinité. — Miracles. — Prédictions. — Etc...

(G-1894

7246 MAUCHAMP (le docteur), médecin du gouvernement français au Maroc, assassiné à Marrakech (Maroc) vers 1911. —

La Sorcellerie au Maroc. (Œuvre posthume du Dr Mauchamp, médecin du gouvernement français, assassiné à Marrakech, précédée d'une étude documentaire, sur l'œuvre et l'auteur, par Jules Bois.

Paris, Dorbon aîné, 1911, in-8º, 17 illustr. hors texte.

Ce jeune médecin périt victime de ceux-là même dont il dévoile dans son livre les impures et dépravantes pratiques. Le mss de l'ouvrage est parvenu au père de l'auteur après la mort de son fils, et avec ses feuillets lacérés et tachés de sang : ils avaient été ramassés après le pillage dans la maison du docteur.

L'ouvrage a été mis en ordre et est présenté par M. Jules Bois, dont la compétence en ces matières est bien connue.

7247 MAUCLERC. — Le magnétisme pour tous, par MAUCLERC artiste dramatique.

Boulogne sur Mer, Delabodde, 1867, in-8º, 36 pages.

Le titre de la première page porte : *A Alexandre Dumas. Le magnétisme. Cours rapide de magnétologie, transmission de pensée, double vue, art de magnétiser enseigné à tous, par une méthode simple et facile d'après les plus célèbres praticiens :* Comet, Du Potet, Deleuze, Foissac, Frank, Hufeland, Puységur, Ricard, Teste, Wolfart, etc.,.

Monsieur Mauclerc est veuf d'une femme autrefois célèbre : LOLA MONTÈS.

(D. p. 180

7248 MAUDSLEY (Dr Henry). — La Pathologie de l'Esprit, trad. de l'anglais par le Dr Germont.

Paris, 1883, fort vol. in-8º. (6 fr.).

[Td⁸⁶. 488

Le sommeil et les Rêves. — L'hypnotisme, le somnambulisme et les états analogues. — Les causes de la folie et les moyens de la prévenir, etc... Médecine de l'esprit.

7249 [MAUGIN de Richebourg]. — CLIII Aphorismes chymiques auxquels on peut facilement rapporter tout ce qui regarde la chymie. Mis en ordre par les soins et le travail de l'Hermite du Fauxbourg. Nouvellement traduit du latin en françois par M. S. D. R.

Paris, Laurent d'Houry, 1692, in-12 de 33 pp. (18 fr.).

[R. 26751

Très rare avec comme complément « La Lumière des Mercures extraite de Raymond Lulle. »

Attribué également à :

DU RESPOUR.

(G-1602

7250 MAULE-PL. (L. de). — Nouveaux documents archéologiques. Le Symbolisme Gaulois.

Deuxième publication.

Paris, J. B. Dumoulin, 1874, 2 part. in-8º de 270 p. figures. (5 fr.).

[Lj². 93

Le symbolisme du Cercle ou Anneau, de la Rose, du Bouclier, du Lion, de l'Aigle, du Tau, de la Fleur de Lys, etc... fournit à l'auteur des études savantes et étendues, basées sur les langues hébraïque et celtique, et les mythes des cultes primitifs. De nombreuses figures illustrent ce travail. — Contient aussi un utile résumé d'alphabet hébreu et de sa prononciation, p. 151.

Curieux ouvrage composé de plusieurs mémoires successifs, mais à pagination suivie.

7251 MAULLIUS (Johannes Philippus). — Medicina theologica, chymico-irenica, et christiano-cabbalistica, vorgestellet in der ersten Continuation curioser und erbaulicher Gespräche von Gold von Mitternacht, oder von der höchsten Medicin, darinnen gezeiget wird, wie dieselbe in der heiligen Schrifft, nach dem Grund-Text, zu finden; und dasz die Vergleichung der Geistlichen und Leiblichen Höchsten Medicin, die Rechte Cabbala der Alten, oder wahre Chymie seye,... von Joh. Philippo MAULLIO.

Wesel, Jacob von Wesel, 1713, 4 vol. in-8º ensemble de LVI-1204 pp. rel. en 4 vol.

(O-1039

7252 MAUPASSANT (Henri René Albert Guy de), né au château de Miromesnil (Seine Inférieure) le 5 août 1850, mort dans la maison du Dr Blanche à Passy le 6 juillet 1893. — Le Horla.

Paris, Ollendorf, 1887, in-18 de 354 p. et tab. (10 fr.).

[8º Y² 40242

Édition originale.

Un superbe « cas de subjugation » eût euphémisé ALLAN KARDEC. A noter page 61 : « l'Autoscopie négative » [du Dr P. SOLLIER] qui consiste à ne pas se voir dans une glace. En résumé un conte de 65 p. qui n'est pas banal.

Voir aussi « Le Signe » p. 163.

Cette édition contient environ une douzaine de contes.

7253 MAUPASSANT (Guy de). — Œuvres complètes.

Le Horla. — Le voyage du Horla. — Un fou. — Le Horla (version 1-re)

Paris, Conard, 1908-1909, pet. in-8º. (4 fr. 50).

Jolie édition, tirée sur beau papier vergé par les presses de l'Impr. Nationale;

soigneusement collationnée sur les édit. orig. et renfermant de nombr. fragments, contes et nouvelles, inédits.

MAUPASSANT (sur Guy de). — Voir :

THOMAS (Louis) " La Maladie et la mort de Guy de Maupassant ".

MAUPERTUIS (Moreau de). — Voir :

MOREAU DE MAUPERTUIS (Pierre Louis).

7254 MAUPIED (L. M.),Doct. ès-sciences. — Essai sur l'origine des principaux peuples anciens, contenant l'histoire neuve et détaillée du Bouddhisme et du Brahmanisme, etc...

Paris, 1844, in-8°, (5 fr.).

Le titre de cet ouvrage est suffisament descriptif. — Nous nous bornerons à signaler l'importante question des zodiaques traités par Dupuis, Bailly, Letronne, etc...

7255 MAUREREY von einer lichtern Seite, betrachtet von einem unglücklich seynsollenden Bruder ; [avec cette épigraphe :]

Educam te ex machina, ubi dum te Deum fieri putas, nec hominis tibi relinquuntur facultates.

Deutschland, (......) *gedruckt in boben Tempel Salomonis*, 1788, pet. in-8° de XXXII-264 pp.

(O-426

MAURIES (Paul) capitaine d'infanterie, né en 1853, fils d'un négociant en métaux, fut d'abord tourneur en métaux jusqu'à 1854, époque de son tirage au sort. Il était lieutenant en 1870 et prit sa retraite comme capitaine, décoré et officier d'Académie. Il est mort (sans doute à Antony, Seine, où il résidait) vers 1908 ou 9.

Voir une notice succincte, accompagnée de son portrait, dans le *Journal de la Santé* du 24 décembre 1905 (22° année p. 965). Dirigé par le Dr MADEUF.

[4° T³³. 445

7256 MAURIES (le Capitaine Paul). — Une révolution dans l'art de guérir les maladies d'estomac, d'intestin, les migraines, les névralgies, le diabète et l'albuminurie. Méthode sans médicaments et sans régime à suivre, par P. MAURIES, capitaine d'infanterie en retraite, chevalier de la Légion d'honneur, officier d'Académie, lauréat de la Société Nationale d'Encouragement au bien, membre du Touring-Club. [Avec l'épigraphe :]

Il ne faut pas boire le lait
Sans consulter cette brochure ;
En la lisant la chose est sûre,
Vous direz : Je suis satisfait !

8° édition.

Antony (Seine), rue de l'Abbaye, 19, s. d., [1906], in-8° de 32 p. (2 fr.).

[Editée actuellement par l'imprimerie "La Semeuse" à Etampes (Seine-et-Oise)].

Edition de 1905 :

[Te¹⁸. 898

" Le 21 Juin 1903, la Société Nationale d'Encouragement au bien, fondée en 1862, reconnue d'utilité publique, a décerné une médaille d'honneur, en présence de M. le Président de la République à M. le Capitaine Mauries, à Antony (Seine), pour sa brochure éminemment humanitaire : « Une Révolution dans l'art de guérir les maladies d'Estomac. »

Cette brochure a dû paraître pour la première fois vers 1897, attendu qu'elle renferme un certificat de M. L. de VILMORIN daté du 16 juin 1897. (Les pp. 24-32 sont consacrées aux attestations les plus flatteuses).

L'auteur expose le système connu maintenant sous le nom de « Fletcherisme », et qui consiste à mastiquer intégralement tous les aliments. Le Capitaine MAURIES insiste sur la nécessité de bien mâcher même le lait, qui a été le point de départ de ses expériences sur le sujet. Il conseille de faire le simulacre d'en mâcher vingt fois chaque gorgée, avant de l'absorber. Les vins réconfortants de toute nature doivent, d'après lui, séjourner au moins trente secondes dans la bouche avant d'être avalés. La même durée s'impose, au minimum pour tous les aliments solides. Il signale (p. 7-8), que l'ail, l'oignon, l'échalotte convenablement triturés avant la déglutition ne laissent plus cette haleine forte qui les accompagne généralement, fait également confirmé par M. FLETCHER dans son ouvrage.

« C'est dans la bouche qu'on soigne l'estomac et l'estomac, satisfait et reconnaissant soigne à son tour tous les autres organes... ».

« Au bout de *trois mois* à peine, tous les organes fonctionnent dans la perfection... »

Outre son très grand intérêt propre, cet opuscule présente encore celui d'être antérieur de cinq ou six ans à l'ouvrage classique sur le sujet qui est l'œuvre de M. Horace FLETCHER, q. v.

7257 MAURITIUS (Mart). — Mart. MAURITII, Tractatus Philiologicus (*sic*) de sortitione veterum Hebræorum.

Basileæ. 1602. in-12.

[A. 7717
(S-3165

7258 MAUROY (Victor). — Dieu et et les Universaux.

Paris, Bibliothèque de la Plume, 1896, in-8°, (3 fr.).

Œuvre forte d'un illuminé contemporain qui s'est élevé à des hauteurs vertigineuses dans la recherche de l'Absolu. — Connu d'une élite restreinte, Victor MAUROY est un de ces penseurs sublimes incompris de leur siècle, et qu'il est donné seulement aux générations futures de découvrir à l'instar de SAINT-MARTIN, de FABRE D'OLIVET, et de tant d'autres génies éblouissants.

C'est le premier volume de tout un système philosophique dont voici les trois derniers :

7259 MAUROY (Victor). — Le pur esprit et le mentalisme absolu et relatif.

Paris, Biblioth. de la Plume, 1898,
99, 1900, 3 vol. in-8° de 713. 818 et 70! p. (10 fr. l'un).

[8° R. 15708

Le système philosophique entier comprend :

1-re partie : *Dieu* (1 vol.).
2-ème partie : *Le Fils de Dieu* (1 vol.).
3-ème partie : *Le pur Esprit* (3 vol.).

Contient une suite d'aperçus analytiques sur une infinité de théosophes, théologiens, occultistes, etc... Épictète, Agrippa. Van Helmont. etc...

Table au T. III.

7260 MAURY (Louis Ferdinand Alfred) érudit et archéologue français. fils d'un Ingénieur des Ponts et Chaussées, né à Meaux en 1817. Académicien, Bibliothécaire des Tuileries sous l'Empire. Professeur au Collège de France. — Croyances et légendes de l'Antiquité. — Les religions de la Perse et de l'Inde. — Traditions de la Grèce et de la Gaule. — Les premiers historiens et les anciennes légendes du christianisme. — Rapports de l'Occident avec l'Extrême Orient.

Paris, 1803. in-12 de 410 pp. (6 fr.).

Ouvrage très important pour l'étude des Traditions et des Religions comparées.— Mystères de Mithra.— Le Lion de Némée. — Divinités gauloises : Camulus et Grannus. — La Véronique.— A la fin de l'ouvrage se trouve un important index alphabétique.

7261 MAURY (Alfred). — Coyances et légendes du Moyen-Age. — Nouvelle édit. des Fées du Moyen-Age et des Légendes pieuses, publiée d'après les notes de l'auteur, par A. Longnon et Bonet-Maury; avec préface de M. Bréal.

Paris, H. Champion. 1896, in-8° de 460 p. Portr. de l'auteur. (15 fr.).

[La². 194 *bis*

L'éminent auteur de « La Magie et l'Astrologie dans l'antiquité » est suffisamment connu et apprécié du monde savant, pour qu'il soit inutile d'insister sur sa haute valeur et son érudition. — Voici un aperçu des matières contenues dans cette œuvre splendide. — Les Fées, les Parques et les Déesses Mères. — Les Esprits fantastiques des peuples du Nord. — Légendes diverses. — Symboles usités par les premiers chrétiens. — Les animaux symboliques. — Origine païenne du Sabbat du Moyen-Age, des fêtes de Noël, de Pâques et de la Saint-Jean. — Identification du Dieu Wodan avec Mercure. — Parenté des démons incubes avec les nains. — Rapport des statues de la Vierge avec celles de Maya ou d'Isis. — La Mort de Moïse et les rites funéraires des Juifs. — Symboles chrétiens des Catacombes. — Orientation et symbolisme des églises. — Les anges psychopompes. — La légende des Mages. — Des miracles. — De la sorcellerie. — L'ouvrage est enrichi d'un précieux index alphabétique de 30 pages.

7262 MAURY (Alfred). — Essai sur les légendes pieuses du Moyen-Age, ou examen de ce qu'elles renferment de merveilleux d'après les connaissances que fournissent de nos jours l'archéologie, la théologie, la philosophie et la physiologie médicale.

Paris, Ladrange, 1843. in-8°, (14 fr.).

7263 MAURY (Alfred). — Les fées du Moyen-Age. — Recherches sur leur origine, leur histoire et leurs attributs pour servir à la connaissance de la mythologie gauloise.

Paris, Ladrange, 1843. in-12, (2 fr.).

Cette brochure est un tableau complet de la mythologie des fées. — Présenté dans un ordre systématique, il jette un jour nouveau sur la question des origines celtiques.

7264 MAURY (Alfred), — Histoire des grandes forêts de la Gaule et de l'ancienne France, précédée de recherches sur l'hist. des forêts de l'Angleterre, de l'Allemagne et de l'Italie, etc...

Paris, Leleux, 1850, in-8°, (10 fr.).

[L². 19

Excellent ouvrage. — Culte des bocages et des arbres, idées religieuses attachées aux forêts. — Divinité des forêts. — Forêts et bois sacrés des Germains. — Forêts enchantées. — La forêt des Ardennes. — Fées habitant les forêts. — Importance des forêts pour les chasses royales. — Droit de garenne, arbres historiques, abondance des bêtes fauves dans les forêts de l'ancienne France, etc...

7265 MAURY (Alfred]. — Les forêts de la Gaule et de l'ancienne France, aperçu sur leur histoire, leur topographie, et la législation qui les a régies, suivi d'un tableau alphabétique des forêts et des bois principaux de l'empire français.

Paris, Ladrange, 1867, in-8°, (15 fr.).

[L². 41

Autre édition du précédent sous un titre un peu différent.

Ouvrage rare et intéressant, non seulement pour les personnes s'intéressant à la silviculture, mais pour tous ceux que la mythologie, le folk-lore, l'archéologie et l'histoire intéressent. En effet, toutes les légendes, traditions, croyances, faits historiques, etc... se rattachant aux forêts de la France s'y trouvent jointes à de nombreux documents intéressants.

7266 MAURY (Alfred). — Histoire des Religions de la Grèce antique depuis leur origine jusqu'à leur complète constitution.

Paris, Ladrange, 1857. 3 vol.in-8° (30 fr.),

[J. 19795-19797

La religion hellénique depuis les temps primitifs jusqu'au siècle d'Alexandre. — Les institutions religieuses de la Grèce. — La morale. — Influence des religions étrangères et de la philosophie.

7267 MAURY (Alfred). — La Magie et l'astrologie dans l'antiquité et au Moyen-Age ou Etude sur les superstitions païennes qui se sont perpétuées jusqu'à nos jours; par L. F. Alfred MAURY.

Paris, Didier et Cie, 1860, in-8° de IV-450 pp. (6 fr.).

[R. 43411

Ouvrage recherché. — C'est un véritable travail d'érudition. — L'auteur y passe en revue la magie chez les peuples sauvages, puis chez les Chaldéens, les Perses, les Egyptiens, les Grecs ; à Rome, au Moyen-Age, et depuis la Renaissance jusqu'à nos jours : l'histoire de l'Astrologie y est aussi traitée d'une façon magistrale. — Emploi des songes comme moyen de divination dans l'antiquité et au Moyen-Age. — Origine démoniaque attribuée aux maladies. — Les mystiques rapprochés des Sorciers. — Phénomènes déterminés par l'emploi des narcotiques et des anesthésiques. — L'Hypnotisme et le somnambulisme, etc...

Autres éditions :

Ibid. Id., 1864, 1877, etc., in-12.

(O-701-702
(G-1068

7268 MAURY (Alfred). — Recherches sur la religion et le culte des populations primitives de la Grèce.

Paris, Labure, 1855, in-8°, (10 fr.).

[J. 10798-10799
(G-704

7269 MAURY (Alfred). — Le sommeil et les rêves. Etudes psychologiques sur ces phénomènes et les divers états qui s'y rattachent ; suivies de recherches sur le développement de l'intelligence et de l'instinct dans leurs rapports avec les phénomènes du du sommeil.

III-e édition.

Paris, Didier, 1865, in-12, (3 fr. 50).

[Tb⁶⁹. 13

Théorie des hallucinations. — Somnambulisme naturel. — Extase. — L'Hypnotisme. — Le Somnambulisme artificiel ou mesmérisme. — Suggestion. — L'aliénation mentale et le délire. — Les narcotiques — Mouvements inconscients. — Du rappel des souvenirs en songe, etc.

Autres éditions :

Paris, 1878, fort in-12.
Paris, Didier, 1861, in-8°.

(O-1828
(G-703, 703 bis et 1603

7270 MAVALANKAR. — Les castes dans l'Inde. — La conversion d'un brahmine.

Paris, 1800, in-12.

7271 MAVÉRIC (Jean) [Anagramme partiel des véritables noms de l'auteur, M. Maurice PETITJEAN]. — Essai Synthétique sur la médecine astrologique et spagyrique.

Paris, Vigot frères, 1910, in-8°, 116 p. Nombr. fig. et tabl. h. t. (5 fr.).

[8° Te¹³⁰ 46

Intéressant ouvrage.

Exposé théorique de la génération des Mixtes et de leurs correspodances planétaires. — Coefficients des qualités élémentaires des végétaux comestibles. — Méthode nouvelle de la localisation des maladies dans le thème natal. — Etude nouvelle sur les effets des aspects astrologiques et sur les influences vitales. — Médecine métallique. — Opérations spagiriques.

Le même auteur a également publié une brochure d'Astrologie judiciaire : « La Lumière Astrale ».

Paris, 1910, in-8° de 96 p. fig.

Un « cadran solaire mobile » et des « thèmes astrologiques » (Imprimés pour Horoscopes). H. Daragon, éditeur.

7272 MAXIME de TYR, philosophe

platonicien du II-e siècle, qui vint à Rome sous le règne de Commode, et mourut en Grèce. — Discours philosophiques, traduits du grec par Formey.

Leide. Luchtmans, 1764. fort in-12, (4 fr. 50).

Outre des leçons de morale philosophique, cet ouvrage contient de curieux chap. sur le démon et les amours de Socrate, etc...

7273 MAXIME de TYR, philosophe platonicien. — Dissertations traduites sur le texte Grec, avec des notes critiques historiques et philosophiques par J. J. Combes Dounous.

Paris, Bossange, an XI-1802, 2 tomes in-8°. (0 fr.).

[R 0310-0317

Excellente traduction avec notes.

Les « Dissertations » de MAXIME de TYR résument toute la philosophie platonicienne et roulent généralement sur les sujets qui faisaient la matière des méditations des philosophes de l'Antiquité. — Il y est longuement question des grands problèmes qui ont de tout temps passionné le monde intellectuel. — L'origine et la nature de l'âme, ses pérégrinations après la mort et tous les sujets mythologiques y sont traités avec une grande profondeur de précieuses notes du traducteur viennent éclaircir les points difficiles.

(G-1004 et 1895

7274 MAXIME de TYR. — MAXIMI TYRII philosophi Platonici sermones e Græca in Latinam lingvam versi Cosmo Paccio interprete.

Basileæ. Ioannes Frobenius. 1519, in-f°, (20 fr.).

[R. 1020

Cet ouvrage est orné de 3 superbes encadrements de titres, d'en-têtes de chapitres et de lettrines gravés sur bois d'après HOLBEIN.

(G-1482

7275 MAXIME de TYR. — Traitez de MAXIME de TYR, philosophe platonicien, avthevr grec Qvi sont quarante et vn discours profondement doctes et grandement éloquens. De nouueau mis en François [par GUILLEBERT, curé de Berville, diocèse de Rouen].

Rouen, Jean Osmont, 1617. in-4°. (25 fr.).

[R 1569

Rare et curieux.

(G-705

7276 MAXWELL (Guillaume). — De Medecina magnetica libri III. in quibus tam theoria quam praxis continetur... Auctore Guillelmo MAXWELLO Scoto-britanno. Edente Georgio FRANCO.

Francofurti. Ziebrodt. 1679. in-12.

[Te¹¹, r

7277 MAXWELL (Joseph) Docteur en médecine, avocat général près la Cour d'Appel de Bordeaux, actuellement magistrat à Paris. — Un magistrat hermétiste : Jean d'Espagnet, Président au Parlement de Bordeaux. Discours prononcé à l'audience solennelle de rentrée du 16 octobre 1890, par J. MAXWELL, substitut du Procureur général.

Bordeaux. impr. G. Gounouilhou. 1890, in-8°.

[Lf¹¹², 150 f

D'ESPAGNET accompagnait P. de LANCRE dans sa campagne contre les Sorcières du Labour.

(Y-P-1659

7278 MAXWELL (Dr Joseph). — Les phénomènes Psychiques, recherches, observations, méthodes, par J. MAXWELL.

Troisième édition. Préface de Ch. Richet.

Paris, Félix Alcan, 1906, in-8°. XI-317 p. (3 fr.).

[8° R. 18781

La Méthode. — Les Phénomènes Psychiques. — |Les Conditions matérielles. — Le Choix des assistants. — Les procédés opératoires. — La Personnification. — Les « Raps. »— Parakinésie, et Télékinésie. — Phénomènes lumineux. — Automatisme sensoriel. — Vision dans le Cristal. — Rêves, Télépathie. — Télesthésie. — Automatisme moteur. — Ecriture automatique. — Automatisme phonétique et mixte. — Psychologie de l'Automatisme. — Danger de la confiance aux personnifications. — La Fraude et l'Erreur. — Etc.

7279 MAXWELL (Dr Joseph). — Un récent procès spirite. L'Aventure du Médium aux Fleurs Par J. MAXWELL. Extrait de la *Revue Philomatique de Bordeaux et du Sud Ouest*, 7ᵉ année, nº 4. 1ᵉʳ avril 1904.

Bordeaux, imprimerie G. Gounouilhou, 1904, in-8º de 40 pp. (La couv. imprimée sert de titre.) (3 fr.).

Rare et intéressant mémoire sur le procès d'Anna ROTHE, victime à Berlin d'une condamnation à dix huit mois de prison et 500 marks d'amende, à la suite d'une constatation si maladroitement exécutée par la police berlinoise que la fraude a été passablement mal établie : les gens de police *seuls* étant témoins du "*flagrant délit*" en matière de matérialisation spirite simulée !

Voir, au surplus, l'article « ROTHE. »

7280 [MAXWELL (Dr Joseph)]. — Dr Antoine WYLM.— Le Chapelet de Corail.

Paris, Juven, in-18.

7281 [MAXWELL (Dr Joseph)]. — Antoine WYLM. — Maîtresse mystique.

Paris, Juven, in-18.

7282 MAY (Philippe) en Allemand MAYEN, peut-être médecin, né en Franconie vers le début du XVIIᵉ siècle. — La Chiromancie médicinale, accompagnée d'un traité de la physionomie, et d'un autre des marques qui paroissent sur les ongles des doigts. Traduit en françois par Ph. H. Treusches, de Weshusen.

La Haye, chez Levijn van Dick, 1665, in-12, 32 pl. en taille-douce, dont 23 de chiromancie et 9 de physiognomonie. (25 fr.).

[V 21950

Très rare.

Cet ouvrage est un des plus anciens traités de chiromancie.

(G-706

7283 MAYEN (Philippe). — Philippi MAYENS Chiromantia et Physiognomia medica ; mit einem Anhange von den Zeichen auff den Nägeln der Finger, it. von den Wartzen und Flecken in dem Angesicht und andern Orten des Leibes, wie auch dessen noch nie in Druck gekommene Chiromantia curiose...

Dresden und Leipzig, Joh. Christ. Mieth, 1691, in-8º de 197-IX pp. avec un grand nombre de pl.

Edition allemande du précédent.

(O-1844

MAY (Philippe). La Chiromancie médicinale... — Voir :

BOSC (Ernest) qui en a donné une réimpression moderne (1895).

7284 MAYER (Jean-Frédéric). Bibliographe et prédicateur allemand né à Leipzig en 1650, mort à Stettin en 1712. Professeur de théologie. — J. Fred. MAYERI. Tractatus de Osculo pedum Pontificis Romani.

Lipsiæ, 1712, in-4º.

(S-2003

7285 MAYER, dit MAYERSOHN (le Dr Lazare) né à Bucarest (Roumanie) en 1879. — De la Circoncision et spécialement de la Circoncision rituelle envisagée au point de vue historique, hygiénique, préventif et prophylactique, [Thèse].

Paris, Henri Jouve, 1905, in-8° de 156 pp.

[Th. Paris 1871

Remarquable bibliographie des ouvrages traitant de la Circoncision (p. 137-156) : plus de 300 articles.

7286 MAYER-LAMBERT. — Commentaire sur le Séfer Yésira ou Livre de la Création par le Gaon de Fayyoum, publié et traduit par Mayer Lambert élève diplomé de l'Ecole pratique des Hautes études.

Paris, Emile Bouillon, 1891, gr. in-8° de XV-128 p. et 105 p. à l'orientale pour le texte arabe. (15 fr.).

[8° Z. 114 (85)

Bibliothèque de l'Ecole pratique des Hautes Etudes, etc. 85° Fascicule.

Une des meilleures traductions française de cet ouvrage fondamental pour l'étude de la Kabbale. L'ouvrage donne le Texte arabe, la traduction française et une intéressante introduction avec de nombreux commentaires et citations hébraïques. Le Sepher Ietzirah contient l'étude de la Création et de ses Lois mystérieuses, et montre les différents rapports que le Monde, le Temps et l'Homme ont avec les Nombres et les Divisions des lettres de l'Alphabet.

7287 MAYGRIER (Raymond). — Les mésaventures d'un spirite. Avec une lettre de Papus.

Paris, Chamuel, 1895, in-18, 252 p. (2 fr.).

[8° Y². 49360
(C-1890

Amusante couverture illustrée représentant une scène d'exorcismes dans une cuisine.

7288 MAYGRIER (Raymond). — Les mystères du magnétisme. — Etude contemporaine.

Paris, Dentu, s. d., in-12.

7289 MAYGRIER (Raymond). — Rédemption (Roman Satanique) par Raymond MAYGRIER.

Paris, Gustave Ficker, s. d. [1907] in-16 de 202 p, (1 fr. 50).

[8° Y². 55798

Intéressant roman vulgarisant les théories les plus sensées de l'Occulte.

Le Pacte. — Jacques Sernin. — L'Envoûtement. — Le roman d'un succube. — Le Triomphe de l'Esprit. — La Possédée. — Rédemption.

7290 MAYOU (Léon). — Le Secret des Pyramides de Memphis.

Paris, 1894, in-8° (1 fr. 50).

[O³a. 837

Très curieuse étude d'Egyptologie présentant l'explication nouvelle des textes de la Bible et des inscriptions hiéroglyphiques vivement recommandée aux Egyptologues. — L'auteur donne aussi une suggestive explication du but pour lequel ces monuments colossaux furent construits. — A rapprocher avec avantage des travaux de Fabre d'Olivet pour l'interprétation des livres de Moïse.

7291 MAYOU (Léon). — Les temples de la géographie dans l'Egypte antique.

Paris, 1897, in-8°.

7292 MAZAROZ (le Fr∴ J. P.) Franc-Maçon Socialiste. — Actes de société de la famille professionnelle, ou contrat social des populations productives.

Paris, 1881, in-8° (4 fr.)

Organisation professionnelle de la liberté d'enseignement en général. — Eléments de la science nouvelle. — Etude sur le végétarisme à travers les âges. — Examen des caractères typiques constatés dans l'espèce humaine par la première école hellénique. — Les types jupitérien, saturnien, martial, vénusien, lunatique, mercurien, terrestre.

Ouvrage très documenté et précieux à tous points de vue.

7293 MAZAROZ (J. P∴). — Les cabales de la politique et des politiciens laïques et religieux.

Paris, 1882, fort in-8" (6 fr.).

L'esprit du politicisme. — Le symbole du serpent. — La création, c'est la science sociale. — Le servage dans l'humanité. — J. B. Say. Saint-Simon. Morny. — Le symbole des 3 Parques. — Clotho. Lachésis, Atropos. — Le règne de la nature. — Les corruptions du Christianisme. — L'œuvre de Saint-Paul. — Esprit des corruptions théologiques. — La religion de la vie et de la mort. — Falsification des Évangiles. — L'odyssée dogmatique des Pères et Papes du Christianisme. — Le salut social. — Le budget des cultes. — Explication de la parabole de l'enfant prodigue. — Principes sociaux de la raison. — La ruine des nations. — Les clefs du paradis terrestre ou les trois Grâces de la nature. — Le spiritualiste maç∴ etc....

7204 MAZAROZ (J. P∴). — Dénonciation des conspirations politiciennes contre les patrons et ouvriers du travail national.

Paris, 1881, in-8° (4 fr.).

Esprit du politicisme. — Racines historiques. — Le symbole du serpent. — La création, c'est la science sociale. — La chaîne d'union de la nature. — Les trois grades dans les sociétés. — Le maître.

7205 MAZAROZ (J. P∴). — Les deux phases d'organisation de la corporation du meuble sculpté de Paris, suivi de la dénonciation des conspirations politiciennes contre les patrons et ouvriers du travail national.

Paris, chez l'auteur, 1881, in-8" (2 fr.).

[8° V. 2769

7206 MAZAROZ (J. P∴). — L'esprit de la Construction Universelle.

Paris, 1878, in-8° de 400 pp. Orné de la phot. très curieuse d'un ancêtre de l'Homme sur la terre (10 fr.).

Le plus intéressant ouvrage du célèbre maçon socialiste. — Voici un aperçu des matières qu'il traite : Les familles planétaires et leurs habitants. — Le symbole du nombre sept consacré par Moïse. — Le mythe antique et le symbole moderne. — Le grand secret de la construction universelle. — La gestation des mondes et leurs périodes d'existences septénaires. — Le symbole trinitaire. — L'esprit de la vérité, etc...

7207 MAZAROZ (J. P∴). — La Franc-Maçonnerie, religion sociale du principe républicain.

Paris, 1880, in-8° (5 fr.).

Superbe ouvrage d'instruction maç∴. Le modèle du gouvernement de tous par tous. — Symboles et formules. — La clef de la connaissance. — Sources des doctrines maç∴. — L'œuf des mondes. — Les trois périodes créatrices. — La formation des langues humaines et leur décadence périodique. — Le Verbe. — Le sanscrit. — La philosophie numérique des premiers Védas. — Nombres astronomiques. — Nombres anthropologiques. — Saturne ou le Temps. Zeus, Dieu ou Jupiter. — L'esprit de la philosophie des nombres de Moïse. — Le Soleil maç∴. Les trois degrés symboliques de la Maç∴ antique. — Devoirs de l'initié. etc...

7208 MAZAROZ (J. P∴). — La Franc-Maçonnerie scientifique, les Sept Lumières Maçonniques et le Suffrage universel Syndical.

Paris, chez l'auteur, 1885, in-8° (5 fr.).

Bel ouvrage du célèbre maçon sociologue. — Le Matar maç∴ de l'âge d'or. — La Foi maç∴ Dogme de la transmigration des êtres. — Les symboles de la science universelle. — La formation des langues humaines. — La philosophie numérique. — Les 3 degrés symboliques de l'âge d'or. — Les sept lumières de l'âge d'or. — Trimourtis védiques et trinité du Christ. etc...

(G-2026

7209 MAZAROZ (J. P∴). — La Genèse des Sociétés modernes. — Étude économique dédiée aux hommes de science.

Paris, 1877, in-8" (5 fr.)

Le culte des deux (*sic*) Éternels de

Moïse. — Le fonctionnement économique. — Le pourquoi psychologique. — L'esprit des lois mosaïques. — Œuvre économique d'Esdras. — La première tentative de coup d'État, par la Kabbale judaïque. — Signification du mot Essénien. — Explications historiques sur la Synagogue, etc.

7300 MAZAROZ (J. P...). — Histoire des corporations françaises d'Arts et Métiers, avec préface historique et conclusion prat..

Paris, 1878, in-8" de 500 pp. env. (5 fr.).

Ouvrage très documenté, précédé d'une étude philosophique sur les races primitives jusqu'à l'avènement du christianisme. — Les corporations proprement dites du moyen-âge « véritables sociétés secrètes d'où est issue la F.·. M.·. » constituent le reste du volume. — L'auteur, très versé dans cette matière, y fait un riche étalage d'érudition, et son travail peut être considéré comme une des sources les plus plus abondantes du mouvement corporatif et libertaire jusqu'à la Révolution.

7301 MAZAROZ (J. P...). — Moyens pratiques pour enrichir la France et les Français. — I. Projet de société, ayant pour but d'établir l'organisation professionnelle pour la réforme électorale, statuts et considérants.

II. Le décalogue de l'individualisme, suivi d'un projet de réforme électorale (3 parties).

III. Enquêtes parlementaires des 44. Les banques syndicales pour favoriser le relèvement de l'agriculture et de l'industrie française par le crédit à bon marché (2 parties).

IV. Cri d'alarme. — Le socialisme maçonnique qu'il faut opposer au système social israélite sous lequel nous végétons. 1er vol.

Paris, l'auteur, 1883-84, 7 brochures en 1 vol. gr. in-8" (7 fr.).

(1) [4° R. pièce 822
(2) [4° R. 1013
(3) [4" V. pièce 2426
(4) [8" R. 6348

7302 MAZAROZ (J. P...) septième. — République professionnelle et monarchie nationale. La religion nymphaea du Paradis terrestre, ses principes et son organisation professionnelle.

Paris, 1880, in-8" (3 fr.).

[Lb⁵⁷. 9194

Franc-Maçon socialiste au sens le plus large de ce mot, Mazaroz, dont le nom à l'heure actuelle est bien oublié, écrivit plusieurs ouvrages peu connus, mais qui témoignent d'une érudition remarquable. — C'est peut-être l'auteur ayant le mieux compris l'enseignement du Christ à l'expansion duquel, il consacra une grande partie de ses trav.. Causes de la décadence des peuples anciens. Lois sociales de l'âge d'or. — Les Brahmas. — Relations des hommes avec leurs mères célestes. — La décadence de l'Age d'or. Loi sociale de Manou l'Ancien. — Les vrais et les faux Dieux. — Glorification de la femme (Nombreuses citations extraites des Lois de Manou, ou Rig-Védas, des Vers dorés de Pythagore, etc...)

7303 MAZAROZ (J. P...). — La revanche de la France par le travail : Projet d'une Constitution prenant pour base et modèle, la famille ; pour moyens, l'instruction, le travail et la production sous toutes leurs formes ; pour but, le règne de la fraternité par le respect des droits acquis et à acquérir.

Paris, Lachaud, 1872, in-12 (2 fr.).

[Lb⁵⁷. 3101

7304 MAZERET (C.). — Le Livre unique, ou nouveau choix d'anecdotes, tirées de l'histoire Sainte et profane, classées par ordre d'après les nombres, depuis 1 jusqu'à 100.

Paris, Ferra jeune, 1824. 2 t. en un fort vol. in-12 (5 fr.).

[Z. 54756-54757

Tout en étudiant brièvement les nombres au point de vue de la tradition occulte, l'auteur à la suite d'un long travail qui a dû lui coûter de pénibles recherches, a catalogué, dans l'ordre de la

Sc. psych. — T. III. — 5.

numération, un choix de curieuses anecdotes où chaque nombre intervient à un titre quelconque. — Citons, par exemple, le nombre 16 : « Le bon Roi Louis XVI apprenait à son fils à lire et à écrire ; lui-même, ensuite, partageait ses jeux.— Dans celui appelé « Siam » l'enfant ayant perdu plusieurs parties au seizième point, il s'écria : « Ce nombre seize est bien malheureux ! » — « Qui le sait mieux que moi ! » répondit le Roi.

7305 MAZURE (A.). — Les poètes antiques, études morales et littéraires : Grecs.

Paris. 1861, in-8° (3 fr. 50).

Anciennes mythologies. — Zeus et l'idée de Dieu. — Théodicée d'Homère. — Néant des choses de ce monde et la vie future.

7306 MEAD (G. R. S.). — Apollonius de Tyane, par G. R. S. MEAD, traduit de l'anglais.

Paris, Publications Théosophiques, 1906. in-18 de 204-8 pages (3 fr.).

[8° R. 20710

7307 MEAD (G. R. S.). — Simon Magus ; an Essay.

London etc. Theosophical Society, 1892. in-4° (12 fr.).

7308 MEAD (G. R. S.). — Théosophie et Occultisme.

Paris. 1892, in-8°.

7309 MEAULME (François). — Le divin Salmonée, ou Comparaison du Foudre avec l'Excommunication, par François MEAULME.

Poitiers. Jean de Marnef. 1617, in-12.

(S-623

7310 MEAUX SAINT-MARC (Charles). — L'Ecole de Salerne. Traduction en vers français par M. Ch. MEAUX SAINT MARC ; avec le texte latin en regard. Précédée d'une introduction par M. le Dr. Ch. DAREMBERG.

De la Sobriété. Conseils pour vivre longtemps, par L. CORNARO. Traduction nouvelle.

Paris, J. B. Baillière et fils. 1861, in-18 de LXX-342 p. et catalogue de 36 p., 2 curieuses pl. hors texte : correspondance anatomique des Signes du Zodiaque et Balance de Sartorius. Figures dans le texte. (3 fr.).

Ouvrage contenant de très intéressantes pièces liminaires sur l'Ecole de Salerne, les ouvrages Salernitains; la Balance de SARTORIUS, etc.

Le Texte même de l' « Ecole de Salerne » est différent et parait plus étendu que celui donné dans les traductions anciennes de BRUZEN de la MARTINIÈRE, q.v.

7311 MEDA. — Précis historique des évènements de la soirée du 9 Thermidor an II.

Paris, Baudoin. 1825. in-8°. (3 fr.).

(G-252

7312 MEDECINE et la CHIRURGIE des Pauvres (La), qui contiennent des remèdes choisis, faciles à préparer et sans dépense, pour la plupart des maladies internes et externes qui attaquent le corps humain.

Paris, 1757, fort in-12 de 460 pp. (5 fr.).

Recueil précieux, d'une foule de recettes anciennes éprouvées, basées sur l'emploi des herbes. — On y trouve de curieux procédés pour connaitre si certaines morsures ont été faites par des animaux enragés ou non, pour leur guérison quel que soit le cas. — La neutralisation des venins, etc.

C'est, sans doute, l'ouvrage de Philippe HECQUET, q. v. réédité sans nom d'auteur.

7313 MEDICES (Christian de). — Concursus philosophorum, das ist : bründlich-wahrhafftig-und einfältige Beschreibung und philosophische Zusammenstimmung, welcher gestalt die lieben Alten das grosze Geheimnüsz vom Stein der Weisen... Aus treuhertzigem Wohlmeynen den Meinigen, und allen Gottliebenden Nachforschern, zu einer unfehlbaren Richtschnur und Unterricht auffgesetzet durch.... Christian de MEDICES, Freyherrn von Scharfenstein,... und zum öffentlichen Druck befördert dutch Lt. Johanne Friederico Brebiss.

Iena, Joh. Bielck, 1706, in-8° de XIV-768 pp.

(O-1332

MEDIUS. — Voir :
LEMOYNE (N. R. D.).

7314 MEDRANE (Jules Iniguez de) ou MEDRANO. — Relation | de la découverte du Tombeau | de | l'Enchanteresse | Orcatelle | avec l'Histoire Tragique de ses Amours, traduit de l'Espagnol, de Jules Iniguez de Medrane [*par l'abbé Louis Adrien* DU PERRON DE CASTÉRA]:

Paris, Veuve d'Houry, 1729, in-12 de [3] f^{ns}-88 pp.

[Y² 43385
(S-3218 b

7315 [MÉHÉGAN] (Guillaume-Alexandre, Chevalier et Abbé de), littérateur, professeur à Copenhague, né d'une famille irlandaise à Lasalle, près Alais, en 1721, mort à Paris en 1766. — Zoroastre : histoire traduite du Chaldéen.

A Berlin, à l'enseigne du Roi Philosophe, 1751, pet. in-8° de 14-60 p. (6 fr.).

[O² h. 321

Roman déiste, détruit aussitôt qu'il parut, et dont l'auteur fut envoyé à la Bastille.

Sa condamnation paraît inexplicable aujourd'hui.

(S-3887
(G-707

7316 MEIBOMIUS ou MEIBOM (Jean-Henri), médecin allemand, né à Helmstædt en 1590, mort à Lübeck en 1655. Professeur à Helmstædt, puis médecin du prince Evêque de Lübeck.
— J. MEIBOMIUS, de Flagrorum usu in Re Venereâ.

Londini, 1665, in-32.

[Tb⁷⁴. 17 et 18
(S-3349

7317 MEIBOMIUS (Henry). — A Treatise of the Use of Flogging in Venereal Affairs, by Henry MEIBOMIUS.

London, 1718, in-12.

Edition anglaise du même ouvrage.

Réimpression :

Library illustrative of social progress. Nᵒ 4, tome II (1908).

[8° Z. 17062
(S-3349 b

7318 MEIBOMIUS (J. H.). — De l'utilité de la flagellation dans les plaisirs du mariage et dans la médecine, et des fonctions des lombes et des reins.
— Ouvrage curieux, trad. du lat. [par MERCIER de Compiègne], enrichi de notes historiques et critiques, auxquelles on a joint le texte latin.

Paris, 1792, 2 vol. in-16 Front. et fig. [qui manquent souvent]. (20 fr.).

La seconde partie contient le texte latin.

7319 MEIBOMIUS (J. H.). — De l'utilité de la flagellation dans la médecine et dans les plaisirs du mariage, et des fonctions des lombes et des reins. — Traduit du latin par MERCIER de Compiègne, et enrichi de notes historiques, critiques et littéraires, d'une introduction et d'un index.

Paris, Mercier, 1795, in-18. front. (10 fr.).

[Tb¹¹. 19

7320 MEIBOMIUS (J. H.). — De la flagellation dans la médecine et dans les plaisirs de l'amour. Ouvrage singulier traduit du latin (par Mercier, de Compiègne). Nouvelle édition revue et corrigée et augmentée du joli poème de l'Amour fouetté.

Paris, Mercier, an VII. in-12, avec un frontispice gravé. (15 fr.).

Nombreuses éditions ; entre autres ;
London, 1802, in-12 — Et Réimprimé, s. d. (10 fr.).
Amsterdam-Brancart, 1891. in-12 (5 fr.).

(G-1605)

7321 MEIGE (Docteur Henry). — Des Possédées Noires.

Paris (Bureaux du Progrès Médical ?). 1804. in-8°.

Non dans le Commerce. — Manque à à la Bib. Nat.

Danses Névropathiques. — Sectes Tapageuses. — Rites Mystérieux. — etc.

(Y-P-823)

7322 MEIGNAN (Mgr). — Les prophéties messianiques de l'ancien testament, prophéties du Pentateuque.

Paris, 1856. in-8°. (6 fr.).

7323 MEIGNAN (Mgr). — Prophéties messianiques. — Les prophéties contenues dans les deux premiers livres des Rois, avec une introduction sur les types ou figures de la Bible.

Paris, Palmé, 1878, in-8°. (4 fr.).

Des types ou figures de l'ancien testament. — Des figures et des types de la nature. — De l'autorité des deux premiers livres des Rois, ou livres de Samuel, etc...

7324 MEISEL (Heinrich). — Frau von Krüdener ; geschildert von Heinrich Meisel.[Avec cette épigraphe :]

— fatiguée de la vie, elle a voulu commencer l'éternité en oubliant tout ce qui tenoit au monde. Valérie. Lettre 43.

Dresden. Georg Voss. 1818, in-8° de 64 pp.

La dernière p. indique les mêmes ouvrages relatifs à la mission de mad. de Krüdener, dont nous parlons plus haut plus la conversation de Krüm avec la mystique, dont on trouve la traduction dans le tome XIII, pp. 269 et s. des Mémoires tirés des papiers d'un homme d'Etat :

Notre brochure contient : *Préface de l'édit*. (3-16), les traduct. de la *Lettre de Mad. la b. de Krüdener à mr. de Bergheim* (17-35) de : *le Camp des Vertus* (37-44), que l'auteur traduit par *Das Tugendfeld*, ignorant sans doute que Vertus est le nom d'une petite ville de la Marne. Des *Psaumes* et autres chants religieux en vers (45-63) terminent cette brochure

Si l'ouvrage de Fr. Wilh Lindner, intitulé *Mac Benac* est, selon l'assertion de la *Biogr. univ. et portat. des contemporains*, l'exposé des doctrines de mad. de Krüdener nous donnons là la plus grande partie des documents pour l'étude de la vie mystique de cette dame.

Voir Krüdener et Lindner.

(O-172)

7325 MEISNER (Laurent). — Gemma gemmarum alchimistarum, oder Erleuterung der parabolischen und philosophischen Schrifften fr. Basilii (Valentini) der zwölff Schlüssel, von dem Stein der uhralten Weisen, und desselben ausszdrücklichen und warhafften Praeparation ; durch Laurentium Meisnerum ; item Auszlegung Rythmorum Basilii, von der Materia des Steins der Philosophen, gefertiget durch Conrad Schülern.

Eissleben (gedruckt durch Jac. Gaubisch), 1608, pet. in-8° de LVI ff. non chiffrés, avec quelques fig. s. b. dans le texte.

(O-990)

7326 MEISSAS (N.). — Tableau de l'harmonie universelle.

Paris. *Périsse*, 1843. in-8°. (2 fr. 25).

7327 MEISSNER (Auguste Gottlieb), romancier, né à Bautzen en 1753, mort en 1807. Archiviste et professeur de littérature à Prague. — Alcibiade enfant, jeune homme, homme fait et vieillard.

A Athènes, et se trouve à Paris, chez Buisson. 1789. 4 vol. pet. in-8°, 4 pl. en taille-douce. (12 fr.).

[Y². 13406-13409

D'après QUÉRARD, ce livre serait une Traduction supposée, dont le véritable auteur serait Louis Sébastien MERCIER.

7328 MELANCHTON (Philippe SCHWARZERDE) célèbre réformateur religieux allemand, né à Bretten (Bas Palatinat) en 1497, mort à Wittemberg en 1560. MELANCHTON est la traduction grecque de SCHWARZERDE. — Phil. Melanctonis Mathematicarum Disciplinæ, tum etiam Astrologiæ Encomia.

Argentorati (Strasbourg), 1537, in-8°.

[X. 17135 (2)
(S-3441

7329 MELANCHTON (Philippe). —

1) Historiæ de Sarracenorum sive Turcarum Origine, Moribus, Nequitiâ, etc. à Philip. MELANCHTONE.

S. l. 1543.

2) — Machumetis, Sarracenorum Principis, ejusque successiva Vita, ipseque Alcoranus.

S. l., 1550.

3) — Confutatio Legis Mahumetanæ, quam vocant Alchoran.

S. d., in-f°.

(S-6337

7330 MELCHIOR. — Processus (chemice) sub forma Missæ, ad Ladislaum Hungariæ et Bohemiæ regem olim missum ; dans *Processus chemici aliquot* ; dans *Theatrum chemicum* (1613). III, 801-03.

(O-1008

7331 [MELETIER]. — Réflexions sur le magnétisme animal, d'après lesquelles on cherche à établir le degré de croyance que peut mériter jusqu'ici le système de M. Mesmer.

Bruxelles et Paris. Couturier, 1784, in-8°, 43 pages. (2 fr.).

L'auteur ne cache pas qu'il s'élève contre une opinion, adoptée déjà par la moitié du public : « Il n'y a dans le magnétisme animal que du charlatanisme. » Il assure que la machine aérostatique de Montgolfier et son premier voyage en ballon sont la cause du triomphe de Mesmer, l'extraordinaire pouvant faire croire à l'impossible. Il reconnaît d'ailleurs la plupart des effets obtenus par le médecin allemand et pourrait passer pour hypnotiseur, car il avoue « que la fixation des yeux sur un même objet produit des tournoiements qui obligent à fermer les paupières avec une sorte de convulsion, etc. » Cette notice est attribuée à un sieur MELETIER. Il faut remarquer que la plupart des écrits publiés contre Mesmer ne sont pas signés.

Voir aussi MELTIER.

(D. p. 20

7332 MÉLINGE (l'abbé Calixte), docteur en Sorbonne, plus connu sous le pseudonyme d'ALTA. — MÉLINGE (l'abbé Calixte). — Au 17 février 1874, le grand événement ! ! précédé d'un grand prodige ! ! ! prouvé par le commentaire le plus simple, le plus méthodique, le plus rationnel qui ait paru jusqu'à ce jour de la célèbre Prophétie d'Orval, par E. P.

Bar-le-Duc, 1873. in-8° (3 fr.).

[Lb³⁷. 4391
(G-708

7333 MÉLINGE (Abbé Calixte). — Conférences sur les symboles religieux.

I. Le Soleil.

II. La Barque sacrée.
III. La Croix.

Paris, 1888, in-8° de 22 pp. (2 fr.)

Etudes initiatiques d'une large envergure.

7334 [MÉLINGE (Abbé Calixte)]. — ALTA, Docteur en Sorbonne. — L'Evangile de l'Esprit. — Saint-Jean. Trad. et commentaire.

Paris, s. d., in-18 (3 fr. 50).

La crise religieuse que traverse aujourd'hui le Christianisme trouvera dans ce livre sa solution définitive : catholiques et protestants, orthodoxes et libres-penseurs, tous les hommes intelligents le liront, et ces pages d'une philosophie transcendante, ces scènes d'un sentiment exquis. la clarté absolue de l'idée, la netteté et le relief du style révèlent à notre XX° siècle la véritable Religion de la Raison reliée à la Foi par le Verbe de Dieu, et par le Verbe de Jésus, saint Jean.

7335 MÉLINGE (L'Abbé Calixte). — Philosophie du Surnaturel. Thèse pour le Doctorat, présentée à la Faculté de Théologie de Paris par l'abbé Calixte MÉLINGE.

Surgères (Charente-Inférieure), J. Tessier. 1876, in-8° de X-90 pp.(3 f.)
[D. 88314

Ouvrage remarquable à la fois par la pureté du style et l'élévation de la pensée. Il est surprenant qu'il ne soit pas plus connu et plus souvent cité comme le modèle de clarté et de modération qu'il est en réalité.
La *Philosophie du Surnaturel* décrite au Catalogue de Guaita porte un envoi d'auteur adressé à St. de GUAITA et ainsi conçu : « En vous priant de vous souve-
« nir que je parlais à des agnostiques,
« affectueusement mais humblement, à
« mon frère *Nebo,* ALTA. »

(G-708

7336 MELINGE (L'abbé Calixte). — Prophétie authentique arrivée d'Amérique.

S. l. n. d.. (vers 1870). 16 pp. (2 fr.).

(G-708

MÉLITON (L'Apocalypse de).. — Voir :

PITHOIS.

7337 MELLEZ (le Docteur). — Esquisse d'une Genèse de la Terre et de l'homme recueillie dans les papiers du Dr MELLEZ, publiée par V. Poiret.

Paris, Baillère, 1871. in-8°.(6 fr.).

(G-1357

7338 MELLIER (Nic.). — Sommaire explication de l'édict dv Roy, par lequel il ordonne que d'oresnauant les mères ne succederont à leurs enfans ès bien prouenus du costé paternel mais seulement ès meubles et conquest prouenus d'ailleurs.

Lyon, P. Roussin, 1573. pet. in-8°. (10 fr.).

(G-101

7339 [MELLIN DE St-GELAIS]. — Avertissement sur les jugemens d'Astrologie, à une studieuse Damoyselle [par MELLIN DE ST-GELAIS].

A Lyon, par Jean de Tournes, 1546. in-8° Italique. Fort rare. (40 fr.).

[V. 20813
(Ye-924

7340 MELLING (Von). — Opus mago cabalisticum et theosophicum darinnen der Ursprung, Natur, Eigenschaften und Gebrauch des Salzes Schwefels und Mercurii...

Leipzig, 1784. pet. in-4°. Pl. gr. h. t. (20 fr.).

Ouvrage, où il est question de magie, de cabbale, de théosophie, d'astrologie, d'alchimie, etc...

7341 [MELTIER]. — Lettre adressée à M. le Marquis de Puységur sur une observation faite à la Lune, précédée d'un système nouveau sur le mécanisme de la vue, par M. M... (MELTIER).

Amsterdam, 1787. in-8°.

Facétie. Voir aussi MELETIER.

(D. p. 73

7342 MÉLUSINE, recueil de mythologie, littérature populaire, traditions et usages, publié par Gaidoz et Rolland.

Paris, Viaut et Rolland, 1878-99, 9 t. en 2 forts vol. in-4" fig. et pl. sur bois h. et dans le texte. (175 fr.).

[4" Z. 38

Collect. complète fort rare de cette revue intéressante sur le folk-lore et les traditions populaires, publiée avec la collaboration de MM. Tamisez de Larroque, Luzel, Perdrizet, Courage du Parc, Gaidoz, Rolland, Ristelhuber, Barth. Lehugeur, Sebillot, R. Basset, A. de la Borderie, etc...

MÉLUSINE (sur). — Voir :

JEHAN D'ARRAS.
NODOT.

« Comtesse MÉLUSINE » est le pseudonyme de la Comtesse A. de LA ROCHEFOUCAULD, q. v.

7343 MELY (Fernand de). — Le Saint-Suaire de Turin est-il authentique ? Les représentations du Christ à travers les âges.

Paris, Ch. Poussielgue, 1906, in-8". 90 p. (4 fr.).

[8" K. 3453

Autres ouvrages du même auteur sur les Lapidaires, les Pierres, les Reliques, etc. (Cat. Gén. de la Bib. Nat.).

7344 MÉMOIRE physique et médicinal montrant des rapports évidents entre les phénomènes de la Baguette divinatoire, du Magnétisme et de l'Electricité ; par M. T., docteur en médecine de Montpellier.

S. l. n. d. (Nancy). 1782. in-4". (2 fr. 50).

Extrait du Journal de Nancy.

Pièce rare, une des premières faites sur la découverte du magnétisme par MESMER.

7345 MÉMOIRE sur le magnétisme animal.

Londres, 1786, in-8".

Cet ouvrage m'est inconnu, BERGASSE annonce qu'il est dû à MESMER ; d'autres disent à d'ESLON.

(D. p. 68

7346 MENANT (Joachim). Orientaliste et magistrat français, né à Cherbourg en 1820. Juge au Tribunal du Havre. Académicien. — Zoroastre : essai sur la philosophie religieuse de la Perse.

Paris, Derache, 1857, in-8". (6 fr.).

[O² h. 229

Édition originale en 1844, in-8°. (LAROUSSE).

Cet ouvrage est divisé en trois parties : la première intitulée : « Exposition » est toute la vie de Zoroastre avec un exposé de la religion du Brahma et d'Ormuz et se termine par des prophéties sur la fin du monde. — La deuxième « Analyse » est un exposé du dogme, de la liturgie et de la morale des Parses. — La troisième partie contient le résumé de la doctrine de Zoroastre et une histoire du Mazdéisme.

(G-709

7347 MÉNARD (Louis). écrivain, peintre et philosophe mystique né à Paris en 1822. D'abord Chimiste, élève de Pelouze, Professeur à l'Ecole Nationale des Arts Décoratifs. Docteur ès Lettres. — Exégèse biblique et Symbolique chrétienne.

Paris, 1894, in-8".

[A. 20942

7348 MÉNARD (Louis). — Hermès Trismégiste. Traduction complète, précédée d'une étude sur l'origine des livres Hermétiques.

Deuxième édition.

Paris, Didier, 1867, in-12. CXI-502 p.

[R. 38450 bis et 38466

Ouvrage couronné par l'Institut.

L'édition originale est de 1866, in-8°, Ibid, id. ; elle est beaucoup plus rare : 10 fr.

Etude sur l'origine des livres hermétiques. — Poïmandrès. — Discours sacré d'Hermès Trismégiste. — Hermès Trismégiste à Asclépios. — Discours d'Initiation, ou Asclépios. — Fragments du Livre sacré intitulé « La Vierge du Monde. »— Fragments des Livres d'Hermès à son fils Tat. — Fragments des Livres d'Hermès à Ammon. — Les Définitions ; Asclépios au Roi Ammon.

(G-634, 1452 et 1607)

7349 MÉNARD (Louis). — Histoire des anciens peuples de l'Orient, avec nombr. illustrations d'après les monuments authentiques. Cours de sixième.

Paris, s. d. [1882], in-12 de VII-679 pp. (5 fr.).

[O² 680

Les Egyptiens. — Religion, mœurs et coutumes. — Assyriens et Babyloniens, leurs culte et leurs usages. — Les Israélites, les Phéniciens. — Les Aryas. — Le Véda. — Lois de Manou, le Bouddhisme, etc. [L'on sait de quelle importance philosophique sont tous les ouvrages de Louis Ménard, le traducteur des livres d'Hermès. Cette édit. est enrichie de plus de 200 grav. ésotériques du plus haut intérêt pour l'étude du symbolisme dans l'antiquité.

7350 MÉNARD (Louis). — Histoire des Israélites d'après l'exégèse biblique.

Paris, Delagrave, 1883, in-12. (15 fr.).

[8° H. 786

Edition originale.

7351 MÉNARD (Louis).— Lettres d'un mort ; Opinions d'un Païen sur la Société Moderne.

Paris, Art indépendant, 1895, in-8° écu ou in-16. (3 fr. 50).

[8° R. 12835

7352 MÉNARD (Louis). — De la morale avant les philosophes.

Paris, Didot, 1860, in-8°. (8 fr.).

[R. 43577

Edition originale.

7353 MÉNARD (Louis). — De la morale avant les philosophes. Deuxième édit.

Paris, Charpentier, 1863, in-12, 336 p. (4 fr.).

[R. 43578

De la Nature des Dieux, du Culte des Héros et de l'Immortalité de l'âme. — Rapports de l'Homme avec les Dieux ; Caractères du Culte Hellénique. — De la Famille chez les Grecs ; Moralité des Poèmes d'Homère. — Poésie Morale et Didactique d'Hésiode ; la Justice et le Travail. — Le Communisme aristocratique de Sparte : Lycurgue, Tyrtée. — Solon poète et législateur ; la Démocratie d'Athènes : Conclusions.

7354 MÉNARD (Louis). — Les oracles. Leçon du cours professé à l'Enseignement populaire supérieur de la ville de Paris.

Paris Libr. de l'Art Indépendant, 1897, gr. in-8° de 30 pp. (2 fr.).

7355 MÉNARD (Louis). — Poèmes.

Paris, Dentu, 1855, in-12. (12 fr.)

Edit. originale.

7356 MÉNARD (Louis). — Poèmes. Deuxième édit. augm.

Paris, Charpentier, 1863, in-12. (6 fr.).

Contient : Prométhée délivré. — Empédocle.—Endymion.— Pygmalion.—Euphorion. — Hellas.

7357 MÉNARD (Louis). — Poèmes et

Rêveries d'un Païen mistiqe, par Louis MÉNARD, Docteur es lètres (sic).

Paris, Librairie de l'Art indépendant, 1895, in-18 jésus, de 330 p. Quelques Vignettes dans le texte. (3 fr. 50). Se vend souvent, sans raison, à des prix de fantaisie.

Très remarquable Ouvrage, écrit dans une « Ortografe Jilosofiqe » d'autant plus curieuse qu'elle est inattaquable au point de vue Logique et Philosophique. Triste constatation.

C'est une satire sereine de nos modernes absurdités, basées sur la force inerte d'un sot usage.

L'Auteur termine sa Préface en disant de ses Idées :

« Q'on les discute si on veut, q'on
« les réfute si on peut. Je suis abitué à
« être seul de mon avis, et je m'en con-
« sole, sachant qe les Paradoxes de la
« veille deviènent les axiômes du lende-
« main, et les banalités du surlen-
« demain. C'est seulement quand les
« idées arrivent à cète dernière fase d'é-
« volucion q'èles sont acceptées par les
« fames, les fonxionnaires, les journaus
« prépondérants et les académies. »

7358 MENARD (Louis). — Du polythéisme hellénique.

Paris, Charpentier, 1863, fort vol. in-18. (Edition originale). (5 fr.).

[J. 25672

Peu commun.

La Mythologie homérique.— La Théogonie d'Hésiode.— Orphée.— Dévastation des Temples. — Les Oracles. — Les Mystères. — Théologie naturelle, etc.

(G-710

7359 MENARD (Louis). — Rêveries d'un païen mystique.

Paris, Lemerre, 1876, in-18. (20 fr.).

[8° Z. 15

Edition originale.

7360 MENARD (Louis). — Rêveries d'un païen mystique.

Paris, Lemerre, 1890, 3e édit. in-16 de 152 p. (3 fr.).

[8° Z. 12151

Discours philosophiques et poésies.

Deuxième édit. :

Paris, Lemerre, 1886, in-16.

[8° Z. 10319
(G-711

7361 MENARD (Louis). — Rêveries d'un Païen mystique. — Préface de Maurice BARRÈS, de l'Acad. Fr. .

Paris, A. Durel, 1909, pet. in-8°, imp. sur papier vélin d'Arches fabriqué spécialement pour l'édit. Tirage à 200 exempl. num. Portr. de l'auteur gr. à l'eau forte par G. Noyon. (20 f.)

Cette même édition a été réimposée en gr. in-8° et tirée à 40 exemplaires sur papier de luxe : Chine et Japon.

7362 MÉNARD (Louis). — Symbolique des religions anciennes et modernes.

Paris, E. Leroux, 1896, in-8°.

[8° R. Pièce 7034

7363 MÉNARD (Sur Louis) — Le Tombeau de Louis MÉNARD. — Monument de souvenir, élevé par Mme Juliette ADAM, MM. Maurice BARRÈS, Marcelin BERTHELOT, Gaston BOISSIER, Paul BOURGET, Jules CLARETIE, François COPPÉE, GÉROME, etc... (Publ. par Édouard CHAMPION).

Paris, H. Champion, 1902, pet. in-8° de XLIV-213 pp. Portr. de Louis MÉNARD, par René MÉNARD, reproduit en héliogravure. (Edit. originale). (8 fr.).

MÉNARD (Sur Louis). — Voir aussi :

HERMES TRISMEGISTE.

BERTHELOT (Philippe).

7364 MÉNARD (René), peintre et écrivain, né à Paris en 1827, mort au même lieu en 1887. Professeur à l'Ecole des arts décoratifs. — La Vie privée des anciens.

I. Les Peuples dans l'antiquité.

Paris, Vve Morel et Cie, 1880, in-8º de 634 p. de t. et 722 fig.

II. La Famille dans l'antiquité.

Ibid. id., 1881. in-8º de 371 p. de t. et 815 fig.

III. Le Travail dans l'antiquité.

Ib. id., 1882, in-8º de 607 p. de t. et 750 fig.

IV. Les Institutions de l'antiquité.

Ibid. id., 1883. in-8º de 676 p. de t. et 720 fig. (40 fr.).

[8º G. 953

Cette œuvre magnifique constitue un véritable travail herculéen. — C'est un des plus beaux monuments élevés à la gloire de l'Antiquité qu'il fait revivre sous tous ses aspects. Il est enrichi de 3.000 gr. dans le texte et h. t. représentant tous les Dieux de l'Antiquité, une grande quantité de monuments et de bas-reliefs égyptiens, assyriens, grecs, étrusques, etc... de nombr. objets symboliques ayant trait aux religions, à la mythologie, aux sciences sacrées et profanes, et dont la partie consacrée à l'Egypte est certainement la plus remarquable. — L'analyse de cette œuvre gigantesque serait en dehors des limites possibles, aussi donnerons-nous seulement un aperçu de la partie consacrée aux institutions religieuses de l'antiquité. L'Egypte : Les Dieux. — Les Emblèmes religieux.— Les animaux sacrés. — Les Destinées de l'âme. — Les Temples. — Les Prêtres. — Les Cérémonies du Culte. — Le Culte en Asie. — Chez les Hébreux, les Phéniciens, les Assyriens, les Perses et les Phrygiens. — Le culte en Grèce : Les Titans. — L'Olympe. — Les Dieux du Ciel, de la Terre, des Eaux, du Feu, des Enfers. — Les Dieux domestiques. — Les Héros. — La Religion des Romains : Les Lares. — Les Dieux de la Mort. — Les Génies et les Vertus. — Les dieux Gaulois. — Les Pratiques du Culte.— Le Sacerdoce. — Les Autels et Ustensiles du culte. — Les Sacrifices. — Les Présages. — Les Cérémonies. — La Transformation des cultes païens en culte chrétien, etc.., C'est l'encyclopédie la plus complète, sur la Mythologie, les Religions, les Mœurs, les Coutumes et les Cérémonies de l'Antiquité : c'est en même temps un véritable musée artistique et archéologique.

7365 MENASSEH BEN ISRAEL ou MANASSÈS BEN JOSEPH, BEN ISRAEL. Rabbin Portugais, né à Lisbonne en 1604, mort en 1659. L'Inquisition ayant contraint sa famille à émigrer à Amsterdam, MENASSEH y fut Directeur de la Synagogue, puis imprimeur. Il a écrit en Espagnol, en Hébreu, et en Latin. —

Piedra gloriosa, o de la Estatuta de Nabuchadnesar, por MENASSEH BEN ISRAEL.

Amsterdam, [vers 1650], in-12.

(S-5470

7366 MENCKEN ou MENCKE (Jean Burckard). né à Leipzig, en 1674, mort au même lieu en 1732. Professeur d'Histoire. — De la Charlatanerie des savans ; avec des remarques critiques de différens auteurs. Traduit en Français par Durand.

La Haye. Van Duren. 1721, in-12. (2 fr. 75).

« Ouvrage très curieux et très recherché » (S. d. G.). Avec un curieux frontispice et une vignette de B. Picart. Cet ouvrage contient un catalogue de 30 pages des livres de Paris qui se trouvent dans la boutique de Van Duren à la Haye.

(G-1611

7367 MENCKENIUS (Jean Burckhard). — De charlataneria eruditorum declamationes duae.

Lipsiæ, apud Jo. Frid. Gleditsch, 1715, in-12, (6 fr.).

Curieux frontispice. Titre en rouge.
Le même ouvrage dans son idiome original.

(G-1610

7368 MENDELÉEFF (D.). — Principes

de chimie, trad. par E. Achkinasi et H. Carrioux.

Paris, B. Tignol, s. d. [1897], 2 vol. pet. in-8°. (9 fr.).

[8° V. 7237

7369 MENDELSSOHN (Moses), écrivain et philosophe allemand, né à Dessau en 1629, mort à Berlin en 1686. De religion israélite. — Phedon, ou Entretiens sur la Spiritualité et l'Immortalité de l'âme, par Moses MENDELS-SOHN, traduit de l'Allemand par M. Junher.

Paris, 1660. in-8° (3 fr.).

Autres édit. :

Paris, Saillant, 1668.

[R. 11404

A Paris, chez Saillant, et à Bayeux chez Lepelley, 1662, in-8" de xxiv-342 pp. front. de Monet, gravé par Menil.

(S-3124

7370 MENDÈS (Catulle), poète et romancier, né à Bordeaux en 1840, mort récemment en chemin de fer (1910). — Richard Wagner.

Paris, 1886, in-12, (2 fr. 50). (1re édit.).

[8° M. 4695

Notes sur la théorie wagnérienne. — L'œuvre. — Le vieux wagnériste et le jeune prix de Rome, etc..

7371 MENEKEL ou jugement Astrologique pour l'an 1688.

S. l., In-8°.

(S-1831

7372 MENESES (Alexis de), prélat et vice-roi de Portugal né à Lisbonne en 1599, mort à Madrid en 1617. Archevêque de Goa, etc. — La Sainte messe des anciens Chretiens dits de St. Thomas, par Alexis de MENESES.

Bruxelles, 1609. in-8°.

(S-270

7373 MENESTRIER (le P. Claude François), Jésuite héraldiste et historien né à Lyon en 1631, mort en 1705. Fils d'un apothicaire, Conservateur de la Bibliothèque du Collège de la Trinité. — L'Art des Emblêmes, par le P. MENESTRIER.

Lyon, 1662.

Le même :

Paris, 1684, 2 ouv. in-8°.

(S-4437

7374 MENESTRIER (le P.). — Dissertation sur l'usage de se faire porter la Queue, par le P. MENESTRIER.

Paris, 1704, in-12.

[Li²³. 5.

Autre édit. :

Lyon, imp. de J.-M. Bouet, in-8°.

[Li²¹ 5. A
(S-6560

7375 MENESTRIER (le P.). — Des indications de la Baguette pour découvrir les vols, les bornes déplacées, les assassinats, etc., par le p. Cl. Fr. MENESTRIER ; dans sa *Philosophie des images énigmatiques* (1694) : 417-91.

(O-1820

7376 MENESTRIER (le P.). — La Philosophie des Images énigmatiques, où il est traité des Enigmes Hiéroglyphiques, oracles, prophéties, sorts, divinations, loteries, talismans, songes, centuries de Nostradamus, de la Baguette, par Cl. F. MENESTRIER.

Lyon, Jacques Garnier (ou *Guerrier* ?), 1694, in-12, Portr. et grande planche de Talismans. (12 fr.).

Autres éditions :

Lyon, J. Lions, 1694, in-12.

Lyon, Barital, 1694, in-16.

Paris, de la Caille, 1682, in-8°.

[Z. 17492

L'auteur explique les diverses espèces d'énigmes et en établit les caractères, les règles et les usages. — Il divise ces énigmes en trois classes distinctes, licites ou permises, suspectes et condamnées. — On trouvera dans ce livre les prophéties attribuées à St Malachie pour la succession des papes et 1 pl. de talismans extr. de l'ouvrage de Jean l'Hereux, impr. à Anvers en 1657.

(G-712-713
(St-Y-2395-96
(S-4448 et Supp. 199

7377 MENGUS (Hieronymus), en italien MENGHI (Girolamo). — Compendio dell'arte essorcistica et delle possibilita delle mirabili et stupende operationi delle Demoni del R. P. F. Girolamo MENGHI.

In Venezia, 1605. in-8°.

Absolument rarissime.

Autre édit. :

Bologne, 1600. in-8°.

[E. 4047
(S-3223 b

7378 MENGUS (R. P. F. Hieronymus), Vitellianensis, ordinis Minorum regularis obseruantiæ, Flagellum dæmonum, exorcismos terribiles, potentissimos et efficaces Remediaque probatissima ac doctrinam singularem in malignos spiritus expellendos facturasque et maleficia fuganda de obsessis corporibus complectens, cum suis benedictionibus, et omnibus requisitis ad eorum expulsionem... Accessit postremo pars secunda quæ Fustis dæmonum inscribitur.

Venetiis, apud hæredes Io. Marie Leni, 1599.

Autres édit. :

Bononiæ apud Ioannem Rossium, 1582, 2 parties in-8°. (12 fr.).

[E. 6552

S. L., 1727, 2 vol., in-8°.

Venetiis, 1617, in-12.

Francofurti, 1708. *Prostat apud Job. Adolphum*, in-12.

Curieux recueils d'exorcismes tardivement mis à l'index en 1709. On a réuni les deux ouvrages de J. Mengus, le Flagellum daemonum et le Fustis dæmonum. Les lettres ornées sont de petits bois assez intéressants et parfois d'une liberté naïve peu congruante à un livre d'exorcismes. D'autres figurent des scènes du Sabbat. Ouvrage contenant outre les capitales ornées dont fait mention la note ci-dessus un bois à pleine page représentant le Christ descendu de la croix et soutenu par deux anges.

(G-1608 et 9 et 1897

7379 MENGUS (Hieronimus). Vitellianensis, ordinis Minorum regularis obseruantiæ. — Fustis dæmonum adiurationes et potentissimas ad malignos spiritus effugandos de oppressis corporibus humanis.... auctore R. P. Fr. Hieronymo MENGO... opus sane ad maximam exorcistarum commoditatem in lucem editum...

Francofurti, 1708. in 8°. (3 fr.).

[E. 4645

Autre édition :

Lugduni, apud Franc. Arnoullet, 1608, in-8°.

[E. 4044

7380 MÉNIPPÉE (Satyre). de la Vertu du Catholicon d'Espagne.

S. L.. 1594. pet. in-8°. Édition originale.

La même, *Ratisbonne*, 1726. 3 vol. in-8°.

Analysée dans le Gd Dictionnaire LAROUSSE (XI-32).

(S-5780 et 7

7381 MENIPPÉE (La Satyre), ou la vertu du Catholicon, selon l'édit. princeps de 1594. Édition avec introduction et éclaircissements par Ch. Read.

Paris, Jouaust, 1876, in-12. (2 fr.).

7382 [MENKE (Carl Ferd.)]. — Maurerischer Sylvester-Almanach oder Auswahl aus den Arbeits früchten des Z. u. v. ☐ zu den drei Schwerdtern und wahr. Freunden im Orient von Dresden. I-te Spende Sylvester Abend 1815 (herausgegeben von Carl Ferd. MENKE).

(*Dresden*) *Gedruckt b. C. C. Meinhold*, pet. in-12 de XVI-174 pp.

(O-261

7383 MENNENS (Guillaume) d'Anvers. — Aurei Velleris sive sacræ philosophiæ Vatum selectæ ac unicæ mysteriorum que Dei. Naturæ er Artis admirabilium, libri III, auctore ac collectore Guillelmo MENNENS Antverp.; dans *Theatrum chemicum*. V (1622). 267-478.

(O-986

7384 MENSENRIET (D.). — D. MENSENRIET. Urim et Thumim Moysis welches Aaron im Amts Schidlein getragen Feuer-bleibendes Wasser der Maccabæorum aus dem allgewaltigen grossen Buch der Natur hervor gebracht... : Philosophisches hermetisches Kleinod, d. i. ein hellbrennendes Feuer und mercurialisches Licht der Weisen,.... Virtutes Alchymiæ artificialis, d. i. Anima Animæ maxima, vel Forma Metallorum et Mineralium, et essentialis Ignis generativis,...

Nürnberg, Joh. Friedr. Rüdiger, 1737. in-8º de 96 pp.

(O-1371

7385 MENUT de St-MESMIN. — Livre général des rêves de CAGLIOSTRO et de M. MENUT DE ST MESMIN.

Paris, 1811, in-12 ; 91 fig. sur bois très curieuses et une instruction sur des rêves de loterie. (4 fr. 50).

7386 MEON (Dominique-Martin), Bibliophile, Conservateur adjoint à la Bibliothèque royale, né à St-Nicolas (Meurthe) en 1748, mort en 1829. — Catalogue des livres précieux, singuliers et rares, tant impr. que manuscrits, qui composaient la Biblioth. de M*** [MÉON], dont la vente se fera.... le 15 Novembre 1803...
Le prix de ce catalogue sera de 4 fr....

A Paris, Chez Bleuet jeune. — Impr. de Chaigneau aîné. An XIII ; 1803. in-8º de XXIV-522-4 pp.

[A. 34096

On annonce une table alphabétique et des prix, qui n'a sans doute pas paru (N'est pas à l'exempl. de la Bib. Nat.).

Comparable au Catalogue de l'abbé SÉPHER, quoique moins remarquable au point de vue magique. — Nº 699 : Télescope de Zoroastre. — Édition ancienne des Clavicules de Salomon : Nº 700 *in Germania* 1616. in-4º et Mss. Nº 701-2-3.

En tout 7 à 8 pp. de Magie, une dizaine d'Alchimie, 2 ou 3 d'Astrologie ; la majeure partie est de Belles-Lettres et d'Histoire.

7387 MERAY (Antony). — Les librespręcheurs devanciers de Luther et de Rabelais. — Etude historique, critique et anecdotique sur les XIVe, XVe et XVIe siècles.

Paris, Anatole Claudin, 1860. in-16. (5 fr.).

Édition originale, tirée à 203 exempl. Contient de curieux détails sur les mœurs civiles et religieuses du Moyen-Age. — A la fin se trouve une liste bibliographique des principaux ouvrages cités, ainsi que la reproduction de qq. marques d'impr.

7388 MERAY (Antony). — La Vie au temps des Libres-Prêcheurs, ou les devanciers de Luther et de Rabelais, croyances, usages et mœurs intimes des XIVe, XVe et XVIe siècles.

Paris, Anatole Claudin, 1879, 2 vol. pet. in-8º, écu, papier vergé, impression de luxe en caractères antiques, par Motteroz, titres rouges et noirs, fleurons, en-têtes, lettres ornées gr. par Lemaire, avec 2 pl. d'illustration en fac-similes d'après les documents iconographiques du temps. (8 fr.).

Cet ouvrage remarquable offre un tableau complet des mœurs et usages religieux du moyen-âge, avec leurs bizarreries, leur virulence et leur naïve crudité. — Les orateurs des clubs démagogiques paraissent bien faibles devant les moines prêcheurs qui apostrophent dans la chaire chrétienne tous les puissants du jour, flétrissent les débauches royales, accusent les reines d'avoir des penchants infâmes et comparent les Cours à la puante Sodome, peuplée de rufians, de catins et de ribaudes. — Le pape et les évêques ne sont pas épargnés par les frocards qui dans un langage de corps de garde, attaquent le clergé diocésain avec une violence inouïe. — Citons parmi les sujets traités oralement par les libres prêcheurs ceux des cornes de la reine Isabeau de Bavière. — Foire aux bénéfices. — Simonie. — Taxe de rémission des péchés.

Autre édit. :

En 1878, 2 vol. in-8°.

[8° H. 309

7380 MÉRAY (Antony). — La Vie au temps des Trouvères. — La Vie au temps des Cours d'amour. — Croyances, usages, et mœurs intimes des XIe, XIIe et XIIIe siècles d'après les lais, chroniques, gestes, jeux partis, dits et fabliaux.

Paris, Anatole Claudin, 1873-1876, 2 vol. pet. in-8°. (15 fr.).

7390 MERCATI (Michel). Né à San-Miniato (Toscane) en 1541 mort en 1593 à Rome, médecin, naturaliste et minéralogiste des Papes Sixte Quint et Clément VIII. — Michael Mercatus. Metallotheca opus posthumum Auctoritate, et Munificentia Clementis undecimi Pontificis Maximi e tenebris in lucem eductum ; Opera autem et studio Joannis Mariæ Lancisii... accessit appendix.

Romae, apud J. Mariam Salvioni, 1719, in-fol. Nombr. gr. sur cuivre. (15 fr.).

[S. 1263

7391 MERCATI (Michel). — Metallotheca vaticana opus posthumum.

Romæ, 1717, in-fol. de 378 pp. suivi d'un appendice de 53 pp. (20 fr.).

7392 MERCIER (Claude François Xavier), dit « de Compiègne » littérateur éditeur et compilateur français né à Compiègne en 1763, mort à Paris en 1800. — Traité des trois imposteurs.

S. l. n. d., in-12, (5 fr.).

[Rés. H. 2049

Les « *Trois imposteurs* » dont il est question dans ce curieux ouvrage sont : Moïse, Jésus et Mahomet.

C'est une édition donnée par Mercier de Compiègne (sans doute vers 1796) de ce traité fort singulier qui a été attribué à tous les libres penseurs, depuis l'Empereur Frédéric Barberousse (?) jusqu'à Nicolas Barnaud (?) en passant par le poète anglais Milton.

Autre édit. :

S. l., 1777, in-8°.

[Rés. H. 2050

Voir à :

TRAITE des Trois Imposteurs.

MERCURE TRISMEGISTE. — Voir :

HERMES TRISMEGISTE.

7393 MERCURIALIS (Hieronymus) ou Mercuriale, Jérôme, médecin italien né et mort à Forli (1530-1606). Docteur de Padoue, il exerça et professa à Rome, Bologne, Venise, etc. L'Empereur d'Autriche, Maximilien II qu'il guérit, le fit comte et le combla de présents. — Hieronymi | Mercvrialis

De Arte Gymnastica | Libri Sex, | In quibus exercitationum omnium vetustarum | genera, loca, modi, facultates et quidquid de | niq. ad corporis humani exercitationes | pertinet, diligenter explicatur. | Secunda editione aucti, et multis figuris ornati. | Opus non modo medicis, verum etiam | omnibus antiqua- | rum rerum cognoscendarum, et valetudinis conser- | uandae studiosis admodum vtile. | Ad Maximilianum II | Imperatorem. |

Venetiis, apud Iuntas, | M D LXX III. | [1573]. in-4° de 5 f°⁵-308 p. -13 f°⁵ et celui de la marque de Junte, avec le « Registrum ». soit 14 en tout. (30 fr.).

Voici textuellement une intéressante note (en écriture ancienne) qui se trouve sur mon exemplaire.

« Secunda edititione aucti. et multis figuris ornati, etc. comme celle-ci. Parisiis, apud Jacobum Du Puys, via D. Joannis Lateranensis, sub signo Samaritanæ. 1577, in-4°. Fig. en bois : 4 feuillets pour le titre, l'épitre dédicatoire et la table des auteurs : 291 feuillets pour le texte, chiffrés au recto seulement. Il n'y a point de Table des matières.

« Cet exemplaire est dans la Bibliothèque de l'Ecole Vétérinaire de Lyon : (et à la Bibliothèque Nationale, à Paris : [V. 11190].) Celui que j'ai dans la mienne a une table qui fait bien suite au texte, quoique non paginée, sous les lettrines : EEa-GGg ; mais je possède aussi un autre exemplaire de la même édition parfaitement semblable en tout, auquel il manque également la table, et qui est sans indication d'année dans le titre. Ces sortes d'exemplaires sont indiqués par quelques Bibliographes, par Brunet, entre autres, sous la date de *Paris*, 1574. parce que l'épitre dédicatoire porte cette date, et ils en font ainsi une autre édition que celle sans date, et que celle de 1577, quoique ce soit la même. »

En résumé, la Seconde édition de Paris est en réalité la Troisième et elle se rencontre, soit avec sa date, soit sans date et sans épitre datée, soit sans date mais avec l'épitre datée.

Bien entendu, elle est distincte de celle des Junte (la vraie Seconde édition) puisqu'elle n'a pas du tout la même collation : 201 f⁵ au lieu de 308 p. de texte.

L'édition originale est de :

Venise, 1569, in-4°.

Cet ouvrage est presque autant un traité de « Magic pratique » que de gymnastique : on y trouve de fort intéressants préceptes sur la Respiration, entre autres. Les gravures sur bois à pleine page, sont aussi fort curieuses : elles représentent des exercices ou appareils divers.

7394 MERCURIALIS (Hier). — Hieronymi | Mercurialis | De Arte gymnastica | libri sex | in quibus exercitationum omnium vetustorvm ge | nera, loca, modi, facultates et quid quid deni | que ad corporis humani exercitationes | pertinet. diligenter explicantur | .

Secunda editio, aucti 'et multis figuris ornati | .

Parisiis, apud Iacobum Du Puys via D. Ioannis Lateranensis, sub signo Samaritanæ, 1577. in-4° de ij-201 f°⁵ d'index. (45 fr.).

[V. 11190

C'est l'édition à 3 formes dont nous venons de parler.

Autre édition :

Amstelodami, sumplibus A. Frisi, 1672, in-4°.

7395 MERCURIALIS. — Hieronymi Mercurialis Medecinæ Philosophi Nostro Seculo Præclarissimi, Pisis medicinam.

Francofurti, 1602, in-fol. de 850 pp. (6 frs).

7396 MERCURII zweyfacher Schlangen-Stab, das ist : I. Glücks-Ruthe zu Paracelsi chymischen Schatz. II. Menstruum seu Solvens universale philosophicum (... durch G. C. Saphir), darinnen das Gold sine Strepitu, wie Eysz in warmen Wasser zerschmeltzt; samt dem gantzen philosophischen Process.

Ulm, Balth. Kuhn, 1671, pet. in-12 de IV-112 pp.

(O-1275

7397 MERIAN (Jean Bernard) philosophe suisse né à Liechstal (canton de Bâle) en 1723, mort à Berlin en 1807. Professeur de Philosophie à Berlin. Savant bibliographe. — Système du monde, par de MÉRIAN.

Bouillon, 1770. in-8°.

C'est une version française des " Letres Cosmologiques " de Jean Henri Lambert de Mulhouse (1728-1777) parues en allemand à Augsbourg, 1761. in-8°.

Ne pas confondre cet ouvrage avec le « Système de la Nature » du baron d'Holbach, dont la tendance est nettement contradictoire.

(S-3253)

7398 MERIC (Mgr Joseph Elie) né à Hesdin (Pas de Calais) en 1838, président démissionnaire de la Société de Recherches Psychiques. (Sa démission a fait le sujet d'une brochure publié sous le pseudonyme HOMO). Oratorien. Docteur en théologie, ancien secrétaire et successeur du Père GRATRY comme professeur de morale évangélique.— Abbé MÉRIC. — L'autre vie.

Paris, Palmé, 1881, 2 vol. in-8°. (8 fr.).

[D. 00803

Le fatalisme théologique et le fatalisme philosophique, la religion naturelle, l'immortalité facultative. — Tout est Dieu, l'Egypte et le livre des morts, la préexistence des âmes, les théories de J. Reynaud, Figuier et Pezzani, la pluralité des mondes habités, le spiritisme, l'attaque du crucifixement, la vue à distance, les possédées de Loudun, de l'origine et de la fin du monde, l'âme après la mort, les apparitions, le millénarisme et les écoles révolutionnaires, l'Enfer, etc...

Autre édition :

Paris, Palmé, 1888. 2 vol. in-12.

7399 MERIC (Mgr Elie). — L'Hypnotisme et la conscience.

Paris, 1901. in-16. (0 fr. 50).

7400 MÉRIC (Mgr Elie). — L'imagination et les prodiges.

Paris, P. Téqui, 1905. 2 vol. in-18. (6 fr.).

[8° R. 20200

C'est une expérience de suggestion à grande distance qui orienta Mgr MÉRIC, alors simple étudiant, vers l'étude de l'occulte. Malgré l'éloignement, le Père GRATRY, sans l'en prévenir, l'avait un jour contraint, par sa force extériorisée, à exécuter un ordre tout à fait imprévu, sans jamais avoir auparavant exercé sur lui le moindre magnétisme. — A partir de ce moment, l'auteur se livra à de longues recherches personnelles, dont ces deux vol. nourris de faits originaux, sont le résultat. — Toute thèse mise à part, ils constituent un document de premier ordre.

7401 MERIC (Mgr Elie). — Le merveilleux et la science, étude sur l'hypnotisme.

Paris, s. d., [1881]. fort in-18. (2 fr. 50).

[8° R. 10303

Braidisme. — Expériences de la Salpêtrière. — Suggestion. — Catalepsie. — Somnambulisme. — Stigmatisés. — Cures magnétiques. — Le sommeil et les Rêves. — Ecole de Nancy. — Les Sorciers. etc...

7402 MERIC (Mgr Elie). — La vie dans l'esprit et dans la matière.

Paris, 1873. in-12. (2 fr. 25).

Echelle des êtres. — La force vitale. — L'arché-type des créatures. — Vitalisme. — Animisme, etc...

7403 MERKWUERDIGKEITEIN des geheimniszreichen Freymäurerordens und dessen verdienstlichen Arbeiten, dediciet der verehrungswürdigen Gesellschaft der Augsburger H. H. Kritiker.

Wien, mit Pressefreyheits Schrift. 1795. in-8° de 74 pp.

(O-432

7404 MERLIN. — Dissertation sur les miracles contre les impies.

S. l., 1742, in-8°, (3 fr.).

(G-1614

7405 MERLIN. — Prophetia Anglicana Merlini.

Francofurti, 1603, in-8°.

[Na. 22
(S-3476

7406 MERLIN (l'Enchanteur). — Voir:
BOULARD.
HERSART de la VILLEMARQUÉ (Vicomte).
QUINET (Edgar).

7407 [MERLIN (R)]. — Origine des Cartes à jouer. Recherches nouvelles sur les Naïbis, les Tarots et sur les autres espèces de Cartes. Ouvrage accompagné de soixante dix planches offrant plus de 600 sujets, la plupart peu connus, ou tout à fait nouveaux. [Par M. R. Merlin, qui a signé l'avant propos, p. VII].

Paris, l'auteur, rue des Ecoles, 50, 1869, in-4° de VIII-144 p. et atlas de 70 planches. (10 fr.).

[Li¹⁵. 44

Date de l'invention des cartes. — Patrie des cartes. — Origines Arabe, Indienne, Bohémienne, Chinoise, etc, repoussées. — Les premières cartes sont italiennes. — Histoire de l'Invention des Cartes. — Des procédés de la fabrication des Cartes. — Histoire et variations des Types et des Dessins des Cartes. — Cartes Italiennes.— Cartes Espagnoles, Françaises, Allemandes, Orientales.

7408 MERY. — Les Vierges de Lesbos. Poème antique. Dessins par L. Hamon, photographiés par Bertsch et Arnaud.

Paris, G. Bell, 1858, gr. in-8° (15 fr.).

Tiré à 300 ex.

7409 MÉRY (Gaston) littérateur, conseiller municipal de Paris, né à Sens (Yonne) en 1866. Répétiteur à l'Ecole Monge, puis journaliste. — Un complot maçonnique. — La vérité sur Diana Vaughan, par Gaston Méry.

Paris, Blériot, s. d., in-8° de 80 pp. Portrait de Mlle Vaughan. (2 fr.).

Révélations pittoresques à propos de publications sataniques qui eurent naguère un énorme retentissement. — Malgré tout, Diana Vaughan demeure un être mystérieux et inquiétant dont la maçonnerie luciférienne excitera toujours la curiosité des historiens de l'ordre, sans que personne, sans doute, parvienne jamais à arracher le voile qui recouvre cette personnalité étrange.

C'est dans cette brochure que l'on trouve aussi les plus intéressants renseignements sur le « Dr Bataille » de son vrai nom Charles Hacks, né en Bavière ou à Hambourg, d'après M. Méry.

7410 MÉRY (Gast.). — La Voyante de la rue de Paradis. — Les apparitions de Tilly-sur-Seulles.

Paris, Dentu, s. d., [1886-97] pet. in-8° carré en 9 fascicules. Nombr. illustr. (5 fr.).

[Ln²⁷. 51058

La voyante de la rue Paradis. 3 fasc. La voyante et les apparitions de Tilly-sur Seulles, 3 fasc. La voyante et ses détracteurs, 1 fasc. La voyante et les maisons hantées, 1 fasc. La voyante et l'histoire de demain, 1 fasc.

Cette publication a eu, à son époque, le plus grand succès. Mais, que reste-t-il de tout cela maintenant ?

(G-714

7411 MESHOVIUS, ou Arnold MESHOV historien allemand, né à Lippstadt en 1591, mort à Cologne en 1667. Professeur puis Curé à Cologne. — Arnaldi Meshovii, Anabaptisticæ Historiæ Libri VII.

Coloniæ, 1617, in-4°.

Sc. psych. — T. III. — 6.

Edition originale.

(S-5340)

7412 MESLIER (Jean) ou MELLIER. curé d'Etrépigny et de But en Champagne, né à Mazerny près de Réthel (Ardennes), mort en 1029, dans sa cure. Fils d'un ouvrier en serge et simple curé de campagne, son Testament a été maintes fois publié, par VOLTAIRE et d'HOLBACH entre autres. — Le Testament de J. MESLIER. — Ouvrage inédit, précédé d'une préface, d'une étude biographique, etc... par Rudolf Charles [d'ABLAING VAN GIESSENBURG].

Amsterdam, R. C. Meijer, 1864, 3 vol. in-8° de LXIV-352 — 400 et 410 pp. (15 fr.).

]D² 13928

Première et seule édition complète de ce célèbre ouvrage dont on ne rencontre habituellement que des extraits publiés par d'HOLBACH, VOLTAIRE ou Sylvain MARÉCHAL.

L'éditeur *Rudolf Charles*, est un F∴ M∴ ardent et « *rationaliste* » autant que militant. (De son nom complet : *Rudolf Charles d'ABLAING VAN GIESSENBURG*.)

Histoire de Jean MESLIER ou MELLIER (I-XXXV). — Son testament fut recueilli en 3 exemplaires de 366 feuillets chacun.

Cet ouvrage célèbre débute ainsi dans le manuscrit original : « Mémoires des pensées et des sentiments de J. Meslier, sur une partie des abus et des erreurs de la conduite et du gouvernement des hommes, où l'on voit des démonstrations claires et évidentes de la vanité et de la fausseté de toutes les vanités et de toutes les religions du monde, pour être adressés à ses paroissiens après sa mort, et pour leur servir de témoignage de vérité, à eux et à tous leurs semblables. »

7413 MESLIER (Jean). — Le bon sens du curé Meslier (le véritable) suivi de son Testament.

Paris, Périne, 1847. in-16. (2 fr. 50).

Ce volume serait la rétractation par l'abbé MESLIER lui-même, de son célèbre ouvrage publié par d'HOLBACH et VOLTAIRE.

MESLIER. — Voir :
HOLBACH (le baron d').

MESMER (Frédéric Antoine) médecin allemand, auteur de la Doctrine du Magnétisme Animal moderne, né à Itzmang (Souabe) en 1734, mort à Mersbourg en 1815. D'autres le disent né à Weiller-sur-le-Rhin en 1733 et mort à Merspurg, en Suisse, le 4 mars 1815, à l'âge de 81 ans. Il fut reçu Docteur en médecine à Vienne. Après des mécomptes en Autriche, il vint en France, où il ne fut guère plus heureux avec l'Académie de médecine et les Corps Savants. Il fonda néanmoins une sorte de Franc-Maçonnerie, sous le nom de *Société de l'Harmonie*, qui réunit les noms les plus aristocratiques de l'Ancien Régime, outre une certaine quantité de médecins et de Savants.

La Doctrine de MESMER est un lambeau de l'Ancienne Science des Mages qu'on peut retrouver jusque dans certaines inscriptions cunéiformes traduites par M. LENORMAND (*La Magie chez les Chaldéens*, p. 21 : magnétisation de l'eau par le souffle) et qui surgit de temps à autre dans les siècles, chez PARACELSE, LIBAVIUS, Pierre BOREL, et tant d'autres, par exemple.

Malheureusement MESMER, en la faisant sienne, y a mêlé des questions d'intérêt personnel et de polémique qui ont tout gâté, et qui n'ont pas peu contribué à faire de l'ancien « *Art Royal* » le métier de baraque de foire qu'il semble être devenu aujourd'hui.

Souhaitons la Renaissance de la « *Grande Science* » entre les mains de vrais Sages.

On trouvera des renseignements plus étendus à ce sujet dans la partie historique et documentaire de l'ouvrage que nous avons publié sur le « *Traitement mental* ».

(Voir article CAILLET du présent manuel).

7414 MESMER. — Aphorismes de M.

MESMER, dictés à l'Assemblée de ses Élèves et dans lesquels on trouve ses principes, sa théorie et les moyens de magnétiser : le tout formant un corps de Doctrine développé en 344 paragraphes, pour faciliter l'application des commentaires au magnétisme animal ; — Ouvrage mis au jour par m. C. de V. médecin de la maison de Monsieur.

A Paris, et se trouve chez M. Quinquet, l'aîné, Maître en Pharmacie, 1785, pet. in-24 allongé de XXIV-172 p.et 2 f^{os} dont un contenant la signature autographe : « Caullet de Veaumorel. » (10 fr.).

[Tb⁶³. 4

Très rare édition minuscule.

Contient la Totalité des célèbres Aphorismes de MESMER, un des Monuments les plus curieux de tout le Magnétisme.

7415 MESMER. — Le Secret dévoilé, ou APHORISMES de M. MESMER dictés à l'assemblée de ses élèves et dans lesquels on trouve ses principes, sa théorie et les moyens de magnétiser ; le tout formant un corps de doctrine, développé en trois cent quarante quatre paragraphes, pour faciliter l'application des commentaires du magnétisme animal ; ouvrage mis au jour par M. CAULLET de VEAUMOREL, médecin de la maison de Monsieur, troisième édition, revue, corrigée et considérablement augmentée, dans laquelle on trouve les moyens intéressants de magnétiser d'intention. Le prix est de 3 livres 12 sols.

Paris, 1785, in-8°, 240 pages, (4 fr.).

Il y a eu plusieurs éditions successives de ce livre assez connu des magnétistes, entre autres une en format in-32 qui est suivie d'une annonce du sieur QUINQUET, pharmacien, élève de MESMER, la dite annonce relative à la fameuse crème de tartre qui joua un certain rôle dans les rapports de Mesmer avec ses adversaires. La plupart des exemplaires du livre des *Aphorismes* doivent porter la signature de l'auteur, et à la fin une approbation qui se distingue de toutes celles que nous avons pu remarquer sur les livres de ce temps. Elle est ainsi conçue: « J'ai lu par ordre de Monseigneur le Garde des Sceaux un manuscrit ayant pour titre : *Aphorismes de M. Mesmer*. Je le crois intéressant à imprimer dans les circonstances présentes. A Paris, ce 10 décembre 1784, signé : DE MACHY ».

Or, l'ouvrage de CAULLET DE VEAUMOREL est d'un enthousiaste, et l'opinion du censeur royal contient évidemment un aveu de sympathie pour les idées jetées dans le livre.

Les 344 *Aphorismes* (qui auraient été dictés par MESMER dans ses leçons) sont curieux à lire pour la plupart. Il y en a de bons, d'impossibles, de contradictoires ; tous sont empreints d'une foi sincère. Un chapitre de la deuxième partie du livre fait connaître les procédés de d'Eslon, procédés mis de côté aujourd'hui, mais qui certainement, employés sur des personnes timorées, nerveuses devaient produire beaucoup d'effet. Tous ces gestes bizarres faits méthodiquement avec lenteur, à droite, à gauche, en long, en large, ici, là, étaient bien faits pour impressionner les sujets ; de là aux signes des sorciers, aux mouvements des guérisseurs de l'Orient il n'y a pas loin.

(D. p. 60

7416 MESMER. — Communications médiumnimiques obtenues par un groupe d'investigateurs à Ostende (Belgique).

Paris. 1883. in-12, (0 fr. 75).

7417 MESMER — Correspondance de M. M... (MESMER) sur les nouvelles découvertes du baquet octogne, de l'homme-baquet et du baquet moral, pour servir de suite aux Aphorismes. Recueillie et publiée par MM. de F... (FORTIA DE PILE) ; J... (JOURNIAC DE ST-MÉDARD) et B... (Louis de BOISGELIN).

Libourne et Paris, 1784, in-18, 4 pl. (dont 1 de musique) gr. à l'eau-forte. (10 fr.).

[Tb⁶³. 6

MESMER. — Documents satiriques [et nouveaux documents Satiriques] sur MESMER : voir :

LA TOURETTE (Gilles de).

7418 MESMER. — Lettre à un médecin étranger.

Altona, Le Nouveau Mercure savant 5 janvier 1775.

Cette lettre a été adressée à ce journal danois : elle aurait été ensuite mise en brochure in-8° de 22 pages et répandue dans Vienne, s'il faut en croire quelques auteurs. Je ne l'ai jamais rencontrée. Les *Annales du Magnétisme* (T. 1-er, 1814) donnent à cette brochure le titre suivant : *Lettre de M. Mesmer, docteur en médecine* (sans lieu ni format). Enfin la *Biographie* Imbot indique comme étant du 5 janvier une lettre explicative adressée par Mesmer à toutes les Académies de l'Europe.

J'ai tout lieu de croire qu'il y a là une erreur et qu'il s'agit de la lettre à un médecin étranger, déjà citée d'ailleurs par l'auteur de l'article, le docteur HOEFER.

Voici dans quelles circonstances fut publiée cette lettre qui est peut-être, sauf réserves, le premier opuscule imprimé en français sur le magnétisme, mais seulement le troisième de Mesmer, en allemand, ainsi qu'on le verra dans la dernière partie de ce travail.

Dans sa thèse inaugurale, dont j'espère donner la traduction entière, MESMER nommait déjà l'influence de l'homme sur son semblable MAGNÉTISME ANIMAL.

Dans la réponse qu'il fit à une note du P. HELL, il établissait la différence qui existait entre les effets de l'aimant et ceux du magnétisme animal, et c'est par ce que les journaux et le public persistaient, dit-il, à confondre l'un et l'autre qu'il écrivit la lettre à un médecin étranger.

« Il indique dans cet écrit la nature et l'action du magnétisme animal, l'analogie de ses propriétés avec celles de l'aimant et de l'électricité ; il ajoute que tous les corps sont, ainsi que l'aimant, susceptibles de la communication de ce principe magnétique, que ce fluide pénètre tout, qu'il peut être accumulé et concentré comme le fluide électrique, qu'il agit dans l'éloignement : que les corps animés sont divisés en deux classes dont l'une est susceptible de ce magnétisme et l'autre d'une vertu opposée qui en supprime l'action ». (*Mém. sur la découverte du magnétisme* 1779). [Note de M. DUREAU].

(D. p. 7

7419 MESMER. — Lettre aux médecins par MESMER.

Paris (?) 1802.

J'ai relevé cette lettre dans un catalogue de librairie et je crois à une erreur de date.

(D. p. 79

7420 MESMER. — Lettre d'un médecin de Paris à un médecin de province.

S. l. [1784], in-8°. (1 fr. 50).

[Th⁶¹. 30

Relate les curieuses conventions passées entre MESMER et d'ESLON.

7421 MESMER. — Lettre de F. A. MESMER, docteur en médecine, sur l'origine de la petite vérole et le moyen de la faire cesser, suivie d'une autre lettre du même adressée aux auteurs du *Journal de Paris*, contenant diverses opinions relatives au système de l'Auteur sur le magnétisme animal.

Paris, impr. des Sciences et Arts, 1800, in-8°. 17 pages.

Très rare.

(D. p. 77

7422 MESMER. — Lettre de F. A. MESMER sur l'origine de la petite vérole et moyen de la faire cesser avec une adresse aux mères.

Paris, Treuttel et Wurtz. 1801, in-8°, 40 pages.

Très rare.

Cet ouvrage ne contient rien qui ait rapport au magnétisme proprement dit. Le *journ. gen. de la Litt. Franc.* annonce que la brochure renfermait la lettre au Capitaine BAUDIN, et celle aux auteurs du *Journal de Paris*. Ce serait donc une deuxième édition augmentée, de celle parue en 1800. Le procédé proposé par MESMER consiste « à supprimer la ligature du cordon ombilical et à le couper, de manière à laisser librement écouler tout le sang exclu de la circulation ». Le même journal ajoute « que ce procédé lui paraît mériter de fixer l'attention des gens de l'art. »

(D. p. 78

7423 MESMER. — Lettre de l'inventeur du magnétisme animal à l'auteur des réflexions préliminaires (voir plus haut).

Paris, 1784. in-8°.

[Tb⁶⁴ 81

Cette brochure de MESMER devenue rare, fut cependant tirée à un grand nombre d'exemplaires. MESMER se défend du reproche qu'on lui fait de ne pas rendre sa découverte publique, etc...

(D. p. 65

7424 MESMER. — Lettre de M. MESMER à M...

Paris, 16 août 1784. in-8°, 6 p.

Écrite à l'occasion de l'apparition du livre de THOURET : *Recherches et doutes*, etc.

(D. p. 44

7425 MESMER. — Lettre de M. MESMER, docteur en médecine de la faculté de Vienne, à M. VUZEN, docteur en médecine.

[*Vienne*], [5 janvier 1775], [1 brochure, in-8°, 22 pages].

Ouvrage dont l'existence n'est pas certaine.

(D. p. 7

7426 MESMER. — Lettre de MESMER à M. le Comte de C...

S. l. [1784]. in-4°. (2 fr.).

Cette lettre datée du 31 août 1784, contient la Copie de la Requête à nos Seigneurs (sic) de Parlement en la grand'Chambre. — Il proteste contre l'Examen de d'ESLON, qui ne possède pas la doctrine.

7427 MESMER. — Lettre de Mesmer aux Gouvernements allemands.

S. l., 1801.

Quelques auteurs indiquent comme ayant été publiée par MESMER à Versailles où il résidait alors, une circulaire aux gouvernements allemands leur offrant d'établir le magnétisme dans leurs Etats. Cette circulaire ne serait qu'une imitation de sa lettre aux académies publiée dit-on en 1775.

(D. p. 78

7428 MESMER. — Lettres de M. MESMER à Monsieur VICQ D'AZYR et à MM. les auteurs du *Journal de Paris*.

Bruxelles, 10 septembre 1784, in-8°, 30 pages, (2 fr. 50)

[Tb⁶⁴ 44

MESMER, qui avait déjà envoyé diverses notes au *Journal de Paris* (que nous retrouverons au chapitre consacré aux journaux) crut devoir répondre à un article publié contre lui dans cette feuille par VICQ D'AZYR. Le *Journal de Paris*, fit répondre à MESMER qu'il ne pouvait insérer sans autorisation et cinq huissiers auxquels s'adressa MESMER craignant un danger et ne voulant pas se charger de la sommation. Mesmer décida à faire imprimer sa note en la faisant précéder d'une note adressée par lui au *Journal de Paris*, déjà insérée (voir la table) en réponse aux Recherches de THOURET sur le magnétisme, et à l'article de VICQ D'AZYR. Il s'agit dans toutes ces lettres de la première commission qui, en 1778 devait examiner et suivre les traitements magnétiques, commission qui n'aboutit pas.

(D. p. 39

7429 MESMER. — Lettre sur un fait relatif à l'histoire du magnétisme animal adressée à M. PHILIP, doyen de la Faculté de médecine de Paris.

Londres et *Aix-la-Chapelle*, octobre 1782, in-8°, 15 pages

Cette lettre datée d'Aix-la-Chapelle du 4 octobre, a été rédigée par BERGASSE, qui se trouvait avec MESMER à Spa. Elle n'a que huit pages et a dû être augmentée d'une note avant sa mise en brochure. MESMER se plaint vivement du docteur d'ESLON, en raison du discours dans lequel celui-ci annonce qu'il possède la doctrine de Mesmer, etc.

(D. p. 15

7430 MESMER. — Lettre de M. Mesmer à MM. les auteurs du Journal de Paris et à M. Franklin.

Paris, 20 Août 1784, in-8°, 14 pages, (2 fr. 50).

[Th⁶⁴ 41

Lettre de Mesmer au *Journal de Paris*. Il envoie à ce journal une copie de sa lettre à Franklin. Il se plaint, dans cette lettre que les commissaires soient allés chez d'Eslon qu'il désavoue. Mesmer termine ainsi : « Quoi qu'on ose tenter, Monsieur, comme vous, j'ai le monde pour juge, et si l'on peut oublier le bien que je veux faire, j'aurai la postérité pour vengeur. »

(D. p. 32

7431 MESMER. — Le Magnétisme animal démontré par les lois de la nature, par F. A. Mesmer.

Paris, 1819, in-8°.

Ce sont les *Aphorismes* de Mesmer publiés à part, avec un autre titre. Je ne possède cependant qu'une seule feuille de cette brochure. Peut-être le tiré à part n'a-t-il pas été terminé.

(D. p. 183

7432 MESMER. — Magnétisme animal. — Mémoires et aphorismes, suivis des procédés de d'Eslon. Nouvelle édit. avec des notes par J. J. G. Ricard.

Paris, Baillière, 1846, in-12 (4 fr.).

7433 MESMER. — Mémoires de F. A. Mesmer sur ses découvertes.

Paris, chez Fuchs, an VII de la République (1799), in-8° 110 pages (5 fr.).

[Th⁶² 3

Très rare.

C'est dans ce mémoire que Mesmer donne son opinion sur le somnambulisme.

(D. p. 77

7434 MESMER. — Mémoire de F. A. Mesmer, Docteur en Médecine, sur ses découvertes.... nouvelle édition avec des notes de J. L. Pircher Grandchamp.

Paris, Pierre Maumus, 1826, in-8° xxxij-130 pages (3 francs)

Réimpression du mémoire publié par Mesmer en 1798. L'auteur, ami et élève de Mesmer contribua à l'établissement de la *Société de l'Harmonie* à Lyon. Il a possédé les instructions manuscrites de Mesmer avec gravures. Que sont devenus ces documents ? La copie de la convention passée entre Mesmer et ses élèves ainsi que le modèle de diplôme délivré à ces derniers, se trouvent dans cette nouvelle édition.

(D. p. 00

7435 MESMER. — Mémoire sur la découverte du magnétisme animal.

Genève et Paris, P. F. Didot le jeune, libraire imprimeur de Monsieur, quai des Augustins, 1779, in-12, VI-85 pages (4 fr.).

[Th⁶² 2

Ce *Mémoire* très intéressant, est indispensable à consulter pour l'histoire du magnétisme. Il est sobrement écrit, et tout le monde signerait ce que l'auteur pense de l'observation en médecine. Malgré ses luttes du moment, il adresse son livre « spécialement aux médecins.... seuls capables, dit-il, par les connaissances essentielles à leur état, de bien juger de l'importance de la découverte que je viens d'annoncer et d'en présenter les suites. » Après avoir donné le résumé de ce qui lui advint à Vienne, lorsqu'il présenta son système à l'attention de ses confrères, l'auteur annonce son arrivée à Paris, et termine par les vingt sept propositions, connues aujourd'hui sous le nom d'*Aphorismes* de Mesmer. Je reviendrai en détail sur cette période de la vie de Mesmer dans mon *Histoire du magnétisme*. Il me suffira de faire remarquer ici que Mesmer, qui jusqu'alors avait été violemment attaqué par ses adversaires de Vienne, sans trop répondre, du moins par la voie de la presse, à ces attaques, relève dans son Mémoire les assertions de ses contradicteurs et que ces derniers n'ont rien répondu. Je puis ne pas partager l'enthousiasme de Mesmer pour sa théorie et ses procédés, mais je ne saurais m'empêcher d'affirmer que le droit et la vérité étaient de son côté, à Vienne comme à Paris, jusqu'au moment de la cessation de ses relations avec nos sociétés scientifiques.

MESMER, tout en connaissant suffisamment la langue française, se fit aider par ses amis pour la rédaction de ses écrits. Le Mémoire aurait été définitivement rédigé par BACHELIER D'AGÈS [Note de M. DUREAU].

(D. p. 9

7430 MESMER. — Précis de la découverte du magnétisme animal avec une lettre sur le flux et le reflux.

Paris, Treuttel et Würtz, 1801, in-8°.

Attribué à MESMER par le *Journ. Gén. de la Litt. Franç.* Sa lettre aux navigateurs est curieuse: il les invite « à vérifier autant qu'il sera possible, si ce n'est pas plutôt aux courants de la matière magnétique, qu'il faut attribuer le flux et le reflux qu'à l'attraction qui n'existe pas dans la nature. »

(D. p. 79

7437 MESMER. — Précis historique des faits relatifs au magnétisme animal jusques en Avril 1781. — Ouvrage traduit de l'Allemand.

Londres, 1781, in-8° 220 pages (5 fr.).

Cet ouvrage aurait été rédigé par d'ESLON ; il est indispensable à consulter pour l'histoire du magnétisme, et renferme in extenso : les lettres officielles échangées entre MESMER, l'Académie des Sciences et la Société de Médecine ; le mémoire de ROUSSEL DE VAUZESMES, avec de nombreuses annotations contradictoires : le discours de d'ESLON : le projet d'arrangement avec le gouvernement français, discuté avec M. de LASSONNE, premier médecin de la famille royale ; la lettre de MESMER à la reine, etc. — Nous avons pris pour notre histoire du Magnétisme des points du *Précis historique* qui furent contredits, et nous dirons ceux qui ne le furent pas. — La lettre du marquis de *** à un médecin de province, écrite au plus fort de la brouille de MESMER avec d'ESLON, critique l'esprit sous lequel est rédigé le *Précis historique*. Ce blâme ne me parait nullement motivé. [DUREAU]

(D. p. 14

87

7438 MESMER (sur). — Procès verbaux divers.

Paris, 1785.

Un certain nombre de procès verbaux ou d'extraits ont été imprimés séparément, surtout au moment des dissensions de MESMER avec une partie de la *Société de l'Harmonie*, la formation d'un nouveau comité etc... Plusieurs de ces procès verbaux sont de quatre pages in-8° sans lieu mais avec une date.

(D. p. 63

7439 MESMER. — Règlement de la société du Mesmérisme de Paris.

Paris, Dentu, 1816, in-4°, 4 pages.

(D. p. 183

7440 MESMER. — Règlemens des Sociétés de l'Harmonie Universelle, adoptés par la Société de l'Harmonie de France, dans l'Assemblée Générale tenue à Paris le 12 Mai 1785.

S. l. [*Paris*, 1785]. pet in-8° ou in-16 de 38 p. compris le titre (sans faux-titre) (3 fr.).

Pièce rarissime et intéressante, qui débute par une lettre de M. MESMER et contient quatre Chapitres de Statuts, dirions-nous aujourd'hui. On y détermine les diverses fonctions des Dignitaires, les Devoirs des Membres, les Droits des Sociétés et leurs Rapports entre elles, et enfin l'Assemblée générale de toutes les Sociétés éparses dans l'Univers.

Ces règlements d'abord restés manuscrits ont subi bien des vicissitudes racontées par BERGASSE dans ses *Observations* ; ils contiennent 71 articles divisés en quatre chapitres et une lettre de MESMER à tous les membres des Sociétés de l'Harmonie (Paris, France et Colonies): l'esprit libéral que l'on rencontre dans nos sociétés actuelles fait ici complètement défaut. Rien ne peut se faire et dire sans MESMER. Ainsi Chapitre III Article 12 « Les sociétés s'interdisent toute publication de la théorie écrite de M. MESMER sans un consentement signé de lui. » BERGASSE n'a pas été étranger à la rédaction de ces règlements.

(D. p. 63

7441 MESMER. — Requête au Parlement par MESMER.

Paris, 1784.

Cette pièce importante, signée GUIGNARD, procureur, se trouve imprimée avec la lettre ci-après.

(D). p. 37

7442 MESMER. — Lettre de M. Mesmer à M. le Comte de...

Paris, 31 Août 1784, in-8°, 10 p. (2 à 4 fr.).

Il y a une édition in-4° de 11 pages. La lettre très courte signée Mesmer est datée du 31 Août 1784. Elle contient la copie de la Requête à Nos Seigneurs *nos seigneurs* (sic) de Parlement en la Grand'Chambre.

La requête est rédigée dans la forme usitée : « Supplie humblement Antoine MESMER, docteur en médecine de la Faculté de Vienne, et vous expose : etc. » MESMER proteste contre les conclusions du rapport, contre l'examen fait chez d'Eslon, qui ne possède pas la doctrine, etc., il demande enfin que le Parlement nomme dans son sein une commission d'enquête avec laquelle il devra s'entendre, etc. La rédaction de ces écrits est attribuée à BERGASSE.

(D). p. 37

7443 [MESMER.] — Théorie du Monde et des Êtres organisés, suivant les Principes de M***. Gravée par D'A :-OL :

A Paris, 1784. 3 part. in-4° de 1 titre gravé, 1 planche de Symboles expliqués, 15 pages (v° blanc) de 1re partie ; 21 pages (v° blanc) de 2me partie ; 16 p. de 3me partie. Le tout entièrement gravé ou manuscrit. Nomb. fig. (20 fr.).

[V. 1320 F²

Cet ouvrage est d'abord remarquable par sa rareté : MESMER n'en délivrait qu'un exemplaire par la ville où son Système était appliqué. Pour plus de sécurité encore au point de vue du secret, tous les mots techniques y sont remplacés par des Hiéroglyphes, dont la Clef, manuscrite, était indépendante, et séparée de l'Ouvrage même. Celui-ci est complètement illisible sans cette clef.

La Rédaction est, dit-on, l'œuvre de l'avocat BERGASSE, sur qui MESMER en sa qualité d'étranger, se reposait volontiers du soin de rédiger ses idées en bon français.

Voir pour plus de détails sur ce singulier opuscule, le « Répertoire de Bibliographies spéciales » de PEIGNOT. Paris, 1810, in-8° [Q. 4213] p. 18 et 19 à l'article BERGASSE. D'après une Notice de Catalogue rapportée par cet auteur, un exemplaire de cet ouvrage se serait vendu 2.400 livres.

Voici la Note de M. DUREAU sur ce sujet :

« Résumé qui servit à l'auteur à faire
« deux cours dans lesquels MESMER re-
« cueillit 220.000 livres dit BERGASSE,
« page 26 de ses Observations. Cet ou-
« vrage serait le même que les Considé-
« rations, in-8°. » Voir les ouvrages de BERGASSE.

(D). p. 53

7444 MESMER (sur). — L'Anti-Magnétisme, anonade.

Paris (?) 10 Septembre 1784, in-8°, (4 fr.).

Brochure contre MESMER datée du 10 Septembre.

(D). p. 40

7445 MESMER (sur). — Catéchisme du magnétisme animal.

Paris (?) 1784, in-8°, 6 p. environ.

Sorte d'instruction distribuée aux premiers adepte du magnétisme (sans doute manuscrite). Elle est très courte et se trouve reproduite dans l'*Anti-magnétisme* de PAULET, indiqué ci-après. Rédigée par demandes et réponses, cette instruction indique la composition du baquet, le moyen d'établir le rapport, celui de magnétiser les arbres, etc. Je ne l'ai jamais rencontrée en brochure.

(D). p. 28

7446 MESMER (sur). — Cure opérée par M. MESMER sur le fils de M. Kornmann, enfant âgé de deux ans.

Paris (?). 1784. in-8°, 5 pages.

L'enfant était atteint d'une ophtalmie.

(D. p. 26

7447 MESMER (sur). — La Gaieté Mesmérienne, Chanson.

S. l., 1784, in-4°, 4 pages.

Plaquette rarissime inconnue aux bibliographes. Elle est adressée à M. B... « Homme très savant, dit l'auteur, et bien convaincu que le magnétisme, sans raison appelé magnétisme animal, n'a aucun rapport avec la santé des pauvres humains, dont on fait des dupes chaque jour par le brigandage de cette prétendue découverte. »

(D. p. 57

7448 MESMER (sur). — Mesmer guéri ou Lettre d'un provincial au R. P. N***, en réponse à sa lettre intitulée Mesmer blessé.

Londres et Paris. Juin 1784, in-8° 13 pages (1 à 3 fr.).

[Th°¹. 15

Défense en très bons termes de la lettre du P. Hervier citée plus haut.

(D. p. 25

7449 MESMER (sur). — Procès verbal de l'expérience magnétique faite à l'Ecole vétérinaire de Lyon le lundi 9 Août 1784, en présence de M. le Comte d'Oëls (prince Henri de Prusse).

Lyon, 1785, in-4°, 2 pages.

(D. p. 66

7450 MESMER. — Réfutation des vingt sept propositions de Mesmer.

S. l., 1784.

Ecrit introuvable. Cité par quelques auteurs, a-t-il réellement été mis en brochure? Ne serait-ce pas plutôt un article ou un chapitre d'ouvrage? Plusieurs auteurs ont critiqué ces propositions.

(D. p. 23

7451 MESMER. — Seconde célébration de l'anniversaire de la naissance de Mesmer.

Paris, 1847, in-8°, 13 pages.

Rare.
Brochure très curieuse.

(D. p. 138

7452 MESMER. — Sommes versées entre les mains de M. Mesmer pour acquérir le droit de publier sa découverte.

1er Juin 1785, in-8°, 8 pages. (2 fr.).

Brochure datée du 1-er Juin 1785. Elle est contre Mesmer qu'elle accuse d'individualisme intéressé. Elle constate que Mesmer a reçu 317.040 livres et que 26.714 livres sont prêtes à lui être comptées ce qui porte à 343.754 livres les sommes recueillies dans le but de connaître une découverte que Mesmer n'est pas encore prêt à divulguer.

(D. p. 63

7453 MESMER (sur). — Tableau des cent premiers membres qui ont fondé la *Société de l'Harmonie*, suivant la date de leur réception faite à Paris depuis le 1er octobre 1783 jusqu'au 5 avril 1784.

Paris (?), 1784. in-18, 51 pages.

Excessivement rare.

Document d'une excessive rareté et que je n'ai jamais vu passer en vente. Le *Journal du magnétisme* de M. Du Potet (année 1852) a publié la liste de 430 membres de la *Société de l'Harmonie* d'après un manuscrit du temps en possession de M. Mialle. Cette liste n'est pas tout à fait semblable au tableau : il y a des noms en plus et en moins. D'autre part, les premiers élèves indiqués par Bergasse et autres auteurs, ne figurent pas en tête de ces deux documents. Ajoutons que les plus grands noms de France se trouvent représentés parmi les membres de la Société centrale de l'Harmonie. L'on y remarque le marquis de Chastellux, maréchal de camp, membre de l'Académie ; le marquis de Montesquiou, premier écuyer de Monsieur ; le comte de CRILLON, maréchal de camp ; le duc de VILLEQUIER ; le marquis de SAINT-MAIXENT ; le marquis de CHEVIGNÉ ; le baron de JUMILHAC ; le marquis de ROQUELAURE ; le duc de MONTBAZON ; le marquis de CHATEAURENAUD ; le général marquis de LA FAYETTE ; le duc de COIGNY, premier écuyer du Roi ; le baron de TALLEYRAND, ambassadeur de France à Naples ; le comte de CHOISEUL-GOUFFIER, ambassadeur à Constantinople ; le duc de LAUZUN ; les marquis et comte de PUYSEGUR, etc... LE BAILLY DES BARRES, de Malte ; etc...

Les médecins sont au nombre de près de 90, dont plusieurs médecins du Roi et des princes. Parmi les magistrats et le barreau, on trouve : d'ESPREMENIL, de POULOUZAT, DUPORT, DU COUËDIC, de COURCHAMP, conseillers au Parlement, les avocats BERGASSE, FOURNEL, VAUVILLIERS ; le substitut du procureur du Roi, PAYEN, etc...

Nous espérons donner la liste détaillée et complète des membres de la *Société de l'harmonie*, dans notre *Histoire du magnétisme*, et nous ferons connaître ce que nous avons pu découvrir ces travaux de chacune des Sociétés établies tant en France qu'à l'étranger à la suite de celle de Paris ; l'influence exercée par leurs membres, etc... [Cette *Histoire* est restée à l'état de projet].

(D. p. 32

MESMER (Sur). — Voir :

CAULLET de VEAUMOREL.
MAGNETISME ANIMAL.

7454 MESNARD. — Essai de Psychologie ou de philosophie transcendante.

Paris, 1832, in-8°, (3 fr. 50).

Du Mysticisme. — De la vie intellectuelle. — Du beau idéal. — De la beauté extérieure. — De la vie intérieure. — Caractère des gouvernements de Pythagore, etc...

7455 MESNET (Dr Ernest) Membre de l'Académie de médecine, médecin de l'Hôtel Dieu. — Un accouchement dans le somnambulisme provoqué ; déductions médico-légales.

Paris, 1887, in-8°, (1 fr. 50).

7456 MESNET (Dr E). — Autographisme et stigmates.

S. l., [1890], in-8° Pl. (1 fr.).
Extr.

7457 MESNET (Dr E.). — De l'Automatisme de la mémoire et du souvenir dans le somnambulisme pathologique.

Paris, 1874, gr. in-8°. (1 fr. 50).
[Tf³. 42

7458 MESNET (Dr E.). — Cystocèle vaginale opérée dans le sommeil.

Paris, 1889, in-8° (1 fr. 50).

7459 MESNET (Dr E.). — Etude médico-légale sur le somnambulisme spontané et le somnambulisme provoqué.

Paris, 1867, in-8°. (1 fr. 50).

7460 MESNET (Dr Ernest). — Etude médico-psychologique sur l'Homme dit Le Sauvage du Var, par le Docteur E. MESNET, médecin des Hopitaux de Paris... suivie du Rapport de M. le Docteur CERISE. Lu à l'Académie Impériale de médecine (Séance du 22 août 1865).

Paris, J. B. Baillière et fils, 1865, in-8° de 52 p. Portrait lithographié du « *Sauvage* » en frontispice. (1 fr. 50).

Extrait des *Annales Médico-Psychologiques*, Juillet 1865.

Le « *Sauvage* » se nommait Laurent L..., était alors agé de trente neuf ans et était né dans un petit village de Savoie.

7461 MESNET (Dr E,). — Etudes sur le Somnambulisme envisagé au point de vue pathologique.

Paris, 1850, in-8°. (1 fr. 25).

7462 MESNET (Dr E,). — Outrages à la pudeur, violences sur les organes sexuels de la femme dans le somnambulisme provoqué et la fascination. Etude médico-légale, par le Dr E. Mesnet.

Paris, Rueff et Cie, 1894, in-8°. XXIV-267 p. (4 fr.).

[T⁰. 11

Les Névroses aux siècles passés. — Les Névroses à l'époque actuelle. — De la mémoire, sa Scission, sa Réviviscence. — Affaire du somnambule Didier. — Du Viol dans l'état d'Hypnotisme. — Observation de Cystocèle vaginale opérée en Somnambulisme provoqué. — De la Fascination en général. — Fascination produite par une Locomotive en mouvement dans une gare. Ecrasement : Mort du Fasciné. — Des Responsabilités dans le Somnambulisme spontané ; dans le Somnambulisme provoqué. — Interprétation des faits : Rôle du médecin.

7403 MESNET (Dr E.). — Physiologie pathologique : Troubles fonctionnels des sens et des sensibilités dans l'Hypnotisme.

Paris, 1889, in-8° (1 fr. 25).

[Te¹⁵ 115

7404 MESNET (Dr E.). — Somnambulisme spontané dans ses rapports avec l'hystérie.

Evreux, 1892, in-8° de 16 pp. (0 fr. 75).

[Td⁸³. 914

7405 MESNET (Dr E.). — Titres et travaux scientifiques : 1° de la Folie rhumatismale. — 2° de l'automatisme de la mémoire et du souvenir. — 3° Etude des paralysies hystériques. — 4° du Somnambulisme pathologique. — 5° L'homme dit le « Le Sauvage du Var. 6° Délire aigu hydrophobique, etc.... et autres mémoires du même auteur.

Paris, 1861, in-4°. (2 fr. 25).

7466 MESNET (Dr E.). — Des vertiges avec délire: pathogénie des délires impulsifs.

Paris, 1883, gr. in-8°. (1 fr. 25).

[Td⁸⁶. 487

7407 MESSIE (Pierre) ou Mexia, écrivain espagnol, né à Séville en 1496, mort en 1552; historiographe de Charles Quint. — Les diverses leçons de Pierre Messie, gentilhomme de Seuile, mises de Castillan en François, par Cl. Gruget Parisien.

A Tournon, 1604, pet. in-8°. (7 fr.).

[Z 32334-32335

Pourquoy les hommes vivoient jadis plus longtemps. — De l'estrange opinion des Egyptiens touchant le temps de la vie de l'homme. — De la distinction de l'âge de l'homme selon la doctrine des astrologues. — De l'ordre et chevallerie des Templiers. — Les cloches conjurent les Diables. — De plusieurs lacs et fontaines dont les eaux ont grandes propriétez. — Qu'entre les proprietez des choses élémentaires il y a beaucoup d'autres propriétés occultes et merveilleuses. — Que les bestes brutes ont enseigné aux hommes plusieurs médecines. — Vertus et propriétez des pierres précieuses. — Des anneaux magiques, etc...

Autres éditions :

S. l. n. d., [1554], in-8°.

Paris, Nic, Bonfons, 1584, in-16, (15 fr.).

Lyon, Thomas Soubron, 1592, in-8°, (4 fr.).

A Tournon, par Cl. Michel, 1609-10, in-8°, (10 fr.).

7408 MESSIE (P.). — Les diverses leçons de Pierre Messie, gentilhomme de Seuile. Mises de Castillan en François par Cl. Gruget Parisien : Auec sept dialogues de l'autheur. Plus la suite de celles d'Ant. du Verdier. S. de Vauprivaz, augmentée d'vn septiesme liure

Tournon, par Claude Michel, 1616, in-8°, (6 fr.).

[Z 32338

Edition la plus complète d'un ouvrage de Pedro Mexia, qui eut la plus grande vogue jusque vers le milieu du XVII° siècle.

(G-1616

7469 MESSIE (Pierre). — Les Diverses Leçons de Pierre Messie.

Rouen, J. Berthelier, 1643. in-8°.

|Z 32330
(S-6968

7470 METCHNIKOFF (Elie). — Etude sur la nature humaine. — Essai de philosophie optimiste, par Elie METCHNIKOFF.

Paris, Masson, 1903, in-8° de II-390 pp. (4 fr. 25).

[8° R. 18384

7471 METHODE très facile de magnétiser.

Paris (?). 1800.

Ouvrage cité par M. MIALLE, sans autre indication.

(D. p. 77

7472 METHODIUS (Saint) surnommé EUBULIUS, prélat grec martyrisé en 412. Evêque d'Olympe, de Patara (Lycie) et de Tyr. — METHODIUS primum Olimpiade et postea Tyri civitatum episcopus, sub diocleciano Imperatore in Galcide civitate (quem Nigropuntum appellatur ut divus scribit hieronimus martyrio) coronatur : qui cum eruditissimus esset vir multa edidit documenta et presertim de mundi creatione eidem in carcere revelatione, passus fuit quartadecima Kalndas octobris.

[In fine :] Finit basilee per Michaelem Furter opera et vigilantia Sebastiani Brant Anno. M. ccccc. iiij. [1504] die xij Martij. petit in-4° gothique de 68 feuillets non chiffrés, de 37 lignes à la page, fig. (400 fr.) (à toutes marges et pur.).

[Rés. H. 1011

Recueil de prophéties attribuées à MÉTHODIUS, évêque de Tyr qui vivait au IV-e siècle, suivies d'une cinquième partie relative aux évènements du Moyen-Age, et s'arrêtant à la fin du XV° siècle, dans laquelle il est question des invasions des Hongrois et des Turcs, des expéditions des Français en Italie, etc.., composée par Wolfgang Aytinger, prêtre d'Augsbourg. Cette édit. est illustrée de 60 figures gr. sur bois très intéressantes au point de vue du costume et mœurs du temps, représentant des scènes des plus variées.

Autres édit. :

Basileæ, 1515, in-4°.
[Rés. C. 2189

Basileæ. 1516. in-4°.
[Rés. C. 2190

7473 METHODUS curandorum morborum mathematica : qua morborum depellendorum ex astrorum concordanti influxu ratio certa et evidens ostenditur.

Francofurti, exudeb. Wolfg. Richterus, 1613, in-4° (15 fr.).

7474 METTAIS (Dr H.). — Simon le magicien.

Paris, Dentu, 1867. in-12, (3 fr.).

Simon le magicien fut un philosophe novateur, un chef d'école ; et comme sa philosophie était dogmatique, morale et mystique, sanctionnée par des prodiges, on ne peut le nommer autrement qu'un prophète.

7475 METTRIER (Abbé A.). — Excellence de l'Etude du Gentilisme.

Nancy, 1890, 2 forts vol., in-8°, (15 fr.).

Ce traité de forte érudition, qui peut dans son genre, marcher de pair avec les écrits des abbés Lacuria et A. Constant est aussi l'œuvre d'un prêtre d'une intellectualité supérieure et d'une grande largeur de vues. — Partant de ce principe qu'une vive lumière éclairait la haute antiquité. il s'est dit, nous citons sa phrase même : « Cherchons sur la brique, à travers les glyphes et les savantes découpures de la pierre, les jours suaves et élevés de leur symbolisme. » Il nous est impossible de suivre l'auteur dans tous ses développements à travers plus de 1000 pages ; nous nous bornerons à citer quelques fragments suggestifs de la table des matières : La Divinité désignée par une Force Circulaire (ses rapports avec Kéter-Elion la couronne suprême de la Kabbale). — La Divinité figurée par un demi-cercle (ses rapports avec le Ghimel des hébreux). — La divinité figurée par un tranchant (ses rapports avec le Schin hébraïque). — La divinité figurée par un œil, une tête, un point, le feu (ses rapports avec la lettre Aleph). — La divinité figurée par l'épervier le taureau, le chêne, le bouc (ses rapports avec le mot hébraïque *uonts*). — La Divinité figurée par l'heptacorde, etc... — Le symbolisme de la couronne, du sceptre, de l'anneau, du collier, de la robe, de l'arc, de la coupe, des couleurs, de la croix, reflet cosmique des ornements sacrés, etc.... Quantité d'autres recherches savantes et originales placent cette œuvre superbe au premier rang des travaux ésotériques et initiatiques accomplis à la fin du XIX-e siècle. — L'abbé METRKIER a parfaitement saisi l'esprit des anciens mystères où il retrouve la vraie lumière, contrairement à certaine exégèse ignare, qui ne veut y voir qu'un odieux satanisme.

7476 [METZGER (Daniel)] né à Potsdorf (Sarrebourg, Lorraine) en 1850. — Autour des « Indes à la Planète Mars » [par D. METZGER].

Genève et Paris, Leymarie, 1901, in-18. (3 fr.).

[Manque à la Biblioth. Nat.

Intéressantes remarques destinées à dissiper des malentendus possibles au sujet du Livre de M. FLOURNOY : « Des Indes à la planète Mars ».

7477 METZGER (D.). — Etudes psychiques. — Essai de Spiritisme scientifique.

Paris, Chamuel (Genève Stapelmohr) [1895], in-12, (2 fr. 50).

[Manque à la Bib. Nat.

Les forces. — Suggestion. — Hallucinations. — Faits spontanés et provoqués. — Télépathie. — Apparitions. — Somnambulisme. — Dédoublement. — Rêves — Apports. — Ecriture directe, etc...

MEUNG (Jehan de) dit Clopinel, poète et philosophe hermétique Français, né à Meung-sur-Loire, dans l'Orléanais, vers 1280, mort à Paris, vers 1315. Son nom vient du lieu de sa naissance, et son surnom de *Clopinel* lui fut donné parce qu'il boitait. Il a continué le " *Roman de la Rose* " de Guillaume de LORRIS. On pense qu'il était dominicain et docteur en Théologie. En tout cas il était un des plus grands érudits de son époque.

7478 MEUNG (Jehan de) dit CLOPINEL. — De la transformation métallique, trois anciens tractez en rithme françoise. Asçavoir : La Fontaine des amoureux de science : autheur I. de LA FONTAINE. Les Remonstrances de la nature à l'alchimiste errant : auec la response dudict Alchy. par I. de MEUNG. Ensemble un tractez de son Roman de la Rose, concernant ledict art, Le Sommaire philosophique de N. FLAMEL. Auec la défense dicelluy art et des honestes personnages qui y vaquent ; contre les effortz que J. GIRARD meet à les outrager.

Paris, Guillard, 1561, in-8° de 4 ff. prélim. et 64 ff. de texte. (50 fr.).

Livre très rare.

(G-108

7479 MEUNG (Jehan de). — Gegenantwort desz Alchymisten die er der Natur... pp. 148-64, ou 158-76, à la suite de " *Wasserstein der Weysen* " (1661).

(O-791

7480 MEUNG (Jehan de). — Les Remontrances de Nature à l'alchimiste errant, avec la Response de l'alchimiste à Nature, en vers françois ; par Jean de MEUNG ; dans le *Roman de la*

Rose, édit. de LENGLET-DUFRESNOY, T-e II (1735), 170-232.

(O-788

7481 MEUNG (Jehan de). — Les Remontrances ou la Complainte de Nature à l'alchymiste errant, avec la Response de l'alchymiste ; par Jehan de MEUNG : dans le *Roman de la Rose* édit. de MÉON, tome IV (1814). 123-202.

« J'ignore d'après quelle autorité on a attribué à cet auteur les pièces suivantes : je n'ai pu en découvrir aucun manuscrit ancien. D'ailleurs ce n'est pas sa manière de versifier : le style et l'orthographe n'annoncent pas un siècle éloigné ». (Note de MÉON).

Cet ouvrage, dit BRUNET, parait avoir été écrit vers 1520, par un anonyme qui le dédia à François Ier. La dédicace en est fort curieuse, mais elle était restée inédite. Feu M. ROBERT, de la Bibliothèque Sainte-Geneviève, l'a publiée d'après un manuscrit de cette bibliothèque, dans le *Bulletin du Bibliophile*, IIe série (1836). 19-22.

(O-789

7482 MEUNG (Jehan de). — Der Spiegel der Alchymie des vortrefflichen Philosophen Johann von MEHUN, aus dem Lateinisch-Französischen übersetzt ; dem noch beygefüget worden Ben-Adams Traum-Gesichte durch Floretum a Bethabor : -nebst Friedrich Galli Reise nach der Einöde St. Michæl.

Ballenstadt und Bernburg, Biesterfeld. 1771, in-8° de 44 pp.

De ces trois pièces, la première va à la p. 24, la IIe à la page 32 et la IIIe à la p. 44.

(O-793 et 1113

7483 MEUNIER (Georges).— Ce qu'ils pensent du « *Merveilleux* ».
Paris, Albin Michel, s. d., [1911] in-12 de 366 pp.

Enquête faite par l'auteur auprès de Mme Judith *Gauthier* et MM. *J. Aicard, M. Barrès, Bergson, Bourget, F. Coppée, M. Donnay, J. Lemaitre, F. Masson, O. Mirbeau, Ch. Morice, J. Renard, E.Rostand,* etc.

Cet ouvrage est comme un coup de sonde donné dans l'intellect contemporain français sous les espèces de ses principaux représentants connus. Presque tous s'intéressent au « Merveilleux » sous une forme ou sous une autre.

7484 MEUNIER (Raymond) Préparateur au Laboratoire de Psychologie Pathologique de l'Ecole des Hautes-Etudes (Asile de Villejuif). Directeur de la Bibliothèque de Psychologie expérimentale et de Métapsychie. — Le Hachich : Essai sur la Psychologie des Paradis éphémères : Avec trois planches hors texte par Raymond MEUNIER...

Paris, Bloud et Cie, 1909, in-16 de 210 p. pl. (2 fr.).

Le Hachich. — Les Hachichins. — L'ivresse Hachichique. — Le Hachichique. — Les Recherches et les Théories neurobiologiques. — La Folie Hachichique. — Le Hachich, le Rêve et la Folie. — L'action Thérapeutique du Hachich. — Index Bibliographique. — Table alphabétique des Auteurs cités. — Etc.

7485 MEUNIER (Victor) littérateur et publiciste, né à Paris en 1817. — Les excentricités physiologiques.

Paris, 1889, in-18. (2 fr. 50).

[Th^{ia} 175

Les Sexes. — Chirurgie thaumaturge. — Fabrique des esprits. — Stigmatisation mystique. — Fabrique des corps. — Système de phrényogénie. — Les nœvi (marques de sorciers), etc.

7486 MEURDRAC (Marie) ou MURDRAC, q. v. — Jungfer Maria MEURDRAC, mitleidende und leichte Chymie, denen Liebhabern dieser Wissenschafft, sonderlich aber dem Löbl. Frauenzimmer zu Gefallen ehemahls in Frantzösischer Sprache beschrieben.... ins Teutsche übersetzt. . Dritte Auflage.

Franckfurt am M. Job. David Jung, 1738, in-8° de VIII-340-XVIII pp. avec 1 pl.

La mention de la *Chimie charitable et facile*, de Marie MEURDRAC, par BARBIER (N° 2276) indique la date de 1656, comme celle de la première édition française.

(O-1104

7487 MEURIN (Mgr. Léon). — La Franc-Maçonnerie, synagogue de Satan.

Paris, 1893, in-8° de 550 pp. (10 fr.).

[8° H. 5805

Malgré son titre agressif, cet ouvrage est intéressant à plus d'un point de vue et remarquablement documenté : voici un extrait de la table : Le nombre maç∴ de 33 rencontré dans les anciennes religions païennes. — La Kabbale juive, base dogmatique de la F∴ M∴ L'Ensoph kabbalistique, la Cause première maç∴. Les séphiroth supérieures dans les décors maçonniques. — Les séphiroth inférieures et les 7 anges. — Les nombres 10, 7 et 11 dans les traditions primitives. — Les quatre mondes de la Kabbale… Origine juive de la philosophie hermétique. — La philosophie d'Hermes-Trismegiste. — Le Gnosticisme et la Kabbale. — Les Ophites et la F∴M∴. Les 5 régions célestes des Manichéens et l'Etoile flamboyante des F∴ M∴. Les Chevaliers des Juifs Kabbalistiques. — La Loge Kilwinning et le Zéro kabbalistique. — Le Baphomet des Templiers et des F∴ M∴. — Les Chevaliers templiers et les Kadosch maçonniques. — Les autres chevaliers maç∴. — Les Juifs dans la F∴ M∴. — Sens décuple de la légende et des symboles maç∴. — Idée kabbalistique des mythes maç∴. Hiram, Adoniram, Eblis. — L'interprétation que donne l'auteur des 33 degrés maç∴ dans leur rapport avec la Kabbale est particulièrement intéressante. — L'ouvrage est enrichi de 17 curieuses planches h. t. donnant les rapports existant entre les 10 séphiroth kabbalistiques et les divers systèmes maç∴ religieux, le gnosticisme, le manichéisme, l'ophitisme, le bouddhisme, le parsisme, la kabbale, etc.

7488 MEURSUS ou MEURSIUS : Jean DE MEURS, philologue hollandais, né à Losdun, près La Haye en 1579, mort à Sora (Danemark) en 1639. Professeur d'histoire, et Historiographe de Hollande et de Danemark. — J. MEURSI Denarius Pythagoricus.

Lugduni Batavorum, Joannis Maire, 1631, in-4°.

[R. 8013
(S-6630

7489 MEURSUS (Jean). — Joannis MEURSI De Funere Liber singularis in quo græci et romani ritus… Additum est : de puerperio syntagma.

Hagæ-Comitis, Hilldebrandi Iacobi, 1604, in-12. (6 fr.).

Ouvrage d'un excellent secours pour l'étude des rites funèbres (et de la naissance) dans l'antiquité.

7490 MEY (l'abbé Cl.). — Dissertation dans laquelle on démontre que la Bulle Unigenitus n'est ni loi de l'Eglise, ni loi de l'Etat.

S. l., 1752. (2 fr.).

(G-1226

7491 MEYER, professeur de Philosophie à Halle (Saxe). — Essai sur les apparitions, par m. MEYER, profess. en philosophie en l'Université de Hale, Saxe, trad. de l'allemand en françois par m. Fr.-Ch. de Baer : dans LENGLET-DUFRESNOY : *Recueil de dissert.* 227 et suiv.

Ces 3 parties contiennent XXXIX dissertations sur les apparitions et visions.

(O-1781

7492 [MEYER (Friedrich)]. Alchimiste et Apothicaire allemand, né à Osnabück, vers le début du XVIII° siècle, mort vers 1775. Auteur d'une théorie assez paradoxale de l' « *Acidum pingue* ».

Alchymistische Briefe (VI ; von Friedr. MEYER. Hannover, 1767).

In-8º de 48 pp.

(O-594

7493 MEYER (Johann Friedrich von) homme politique et écrivain religieux allemand, né à Francfort-sur-le-Main en 1772, mort en 1849. Juge au Tribunal. et Bourgmestre de Francfort.— Blätter für höhere Wahrheit und neuern Handschriften und seltenen Büchern ; mit besonderer Rücksicht auf Magnetismus, herausgegeben von Joh. Fried. von MEYER.

Frankfurt am Mayn, Heinrich Ludw. Brönner J. C. Hermann). 1818-27, 8 vol. in-8º de IV-304 (avec 1 pl.) IV-302 (avec 1 pl.). XII-388. VIII-302, VI-394, IV-305, IV-300, et IV-396 pp.

Le tome III a un second titre : *'Der Vorbwf* ; le IV*, Stufen des Heiligthums* ; le V*, Lehrstimmen* ; le VI* Erkenne dich selbst* ; le VII* Feverstunden* ; et le VIII* Bilderschriften.*

(O-1666

7494 MEYER (J. F.).— Blatter für höhere Wahrheit... Neue Folge.

Berlin, Ludwig Oehmigke, 1830-32, 3 vol. (ou tomes IX à XI de l'ouvr.). in-8º de IV-397, IV-303, et XII-388 pp.

Les sous titres sont : tome I, *Palmen* ; le II*, Typik* ; le III*, Welt und Vorwelt* ; ce dernier vol. contient une table générale pour les onze vol.

(O-1067

7495 MEYER (Dr J. Fried.). — Unpartheyisches Urtheil über den Inhalt der beiden Tractätchen Sarsena und Antisarsena in Beziehung auf die Freimaurerei ; von Dr. J. Friedr. MEYER.

Deutschland ; s. adr. (Leipzig, Engelmann). 1819, in-8º de 60 pp.

(O-329

7496 MEYSSONNIER (Dr Lazare), Médecin français, Mystique et Kabbaliste célèbre, né à Mâcon en 1602, mort à Lyon en 1672. Médecin et Conseiller du Roi, professeur de chirurgie à Lyon. Protestant converti, il devint chanoine de St-Dizier de Lyon. — Aphorismes d'astrologie tirés de Ptolomée, Hermès, Cardan, Mynfredvs, et plusieurs autres. Trad. en françois par A. C. et augm. d'une préface de la vraye astrologie.

A Lyon, au despend de Michel Dvhan, 1656, in-16. Front. gr. (10 fr.).

7497 MEYSSONNIER (Lazare). — La belle Magie ov Science de l'esprit, contenant les fondements des subtilitez et des plus curieuses et secretes connoissances de ce temps.

Lyon, Nic. Caille, 1660, in-12, avec le portrait de l'auteur gravé sur bois, 2 planches de figures en taille douce et un schema planispherique, livre curieux et très rare. (25 fr.).

[R. 11916
(G-1617

7498 MEYSSONNIER (Lazare). — Le Cours de médecine en François, par Lazare MEYSSONNIER, contenant « *Le Miroir de Beauté et santé corporelle* » Par M. Louis GUYON, Dolois, sieur de la Nauche, Dr. en Medecine, et la théorie avec un accomplissement de practique selon les principes tant dogmatiques que chymiques, avec une infinité d'observations, secrets et expériences... nouveautés anatomiques et spagyriques inconnus auparavant... Septième édit. et dernière, avec figures.

Lyon, 1678, in-4º. Figures. (20 fr).

Autres édition :

Lyon, C. Prost, 1664, in-4º.

[Td⁴ 18

Lyon, I. A. Huguetan, 1671, in-4º

[Td⁴ 18 A.

Lyon, J. Grégoire, 1673, in-4°.

[Td¹ 18 B.

Ce cours de médecine, très précieux par sa philosophie et ses recettes spagyriques, contient un excellent « Traité des maladies extraordinaires, spirituelles, astrales, avec des recherches curieuses. On y trouvera, notamment, de très étranges procédés occultes dont le médecin doit faire usage en allant visiter ses malades, etc...

(S-3302

7499 MEYSSONNIER (Lazare). — La Philosophie des Anges, contenant l'art de se rendre les bons esprits familiers, avec l'histoire de S. Raphaël. Œuvre nécessaire à tous ceux qui aspirent à la vie angélique. Par L. MEYSSONNIER.

Lyon, chez Pierre Compagnon, M. DC. XLVIII. [1048], in-8° de [7 ff.— 337 pp.et [1 f°] d'approbation ; planche de caractères à la fin (50 fr.).

[Z. Payen 584 (3)

Ce précieux ouvrage, dont on ne connaît que de rares exemplaires, est un cérémonial complet pour entrer en commerce intime avec les entités bienveillantes des mondes supérieurs. — Magiste de premier ordre, Lazare MEYSSONNIER accomplissait des prodiges étonnants au moyens des rites exposés dans sa *Philosophie des Anges*. — Des chiffres des anges. Images des anges et de leur usage. — Le moyen de devenir ange. — Comment se faire aimer des anges. — Vertu du nom de Jésus pour attirer les anges. — De l'exorcisme ou adjuration et de sa forme. — Des dix noms sacrés usités aux exorcismes. — Des noms grecs et du mot AGLA. — Du langage des anges, du Pentagone. — Chiffres de Jésus et de Marie. — Chiffre de l'ange gardien. — Des *Tephillins* des hébreux. — Curieuses particularités pour attirer la familiarité des anges. — Alphabet des charactères apportés par l'ange RAPHAËL, avec une planche gravée, etc.

(S-3189

7500 [MIALLE]. — Exposé par ordre alphabétique des cures opérées en France par le Magnétisme Animal,

depuis MESMER jusqu'à nos jours (1764-1826) ; ouvrage où l'on a réuni les attestations de plus de 200 médecins tant magnétiseurs que témoins ou guéris par le magnétisme, suivi d'un catalogue des ouvrages français qui ont été publiés pour, sur, ou contre le magnétisme, par M. S... de la Société du Magnétisme.

Paris, Dentu, 1826, 2 vol. in-8°, 612 et 543 pages. (15 fr.).

Très rare.

Ouvrage considérable. L'on peut contester le diagnostic de quelques-unes des cures rapportées et que l'auteur M. MIALLE s'est borné sagement à reproduire. Il n'en reste pas moins un nombre considérable de faits authentiques bien constatés. Un semblable ouvrage poursuivi jusqu'à nos jours et donnant un résumé des cures les plus intéressantes dues au magnétisme avec l'état du malade, les phases du traitement, les procédés employés serait précieux à consulter. Notre savant et digne collègue, M. Mialle, devrait compléter ainsi son œuvre.

(D. p. 98

7501 [MIALLE]. — Rapport confidentiel sur le magnétisme animal et sur la conduite récente de l'Académie royale de médecine adressé à la congrégation de l'Index, et traduit de l'italien du R. P. SCOBARDI, par Ch. B., D. M. P.

Paris, Dentu, Germer Baillière, 1839, in-8°, 164 pages. (2 fr. 50).

Parodie très spirituelle en faveur du Magnétisme, de l'histoire des commissions académiques ; elle est attribuée à M. MIALLE.

(D. p. 116

7502 MICALI (M. J.). — L'Italie avant la domination des Romains : trad. de l'italien par Raoul ROCHETTE, avec notes et éclaircissements.

Paris, 1824, 4 vol. in-8° et atlas gr. in-fol. de 67 pl. représentant les monuments primitifs, les plans des villes, etc... (10 fr.).

[R. 7581-4

Sc. psych. — T. III. — 7.

Travail de premier ordre et cependant peu connu : il est utile à consulter pour l'étude des races primitives qui peuplèrent l'Italie : Etrusques, Peslages, etc... ainsi que leurs traditions. — Fables introduites dans l'histoire d'Italie. — La Mythologie des peuples primitifs de l'Italie. — Excursions des Péslages. — Grandeur et décadence des Etrusques. — Les Sabins, les Osques, etc... Mœurs et usages. — Des langues primitives. — Système d'enseignement secret et philosophie des Etrusques, etc..

7503 MICHAELER (Karl). — Historisch-kritische Abhandlung über die phönicischen Mysterien ; von Karl MICHAELER.

Wien, Fr. Jos. Rötzel, 1796, in-8° de 101 pp.

(O-187

7504 MICHAELIS (le P. Sébastien). Dominicain, né à Saint Zacharie, en Provence, en 1543, mort à Paris en 1618. Prédicateur et vicaire général de son Ordre. — Apologie aux difficultés propres sur l'Histoire admirable de la Possession d'une Pénitente, par MICHAELIS.

S. l.: in-8°.

(S-3192

7505 MICHAELIS (Séb.). — Histoire admirable de la possession et conversion d'vne pénitente séduite par vn Prince des magiciens la faisant sorcière et Princesse des Sorciers au pays de Prouence, conduite à la S. Baume pour y estre exorcisée l'an 1610 au mois de Nouembre, soubs l'autorité du R. P. P. Sébastien MICHAELIS. Commis par luy aux exorcismes et recueil des actes de R. P. F. François Domptivs. Ensemble vn discours des esprits du susdit P. MICHAELIS pour entendre et résoudre la matière difficile des Sorciers et les cognoistre.

Douay de l'imprimerie Balthazar Bellère, 1613, in-8°. (25 fr.).

Très rare édition de Douai de ce curieux ouvrage de sorcellerie relatant comment en la ville de Marseille un prestre nommé Louys Gaufridy magicien depuis quatorze ans vendit son corps, son âme et ses œuvres au Diable en échange du don d'être suiuy de toutes les femmes qu'il aimeroit, comment ce pacte signé de son sang il viola une fillette de neuf ans, Magdaleine de la Pallud et la fit porter par le Diable en la Synagogue dont elle fut faicte Princesse etc... Suivent les détails de l'exorcisme.

Ouvrage de démonologie des plus curieux et fort rare.

(S-3229 b et 30
(G-717 et 1619

Autre :

. . . .

Ensemble la Pneumatologie ou discovrs des Esprits du susdit P. Michaelis augmenté par luy mesme auec vne Apologie explicatiue des principales difficultez de l'Histoire et annotations. Edition seconde.

Paris, Ch. Chastellain, 1613. 3 parties in-8° de 700 p. (35 fr.).

[Ln²⁷ 30441

« Edition de toutes la plus complete et la mieux imprimée » (S. de G.).

Autre :

A Lyon et se vendent à Paris chez Ch. Chastellain, 1614, 2 parties in-8° (20 fr.).

[Ln²⁷ 30441 A

Très rare ouvrage de l'un des instigateurs du procès tristement célèbre qui provoqua la condamnation à mort de Louis Gaufridy, comme ayant ensorcelé Madeleine de Mandals, religieuse de la Sainte-Baume.

(G-1620 et 1621

Autres édit. :

Douay, Impr. de Marc Wyon, 1613, 2 parties en 1 vol. in-8°. (N° 173, Vente Bourneville, 9 fr.) (18 fr.).

Paris, chez Charles Chastelain, 1614. Edition troisième et dernière, 3 parties en 1 vol. in-8°. (N° 174

Bourneville, incomplet. 4 fr.) (15 fr.).

Paris, Chastelain, 1612, in-12. (10 fr.).

[Ln²⁷ 30441 B

7506 MICHAELIS (Le Reuerend P. F. Sébastien). — Pnevmologie ov discours des esprits, en tant qv'il est besoin, povr entendre et resouldre la matière difficile des Sorciers, comprinse en la sentence contre eux donnés en Auignon, l'an de grâce 1582.

Paris, G. Bichon, 1587, in-8°. (N° 156 Bourneville, 10 fr.) (20 fr.).

Livre rare donnant la relation du procès d'Avignon.

(G-718

7507 MICHAELIS (le R. P.). — Discours des Esprits : en tant qu'il est besoin, pour entendre et résoudre la matière difficile des Sorciers.

Paris, 1613, in-8°.

[Ln²⁷. 30441

Idem :

Lyon, Chastelain, 1614, pet. in-8°.

[Ln²⁷ 30441 A
(G-716
(S-3229 b

7508 MICHAELIS (Gregorius). — M. Gregorii MICHAELIS notæ in Curiositates inauditas Jacobi GAFFARELLI.

Hamburgi, 1676, in-8°.

(S-3176

7509 MICHAL (Victor). — Le corps aromal, ou Réponse en un seul mot à l'Académie des sciences philosophiques à propos du concours proposé par elle sur quelques relations à l'andro magnétisme, par M. Victor MICHAL. Explication vraie des tables tournantes et parlantes.

Paris, 1854, in-8°.

(D. p. 156

7510 MICHAUD (Dr E.), professeur à l'Université de Berne. — Les Enseignements essentiels du Christ.

Paris, s. d., in-12 de 120 pp. (1 fr. 25).

L'auteur a résumé dans ce livre les résultats de la critique modérée. — Il l'a fait avec compétence, avec piété et de façon à intéresser toutes les âmes religieuses dans toutes les confessions.

7511 MICHAUD ou MICHAULT (Jean Bernard), philologue et bibliographe bourguignon, né à Dijon en 1707, mort en 1770. Avocat, Secrétaire de l'Académie de Dijon. — Mémoires pour servir à l'histoire de la Vie et des ouvrages de M. l'abbé LENGLET DU FRESNOY.

Londres et Paris, Duchesne, 1761, in-12. (4 fr.).

On y trouve une analyse très curieuse de l'*Histoire de la Philosophie hermétique*, et des détails piquants sur l'alchimie, les alchimistes et la Transmutation des métaux.

7512 MICHEA (Dr C. F.). — Du délire des sensations. — Ouvrage couronné par l'Académie de médecine.

Paris, Labé, 1846, de xvj-1 fol. n. c. — 343 pp. (7 fr.).

[Td⁸⁶ 137

Tous les visionnaires, depuis l'antiquité jusqu'à nos jours sont sommairement étudiés dans ce volume. — Nous signalerons notamment : Jeanne d'Arc, Benvenuto Cellini, Berbiguier, Antoinette Bourignon, Jacqueline Brohon, Cardan, Catherine de Médicis, Charles IX, Descartes, Grétry, Mme Guyon, Jeanne Leade, Raymond Lulle, Luther, Sœur de la Nativité, Pascal, Porphyre, Ravaillac, Savonarole, etc... et les principaux sorciers ayant été l'objet de procédures criminelles.

Autre édition :

Paris, 1848, in-8°.

7513 MICHEL (Ch.) et PETERS (P.). — Les Evangiles Apocryphes, publiés par Ch. Michel, professeur à l'Université de Liège, et P. Peters, Bollandiste.
Tome I. — Proto-Evangile de Jacques. — Evangile du Pseudo-Matthieu. — Evangile de Thomas. — Histoire de Jacob le Charpentier.

Paris, Picard, 1910, in-12. (3 fr. 50).

[8° H. 6778 (3)]

Ce savant ouvrage, en cours de publication, sera le recueil le plus sérieux et le plus complet d'*Evangiles Apocryphes* enrichi de notes d'une sérieuse érudition et au courant de la critique contemporaine.

7514 MICHEL (Clément). — L∴ Les Frères du Mont-Laonnois, O∴ de Laon. L'individu et l'Etat, discours.

Paris, Chauny, 1886, in-8° de 14 pp. (1 fr. 75).

MICHEL (François), dit le "*Maréchal Ferrant de Salon*". Voyant français, né à Salon (Provence) en 1661, mort à Lançon en 1726. La feue Reine Marie-Thérèse lui apparut et lui ordonna, sous peine de mort d'aller révéler au Roi Louis XIV certaines choses importantes qu'elle lui confia.

L'histoire de Michel est très analogue à celle de Thomas Martin de Gallardon, vis à vis de Louis XVIII.

Voir sur ce prophète la brochure de M. V. Audier.

7515 MICHEL (J.). — La révélation de St Jean ou l'histoire prophétique de la lutte du bien et du mal, depuis Jesus-Christ jusqu'à la fin des temps Précédée d'une lettre de l'abbé F. Martin.

Lyon, Josserand, 1867, in-8°. (6 fr.).

Vues pénétrantes de l'avenir basées sur l'Apocalypse. — La période contemporaine, avec ses péripéties émouvantes, fournit à l'auteur d'heureux développements et des coïncidences remarquables.

(G-710)

7516 MICHEL DE FIGANIÈRES (Louis), né à Figanières (Var) le 20 Janvier 1816 d'une famille de cultivateurs, mort au même lieu le 10 Août 1879. Célèbre mystique et remarquable voyant, fondateur d'une sorte d'Ecole mystique estimée. — Clé de la vie. L'homme, la nature, les mondes, Dieu, anatomie de la vie de l'homme. Révélations sur la science de Dieu inspirées à L. Michel, recueillies et présentées par C. Sardou et L. Pradel.

Paris, chez les auteurs éditeurs : 1857, 2 tomes in-8° ensemble de 827 pages consécutives. (15 fr.).

[R. 43796-797]

Edition originale.

Paris, Albessard, 1860. 2 vol. in-12. (6 fr.).

[R. 43800]

Id. ;

Paris, Dentu, 1878. 2 vol. in-12.

Ce merveilleux ouvrage qui fait l'admiration des savants et que Camille Flammarion tient personnellement en très haute estime, est la révélation la plus complète qui soit des choses cachées. — « La Clé de la Vie » a pour objet de faire comprendre à l'humanité le plan et la charpente du corps humain qui en est le reflet, les ressorts de la Vie de l'homme, des mondes et de Dieu ; c'est le livre précurseur de la résurrection spirituelle et la révélation de la Révélation. — Ajoutons que Papus considère les œuvres de Michel de Figanières comme la base de la tradition occultiste ; l'auteur y manie de main de maître la loi fondamentale de l'analogie.

(G-1622)

7517 MICHEL de Figanières. — Plus

...de mystères : Initiation de l'homme aux merveilleux secrets de la science vivante universelle par Louis MICHEL de Figanières (Var).

Paris, Dentu, Imprimerie Administrative Paul Dupont, 1878, in-18 XXXII-338 p. (4 fr.).

[8° R. 2639

Ouvrage de la plus grande valeur et qui tient largement toutes les promesses de son titre.

(G-1624

7518 MICHEL DE FIGANIÈRES. — Réveil des peuples par Louis MICHEL de Figanières. Deuxième édition.

Paris, l'auteur éditeur, 1864, in-12 471 p. (4 fr. 50).

[R. 43825

Ce célèbre voyant MICHEL de Figanières expose dans ce volume des théories admirables, et ses vues, basées sur l'analogie, atteignent des hauteurs sublimes. — Le Chap. V expose des vues curieuses sur les mathématiques.

Autre édition :

Paris, Albessard, 1866, in-12.

[R. 43826

7519 MICHEL DE FIGANIÈRES. — La Science de Dieu, explication de tout; sonnets tirés de la Clé de la vie et de la Vie universelle.

Paris, s. d., in-12. (2 fr. 50).

Livre admirable de science ésotérique que l'on peut comparer aux Vers dorés de Pythagore : Grandes lois de la vie des mondes : les grands messagers de Dieu ; les mondes peuplés d'étincelles divines ; la loi d'amour ; du fluide sonique et du fluide divin. — C'est la mise en évidence des merveilles de Dieu dans la vie du « Grand omnivers » dans la planète et dans l'homme. — Œuvre à méditer ligne par ligne.

7520 MICHEL (Louis), de Figanières (Var). — Vie universelle. Explication selon la science vivante et fonctionnante de Dieu, de la vie des êtres, des forces de la Nature, et de l'existence de tout.

Paris, chez l'auteur, 1859, in-8°. (6 fr.).

[R. 43827

Complément indispensable et fort rare de la Clé de la Vie du même auteur.

(G-723

MICHEL (Sur Louis) de Figanières. — Voir :

COMMANDEUR (Aug.).
NUS (Eug.).
VAILLANT (J. A.).

7521 MICHEL (Toussaint). — Caducité des Religions prétendues révélées.

Paris, 1844, in-16 (6 fr.).

Absurdités des religions prétendues révélées, ouvrage où l'on prouve la fausseté et l'extravagance des religions inventées par l'intérêt, l'ignorance et la bizarrerie humaine, et où l'on démontre que la religion naturelle est seule digne de l'homme raisonnable.

7522 MICHELET (Jules) célèbre historien français né à Paris en 1798. Mort à Hyères en 1874. Professeur d'Histoire au Collège Rollin, puis au Collège de France. — L'amour.

Paris, Hachette, 1858, in-12 (4 fr.).

Edition originale.

7523 MICHELET (Jules). — Bible de l'humanité.

Paris, 1864, in-12 (2 fr. 50).

7524 MICHELET (Jules). — Introduction à l'Histoire Universelle.... par M. MICHELET. 3me édition.

Paris, L. Hachette, 1843, in-8° de 282 pp. et tab. (4 fr.).

Une grande partie de cet ouvrage traite du Compagnonnage. Reproduction d'anciens rituels allemands. Notes curieuses sur l'ancien et fameux Magicien Faust et sur ses ouvrages manuscrits.

Autre édit. :

Paris, Calmann-Lévy, 1870, in-12.

[8° G. 628

7525 MICHELET (Jules). — Jeanne d'Arc.

Paris, Hachette, 1888. pet. in-4° (20 fr.).

[Lb²⁶. 67 E

Belle édition, ornée de 10 eaux-fortes, d'après les dessins de Blida. et de 33 pl. diverses.

7526 MICHELET (Jules). — Collection de documents inédits sur l'histoire de France. 1ʳᵉ Série. *Le Procès des Templiers* par Jules Michelet.

Paris, 1851. 2 vol. in-8°.

[L⁴⁵. 30. S.

C'est un recueil des pièces manuscrites latines de ce mystérieux Procès, qui n'a jamais encore été élucidé de façon satisfaisante.

7527 MICHELET (Jules). — La Sorcellerie ; par J. Michelet, chap. XIII de l'Introd. à sa : *Renaissance* (1855). CVI-XXX.

(O-1681

7528 MICHELET (Jules). — La Sorcière.

Paris, L. Hachette et Cⁱᵉ, Novembre 1862, in-12 de XXIV-460 p. (*Paris, Imp. Simon Raçon et Comp. rue d'Erfurth, 1.*).

[Réserve p. R. 371

Cette édition, la véritable originale, est introuvable. Michelet avait bien traité avec la Maison Hachette pour l'édition de son livre. Mais au jour même de la mise en vente, M. Templier s'effraya — un peu tard à la vérité — d'un passage de la Préface, et d'autorité, fit retirer tous les exemplaires prêts à être livrés, et mettre au pilon les Couvertures et les Titres portant le nom d'Hachette. Dentu racheta l'édition en feuilles, fit composer des cartons pour les passages qui avaient épouvanté M. Templier, et mit le Livre en vente sous la date de : « *Novembre 1862* », *Paris, Collection Hetzel, E. Dentu, Libraire-éditeur* (in-12 de XXIV-460 p.)

Il paraît que M. Asseline, alors employé à la Maison Hachette, et depuis Président du Conseil Municipal de Paris, a sauvé un exemplaire de l'édition non expurgée, et il y en a un autre à la Bibliothèque Nationale. celui du Dépôt Légal. [Réserve p. R. 371.

Ce sont les pages 323 à 328, qui ont été cartonnées ; elles sont rétablies dans la préface de « *Thérèse Philosophe* » édition donnée par Poulet-Malassis en 1869. L' « *Intermédiaire des Chercheurs...* » donne ce qui a été supprimé de la Préface, Tome XI. col. 586.

« *La Sorcière* » a eu, outre l'édition. expurgée de Dentu, Nov. 1862 déjà citée, les suivantes :

Deuxième édition, revue et augmentée [!] :

Bruxelles et Leipzig, Lacroix, Verboeckhoven et Cie. 1863, in-12.

Paris. Lacroix, 1867, in-12.

Nouvelle édition :

Paris, 1892, in-12.

(Y-P-028

7529 MICHELET (Jules). — La Sorcière. Texte intégral publié avec une Préface par Ad. Van Bever.

Paris. J. Chevrel, 1911, gr. in-8° Fig. et pl. (60 fr.).

Tiré à 300 ex. numérotés. 15 Eaux-fortes de Martin van Maële, h. t.

Toute récente édition de luxe de cet ouvrage célèbre : on y retrouve le procès des Curés Gaufridi et Urbain Grandier, du P. Girard et de la Cadière ; une relation des possessions de Louviers, etc.

7530 MICHELET (Jules). — La Trilogie diabolique sous Louis XIII. — Les religieuses de Loudun, 1633-1634 ;

par J. MICHELET ; chap. IX de son *Richelieu et la Fronde* (1862), 151-78.

On trouve encore du même écrivain une analyse étendue de : Histoire de Magdeleine BAVENT, religieuse de Louviers, avec son interrogatoire.... (Rouen 1632), dans son *Louis XIV et la Révolution* (1860), 456-69.

(O.1812

7531 MICHELET (Victor EMILE). — L'Amour et la Magie.

Paris, 1909, in-8° de 170 pp. (5 fr.).

Œuvre superbe et véritablement initiatique, écrite dans un admirable style. — L'Œuvre de Magie. La manière véritable de confectionner les talismans : les conditions requises à cet effet. — Mystère du Sphinx. — L'Aura magnétique. — Les plus profonds secrets de l'œuvre d'Amour. — L'Envoûtement d'amour et l'Envoûtement de haine. — Le pouvoir de lier. — Les herbes secrètes des Rose-Croix. — Les secrets des pierres précieuses : leur classification astrologique ; comment on doit les porter efficacement. — Connaître qui l'on aime. — Classification kabbalistique des tempéraments.

7532 MICHELET (Victor EMILE). — Contes surhumains. Frontispice d'Aug. Rodin.

Paris, Chamuel, 1900, in-18, 270 p. tab. et errata (3 fr. 50).

[8° Y². 52125

Douze contes parmi lesquels : La Détresse d'Hercule (en vers) — Sardanapale. — Magie d'Amour — Incantation par les Dix Noms Divins.

7533 MICHELET (Victor EMILE). — De l'Esotérisme dans l'art.

Paris, 1890, pet. in-8° ou in-16 (1 fr. 50).

[8° R. Pièce 4786

7534 MICHELET (Victor EMILE). — Nos Maîtres. — Villiers de l'Isle-Adam.

Paris, s. d., in-12 (2 fr.).

Excellente biographie écrite avec tout le talent que l'on connait à V. E. MICHELET. — Tous les ouvrages du célèbre écrivain occultiste y sont analysés.

7535 MICHELET (Victor EMILE). — Les secrets des pierres précieuses ; correspondances magiques et Kabbalistiques.

Paris, 1894, in-8°.

7536 MICHON (l'abbé Jean Hippolyte), théologien, archéologue et publiciste, Rénovateur de la Graphologie, né à la Roche Fressange (Corrèze) en 1806 mort à Montlauzier (Charente), en 1881. C'est après sa mort seulement que l'on a su de façon certaine qu'il était bien réellement l'auteur des ouvrages signés « Abbé*** » et qui ont fait tant de bruit. Ses exécuteurs testamentaires ont même publié « *Fils de prêtre, par l'auteur du Maudit* » (1885, in-12) de sorte qu'aucun doute n'est plus permis. Voir LAROUSSE, 2ᵐᵉ Supplément, XVII-1390. — Histoire de Napoléon 1ᵉʳ d'après son écriture.

Paris, Tours, 1879, in-12 (3 fr.).

[Lb⁵⁵. 1380

Ce livre saisit toute la personnalité de Napoléon, depuis 1792, où il est simple capitaine d'artillerie, jusqu'à son exil à Ste-Hélène. — Il contient un très grand nombre d'autographes de Napoléon 1ᵉʳ, correspondant aux phases de son étonnante fortune.

7537 MICHON (l'abbé Jean-Hippolyte). — Méthode pratique de graphologie. — L'art de connaître les hommes d'après leur écriture.

Paris, « La Graphologie » et Lacroix, Dentu, etc., 1878, in-12, 216 p. (2 fr.).

[8° V. 23572

Réédité :

Paris, 1899.

Lois des Signes Graphiques. — Etudes de Graphologie supérieure. — Clé du Système Graphologique.

7538 MICHON (l'abbé J. H.). — Système de graphologie. — L'art de connaitre les hommes d'après leur écriture, par Jean Hippolyte MICHON. Dixième édition....

Paris, Marpon et Flammarion. Bureau de Graphologie. Mme Marie Michon, château de Montausier, à Baignes (Charente). 1891. in-12 de 323 et 33 p. d'additions (2 fr. 50).

Ce traité, avec le précédent, est la base de tout ce qui a été fait jusqu'à présent sur la question.

Réédité en 1899.

Autre édit. :

Paris, Ghio, 1884. in-18.

[8° V. 6007

7539 [MICHON (l'abbé Jean-Hippolyte)]. — Le Confesseur, par l'Abbé*** Auteur du *Maudit*. Nouvelle édition.

Bruxelles, A. Lacroix, Verboeckhoven et Cie. 1869. 2 vol. in-8° de 348 et 400 p. (6 fr.).

7540 [MICHON (l'abbé)]. — Le Curé de Campagne, par l'Abbé*** auteur du *Maudit*, de *la Religieuse*, etc. Deuxième édition.

Paris, Lacroix, Verboeckhoven, 1867. 2 vol. in-8°. 348 et 356 p. (4 fr.).

7541 [MICHON (l'abbé)]. — Le Fils de Prêtre, Roman Posthume par l'Auteur du *Maudit*, l'abbé ***.

Paris, E. Dentu. 1885. in-12 de XI-300 p.

[8° Y². 8028

On pourrait croire que l'auteur a décrit dans ce volume des traits de sa propre vie.

Amusante tirade sur la Congrégation de l'Index (p. 88).

Ouvrage important en ce qu'il résout définitivement l'anonymat de l'*Abbé* *** qui a pendant plus de 15 ans intrigué les bibliographes. Sa vie durant l'abbé Michon reniait énergiquement ses ouvrages anti-cléricaux.

7542 [MICHON (l'abbé)]. — Le Jésuite, par l'abbé *** auteur du *Maudit* et de *la Religieuse*.

Paris. A. Lacroix Verboeckhoven, 1865. 2 vol. in-8° 438 et 484 p. (4 fr. 50).

Edition originale.

7543 [MICHON (l'abbé)]. — Le Maudit, par l'abbé ***.

Paris. Lib. Internat., 1864 et 1865. 3 vol. in-8° (5 fr.).

La préface est datée du 20 novembre 1862.

" *Nouvelle édition* ".

Paris. A. Lacroix et Cie. 1874. 3 vol, in-8° de VI-360 — 422 et 392 p.

7544 [MICHON (l'abbé)]. — Le Moine, par l'abbé *** Auteur du *Maudit*, de *la Religieuse* et du *Jésuite*.

Nouvelle édition.

Paris, Lacroix Verboeckhoven, 1869 in-8°, 390 p. (2 fr. 50).

7545 [MICHON (l'abbé)]. — Les Mystiques par l'abbé *** auteur du *Maudit*, de *la Religieuse*, du *Moine*, du *Jésuite*, du *Curé de Campagne*, etc.

Paris, Lacroix Verboeckhoven. 1869 in-8°, 453 p. (3 fr.).

Edition originale.

7546 [MICHON (l'abbé)]. — Les Odeurs ultramontaines, par l'abbé *** auteur du *Maudit*, de *la Religieuse*, du *Jésuite*, du *Moine*, etc.

Seconde édition.

Paris, Lacroix Verboeckhoven 1867 in-8°, 313 p. (3 fr.).

7547 [MICHON (l'abbé Jean Hippolyte)]. — Le Prêtre et la République, par l'abbé *** auteur du " *Maudit* ".

Paris, C. Marpon et E. Flammarion, 1879, in-8° pièce.

[Lb⁵⁷. 11600

7548 [MICHON (l'abbé)]. — La Religieuse, par l'abbé *** Auteur du Maudit.

Paris, Lacroix Verboekhoven, 1864 2 vol. in-8°. (4 fr.).

Douzième édition :

Ibid. Id., 1868, 2 vol. in-8° de 400 et 454 p.

MICHON l'abbé. — Voir aussi : GRAPHOLOGIE.

7549 MICKIEWICZ (Adam) Poète et mystique Polonais, né en 1798 à Ozowiec, District de Nowogorodek (Lithuanie), mort à Constantinople en 1855. De famille noble, Mickiewicz fut un moment professeur au Collège de France ; son apostolat mystique fit supprimer son Cours, puis Napoléon III l'envoya à Constantinople, où il succomba à une attaque de choléra. Voir l'ouvrage de M. Edmond Fontille sur ses prophéties. — L'église officielle et le Messianisme, par Adam Mickiewicz [Second titre] Cours de Littérature Slave du Collège de France (1842-1843). Publié d'après les Notes Sténographiées.

A PARIS Comptoir des Imprimeurs-Unis, Comon et Cie, 1845, 2 vol. in-8° de XII-548 et XV-304 p. avec lithographie pliée, p. 508, (30 fr.).

[Z. 30467-468

Le Tome II contient la fameuse préface dont on a cherché depuis à retirer les exemplaires, dans laquelle Bouvier, Bournier et Fouqueré se déclarent « les Témoins vivants du Verbe de l'époque, dont la Mission est de continuer l'Oeuvre confiée à Napoléon [!] de sauver les Peuples et le Monde ». Il s'agit de Towianski. Mickiewicz l'avait conduit à Notre Dame et le prophétisait partout comme l'Envoyé de Dieu, ayant le Don des miracles. Sa légende est curieuse. Peu à peu il groupa des Croyants, se manifesta au Banquet, fut attaqué, dénoncé par les Catholiques, et se retira en Suisse où il doit être encore (décembre 1871) écrivant sans cesse à ses fidèles dans un style simple et pénétrant « à la Duguet » (?).

(Note de M. Jean Wallon, le « Colline » de la « Vie de Bohème. »)

7550 MICRER. — Micreris Tractatus suo discipulo Mirnefindo, ex mss. ; dans Theatrum chemicum, V (1622) 101-13.

(O-1096

7551 MICROCOSME (Le), contenant divers tableaux de la vie humaine, représentez en figures avec une brièfve exposition en vers français.

A Amsterdam, chez Théodore Pierre, à l'enseigne de la Presse Blanche, s. d., [fin du XVII-e siècle], pet. in-4" (30 fr.).

Titre orné signé de P. Serwout et 74 emblêmes gravés avec l'explication en vers qui serait l'œuvre du Lyonnais Maurice Scève, l'auteur de « Délie, object de plus haulte vertu ».

Autre édit :

Lion, Jan de Tournes, 1562, in-4°.

[Rés. Ye 421

7552 MICROCOSMICHE Vorspiele des neuen Himmels und der neuen Erde ; wie Gott dem Menschen zugelassen aus der alten verfluchten Erden eine neue von Himmel gesegnete Erde microcosmich und quintessentialisch herauszubringen ; der Welt vor Augen gelegt von einem Liebhaber göttlicher und natürlicher Geheimnisse, Neue.... mit einem Vorbericht beyleitete Auflage.

Frankfurt und Leipzig, Ad. Friedr. Böhme, 1784, in-8° de XX-128 pp. avec 1 pl.

Il y a une première édition d'Amsterdam, 1744.

(O-1517

7553 MICROCOSMOS.— Μικροκοσμος. Parvus mundus.

Arnhemi apud Ioannem Iansonium sumptibus Theod. Petri bibliopolæ Amstelrodami, [circa 1575]. in-4° (15 fr.).

Petit ouvrage rare et curieux gravé et orné de 74 jolies figures et emblèmes gravés à mi-page.

(G-1625)

7554 MIDDENDORPIUS ou l'abbé Jacques de MIDDENDORP, docteur en théologie et en droit, historien et philologue, né à Ootmerssum (Over-Yssel) en 1527 mort à Cologne en 1611. Vice chancelier de l'Université de Cologne. — Historia Aristeæ Ptolemæi Philadelphi, Ægyptiorum Regis, per Jac. MIDDENDORPIUM.

Coloniæ, 1578, in-8°.

(S-5475)

7555 MIDDLETON (Conyers), théologien et littérateur anglais né à Richmond en 1683, mort à Hildersham en 1750. Ministre protestant puis Bibliothécaire à Cambridge. — A free inquiry into the Miraculous Powers, by Conyers MIDDLETON.

London, 1740. in-4°.

(S-1804)

7556 MIDDLETON (John). — Pratical Astrology in Two parts. The First Part containeth an easie Introduction to the Whole Art of Astrologie.... The Second Part schoweth the Resolution of all Manner of Horary Questions which concern the Life of Man, his Estate, Brethren or short Journeys. by John MIDDLETON. Philomath.

London Printed by J. C. for Richard Preston, 1679, pet. in-8° de 8 f°s 281 p. Port. de l'auteur en frontisp. (10 fr.).

Intéressant ouvrage anglais d'ancienne Astrologie.

7557 MIGNARD (Thomas Joachim Alexandre Prosper), de la famille des peintres, né à Châtillon sur Seine en 1802. Erudit, membre de l'Académie de Dijon.

I. Monographie du coffret de M. le duc de BLACAS ou preuves du Manichéisme de l'Odre du Temple.

Paris. Dumoulin, 1852. in-4° de 97 pp. 1 pl.

II. Suite de la monographie du coffret, ou preuves du manichéisme de l'Ordre du Temple.

Paris, Dumoulin, 1853, in-4° de 92 pp. (Voir « *Avis essentiel* » au faux titre).

(G-1509)

III. Statistique de la Milice du Temple [suite de la « *Suite de la monographie* »] ressortissant du Grand Prieuré de Voulaine, autrement dit Grand Prieuré de Champagne.

Paris, Dumoulin, 1853, in-4° de 12 p. VI pl. lith. teintées. 1 se dépliant. (14 fr. les trois parties).

[L.° j. 213]

Ce fameux coffret provenant directement des Templiers était parvenu jusqu'au duc de BLACAS, seigneur provençal qui le soumit un jour à l'examen d'un archéologue ; ce dernier put reconstituer le sens de la décoration cabalistique du coffret. C'est un intéressant travail, contenant des particularités curieuses et inédites sur les Templiers, sur leur constitution intime, etc.

Joseph de HAMMER a également laissé un mémoire sur ce célèbre coffret.

Le duc de BLACAS, dont il est question est Pierre Jean Louis Casimir, duc de BLACAS d'AULPS, né en 1708 et mort à Prague en 1830. Il émigra en 89 et fut ministre de la Maison du Roi Louis XVIII. Partisan outré de l'ancien Régime, il était archéologue distingué, protégea Champollion le jeune et forma une remarquable collection d'antiquités, en partie décrite par M. REINAUD. (*Paris,* 1828).

Il existe également une pièce :

« *Eclaircissements sur les Pratiques Occultes des Templiers*. Par MIGNARD, Membre de quelques Sociétés savantes ».

Dijon, Douillier, 1851, in-4° de 46 p. 1 pl. et 1 tableau, qui est un *Extrait des Mémoires de la Commission Archéologique de la Côte d'Or*, Année 1851.

C'est à elle que se rapporte l' « *Avis essentiel* » qui est en faux titre de la « *Suite de la Monographie* ». Ces « *Eclaircissements* » ne sont qu'un premier exposé succint de la question, développée ensuite dans la « *Monographie* » et sa « *Suite* ».

Il n'y a en tout que 5 planches distinctes et un tableau. Les autres sont des doubles.

7558 MIGNE (l'abbé Jacques Paul) né à St-Flour (Cantal) en 1800. Fondateur de « *l'Imprimerie Catholique* » du Petit Montrouge, Editeur de livres religieux. — Dictionnaire de Paléographie, de cryptographie, de dactylologie, d'hiéroglyphie, de sténographie et de télégraphie.

Paris, Migne, 1854, fort vol. in-4° de 1336 colonnes. — 2 pages 1/2 d'abréviations assez mal notées et, à la fin, 20 p. de fac-similés. (10 fr.).

[D. 3620

Important ouvrage sur les écritures anciennes, les hiéroglyphes, les écritures occultes et secrètes, etc.

7559 MIGNE (l'abbé). — Dictionnaire des Hérésies, des Schismes, des auteurs et des livres jansénistes, des ouvrages mis à l'index, des propositions condamnées par l'Eglise et des ouvrages condamnés par les tribunaux français.

Paris, Migne, 1853, 2 vol. in-4° à 2 colonnes. (13 fr. 50).

7560 MIGNE (l'abbé). — Dictionnaire des sciences occultes ou répertoire universel des êtres, des personnages, des livres, des faits et des choses qui tiennent aux apparitions, aux divinations, à la magie, au commerce, de l'Enfer, aux démons, aux sorciers, aux grimoires, à la cabale, etc. Suivi d'un Traité historique des dieux et des démons du paganisme par BINET et de la Réponse à l'histoire des oracles de FONTENELLE, par BALTUS.

Paris, (Petit Montrouge), Migne, 1861, 2 tomes, in-4° à 2 col. (16 fr.).

Véritable résumé de tous les ouvrages parus depuis l'antiquité sur les Sciences occultes et où l'on trouve quantités d'anecdotes et la relation des moindres faits relatifs aux possessions. C'est en outre pour l'amateur de livres de ce genre une excellente bibliographie.

Autre édition

Ibid., Id., 1846-1848.

C'est la dernière impression de l'ouvrage célèbre de :

COLLIN DE PLANCY, q. v.

(G-1626.

7561 MIGNE (l'abbé). — Dictionnaire universel de mythologie ancienne et moderne, contenant : 1° Des notices sur les dieux et les demi-dieux, et sur les héros du Polythéisme chez tous les peuples du monde ; 2° l'explication détaillée des Mystères, Croyances, Sacrifices, Fêtes, Jeux, Cérémonies et coutumes qui ont régné dans le vieux monde païen, et qui subsistent encore chez plusieurs nations de l'Asie, de l'Amérique et de l'Asie ; 3° La description des principaux temples, des oracles les plus célèbres, des monuments Iconographiques les plus importants et de tous les lieux consacrés aux fausses divinités.

Paris, Migne, 1855, très fort vol. in-4° à 2 col. de 750 pp. (10 fr.).

Un des dictionnaires de Mythologie les mieux faits et les plus complets.

7562 MIGNE (l'abbé). — Satan, ses..

pompes et ses œuvres, ou discours sur les désordres ordinaires du monde, sapant toutes les vertus et innocentant tous les vices : plaisirs des sens, plaisirs permis et défendus, de l'attouchement, des comédies, des danses, de la chasse, etc...

Paris, 1866, in-4°, (6 fr.).

7503 MIGNÉ. — Migné est un petit bourg à 4 kil. de Poitiers. Le 17 décembre 1826, au moment de l'érection solennelle d'une Croix, on vit se dessiner dans le ciel deux rayons perpendiculaires ayant exactement la forme de la Croix que l'on venait d'ériger. Ce phénomène, nommé « Miracle de la Croix de Migné » a donné lieu à de nombreux récits. — Voyage à MIGNÉ ou recueil de faits et de témoignages concernant l'apparition miraculeuse de la Croix à MIGNÉ.

Lille, 1830, in-16, figures. (2 fr.).

MIGNÉ (sur la Croix de). — Voir LIVRE (Le) de toutes les Prophéties, etc...

VOYAGE à Migné.

VRINDTS (Abbé).

7504 MILL (John Stuart) célèbre économiste, publiciste et philosophe anglais, né à Londres en 1806, mort à Avignon en 1873. — Auguste COMTE et le Positivisme ; traduit de l'anglais par le Dr Clémenceau.

Paris, 1893, in-12, (2 fr. 50).

Le Cours de philosophie positive. — Les dernières spéculations d'Auguste COMTE, etc...

Edition anglaise :

London, 1882, in-8°.

[8° R. 3590

MILLE et UNE NUITS (Les Contes des), voir :

GALLAND.

MARDRUS (Dr).

7505 MILLET (F.). — Cours de magnétisme animal en douze leçons, par F. MILLET, fondateur de la Société philanthropico-magnétique de Paris.

Paris, l'auteur, 1858, in-12, XXVIII-170 pages, (2 fr. 50).

Ce petit livre est le journal d'un homme modeste et bienveillant, que toutes les personnes qui se sont occupées de magnétisme ont connu. Il n'a point voulu faire un livre de science, mais raconter simplement ce qu'il a fait, ce qu'il a vu et ce qu'il a lu.

(D. p. 164

7506 MILLET (J. Paul). — La Dynamis et les trois âmes. — Essai de psychologie néo-aristotélicienne.

Paris, 1908, in-12 (3 fr. 50).

Volume consacré aux grands mystères et à la solution du problème de l'âme. — Le chap. 1-er renferme l'histoire du vitalisme, de l'animisme et du dynamisme et étudie successivement Platon, Aristote, Paracelse, Bacon, Robert Fludd, les deux Van Helmont, Giordano Bruno, etc... le chap. II envisage la Dynamis ou Force Vitale universelle : Fluide électrique et fluide vital, Ions et électrons, la Radio-activité. — L'Ether, la matière de l'Esprit, vibrations psychiques, etc... le chap. III étudie le ternaire humain : les trois âmes, le système nerveux et la conscience, l'âme végétative, l'âme sensitivo-motrice, l'âme cérébrale supérieure, les trois mémoires et leur siège, les trois volontés, le moi, le dédoublement ; le chap. IV examine la télépathie, l'amour, l'immortalité, etc... Cet ouvrage d'environ 400 p. est au courant des dernières découvertes effectuées dans le domaine de l'occulte et offre par sa présentation originale un irrésistible attrait.

7507 MILLET St PIERRE, président de la société Havraise d'Etudes diverses. — Recherches sur le dernier sorcier, et la dernière école de magie.

Le Havre, Impr. Th. Le Pelletier, 1859, in-8° de 55 p. et fac similé. (4 fr.).

[Ln²⁷. 35308

Extrait des « Publications de la Société Havraise d'Etudes diverses » 1857-58.

Intéressante étude sur le célèbre cartomancien ALIETTE, dit ETTEILA, mais dénuée de renseignements chronologiques au sujet de sa naissance. Sa mort survint à Paris, rue de Beauvais, Place du Louvre, le 12 décembre 1791.

Intéressante Bibliographie d'ETTEILA (p. 50-53) environ 25 numéros.

(G-466
(Y-P-926

7568 MILLIN DE GRANDMAISON (Aubin Louis), archéologue, numismate, naturaliste, académicien et professeur d'histoire naturelle, né le 10 juillet 1759, mort le 14 août 1818. Pendant la terreur il adopta le prénom d' « Eleuthérophile » : Ami de la Liberté.
— Annuaire du Républicain ou légende physico-économique, avec l'explication des 372 noms imposés aux mois et aux jours: ouvrage dont la lecture journalière peut donner...les connaissances les plus nécessaires à la vie commune, et les plus applicables à l'Économie domestique et rurale, aux arts et au bonheur de l'Humanité...

Paris, Drouhin, an II, in-12 de LIX p., 16 fol. 1 pl. se dépliant.— 2 f⁰⁵ et 360 p. (10 fr.).

[Réserve L.²²c. 460

Seconde édit. revue et corrigée par l'auteur avec portrait et lettre autographe de l'aut. ajoutés à l'exemplaire de la Bib. Nat¹ᵉ : Frontispice subversif : le pape, la noblesse, le clergé sont foudroyés par la Lumière.

Contient : le Rapport de Fabre d'Eglantine sur le Calendrier républicain, avec ses élégantes sanculotides (p. xxvij) : la Gaule culotée (*sic*) et la Gaule non culotée (*sic*). Le Décret sur l'ère de la République. — Une instruction sur l'ère de la République. — Un calendrier pour l'an II. — Finalement l'ouvrage lui-même qui est une « légende physico-économique » des termes de ce calendrier. C'est somme toute l'explication détaillée des termes et des néologismes de cette curieuse élucubration républicaine « *sanculotide.* » Index. alphab. à la fin.

7569 MILLIVS (David). — Catalecta Rabbinica, in usum scholarum privatarum.

Traj. ad Rh. [Utrecht], 1728, fort in-12. (7 fr.).

Ouvrage rare, de ce fameux hébraïsant, allemand, contenant : DANZIVS. Rabbinismus enucleatus. MILLIUS (D.) De modis loquendi et disputandi formulis Talmudicis Veterum Rabbinorum in exponendo Pentateucho. GRODDECK. Spicilegium aliq. libr. anonym. et pseudonym. qui lingua Rabbinica partim impressi, partim manuscr. reperiuntur Excerpta e R. SCHELOMO BEN MELECHS. Commentarii R. D. KIMCHI, ABARBANELIS, ABEN-EZRAE, R. Jos. KARO ; in MAIMONIDEM. et e Mischna atq; Gemara, etc...

7570 MILLOT (Jacques André) médecin accoucheur français, né à Dijon en 1738, mort à Paris en 1811. — L'art de procréer les sexes à volonté, ou système de génération.

Paris, 1800, in-16, orné de figures (5 fr.).

[Tb⁶⁸ 82

7571 MILLOT (J. A.). — L'art de procréer les Sexes à volonté, augmenté de la Solution de plusieurs questions faites à l'auteur, spécialement du moyen de rendre fécondes les femmes dont la Stérilité dépend de la Conformation intérieure, par MILLOT. Troisième édition.

Paris, 1802; in-8⁰, 8 pl. hors texte (8 fr.).

[Tb⁶⁸ 82 B.

7572 MILLOT (J. A.). — La Gérocomie, ou code physiologique et philosophique pour conduire les individus des deux sexes à une longue vie en les dérobant à la douleur et aux infirmités.

Paris, J. Buisson, 1807, in-8⁰. Portr. (4 fr.).

[Tc¹¹ 208

Art de se conserver en bonne santé. — Diversité des tempèraments. — Influence du sexe et de l'âge. — Du Troisième âge des femmes ou de leur automne. — De l'amour sensuel. — De la nécessité de mourir. — Reproduction et destruction, etc...

7573 MILLOUÉ (L. de), Orientaliste, conservateur du Musée Guimet, à Paris, né à Colmar (Alsace) en 1842.— Le Bouddhisme dans le monde. — Origine, dogmes, histoire.

Paris, 1893. in-12. Nombr. gr. h. t. (5 fr.).

[O²m. 131]

Très bon ouvrage. — Importance et actualité de l'étude du Bouddhisme. — Le Bouddhisme comparé au Christianisme. — Antiquité et originalité du Bouddhisme. — Histoire du Bouddha Gautama ou Çâkya Mouni. — La part du mythe et de la réalité admissible dans la légende du Bouddha. — Philosophie brâhmanique. — Métempsychose. Karma, Nirvâna. — Sectes diverses. — Lamaïsme. etc.

7574 MILLOUÉ (L. de). — Le Brahmanisme.

Paris, Dujarric, 1905. in-18. de 237 p. (3 fr. 50).

[O² k. 1204]

Les Védas. — Les Dieux. — Les Démons. — Le sacrifice. — Transmigration des âmes. — Littérature sacrée. — Mythologie. — Cosmogonie. — Les Castes. — Cultes et sacrements. — Hindouisme. — Brâhma-Samâdj. — Index bibliographique.—Ouvrage sérieux et bien compris pour l'étude des diverses religions.

7575 MILLOUÉ (L. de). — Histoire des religions de l'Inde.

Paris, Leroux, 1890, in-12 (3 fr.). [O² 765 (II)]

Illustré de 21 planches hors texte, la plupart dessinées par Félix Régamey.

(G-1899)

7576 MILLS (Charles), historien anglais, né à Croom's hill, près Greenwich en 1788, mort en 1825. — Histoire du Mahométisme, comprenant la vie et le caractère du prophète arabe, une relation succinte des empires fondés par les armes mahométanes, des recherches sur la théologie, la morale, les lois, la littérature, etc. Traduit de l'anglais, par G. Buisson Guernesey.

Paris, 1826, in-8°. (4 fr.).

7577 MILMINE (Georgine). — The Life of Mary Baker G. Eddy and the History of Christian Science by Georgine Milmine. Illustrated.

London, Hodder and Stoughton, 1909, in-8° de xiv-495 pp. 25 planches h. t. (8 fr. 50).

Cet ouvrage considérable avait déjà paru en partie sous forme d'articles dans le Mc Clure's Magazine, 1907-1908.

Il est du plus haut intérêt psychologique sur cette étrange personnalité que fut la Fondatrice de la Christian Science. Une documentation serrée et une étude approfondie de tout ce qui a trait à la biographie du personnage principal rend le livre particulièrement intéressant, autant que l'impartialité évidente de son auteur.

Mrs Mary Ann Morse Baker Glover Patterson Eddy, est née le 16 juillet 1821 dans la ferme héréditaire des Baker, à Bow, non loin de Concord, dans le New Hampshire. Elle était le 6° et dernier enfant de Mark et d'Abigail Baker. L'auteur donne d'intéressants détails généalogiques sur la famille et les ascendants. — Mrs Glover comme sujet mesmérique (p. 23, 28, etc). — Relations de Mrs Patterson et du Guérisseur Parkhurst Phineas Quimby (p. 42-70). — Discussion sur l'origine de la Christian Science (p. 71-104). — Séparation singulière de Mrs Patterson et de son mari qui la quitte sans raison bien apparente (p. 105-120). — Débuts de Mrs Glover-Patterson dans le Traitement mental (p. 121-133). Son association avec Richard Kennedy, à Lynn (p. 134-154). — Les premiers disciples de Mrs Glover-Patterson ; elle commence à ne plus reconnaître l'initiation reçue de Quimby ; Kennedy se sépare d'elle ; entrée en scène du Dr Asa Gilbert Eddy qui devait devenir le troisième mari de Mrs Glover-Patterson ; origines du Dr Eddy ; d'abord Disciple, puis époux ;

mariage de Mrs Glover-Patterson, agée de 56 ans, et du Dr Eddy qui en avait une quarantaine (p. 155-175). — Première publication de l'ouvrage célèbre : *Science and Health* (1875) ; succès douteux de la première édition ; critique de l'ouvrage ; recherche des antériorités ; système de Mrs Eddy . (p. 176-210). — Singulières idées de Mrs Eddy : ses craintes du « *malicieux magnétisme animal* » ; sorcellerie devant le tribunal de Salem en mai-novembre 1878 (!) ; (p. 211-244). — Bizarre affaire de préméditation de meurtre de la part d'Asa Gilbert Eddy,et de Edward J. Arens sur la personne de Daniel H. Spofford, un des premiers Disciples de Mrs Eddy ; (p. 245-261). — Curieuses conférences de Mrs Eddy à Boston : création de la secte : « *The Church of Christ (Scientist)* » ; encore le « *mesmérisme* » ; scissions dans la secte : (p. 262-280). — Organisation du « *Massachussetts Metaphysical College* » ; pendant les neuf années de son existence cet établissement n'a eu d'autre siège que le salon de Mrs Eddy, et la plupart du temps c'était elle seule qui en résumait tout le corps enseignant , mort du Dr Eddy d'une maladie de cœur (1882) ; singulière figure de Mr Calvin A. Frye, secrétaire, intendant et parfois même valet de pied (!) de Mrs Eddy (p. 281-297). — Organisation de la maison de Mrs Eddy à Boston; son étrangeté (p. 298-311). — Création de Journaux de la Secte : « *Journal of Christian Science* » (1883). etc.; relations de Mrs Eddy avec le Rev. James Henry Wiggin ; son rôle de correcteur de *Science and Health* ; (p. 312-339). — Immense prospérité de la Secte ; établissement d'une secte rivale : le Schisme de 1888 (p. 340-360). — Développement toujours croissant ; Apothéose de Mrs Eddy (p. 361-378). — Mrs Eddy adopte un fils ; (p. 379-390). — Mrs Eddy se retire, et ferme son College ; Réorganisation de la Secte sur une autre base : retraite de Mrs Eddy à Concord (1889) (p. 391-427). Mrs Joséphine Curtis Woodbury et l'*Ecole Romantique* ; son « *immaculée conception* » (!) en juin 1890; sa lutte avec Mrs Eddy; (p. 428-440). — Mrs Eddy adopte le titre de *Mère* ; construction de l'Eglise de Boston : différends avec son fils George Washington Glover ; résumé de l'Œuvre de Mrs Eddy ; (p. 441-485). — Appendices.

Parmi les planches, sept ou huit portraits différents de Mrs Eddy ; portraits de ses second et troisième maris et de divers personnages de son entourage.

Vues de la demeure de Mrs Eddy à Concord (New Hampshire) et de son Temple à Boston *The first Church of Christ, Scientist*.

7578 MILTON (John), célèbre poëte anglais, né à Londres en 1608, mort au même lieu en 1674. Il devint aveugle vers l'âge de 45 ans. — Le Paradis perdu; trad. de Chateaubriand précédé de réflexions sur la vie et les écrits de Milton par Lamartine.

Paris, 1881, in-fol. (20 fr.).

[Fol. Yk. 1

Enrichi de 27 estampes originales, gr. au burin sur acier par les premiers artistes. — Cette suite d'estampes forme une véritable galerie d'art. -- Le Paradis Perdu, cette épopée biblique est un des plus beaux chefs-d'œuvre de l'esprit humain. Milton y décrit les beautés de l'Eden et la chûte du premier homme.

7579 MINAYEFF. — Recherches sur le bouddhisme. Traduit du Russe par Assier de Pompignan.

Paris, Leroux, 1884, in-8º. (6 fr.).

Cet ouvrage forme le tome IV des *Annales du Musée Guimet*.

(G-1900

7580 MINERVE (La). Revue moderne, artistique et littéraire.

S. I. [Paris], Imprimerie. J. Mazeyrie à Tulle (Corrèze), 1884, gr. in-8º. (10 fr.).

[8º Z. 10906

Très rare. Cette Revue a été Fondée par Ch. Buet. pour l'étude du mouvement intellectuel contemporain. Ses articles sont signés de François Coppée, J. K. Huysmans, Jean Lorrain, Laurent Tailhade, Stanislas de Guaita. Victor Margueritte, etc.

MINIME (le Docteur), pseudonyme du Docteur:

LUTAUD, q. v.

7581 MINOT (F.·. L.·.). — Instructions sur la F∴ M∴ à présenter aux candidats à l'initiation en usage à la L∴ les Arts réunis. Or∴ de Rouen.

Paris, s. d., in-18.

7582 MINOT (F∴ L∴). — Maçonnerie universelle. Rituel interprétatif pour le grade d'apprenti, rédigé à l'usage des ateliers symboliques de tous les rites et de toutes les obédiences par le groupe maçonnique d'études initiatiques.

Paris, s. d., in-18.

« Cet ouvrage a été impr. avec toutes
« les garanties de discrétion maçonnique :
« il n'en sera point remis d'exemplaire
« aux Maçons individuellement. »

7583 MINOT (L.). — Rituels des trois premiers degrés et de la loge de table Or∴ de Paris.

Paris. In-8°, 1807, 76 pages.

Rituel secret.
Très rare non mis dans le commerce. Mise à l'ordre. Signes. Marches. Attouchement. Mots sacrés. — Mots de passe et de semestre. — Batteries, Ouvert∴ et Ferm∴ des trav∴ pour les 3 premiers degrés. — Aperçu sur le symbolisme. — Cérémonie de la lumière. — Légende d'Hiram, etc.

7584 MINTURN (W.). — Le Somnambule.

Paris, Auguste Ghio, 1880, in-12, VII-347 p. (2 fr.).

[8° Y² 3864

Le nom de W. Minturn est le pseud. d'un médecin en vue de l'époque.

Autre édition :

Ibid., 1882, in-12.

Ce curieux roman médical est basé sur certains effets singuliers de l'opium ; il en résulte un dédoublement de la personnalité analogue à celui étudié en Félida X*** par le Dr Azam (*Hypnotisme, Double Conscience*, Paris, 1887) ou encore à celui mis en scène dans un autre Roman Anglais ou Américain bien connu :

« *Dr Jekyll et Mr Hyde* » : par Robert Louis Stevenson. q. v.

7585 MINUCIUS (Félix). — L'Octavius. Trad. française de d'Ablancourt.

Paris, 1677, in-12. (4 fr.).

Curieux ouvrage, souvent cité, sur les Religions, les Mythes et leur comparaison avec le Christianisme.

Autres éditions :

Paris, Barbin, 1659, in-18.
Lipsiæ, 1886, in-8°.

[Salle. 658 (215)

Lugd. Batav. 1682, in-8°.

[C. 5050

MIR-ALI-CHIR-NEVALI. — Voir : BELIN (François-Alphonse).

7586 MIRABEAU (Gabriel Honoré Riquetti, Comte de), orateur illustre, né au château de Bignon (Loiret) en 1749. Mort à Paris en 1791. — Errotika Biblion.

A Rome, de l'impr. du Vatican, 1783, in-8°. (25 fr.).

[Enfer 380

Edition originale. — Composé pour Sophie de Ruffey, marquise de Monnier, à qui l'auteur envoyait ses « *Lettres écrites du Donjon de Vincennes* » (Paris, 1792).

7587 MIRABEAU (Comte de). — Errotika (sic) Biblion. — Deuxième édit.

Paris, Le Jay, 1792, in-8°. (10 fr.).

C'est suivant l'expression même de l'auteur dans une de ses lettres à la marquise de Monnier, un recueil de sujets plaisants, traités avec un sérieux non moins grotesque, mais très décents, empruntés à la Bible et aux auteurs de l'antiquité et ayant trait aux matières les plus scabreuses qu'aient traitées les casuistes.

C'est sur cette édition qu'a été refaite

celle qui contient les notes du chevalier PIERRUGUES, qui elle-même a servi de base à la réimpression de Poulet-Malassis.

Autres éditions :

Amsterdam, Auguste Brancart, 1890, pet. in-8°.

Paris, 1910, in-8°, Portr. et facsimile.

Bruxelles, 1881, in-8°, frontisp. (12 fr.).

[Enfer 27

Bruxelles, [*Poulet-Malassis*], chez tous les libraires, 1866, in-12 portr. (15 fr.).

[Rés. p. R. 251

Etc., Etc.

7588 MIRABEAU (Comte de). — Histoire secrète de la Cour de Berlin, ou correspondance d'un voyageur français depuis le mois de juillet 1786, jusqu'au 19 janvier 1787.

S. l., 1780, 2 vol. in-8° (8 fr.).

Contient des révélations fort curieuses sur la Franc-Maçonnerie au XVIII° siècle et particulièrement en Prusse. — MIRABEAU fut initié de bonne heure à la Maçonnerie. — Cet ouvrage par ses révélations indiscrètes fut condamné à être brûlé de la main du bourreau.

7589 MIRABEAU (Comte de). — Lettre du Comte de Mirabeau à... sur MM. de CAGLIOSTRO et LAVATER.

Berlin, de Lagarde, 1786, in-8° (4 fr.).

(G-725

7590 MIRABEAU (Marquis de). — Les Prognostics d'Hippocrate, avec son Traité des Maladies des Vierges, par le Marquis de MIRABEAU.

Paris, 1668, in-12.

(S-3322

7591 MIRABILIS LIBER qui Prophetias Revelationesque nec non res mirandas preteritas, presentes ac futuras aperte demonstrat.

Venalis est Parrhisius ab Engleberto et Joanne de Marnef.

Sensuit la secunde partie de ce livre : — Ici est la fin de présent livre imprimé à Paris, l'an 1522.

2 parties in-4°. Gothique, ou semi-gothique (60 fr.).

[Rés. D. 8834

Ouvrage fort rare, imprimé en caractères semi-gothiques avec la marque du libraire de MARNEF. On trouve dans les *Prophéties* de nombreuses allusions à la Révolution Française, et pendant l'Empire, on refusait, dans les Bibliothèques publiques, de communiquer cet ouvrage, à cause de la fameuse *Prophétie de St-Césaire*.

(S-3472 et 69 du Supp.
(G-726

7592 MIRACLE arrivé dans la ville de Genève en ceste année 1609, d'une femme qui a fait un veau, à cause du mespris de la puissance de Dieu, et de Madame saincte Marguerite.

Paris, 1609, in-12 (3 fr.).

Réimpression moderne (sans doute de Louis Perrin à Lyon, vers 1876).

7593 MIRACLE nouvellement arrivé à la conversion de deux Ministres et de vingt deux personnes de qualitez, convertis à la foy catholique, apostolique et romaine, par le moyen des doctes enseignemens du R. P. Jacques Martineau, de la Compagnie de Jésus, le dimanche 22 de mars, 1620.

A Paris, chez Isaac Mesnier, jouxte la coppie imprimée à Bordeaux, par Antoine Barré, 1620, pet. in-8° (25 fr.).

Pièce très rare, contenant la relation du miracle opéré par l'intercession de Notre-Dame de Garaison, en faveur d'Abraham BAUDRY, médecin à Nérac, à la suite duquel se produisirent de nombreuses conversions.

Sc. psych. — T. III. — 8.

7594 MIRACULEUSE LUCIDITÉ somnambulique. Séances de 11 à 3 heures, Rue Guénégaud, 31.
Paris, Impr. G. Gratiot, 1847.
[Tb⁶⁴. 186

C'est une réclame de deux somnambules nommées Marianne et Clémentine.
(D. p. 140

7595 MIRBEL (de) Avocat en Parlement. — Le Palais dv Prince dv Sommeil, où est enseignée l'oniromancie avtrement l'art de deviner par les songes, par M. de Mirbel, avocat en Parlement.
Lyon, Iean Pavlhe, 1670, in-12 (20 fl.).

Autre édit. :

Bourges, J. Cristo, 1667, in-12.
[V. 21937

Petit volume très rare et fort singulier coté 50 francs par Morgand. — Frontispice gravé.

Contenant d'intéressants et curieux chap. tels que les suivants : « De l'abus qu'il y a en ceux qui disent estre possédés des Démons. — Que les songes des Roys sont différents de ceux des autres hommes, » etc...
(S-3403
(O-1833
(G-727 et 1028

7596 MIRVILLE (le Marquis J. Eudes de). — Des esprits, de l'esprit Saint, et des miracles dans les six premiers et les six derniers siècles de notre ère. Spécialement des résurrections de morts, des exorcismes, apparitions, transports, etc...
Paris, Wattelier, 1808. in-8° (6 fr.).
[R. 44054

Volume qui manque à beaucoup d'exemplaires, formant le tome VI des Œuvres. (*Troisième mémoire : Manifestations Thaumaturgiques*).
(G-1901

7597 [MIRVILLE (Eudes de)]. — Des esprits et de leurs manifestations fluidiques, par le marquis Eudes de M....
Paris, H. Vrayet de Surcy. 1853, in-8°, XXIII-468 pages et 2 f⁰ˢ de table (6 fr.).
[R. 44044

Édition originale.

Ouvrage d'érudition que nous regrettons de voir employer pour démontrer que les faits, magnétiques somnambuliques et spiritualistes sont dus à Satan et attestent sa puissance diabolique. Ce livre contient des lettres du P. Ventura, du docteur Coze et de M. de Saulcy, il est écrit sous forme de Mémoire à l'Académie des Sciences Morales et Politiques.

L'Histoire fantastique du presbytère de Cideville est un des attraits de ce livre, si intéressant encore à tant de points de vue. — Tout un gr. chap. est consacré aux lieux hantés, aux pierres, aux sources mystérieuses, aux électricités intelligentes. — Cet ouvrage, d'une documentation à part, se distingue de la Magie de Gougenot des Mousseaux par un choix tout différent de pièces à conviction.
2ᵉ édit. : [R. 44045
3ᵉ édit. : [R. 44046
4ᵉ édit. : [R. 44047
(D. p. 152
(G-1620 et 1002

7598 MIRVILLE (Marquis Eudes de).— Pierre Milés et Stanislas ou le ressuscité et le martyr. — Esquisse d'un drame thaumaturgique et lyrique en 6 journées, emprunté au livre du miracle et spécialement des résurrections de morts, apparitions, etc.... récemment publié par M. de Mirville.
Paris, 1868. in-8° (3 fr.).
[R. 44055

7599 MIRVILLE (Marquis Eudes de). — Pneumatologie : Des Esprits et de leurs manifestations fluidiques. Des Esprits et de leurs manifestations diverses : Manifestations fluidiques devant la science moderne. — Question des Esprits (appendice aux Manifestations fluidiques). Manifestations historiques dans l'antiquité profane et sacrée. — Des Esprits, de l'Esprit Saint et du miracle dans les six premiers et six derniers siècles de notre ère, spécialement des Résurrections de Morts, des Exorcismes, Apparitions, etc.... Manifestations thaumaturgiques. — Questions des Esprits, ses progrès dans la science ; examen de faits nouveaux et de publications importantes sur les tables, les Esprits et le Surnaturel.

Paris, Vrayet de Surcy, Delaroque et Wattelier, 1853-68, 10 vol. in-8° (45 fr.).

(6 vol.) tome I-VI, 1863-1868. 4ᵉ édit.

[R. 44048-44054

Collection bien complète (?) avec tous les suppléments. — L'auteur a été l'un des premiers à affirmer et à prouver le fait de l'existence des Esprits et de leurs manifestations, ses ouvrages sont riches en faits spontanés très instructifs, appuyés sur des faits authentiques.

7600 MIRVILLE (Marquis Eudes de).— Pneumatologie. — Des esprits et de leurs manifestations diverses, (manifestations fluidiques, manifestations historiques dans l'antiquité profane et sacrée rapprochées des faits de l'ère actuelle. — Question des esprits. — Supplément et Appendices.

Paris, Vrayet et Wattelier, 1853-54, 7 vol. in-8° (25 fr.).

Œuvres complètes (?) du Marquis de Mirville difficiles à rencontrer.

7601 MIRVILLE (Marquis Eudes de).— Question des esprits ; ses progrès dans la science ; examen sur les tables, les esprits et le surnaturel, par M. de Mirville.

Paris, Delaroque, 1855, in-8° (3 fr.).

[R. 44057

Phénomènes et théories psychologiques. — La baguette divinatoire. — Théorie du miracle. — Le Magnétisme. — Les sorciers, etc...

(D. p. 161
(G-1630

7602 MISSALE ROMANVM, ex decreto Sacrosancti Concilii Tridentini restitutum, Pii V pont. max. iussu editum et Clementis VIII auctoritate recognitum — Missæ propriæ festorum Fratrvm Minorvm.

Antverpiæ, ex officina Plantiniana, 1613-21, in-4° (20 fr.).

(G-728

7603 MISSALE Chaldaicum ex Decreto Sacræ Congregationis de Propagandâ Fide editum.

Romæ ex ejusdem Sacræ Congregationis Typographiâ, 1767, in-f° (8 fr.).

Missel Chaldéen, donnant le texte en cette langue.

7604 MISSON (François Maximilien), littérateur né à Lyon vers le milieu du XVIIᵉ Siècle, mort à Londres en 1722. Protestant, Conseiller au Parlement de Paris, chassé par la Révocation de l'Edit de Nantes. — Le Théâtre sacré des Cévennes par Misson.

Londres, 1707, in-8° avec une figure.

[Lb^{a7}. 4248

Très rare.

(S-1683

7605 MIT dem ewigen Evangelio (Der) mitten durch Himmel fliegende Engel. Zweyter Nachtrag zur kurzen Uebersicht der Offenbarung Johannis. Cap. 14, 6-11 ; von demselben Verfasser.

Leipzig, Erdmann Ferd. Steinacker, 1817, in-8° de 32 pp. chiffrées 216-52.

Brochure dirigée contre la Papauté, et les évènements de l'époque.

(O-168

7606 MIT dem Marte (Die) genau-vereinigte Venus, oder Tractatus physico-chymicus, in sich haltend, verschiedener Autorum Meynungen. Ob- und wie aus Eisen Kupffer gemacht werden könne ? aus verschiedennen Büchern und Manuscriptis zusammen getragen.

Rostock, Joh. Heinr. Ruszworms, 1706, in-8° de 46 pp.

(O-1433

7607 MITHOBIUS (D. Burchardus). — Stereometria, ars œconomica, docens certas dimensiones corporum solidorum, ratione Mathematica, ac virga stereometrica, dimensore, æqualoreq; de super affabre confectis. Vne cum tabulis Radicis quadratæ, juxta praecepta Euclidis, et Eratosthenis a D. Burchardo MITHOBIO.

Francofurti, 1544, in-12 (6 fr.).

Ouvrage ancien de mathématique.

7608 MITTON (Fernand). — La férocité pénale. — Tortures et supplices en France. — La justice criminelle sous l'ancien et le nouveau régime. — La procédure criminelle et les prisons. — La question ou torture. — Peines et châtiments. — Les galères et les travaux forcés. — Les derniers supplices.

Paris, H. Daragon, 1909, in-12. Orné de 4 pl. h. t. (4 fr.)

7609 —— Tortures et Supplices à travers les âges.

Paris, H. Daragon, 1900, in-16, 215 p. pl.

[8° G. 8637

MIZAULD (Antoine) en latin MIZALDUS, Astrologue et Médecin, né à Montluçon, vers 1510, mort à Paris en 1578. Il s'adonna à l'astrologie avec Oronce FINE, et devint Astrologue et Médecin de Marguerite de Valois, Reine de Navarre, sœur de François Ier et auteur de l'Heptaméron.

7610 MIZAULD (Antoine). — Centuriæ XII memorabilium utilium ac jucundorum in Aphorismos Arcanorum omnis generis locupletes, perpulchre digestæ, etc...

Norimberg. impensis J. Zigeri, 1681, fort in-18. Front. gravé (5 fr.).

[S. 31558

Ouvrage rare de ce célèbre médecin et astrologue.

7611 MIZAULD (Antoine). — Antonii MIZALDI, memorabilium utilium ac jucondorum Centuriæ novem in Aphorismos Arcanorum locupletes.

Lutetiæ, apud J. Morellum, 1566, in-8°.

[S. 15110

Funere Symbolum vivorum aliquot illustrium et Orontio FINÆO.

Lutetiæ, 1555, 2 ouv. in-8°.

(S-3196 b.

7612 MIZAULD (Antoine). — Antonii MIZALDI Memorabilium aliquot Naturæ Arcanorum Sylvula.

Lutetiæ, 1554, in-16.

(S-3410 b

7613 MIZAULD (Antoine). — 1)— Antonii MIZALDI phenomena sive Aeriæ Ephemerides.

Parisiis, ex officina Reginaldi Calderii, 1546, in-8°.

[V. 46960

2)— Harmoniæ superioris Naturæ Mundi.

Parisiis, ex officina Frederici Morelli, 1577, in-8°.

[V. 46961

3)— Le Mirouer de l'Air.

Paris, R. Chaudière et Claude son filz, 1548, in-8°.

[R. 44115

4)— Secrets de la Lune.

Paris, Morel, 1571, in-16.
4 ouvr. in-8° (?).
[V. 46963
(S-3411

7614 MIZAULD (Antoine). — 1)— Le Mirouer du Tems, autrement dit, Ephemerides perpetuelles de l'Air, par Antoine MIZAUD.

Paris, 1547.

2) — Les Ephemerides de l'Air, autrement, Astrologie des Rustiques.

Paris. J. Kernes, 1554. 2 ouv., pet. in-8°.
[V. 29281
(S-3411 b.

7615 MIZAULD (Antoine). — Secrets de la Lune. Opuscule non moins plaisant que utile, sur le particulier consent et manifeste accord de plusieurs choses au monde avec la Lune : comme du Soleil, du Sexe féminin, de certaines bestes, Oyseaux, Poissons, Pierres, Herbes, Arbres, Malades, Maladies, et autres, de grande Admiration et singularité. Par Antoine MIZAULD, medecin et mathematicien.

A Paris, à l'imprimerie de Frédéric Morel. MDLXXI (1571) in-8°, (30 fr.).
[V. 46963

« Opuscule extrêmement singulier et remarquable au double point de vue de l'Astrologie et de la Magie naturelle. Il ne semble pas avoir été apprécié par les connaisseurs en proportion de son mérite. Je l'ai rarement vu signalé dans les bibliographies spéciales non plus que dans les ouvrages d'occultisme. L' « *épistre nuncupatoire* » est fort originale et délicieuse en son vieux langage. Tout l'ouvrage m'a paru d'ailleurs écrit avec une élégance rare au XVI-e siècle. » (S. d. G.)

(Ye-915
(G-1631

7616 MOEBIUS (Georgius). — Georgii MOEBII, Tractatus de Oraculorum Ethnicorum origine, propagatione et duratione.

Lypsiæ, 1685, in-4°.
(S-3210 b

7617 [MOEBIUS (Gottfried)]. — Neuangezündt-hellbrennen des Feuer, oder Mercurial-Liecht, so dénen verzagten Alchymisten aufs neue widerum angezündet wird, von einem Wohlbekandten, doch ungenanten Freund (Gottfried MOEBIUS, med. doct. et pract. Augustanus) ; dans *Neue Sammlung von.. alchym. Schriften* (1771) III, 395-428.

La préface est signée du nom de l'auteur ; quel G. MOEBIUS est-ce ? est-ce le père (1611-64) ou son fils qui avait le même prénom ?

(O-1187

7618 MOILIN (Dr Tony) mort fusillé à Versailles le 24 mai 1871, comme membre actif de la Commune. — Leçons de médecine physiologique.

Paris, Delahaye, 1866, in-8° (7 fr.).

7619 MOILIN (Dr Tony). — Traité élémentaire, théorique et pratique du magnétisme contenant toutes les indications nécessaires pour traiter soi-même, à l'aide du magnétisme animal, les maladies les plus communes.

Paris. Lacroix, 1869, in-12 avec 47 fig. (4 fr.).
[Te¹⁴. 179

Excellent manuel de magnétisme animal très recommandé pour pratiquer soi-même le magnétisme avec succès. L'auteur fut fusillé à Versailles, pour avoir pris part comme membre actif, à l'insurrection de la Commune en 1871.

7620 MOISE, prophète et législateur chaldéen, né dans la Terre de Gessen en Egypte vers 1570 av. J. C. mort sur le mont Nébo, en Arabie vers

1450. Il avait une sœur Marie, et un père Aaron. — Fürstliche und monarchiche Rosen von Jericho, das ist : Moses Testament und Vergabung der Künsten und Wissenschafften die er am Hof Pharao in Egypten erlernet, und dem Israel zum Guten im Gefilde Moab am Berg Nebo im Thal gegen Peor und Jericho geschrieben hat, auf dasz es ferner wie bisher seine Kosten und Ausgaben bestreiten möge ; aus dem Hebräischen in das Deutsche gebracht und zum Druck befördert durch Herman FICTULD : dans *Neue Sammlung von... alchym. Schriften* (1771), III. 319-94.

La préface est datée de Bethel, 7 mars 1760.

Inutile de dire que cet ouvrage est apocryphe !

(O-647

7621 MOLA (E. H.). — Le mariage du Comte de CAGLIOSTRO.

S. l., [1881], in-4º (1 fr. 50).

Curieux.

7622 MOLDENHAWER (Daniel Gotthilf). — Procès de l'Ordre des Templiers, extrait des Actes originaux de la commission papale en France, par Daniel Gotthilff MOLDENHARVER...

Hambourg, Bohn, 1792, in-8º de XVI-638 pp.

Cité par l'abbé GREGOIRE dans son *Histoire des Sectes Religieuses*.

7623 MOLÈNES (Emile de). — Documents Inédits. Torquemada et l'Inquisition, par Emile de MOLENES.

Paris, Chamuel, 1897, in-18, (1 50).

[Oc. 185

Jurisprudence du St Office. — Enfant de la « *Guardia* ». — Cœur et Hostie. — Sortilèges et Vénéfices. — Sentences et Auto-da-fés. — Expulsion des Juifs. — Procès à la Mort. — Etc.

7624 MOLETI (Gios.) ou MOLETO, ou MOLEZIO (Giuseppe) mathématicien italien né à Messine en 1531, mort à Padoue en 1580. Professeur de mathématiques dans cette dernière ville.
— L'Efemeridi per anni XVIII ; lequali cominciano dall'anno corrente di Cristo 1563, e terminano alla fine dell'anno 1580, etc... si Trattano tutte le uere regole della scienza Astrologica, etc...

Venetia, 1563, in-4º (10 fr.).

Ouvrage curieux et rare de ce célèbre mathémathicien et astrologue italien. — Les tables qu'il rédigea par ordre de la république de Venise, et qu'il nomma grégoriennes, servirent à la correction du calendrier du Pape Grégoire XIII.

7625 MOLINIER (Ch.). — L'inquisition dans le Midi de la France au XIV-e siècle. — Thèse.

Toulouse, 1880, gr. in-8º. (6 fr.).

[Lk¹ 155

Etude sur les origines de l'Inquisition en France.

7626 —— Un traité inédit du XIIIᵉ siècle contre les hérétiques Cathares.

Bordeaux, 1883, in-8º.

[D. Pièce 67581

7627 MOLINOS (Michel de) Théologien Espagnol, né à Saragosse en 1627, d'autres disent à Palatina (Aragon) en 1640, mort emprisonné dans un couvent de Dominicains, par ordre de l'Inquisition, en 1696. Son célèbre « *Guide Spirituel* » parut d'abord, en langue espagnole ou italienne à Rome, en 1675. Il est le fondateur du *Quiétisme*. — Guide Spirituel pour dégager l'âme des objets sensibles et pour la conduire par le chemin intérieur, à la Contemplation Parfaite, et à la Paix Intérieure, par Michel de MOLINOS, Prêtre et Docteur en Théologie. Traduit en français par le P. Jean de Sainte-Marie.

Amsterdam, 1688, in-8º.

[D. 19035 et 44942

7628 MOLINOS (Michel de). — Guide Spirituel.

Paris, Publications Théosophiques, 1905, in-32 colombier de IV-325 p. (2 fr.).

[8º R. 19809

Ce petit ouvrage apporte aux âmes attirées vers les choses spirituelles un rayon de la lumière qui éclaire le sentier de la perfection. — MOLINOS, surnommé le père du *Quiétisme*, fut accusé de *Gnosticisme* et condamné par l'Inquisition.

7629 MOLITOR (J. F.). — Philosophie de la tradition. Traduit de l'allemand par Xavier QURIS.

Paris, Gaume, Dondey-Dupré, 1834, in-8º de xiv-281 p. et errata, (16 fr.).

[R. 44196

Ouvrage très rare, très précieux, quoique bien élémentaire, pour l'étude de la Kabbale.
Explication des Méthodes Cabbalistiques. — Histoire de la tradition. — Cite BOEHME, SWEDENBORG, la Voyante de Prévorst (p.201-2). L'unique traduction française de l'ouvrage si recherché du célèbre mystique allemand. — La Tradition exposée par l'auteur est tout simplement la KABBALE, dans laquelle il était versé à fond. C'est le seul traité qui contienne la filiation des kabbalistes, de l'origine jusqu'à nos jours, et un des meilleurs classiques pour l'étude de la philosophie secrète.

(G-729 et 1903

7630 MOLITOR (Ulric), né à Constance, mort en 1492 ; il était avocat. — De laniis et phitonicis mulieribus Teutonice Vnholden vel Hex en, (*In fine :*) Tvo celsitudinis humilis consiliarius et servulus Ulricus molitoris de constantia decretorum doctor, etc...

S. l. n. d. [*Argentinæ (Strasbourg) J. Prüss,* vers 1489], pet. in-4º Gothique de 28 feuillets à longues lignes, le dernier blanc ; 35 lignes à la page ; 7 grandes Fig. s/bois. (350 fr.).

C'est probablement la 1-re édition.

[Rés. R. 1459 et
[Rés. R. 1460

De Laniis et Phito | nicis mulieribus | Teutonice Vnholden vel Hexen. [*En tête du f° a ij :*] Tractatus ad illustrissi | mum principem dominvm Sigismundum archiducem austrie. | Stirie carinthie etc. de laniis et phitonicis mulieribus per | Ulricum Molitoris de Constantia.. [*In fine*] Ex Constantia, anno domini m. cccc. LXXXIX die deci | ma ianuarii(*1489*) Tue celsitudinis humilis consiliarius et servulus | Ulricus molitoris de constantia decretorum doctor etc | .

in-4º Gothique de 27 fos non chiff. avec 7 curieuses fig. s/bois (250 fr.).

[Rés. R. 1458

C'est la seconde édition.

Le cat. Sepher l'appelle, par erreur, in-8º.

(G-730
(S-3209
(Ye-073-74

De laniis et phitonicis mulieribus ad illustrissimum principem dominum Sigismundum archiducem Austrie Tractatus pulcherrimus.

[*In fine :*] Impressum Lypczick per Arnoldum de Colonia, 1465, in-4º, Gothique de 22 fos avec 7 curieuses fig. s/ bois. Texte rouge et noir. (90 fr.).

C'est une des plus belles et probablement la plus rare de toute les impressions gothique du *Traité* de MOLITOR, d'après S. de GUAITA.

[Rés. R. 1338
(G-730

Tractatus de laniis et Pythonicis [*mulieribus*].

Parisiis, Corrozet, 1561, in-12, (5 fr.).

[R. 44197

Edition infiniment moins recherchée que les précédentes

Les éditions primitives ont été abominablement contrefaites. On en trouve au moins deux différentes (et sans doute bien davantage) datées de ce 10 janvier 1489 à Constance.

7631 MOLL (Dr A.). — Der Hypnotismus.
Berlin, 1895, gr. in-8° (4 fr.).

Ouvrage très estimé.

7632 MOLL (Docteur). — Les perversions de l'instinct génital. — Etude sur l'inversion sexuelle avec préface du Doct. KRAFFT-EBBING. Trad. de l'allemand par les Docteurs Pactet et Romme.
Paris, Georges Carré. 1893. gr. in-8° (4 fr.).

[Td⁸⁶ 022 *bis*

Intéressante étude sur les aberrations sexuelles.
L'Uranisme. — Prostitution masculine. — Sadisme. — Hermaphrodisme psychique. — Inversion sexuelle chez la femme, etc...

7633 MOLL-WEISS (Mme Augusta), Lauréate de l'Institut, Directrice de l'Ecole des Mères. — Cuisine rationnelle des malades et des Bienportants (la substance alimentaire et son emploi) par Mme Augusta MOLL-WEISS, Préf. de M. le Dr A. Mathieu.
Paris, O. Doin, 1907, in-16.554 p. 27 fig. dans le texte (3 fr.).

[8° V. 31615

Le Lait et les laitages. — Les corps gras comme aliments et comme condiments. — Le Bouillon et les Potages. — Les Œufs. — L'Aliment carné. — Poissons, mollusques, etc. — L'Aliment végétal. — Légumes, Fruits, Farineux, Pain, Patisseries, etc. — Les Condiments. — Les Boissons. — La Ration Alimentaire. — De la cuisine Diététique. — Les Régimes. — Régimes d'exception. — Alimentation artificielle : lavements et injections hypodermiques. Ustensiles de cuisine propres aux malades.

7634 MOLLAN (Jacques). — Cartel aux Judiciaires et Celoteurs Astrologues, par Jacques MOLLAN.
Lyon, 1585, in-12.

(S-3466

7635 MOLLINGER. — Lettre à m. Schœpflin (de Strasbourg, relative à une apparition qui fit trouver des médailles) ; dans LENGLET-DUFRESNOY, *Traité hist. et dogm. sur les apparitions* (1751), II, 444-48.

(O-1741

7636 MONACOLOGIE, illustrée de figures sur bois.
Paris, Paulin, 1845, (2 fr. 50).

Cette violente satire contre les moines est illustrée de 40 curieuses figures sur bois dans le texte.

Sans doute par :
BORN (Ignaz von). q. v.

7637 MONBARLET (J. V.).— Les Pierres et l'histoire : le Druidisme et son œuvre.
Paris. P. Sallou, 1896. in-8° 60 p. et table. (1 fr.).

[La² 209

Inscriptions sacrées. — Combinaisons mystérieuses. — Le secret du Sanctuaire. — Le Chemin de la vie. — Symbolisme extérieur. — Les Mystères. — Tableau hiéroglyphique. — Les Triades, etc...

7638 MONBARLET (J. V.). — Le secret des pierres. — Un art mystérieux.
Paris, André. Daly fils et Cie, 1892. in-12 de VIII-425 pp. env. 31 illustrations h. t. (2 fr.).

Ouvrage très intéressant et des plus documentés. — Pierres et tableaux mystérieux. — Gamahés. — Pierres de Pompéi. — Idole protectrice des nouveaunés. — Scène de Magie. — Groupes symboliques. — Origine des Menhirs et Dolmens. — Culte des Pierres. — Origine du caractère mystérieux de l'art gaulois.

— Mimique sacrée. — Civilisation gauloise. — Druides. — Sacrifices humains. — Triades, temples et sanctuaires détruits. etc...

7639 MONCÆIUS ou MONCÆUS : François de MONCEAUX, littérateur français né à Arras. Il florissait au XVIIe siècle et fut ambassadeur du Duc de Parme à la Cour de France. — Fr. MONCÆIJ disquisitio de Magia divinatrice et operatrice.

Francofurti, J. Christiani Wohlfarli. 1683, in-4°.

(R. 8025
(S-3194

7640 MONCEAUX (Paul). — Apulée. — Roman et Magie, par Paul MONCEAUX.

Paris. 1889, in-12, (3 fr.).

[8° J. 5255

Ouvrage très intéressant. Les Démons d'Apulée. L'Ane d'or ou la métamorphose. Apulée magicien. Son rôle. — Etc...

7641 MONCHOISY. — L'Inde et les Hindous.

Genève. 1893, in-8°. (2 fr. 50).

Ce que disent les Bayadères. — Le Panthéon brahmanique, etc.

7642 MONCONYS (Balthazar de) Conseiller à Lyon, et Voyageur assez célèbre né à Lyon en 1611, mort en 1665. — Les Voyages de Balthazar de MONCONYS. Documents pour l'Histoire de la Science, avec une introduction par M. Charles HENRY.

Paris, A. Hermann. 1887, in-4° de 108 p. et table. (4 fr.).

[4° G. 336

Réimpression par Charles HENRY des intéressants voyages de ce curieux personnage Lyonnais qui, fervent adepte de l'Alchimie, de la Physique et des Mathématiques, fut en relation avec tous les grands savants de son époque. Intéressants détails sur les Possédées de Loudun.

L'original est de Lyon, 1665-66, 3 vol. in-4° réimprimés en 1695 (5 vol. in-12).

7643 MOND (Mme Louis) de Rosarno (Italie) (?) voir l'Initiation de Mai 1889, p.190 (3e Vol. 2e année N° 8). — Causerie d'outre-monde.

Draguignan, 1877, gr. in-8°. (2 fr.).

Le mauvais œil. — L'agent magnétique. — La vertu et la superstition des Nombres. — Mouvement des existences. — Magnétisme et Magnétisation, etc.

7644 MOND (Mme Louis). — Cours de magnétisme.

Paris, s. d., in-18. (1 fr. 50).

Petit ouvrage pratique et d'une grande simplicité.

(G-980

7645 MOND (Mme Louis). — La graphologie comparée. Etude du caractère de l'homme par celle de la forme de ses doigts et de son écriture.

Lyon, 1877, in-8°. (1 fr.).

Paris, s. d., in-24, figures.

(G-1169

7646 MONDE (Le), son origine et son antiquité.

Londres, 1751, in-12. (5 fr.).

LANJUINAIS attribue cet ouvrage à COURT DE GÉBELIN (auteur du *Monde Primitif*) malgré l'autorité de BARBIER, qui le donne pour les deux premières parties, à MIRABAUD et pour la 3-ème à l'abbé LEMASCRIER ; cet ouvrage élucide et aborde bien des questions ardues et, se recommandant par une érudition de bon aloi, supplée à beaucoup d'autres ouvrages et à bien des recherches. — Avec autant de modération que l'autorité, il réduit à sa valeur, c'est-à-dire à peu de chose, le mérite historique et chronologique trop longtemps accordé aux livres de MOYSE.

MONDE MAÇONNIQUE (Le) Revue, Voir :
ULBACH (Louis), son fondateur.

7647 MONDENSTEIN (F. C. P. H. von). — Wasser und Geist als die geoffenbahrte Natur-Grund-Anfänge der Geheimnisz vollen hermetischen Weisheit der Adepten, bey Betrachtung des Solarisch-und Lunarischen Saamens in Bereitung des gebenedeyheten Steins unserer Meister entworfen von F. C. P. H. von MONDENSTEIN genannt Schwefelbach.

Erlangen und Leipzig, Joh. Caspar Müller, 1756, in-8º de 78 pp.

(O-1392)

7648 MONDES (Les) Célestes, Terrestres et Infernaux.

Lyon, 1583, in-8º.

Inconnu à BARBIER.

(S-4170)

7649 MONFRABEUF [ou MONTFRABEUF] de THENORGUES (Louis DE), *Seigneur des Petites Armoises*, littérateur mystique français né à Thénorgues, près de Buzancy (Ardennes), en 1724 mort à La Motte-Guéry (Ardennes) en 1792. Il s'intitulait " *Représentant du Roi des Juifs en tant qu'homme* ", fut l'ami de d'ALEMBERT et le maître du Mystique COESSIN, q. v.

Ses écrits Mystiques, fort rares, datent presque tous des années 1780-1788. En voici quelques-uns :

1) — Les Lois du Sage, par celui qui n'adore que lui, avec le Catéchisme.

Bouillon, Brasseur, 1783, in-8º de 600 pp.

2) — L'Homme réintégré dans le Bon Esprit.

Bouillon, Brasseur, 1784, in-12.

3) — Les Phases éclatantes de la Nature.

Bouillon, Brasseur, 1786, in-12.

4) — Catéchisme historique.

Bouillon, Foissy, 1787, in-12.

5) — Le Chemin du Ciel par la Fortune.

Bouillon, Foissy, 1788, in-12.

6) — Œuvres diverses, métaphysiques et philosophiques.

Bouillon, 1788.

7) — Coup d'œil de mes ouvrages bien clairs en voyant les 3 conversations suivantes.

Bouillon, Foissy, 1788, in-12 de 326 pp. (3ᵐᵉ édition).

8) — L'Education des ordres splendides.

Tous manquent à la Bib. Nat.

9) — Réflexions sur les égaremens de la Nouvelle Philosophie que la vraie liberté peut seule réprimer ? Seconde édition....

S. l. in-18 de 18 pp.

[Rp. 10487]

Signé « MONTFRABEUF DE THENORGUES, le Représentant du Roi des Juifs ».

7650 MONGIN (le Docteur J.). — Le Chimiste physicien, où l'on montre que les principes naturels de tous les corps sont véritablement ceux que l'on découvre par la chimie, et où par des expériences et des raisons fondées sur les loix des méchaniques ...par M. J. MONGIN, docteur en médecine.

Paris, L. d'Houry, 1704, in-12 de XVI-223 pp.

(O-1330)

7651 MONGINOT (François de LA SALLE, dit), médecin français né à Langres en 1569, mort à Paris en 1637, médecin de Henri IV. — Traité de la conservation et prolongation de la santé.

Paris, N. Bourdin et L. Périer,

1635, in-18; 5 fol. 141 p. et 1 f° d'errata (5 fr. 50).

[Te¹³¹ 95

Des remèdes en général : de la liqueur d'or ; le Secret du sang ; de la Vipère ; Régime de Viure ; de plusieurs remèdes qui ont droit de conseruation et prolongation de la santé ; de la Perle et des Pierres précieuses ; Responces aux objections que l'on peut faire contre la liqueur d'or, etc.

MONGRUEL (Louis-Pierre), célèbre Magnétiseur, né vers 1816, mari de Joséphine LEFÈVRE, somnambule dite : « la Sibylle moderne ». Ancien instituteur primaire dans le Département de l'Eure, il a eu à soutenir quantité de procès et poursuites pour exercice du magnétisme et de la Voyance au moyen de sa femme.

On dit qu'il abandonna ensuite sa femme et ses enfants pour courir le monde.

7652 MONGRUEL (J.A.) ou MONTGRUEL. — Le magnétisme militant, répertoire général des preuves historiques, philosophiques, scientifiques et juridiques sur l'existence du somnambulisme lucide et du magnétisme. Répertoire complet des arguments et moyens judiciaires à invoquer dans tous les procès intentés contre la pratique de cette science par J. A. MONTGRUEL.

Paris, Germer Baillière, 1851, in-8°.

Ce livre a-t-il paru ? J'en doute.

(D. p. 147

7653 MONGRUEL (L. P.). — Au rédacteur du Droit et subsidiairement à ceux des journaux qui auront reproduit l'article qui a motivé cette lettre par MONTGRUEL.

Paris, Schneider, 1850, in-8°.

Observation du sieur MONGRUEL sur le compte rendu par le journal Le Droit d'une visite domiciliaire faite chez lui.

(D. p. 146

7654 MONGRUEL, JOUSSIN, BELLOT. — Convocation des magnétiseurs et somnambules de Paris en date du 17 juillet 1850 à l'effet d'aviser aux mesures à prendre en présence des poursuites dirigées contre un certain nombre de magnétiseurs et de somnambules.

Paris, Schneider, 1850, in-8°.

Cette brochure est signée MONGRUEL, magnétiseur de la Sibylle ; JOUSSIN, magnétiseur de la Pythonisse ; BELLOT magnétiseur de la Voyante.

(D. p. 145

7655 MONGRUEL (L. P.). — Magnétisme.

Paris, De Soye, 10 octobre 1850, in-8°.

C'est une annonce de cours et de séances expérimentales.

(D. p. 146

7656 MONGRUEL (L. P.). — Magnétisme et somnambulisme, par L. P. MONGRUEL.

Paris, Cosson, 1848, in-8°.

(D. p. 141

7057 MONGRUEL (L, P.). — Le magnétisme militant ; origine et histoire des luttes, progrès et conquêtes de la science ; le somnambulisme aux prises avec les corps savants, etc... résumé général des preuves historiques, philosophiques, scientifiques et juridiques, propres à démontrer l'existence du magnétisme et du somnambulisme lucide, etc... par L. P. MONGRUEL.

Paris, chez l'Auteur et E. Dentu, 1851, 1 vol. de 4 séries gr. in-8° : VI-256 pages. Portrait lithographié de la Sibylle, avec sa signature autographe. (10 fr.).

Tout ce qui a paru de ce remarquable ouvrage d'une assez grande rareté. — M. DUREAU dans sa bibliographie du magnétisme, doute de l'existence du présent volume ; il ne fut d'ailleurs jamais terminé.

7658 MONGRUEL (L. P.). — Petit traité sur le magnétisme et le somnambulisme par L. P. MONGRUEL.

Paris, l'auteur, 1850, in-16, 15 pages.

Prospectus ou recueil de faits en faveur de *la Sibylle moderne*, somnambule, épouse de l'auteur.

(D. p. 145)

7659 MONGRUEL (L. P.). — Prodiges et merveilles de l'esprit humain sous l'influence magnétique par L. P. MONGRUEL.

Paris, 1849, in-12, 92 pages. (2 fr. 50).

Prédictions politiques faites, dit-on, dans l'état de somnambulisme. L'auteur très convaincu, appelait l'attention du Gouvernement provisoire, du préfet de police, sur les facultés des somnambules « qui permettent de savoir, prétend-il, ce qui se passe dans le cabinet le plus secret d'un chef de parti. » Mais il ne donne pas les moyens de savoir quand les somnambules se trompent, ce qui est de la plus haute importance.

Vérités du magnétisme ; son influence sur nos facultés, sur nos sens, sur nos organes. — Ce que c'est que le somnambulisme ; comment il exalte et développe l'intelligence, la sensibilité, la faculté intuitive. — Le somnambulisme devant les puissants du jour : attestations, documents et pièces authentiques. — Curieuses prophéties politiques, concernant diverses contrées de l'Europe.

(D. p. 143)

7660 MONGRUEL (L. P.). — L'Union Protectrice, association pour la défense du magnétisme.

Paris, Schneider, 1850, in-8°.

Brochure signée . les Membres de la Commission, MONGRUEL, etc...

(D. p. 146)

7661 MONGRUEL (L. P.). — Appel de la Société « *l'Union protectrice* » à tous les partisans et amis du magnétisme. Protestation en faveur de la libre manifestation des croyances et de la libre application de la science de MESMER pour servir à la défense du somnambulisme.

Paris chez Mongruel, Président, 25 Juillet 1850 in-8°.

Cette brochure est signée par les membres de la Commission délégués, à la date du 25 Juillet 1850.

(D. p. 145)

7662 MONGRUEL (L. P.). — Appel de la Société « *l'Union Protectrice* » à tous les partisans et amis du magnétisme.

Paris, chez Mongruel, Président, 1850, in-8°.

Deuxième édition datée du 1er août.

Très rare.

La première édition de cet « *appel* » improvisé en une nuit et imprimé en 4 heures, fut tirée à 2000 exemplaires et épuisée en 3 jours.

(D. p. 146)

7663 MONGRUEL (Madame). — Les voix de l'avenir dans le présent et dans le passé, ou les Oracles et les Somnambules comparés par Mme MONGRUEL, précédé d'une lettre de M. Edouard Fournier, et suivi d'un appendice par le docteur Amédée Moure.

Paris, Dentu, l'auteur, 1859, in-8°, 104 pages, avec portrait de l'auteur, (3 fr.).

De l'érudition quant à l'histoire du somnambulisme, les oracles et les prophètes d'autrefois ; des certificats en faveur de l'auteur, une des plus jolies femmes de Paris, connue sous le nom de la « *Sibylle moderne* ».

(D. p. 167)

7664 MONI (de). — Histoire critique de la créance et des coutumes des nations du Levant.

Francfort, Arnaud, 1693, in-12, (7 fr.).

(G-731)

7665 MONIN (Dr E.). Médecin à Paris et écrivain, né à Besançon en 1856. — Misères nerveuses. Deuxième édition.

Paris, 1890, in-12, (2 fr. 25).

[Td⁸⁵. 843

Hystérie. — Illusions et hallucinations. — Mondes des rêves. — Poisons Psychiques. — Opium et haschich. — Dangers des Sirènes. — Erotomanes Sordides. — Aberrations du sens génésique. — Les Invertis. — Folie mystique. — Démonomanes. — Hypnotisme et Suggestion. — Braidisme. — Spiritisme, etc...

7666 MONIN et MARÉCHAL (Docteurs) — Stefano Merlatti, histoire d'un jeûne célèbre, précédée d'une étude anecdotique, physiologique et médicale sur le jeûne et les jeûneurs.

Paris, Marpon, s. d., [1887], in-12, (3 fr. 50).

[Tb²⁰. 31

Nombr. documents sur les fakirs.

Ce jeûne célèbre a duré cinquante jours, du 27 octobre au 16 décembre 1886.

Stefano MERLATTI est un peintre italien né à Mondovi en 1884.

7667 MONITA SECRETA Societatis Jesu. Instructions secrètes des Jésuites suivies de pièces justificatives.

Paris, Dentu, 1861, in-12, (4 fr.).

Édition soigneusement détruite.

Autre :

Monita secreta, instructions secrètes des Jésuites, traduction nouvelle et commentaires par Pierre des PILIERS.

Grenoble, 1893, in-16.

[8° H. 1758

MONITA SECRETA Societatis Iesv. — Voir aussi :
SAUVESTRE.

JESUITES.
SECRETA MONITA.

7668 MONNET (Antoine-Grimoald) alchimiste français, né à Champeix (Auvergne) en 1734, mort à Paris en 1817. Pharmacien à Rouen, puis inspecteur des Mines à Paris. Académicien de Rouen, Turin, et Stockholm. — Traité de la Vitriolisation, ou l'Art de fabriquer les Vitriols et l'Alun ; avec une Dissertation sur la minéralisation et sur l'état du Soufre dans les mines et les métaux.

Paris, Didot, 1769, in-12, 2 pl. gravées par Fombonne, (7 fr.).

7669 MONNIER (D.). — Du culte des Esprits dans la Séquanie.

Lons-le-Saulnier, 1834, pet. in-8°, 8 pl. lithographiées. (7 fr.).

Peu commun.

(G-733

7670 MONNIN (Alfred). — Le curé d'Ars. — Vie de J. B. Marie Vianney publiée sous les yeux et avec l'approbation de Mgr l'évêque de Belley, par l'abbé Alfred MONIN.

Paris, Douniol, 1854, 2 forts vol. in-12. Orné d'un portrait gravé et d'un fac similé hors texte. (5 fr.).

Comment le curé d'Ars fut persécuté par les démons. — Guérison merveilleuse etc...

7671 MONOYER (J.). — La sorcellerie en Hainaut, et plus spécialement aux environs de Rœulx. Étude historique avec analyse de procès pour sortilèges (1568-1683).

Mons, 1886, in-8° de 48 pp. (3 fr. 50).

(G-734

7672 MONSELET (Charles), littérateur français né à Nantes en 1825. Journaliste. — Les Oubliés et les Dédaignés. Figures littéraires de la fin du 18ᵉ siècle par M. Charles MONSELET.

Alençou, Poulet-Malassis et de Broise, 1857, 2 vol. in-12, VII-320 et 295 p. plus les tables (12 fr.).

[Lnº. 59

Ouvrage intéressant et recherché. Suite de monographies sur entre autres : LINGUET — MERCIER — Olympe de GOUGES — DESFORGES — la MORENCY— GRIMOD DE LA REYNIÈRE, etc...

MONT ROYAL (Jean de). — Voir :
MULLER (Jean).

7673 MONTAGNAC (Elizé de). — Histoire des Chevaliers Templiers et de leurs prétendus successeurs, suivie de l'Histoire des Ordres du Christ et de Montesa, par Elizé de MONTAGNAC Auteur de l'Histoire des Chevaliers de S. Jean de Jérusalem.

A Paris, chez Auguste Aubry, 1864, in-12, VIII-304 p. 2 pl. hors texte. (12 fr.).

[H. 16817

Un des plus remarquables ouvrages sur *l'Ordre du Temple*. Intéressants chapitres sur les Mystères Gnostiques, le Symbolisme du Baphomet, etc. d'après NICOLAÏ, MIGNARD et autres auteurs. La partie historique est complète et impartiale, quoique conçue dans un esprit plutôt apologétique. Un grand nombre de détails intéressants ne se trouvent que dans cet ouvrage, qui est d'ailleurs assez peu connu.

La partie consacrée aux *Néo-Templiers* et à Fabre Palaprat est fort intéressante comme aussi les quelques mots ayant trait à la « *Milice de Jesus Christ* ».

7674 MONTAGNANA (Barthélemi) célèbre médecin Italien, né à Montagnana en 1365, mort en 1460. Professeur à Padoue. — Concilia CCCV in quibus agitur de universis fere ægritudinibus, humano corpori euenientibus, et mira facilitate curandi eas adhibetur modus. Post hæc accedunt tractatus tres de Balneis Patauinis : hoc est de sitv, aspectu, minera, ac viribvs eorvnden. Præterea asepintur breuissimis ordo ac ratio medicinas præparandi. Vna cum Antidotario omnium refertissimo.

Venettiis, apud G. Bindonum, 1564, in-fol. (15 fr.).

7675 MONTAGU (A.). — Cours de philosophie scientifique et ses conséquences sociales.

Paris, 1879, in-8º de 278 pp. (5 fr.).

Exposé des religions mosaïque, chrétienne et musulmane, précédé d'un discours d'ouverture sur l'origine et la mission de la Franc-Maçonnerie.

7676 MONTAGU (A.). — Etudes sociales d'après la révélation. — Réponse à Donoso Cortès.

Paris, 1851, in-12 de 233 pp. (1 fr. 50).

7677 MONTAGU (A.). — Manuel politique du citoyen français.

Paris, 1881, in-12, (3 fr.).

7678 MONTAGU (A.). — Synthèse générale des phénomènes biologiques. — Aimantation universelle ; vie éthérée et planétaire. — Force directrice de l'aiguille aimantée ; appareil électromagnétique de toutes les planètes ; incarnation et genèse des âmes douées de science infuse ; éthéréides : révélation scientifique, etc...

Paris, Leroux, 1874, in-8º de 240 pp. (4 fr.).

Origine de la vie sur la terre. — Animisme. — Vitalisme. — Ovulation spontanée, etc...

7679 MONTAIGU (Henri de), Sieur de la Coste en Languedoc. — Dæmonis Mimica, in Magiæ progressu tum in sectis errorum, quorum author est Henricus à MONTE-ACUTO.

Parisiis, apud Cl. Rigaud, 1612, in-12, (8 fr.).

[R. 44320
(S-3210

7680 [MONTALEMBERT] (Adrien de) seigneur d'Essé et de PANVILLIERS, capitaine français né dans le Poitou en 1483, mort à Thérouanne en 1553. — La merveilleuse hystoire de l'esprit, qui depuis naguères s'est apparu au monastère des religieuses de Sainct Pierre de Lyon, la quelle est plaine de grant admiration (par Adrian de MONTALEMBERT), (d'après l'édit. de 1528); dans *Recueil de Dissertations sur les apparitions* (1752), T. I, partie I. 1-90.

(O-1743

7681 [MONTALEMBERT (Adrien de)]. —Histoire de l'apparition de sœur Alis de Tésieux (d'après un ms.); dans ARTIGNY (l'abbé d'): *Nouv. Mémoires d'hist.* (1756), VII, 175-256.

Selon l'abbé d'ARTIGNY (p. 182), cette édit. de la relation de MONTALEMBERT est plus exacte que celle qui précède : LENGLET - DUFRESNOY, n'a pas connu l'édition de *Paris, Pinard, 1580, in-12* et n'a pas non plus connu le manuscrit.

Edition originale :

Paris, chez Guillaume de Bossozel, 1528, petit in-4° gothique.

Réimprimé en :

1529, *Rouen. Rollin Gaulhier.*
1580, *Paris, Pinard.*

(O-1744

7682 MONTANO (Benedicto Aria) ou ARIAS MONTANUS, savant hébraïsant, philosophe et théologien espagnol, né à Frexenal en 1527, mort à Séville en 1598. Membre du Concile de Trente. — Communes et Familiares hebraicæ linguæ Idiotismi, omnibus bibliorum interpretationibus, ac praecipuè Latinæ sanctis Pagnini versioni accommodati, atque ex variis doctorum virorum laboribus e observationibus selecti et explicati.

Antverpiæ Christ. Plantinus, 1572, gr. in-8°.

7683 [MONTANOR (Guy de)] philosophe hermétique.— Scala Philosophorum (auctore Guido de MONTANOR, gallus), dans *Auriferæ artis...*(1572) II, 115-83.

C'est le 1ᵉʳ traité d'une réunion de trois ouvrages indiqués sous ce titre : *Liber de arte chimica incerti authoris nunquam hactenus in lucem editus*, ce qui est faux, car il y a des impressions précédentes, le second est *Opus Mulierum*, et le troisième un *Rosarium, cum fig. et versibus germanicis.*

(O-914

7684 MONTANUS (Jacob) médecin de Königsberg, en Prusse. Florissant vers 1595. — Von der Krafft und Würckung auch rechtem nutzlichem Gebrauch des herrlichen Antidoti so man Aurum Potabile Namen, von Jacobum MONTANUM (medecinæ doct. zu Königsberg. Preussen 1595) dans *Pandora magnalium* (1608) 273-92.

(O-1074

7685 MONTBRESSON (Th.) — Le Bienfaiteur : véritable ami de la famille, etc...

St. Maur, 1809, fort in-12 de 500 pp. env. (1 fr. 75).

La Sagesse. — L'amour de Dieu. — L'amour du prochain. — Le respect humain. — Devoirs des jeunes épouses. — L'Hygiène. — La brutalité contre les animaux. — Deux lois salutaires, etc...

7686 MONTE-CUBITI. — Dreyfaches hermetisches Kleeblatt, in welchem begriffen dreyer vornehmen Philosophorum herrlichs Tractätlein ; das 1-te von den geheimen waaren saltz der Philosophorum, und allgemeinen Geist der Welt, H. NUYSEMENT aus Lothringen ; das II-re Mercurius redivivus unterricht von dem philosophischen Stein so wol den weisen als rothen aus dem Mercurio zu machen, Samuelis NORTONI sonsten Rinville ; und das III-te von dem Stein der

Weisen Marsilli Ficini Florentini, welche ehedessen von denen Authoribus in Frantzösischer und Lateinischer Sprach beschrieben.... in unser Teutsche Muttersprach übersetzet.... durch Vigilantium de Monte-Cubiti.

Nurnberg, Michael und Joh. Friedr. Endter, 1667, in-8º de XXII-448-XXXII pp. avec des pl.

Réunion de trois écrivains ; pour des détails, voir Nuisement, Norton et Marcile Ficin.

(O-611 et 1122

7687 MONTE-HERMETIS (Joannes de) (de Monthermé dans les Ardennes?)
— Joannis de Monte-Hermetis Explicatio Centri in Trigono Centri per Somnium, das ist : Erläuterung desz hermetischen guldenen Flusz, allen desselbigen emsigen Bestreitern zur Nachricht, darzu zu gelangen ; ausz einem cabalistischen Rätzel erkläret und an Tag gegeben, auch mit sonderbaren Anmerckungen une einem dienlichen Anhang auszgefertigt.

*Ulm, Georg Wilh. Kühn, 1680.*in-8º de XLII-85-XVII pp.

(O-1094

7688 MONTE-RAPHAIM.(Johannes de).
— Johannis de Monte-Raphaim Vorbothe der am philosophischen Himmelhervor-brechenden Morgen-Röthe.

Hamburg, Samuel Heyl. 1716, in-8º de 45 pp. avec 1 pl.

(O-1341

MONTE REGIO (de) ou REGIO-MONTANUS (Johannes). — Voir :

MULLER de Monte-Regio (Jean) qui était originaire des environs de Kœnigsberg.

7689 MONTE-SNYDERS (Johannes de).
—Joh. de Monte-Snyders Tractatus de Medicina universali, das ist : von der Universal-Medicin, wie nemlich dieselbe in denen dreyen Reichen der Mineralien, Animalien und Vegetabilien zu finden und daraus zuwege zu bringen, durch ein besonders Universal-Menstruum, welches auffund zuschliessen, und iedes Metallin Materiam primam... mit einer kurtzen gründlichen Erklärung auch beygefügeten spagyrischen Grundregeln illustriret durch A. Gottolob B. (Berlig).

Franckfurt und Leipzig, Thom. Matth. Götz, 1678, in-8º de 176 pp.

La Spagyrische grund Regeln a un titre séparé, il commence p. 139.

Autre édit. :

Francfort et Leipzig, J. P. Kraus, in-8º.

[Te¹³¹ 152
(O-1022-1623

7690 MONTE-SNYDERS (J. de). — Johann de Monte-Snyders Metamorphosis planetarum, das ist : eine wunderbarliche Veränderung der Planeten und metallischen Gestalen in ihr erstes Wesen, mit beygefügtem Procesz und Entdeckung der dreyen Schlüssel, so zu Erlangung der drey Principia gehörig, und wie das Universale Generalissimum zu erlangen, in vielen Ortern dieses Büchleins beschrieben, anjetzo wiederumb zum Druck befördert durch A. Gottlob B. (Berlig).

Franckfurt und Leipzig, Tobias Oebrling, 1684, in-8º de 139 pp. avec 1 pl.

Puis :

Franckfurt und Leipzig, Tobias Oebrling, 1700, in-8º.

[S. 20548

L'ouvrage a paru d'abord en latin à :

Amsterdam, J. Jansson, 1663, in-12.

[S. 20547
(O-1116

7691 MONTEAU (Paul). — Sciences Morales : Extase ; disposition et organisation de l'homme au milieu de la nature.

Tonnay-Charente impr. de Lancement-Martineau, 1904. in-18, 34 p. (1 fr. 50).

[8° R. Pièce 10157

7692 MONTEGRE (Docteur A. J. de). — Du magnétisme animal et de ses partisans ou recueil de pièces importantes sur cet objet, précédé des observations récemment publiées par A. J. de MONTEGRE, docteur médecin de la Faculté de Paris, etc... propriétaire rédacteur général de la *Gazette de santé*.

Paris, Colas, 1812, in-8° 140 pages, (3 fr.).

Tiré à 1000 exemplaires.

Une partie de cet ouvrage est la reproduction d'articles de l'auteur insérés dans le *Journal de Paris*, la seconde partie contient les rapports des commissaires.

(D. p. 83

7693 MONTEGRE (A. J. de). — Note sur le magnétisme animal et sur les dangers que font courir les magnétiseurs à leurs patients, par A. J. de MONTEGRE, médecin de la Faculté de Paris.

Paris, imprimerie Faine, 1810. in-8°, 8 pages.

Extrait de la *Gazette de Santé*.

(D. p. 87

7694 MONTEIL. (Amans Alexis) professeur d'histoire, né à Rodez en 1769, mort à Celi (Seine et Marne) en 1850. — La médecine en France. Hommes et doctrines, depuis l'antiquité jusqu'à nos jours, avec introduction, notes et suppléments par A. Le Pileur, Dr en médecine.

Paris, Daffis, s. d. [1874], fort in-12. (4 fr.).

Extrait de l'*Histoire des Français de divers états* publiée en 1827.

Universellement connu par sa grande érudition, Monteil a traité l'histoire de la médecine avec cette abondance de détails que l'on rencontre dans son « *Histoire des Français* ». Arnauld de Villeneuve, Raymond Lulle, Paracelse, Riollan, Van Helmont, Basile Valentin, etc... y sont analysés dans l'ordre chronologique, sans préjudice des autres. — L'auteur cite des formules magiques, examine l'alchimie, les procédés empiriques, et l'ancienne pharmacopée si pittoresque. — Son ouvrage fourmille de traits curieux et intéresse le profane comme l'homme de l'art.

7695 MONTEIRO (Mariana). — Legends and popular tales of the Basque people, with illustrations in photogravure by Harold Copping.

London, Unwin, 1887. in-4°, front. et 3 pl. en photogravure sur Chine. (5 fr.).

[Li²⁸ 176

MONTEREGIO (Joannes de), ou MONTEREGGIO. — Voir :
MULLER (Jean).

7696 MONTES (A. Franc.). — Trias mystica : in qua I. Speculum apocalypticum. — II. Mysterium metapsychicum. — III. Epistolium chronometricum : ad ecclesiam quae est in Philadelphia et Laodiceia.

Amstelodami, Trigg. 1651. in-32.

Très rare.

Contenant un traité de Jacob BOEHME, et orné de figures gr. sur bois et d'un tableau des principes universels.

7697 MONTEUUIS (Dr Albert) médecin à Dunkerque, né à Bourbourg (Nord) en 1861. Exerce actuellement à Nice. — L'Alimentation et la cuisine naturelles dans le Monde.

Paris, Maloine, 1907 (?) in-12, (3 fr.).

Deuxième édition, revue et augmentée :

Sc. psych. — T. III. — 9.

Nice, Visconti, Paris, Maloine, Bruxelles, Henri Lamertin, 1910, in-16 de 525 p. broché toile bleue. (3 fr.).

Peut-être l'ouvrage le plus moderne et le plus pratique sur l'Alimentation rationelle et scientifique. Il est seulement regrettable que l'auteur ait cru devoir tolérer en partie l'alimentation carnée après en avoir fait ressortir les très grands inconvénients.

L'Alimentation et la science à notre époque. — L'Alimentation rationelle : ses caractères, sa formule.— Les Ressources de l'Alimentation naturelle. — Organisation de l'Alimentation Naturelle. — La *Cuisine naturelle*. — Recettes et menus. — Etc.

7098 MONTEUX (Henri de) seigneur de Myribel, Conseiller et médecin ordinaire du Roi François II. — Conservation de Santé et Prolongation de Vie. Liure fort utile et nécessaire non seulement aux medecins, mais aussi a toute personne qui veult avoir sa santé corporelle sans laquelle ceste vie est sans fruit. Composé premièrement en latin, par noble homme Henri de MONTEUX [seigneur de MYRIBEL] et nouvellement traduit en nostre langue Françoise par Maistre Claude VALGELAS, Docteur en medecine, le tout reueu, corrigé et augmenté.

A Paris, chez Simon Calvarin, 1572, pet. in-16 de 278 f^{ts} chiffrés et pièces liminaires (20 fr.).

[Tell. 53

Dédié par le Traducteur à Mlle Louise DANSEZUNE, dame de Saint-Chamond, au pays de Lyonnais.

Des aliments, de leurs différences et facultez. — De l'exercice, oisiveté etc. — Du dormir et veiller. — Des passions et de leurs forces. — Des attournements et la manière d'embellir la face. — Etc.

7699 MONTFAUCON (Dom Bernard de) savant bénédictin de St-Maur, né au château de Soulaye (Languedoc) en 1655, mort à l'abbaye de St-Germain des Prés, à Paris en 1741. Il fut d'abord militaire. — L'Antiquité expliquée et représentée en Figures, par Bernard de MONTFAUCON.

Paris, 1722, 15 vol. in-f° dont 5 de supplément. Belles planches. (250 fr.).

[Casier L. N° 28-39 (dans la Salle ou bien : [J. 1066-77

Merveilleuse Encyclopédie des Religions Mœurs et Coutumes de l'Antiquité. Elle contient près de 600 planches sur cuivre dont un grand nombre pliées. L'ouvrage est écrit en latin et en français.

Parmi les Planches : Dieux Egyptiens. — *La Table Isiaque*. — Les Druides. — Culte de Mithra. — Nymphes. — Syrènes. — Harpies. — Sibylles. — Les Sortilèges. — Manière de jeter les sorts. — Etc.

Un volume spécial est consacré à la Religion des Egyptiens et aux *Abraxas Gnostiques*, avec de très nombreuses planches des plus curieuses.

La première édition a paru en 1719.

7700 MONTFAUCON (Dom Bernard de). — Palæographia Græca, sive de Ortu et Progressu Litterarum Græcarum...

Parisiis Guérin 1708 in-f°.

Titre gravé et Figures.

(St.Y-4403

MONTFAUCON DE VILLARS (L'abbé de), est né près de Toulouse, vers 1635, et fut assassiné sur la route de Lyon en 1673, en représailles, croit-on, de ses indiscrètes révélations et railleries sur 'les Kabbalistes et les Rose † Croix. Il tenta tout d'abord de se faire un nom comme Prédicateur, eut peu de succès et malheureusement pour lui, publia son fameux « *Comte de Gabalis* » qui fit scandale. Il fut tué trois ans après. La suite de cet ouvrage, les « *Nouveaux Entretiens sur les Sciences Secrètes* ne parut que quarante deux ans après la mort de son auteur, en 1715.

7701 [MONTFAUCON de VILLARS (abbé de)]. — Le Comte de Gabalis, ou Entretiens sur les Sciences Secretes et misterieuses suivant les Principes des Anciens mages, ou Sages Cabalistes [par l'abbé de MONTFAUCON de VILLARS].

Paris, Claude Barbin, 1670, in-12.

[R. 32136

C'est l'édition originale de ce Livre célèbre, qui coûta, dit-on, la vie à son auteur. Elle ne contient que cinq des Entretiens.

(Y-P-495)

7702 [MONTFAUCON DE VILLARS (abbé de)]. — Le Comte de Gabalis, ou entretiens sur les sciences secrètes et mistérieuses (sic) suivant les principes des anciens mages ou sages Cabalistes.

Amsterdam, Jacques Le Jeune [Elsevier], 1700. in-12. (7 fr.).

Edition fort rare du *Comte de Cabalis,* illustrée de 18 fig. sur bois et présentant une seconde partie, occupant les pages 149 à 260.

(Y-P.-497)

7703 [MONTFAUCON DE VILLARS (l'abbé de)]. — Comte de Gabalis ou Entretiens sur les Sciences secretes : renouvellé et augmenté d'une Lettre...

Amsterdam, Pierre de Coup, 1715, 1 vol.

[R. 32140

La Suite du Comte de Gabalis, ou nouv. Entretiens sur les sciences secretes, touchant la nouvelle philosophie. Ouvr. posthume.

Amsterdam, Pierre de Coup, 1715 1 vol.

[R. 32141

Les Genies assistans et Gnomes irreconciliables, ou Suite au Comte de Gabalis.

La Haye, s. adr., 1718. 1 vol.

[R. 32142

En tout 3 vol. in-8° de 155, 152, et II-176 pp.

Le 1-er vol. contient les 5 premiers entretiens ; le II-e en contient 7 nouveaux, le III-e contient les Genies assistans, dont la 2-de partie est intitulée : le Gnome irreconciliable. Ce III-e vol, est bien moins estimé que les deux autres ; il est de la composition du père Ant. ANDROL.

Edition fort rare du *Comte de Gabalis,* illustrée de 18 fig..sur bois très naïves.

(O-1648
(S-3159
(G-466, 735, 1633 et 4

7704 [MONTFAUCON DE VILLARS (l'abbé de)]. — Le Comte de Gabalis, ou entretiens sur les Sciences Secrètes. — Nouvelle édit. augmentée des Génies assistans et des Gnomes irréconciliables. [par le Père ANDROL].

Londres, Vaillant, 1742, 3 vol. in-12. 194-236-212 p. (7 fr.).

[R. 32144 à
[R. 32146

C'est un des traités consultés le plus souvent sur la *Kabbale.* Les révélations que l'auteur y donne lui valurent sa mort ; il fut trouvé poignardé aux environs de Lyon. — Cette édition contient les *Génies assistans,* qui manquent aux éditions antérieures.

Autres éditions :

Londres et La Haye, 1718-1742, 3 parties en 2 vol.

Paris, 1888, in-8°.

[8° R. 8420

7705 [MONTFAUCON DE VILLARS (l'abbé de)]. — Le Comte de Gabalis ou Entretiens sur les sciences secrètes renouvellé et augm. d'une Lettre sur ce sujet; dans *Voyages imaginaires* (1788), XXXIV, 1-124.

(O-1649

7706 [MONTFAUCON DE VILLARS (l'abbé de)]. — Graf von Cabalis oder Gespräche über die verborgenen Wissenschaften ; ans dem Franzosischen (von abbé de VILLARS).

Berlin, Friedr. Maurer, 1782, in-8° de 124 pp.

Trad. du français par Fr. Ludwig Wilhelm Mayer.

(O-1650

7707 [MONTFAUCON DE VILLARS (l'abbé de)]. — Nouveaux Entretiens sur les Sciences Secrètes, ou le Comte de Gabalis : renouvellé et augmenté d'une Lettre sur ce sujet : [par l'abbé MONTFAUCON DE VILLARS] avec cette épigraphe : *Quod tanto impendio absconditur, etiam solum modo demonstrare, destruere est.* (Tertull.).

Cologne. s. adr. 1691. à la Sphère petit, in-12 de 215 pp.

C'est l'édition de Pierre Marteau, à la Sphère, dont quelques exemplaires sont sans date.

[R. 32132, 133, 134, États différents

Cette édit. ne contient que les cinq premiers entretiens, plus la Lettre citée.

La 1-re édit. et de *Paris*, 1670. Cet ouvrage est tiré pour la plus grande partie de la *Chiave del Cabinetto* du Chevalier Gioseppe Franc. BARRI. [Ce fait est inexact: la « *Chiave* » a paru à

Coloniæ,[*Genève*].1681, pet.in-12.]

(O-1647
(G-1633
(Y-P.-496

7708 [MONTFAUCON DE VILLARS (l'abbé de)]. — Les Génies et gnomes irréconciliables, ou suite au Comte de Gabalis.

La Haye. 1718, in-16. (6 fr.).

[R. 32142

7709 [MONTFAUCON DE VILLARS (l'abbé de)]. — La suite du Comte de Gabalis, ou nouveaux entretiens sur les Sciences Secrètes touchant la nouvelle philosophie, ouvrage posthume.

A Amsterdam. P. du Coup. 1715, 2 vol in-12.

[R. 32140-32141

Le sujet principal roule sur le mariage des élémentaux avec les êtres humains, symbolisant le pouvoir qu'obtient l'adepte sur les Forces-esprits de la nature. — Cette idée est illustrée par des exemples d'obsessions d'hommes et de femmes se livrant aux incubes et aux succubes.

MONTFORTIUS (Lambertius Hortensius). — Voir :

HORTENSIUS MONTFORTIUS (Lambertius).

MONTGERON. — Voir :

CARRE DE MONTGERON.

7710 MONTGUYON (Eléonore de). — L'Hypnotisme et l'Avenir. Ses Dangers. Prix 2 fr. ???..... La Bête !!!..... — Oui — Propriété de l'Auteur.

Paris. En vente chez T. Patroiin. Imprimerie Jean Allemane, in-8° carré de 95 p. (1 fr.).

L'auteur compare les Hypnotiseurs à des Envoûteurs. — Part de Suggestion et d'Obsession dans la folie et les crimes. — La mort apparente et la Catalepsie. — Cas d'une jeune fille nommée « *Augusta D...* » en proie à une obsession hypnotique. Cette jeune fille a publié elle-même son cas chez l'éditeur Chamuel, sous le titre : « *Au Secours* ». Janvier 1899. — Autres cas de cruauté moderne.

MONTIFAUD (Marc de). — Voir :

QUIVOGNE (Mme Marie Amélie CHARTROULE de).

7711 MONTJOYE (Mat). — Le tableau de l'Ante-Christ dépeint des plus vives couleurs de l'Écriture sainte et des principes de la créance des ministres, adaptés à leurs personnes et non pas au Pape, par Mat. MONTJOYE.

A Chalons, 1650, in-4°.

(S-575

7712 MONTLOSIER (François Dominique REYNAUD, comte de) homme politique et publiciste français né à Clermont-Ferrand en 1755, mort à Paris en 1838. Célèbre ennemi des Jésuites, il fut enterré civilement. — Mémoire à consulter sur un système religieux, politique, et tendant à renverser la religion, la société et le trône ; par m. le comte (François Dominique REYNAUD) de MONTLOSIER.

Paris, A. Dupont, 1826, in-8°. (4 fr.).

(G-738
(O-209

7713 MONTMAHOU (D. de). — Manuel médico-legal des Poisons, précédé de considérations sur l'empoisonnement ; des moyens de la constater ; du résultat d'expériences faites sur l'acétate de morphine et les autres alcalis végétaux ; suivi d'une méthode de traiter les morsures des animaux enragés et de la vipère ; des secours à donner aux personnes empoisonnées, noyées ou asphyxiées, etc...

Paris, 1824, in-18, 20 pl. de plantes gravées et coloriées. (4 fr.).

MONTMORENCY (Jeanne de), connue sous le nom de la Solitaire des Rochers. — Voir :

*BERAULT BERCASTEL.
NICOLSON.*

7714 MOORE (Thomas) illustre poète irlandais, né à Dublin en 1779, mort en 1862. — The Epicurean, a tale ; by Th. MOORE.

Paris, 1827, in-12.

(O-195

7715 MOORYS'S. — Le Sorcier des Roches Noires. Haute Science. Vraie Magie. Les Divins Secrets du Grand Œuvre. Grand livre de la Chance.

Paris, l'auteur, s. d. in-8°, couv. ill. (8 fr).

Cabinet secret du Sorcier. — Les Herbes Magiques. — Vertus de quelques animaux. — De la vertu des Pierres. — L'Arsenal des Sorciers. — La Divination. — Talismans pour l'Amour. — L'Envoûtement. — L'encre magique.

7716 MORASLICHER Taschenspiegel für Freymaurer und für die welche es nicht sind, [avec cette épigraphe :]

Inspice te in speculo.

S. l. n. d., 5803 [pour le 1-er vol. et pour le 2-d :]

Hof. C. A. Grau, 1806, 2 vol. in-8° de XII-308, et X-334 pp.

(O-441

7717 MORAND (le Docteur J. S.). — Le magnétisme animal. Etude historique et critique par le Dr J. S. MORAND.

Paris, Garnier frères, 1889, in-12 VIII-498 p. fig. (3 fr.).

[Tb⁶¹ 290

SWEDENBORG et CAGLIOSTRO. — MESMER et son œuvre. — PUYSEGUR, DELEUZE, FARIA, Dr TESTE, BRAID, AZAM, CHARCOT, etc...

Ecole de la Salpêtrière et de Nancy.— Divers procédés pour produire l'hypnose et amener le réveil. — La Suggestion.— La double vue.

7718 MORAND (S). — Le monde éclairé par la Révélation.

Paris, 1863, gr. in-8°. (3 fr. 50).

Révélation Adamite. — Révélation Mosaïque. — Révélation Christique. — Influence du Christianisme dans l'humanité. — A la fin se trouvent d'intéressantes notices sur l'origine des fêtes, des coutumes, de la musique et des différents arts chez les divers peuples.

7719 MORE (Henry), philosophe anglais, en latin Morus, né à Grantham (comté de Lincoln) en 1614, mort à Cambridge en 1687. Membre du Collège du Christ, à Cambridge. — Enrichidion Metaphysicum, sive de rebus incorporiis succinta et luculenta dissertatio per Henricum Morum.

Londini, 1671, in-4°.

[R. 4801
(S-3141 b

7720 MORE (Thomas) en latin Morus, grand Chancelier d'Angleterre né à Londres en 1480, mort en 1635. Il fut proscrit par Henri VIII et décapité. — L'Utopie. — Idée ingénieuse pour remédier au malheur des hommes et pour leur procurer une félicité complette. — Cet ouvrage contient le plan d'une république dont les lois, les usages et les coutumes tendent uniquement à faire faire aux sociétés humaines le passage de la vie dans toute la douceur imaginable. Trad. en français, par M. Gueudeville.

Leide, Vander, Aa. 1715, in-12, (10 fr.).

La plus célèbre des utopies, après celle de Platon. — Ornée de 16 fig. h. t. dont celle de l'« *Etalage viril* » qui manque souvent.

Autres édit. :

Amsterdam, J. Blaeu, 1643, in-12.

[Z. 32984

Paris, Paulin, 1842, in-8°.

[Z. 32987

7721 MORE (Thomas). — Idée d'une République heureuse, ou l'Utopie de Thomas Morus, traduit par Gueudeville.

Amsterdam, F. L'Honoré, in-12, figures. (5 à 6 fr.).

[Z. 32985

Autres éditions :

A Leide, chez Pierre Vander Aa, 1775, in-8°.

Paris, Paulin, 1842, in-8°.

Amsterdam, J. Blaeu, 1643, pet. in-12.

Paris, L'Angelier, 1550, in-8°.

[Z. 32083

Lyon, J. Saugrain, 1559, in-16.

[Z. 38894

Paris, J. Blanchon, 1789, in-8°.

[Z. 32986
(S-89 Supp.

MORE (sur Thomas). — Voir : STAPLETON (Th.).

7722 MOREAU (Adèle). — L'Avenir dévoilé. Chiromancie nouvelle. Etude des deux mains.

Paris, chez l'Auteur, 1869, in-12, portrait et figures. (5 fr.).

L'Auteur fut élève, puis successeur de la célèbre Mlle Lenormand. On dit qu'elle sut se créer une assez grande notoriété par ses prédictions et qu'elle fut consultée par les plus grands personnages de l'Europe.

7723 MOREAU (C.). — L'hypnotisme étude scientifique et religieuse.

Paris, Oudin, 1891, in-12. (3 fr.).

7724 MOREAU (C.). — Du matérialisme phrénologique, de l'animisme et de l'influence.

Paris, 1846, in-12. (2 fr.).

7725 MOREAU (César), de Marseille, où il est né en 1791. Economiste français. — Précis sur la franc-maçonnerie, son origine, son histoire, ses doctrines et opinions diverses sur cette ancienne et célèbre institution, par César Moreau, de Marseille, 33°.˙. Souverain grand inspecteur général.

Paris, chez l'Auteur, 1885, in-8°.

Avec un portrait lithographié de l'auteur. (5 fr.).

Origines de la F∴M∴ — Rites divers, mystères et secrets. — Initiations de Pythagore et de Platon. — Réception de Voltaire à la L∴ des Neuf-Sœurs. — Recherches sur les nombres. — Doctrines maç∴ des Dames. — Mots de passe et mots sacrés, etc.

(G-1008

7726 MOREAU (César). — L'Univers maçonnique, revue général des progrès et acquisitions de l'esprit humain dans toutes les branches des connaissances maç∴, histoire, littérature, poésie, biographie et bibliographie. Par une société de Francs-Maçons, dirigée par C. Moreau.

Paris, Lemoine, 5837, ère vulgaire. 1837, in-8° de 800 pp. env. (8 à 12 fr.).

|H. 10065

L'une des plus rares et à coup sûr des plus intéressantes revues maçonniques contenant des articles de Delalande, J. Delille, Cadet-Gassicourt, Parny, Voltaire, Balzac, Capelle, Berville, Brazier, etc. La presque totalité des exempl. a péri dans l'incendie de la Rue du Pot-de-Fer (*Cat. de la Biblioth. du G∴ O∴*, page 134).

7727 MOREAU (l'abbé Christian). — Une mystique révolutionnaire : Suzette Labrousse d'après ses manuscrits et des documents officiels de son époque précédé d'une lettre-préface de H. Taine.

Paris, Firmin-Didot et Cie, 1886, gr. in-8°, VII-268 p. (4 fr. 50).

[Ln²⁷ 36202

Ouvrage curieux sur cette célèbre mystique et illuminée qui tenta de s'empoisonner pour aller faire connaissance plus vite avec Dieu. Elle prédit la Révolution française, fut accueillie à Paris par la Duch. de Bourbon qui l'initia aux Sociétés secrètes, à l'Illuminisme, aux Loges d'Adoption, aux Sciences Occultes, (le Grand Œuvre) au Magnétisme de Mesmer et de Cagliostro, etc. Curieux documents.

7728 [MOREAU-CHRISTOPHE (L.M.)]. ancien Inspecteur Général des Prisons, né vers 1786, mort âgé de plus de 80 ans, auteur d'un certain nombre de livres sur les Prisons. — Le Secret de Longue Vie, ou l'art de prolonger ses jours jusqu'à cent ans suivi d'un appendice sur la taille humaine, par un Octogénaire, ancien Fonctionnaire de Juillet, Lauréat de l'Institut, en voie d'atteindre la centaine. Avec un portrait de l'auteur. [L. M. Moreau-Christophe].

Paris, Guillaumin et Cie, 1873, in-8° de XVI-446. Le portrait annoncé sur le titre manque à presque tous les exemplaires : c'est la photographie d'un profil à droite, genre camée, sur un fond oval fortement teinté. (6 fr.; ou 8 avec le portrait).

[Te¹¹ 365

L'« Hommage » à M. Thiers (p. III) est signé des initiales M. C.

Eléments du Secret de Longue Vie. — De la longévité au Temps des patriarches et depuis. — Conditions circonstantielles de Longévité. — Longévité collective. - Durée normale de la Vie humaine. — Formules du Secret de longue vie. — Gérocomie ou Hygiène spéciale de la Vieillesse. — Formules longévitales : de l'École de Salerne ; — d'Hoffmann ; — de divers Macrobites célèbres — De l'Amour dans la vieillesse considéré comme ingrédient de longue vie. — Théorie longévitale de la chair fraîche. — Résumé du Secret de Longue vie. — Sur la Taille humaine.|

7729 MOREAU (L.). — Le Philosophe inconnu : réflexions sur les idées de Louis Claude de Saint Martin le théosophe, suivies de fragment d'une correspondance inédite entre St-Martin et Kirchberger.

Paris, Lecoffre, 1850, in-18. (10 fr.).

|R. 44506
(G-1636

7730 MOREAU DE JONNÈS (Alexandre C.), né à la Martinique en 1808. Chef de bureau au ministère des Finances. — L'Océan des anciens et les peuples préhistoriques.

Paris, Didier, 1873. fort vol. in-12. (3 fr. 50).

Un océan disparu. — La source du déluge. — L'Atlantide. — Egyptiens. — Libyens. — Scythes. — Peslages. — Les Amazones. — Les Enfers.

7731 MOREAU DE JONNÈS (Alex.). — Les temps mythologiques. Essai de restitution historique. Cosmogonies: le Livre des morts. Sanchoniathon, la Genèse, Hésiode, l'Avesta.

Paris, Didier, 1876. in-12 de XV-444 p. (3 fr.).

L'apothéose, le symbole sidéral, le symbole animal. — Thot - Hermès. — Les dieux poissons, les Peslages, les Parses, etc.

(G-111)

7732 MOREAU DE MAUPERTUIS (Pierre-Louis), géomètre et philosophe français, né à St-Malo en 1698, mort à Bâle en 1759. D'abord capitaine de Dragons, puis académicien. — Discours sur les différentes figures des astres où l'on donne l'explication des taches lumineuses que l'on a observées dans le ciel ; des étoiles qui paraissent s'allumer et s'éteindre; de celles qui paraissent changer de grandeur ; de l'anneau de Saturne et des effets que peuvent produire les comètes.

Paris, 1742. in-8°. Front. et fig. (2e édit.). (3 fr. 50).

7733 MOREAU DE MAUPERTUIS (Pierre-Louis). — Dissertation physique à l'occasion du Nègre blanc.

Leyde, 1744. in-12. (3 fr.).

[Th⁶⁹ 11]

Etude curieuse et singulière sur la génération (Système des anciens sur la génération. — Système des œufs contenant le fœtus. — Découverte des animaux dans la liqueur séminale. — Système des animaux spermatiques. — Système sur les monstres. — Accidents causés par l'imagination des mères), etc...

(S-3290 b)

7734 [MOREAU DE MAUPERTUIS (Pierre-Louis)]. — La Vénus physique. Première partie contenant une dissertation sur l'origine des hommes et des animaux ; deuxième partie, origine des Noirs.

Paris, 1746. in-32 de 224 p. (4 fr.).

Ouvrage curieux.

Edition originale :

S. L., 1745. in-12 de 4 folios-194 p. [BARBIER].

[Th⁶⁹ 12]

Autre édit. :

S. l., 1751. in-12.

[Th⁶⁹ 12. A.]

7735 [MOREAU DE MAUPERTUIS (Pierre-Louis)]. — La Vénus physique, ou les lois de la génération et Essai sur les variétés de l'espèce humaine.

Paris, 1886. in-12. (2 fr. 50).

Systèmes des œufs, contenant le fœtus. — Systèmes des animaux spermatiques. — Les monstres. — Imagination des mères. — Phénomène des différentes couleurs d'hommes. — Nègres blancs.

7736 MOREAU DE TOURS (Jacques Joseph), médecin aliéniste français, né à Montrésor (Indre-et-Loire) en 1804. Médecin de la Salpêtrière et savant chimiste. — Des aberrations du sens génésique.

Paris, 1883. in-8°. (3 fr.).

Religions — Folies de la puberté, de la masturbation utéro-ovarienne, etc. — Hystérie et folie génésique. — Erotomanie, Satyriasis. — Perversion génitale. — Bestialité. — Profanation des cadavres. — Viol, etc.

Autre édition :

Paris, Asselin, 1887, in-8°.

7737 MOREAU DE TOURS (Dr J. J.). — Fous et bouffons. Étude physiologique, psychologique et historique.

Paris, J. B. Baillère et fils, 1885, in-12. (1 fr. 75).

[Td^{xc} 517

7738 MOREAU DE TOURS (Dr J. J.). — Du hachisch et de l'aliénation mentale : études psychologiques par J. Moreau de Tours, médecin de l'hospice de Bicêtre.

Paris, Fortin Masson et Cie, 1845, in-8°, VIII-431 p. et catalogue de 32 p. (10 fr.).

[Td^{xc} 126

Ouvrage des plus célèbres et recherchés.

Illusions. — Hallucinations. — Substances toxiques. — Opium. — Substances narcotiques. — État intermédiaire à la veille et au sommeil.

Autre édition :
Paris, 1840, in-8°. (8 fr.).

(G-1635)

7739 MOREAU DE TOURS (Dr J. J.). — De l'homicide commis par les enfants.

Paris, Asselin, 1882, in-8° (3 fr.).

[Tf⁰ 16

Hérédité. — Passions. — Imitation. — Lycanthrophie. — Hystérie. — Hallucinations. — Onanisme, etc.

7740 MOREL (A.). — L'Esprit des Orientaux ; pensées, maximes, sentences, proverbes, tirés des meilleurs écrivains orientaux.

Paris, in-12. (2 fr. 50).

Pensées, maximes, sentences et proverbes de Salomon, de Meng-Tseu, de Mahomet, etc.

7741 MOREL (M.). — Histoire de la Sagesse et du goût, depuis les plus anciens temps de la civilisation grecque jusqu'à Socrate.

Paris, 1864, in-8° (8 fr.).

La sagesse primitive des Grecs. — Orphée, les mystères, les sibylles, ce que c'est que le symbole, l'emblème, l'allégorie, le mythe. — Les croyances pélasgiques. — Influence du merveilleux. — La légende d'Orphée disciple de Linus. — Les doctrines orphiques enseignées dans les cérémonies des mystères. — Tableau d'une initiation à ces mystères chez les Grecs. — Les orgies ou mystères bachiques. — La mystagogie d'Eleusis, celle d'Egypte, les Devins, les Prophétesses, etc.. — Homère, les Livres grecs d'ancienne philosophie occulte. — Pythagore et son école. — Les vers dorés. — Symboles de Pythagore, etc....

7742 MOREL DE LA SABLONNIÈRE. — Le Livre de Longue Vie pour multiplier les Jours, par un Catéchisme de la Philosophie Naturelle qui est la Clef de la Médecine Universelle, pour rétablir les forces perdues par la Vieillesse et se maintenir en santé. Par M. Morel de la Sablonnière.

Rennes, 1737, in-8° (20 fr.).

7743 MOREL DE RUBEMPRÉ (Mme). — Introduction philosophique et morale sur le magnétisme, le sommeil, les rêves, le somnambulisme, l'extase, la phrénologie, la physiognomonie, par Mme Morel de Rubempré, Pantomantiste, physiologiste.

Paris, Schneider et Langrand, s. d., (1846), in-8°.

Très rare.

(D. p. 137)

7744 MOREL DE RUBEMPRÉ (Mme). — Le Lavater des tempéramens et des constitutions, ou l'art de les bien distinguer par des signes infaillibles, auxquels toute personne pourra reconnaître si elle est douée du tempérament sanguin, nerveux, bilieux, mélancolique, musculaire, lymphatique, érotique ou amoureux, etc..., les changements remarquables que chacun de ces états fait naître dans le physique et le moral ; les préceptes d'hygiène qu'il est important d'observer pour éviter les maladies auxquelles prédispose la nature de chacun d'eux.

Paris, 1831, in-18 (4 fr.).

Assez rare, comme la plupart des ouvrages de cet auteur. — Les mystères de l'amour sont hardiment abordés dans ce curieux écrit.

Autre édition :

Paris, 1829, in-12.

7745 [MORELLET] (l'abbé André), littérateur et philosophe, né à Lyon en 1727, mort à Paris en 1819. Encyclopédiste. — Le Manuel des Inquisiteurs, à l'usage des Inquisitions d'Espagne et de Portugal, ou abrégé de l'Ouvage intitulé : « Directorium Inquisitorum », composé vers 1358, par Nicolas Eymeric ; avec une courte Histoire de l'Etablissement de l'Inquisition dans le Royaume de Portugal, tiré du Latin de Louis A. Paramo.

Lisbonne [Paris], 1762, in-12 (6 fr.).

[E. 4601

C'est un abrégé du « Directorium Inquisitorum ».

(Y-P-1175

7746 [MORELLY] philosophe français mort dans la seconde moitié du XVIIe siècle. Sa biographie est ignorée. On sait seulement qu'il donna des leçons particulières à Vitry-le-François. — Code de la Nature, ou le véritable esprit de ses loix, de tout temps négligé ou méconnu.

Par-tout chez le vrai sage [Paris, Le Clerc], 1755, in-12 (5 fr.).

Cet ouvrage a aussi été attribué à Diderot.

7747 MORENCY (Suzanne Giroux, dame Quillet, dite Mme de) femme auteur française, né à Paris vers 1772. Elle épousa en 1788 un avocat de Soissons, nommé Quillet, puis le quitta en 1791 pour habiter Paris. Elle fut l'amie de N. Quinette, député à l'Assemblée Législative ; des généraux de Biron et Dumouriez, d'Hérault de Séchelles, etc. On lui doit une demi-douzaine de Romans bizarres. (Larousse. XI-560). — Illyrine ou l'Ecueil de l'Inexpérience.... par G. de Morency.

Paris, l'auteur, Rainville et al. an VII-[1799]. 3 vol. in-8°. Portrait par Canu (35 fr.).

[Y². 55213 à 15

Histoire scandaleuse dont l'Auteur est l'héroïne. Cette jeune et jolie femme que Nodier cite comme étant de celles « qu'il fallait avoir à souper » eut dans son temps les aventures galantes les plus extraordinaires mais les plus authentiques qui se puissent imaginer ; elle connut intimement le duc de Lauzun, St-Just, Fabre d'Eglantine, et bien d'autres.

Voir Monselet : « Oubliés et Dédaignés », Alençon, Poulet Malassis et de Broise, 1857, 2 vol. in-12, II-115.

7748 MORENCY (Mme de). — Journal d'une Enfant Vicieuse. Manuscrit inédit de Suzanne Giroux, dite la Morency. 1796. — Publié avec une Préface par H. R. et imprimé à 300 exemplaires pour Isidore Liseux et ses amis.

Paris, Isidore Liseux, pet. in-8° (40 fr.).

Très rare. Ouvrage qui se joint aux collections sur la Flagellation.

7749 MORERI (l'abbé Louis) célèbre érudit né à Bargemont (Var) en 1643, mort à Paris en 1680. — Le Grand Dictionnaire historique ou le mélange curieux de l'histoire sacrée et profane, qui contient en abrégé l'histoire fabuleuse des dieux et héros de l'antiquité. — Les vies et actions remarquables des Patriarches, Empereurs,

Rois, Princes, Grands Capitaines, etc... L'histoire des religions, l'établissement et le progrès des ordres religieux et militaires, les généalogies des familles illustres, etc...

Paris, Coignard, 1732. 6 vol. in-fol.

Bonne édition de cet excellent et important ouvrage qui n'a jamais été remplacé et qui est encore très utilement consulté aujourd'hui.

La meilleure édition est la Vingtième et dernière :

Paris, 1759. 10 vol. in-fol.

qui comprend 3 vol. de supplément par l'abbé GOUJET.

7750 MORERI (Louis). — Supplément au Grand Dictionnaire historique. — [Par l'abbé GOUJET].

Paris, Coignard. 1735. 2 vol.

7751 MORERI (Louis). — Nouveau Supplément au Grand Dictionnaire.

Paris, Coignard, 1749, 2 vol. in-fol.

7752 MORESINUS (Thomas) philosophe hermétique écossais d'Aberdeen. — Thomas MORESINUS Aberdonanvs Scotvs. Liber novvs de metallorvm cavsis et transsvbstantiatione. In quo Chimicorvm quorundam inscitia et impostura philosophicis, medicis et chimicis rationibus retegitur et demonstratur et vera iis de rebus doctrina solide asseritur.

Francofurti. 1593, pet. in-8° (6 fr.).

Traité curieux et rare, sur la transmutation métallique.

7753 MORESTEL (Pierre) ou MORISTEL (?) né à Tournus (Bourgogne) en 1575, mort en 1658. Curé, Philosophe Hermétique et Kabbaliste. — La philosophie occulte des deuanciers d'Aristote et de Platon, par G. (?) MORESTEL de Tournus en Masconnois.

Paris, Toussaincts du Bray, 1607, in-12 (12 fr.).

[V. 21888

« Excessivement rare et recherché pour « la naïveté singulière du langage, qui « ne laisse pas que d'être savoureux, et « apte à exprimer avec pittoresque les « interprétations mythologiques de l'au« teur. » (St. de Guaita).

(G-739
(S-3165 b

7754 MORESTEL (P.) de Tournus, en Masconnois. — Les secrets de Natvre ov la Pierre de Touche des poëtes. En forme de dialogue, contenant presques tous les préceptes de la philosophie naturelle, extraite des fables anciennes.

Roven, Romain de Beavvais, 1607, in-12 (10 fr.).

[J. 25112
(G-740

7755 MORESTELLUS (Petrus). — Petrus MORESTELLUS Artis kabbalisticæ, sive sapientiæ divinæ academia : in nouem classes amicissima cum breuitate tum claritate digesta.

Parisiis, Melch. Mondière, 1021, pet. in-8° (12 fr.).

[A. 2058

Figures cabalistiques.

(G-741

7756 MORETY (G.) rédacteur de la Revue « *Le Magnétisme.* — Le Magnétisme triomphant, exposé historique et critique de la question.

Paris, Ghio, 1887, in-12 (2 fr.).

[Tb⁶¹. 285

Contient un curieux chap. sur la fascination expérimentale. — De Mesmer et Donato. — Hypnotisme. — Application du Magnétisme. — Procédés. — Suggestion. — La Fascination expérimentale, etc.

7757 MORGARD ou MAUREGARD (Noël).

ou *Léon* (par anagramme) Astrologue français du XVIIᵉ siècle connu par ses Almanachs et ses libelles, qui étaient le plus souvent dirigés contre l'autorité royale. Il fut emprisonné à la Bastille, en 1614 puis envoyé aux galères. — Prophéties de Léon MORGARD en 1600.

S. l. n. d., in-8°.

Prédiction de MORGARD pour la présente année MDCXIV, avec les centuries pour la même année. (S. l.) (1614) in-8 de 7 pages.

[Rés. R. 2560
(S-3473 b

7758 MORHOFF (Daniel Georges) érudit philologue allemand, né à Wismar (Mecklembourg) en 1639, mort à Lübeck en 1691. Professeur de Poésie et d'Histoire. Bibliothécaire à l'Université de Kiel. — Wahrhaffter und in der Natur gegründeter Bericht von der Generation und Regeneration der Metallen zu dem (ici une figure), nach dem truckenen Weg, auf Danielis Georgii MORHOFII Epistel an Joelem Langelottum, durch H. d. C. 1716; dans *Deutsches Theatrum Chemicum*, de Fr. ROTH-SCHOLTZ (1728). 1, 331-38.

(O-1233

7759 MORHOFF (Dan. Geo). — Daniel Georg MORHOF vom Goldmachen, oder physikalisch-historische Abhandlung von Verwandlung der Metalle: aus dem Lateinischen.

Bayreuth, Joh. Andr. Lübeck, 1764, in-8° de 136 pp.

La 1ʳᵉ édition latine est de 1673.

(O-1234

7760 MORICOURT (Dr J.) continuateur du Docteur BURQ dans son système de Métallothérapie. — Manuel de métallothérapie et de métalloscopie appliquées au traitement des maladies nerveuses. — Burquisme et Magnétisme animal (grand et petit hypnotisme).

Paris, Delahaye et Lecrosnier, 1888, in-12 (2 fr. 25).

[Te⁷. 248

Autres ouvrages sur le même sujet au Cat. Gén. de la Bib. Nat.

7761 MORILLOT (Abbé). — Mythologie et légende des Esquimaux du Groënland.

Alençon, 1874, in-8°. (2 fr.).

Théogonie et ontologie générale. — Cosmogonie. — Génies, animaux fantastiques, hommes extraordinaires. — Pratiques religieuses ou superstitieuses. — Pratiques illicites, etc.

7762 MORIN. — Savoir pourquoi on fait des souhaits en faveur de ceux qui éternuent.

S. l. (1723), in-4°. (1 fr.).

Extr. Mém. Acad. Inscript.

7763 [MORIN (Alcide)]. — Comment l'esprit vient aux tables, par un homme qui n'a pas perdu l'esprit.

Paris, Librairie nouvelle, 1854, in-12, 174 pages. (3 fr. 50).

Cet ouvrage de Monsieur Alcide MORIN a eu beaucoup de succès en raison du style plein d'humour de l'auteur.

(D. p. 155
(G-742

7764 MORIN (Alcide). — La Magie du dix-neuvième siècle, revue des Sciences Occultes et analytiques comparées, magnétisme raisonné, etc... paraissant aux nouvelles lunes, par A. MORIN.

Paris, l'auteur, 1854, 10 livraisons in-8°. Frontispice. (7 fr.).

Ce Journal de l'auteur de "*Comment l'esprit vient aux tables*" ne vécut que quelques numéros.

(D. p. 157
(G-743

7765 MORIN (Alcide). — Magie du XIXᵉ Siècle. Ténèbres. Treize Nuits, suivies d'un demi-jour sur l'Hypnotisme.

Paris, E. Dentu, 1860, in-12, XIX-280 p. (5 fr.).

[R. 44566

Singulier ouvrage.

« Rêveries ironico-Kabbalistiques, phi-
« losophiques à la façon du Gargantua
« de Rabelais : où des choses très cu-
« rieuses se trouvent cachées sous la fo-
« lie facétieuse d'une forme paradoxale et
« funambulesque. — 43 figures et pan-
« tacles vraiment significatifs. Beaucoup
« de culs de lampe fantaisistes... » (S. de GUAITA).

Emblème de la science Humaine. — La Trinité Egyptienne. — Consécration du chiffre " 6 ". — Astronomie et Astrologie. — Le Monde, Image de Dieu. — Deux Talismans. — La Vraie Croix. — Le Secret des Temples.

(G-1630

7766 MORIN (Alcide). — Magie du XIXᵉ siècle. Ténèbres.

Paris, s. d., in-12, figures pentaculaires et talismaniques. (6 fr.).

Alcide Morin, magiste éminent, a été un précurseur érudit du mouvement occultiste contemporain.— Son livre " Ténèbres " est une mine de science profonde où l'on trouve condensés tous les secrets des anciens temples : les nombres, la Kabbale, la définition de la magie, la clef des ésotérismes, etc.

7767 MORIN (Alcide). — Philosophie magnétique. Les Révolutions du temps : synthèse prophétique du dix-neuvième siècle, par A. MORIN, auteur de *Comment l'esprit vient aux tables* et rédacteur de *la Magie du dix-neuvième siècle*.

Paris, E. Dentu, 1855, in-18, VII-336 pp. (4 fr.).

Il n'est pas question du magnétisme pratique dans cet ouvrage original.

De la Foi et de la Raison. — De la Fable, de l'Histoire et de la Prophétie. — De la connaissance du Temps. — De la série des Époques et facultés de les prévoir. — L'Analogie. — Des mythes d'Orphée et des mythes juifs et catholiques au point de vue d'un principe universel. — Jupiter et Napoléon. — Les Argonautes et les Alliés. — Des prophéties juives, grecques et latines. — Le Siège de Troie et la guerre d'Orient. — Prophéties sur les sciences et horoscopes des Corps savants.

(G-744
(D. p. 161

7768 MORIN (Alcide). — Révélations. — Livre premier : Le Buisson ardent Précédé d'une prophétie posthume de J. de Maistre.

Paris, Hingray, 1857, in-12. (3 fr. 50).

Le " *Lorenz* " en indique une édition de Dentu, Ibid. même format, même date.

(G-742

7769 MORIN (Alcide). — La Science sans maître, journal, par A. MORIN.

Paris, Bd Poissonnière, 1855. Bi-mensuel, in-4". 8 pages.

Devait être consacré au magnétisme. Il n'a paru que deux Nos. C'est le deuxième journal de l'auteur de *Comment l'esprit vient aux tables*.

(D. p. 161

7770 MORIN (André-Saturnin), Avocat, ancien Sous-préfet à Nogent-le-Rotrou né à Chartres en 1807. — Essais de critique religieuse.

Paris, Alcan, 1885, gr. in-8°. (4 fr. 50).

[D² 14955

Des mythes religieux. — La question des miracles. — Le contrôle du surnaturel. — Les prophéties bibliques. — Les métamorphoses de Jésus. — Le culte de la nullité. — Les apparitions de La Salette et de Lourdes. — Le Christianisme est-il possible, etc.

7771 MORIN (André-S.). — Fantaisies Théologiques.

Paris, *Arm. Le Chevalier*. 1872, in-8°. (4 fr. 50).

[D² 13611

Voltaire et Dieu. — La Trinité démontrée. — Le sexe de Dieu. — Dieu et Diables. — Faiseurs de dieux. — Saints apocryphes. — Thérapeutique surnaturelle. — Recette pour les miracles. — Les couvents bi-sexuels. — Piété des animaux, etc.

7772 [MORIN] (André S.). — Examen du Christianisme par MIRON [André Saturnin MORIN].

Bruxelles, Mayolez, Lacroix. 1862, 3 vol. in-12. (6 fr.).

[D² 12621

L'auteur résume son ouvrage en déclarant qu'il a voulu livrer " une guerre implacable [guerre par la plume et par la parole] aux prétendues révélations divines, aux dogmes absurdes.., aux systèmes rétrogrades, aux maximes anti-sociales propagées par les sectes religieuses, aux superstitions qui dégradent et pervertissent. »

7773 MORIN (André Saturnin). — Magnétisme. M. LAFONTAINE et les sourds muets.

Paris, Baillière. 1860, in-8°. (1 fr.).

[Rp. 6991

7774 MORIN (André Saturnin). — Du magnétisme et des Sciences Occultes, par A. S. MORIN, avocat, ancien sous préfet.

Paris, Germer Baillière, 1860, in-8°, IX-532 p. (6 fr.).

[R. 44567

Ce livre remarquable à plus d'un titre a été bien mieux apprécié lors de son apparition par le monde scientifique que par les cercles magnétiques où l'auteur comptait cependant bon nombre d'amis et de collègues. Cela tient à ce qu'il se séparait de l'école du fluide qui domine dans ces cercles, écoles qui n'ont pas fait un pas depuis 50 ans pour soutenir les droits incontestables de l'imagination du sujet dans la production de tels ou tels phénomènes. Les travaux importants des dynamistes modernes (l'on peut citer à leur tête M. LEMOINE-MOREAU) seront le trait d'union qui réunira les deux écoles en les débarrassant de ce qu'elles ont d'excessif et de faux.

(D. p. 173
(G-1638 et 1909

7775 MORIN (André S.). — Les miracles.

Paris, Jean-Marie. 1881, in-18. (1 fr.).

7776 MORIN (André S.) — Le Prêtre et le Sorcier. — Statistique de la superstition.

Paris, Armand Le Chevalier, 1872 in-12, 304 p. (3 fr. 50).

[D². 13629

Ouvrage rempli de faits très curieux sur un grand nombre de saints des plus bizarres, faits de sorcellerie très variés. — Très longue liste d'auteurs cités.

Les Saints maléficiants. — Les Toucheurs. — Les follets. — Les saints pluvieux. — Les saints lactifères. — Le saint prépuce. — Les fontaines miraculeuses. — Les pierres qui tournent.

7777 MORIN (André S.). — Tribunal de Nogent le Rotrou. Procès de Rose Patrix, compte rendu et plaidoyer par A. S. MORIN.

Nogent le Rotrou. 1851. in-8°, 16 pages.

Brochure non mise dans le commerce. Le plaidoyer de Mᵉ MORIN est une des belles et savantes défenses du magnétisme; il faut la joindre à celle des avocats MANDAROUX-VERTAMY, C. LEDRU et J. FAVRE.

(D. p. 147

7778 MORIN (Cl.). — *La Platine*, l'or blanc ou le huitième métal. Ouvrage intéressant pour les amateurs de l'Histoire naturelle de la Physique et de la Chymie.

Paris, Le Breton, 1758, in-12 de

XVI-194 p.— 3 f⁰ˢ n. c. Grande table de densité repliée p. 176. (5 fr.).

[S. 20303

Curieux et peu commun.

(G-745

7779 MORIN (Fréd.). — Les idées du temps présent.

Paris, M. Lévy. 1803, in-12. (4 fr.).

Études sur divers ouvrages philosophiques de Cournot, Maury, Allan Kardec, sur Bacon et la science du Moyen Age, sur le St-Simonisme et ses idées, sur la vie future, sur les rêves, le somnambulisme et la folie, sur Rousseau et l'esprit genevois, etc…

7780 MORIN (J.). — L'Hystérie et les superstitions religieuses par J. Morin.

Paris, l'Émancipatrice, 1902, in-8° avec 7 figures. (1 fr.).

Autre éd. :

Paris. Edition de " Pages libres " s. d. [1901], in-8° de 17 p. Fig.

[T²¹. 708

7781 MORIN (P. E.). — Essai sur la nature et les propriétés d'un fluide impondérable, ou nouvelle théorie de l'univers matériel.

Au Puy et Paris. 1819, in-8°. (3 fr.).

De l'évaporation et des odeurs. — Des couleurs propres aux corps. — Sur une propriété singulière de la chaleur rayonnante, etc..,

7782 MORIN DE CLAGNY. — Traité de prononciation indiquant les moyens d'obtenir une bonne émission de voix de corriger les accents vicieux et tous les défauts de prononciation.

Paris et Versailles, l'auteur, 1852, in-4° [2 f⁰ˢ]-80 p. avec tabl. (2 fr. 50)

[X. 5139

143

MORIN DE VILLEFRANCHE (Jean-Baptiste), l'une des grandes Lumières de l'Astrologie française, né à Villefranche dans le Beaujolais, en 1583, mort à Paris en 1656. Il étudia la philosophie à Aix en Provence et fut reçu docteur en médecine à Avignon en 1613. Venu à Paris, il y connut le célèbre DAVISSONE, puis devint astrologue du Cardinal de Richelieu et professeur de mathématiques au Collège de France (1630). Son ouvrage capital est l'*Astrologia Gallica* qui lui coûta trente ans de travail. MORIN a également découvert de nouvelles méthodes pour le Calcul des Longitudes, et perfectionné les instruments d'optique astronomique. Il est enterré dans l'Église St-Etienne du Mont, à Paris.

Sa biographie occupe les XXI premières pages de l'*Astrologia Gallica*, qui ne fut publiée qu'après sa mort, aux frais de Louise-Marie de GONZAGUE, reine de Pologne.

Ce grand Savant est un de ceux qui doivent donner le plus à réfléchir aux détracteurs à priori de l'Astrologie.

7783 MORIN DE VILLEFRANCHE (J. B.). — Jo. Baptistæ MORINI ad Australes et Boreales Astrologos, pro restituenda Astrologia Epistolæ.

Parisiis, I. Moreau. 1628, in-8°.

[Vz. 1620
(S-3437

7784 MORIN DE VILLEFRANCHE (Jean Baptiste). — Astrologia Gallica, principiis et rationibus propriis stabilita, atque in XXVI. libros distributa. Non solum Astrologiæ Judiciariæ studiosis, sed etiam Philosophis, Medicis et Theologis omnibus per-necessaria : Quippe multa complectens eximia ad scientias illas spectantia.Opera et studio Joannis Baptistæ MORINI, apud Gallos è Bellejocensibus Francopolitani, Doctoris Medici et Parisiis Regii Mathemathum Professoris…

Hagae Comitis, [La Haye], Ex typographia Adriani Vlacq. 1661. in-fol. de 11 f⁰ˢ dont le portrait de l'auteur) XXII-XXXVI-784 p. à 2 col. Beau portrait de Morin, peint par A. B. Flamen, gravé par N. Poilly. Nomb. fig. (80 fr.).

[V. 1010

Biblioth. Ste Geneviève :

[V. 144

Ouvrage posthume qui est certainement le plus important, le plus clair, le plus précis des grands Traités anciens d'Astrologie. Morin est resté justement célèbre ; les horoscopes qu'il ne cessait de tracer et qui toujours se trouvèrent justes, lui donnèrent accès chez les plus grands personnages. — Les Cardinaux de Richelieu et Mazarin le consultèrent souvent, et ce dernier lui accorda une pension de 2.000 livres. — Morin fut un grand philosophe, un astrologue très estimé et astronome très distingué. — « L'*Astrologia Gallica* » à laquelle il travailla trente ans, fut publiée par les soins de Louise-Marie de Gonzague, reine de Pologne, qui fit les frais de l'impression.

7785 MORIN DE VILLEFRANCHE (J. B.). — J. B. Morinus. — Famosi et et antiqvi problematis de tellvris motvs, vel qviete ; hactenus optata solutio.

Parisiis, apud authorem. 1631. in-4". (8 fr.).

[Rés. R. 1000

Ouvrage curieux du célèbre astrologue Morin de Villefranche, dédié au Cardinal de Richelieu ; il est dirigé contre le système de Kopernik et suscita de nombreux mécontentements de tous côtés.

7786 MORIN DE VILLEFRANCHE (J. B.). — J. B. Morini. Problematis de Telluris Motû vel Quiete Solutio.

Parisiis, 1631, in-4".

Sans doute le même que le précédent.

(S-3418 b

7787 MORIN DE VILLEFRANCHE (J. B.). — Réfutation des Thèses erronées d'Ant. Villon, dit le Soldat, contre la doctrine d'Aristote, par J. B. Morin.

Paris, 1624, in-12.

(S-2690

7788 MORIN DE VILLEFRANCHE (J. B.). — Remarques Astrologiques de J. B. Morin, sur le Commentaire du *Centiloque* de Ptolémée, mis en lumière par Nicolas Bourdin.

Paris, P. Menard. 1657, in-4°.

(S-3437 b

7789 MORIN (J. B.). — La Vie de Maistre Jean Baptiste Morin natif de Ville-franche en Baviolois, docteur en médecine et professevr royal avx mathématiqves à Paris. Enrichie de plusieurs réflexions Astrologiques sur ses principales actions et de quantité de Prédictions illustres qu'il a faites en différentes occasions.

A Paris, chez Jean Henault. 1660. in-12 de 153 p. plus l'Avertissement et un Ind. alphabét. des noms propres cités. (18 fr.).

[Ln²⁷. 14852

Très rare et fort intéressant.

La Vie de Morin se trouve également (en latin) en tête de son ouvrage posthume, l'« *Astrologia Gallica* », p. I-XXI.

(G-1050

7790 MORIN de VILLEFRANCHE (contre J. B.). — Lettre au Sieur Morin, Visionaire et Restaurateur de Science Céleste, par de la Roche.

Paris, 1645, in-4".

Très rare.

(S-3437 b

7791 MORIN (Simon) né à Richemont près d'Aumale, en Normandie, mort sur le bûcher à Paris en 1633. Mystique et illuminé. — Arrest de la Covr de Parlement rendv à l'encontre de Simon Morin natif de Richemont proche Aumale portant condamnation de faire amende honorable, d'estre bruslé vif pour auoir pris la qualité de fils de l'homme entendu fils de Dieu, ensemble la condamnation de ses complices.

Paris, Barbotte, 1663, in-4°. 4 pages (5 fr.).

—— Factum contre Simon Morin.

S. l. n. d., in-8°.

[D² 5231

—— Au nom du Père, du Fils et du Sainct Esprict, Pensées de Morin dédiées av Roy. Naifue et simple déposition que Morin fait de ses Pensées aux pieds de Dieu, les soubmettant au iugement de son Eglise très saincte à laquelle il proteste tout respect et obeyssance, etc...

S. l., 1647, in-8°. (25 fr.).

[D² 5228

« Penseur, dit Michelet, qui ne se montra pas indigne des penseurs qui, avant lui, honorèrent le bûcher ». Il fut en effet brûlé avec son livre en place de Grève.

(G-1637

7792 MORIN (Simon). — Pensées de Simon Morin, dédiées au Roi, avec ses quatrains, avec approbation.

Paris, 1647, in-8°.

[D². 5230

(avec notes mss.

Voir sur cet auteur Brunet ou Delepierre dans leurs études sur les « Fous littéraires ».

(S-1723

7793 MORINI (J.). — Commentarius historicus de disciplina in administratione sacramenti penitentiæ.

Venitiis, 1702, in-8°. (8 fr.).

7794 MORISSON (de Bourges). — Lettre sur le magnétisme animal adressée à M..., par M. Morisson de Bourges.

Bourges, 1813, in-8°, 13 pages.

En faveur du magnétisme.

(D. p. 84.

7795 MORISTELLUS (P.). — P. Moristelli, Artis Cabalisticæ sive Sapientiæ divinæ academia, in novem Classes... [par Pierre Morestel].

Faute de copie ou d'impression du Catalogue Sepher (n° 3165 b), pour MORESTELLUS, q. v.

7796 [MORITZ (Carl-Philipp)]. — Dreymal drey Worte zur Lehre und Warnung ; eines gewesenen Freymäurers, Hinterlassenschaft für seine Brüder (von Carl Philipp Moritz).

Berlin, Friedr. Maurer, 1796, in-8° de 38 pp.

Neuf pièces de vers.

(O-435

7797 [MORITZ (C. P.)]. — Der Freidenker in der Maurerei, oder Freimüthige Briefe über wichtige Gegenstände in der Frei-Maurerei (von Carl Phil. Moritz).

Berlin, Christ. Friedr. Himburg, 1793, in-8° de XVI-311 pp.

(O-430

7798 [MORITZ (C. P.)]. — Die grosze Loge oder der Freimaurer mit Wage und Senkblei ; von dem Verfasser (Carl Phil. Moritz) der Beiträge zur Philosophie des Lebens.

Berlin, Ern. Felisch, 1793, in-8° de II-278 pp.

(O-431

7799 MORITZ (C. P.). — Launen und Phantasien (nach des Verf. Tode mit XVIII Aufsätzen vermehrt), von Carl Philipp Moritz; herausgegeben von Carl Friedr. Klisching.

Berlin, Ernst Felisch, 1799, pet. in-8° de IV-355 pp. avec titre et frontispice gravé.

Nouvelle édit. très augm. de : Die grosze Loge.

(O-434

Sc. psych. — T. III. — 10.

7800 MORMON. — Le Livre de Mormon [histoire sacrée des peuples aborigènes de l'Amérique], récit écrit de la main de Mormon sur des plaques prises des plaques de Néphi... Edition stéréotype, publiée par John Taylor.

Paris, rue de Tournon, 7, 1852. in-12 de XV-519 p. (4 fr. 50).

[D². 12941]

C'est la Bible des Mormons, le célèbre livre de Joseph Smith, Junior, traduit de l'anglais par John Taylor et Curtis E. Bolton.
Elle contient des Livres par *Nephi, Jacob, Enos, Jarom, Omni, Mosiah, Alma, Hélaman, et Ether*.

7801 MORO SARACENO (F.). — Compendium physicum in tria commentaria distinctum, quorum : primum est de causis rerum naturalium ; secundum de effectibus naturalibus generatim ; tertium de corporibus speciatim de cœlo, de elementis et mixtis ; auctore F. Moro Saraceno à Foro, Sempronii ordinis mino. Conuent.

Lutetiæ, ap. Jac. Du Puys, 1586. in-8°. (10 fr.).

7802 MOROGUES (Pierre Marie Sébastien Bigot, Baron de) minéralogiste, géologue et physicien français, né à Orléans en 1776, mort en 1840. Élève de Vauquelin et de Haüy. Pair de France sous Louis-Philippe. — Observations sur le fluide organo-électrique et sur les mouvements électro-métriques des baguettes et des pendules par le Baron de Morogues.

Bourges et Paris, Vermeil, 1854. in-8° (4 fr.).

Écrit dans un but tout scientifique, les expériences de l'auteur demandent à être renouvelées.

(D. p. 157

7803 MORRISON (R. J.). — The new principia; or, true system of astronomy in which the earth is proved to be the stationary centre of the solar system and the sun is shewn to be only 365.006, 5 miles from the earth.

Paris, s. d. [1872], in-8°. Planches. (1 fr. 50).

7804 MORTEREUX. — Dieu, l'Homme et le Christ ; les Anges déchus et le Purgatoire.

Paris, 1866. in-8°, (4 fr.).

Dieu. — L'Homme. — Le Christ. — Anges déchus. — Immaculée Conception. — Purgatoire, etc...

7805 MORTILLET (Gabriel de) géologue et archéologue, conservateur du Musée de Saint-Germain, maire de cette ville, député, né en 1821 à Meylan près Grenoble. — Contribution à l'étude des superstitions. Amulettes gauloises et gallo-romaines.

Paris, Leroux, 1876, in-8° de 16 p. figures.

7806 MORTILLET (G. de). — Le signe de la Croix avant le Christianisme.

Paris, Reinwald, 1866, in-8°, 182 p. 117 fig. (6 fr.).

[J. 19973

M. Mortillet, qui est un des créateurs de la science préhistorique, a reconstitué dans ce volume tous les signes crucifères en usage chez les premières peuplades de notre globe, et dont il donne de nombreuses reproductions dessinées d'après de vieilles poteries et autres vestiges de cette époque fort lointaine.
Cette savante étude archéologique et historique démontre de la manière la plus évidente que le signe du christianisme était déjà un emblème sacré plus de 1000 ans avant J. C.

7807 MORTIMER (Dr W. Golden). — Histoire de la Coca, la plante divine des Incas, par le Docteur W. Golden Mortimer, traduction par H. B. Gausseron.

Paris, A. Maloine, 1904, in-8° de XII-328 pp. gravures et planches.

[Te¹⁸¹. 294 (27)

Fort intéressant ouvrage sur le sujet, et dédié : « *A Angelo Mariani.* » C'est une traduction abrégée de :
Peru : History of Coca « the Divine Plant » of the Incas, with an Introductory Account of the Incas, and of the Andean Indians of to day, by W. Golden Mortimer, M.D.

New York, J. H. Vail et Co, 2 nd édition, 1902, in-8° de XXXII-576 pp. fig.

MORZINE (Possession de). — Voir :
YVES-PLESSIS (*Bibliographie*) Nos 702-770 (p. 95-99).

7808 MOSER (Johann Jacob).—Johann Jacob Moser, kön. — Danisch-Etats-Rath von Geduldung der Freymaurer-Gesellschaften : besonders in Rücksicht auf den Westphälischen Frieden.

S. l. ni adr. 1770, in-8° de 44 pp.

(O-224

7809 MOSES Güldenes Kalb, nebst dem magischem-astralischem-philosophischem absonderlich dem cabalistichem Feuer, vermittelst welchem letzterem Moses, der Mann Gottes, dieses güldenes Kalb zu Pulver zermalmet, auffs Wasser gestäubet, und den kindern Israel zu trincken gegeben.

S. l. ni adr. anno. 1722, 2 vol. in-8° ensemble de 224 pp.

(O-144

7810 MOSES (W. Stainton) pasteur protestant, ordonné en 1803. — Enseignements spiritualistes, reçus par William Stainton Moses (M. A. Oxon) Trad. de l'anglais.

Paris, Leymarie, 1898, in-8°, (3 fr. 75).

[8° R. 16147

MOSHEIM (Jean Laurent de), en latin Moshemius, célèbre historien et Théologien protestant allemand, né à Lübeck en 1694, mort à Gœttingue en 1755. Professeur de Théologie et Chancelier de l'Université de Gœttingue.

Il est cité par l'abbé Constant, Eliphas Lévi, dans son « *Dogme et Rituel* », comme auteur d' « *Observations Sacrées et Historico-critiques* » publiées à Amsterdam en MDCCXXI. Cet ouvrage donnerait en latin le « *Nucléméron* » d'Apollonius de Thyane, d'après Gaulmynus. Il n'existe pas à la Bibliothèque Nationale, et n'est cité par aucun bibliographe. Voir aussi à ce sujet Gaulmynus, ou Gaulmyn que nous supposons être le véritable nom de « *Gaulrinus* » indiqué dans le « *Dogme et Rituel.* »

7811 MOSHEIM (Jean Laurent de). — Institutionum Historiæ Ecclesiasticæ antiquioris et recentioris, Libri IV.

Francofurti et Lipsiæ, 1726, in-8°.

Autre édition :

Helmstadii, apud Christian Frid. Wergand, CIƆIƆ CC XXXVII [1737] in-8° de 7 fts n.c. 840 p. vign. au titre et à l'épitre (10 fr.).

[H. 8566

7812 MOSHEIM. — Réunion de 9 de ses ouvrages avec titres et paginations particulières, la plupart datés de Helmstadii.

4 vol. in-4°. (20 fr.).

1. Historia Michaelis Serveti (avec un portrait de Michel Servet surmonté de la vue de son supplice).
1727.
II. De Christo, unice theologo imitando oratio. — De felicitate eorum. — De vi argumenti.
1723.
III. De Ætate apologetici Tertulliani.
1724.
IV. In novam dogmatis de SS. Trinitate explicationem.
1725.
V. Commentationem de officio christiani.

VI. — De lumine sancti sepulchri.
1736.
VII. De Iesu Christo vindice dogmatis de mortuorum ad vitam.
1740.
VIII. Dissertationum ad sancti ores disciplinas pertinentium syntagma.
1733.
(8 dissertations en 1 vol. de 891 p.)
IX. Institutiones historiæ Christianæ maniôres seculum primum.
1739.

7813 MOSONT (Ch.). — Sous les pavots. — Physiologie du sommeil.

Paris, Delabays, 1860, in-18, (3 fr.).

Edit. orig.

Amusante étude sur le sommeil administratif, judiciaire, dramatique, le sommeil du juste, le dernier sommeil, les songes, le somnambulisme et le magnétisme, etc...

7814 MOSSÉ (Le Grand Rabbin). — Le Judaïsme, ou l'exposé historique et loyal de la doctrine morale et des mœurs israélites.

Paris, 1887, gr. in-8°, 14 fr.).

Le Mosaïsme. — Le Schema. — Souvenir de la sortie d'Egypte. — La femme juive. — L'hygiène, etc...

7815 MOSZDORF (Friedrich). — Mittheilungen an denkende Freimaurer : von Friedrich MORSZDORF.

Dresden, Gerlach, 1818, in-8° de XXXII-264 pp.

Une grande partie de ces art. sont trad. de l'angl.

(O-222)

7816 MOUAN. — Documents inédits sur un procès de magie en Provence.

Paris, 1869, in-8°.

7817 [MOUESAN [Comte] de la Villirouet (Charlemagne François Jean Baptiste)] né à Lamballe le 24 Juin 1789. — Le Roi Jésus monarque universel et divin Soleil de l'Humanité, ou l'Histoire considérée à un point de vue nouveau.

Rennes, 1873, in-8°, (10 fr.).

[Manque à la Bib. Nat^{le}

Ouvrage vraiment extraordinaire qui fait en quelque sorte suite aux *Recherches sur les fonctions providentielles des dates et des noms*, du même auteur. — La Trinité divine archétype universel. Clef des harmonies de l'Histoire, racine de la théologie des nombres ou des phénomènes chronologiques. — Applications des clefs numériques à l'histoire de France. Le présent expliqué par le passé.
Ce singulier ouvrage, qui devait avoir une suite n'a pas été continué, mais il est le complément nécessaire des « *Recherches sur les fonctions providentielles* ».

7818 [MOUESAN DE LA VILLIROUET (Charlemagne ?)]. — Recherches sur les fonctions providentielles des dates et des noms dans les annales de tous les peuples.

Paris, Dumoulin ; Rennes, Verdier ; Nantes, L. et A. Guéraud ; etc., 1852, in-8° de 294 pp. (15 fr.).

[G. 28232

Traité rarissime du rôle fatidique des nombres et des noms dans l'histoire, les dynasties, les peuples, les individus. L'auteur semble avoir surpris à des sources cachées les plus profonds secrets de la Kabbale, et initie pratiquement le lecteur à la magie des chiffres et des lettres dans leurs rapports mystérieux avec les êtres ou les évènements qu'ils caractérisent. — C'est un livre unique dans ce genre ; il donne la clef de la prophétie à ceux qui sont impatients de l'avenir et veulent en ouvrir les portes avant l'heure marquée.

7819 [MOUESAN DE LA VILLIROUET] (Charlemagne(?). — Les Chiffres du règne de Napoléon ou l'histoire d'hier et d'aujourd'hui.

Rennes, 1870, gr. in-8° de 42 pp. (2 fr. 50).

7820 MOUESAN DE LA VILLIROUET (C^{sse} Victoire). — Une femme avocat. Episodes de la Révolution à Lamballe et Paris. Mémoires de la Comtesse de LA VILLIROUET, née de LAMBILLY. (1767-1813) Publiés par le Cte de Bellevue.

Paris, Just. Poisson, 1902. in-8° XVI-360 p. portrait. (4 fr. 50).

[Ln.²⁷ 48814

C'est d'après cet ouvrage que l'on croit pouvoir attribuer les numéros qui précèdent à Charlemagne François Jean Baptiste MOURSAN comte de LA VILLIROUET né à *Lamballe* le 24 juin 1789.

7821 MOUGEL (D. A.). — Denys le Chartreux (1402-1471). Sa Vie, son Role, une Nouvelle édition de ses ouvrages : par D. A. MOUGEL.

Montreuil sur mer, imp. de la Chartreuse de N. D. des Prés, 1896, in-8° de 90 p. Fac similé de l'écriture de Denys le Chartreux.

[8° M. 9064

Bibliographie des œuvres du célèbre *Docteur exlatique* p. 79-84.

7822 [MOUILLESEAUX (de)] directeur des Postes. — Appel au public sur le magnétisme animal ou projet d'un journal pour le seul avantage du public et dont il serait le coopérateur [par M. de MOUILLESEAUX, directeur des postes].

Strasbourg, 1787, in-8°. 100 pages (2 fr.).

Rare.

(D. p. 70

7823 MOULIN (Bernard). — Phrényogénie, ou données scientifiques modernes pour doter *ab initio* ses enfants de l'organisation phrénologique du Génie et du Talent supérieur...

Paris, E. Dentu, l'auteur, 1868, in-12 de VIII-263 pp. (3 fr.).

[R. 44617

Avantages du Génie. — Principes de la Phrényogénie. — Guerriers, Législateurs. Personnages fameux. — Expériences et faits journaliers. — Théorie Callipédique contemporaine. Conseils et avis, — Etc..

7824 MOULIN (Bernard). — Vénus phrényogénique, mère darwinienne des Génies et Grands Hommes dévoilés historiquement.

Paris, Baillière et Messager, 1883, in-12. (3 fr.).

C'est exactement le même livre que le précédent, dont le titre et les VIII pages de préface ont été réimprimés sur papier légèrement différent du reste de l'ouvrage : le titre de départ reste : « *Phrényogénie* », et le corps de l'ouvrage est celui de l'édition de 1868, vraisemblablement invendu depuis quinze années.

Voici la substance du système de l'auteur :

« Les enfants, sans qu'on s'en doute, sont à l'état physique, moral et intellectuel, la photographie vivante de leurs parents générateurs, prise... au moment de la conception ».... « Des générateurs de l'enfant, celui des deux dont il tiendra le mieux est précisément celui que l'abondance et l'énergie des esprits vitaux a mis, en ce moment, en état plus complet *d'électrisation* » (pp. 7 et 8).

7825 MOULIN (H.). — Port-Royal et ses solitaires, la compagnie de Jésus et l'Université; la famille des Arnauld et son Corpus Juris.

Paris, 1883, gr. in-8°, (2 fr. 50).

Curieuse étude sur le *Jansénisme* et les *Jésuites* (Haine héréditaire contre les jésuites. — Craintes inspirées par les jésuites. — Persécutions contre Port-Royal etc...)

7826 MOULINIÉ (C. E. F.) pasteur de l'Eglise de Genève. — Les leçons de la parole de Dieu sur l'étendue et l'origine du Mal dans l'Homme.

Genève et Paris, Treuttel et Wurtz 1821, in-8°. (6 fr.).

« Mystique protestant qui ne laisse pas que d'être très curieux, quoique bien exotérique. Sa théologie agnostique s'illumine par instants d'intuitions singulières. C'est une nuit inquiétante déchirée d'éclairs » (S. de G.).

(G-740

7827 MOULINIÉ (le Pasteur Charles). — Lettre sur le magnétisme animal adressée à M. Perdriau, pasteur et professeur de l'Eglise et de l'académie de Genève, par Charles Moulinié, ministre du Saint Evangile.

Paris, 1784, in-8°, 25 pages. (2 fr.).

L'auteur est un ardent défenseur de la doctrine de Mesmer. Il serait aussi magnétiseur émérite, puisqu'il guérit facilement les autres et lui-même. En présentant le doigt vers le corps de ses sujets, il sent l'endroit obstrué (les obstructions jouaient un rôle important du temps de Mesmer) : sa seule approche influence les sujets. Très humain d'ailleurs il magnétise sur la voie publique les pauvres malades. Il a beaucoup lu et dit quelques mots sur les talismans et les amulettes, la baguette divinatoire en usage chez les anciens, les convulsionnaires; enfin il bénit Mesmer, et le grand bienfaiteur (Dieu) qui l'a envoyé au monde.

(D. p. 23

7828 MOULS (le Chanoine). — Les Mystères d'un évêché ; Scènes de Jésuitisme et de la Rénovation Chrétienne, par le Chanoine Mouls.

Bruxelles, 1782, 4 vol. in-12, (5 fr.).

[Ld⁴. 0652

Ouvrage poursuivi et condamné par la Cour d'Assises de la Gironde.
Roman à clef du genre de ceux de l'abbé Michon.

7829 MOULT (Thomas Joseph). — Prophéties perpétuelles très curieuses et très certaines de Thomas-Joseph Moult, natif de Naples, astronome et philosophe, traduites de l'italien en françois, qui ont eu cours dès l'an 1269 et qui dureront jusqu'à la fin des siècles ; faites à St-Denis en France, l'an de Notre-Seigneur 1268, du règne de Louis IX, le quarante-deuxième.

A Bruyères, chez la veuve Vivot, s. d., [1740], in-12, (4 fr.).

Autres éditions :

Paris et Liège, 1792, pet. in-8°.
Paris, 1835, in-12.

[V. 47296

Paris, 1743, in-12 de 95 pp.
Brest, imprimerie de l'Océan, 1886 in-18 de 120 p. (1 fr. 50).
S. l. n. d., [1700], in-12.

Quantité d'autres édit. à la Bib. Nat., classées sous les n°ˢ :

[V. 47283 à 47320

et allant de l'an XII à 1852.

7830 MOULT (Thomas Joseph). — Prophéties perpétuelles très curieuses et très certaines de Thomas Joseph Moult, natif de Naples, astronome et philosophe, traduites en François qui auront cours pour l'an 1269 et qui dureront jusqu'à la fin des siècles.

Paris, Prault, 1741, in-8° de 95 p. (3 fr.).

[Z. 55021

Autre :

Naples, Raymond, s. d., [1709], in-12, (4 fr.).

(G-1910

7831 MOULTH (Nathaniel). — Petit manuel du devin et du sorcier, contenant le traité des songes et visions nocturnes, l'art de dire la bonne aventure, l'art de tirer les cartes et le traité des tarots.

Paris, Passard, 1854, in-18 de 500 pp. (5 fr.).

Figures dans le texte.

[Z. 55923

Ce petit ouvrage que quelques uns ont attribué à Eliphas Lévi est curieux et fort bien conçu; c'est une véritable encyclopédie sur les arts divinatoires. — Une quantité de gravures intéressantes viennent encore en augmenter l'intérêt.

(G-1649)

7832 MOUNIER (Jean Joseph) membre de l'Assemblée Constituante né à Grenoble en 1758, mort en 1806. Préfet d'Ille-et-Vilaine et conseiller d'Etat. — De l'influence attribuée aux philosophes, aux francs-maçons et aux illuminés sur la Révolution de France.

Paris, Poulbieu, 1822, in-8°. (8 fr.).

Cette œuvre, qui jouit d'une juste réputation, étant donné son caractère impartial et à laquelle on est obligé de se référer constamment pour l'histoire de la Fr∴ M∴ est une source de documents des plus précieux. — Après avoir traité longuement de l'origine et de la constitution de la Fr∴ M∴ l'auteur donne les plus étonnants détails sur de nombreux personnages plus ou moins connus. — Aucun nom n'est oublié et on lira avec intérêt ce qui concerne : d'Alembert, Bailly, l'abbé Barruel, Bode, Cadet Gassicourt, Cagliostro, Frédéric II, le Comte de Saint-Germain, Knigge, La Harpe, Leibnitz, Louis XVI, Louis XVII, les Martinistes, Mesmer, Swedenborg, les Templiers, Voltaire, Weishaupt, etc...

(G-33

Autres éditions :

Paris, 1828, in-8°, (17 fr.).
Paris, Tubingen, 1801, in-8°.

7833 MOURANT BROCK (M.A.) membre de l'Université d'Oxford. — La Croix païenne et chrétienne. Notice sur son existence primitive chez les païens et son adoption postérieure par les chrétiens.

Paris, Leroux, 1881, une quarantaine de figures hors et dans le texte, in-16 de 10-X-226 pp. (4 fr.).

[D² 14609

Ouvrage rare et des plus intéressants. — On sait que le symbolisme de la croix et ses dérivés *tau, svastika, croix ansée,* etc... remontent à la plus haute antiquité ce qui prouve l'extrême importance et l'universalité de ce symbole dont l'étude complète demanderait à elle seule plusieurs volumes. — Cet ouvrage, illustré de 40 gravures, en retrace l'histoire aussi haut qu'il est possible de remonter, ce qui fournit à l'auteur l'occasion de parler longuement des traditions et des coutumes qui se rattachent à ce symbole si parfait, dont la formule occulte peut s'énoncer ainsi : La croix représente dans sa signification la plus élevée le quaternaire en mouvement. — L'inscription I. N. R. I. qui en est d'ailleurs le commentaire et qui se traduit : *Igne Natura Renovatur Integra,* en fait ressortir assez clairement la signification véritable.

7834 MOURGUES (le P. Michel) érudit jésuite français né en Auvergne vers 1642, mort à Toulouse en 1713. — Plan théologique du Pithagorisme, et des autres sectes savantes de la Grèce pour servir d'éclaircissement aux ouvrages polémiques des Pères contre les payens, par le P. Michel Mourgues avec la traduction de la Thérapeutique de Théodoret, où l'on voit l'abrégé de ces fameuses controverses.

Toulouse, 1712, 2 vol. in-8°. (9 fr.).

[R. 18010-1

Ouvrage rare, rempli d'érudition.

(G-2073

7835 MOUSANG (Maistre Armand). — Prognostication nouvelle et véritable, composée par maistre Armand Mousang, grand matematicien du roy Arthus et meilleur praticien de Venus.

Lyon, par Benoist Rigaud, s. d., in-16 de 16 pp. (10 fr.).

[Rés. Y² 2503

Réimpression fac-similé d'un opuscule fort rare.

7836 MOUSIN (J.) médecin. — Discours de l'Yvresse et Yvrongnerie. Auquel les Causes, Nature et Effects de l'Yvresse sont amplement déduictz, avec la guerison et preservation d'icelle. Ensemble la maniere de carousser, et les combats bachiques des anciens Yvrongnes. Le tout pour le contentement des Curieux, par J. Mousin, conseiller et médecin ordinaire de son Altesse.

Toul, par Sebastien Philippe, imprimeur Juré, 1612, in-8° (12 fr. à la vente BOURNEVILLE, janv. 1910).

[R. 18474

Curieux et rare.

7837 MOUSSAUD (Abbé). — L'Alphabet raisonné, ou explication de la figure des lettres.

Paris, 1803. 2 vol. in-8° Figures. (8 fr.).

Ce traité philosophique des lettres de l'alphabet, inspiré des travaux sur les hiéroglyphes de Pierus, Kircher, Court de Gébelin, etc., est un ouvrage précieux au point de vue de l'ésotérisme et de la symbolique. — On y trouve des matériaux recueillis dans toutes les traditions primitives qui concourent à l'exégèse des signes graphiques et à la raison philosophique de leur conformation exotérique.

7838 MOUTIN (Dr Lucien) co-directeur de l'Ecole du magnétisme de Paris, né à Villes-sur-Auzon (Vaucluse) en 1856. — Le diagnostic de la Suggestibilité par le Dr Lucien MOUTIN de la Faculté de Paris.

Paris, Société d'éditions scientifiques, 1899, gd. in-8°, 110 p. et tab. (3 fr.).

[Te¹¹ 200

Excellent ouvrage de l'un des meilleurs médecins magnétiseurs de notre époque. C'est dans cet ouvrage que l'auteur expose sa découverte du diagnostic de la Sensibilité magnétique d'un Sujet, d'après la manière dont il réagit à l'apposition des mains de l'opérateur sur les omoplates.

Ce procédé est le plus moderne et le meilleur qui existe pour constater la sensibilité ou l'inertie magnétique d'un sujet donné quelconque.

7839 MOUTIN (Dr Lucien). — Le magnétisme Humain, l'Hypnotisme et le Spiritualisme moderne, considérés aux points de vue Théorique et Pratique.

Paris, Perrin et Cie. 1907. in-16 de 477 p. (2 fr.).

[8° Th⁶³ 315

Procédés des magnétiseurs. — Nos Procédés. — Théories des magnétiseurs. — Théorie du Procédé Neuroscopique. — L'Hypnotisme et la suggestion. — L'Ecole de Nancy et la Suggestion. — Preuves de l'existence d'un agent transmissible. — Thérapeutique magnétique, hypnotique et suggestive. — Psychisme. — Suggestion mentale, ou transmission de la pensée. — Vue sans le secours des yeux. — Télépathie. — Animisme et spiritisme. — Etc.

7840 MOUTIN (Dr Lucien). — Le nouvel Hypnotisme. Illustrations de P. Maurou.

Paris, Perrin et Cie, 1887. in-12, 220 p. couv. ill. en coul. Portr. lithogr. de l'auteur, nombr. lithogr. dans le texte. (3 fr.).

[Te¹¹ 99

Procédés de Mesmer, Puysegur, Faria, Deleuze, Du Potet, etc... Somnambulisme. — Connaissance des pensées. — Convulsionnaires. — Thérapeutique hypnotique, etc...

Le Nouvel Hypnotisme de l'auteur est le « *Vigilambulisme* », ou le Somnambulisme Vigil, un des innombrables degrés de magnétisation, qui est toujours sans aucun danger pour le sujet à cause de sa très faible intensité. L'auteur décrit en outre de nombreuses et curieuses expériences de société.

Autre édition :

Ibid., Id., 1890.

7841 MOUTINHO (An.). — Magnetismo animal. Principios de Magnetologia o methodo facil de aprender a magnetisar segundo os systemas de Mesmer, Puysegur, Deleuze, de Lausanne, Rostan, Brivasac, Ricard, Du Potet, Gauthier e Lafontaine.

Lisboa, 1884, gr. in-12 (2 fr.).

7842 MOUTON (Eug.). — La physionomie comparée. Traité de l'expression dans l'homme, dans la nature et dans l'art.

Paris, Ollendorff, 1845, gr. in-8°. Port. gr. à l'eau-forte. (5 fr.).

[8° V. 7488

7843 MOUTTET (Etienne). — Eglise radiante. Essai de christologie rationelle.

Paris, 1892, in-12 de 148 pp. (1 fr. 50).

Curieuse et vraiment instructive dissertation de mysticisme chrétien telle que savaient les faire les théosophes du xvii° siècle.

7844 MUFFETT OU MOUFFET (Thomas), médecin et naturaliste anglais, né à Londres, vers 1550, mort vers 1600. Médecin du comte de Pembroke. — Thomæ Muffetti Londinatis Angli, Dialogus apologeticus de jure et præstandia chemicorum medicamentorum. Epistolæ quædam (quinque) medicinales ad medicos aliquot conscriptæ : dans Theatrum chemicum (1613). I. 63-00.

(O-1604

7845 MUKERJI (Swamie A. P.), Editeur-adjoint de la Revue « Kalpaka » dans l'Inde. — Yoga Lessons for developing Spiritual Consciousness.

Chicago, Yogi Publication Society; London ; L. N. Fowler and C°, Tinnevelly (Inde Méridionale), The Latent Light Culture ; 1011, in-8° de 191 pp. (1 doll. 20 c.).

The Yogi conception of Life. — Man, Animal et Divine. — Spiritual Unfoldment. — Man : the Master. — Developing the Spiritual Consciousness. — Who can be a Yogi ? — Conquest of Fear. The role of Prayer. — Thought : Creative and Exhaustive. — Meditation Exercises. — Self-De-Hypnotisation. — Character Building. — Etc.

7846 MUKHOPADHYAYA (Nilmani).

— Professeur de Sanscrit à Calcutta, Membre de la Société Asiatique du Bengale. — Un cours d'Hypnotisme Hindou et d'Occultisme Oriental.

S. l., 1903, in-8°, figures (4 fr.).

Donne des méthodes pour le traitement des maladies, des exercices pour améliorer la mémoire, pour développer la volonté. On y trouve aussi une explication des phénomènes de Lévitation et de Suspension d'animation pratiqués [par les Hindous.

7847 MUKHOPADHYAYA (Nilmani). — The Kurma Purana, a System of Hindu Mythology and Tradition.

Calcutta. Sasithusana Bhattacharyya, 1890, in-8° de XXXVII-800 p.

[O²k. 304 (77)

Texte sanscrit de la « Bibliotheca Indica ; a Collection of Oriental Works published by the Asiatic Society of Bengal ». (Trübner and Co, agents pour Londres).

Le sujet du poème est donné dans la préface, p. XX-XXXIV.

7848 MULFORD (Prentice), littérateur, philosophe et psychiste américain, né à Sag Harbor (Long Island) en 1834 et mort en 1891, à bord de son bateau à l'ancre devant Long Island. — Your Forces, and How to use Them : vol. I et II.

New-York, 1888, in-12.

La collection complète de ces remarquables opuscules a paru dans la « White Cross Library » à Philadelphie, en 6 petits volumes in-12.

7849 MULFORD (Prentice). — Vos forces et le moyen de les utiliser.

Paris, Chacornac, 1897, in-12. (3 fr. 50).

[8° R. 14300
(G-1641

7850 MULFORD (Prendice). — Vos forces et le moyen de les utiliser.

Paris, Chacornac, 1905-07, 3 vol. in-8° de 94, 92 et 83 pages.(9 fr.).

[8° R. 20526

Première traduction française des œuvres choisies de Prentice MULFORD, véritable traité de Magie pratique. — Ce merveilleux travail constitue ce qui a été écrit de plus clair et de plus sérieux dans le domaine de la culture psychique. C'est une méthode de magie pratique, adaptée à tous les usages de la vie quotidienne, saine et sûre et que tout le monde devrait avoir lue et méditée. — On peut affirmer sans crainte que l'œuvre de Mulford peut procurer à celui qui met ses enseignements en pratique, bonheur, santé et richesse. La traduction en est due à l'éminent occultiste Paul SÉDIR. [Y. LE LOUP].

7851 MULLER (Ambroise). — Drey curieuse chymische tractätlein, betittelt ; Ambrosii MULLERS Paradeis-Spiegel, darin zu besehen die höchste Medicin, Gold und Menschen damit zu curiren. — Der Teutschen Schützen-Hoff, so der allererste Philosophus Adam, unser aller Vater ausschreiben und ausruffen lassen, en alle Schützen so Lust nach der Scheibe zu schiessen haben. — Beschreibung des grossen Geheimnisses des Steins des Weisens, als der von Gott erbethenen und erhaltenen Weiszheit des Königs Salomonis, von einem Q. J. R. V. M. D.

Franckfurt und Leipzig. Christian Liebezeit, 1704. in-8° de 128 p. plus 4 pl. représentant 28 sujets.

Le premier traité est indiqué comme étant d'Ambr. MULLER, philosophe alchimiste de l'école du théosophe Böhme.
Le second traité, anonyme, avec titre séparé, a 60 pp. plus 2 tabl. Il est attribué par Fictuld (loco cit. I. 141), au même Ambr. MULLER.
La troisième pièce avec titre particulier, 16 pp. : ce sont des poésies allemandes, encore de MULLER.

(O-1331

7852 MULLER (J. P.), lieutenant Danois. — Le Livre du plein air.

Paris, s. d., in-8° de 196 p. avec 37 illustr. (4 fr.).

Nous croyons que les lecteurs sérieux qui voudront, au moins à titre d'essai, pratiquer pendant quelque temps les conseils de l'auteur se sentiront physiquement et moralement améliorés et ne demanderont qu'à continuer.

7853 MULLER-(J. P.). — Mon système par le lieutenant danois J. P. MULLER.
Paris, s. d., in-8° de 104 pp. 43 illustr. (3 fr.).

C'est un régime d'exercices, d'ablutions et de massage, qui à raison d'un quart d'heure par jour, doit nous donner à tous une santé parfaite et un corps harmonieux.

Tiré à plus de 384.000 exempl.

Autre édition :

Copenhague, H. Tillge, s. d.[1905] in-8° de 90 p. 44 fig. et 1 tableau.

[8° Tel⁴ 104

MULLER (Jean) de KŒNIGSBERG, en latin Johannes de MONTE REGIO, ou Johannes REGIOMONTANUS, né à Unfind, près de Kœnigsberg, vers 1436, mort à Rome en 1476. Cet illustre Astrologue succomba à la peste suivant les uns et suivant d'autres fut assassiné par les fils de Georges de TRÉBIZONDE, dont il avait critiqué les écrits.

Favori du Cardinal BESSARION, il professa l'astrologie à Padoue, fut Astrologue du Roi de Hongrie, Matthias CORVIN, fonda une imprimerie à Nüremberg et enfin fut appelé à Rome par le pape SIXTE IV. Il mourut peu après.

Son nom latin est la traduction du lieu de son origine : *Königs Berg*. On l'a quelquefois traduit en français par Jean de MONT-ROYAL.

7854 [MULLER (Jean)]. — Joannis de MONTE REGIO et Georgii PVRBACHII Epitome in Cl. PTOLEMÆI magnam compositionem, continens propositiones et annotationes quibus totum almagestum, quod sua difficultate etiam doctiorem ingenio que præstantiore lectorem deterrere consueuerat, dilucida et breui doctrina ita declaratur et exponitur, ut mediocri quoque indole et eruditione prædati sine negotio intelligere possint.

Basileæ, apud Henricbvm Petrum, s. d. (1543), in-4°, nomb. fig.

[V. 1701]

Cet ouvrage qui contient une traduction de l'*Almageste* de PTOLÉMÉE, avec sa théorie des épicycles, est orné d'un très grand nombre de figures astronomiques, gravées sur bois.

7855 [MULLER (Jean)]. — In laudem operis Calendarij a Johanne de MONTE REGIO Hermanorum decoris nostre etatis Astronomor. principis editi Jacobi Sentini Ricinensis Carmina.

[Au V° du 1er feuillet] :

L. Joannes Lucilius sanctritter Helbronnensis lectori S... Hoc Augustensis Ratdolt Hermanus Erhardus dispositis signis undique pressit opus... Anno S. 1485 idiis Octobri, Venetiis.

In-4°, 28 ff. (20 fr.).

[Rés. V. 1026]

Avec le rare Calendarium de MONTEREGIO. Texte imprimé en rouge et noir avec figures.

(G-1632)

7856 [MULLER (Jean)]. — Ioan. de MONTEREGIO Tabvlæ directionvmq; non tam Astrologiæ iudiciariæ, quam tabulis instrumentisq : innumeris fabricandis utiles ac necessariæ: etc.

Tubing, 1550. in-4°. (30 fr.).

Ces tables sont précieuses pour la pratique de l'*Astrologie Judiciaire* et sont fort rares.

Autre édition :

Tubingae, apud Viduam Ulrici Morhardi, 1559, in-4°.

[Rés. V. 1109]

(*S. l. n. d.*), in-4°.

[V. 8232]

Witebergae, M. Welack. 1584, in-4°.

[V. 8233]

7857 [MULLER (Jean)]. — Ioan. de MONTEREGIO Tabvlæ directionvm profecti numq; totam rationem primi motus continentes, et non tam Astrologiæ judiciariæ, quam fabulis instrumentisq ; innumeris fabricandis utiles ac necessariæ, eivsd. Regiomontani Tabula sinvvm per singvla minuta extensa, universam sphæricorum triangularum scientiam complectens. Accesservnt his tabulæ ascencionvm obliquarum, à 60 gradu elevationis poli, usq. ad finem quadrantis, etc.

Witebergæ, L. Seuberlichs. in-4°. (18 fr.).

[V. 8237]

Ces tables sont des plus précieuses pour la pratique de l'Astrologie.

7858 [MULLER (Jean)]. — Les Tables des Directions et des profections de Jean de MONT ROYAL corrigées, augmentées et leur usage ; non seulement traduit du latin en françois, mais aussi illustré d'annotations et de figures, tant pour faciliter la pratique d'icelles Tables, qu'à les calculer et dresser par D. Henrion.

Paris, en l'Isle du Palais, 1626, in-4°. (12 fr. 50).

[V. 8234]

Autre édition :

Paris. 1625, in-4°.

[V. 7750]

7859 MULLER (Johann Adam). — Johann Adam MULLER.der neue Prophet ; aufgesetzt von C. R. A··· i. III-te verbess. Auflage.

Frankfurt am M., Ferd. Boselli, 1810, in-8° de 29 pp.

J. A. MULLER était un paysan de 46 ans à l'époque de la publication de cette brochure, ayant beaucoup de ressemblance avec Thomas J. Martin, de Gallardon. Mlle Lenormand : *la Sibylle au congrès d'Aix-la-Chapelle* a paraphrasé ce prophète dans son chap. *le Prophète Müller ou la Montagne du Loosberg*, pp. 106-53.

(O-1882

7860 MULLER (Johann El.). — Joh. El. Mullers. D. Saxo-Goth. christlicher und vernunffmässiger Begriff, vom wahren Uhrsprung der Gold-hervorbringenden Wunden-Materie, oder des sogenannten Steins der Weisen bestehende in einer Meynung, welche nicht allein der Ehre des Allerhöchsten am beförderlichsten...

Franckfurt an M. Toh. Ludw. Gledisch, 1707, in-8° de XVI-112 pp.

(O-1330

Voy. Lenglet Dufresnoy. *Hist. de la phil. herm.*, III. 242.

7861 MULLER (D. loannes Steph). — De daemoniacis semlerianis in dvabvs dissertationibvs theologicis.

Francofurti, Gvlbicm. 1073. in-4° (8 fr.).

7862 MULLER (Frédéric Max) célèbre orientaliste allemand, né à Dessau en 1823. Professeur d'histoire littéraire à l'Université d'Oxford. Ses ouvrages sont presque tous écrits en Anglais. — Essais sur l'histoire des religions. — Ouvr. trad. de l'angl. avec l'autorisation de l'auteur, par Georges Harris, agrégé de l'université, prof. d'angl. au lycée Condorcet.

Paris, Didier, 1872 in-12.

Puis :

Paris, Didier, 3ᵉ édit., 1879, fort in-12 (3 fr. 50).

[8° H. 420

L'autorité de l'auteur en matière de mythologie comparée et de linguistique n'est plus à démontrer : le présent est un des ouv. les plus savants qui aient été faits sur la question.

Autre édit. en 1879, in-8°.

7863 MULLER (Max). — Essais sur la mythologie comparée, les traditions et les coutumes, traduits de l'anglais par Georges Perrot.

Paris. Didier. 1874, in-8° (10 fr.).

[8° G. 33169

Autre édit. :

Paris. A. Durand. 1859. in-8°.

[G. 33168

Ce livre fait suite à l'ouvrage « *Essais sur l'histoire des religions.* » Il représente le second volume de l'ouvr. anglais intitulé : *Chips from a German work shop* (Copeaux d'un atelier allemand).

A la fin, se trouve une étude sur la migration des fables.

7864 MULLER (Max). — Origine et développement de la religion étudiée à la lumière des religions de l'Inde. Traduites de l'anglais par J. Darmesteter.

Paris. Reinwald, 1879, in-8° (7 fr.).

[8° G. 746
(G-747

7865 MULLER (Max). — La Science du Langage ; trad. par G. Harris et G. Perrot.

Paris. Durand. 1864, in-8° (6 fr.).

[X. 20261

La Mythologie. — Le patois et les langues primitives. — L'École d'Alexandrie. — Les Eddas. — Le sanscrit. — Langues aryennes. — Langues sémitiques. — Les Talmuds. — Livre d'Adam, etc....

7866 MULLER (F. Max). — The Six Systems of Indian Philosophy, By The Right Hon. F. Max Muller, K. M. Foreign Member of the French Institute.

London, New York et Bombay, Longmans, Green et Cᵒ, 1899, in-8° de XXXI-618 p. et 32 de Catalogue (5 fr.).

[O² k. 1095

Ouvrage capital de l'éminent Orientaliste d'Oxford sur les Philosophies de l'Inde, qui sont, comme on le sait la source de tous les Systèmes Philosophiques connus. Les six Systèmes examinés sont : le *l'edanta*, ou « *Uttara-Mimamsa* » du Sage BADARAYANA, ou VYASA ; — le *Purva Mimamsa* du Sage GAIMINI ; — le *Samkya*, ou *Sankhya*, de KAPILA ; la *Yoga* de PATANGALI, ou PATANDJALI ; — le *Vaisheshika* de KANADA ; — et le *Nyaya* de GOTAMA (qu'il ne faut pas confondre avec le Buddha « GAUTAMA »).

On peut dire que dans ces six Systèmes est renfermé ce que la pensée humaine a jamais conçu de plus profond. Leur origine se perd dans la nuit des temps, et l'on ne sait à peu près rien sur leurs auteurs présumés, sauf qu'ils n'ont fait que codifier des traditions qui leur étaient très certainement de beaucoup antérieures.

Voir aussi sur ce même sujet l'ouvrage moins étendu du Yogi RAMACHARAKA.

7867 MULLER (F. MAX). — Theosophy or psychological Religion. The Gifford lectures....

London, etc., Longmans, 1805. in-16 (3 dol.)

[8° R. 11009

7868 MULLER (Philippe) Médecin et Philosophe hermétique de Fribourg en Brisgau. — Philippi MULLER, Friburg-Brisgoi, Philosoph. et Med. D. Miracula chymica et mysteria medica Libris quinque enucleata, quorum summam pagina versa exhibet.

Parisiis, apud Melchiorem Moudiere, 1644, in-12. Figures (8 fr.).

7869 MULLER (Philippe). — Miracula et mysteria chymico-medica libris quinque (quorum summam pagina versa exhibet) enucleata. Accessunt his, I. Tyrocinium chymicum. II. Novum lumen chymicum.

Amstelodami, Walckenier, 1656. pet. in-12. Gr. sur bois (15 fr.).

Ouvrage rare, que nous ne trouvons dans aucune Bibliographie (Manquait à GUAITA).

157

7870 MULLERS (Pet. ou Phil.?). — Pet. MULLERS. de annulo pronubo, vulgo, Hypomnenea ; cui accessit de modo ac usu computationis graduum dissertatio.

Jenæ, 1678, in-4°.

(S-2274

7871 MULLNER (Leonhard). — Gründlicher Bericht von der Generation und Geburt der Metallen, wie solche durch des Himmels Einflusz in dem Erdreich gewürcket wird samt der Verwandlung der schlechten Metallen in bessere.... beschrieben zu Erfurth, a 1577. d. 28 Aug., durch Leonhard MULLNERN von Nürnberg ; dans *Deutsches Theatrum Chemicum*, de Fr. ROTH-SCHOLTZ (1728). I, 313-30.

(O-989

7872 MUNDAN (Theodor). — Theodor MUNDANS Antwort auf vorhergehendes Schreiben (aus Lateinisch übers) ; dans *Neue alchym. Bibliothek* de SCHRÖDER (1772), I, 1ʳᵉ p. 115-80.

La traduction latine est de BOERHAVE. L'original a été écrit en français, selon l'éditeur.

Quel est ce MUNDAN ? je n'ai rien trouvé sur son compte. Ne serait-ce pas le médecin MUNDINI ?

(O-1215

7873 MUNDUS. — Bible moderne. Livre premier.

Paris, Chamuel, 1892, in-12 (2 fr.).

(G-1642

7874 MUNK (Salomon) orientaliste israélite allemand, né à Glogau (Basse Silésie) en 1805, mort à Paris en 1867. Employé à la Bibliothèque à Paris. — La Palestine. — Description géographique, historique et archéologique.

Paris, 1845, fort vol. in-8° de 662 pp. ; 71 pl. h. t. (8 fr.)

Cet ouvrage est très important pour

l'étude des traditions et des coutumes judaïques et de la Kabbale. — Différentes races occupant la Palestine avant les Hébreux. — Aborigènes ou peuples géants. — Histoire des Hébreux. — Doctrine et Lois de Moïse. — Sanctuaires, pratiques religieuses, sacrifices, abstinence. — Lévites. — Prêtres. — Culte et fêtes. — Le Sabbat, la Pâque, la Pentecôte. — Civilisation des anciens Hébreux. — Mœurs et coutumes. — Langue, écriture et littérature hébraïques. — Histoire des Juifs depuis l'exil de Babylone. — Etat religieux à l'époque des Machabées. — Les Sectes. — La Kabbale. — Jésus-Christ. — Agrippa, etc....

7875 MUNTER (C. E.). — Merkwürdige Visionen und Erscheinungen nach dem Tode, aus dem Gebiete des Wahrheit, zur Verminderung des Aberglaubens und der Gespensterfurcht bearbeitet; nebst einigen Bemerkungen über Vorgesichte, Ahnungen und prophetische Träume; von C. E. Munter, Dr.

Hannover, Hahn, 1805-06, 2 vol. in-8° de II-260 et IV-322 pp. avec 1 pl.

(O-1732

7876 MUNTER (Frédéric) Evèque de Zéelande. — Friderici Munteri, Episcopi Selandiæ, Notitia Codicis græci, Evangelium Joannis variatum continentis.

Havniæ [Copenhague], 1828, in-8°.

7877 —— Statutenbuch des Orden der Templeherren.

Berlin, 1794, in-8°.

Semblent manquer à la Bibliothèque Nationale.

7878 MUNTZ (Eug.). — Léonard de Vinci était-il mage?

Paris, 1808, in-8°, 6 gravures représentant des scènes de magie par L. de Vinci.

Extr.

Autre ouvrage du même.
Léonard de Vinci, l'artiste, le penseur, le savant...

Paris, Hachette, 1899, gr. in-8°.

[4° K. 579

7879 MURALT (Béat Louis de), littérateur, voyageur et mystique Suisse, né à Berne et vivant au XVIIIe siècle. — Lettres fanatiques de M. B. L. de Muralt.

Londres, aux dépens de la Compagnie, 1739, in-12 (9 fr.)

Ouvrage très curieux et peu commun de ce mystique du XVIIIe siècle qui annonçait le retour du Christ sur la terre, pour y fonder une nouvelle religion.

(G-748

7880 MURAT (C*sse* de). — Les Lutins du Château de Kernosy. Nouvelle Historique de Madame la Comtesse de Murat. Nouvelle édition, revuë, corrigée et augmentée de deux Contes.

Leyde [S. E], 1753, 2 vol. pet. in-12 de 188 et 212 pp.

[Y². 7791-7792

L'un des deux Contes est la célèbre histoire de « Télépathie » Antique entre Zariade et Otadis, qui se trouve également reproduite à la fin d'une édition moderne de l' « Anti-Démon de Mascon » par Pierreach q. v. L'autre est tout bonnement « Peau d'Ane ».

(S-4111

7881 MURDRAC (Marie), ou Meurdrac q. v. — La Chymie Charitable et Facile, en faveur des Dames, par Marie Meurdrac.

A Paris, chez Laurent d'Houry, 1687, in-12, front. gravé. (5 fr.).

7882 MURE (Dr Benoit Jules), né à Lyon le 4 mai 1809, mort au Caire (Egypte) le 4 mars 1858. Médecin homœopathe célèbre, philosophe et sociologue pratiquant de l'Ecole de Fourier. Il fonda un phalanstère au Brésil. Au moment de sa mort il cherchait à en fonder un autre en Egypte.

Pour les détails de la Vie du Dr

MURE, voir son ouvrage (posthume), l' "Homœopathie pure", p. 185. — Doctrine de l'Ecole de Rio de Janeiro et pathogénésie brésilienne.

Paris, 1849, in-18 de 367 pp. avec fig. (3 fr.).

[Te¹³⁵ 92

7883 MURE (Dr.Benoit).— L'Homœopathie pure : exposé complet des connaissances nécessaires au traitement des malades, contenant la solution scientifique de tous les points encore douteux du nouvel art, la physiologie et la pathologie nouvelles, l'algèbre médical et ses applications, les tables logarithmiques pour le choix instantané du médicament etc. par le Dr. MURE, rev. augm. et mis en ordre par Sophie LIET.

Paris, J. B. Baillière, 1885, gr. in-8°, VII-208 p. Figures. (3 fr.).

[Te¹³⁵, 205

Cet ouvrage est le plus compétent sur ce nouvel art de guérir. — Contient de précieux secrets de médicaments et de remèdes.

7884 MURE (le Dr. Benoit). — Le médecin du peuple, enseignement mettant à la portée des hommes de conscience et de bon vouloir les procédés les plus parfaits et les récentes découvertes de l'art de guérir, indiquant les moyens pratiques de traiter toutes les maladies de l'homme et des animaux selon les principes de l'homéopathie. Augmenté par Sophie LIET.

Paris, J. B. Baillière, 1885, in-12. (4 fr.).

[Te¹³¹, 58
(G-1643

7885 MURE (Doct. Benoit). — La Philosophie absolue par le Doct. MURE revu et mis au courant de la science actuelle par Sophie LIET, collaboratrice du Dr MURE, en France, en Sicile, en Italie et en Egypte.

Paris, Librairie Moderne, 1884, in-8°, XIX-276 p. Figures. (4 fr.).

[8° R. 6451

Edité par les soins du SAR PELADAN, n'est pas œuvre banale. Le Dr. MURE, en effet, était un philosophe transcendant et un voyant à ses heures ; entre autres choses, il avait prédit longtemps à l'avance les tubes pneumatiques aujourd'hui en usage. Continuateur de WRONSKI, FABRE D'OLIVET, etc... il annonce la chûte de la fausse science et l'avènement du règne de l'Agneau. — Le Dr MURE prétendait posséder l'Absolu, comme WRONSKI : on verra par ce savant ouvrage qu'il avait quelque droit à émettre ces prétentions.

7886 [MURE LATOUR (Louis)]. — Siège d'Eden. — Allégorie orientale, ou combat des Enfans de l'Amour commandés par l'Elohim, contre les Enfans de l'Orgueil et de la Colère,commandés par Satan, le Grand Dominateur. Par L. M. L.

Paris, Treuttel et Würtz ; Servier, 1827, in-8° de 6 feuilles. (12 fr.).

[Manque à la Bib. Nat¹ᵉ

En 6 chants et en prose.

L'auteur que l'on croit généralement être P. LACOUR, l'auteur des "Æloïm" était un disciple d'ETEILLA.

N° 5209 (p. 679) du Journal de la Librairie.

7887 MURR (Christoph Gottlieb von).— Christoph Gottlieb von MURR uber den wahren Ursprung der Rosenkreuser und des Freymaureroidens : nebst einem Anhange zur Geschichte der Tempelherren (in Spanien und Portugal.)

Sulzbach, Joh. Esaias Seidel, 1803, in-8° de 100 pp.

Ouvrage superficiel : MURR ne fait remonter l'ordre des Rose ✝ Croix qu'à PARACELSE, ou même qu'à J. BOEHME, et celui des Francs-Maçons qu'à l'an 1633. C. M. PILLET (Biogr. univ. Michaud XXXI (1821), 459.)

Contient comme presque tous les ouvrages de MURR, beaucoup de renseignements bibliographiques.

(O-1533

7888 MURR (G. G. von). — Ueber den wahren Ursprung der Rosenkreuser... ; nebst einem Anhange zur Gesch. der Tempelherren.

Sulzbach, 1803, in-8°.

(O-748

7889 MURY (Francis). — Les Sociétés secrètes et le gouvernement en Chine.

Paris, 1900, in-8°, 17 gravures. (2 fr.). Extr.

Intéressante brochure. — On y lira avec intérêt ce qui concerne les sociétés secrètes comme le Nénuphar blanc et l'association des *Boxers* ou partisans de la Doctrine suprême, en ce qui concerne leurs constitutions, mœurs, cérémonies et leur influence prépondérante sur l'Empire Chinois.

7890 MUSÆUM HERMETICUM, omnes sopho-spagyricæ artis discipulos fidelissime erudiens... continens tractatvs chymicos nouem præstantissimos...

Francofurti, 1625, pet. in-4°, 22 planches. (24 fr.).

[R. 8079

Livre d'alchimie des plus curieux contenant les 9 traités suivants : *Tractatus aureus de lapide philosophico*. — *Aureum sæculum redivivum*. — *Hydrolithus sophicus seu aquarium sapientium*. — *Demonstratio Naturæ*. — *Via Veritatis*. — *Gloria Mundi*. — *Tractatus de generatione metallorum*. — *Auctor libri cujus nomen Alze*. — *De lapide philosophorum figura et emblemata*. — Cet ouvrage est orné de 22 pl. des plus curieuses et des plus intéressantes, notamment la série des 15 emblèmes de LAMBSPRINCK sur la Pierre Philosophale.

7891 MUSÆUM HERMETICUM reformatum et amplificatum, omnes sophospagyricæ artis discipulos fidelissime erudiens, quo pacto summa illa veraque lapidis philosophici medicina etc. Continens tractatus chimicos XXI præstantissimos.

Francofurti et Lipsiæ, 1749, in-4°. (65 fr.).

Autre édit. :

Francofurti, Hermannus a Sand, 1678, in-4°.

[R. 8080

Recueil de 21 traités alchimiques, la plupart traitant de la pierre philosophale ou de médecine occulte. Ouvrage de la plus grande rareté, orné de nombreuses vignettes gravées et de frontispices.

(G-740

7892 [MUSSARD (Pierre)]. théologien protestant suisse né à Genève en 1627 mort à Londres en 1686. Pasteur à Lyon, entre autres. — Les Conformités des Cérémonies modernes avec les anciennes, où l'on prouve, par des autorités incontestables, que les Cérémonies de l'Eglise Romaine sont empruntées des Païens. (par Pierre MUSSARD).

Genève, 1667, in-8°. (12 fr.).

BARBIER (I-685) indique deux autres éditions de même date, l'une in-12 par Jean Sambix le Jeune, à Leyde, de 6 ff. prélim. et 374 pp., l'autre S. L. in-8, de 5 ff. prélim et 305 pp.
Livre curieux, qui a été activement détruit, et dont RAGON s'est fortement inspiré dans son ouvrage sur *la Messe et les Mystères*. — Mis à l'Index le 20 mars 1668.

(S-1850

7893 MUSSARD (P.). — Conformité des cérémonies modernes avec les anciennes. Où l'on prouve par des autorités incontestables que les cérémonies de l'Eglise Romaine sont empruntées des Payens. Avec un traité de la conformité qu'ils ont dans leur conduite. Augmenté de la lettre écrite de Rome sur le même sujet par Convers MIDDLETON.

Amsterdam, Uytwerf, 1744, 2 vol. pet. in-8°. (15 fr.).

[D² 9632

Dans la *Nouv. biographie générale*. M. Nicolas, dit que cet ouvrage de Mussard est devenu fort rare, même parmi les protestants qui n'ont pu le sauver des recherches actives qu'on fit pour le détruire. C'est un livre curieux ne manquant ni d'esprit ni d'érudition.

(G-750

7894 [MUSSET (Louis Charles Alfred de)] grand poète contemporain, né et mort à Paris (1810-1857). — L'Anglois mangeur d'opium. Traduit de l'anglois et augm. par A. D. M. avec une notice par Arthur Heulhard.

Paris, Moniteur du Bibliophile, 1878, gr. in-8° de 126 p. et note. Titre rouge et noir. (8 fr.).

[4° Y² 1519

Belle et unique réimpression à petit nombre du premier livre d'Alf. de Musset, dont l'édition originale (Paris, Mame et Delaunay-Vallée " XDCCCXXVIII " [1828], in-12 de 221 p. (comprenant XVI p. préliminaires) est si rare que Paul de Musset ni l'éditeur Charpentier ne purent la trouver pour la réimprimer dans les œuvres.

C'est une traduction libre des « Confessions of an English Opium Eater » par Thomas de Quincey (1785-1860).

MUTUS LIBER... célèbre traité d'Alchimie tout entier en figures. — Voir :

ALTUS.

7895 MUYS (W. G.). — Dissertation sur la perfection du monde corporel et intelligent.

Leide, Langerac, 1745, in-12. (2 fr.).

(G-751

7896 MYERS (Frederic William Henry) né à Keswick en 1843. — Human personality and its survival of bodily death, by Fred. W. H. Myers, edited and abridged by his son Leopold Hamilton Myers.

London, New York, Longmans Green and C°, 1907.

Bombay. [First edition, Dec. 1006] in-8° de xviii-470 pp.

A remarquer le Rêve de l'assyriologiste de l'Université de Pennsylvania, Prof. Hilprecht (p. 365).

Traduction française :

La Personnalité humaine, sa survivance, ses manifestations supranormales par F. W. H. Myers. Traduction par le Dr S. Jankelevitch.

Paris, F. Alcan, 1905, in-8°, XVI-421 p.

[8° R. 19700

De la *Bibliothèque de Philosophie Contemporaine*.

7897 [MYNSICHT (Hadrian von)]. — Aureum seculum redivivum, das ist : die uhralte entwichene Güldene Zeit, so nunmehr wieder auffgangen, lieblich geblühet, und wolriechenden güldenen Samen gesetzet, welchen teivren und edlen Samen allen wahren Sapientiæ et Doctrinæ Filiis zeigt und offenbahret, Hinricus Madathanus [Hadrian von Mynsicht] theosophus, medicus et tandem, Dei gratia Aureæ Crucis frater : dans *Opus Chymyca tripartita* (1625), 67-87.

C'est Lenglet-Dufresnoy qui nous donne le véritable nom de l'auteur.

(O-1255

7898 MYSTÈRE (Le) de la danse des tables dévoilé par ses rapports avec les manifestations spirituelles d'Amérique par un catholique.

Paris, Devarenne, 1854, in-8°, 32 pages.

(D. p. 152

7899 MYSTÈRE des sociétés secrètes (Isis, Eleusis, Brahma, Teutatès, Assassins, Illuminés, Carbonari, Fenians, etc.).

Paris, Huriot, 1869, in-12 de 400 pp. (5 fr.).

Sc. psych. — T. III. — 11.

Ouvrage extrêmement intéressant dont voici un extrait de la table: Les Sociétés secrètes devant l'histoire. — Religion indienne. — Mystères égyptiens. — Druidisme. — Mystères grecs. — Mystères romains. — Assassins. — Templiers. — Francs-juges. — Frères Moraves. — Francs-Maçons. — Illuminés. — Compagnons. — Associations royalistes et républicaines. — Carbonarisme. — Mutuellistes. — Marianne. — Thugs. — Fénians, etc... Chacun de ces sujets est traité d'une façon complète et bien documenté.

Autre édition :

Paris, 1869, in-18. (2 fr. 50).

(G-752)

7900 MYSTÈRES (Les) du magnétisme révélés.

Bordeaux, Imp. Lazard Lévy, 1845 in-8°.

Brochure très rare.

(D. p. 134)

7901 ΜΥΣΤΗΡΙΟΝ αποκαταστασεως παντων, das ist : das Geheimnisz der Wiederbringung aller Dinge, darinnen in einer Unterredung zwischen Philaletham und Agatophilum gelehret wird, wie das Böse und die Sünde, die keine Ewige Wurtzel hat, sondern in der Zeit geuhrständet ist, wiederum gäntzlich solle auffgehoben, und vernichtet ;.... Offenbahret durch einem Zeugen Gottes und seiner Warheit (*sic*).

Gedruckt in Pamphilia, und daselbst bey dem Authore zu finden, 1701 fort in-fol. en plus. parties, avec front. gravé.

(O-61)

7902 MYSTERIUM Sigillorum, Herbarum et Lapidum, oder Vollkommene Cur und Heilung aller Kranckheiten Schaden und Leibes auch gemüths Beschwerungen durch unterschiedliche mittel ohne Einnehmung der Artzenen.

Erffurdt, 1731, in-4°. Fig. sur bois et vign. en taille douce au Titre. (10 fr.).

7903 MYSTISCH-kabalistisches Orakel, oder die seltene Kunst zukünftige Schicksale und Begebenheiten zu erforschen.

Basel, 1791, pet. in-8° de 12 pp. avec 5 tableaux.

(O-1857)

7904 NACHTRAG zur Unterhaltung und zum Nachdenken für Freimaurer.

Stendal, Franzen und Grosse 1787 in-8° de 32 pp.

(O-421

NACLA (Félicien, ou « la Vicomtesse »), pseudonyme de :
ALCAN (Mme Th.).

7905 NADAL, ou NADAULT (l'abbé Augustin) Auteur dramatique et Littérateur, né à Poitiers en 1659, mort au même lieu en 1740. Académicien.
— Histoire des Vestales, par l'abbé NADAL. Avec un traité du Luxe des Dames Romaines.

Paris, Ribou, 1725, in-12. (4 fr.).

[J. 14999

Bon ouvrage, rempli de curieuses anecdotes. — Coiffures des Dames Romaines. — Leurs Habillements. — Le Fard des Romaines. — La Licence des Soldats. — Etc.

L'Edition pré-originale a paru dans les « *Mémoires de l'Académie des Inscriptions et Belles Lettres* » de 1734 (Tome IV) p. 161-226.

(S-4074

7906 NAHE (Das) Ende der Welt aus den merkwürdigsten Begebenheiten derselben von ihrer Erschaffung an, bis auf gegenwärtige Zeiten entwickelt und dargethan.

S. l. ni adr. (Frankfurt, Pech), 1792, in-8° de 224 pp.

Comme la série des évènements se continue jusqu'à l'année 2000, il est curieux de comparer ceux qui nous restent à voir en tenant compte de la justesse des vues de l'auteur dans la réalisation de ceux arrivés depuis 1792.
Selon l'auteur, qui a rencontré juste pour plusieurs évènements arrivés depuis le commencement du siècle, nous ne tarderons pas à voir la fin de la papauté temporelle.

(O-1876

7907 NAIGEON (Jacques André) littérateur philosophe français né et mort à Paris (1738-1810). D'abord artiste peintre puis éditeur des ouvrages de d'HOLBACH. Encyclopédiste et athée, il fut aussi un bibliophile de marque; sa bibliothèque passa à M. Firmin DIDOT. — Philosophie ancienne et moderne.

Paris, Panckoucke, 1791, 3 vol. in-4° de 900 pp. env. chacun, sur deux colonnes. (20 fr.).

Ouvrage aux proportions cyclopéennes et d'une érudition immense qui dépasse de très haut ce qui a été publié depuis sur le sujet. Il est impossible d'en donner une analyse même sommaire; mais en voici qq. aperçus éloquents : Philosophie de Campanella (11 p); Théologie et philosophie des Celtes et des Druides (100 p); Histoire de l'Eclectisme (Ecole d'Alexandrie (32 p); Philosophie des Indiens (90 p.); Philosophie des Juifs (25 p); Philosophie des Mages (10 p.); Philosophie de Pythagore (25 p.) Philosophie des Théosophes (Paracelse et sa doctrine etc.) (14 p.). Cet art. comprend 10 colonnes des axiomes de Paracelse (trad. unique en Français) et précieuse au point de vue magique. — Platon, Aristote, Bacon, Boulanger, Vanini, Giordano Bruno, Spinosa, etc... y sont largement examinés, et le système de TOLAND « *qui explique ésotériquement tous les mystères du christianisme* » y occupe plus de 70 p.
En somme véritable monument.

7908 NAPIER (Jean) ou Jean NEPER [écrit quelquefois NAPEIR] baron de MERCHISTON, illustre mathématicien et mystique Ecossais, né en Ecosse en 1550, mort en 1617. On ne connait aucun détail de sa vie. Son ouvrage mathématique : « *Logarithmorum canonis descriptio...* » est de 1614.
— Ouverture de tous les secrets de l'Apocalypse: ou Révélations de Saint Jean, par J. NAPEIR, et mis en françois par G. THOMPSON.

La Rochelle, Timothée Iovan, 1602, in-4°.

[A. 4196
(S-1658

7909 NAPIER (Jean). — Ovverture des

secrets de l'Apocalypse ov Revelation de S. Jean en deux traités... par Iean NAPEIR, c. à. d. *Nompareil*. Sieur de MERCHISTON, reueuë par lui-mesme... Edition seconde.

A La Rochelle, par les héritiers de H. Haultin, 1603, in-8° de 328 p. et pièces liminaires n. c. avec plusieurs tableaux pliés et titre en partie gravé.

[A. 7263]

L'exemplaire de la Bibliothèque Nationale est suivi des :

Qvatre Harmonies sur la Revelation de S. Iean, touchant la Royavté. Prestrise et Prophetie de Iesus Christ »... par G[eorges]. T[homson]. E[cossois].

S. l, 1603, in-8° de 24 p. et pièces liminaires.

(S-178

7910 NAPIER (Jean). — Ovverture de tovs les secrets de l'Apocalypse ou Revelation de S. Iean. En deux traités l'vn recerchant (sic) et prouuant la vraye interpretation d'icelle ; l'autre applicant au texte ceste interpretation paraphrastiquement et historiquement, par Iean NAPEIR, c. à d. *Nompareil*, sievr de MERCHISTON et mise en françois par Georges THOMSON, Ecossois.

A la Rochelle par Noël de la Croix, 1607, in-12. (18 fr.).

Autre édit :

La Rochelle, Noël de la Croix. 1605, in-8°.

[A-10372

Fort singulier ouvrage de l'illustre mathématicien écossais, inventeur des Logarithmes. NAPIER, au lieu de se consacrer uniquement aux mathématiques ne les considérait que comme un délassement de son travail principal : l'interprétation de l'Apocalypse. Et il traite cette dernière avec toute la rigueur mathématique ; de sorte que, au moyen de certains « *postulata* » peut-être un peu aventurés, il arrive à démontrer par exemple, que :

« Prop. XXV : — La Bête à deux cornes est l'Antechrist et son règne. — Prop. XXVI : Le Pape seul est cet Antechrist prédit par les Prophètes en particulier. — Prop. XXXII : Gog est le Pape, et Magog les Turcs et Mahométans. Etc. »

NAPIER prédit la fin du monde pour la période comprise entre 1688 et 1700. Il a été réfuté par PERRIERES-VARIN et COURCELLES, q. v.

7911 NARFON (Julien de). — Vers l'Eglise libre.

Paris, Librairie mutuelle, 1905, in-16, XXVIII-404 p.

[Ld⁶. 135

Et autres ouvrages ecclésiastiques. (Bib. Nat.).

7912 NARTZOFF (A.). — La Religion de l'avenir.

Paris, 1880, in-12 (1 fr.).

[8° R. 9357

7913 NASS (Dr Lucien). — La Danse macabre de Saint-Jean de Bâle.

Paris, 1905, in-8° 14 curieuses gravures.

Etude très intéressante, qui forme un commentaire peu connu de l'Arcane XIII du Tarot.

7914 NASS (Dr Lucien). — Les névrosés de l'Histoire.

Paris, Librairie universelle, 1908, in-16 de 328 pp. fig. (3 fr. 50).

[8° Td⁸⁸ 939

La « *Césarité* » (p. 7).

Mythomanes et imposteurs. — Faux Messies. — Fausses Jeanne d'Arc. — Faux dauphins. — Mysticisme, névrose et démonomanie. — Incubes et succubes. — Les déséquilibrés des Colonies. — Le Sadisme à la Cour de nos rois. — Cet ouvrage scientifique et sérieux est fort aguichant par les matières scabreuses qu'il aborde ; 10 curieuses figures y ajoutent un nouveau piquant. Citons : Une procession de flagellants. — Quelques types de démons d'après Brenghel. — La Vanozza maîtresse du Pape Alexandre

VI. — La St-Barthélemy. — Une prophétie de Nostradamus, etc.

7915 NATIVITÉ (Jeanne Le Royer, sœur). — Vie et Révélations de la sœur Nativité (Jeanne Le Royer), religieuse converse.... écrites sous sa dictée (par l'abbé Genet)...

Paris, Beaucé. 1817, 3 vol. in-12.

[O-1881

7916 NATURE DÉVOILÉE (La) ou Théorie de la nature, dans laquelle on démontre par une analyse exacte de ses opérations, comment et de quoi toutes choses prennent naissance, comment elles se conservent, se détruisent et se réduisent de nouveau en leur essence primordiale (trad. de l'allemand, par...)

Paris. Edme. 1772. 2 vol. in-12 de IV-IV-378. et 300 pp. (4 fr.).

[R. 24565-24566

C'est la traduction de l'*Aurea catena Homeri*. Barbier après avoir (N° 23,013) indiqué Dufournel, médecin, comme traducteur français, n'a pas confirmé son renseignement dans sa table, car ce nom ne s'y trouve pas.

Le traducteur a-t-il suivi exactement son texte? nous ne le pensons pas ; dans tous les cas il y a des non-sens dans sa traduction ; par exemple, il fait dire par son auteur. (p. IV de la Préface) : « Je préviens qu'on ne trouvera point dans ce traité, l'élégance et la pureté du style, d'autant plus que j'écris dans une langue qui m'est étrangère... » Ce passage est ainsi traduit dans la traduction inédite de Sitandre « Il faut vous prévenir encore que l'éloquence et la beauté du stile n'ont pas fait l'objet de nos soins, nous sommes simple de notre naturel et nous aimons à procéder avec la simplicité de la nature même. Que servent à un article le choix des mots et le bel arrangement des phrases ?... »

Outre la suppression d'un chapitre (celui qui devrait se trouver entre le III-e et la IV-e), il y a beaucoup de passages abrégés ou plutôt résumés en quelques mots : tout porte donc à croire que *La Nature Dévoilée* n'est pas la traduction exacte et fidèle de l'*Aurea Catena Homeri*.

[O-1487

NATURE DÉVOILÉE (la) ou Théorie... — Voir :
AUREA CATENA HOMERI.
DUFOURNEL.

7917 NAU (l'abbé F.) membre de la Société Asiatique. — Bardesane l'astrologue. — Le livre des lois du pays. Traduit du Syriaque.

Paris, s. d. in-8° (4 fr.).

7918 —— Une biographie inédite de Bardesane l'Astrologue. [154-222] par F. Nau.

Paris. A. Fontemoing. 1897, in-8°.

[O²s. 178

Tirée de l'*Histoire de Michel-le-Grand, patriarche d'Antioche* (1126-1199).

7919 NAU (John Antoine), romancier contemporain. — La Gennia, roman spirite hétérodoxe.

Paris. Messein, 1906, in-12, (2 fr.).

[8° Y² 57452

7920 NAUBERT (Mme Benedicte). — Le Tribunal secret, drame historique en 5 actes, précédé d'une notice sur cet étrange établissement. — Trad. de l'allemand par J. N. E. de Cock.

Metz, Lamort, 1791, in-8°, (5 fr.).

[Yth 17513

7921 NAUDÉ (Gabriel), bibliographe célèbre et médecin né à Paris, en 1600 mort à Abbeville en 1653. Bibliothécaire de Richelieu puis de Mazarin, médecin de Louis XIII. — Advis pour dresser une bibliothèque. Présenté à Mgr le Président de Mesme, par Gabriel Naudé, Parisien, Réimprimé sur la deuxième édition (Paris 1644).

Paris, Isidore Liseux, 1876, in-16 de XVI-114 pp. (3 fr. 50).

[8° Q 67

Tiré à 550 exemplaires.

Intéressant opuscule classique dans son genre.

7922 NAUDÉ (Gabriel). — Apologie pour tous les grands hommes qui ont esté accusez de magie.
Paris, Jacques Cottin, 1669, in-16 [xx]-502 p. (4 fr.).

[Z-17297-17298

Dans ce très curieux ouvrage, on traite des génies attribués à Socrate, Aristote, Plotin, Paracelse, Agrippa, Savonarole, Nostradamus, Roger Bacon, Albert le Grand, aux Papes Sylvestre II et Grégoire VII, aux Mages, à Virgile, etc...

7923 NAUDÉ (Gabriel). — Apologie pour les grands hommes soupçonnez de Magie ; par Gabriel NAUDÉ. Dernière édit. où l'on a ajouté quelques remarques.
Amsterdam, J. Fred. Bernard, 1712, in-8° de XVIII-470 pp. avec 1 pl. grav. (6 fr.).

[Z-17299

Idem :

Paris, Targa, 1625, pet. in-8°.

[Rés. Z. 2501

Edition princeps de cet ouvrage célèbre et souvent réimprimé.

(G-753 à 5 et 1648
(O-1686
(S-3242

7924 NAUDÉ (Gabriel). — Instruction à la France sur la vérité de l'histoire des frères de la Roze-Croix ; par G. NAUDÉ, parisien ; avec cette épigraphe :

« *O quantum est rebus inane* ». (Pers. Satyr. l.).

Paris, François Julliot, 1623, in-8° de XXIV-117 pp. (20 fr.).

[H. 16936

Le plus précieux ouvrage que l'on possède pour les révélations des mystères philosophiques et hermétiques des Frères de la Rose Croix.

(G-756 et 1649
(O-1527-1528

7925 NAUDÉ (Gabriel). — Nachricht an Frankreich betreffend die wahre Geschichte der Brüderschaft von Rosenkreuz aufgesetzt von G. NAUDÉ ; nach den... Original übersetzt, und mit Anmerkungen begleitet ; dans *Ueber geheime Wissenschaften* [1786] I, 247-349.

(O-1520

7926 NAUDÉ (P). — Déclaration contre l'Erreur execrable des Maleficiers, Sorciers, etc. par P. NAUDÉ.
Paris, 1578, in-8°.

(S-3212

7927 NAUDOT (le Frère..). — Chansons notées de la très vénérable confrérie des Maçons libres, précédées de quelques pièces de poésie convenable au sujet et d'une marche ; le tout recueilli et mis en ordre par Frère NAUDOT.
S. l. 1737, in-12, 30 pages, (4 fr.).

Recueil extrêmement rare entièrement gravé (musique et texte).

(G-1912

7928 NAUNDORFF (Charles-Guillaume) un des prétendus Louis XVII, né vers 1785, peut-être à Spandau, ou Weimar, mort à Delft en Hollande en 1845. — Doctrine céleste ou l'évangile de N. S. Jésus Christ dans toute sa pureté primitive, tel qu'il l'a prêché lui-même pendant sa carrière terrestre : révélé de nouveau par trois anges du Seigneur et confirmé par J. C. lui-même par la réprobation de la Papauté Romaine : avec toutes les preuves de son imposture contre la doctrine de notre Sauveur.
S. l, 1839, in-8° (25 fr.).

[Rés. D². 657 r

Ouvrage rare et fort curieux du célèbre NAUNDORFF, le prétendu Louis XVII, qui, condamné comme hérétique et dogmatisant en cour de Rome, s'était jeté dans les bras du fameux mystique Eug. VIN-

TRAS, comme lui condamné à la prison par l'autorité religieuse.

(G-757

7929 NAUNDORFF (Ch. G.). — Partie préliminaire de la doctrine céleste de Notre Seigneur Jésus-Christ. Publié par le fils de Louis XVI roi de France, Charles Louis de Normandie.

S. l., 1859, in-8°. (25 fr.).

Ouvrage rare et curieux.

(G-757

7930 NAUROY (Ch.). — Révolutionnaires.

Paris, 1891, in-12. (2 fr. 25),

[Ln². 287

Diderot. — Helvétius. — La famille d'Holbach. — Bakounine, etc...,

7931 NAUSEA (Frédéric) théologien allemand, né près de Wurtzbourg vers 1480, mort à Trente en 1550. Évêque de Vienne et membre du Concile de Trente. — Frid. NAUSEÆ Libri mirabilium septem.

Coloniæ, apud P. Quintell, 1532, in-4°.

Edition originale :

Moguntiæ (Mayence), 1531, in-4°.

(S-3196

7932 NAVEZ (l'abbé J. F.). — Dissertation historique sur les hosties miraculeuses qu'on nomme le Très Saint Sacrement de miracle et qui sont déposées dans l'Eglise collégiale et paroissiale des SS. Michel et Gudule à Bruxelles depuis l'an 1370.

Bruxelles, Lemaire, 1790, in-8°, avec 6 grandes et belles planches gravées hors texte. (10 fr.).

(G-1650

7933 [NAXAGORAS (Johann EHRD von)] chevalier Romain. — Alchymia denudata, revisa et aucta, oder : das bisz anhero nie recht geglaubte, durch die Erfahrung nunmehro aber würklich beglaubte, und aus allen Zweifel gesetzte, neuübersehene und vermehrte, oder in vielen besser erklärte Munder der Natur nebst angehängter ausführlichen Beschreibung der unweit Zwickau in Missen zu Riederhohendorf und anderer umliegenden Orten gefundenen soldischen Sande, vorstellend Welchergestalt aus unterschiedenen allhier aufrichtig mit Namen genannten Materien,... alles nach langwierigen dem Studio chymico obgelegenen Fleisse, theils mit Augen gesehen, theils mit Händen selbst gemacht... an Tag gegeben von J. N. E. J. v. Romischen Rittern und Comite Palatino (Joh. Ehrd von NAXAGORAS).

Leipzig und Stralsund, Sam. Gottl. Lochmann, 1728, 2 vol. in-8° de XXX-202, et XX-328 pp.

(O-1353-1354

7934 [NAXAGORAS (von)]. — Ausführliche Beschreibung der unweit Zwickau in Meiszen, zu Niederhohendorff und anderer umliegenden Orten gefundene boldischene Sande; vie selbige und durch wen sie erfunden worden, warum sie nach gemeiner Art nicht, aber auff chymische Weise wie zu gute zu machen.... allen Liebhabern der Curiositäten zu dienlicher Nachricht.... von J.-E. a. N. E. A. ac. S. P. et A. L. C. (Johann EHRDA von NAXAGORAS).

Sine loco (Leipzig) in Verlegung des Autors, 1696, pet. in-8° de 64 pp.

(O-1351

7935 NAXAGORAS (Johann von). — Sancta Veritas hermetica, seu Concordantia Philosophorum consistens in sale et sole vel mercurio et sulphure das ist : die ehemals excerpirte und darauf mit eigener Hand experimentirte Sonnenklare-Wahrheit der Philosophischen Schrifften, vermittelst welcher Joh. Ehrd von NAXAGORAS, Johann Eques, in diesem 1700 Seculo durh die mir von oben herab verliehene Gnade und Barmhertzigkeit Gottes zu der Erkänntnisz des höchsten Geheimnisses dieser Welt, menschlicher und metallischer Gesundheit gelanget ;...

Breslau, Joh. George Sleck, 1712, in-8º de XXII-002 pp.

(O-1352)

7936 NAXAGORAS (Johann Ehrd von). — Ehrd de NAXAGORAS, Joh. Equit. Roman. aurati ac S. Palat. et aulæ Later. comitis, Aureum Vellus, oder güldnes Vliesz, das ist : ein Tractat, welcher darstellet den Grund und Ursprung des uhralten güldenen Vlieszes, worinnen dasselbe ehemahls bestanden und noch, was vor eine gefährliche weite Reise deswegen angestellet worden, und von weine, auch wie es enndlich zu einer allerhöchsten Ritter Orden gediehen.... wie auch Ultimum Vale bey der gantzen Welt, in Specie aber all denjenigen, welche bisz anhero seine Schrifften werth geachtet...... Edit. secunda, cum Supplemento Aurei Velleris vermehret.

Francfurt am M., Erben und Schilling. 1733. 2 parties in-8º de IV-384 et 320-62 (pour le Suppl). pp. et 1 pl. col.

La 1-re édition est de

Giessen. 1715.

(O-1355)

7937 NAZARI (G. B.). — Della tramvtatione metallica sogni tre ; falsa tramutatione sofistica : utile tramutatione detta reale filosofica.

Brescia, 1572, in-4º. (18 fr.).

Avec figures sur bois, dont une très curieuse, représente un âne faisant danser au son de la flûte une troupe de singes.

7938 NEALE (Mason) et Benj. WELB. — Du symbolisme dans les églises du moyen-âge ; trad. de l'angl. avec une introduction, des additions et notes par l'abbé Bourasse.

Tours, Mame, 1847, in-8º (4 fr.50).

Avec une vue de la Cathédrale d'Amiens, gravée sur acier et des figures dans le texte.

7939 NEANDER (Jean) médecin allemand né à Brême en 1596, mort vers 1630. — Traicté dv tabac ov nicotiane, panacée, petvn: avtrement Herbe à la Reyne, avec sa préparation et son vsage, pour la plupart des indispositions du corps humain, ensemble les diverses façons de le falsifier, et les marques pour le recognoistre.

Lyon. Barth. Vincent, 1626. in-8º (30 fr.).

Il est curieux de voir quelle singulière idée le bon Jean NEANDER se faisait du tabac : « il appaise la faim et la soif — assavoir si la fumée du tabac peut nourrir ? il fait la mémoire bonne — remède pour la surdité — onguent de la Nicotiane, etc. » Avec plusieurs figures gravées dont quelques-unes représentent des pipes.

(G-758)

7940 NECKER (Noël Joseph de) botaniste allemand né en Flandre en 1729 mort en 1793. Historiographe du Palatinat. — Physiologie des corps organisés, ou examen analytique des animaux et végétaux comparés ensemble, à dessein de démontrer la chaîne de continuité qui unit les différens règnes de la nature. — Edition française du livre publié en latin à Manheim sous le titre de « *Physiologie des Mousses* ».

Paris. Bouillon, 1775. in-12, (3 fr.).

Ouvrage philosophique, dans lequel l'auteur analyse, discute et pèse l'opinion des plus grands philosophes anciens et modernes.

7941 NÉE de la ROCHELLE (Jean François) littérateur et libraire à Paris né à Paris en 1751 mort en 1838. Fut un moment juge de paix à la Charitésur-Loire. — Vie d'Etienne Dolet, imprimeur à Lyon dans le XVIe siècle, avec une notice des libraires et imprimeurs auteurs que l'on a pu découvrir jusqu'à ce jour.

Paris, Gogué. 1779, in-8º, (5 fr.).

NÉE de la ROCHELLE. — Voir : SYSTEME de la Rose Magnétique, curieux ouvrage mesmerico-maçonnique, qui lui est attribué.

NEFF (André) Magnétiseur dont un ouvrage a été publié posthume par :
SUARD (Georges) q. v.

[8º R. 22473

7942 NEFZAOUI (le Cheikh). — Le Jardin Parfumé du Cheikh Nefzaoui. Manuel d'Erotologie arabe (XVIe siècle). Traduction revue et corrigée.

Paris, 1904, in-8º, (30 fr.).

Réimpression à 320 ex. sur Hollande de l'édition originale :
Paris, Isidore Liseux. 1886, in-8º.

[Enfer 103

Hommes et Femmes dignes d'éloges. — Hommes et Femmes méprisables. — Chez les Animaux. — Ruses et Trahisons des Femmes. — Femmes Stériles. — Avortement. — Remèdes. — Impuissance. — Grossesse. — Etc.

7943 NELIS (le Père Corneille François de) érudit belge né à Malines en 1736 mort en 1798, dans un couvent de Camaldules en Italie. Principal du Collège de Malines, puis grand vicaire de Tournai. — L'Aveugle de la Montagne, entretiens philosophiques.

S. l., 1795 in-8º. (12 fr.).

Cet ouvrage qui ne porte aucun nom d'éditeur, mais a dû être imprimé par Giambattista Bodoni à *Parme,* est un réel chef d'œuvre d'impression.
De la Nature créée. — Dieu et les intelligences. — De la Mort. — Le chant du Cygne ou la vie à venir et l'immortalité. — Les grands hommes de l'Antiqui-

té profane ou Numa, Pythagore, Zoroastre, Socrate et Confucius. — Les langues et leur étymologie, etc...

(G-1651

7944 NEMZETSEG (Adam). — De la puissance des nombres dans ses applications à l'impuissance des bourses. Essai de métaphysique transcendante renouvelée des Grecs (non approuvé par le Conseil impérial de l'Instruction publique).

Paris, Arnaud de Vresse, et Alexandrie d'Egypte. 1866, in-12. (4 fr.).

[V. 47741

Nouvelle humoristique.

(G-759

7945 NENTER (Georges Philippe) médecin français du XVIIIe siècle. Partisan de Stahl. — George Philipp Nenter Bericht von der Alchemie, darinnen von derselben Ursprung, Fortgang und besten Scriptoribus gehandelt, auf alle Einwürffe der Adversariorum geantwortet, und klar bewiesen wird, dasz warhafftig durch die Alchemie der rechte Lapidis Philosophorum als eine Universal Medicin könne bereitet werden; dans *Deutsches Theatrum chemicum* de Fr. Roth-Scholtz. (1728), I, 147-218.

(O-1358

7946 [NER (Henri)], « Barbare hybride, fils d'un père norvégien et d'une mère catalane » (*Voyages de Psychodore* p. 269) né à Nemours (Oran, Algérie) en 1861. Homme de lettres et philosophe contemporain. — Han Ryner. — Les Voyages de Psychodore, philosophe cynique.

Paris, Biblioth. des Cahiers humains, 1903, in-16 de 272 pp.

[8º Y² 54437

Bien curieuses conceptions mythiques; allégories intéressantes et profondes.

Peu de livres valent celui-ci, soit au point de vue philosophique, soit au point de vue mystérieux. — Il est étrange, et instructif; il est triste et il est enjoué.— Il fronde, il joue, il ricane, il caresse, il pleure et il rit. — Son style est excellent et sa langue est des plus pures. — C'est un bon livre de philosophie occulte.

7947 [NER (Henri)]. — HAN RYNER. — Les Chrétiens et les philosophes.

Paris, Libr. française, 1906, in-18 de 218 p. (1 fr. 50),

[8° Y² 55492

« *A lire et à relire* » (Epigraphe).
Le manuel d'ÉPICTÈTE en dialogue. Large et profonde philosophie avec un curieux et intéressant parallèle avec la Religion chrétienne.
Ouvrage d'une lecture attachante.

7948 [NER (Henri)]. — HAN RYNER. — Le Cinquième Evangile.

Paris, E. Figuière, 6 rue Corneille 1911, in-16 de 278 pp.

7949 NERVA (E.). — Respectueuses remontrances de l'Ame humaine à l'Ame de la Terre.

Paris, 1853, in-12 de 68 pp.

Rare et intéressant ouvrage. — Les moules ou les types. — La Trinité de la Révélation céleste.— Dieu, âme centrale. — La loi sériaire et sa portée philosophique. — L'analogie, etc...

NERVAL (Gérard de), voir :
LABRUNIE (Gérard).

7950 NESMES (C. de). — L'analyse de la Providence divine : en son existence, essence et propriété.

Paris, Billaine, 1630, pet. in-8°, (4 fr.).

(G-761

7951 NEU eröffende Schatz-Kammer allerhand rarer sehr curiöser und sonderbarer chymischer, physicalischer und œconomischer Geheimnisse, wobey nicht nur einer aufrichtige Handleitung zur würcklichen Bereitung der so gennanten philosophischen Tinctur, sondern auch unterschiedene sehr vortheilhaffte Particularia, allen Liebhabern natürlicher und hermetischer Wahrheiten auf das deutlichste gezeiget werden.

Leipzig, David, Richter, 1734, in-8° de 178-IX (pour la table de la 1-re partie, et pour la 2°)-IV pp.

(O-1458

7952 NEUE Sammlung von einigen alten und sehr rar gewordenen philosophisch und alchymistischen Schriften, als eine neue Fortsetzung des bekannten deutschen Theatri chymici.

Francfurt und Leipzig, Krausz, 1769-74, 6 vol. in-8° de 300 à 400 pp chaque.

Cette collection contient environ 30 ouvrages.

(O-623, 773, 775, 777, 782, 785, 881, 902, 933, 948, 1061, 1106, 1117, 1123, 1184, 1281, 1283, 1293, 1365, 1481, 1487, 1494, 1499, 1624.

7953 NEUEROEFFNETES Geheimnisz der Naphta Nitri, und der Naphta Vitrioli nebst einer gründlichen Anleitung die Tinctur und Oehl des Vitriols zu verfertigen,.... aus dem Englischen übersetzt.

Remplen, Carl Gottwall, Benj. Fritzsch, 1773, in-8° de 31 pp.

(O-1505

7954 NEUHASIUS ou Edon von NEUHAUSS, écrivain et humaniste hollandais, né en 1581 mort en 1638. Recteur du Collège de Leeuwarden. — Edoniæ NEUHASII fatidica sacra sive de Futurorum Pronuntiatione.

Amstelodami, J. Janssonius, 1635-1648, 3 vol. in-8°.

[D² 14236
(S-3211

7955 NEUHOUS (Henry). — Advertissement pieux et très utile des Frères de la Rose-Croix...... par Henry Neuhous de Dantzic.....

S. l., 1623, pet. in-8° de 7-62 p.

[H. 16937

7956 NEULLIER. — Morceaux d'architecture prononcés en Ten∴ de L∴ du Sahel, Or∴ de Douéra (Afrique).

Paris, 1859, in-8°, orné de jolies vignettes maç∴.

7957 NEUMANN (F. S. B.). — Ueber die Natur der Dinge. Ein astronomisch-chemisch-physikalich-und philosophischer Versuch; von F. S. B. Neumann, Inspector und Oberprediger zu Templin.

Berlin, Wilh. Oshmigke junior, 1803, in-8° de 143 pp.

(O-161

7958 NEUT (A.). — La Franc Maçonnerie soumise au grand jour de la Publicité à l'aide de documents authentiques.

Gand, 1865, in-8°, (10 fr.).

Argot maçonnique. — Statistique. — Origine. — Adoption d'un louveteau. — Fête baptismale. — Ouverture d'une loge — Inauguration d'un temple. — Banquet. — Loge de Femmes. — Joseph II et la Franc Maçonnerie Belge. — Lettres du maréchal Soult défendant à tout militaire de s'affilier à la Loge.

7959 NEUT (A.). — La Franc-Maçonnerie soumise au grand jour de la publicité à l'aide de documents authentiques, 2-ème édit.

Gand et Bruges, 1866, 2 vol. gr. in-8° (9 fr.).

[H. 19908-19909

Ouvrage très important pour la valeur des documents qui y sont contenus et c'est l'un des plus exacts. — La Maç∴ Templière. — La Triade, ou Maç∴ chinoise. — Ordre du Temple. — Sœurs illuminées ou maç∴ — La Fr∴ M∴ au Mexique. — Le Carbonarisme. — Tableau des Gr∴ LL∴ maç∴ répandues sur la Terre. — Tableau spécial des Loges allemandes. — La F∴ M∴ française et belge, etc...

7960 NÈVE (F.). — Du beau littéraire dans les œuvres du génie indien.

Bruxelles, 1864, in-8° de 44 pp.

Travail profondément intéressant, dans lequel l'auteur étudie les livres sacrés de l'Inde.

7961 NÈVE (F). — Essai sur le mythe des Ribhavas, premier vestige de l'apothéose dans le Véda, avec le texte sanscrit et la traduction française des hymnes adressés à ces divinités.

Paris, Duprat, 1847, in-8°. (5 fr. 50).

7962 NEVEU-DEROTRIE (Dr). — De l'hystérie consécutive à l'intoxication par la morphine.

Paris, 1890, in-4°. (2 fr.).

Morphinomanie. — Suggestion. — Hystérie. — Hypnotisme. — Manies, etc...

NEW THOUGHT. — Important mouvement philosophique d'origine américaine ayant pour but d'utiliser dans la Pratique de la Vie les notions les plus élevées de la Métaphysique, en les dirigeant sur le rétablissement de la santé et de l'harmonie en toutes choses.

L'origine de ce mouvement semble remonter au Guérisseur Quimby (q. v.) dont les ouvrages sont malheureusement restés manuscrits.

Parmi les auteurs appartenant à cette école, citons MM. :

Atkinson	Fletcher
Berrier	Sabin
De Voë	Trine
Dresser	Turnbull
Eddy	Wood
Evans	

7963 NEW THOUGHT. — New Thou--

GHT. A Magazine Devoted to the Attainment of Health, Wealth and Happiness Through the Latent Forces of the Mind.

(5 shill. per year).

Remarquable « Magazine » Américain d'Education Psychique, dont un des principaux Rédacteurs est l'auteur bien connu William Walker ATKINSON.

7964 NEWTON (Isaac) célèbre Mathématicien. Physicien, Astronome et Philosophe, né à Woolsthorpe (comté de Lincoln) en 1642, mort à Londres et inhumé à Westminster en 1727. Comme Néper, Newton s'est aussi occupé de commenter l'Apocalypse, mais on n'a pas le résultat de ses travaux. — Optice. sive de reflexionibus refractionibus, inflexionibus et coloribus lucis. Latine reddidit Samuel Clarke.

Londini, Innys, 1719, in-4". Orné de 12 grandes planches gravées (10 fr.).

[V. 6625

« Tout le monde sait que l'on vit, pour la première fois, dans cet ouvrage, le calcul des différentes réfrangibilités des rayons colorés. l'explication de l'arc-en-ciel, des aberrations de sphéricité et de réfrangibilité. etc.... » (DE LALANDE).

7965 NEWTON (Isaac). — Traité d'optique sur les réflexions, réfractions, inflexions et couleurs de la lumière. — Traduit de l'anglais par Coste.

Amsterdam, Humbert, 1720, 2 vol. in-12. Orné de 7 planches gravées (6 fr.).

[R. 25007-908

Première traduction en français, faite par ordre de la princesse de GALLES.

7966 NEWTON (Isaac). — Isaaci NEWTONI de Mundi Systemate Liber.

Londini, J. Tonson, 1731, in-4°.

[V. 12090
(S-3251

7967 NEY (Napoléon). — Un danger Européen. — Les sociétés secrètes musulmanes.

Paris, Carré, 1890, in-8° (2 fr.).

[O² g. 512

Toutes les associations religieuses constituent de véritables sociétés secrètes avec leurs formalités d'initiation, leurs degrés d'affiliation, leurs signes, leurs mots de passe et leurs moyens de reconnaissance.

7968 [NEYEN (Dr A.)]. — La Franc-Maçonnerie expliquée par un Ami de la Vérité.

Metz, 1833, in-12 (3 fr.)

Précis historique de l'Ordre de la Fr∴ M∴. Réfutation des diatribes des abbés Barruel et Proyart.— Le monde Maç∴ et le monde profane, etc...

7969 NEYREMAND (E. de) Procureur impérial à Strasbourg. — Procès de la somnambule de Dornach (Haut Rhin) par E. de NEYREMAND, avocat.

Colmar, 1861, in-8°, 29 pages.

L'un des plus intéressants procès de somnambulisme. L'auteur de cette brochure qui admet les faits sérieux du magnétisme est aujourd'hui substitut du procureur impérial à Strasbourg (voir aussi le journal l'*Union magnétique* même année).

(D. p. 174

7970 NI-LUJE. — Nouveaux secrets du grand et du petit Albert.

Paris, s. d., in-12 (0 fr. 50).

7971 NICERON (le R. P. Jean François) mathématicien né à Paris en 1613, mort à Aix en Provence en 1646. Religieux Minime. — La Perspective curieuse du Révérend P. NICERON, Minime, divisée en quatre livres, avec l'optique et la catoptrique du R. P. MERSENNE du même ordre mise en lumière après la mort de l'autheur.

Paris, 1638. in-fol. Portr. et pl. (12 fr.).

Autre édit. :

Paris, Vve Langlois, in-fol.
[V. 1663

Paris, Jean Du Puis, in-fol.
[V. 1664

7972 NICERON (le P. F. Jean François). — La perspective cvrievse ou magic artificielle des effets merveilleux de l'optiqve, par la vision directe de la catoptrique, par la réflexion des miroirs plats, cylindriques et coniques, la dioptrique par la réfraction des crystaux.

Paris, Billaine, 1638, in-f°, 25 planches gr. h. t. par Blanchin, front. (18 fr.).
[V. 1661

« Cet ouvrage est le plus estimé que nous ayons sur cette matière et les exemplaires n'en sont pas communs. »

(G- 1652

7973 NICERON (Le R. P. Jean François). — Thaumaturgus opticus seu admiranda optices.....

Paris, F. Langlois, 1046, in-fol. Front. et 42 pl. (25 fr.).
[V. 1660

7974 NICERON (le R. P. Jean-Pierre), Barnabite, né à Paris en 1685, mort en 1738. Bibliographe célèbre, parent du précédent. — Mémoires pour servir à l'Histoire des Hommes illustres dans la République des Lettres, avec un Catalogue raisonné de leurs Ouvrages, par feu le R. P. Niceron, Barnabite.

A Paris, chez Briasson, 1727-1745, 43 vol. in-12.
[G. 27158

Recueil utile et recherché, quoiqu'on y ait relevé quelques rares erreurs. La partie bibliographique contient des renseignements qui ne se trouvent que là. Le Tome X est en deux volumes. Le Tome XLIII et dernier donne la Table alphabétique de toutes les Notices contenues dans l'ouvrage.

(Bibliothèque Cardinale

7975 NICHOLS (Docteur). — Phénomènes des frères Davenport et leurs voyages en Amérique et en Angleterre. Relation de manifestations physiques produites par des forces et des intelligences du monde invisible d'après les lois que les sciences naturelles ne peuvent expliquer. Traduit de l'Anglais par Madame B. Derosne. Accompagné de notes et d'opuscules sur la doctrine spirite.

Paris, Didier, 1865, in-12 (3 fr.)
[R. 44862

Phénomènes nouveaux. — Manifestations. — Les Magiciens et leurs enchantements. — Loi des phénomènes spirites, etc....

(G-1653

7976 NICKLES. — Les électro-aimants et l'adhérence magnétique.

Paris, 1860, in-8°, 5 gr. pl. h. t. (2 fr. 50).

7977 NICOLAI (Christian Frédéric). — Essai sur les accusations intentées aux Templiers, et sur le secret de cet ordre, avec une Dissertation sur l'origine de la Franc-Maçonnerie ; par (Christian) Frédéric Nicolai. Ouvrage trad. de l'allemand (par M. H. Renfner).

Amsterdam, D. J. Changuion, 1783, in-12 de IV-224 pp. avec 1 pl.
[H. 11098·

Selon [Besuchet], *Précis hist. de la Franc-Maçonnerie*, II, 32, ce serait Beyerlé qui serait le traducteur de cet ouvrage.

(O-474

7978 NICOLAI (Ch. P.). — Einige Bemerkungen über den Ursprung und die Geschichte der Rosenkreuzer und

Freymaurer ; veranlaszt durch' die sogenannte historisch-kritische Untersuchung des Herrn Hofraths Buhle über diesen Gegenstand : von Friedr. NICOLAI.

Berlin und Stettin (bey dem Verfasser), 1806, gr. in-8° de II-XVI-180-68 pp. avec 1 pl.

(O-1503

7979 NICOLAI (Ch. P.). — Friedrich NICOLAI Letzte Erklärung über einige neue Unbilligkeiten und Zunöthigungen in dem den H. Oberhofprediger Starck betreffenden Streite.

Berlin und Stettin, bey dem Verfasser, 1790. gd. in-8° de 214 pp.

(O-500

7980 NICOLAI (Ch. P.). — Friederich NICOLAI, Offentliche Erklärung über seine geheime Verbindung mit dem Illuminatenorden ; nebst beyläufigen Digressionen betreffend H Johann August Stark und H. Joh. Kaspar Lavater. Ernsthaft, mitunter auch ein wenig lustig zu lesen.

Berlin und Stettin (l'auteur) 1788. gd. in-8° de 176 pp.

(O-505

7981 NICOLAS. — Calvaire et Thabor, ou phénomènes extra-naturels contemporains.

Paris. 1853, in-12 (2 fr. 25).

Marie Mœrl, l'extatique ; Marin Domenica Lazzari, stigmatisée du Tyrol, etc...

7982 NICOLAS, Médecin du Roi. — Histoire de l'établissement du magnétisme animal fait à Grenoble le 1er Octobre par M. NICOLAS, médecin du Roi.

Genève, 1784, in-12, 55 pages (2 fr.).

Intéressant à consulter pour l'histoire du magnétisme en province.

(D. p. 56

7983 NICOLAS (Abbé), de Cagnes (Var). — L'Extatique de Kaltern et les stigmatisées de Capriana et de Méran.

Lyon, 1843, in-12. Portr. (4 fr.).

Ouvrage des plus curieux, consacré par un témoin oculaire à des phénomènes extraordinaires d'extase, de stigmatisation, de clairvoyance et de clairaudience. — Un rapport important du Docteur DEICLOCHE sanctionne les faits étranges et leur donne une garantie scientifique.

7984 NICOLAS (A. L. M.). — Seyyéd Ali Mohammed dit le Bâb (le Babisme) par A. L. M. NICOLAS.

Paris, Dujarric, 1905, in-18. 458 p. portr. (2 fr. 50).

[O²s. 208

L'Islam Chitte. — Le Qoran. — Ali successeur de Mohammed. — Les Hadis. — Ali associé dans la Manifestation Prophétique, etc... Savant ouvrage sur le Babisme.

Réédité :

Paris, Emile Nourry, 1908, in-12. 408 p. portr.

7985 NICOLAS (Amédée). — Le secret de la bergère de la Salette.

Paris, 1881, in-12 de 40 p.

7986 NICOLAS (Augustin), soldat, poète et magistrat né et mort à Besançon 1622 † 1695. — Si la torture est un moyen sûr à vérifier les crimes secrets, dissertation morale et juridique par laquelle il est amplement traité des abus qui se commettent partout en l'instruction des procès criminels et particulièrement de la recherche du Sortilège par Aug. NICOLAS.

Amsterdam, 1682, in-12. (12 fr.).

[F. 25669

Petit chef-d'œuvre de disssertation juridique sur les tortures infligées aux malheureux accusés de sorcellerie, de participation au sabbat, etc...

(C-762
(S-2570

7987 NICOLAS (J. B.). — Poème persan de Sé'édi. Trad. de l'original par J. B. Nicolas.

Paris, 1860, gr. in-8°.

7988 NICOLAS (Michel). — Des doctrines religieuses des Juifs, pendant les deux siècles antérieurs à l'ère chrétienne.

Paris, Lévy. 1860, in-8°, (8 fr.).

Les théophanies et les anthropomorphismes expliqués dans un sens spiritualiste par la version des Septante et les Targums. — Superstitions populaires sur le nom ineffable de Jéhovah. — Spéculations mystiques sur le nom de Jéhovah. — Théories des êtres intermédiaires. — La Doctrine du Verbe. — Mazdéisme et Platonisme. — Angélologie de Philon. — Démonologie des anciens hébreux. — Démonologie des Alexandrins. — Noms et hiérarchie des esprits du mal. — Des croyances apocalyptiques. etc...

Ce petit extrait de la table des matières suffit à donner une idée de l'intérêt de l'ouvrage.

7989 NICOLAS (Michel). — Etudes sur le mysticisme rationnel.

Paris, 1859. fort in-8° de 120 pp.

Savante étude sur la théologie mystique.

7990 NICOLAS (M). — Etudes sur les Evangiles apocryphes.

Paris, Michel Lévy. 1866, in-8°. (4 fr.).

[A. 13546

Division des Evangiles apocryphes en trois classes : judaïsants et orthodoxes. — Evangiles de Justin Martyr, des Ebionites. des Clémentines, de Pierre, des Elkésaïtes des Egyptiens, de Cérianthe, de Basilide, des Encratites, de Barthélemy, de Barnabas, de Marcion, d'Apelle, des Valentiniens d'Eve, de la Perfection, de Philippe, de Judas, des Caïnites, des Manichéens. de Thomas, d'Ada. de Scythianus. — Légendes des évangiles apocryphes orthodoxes. — Le Protévangile, etc...

7991 NICOLAS (Michel). — Introduction à l'étude de l'histoire de la philosophie.

Paris, 1849-50. 2 vol., in-8°, (7 fr.).

Origine psychologique des systèmes fondamentaux. — Du Matérialisme. — Du Panthéisme. — Du Mysticisme. — Philosophie orientale. — Philosophie grecque. — Philosophie chrétienne, etc...

7992 NICOLAS (M). — De l'origine de la doctrine des triades des Bardes gallois.

Paris, 1868, in-8°.

7993 NICOLAY (Fernand) Avocat à la Cour d'appel de Paris, né à Paris en 1848. — Les enfants mal élevés, étude psychologique et pratique, 30-me édit. Couronnée par l'Acad. des Sciences morales et politiques.

Paris, Perrin. 1890, in-8°.

[8° R. 9786

7994 NICOLAY (Fernand). — Histoire des croyances : curiosités des superstitions, mœurs et usages. d'après les Législations et les Coutumiers, 6-ème édit. Ouvrage couronné par l'Acad. française.

Paris, Téqui, Retaux. 1901, 3 vol. in-8° (18 fr.).

[8° G. 7874

7995 NICOLAY (Fernand). — Histoire sanglante de l'Humanité : Peine de mort. — Supplices chez tous les peuples. — Electrocution. — Suicide. — Infanticide en Chine. — La guerre et ses hécatombes. — Sacrifices humains. — Echange du sang. — Sutties. — Anthropophagie...

Paris, Téqui, in-12, (2 fr.).

7996 [NICOLE (Pierre)] moraliste et professeur à Port-Royal, né à Chartres en 1625, mort à Paris en 1695. — Les Imaginaires ou lettres sur l'hérésie imaginaire par le sieur de DAMVILLERS Volume I contenant les dix premières

— Les Visionnaires ou seconde partie des lettres sur l'hérésie imaginaire contenant les huit dernières.

Liège chez Adolphe Beyers, (*A la Sphère*), 1667, 2 vol in-12. (20 fr.).

[D. 12021

Célèbre défense du Jansénisme par Pierre NICOLLE (caché sous le pseudonyme de DAMVILLERS).

Ce recueil se compose de dix-huit « *petites lettres* » dans le genre des *Provinciales* « et assez dignes de les suivre à distance » a dit STE-BEUVE. — Les huit dernières, intitulées les *Visionnaires* sont particulièrement dirigées contre Desmarets de St Sorlin, auteur d'une comédie de ce nom.

(G-703 et 1270

7997 [NICOLE (P.)]. — I. Les Imaginaires et les Visionnaires.— II. Traité de la foy humaine (par NICOLE et A. ARNAULD). III. Jugement équitable tiré des œuvres de St-Augustin. — IV. Lettre de messire Nicolas PAVILLON, évêque d'Alet, à Messire HARDOYN DE PEREFIXE, archevêque de Paris.

Cologne. *P. Marteau*. 1683, fort in-8°. (8 fr.).

[D. 12022

7998 NICOLSON et BÉRAULT-BERCASTEL. — La Solitaire des Rochers ; Sa correspondance avec son Directeur, éditée d'après plusieurs manuscrits, avec son histoire par NICOLSON et BÉRAULT-BERCASTEL, et une dissertation critique par D. BOUIX.

Paris, Lyon, Périsse frères et al., 1862, 2 forts vol. in-12. (6 fr.).

[Ln27. 14710

La « *Solitaire des Rochers* » naquit à Paris, au mois de juin 1645 ; on croit qu'elle s'appelait Jeanne Marguerite de MONTMORENCY. — Elle s'enfuit de chez ses parents à l'âge de seize ans, se fit mendiante et enfin hermite dans les forêts inhabitées des Pyrénées. — Elle mourut vers 1700 à Trente en Italie, comme elle se rendait à Rome. — Ses lettres respirent le plus ardent mysticisme et signalent quelques visions singulières dont cette solitaire fut tourmentée.

7999 [NICOULLAUD (Charles)]. — FOMALHAUT. — Manuel d'astrologie sphérique et judiciaire.

Paris, Vigot frères, 1897, in-8° de 332 pp., horoscopes et tableaux. (5 fr.).

[8° V. 26855

Ouvrage scientifique de premier ordre, contenant l'exposé pratique de toutes les données astrologiques. — Exemples de thèmes astrologiques, avec figures. — Nombreuses tables astronomiques. — Interprétation rationnelle des divers présages. — Le Septénaire. — Uranus et Neptune. — L'Apocalypse. — Le Tarot. — Le Sphinx. — Aphorismes, etc...

(G-1384

8000 [NICOULLAUD (Charles)]. — Revue internationale des Sociétés Secrètes. Paraissant tous les mois. Première année. N° 1 — Janvier 1912.

Paris, 10 place de Laborde depuis le 1er janv. 1912, in-8° en fasc. de 96 pp.

Intéressante Revue Catholique destinée à combattre la Franc-Maçonnerie par la divulgation de son influence et de ses tendances : « Cette Revue documentaire doit être dans notre pensée, l'arsenal où les anti-maçons pourront... continuer... la lutte contre l'ennemie séculaire et mondiale de la famille, de la patrie et de la religion ». (p. 27).

A la fin avec pagination spéciale, se trouve publiée la « Bibliographie des Ouvrages imprimés et mss. qui ont paru sur la Franc Maçonnerie, les Rose ✠ Croix.... la Magie, le Mesmérisme, etc » Par le F.·. Adolphe PEETERS-BAERTSOEN (V. ce nom).

8001 NICOULLAUD (Charles). — Zoé la Théosophe à Lourdes.

Paris, Vigot frères, 1911, in-8° de 260 p.

Intéressante étude de Psychologie Mystique et surtout catholique. L'auteur semble toutefois être un des nombreux qui ont mal compris la Mystique orientale des Buddhistes et des Théosophes, entre autres.

Orgueil Mondain, haines dévotes. —

Inquiétudes philosophiques. — Tribadisme démoniaque. — Orgueil Théosophique. — Le Karma. La souffrance. — La piété d'orgueil. Illusion mystique. — Orgueil satanique et Mystique diabolique. — Catholiques sociaux. — Etc.

8002 NIDER (Johannes) ou Jean NIEDER, ou NYDER, théologien dominicain allemand, mort en 1438. Membre des Conciles de Constance (1414) et Bâle — De visionibus ac revelationibus, opus rarissimum historiis Germaniæ refertissimum.

Helmestadii, impensis P. Zeinsingii, 1692, in-8°. Frontispice gravé. (15 fr.).

[D. 45023

C'est sans doute une réédition, sous un titre différent, de son « *Formicarium* » publié en 1517, in-4°.

(G-764

8003 NIEBUHR (Barthold-Georg). — Ueber geheime Verbindungen in preuszichen Staat, und deren Denunciation; von B[arthold] G[eorg] Niebuhr.

Berlin, Realschulbuch, October. 1815, in-8° de 32 pp.

(O-528

8004 NIEREMBERG (Ivan Eysevio). théologien Jésuite espagnol né à Madrid en 1595, mort au même lieu en 1658. — Cvriosa, y occulta filosofia, Primera y segvnda parte de las Marauillas de la naturaleza, examinadas en varias questiones naturales. — Continen historias mvy notables. Averigvase secretos, y problemas de la naturaleza, con filosofia nueua. Explicanse lugares dificultosos de Escritura. Obra muy vtil, no solo para los curiosos, sino para doctos escriturarios, filosofos y medicos.

En Alcala, Maria Fernandez, 1649, pet. in-4°. (18 fr.).

[R. 3008

Autres édit.

Madrid, 1630, in-8°.

[R. 12746

Barcelone, P. Lacavalleria, 1644, in-8°.

[R. 12748

Ouvrage rare du célèbre et savant jésuite espagnol traitant des merveilles de l'imagination, de l'âme des monstres, de la réalité des monstres fabuleux, de la pierre philosophale, de la nouvelle philosophie, de la substance du ciel, de la vie des étoiles, de la nature des comètes, de la sympathie et antipathie de la nature, du nouveau mystère de la pierre aimantée et nouvelle description du globe terrestre, etc...

8005 NIESS (Jo). — Alphabetum Diaboli, autore Jo. Niess.

Dilingæ, [Dilingen en Souabe], 1624, in-12.

[D. 45005
(S-651

8006 NIETZSCHE (F.). — Ainsi parlait Zarathoustra. Un livre pour tous et pour personne, trad. par Henri Albert.

Paris, Mercure de France, 1898, in-8° de 473 pp, portr. et errata. (6 fr.).

[8° R. 15087

Edition originale.

« Le corps est... un troupeau et un berger » (p. 39) — « Derrière tes sentiments et tes pensées... se trouve un... sage inconnu, il s'appelle Soi » (p. 40) — Les Sept Sceaux, (p. 324). « Car je t'aime, o Eternité ».

NIETZSCHE (Sur) Voir :
SEILLIÈRE (Ernest).

8007 NIEUPOORT (Charles, François, Ferdinand, Florent, Antoine de, PREUD'HOMME D'HAILLY, vicomte de) mathématicien belge né à Paris en 1746, mort à Bruxelles en 1827. Lieutenant d'artillerie, puis Chambellan du Roi

Guillaume de Hollande. — Explication abrégée des coutumes et cérémonies observées chez les Romains, pour faciliter l'intelligence des anciens auteurs.

Toulouse, 1815, in-12. (3 fr.).

Curieux ouvrage très documenté.

8008 NIEUWENTYT (Bernard) mathématicien et médecin hollandais né à Westgraagdyck en 1654, mort à Purmerende en 1718. Bourgmestre de Purmerende. — L'existence de Dieu, démontrée par les merveilles de la Nature. — En trois parties où l'on traite de la structure du corps de l'Homme, des Élémens, des Astres, et de leurs divers effets.

Paris, Vincent, 1725, in-4°. 29 pl. gr. sur bois. (6 fr.).

[D² 1128

8009 NIEUWENTYT (Bernard). — L'existence de Dieu, démontrée par les Merveilles de la Nature, en trois parties où l'on traite de la structure du corps de l'homme, des éléments, des astres et de leurs divers effets, par NIEUWENTYT.

Amsterdam, Arkstée et Perkus, 1760, in-4°. Figures, (15 fr.).

[D² 1201

Frontispice allégorique et 28 figures gravées hors texte.

Volume très rare; l'auteur y étudie longuement le Corps visible et le Corps invisible, l'influence des astres, la Résurrection des Corps; les choses que nous ignorons, le feu de l'air et le feu des cieux. — Du phosphore fluide, etc...

(S-3106
(G-765

8010 NIGER (Nicolas). — Nicolai Nigri Disquisitio Heliana, de Metallorum transformatione, etc; dans *Theatrum Chemicum* (1613), IV, 226-67.

(O-944-945-946

8011 NIMAL (le R. P. H.). — Une doctrine toute céleste, ou moëlle historico-ascétique et doctrinale des écrits de Ste Thérèse, pouvant servir de fils conducteurs pour la lecture des œuvres complètes de cette vierge séraphique.

Paris, 1000, in-12, (2 fr. 50).

Curieuse étude sur cette célèbre mystique extatique et visionnaire. — (Ame. — Démons. — Exclamations et bénédictions. — Imaginations. — Paroles intérieures. — Visions, etc..)

8012 NIPHUS, ou Augustin NIFO, philosophe et commentateur italien né à Jopoli (Calabre) vers 1453, mort à Sessa en 1538. Comte palatin de Rome et professeur de philosophie à Naples, Padoue, Cologne, Salerne, etc. — Aug. NIPHUS de Auguriis et Diebus Criticis, ederte Rod. GOCLENIO.

Marpurgi, (Marpurg), 1604, in-4°.

L'édition originale est de

Bologne, 1531.

(S-3450

8013 NIPHUS (Aug). — 1) Augustinus NIPHUS, de falsa Diluvii Pronosticatione Anno 1524

2) Michaelis de PETRA SANTA, vera Diluvii Pronosticatio.

Roma, 1521, in-8° (?).

Autre édit :

Bononiae a Hieronymo de Benedictis Bononiensi, 1520, in-8°.

[R. 12809
(S-3476 b

8014 NISARD (Marie Léonard Charles), littérateur né à Châtillon-sur-Seine (Côte d'Or) en 1808, mort à Paris en 1889. — Des Chansons populaires chez les Anciens et chez les Français. Essai historique suivi d'une étude sur la chanson des rues contemporaine.

Paris, *Dentu*, 1864-67, in-12, figures. (4 fr.).

8015 NISARD (Charles). — Histoire des livres populaires ou de la littérature du colportage, depuis le XVe siècle jusqu'à l'établissement de la commission d'examen des livres du colportage (30 novembre 1852) par M. Charles NISARD...

Paris, *Amyot*, 1854, 2 forts vol. in-8º de XVI-582 pp. et 599 pp. Nombreuses reproductions d'anciennes figures d'almanachs et autres gravures populaires dont quelques-unes appliquées sur Chine (18 fr.).

Édition très recherchée.

8016 NISARD (Charles). — Histoire des Livres Populaires ou de la Littérature du Colportage, depuis l'origine de l'imprimerie jusqu'à l'établissement de la commission d'examen des livres de colportage, 30 novembre 1852, par Charles NISARD, 2e édit.

Paris, *Dentu*, 1864-67, 2 vol. in-12 de VII-496 et 539 p. reproductions de vieux bois dans le texte. — Table générale (index alphabétique) à la fin du tome II. (10 fr.).

[Q. 5081 et 2

Tome I. — Marquis de Paulmy (p. 129) curieuses notes sur les Grimoires. — Le pacte (p. 137). — Tarot (p. 196). — Divinations diverses.

Tome II. — Curieux ouvrages de religion et morale (genre de ceux étudiés par Paul PARFAIT) : scapulaire (p. 37). — Entrée de l'abbé Chanu dans le Paradis (p. 84).
Curieux.

8017 NISSIM BEN JACOB (Rabbi). — Clavis Talmudica, auctoritate et scriptis clariss. Opus adhuc incognitum nunc primum e codice vetusto et rarissimo membranaceo Ang. Biblioth. Palatinæ Vinnensis, edidit et introd. notisque instruxit J. Goldenthal.

Vindobonæ, 1847, in-8º. (3 fr.50).

8018 NIZET (Henri). — L'Hypnotisme étude critique.

Paris, 1893, in-12. (2 fr. 25).

Suggestion. — Miracles suggestionnels. — Possessions démoniaques. — Extases. — Extériorisations. — Braidisme, etc.

8019 NIZET (Henri). — Suggestion.
Paris, 1801, in-12. (2 fr. 25).

[8º Y². 45078

Adaptation au roman contemporain et vécu des mystères des « *Suggestions passionnelles* » ; très curieux.

8020 [NOAILLES (Louis Antoine de)], Cardinal français né près d'Aurillac en 1651, mort à Paris en 1729. Archevêque de Paris. — Instruction pastorale de Monseigneur l'archevêque de Paris sur la perfection chrétienne et sur la vie intérieure, contre les illusions des Faux Mystiques.

Paris, *Josse*, 1698, in-12. (4 fr. 50).

[D. 19047

« Querelle du quiétisme. — C'est ici « le mandement du Cardinal de NOAILLES « contre le quiétisme et ses tenants prin-« cipaux : le P. QUESNEL, Mme GUYON et « FÉNELON même. » (St. de G.)

(G-1613

8021 NOBLE (R. S.). — Appel aux hommes réfléchis en faveur des doctrines de la Nouvelle Jérusalem, trad. libre de l'anglais.

Paris, 1862, in-12. (4 fr.).

Savante exégèse des œuvres de SWEDENBORG dont l'auteur dévoile toute l'économie ésotérique. — A signaler un important chap. sur la Trinité, un autre sur le Ciel et l'Enfer et la région intermédiaire, ou monde des Esprits.
Précédé d'une Notice sur l'auteur.

8022 NODÉ (Pierre), religieux Minime. — Déclamation contre l'errevr exécrable des maléficiers, sorciers, enchanteurs magiciens, devins et semblables obseruateurs des superstitions ; lesquelz pullulent maintenant couuertement en France : à ce que recherche et punition d'iceux soit faicte sur peine de rentrer en plus grands troubles que iamais.

Paris, Iean du Carroy, s. d. [1578] in-8°. (25 fr.).

[R. 43299

Cette petite plaquette presque introuvable est cotée par Rosenthal 60 Marks (75 francs).
Ouvrage rarissime sur la sorcellerie.

(G-096, 766 et 1598

8023 NODIER (Charles). littérateur et bibliographe, né à Besançon vers 1780, mort à Paris en 1844. Bibliothécaire à l'Arsenal. — Charles NODIER. — Bibliographie des fous. — De qq. livres excentriques.

Paris, Techener, 1855, 2 brochures in-8°. (3 fr.).

[Q. 3667-3668

8024 NODIER (Charles). — Bibliothèque sacrée grecque-latine, comprenant le tableau chronologique, biographique et bibliographique des auteurs inspirés et des auteurs ecclésiastiques, depuis Moïse jusqu'à Saint-Thomas d'Aquin. — Ouvrage rédigé d'après Mauro Boni et Gamba et dédié au roi.

Paris, Thoisnier-Desplaces, 1826, in-8°. (7 fr.).

[Q. 5684

8025 NODIER (Charles). — Contes de Charles NODIER. — Trilby. — Le Songe d'or. — Baptiste Montauban. — La Fée aux miettes. — La Combe de l'homme mort. — Inès de las Sierras. — Smarra. — La Neuvaine de la Chandeleur. — La Légende de la sœur Béatrix. — Eaux fortes sur chine, par Tony Johannot.

Paris, Hetzel, 1846, in-4° (30 fr).

[Rés. Y² 1058

Edition originale.

8026 [NODIER (Charles)]. — Infernalia... publié par Ch. N···

A Paris, chez Sanson, Nadan, 1822, in-12 de IV-et de 9 à 239 p. frontispice gravé.

[R. 38970

La Nonne sanglante. — Jeune fille flamande étranglée par le Diable. — Vampire de Hongrie. — L'Esprit du château d'Egmont. — Le Trésor du Diable. — Histoire d'un Braucolaque. — Le Cheval sans fin. — Le Pacte infernal. — La Biche de l'Abbaye. — Facéties sur les Vampires. — Etc.

8027 [NODIER (Charles). (En collaboration avec RIGOMER-BAZIN, DIDIER et LEMARE)]. — Histoire des sociétés secrètes de l'Armée et des conspirations militaires qui ont eu pour objet la destruction du gouvernement de Bonaparte.

Paris, Gide fils, 1815, in-8°. (12 fr.).

[Lb⁴³. 401

Les Philadelphes. — Le général MALLET. — Le colonel OUDET. — Procès d'Arena. — Conspiration de PICHEGRU. — Bataille de Wagram. — Etc.

8028 NODIER (Charles). — Les sociétés secrètes de l'Armée. — Les Philadelphes. — Les conspirations militaires contre Bonaparte.

Paris, s. d., 2 brochures in-8°. (Portraits). (1 fr.).

8029 NODIER (Charles). — Rêveries.

Paris, 1842, in-8°. Edition originale. (5 fr.).

Ouvrage singulier dans lequel l'auteur si goûté discourt longuement sur l'occulte, l'au-delà, la palingénésie et le mystère des choses.

8030 NODOT (François), littérateur français né au XVIIᵉ Siècle. Commissaire des Guerres. — Histoire de Mélusine, tirée des Chroniques de Poitou, par NODOT.

Paris, C. Barbin et T. Moette, 1698, in-12.

[Lm³ 617
(S-4089

8031 NODOT (F.). — Histoire de Mélusine. — Nouvellement imprimée et corrigée.

Troyes, P. Garnier, s. d., (6 fr.).

Impression populaire troyenne de 18ᵉ siècle.

Autre :

Paris, Champion. Niort, Favre, 1876. in-8° de 275 p. (4 f.)

[8° Y² 371

Cette dernière contient en outre : l' « Histoire de Geofroy, surnommé à la Grand'Dent ».

8032 NODUS sophicus enodatus, das ist : Erläuterung etlicher vornehmen philosophischen Schrifften und Tractaten vom Stein der Weisen, nach dem Lauff der Natur zusammen gewunden und verknüpffet... nach erschienener Morgenröthe der Weiszheit und eingetretenen Seculo Eliae Artistae den filiis Doctrinæ hermeticæ.. durch einen treuen Teutschen Philosophorum und Liebhabern der Natur... Kinder-Bett des Steins der Weisen durch einen unbekandten Cavalier, in Frantzös. Sprache beschrieben, und nun aus dem Frantzös ins Teutsche übersetzet durch J. L. M. S.

Hamburg, Gottfr. Liebernickel, 1662, in-8° de XIV-96 pp.

(O-1291

[NOÉ (Juif polonais)]. — Clef, ou explication des divers points et termes principaux employés par Jacob BOEHME.

Voir BOEHME.

8033 NOE (E.). — Les outrages à la nature et leur conséquence.

Paris, Librairie du Merveilleux, 1891, in-8° de 221 p. (5 fr.).

[T¹⁸c. 749

Curieux ouvrage où l'auteur trouve les causes des diverses infirmités et maladies dans les habitudes et les vices des parents.
Causes des maladies : description des perturbations qui suivent l'auteur les produisent. — Cause du Tétanos (p. 162) : « raffinement vénérien abusif, satisfait par l'emploi des lèvres ». — Terminé par l'Alimentation (p. 172).
Curieux.

(G-767

8034 NOEGGERATH (Rufina). — La survie, sa réalité, sa manifestation, sa philosophie. — Echos de l'au-delà. Préface de C. FLAMMARION.

Paris, Flammarion, Leymarie, 1897 in-8°. (3 fr.).

[8° R. 14329

8035 NOEL. — E. RABELAIS, médecin, écrivain, curé, philosophe.

Paris, 1880, in-32 de 247 p. 1 portrait gravé, par Esnault.

4-ème édition. (3 fr.).

8036 NOEL (La générale Carmencita) d'Alger, adepte de la doctrine du Spiritisme. — Conférence sur le Moderne spiritualisme faite à Alger.

Paris, Chamuel, 1900, in-16 de 64 pp.

[8°R. 16895

Intéressante conférence sur les principaux faits psychiques produits dans ces dernières années.

8037 NOEL (Fr.). — Dictionnaire de la Fable, ou mythologie grecque, latine, égyptienne, celtique, persanne, syriaque, indienne, chinois-mahométane, rabbinique, cabbalistique, etc.. (3-ème édition, considérablement augmentée).

Paris, 1810, 2 forts vol. in-8°. (8 fr.).

Indispensable pour connaître l'ésotérisme, les mystères anciens et les traditions rabbiniques.

Autres éditions :

Paris, Le Normant, 1801, in-8°.

[8° Y 71

Paris, Le Normant. 1823, 4ᵉ édit. in-8°.

[8° J. 2547

8038 [NOGARET (le Cte de)]. — Essai sur les Montagnes.

Amsterdam, 1785, 1 fort vol. in-8°. (10 fr.).

[R. 13072-13073

Ouvrage dans le genre de FABRE D'OLIVET, où l'auteur envisage la théorie des déluges, le renouvellement des âges, les évènements du monde, l'Atlantide, les continents perdus, l'origine des Pyramides d'Egypte. Du Renouvellement des hommes. Principe sur lequel est fondée la préexistence de l'humanité. Trace en Asie d'une autre terre, d'une autre âge et d'une autre humanité. — Origine des arts venus de peuples inconnus. — Des religions préhistoriques. — Généalogie des langues et ancienneté des caractères, etc., l'auteur s'étend longuement sur l'Amérique et son antiquité.

8039 NOGARET (François-Félix) littérateur et poète français né à Versailles en 1740, mort à Paris en 1831. Bibliothécaire de la comtesse d'Artois, puis Jacobin. — Fictions, discours, poèmes lyriques et autres pièces adonhiramiques.

A Memphis, chez Teragon, 5787, 2 vol. in-8° (15 fr.).

[Yc 10477-478

Ouvrage rare du célèbre auteur du « Fond du Sac » membre de la célèbre L∴Maç∴ des Neuf Sœurs, contenant des Poèmes Lyriques, mis en musique « pour être exécutés au profit de la Société Patriotique de Versailles »; une cantate funèbre, des contes: l'Entêté converti; l'architecte et le sanctuaire, le quartier de la pomme d'Adam, le bouquet interrompu, etc... prononcés en Loge d'Adoption,

d'un tour léger, des couplets maç∴ servant de réponse aux sentimens des Profanes et aux terreurs de ma grand-mère, etc...

8040 NOGARET (Félix). — Conversation d'une courtisane philosophe ou la Terre est un animal; opuscule philosophique.

Versailles, an III (1794). in-18. (5 fr.).

Edition originale.

Ouvrage à la fois curieux et badin, avec une délicieuse figure en en-tête, gravée sur cuivre par Eisen. — Né en quelque sorte à la cour, Félix Nogaret y avait puisé cette légèreté de principes, ce libertinage d'esprit qui caractérisent les hommes de son temps. — Il fut très lié avec BUFFON et VOLTAIRE.

8041 NOGARET (Félix). — La terre est un animal. — Ouvrage suivi d'une épître à M. de Buffon, sur les trois règnes par l'auteur de l'Aristenète français. Troisième édition avec figures en taille-douce par Drien.

Paris, chez la veuve Lepetit, an XIII (1805). in-18. Curieux frontispice (5 fr.).

Réimpression :

Bruxelles, Gay et Doucé. 1880. in-16.

[8° S. 2167

8042 NOIRAC et HIRNE. — Révélations nouvelles sur le monde des Esprits pour servir de complément au livre de H. Carion sur l'évocation des Esprits.

Cambrai, Simon, s. d. [vers 1860] in-16 de 108 p. avec des figures et fac similes hors texte.

[R. 30617 bis

Badinage assez] spirituel qui prétend faire entrer le spiritisme entièrement dans le magnétisme.

(G-1914

8043 NOIROT (Dr Louis) médecin français, né à Dijon en 1814. — L'art d'avoir des enfants sains de corps et d'esprit.

Paris, Marpon, s. d. in-12. (3 fr.)

8044 NOIROT (Dr L.). — L'art de vivre longtemps. Septième édition.

Paris, Marpon, Dijon, Lamarche, 1876. in-12 de 332 p. et tab. (2 fr.).

8045 NOIZET (le général François-Joseph) né à Paris en 1792. — Etudes Philosophiques. Psychologie, Métaphysique et application de la Philosophie à la direction de la vie humaine.

Paris, Plon, 1864, 2 forts vol. in-8° de 500 pp. chacun. (8 fr.).

[R. 44931-932

La matière. — Propriétés des corps. — L'Esprit, l'âme et ses facultés. — Croyances et religions.— Les songes, la double vue des somnambules. — L'Extase, la possession, les sortilèges. — Le Démon de Socrate. — Manière de sentir Dieu. — Conservation de la vie. etc...

Le Général NOIZET fut un apôtre de la première heure des Sciences Psychiques et, au moment où le ridicule tuait encore son homme, il n'hésita pas malgré sa haute situation militaire, à marcher à l'avant-garde des idées nouvelles. — Ses *Etudes philosophiques* offrent des observations d'un grand poids et une doctrine savante où le chercheur trouvera souvent à butiner un miel précieux.

Autre édition :

Paris, 1864. 2 vol. in-8°.

8046 NOIZET (Le Général). — Examen philosophique du Livre de M. Littré intitulé : « *Médecine et Médecins* ».

Paris, Plon, 1875. in-12. (2 fr.).

[T²¹ 451

Tables parlantes. — Esprits frappeurs. — Démon de Socrate. — Amulette de Pascal. — Système dualiste de l'esprit et de la matière. — Electrisation physiologique et thérapeutique, etc...

8047 NOIZET (Gal). — Mélanges de philosophie critique.

Paris, Plon, 1873. in-8°, (3 fr. 50)
[R. 44933

Notice philosophique sur les esprits. — Philosophie et religion. — Spiritualité de l'âme. — Le spiritualisme au XIX-e siècle. — Force et mouvement. — Dualisme et métaphysique. etc...

8048 NOIZET (Général). — Mémoire sur le somnambulisme et le magnétisme animal adressé en 1820 à l'Académie de Berlin et publié en 1854 par le Général Noizet.

Paris, Typ. Plon, 1854. in-8°. XX-428 pages. (5 fr.).

[Tb⁸⁴ 206

Ce mémoire auquel l'auteur s'est borné à ajouter une courte préface ne put concourir par suite d'une fausse indication donnée par les journaux dans la date de fermeture du concours. Ce concours assez singulier (il avait été imposé à l'Académie par le Ministère de l'intérieur) n'aboutit pas : l'Académie ayant déclaré qu'aucun mémoire ne lui paraissait satisfaisant. Excellent procédé pour ne pas se compromettre, ou rancune d'administration. M. NOIZET, disciple de l'abbé FARIA et ami du docteur BERTRAND n'admet pas les propriétés d'un fluide magnétique particulier mais une disposition particulière de l'âme de la personne influencée. Il croit à l'existence d'un agent vital, non transmissible cependant, mais conducteur de toutes les impressions et actions psychiques du magnétiseur au magnétisé et vice versa. Partant de ces données son livre est magistralement traité on voit surtout que l'auteur (officier général du génie) joint à un savoir réel le courage très rare chez les personnes du monde officiel d'exprimer librement sa conviction sur des points controversés et difficiles à faire admettre.

(D. p. 155
(G-1915

8049 NOLÉ (P.). — Réfutation de Force et Matière ; le matérialisme contemporain.

Paris, 1868; pet. in-8°. (2 fr. 25).

Immortalité. — Génération primitive. — Cerveau et Ame. — De la pensée. — Force vitale. — Ame animale. etc...

8050 NOLLIUS (Henricus) ou Nolle, physicien allemand de la seconde moitié du XVIe siècle. Professeur de philosophie, puis pasteur à Darmstadt. — Henr. Nolli. Theoria Philosophiæ Hermeticæ.

Hanoviæ, 1617, in-8°.

Autre édit :

Francofurti, typis N. Hoffmanni, 1619. in-8°.

[D. 44952
(S-3387 b

8051 NONNOS ou Nonnus poète grec né à Panopolis, sur le bord du Nil vers le début du Ve siècle de notre ère. — Les Dionysiaques, ou Bacchus Poème en XLVIII chants précédé d'une introduction, suivi de notes littéraires, géographiques et mythologiques et de tables et index complets, rétabli, traduit et commenté par le Comte de M. [Marcellus].

Paris, Didot, 1856, in-4° (30 fr.).
[Z. 10407

Ce merveilleux poème d'un grand initié, renferme dans une splendide allégorie, toute la sagesse antique et l'enseignement secret des mystères d'Eleusis, de Samothrace et d'ailleurs. — Le savant Dupuis en avait fait son livre de chevet et formé le projet d'en donner une traduction ; mais on peut dire que son célèbre ouvrage « *l'Origine de tous les Cultes* » en est sorti entièrement. C'est dans l'Egypte, déclare-t-il, qu'il nous faut chercher les sources de toutes choses et dans un vieux poème égyptien que Nonnos né à Panople, a réchauffé en grec dans les premiers siècle de notre ère. — Ses quarante-huit chants embrassent presque toute la mythologie ancienne. — D'autre part, Ouvaroff qui a longuement médité Nonnos, en recommande instamment l'étude. — Aussi les *Dionysiaques* sont-elles l'objet des plus vives recherches de la part des Mythologues et des Symbolistes. — Les rares éditions en grec ont toujours dépassé 100 fr. dans les ventes publiques. — La traduction française du comte de Marcellus, très réputée pour sa fidélité et son élégance est la seule récente qui existe et est devenue rare.

8052 NONNUS Panopolitain. — Les Dionysiaques, ou les voyages, les amours et les conquestes de Bacchus aux Indes, traduites du grec.

Paris, Touet, 1625, fort vol. in-8°, (26 fr.).

[Yb. 2184

8053 NONNOTTE (l'abbé Claude François), littérateur jésuite français né et mort à Besançon (1711-1793). Célèbre adversaire de Voltaire, qui l'a couvert de ridicule. — Les erreurs de Voltaire par l'abbé Nonnotte.

Lyon, 1767, in-12,

Autre édit :

Paris, J. P. Costan, 2 vol. in-12.
[Z. 27409-27410
(S-1370

8054 NORDAU (Max). — Dégénérescence. — Traduit de l'allemand, par A. Dietrich. I. La Fin du siècle. — Le Mysticisme. — L'égotisme. — Le réalisme. — Le vingtième siècle.

Paris, Félix Alcan, 1894, 2 vol. in-8°, 420 et 575 p. (12 fr.).

[8° R. 12385

Dans la partie consacrée au Mysticisme et à ses « *parodies* » se trouve une étude sur les principaux occultistes et leur doctrine A. de Rochas, Bodisco, St. de Guaita, J. Péladan, Ern. Bosc, etc...

8055 NORDMANN (Médium). — Le livre des esprits spiritualistes, réfutant la réincarnation ou recueil de communications obtenues par divers médiums et publiées par A. Barthe, suivi d'une réfutation du livre de H. Renaud : *Destinée de l'homme dans les deux mondes*.

Paris, 1863, in-12, (1 fr. 50).

8056 NORIAGOF (Dr). — Notre Dame de Lourdes et la science de l'occulte.

Paris, Chamuel, s. d., [1898], in-18 illustré, avec un portrait de Bernadette, 2 planches et des figures dans le texte.

[Lk⁷. 31491

L'auteur ramène à des faits naturels et logiques, tous les phénomènes miraculeux et surprenants, depuis le moment où Bernadette eut ses visions jusqu'à nos jours. — C'est la mise au point ésotérique de ce qui se passe à Lourdes et une ingénieuse explication des phénomènes miraculeux.

8057 NORMA (Mlle I..). savante cartomancienne du XVIII-e siècle. — La Véritable Cartomancie expliquée par la célèbre Sibylle française et mise en tableaux.

Paris, s. d., in-12. orné de 1750 figures de cartes avec leur explication (4 fr.).

8058 NORMANDY (Georges). — Jean Lorrain, [Paul Duval]. 1855-1906. — Son enfance, sa vie, son œuvre. — Lettres, dessins et autographes inédits de J. Lorrain.

Paris, Bibliothèque générale d'éditions, 1907, in-12. 341 p. etc. gr. h. t. : portr. de Paul Duval, etc.

Index des noms cités et bonne bibliographie à la fin.

8059 NORMANT. — Exposition de la doctrine physionomique du docteur Gall, ou nouvelle théorie du cerveau, considéré comme le siège des facultés intellectuelles et morales.

Paris, an XII-1804, in-8°. (3 fr.).

8060 NORTH (William). — Une révolution spirituelle, ou la république de l'infini. — Traduit de l'anglais par Henry de Beaufort.

Paris, s d., in-8°. (2 fr.).

La conception philosophique de l'auteur est que le bonheur de l'homme doit être avant tout moral et ne porter qu'en second lieu sur le bonheur physique. — L'auteur, après avoir écrit ce travail, se donna la mort.

8061 NORTHON (Samuel).—Mercurius, redivivus oder Unterricht wie man den philosophischen Stein, sowol den weisen, als den rohten, aus dem Mercurio machen solle ; erstlich von weiland Samuele Nortono, sonsten Rinvilio Briszollensi angefangen ; nachmals mit Fleisz verbessert und vermehret, durch Edmund. Deanum,... die der Lateinischen Sprach unkundig sind... in die Teutsche Muttersprach versetzet worden.. dans *Dreyfaches hermetisches Kleeblat* (1667), 209-30, avec 4 pl.

Quoiqu'il n'y ait que ce traité de Northon indiqué sur le titre du vol. ce n'est pas le seul: les sept autres du même auteur se trouvent à la suite, ce sont :

Catholicon physicorum, pp. 231-46, avec 3 pl.

Venus vitriolata, in elixir conversa nec non Mars victoriosus seu elixirisatus ; pp. 247-62, avec 1 pl.

Elixir seu Medicina vitae ; pp. 263-82.

Saturnus saturatus dissolutus et coelo restitutus ; pp. 283-312 avec 4 pl.

Metamorphosis lapidum ignobilium in gemmas quasdam pretiosas ; pp. 313-28, avec 1 pl.

Alchymiae complementvm et perfectio ; pp. 329-54, avec 2 pl.

Ein Tractätlein welches von den philosophischen Schrifften handlet... pp. 355-72.

(O-860

NOSTRADAMUS, (Michel de Nostredame, dit) célèbre Astrologue et médecin français, est né à St-Remy (Provence) en 1503, et mort à Salon, en 1566. Il appartenait à une famille de médecins juifs convertis au catholicisme : Docteur, puis professeur de la Faculté de Montpellier, il vécut à Agen, Aix, Lyon et enfin se retira à Salon, où il composa ses premières « *Centuries* » (Lyon, 1555). Catherine de Médicis l'appela à la Cour, et il fut nommé médecin de

Charles IX. Son tombeau est dans l'Eglise des Cordeliers de Salon.

Bèze ou Jodelle a fait sur lui le distique célèbre :

Nostra damus cum falsa damus,
   nam fallere nostrum est ;
Sed cum falsa damus, nil nisi nostra damus.

Les meilleures éditions anciennes des *Centuries* sont celles de Troyes ou Lyon, 1568 ; parmi les plus récentes la meilleure est celle de Le Pelletier (Paris 1867) donnée sur le texte de celles-là.

César Nostradamus, fils du grand Voyant est l'auteur d'une « *Histoire et chronique de Provence* », Lyon, 1613, in-f°. Il a également donné une édition des recettes médicales de son père.

8062 NOSTRADAMUS. — Batisment de plusieurs receptes, pour faire diuerses senteurs et lauements pour l'embellissement de la face, et conseruation du corps en son entier. Aussi de plusieurs confitvres liquides, et aultres receptes secrètes et desirées, non encore veues.

De l'imprimerie de Guillaume de Nyverd, imprimeur ordinaire du Roy et libraire à Paris, tenant sa boutique en la Cour du Palais, in-18.

Le seul exemplaire connu est à la Bibliothèque Ste Geneviève, sous le n° T. 2, 1545. Il est sans date et incomplet des trois dernières pages.

Sa publication est due au fils de Nostradamus, César Nostradamus. (Voir Bareste, *Nostradamus*, p. 69).

On sait que le célèbre voyant était aussi un médecin de la plus haute renommée dans son temps et qu'il se distingua par son courage dans deux épidémies de peste, l'une à Aix, et l'autre à Lyon.

8063 NOSTRADAMUS. — Excellent et moult utile opuscule à tous necessaire qui désirent avoir connaissance de plusieurs exquises receptes divisée en deux parties.

La première traicte de diverses façons de fardemens et senteurs pour illustrer et embelir (*sic*) la face.

La seconde nous monstre la façon et manière de faire confitures de plusieurs sortes, tant en miel que sucre, et vin cuict, le tout mis par chapitres comme est faict ample mention en la table.

Nouuellement composé par Maistre Michel de Nostredame, docteur en medecine de la ville de Salon de Craux en Provence, et de nouveau mis en lumière. [Titre manuscrit, remplaçant l'imprimé qui manque].

Lyon Ant. Volant, 1555, pet. in-12 de 228 pp. et 6 ff. n. c. de table..
[Rés. V. 2623

A la fin (p. 228) on lit : *Michael Nostradamus Sextrophœnus faciebat Salone litoreæ*, 1552. — Et à la fin de la table, en colophon : *Imprimé à Lyon par Jean Pullon, dit de Trin.*

C'est, sans doute, une autre édition du rarissime « *Bastiment de Receptes* ».

8064 NOSTRADAMUS (Michel). — L'histoire prédite et jugée, texte de l'édition de 1566 à Lyon, par Pierre Rigaud, preuves tirées des auteurs les plus connus ; traduction et commentaire par Torné-Chavigny.

Bordeaux, 1860-62. 3 vol. in-fol.. (15 fr.).
[La³³. 6

Vie de Philippe 1ᵉʳ ou de L. Philippe, chef d'Orléans. — République de 1848 ou le jeune Ogmion. — Avènement au trône de Napoléon III ou de l'Empereur Pacifique. — Maladies de la vigne ou vignes mastinées, etc....

8065 NOSTRADAMUS (Michel). — Lettres du grand Prophète d'après l'histoire prédite et jugée, et l'Apocalypse interprétée. — Traduction et commentaire par Torné Chavigny.

Saint Jean d'Angély, 1870, in-8° (4 fr.).

8066 NOSTRADAMUS. — Les oracles de Michel de Nostradamus, astrologue, médecin et conseiller ordinaire des rois Henri II, François II et Charles IX. Edition ne varietur, comprenant : le texte type de Pierre Rigaud (Lyon, 1558-1566) d'après l'édit. princeps conservée à la Bibliothèque de Paris ; avec les variantes de Benoist Rigaud (Lyon, 1568) et les suppléments de la réédition de M. D. C. V. ; 2° un glossaire de la langue de Nostradamus, avec clef des noms énigmatiques ; 3° une scholie historique des principaux quatrains, par A. Le Pelletier.

Paris, Le Pelletier, 1867, 2 vol. in-8° (8 fr.).

[Yc. 28643-644]

Un des ouvrages les plus savants et les plus complets sur le grand Voyant. Donne le texte des deux meilleures éditions anciennes.

8067 NOSTRADAMUS. — Les Propheties de Me Michel Nostradamus.

Lyon, chez Macé Bonhomme, MDLV [1555], in-18.

Edition originale et des plus rares de ces fameuses prophéties. Voir les détails dans Bareste « Nostradamus » p. 253.
Le même auteur cite des éditions de [1566] : [Rés. Yc 4475]. — 1589. — 1603. — 1650 : [Ye 7372]. — 1605 : [Rés. Yc 1789]. — 1611 : [Ye 7370.] — 1649 (contrefaçon de l'édition de Lyon 1568) : [Ye 7362]. — 1650 : [Ye 7371]. Amsterdam 1568. — Marseille 1643. — Paris, 1650. — Amsterdam, 1667 : [Ye 7373]. — Paris 1668 : [Ye 7374]. — Paris, 1669. — Rouen 1689. — Lyon 1697. — Lyon 1698. — Riom et Clermont, 1792. — Anvers 1792. — Paris, 1816. — Avignon, 1839.

Sans compter les éditions sans dates de Jean Poyet et d'Huguetan à Lyon, de Pierre du Ruau à Troyes, de Valentin, à Rouen, etc.

8068 NOSTRADAMUS. — Propheties de M. Michel Nostradamus, dont il y en a trois cens qui n'ont encore jamais esté imprimées.

A Lyon, chez Pierre Rigaud, ruë Mercière, au coing de la ruë Ferrandière, s. d., in-16.

[Rés. Yc. 4475]

Une des éditions anciennes citées par Bareste, p. 255. On la croit de 1558 ou plutôt de 1566.

8069 NOSTRADAMUS. — Prophétie ou Révolution merveilleuse des Quatre-Saisons de l'An, etc. par Michel Nostradamus.

Paris, 1568, in-8°

(S-3473 b)

8070 NOSTRADAMUS. — Les Propheties de Michel Nostradamus.

Lyon, 1568, in-12. Portrait gravé sur bois (40 fr.).

[Yc. 7362]

Excellente édition ancienne.

Idem.

Troyes, Pierre Chevillot, s. d. (1568), pet. in-8° (80 fr.).

[Yc. 7368]

Edition rarissime imprimée à Troyes, la première complète.

Ces deux éditions de 1568 sont les meilleures.

(S-3477)
(G-768 et 1916)

8071 NOSTRADAMUS. — Les Propheties de M. Michel Nostradamus, reueues et corrigées sur la coppie imprimée à Lyon par Benoist Rigaud, 1568.

(S. l.), 1605, in-8°

[Yc. 7363]

8072 NOSTRADAMUS (Michel). — Les prophéties de M. Michel Nostradamus dont il y en a trois cens qui n'ont encores jamais esté imprimées. — Adioutées de nouueau par ledict autheur.

A Troyes, par Pierre Chevillot, s.

d. (1611), 3 parties en 1 vol. pet. in-8° (25 fr.).

Les 2 premières parties contiennent les *Centuries*, la troisième le *Recueil des Révélations et prédictions admirables de Saincte Brigide (sic) Saint-Cyrille, et autres anciens et notables personnages*.

Réimpression :

Paris, Delarue, 1866, in-8°.

[Ye 28040

8073 NOSTRADAMUS. — The true Prophecies or Prognostications of Michael NOSTRADAMUS, Physician to Henry II, Francis II, and Charles IX, Kings of France. And one of the best Astronomers that ever were. A Work full of Curiosity and Learning. Translated and Commented by *Theophilus de* GARENCIERES, Doctor in Physick Colleg. Lond.

London, Printed by Thomas Ratcliffe and Nathaniel Thompson..... 1672, in-4°, de [17 ff] — 522 pp. front. gravé à 3 portraits dont 2 médaillons ; titre noir et rouge, encadré.

[Rés. Ye 15

Ce sont des Commentaires sur les Quatrains semblables à tous ceux que l'on a donnés depuis qu'ils sont connus.

8074 NOSTRADAMUS. — Les Vrayes Centuries et Propheties de M. Michel NOSTRADAMUS. Où se voit représenté tout ce qui s'est passé, tant en France, Espagne, Italie, Allemagne, Angleterre, qu'autres parties du Monde. Reveües et corrigées suivant les premières éditions imprimées à Avignon en l'an 1556 et à Lyon en l'an 1558 et autres. Avec la Vie de l'Autheur.

A Amsterdam, Chez Jean Jansson à Waensberge et la veufue de feu Elysée Weyerstrael, l'an 1668, in-12. Titre gravé.

[Rés. Ye 4476

De la Collection des Elzévirs.

Autre édition :

Leyde, Pierre Leffen, 1650, in-12.

[Ye. 7371

8075 NOSTRADAMUS. — Les propheties de Maître Michel NOSTRADAMUS, dont il y en a trois cents qui n'ont jamais été imprimées. Ajoutées de nouveau par le dit Auteur.

Lyon, Virel, 1607, in-12. Portrait gravé de NOSTRADAMUS dans sa bibliothèque (8 fr.).

Autres éditions :

Lyon, Ant. Baudrand, s. d. (XVIe siècle) 2 parties en 1 vol. in-16.

Paris, 1702, in-8° de 240 pp.

(G-769

8076 NOSTRADAMUS. — Les Propheties de Michel NOSTRADAMUS, avec la Vie de l'Auteur.

Rouen, 1710, in-12 Figures.

Quelques exemplaires ont une Clef manuscrite.

(S-3477 b

8077 NOSTRADAMUS. — Les Véritables Prophéties, en concordance avec les événements de la révolution, pendant les années 1789 et 1790 et suivantes, jusques et compris le retour de S. M. Louis XVIII, par L. P.... (Pissor).

Paris, Lesné, 1816, 2 vol. in-12. Figures et 2 grandes planches représentant la journée du 13 vendémiaire et l'exécution du duc d'Enghien (5 fr.)

8078 NOSTRADAMUS. — Prophéties de NOSTRADAMUS, suivies de prophéties diverses.

Paris, s. d., in-12. figures (5 fr.).

Edition rare des célèbres Centuries du Voyant de Salon. — Le volume contient, en appendice « *La Fleur des Prophéties* » recueil de prédictions singulières peu connues.

8079 NOSTRADAMUS. — La vie et le testament de Michel Nostradamus, docteur en médecine, astrophile, conseiller médecin ordinaire du Roi, avec l'explication de plusieurs prophéties très curieuses (par J. A. de Chavigny).

Paris, Galley, 1789, in-12 de 180 pp. (3 fr. 50).

[Ln²⁷. 15273

8080 NOSTRADAMUS. — Les vrayes centuries et prophéties de Maistre Michel Nostradamus, où se void représenté tout ce qui s'est passé, tant en France, Espagne, Italie, Allemagne, Angleterre, qu'autres parties du monde, avec la vie de l'autheur.

A Amsterdam, chez Jean Jansson, 1668, pet. in-12. Frontispice et portrait. (00 fr.).

[Rés. Ye 1701

8081 NOSTRADAMUS. — Les Vrayes Centuries et propheties de maistre Michel Nostradamus, où se void representé tout ce qui s'est passé, tant en France, Espagne, Italie, Allemagne, Angleterre, qu'autres parties du monde, revues et corr. suivant les premieres edit. impr. à Paris, Roüen, Lyon, Avignon, Troyes, Hollande et autres : avec la Vie de l'auteur et plusieurs de ces Centuries expliquées par un Sçavant de ce temps.

Rouen, J. B. Besongne, 1710, pet. in-12 de XXXVI-210 pp. avec fig. s. b. (5 fr.).

Laide édition.

Rouen, Oursel, 1649, in-12.

Leyde, Pierre Leffen, 1650, in-12.

[Ye 7371

Rouen, Besongne, 1689, in-12.

La Vie de Nostradamus qui se trouve en tête de l'ouvr. est la même que *Brief discours sur la vie de M. de Nostre Dame* qui se trouve en tête des *Commentaires* de J. A. de Chavigny.

Idem.

Amsterdam, 1667, in-12.

Édition rare et correcte.

(G-770 et 1017 à 1920
(O-1867

8082 NOSTRADAMUS. — Vray et parfaict embellissement de la face, par M. Michel Nostradamus.

S. l., 1552, in-8°.

Ancienne cote : [T. 3815 (mais l'ouvrage est absent de sa place et introuvable).

D'après M. Bareste (*Nostradamus*, p. 71) cet ouvrage généralement inconnu, bien que porté au Catalogue de la Bibliothèque « Royale » aurait été introuvable en place. (Il ne s'est pas retrouvé depuis) (janv. 1911).

8083 NOSTRADAMUS (sur). — Abrégé de la Vie de Michel Nostradamus, par le sieur Palamédès Tronc de Condoulet.

S. l., in-4° de 12 p. sans Frontisp.

Vie de Nostradamus, par Pierre de Joseph Haitze.

S. L., 1711, in-12.

Opuscules fort rares (Bareste, *Nostradamus*, p. 9, note).

NOSTRADAMUS (sur). — Voir aussi :

ADVIELLE (V)
BARESTE (Eug.)
BONNELLIER (Hipp.).
BOUTROUX
BOUYS (Th.)
DU VIGNOIS (Elysée).
GUYNAUD
JANT
JAUBERT
LEROUX (Jean)
WARD (Ch. A.).

8084 NOTE des ouvrages sur le magnétisme animal qui se trouvent chez Gastelier, Libraire à Paris.

Paris, 1786, in-8°. 10 pages.

Très rare.

Elle n'a plus d'importance aujourd'hui, M. Mialle cite une seconde note de 9 pages à joindre à la précédente.

(D. p. 70

8085 NOTE sur le magnétisme animal et sur les dangers que font courir les magnétiseurs à leurs patients [par le Docteur MONTÈGRE, q. v.].

Paris, 1816, in-8°.

Extrait de « la Gazette de Santé ».

(D. p. 183

8086 NOETHIGE Aufschlüsse der in Bayern ausgebrochenen Verfolgungen gegen geheime Gesellschaften (1 : Juli Deutschen (....) s. adr. 1786. in-8° de 29 pp.

(O-502

8087 NOTICE historique sur l'apparition d'une âme du Purgatoire arrivée près de Poggi di Rosano, dans les environs de Florence; écrite par le prieur et curé de Villamagna, et publiée avec l'approbation de mgr Ant. Martini, archevêque de Florence, et avec la permission des supérieurs de Rome (trad. de l'ital. par ....).

Paris, Beaucé, 1820, in-8° de IV-IV-72 pp. avec 1 fig.

La Bergère honorée de cette apparition se nommait Marie Thérèse LIPPI et l'âme était celle de Marie Anne CHITI, femme GALLI. [LADRAGUE].

(O-1796

8088 NOTICE sommaire sur la vie et les écrits d'Emmanuel SWEDENBORG.

Paris, Goupy. 1885, in-18, (1 fr.).

[8° M. 4146

Avec une bibliographie de SWEDENBORG.

(G-1923

8089 NOTICE sur la partie du magnétisme relative à l'histoire de la physiologie et de la médecine morale.

Paris, 1813, in-8°. 50 pages, (2 fr. 50).

Extrait du Moniteur.
Curieux.

(D. p. 183

NOTICE sur les Types étrangers du Specimen de l'Imprimerie Royale. — Voir :

BURNOUF (Eugène).

8090 NOTOVITCH (Nicolas). — La Vie inconnue de Jésus-Christ par Nicolas NOTOVITCH.

Paris, P. Ollendorff, 1894, in-18, cartes et fig. (3 fr.).

[8° H. 6069

L'auteur dans un voyage des plus périlleux entrepris au Thibet, découvrit des documents contemporains du CHRIST dans un couvent bouddhiste où ils sont soigneusement conservés.

Cette chronique indienne de la vie de Jésus, communiquée à Mgr PLATOS métropolite de Kiew, plus tard à un cardinal romain, reçut un froid accueil. — Même, NOTOVITCH aurait été sollicité à prix d'argent de ne pas rendre publique cette vie inédite de Saint-Issa, (Jésus), qui différe considérablement de la version orthodoxe. De nombreuses illustrations complètent cette publication curieuse.

8091 NOURRISSON (Paul). — Le Club des Jacobins sous la troisième République. — Études sur la Franc-Maçonnerie.

Paris, Perrin, 1900, in-12, (2 fr. 50).

[Lb⁵⁷. 12797

Autres ouvrages sur la F∴ M∴ au Cat. Gén. de la Bib. Nat :

[Ld⁴. 8976
[8° H. 6026
[Lb⁵⁷. 13759

8092 [NOURRY (Emile)] libraire à Paris, qui écrit sous le pseudonyme de P. SAINTYVES. — Le discernement du Miracle, ou le Miracle et les quatre critiques, historique, scientifique, philosophique et critique.

Paris, Emile Nourry, 1900, in-8° de 360 p. (6 fr.).

[8° H. 7022

Cet ouvrage ne le cède en rien en intérêt et documentation aux suivants qu'a publiés Mr NOURRY : toute la psychologie du miracle y est étudiée à fond. — Miracles dans l'Ancien Testament et dans les religions étrangères au judaïsme. — Miracles astronomiques et géologiques. — Miracles dans le Nouveau Testament. — Le Miracle œuvre des inspirés ou envoyés de Dieu. — Miracles des Initiés. — Prestiges des Prêtres. — Physique des sanctuaires. — Théurgie liturgique. — Maîtrise des bons et des mauvais esprits. — Rôle religieux du miracle dans l'avenir.

8093 [NOURRY (Emile)]. — P. SAINT-YVES. — Le Miracle et la Critique Historique.

Paris, Emile Nourry, 1907, in-12 de 154 p. (2 fr.).

Tiré à 500 ex.

« Le Miracle et la critique historique » de M. NOURRY, intéresse tous les historiens qui s'occupent d'histoire ancienne, d'histoire du moyen âge, et surtout d'histoire religieuse. On n'a rien écrit de plus solide et de plus impartial sur la façon dont la critique doit considérer et interpréter le miracle. — Nombre d'exemples empruntés aux miracles de la Bible témoignent de l'indépendance et de la franchise de l'auteur.

8094 [NOURRY (Emile)]. — P. SAINT-YVES. — Le miracle et la critique Scientifique.

Paris, Emile Nourry, 1907, in-12, de V-105 p. (2 fr.).

[8° R. 21415

Tiré à 500 ex.

Critique sûre et forte de toutes les positions qui veulent faire témoigner la Science en faveur du miracle.

Pour l'auteur tout fait merveilleux est ou sera explicable.

Par ses conditions morales, qui seules ne relèvent pas de la science, il peut témoigner en faveur des religions.

8095 [NOURRY (Emile)]. — P. SAINT-YVES. — Les Saints successeurs des Dieux. I. L'origine du Culte des Saints. II. Les sources des légendes hagiographiques. III. La Mythologie des noms propres.

Paris, Emile Nourry, 1907, in-8° de 416 p. (6 fr.).

Superbe étude de Mythologie comparée des plus documentées. — L'auteur traite plus particulièrement dans cet ouvrage de la Mythologie chrétienne dans laquelle on retrouve la majeure partie des éléments composant les diverses mythologies païennes. — Les dieux égyptiens, grecs et romains. — Le culte des héros et des morts et le culte des saints. — Lectures des épitaphes et interprétation des images. — Les fables et paraboles dans la vie des saints. — Traditions populaires. — Théories diverses sur l'origines des contes et des légendes. — Traditions mythiques. — La genèse des contes et des fables. — Thèmes astronomiques. — Évolution des noms propres. — Les cultes et les fêtes solaires. — Les relations astrologiques des génies païens et des saints. — Recherches de fêtes païennes basées sur ces relations et recherches des dieux païens qui précédèrent les saints chrétiens par l'étude des rapports de leurs fêtes.

8096 [NOURRY (Emile)]. — P. SAINT-YVES. — Les vierges mères et les naissances miraculeuses. Essai de Mythologie comparée.

Paris, Emile Nourry, 1908, in-12, (2 fr. 50).

[8° H. 6956

Très important ouvrage, dans lequel l'auteur traite, avec une compétence hors ligne, cette question si intéressante. — L'Horreur de la stérilité dans les Indes, chez les anciens Saxons et les Finnois, à Madagascar, et dans l'Egypte ancienne, chez les Hébreux. — Supplication et rites pour la fécondité. — Origines des légendes de naissances miraculeuses. — Les Pierres fécondantes et le culte des pierres. — Les théogonies aquatiques et le culte des eaux. — Pratiques fécondantes du culte des plantes. — Totémisme. — Théorie des signatures. — Naissances miraculeuses dues à l'action simultanée des plantes divines et des eaux sacrées. — Symbolisme du Lotus. — Mythologie des unions de Jupiter sous des formes d'animaux. — Culte du serpent. — Les fils des vents et de la pluie. — Fécondations météorologiques. — Théogonies solaires ou des naissances dues à l'action du Soleil. — Le culte des morts et la cohabitation avec les défunts. — Les Dieux anthropomorphiques et les Incubes d'vins.

8097 NOURY (A). — L'Antidote du Spiritisme, étude psychologique. (Les Tables tournantes. La faculté médianimique, etc..)

Paris. 1805. in-8°. (1 fr. 50).

8098 NOUVEAU catéchisme des Francs Maçons.

A L'Orient, s. adr. 5783, in-24 de 64 pp.

(O-302

8099 NOUVEAU recueil de plusieurs beaux Secrets et remèdes fort curieux et expérimentés.

Strasbourg. 1732, in-12. (3 fr.).

Rare recueil de secrets réputés contre les maladies les plus graves, les blessures, les brûlures, les morsures de bêtes enragées, des remèdes et des recettes, etc....

Autre édit :

Paris, T. Guillain. 1604. in-12.

[Z. 53380

8100 NOUVEAUX discours spirituels sur diverses matières de la vie intérieure et des dogmes de la religion chrétienne, ou Témoignage d'un Enfant de la Vérité et droiture des voyes de l'esprit, pour l'encouragement et avertissement des autres Enfants ses compagnons.

Berlebourg, par Christ. Mich. Regelein. 1738, 2 vol. pet. in-8°.

(O-103

NOUVEAUX Horizons de la Science et de la Pensée (Les). — Voir : JOLLIVET-CASTELOT.

8101 NOUVEAUX Templiers (Les). Ouverture du Temple, le 13 janvier (1833) dans la France littér. (1833). V. 224-20.

(O-478

8102 NOUVELLE découverte sur le magnétisme animal ou lettre adressée à un ami de province par un partisan zélé de la vérité.

Paris, 1786. in-8°. 64 pages. (2 fr.).

Ecrit contre le magnétisme avec prétention au persiflage.

(D. p. 68

8103 NOUVELLE GAULE (La) Société littéraire, scientifique et artistique.

Paris. Bayle, 1883. in-8°. (3 fr.).

Avec la collaboration de André Theuriet, Grandmougin, André Lemoine, P. Haraucourt, Ploagnet, S. de Guaita, etc.

(G-1924

8104 NOUVELLE JERUSALEM (La). Revue mensuelle Religieuse et Scientifique.

St-Amand. depuis le 21 mars 1838 Tome I-X. in-8°. (15 fr. les 6 premières années).

[R. 45178-45180.

Très rare organe de la religion de Swedenborg publié sous la direction de Le Boys des Guays.

8105 NOUVELLES CONJECTURES, pour confirmer la fin prochaine du monde et indiquer les époques des principaux évènements qui doivent la précéder.

Toulouse, 1831. in-8°, (3 fr. 50).

8106 NOUVELLES Prédictions de la Destinée des Princes et Etats du Monde.

Venise, 1688, in-12.

[G. 10598
(S-3050)

8107 NOVAYE (le baron de). — Ce qui va nous arriver : Guerre et révolution, d'après 45 Prophéties anciennes et modernes par le baron de Novaye, lettre-préf. de G. Méry.

Paris, Chamuel, 1896, in-12. (2 fr.).

[Lb⁵⁷ 11701

Prophéties de la Salette, d'Isaïe, de Ste-Hildegarde, de St-Malachie, de Ste Brigitte, de Ste Catherine de Sienne, du curé d'Ars, d'Holzhauser, de Blois, de Cath. Emmerich, d'Orval, etc...

8108 NOVAYE (le baron de). — Demain ? d'après les concordances frappantes de 120 prophéties anciennes et modernes.

Paris, P. Lethielleux, s. d., [1905] in-16, XII-452 p. (3 fr. 50).

[Lb⁵⁷ 14088

8109 NOVAYE (Baron de). — Guerre et révolution d'après les Prophéties.

Paris, s. d., in-18 jés. (1 fr. 50).

Recueil avec commentaires et résumé de 45 prophéties qui toutes sont d'accord pour prédire de graves événements prochains à notre pays et à toute l'Europe.

8110 [NUISEMENT (le sieur de) Receveur général du Comté de Ligny en Barrois. — Die ganze höhere Chemie und Naturwissenschaft in allgemeinen Grundsätzen, nach den drei Uranfängen und Grundkräften der gaenzen Natur (titre intérieur :) des Hr. de Nuysement Abhandlung vom wahren geheimen Salze der Weisen und vom allgemeinen Weltgeiste (e gallico latine versus a Ludovico Combachio) von AdaMah Booz (Adam Melchior Birkholz).

Leipzig, Joh. Friedr. Junius, 1787, in-8° de XVI-366 pp.

(O-1124

8111 NUISEMENT (le Sieur de). — Œuvre de la Physique natvrelle contenant les trois principes des Philosophes.

« Contenant du Traittez de l'Œuvre : »

I— Cosmopolite ou Nouvelle Lumière de la Phisique naturelle. Traitant de la Constitution generale des Elemens Simples et des Composez. Traduit nouvellement de Latin en François par le Sieur de Bossay.

A la Haye, de l'Imp. de Theod. Maire. M. DC. XXXIX. [1639].

[R. 45243

II— Traicté du Soulfre, Second Principe de nature, Faict par le mesme Autheur qui par cy devant a mis en lumière le Premier Principe, intitulé Le Cosmopolite. Traduit de latin en François par F. Gviravd, docteur en medecine (*sic*). Avec plusieurs autres opuscules du mesme suject.

A La Haye, de l'Imp. de Theod. Maire, M. DC. XXXIX. [1639].

[R. 45244

III— Traittez de l'Harmonie et Constitution Generale dv Vray Sel Secret des Philosophes, et de l'Esprit Universelle du Monde, suivant le troisiesme Principe du Cosmopolite. Œuvre non moins curieux, que profitable, traittant de la Cognoissance de la Vraye Medecine Chimique. Recueilly par le sieur de Nuisement, Receveur General du Comté de Ligny en Barrois.

A La Haye, de l'Imp. de Theod. Maire. M. DC. XXXIX. [1639].

[R. 45241

IV— Poëme Philosophic de la Vérité de la Physique Mineralle. Où sont refutées les Objections que peuvent faire les incredules et ennemis de cet Art. Auquel est naifvement et veritablement depeinte la vraye Matière des Philosophes. Par le sieur de Nuisement, Receveur General du Comté de Ligny en Barrois. Dedié à Tres-

Haut, Tres-Puissant et Tres-Vertueux Prince Monseigneur le Duc de Lorraine et de Bar, etc.

A La Haye, de l'Imp. de Théod. Maire, M. DC. XXXIX [1039].

[Le Titre Général du Recueil porte:]

A La Haye, de l'Imprimerie de Theodore Maire, M. DC. XL., [1640] in-10 de 6 f^{os}-58 p. — 3 f^{os}-49 p. — 12 f^{os} (1 fig. sur bois)115 p. — 57 p (25 fr.).

Ce recueil des plus curieux est un des rares qui n'ait pas été donné d'une façon très claire par le *Catalogue Ouvaroff*. On le reconnaitra néanmoins sous le n° suivant :

8112 NUISEMENT (le Sr de). — Traittez de l'harmonie et constitution generale du vray sel secret des Philosophes, et de l'Esprit universelle (sic) du monde, suivant le troisiesme Princincipe du Cosmopolite. Œuvre non moins curieux...

A La Haye, impr. de Theod. Maire 1639. petit in-12 de XXIV-115 pp. avec 1 fig. sur bois) (l'esprit General du Monde).

[R. 15241

A cette petite édit. imprimée avec des caractère assez fins se trouvent joints : *Poème philosophique, Cosmopolite*, et *Traité du soulphre*, édités la même année.

Selon LENGLET-D. : *Hist. de la philos. herm.* III, 80 : ce Traité ne serait qu'une partie d'un manuscrit intitulé *Elemens chimiques et spagiriques* que NUISEMENT aurait fait imprimer sous son nom.

(O-1121
(G-1925

8113 NUISEMENT (le Sr de). — Poëme philosophic de la vérité de la physique mineralle ov sont refutees les objections que peuvent faire les incredules et ennemis de cet art. — Auquel est naïsuement et veritablement depeinte la vraye matière des Philosophes.

Paris, Perier, 1620, in-8° (12 fr.),

[R. 45240

Autre :

A La Haye, de l'imp. de Theodore Maire. 1639. in-16 de 57 p. (8 fr.).

[R. 45242

8114 NUISEMENT (le sieur de). — Traittez du vray sel secret des Philosophes, et de l'Esprit general du Monde, contenant en son interieur les trois Principes naturels, selon la doctrine de Hermes. Œuvre tres-utile et necessaire à quiconque desire arriver à la parfaite prattique de ce pretieux Elixir ou medecine universelle, tant celebree des anciens, recogneüe et experimentee : par le sieur de NUISEMENT, receveur général au comté de Ligny en Barrois.

Paris, Jeremie Perier et Abdias Buizard, 1621. in-8° de XXVIII-318 pp. avec 1 pl. (20 fr.).

Il y a une erreur de pagination à partir de la p. 250 paginée 260.

(O-1119-1120

8115 NUNEZ (Marquis Joseph). Docteur en Médecine. Médecin de S. M. la Reine d'Espagne. — Etude médicale sur le venin de la Tarentule, d'après la Méthode de Hahnemann, précédée d'un Résumé historique du Tarentulisme et du Tarentisme, et suivie de quelques indications thérapeutiques et de notes cliniques par le Marquis Joseph NUNEZ, traduite et annotée par le Dr. J. Perry, avec fig.

Paris, J.-B. Baillière et fils, 1866, in-8° de 208 pages, 2 figures et musique gravée. (10 fr.).

[Tf²¹ 27

Le *tarentulisme* ou *tarentisme* n'est pas une fable, une histoire de bonne femme, comme on a bien voulu le dire. Le Dr. NUNEZ s'est consacré spécialement à l'étude de cette étrange maladie, en a vu et soigné plusieurs cas, et consigné dans ce travail très curieux toutes ses observations cliniques. Un fait de la plus haute importance se dégage de ce livre, c'est que la Magie, la magie seule de la mu-

8116 NUS (Eugène), auteur dramatique et écrivain spiritualiste français, né à Châlon-sur-Saône en 1816. — A la recherche des destinées.

Paris, Marpon, s. d. [1891]. in-12. (5 fr.).

[8° R. 10565

Intéressant ouvrage devenu rare. — I. Inde antique. — La Doctrine secrète. — La métaphysique chinoise. — La Gaule celtique. — L'Esotérisme chrétien. — Le Spiritisme. — La Volonté. — Le Surnaturel. — L'astronomie des poisons. — Le Cycle de Ram. — Mme BLAVATSKY. — Un mot sur l'atavisme. — Les réformes. — Esotérisme. — Exotérisme. — Tout un chapitre de 60 pages est consacré à la Kabbale.

8117 NUS (Eug.). — Choses de l'autre monde.

Paris, Dentu, s. d. [1880], in-12 de 404 p. ; 10 p. de musique dans le texte. (8 fr.).

[8° R. 2419

Dans ce livre, l'auteur démontre nettement que nous sommes à l'aurore des plus grandes découvertes en fait de psychologie et de psychisme. (Les séries progressives. — Hypothèses et systèmes. — Psychographie. — Les recherches de CROOKES, Katie King, etc.).

(G-773)

8118 NUS (Eugène). — Les Dogmes nouveaux.

Paris, 1878, in-12. (5 fr.).

Choix de poésies spiritualistes.

Autre édition :

Paris, Dentu, 1861, in-12. (2 fr. 50).

-sique et d'une certaine musique dont l'auteur reproduit un exemple, est capable de guérir cette mystérieuse affection. Une histoire complète du tarentulisme et une bibliographie analytique des ouvrages sur le sujet complètent ce remarquable travail.

8119 NUS (Eug.). — Les grands mystères : Vie universelle, vie individuelle, vie sociale.

Paris, Libr. des Sc. sociales, 1877, in-12 de 450 p. (4 fr.).

Nature de Dieu, du Monde et de l'Homme. — Origine de l'âme. — Réincarnation. — Etat futur. — Le Credo des Mages. — Premières traditions. — Les contes de fées. — Les bibles perdues. — Les Juifs. — Le Bouddhisme. — Esotérisme chrétien. — Destinée collective. — L'âme des planètes. — La véritable religion, etc.

Autre édition :

Paris, Noirot, 1866. (2° édition), in-12 de VIII-438 p.

8120 NUS (Eugène). — L'Inconnaissable.

Paris, 1890, in-12.

8121 NUS (Eugène). — Nos Bêtises.

Paris, Dentu, s. d., [1882], in-16, 253 p. et 3 f°s n. c.

[8° Y² 6131

Résumé ironique des conceptions religieuses, philosophiques et sociales des contemporains montrant les enfantillages auxquels elles peuvent mener. — Nus fut un grand penseur, doublé d'un profond philosophe.

8122 NUS (Eugène). — Vivisection du catholicisme.

Paris, E. Flammarion, 1894, in-12. (3 fr. 50).

[8° H. 6007

Ce dernier ouvrage de l'érudit occultiste contient la critique du catholicisme dans toutes ses parties. — Jésus : Dieu, l'homme ou mythe. — Esséniens et Thérapeutes. — Juifs helléniques. — Le Spiritisme chrétien. — Les Persécutions, de Néron à Constantin. — Les trois derniers siècles de l'Age d'or. — Cahotement de la Foi. — Julien l'Apostat. — Les débuts du Pouvoir Temporel. — Premières floraisons catholiques. — Les Croisades. — La Captivité de Babylone. — Le Bilan du Moyen-Age. — La Réforme.

8123 NYMPHES de Châteldon (Les) et de Vichy, dialogues.

S. l., 1786, in-8°, 62 pages.

Ouvrage indiqué par M. Mialle comme étant contre le magnétisme (1785 ?).
(D. p. 69

8124 NYNAULD (J. de). — De la lycanthropie, transformation et extase des Sorciers, ou les astuces du Diable sont mises tellement en evidence, qu'il est presque impossible, voire aux plus ignorants, de se laisser doresenauant séduire. — Avec la réfutation des argumens contraires que Bodin allègue... au chap. 6 de sa Démonomanie.

Paris, Jean Millot, 1615, in-8°. (35 fr.).

[R. 4525]

L'un des ouvrages « *Classiques* » sur la Sorcellerie et néanmoins l'un des plus rares.

Autre édition :

Paris, Rousset, 1615, in-8°.

(G-774 à 776 et 1926
(S-3162

NYST (Ray). — Voir :
RAY NYST.

8125 O∴ ou histoire de la Fondation du Grand Orient de France et des révolutions qui l'ont précédée accompagnée et suivie jusqu'en 1799, époque de la réunion à ce corps de la Grande Loge de France connue sous le nom de Grand Orient de Clermont ou de l'Arcade de la Pelleterie. Avec un appendice contenant les pièces justificatives, plusieurs actes curieux et inédits ayant rapport à l'histoire de la Franche Maçonnerie des détails sur un grand nombre de rites et un fragment sur les réunions secrètes des femmes.

Paris, 1812, in-8°. (20 fr.).

Ouvrage orné de tableaux et de figures en taille douce.

8126 OBRY (J. B. F.). — Du Berceau de l'Espèce humaine selon les Indiens, les Perses et les Hébreux.

S. l. [1845], in-8°. (10 fr.).

Ouvrage extrêmement intéressant et solidement documenté. — L'auteur cite continuellement les œuvres de BEAUSOBRE, CREUZER, DUPUIS, COLEBROOKE, et un grand nombre de Kabbalistes sur lesquels il s'est basé pour écrire son ouvrage ; les livres sacrés des différents peuples y sont également mis à contribution pour la partie fondamentale. — A signaler tout un long chapitre sur les arbres et les animaux symboliques. — Cette œuvre est d'une très grande importance pour l'étude de la mythologie comparée.

8127 OBRY (J. B. F.). — De l'immortalité de l'âme selon les Hébreux.

Amiens, 1809, in-8°. (3 fr.).

(G-1927

8128 OBRY (J. B. F.). — Du Nirvana bouddhique, en réponse à M. Barthélemy Saint-Hilaire.

Paris, Durand, 1863, in-8°. (2 fr. 50).

8129 OBSEQUENS (Julius) en français Jules OBSÉQUENT, écrivain latin de la fin du IVᵉ Siècle. de religion mythologique. — Giulio OSSEQUENTE de Prodigi. Polidoro VERGILIO de Prodigii lib. III. per Damiano Maressi fatti Toscani.

In Lione, G. di Tournes, 1554, pet. in-8°. (45 fr.).

[J. 20133

Première traduction italienne, rare.

8130 OBSEQUENS (Julius). — Julii Obsequentis De Prodigiis liber cum annotationibus Joannis Schefferi Argentoratensis ; accedit Conr. LYCOSTHENIS supplementum OBSEQUENTIS.

Amstelædami, Th. Boom, in-12. Curieux frontispice. (3 fr.).

[J. 20130

8131 OBSEQUENS (J.). — Iulius Obsequens Prodigiorum liber, ab Urbe condita usque ad Augustum Cæsarem, cuius tantum exstabat fragmentum, nunc demum historiarum beneficio per Conradvm Lycosthenem, Rubeaquensem, integritati suæ restitutus. Polydori VERGILI Vrbinatis de prodigiis libri III. Ioachimi CAMERARIJ Paberg. de ostentis libri II.

Basileæ ex officina Ioannis Oporini, 1552, in-8°. (22 fr.).

[J. 20127

Edition rare, et la plus complète, selon BRUNET, avec de bien curieuses figures sur bois dans le texte représentant des monstruosités humaines et animales : enfants à tête d'éléphants, sans yeux, ni nez ; sans bras, ni jambes ; à plusieurs jambes ; porcs à tête d'homme ; à deux têtes ; coqs à cinq pattes ; jumeaux attachés par le dos, illusions d'optique telles que navires voguant dans les airs, laboureur faisant sortir des poissons de terre, etc... etc.

(G-1928

8132 OBSEQUENT (Jules). — Des prodiges. Plvs trois liures de Polydore VERGILE sur la mesme matière. Traduis du latin en françois par George de la Bouthière, Autunois.

Lyon par Ian (sic) de Tovrnes, 1555, in-8°. (45 fr.).

[J. 20134

Livre rare recherché pour les jolies gravures sur bois dont il est orné, attribuées à Bernard Salomon.

(G-1929
(S-3280 b

8133 OBSEQUENT (Jules). — Julivs Obsequens Quæ svpersvnt ex libro de Prodigiis cvm animadversionibvs Ioannis Schefferri et Francisci Ovdendorpii. Accedvnt svpplementa Conradi Lycosthenis, cvrante Ioanne Kappio.

Curiæ Regniliance [Hof, ou Hoff en Bavière]. 1572, in-8°. (7 fr.).

—— Les Prodiges de Julius Obsequens. Traduction nouvelle par M. Victor Verger, de la Bibliothèque Royale.

Paris, C. L. F. Panckouke, 1842, in-8° de 160 p. (4 fr.).

[Salle de travail Casier B. K. 127

Se trouve généralement réuni, dans cette *Collection Latine-Française Panckoucke*, au Livre de Censorinus, et au Mémorial d'Ampelius.

Cette même traduction de M. V. Verger avait précédemment paru en petit format : *Paris, Aadin*. 1825, in-18. (3 fr.).

8134 OBSERVATIONS sur la Franc-Maçonnerie, le Martinisme, les visions de Swédenborg, le Magnétisme, etc.

Avignon, 1786, in-12. (6 fr.).

Ouvrage peu commun qui a échappé à M. Dureau.

(G-777

8135 OBSOPÆUS ou Opsopæus (Johannes), savant Médecin et Kabbaliste Allemand né à Bretten, vers 1556. Il étudia la Médecine à Paris, voyagea en Hollande et en Angleterre, puis enseigna la Physique et la Botanique à Heidelberg, où il mourut vers 1590.

On lui doit plusieurs ouvrages sur les Oracles des Anciens. ΣΙΒΥΛΛΙΑΚΟΙ ΧΡΗΣΜΟΙ hoc est Sibyllina Oracvla, ex vet. Codd. aucta, renovata et notis illustrata à D. Iohanne Opsopæo Brettano cum interpretatione latinâ Sebastiani Castalionis, et Indice.

Parisiis [Societas Typographica Parisiensis], 1599, in-8° de 900 p. environ; titre gravé et planches (sibylles et prophètes) [Les marques des imprimeurs semblent se trouver sur des écus, aux mâts de la Nef parisienne]. (20 fr.).

[Yh. 2150 à 01

Oracula metrica Jovis, Apollinis, Hecates, Serapidis, etc. — Oracula Magica Zoroastris. — Sibyllina Oracula. — Etc. Ce recueil contient tous les fameux livres sibyllins, les oracles magiques de Zoroastre, les oracles de Jupiter, Apollon Hécate, Sérapis, etc. et le *Traité d'onéirocritie* d'Astrampsychus condensé par Scaliger, soit 4 traités différents réunis ensemble.

Belles planches dans le texte.

8136 OCELLUS LUCANVS, philosophe pythagoricien né en Lucanie, dans la Grande Grèce et vivant vers 500 av. J. C. — Ocellus Lucanus en grec et en françois, avec des dissertations sur les principales questions de la métaphysique, de la physique et de la morale des anciens.

Berlin, Haude, 1702, in-12. (25 fr.).

8137 OCELLUS LUCANUS. — Ocellus Lucanus, de la Nature de l'Univers, traduction et notes de l'abbé Le Batteux.

Paris, Saillant, 1768, in-8°.

[R. 0254
(S-3250

8138 OCELLUS LUCANUS. — Ocellus Lucanus de Universi Naturâ cum notis Caroli Emmanueli Vizzanii.

Bononiæ (Bologne), ex typ. Ferroniana, 1646, in-4°. Avec deux Frontispices. (6 fr. 50).

[Rés. R. 1474

Ce célèbre ouvrage de ce pythagoricien est un mélange éclectique de la physique aristotélique, de la métaphysique des Eléates et de la morale des écoles de PYTHAGORE.

(S-3249 b

8139 OCHOROWICZ (Le Dr Julian). Professeur de Psychologie à l'Université de Lemberg. — De la Suggestion mentale par le Dr J. OCHOROWICZ, avec une préface de Charles Richet. Deuxième édition.

Paris, Octave Doin, 1889, in-18 de V-580 p. dont table alphab. des auteurs et médecins cités. (5 fr.).

Ouvrage qui a obtenu, en 1911 le *Prix Fanny Emden*, décerné par l'*Académie des Sciences* au meilleur ouvrage sur le *Psychisme* présenté à ce Concours.

Travail le plus complet sur la suggestion. — Professeur agrégé de Psychologie, OCHOROWICZ était tout désigné pour entreprendre cette œuvre qu'il a traitée avec une grande maîtrise. — L'action de la Volonté, la suggestion à longue échéance, la contagion sympathique, la transmission des idées y sont l'objet des plus étranges hypothèses avec les plus curieux exemples à l'appui. — La Démonologie est abondamment examinée dans plusieurs chapitres remplis de faits originaux. A remarquer surtout une belle apologie de l'occultisme, et de son rôle régénérateur dans l'avenir.

Edition originale :

Ibid., Id., 1887, in-18.

[Te¹⁴. 00

8140 OCKAM ou OCCAM (le Frère Guillaume d'), moine Cordelier anglais né à OCKAM (Comté de Surrey) vers le milieu du XIII° siècle, mort à Münich, Bavière en 1347. Une des lumières de la Philosophie, il professa la Théologie à Paris, fut excommunié en 1330 pour ses attaques contre la vie privée des papes et se réfugia près de l'empereur Louis de Bavière,

alors en guerre avec le pape. — F. Guill. OCKAM compendium errorum Johannis [XXII] Vicesimi secundi.

Lud. (sic) [Lugduni, Joh. Trechsel] 1495, in-fol.

[Rés. D. 196

Impression Gothique très rare.

(S-1864

8141 ODE an dem von der hiesigen Mutterloge gefeyerten achtund-dreyssigsten Geburtstage ihres Durchlauchtigsten Grossmeisters des Prinzen Friederich August von Braunschweig-Lüneburg.

Berlin, G. J. Decker, 29 oct. 1778 in-8° de 7 pp.

(O-362

8142 ODE verlesen in der Mutterloge zu den drey Weltkugeln.

Berlin, Decker, 31 december 1778, in-8° de 6 pp.

(O-360

8143 ODOLANT-DESNOS (Mme). — Mythologie pittoresque, ou histoire méthodique universelle des faux dieux de tous les peuples anciens et modernes, présentant un exposé des croyances fabuleuses de la plupart des nations indiquant les noms, l'origine, la puissance, les temples, le culte et les fêtes de leurs diverses divinités.

Paris, 1830, in-4°. Avec 30 belles gravures au trait.

Mythologie grecque-romaine. — Dieux Egyptiens. — Dieux Indiens. — (Brahmanisme, Vichnounisme, Bouddhisme, Lamaïsme. — Magie. — Dieux gaulois, germains, scandinaves, etc.).

8144 ODOMAR, Moine et philosophe hermétique français qui pratiquait l'alchimie à Paris vers le début du XIV° siècle sous le règne de Philippe le Bel. — Magistri ODOMARI Practica de argento in aurum verso ; dans

Theatrum chemicum (1613) III, 154-61.

Quelquefois intitulé : " *Practica ad Discipulum* ".

(O-708

8145 ODOUCET (M. d'), collaborateur et continuateur des travaux d'Etteilla. — Sciences des signes et médecine de l'esprit contenant : 1° l'intelligence des sciences numériques et astrales des premiers Egyptiens ; 2° l'art de connaître l'intérieur de l'homme par les signes extérieurs ; 3° un intéressant examen de la diversité des esprits et des caractères; 4° la véritable origine de la Franc Maçonnerie et l'initiation aux différents grades, etc.

Paris, chez l'auteur, an XI, in-8°. (15 fr.).

[R. 45295-45297

Cet ouvrage contient en outre l'explication littérale et philosophique des hiéroglyphes et des inscriptions du livre de Thot et est orné d'un portrait gravé d'ETTEILLA reproduit en tête de chaque ouvrage, des 78 figures du livre de Thot et de nombreuses planches gravées hors texte.

On signale aussi une édition, in-12, s. d. (?).

(G-1320

8146 ŒGGER (l'abbé J. G. E.), Ancien premier Vicaire de la Cathédrale de Paris, Professeur de Philosophie au Lycée de Quimper. — Essai d'un Dictionnaire de la Langue de la Nature, ou explication de huit cents images hiéroglyphiques, source de toutes les anciennes mythologies, et clef de l'Ecriture Sainte, aussi bien que des Songes extatiques en général; par M. ŒGGER.

Paris, Delaunay-Levasseur, 1831, in-18 de 102 p. (Sous forme de dictionnaire). (10 fr.).

[X. 29088

Dans un émouvant chapitre de son « *Histoire de la Magie* » ELIPHAS LÉVI raconte l'horrifique évocation tentée une nuit par l'abbé ŒGGER, dans la cathédrale de Paris, dont il était le premier vicaire. — A la suite de cet acte audacieux, l'abbé ŒGGER sortit de l'Eglise romaine et se lança dans un mysticisme ardent. — Il prétendait, dans son « *Nouveau Messie* » avoir découvert la vraie langue de la nature. — C'est dans ce dictionnaire, pour ainsi dire inconnu, qu'il la révèle.

8147 ŒGGER (J. G. E.). — Manuel de Religion et de morale, ou livre de prières universelles pour les chrétiens éclairés de toutes les communions.

Paris, Baudoin frères, 1827, in-8° (3 fr.).

8148 ŒGGER (J. G. E.). — Rapports inattendus établis entre le monde matériel et le monde spirituel par la découverte de la langue de la nature, ou transition de G. ŒGGER, premier vicaire de la cathédrale de Paris, à la Nouvelle Eglise du Seigneur, dite la Nouvelle Jérusalem, et circonstances surnaturelles qui ont accompagné cette démarche.

Paris, Heideloff, 1834, in-8°, 2 pl. hors texte. (5 fr.).

Fort intéressant ouvrage, rédigé par un disciple de SWEDENBORG.

(G-779

8149 ŒGGER (l'abbé). — Traité philosophique sur la nature de l'âme et des facultés, où l'on examine le rapport qu'ont avec la morale, le magnétisme de M. MESMER et le système de GALL, par l'abbé ŒGGER.

Paris, Eberhart, 1825, in-12. (5 fr.).

[R. 35308

Portrait et vue de cimetière lithographiés.

(D. p. 183
(G-778

8150 ŒHME (Johann Augustus). — Medicamenta selecta, oder Medicinische Fama vom philosophischen Gold-Pulver und orientalischen Gesundheits-Balsam, auch Tinctura antiveneria scorbutica, deren kurtze Beschreibung Würckung und Gebrauch wider alle Venerische.... von D. Johann Augusto OEHMEN, med. et chyrurg. und von Joh. Sebastien Käim, chyrurg.

S. l., Greg. Menhardt. 1740, in-8° de 127 pp.

(O-1644

8151 ŒTINGER (Friedrich Christoph). — Etwas gantzes vom Evangelio ; in einem Grund-Risz derjenigen Predigt, dit Gott selbst, durch Iesaiam vom Glauben, cap. 40-49, von der Gerechtigkeit, c. 50-59, von der Herrlichkeit, c. 60-66, an alle Welt hält ; wie auch über die Catechetische, und durch ordentliches Predigen fortgenende Lehr-Art, nach genommener Prob in Druck gegeben, von M. Friederich Christoph ŒTINGER.

Tübingen, Joh. Heinr. Phil. Schramm, 1730 (-53), 3 parties in-8° réunies en 1.

F. C. ŒTINGER, visionnaire mystique a été un des traducteurs allemands de SWEDENBORG.

(O-130

8152 ŒTINGER (F. C.). — Offentliches Denckmahl der Lehr-Tafel einer weyl. Würtembergischen Princeszin Antonia in Kupffer gestochen... wobey von der Krafft der Brunk-Quellen, von der Philosophie der Ebräer, und überhaupt von dem Geist Gottes nach allen Stellen Neuen Testaments eine Erklärung gegeben wird von M. Friedrich Christoph ŒTINGER.

Tubingen, Joh. David Bauhof, 1763, in-8° de 431 pp.

(O-131

8153 ŒTINGER (F. C.). — SWEDENBORGS und anderer irrdische und himmlische Philosophie zur Prüfung des Besten, ans Licht gestellt von Friederich Christoph ŒTINGER.

Fruckfurt und Leipzig (*Garbe,* 1765) in-8° de X-230 pp.

HEINSIUS donne la date de 1733, mais la préface est signée de Herrenberg (Würtemberg), 1 sept. 1765.

(O-121

8154 ŒTINGER (Halophilus Irenæus). — Die Metaphysic in Connexion mit der Chemie, worinnen sowhl die wichtigste übersinnliche Betrachtungen der Philosophie und Theologiæ naturalis et revelatæ, als auch ein Clavis und Select aus Zimmermanns und Neumanns allgem. Grundsätzen der Chemie nach den vornehmsten subjectis in alphabetischer Ordnung nach Beccheri... samt einer Dissertation de Digestione aus Licht gegeben ven Halophilo Irenäo ŒTINGER, medicinæ licentiato und philosophiæ hermet. cultore.

Hall. Joh. Christ. Messerer, s. d., (177 ?), in-8° de X-634-XIV pp.

L'ouvrage principal finit à la p. 284 ; vient ensuite *Commentatio de Digestione pro conciliatione eorum quæ desiderantur in Systemate Stablii et Boerhavii per Hippocratem,* en latin, pp. 285-400 ; le vol. est terminé par *Metaphysische oder übersinnliche Anmerkungen.*

(O-1407

8155 ŒTTINGER (Edouard-Marie). — Bibliographie biographique Universelle. Dictionnaire des ouvrages relatifs à l'Histoire de la vie publique et privée des Personnages célèbres de tous les temps et de toutes les nations depuis le commencement du monde jusqu'à nos jours. Enrichi du répertoire de bio-bibliographies générales, nationales et spéciales, par Edouard-Marie ŒTTINGER.

Paris, A. Lacroix et Cie ; P. Daffis, 1866. 2 vol. gr. in-8° à 2 col. (8 fr.).

[Salle de travail Casier M. 1-2

8156 OFFENE Geheimnisz (Das) aller Geheimnisze, die Naturquelle moralischer und physischer Wunder, zur Entwikkelung der höchsten Magie des Orients.

Meiningen, Joh. Gottfr. Hanisch, 1789, in-8º de 40 pp.

(O-1723)

8157 OFFROY ou OFFRAY de LA METTRIE Médecin et philosophe breton, né à Saint-Malo en 1709, mort à Berlin en 1751. Médecin des Gardes Françaises, à Paris, puis Lecteur du Roi de Prusse à Berlin. Il mourut d'indigestion à la suite d'un pari. — Œuvres philosophiques.

Amsterdam, 1764, 3 vol. in-18. (9 fr.).

Edition estimée. — Le chapitre intitulé dans les autres éditions « *de la Volupté* » est nommé dans celle-ci « *l'Art de jouir* ». — Les animaux plus que machine. — L'Homme plante. — L'homme machine. — Traité de l'âme. — Sur le Bonheur. — Système d'Epicure. — Des systèmes, etc... Dans l'*Homme plante*, l'auteur fait une curieuse comparaison de l'organisme animal et végétal.

(G-1513)

Autres éditions :

Berlin, 1774, 2 vol. in-8º.

Berlin-Paris, 1790, 3 vol. in-18.

8158 OFFROY DE LA METTRIE. — Histoire naturelle de l'âme

La Haye, J. Neaulme, 1745, in-12 (12 fr.).

Edition originale de cet ouvrage rare, l'une des productions les plus typiques de matérialisme.

8159 OFFROY DE LA METTRIE. — De la propagation du genre humain, ou manuel indispensable pour ceux qui veulent avoir de beaux enfants, de l'un et l'autre sexe. — Ouvrage contenant des preuves certaines de l'influence des Planètes sur la naissance des individus, leurs principales inclinations et leurs destinées ; suivi de l'Art de Jouir et de l'Homme plante par LAMETTRIE, etc...

Paris, an VII (1799), in-12. Frontispice gravé. (5 fr.).

Moyen d'avoir de beaux enfants. — Influence des planètes sur la naissance. — Conjonction des planètes. — Saison préférable pour faire de beaux enfants. — Quelles sont les femmes les plus amoureuses. — L'instant favorable. — De l'utilité de la flagellation, etc.

8160 OGIER (l'abbé François), écrivain français, mort à Paris en 1670. Prédicateur du roi. — Ivgement et censvre dv livre de la Doctrine religieuse de François GARASSE.

A Paris, 1623, in-12. (8 fr.).

Le « *Jugement de la Doctrine religieuse* » est une critique du fameux ouvrage dans lequel le P. GARASSE combattait les frères de la Rose ✝ Croix.

MYLIUS attribuait cet ouvrage à Théodore de Bèze.

8161 OLAUS MAGNUS, ou OLAF le Grand, Archevêque d'Upsal. — Historia de gentibvs Septentrionalibvs authore OLAO MAGNO Gotho, Archipiscopo Vpsalensi Suetiae et Gothiae Primate a Cornl. Scribon. Grapheo praeclare vrbi Antuerpianae a secretis sic in Epitomen redacta.

Antverpiæ apud Ioannem Bellerum, 1562, in-8º. (20 fr.).

Bien que portant l'adresse de Jean BELLERUS cet ouvrage a été imprimé par Christ. PLANTIN et est orné de nombreuses et curieuses vignettes sur bois.

(G-1030)

Autres édit. :

Romæ apud Ioan. Mariam de Viottis, 1555, in-fol.

[M. 1288

Basileæ, ex officina Henric Petrina, 1567, in-fol.

[M. 1289

8162 OLCOTT (Henry Steel), Président

de la « *Theosophical Society* ». — Le Bouddhisme selon le canon de l'Eglise du Sud, sous forme de catéchisme. Traduction française par D. A. C.

Paris, Ghio. 1883. (2 fr.).

[O² m. 83
(G-1031

8163 OLCOTT (H. S.). — Le bouddhisme selon le canon de l'église du Sud sous forme de catéchisme approuvé et recommandé pour l'usage dans les écoles bouddhistes par H. Sumangala.

Paris, 1905. in-12 (1 fr. 25).

Ce petit ouvrage, destiné aux débutants présente les faits principaux de la vie de GAUTAMA BOUDDHA et les points essentiels de sa doctrine.

8164 OLCOTT (H. S.).— Le catéchisme bouddhique.

Paris, s. d., [1891], in-18 (1 fr.50)
[O² m. 114

8165 OLCOTT (A. S.). — Des croyances relatives aux fantômes dans l'Inde moderne.

Paris. 1888. gr. in-8° de 54 p.

8166 OLCOTT (H. S.). — Histoire authentique de la Société Théosophique, par H. S. OLCOTT. Traduit de l'Anglais par La Vieuville.

Paris, *Publications théosophiques*, 1907 à 1909, 3 vol. in-8°, avec portraits, Planches et Fac similés. (10 fr.).

[8° R. 21779

Cet ouvrage est d'un grand intérêt, il traite de Mme BLAVATSKY, de la fondation de la S. T. qui eut lieu aux Etats-Unis en 1875, des multiples interventions des Maitres de la Sagesse, des Fondateurs invisibles, etc... Orné de quelques précipitations occultes.

8167 OLCOTT (H. S.).—Theosophy, Religion et Occult Science, by Henry S. OLCOTT. Président of the Theosophical Society, with Glossary of Indian Terms and Index.

London, 1885. in-8°. (14 fr.).

[8° R. 0792
(O. P. C.

8168 OLDENBERG (H.). — Le Bouddha, sa vie, sa doctrine, sa communauté. — Trad. de l'allemand par A. Foucher, avec une préface de Sylvain Lévi.

Paris, 1894. in-8" (7 fr.).

[O² m. 137

Ouvrage très important pour l'étude de l'histoire et des doctrines du Bouddhisme. — Nous n'aurions qu'à reproduire la table des matières pour justifier ce que nous avançons. Qu'il nous suffise d'y prendre au hasard les sujets suivants : L'Inde et le Bouddhisme. — Origines de la spéculation indienne. — Symbolisme du sacrifice · l'absolu. — Pessimisme. — Métempsychose. — Délivrance. — Caractère de la Tradition. — Légende et Mythe. — Jeunesse du Bouddha. — Prédication et œuvre du Bouddha, sa mort. — Les quatres vérités saintes dont la première est le pessimisme. — La Douleur. — Le Karma.— Le Nirvâna, ce qu'il est véritablement. — La communauté des disciples du Bouddha, etc...

8169 OLECHNOWICZ (le Dr Vladislas). — Esquisse d'une histoire de la civilisation de l'humanité d'après la méthode brahmanique.

Paris. 1882. in-12, (3 fr. 50).

La Mythologie de la Bible. — Le Christianisme et les mythes de l'Apocalypse. Zend Avesta et Egypte. — Druidisme.— L'auteur démontre que le centre de la civilisation des Aryas était situé en Egypte et en Asie Mineure, et que les Aryas de l'Inde ne sont que les émigrés chassés de leur pays par la barbarie de la race éthiopienne.

8170 OLIPHANT (Thomas Lawrens Kington) né en 1831, près de Bristol. —Scientific Religion, or Higher Possibilities of Life, and Practice through the Operation of Natural Forces, By Lawrence OLIPHANT. With an Appendix by a Clergyman of the Church of England.

Londou, Blackwoods, 1888, in-8°, (7 fr.).

|8° R. 8803
(O. P. C.)

8171 OLIPHANT (Thomas Lawrens). — Sympneumata ou la nouvelle force vitale.

Paris, Carré, 1887, fort vol. in-12 (3 fr.).

|8° R. 8197

Ouvrage peu connu et cependant très intéressant. — Constitution occulte de l'homme. — Descente de l'âme dans le corps physique. — La bataille invisible l'invasion de l'organisme humain par des forces occultes et désordonnées, des traditions et de l'appui trouvé dans les anciennes croyances. — Des traditions qui confirment le contact des êtres terrestres avec les êtres de l'au-delà. — Des traditions égyptiennes, phéniciennes, talmudiques et autres sur la Nature de la Divinité. — La Sekinah du Talmud et la Shekinta du Targum. — Du roi et de la reine couronnés de la Kabbale. — La présence messianique. — L'âge de la chevalerie. — Propriétés fluidiques de l'organisme humain. — La révélation des secrets. — Les Phénomènes occultes — L'inspiration. — La clef de l'histoire. — L'homme caché. — Des illuminés, etc...

(G-780)

En anglais :

Edinburgh, 1885, in-8°.

|8° R. 6738

8172 OLIVARIUS (R.). — La seule et vraie clef des songes donnant des interprétations modernes d'après les oracles anciens.

Paris, Béchet, s. d., in-12, orné de 50 gravures sur bois par Draner. (2 fr.).

Autre édit.

Paris, P. Bernardin, 1911, in-18, fig.

|8° R. 24255

8173 OLIVET (Pierre Joseph Thoulier, abbé d') grammairien et écrivain français, né à Salins (Franche-Comté), en 1682, mort en 1768. Il fut d'abord Jésuite sous le nom de Père Thoulier, puis se sépara de la Société et prit le nom d'abbé d'Olivet. Académicien et traducteur très fidèle et correct. — Entretiens sur la Nature des Dieux, Traduit par l'abbbé d'Olivet.

Paris, 1740, in-12.

(S-3085)

8174 OLIVIER (André). — Essai sur les comètes, où l'on tâche d'expliquer les phénomènes qu'offrent leurs queues et où l'on fait voir qu'elles sont probablement destinées à rendre les comètes des mondes habitables. Avec des observations et des réflexions sur le soleil et sur les planètes du premier ordre, traduit de l'anglais, par J. Allamand.

Amsterdam, 1777, in-8°, 2 planches curieuses. (6 fr.).

Le sujet est des plus intéressants. — L'auteur a voulu surtout dissiper la crainte que l'apparition d'une comète inspire à la plupart des hommes. — Il prétend aussi que les queues des comètes sont probablement destinées à faire de ces corps des mondes habitables.

8175 OLIVIER (Rev. G.). D. D. — The Book of the Lodge, and Officer Manual... Third edition.

Loudon, R. Spencer, 1864, in-12, (15 fr.).

Ouvrage de lecture facile et agréable, renseignant complètement sur la Franc-Maçonnerie anglaise, chrétienne. — Frontispice des Emblèmes. — Contient entre autres, les Rituels pour la pose de la pierre de fondation, pour la construction, l'ameublement, la dédicace et la consécration des Loges, pour les installations et les funérailles maçonniques. — Il y est joint une Centurie d'Aphorismes pour l'instruction générale et le perfectionnement de la vie maçonnique. Copieuse table des Matières. — Le Révend Père Oliver, Past D. G. M. of the Grand Lodge of Massachusetts, U. S. Past D. G. M.

for Lincolnshire, membre honoraire de plus de trente loges en toutes les parties du monde, est l'auteur connu de *Historical Landmarks, The History of Initiation, Antiquities of Freemasonry,* etc...

8176 OLIVIER (Joseph). — Traité de magnétisme suivi des paroles d'un somnambule, et d'un recueil de traitements magnétiques par Joseph Olivier.

Toulouse, Jouglat. 1849, in-8°, (4 fr.).

Excellent traité de magnétisme humain très recommandé au point de vue de la thérapeutique.

Deuxième édition 1854.

(D. p. 143
(G-1932

OLLÉ-LAPRUNE (Sur). — Voir : BLONDEL.

8177 OLLIVIER-BEAUREGARD (G. M.) — Les Divinités Égyptiennes, leur origine, leur culte et son expansion dans le monde.

Paris. 1866, fort vol. grand in-8°, (15 fr.).

Savant ouvrage d'exégèse symbolique où tous les mystères sacrés de l'ancienne Égypte sont judicieusement explorés et comparés aux rites chrétiens de nos jours. — Isis et ses litanies. — Soven, les Mammisi, l'Annonciation, la Visitation, la Nativité. Stella matutina. — Thot, le Saint-Esprit, les Anges, Mercure, le Phallus, les Phalliques, la Confession, les Talismans, le Culte Égyptien. — Le Christianisme. — L'École d'Alexandrie. — Le dernier hiéroglyphe égyptien, première image chrétienne.
Ouvrage anticlérical.

8178 OLLIVIER-BEAUREGARD. — Les Divinités égyptiennes leur origine, leur culte et son expansion dans le monde à propos de la Collection archéologique de feu le docteur Ernest Godard.

Paris, Lacroix, 1866, gr. in-8°. (4 fr.).

Le même que le précédent ?

8179 OLIVIER DE BEAUREGARD (G. M.). — Simples observations sur l'origine et le culte des divinités égyptiennes à propos de la collection archéologique du Dr Godard.

Paris, Lainé. 1863, in-8°, (3 fr.).
(G-1933

8180 OLLIVIER-BEAUREGARD. — La justice et les tribunaux dans l'ancienne Égypte.

Paris. 1890, in-8° (1 fr. 50).
(Extrait).

8181 OLLIVIER-BEAUREGARD. — En Orient, études ethnologiques et linguistiques à travers les âges et les peuples.

Paris. 1860, in-8° (3 fr.).

[8° G. 6182

8182 OLLIVIER-BEAUREGARD. — La Vigne et le Vin dans l'antiquité égyptienne.

Bordeaux, Féret et fils. 1898, gr. in-8°. Nombreuses gravures très intéressantes d'après l'égyptien.

|O³a Pièce 944

8183 OLLIFFE (Ch.). — Les alchimistes d'autrefois.

Paris, Baudry. 1842, in-24. (6 f.)
[R. 45392

Les alchimistes dans l'antiquité : au Moyen-Âge. — Arnauld de Villeneuve. — Raymond Lulle. — Recette pour faire la pierre philosophale. — Nicolas Flamel, Confrérie de la Rose-Croix. — Paracelse, Van Helmont, Nostradamus. — Conversation avec Beelzébuth. — Logement du démon. — L'Urne de Maxime Olybius. — Cagliostro — Fabrication du diamant. — Éléments de l'or. — Petit volume de bibliophile très curieux.

(G-781

8184 OLLONE (d'). — Les Derniers Barbares Mission d'OLLONE : 1906-1909. Chine, Thibet, Mongolie. Ouvrage orné de 146 illustrations, de 4 cartes et d'un Portrait de l'auteur.

Paris, 1910, gr. in-8º, (13 fr. 50).

8185 OLOUG-BEG. — Astronomie orientale. — Prolégomènes des tables astronomiques. — Publiés avec notes et variantes et précédés d'une introduction par A. Sédillot.

Paris, Firmin-Didot, 1847, in-8º. de clv et ??? p. et 1 fº *Texte et foliotage arabe*. Nombreux tableaux se dépliant (en arabe). Liste de 118 astronomes arabes (de 754 à 1533). Les 155 premières pages sont en français. par L. P. E.A. Sédillot. (4 fr.).

[V. 48373

OMAR KHAIYAM (Hakim). — Hakim 'Omar, surnommé Khaïyam, poète mystique, astrologue et mathématicien persan est né à Nischapur, où il mourut vers l'an 1123. C'est un des membres les plus illustres de la Secte des *Soufis*. Il fut d'abord fabricant de tentes, puis pensionné par le sultan Malik Schâh.

Ses quatrains sont souvent d'un pur et profond mysticisme, mais il faut fréquemment les interpréter à la lumière de l'Esprit, pour y voir autre chose qu'un singulier mélange d'ivrognerie et d'érotisme.

Voir sur cet auteur Garcin de Tassy.

On sait que les « *Soufis* » sont une secte mahométane qui pratique et enseigne la Tradition des Mages dans presque toute sa pureté. On trouve un chapitre sur ce sujet dans l'ouvrage (en anglais) du Yogi Ramacharaka : « *The Philosophies and Religions of India* ».

8186 OMAR KHAYYAM. — Les Quatrains d'Omar Khayyam, traduits du persan sur le manuscrit conservé à la Bodleian Library d'Oxford, publiés avec une Introduction et des notes par Charles Grolleau.

Paris, Charles Carrington, 1902, in-8º de 158 pp. et tab., texte encadré rouge, pap. vergé, tiré à 500 ex. tous numérotés.

[4º Ya. 32

Donne 158 quatrains du grand mystique *Soufi*.

8187 OMAR KHAYYAM. — Rubaiyat de Omar Khayyam. Illustrations de Edmond Dulac.

Paris. H. Piazza et Cie. s. d., [1910], pet. in-4º, 20 aquarelles en coul. hors texte, (25 fr.).

8188 ONCLAIR (Auguste). — La Franc-Maçonnerie contemporaine. — Quelques pages de son histoire et de sa doctrine adressées à un homme du monde à propos de l'encyclique du pape Léon XIII.

Liège, 1885, in-8º, (4 fr.).

8189 ONCLAIR (Auguste). — La Franc-Maçonnerie dans ses origines, son développement physique et moral, sa nature et ses tendances. — Étude faite sur documents authentiques empruntés la plupart aux adeptes de la secte, par la Revue Romaine « *la Civilta Cattolica* » mise en ordre, revue et traduite par A. Onclair.

Bruxelles, 1874, in-8º (8 fr.).

8190 ONCLAIR (Auguste). — La Franc-Maçonnerie et la politique intérieure de la Belgique. 1800, 1846, 1857, 1871 et 1880, gr. in-8º de 66 p. (3 fr.).

8191 ONFFROY [de Thoron (Don Enrique, Vte)]. — La langue primitive depuis Adam jusqu'à Babel, son passage en Amérique, où elle est encore vivante. — Preuves données par Onffroy, auteur de cette découverte.

Paris, Leroux, 1886, in-8º, (4 fr.).

[8º X. 3431

Curieuse publication, cherchant à prouver que la langue Kichua, des Indiens de l'Amérique, est la langue primitive antédiluvienne, qui aurait été transportée sur le continent américain au temps de l'existence de l'Atlantide. — L'auteur a traduit la partie historique de la Genèse, et cette traduction des noms hébreux mise en regard des termes de la langue Kichua est tout à l'avantage de cette dernière en ce qui concerne le sens même et l'esprit bibliques. Cette découverte serait précieuse au point de vue de la philologie, de l'ethnologie et de l'histoire sacrée.

8192 ONUS ECCLESIÆ. Opus compilatum est anno 1510, sed in lucem editum, typisque D-Jo Weyssenburger Landshute excusum, anno 1534.

in-fol. gothique, (60 fr.).

[D. 4751

Édition originale. — Elle contient 4 ff. préliminaires (y compris un très curieux titre orné sur bois) 70 ff^{ts} chiffrés et 1 f^t non chiffré à la fin.

8193 OPOIX. — L'Ame dans la veille et dans le sommeil.

Paris, 1821, in-12. (3 fr.).

Visions fantastiques. — Bizarreries et monstruosités des rêves. — Maniaques. — Fanatiques. — Songes et délires agréables. — Extases ravissantes. — Philtres amoureux, etc...

8194 OPPERT (Docteur C.). — Observations relatives à la lettre de M. Friedlander sur l'état actuel du magnétisme animal en Allemagne par C. Oppert, docteur en médecine et en chirurgie.

Paris, Dentu, 1817, in-8°, 20 pages.

Ce médecin était membre de la Société du Magnétisme.

(D. p. 90

OPSOPÆUS (Johannes). — Voir: O'BSOPÆUS.

8195 ORACLE (L') consulté par les Puissances de la Terre sur leur Destinée.

Rome, 1688, in-12.

(S-3059

8196 ORACULA SIBYLLINA. (ΧΡΗΣΜΟΙ ΣΙΒΥΛΛΙΑΚΟΙ). Excursus ad Sibyllina (gr. et lat.) editio altera, ex priore ampliore contracta, integra tamen, et passim aucta, multisque locis retractata curante C. ALEXANDRE.

Parisiis, apud Firmin Didot fratres, 1869, in-8°. XLVII-410 pp.

[Yb. 4965

Ouvrage des plus intéressants et des plus complets sur le sujet, rédigé entièrement en latin.

La quatrième édition date de 1841 suivant un index bibliographique, page 418. Cette bibliographie comporte une vingtaine d'articles fort intéressants.

Une édition ancienne des Sibyllina Oracula a encore été donnée par Jean OPSOPÆUS, q. v.

Voir aussi : « SIBYLLIAKOI KRESMOI. »

8197 ORAZI (Dom Manuel) peintre et dessinateur contemporain. — Cestuy Calendrier dressé en mirifique souvenance de pratiques chères à maiges, astrologues, devins, alchimistes, à tous aultres sages de misterieux sabvoir et mesme a nécromanciens, enchanteurs, envoulteurs, gens d'Egypte, noveurs d'aiguillettes, bailleulx de sorts, sorciers, etc.... Ledict calendrier a été ædité selon bonnes traditions et coutumes avec aide de moult parchemins et très antiques grimoires par Dom Manuel ORAZI, de son état artiste ins peintures, pourtraicts et imaiges et par dom Austin de CROZE lequel est maistre en Gay Sabvoir et soutenances poétiques.

Anno Dom. MDCCC XCVI.

[Paris], L'Art Nouveau, 22, rue de Provence, [1896], in-fol. allongé de 51 cm en hauteur sur 16 cm (18 fr.).

« Il a été tiré de cestuy calendrier 777 exemplaires numérotés.... dont 750 sur papier et paille à 1 Loys d'Or. » Ce calendrier fort original et d'une rare exécution artistique est enrichi de 13 grandes et belles compositions lithographiées par Orazi en noir, or et couleurs, ainsi que de nombreuses figures de magie, pantacles et talismans, tirés d'anciens grimoires et accompagnées de notices descriptives.

La lecture du Grimoire. — Le Sabbat. — Incantation. — Imprécation. — Horoscope. — Philtre d'amour. — L'Enfer. — Transmutation. — La messe noire. — La récolte des simples. — Évocation. — L'envoûtement. — Le jugement des sorciers.

Quelques-unes de ces planches sont de toute beauté et jamais artiste contemporain, sauf Rops, ne sut allier à la fois avec autant de bonheur le sadisme au macabre et au satanique.

8198 [ORBET (Baron d')] voir QUÉRARD, qui lui a consacré un court article. — Eclaircissements sur la Science cachée de la Philosophie et les Mystères Secrets de la Nature. Tome Premier [seul paru].

S. L., 1806, in-8° de IV-288 p. Frontispice et Vignette sur le titre (25 fr.).

Tome I (seul paru), traduit de l'allemand par la Veuve de l'auteur. Œuvre d'un émule de SWEDENBORG, et comme lui, à la fois un Savant et un Voyant.

Bien que l'ouvrage porte imprimé en regard du titre que « Deux exemplaires en ont été déposés à la Bibliothèque Impériale, » il ne se trouve pas à la Bibliothèque Nationale.

8199 ORDINAIRE (Docteur) de Mâcon. — Le magnétisme et le somnambulisme du docteur Laurent (2 articles); une somnambule maconnaise (6 articles), par le docteur ORDINAIRE de Mâcon.

Mâcon, De Jussieu, 1841, in-8°, 51 pages.

Ce que nous disons plus loin au sujet des deux brochures de M. E. PERUSSON doit rendre très circonspectes les personnes qui étudient le somnambulisme dans les livres.

(D. p. 123)

8200 ORDINAIRE (le Dr). — La Mouche de Saône et Loire, journal rédigé par le docteur ORDINAIRE [et presque exclusivement consacré au magnétisme].

Mâcon (?), 1845.

On peut y lire une critique spirituelle du congrès de Reims.

(D. p. 134)

8201 ORDINAIRE de l'Eglise Satanique.

S. L., pet. in-18 de 38 p. Tous les Ex. numérotés et paraphés (2 fr.).

Cette curieuse petite brochure de la Magie la plus noire était, dit-on, réservée aux seuls membres de l'Eglise Satanique (?) et n'a pas été mise dans le commerce. C'est une suite de prières « à rebours », qui contient aussi « l'Ordinaire » de la Messe Satanique, sans doute pour servir dans les « Messes Noires ». Elle se termine (p. 35) par une « Défense contre l'Exorcisme » dans laquelle on prescrit à l'Exorcisé de « s'oindre le jus de poireau. »

Il paraîtrait que M. Lucien BONS, libraire, n'est pas étranger à la publication de ce singulier opuscule.

8202 ORDRE DE LA FÉLICITÉ, une des Sociétés Secrètes de débauches sexuelle du XVIII° siècle. Voir à son sujet, entre autres : [Raoul VÈZE]. — Jean HERVEZ : Les Sociétés d'amour au XVIII° Siècle » (p. 178) et le Dr Eugène DUEHREN : « Le Marquis de Sade » (p. 134). — 1) — L'Anthropophile, ou les Mystères de l'Ordre de la Félicité, dévoilés pour le bonheur de tout l'univers.

Arétopolis, 1746.

2) — Formulaire du Cérémonial en usage dans l'Ordre de la Félicité, observé dans chaque Grade lors de la Réception des Chevaliers et Chevalières dudit ordre, avec un Dictionnaire des Termes de Marine usités dans les Escadres et leur signification en Français.

S. L., 1745, in-12 de 60 pp.
[H. 14538]

Ce second ouvrage renferme une « Oraison à St-Nicolas » (par le poète Roy) et deux Chansons (par l'abbé de Bernis).
(S-5397)

8203 ORDRE DE LA FÉLICITÉ. — 1) — Histoire de la Félicité [par l'abbé de Voisenon].

Amsterdam, 1751, in-12 (?).

2) — Apologie de la Félicité, qui doit servir d'introduction à son Histoire.

S. L., 1749, in-12 de 26 pp. [Vignette sur le titre].
[H. 14539]

3) — L'Ordre Hermaphrodite, ou les Secrets de la Sublime Félicité, avec un discours prononcé par le Chevalier H...., orateur; et une Instruction pour parvenir au plus haut grade de la marine, tant par terre que par mer.

Au Jardin d'Eden, chez Nicolas Marlin, au grand Mat, avec privilège de Neptune, in-12 de 54 p, texte encadré.
[H. 14541]
(S-5400)

8204 ORDRE DE LA FÉLICITÉ. — Les Moyens de monter au plus haut grade de la Marine sans se mouiller, ou les Secrets des Chevaliers de l'Ordre de la Félicité, dédiés au Très-galant et très véridique Frère profane Léonard Gabanon, auteur du Cathéchisme des Francs-Maçons. Par Madame Pilate.

A Fond de Cale chez Marin Boué à l'Ancre d'Or, et chez la Veuve Matelote, aux Dieux Lares. S. D., [vers 1745-1750], in-16 de 19 pages.
[H. 14540]

8205 ORDRE KABBALISTIQUE de la Rose ✝ Croix. Dénonciation par le Suprême-Conseil de l'Ordre d'un Membre dudit Conseil, Joséphin Peladan, qui en Août 1890 avait fondé une Secte Schismatique sous le Titre de « *Tiers-ordre Intellectuel de la Rose ✝ Croix-Catholique.* »

In 8° de 10 p. (4 fr.).

Signé Stanislas de Guaita, Papus et Barlet.

8206 O'REILLY (E). — Les deux Procès de condamnation, les enquêtes et la sentence de réhabilitation de Jeanne d'Arc, mis pour la première fois intégralement en français d'après les textes originaux officiels, avec notes, notices, éclaircissements, documents divers et introduction.

Paris, Plon, 1868, 2 vol. in-8° (12 fr.).

8207 ORELUT. — Détail des cures opérées à Lyon par le magnétisme animal selon les principes de M. Mesmer, par M. Orelut, précédé d'une lettre à M. Mesmer.

Soissons, 1784, in-8°, 22 Pages (2 fr.).

Dans sa lettre l'auteur signale quelques écrits qui avaient excité à Lyon l'attention des savants, avant son arrivée dans cette ville. Il serait intéressant de rechercher quels sont ces écrits, en parcourant les journaux du temps. Il donne ensuite la relation de la guérison de plusieurs malades, parmi lesquels un conseiller M. Riboud, atteint d'un commencement de paralysie ; le fils du marquis de Meximieux, malade d'un rhumatisme général, etc. L'auteur écrit simplement et sans exagération, et déclare être assuré du concours de trois médecins de Lyon, MM. Faissolle, Grandchamp et Bonnefoy. Nous aurons à citer encore ces médecins.

(D. p. 26)

ORIENT (A. d'), pseudonyme de :
VIAL, q. v. Voir aussi à :
ARCADE D'ORIENT.

8208 ORIENT (L'). Revue universelle de la Franc-Maçonnerie sous la direction du F. Clavel.

Sc. psych. — T. III. — 14.

Paris, 1844/5, in-8° (10 fr.).

Actes officiels. Cérémonies maçonniques. La Clémente Amitié. Doctrines maçonniques. Documents historiques. Histoire de l'ordre. Procès de l'Orient. Réforme du Grand Orient. Statuts généraux etc.... etc...

8209 ORIGÈNE, Philosophe, Docteur et Père de de l'Eglise né à Alexandrie vers 185, mort à Tyr vers 254. D'abord professeur de grammaire. Dans son zèle religieux, il se mutila lui-même pour échapper aux tentations sexuelles, puis outre le catéchisme, il professa aussi la philosophie et les lettres profanes. Il fut ordonné prêtre, mais sa mutilation créa des controverses à la suite desquelles il fut déporté, excommunié et contraint un moment de quitter Alexandrie où il professait. — ORIGÈNE. Traité contre Celse ou défence (sic) de la religion chrétienne contre les accusations des Païens. Traduit du grec par Elie Bouhéreau.

Amsterdam, Desbordes, 1700, in-4° (12 fr.).

[C. 1442

Frontispice gravé par Romeyn de Hooghe. — « Ouvrage rare et des plus curieux. On y trouve une doctrine prodigieuse touchant les diverses sectes de gnostiques et plus d'intelligence de l'ésotérisme que l'on n'a coutume d'en voir dans les écrits des autres Pères. » (S. de G.).

(G-1034

ORIGÈNE (sur). — Voir :
PRAT (S. J.)

8210 ORIGINES ET LES FINS (Les) : Cosmogonie sous la dictée de trois Dualités différentes de l'Espace. Prix : 2 fr.

Paris, Geo. Carré, 1889, in-12.

[8° R. 9065

Préface d'Eugène Nus.
« Trois mères de famille lyonnaises ont « obtenu, par l'écriture mécanique, en « superposant leurs mains les unes sur les « autres, les pages qui suivent. »

Les Origines. — Étude des Fluides. — Application des Fluides. — Marche du Magnétisme à travers les âges de l'humanité. — Magnétisme spirituel. — Organisation physique et morale de la Planète. — Les Fins. — Questionnaire.

8211 ORIGNY (Pierre Adam d') historien français né à Reims en 1697, mort à Paris en 1774. D'abord Capitaine. — Chronologie des Rois du grand Empire des Egyptiens, par M. d'ORIGNY.

Paris, Vincent, 1765.

[O³a. 01

L'Egypte ancienne

Paris, Vincent, 1762, 4 vol. in-12.

[O³a. 90
(S-6781

8212 ORIN (J. M. H.). — Le plan astral dévoilé. — Étude cosmogonique, religieuse et chronologique. (Epoque approximative de la fin du monde).

Paris, Dinan, 1800, in-8° (2 fr.).

Cet ouvrage de mystique chrétienne, remarquable à plus d'un titre, contient entre autres révélations, une étude de la langue française dans ses relations numériques avec le plan divin, qui peut, à juste raison, être considérée comme un exposé unique de cabale française.

ORINO (Charlotte d'). Voir :
PILLET-WILL (Comtesse)

8213 ORION (J. M. H.). — Le plan divin dévoilé aux libres-penseurs comme aux croyants.

Paris, 1890, in-8° (6 fr.).

On trouve dans cet ouvrage des théories originales, notamment tout un chapitre sur le langage numérique dans les Ecritures dont l'auteur prétend avoir reçu la clef par inspiration, et dont il fait des applications pittoresques ; une dissertation sur la vraie date de la naissance de J. C. avec preuves scientifiques, historiques et traditionnelles et des preu-

8214 ORION (Luc). — Tout le monde astrologue. — L'Astrologie dévoilée ; connaissances pratiques de sa destinée d'après la Tradition et la Science.

Paris, s. d., fort in-12. Nombreuses figures et tableaux (2 fr. 50).

8215 OROBIO (Isaac Balthazar), écrivain espagnol né vers 1616, mort à Amsterdam en 1687. D'une famille d'israélites, convertis en apparence. Professeur de philosophie et de médecine à Salamanque et à Séville. — Israël vengé ou exposition naturelle des prophéties hébraïques que les chrétiens appliquent à Jésus, leur prétendu Messie.

Londres, 1772. in-12. (9 fr.).

[D². 5102

Idem :

Paris, Lange Lévy. 1845. (3 fr.).

(G-784 et 785

8216 OROSZ (A. de). — Recueil abrégé par ordre chronologique des maladies traitées au moyen du magnétisme appliqué par M. Jean SCHODER, docteur en médecine à Vienne, et d'après sa méthode, avec l'aperçu pathologique des résultats obtenus.

Vienne, 1851, in-8º. (2 fr.).

Inconnu à M. DUREAU.

8217 ORPHÉE. Grand Hiérophante Mage et Artiste des temps légendaires de la Grèce, sans doute originaire de Thrace. — Œuvres complètes traduites en français pour la première fois par Ernest Falconnet (De la collection des Petits Poèmes Grecs publiés par J. A. C. Buchon).

Orléans. H. Herluison, 1875, in-8º à deux colonnes, de 736 p. (12 fr.).

[Yb. 033

Hiérophante des anciens Mystères et médecin mystique, ORPHÉE est la plus haute incarnation philosophique du passé. — C'est le Mage par excellence, le Thaumaturge sans pareil. — La présente traduction de ses œuvres est précédée d'une belle étude par De Lisles de Sales. — Elle comprend l'*Argonautique* qui roule sur le mythe hermétique de la Toison d'or ; les *Hymnes magiques* ou *incantations*, avec l'indication des parfums et aromates à employer pour chaque rite : *Le livre sur la vertu magique des pierres* et des fragments divers. — Cet énorme volume comprend, en outre, les *Hymnes d'Homère*, la *Théogonie d'Hésiode*, le *Bouclier d'Hercule*, les œuvres de Pindare, d'Anacréon, les *Hymnes de Callimaque*, les œuvres de *Musée*, l'*Expédition des Argonautes*, ou la *Conquête de la Toison d'or* d'Apollonius, les *Hymnes Gnostiques de Synésius*, etc... En résumé, recueil précieux et rare des œuvres philosophiques et initiatiques remontant aux premiers âges connus du monde. [DUJOLS].

8218 ORSINI (Julia). — Le Grand Etteilla ou l'art de tirer les cartes, contenant : 1º Une introduction rappelant l'origine des cartes ; 2º L'indication des tarots qui composent le véritable Livre de Thot.... L'explication des 68 tarots ou cartes égyptiennes... etc. par Julia ORSINI, Sibylle du faubourg Saint-Germain.

Paris, s. d. [vers 1850], pet. in-8º (2 fr. 50).

[V. 48597
(G-225

8219 ORTH (J.). — La Centralisation du culte de Jéhovah.

Paris, 1859, in-8º.

Sur le judaïsme. — (Extr.).

8220 ORTHELIUS. — ORTHELII Explicatio verborum MARIAE prophetissæ ; dans *Theatrum chemicum* (1661), VI, 480-87.

(O-1098 à 1101

8221 ORTHOLAIN. Alchimiste parisien. qui pratiquait vers le milieu du XIVᵉ Siècle, sous le règne de Philippe de Valois. — Magistri ORTHOLANI, Practica vera Alchymiæ Parisiis probata et experta sub anno. D. 1358 : dans *Theatrum chemicum*, IV (1613), 1028-52.

(O-814)

8222 ORTOLAN (Le R. P. Th.). Oblat de Marie-Immaculée. — Astronomie et Théologie, ou l'erreur géo-concentrique, la pluralité des mondes habités et le dogme de l'incarnation par le R. P. Th. ORTOLAN, des Oblats de Marie-Immaculée, docteur en théologie et en droit canonique, lauréat de l'Institut catholique de Paris dans le concours d'apologétique de 1893.

Paris, 1804. in-8°. (5 fr.).

[D. 85700

8223 ORTOLAN (Le R. P. Th.). — Savants et chrétiens, ou Etude sur l'origine et la filiation des sciences.

Paris, Delhomme et Brignet, 1898. fort in-8° de 500 p. environ. (8 fr.).

[8° R. 15026

Travail de la plus haute valeur où toute l'antiquité intellectuelle est mise en lumière d'après des sources neuves et originales. — La première partie renferme l'Histoire des sciences et des savants de l'antiquité, calculateurs, géomètres, algébristes. — La Philosophie des nombres de Pythagore dans l'École Platonicienne et chez les Pères de l'Eglise y est très développée. — La Pluralité des mondes habités, etc... La seconde partie embrasse le moyen-âge et examine la science des Arabes. — Bacon. — Arnauld de Villeneuve. Raymond Lulle. Basile Valentin, Ripley y sont l'objet d'une étude sérieuse.— Ortolan ne dissimule pas son admiration pour les Hindous, et leur savoir gigantesque, et il se demande s'il ne faut pas chercher chez eux l'origine des Sciences. [DUJOLS].

Et autres ouvrages au Cat. Gén. de la Bib. Nat.

8224 ORUS APOLLO. — ORI APOLLINIS Niliaci de Sacris Aegyptiorum notis, ægyptiace expressis, libri duo, iconibus illustrati, etc...

Parisiis, apud Galeotum à Prato, 1574. in-8°. Orné d'un bel encadrement au titre, d'après Jean Cousin et de nombreuses vignettes gravées sur bois par Papillon et attribuées en partie au même artiste. (o fr.).

[Rés. O²a 406

Ces hiéroglyphes d'HORAPOLLE, q. v., ont fait le sujet de nombreuses éditions. Pendant longtemps ils ont été la limite des connaissances modernes sur la signification des hiéroglyphes égyptiens.

8225 ORUS APOLLO. — ORUS APOLLO de Ægypte, de la Signification des Notes Hieroglyphiqves des Ægiptiens c'est-à-dire des figures par lesquelles ils escripuaient leurs mystères secrets et les choses sainctes et diuines. Nouuellement traduit de grec en françoys et imprimé auec les figures à chasque chapitre.

Paris, 1543. in-12. Figures. (50 fr)

[Rés. Z. 2507

Cette édition, la première en français, est fort recherchée pour les 197 jolies gravures sur bois qu'elle contient. — A la fin, se trouvent dix *hiéroglyphiques* ajoutés par le traducteur anonyme (Jean MARTIN, Parisien).

Voir aussi HORAPOLLE.

(S-0587)

8226 O'RYAN (Le Docteur), professeur agrégé de Lyon. — Discours sur le magnétisme animal lu dans une assemblée du Collège des médecins de Lyon le 15 septembre 1784, par M. O'RYAN médecin, docteur de l'Université de Montpellier et Professeur en médecine agrégé au dit collège.

Dublin, 15 Septembre 1784 in-8°. 51 Pages.

Brochure contre le magnétisme. Elle est intéressante en raison des détails qu'elle donne sur la pratique du magnétisme à Lyon, les opinions qui divisaient les médecins sur ce sujet et les magnétiseurs qu'elle cite.

(D. p. 42)

8227 OSMONT (J. B. L.). — Dictionnaire typographique, historique et critique des livres rares, singuliers, estimés et recherchés en tous genres.
Paris, Lacombe, 1798, 2 vol. in-8°. (5 fr.).
[Q. 4197-4198
(S-6745

8228 OSSIP-LOURIÉ. — La philosophie de Tolstoï, par Ossip Lourié.
Paris, F. Alcan, 1899, in-18, (1 fr. 75).
[8° R. 16140

8229 OSTEOPATHY. — Home Study Course in Osteopathy, Massage and Manual Therapeutics.
London The Psychic Research C° s. d., in-8° de 130 p. et Catalogue. Nombreuses figures, principalement marginales. (3 s. 6 d.).

Intéressant ouvrage sur cette curieuse Science du *Massage des Nerfs*.
The Theory of Osteopathy : Spinal Centers. — Movements and Manipulations. — Diseases of the Stomach. — of the Liver. — of the Respiratory Organs. — Rheumatism and Kindred Diseases. — Goître and Tumors.— Diseases of the Nervous System. — Fevers, etc. — The Skeleton, the Muscles, etc.

8230 OSTERWALD (Jean Frédéric), théologien protestant suisse, né à Neuchâtel en 1663, mort en 1747. Pasteur à Neuchâtel. — La Bible qui comprend le Vieux et le Nouveau Testament avec un discours préliminaire sur la lecture de l'Ecriture Sainte.
Neufchatel, 1770, 3 parties in-4°. (6 fr.).

La 2-ème partie de cette Bible du fameux prédicateur protestant de Neufchatel Osterwald contient les *Livres Apocryphes*.
(G-1935

La meilleure édition de cet important ouvrage est, d'après Larousse, de Neuchatel A. Borve, 1744.
[A. 332

8231 OTHON (André). — Andreæ Othonis Antroposcopia (sic), sive judicium hominis de homine.
Regiom [ontis ?] [Kœnigsberg] 1647, in-12.
(S-2916

OUPNEKAT ou Upnekhat. Livre sacré des Persans, qui est une traduction en persan de certaines des Upanishads Hindoues (les *Upanishads* sont des commentaires métaphysiques sur le texte des *Védas*).

Anquetil-Duperron, q. v., en a donné une excellente traduction latine. Le texte Persan qu'il a traduit ne date que de 1656, mais la date des *Upanishads* elles-mêmes se perd dans la nuit des temps.

L'Oupnekat est du plus haut intérêt pour l'étude de la Tradition des Mages.

8232 OURCHES (Léon d') de Nancy. — Catalogue des livres de M...... [Léon d'Ourches de Nancy].
Paris, Brunet, 1811, in-8° de XVI-304 p. (1571 articles).
[Δ. 9885

Quelques éditions anciennes des Vers dorés de Pythagore (157-158).
Belles éditions anciennes. — Presque rien pour les sciences occultes.

8233 OURSEL (J.), habile imprimeur et mathématicien de Rouen, né sans doute au début du XVII° siècle. Son fils fut imprimeur et poëte. — Le Grand Guidon, ou Trésor journalier des Astres, par J. Oursel.
Rouen, imp. de Oursel, 1680, in-4°.
[V. 16468
(S-3405

8234 OUVAROFF (Sergius Semenovitch, comte) homme d'état et littérateur russe, né et mort à Moscou (1785-1855). Filleul de la czarine Catherine

II. — Essai sur les mystères d'Eleusis.

St-Pétersbourg, imp. de Pluchart, 1815, in-8°. Avec 3 vignettes gravées (7 fr.).

[J. 20162

8235 [OUVAROFF (le comte S.)]. — Essai sur les mystères d'Eleusis. 3e édit. augm.

Paris, impr. Royale, 1816, in-8°, frontispice et vignette d'en-tête gravés (7 fr.).

[J. 20163

Cité par BARBIER, II-262-a.

(G-786 et 2093

8236 OUVAROFF (Comte Serge). — Etudes de philologie et de critique. 2-ème édit. augmentée.

Paris, Didot, 1844. gr. in-8°, (7 fr.).

[Z. 57115

Essai sur les mystères d'Eleusis. — Projet d'une Académie Asiatique. — Examen critique de la fable d'Hercule. — Sur les tragiques grecs. — Notice sur Goethe, le prince de Ligne. etc...

Le comte OUVAROFF (dont le fameux catalogue sur les sciences occultes, tiré à 75 exemplaires seulement, dit les préoccupations secrètes) était un occultiste très averti. — Entre autres travaux précieux, ce volume renferme un important essai sur les mystères d'Eleusis, dont il révèle la doctrine ésotérique et le symbolisme sacré : un examen critique du mythe d'Hercule, et des vues générales sur la philosophie et la littérature. — C'est peut-être le meilleur écrit relatif aux mystères de l'antiquité, publ. après celui de SAINTE-CROIX qu'il complète et qu'il rectifie.

Autres éditions :

En 1843 et 1845.

8237 OUVAROFF (Alexis Sergeiewitch. Comte) fils du précédent et Archéologue estimé. C'est lui qui a confié la *Bibliothèque Ouvaroff* aux soins éclairés de M. LADRAGUE, lequel en a dressé le Catalogue qui suit :

[Titre de la Couverture imprimée :] Bibliothèque OUVAROFF. Catalogue Spécimen.

Moscou, 1870, in-4° de IX p. 1 f° de table et 217 pp. (1883 Nos) (65 fr.).

[Réserve Q. 455.

Non mis dans le commerce.

Tiré à 75 exemplaires, plus les Copies de Chapelle et de Dépot.

Le Titre porte seulement : « *Sciences Secrètes* » avec l'épigraphe ; « C'est la meilleure munition que j'aye trouvé à cet humain Voyage ». (Montaigne. Liv. III. Chap. 3.)

Moscou, imprimerie W. Gautier, au Pont des Maréchaux, maison Torletzky, 1870.

Cette Bibliothèque comprenait environ 70.000 volumes. Le Catalogue rédigé par M. LADRAGUE avec beaucoup de soins et de recherches, décrit un peu plus de *Mille* ouvrages formant, par leur répétition inévitable avec l'ordre « méthodique » adopté, exactement 1883 n°s.

Les ouvrages en langue allemande y sont en abondance ; il y a aussi une très importante collection d'œuvres sur la Franc-Maçonnerie et les Sociétés secrètes en général : Templiers. Rose-Croix Frères d'Asie, etc...

Les ouvrages sont, en général, décrits de main de maitre, le titre in extenso et la collation complète.

Enfin le catalogue se termine par *Deux Tables Alphabétiques,* l'une des Noms propres et l'autre des Titres des ouvrages anonymes.

Le travail de M. LADRAGUE marque une étape importante dans la Bibliographie des *Sciences Psychiques.* Avant lui il n'y avait guère eu que LENGLET-DUFRESNOY, ou Pierre BOREL qui eussent laissé d'importants catalogues d'ouvrages de ce genre ; et encore s'en étaient-ils tenus exclusivement à l'Alchimie. La rareté extrême de ce livre nous a décidé à en reproduire tous les numéros in extenso dans le présent Manuel. Le petit nombre d'erreurs ou d'omissions qui, hélas, est inséparable de toute œuvre terrestre a été, naturellement, corrigé avec le plus grand soin, dans cette réimpression.

8238 OUVERTURES de Paix Universelle. — Ouvrage divisé par Cahiers.

dont la suite formera un Plan de Pacification universelle.

Clermont-Ferrand, 1758, in-8° (8 fr.).

Les auteurs de cette croisade pacifique, mystiques auvergnats inconnus, se proposaient de contribuer à l'avènement du règne de Dieu. — L'ouvrage contient une grande planche gravée représentant le symbole de la paix, avec quatre grandes pages de texte explicatif. — Cette figure, d'allure Kabbalistique, est extrêmement curieuse et peut prêter à d'étranges suppositions.

8239 OVIDE (Publius Ovidius Naso) poète latin illustre, né à Sulmone, dans les Abruzzes, en 43 av. J. C. Mort à Tomes, sur le Pont Euxin, aux bouches du Danube, l'an 10 ap. J. C. Deux fois divorcé il épousa en troisièmes noces une parente d'Auguste, lequel en l'an 9 l'exila brusquement pour une cause obscure. Il mourut de chagrin, au bout de sept ans. — Pvb. Ovidii Nasonis Metamorphoseon libri XV. post omnes omnium editiones emendati, et recens cum scholiis in margine, ac breuissimis in singulas quasque fabulas arguementis illustrati.

Parisiis, apud Hieron. de Marnef, 1587, fort in-18, 178 figures sur bois (7 fr.).

8240 OWEN (Robert Dale). — Debatable land between this World and the Next. By Robert Dale OWEN.

New York, 1871, in-12, (10 fr.). 2-me édition en 1874.

(O. P. C.

OXON (M. A.). — Voir : MOSES (W. Stainton).

8241 OZANAM (Antoine Frédéric) historien et philosophe français fondateur de la Société de St-Vincent de Paul, né à Milan en 1813, mort à Marseille en 1853. Professeur à la Sorbonne. — Dante et la philosophie catholique au XIII-e siècle. Thèse.

Paris, Olivier Fulgence, 1840, in-8° (4 fr.).

8242 OZANAM (Jacques) mathématicien français né à Bouligneux (Ain) en 1640, mort en 1717. Académicien. — Récréations mathématiques et physiques qui contiennent plusieurs problèmes d'arithmétique, de géométrie, de musique, d'optique, de mécanique, gnomonique, cosmographie, pyrotechnique. — Avec un traité des horloges élémentaires.

Paris, Jombert, 1750, 4 vol. in-8°, 132 planches (o fr.).

[Rés. V. 2000-2012

Autre édition :

Paris, Jombert, 1004, 2 vol., in-8°.

[V. 18208-09

8243 OZERAY (Michel Jean-François) historien français né à Chartres en 1764, mort à Bouillon en 1859. Il était Juge de Paix. — Recherches sur Buddhou ou Bouddou, instituteur religieux de l'Asie orientale, précédée de considérations générales sur les premiers hommages rendus au Créateur ; sur la corruption de la religion, l'établissement des cultes du soleil, de la lune, des planètes, du ciel, de la terre, des montagnes, des eaux, des forêts, des hommes et des animaux.

Paris, Brunot-Labbé, 1817, in-8°, (4 fr. 50).

8244 OZORIO (Dr) portuguais. — Théologie cvrievse, contenant la naissance du monde : avec dovze questions belles et curieuses sur ce sujet. Traduites du docteur OZORIO, portuguais par le chevalier de Luant.

A Djion, chez P. Palliot, 1666, in-10, (7 fr.).

[R. 13678

Ouvrage rare et curieux se rattachant au Quiétisme. — De l'éternité du monde. — De l'âge du monde. — Saison de l'année en laquelle le monde a été créé. — Des âmes que l'on attribue aux cieux et aux astres. — Eaux qui sont au-dessus du firmament, etc…

(S-1073
(G-787

P... [PABAN] (Mme Gabrielle de).
Voir :
COLLIN DE PLANCY...

8245 P. D. — Les Lois cosmiques, par P. D.

Bruxelles. Lacroix. Verboeckhoven, 1867. in-18, 117 p. (3 fr.).

Remarquable étude d'arithmologie cosmique. — Les Lois universelles, divines et naturelles sont déduites d'après la science des nombres.

8246 P. L. G. D. G. — La Physique de l'Ecriture Sainte ou correspondance philosophique entre deux amis par Mr. P. L. G. D. G.

Amsterdam, 1767. pet. in-8° (4 fr. 50).

(G-830

8247 P. M... médecin magnétiseur. — Des préservatifs à mettre en usage contre le choléra-morbus épidémique et de son traitement curatif.

Perpignan, imprimerie Alzine, 1854. in-12.

La Préface est signée docteur P. M... médecin magnétiseur.

(D. p. 159

8248 PAAR (Ein) Tröpflein aus dem Brunnen der Wahrheit; ausgegossen vor dem neuen Thaumaturgen Caljostros.

Vorgebürge. 1781. In-8° de 40 pp.

(O-517

8249 PACHEU (Jules). — De Dante a Verlaine, études d'idéalistes et mystiques : DANTE. SPENCER. BUNYAN. SHELLEY. VERLAINE, HUYSMANS.

Paris, E. Plon. Nourrit et Cie. 1897. in-16. (4 fr.).

[8° Z. 14532

DANTE et la mystique. — P. VERLAINE et la mystique chrétienne. — HUYSMANS et la mystique contemporaine. — Idéalistes, incroyants et incertains. — Idéalisme mystique. etc...

8250 PACHEU (Jules). — Psychologie des mystiques chrétiens. Les faits : Le poème de la conscience. — DANTE et les mystiques.

Paris, 1909. in-12.

8251 PACICHELLIUS ou PACICHELLI (Jean Baptiste) littérateur italien, né à Pistoïa vers 1640, mort à Naples en 1702. Théologien et antiquaire. — J. B. PACICHELLII, Schedula de Larvis, Capillamentis, de Chirotecis.

Neapolis. 1693. in-12. Figures.

[G. 32731

Ouvrage sur les Masques, les Perruques et les Gants.

(S-0552

8252 PAGAN (Blaise François de), Comte de MERVEILLES, célèbre Astrologue et ingénieur militaire français, né à Avignon en 1604, mort à Paris en 1665. Il perdit un œil au siège de Montauban en 1621, puis devint complètement aveugle en 1642. Il se livra alors à l'étude, publia d'abord un *Traité de Fortification*, et ensuite ses célèbres ouvrages d'Astrologie. — L'Astrologie Naturelle du Comte de PAGAN, contenant les principes et les fondements de la science.

Paris, Sommaville. 1659. in-8° de 500 pages environ. (15 fr.).

[V. 18509

Excellent ouvrage d'astrologie, très recherché ; il est précieux surtout pour l'étude de l'astrologie philosophique ou astrosophie.

(G-788
(S-3445 b

8253 PAGAN (Cte de). — Les tables astronomiques.

Paris. 1658. in-4°.

[V. 7753
(S-3407

8254 PAGAN (Cte de). — La Théorie des Planettes du Comte de PAGAN.
Paris. 1657. in-4°.

[V. 7752
(S-3406 b

8255 [PAGÈS (Jean)] historien français né et mort à Amiens (1655-1733), où il était Marchand mercier et Consul. — L'Œconomie des trois familles du Monde Sublunaire, à savoir, animale, végétale et minérale [par Jean PAGÈS]
Paris. 1625. in-8°.

Seconde édition l'année suivante avec le nom de l'Auteur.

(S-3389 b

8256 PAGEZ (Maistre Jean). — Essais sur les miracles de la création du monde, et sur les merveilleux effects de la Nature.
Paris. Roussel. 1631. pet. in-8°. 250 p. (8 fr.).

[R. 11849
(G-789)

8257 [PAILLAFINI (Franz Joseph)]. — Der Mystagog oder vom Ursprung und Entstehung aller Mysterium und Hieroglyphen der Alten welche auf die Freymaurerey Bezug haben aus den ältesten Quellen hergeleitet und aufgesucht von einem achten Freymaurer (von Franz Joseph PAILLAFINI).
Osnabrück und Hamm. Philipp. Heinr. Perrenon. 1780. gd. in-8° de VIII-310 pp.

Cet écrivain ne manque pas de noms; il s'appelle, selon KLOSZ, Franz Joseph PAILLAFINI, PAILLEFINI, PALLINI, PANNICH, MORCZINI; plus justement Jos. Gli. HERMANN; plus exactement EICHHORNL.
La préface est signée PALLISI (?)

(O-184

8258 PAILLOT de MONTABERT (Jean Nicolas) Peintre et Archéologue, né à Troyes le 6 décembre 1771, mort près de cette ville le 6 mai 1849. Auteur d'un *Traité complet de Peinture* (Paris, 1829, 9 vol. in-8° et Atlas in-4°). Frappé de cécité, ce grand artiste embrassa la vie mystique et tenta de créer un nouveau mouvement spiritualiste sous le nom d' « *Unitisme* ». — L'Unitismaire. Livre des Chrétiens Unitistes ou Exposé de la grande Science Chrétienne instituée par Jésus Christ, divin libérateur dont les Doctrines ont été basées sur le Principe Eternel de l'Unité.
Paris, 1858. 4 vol. in-8° de VIII-776, XI-734, et XI-658 p. (15 fr.).

[D². 9804

Cet ouvrage développe toute la Doctrine de l'Auteur qui a pour but le retour au Christianisme primitif, la fin des Despotismes, et l'Avènement du Règne de l'Esprit.

8259 PAILLOUX (le Père Xavier) jésuite. — Le magnétisme, le spiritisme, les possessions, entretiens sur les esprits entre un théologien, un avocat, un philosophe et un médecin.
Paris, Lecoffre. 1863. in-12. XV-460 pages. (3 fr. 50).

Comme la plupart des précédents ouvrages dus aux membres du clergé, le magnétisme est toujours considéré comme action diabolique.
Forces inconnues. — Magnétisme animal. — Action à distance. — Clairvoyance. — Polarisation de l'Ame. — Miroir magique. — Fascination. — Od. — Réincarnations. — Du Potet. — Hallucinations. — Dédoublement. — Possessions. — Exorcismes, etc...

(D. p. 176

8260 PAILLOUX (R. P. X.). — Monographie du temple de Salomon, par le R. P. Xavier PAILLOUX S. J.
Paris, A. Roger et F. Chernoviz. 1885, in-fol. XII-410 p. et errata, 25 planches et figures dans le texte (20 fr.).

[O¹ f. 709

Ouvrage fort intéressant qui donne de nombreuses vues de reconstitution du célèbre Temple, avec plans, élévations, etc. Ensemble des plus curieux.

Le monument était en forme de carré, et comportait, au dessus de la roche formant ses assises un énorme môle ou soubassement, sur lequel s'élevait le Temple proprement dit. Dans celui-ci se trouvait le « Saint des Saints » ressemblant assez à une église romane, à tour tronquée.

8261 PALAEPHATE ou PALÉPHATE, écrivain grec du V° siècle av. J. C., né à Paros ou à Priène. — Traité touchant les histoires incroyables. Traduit du grec avec préface et notes de G. Godefroi POLIER de BOTTENS.

Lausanne, Heubach, 1771. in-12 (4 fr.).

[J. 2482]

L'édition princeps grecque de ce premier livre de PALÉPHATE (le seul qui nous soit parvenu) est de

Amsterdam. 1640.

(G-790)

8262 PALAZZI (G.). — Les Occultistes contemporains sont-ils réellement les continuateurs de la doctrine des Initiations antiques, trad. par A. Dufilhol.

Paris. 1892. in-12, (1 fr.).

[8° R. Pièce 5410]

8263 PALEOLOGUE (l'empereur Manuel II) empereur Byzantin (1350-1435) de la fin du Bas-Empire. Son fils *Jean VIII* PALÉOLOGUE lui succéda. — Cent préceptes royaux de l'Empereur Manuel PALÉOLOGUE à son fils.

Paris. G. Beys, 1582. in-24.

[*E. 3112
(S-3072)

8264 PALIN (C. de). — De l'étude des Hiéroglyphes.

Paris. 1812. 5 vol. in-12, (25 fr.).

Ouvrage splendide et d'une importance capitale pour l'étude ésotérique de tous les hiéroglyphes et leur interprétation cabbalistique. — Chaque page est initiatique au plus haut degré et tout serait à citer. — Clef des caractères sacrés.

— Les Clefs Egyptiennes et chinoises au nombre de 214 et formant 1070 caractères. — Mystères les plus secrets des Egyptiens et des autres peuples de l'antiquité — Clefs absolues de la langue des nombres : trace de ces clefs dans les livres hermétiques. — Mystères des noms divins. — Clef du symbolisme dans l'art. — Signification ésotérique du symbole du Sphinx. — A l'aide de cette œuvre précieuse entre toutes et cependant à peu près inconnue, parce qu'introuvable, on peut trouver la clef définitive des mystères de l'Egypte, de l'Inde, de l'Amérique : saisir les arcanes les plus profonds de la Kabbale, voilés sous les symboles : pénétrer en un mot le sens le plus caché de toutes les religions et de toutes les mythologies. [DUJOLS].

PALINGENIUS (Marcellus). — Voir :
MANZOLLI.

8265 PALISSY (Bernard), artiste émailleur, écrivain et philosophe hermétique français né vers 1500 à 1510 à la Capelle Biron, dans l'Agenais (Lot-et-Garonne) mort à Paris, à la Bastille, en 1590. Il fut ministre protestant à Saintes, puis émailleur du roi, à Paris, où il professa aussi l'histoire naturelle. A près de 80 ans il fut arrêté pour ses opinions religieuses et échappa à grand peine au bûcher. — Œuvres de Bernard PALISSY, revues sur les exemplaires de la bibliothèque du Roi, avec des notes par Faujas de Saint-Fond et des additions par Gobet.

Paris, 1777. in-4°. (18 fr.).

[S. 2572]

On trouve dans ces œuvres plusieurs traités relatifs à l'Alchymie.
De l'art de la terre. — Des terres d'argile. — Des pierres. — Des sels divers. — Des eaux et fontaines. — Du mascaret. — Des métaux et Alchymie. — De l'or potable. — Des abus et ignorances des médecins. etc.

(O-1000)

8266 PALLADIS CHIMICÆ.
Genève, s. d. [1677], 2 vol. in-18. (8 fr.).

Manque à la Bibl. Nat.

8267 [PALLAVICINO (Ferrante)], ou ...INI, littérateur et poète satirique italien, né à Plaisance en 1618, décapité à Avignon en 1644, à cause de ses écrits contre la cour de Rome. — Alcibiade enfant à l'Ecole, traduit pour la première fois de l'Italien de Ferrante PALLAVICINI.

Bruxelles, chez l'Ancien Pierre Marteau, 1891, in-16, de XVII-102 p. (10 fr.).

Ouvrage des plus singuliers, relatif à la pédérastie dans les temps anciens. La traduction est malheureusement conçue en des termes fort crus, et fourmille de fautes d'impression.

Cet ouvrage, qui est cité par DELPIERRE (*Un point curieux des Mœurs de la Grèce*) présente l'Antiquité sous un jour assez peu généralement connu et qui expliquerait la décadence si absolue de peuples jadis si grands.

Autre édition :

Amsterdam, chez l'Ancien Pierre Marteau, 1866, in-18.

[Enfer 47]

8268 PALLAVICINO (Ferrante). — Le divorce céleste, causé par les dissolutions de l'Espouse Romaine, et dédié à la simplicité des chrestiens scrupuleux. Suivi du Dialogue entre devx gentilshommes volontaires des ducs de Modène et de Parme, sur la guerre présente d'Italie contre le Pape : avec un petit discours sur la fin, que Pasquin fit il n'y a pas longtemps au Pape Vrbain VIII.

A Villefranche par Jean Gibaut, 1644, in-12. (30 fr.).

Ouvrage fort rare, que BRUNET ne connaît qu'incomplet et qui causa la mort de son auteur.

Edition italienne :

In Villafranca, 1666, in-16.

[8° Z. 17137

Villafranca, 1643, in-12.

[D. 62382
(G-701

PALMA-CAYET (Pierre-Victor). — Voir :

CAYET (Pierre Victor Palma).

8269 PALMARIUS (P.), médecin de Paris. — P. PALMARIUS, doctor Parisiensis Galeno-chymicus Lapis philosophicvs dogmaticorvm. Quo paracelsista Libauius restituitur, scholæ medicæ parisiensis iudicium de chymicis declaratur, censura adulteria et fraudes parachymicorum, deffenditur, asserto veræ alchimiæ honore. Adiecta est historia læprosae mulieris persanatæ.

Paris, Doclever, 1609, in-12. (15 fr.).

Traité d'Alchimie, très rare.

8270 [PAMBOUR (sur Marianne)]. — La doyenne des somnambules et notice biographique de Marianne PAMBOUR, accompagnée de conseils utiles aux personnes qui consultent la somnambule sur des objets portés par un malade éloigné de Paris.

Paris, imp. Gratiot, 1846, in-8°, 20 pages.

Notice biographique curieuse. Marianne était somnambule naturelle et elle avait terminé une nuit une robe commencée la veille. Sa maitresse stupéfaite porta le vêtement à un prêtre qui l'aspergea d'eau bénite croyant sincèrement au diable ; puis le lendemain à l'inspection de la robe, le brave homme dit à la maitresse : « puisque le fil est de bon aloi et que le « miracle tourne à votre profit, c'est un « cadeau de la Vierge pour récompenser « votre piété. Vous pouvez conserver la « robe ».

(D. p. 134

8271 PANCIROL ou PANCIROLI (Guy), Iuriconsulte italien, né à Reggio en 1523, mort à Padoue en 1599. Professeur de Droit à Padoue. — Livre premier des Antiqvitez perdves, et si av vif representees par la plvme de l'illvstre jvrisconsvlte G. PANCIROL, qu'on en peut tirer grand profit de la perte : accompagné d'un second, des choses nouuellement inuentées et auparauant incongneües. Traduits tant de l'Italien que du Latin en François par Pierre de la Noue.

Lyon, Roussin. 1617. in-12 (7 fr.).

[Z. 19161

Des Librairies ou Bibliothèques. — Des Obélisques. — Des Pyramides et Labyrinthes, etc. — Des Nopces. — De l'Alchimie. — Des Cloches. — Des Tournois ou Ioustes. — De la Fauconnerie et Volerie de l'Esperuier, Tiercelet, Faucon, et autres Oiseaux. — Etc.

(G-1038

8272 [PANIN (Comte)]. — Abrégé de la pratique du magnétisme animal au dix-huitième et dix-neuvième siècles, ou Tableau alphabétique des principales cures opérées depuis Mesmer jusqu'à nos jours.

Genève et Paris, 1821. in-8°, 225 pages. (3 fr.).

Attribué à M. le comte Panin.

8273 PANTALEON ou PANTALEO (Henri), Médecin, biographe, historien et philosophe hermétique suisse né à Bâle en 1522, mort en 1595. Il professa la Physique à Bâle et fut nommé Comte Palatin par Maximilien II. — PANTALEONIS Tumulus Hermetis apertus ; oder das eröffnete hermetische Grab, in welchem Sonnen-klar zu sehen sind, der uralten Weisen verborgene natürliche Wahrheiten, und etlicher neuen irrige Meinungen von dem hochberühmten Wasser, dem philosophischen Quecksilber ; aus dem Lateinischen ins Teutsche übersetzet (von Christoph Dikrorin) : dans *Deutsches Theatrum chemicum* de Fr. Roth-Scholtz (1730). II, 107-258.

La première édition de cette traduction est de Nürnberg, 1677 :

[R. 52904
(O-1235

8274 PANTHEUS OU PANTHERUS (Jo. Augustinus). — Jo. Augustini PANTHEI, Ars et Theoria transmutationis metallicæ, cum Voarchadumia, proportionibus numeris et iconibus rei accommodis illustrata ; dans *Theatrum chemicum* (1613). II, 400-598.

Édition séparée :

Voarchadvmia contra Alchimia : Ars distincta ab Archimia, et sophia: cum additionibus, proportionibus, numeris, et figuris opportunis.

Veneunt apud Vionlium Gautheruatum, 1550, 2 tomes en 1 vol. pet. in-8°. (35 fr.).

[R. 17025-17026

Rare et recherché, orné de nombreuses figures gravées sur bois représentant les diverses phases de la Transmutation.

(O-915

8275 PANTHEUS (Ioannes Augustinus) — Voarchadvmia, contra Alchi'miam; Ars distincta ab Archimi'a, et Sophia: cum Additionibus ; Proportionibus ; Numeris ; et Figuris opportunis Ioannis Augustini PANTHEI Veneti sacerdotis.

Venetiis Diebus Aprilis. M. D. XXX, pet. in-4° de 60 ff chif. r° et v°, planche pliée et fig. sur bois dans le texte, alphabets hébreu et autres.

[Rés. p. R. 312

Curieux ouvrage d'alchimie par un prêtre Vénitien du XVIe siècle.

8276 PANTHEUS OU PANTHERUS. — Schlüssel der chimistischen Philosophy, mit welchem die heimliche und verborgene Dicta und Sprüch der Philosophen, eröffnet und auffgelöset werden, deme das Artificium supernaturale... enfangs durch den Ehenvesten und Hochgelehrten Gerardum DORNOEUM beider Artzney Doctoren lateinisch beschrieben..., in teutsch Sprach gebracht...

Strasburg, Lazar Zetzner. 1602, in-8° de XVI-414-XV pp.

La première édition latine est de Lugduni, 1567.

(O-920-921

8277 PANTHOZ ou PANTHOT. — Traité des Dragons et des Escarboucles, par Messire Jean-B. PANTHOZ, Docteur en Médecine de l'Université de Montpellier et Doyen du Collège des médecins de Lyon.

Lyon, Thomas Amaubry, 1691, petit in-12. (5 fr.).

[S. 21788
(Y-P-404

8278 PAPESSE JEANNE. — Jesuitos falso negare PAPAM JOANNEM VIII fuisse Mulierem.

S. l., 1598, in-4°.

(S-4876

8279 PAPESSE JEANNE. — Papa Mulier, sive vera et infaillibilis Narratio de PAPA JOANNE VIII Fœmina.

Witteberga (Wittemberg ou Wittembourg), 1600, in-8°.

(S-4882

PAPESSE JEANNE (Sur la). — Voir :

BLONDEL (D.).
BRUNET (Gustave).
COOKE (Alexandre).
RHOIDIS (Emm.).
SPANHEIM (de).

8280 PAPIN (Nicolas), médecin français, né à Blois, mort vers 1655. Il exerça son art à Blois et à Alençon ; Denis PAPIN l'inventeur de la machine à vapeur était son neveu. — La Poudre de Sympathie défendue contre les Objections de M. CATTIER, Médecin du Roy, par Nicolas PAPIN.

Paris, 1651, in-8°.

[R. 12976
(St-Y-1360

8281 PAPIN (Nicolas). — Nicolai PAPINI, de Pulvere Sympathico Dissertatio.

Lutetia, apud S. Pigel, 1650, in-8°. (7 fr.).

[R. 12972
(G-1233
(S-3401 b

PAPUS nom du Génie médecin de la Première Heure du Nuctéméron d'APOLLONIUS DE TYANE, pseudonyme de :

ENCAUSSE (Dr Gérard).

8282 PARA d'HERMES (A. de). — Ce qu'on voit dans la main : chiromancie ancienne et moderne.

Paris, Lefèvre, s. d., fort in-12, (5 fr.).

(G-225

PARACELSE (Auréole Théophraste BOMBAST de HOHENHEIM, connu sous le nom de), illustre médecin, Chimiste et Philosophe Hermétique Suisse, né à Einsiedeln, près Zurich, en 1493, mort à Salzbourg, en 1541. Son nom PARACELSUS est la traduction latine de Hohenheim. Son père était fils naturel d'un gentilhomme Souabe et exerçait la Médecine à Einsiedeln. Sa vie fut très accidentée : il professa un moment la Médecine à Bâle, puis à Colmar, Nüremberg, Augsbourg, etc. mais fut en proie à des haines violentes, de sorte qu'il est bien difficile de juger nettement sa personnalité. Il a, en tout cas remis en lumière le Magnétisme, entre autres choses, et été le plus grand Maître connu de la Médecine astrale. Sa Science de Kabbaliste à elle seule l'eût rendu célèbre.

8283 PARACELSE. — Avreolus Philippus Theophrastus Bombast ab Hohenheim, dictus PARACELSUS, medicus et philosophus celeberrimus, chemicorumque Princeps. Opera Omnia Medico-Chirurgica tribvs volvminibvs comprehensa.

Genevæ Sumptibus Ioan. Antonij et Samuelis de Tournes, 1658, 3 vol.

in-f°, Portrait de Paracelse, et Fig. cabalistiques. (180 fr.).

[T²³ 21

Edition rare, avec un Portrait de PARACELSE, gravé par F. Chauveau, d'après le Tintoret, et des bois illustrant les Sept Livres de l'Archidoxe Magique, à la fin du Tome II.
Tome I. — Traité Médicaux : Pathologie et Thérapeutique Occultes. Mystères Magnétiques.
Tome II. — Œuvres Magiques. Philosophiques, Kabbalistiques, Astrologiques et Alchimiques.
Tome III. — Anatomie et Chirurgie proprement dites.

(G-1053 et 4

8284 PARACELSE. — Operum medico chimicorum...

Francfort, 1605, 12 tomes in-4°. (100 fr.).

[T²⁵ 20

Les tomes 8 et 9 de cette édition des œuvres complètes contiennent 30 traités : Météorologie, minéralogie, philosophie, présages, superstitions, obsessions, démons, sommeil, monstruosités, nymphes, sylphes, etc... Le dernier traité est le « *Liber de natis animalibus ex Sodomia* ».

8285 PARACELSE. — Aur. Phil. Theophr. Bombast von Hohenheim PARACELSI,.... Opera Bücher und Schrifften so viel deren zur Hand gebracht...

Strasburg, 1603.-10. 3 vol. in-fol.

Pour ce qui concerne la Magie dans cette collection, voy.-en le détail dans GRAESSE : *Bibliotheca magica*, (1843), 47-91.

(O-1707

8286 PARACELSE.— Aur. Phileophrasti Th. Bombast von Hohenheim.,... Opera Bücher und Schrifften... An-der Theil, darinnen die Magischen und Astrologischen Bücher,.... auch dem Philosophischen Stein... (1616)

Le *Catalogue* OUVAROFF renvoie à sa section de médecine qui n'a pas paru.

(O-900

8287 PARACELSE. — Arcanum Arcanorum seu Magisterium philosophorum. — Philippi Theophrasti Bombast von Hohenheim PARACELSI genannt : Geheimnüsz aller seiner Geheimnüsse, welches noch niemahls wegen seiner unvergleichlichen Fürtreflichkeit ist gemein gemacht,... nach seiner eigenen Handschrift von einem unbekannten Philosopho treulich mitgetheilet ; nebst einem Anhang noch mehr anderer fast unglaublich raren Curiositäten.

Franckfurt und Leipzig, Job. Georg Fleischer, 1770. in-8° de II-80 pp.

La 1-re édition est de *Leipzig*, 1686.

(O-909

8288 PARACELSE (Théophraste). — Les Sept Livres de l'Archidoxe Magique, traduits pour la première fois en français, texte latin en regard. — Précédés d'une préface par le D' Marc Haven [E. LALANDE].

Paris, P. Dujols et A. Thomas, 1909. in-8° de 168 p. 100 figures, 8 planches hors texte et portrait de l'auteur (6 fr.).

[S° Te¹a¹ 181

Secrets et talismans précieux contre la plupart des maladies : épilepsie, paralysie, la gravelle et la pierre, la goutte, maladies des femmes, phtisie, maux d'yeux, migraines, blessures d'armes à feu ou tranchantes, maladies de cœur, maladies du bétail, envoûtement, etc..... Talismans efficaces pour l'amour, la réussite en affaires et la fortune, la confusion des ennemis, la longévité, la double vue et d'avancement dans toutes les carrières. — Tous ces secrets merveilleux ont été expérimentés avec succès par le Grand Mage du XV°-siècle.

8289 PARACELSE. — Das Büchlein (PARACELSI) mit der himlischen Sackpfeiffen, einer Fürstlichen Person zugeschrieben ; dans *Thesaurinella olympica aurea*.... (1682), pp. 202-44.

(O-901

8290 PARACELSE (Theophraste). —

Chirvrgia Magna, in duos tomos digesta, contin : De Vlceribus et fractvris, lib. III. De Vlceribus, lib. III. De Tvmoribus, Pustulis, et Vlceribus morbi Gallici, lib. X. De curatione et imposturis morbi Gallici lib. octo. Qvib. insvnt eivsd. authoris Anatomia, Chyrvrgia minor quam alias Bertheonam intitulavit, cui etiam sequentes tractatus accesserunt, ejusdem authoris : de Apostematibus, Syronibus et Nodis ; de Cutis apertionibus; de Vulnerum et Ulcerum curis ; de Vermibus, Serpentibus, etc... ex Versione Gerardi Dorn, etc... Omnia à Iosq. Dalhemio.

Argentorati. 1573. fort vol. in-fol. (100 fr.).

[Td⁷² 57

8291 PARACELSE. — La Grand chirurgie de Philippe Aoreole Theophraste PARACELSE, grand médecin et philosophe entre les Alemans. Traduite en françois de la version latine de Iosquin d'Alhem, médecin d'Ostofrane, et illustrée d'amples annotations par M. Claude Dariot, médecin à Beaune. Plvs l'a illustrée d'amples annotations et expositions pour l'intelligence de toute sa doctrine et y a ajousté et faict depeindre la façon de certains aneaux, ou instrument propre pour remettre les membres rompus. Plus un discours de la goutte et d'icelles, auec sa guérison. Item III traictez de la préparation des medicamens, etc.

Lyon, Ant. de Harsy. 1589-93. pet. in-f° ou in-4° (35 fr.).

[Td⁷² 58

Edition et ouvrage fort rares de ce célèbre médecin hermétiste accompagné de figures sur bois. Cet ouvrage traite de la guérison des plaies, de la préparation des remèdes, de la guérison des morsures des animaux venimeux et autres, des brûlures et contient son fameux traité des Ulcères, etc...

(G-797

8292 PARACELSE. — La Grande Chirvrgie de Philippe Aoreole Theophraste PARACELSE, grand médecin et philosophe allemand, tradvite en François de la version latine de Ioasquin d'Alhem, médecin d'Ostofrane et illustrée d'amples annotations, auec figures de certains instruments propres pour remettre les membres rompus et les contenir estans remis en sorte qu'on les puisse visiter chacun jour sans que l'os se déplace. Par Claude DARIOT. Plus un discours de la goutte et causes d'icelle avec la la guérison. Item III. traittez de la préparation des medicamens, avec une table pour l'intelligence du temps propre au recueil, composition et garde des herbes, fruits et semences. Troisiesme edition.

A Montbeliart, par Iaques Foillet. 1608. 3 vol. in 8°. Orné de curieuses figures gravées sur bois. (35 fr.).

[Td⁷² 58 B

8293 PARACELSE. — La petite chirvrgie avtrement ditte la Bertheonée de Philippe Aoréole Theophraste PARACELSE, grand médecin et philosophe entre les allemans. Plus les traittez du mesme auteur, des Apostèmes syrons ou nœuds, des ouvertures du cuir, des vicères, des vers, serpens, taches ou marqves qui viennent de naissance et des contractures. Auec notes par Daniel Du Vivier, chirurgien et barbier du Roy.

A Paris, chez Olivier de Varennes. 1623, fort vol. pet. in-8°. (18 fr.).

8294 PARACELSE. — Compendivm philosophiæ et medecinæ utriusque universae, ex optimis quibusq: ejus libris : cum scholiis in libros IIII eiusd. de Vita Longa, plenos Mysteriorum, parabolarum, ænigmatum. Auct. Leone Suavio I. G. P. Vita PARACELSI Catalogus operum et librorvm Cum indice rerum in hoc opere singularium.

Basileæ, 1568. in-12. (18 fr.).

Autres édit. :

Parisiis, Rouillus, [1567] in-8°.
[T²⁵ 22

Francofurti ad Mœnum, per Fabricium, 1568. in-8°.
[T²⁵ 22. A.

8295 PARACELSE. — Theophrasti Paracelsi Philosophiæ et Medicinæ Compendium universale, edente Jacobus Gohorri.

Parisiis, 1568. in 8°.
(S-3295

8296 PARACELSE. — Disputationum de Medicina nova Philippi Paracelsi Pars prima in qua quæ de remediis superstitionis et Magicis curationibus ille prodidit, præcipue examinantur a Thoma Erasto, medicinæ in schola Heydelbergenti professore ad illustris, principium. Liber omnibus quarumcunq; artium et scientiarum studiosis apprime cum necessarius tum utilis. — Cum indice locupletissimo.

Basileæ, apud Petrum Pernam, s. d. [1530]. in-4° car. ronds, portr. s. b. à la fin (25 fr.). (N° 134, vente Bourneville : 8 fr.).

Thomas Erastu était l'ennemi juré de Paracelse.

8297 PARACELSE. — Doctor Theophrastus Paracelsus Expositio vera harvm imaginvm olim Nvrenbergae repertatum ex fundatissimo verae Magiæ Vaticinio deducta

S. l. anno 1570. pet. in-8°. (45 fr.).

Satire virulente contre la Cour de Rome qui atteignit dans les ventes des prix parfois fort élevés. — Avec 32 singulières figures sur bois.
(G-796

8298 PARACELSE. — Philosophiæ magnae Avreoli Philippi Theophrasti Paracelsi, Helvetii, ab Hohenhaim, philosophorum atque medicorum omnium facile principis, collectanea quædam.

Basileæ, apud Pernam, s. d. [vers 1010]. pet. in-8°. (14 fr.).
[R. 45078

Édition très rare.
(G-708

8299 PARACELSE. — Philippi Aurioli Theophrasti Paracelsi chymischer Psalter, oder philosophische Grundsätze vom Stein derer Weisen anno 1522 aus dem höchstseltenen lateinischen Grundtext übersetzt, von einem Liebhaber natürlicher Geheimnisse. Neue Auflage.

Berlin, Fried. Maurer, 1701. in-8° de XVI-50 pp.

Il y a une édition antérieure, de Berlin, de cet extrait des écrits de Paracelse.
(O-905

8300 PARACELSE. — The Hermetic and Alchemical Writings of Aureolus Philippus Theophrastus Bombast of Hohenheim, called Paracelsus the Great. Now for the first time faithfully translated into english. Edited, with a Biographical Preface, elucidatory Notes, a copious Hermetic Vocabulary, and Index, by Arthur Edward Waite. In Two Volumes.

London, James Elliott et C°, 1894, 2 vol. in-4° de XVI-394 et VIII-396 p. (55 fr.).

Vol. I Hermetic Chemistry. ——— The Cœlum Philosophorum. — The Book concerning the Tincture of the Philosophers. — The Gradation of Metals. — The Aurora of the Philosophers. — Concerning the Spirits of the Planets. — The Economy of Minerals. — Concerning the Nature of Things. — The Philosophy of Theophrastus, concerning the Generations of the Elements. — Etc.

Vol. II: Hermetic Medicine.——— The Archidoxies of Theophrastus Paracelsus. — A Book concerning long Life. — The

Labyrinthus Medicorum. — Concerning Preparations in Alchemical Medicine.
Hermetic Philosophy. ——— The Philosophy addressed to the Athenians. — Hermetic Astronomy. — Etc.

8301 PARACELSE. — De praesagiis vaticiniis et diuinationibus. Stronomica item et astrologica fragmenta lectu incunda et vtilia.

Basilae, Pernae, 1500, in-8°.

[R. 45080

De summis naturae mysteriis commentarii tres.

Basilae, Pernae, 1584, in-8°.

[S° Te¹³¹¹ 10. A

Medicinae doctoris celeberrimi, centum quindecim curationes experimentaque e Germanico idiomate in latinū versa, etc...

S. l. 1582.

3 ouvrages, in-12. Portrait de PARACELSE. (30 fr.).

8302 PARACELSE. — Prognosticatio ad vigesimum quartum usque annum duratura, per eximium dominum ac Doctorem PARACELSUM ad illustrissimum ac potentissimum principem Ferdinandum Roman. Regem semper Augustum etc. Archiducem Austriæ etc. conscripta. Anno XXXVI.

[In fine :] *Excusum Augustae per Henricum Steynar, mense Augusto, Au M. D. XXXVI* [1536], in-4° de 24 f°* non chif. (80 fr. N° 132 Vente Bourneville) (100 fr.).

[V. 8886 et
[Rés. V. 1357

8303 PARACELSE. — Prognosticatio | eximii Doctoris | Theophrasti | PARACELSI |
Ad illustrissimum | ac potentissimum Principem Ferdinandum Roman | regem semper Augustum atque Archiducem Austriae | conscripta. Anno 1536 | .

S. l., 1536, in-4° de 3 f°* n. c. de préface, XXXII Planches sur cuivre à demi page avec commentaire en dessous, imp. au recto seul, et 3 f°* n. c. à la fin (manques f. lij. liij). (100 fr.).

[V. 10514
(S-5400 b (*bis*)
(G-800

8304 PARACELSE. — Prognosticatio Eximii doctoris Theophrasti PARACELSI

[*Sine Loco*], 1540, in-4° (100 fr.).

« Cet ouvrage n'a pas de Prix , on peut aussi bien le coter 30 fr. que 200. — Il ne se trouve pas, bien entendu dans la Collection des Œuvres complètes de PARACELSE... La Prognosticatio basée sur les Clefs du Tarot et sur le Binaire de Pythagore, comprend 32 belles gravures Prophétiques, dont l'Avenir et principalement la Révolution Française se sont chargés de faire ressortir l'étonnante prescience... Eliphas Lévi, qui possédait une admirable Bibliothèque d'Occultisme, ne put jamais se procurer la *Prognosticatio* » (St. de Guaita).

(G-1955

8305 PARACELSE. — Les XIV Livres des paragraphes où sont contenus en épitome ses secrets admirables tant physiques que chirurgiques pour la curation très certaine et méthodique des maladies estimées incurables à savoir : la lepre, l'epilepsie, hydropisie, paralisie, phtisie, asthme, etc... plus un abrégé des préparations chimiques de tous simples végétaux, animaux, etc... un autre discours excellent de l'alchimie, etc... traduits du latin en françois, par C. de Sarcilly.

Paris, Hervé du Mesnil, 1631, in-4° de 230 p. (20 fr.).

[Rés. Te¹³¹ 15

8306 PARACELSE. — Richtiger Wegweiser zur wahren philosophischen Medicin und andern chemischen Geheimnissen, nebst einer richtigen Erklärung aller in den Schriften des Theo-

Sc. psych. — T. III. — 15.

phrastus PARACELSUS vorkommenden Hieroglyphischen Redensarten aufs neue an das Licht gegeben von einem erfahrnen Adepten.

Amsterdam, s. adr. 1784, in-4º de VIII-312-VI pp.

(O-012

8307 PARACELSE. —Sechs Tractätlein Philippi Aureoli Theophrasti Bombast ab Hoehenheim (PARACELSE) I. Psalterium chymicum seu Manuale Paracelsi ; II. de Tinctura physica; III. Apocalipsis Hermetis ; IV. Thesaurus Thesaurorum Alchimistarum ; V.Cœlum Philosophorum ; VI. Secretum Magicum (1771).

Dans une collection dont la tête est :

Der hermetische Nord Stern, oder..

(O-004

8308 PARACELSE. — Theophrasti PARACELSI Secretum magicum von dreyen gebenedeyeten Magischen Steinen darinnen erstlich tractirt wird von der rechten wahren Materia prima....; zum andern ; de prima Metallorum Materia, wie aus derselbigen soll bereitet werden Lapis Philosophorum... und dann letztlich von zweyen Magischen Steinen welche Animalis und Vegetabilis genennet werden......; dans *Thesaurinella olympica aurea...* (1682). pp. 1-41.

(O-911

8309 PARACELSE. — De summis Naturæ mysteriis. — Commentarii tres a Gerardo Dorn conuersi.

Basileæ, 1684, in-12. Nombreuses figures sur bois et portrait de l'auteur (30 fr.).

Libellus de spiritu plantarum. — De occulta philosophia. — Medicina cœlestis, sive de signorum Zodiaci mysteriis. — De transmutationis metallorum tempore.

8310 PARACELSE. — Traité des trois Essences premières ; trad. pour la 1-re fois du latin par Grillot de Givry.

Paris, Bibliothèque Chacornac, 1903, in-8". (2 fr.).

Cette traduction n'a été tirée qu'à 72 exemplaires numérotés à l'usage des initiés.

Dissertation alchimique qui pourrait être le résumé des leçons et causeries de Paracelse. — Les lecteurs étudiant la science hermétique trouveront dans cette brochure, remarquablement traduite par Grillot de Givry, une théorie complète des trois essences, le sel, le soufre et le mercure.

8311 PARACELSE. — Traité du vitriol et des maladies contre lesquelles il sert de remèdes et de guérison : auquel se verra la saluation de ces quatre maladies, assauoir d'Epilepsie, Hydropisie, Pustules et la Goutte et d'auantage de tovs vlcères.

A Lyon, par Benoît Rigard, 1583, in-12 (15 fr.).

8312 PARACELSE. — Theophrastus PARACELSUS, de Urinarum ac Pulsum Judiciis.

Coloniæ, 1578, in-4".

(S-3300 b

8313 PARACELSE (sur). — PARACELSIA Henningi Scheunemanni, de Morbo contagioso Mercuriali.

Babenberge, (Bamberg), 1612, in-4".

(S-3211

PARACELSE (sur Theophraste). — Voir :

BOSC (Ernest).
COLONNE (Pompée).
FREDAI.
SCHWAEBLE (René).

8314 PARAMANANDA-MARIADASSOU (Dr D.). Médecin aide Major de 1-re classe des troupes coloniales. —

Mœurs médicales de l'Inde et leurs rapports avec la médecine européenne.

Pondichéry, M. P. 1906, in-8º carré de 177 pp. 26 photos hors texte, (18 fr.).

Curieux spécimen des peu fréquentes impressions de Pondichéry. — L'ouvrage en lui-même est également curieux et intéressant. Il se termine par un lexique abrégé de termes hindous, etc.

Introduction. — Objet de l'ouvrage. — Grossesse. — Accouchement. — Soin à donner à l'enfant. — Puberté, Mariage. — Habitation indienne, Mobilier. — Vêtement, Toilette de la femme et de l'homme. — Alimentation. — Les différentes branches de la Médecine indienne. — La Syphilis, la Variole, le Choléra dans l'Inde.— Morsures et Piqûres venimeuses. — Stérilité. Avortement. — Les Funérailles dans l'Inde. — Etc.

8315 PARAMELLE (l'abbé) né à Felizins (Lot) en 1790, mort à St Céré en 1875. Hydrogéologue célèbre, qui usait de la baguette divinatoire. — L'art de découvrir les sources.

Paris, 1856, in-8º.

Edition originale.

La vraie origine des sources. — Lignes que suivent les sources sous terre. — Points où les fouilles doivent être pratiquées. — Moyens de connaître le volume d'une source. — Moyens de suppléer au défaut de sources, etc...

Autres éditions :

Paris, Dunod. 1856, in-8º. 428 p. (2-ème édition, revue, corrigée et augm.) (7 fr.).

[S. 32421

Paris. 1880, in-8º.

Arbres aquatiques protégeant l'eau, quantité d'eau qu'ils absorbent et exhalent. Aristote, son opinion sur l'origine des sources. — Avis généraux concernant les fontaines et les puits, etc...

8316 PARASCANDOLO (Luigi). — La Frammassoneria figlia ed erede del Manicheismo. Studie storici.

Naples, 1865, 1866, 1868, 1869, 4 vol. in-8º.

La Frammassoneria in questo ultima decennio; continuazione della Frammassoneria figlia ed erede del Manicheismo.

Naples, 1880, 5 tomes, in-8º, (50 fr.).

« *La Franc-Maçonnerie fille et héritière du Manichéisme* » est une étude du plus haut intérêt pour sa riche documentation. — L'auteur prend le Gnosticisme et le Manichéisme aux premiers siècles de l'ère chrétienne, dévoile leurs constitutions secrètes identiques à celles de la F∴ M∴ les suit jusqu'au Moyen-Age, les retrouve sous le manteau des Templiers, et à leur chûte, les reconnaît encore dans les sociétés Cabalistiques du XVI-e siècle, puis chez les Rose † Croix, les illuminés, enfin dans les Loges modernes. — Travail critique, mais précieux pour les nombreux matériaux qu'il renferme. Le tome V. qui forme la suite et le complément de l'ouvrage précédent, ne lui cède en rien pour l'intérêt et la documentation.

8317 PARAVEY (le chevalier Charles Hippolyte de) Orientaliste français, ancien lieutenant du génie né à Fumay (Ardennes) en 1787, mort en 1871. Polytechnicien et ingénieur des Ponts et Chaussées. — Aperçu des mémoires, encore manuscrits, sur l'origine de la Sphère et sur l'âge des Zodiaques; précédé d'un extrait des divers auteurs qui ont traité de l'antiquité des zodiaques égyptiens.

Paris. 1835, in-8º, (1 fr. 75).

8318 PARAVEY (le chevalier Ch. de). — Confirmation de la Bible et des Traditions Egyptiennes et Grecques, par les Livres Hiéroglyphes trouvés en Chine.

Paris. 1858-67, in-8º Planche.

[Manque à la Bib. Nat.

8319 PARAVEY (le chevalier Ch. de). — Connaissances astronomiques des anciens peuples de l'Egypte et de l'Asie, sur les satellites de Jupiter et de l'anneau de Saturne, etc.

Paris, 1835, in-8°. (1 fr. 50).

8320 PARAVEY (le Chevalier Ch. de). — De la création de l'Homme comme androgyne et de la femme.

Paris, 1864, gr. in-8° avec une très curieuse planche hors texte, représentant la *Création de l'homme et de la Femme* d'après le dictionnaire chinois Eul-ya, qu'a dû connaître Platon, quand cet antique dictionnaire a été traduit en grec, et que Moïse a pu connaître en Egypte.

Etude très documentée et de toute rareté.

8321 PARAVEY (le Chevalier Ch. de). — Documens Hiéroglyphes emportés d'Assyrie et conservés en Chine et en Amérique, sur le premier Déluge de Noë, les dix Générations avant le Déluge, l'Existence d'un Premier Homme et celle du Péché Originel, Dogmes qui sont la Base du Christianisme mais qui sont niés en ce jour.

Paris, 1838, in-8° de 58 p. (3 fr.).

8322 PARAVEY (le Chevalier Ch. de). — Essai sur l'origine unique et hiéroglyphique des Chiffres et des Lettres de tous les peuples, précédé d'un coup d'œil rapide sur l'Histoire du Monde, entre l'époque de la Création et l'Ere de Nabonassar et de quelques idées sur la Formation de la Première de toutes les écritures, qui exista avant le Déluge, et qui fut l'Hiéroglyphique.

Paris, *Treuttel et Würtz*, 1826, gr. in-8°. (8 fr.).

[X. 5904

Enrichi d'un frontispice représentant Taut, phénicien, faisant le portrait des Dieux et les caractères sacrés des lettres, et de 7 grandes planches se déployant indiquant les rapports qui existent entre les caractères symboliques qui se trouvent dans les divers peuples et les planètes, les saisons, les couleurs, les éléments, les signes du zodiaque, les constellations, les chiffres, les alphabets hébraïque, grec, copte, phénicien, chinois, égyptien, runique, étrusque, gothique, samaritain, zend, etc... la quantité prodigieuse de signes de toutes sortes qui s'y trouvent reproduits constituent à eux seuls une mine précieuse pour ceux qui s'occupent de l'interprétation ésotérique des symboles et des hiéroglyphes. Voici un aperçu des matières traitées, qui peut donner une idée de l'importance considérable et de l'extrême intérêt de cette œuvre. — Le premier séjour des hommes après le déluge. — L'écriture primitive et hiéroglyphique rendant les idées les plus abstraites. Importance des livres reçus de l'Assyrie et conservés par les Chinois. — Toutes les sciences et les Arts créés sous forme hiéroglyphique avant le Déluge, forme usitée encore longtemps après ce Cataclysme. — Explication des sens des 12 caractères horaires des peuples antédiluviens, conservés encore actuellement en Chine, et où se retrouve la forme et le sens des lettres alphabétiques et sémitiques. — Rapport intime du cycle des 12 animaux à celui des 12 heures de la journée, cycle retracé dans les zodiaques égyptiens. Qui inventa l'arithmétique et les Nombres ? Le Rat, symbole de cet inventeur en Egypte, dans l'Inde et en Chine. — Des hiéroglyphes qui ont figuré les 9 premiers nombres et leurs rapports avec les idées Pythagoriciennes. — Observations astronomiques de la tour de Babylone, conservées encore dans le Thibet. — Les Onigours, peuple intermédiaire entre l'Assyrie et la Chine ayant à la fois un alphabet sémitique et des livres écrits en hiéroglyphes chinois, etc.

8323 PARAVEY (le Chevalier Ch. de). — Illustrations de l'Astronomie Hiéroglyphique et des Planisphères et Zodiaques retrouvés en Egypte en Chaldée, dans l'Inde et au Japon

Paris, *Delahaye*, [1835], in-8° avec 3 tableaux hors texte.

[V. 48826

Recueil de Mémoires traitant de l'Origine de la Sphère et de l'Age des Zodiaques, celui de *Denderah* en particulier. — Réfutation des Opinions de Biot sur les Zodiaques Egyptiens. — Les Constellations de l'Astronomie Antique. — Astronomie Antique. — Astronomie Hiéroglyphique. — Connaissances Astronomiques des Anciens peuples de l'Egypte. — Etc.

Avec 4 tables des systèmes astronomiques adoptés par les différents peuples de l'antiquité. — Ouvrage curieux pour les personnes adonnées aux recherches généthliaques.

(G-1057

8324 PARAVEY (le Chevalier Ch. de). — Nouvelle considération sur le Planisphère de Dendérah, transporté enfin à Paris, ouvrage où l'on démontre par le système antique de projection qui y est employé, que ce monument n'offre autre chose que la sphère d'Hipparque ou d'Aratus, telle qu'elle est figurée sur le globe Farnèse; considérations confirmées par la lecture des noms des rois grecs et des empereurs romains sur le temple de Dendérah.

Paris. Treuttel et Wurtz, 1835, in-8°. (1 fr. 75).

[O³a 510

8325 PARAVEY (le Chevalier Ch. de). — Réfutation des anciens et des nouveaux mémoires de M. Biot sur les Zodiaques égyptiens, et sur l'astronomie comparée de l'Egypte, de la Chaldée et de l'Asie orientale.

Paris, 1835, in-8° (1 fr. 75).

8326 PARAVEY (le Chevalier Ch. de). — De la sphère et des constellations de l'antique astronomie hiéroglyphique, ou preuves directes que cette astronomie primitive était la même pour les anciens peuples et spécialement pour les Chaldéens, les Egyptiens, et pour les peuples Sémitiques qui ont civilisé l'Inde, la Chine et le Japon, etc...

Paris, 1835, in-8° de 76 p. Grande planche hiéroglyphique hors texte (2 fr. 25).

Travail extrêmement intéressant sur la mythologie comparée et les hiéroglyphes astrologiques.

8327 PARDIES (le P. Ignace Gaston) Jésuite géomètre français, né à Pau en 1636, mort en 1673. Disciple de Descartes, professeur de philosophie et de mathémathiques. — La Statique ou la science des forces mouvantes.

Paris, Cramoisy, 1674, in-12. Nombreuses figures gravées (4 fr.).

[V. 18520

Ouvrage curieux de ce savant jésuite qui fut constamment en correspondance avec NEWTON.

8328 PARÉ (Ambroise) chirurgien illustre, né à Laval vers 1517, mort à Paris en 1590. Protestant, et chirurgien de Charles IX et d'Henri III. — Les œuvres d'Ambroise PARÉ, de Laval, conseiller et premier chirurgien de Henri II, de François II, Charles IX et de Henri III. Nouvelle édition corrigée et augmentée d'un ample traité des fièvres, tant en général qu'en particulier, et de leur curation. Des portraits et figures de l'anatomie, des instruments de chirurgie, et de plusieurs monstres. Avec les voyages qu'il a faits en divers lieux.

Paris, N. Buon, 1585, fort in-fol. (20 fr.).

[Td⁷² 1

8329 PARÉ (Ambroise). — Les Œuvres d'Ambroise PARÉ, conseiller et premier chirvgien du Roy. Onziesme édition reveve et corrigée en plvsievrs endroits, et augmentée d'vn fort ample traicté des fièvres, tant en général qu'en particulier, et de la curation d'icelles, nouuellement trouué dans les manuscrits de l'autheur. — Avec les voyages qu'il a faits en divers lieux ; et les pourtraicts et figures tant de l'anatomie que des instruments de chirurgie et de plusieurs monstres.

Lyon, Rigaud, 1652, fort vol. pet. in-fol. (20 fr.).

[Td⁷² 1. G

Nombreuses figures sur bois, d'anatomie et de chirurgie, dont quelques-unes fort curieuses illustrant le 25-e livre : « *Des Monstres* ».

8330 PARENT (Anne). — Oracles sententieux des Mages par Anne PARENT, âgée de 12 ans.

Paris, 1597, in-12.

N'est pas à la Bibliothèque Nationale.

(S-3218 b

8331 PARFAIT (Le) maçon ou les véritables secrets des quatre grades d'apprentifs, compagnons, maîtres ordinaires et Ecossois de la Franche-Maçonnerie.

Imprimé cette année, in-12, planches. (5 fr.).

(G-821

8332 PARFAIT (Paul) écrivain et publiciste, né à Paris en 1841. Secrétaire d'Alexandre DUMAS père. — L'arsenal de la Dévotion, notes pour servir à l'histoire des superstitions.

Paris, Dreyfous et Decaux, s. d., [1876], in-12, VI-380 p. (2 fr.).

[D². 14018

Les eaux pieuses. — Les amulettes locales. — Les défroques miraculeuses. — Les prières spéciales. — Correspondances avec les saints. — Comment se fonde et comment fonctionne un sanctuaire privilégié. — Des saints spécialistes. — Une mine de Saints. — Les Hosties animées. — La Sainte-Chandelle d'Arras. — Le Saint Prépuce de Charroux. — Le Tombeau du curé d'Ars, etc.

8333 PARFAIT (Paul). — Le Dossier des Pélerinages, (Suite de l'*Arsenal de la Dévotion*).

Paris, Dreyfous et Decaux, s. d., [1877], in-12, (3 fr.).

[D² 14447

Comment se fonde un Sanctuaire privilégié. — Comment fonctionne un Sanctuaire privilégié. — Les Saints Spécialistes. — Les Reliques (Division des Reliques ; Reliques en double ; les Faux en matière de Reliques; les Images et Statues Miraculeuses). — Une Mine de Saints. — La ressource des Catacombes. — Philomène. — Les Pélerinages. — Documents à consulter. — Etc...

8334 PARFAIT (Paul). — La Foire aux Reliques.

Paris, Dreyfous et Decaux, s. d., in-18 de 392 p. (1 fr. 75).

[D². 15438

Ce volume termine la Série des Ouvrages de l'Auteur contre les Superstitions modernes : elles sont d'ailleurs stupéfiantes et on croit rêver en lisant ces documents, pourtant d'une authenticité absolue , mais l'auteur n'avance rien sans donner très exactement la source purement orthodoxe où il a puisé.

Les Sauveurs (Les Hosties animées ; la Ste Chandelle d'Arras ; la Ste Face de Tours ; le St Prépuce de Charroux ; le St Lait d'Evron ; le « *Noli me tangere* » de St Maximin ; la Paillasse de Benoit Labre à Amettes ; la « *Santa casa* » de Lorette).

8335 PARIS (le diacre François de), né à Paris en 1690, mort dans la même ville en 1727. Il fut enterré dans le cimetière de l'Eglise St Médard, et son tombeau devint un centre de manifestations occultes extraordinaires. — Sience du vray qui contient les principaux mystères de la foy. Par feu M. François de PARIS, diacre.

En France, 1733, in-12, (4 fr.).
Traité mystique du fameux diacre PARIS.

8336 PARIS (sur le diacre). — Vie de Monsieur de PARIS, Diacre du diocèse de Paris, avec les requêtes des curés à M. l'Archevêque et d'autres pièces curieuses.

Utrecht, Le Febvre. 1732. in-12, (6 fr. 50).

8337 PARIS (sur la vie du diacre François de).

DOYEN. — Vie de Monsieur PARIS, diacre du diocèse de Paris.

En France, 1731, in-12. Frontispice-portrait (5 fr.).

[Ld⁴ 1726

BARBEAU DE LA BRUYÈRE. — La Vie de M. François de PARIS, diacre.

S. l., 1731, in-12 de 80 p. Portrait. (5 fr.).

[Ld⁴ 1725

RECUEIL des miracles opérés au tombeau de M. de PARIS diacre : contenant les informations faites par l'ordre de feu M. le Cardinal de Noailles au sujet des miracles opérés sur Pierre Lero, Jeanne Orget, Elizabeth La Loé et Marie Magdeleine Mossaron.

S. l. 1732. 10 pièces en 1 vol. in-4°.

[Ld⁴ 2077

Réflexions sur les miracles opérés au tombeau de M. de PARIS au sujet d'un écrit donné au public sous ce titre : « Recueil... ».

S. l. n. d., [1732].

[Ld⁴ 5728

Les deux premières biographies sont chacune ornées d'un portrait du diacre de PARIS.

(G-1756

PARIS (Sur François de) Diacre. voir :

BARBEAU de la BRUYÈRE.
CARRE de MONTGERON.
DOYEN (Barth).
HECQUET (Ph.).
LATASTE (Louis).

8338 PARISOT (Jean Patrocle) maître des Comptes à Paris au XVIIᵉ siècle. — La foy dévoilée par la raison dans la connaissance de Dieu, de ses mystères et de la nature.

Il se trouve *chez l'auteur à Paris*, 1681 in-8° (5 fr.).

« Mauvais livre et fort impie, et dont les exemplaires furent supprimés » (BRUNET).

(G-801

8339 PARISOT (A.). — L'art de conjecturer à la loterie ou analyse et solution de toutes les questions les plus curieuses et les plus difficiles sur ce jeu avec une table de combinaisons et de probabilités.

Paris, Bidault, 1801, in-8° (3 fr. 50).

8340 PARISOT (Valentin) littérateur et professeur français, né à Vendôme en 1800, mort à Paris en 1861. — Histoire critique des croyances religieuses.

Paris, 1833, in-8°.

8341 PARNASSE (le) assiégé, ou la guerre déclarée entre les philosophes anciens et modernes.

Lyon, Boudet, 1697, in-12. (5 fr.).

Curieuse production occulte. L'auteur s'est proposé ainsi qu'il la dit dans la préface « de démontrer la réalité de la science d'Hermès, et la vérité de la médecine de Paracelse, etc. ».

(G-802

8342 PARNY (Evariste Désiré de FORGES, chevalier, puis Vicomte de) poète créole né à Saint-Paul (Ile Bourbon) La Réunion) en 1753; mort à Paris en 1814. D'abord capitaine de dragons puis Académicien. — Œuvres d'Evariste PARNY.

A Paris, de l'Imprimerie de Didot l'ainé, chez Debray, 1808, 5 vol. in-12 de 252-240-258 et tab.-228-232 p. (20 fr.).

[Ye 10144-147

Tome III : p. 151-230 : Les Galanteries de la Bible.

Tome IV : les Rose Croix, poème en XII chants.

Tome V : La Guerre des Dieux en X chants.

8343 PARNY. — Œuvres complètes.
Paris, 1831, 4 vol. in-16, portr. de l'aut. et pl. (10 fr.).

[Ye 29548-29551

Avec 4 gravures à l'eau-forte. — Ouvrage contenant les poésies érotiques, les galanteries de la Bible, la Guerre des Dieux les Rose † Croix, etc...

8344 PARNY (Evariste). — La guerre des Dieux anciens et modernes, poème en 10 chants.

Paris, Didot, an VII (1799) in-16. (6 fr.).

[Rés. Ye 2542

Autre édit.

Paris, Debray, 1808, in-16.

[Enfer 475, figures libres

Autre exemplaire, même éd.:

]Rés. Ye 2542 sans fig. libres

Edition originale de cet ouvrage aussi critique que libre, mais dans lequel bril le un talent poétique de premier ordre : il est considéré comme le meilleur poème de la langue française après la Pucelle de Voltaire. — Il fut condamné sept fois comme outrageant la morale civique et religieuse.

8345 PARNY (Evariste). — Les Rose Croix, Poëme en douze chants.

Paris, Debray, 1807, in-12. (4 fr.).
 [Ye 29565
 (G-1058

8346 PARRAUD. — Le Bhagavad-Gita ou dialogues de Kreeshna et d'Arjoon, contenant un précis de la Religion et de la morale des Indiens. Traduit du sanscrit en Anglois par Ch. Wilkins, et en Français par PARRAUD.

Paris Buisson, 1787, in-8°. (5 fr.).

[Ya 552

Ch. WILKINS est le premier orientaliste qui ait traduit (en partie) le *Mahabharata*.

8347 PARROT (J.-F.), professeur de physique. — Coup d'œil sur le magnétisme par J. F. PARROT, professeur de physique à Cortat.

Saint-Pétersbourg, 1816 in-8°, 65 pages.

L'auteur cherche à établir scientifiquement la théorie du fluide magnétique, conformément aux lois de la physique ; il le compare à l'électricité, etc...

(D. p. 87

8347 bis [PARTHENIS (A. N.)]. — Ary René d'YVERMONT. — Etude de Psychopathie : Chair d'Amour. Le Calvaire de l'Amour. Les Abîmes du cœur.

Paris, Daragon, 1900, in-12. (2 fr.).

[8° Y² 22103

8348 PASCAL (Blaise), géomètre, philosophe et écrivain français, né à Clermont-Ferrand en 1623, mort à Paris, en 1662. Son enfance fut troublée par des manœuvres de sorcellerie. Il inventa une machine à calculer, expérimenta sur la pesanteur de l'air et, à la suite d'un accident de voiture sur le pont de Neuilly, près Paris, devint un fervent mystique janséniste. — Expériences nouvelles touchant le Vuide, par Blaise PASCAL.

Paris, P. Margat, 1647, in-8°.

[R. 13511
(S-3433 b

8349 PASCAL (Blaise). — Original des "*Pensées*" de PASCAL, fac-simile en phototypie du Manuscrit 9202 de la Bibliothèque Nationale avec le texte imprimé en regard et des notes par M. Léon Brunschwicg.

Paris, Hachette, 1905, in-fol. (45×32) contenant 258 planches en phototypie, avec 258 pages. (110 fr.).

[D. 3087

8350 [PASCAL (Blaise)]. — Les Provinciales ou lettres escrittes par Louis de Montalte, à un provincial de ses amis et aux RR. PP. Jésuites sur la Morale et la politique de ces Pères.— Traduites en latin par G. Wendrock, en espagnol par Gr. Cordero et en italien par Cosimo Brunetti.

Cologne, Winfell, 1684, in-8°. (8 fr.).

[Rés. D. 12343

(Edition polyglotte des *Lettres provinciales* de Pascal).

8351 PASCAL (Blaise). — Traitez de l'equilibre des liqueurs et de la pesanteur de la masse de l'air, par Blaise Paschal.

Paris, Guillaume Desprez, 1663, in-12, ou pet. in-8°. Edition originale Figures.

[R. 13528

Seconde édition, *ibid., id.,* 1664, même format. Figures.

[R. 13529

Autre édition :

Paris, 1698, in-12, Figures. (20 fr. l'éd. originale ; 10 fr. les autres.)

(S-3433 b

8352 PASCAL. (Maistre Lovis). — Désabvsement des esprits vains qui s'amvsent à chercher dans l'art, ce qui n'est que dans la nature, et dans la nature ce qu'elle n'a pas. Où on voit les merveilles de la Sapience divine à causer les flux de l'Océan, les vents et autres choses que le feuillet suiant indiquera.

A Tolose, par la vefue I. Colomiez et Rabné Colomiez, 1620, in-12. (7 fr.).

Petit traité curieux imprimé à Toulouse et dirigé contre la Magie : *Que les astrologues nous trompent. — Que la Pierre philosophale des alchimistes est un phantosme, etc.*

(G-803

8353 PASCAL (Dr Théophile). Secrétaire de la *Société Théosophique* de France, né à Villecroze (Var) en 1860 mort et incinéré à Paris en 1909. D'abord chirurgien de la Marine, puis homœopathe à Toulon. — Conférences théosophiques: Les enseignements principaux de la Théosophie. Les rapports de la Théosophie avec la science, les philosophies et les religions.

Genève, 1901, in-8° de 52 p.

Autre :

Paris, Bailly, 1901, in-8° de 52 p.

[8° R. 17238

8354 PASCAL (Dr Th.). — Essai sur l'Evolution Humaine, Résurrection des Corps, Réincarnation de l'Ame, par le Dr Th. Pascal.

Paris, Publications Théosophiques, 1908, in-18 jésus, 347 p. (3 fr. 50).

[8° R. 22285

C'est une Réédition très augmentée de la "*Réincarnation*" du même auteur.

8355 PASCAL (Dr Th.). — Les sept principes de l'homme ou sa constitution occulte d'après la théosophie.

Paris, Chamuel, 1895, in-18. (2 fr.).

[8° R. 12078

Ouvrage sérieux et estimé, résumant bien l'esprit de la Théosophie sur la constitution du microcosme. — Classification des principes. I. Sthula Sarira, II. Linga Sarira, III. Prana. IV. Kama-Rupa. V. Développement du Mental, Manas inférieur et supérieur. VI. Buddhi, VII. Atma VIII. Parabrahm.

L'ouvrage se termine par un glossaire de tous les termes employés en théosophie sur le sujet. On y remarque l'étude de curieux phénomènes de vampirisme inconscient, qui se sont produits naguère à Paris.

Autre édition :

Paris, s. d., in-18 jés.

8356 PASCAL (Dr. Th.). — La Théosophie en quelques chapitres.

Paris, Publications Théosophiques, 1900, in-12. (3 fr. 50).

[8° R. 16295

—— 2me édition revue et corrigée.

Ibid., Id., 1906, in-18 de 72 p.
[8° R. 20400

8357 PASCAULT (Dr. L.). — Conseils théoriques et pratiques sur l'Alimentation, par le Dr L. PASCAULT.

Paris, Société Végétarienne de France, 1909, in-8° de 251 p. (3 fr. 50).

Ouvrage du plus grand intérêt pour tous les Naturistes et les Hygiénistes.
Il se compose de la réunion des travaux de l'Auteur, publiés précédemment dans diverses Revues et Publications périodiques.
La Mastication comme Méthode de Traitement. — Les Aliments essentiels. — Tourisme et Alimentation. — Associations et Incompatibilités alimentaires. — L'Arthritisme. — Principes du Traitement alimentaire de l'Arthritisme. — L'Alcool au point de vue alimentaire. — Etc.
Nombreux mémoires de l'auteur, principalement sur l'Arthritisme et son hygiène spéciale, au *Cat. Gén. de la Bib. Nat.*

8358 PASCAULT (le Docteur). — Le régime végétarien considéré comme source d'énergie.

Paris, la S. V. de F., s. d. [1900], in-8°, 16 p. (40 cent.).
[Tc²¹. 203

Imprimé à Bruxelles.

Publié par la *Société Végétarienne de France,* 13 rue Froissart à Paris (actuellement 53, rue de Vaugirard).

8359 PASQUIER (Estienne), célèbre jurisconsulte et magistrat français né et mort à Paris (1529-1615). Grand adversaires des Jésuites. — Le Catéchisme des Jésvites ov examen de levr doctrine.

A Villefranche, chez G. Grenier, 1602, fort in-12. Beau titre gravé sur bois. (18 fr.).

(D'après certains bibliographes, ce livre sortirait des presses de *La Rochelle*)

8360 PASQUIER (Estienne). — Le catéchisme des Jésuites, ou le mystère d'iniquité révélé par ses supposts, par l'examen de leur doctrine mesme selon la croyance de l'Eglise Romaine.

Ville-Franche. G. Grenier, 1677, in-12. (6 fr.).

Ouvrage assez recherché, qui s'ajoute à la Collection des *Elzévirs.*
(G-804

8361 PASQUIER (Nicolas). — Lettre de Nicolas PASQUIER à son frère Pasquier, seigneur de Bussi, suivie de Réflexions sur les songes : dans GACHET D'ARTIGNY (l'abbé) : *Nouv. Mémoires d'hist.* (1749), II, 469-80.
(O-1830-1831

8362 PASSALACQUA (J.). — Description détaillée (précédée d'une introduction historique) de la découverte faite dans la nécropolis de Thèbes d'une chambre sépulcrale intacte.

Paris, 1826, in-8° de XV-300 p. Figures. (6 fr.).

Le monde savant doit à M. PASSALACQUA une magnifique collection de monuments qui répandent une grande lumière sur la religion, les sciences et la civilisation des Égyptiens. Les Divinités et leurs attributs, les rites funéraires, l'emploi des talismans, les momies, la signification de leurs attitudes hiératiques, etc... sont, dans ce volume, l'objet d'une étude documentaire très intéressante. — Ce travail est précédé du catalogue descriptif de toutes les antiquités découvertes et orné de deux lithographies curieuses.

8363 PASSARD (François Lubin), libraire éditeur et écrivain né à Champrond en Gâtine (Eure-et-Loir) en 1817. — Le 15-ème déluge, ou quarante mille squelettes humains antédiluviens en Europe. — Boitard et sa théorie des révolutions du globe par F. L. PASSARD.

Paris. Passard, s. d. [1867], in-32 de 192 p. Figures. (5 fr.).

[S. 32462

Petit volume très recherché pour son extraordinaire chapitre sur la Culture de l'or, des autres minéraux et des perles. — A un autre point de vue non moins intéressant, il peut être considéré comme la clef de la *Grande Période Solaire* de Delormel, dont il révèle le merveilleux mécanisme par une méthode simple à la portée de tout le monde.

8364 PASSÉ et AVENIR (Le) : revue réformatrice.

Paris, Ledoyen et Girel. Janvier 1850, in-12. (1 fr. 50).

Sur la couverture est un dessin allégorique représentant l'Église contre la Franc-Maçonnerie. le passé et l'avenir.— On trouvera dans cet ouvrage une étude sur le zodiaque astrologique.

8365 [PASSERIEU (Mlle Marthe)]. — Abrégé de Chiromancie et Chirognomonie appliquée. d'après la méthode Ad. Desbarrolles, par Mlle M***, sa seule élève et continuatrice. [Mlle Marthe Desbarrolles-Passerieu.].

Paris, Vigot frères, 1899, in-8° de 84 pp. et catal., 38 figures dans le texte. (2 fr. 50).

Chirognomonie. — La main, aspect général. — Signification de chaque doigt. — Chiromancie. — Les Monts et les Lignes. — Lignes principales de la main. — Signes divers : carrés, points. croix, étoiles.

8366 PASTORET (Claude Emmanuel Joseph Pierre, comte, puis marquis de) homme d'État et écrivain français né à Marseille en 1756, mort à Paris en 1840. Maître des requêtes et Académicien. —Moyse considéré comme législateur et comme moraliste.

Paris, Buisson. 1788, in-8" (2 fr. 50).

8367 PASTORET (De). — Zoroastre, Confucius et Mahomet comparés comme Sectaires, Législateurs et Moralistes ; avec le tableau de leurs dogmes de leurs lois et de leur monde.

Paris. Buisson, 1787. in-8° (4 fr.).

Autre édition :

Ibid. id., 1787, in-8".

[R. 20540

L'auteur, après avoir considéré personnellement les trois plus grands législateurs du monde, en expose leurs dogmes, leurs lois et leur morale. — Ensuite, il les compare sous ces différents points de vue et dans les temps auxquels ils ont vécu et il tâche de découvrir toujours en . les comparant, l'influence qu'ils ont eu sur leur siècle et sur leur nation.

8368 PATANJALI ou PATANDJALI, grand Philosophe Hindou, fondateur d'une école de Yoga. On a de lui un célèbre Traité de Yoga : le « *Yoga Sutra* » ou « *Yoga-Sastra* » en quatre livres, qui a été publié en Sanscrit et en Anglais dans la « *Bibliotheca Indica* » (5 fascicules reliés toile. 5 shill. 2 d. chez Trübner et Co, agents de la Société Asiatique du Bengale à Londres).

[O². 304

Les « *Aphorismes* » de Patanjali ont aussi été publiés à part en langue anglaise par le Swâmi Vivekananda. q. v.

On ne sait rien de précis sur la vie de ce célèbre philosophe ; on dit qu'il était de naissance illustre et on pense qu'il florissait vers 300 avant J. C.

Son système est résumé en une trentaine de pages dans le livre du Yogi Ramacharaka : « *The Philosophies and Religions of India* » (en anglais).

C'est de la « *Yoga* » de Patanjali que découlent tous les Systèmes modernes de « *Magnétisme Personnel*, » qui pourraient se nommer plus rationnellement « *Éducation Psychique* ».

La « *Yoga* », en effet, comprend de nombreuses branches : la « *Hatha Yoga* » qui traite du bien-être corporel, sorte d'hygiène transcendante; la « *Raja Yoga* », qui traite du développement Psychique proprement dit; la « *Gnani Yoga* » qui traite de métaphysique et de théosophie ; enfin la « *Bhakti Yoga* » qui est du pur mysticisme dans le genre de celui de Ste-Thérèse, par exemple. L'ensemble, bien entendu, constituant la Tradition Hindoue (et la plus ancienne), de la Science des Mages.

PATANJALI n'a pas créé la *Yoga*, mais il a codifié sa tradition en homme de génie.

8369 PATANJALI. — The Aphorisms of the Yoga Philosophy. of PATANJALI with illustrative extracts from the Commentary by BHOJA RAJA.

Allahabad, printed at the Presbyterian Mission Press, Rev. L. G. Hay Superintendent, 1852-53. 2 vol. in-8° de II-64 et 62 pp.

tome I : [R. 20750

tomes I et II : [8° R. 583

Texte Sanscrit et traduction en Anglais, tiré à 400 exempl.

Ouvrage fort intéressant au point de vue de la Mystique et de la Culture Spirituelle Hindoues.

Prononciation du mot sacré AUM (Aphorisme 28, I-33) : A-2, U-1. M-1/2. ou OM-3 1/2 « unités prosodiques ». 51 Aphorismes dans le premier livre et 55 dans le second.

8370 [PATIN (Mlle Catherine Charlotte) fille de Charles PATIN, médecin, fils lui-même du célèbre Gui PATIN de Paris. Charles PATIN s'exila à Padoue, où il professa la médecine et la chirurgie. (Voir aussi à VENETTE). Sa fille Catherine Charlotte était membre de l'Académie des Ricovrati, comme sa mère et sa sœur Gabrielle. — Mitra, ou la Démone mariée, nouvelle Hébraïque et morale.

A Demonopolis, DDDCCXLV (1745). in-12. Frontispice gravé. 5 f⁰ˢ et 168 p. (6 fr.).

[Y². 03305

Rare ouvrage, par la petite fille du célèbre Médecin Gui PATIN. L'Auteur présente son ouvrage comme une Traduction de l'Arabe en Hébreu, puis en Latin et enfin, par elle-même, en Français. C'est le pendant de « *Rodéric, ou le Démon marié* » traduit de MACHIAVEL par le même auteur, et dont *Mitra*, dans cette édition de 1745, n'est qu'une seconde partie.

(S-4030
(G-1959

PATRICE (sur le purgatoire de Saint). — Voir :

BOUILLON
MARIE de FRANCE
MALPIÈRE (de)

8371 PATRICIUS (Franciscus) ou PATRIZZI, érudit italien et philosophe platonicien, né dans l'île de Cherso, sur les côtes d'Istrie et de Dalmatie, en 1529 ; mort à Rome en 1597. Professeur de Philosophie à Padoue, Ferrare et Rome. — Magia philosophica, hoc est Francisci PATRICII summi philosophi Zoroaster et eius 320 oracula Chaldaica, Asclepii dialogus et philosophia magna. Hermetis Trismegisti Poemander, sermo sacer, clavis, sermo ad filium, sermo ad Asclepium, Minerva mundi et alia miscellanea.

Hamburgi, 1503. in-10 (15 fr.).

[R. 9030

Recueil rare des œuvres de trois des plus grands philosophes hermétiques.

(G-805
(S-3204

8372 PATRITIUS ou ...CIUS. — Francisci PATRITII, Nova de Universis Philosophia.

Ejusdem Hermes Trismegistus.

[Rés. R. 162

Ejusdem Plato et Aristoteles.

Veneliis, 1593. in-f°.

(S-2670

8373 PAUCTON (Alexis Jean Pierre) mathématicien français né à La Baroche Gondoin (Mayenne) en 1736, mort à Paris en 1798. Professeur de Mathématiques. — Théories des Lois de la Nature, ou la Science des Causes et des Effets, suivie de l'Explication de l'Hiéroglyphe du Grand Principe de la Nature consacré dans les Pyramides d'Egypte.

Paris, Vve *Dessaint*, 1781, fort in-8°. Avec 5 planches et 61 figures (12 fr.).

[R 13713

Savant ouvrage d'hermétisme basé sur la construction occulte des Pyramides d'Egypte. « Nous pouvons avancer, dit M. Paucton que l'Architecte souverain a posé sur sept bases tout l'édifice de l'Univers : ce sont comme sept rayons lumineux qui percent de sa gloire immortelle en se propageant jusqu'à nous. — L'homme qui aura reçu en partage assez de pénétration et de justesse d'esprit pour comprendre et embrasser les rapports de dépendances qui sont établis entre ces sept fondements rationnels, aura l'intelligence du plus grand et du plus étonnant des miracles : Vision incolore qui ne se manifeste point aux yeux, mais lucide, qui se montre clairement à l'esprit qu'elle convainct et satisfait. » D'après l'auteur, les Pyramides renferment dans une partie secrète de leur masse, non seulement les ouvrages d'Hermès, mais encore « quelque chose de plus précieux et de plus fragile et qui pourrait se perdre pour jamais s'il tombait entre les mains de personnes incapables d'en estimer la valeur. » Si tant de précautions ont été prises pour voiler ce mystère c'est, pour M. Paucton, que les Pyramides tiennent enclos dans leur sein le Secret de l'Univers.

8374 PAUL LOUIS. — Des meilleurs moyens pour tous d'arriver à la fortune ou à l'aisance.

Paris, s. d., in-12 (3 fr.).

Ouvrage très curieux.

8375 [PAULET (Jean Jacques)] médecin et botaniste français né à Anduze (Gard) en 1740, mort à Fontainebleau en 1826. Docteur de Montpellier. — L'Anti-Magnétisme, ou origine, progrès, décadence, renouvellement et réfutation du magnétisme animal.

Londres, 1784, in-8°, 252 pages et front. (2 fr. 50).

Il y a de l'érudition dans cet ouvrage attribué au docteur Paulet. L'auteur recherche les traces du magnétisme chez les auteurs des seizième et dix-septième siècles : Paracelse, Van-Helmont, Goclénius, etc. La seconde est consacrée aux Propositions de Mesmer ou à sa théorie ; la troisième contient le Cathéchisme (cité plus haut) et son examen et la lettre de Court de Gebelin à M. Maret ; la quatrième et dernière renferme des notices assez détaillées sur Greutrakes, Gassner, divers toucheurs célèbres, les miroirs magiques, la déclaration de Berthollet, etc. Comme critique ce livre n'offre rien de remarquable. — Le frontispice, sorte d'aqua tinta est assez original. Mesmer debout sur une boule magnétise la lune et les assistants. La folie, sur un trapèze placé au-dessous d'un ballon, va le couronner. Des moines, munis d'un serpent de lutrin et d'un encensoir, soufflent dans la boule pour la gonfler. Un amour aux pieds fourchus touche le cœur d'une jeune femme endormie. Le public lorgne et entoure la table du baquet.

(D. p. 20

8376 [PAULET]. — Mesmer justifié (Nouvelle édition corrigée et augmentée).

Constance et Paris, 1784, in-8°. 44 pages (1 fr. 25 à 3 fr.).

[Th⁶¹. 17

Satire attribuée au docteur Paulet. L'auteur, tout en semblant raconter sérieusement ce qui se passe chez Mesmer se plait à imaginer et à orner certains détails des magnétisations, les incidents de la salle des crises, etc. C'est un pastiche genre Paul de Kock.

(D. p. 22

8377 PAULET (Docteur). — Les Miracles de Mesmer.

S. l., 1780, in-12, 23 pages.

[Th⁶⁴. 2

Le livre de d'Eslon fut le signal des critiques, reconnaît Mesmer (Précis historique), et le docteur Paulet, dans sa *Gazette de Santé* profita de l'apparition de ce livre et de la brochure de De Horne pour engager le combat. Les articles dont il fit faire un tirage à part, sont remplis d'anecdotes aussi invraisemblables que plaisantes : « Mesmer couche avec ses malades pour augmenter l'influence : les cures dont il rend compte n'existent pas, etc. » Paulet, médecin instruit, était cependant payé pour être indulgent, son histoire de la petite vérole et ce qu'il disait de la contagion de cette maladie ayant failli le faire mettre en prison. Nous le retrouverons plus loin écrivant encore contre le magnétisme.

(D. p. 11)

8378 [PAULET (Docteur)]. — Réponse à l'auteur des Doutes d'un Provincial, proposés à MM. les médecins Commissaires chargés par le Roi de l'examen du magnétisme animal.

Londres, 1785, in-8°. 70 pages (2 fr.).

[Tb⁶¹. 74

Cette réfutation est du docteur Paulet. Assez habile dans la forme elle s'attache beaucoup plus à essayer de prouver à Servan, qu'il eut tort, lui qui n'était pas médecin, d'écrire contre les médecins, plutôt que défendre le rapport des commissaires. Paulet a raison dans le portrait qu'il esquisse du vrai médecin philosophe et ami de l'humanité ; il s'abuse ou trompe ses lecteurs quand il affirme que ce portrait est tiré à un grand nombre d'exemplaires.

(D. p. 62)

8379 PAULET (P. C.). — Description des translations prodigieuses de la vénérable maison de la Très-Sainte Vierge à Lorette, suivie de celle des Saintes Reliques d'Aix-la-Chapelle, et d'une petite description de Naples.

Paris, Delaguelle, 1820, in-12. Figures (3 fr. 50).

8380 PAULHAN (F.). — Le nouveau mysticisme.

Paris, Alcan, 1891, in-12.

[8° R. 10909

8381 PAULHAN (Fr.). — La Volonté.

Paris, O. Doin, 1903, in-8° de 323 p. (4 fr.).

[T²². 51 (26)

La volonté et la suggestion. — La volonté et les faits psychiques. — Mécanique de la volonté. — L'acte de la volonté, son évolution. — Le Pouvoir personnel et la maîtrise de soi. — Education de la volonté : l'influence directe et la défense contre autrui. — Le libre arbitre.

(Pen. p. 186

8382 PAULLINUS (Christian François). — [Christiani Francisci Paullini lagographia curiosa, seu leporis descriptio juxta methodum et leges Academiæ Leopoldinæ nat. curios. adornata, selectisque observationibus et curiositatibus conspersa.

Augustæ Vindelicorum, 1691, Frontispice allégorique (6 fr.).

Cet ouvrage contient d'intéressants chapitres sur le lièvre étudié au point de vue physique, historique, alchimique et médical, dont un fort curieux qui a pour titre : « *De usu leporis in præstigiis dæmonum*. »

8383 PAULMY d'Argenson (Antoine René Voyer, Marquis de) né en 1722, mort en 1787. Ministre de la Guerre et Ambassadeur. Sa bibliothèque d'abord acquise par le Comte d'Artois est devenue plus tard la Bibliothèque de l'Arsenal. — Histoire du Chevalier du Soleil, de son frère Rosiclair et de leurs descendants. Traduction libre et abrégée de l'Espagnol, avec la Conclusion tirée du Roman des Romans, du sieur Duverdier.

Amsterdam, Pissot, 1786, 2 vol. in-12 (10 fr.).

[Y². 42301-392

Imitation d'un célèbre Roman de Chevalerie, par Ortunez de Calahorra.

(G-1960

8384 PAULY (J. de). — Le Zohar ; doctrine ésotérique des Hébreux.

Lyon, 1904, in-8" (1 fr. 25).

(Tirage à petit nombre et non mis dans le commerce).

Voyez aussi ZOHAR.

8385 PAUMIER (Adrien). — Panorama des expériences arlequino-magnétiques du docteur Laurent, ou Art de confectionner des somnambules de salon, des polichinelles, des saltimbanques, des acrobates enfin des automates décorés du nom de magnétisés, par Adrien PAUMIER, élève en médecine à Rouen.
Rouen, Lefèvre, 1840, in-8". 40 pages.

Cette brochure est rare.

(D. p. 120)

8386 PAUTHIER (Jean-Pierre Guillaume), poëte et orientaliste français, né à Besançon en 1801, mort à Passy en 1873. D'abord militaire.— Les Livres sacrés de l'Orient, comprenant le Chou-King, ou le livre par excellence, les Sse-Chou ou les quatre livres moraux de Confucius et de ses disciples, les Lois de Manou, le Koran de Mahomet, traduits ou revus et publiés par G. PAUTHIER.
Paris, Panthéon Littéraire, 1857, in-8".

[O² 416

Autres éditions :
Paris, Didot, 1840, pet. in-4°. (14 fr.).
Paris, Panthéon littéraire, 1842, in-8°. (12 fr.).
Paris, 1843, fort vol. in-4°. (8 fr.)
Paris, Panthéon Littéraire, 1852, gr. in-8". (15 fr.).
Orléans, Chez Herluison, 1875, gr. in-8° (7 fr.).

Ouvrage sur l'importance duquel il n'est pas nécessaire d'insister : la haute compétence de l'auteur est assez connue. Il comprend non seulement la traduction des Livres sacrés de l'Orient, mais encore leur histoire critique et de précieuses recherches y ayant trait. Le texte des Lois de Manou, est précédé de la Notice sur les Védas, ou livres sacrés des Hindous, trad. de l'anglais de H. T. COLEBROOKE, le célèbre orientaliste.

8387 PAUTHIER ET BRUNET. — Les Livres sacrés de toutes les Religions, sauf la Bible, traduits en français ou revus et corrigés.
Paris, 1858. 2 forts vol. gr. in-8° de 800 p. (25 fr.).

Ouvrage rare. Cette édition comprend : le Chou-King. — Le Y-King. — Les Ssé-Chou. — Le Ta-Hio. — Le Livre de l'Invariable Milieu. — Le Meng-Tseu. — Notice sur les Védas par M. Colebrooke. — Les lois de Manou. — — Le Koran. — Le Rig-Véda. — Le Soma Veda. — Les Pouranas. — Les Upanishads, le Maha Bharata. — Le Ramayana. — Le Harivansa. — Livres religieux des Bouddhistes, des Parsis et des autres peuples. — Le Vendidad-Sadé. — Les Eddas, etc...

8388 PAUTHIER (G.). — Chine ou description historique, géographique et littéraire de ce vaste empire, d'après des documents chinois.
Paris, Didot, 1837, in-4°. (4 fr.).

Cette première partie, la seule par le célèbre orientaliste Pauthier, renferme une histoire de la civilisation chinoise.

8389 PAUTHIER (G.). — Le Ta-Hio, ou la Grande étude, ouvrage de Khoung-fou-Tseu (Confucius) et de son disciple Thséng-Tseu.— Traduit en français avec une version latine et le texte chinois.
Paris, Didot, 1837, in-8°. (4 fr. 50).

PAUTHIER (traducteur). — Voir : COLEBROOKE.

8390 PAUW (Cornélius de), érudit philosophe paradoxal, né à Amsterdam en 1739, mort en 1799, à Xanten, duché de Clèves, où il était chanoine. — Œuvres philosophiques.

Paris, Bastien, an III 7 vol. in-8°. (30 fr.).

[P. Angrand 1174-1180

Réunion des trois grands ouvrages de l'auteur :
Recherches philosophiques sur les Américains, 3 volumes.
Recherches philosophiques sur les Égyptiens et les Chinois, 2 vol.
Recherches philosophiques sur les Grecs, 2 vol.

8391 PAUW (Corneille de). — Recherches philosophiques sur les Américains ou Mémoires intéressants pour servir à l'histoire de l'espèce humaine. Nouvelle édition, augmentée d'une dissertation critique par Dom Pernety.

Berlin, 1771. 3 vol. in-12. (19 fr.).

Autre édition :

Berlin, Decker, 1768. 2 vol. in-8°.
[P. 400

Paris, Bastien, an III. 3 vol. in-8°.
[P. Angrand 1174-1176

Savant ouvrage qui, au siècle dernier, eut un retentissement énorme. Le troisième volume est entièrement consacré à la discussion des idées de Corneille de Pauw par Dom Pernety, l'auteur du *Dictionnaire mytho-hermétique* et des *Fables égyptiennes*.

8392 PAW (Corneille de). — Recherches philosophiques sur les Egyptiens et les Chinois.

Berlin, Decker, 1773, 2 vol. pet. in-8°.

Autres édit. :

Paris, Bastien, an III, in-8°.
[P. Angrand, 1177-78
(G-806

Amsterdam, Leyde. 2 vol. pet. in-8°. (15 fr.).

L'auteur fait voir que jamais ces deux peuples n'ont eu la moindre conformité entre eux.

Cet ouvrage attira sur l'auteur l'attention des partisans des Jésuites, qui le critiquèrent, car ils ne virent pas sans indignation le peu de cas qu'il faisait des « Lettres édifiantes ». Au tome II, se trouve une grande carte pliée.

..... Pour servir de suite aux recherches philosophiques sur les Américains.

Londres, 1774. 2 vol. in-12. (5 fr. 50).

8393 PAUWELS (R., de). — Le secret du succès. — Traité complet du Magnétisme et Hypnotisme. — Application et procédés.

Paris, s. d., in-8° (10 fr.).

Le Pouvoir personnel. — Force du cerveau. — L'Imposition des mains et ses miracles. — L'Insufflation et ses prodiges. — Magnétisme du langage. — Les suggestions criminelles. — L'amour et le magnétisme, etc.

8394 PAVLY (Jean de) et NEVIASKY (A.). — Rituel du Judaïsme, traduit pour la première fois sur l'original chaldéo - rabbinique et accompagné de notes et remarques de tous les commentateurs. I. De l'abatage des animaux.

Orléans, H. Herluison (?), 1808. (2 fr. 50).

[A. 21372

Et nombreux autres ouvrages au *Cat. gén. de la Bibl. Nat.*

8395 PAYEN (Dr. Jean François), médecin et littérateur né et mort à Paris (1800-1870). — Notice bio-bibliographique sur LA BOËTIE, l'ami de Montaigne, suivi de la « *Servitude* » donnée pour la première fois selon le vrai texte de l'auteur. Orné d'une lithogr. représentant le Castelet de LA BOËTIE.

Paris, Didot, 1853, in-8°. (3 fr.).

Une des quatorze ou quinze brochures publiées par le Dr PAYEN sur MONTAIGNE et son entourage.

PAYNE KNIGHT (Richard). — Voir : *KNIGHT*.

8396 PAYOT (Jules). Recteur de l'Académie de Chambéry. — L'éducation de la volonté.

Paris, Félix Alcan, 1893, in-8°
(3 fr. 75).

[8° R. 11767

Bibliothèque de Philosophie contemporaine.

Autres éditions :

Ibid., id., 1894, in-8°.

1904, in-8°, XIX-270 p. (Dix-neuvième édit.).
1909, in-8° (31e édition)

Ouvrage des plus remarquables au point de vue de la Culture du magnétisme personnel.
Préliminaires. - La Psychologie de la Volonté. — Les Moyens intérieurs. — Les méditations particulières. — Les Ressources du milieu.

PAYS DES ESPRITS (Au), voir :

BRITTEN (Emma Hardinge).

8397 PAZ (Eugène). — Moyen infaillible de prolonger l'existence et de prévenir les maladies. Nécessité du mouvement rationnel démontrée par le mécanisme du corps humain suivie d'une méthode de gymnastique de chambre, avec et sans instruments.

Paris, Hachette, 1870, in-8° de 200 pp. et 2 f°° n. c. (2 fr.).

[Te² 153

Très intéressant ouvrage sur le corps de l'homme et les moyens d'entretenir la santé et la vitalité.
Déformations dues aux professions (119-136). — De la gymnastique : heures préférables (147). — Exercices d'assouplissement sans instruments (150-178). — Haltères (180-5).—Barre à sphères (187-200).
Cette édition originale ne comporte pas l'Avant-titre : *La gymnastique raisonnée* qui se trouve dans les 2° et suivantes :

8398 PAZ (Eugène). — La gymnastique raisonnée. Moyen infaillible de prolonger l'existence et de prévenir les maladies.

Troisième édition.

Paris, Hachette, 1876, in-8°, XV-277 p. Orné de 100 figures. (3 fr.).

Réédité, Ibid., id., 1880, in-12, planches. (3 fr.).

8399 PEAT (North). — Singularités humoristiques et religieuses en Angleterre.

Paris, Hetzel s. d., in-12 (2 fr. 50)

8400 [PEAUMERELLE (Abbé C. J. de B. de)].—La Philosophie des vapeurs ou Correspondance d'une jolie femme, nouvelle édition, augmentée d'un petit traité des crises magnétiques à l'usage des Mesmériennes.

Paphos et se trouve à Paris chez Royez, 1784, in-12 de XXII-108 pages (4 fr.).

[Y² 58800

M. Miatt indique une édition de 190 p., *Naples et Paris*, que nous ne connaissons pas. La nôtre est suivie du *Souper de Ninon*, scène dialoguée, qui n'est qu'une défense de l'épicurisme. L'auteur de cet ouvrage annonce dans un préambule que cette correspondance publiée dix ans auparavant ne pouvait avoir alors tout l'intérêt que l'arrivée de Mesmer va lui donner. Le *Traité des Crises* qui suit est un badinage en douze pages dont voici un échantillon « Quand on dira « Je vous aime », on ne dira plus, c'est pour toujours, parce qu'on saura que les nerfs qui sollicitent cet aveu ne seront pas deux heures après aussi mobiles et qu'on s'exposerait avant la fin du jour à un démenti. On dira donc : « Je vous aimerai tant que mes nerfs me le permettront. » Quant au reste de l'ouvrage ce sont des leçons de galanterie données à une jeune comtesse, sans un seul mot de magnétisme, puisque cette correspondance aurait été publié en 1774 : on l'attribue à un abbé PEAUMECELLE (sic) un abbé régence évidemment. Ce petit livre est recherché dans les ventes publiques en raison des quelques détails galants qu'il renferme.

(D. p. 28

Sc. psych. — T. III. — 16.

8401 PECHMÉJA (Ange), chef de division au Ministère des Affaires étrangères, à Bucharest. — L'Œuf de Kneph. Histoire secrète du Zéro [avec cette épigraphe] «*Aqui esta encerrada el alma del Licenciado Pedro Garcias* ».

Bucharest, Imprimerie César Bolliac, 1864, in-8° de 103 p. sans fauxtitre. La couv. imprimée jaune, sert de titre et porte une vignette ovoïde cabalistique, répétée p. 60. (12 fr.).

[X. 30128

Plaquette Kabbalistique extrêmement rare ; l'exemplaire d'ELIPHAS LÉVI se trouve mentionné au Catalogue GUAITA.

C'est une forte intéressante étude sur les douze premiers nombres, les quatre antithèses générales, le langage, la parole, l'ŒUF DE KNEPH (p. 56), l'origine de l'Alphabet. Terminé par un résumé (p. 98) « le Zéro n'est autre que la figure de l'ellipse cosmique à la formation de laquelle tendent les forces qualitativement exprimées par les chiffres antithétiques ».

(G-1001)

8402 PEETERS-BAERTSOEN (Adolphe) né à Gand le 2 mars 1820, mort à Naples en Déc. 1878. Docteur en Droit et grand Dignitaire maçonnique.

— Bibliographie des ouvrages imprimés et manuscrits qui ont paru sur la Franc Maçonnerie, les Rose ✝ Croix, les Templiers, les Illuminés, les Carbonari, les Sociétés secrètes, la Magie, le Mesmérisme, etc.

Manuscrit déposé à la Bibliothèque Royale de Belgique (Manuscrits Série II, n° 217.)

Imprimé par fascicules in-8° d'environ 1 feuille chacun, à la suite de la « *Revue Internationale des Sociétés secrètes* », dirigée par M. Charles NICOULLAUD, q. v.

Catalogue important, formant, d'après l'éditeur, *sept* forts volumes, et donnant des ouvrages omis par KLOTZ et TAUTE.

8403 PEIGNOT (Etienne *Gabriel*), littérateur, bibliographe et philologue français, né à Arc en Barrois (Haute-Marne) en 1767, mort à Dijon en 1749. Avocat, principal du Collège de Vesoul, Inspecteur d'Académie. Pseudonyme : G. P. PHILOMNESTE qu'il ne faut pas confondre avec PHILOMNESTE *Junior* (Pierre-Gustave BRUNET). — Amusemens philologiques, ou Variétés en tous genres par G. P. PHILOMNESTE.

Troisième édition, revue, corrigée et augmentée.

Dijon, Victor Lagier, 1842, in-8°. Avec l'épigraphe : « *Hic piscis est omnium* ». (0 fr.).

[Z. 18300

Petite poétique amusante. — Choix de pièces de vers singulières. — Explication des cartes à jouer. — Emblèmes tirés des couleurs. — De la longévité. — Des carrés littéraires et magiques. — De quelques nombres amusants. — Le mot Père en 170 langues. — Animaux et plantes consacrés aux Dieux. — Goûts particuliers de qq. grands hommes. — Sténographie, tachygraphie.

Autres éditions :

Paris, Ant. Aug. Renouard, 1808, in-8°. 0 f. (tiré à 750 exempl.).

Dijon, Lagier, 1824, in-8° XVI-517 p. (0 fr.).

8404 PEIGNOT (Gab.). — Choix de testaments anciens et modernes, remarquables par leur importance, leur singularité, ou leur bizarrerie ; avec des détails historiques et des notes.

Paris, Ant. Aug. Renouard. 1829, 2 vol. in-8° (12 fr.).

[Z. 18302

8405 PEIGNOT (Gab.). — Dictionnaire critique, littéraire et bibliographique des principaux livres condamnés au feu, supprimés, ou censurés. — Précédé d'un discours sur ces sortes d'ouvrages par G. PEIGNOT, Bibliothécaire de la Haute-Saône, Membre de l'Académie Celtique de Paris...

Paris, Ant. Aug. Renouard, An 1800, 2 vol. in-8° de xvj-xl-343 p. et 295 p. (10 fr.).

[Q. 4211-2

Fort intéressant ouvrage.

(Contient une notice à la fin de chaque article).

Notices sur : Bodin, de Lisle de Sales, Deslandes, Despériers, Dolet, Estienne, Fusy, Helvétius, Holbach, Jansenius, *Index Librorum Prohibitorum* (Importante Note: I — p. 253-267), Mettrie (La), Mirabeau, Molinos, Montgeron (Carré de), Morin (Simon), Palingène (Manzolli), Pomponace, Vanini, Postel (Guillaume) (II-229). — Etc.

8406 PEIGNOT (Gab.). — Dictionnaire historique et bibliographique, contenant l'histoire abrégée des personnages illustres ou fameux de tous les siècles et de tous les pays du monde, avec les dieux et les héros de la mythologie (vies des souverains de toutes les nations, des chefs de toutes les religions ; agronomes ; antiquaires ; artistes ; auteurs ; grands capitaines ; hommes d'Etat : imprimeurs et libraires ; médecins ; musiciens ; voyageurs, etc...)

A Paris, chez Haut-Cœur et Gayet, 1822, 4 vol. in-8° (8 fr.).

[G. 17881-17884

Autre édition :

Paris, Philippe, 1832, 4 vol. in-8° (12 fr.).

Très intéressant, ne serait-ce qu'au qu'au point de vue bibliographique, les ouvrages des écrivains de tous les temps étant cités tout au long.

8407 PEIGNOT (Gab.). — Eléments de morale, rédigés d'une manière simple, claire et proportionnée à l'intelligence des enfants. — Troisième édition, suivie d'opuscules moraux de Benjamin FRANKLIN.

Dijon, V. Lagier, 1838, in-18, (3 fr.).

[R. 25501

8408 PEIGNOT (Et. Gab.). — Essai de Curiosités Bibliographiques, contenant une Notice raisonnée des ouvrages les plus beaux, dont le prix a excédé 1000 fr. dans les ventes publiques.

Paris, Ant. Aug. Renouard, 1804 in-8° de LXX-178 p.

(*Vesoul, de l'Imp. de Bobillier*).

[Q. 4210

Tiré à 300 ex. sur vélin.

On a ajouté à 18 exemplaires (un reste d'édition), un petit supplément de 14 pages.

8409 PEIGNOT (Gab.). — Variétés, notices et raretés bibliographiques, recueil faisant suite aux *Curiosités bibliographiques*.

Paris, A. Renouard, 1822, in-8°, (10 fr.).

[Rés. Q. 553

8410 [PEIGNOT (Gab.)]. — Histoire d'Hélène Gillet, ou relation d'un événement extraordinaire et tragique survenu à Dijon dans le XVII-e siècle, suivie d'une notice sur des lettres de grâce singulières, expédiées au XV-e siècle, et sur quelques usages bizarres en matière criminelle par un Ancien Avocat, [Gabriel PEIGNOT.]

Dijon, Lagier, 1820, in-8° de XII-58 pp. et tab. (4 fr. 50).

[Ln.27 8706

Fantastique histoire d'une malheureuse condamnée à mort pour infanticide et dont on n'arrive pas à trancher le cou. — Le roi lui envoie des lettres de grâce et elle se retire dans un couvent en Bresse.

8411 [PEIGNOT (Gab.)]. — Le livre des singularités par G. P. PHILOMNESTE.

Dijon, Victor Lagier; Paris, Pelissonnier, 1841, in-8°, xv-464 p. (8 fr.).

[Z. 18305

« Pour toute préface, ami lecteur, nous

vous dirons franchement que ce livre de *singularités* ou plutôt de sornettes, est un ouvrage à part, un recueil fantasque, sérieux, burlesque, érudit, frivole, grave, amusant, facétieux, admirable, piquant, détestable, parfois instructif, parfois ennuyeux, souvent décousu, mais toujours varié : c'est déjà quelque chose. »

Quelles étaient les occupations de Dieu avant la création. — Onomatographie amusante : De certains noms propres de sauvages ; de certains mots bizarres et remarquables par leur longueur. — Singularités numériques. — De la gastronomie. — Lettres singulières écrites par les papes, rois, princes, etc. — Curiosités microscopiques recueillies chez les Anciens et les Modernes. — De quelques ouvrages mystiques assez singuliers, etc..

8412 PEIGNOT (Gab.). — Manuel du Bibliophile, ou traité du choix des livres, contenant des développements sur la nature des ouvrages les plus propres à former une collection précieuse et particulièrement sur les chefs d'œuvres de la littérature, avec la manière de disposer une bibliothèque, de préserver les livres, etc...

Dijon, Victor Lagier, 1823, 2 vol. in-8° de LX-413 et 402 p. (Abondante table alphabétique des matières fin tome II).

[Publié à 12 fr. (ou 14 fr. sur « Papier fin d'Angoulême ») 18 fr.].

[Rés. Q. 739
[Rés. Q. 554 (1 et 2)

Suite de notes très intéressantes sur une multitude d'auteurs et de bibliophiles. — La Bible (I-219). — Choix d'auteurs (II-3-125). — Catalogue par matières, avec prix (II-132-417). — Bibliographie (II-407). — Catalogue La Vallière (408), description de celui-ci, en 9 volumes in-8° contenant 32.206 articles.

8413 PEIGNOT (Gab.). — Mémorial religieux et biblique ou Choix de pensées sur la Religion et sur l'Ecriture sainte.

Dijon, Victor Lagier, 1824, in-16, (3 fr.).

8414 PEIGNOT (Gab.). — Prédicatoriana, ou révélations singulières et amusantes sur les prédicateurs, entremêlées d'extraits piquants des sermons bizarres, burlesques et facétieux, prêchés tant en France qu'à l'Etranger, notamment dans les XV-e XVI-e et XVII-e siècles ; suivies de quelques mélanges curieux avec notes.

Dijon, Victor Lagier, 1841, in-8°. (7 fr.).

[Z. 18304

8415 PEIGNOT (Gab). — Recherches historiques et littéraires sur les Danses des Morts et sur l'origine des cartes à jouer.

Dijon, Victor Lagier, 1826, in-8° (25 fr.).

[V. 24812

Ouvrage rare, orné de 5 lithographies et de vignettes.

8416 [PEIGNOT (Gab.)]. — Recherches historiques sur la personne de Jésus-Christ, sur celle de Marie, sur les deux généalogies du Sauveur et sur sa famille avec des notes philologiques, des tableaux synoptiques et une ample table des matières par un ancien Bibliothécaire.

Dijon, Victor Lagier, 1829, in-8°. (7 fr.).

[Rés. H. 1731

8417 PEIGNOT (Gab.). — Répertoire de bibliographies spéciales, curieuses et instructives, contenant la notice raisonnée : 1° des ouvrages tirés à petit nombre d'exemplaires ; 2° Des livres dont on a tiré des exemplaires sur papier de couleur...

Paris, Ant. Aug. Renouard. Allais, 1810, in-8° de XV-268-10-209, et 286 pp.

[Q. 4213

PEIGNOT (Sur Gabriel). — Voir : *DESCHAMPS (P.)* son bio-bibliographe.

8418 PEISSON (l'abbé Z.). — Histoire des religions de l'Extrême-Orient. — Lao-Tseu et le Taoïsme.

Amiens, 1880, in-8° de 128 p.

Savante étude.

[O² 777

8419 PELADAN (le Chevalier Adrien), père des deux suivants, écrivain français né au Vigan (Gard) en 1815, mort à Nimes le 7 mars 1890. — Apparitions de Bouleret (Cher). Prophéties et faits surnaturels relatifs aux temps présents et à un avenir prochain, les plus prodigieux, les plus précis, les plus autorisés de tous ceux qui, de nos jours ont été communiqués au Public, d'après des notes recueillies sur les lieux, sévèrement colligées, et des Témoignages aussi nombreux qu'imposants avec les Compléments jusqu'à ce jour, par Adrien PÉLADAN.

Nimes, Imprimerie Lafare frères et uniquement chez l'auteur, 1887, in-10. (2 fr. 50).

Histoire aussi exacte et aussi complète que possible des faits extraordinaires accomplis à Bouleret (Cher) et arrivés à une jeune femme nommée Joséphine REVERDY.

Autre édit :

Nimes, l'auteur, 1883, pet. in-8°.

[Lb⁵⁷ 8517

Voir les persécutions du Démon contre Joséphine REVERDY aux chap. XII, XIII et XIV.

(Y-P-455

8420 PELADAN (Adrien). — Dernier mot des Prophéties ou l'avenir prochain dévoilé par plusieurs centaines de textes authentiques, dont beaucoup sont peu connus, ou inédits et de date récente ; notamment les Prédictions de l'Extatique de Fontet ; de celle de Blain ; de La Gervaisais (1790-1858) ; prophéties astronomiques; l'Extatique du Tyrol ; l'Extatique de Bethléem ; Prophéties et Présages de Ste Brigitte ; curieuses Prophéties sur la Destruction de Paris ; Sainte Hildegarde ; le laboureur Martin, Trithème, etc...

Nimes, chez l'auteur, 1880-1881, 2 vol. in-12, 316 et 299 p, (4 fr.).

[Lb⁵⁷. 6808 (384)

Les titres portent : « *Deuxième partie inédite* » et « *Troisième et dernière partie* ».

8421 PELADAN (le chevalier Adrien). — Histoire de Jésus-Christ d'après la science.

Paris, 1866, in-8° (4 f.) (2° édit.).

[H. 17184 et 17185

Traditions messianiques de tous les peuples... La Cabbale. — La Croix chez les peuples de l'antiquité.— A travers les Livres sanscrits.— Les Néo-Platoniciens et les miracles de Jésus, etc....

8422 PELADAN (Adrien). — Nouveau Liber Mirabilis, ou toutes les prophéties authentiques sur les temps présents, avec notes, explications et concordances.

Nimes, l'auteur, 1871, in-12, (2 fr. 50).

[Lb⁵⁷ 2912

Prophéties de la Sibylle Tiburtine, du Mirabilis Liber, de Jér. Botin, d'Olivarius, du solitaire d'Orval, de Guillaume Postel, de Ste Brigitte, de l'extatique de Niederbronn, de Jean Trithème, etc...

8423 PELADAN (Adrien). — Preuves éclatantes de la Révélation par l'Histoire universelle.

Paris, V. Palmé, 1878, fort in-12 d'environ 600 pages. (5 fr.).

[D. 64860

Volume extrêmement intéressant contenant une masse de documents précieux sur la Kabbale et les Religions comparées. — La Chute originelle en Chine, Inde, Perse, Thibet, Amérique, Océanie, Europe. — Le Serpent. — Traditions messianiques chez les divers peuples. — Génération éternelle du Verbe, connue des Egyptiens. — Mithra, le Dieu médiateur des Perses. — La Kabbale, monument historique des traditions messianiques.— Haute antiquité du symbole de la Croix. — Prédictions des Sibylles. — La quatrième églogue de Virgile. — La Vierge-Mère chez tous les peuples. — Le Verbe-éternel de Zoroastre. — Les livres apocryphes, etc...

8424 PELADAN (Adrien). — Saint-Christophe, protecteur de nos aïeux, sauvegarde actuelle des Fidèles pendant les jours mauvais, protecteur spécial contre les maladies épidémiques, les tempêtes, les périls des séditions, la mort subite. — Recueil de faits éclatants sur la vie, le culte et les miracles du Saint-Martyr, avec des Invocations dont les principales pour les Temps présents.

Paris, 1889, in-12 de 92 p. frontispice gravé (1 fr.).

Autres édit. :

Nimes, l'auteur, in-18 pièce.

[O² f. 502

Nimes, l'auteur, in-18 pièce.

[O² f. 114

PELADAN Fils (le Docteur Adrien) né à Nîmes en 1859, fils du Chevalier Adrien PÉLADAN et frère aîné du Sâr Joséphin PÉLADAN, médecin Homœopathe, mort le 29 septembre 1885 empoisonné par une erreur d'un pharmacien de Leipzig.

8425 PELADAN Fils (le Docteur Adrien). — Anatomie homologique. La triple dualité du corps humain et la polarité des organes splanchniques. Œuvre posthume, avec une préface de Joséphin PÉLADAN.

Paris, Baillière, 1880, in-8°, I-158 p. (4 fr.).

[Ta¹². 109

Méthode comparative Homologique. — Dualité polaire du squelette. — Généralités sur la dualité des organes splanchniques. — Preuves anatomiques et physiologiques. — Etc.

(G-1452 et 1964

8426 PELADAN Fils (le docteur Adrien). —L'Homéopathie des Familles et des médecins. — Recueil d'études sur la médecine homéopathique, et contenant la quintessence des Polychrestes..

Nîmes. 1875, in-8°. (3 fr. 50).

[T¹¹ 18.

Les écrits du Dr PÉLADAN fils sont assez rares. — Ce recueil contient : Un article kabbalistique sur l'ange de la médecine, Raphaël ; le portrait graphologique de l'auteur par Louis MOND ; une note sur le somnambulisme ; un article sur Pie IX et l'Homéopathie.

8427 PÉLADAN fils (le docteur Adrien).. — Traitement Homœopathique de la Spermatorrhée, de la Prostatorrhée et de l'Hypersécrétion des glandes Vulvo-Vaginales.

Lyon, chez l'auteur, 1869, in-8° (3. fr.).

Ouvrage curieux à cause de l'érudition de son auteur qui l'a rempli de réminiscences et de citations philosophiques et kabbalistiques.

(G-1905.

PELADAN (Joseph Aimé) dit « Joséphin » et « le Sâr MERODACK : » célèbre Kabbaliste catholique romain, littérateur et artiste contemporain, né à Lyon le 28 mars 1850, de parents Nîmois. Le nom « *Mérodack* », énoncé plus généralement *Mardouck*, est celui de la Planète *Jupiter* en Chaldéen, ou langage sémitique. Il vient des mots Accadiens « *Amar-Outouki* », signifiant : « *Le Cycle du Soleil* » (LE NORMANT, la *Magie chez les Chaldéens*. p. 121). Le Sâr PÉLADAN s'est rendu célèbre par ses tentatives artistiques du Salon et du Théâtre de la Rose † Croix. Son intéressante personnalité a été soigneusement étudiée par M. AUBRUN, q. v. dans la brochure biographique et bibliographique qu'il lui a consacrée. La Bibliographie, très complète (jusqu'en 1904) occupe environ six pages de texte.

8428 PELADAN (Sar Mérodack J.). — Amphithéâtre des Sciences Mortes. — I. Comment on devient Mage (Ethique) avec un portrait pittoresque gravé par C. Poirel.
Paris, 1892, in-8° de 308 p. Portr. couv. ill. (15 fr.).

[8° R. 10882

Édition originale.

Après un hommage aux ancêtres et une allocution au jeune homme contemporain, l'œuvre se divise en trois livres : I. Le Septénaire du sortir du siècle ; II, le Duodénaire de l'ascèse magique et III. le Ternaire du Saint-Esprit. — Chacun des dix-neuf arcanes est suivi d'une Concordance catholique, montrant que la Magie telle que l'enseigne le Sar est un complément harmonieux de la Foi catholique, apostolique et romaine. Cet ouvrage très curieux et très intéressant, est un des seuls traités didactiques qu'ait publiés l'auteur de la « *Decadence latine* ». Il mérite donc d'être lu et étudié par tous les occultistes, quelles que soient d'ailleurs leurs idées personnelles.

8429 PELADAN (Sar Mérodack J.). — Amphithéâtre des Sciences Mortes. — II. Comment on devient Fée (Erotique) avec couverture symbolique d'Alexandre Séon et portrait gravé inédit du Sar.
Paris, Chamuel, 1893, in-8°, 393 p. portrait et couv. illustrée par Séon (5 fr.).

[8° R. 11306

« *Comment on devient Fée* » possède la même division que « *Comment on devient Mage* », c'est-à-dire trois livres, avec cette seule différence que le premier livre s'intitule : le Septenaire du sortir du monde.

Cette suite du précédent traité est le fruit d'une expérience profonde : les conseils esthétiques qui y sont prodigués dénotent une connaissance de la psychologie féminine conforme aux théories traditionnelles et empreintes d'un cachet personnel qui démontre combien elle a été vécue. — PÉLADAN dans cet ouvrage,

s'est inspiré de Fabre d'Olivet en analysant les chapitres de l'*Histoire philosophique du genre humain* qui ont trait à l'entrée de la femme dans la vie sociale.

8430 PELADAN (Sar J.). — Amphithéâtre des Sciences Mortes. — III. Comment on devient artiste (Esthétique) avec une couverture symbolique de Séon et portrait gravé inédit du Sar. Deuxième édition.
Paris, Chamuel, 1894, in-8°, XVIII-381 p. portrait et couv. ill. de Séon. (6 fr.).

[8° R. 13220

Le présent traité porte sur les folios « *Comment on devient Artiste* ». — C'est, dit PELADAN « parce qu'il m'a paru que c'était trop restreindre l'enseignement que de le borner à ceux qui œuvrent » et, pour envisager ce nombre bien plus grand qui sent l'œuvre idéale, il a modifié le titre.

Cet ouvrage est une introduction à la Vie Esthétique, pour amener les esprits d'élite à la compréhension des chefs-d'œuvres dans tous les arts. — La compétence artistique incontestée de l'auteur est une sûre garantie de la haute valeur de son œuvre.

Le premier chapitre est intitulé : *Le Septénaire du sortir du réel ou de la nature*. — Même division que pour *Mage* et *Fée*.

8431 PELADAN (Sar Mérodack). — Amphithéâtre des Sciences Mortes. — IV. Le Livre du sceptre. Politique.
Paris, Chamuel, 1895, in-8°, (10 fr.).

[8° R. 13220

Le 1-er livre : *Le Septénaire du Macrocosme* comprend les arcanes suivants : l'Individu, le Mariage, l'Enfant, la Famille, la Cité, la Nation, l'Humanisme. Le 2-ème livre se rapporte à la Vraie voie, la Méthode, la Destinée, l'Effort, le Sacrifice, les Renaissances, la Gloire, les Ennemis, la Providence ; le 3-me livre ou Ternaire du Saint-Esprit, traite du Destin, de la Volonté, de la Providence.

(G-814

8432 PELADAN (Sar J.). — Amphithéâtre des Sciences Mortes. — V. L'Occulte Catholique.

Paris, Chamuel, 1899, in-8° III-320 p. (8 fr.).

[8° R. 13220

Ce volume contient une commémoration de Stanislas de GUAITA. — Tour à tour, l'Introït, le Kyrie, le Gloria, l'Oremus, l'Epistola, le Graduale et l'Evangélisme sont l'objet d'une adaptation. Puis le Credo, commenté selon l'Occulte, est considéré comme arcane de la Création, de la Rédemption, de la Sanctification, de l'Involution, de l'Evolution, de la Réintégration, de la Justification, de l'Inspiration, etc..., puis le Père comme la Kabbale, le Fils comme Magie catholique et le Saint-Esprit comme Magie abstraite.

8433 PELADAN (Sar J.). — Amphithéâtre des Sciences Mortes. — VI. Traité des Antinomies. Métaphysique.

Paris, Chamuel, 1901, in-8°, VII-207 p. et table. (5 fr.).

[R. 13220

Intéressant ouvrage. — Antinomies de la Logique, de la Psychologie, de la Morale, de la Métaphysique et de la Théodicée. — La conscience et l'idée. — La société. — Les passions. — Le mal. — La science et la foi. — La foi et la raison. — La mort et le devenir. — Le Mystère du Père (Monothéisme), du Fils (Polythéisme), et du Saint-Esprit (Panthéisme).

8434 PELADAN (Sar J.). — L'Art de choisir sa femme d'après la physionomie.

Paris, Pr Lamm, s. d. [1902] in-18, 247 pages, enrichi de 14 planches hors texte, représentant des types de femmes d'après les plus grands maîtres et de nombreuses figures historiques dans le texte. (4 fr.).

[8° R. 18060

Ouvrage dans lequel l'illustre écrivain a traité de main de maître ce sujet si intéressant. — Il étudie successivement chacun des sept types planétaires sous leur aspect double (bénéfique et maléfique) ainsi que chacun des types composés. — Les superbes illustrations qui ornent cette œuvre en font un travail très intéressant.

8435 PELADAN (Sar J.). — L'Art idéaliste et Mystique. — Doctrine de l'Ordre et du Salon annuel des Rose ✝ Croix. Troisième édition.

Paris, Chamuel, 1894, in-18 de 280 p. (4 fr.).

[8° V. 25233

Cet ouvrage est un code d'esthétique à l'usage des peintres. L'auteur définit la théorie de la beauté et étudie les arts intrinsèques, la musique et la volupté esthétique. — L'ouvrage se termine par une application des conceptions numériques à l'esthétique générale.

8436 PELADAN (Sar J.). — Catalogue du Salon de la Rose ✝ Croix (10 mars au 10 avril).

Paris, 1892, in-8°. (5 fr.).

[8° V. 23050

Nombreuses reproductions d'œuvres, entre autres de Carlos SCHWABE et d'Alexandre SÉON (ce dernier est l'auteur de la plupart des illustrations des œuvres de PELADAN).

8437 PELADAN (Sar J.). — Catalogue officiel illustré de 100 dessins, du second Salon de la Rose ✝ Croix (28 mars au 30 avril 1893).

Paris, Palais du Champ de Mars, Librairie Nilsson, 1893, in-8° de XLVI-108 p. (2 fr.).

Ce catalogue est précédé d'une longue préface du Sar Péladan et suivi de 159 reproductions des œuvres mystiques qui y sont exposées par les artistes Al. SÉON, Carlos SCHWABE, OSBERT, WAGNER, LA ROCHEFOUCAULT, RASPL, FILIGER, NIEDERSAUSEN, DESBOUTINS, de FÉURE, des GACHONS, KNOPFF, REGAMEY, de VASSELOT, etc... Contient les constitutions de l'Ordre de la Rose ✝ Croix du Temple.

8438 PELADAN (Sar J.). — La décadence esthétique : IV L'Art ochlocratique. Avec une lettre de J. BARBEY d'AUREVILLY.

Paris, Dalou, 1888, gr. in-8°. Orné d'un portrait de l'auteur. (6 fr.).

[8° V. 20219

Succession d'études au sujet des salons de 1882 et 1883 : Considérations esthétiques. — Le matérialisme dans l'art. — L'art mystique et la critique contemporaine, etc.

Dans sa lettre, Barbey d'Aurevilly dit textuellement : « Je n'ai rien lu en esthétique de cette compétence, de cette science et de cette éloquence ».

8430 PELADAN (Sar J.). — La décadence esthétique. — Réponse à Tolstoï.

Paris, Chamuel. 1898. in-18. (2 fr.).

8440 PELADAN (Sar J.). — La Décadence Latine. Ethopée. I. Le vice suprême. Préface de J. Barbey d'Aurevilly.

Paris, Librairie de la Presse, Laurens. 1886. in-18 (4 fr.).

[8° Y² 8948

Cet ouvrage, premier volume des « Études passionnelles de décadence » est étonnant de vérité en beaucoup de ses parties. — Il a pour visée d'être l'histoire des mœurs du temps, idéalisées dans leurs vices. — Il n'en est pas moins de l'histoire, et l'idéal n'en cache pas la vérité.

Autres éditions :

Paris, Flammarion. s. d., in-12.

Paris, Librairie des auteurs modernes. 1884. in-12, (o fr.).

(Édit. originale).

(G-816

8441 PELADAN (Sar J.). — La décadence latine. Ethopée II : Curieuse.

Paris, Librairie de la Presse, Laurens. 1886, in-8°. IV-364 p. Frontispice de Félic. Rops. (10 fr.).

[8° Y². 8948

8442 PELADAN (Sar J.). — La décadance latine. Ethopée III. L'Initiation sentimentale.

Paris, Edinger. 1887, in-18 (10 fr.).

Edition originale avec le frontispice de Rops qui manque souvent.

L' « Initiation sentimentale » étudie les passions éternelles dans leur modalité contemporaine. — C'est le second poème érotologique commencé par « Curieuse » et que termine « A Cœur perdu ». Cette trilogie est offerte aux mondaines en proximité de tentation.

Idem :

Paris, Denlu. 1892. in-18 de XX-300 p. (2 fr.).

[8° Y² 8948

8443 PELADAN (Sar J.). — La décadence latine. Ethopée IV. — A cœur perdu.

Paris, Edinger. 1888. in-8° Front. de Fél. Rops à l'eau-forte en bistre. (12 fr.).

Autres éditions :

Ibid. Id., 1888. in-18.

Paris, Denlu. 1892. in-12, XIV-440 p. (3 fr. 50).

8444 PELADAN (Sar J.). — La décadence latine. Ethopée V. Istar.

Paris, Edinger. 1888. 2 vol. in-8° Frontisp. et couverture de F. Knopff, (20 fr.).

La race et l'amour dans la vie moyenne. — Massacre nécessaire de l'exception par le nombre, ligue anti-amoureuse des femmes honnêtes transposant la pollution en portée de haine. — Voici la table des chapitres : Biloque, la fille des Dieux, les Œlohites, l'Esseulée, Autour d'une tombe.

Autres édit.

Ibid. Id., 1888, 2 vol. in-18.

Paris, Denlu. 1893, in-18, de XVIII-492 p. couv. de Séon, (2 fr.).

(G-813

8445 PELADAN (Joséphin). — La décadence latine. — Ethopée VI. La Victoire du mari. Avec commémoration de Barbey d'Aurevilly et son médaillon inédit par la comtesse Antoinette de GUERRE.

Paris, Dentu, 1889. in-12. XXXVI-249 p. Frontispice de KNOPFF aux exemplaires de luxe. (2 fr.) (10 fr. les exemplaires de luxe).

Edition originale.

(G-817

8446 PELADAN (Joséphin). — La décadence latine. Ethopée VII. Cœur en peine. Commémoration du chevalier Adrien PÉLADAN, et son portrait inédit par SÉON.

Paris, Dentu, 1890, in-18, XLVIII-330 p. Frontispice de POINT. (10 fr.). (1 fr. 50 sans le frontispice).

Edition originale.

(G-817

8447 PELADAN (J.). — La décadence latine. Ethopée VIII. L'Androgyne.

Paris, Dentu. 1800. in-12, couverture de SÉON. Eau forte de A. POINT. (8 fr.).

Edition originale.

Avec un curieux frontispice à l'eau-forte par A. POINT. — L'Androgyne, monographie de la Puberté, départ pour la lumière d'une œlohite, Samas. épèlement de l'amour et de la volupté. — Aperçu de mysticité catholique.

Dans ce livre, se trouvent toutes les déformations de l'attrait nerveux, les antiphysismes et la psychopathie sexuelle.

(G-808

8448 PELADAN (J.). — La décadence latine. Ethopée. IX. La Gynandre.

Paris, Dentu, 1891. in-18, couv. de SÉON, eau-forte de DESBOUTINS.

8449 PELADAN (Sar. J.). — La décadence latine. Ethopée X. Le Panthée.

Paris, E. Dentu, 1892, in-12. XXXVI-324 p. Couv. de SÉON, Vernis mou de KNOPFF musique notée d'Erick SATIE. (4 fr.).

[8° Y² 8948

Edition originale.
(Rencontre d'âme. — L'Alchimie. — Prostitution sacrée. — Martyre sexuel. — L'hostie moderne, etc...).

Le Panthée, c'est l'impossibilité d'être pour l'amour parfait, sans la propicité de l'or. — Démonstration que l'amour dans le mariage ne peut-être tenté que par les riches ou les simples. A la fin de l'ouvrage, se trouve la Règle et Monitoire du Salon de la Rose † Croix.

Autre édition :

Paris, Dentu. 1893, in-12.

8450 PELADAN (Sar J.). — La décadence latine. Ethopée XI. Typhonia, avec la règle esthétique du grand salon de la Rose-Croix.

Paris, E. Dentu. 1892, in-8° de XXII-256 p. av. portr. aux exempl. de luxe (2 frs.; 5 fr. les ex. de luxe).

Contient les Règles de l'Ordre de la Rose † Croix du Temple et du Graal (Serment sur le péché de haine, ou péché provincial. — Envoûtement par le collectif. — L'incantation de la Fée et de l'Enchanteur. — Escarmouche sexuelle, etc....)

8451 PELADAN (Sar J.) — La décadence latine. Ethopée XII. Le dernier Bourbon. avec un argument.

Paris, Chamuel. 1895. XX-251 p. (2 fr.).

[8° Y² 8948

Edition originale.

(G-812

8452 PELADAN (Sar J.). — La décadence latine. Ethopée XIII. Finis Latinorum.

Paris, Flammarion, 1899, in-18 de 400 p. environ. (2 fr.).

Edition originale.

Superbe roman initiatique. — Stéganologie. — Soirée romaine. — La tentation du mage. — Fête au Vatican. — Choses Ecclésiales. — La part d'Eros. — Hermétisme appliqué, etc.

8453 PELADAN (Sar J.). — La Décadence latine. Ethopée [XIV]. La Vertu Suprême.

Paris, Ernest Flammarion. s. d., [1900]. in-18 de VIII-404 p. (2 fr.).

Edition originale.

8454 PELADAN (Sar J.), — La décadence latine. Ethopée XV. « Pereat »

Paris, Flammarion, s. d.. [1002], in-12, (4 fr.).

Edition originale.

8455 PELADAN (Sar J.). — La décadence Latine. Ethopée XVI. Modestie et Vanité. Roman.

Paris, Mercure de France. 1902, in-18. 301 p.

[8° Y². 8948

8456 PELADAN (Sar J.). — La décadence latine. Ethopée XVII. Pérégrine et Pérégrin. Roman.

Paris, Mercure de France. 1904. in-18. 335 p. (2 fr.).

Edition originale.

8457 PELADAN (Sar J.). — La décadence latine. Ethopée XVIII. La Licorne, roman.

Paris, Mercure de France. 1905, in-12 de 286 p. (3 fr.).

Edition originale.

[8° Y² 8048

8458 PELADAN (Sar J.). — La décadence latine. — Ethopée [XIX]. Le Nimbe noir. roman.

Paris, Mercure de France, 1907. in-18, de 320 p. (3 fr.).

Edition originale.

[8° Y² 8948

Fin de cette cote collective de toute la *Décadence latine*.

8459 PELADAN (Sar J.). — Histoire et légende de Marion Delorme.

Paris, Bureaux de l'Artiste, 1882.. in-12. Portr. par Ad. Nargeot. (5 fr)..

[Ln²⁷. 33794

Le second ouvrage de l'auteur.

Charmant ouvrage. orné d'un portrait à l'eau-forte de Marion Delorme. — On ne sait positivement ni l'époque de sa naissance ni celle de sa mort : le récit de sa vie si mouvementée acquiert sous la plume du maitre Peladan un intérêt puissant. — Certains auteurs prétendent qu'elle mourut à Paris, à l'âge de 130 ans

8460 PELADAN (Sar J.). — Les idées et les formes : La terre du Christ.

Paris, Flammarion. 1901, in-10, 465 p. (3 fr.).

[O² f. 1007

Edition originale.

Alleluia Schismatique. — Au Saint Sépulcre. — Au Golgotha. — La voie douloureuse. — Les hiboux de la Synagogue. — Le Jourdain. — Le Lac de Jésus. — Etc.

8461 PELADAN (Joséphin). — Les idées et les formes. Antiquité Orientale, Egypte, Kaldée. Assyrie, Chine, Phénicie, Judée, Arabie, Inde, Perse, Aryas d'Asie Mineure.

Paris, Mercure de France, MCM-VIII, [1908]. in-12 de 357 p. (2 fr.).

[8° Z. 17456

8462 PELADAN (Sar J.). — Introduction aux Sciences occultes.

Paris. 1902, gr. in-8°. (3 fr.).

(Extrait).

Cette superbe étude du grand occultiste n'est malheureusement pas très connue. —Avec le style magnifique qu'on lui sait, le Sar Peladan a condensé en 38 pages l'histoire de l'occultisme théorique et pratique. La première partie, consacrée à la doctrine ésotérique, retrace magnifiquement les grandioses fastes initiatiques et expose à grands traits les enseignements fondamentaux de l'hermétisme en évoquant le souvenir de ses principaux adeptes, anciens et modernes. — La deuxième partie, consacrée aux faits, nous initie à la pratique de la magie, de la Kabbale et du haut Magnétisme dans les temples de l'antiquité jusqu'au jour où le sacerdoce ne fut plus le privilège de quelques-uns et où la Vérité fut enfin révélée et rendue accessible à tous.

8463 PELADAN (Sar J.). — Les maîtres contemporains : Félicien Rops. — Première étude. — Extrait de la *Jeune Belgique*.

Bruxelles, Callewaert, 1885, in-8 de 10 pp. (10 fr.).

8464 PELADAN (Sar. J.). — Diathèse de décadence. Mélusine. Psychiatrie. Le septénaire des Fées. — Dédicace à Benedictus, commandeur de Rose-Croix, 4me édition.

Paris, P. Ollendorff, 1895, in-18, XVI-341 p. Gravure artistique sur la couverture (Alex. Séon). (2 fr.).

[8° Y². 40200

8465 PELADAN (le Sar). — Les XI Chapitres Mystérieux du *Sepher Bereschit* du Kaldéen Mosché. Révélés par le Sar Péladan, pour ceux de la Rose + Croix du Temple et du Graal, l'an 1894 de J. C. VII-e de la Rénovation de l'Ordre.

A Bruges, chez Daveluy frères, imprimeurs de l'Ordre.

La couverture imprimée porte en outre :

Paris, chez Bailly, Rue de la Chaussée Daulin, prix 5 fr.

Plaquette in-16 raisin de 52 p. sur papier jonquille. Couverture pentaculaire illustrée, pentacle en faux titre. Titre composé en Triangle. (3 fr.).

Le seul ouvrage portant le nom de l'éditeur et auteur (Edmond) Bailly qui a longtemps dirigé — et qui dirige encore — L'*Art Indépendant*, les *Publications Théosophiques*, La *Bibliothèque de la Haute Science*, le *Comptoir d'édition*, etc.

8466 PELADAN (Sar J.). — Oraison funèbre du Dr Adrien Péladan fils, 2-me édition.

Paris, A. Laurent, 1886, gr. in-8° 35 p. (2 fr.).

[Ln²⁷. 36120

Curieuse biographie du Dr illuminé Adrien Péladan, auteur de divers ouvrages de médecine et d'homéopatie, mort empoisonné par une erreur d'un pharmacien allemand.

8467 PELADAN (Sar. J.). — Le prochain Conclave, instructions aux cardinaux.

Paris, Dentu, s. d. [1896], in-18. (3 fr.).

Édition originale.
Archidoxes. — Le Ternaire du St-Esprit. — Palingénésie catholique, etc.

8468 PELADAN (Jos.). — La queste du Graal.

Paris, Au Salon de la Rose Croix, s. d. [1890], in-12.

Première édition avec 3 portraits et dessins hors texte de Séon.

(G-815

8469 PELADAN (Sar. J.). — La Queste du Graal. — Proses lyriques extraites de l'Éthopée : La Décadence latine, et de la Hiérophanie : l'Amphithéâtre des Sciences Mortes.

Paris, Chamuel, 1892, in-8° de 232 p. Ornée de 10 illustrations hors texte et d'un portrait de l'auteur par Séon. (3 fr.).

[8° Y². 46612

Œuvre admirablement écrite et profondément initiatique dans laquelle le célèbre occultiste et artiste a quintessencié toute son œuvre. — Le *Vice Suprême*.— *Curieuse*. — L'Athanor sexuel. — L'*Initiation sentimentale*. — Hymne à Eros. — A cœur perdu. — Le cantique des parfums et des gemmes. — *Istar*. — La Légende de l'Inceste. — Le Salut séphirotique. — Descente d'Istar aux Enfers. —

Un cœur en peine.— Romance à la Lune. — *L'Androgyne.* — Invocation. — *La Gynandre.* — Hymne païen. — *Le Panthée.* — Incantation à la Mort. — *Comment on devient Mage.* — Oraison funèbre d'Adrien PÉLADAN, etc.

Réédité :

Ibid., Id., 1894, in-12 carré à 50 ex. sur japon.

8470 PÉLADAN (Sar. J.). — Le radium et les miracles.

Paris, 1904, in-8°. Extrait.

Très intéressant.

8471 PÉLADAN (Sar. J.). — Rembrandt, conférence à l'Esthetic-Club.

Paris, Henri Loones, 1881, in-8° de 15 p. (5 fr.).

[8° M. Pièce 520

Edition originale.
Avec fac-simile de signature et de monogrammes.
C'est le premier ouvrage du grand artiste et kabbaliste.

8472 PÉLADAN (Sar. J.). — La Rose-Croix, organe trimestriel de l'Ordre. — Salon du Champ-de-Mars. — Règle pour la Geste esthétique de 1893.

Paris, s. d., in-12. (2 fr. 50).

[8° V. 11143

8473 PÉLADAN (Joséphin). — Le Salon de Joséphin Péladan, 9° et 10° années.

Paris, Dentu, 1890-91, in-12 de 60 p. (1 fr. pièce).

[8° V. 23303
(G-1962

8474 PÉLADAN (Joséphin). — La Science, la Religion et la Conscience. Réponse à MM. Berthelot, Brunetière, Poincarré, Perrier, Brisson, de Rosny, etc.

Paris, Chamuel, 1895, in-18. (0 fr. 50).

[8° R. 13101

Le titre de cet ouvrage dit suffisamment la matière traitée. Si les lecteurs ne partagent point les idées de l'auteur, ils en goûteront le style, et ils aimeront le ton et la hardiesse des pensées émises.

(G-1063

8475 PÉLADAN (Sar. J.). — Le théâtre complet de WAGNER. — Les XI opéras scène par scène, avec notes biographiques et critiques.

2me édition.

Paris, Chamuel, 1894, in-18. (2 fr. 50).

[8° Yh. 535

On sait que WAGNER a renfermé dans son théâtre une grande partie de la mythologie scandinave et des légendes populaires où l'on retrouve beaucoup d'ésotérisme.

8476 PÉLADAN (Sar. J.). — Théâtre de la Rose † Croix. — Babylone, tragédie en quatre actes.

Paris, Chamuel, 1895, in-4°. (4 fr. 50).

[4° Yf. 102

Edition originale.

8477 PÉLADAN (Sar. J.). — Théâtre de la Rose † Croix. — La Prométhéïde. — Trilogie d'Eschyle en quatre tableaux.

Paris, Chamuel, 1895, in-4°. Portrait en taille-douce du Sar PÉLADAN. (4 fr.).

[4° Yf. 102

Edition originale.

8478 PÉLADAN (Sar. J.). — Théâtre de la Rose † Croix. — Le prince de Byzance, drame romanesque en 5 actes.

Paris, Chamuel, 1896, in-4°. (4 fr. 50).

[4° Yf. 102

Edition originale.

Première œuvre dramatique du Sâr, dont la psychologie étrange attira de suite l'attention du public. — C'est une œuvre de Mysticisme et de Néo-Platonisme.

PÉLADAN (Sur Joséphin). — Voir :

AUBRUN (René Georges).

8479 PELEUS (Julianus) ou PILIEU (Julien). jurisconsulte et écrivain français né à Angers au milieu du XVIe siècle. Avocat à Paris et Historiographe d'Henri IV. — Julianus PELEUS. De Dissolutione Matrimonii, ob Defectum Testium.

Parisiis, apud C. Morellum, 1602, in-12.

[Tz. 2014

Contient d'autres pièces dans l'exemplaire SÉPHER.

(S-3286 b

8480 PELIN (G.). — La Médecine qui tue, le magnétisme qui guérit. — Le Rêve et les faits magnétiques expliqués.

Paris, 1892, in-12. (0 fr. 75).

8481 PELIN (Gabriel).— Le spiritisme, la démonologie et la folie ; explication de tous les faits magnétiques par G. PELIN.

Paris, Dentu, 1863, in-18, 108 pages. (1 fr.).

L'auteur explique les phénomènes du Spiritisme et de la Folie par une sorte de vie double chez l'homme vivant, mais il n'admet pas le surnaturel.

(D. p. 170

8482 PELLARIN (Ch.). — Charles FOURIER, sa vie et sa théorie.

Paris, Libr. de l'Ecole sociétaire, 1843, fort in-12. (3 fr. 50).

Etude très complète sur l'homme, sa famille, ses disciples et son œuvre.

Autre édit. :

Paris, librairie phalanstérienne, 1849, in-18.

[R. 45925

8483 PELLAT (Solange). — Le Cœur dans l'Ecriture. Considérations sur l'Egoïsme et les Sentiments généreux facilitant l'accès des Etudes Graphologiques, avec 68 fig.

Paris, 1903, in-8° de 46 p.

8484 PELLAT (Solange). — L'Ecriture caressante. Etude sur la Flatterie, la Souplesse Psychologique, le Désir de paraître sympathique, avec 38 fig.

Paris, 1903, in-8° de 32 p.

8485 PELLAT (Solange). — Le Graphologue Grincheux. Dialogue.

Paris, Société de Graphologie, 1903, in-8° de 20 p. (1 fr.).

[8° Yf. Pièce 502

8486 PELLETAN (Pierre Clément Eugène), né au Maine Bertrand, Charente-Inférieure, en 1813, fils d'un notaire de Royan, mort à Paris en 1884. Sénateur inamovible. — La Famille la Mère.

Paris, Pagnerre, 1866, gr. in-8°.

[R. 15942

Le Chapitre XVI, p. 163, traite de la Sorcellerie.

(Y-P-884

8487 PELLETAN (MAURY, CASSON, ST-GERMAIN-LEDUC et SPAZIER). — Histoire universelle des religions, théogonies symboles, mystères, dogmes, livres sacrés, origine des cultes, fourberies sacerdotales, prodiges et miracles, superstitions, crimes des prêtres, etc.... Religions de l'Inde. Religions de la Chine, du Thibet et du Japon. Religions de l'Océanie et de l'Amérique Religions du Nord. Religions de la Perse, de la Chaldée et de l'Egypte.

Paris, 1845, 6 vol. gr. in-8°. (14 fr.).

[G. 7940-944

Nombreuses illustrations hors texte sur acier.

8488 PELLETAN (Eug.). — Profession de foi du XIX-e siècle.

Paris, *Pagnerre*, 1852. in-8° (4 fr.).

[R. 45946

Véritable histoire des « *aspirations humaines* » à travers les siècles.

8489 PELLETIER-VOLMÉRANGES. — Les Deux Francs-Maçons, ou les Coups du hasard, fait historique en III actes, et en prose par PELLETIER-VOLMÉRANGES.

Paris, 1808, in-8°.

|Yth 4868
(O-465

8490 PELLICO (Silvio) martyr politique né au Piémont (1789), mort à Turin en 1854. — Des devoirs des hommes, discours à un jeune homme trad. de l'italien, par Ant. de Latour.

Paris, *Fournier*. 1834, in-8°. (8 fr.).

[R. 45067

Seconde édition. Première traduction française.

8491 PELLIEUX (Docteur) de Beaugency. — La vérité sur les séances du magnétisme animal qui ont eu lieu à Orléans en janvier 1840, par le docteur PELLIEUX de Beaugency.

Orléans, *Gatineau*, 1840, in-8°, 16 pages.

(D. p. 120

8492 PENAVAIRE (C. A. de). — Discours prononcé le 29 oct. 1778, dans le sanctuaire des V loges réunies à l'Orient de Berlin, pour célébrer l'anniversaire de la naissance de S. A. Sér. Mgr. le prince Frédéric Auguste, duc de Brunswic et Lunebourg, comme grand-maître de toutes les loges de Prusse ; par le frère C. A. de PÉNAVAIRE, maître en chaire de la loge Frédéric aux trois Séraphins.

Berlin Decker, in-8° de 16 pp.

(O-348

8493 PENEAU (Edmond). — Bibliographie des Sciences Religieuses. Répertoire méthodique des Ouvrages français modernes relatifs aux Religions et Croyances. Mythologies et Religions comparées. — Christianisme. — Occultisme.

Paris, *Edmond Peneau*, 1906, in-12 de 218 p. (1 fr. 50).

Ouvrage très intéressant, mais, naturellement assez restreint. Les descriptions sont fort brèves, mais généralement correctes.

8494 PENHOUET (de). — De l'ophiolatrie ou culte du serpent, appliquée à l'explication des monuments de Carnac, et des monuments des arts de la Grèce et de Rome dans lesquels figure le serpent.

Nantes et Rennes, 1833, in-8°, (6 fr.).

(G-818

8495 PÉNICHER (L.). — Traité des Embaumemens, selon les Anciens et les Modernes, par L. PÉNICHER.

Paris, *Bart. Girin*, 1699, in-12.

[Ta⁶³ 41
(S-3375 b.

8496 PENN (William) (1644-1718), fondateur de la Pennsylvanie, célèbre Quaker, né et mort à Londres. — Exposition succincte de l'Origine et des Progrès du peuples qu'on appelle les Quakers, ou les Trembleurs, où l'on déclare ingénument leur Principe fondamental, leurs Doctrines, leur Culte leur Ministère et leur discipline, avec un Abrégé des précédentes Œconomies ou Dispensations de Dieu au Monde, par voie d'Introduction ; à quoi on a ajouté l'un des Témoignages rendus à la Lumière par G. Fox, le tout traduit de l'Anglois par C. Gay.

Londres, 1764, in-8°. (4 fr.).

8497 PENN (William). — Histoire abrégée de l'origine et de la formation de la société dite des Quakers, où sont exposés clairement leur principe fondamental, leur doctrine, leur culte, leur ministère et leur discipline, précédée d'une introduction, ou il est traité des dispensations antérieures de Dieu aux Hommes.

Londres, J. Phillips, 1700, in-18. (2 fr.).

[H. 11485

Ouvrage fort bien traité sur cette secte des *Quakers* ou *Trembleurs*.

8498 PENNAFORT (Raymond de) jurisconsulte. — Summula clarissimi Juris | consultissimique viri Raymundi [de Pennaforte] demum revisa ac castigatis | sime correcta, brevissimo compendio sacramentorum alta | complectens mysteria. De sortilegiis : symonia : furto : rapina, | usura : atque variis casibus ; que in plurimis juris codicum vo | luminibus confusa indistinctaque multiplicatione, dispergun | tur : resolutiones abunde tradens pastoribus : sacerdotibus : | omnibusque personis : divino caractere insignitis : summe ne | cessaria | .

[In fine] Explicit Raymundi Summula… Argentina : Impensis circumspecti viri Johannis Knoblouch Impressa Anno salut. M. ccccciiij [1504] die tertia Mensis Julij. in-4° gothique de 1 f° non chiffré pour le titre et 145 ff. ch. (30 fr.)

Autre édit.

S. l. n. d. Caractères gothiques, in-4°.

[Réserve D. 67945

8499 PENNETIER (Dr G.). — L'origine de la vie, par le Doct. Pennetier, avec une préface par le Dr F. A. Pouchet.

Paris, 1868, in-18 de 300 pp. (2 fr. 50).

Ouvrage illustré de nombreuses vignettes sur bois, et un recueil de travaux à consulter sur la génération spontanée.

8500 PENOT (Dr A.). — Phrénologie des gens du monde. Leçons publiques données à Mulhouse.

Mulhouse, Barel, 1838, avec 3 planches lithographiées. (2 fr. 50).

8501 [PENOT (Bernard Gabr.)]. — Chrysorrhoas, sive de Arte Chimica dialogus (, auctore Bern. Gabr. Penot), dans *Theatrum chemicum* 1613, II, 147-50.

(O-389

8502 PENOT (B. G.). — Bernardi G. Penoti de Vera præparatione et usu medicamentorum chemicorum tractatus varii ; dans *Theatrum chemicum* (1613), I, 645-747.

(O-1508

8503 PEPIN (Guillaume), théologien français dominicain, né près d'Evreux au milieu du XVe Siècle. Prieur de son Ordre à Evreux et célèbre prédicateur. — Opus admodum insigne de adventu Domini, de secretis secretorum nuncupatum : cum quibusdam utilissimis questionibus in unoquoque sermone noviter adjectis.

Parisiis, A. Girault, 1537, pet. in-8° gothique à 2 colonnes, (10 fr.).

Sermonnaire très rare.

8504 PEPIN (Guillaume). — Rosarium aureum mysticum : item aliud parvum rosarium ab eodem editum continens sermones septem intitulatum Salutate Mariam.

Venundantur Parrhisiis in ædibus

Claudii Chevallon, 1510, pet. in-8° gothique à 2 colonnes, (20 fr.)

8505 [PERAU] (l'abbé Gabriel Louis Calabre) littérateur né à Paris en 1700 mort en 1767. Prieur de Sorbonne sans avoir été ordonné prêtre. — Chansons de la très vénérable confrérie des Francs-Maçons, précédées de quelques pièces de poésies.

Amsterdam, 1778, in-12.

8506 [PERAU]. — L'Ordre des Francs-Maçons trahi et le secret des Mopses révélé.

A Amsterdam, 1745, in-12, (4 fr. 50).

Autre édit.

Amsterdam, 1758, in-8°.

[H. 17107

Enrichi de curieuses et belles figures gravées, représentant des cérémonies maçonniques dans les Loges du XVIII-e siècle (Secret des Francs-Maçons. — Serment. — Signes. — Attouchements etc.. Ce livre n'a d'anti-maçonnique que le titre, mais est en réalité un écrit de propagande maçonnique du XVIII-e siècle du reste quelques éditions de ce livre ont une épître dédicatoire « *Au F∴ Procope l'un des vénérables des 22 loges établies à Paris*).

Autres éditions ayant pour titre : L'ordre des Francs-Maçons trahi et leur secret révélé.

A l'Orient s. d., in-12. (5 fr.).

[H. 17202

A Amsterdam et se débite à Toulouse, chez les Vrais Amis Réunis. s. d. in-12.

[H. 17201

Amsterdam, 1766. fort vol. pet. in-8°, (12 fr.).

[H. 17198

Enrichi de deux vignettes et de 9 belles planches hors texte dont plusieurs se déploient, représentant des réceptions maçonniques, le tracé des loges, les alphabets et signes. et de 5 planches de musique notée. — Voici les principaux chapitres qu'il contient : Le secret des Fr∴ M∴. Réception du Maitre. — Histoire d'Hiram. — Catéchisme. — Questions posées aux récipiendaires. — Serment. — Signes, mots et attouchements. — Remarques sur divers usages maç∴. Documents très curieux sur l'Ordre des Mopses qui avaient le chien pour emblème, et dont les cérémonies ressemblaient de très près à celles de la F∴ M∴.

Autres édit.

Amsterdam, 1771, in-8°.

[H. 17199

Amsterdam, 1781, in-8°.

[H. 17200

8507 PERAU (Abbé). — Le Secret des Francs-Maçons. Nouvelle édit. augm.

S. l., 1744, in-12. (5 fr.).

[Hz. 1465

C'est le même ouvrage que le précédent.

(G-821

8508 [PERAU]. — Les Secrets de l'ordre des Francs-Maçons dévoilé et mis au jour (Le Secret de la Société des Mopses dévoilé et mis au jour) par m. P*** (l'abbé Gabr. Louis Calabre PÉRAU. Nouv. édition de l'Ordre des Francs-Maçons trahi....)

Amsterdam, s. adr. (*les frères van Duren*), 1745, 2 parties, in-8°. ensemble de XXVI-240-34 pp. avec 14 pl.

(S-5308
(O-276

8509 [PERAU]. — [Le même, sous le titre primitif :] l'Ordre des Francs-Maçons trahi et le Secret des Mopses révélé.

Amsterdam, s. adr. (*les frères van Duren*), 1778, in-8° de XXXII-195-32 pp. avec 14 pl. dont 5 de musique (12 fr.).

Sc. psych. — T. III. — 17.

Le Catal. SEPHER indique une édition antérieure.

Amsterdam, 1763.

(S-5386)

L'épitre dédicatoire est signée en caractères mystiques : l'abbé PÉRAU.
Le cahier de 31 (et 1 pour la table des grav.) pp. contient : Chansons de la très vénérable confrairie des Francs-Maçons, précédées de quelques pièces de poésie.
La composition de ces deux édit. est la même : on trouve (p. 30-3 de l'édit. de 1745, p. 29-30 de l'édit. de 1778) le compliment de remerciement de l'abbé Freron fait le jour de sa réception.
A la date de 1747, l'abbé LARUDAN dans la Préface de la continuation de ce livre, donnée par lui sous le titre de : *Les Francs-Maçons écrasés*, dit qu'il y a eu, en moins de quatre mois, sept édit. et quatre trad. différentes de *l'Ordre des Francs-Maçons trahi*.

Cet ouvrage a été jusqu'à présent attribué à l'abbé PÉRAU et pourtant, selon nous, il pourrait bien n'en être que le réviseur, si toutes fois, il n'en a pas acheté la propriété. Voici ce sur quoi nous nous appuyons : CASANOVA, cet intrigant qui a connu tant de monde, nous apprend (tome II pp. 166 et s. de ses *Mémoires*, édit. de 1863) qu'il eut à Lyon en 1750, la grâce d'être admis à participer aux sublimes bagatelles de la Franc-Maçonnerie ; ce sont ses propres expressions. Trois pages plus loin, il dit : « BOTTARELLI publie dans une brochure toutes les pratiques des maçons, et on se contente de dire : C'est un coquin. On le savait d'avance. »

Huit ou dix ans après, CASANOVA se trouvant à Londres eut une mauvaise affaire, et fut obligé de comparaitre devant le juge. « Au fond, j'aperçus, assis dans un fauteuil, dit-il, un vieillard qui portait un bandeau sur la vue et qui écoutait les explications de plusieurs inculpés. C'était le juge ; on me dit qu'il était aveugle et qu'il s'appelait FIELDING. J'étais en présence du célèbre auteur de « *Tom Jones* ». Ici CASANOVA se trompe, il était en présence, non de Henry FIELDING mais de *John*, son frère et son successeur au siège judiciaire de Westminster, et qui était aveugle.

Casanova, dans un N° du *Saint-James Chronicle* du lendemain, vit la relation de sa mésaventure dans laquelle le nom de BOTTARELLI était cité comme témoin. Il se rendit dans le logement de ce pamphlétaire et là, dans un misérable bouge, il trouva ce malheureux entouré de quatre enfants, occupé à noircir du papier. Après un dialogue fort vif, CASANOVA dit : « Vous vous mêlez d'écrire à ce qu'il paraît ? — Ne faut-il pas que je donne du pain à ces malheureux ? Je travaille dans les journaux, malgré le dégoût que m'inspire cette profession. Ma vocation véritable, c'est la poésie. — Ah ! Ah ! vous êtes poète. — J'ai abrégé la Didon et allongé le Démétrius. Je donnai une guinée à sa femme, ce fut toute ma vengeance. En reconnaissance de mon procédé, elle me gratifia d'un écrit de son mari, intitulé : *le Secret des Francs-Maçons dévoilé*. Ce secret là, c'était celui de la comédie ; l'ouvrage ne manquait pas d'esprit, cependant. Ce BOTTARELLI avait été moine et sa femme religieuse ; ils habitaient tous les deux la même ville, Pise. Comme ils s'aimaient, ils se virent secrètement, une grossesse s'en suivit et les deux amants s'enfuirent en Angleterre ».

Lorsque la 1-re édit. de cet ouvrage parut (Genève, 1742), l'abbé PÉRAU se trouvait dans une position voisine de celle de BOTTARELLI (voy. Nécrologe de 1769, p. 3-5), si ce n'est qu'il ne s'était pas adressé à une religieuse. L'ouvrage parut entièrement anonyme ; depuis, on y ajouta l'initiale P., mais c'est lorsque l'abbé PÉRAU, se rangeant, se fut mis à la solde des libraires qui l'employèrent activement ; son nom avait alors une toute autre valeur commerciale que celui de BOTTARELLI.

Giovani Gualberto BOTTARELLI a un très court art. d'après Mazzuchelli : *Scrittori d'Italia*, dans la *Biographie générale* (DIDOT) VI. 840 ; on trouvera l'indication de quelques libretti d'operas de lui au N° 4780 du Catalogue SOLEINNE.

[Note de M. LADRAGUE].

(O-277
G-819)

8510 [PÉRAU (apocryphe)]. — Les Francs-Maçons écrasés. Suite du livre l'ordre des Francs Maçons trahi, trad. du latin.

Amsterdam, 1747, in-12. (8 fr.).

Cet ouvrage intéressant dont le vrai titre donné après la préface est : De l'origine des Francs Maçons et de leur doctrine, n'est rien moins qu'une apologie de l'ordre adroitement dissimulée ainsi qu'en témoigne ce passage de la conclusion : Ouvrage dont les Francs Maçons n'auront point à point à murmurer dans un sens, et qui loin de leur être préjudiciable n'a pour but que leur intérêt; puisque pour peu d'usage que le public fasse des leçons qu'il renferme, la loge verra bientôt ses desseins accomplis en comptant autant de membres que le monde a d'habitants. Il est enrichi d'un curieux frontispice gravé et de cinq belles planches se déployant, dont la cinquième (qui manque presque toujours) représente divers emblèmes maç∴ fort curieux, disposés en croix pour le tracé de la loge au grade d'Architecte ou Ecossais : Renard, Singe, Pélican, Colombe, Lion ; les autres planches représentant le tracé de la loge aux divers degrés. Manière d'ouvrir la loge, réceptions et épreuves, discours initiatiques, signes, attouchements, Mots, Catéchismes, Cérémonies diverses, etc...

Autre édition :

Amsterdam, 1774. in-8°.

(G.-403)

8511 [PERAU] (apocryphe). — Les Francs-Maçons écrasés. Suite du livre intitulé : l'Ordre des Francs M∴ trahi [par l'abbé G. L. PÉRAU : prétendu] traduit du latin [mais composé par l'abbé LARUDAN].

Amsterdam, s. adr. (les frères van Duren), 1747. in-12 de XXVIII-340 pp. avec 5 pl.

[H. 17194

L'abbé LARUDAN, pour faire croire que son ouvrage est aussi de la composition de l'auteur de l'*Ordre des F-M. trahi*, dit dans la Préface : « Quoique je n'aye pas positivement promis de régaler un jour le public du fruit de mes longues et laborieuses recherches, les engagemens qu'on prend avec lui sont si sacrés que je ne puis tarder plus longtemps à satisfaire l'impatience qu'il a.... J'ai voulu le prévenir en ma faveur et c'est dans ce dessein que j'ai publié l'*Ordre des Francs-Maçons trahi*. Sept éditions et quatre trad. différentes en moins de quatre mois prouvent que j'ai eu raison de croire qu'il ne pouvait manquer d'être généralement applaudi et me déterminent à commencer de répandre les trésors que je destine au public en publiant un second ouvrage sur la Franc-Maçonnerie.. Malgré cette assertion, l'ouvrage cité ici n'est pas de l'abbé PÉRAU, mais de l'abbé LARUDAN.

(O-278)
(S-5386)

8512 [PERAU]. — Supplément au secret des Francs-Maçons.

Amsterdam, 1778, in-12, (6 fr.)

[H. 17196

8513 PERAU (Abbé). — Vers et chansons de la Maçonnerie.

S. l. ni date, in-12, (3 fr.).

(G-821)

8514 PERDIGUIER (Agricol) homme politique et écrivain français né à Morières, près Avignon, en 1805, mort à Paris en 1875. Il fut compagnon Menuisier. — Le Livre du Compagnonnage par Agricol PERDIGUIER.

Paris, Pagnerre, 1841, 2 vol. in-12 d'environ 400 p. (10 fr.).

[R. 46063-46064

Assez rare, sur un sujet assez peu connu.

Origine des premières Sociétés. — Enfants de Salomon et de Maître Jacques.— Rapports des Comp∴ avec les Mait∴ — Origine des Sobriquets. — Equerre et Compas. — Rencontre de deux fr∴. — Hymne à Salomon.— Chanson des Compagnons. — Dialogue sur l'Architecture. — Histoire du Compagnonnage.— Etc.

Cet ouvrage est certainement l'un des plus sérieux et des plus complets sur la question à tous points de vue. Toutes les cérémonies, réceptions, coutumes, fêtes, etc... y sont exposées dans leurs moindres détails.. — On sait que, pour beaucoup d'historiens maç∴ ce furent les maçons constructeurs ou compagnons appelés fils de Salomon, qui donnèrent naissance à la Franc-Maçonnerie. On retrouve en effet dans tout ce qui constituait la Compagnonnage la majeure partie des symboles et des cérémonies maçonniques actuels.

[DUJOLS].

8515 PEREGRINUS (Const.). — Horologivm divrnvm noctvrnvm et duodecim Prædestinationis signa.

Antverpiæ. 1632. pet. in-8° (o f.)

8516 PERENNA (Aldegonde) Sibylle polonaise. — L'Art de tirer les Cartes et les Tarots, ou Cartomancie Française, Egyptienne, Italienne et Allemande ; moyen infaillible de dire la bonne aventure expliqué d'après les découvertes profondes des Egyptiens, des Bohémiennes, des Sibylles, et des Cabalistes célèbres de tous les pays. Par Aldegonde PERENNA, Sibylle Polonaise. Mis en ordre et publié par COLLIN de PLANCY.

Paris, P. Mongie aîné. 1820. in-16 de 211 p. et catalog. (7 fr.).

[R. 46078

Extrait du « *Dictionnaire infernal* » par COLLIN de PLANCY.

8517 PERENNA (G.). — L'Art de dire la bonne aventure dans la main, ou la Chiromancie des Bohémiennes, suivie des horoscopes, ou le moyen de connaître sa destinée par les constellations de la naissance ; comme aussi de l'art de tirer les cartes et de l'explication des Songes : ouvrage combiné sur les livres qui nous restent des plus fameux devins, sorciers et astrologues.

Paris, 1818. in-18. Figures (2 fr. 50).

8518 PERERIUS VALENTINUS (Bened.). — Aduersus fallaces et superstitiosas Artes. Id est, de Magiâ, de Obseruatione Somniorum et de Diuinatione Astrologicâ.

Lugduni, ex officinâ Kentarem. 1592, in-8° (10 fr.).

[Rés. R. 2572

Autre édition :

Lugduni. 1603, pet. in-8°.

Excellent traité de sorcellerie et de magie ; il servait également de manuel d'exorcismes.

(G-1906

8519 PEREZ (S.) — Histoire Miraculeuse de N. D. de Liesse, par S. PEREZ, avec l'instruction pour les pèlerins qui vont rendre leurs vœux dans sa sainte Chapelle, ensemble un exercice journalier, tiré des dévotions du R. P. BERNARD.

Paris, Piot, 1657. pet. in-8° — Illustrée de 20 fig. gr. sur bois par Duval. (40 fr.).

(S-5182

8520 PERKINS (Elisha) Médecin Américain mort à New York en 1799. Inventeur d'un procédé de Métallothérapie, par « *Tracteurs métalliques* », qui fait le sujet du livre suivant de son fils Benjamin Douglas PERKINS. — The efficacy of PERKIN's Patent Metallic Tractors, in Topical Diseases on the Human Body and Animals ; exemplified by 250 cases from the first Literary Characters in Europe and America. To which is prefixed a preliminary Discourse in which the fallacious Attempts of Dr HAYGARTH to detract from the Merits of the *Tractors*, are detected, and fully confuted... by Benjamin Douglas PERKINS. A. M. of Leicester Square (son of Dr PERKINS, the Discoverer).

London. Ball and Edinburgh.J.Johnson, Cadell and Davies,etc., 1800. pet. in-12 de IV-135 p. (2 fr.).

Entre autres choses on trouve dans ce bizarre petit volume quelques notes biographiques succinctes sur l'Inventeur Elisha PERKINS, mort de la fièvre jaune à l'âge de 61 ans en s'efforçant de lutter contre une épidémie de cette maladie à New-York.

L'ouvrage se compose surtout de relations de guérisons en quantité innombrable.

8521 PERKINS (Guillaume). — Guill. PERKINSI Tractatio de nefariâ Arte Veneficâ, interprete Th. Drexo.

Hanoveræ, apud G. Antonium, 1610, in-8°.

[R. 46112
(S-3220 b

8522 PERNETY (Dom Antoine Joseph) né à Roanne en 1716, mort à Valence en 1801. Neveu ou Cousin de l'abbé Jacques PERNETTI. Bénédictin, puis Bibliothécaire du Roi de Prusse, qui l'avait confondu avec son oncle.

Un peu après 1783 (date de son retour en France), il fonda à Avignon la secte Maçonnico-théosophique et hermétique des « *Illuminés d'Avignon* » qui se réunissait dans une maison de campagne des environs de Bédarrides. — Créateur, dit-on du grade maç∴ de Chev∴ du Soleil.

8523 PERNETY (Dom Ant. Jos.). — Les Fables Egyptiennes et Grecques dévoilées et réduites au même principe, avec une explication des hiéroglyphes et de la guerre de Troie.

Paris, Bauche, 1758, 2 vol. in-8° de XVJ-580 p. et errata et 627 p. — 2 f" n. c. (10 fr.).

[J. 25027-25028

Édition originale de cet ouvrage indispensable pour l'étude de la philosophie hermétique.

(S-196 Supp.

8524 PERNETY (Dom Ant. Jos.). — Les Fables égyptiennes et grecques dévoilées et réduites au même principe, avec une Explication des Hiéroglyphes, et de la Guerre de Troye ; par dom Antoine Joseph PERNETY : avec cette épigraphe :

« Populum fabulis pascebant sacerdotes aegyptii ; ipsi autem sub nominibus Deorum patriorum philosophabantur. ORIG. l. I *contra Celsum*. »

Paris, Delalain, 1786, 2 vol. in-8° de XVI-580, et IV-632 pp. (10 fr.).

[J. 25029-25030

Selon PERNETY, la Mythologie et toutes ses fables n'ont servi qu'à cacher les découvertes des prêtres sur le Grand Œuvre.

(O-552

Ce précieux ouvrage est d'une importance trop considérable pour que nous n'en fassions connaître le contenu par la citation d'une partie de la table. — Traité de l'œuvre hermétique. — Clef de la Nature et des Sciences. — Moyens pour parvenir au secret. (Ce traité, absolument complet d'hermétisme comprend 200 pages du tome II. Des hiéroglyphes des Egyptiens. — Dieux de l'Egypte. — Histoire d'Osiris, d'Isis, d'Horus, de Typhon, etc... Animaux révérés en Egypte et plantes hiéroglyphiques. — Symbolisme du Lotus. — Conquête de la Toison d'Or. — Les Argonautes. — Histoire d'Atalante. — L'Age d'or. — Les pluies d'or. — Généalogie des Dieux (230 p. du tome II) Cérémonies en l'honneur des Dieux. — Les Dionysiaques. — Cérès et les Thesmophories. — Mystères d'Eleusis. — Enlèvement de Proserpine. — Culte d'Adonis. — Vesta, Lampodophories. — Jeux olympiques, Pythiques, Néméens, Isthmiques. — Explication des 12 travaux d'Hercule (100 p.). Histoire et symbolisme de la guerre de Troyes (100 p.). Descente d'Enée aux Enfers, etc...

[DUJOLS].

8525 PERNETY (Dom Ant. Jos.) — Dictionnaire mytho-hermétique, dans lequel on trouve les allégories fabuleuses des poëtes, les métaphores, les énigmes et les termes barbares des Philosophes Hermétiques expliqués ; par dom Ant. Joseph PERNETY, avec cette épigraphe :

« Sapiens animadvertet parabolam et interpretationem verba sapientum, et aenigmata eorum. Pro. I. v. 6. »

Paris, Delalain aîné, 1787, in-8° de XXIV-540 pp.

Ouvrage servant de complément et comme de table aux *Fables égyptiennes et grecques*.

Autre édition :

Paris, chez Bauche, 1758, in-8° (6 livres, relié : 10 fr.).

[R. 46116-117
(O-570
(G-1967
(S-3378 b

PERNETY, Traducteur de :
SWEDENBORG q. v.

8526 PERNETY ou PERNETTI (Abbé Jacques) oncle ou cousin du précédent né à Chazelles (Forez) en 1696, mort à Lyon en 1777. D'abord précepteur, puis Chanoine de la Cathédrale de Lyon. — Lettres philosophiques sur les physionomies.

La Haie, J. Neaulme, 1748, 3 parties pet. in-8° (2 fr. 50).

[R. 41831

Edition originale.

8527 PERNETTI (l'abbé Jacques). — Lettres et suite des lettres philosophiques sur les physionomies.

La Haye, Neaulme, 1748, 3 parties in-12 (5 fr.).

La meilleure édition de cet ouvrage estimé, parce qu'elle contient une *Suite* de lettres ajoutées.

(G-822-827-1968)

8528 PEROT (Francis). — Les Baguettes divinatoires de l'époque romaine du Musée de Moulins.

S. l. n. d. (0 fr. 80).

Autres ouvrages au *Cat. Gén. de la Bib. Nat^{le}*.

8529 PERRAUD (Cardinal). — Les erreurs de M. l'abbé Loisy, condamnées par le Saint-Siège.

Paris, P. Téqui, 1904, in-16 de 69 pp. (1 fr. 50).

[D. 85431

PERREAUD ou PERAUD, ou plutôt PERRAULT (François) Ministre Protestant, né à Buxy en 1572, ou selon d'autres à Gex en 1577; mort dans cette dernière ville en 1657. Pasteur de plusieurs églises en Bourgogne et dans le Pays de Gex.

L'édition originale de son livre de Démonologie est sous le nom de PERREAUD.

8530 PERREAUD, ou PERRAULT, ou PERAUD (François). — Demonologie ov traitté des demons et sorciers : de leur puissance et impuissance. Ensemble l'Antidemon de Mascon, ou histoire veritable de ce qu'un demon a fait et dit il y a quelques années, en la maison dudit Sr Perreaud, à Mascon, par Fr. PERREAUD.

Genève, P. Aubert, 1653, in-8° (40 fr.).

[Réserve R. 2573-74

Il en existe une seconde et même une troisième éditions, évidemment inconnues de S. de GUAITA, qui dans une note dit : « *Le présent livre, qui n'a jamais été réimprimé.* » En voici les titres :

L'Antidemon de Mascon, ou la relation pure et simple des principales choses qui ont esté faites et dites par un Demon il y a quelques années dans la ville de Mascon en la maison du Sr PERREAUD. Opposées à plusieurs faussetez qui ont couru ci-devant sous le nom du diable de Mascon.... Ensemble la Demonologie, ou Discours en general touchant l'existence, puissance et impuissance des demons et des sorciers et des vrais exorcismes et remedes contre iceux, par ledit sieur PERREAUD mesme. Seconde édition.

Genève, pour Pierre Chouët, 1656, 2 parties in-8° (40 fr.) (N° 196 Bourneville : 26 fr.).

Et encore : ... Opposée à plusieurs faussetez qvi en ont couru.

Genève, Pierre Aubert, 1657, in-12.

Enfin il existe une réimpression moderne de l'*Antidemon* seul (sans la *Demonologie*) :

L'Antidemon de Mascon, ou Histoire particulière et véritable de ce qu'un Demon a fait et dit à Mascon en la maison du sieur François PERRAULT... Nouvelle édition comprenant une étude comparative de la richesse réelle et de la richesse de convention, par le Comte Perrault de Jotemps, Receveur des Finances, Ancien Officier de Marine. Préface conte en vers, et biographies, par Ph. L. [Philibert Leduc].

Bourg en Bresse, impr. de Milliet-Bottier, 1853, in-12 de 210 p. dont seulement les pages 21-72 consacrées à l'Antidemon : le reste est un Conte en vers : « *Zariadre et Oladis* » relatif au Mesmérisme, Voyance, etc ; et l'*Etude comparative*... (5 fr.).

[R. 46142

Ouvrage curieux et rare, surtout en édition ancienne.

(S-5149
(Y-P-861
(G-329, 828 et 29

8531 PERREAUX (L. G.) de l'Orne. — Lois de l'Univers, principes de la création.

Paris, Ballenweck, 1877, 2 vol. in-8° (7 fr.).

8532 PERRENS (F. T.). — Jérôme Savonarole, d'après les documents originaux et avec des pièces justificatives en grande partie inédites.

Paris, Hachette, 1856, in-12 (4 fr.).

Ouvrage couronné par l'Académie Française.

8533 PERRIER (le Docteur Charles). — Les Criminels. — Etude concernant 859 condamnés. Préface de M. le Professeur Lacassagne.

Paris, Maloine, 1905, in-8°, 87 Dessins ou Portraits (4 fr.).

C'est le Second volume de ce curieux ouvrage.

Le premier a paru à :

Lyon, A. Storck, 1900, in-8°, 380 p. portr. et pl.

[Tf³. 123

Bibliothèque de Criminologie, XXII.

8534 PERRIER (Le Dr. Ch.). — La grande envergure et ses rapports avec la taille chez les criminels.

Lyon, Rey, 1908, gr. in-8° (2 f. 50).

Orné de 20 portraits.

8535 PERRIER (Dr. Ch.). — Du Tatouage chez les criminels.

Lyon, 1897, gr. in-8° (2 fr. 50).

Avec 97 figures, représentant différentes sortes de tatouages.

8536 PERRIER (Louis). — Les Obsessions dans la vie religieuse.

Montpellier, impr. de A. Dupuy, 1905, gr. in-8°, 107 p. Planches (2 fr. 50).

[D². 17877

L'idée obsédante. — La lutte obsédante. — Les obsessions sensuelles. — Doute intellectuel et doute morbide. — L'obsession des remords. — Les Sataniques. — Thérapeutique de l'obsession, etc.

8537 PERRIN (Jean-Paul), historien et Ministre protestant français, né à Lyon, vers 1580. — Histoire des Vaudois, divisée en trois parties. La première est de leur origine, pure croyance et persécutions qu'ils ont souffert par toute l'Europe, par l'espace de plus de quatre cent cinquante ans. La seconde contient l'Histoire des Vaudois appelés Albigeois. La troisième est toujours la Doctrine et Discipline qu'ils ont eu commune entre eux et la Réfutation de leurs adversaires. Le tout fidèlement recueilli des Autheurs nommés ès pages suivantes. Par Jean-Paul Perrin, Lionnois.

A Genève, pour Matthieu Berjon, 1618.

Histoire des Chrestiens Albigeois, contenant les longues guerres, persécutions qu'ils ont souffert à cause de leur Doctrine de l'Evangile. Le tout fidèlement recueilli des Historiens qui en ont escrit et des Memoires qui nous ont été fournis par des personnes dignes de foy, habitées dans ladite contrée, et cottées en marge, par Jean-Paul PERRIN, Lionnois.

A Genève, pour Matthieu Berjon, 1618, 2 parties en 1 seul tome à pagination suivie, in-8° (20 fr.).

Rare.

8538 PERRIN (Jean-Paul). — Histoire des chrestiens albigeois contenant les longues guerres, persécutions qu'ils ont souffert à cause de la doctrine de l'église.

Genève, M. Berjon, 1618, pet. in-8° (353 p.).

[La¹⁷⁵ 102

C'est la première partie d'un ouvrage remarquable, dont la seconde est intitulée :

8539 Histoire des Vaudois, divisée en trois parties.

Genève, P. et J. Chouet, 1619, pet. in-8° (288 p.).

[Rés. La¹⁷⁵ 102

On trouve dans cette étude des fragments précieux des anciens traités vaudois.

8540 PERRIN (Th.). — Origine des dieux, des héros, des fables et des mystères du Paganisme.

Paris, 1857, in-12 (6 fr.).

Cosmogonies chaldéenne, phénicienne, égyptienne, grecque, latine, étrusque, américaine, des îles Mariannes, des Indiens, des Parses et des Chinois. — Orphée. — Le Phénix. — Psyché et les divinités de l'Olympe. — Recueil de mythologie comparée, précieux pour pénétrer le sens ésotérique de la Bible et des livres sacrés des différents peuples.

8541 PERRIÈRES-VARIN (le sieur de). — Les Secrets de l'Apocalypse ouverts et mis au Jour : par le Sr. de PERRIÈRES VARIN.

Paris, à l'enseigne S. Nicolas, 1613, in-12 de II-45 pp. fig. s. b.

[A. 12747

Destiné à combattre par une explication différente : l'*Ouverture de tous les secrets de l'Apocalypse...* de John NEPER ou NAPIER, l'inventeur des logarithmes. Selon NEPER, l'Ante-Christ n'était autre que le pape.

(O-1874

8542 PERRODIL (Edouard de). — Un an de journalisme à Lourdes.

Paris, Lethielleux, s. d., in-12.

8543 PERRODIL (V. de). — Dictionnaire des hérésies, des erreurs et des schismes, ou Mémoires pour servir à l'histoire des égarements de l'esprit humain par rapport à la religion chrétienne.

Paris, Royer, 1845, 2 vol. in-12. (7 fr.).

8544 PERRON (M.). — Histoire des Égyptiens, contenant leurs mœurs, coutumes religieuses, lois, sciences, arts, industries.

Paris, 1856, in-16 de 400 p. env. (3 fr.).

Les cultes primitifs, les hauts lieux, destination des Pyramides : l'Hymalaya, berceau des civilisations. — Les Egyptiens rameau des Atlantes. — La Religion des Egyptiens ; ses rapports avec celle des autres peuples. — Ménès-Messie. — Tous les Messies sont des Ménès. — Les Cérémonies du dieu Apis, leur antiquité pré-égyptienne, ses rapports avec notre carnaval dont on a perdu la clef symbolique, etc.

Petit volume curieux, nettement anticlérical.

8545 PERRONE (Jean), jésuite italien, né à Chieri (Piémont) en 1794, mort en 1876. — De virtute religionis de que vitiis oppositis nominatim vero de Mesmerismi, somnambulismi ac spiritismi recentiori superstitione.

Taurini, Marielli. 1867, in-8°, de 303 pp. à 2 col. (3 fr. 50).

Défense de l'Eglise contre les méfaits supposés du Mesmérisme, somnambulisme, etc.

8546 PERROQUET (M.), prêtre. — La Vie | et le Martyre | du Doctevr illvminé | le bienhevrevx | Raymond Lvlle | avec vne | apologie de sa Saincteté | et de ses Œvvres | contre le Mensonge, l'Envie et la Médisance | ... Par M. Perroqvet. Prestre.

A Vendosme. | chez Sebastien Hyp, | M DC LXVII | (1667), in-8º de [XI]-390-[III]. f^{is} et pp. Frontispice gravé par L. Spirinx.

[Oo. 449
(S-5052

8547 PERROT (De). — Une grande lumière au Moyen-Age : Jean Tauler, pensées extraordinaires de ses œuvres; traduit de l'allemand.

Neufchâtel et Paris. 1902, in-8º. (2 fr. 25).

8548 PERROT (Georges) et CHIPIEZ. — Histoire de l'art dans l'antiquité : Egypte, Chaldée et Assyrie, Phénicie, Cypre, Judée, Phrygie, Perse, etc... Grèce, avec environ 60 planches hors texte et plus de 3500 gravures dans le texte.

Paris, Hachette, 8 vol. gr. in-8º fig. pl. en noir et coul. (150 fr.).

[4º V. 1348

Le tome VIII a paru en 1903.

8549 PERROT (G.). — De l'idée de la mort chez les anciens Egyptiens et de la tombe égyptienne.

Paris, 1881, in-8' de 32 p.

8550 PERROT (G.). — Quelques croyances et superstitions populaires des Grecs modernes.

Paris, 1874, in-8º de 34 p.

Extrêmement intéressant.

8551 PERRY (Dr Laurent de). — Les Somnambules extra-lucides, leur influence au point de vue du développement des maladies nerveuses et mentales ; aperçu médico-légal par le Dr Laurent de Perry.

Bordeaux, 1896, in-4". (3 fr. 50).

Apparitions de l'occultisme. — Magie, sorcellerie et somnambulisme vulgaire. — Astrologues et magiciens. — Nécromancie. — Chiromancie, talismans, charmes, recettes, philtres, etc. — Mesmer. — Cagliostro. — Somnambules extra-lucides actuelles, etc.

Autre édition :

Paris, J. B. Baillière et fils, 1897, gr. in-8º.

[T^{fa} 181

8552 PERSONNAGES bizarres et singuliers.

Paris, 1808, in-18. (2 fr.).

Les Illuminés (Cazotte, Quintus Aucler, Martinez Pasqualis, St-Martin, Comte de St Germain, Cagliostro, etc.). — Hommes volants. — Particularités curieuses. — Fantaisies de la dernière heure. — Testaments bizarres, etc.

8553 PERTOCH (Jean - Georges). — Joan. Georg. Pertoch de torturæ origine et illicito illius usu in genere libri.

Guelph. (sic), 1737, in-8".

(S-2568

8554 PERUCHIO (le sieur de). — La chiromancie, la physionomie et la géomancie, avec la signification des nombres et l'usage de la roue de Pythagore.

Paris, C. de Luyne, 1656, in-4º. (15 fr.).

Nombreuses figures sur bois, hors texte et dans le texte.

[Aux absents de la B. N.

8555 PERUCHIO (de). — La chiromancie, la phisionomie et la géomance.

Avec la signification des nombres, et l'usage de la roue de Pytagore.

Paris. Billaine, 1663, in-4° de 342 p. (30 fr.).

Rare, avec des figures explicatives sur bois, en taille douce, hors et dans le texte. Excellent traité sur les Arts divinatoires, contenant une quantité de gravures sur cuivre dans le texte et hors texte.

(S-3457
(G-830

8556 PERUSSON (E.), avocat à Châlon. — Magnétisme animal, Refus de l'Académie de médecine de constater le phénomène de la vision à travers les corps opaques par E. PERUSSON, avocat à Chalon.

Chalon-sur-Saône, J. Duchesne, 1841, in-8°. 16 pages.

Fort rare.

(D. p. 123

8557 PERUSSON (E.). — Soirées magnétiques de Monsieur Laurent à Chalon sur Saône par E. PERUSSON, avocat.

Chalon sur Saône, J. Duchesne, 1841, in-8°. 18 pages.

Fort rare.

Cette brochure est une habile défense du somnambulisme. Il est question d'une somnambule bien connue nommée Prudence qui donna autrefois de fort belles séances de somnambulisme. D'un autre côté ce même sujet dut se servir plus tard, cédant à un autre magnétiseur, de moyens mnémotechniques qui rendent plus ou moins lucide sans somnambulisme aucun.

(D. p. 123

8558 PETAVEL OLLIF (Emmanuel), Théologien protestant suisse, né à Neuchâtel en 1836. Pasteur à Londres puis écrivain à Paris. — La fin du Mal, ou l'Immortalité des justes et l'anéantissement graduel des Impénitents.

Paris, 1872, in-12. (4 fr.).

D'après l'auteur, l'homme ne naîtrait pas immortel : l'Immortalité se gagne ou se perd, suivant les mérites propres de l'individu, ou ses démérites. — Réintégration ou désintégration, tel est le problème. — Cette théorie est justifiée dans ce volume par une série de passages entièrement tirés des saintes Écritures. — Qu'est ce que le bien et le mal?— Les peines éternelles — Les symboles et les hyperboles de l'Apocalypse. — En quoi consiste le châtiment éternel, etc.

Ouvrage très original et curieux.

8559 PETAVEL OLLIF (E.). — Le problème de l'Immortalité ; précédé d'une lettre de Ch. Secrétan.

Paris et Lausanne. Fischbacker, 1891-92. 2 vol. gr. in-8°. (7 fr.).

[D². 15057

Vie future. — Sommeil léthargique des ombres. — Livres apocryphes de l'Ancien Testament. — Maimonide. — La Cabale. — La Palingénésie. — Fin suprême de l'univers d'après Kant. — Symbolisme du feu et du ver, agents de destruction. — Exotérisme de l'universalisme, etc.

8560 PETERMANN (Andréas). — D. Andreæ PETERMANNI Chimia, opus posthumum editum a filio D. Benj. Bened. PETERMANNO.

Lipsiæ, Frid. Lanskisius, 1708, in-8° de IV-130-XXXVIII pp.

(O-1340

8561 PETERSEN (Chr.). — Philosophiæ Chrysippeæ fundamenta in notionum dispositione posita e fragmentis.

Hamburgi, 1827, in-8°. (3 fr.).

8562 PETERSEN (Johann Wilhelm), Voyant allemand né vers le milieu du XVIIᵉ siècle. Surintendant de Lunebourg et Chef de Secte. — Die gantze Oeconomie der Liebe Gottes in Christo, nach ihrer Breite und Länge, Tieffe und Höhe, auff Veranlassung des kurtzen Berichts des Schwedischen Theologie von den Pietisten, allen Unpartheyischen vorgestellet, und die neuliche eilfertige Antwort eines Discipels von D. Meyern kurtzlich beantwortet von Johann Wilhelm PETERSEN.

S. l. ni adr., 1707, in-12 de XXIV-432 pp.

Voyez sur PETERSEN, sa femme et sa secte, GRÉGOIRE : Hist. des sectes religieuses, V, 385-90.

(O-95

8503 PETETIN Père (Jacques-Henri-Désiré), médecin français, né à Lons-le-Saulnier en 1744, mort à Lyon en 1808. Docteur de Montpellier. — Electricité animale prouvée par la découverte des phénomènes physiques et moraux de la catalepsie hystérique et de ses variétés et par les bons effets de l'électricité artificielle dans le traitement de ces maladies par PETETIN père président honoraire et perpétuel de la Société de Médecine de Lyon, ancien inspecteur des hopitaux civils et militaires, etc... Membre du conseil général du Rhône, etc.

Paris, Prunot-Labbé, Gautier et Bretin.Lyon, Reymann et C°, 1808, 2 vol. in-8°, XVI-122 et 383 pages, port. (9 fr.).

Ouvrage devenu rare et toujours recherché. Il a été publié très peu de temps après la mort de l'auteur, le docteur PETETIN, qui mourut le 27 Février 1808. Dans la préface et l'avertissement, le médecin de Lyon rappelle que, si son premier mémoire a été confondu avec les écrits magnétiques d'alors, plusieurs grands médecins : les Professeurs FOUQUET et DUMAS, n'ont pas craint de renouveler ses expériences. Il ne se dissimule pas que les faits qu'il va raconter vont paraître extraordinaires, mais il les détaillera soigneusement ; il rappellera les témoignages des nombreux confrères qui les ont vus avec lui.

Nous connaissons peu de livres, sur la matière qui nous occupe ici, aussi intéressants que l'ouvrage de M. PETETIN. Quelques médecins ont essayé depuis lors de révoquer en doute les affirmations de l'auteur, mais l'honorabilité et le savoir de PETETIN étaient si incontestés, le nombre de médecins qu'il a appelés près de ses malades est tel, qu'il n'est plus possible de le taxer d'enthousiaste ou d'observateur maladroit. L'on doit répéter avec lui que pour être convaincu de pareils faits " il faut les observer fréquemment afin de ne point en suspecter la réalité, car aucun raisonnement ne saurait la confirmer ".

Une excellente notice sur la vie et les ouvrages de M. PETETIN précède les observations de la catalepsie. Cette notice est accompagnée de notes qui en font une travail de véritable érudition.

Plusieurs Bio-bibliographies indiquent 1805 comme date de cet ouvrage, c'est une erreur.

(D. p. 81

8564 PETETIN (J.-H. Désiré). — Mémoire sur la découverte des phénomènes que présentent la catalepsie et le somnambulisme par J.-H. Désiré PETETIN.

Lyon, 1787, in-8°. (3 fr. 50).

[Tb⁶² 1 T. 14 pièce 2

Ce mémoire est le premier que l'auteur ait publié sur le magnétisme, auquel il s'était rallié après avoir été l'un de ses adversaires. Esprit indépendant ayant fait une heureuse spécialité du traitement des maladies nerveuses, il se borne à raconter ce qu'il a vu sans examiner en quoi la théorie et les faits racontés par les magnétiseurs ses contemporains se rattachent à ses observations, et son travail devait d'autant plus faire sensation. Nous verrons plus tard qu'il n'en fut pas tout à fait ainsi.

(D. p. 173

8565 PETETIN (J. H. D.). — Théorie du galvanisme ; ses rapports avec le nouveau mécanisme de l'électricité, publié en l'an 10.

Paris et Lyon, 1803, in-8° de 44 pp. (1 fr. 50).

Expériences avec la bouteille de Leyde.

8566 PÉTÉTIN Père (sur). — Notice historique sur la vie et les ouvrages de J. H. Désiré PETETIN [dit PÉTÉTIN père].

S. l. n. d., in-8°.

8567 [PÉTIAU (Abbé)]. — Autres rêveries sur le magnétisme animal à un Académicien de province.

Bruxelles, 1784, in-8°, 48 pages. (2 fr.).

Attribuées à l'abbé Pétiau. C'est une critique du *Rapport des Commissaires* et une défense de Mesmer contre d'Eslon.

(D. p. 45

8568 [PÉTIAU (l'Abbé)]. — Lettre de M. l'abbé P... de l'Académie de la Rochelle, à M... de la même Académie sur le Magnétisme animal.

S. l., 30 Août 1784, in-8°. 7 pages. (1 fr.).

L'auteur (l'abbé Pétiau) Membre de la *Société de l'Harmonie*, raconte un incident peu connu de l'histoire du Magnétisme. Au quatrième cours, un membre de l'Académie des Sciences, médecin de la Faculté de Paris, etc., se fit remarquer par sa mauvaise tenue, et il fut réprimandé militairement, dit l'auteur, par le professeur (comte Maxime de Puységur). Il s'agit sans doute de Berthollet.

(D. p. 31

8569 PETIT (Edouard). — Strada et son œuvre.

Paris, s. d., in-18, (0 fr. 75).

8570 PETIT (Abbé J. A.). — La Rénovation religieuse. Doctrine et Pratique de la Haute Initiation. Deuxième édition.

Paris, gr. in-8°, (5 fr.).

Deux parties : 1° Le Livre de la Connaissance : Dieu et son Œuvre. — 2° Le Livre des Transformations : l'Humanité et ses Aptitudes spirituelles.

Traité de Mystique Moderne.

8571 Du même auteur :

L'Apocalypse expliquée...

Paris, Chamuel, 1901, in-18 de 99 p.

[A. 21493

8572 PETIT (Jonathas (sic)). — L'Anti-Hermaphrodite, par Jonathas Petit.

Paris, J. Berjon, 1606, in-8°.

[R. 46206
(S-5812

[PETITJEAN (Maurice)]. — Ecrivain contemporain qui a écrit sous l'anagramme de Jean Maveric. q. v.

8573 PETIT - RADEL (L. C. F.). — Notice sur les Nuraghes de la Sardaigne, considérés dans leurs rapports avec les résultats des recherches sur les monuments cyclopéens ou pélasgiques.

Paris, 1820, in-8° de 150 p. avec 3 grandes planches hors texte. (6 fr.).

[J. 20253

Ouvrage rare, dans lequel on trouve d'importantes recherches sur les peuples primitifs de l'Italie : Pélasges, Etrusques, et sur leurs mœurs, leurs religions, etc...

8574 PETITUS ou Petit (Pierre), érudit et littérateur, Docteur en médecine de Montpellier, né et mort à Paris (1617-1687). De l'Académie des " Ricovrati " de Padoue. — Petrus Petitus. De Sibyllâ Libri Tres.

Lipsiæ apud Hæredes Frid. Lankisch, 1686, in-12. (6 fr.).

(G-1969

8575 PETRAEUS ou Petray (Benoit-Nicolas). — Bened. Nicol. Petræi Critique über die Alchymistischen Schrifften und deren Scribenten, ihren neuen projections-Historien, Wie auch von der Materia prima philosophica und andern Dingen mehr, handlend ; so wohl mit einigen Anmerckungen, als auch in der Critique selbsten vermehret, und von neuen ans Licht gestellet : dans *Deutsches Theatrum chemicum* de Fr. Roth-Schöltz (1730), II, 1-86.

Paru d'abord dans l'édit. des Œuvres de Basile Valentin donnée par Petray.

Il y a une autre édition de 1740.

(O-584 et 585)

8570 PÉTRARQUE ou Francesco Petrarca, illustre poète né à Arezzo en 1304, mort à Arqua, près Padoue, en 1374. Un moment exilé à la Cour du Pape Jean XXII d'Avignon. — Mon secret ou du mépris du Monde. Confessions de Pétrarque translaté du latin en quasi-français par le Docteur Pompée Mabille.

Angers, 1886, gr. in-8°. (4 fr.).

[8° R. 7947

Pétrarque est peu connu comme philosophe, et c'est ce qui donne à ces dialogues, entre St-Augustin et lui-même un intérêt puissant.

Edition ancienne (en " bétrusque "?).

Sienne, 1517, in-4".

[Réserve p. R. 501

PETRUS ARLENSIS de Scudalupis, personnage peu connu dont le traité : *Sympathia Septem Metallorum* fait suite à un ouvrage de Leonardus, q. v.

8577 PETTIGREW (Thomas Joseph). Docteur en Philosophie de l'Université de Göttingue, mort en 1866, âgé d'environ 75 ans. Il était fils d'un pharmacien de Londres. — On Superstitions connected with the History and Practice of Medicine and Surgery.

S. l., 1843, in-8°.

Réédité

Philadelphie, 1844. in-12.

[T⁴. 50

8578 PEUCER (Gasp.) érudit allemand, gendre de Mélanchton, né à Bautzen en 1525, mort en 1602. Recteur de l'Académie de Wittenberg puis médecin du Prince d'Anhalt. — Commentarivs de præcipvis divinationvm generibvs, in qvo a prophetiis avthoritate divina traditis, et à physicis coniecturis, discernuntur artes et imposturæ Diabolicæ, atque obseruationes natæ ex superstitione et cum hac coniunctæ ; et monstrantur fontes ac causæ phisicarum prædictionum : Diabolicæ vero ac superstitiosæ confutatæ damnantur. Recognitus ultimo et auctvs ab avthore ipso.

Francoferti, apud A. Wecheli, 1593. in-8". (7 fr.).

[R. 40450

Autre édition :

Servestae, 1591, fort in-8°, (14 fr.).

8579 PEUCER (Gasp.). — Les Devins ou Commentaires des principales sortes de divination, distingués en XV, livres, esquels les ruses et impostures de Satan sont descouvertes, solidement refutées et separées d'avec les Sainctes Propheties, et d'avec les predictions naturelles ; escrit en latin par M. Gaspar Peucer, tres docte philos. mathemat., et medecin de nostre temps ; nouvellement tourné en françois par S. G. S. (Simon Goulard Senlisien).

En Anvers, par Hendrik Connix, 1584, in-4" de XII-653 pp. plus la table. (30 fr.).

[R. 8226

Livre I. les Divinations. — II. Predictions naturelles. — III. Oracles. — IV. Theomancie. — V. Magie. — VI. Enchantemens. — VII. Hieroscopie (Divinat. par les entrailles des bêtes). — VIII. Aruspicine. — IX. Divination par les sorts. — X. Oneiropolie (... par les songes). — XI. Présages des médecins. — XII. Météorologie. — XIII Physiologie. — XIV. Astrologie. — XV. Tératoscopie.

Autre édition :

Lyon, Barthelemi Honorati, 1584, in-4°. (30 fr.)

[R. 8227
(O-1863
(S-3176 b
(G-831, 1970 et 1971

8580 PEUSCHEL (C. A.). — Abhandlung der Physiognomie, Metoposcopie und Chiromantie, mit einer Vorrede, darinnen die Gewiszheit der Weiszagungen aus dem Gesichte, der Stirn und den Händen gründlich dargetham wird.... ausgefertigt von C. A. PEUSCHEL.

Leipzig, Hansius, 1769, in-8° de IV-402 pp. avec un gr. nombre de pl. (12 fr.).

(O-1846)

8581 PEYRAT (A.). — Histoire élémentaire et critique de Jésus.

Paris, 1864, in-8° (4 fr. 50).

Livres chretiens des premiers siècles. — Les Evangiles apocryphes. — Virginité de Marie. — Les miracles. — Les démoniaques et les exorcistes. — Procès de Jésus, — Mort de Jésus, etc...

8582 PEYRONNET (L.). — Le médecin des pauvres et les 2,000 recettes utiles.

Paris, 1906, in-12, planches en couleurs.

Ouvrage d'une grande utilité, donnant les moyens de vivre longtemps en suivant des conseils d'hygiène à la portée de tous et que l'expérience a consacré. — Ces Conseils d'hygiène sont basés sur l'emploi des plantes, car ces remèdes simples, préparés par la nature, soulagent et guérissent la plupart des maladies. Le livre se termine par quelques recettes d'une véritable utilité journalière et quelques recettes pour les animaux domestiques.

Il existe un résumé de cet ouvrage « *La Médecine des Pauvres* ».

Paris, Tribout, 1904 (26-ème édit) in-16 de 126 p. publié a 1 fr. C'est un recueil de « remèdes de bonne femme ». Curieux.

[T.¹⁸ 885 A

8583 PEYSSONEL (Jean) Médecin de Marseille. — Ioannis PEYSSONEL, Massiliensis doctoris medici, de temporibus humani partus, juxta doctrinam Hippocratis tractatus.

Lugduni, Huguetan et Ravaud, 1666, pet. in-8° (20 fr.).

Orné de qq. vignettes sur bois dans le texte et d'une curieuse planche composée de 3 cercles mobiles superposés avec une aiguille également mobile.

8584 PEZEL (Michel). Opus singulare procedens ex sale quodam centrali æthereo, resoluto in igne minerali terrena seu oleo vitrioli,... ex Theophrasto redivivo Michaelis PEZELII, circa finem ; dans *Theatrum chemicum* (1661), VI, 518, 1 seule page.

(O-1144)

8585 PEZRON (Paul) de l'ordre de Citeaux, abbé de la Charmoie, érudit et philologue, né à Hennebon (Loire Inférieure) en 1639, mort en 1706. — Antiquité de la nation et de la langue des Celtes, autrement appelez Gaulois.

Paris, 1703, in-12, (4 fr.).

Curieux ouvrage recherché sur le Druidisme (Origine des Celtes. — Les Titans ou Celtes. — Les Spartiates furent des Celtes. — Origine de la langue celtique. — Ancienne langue des Aborigènes, etc.)

8586 PEZZANI (André) avocat et écrivain, né et mort à Lyon (1818-1877) Philosophe catholique. — Biographie de Monsieur Jobard, directeur du musée d'industrie de Bruxelles par André PEZZANI, avocat.

Lyon, Bourop, 1862, in-8°, 70 pages.

Extrait de *l'Industriel français*.

(D. p. 175

8587 PEZZANI (André). — Lettres à M. Lélut sur la question du sommeil, du somnambulisme et des tables tournantes, à propos de son rapport au sujet du dernier concours ouvert à l'Académie des Sciences morales et politiques (section de philosophie) par André PEZZANI, auteur de nombreux ouvrages philosophiques et du mémoire n° 1, etc...

Lyon, Imp. A. Vingtrinier, 1855, in-12. 79 pages.

(D. p. 160)

8588 PEZZANI (André). — Une Philosophie Nouvelle. Ce qu'elle doit être devant la Science, contre le positivisme ; contre le spiritualisme et le matérialisme à la fois. — L'Absolu. — Synthèse des Druides, etc....

Paris, Didier, 1872, in-12, (3 fr. 50).

(G-1972)

8589 PEZZANI (André). — La Pluralité des Existences de l'Ame conforme à la Doctrine de la Pluralité des Mondes. Opinions des Philosophes anciens et modernes, sacrés et profanes depuis les Origines de la Philosophie jusqu'à nos jours.

Paris, Didier, 1865, in-8°. (8 fr.).

[R. 46471

Deuxième édition :

Ibid., Id., 1865, in-12 de XXXIV-432 p. (3 fr. 50).

[R. 46472

Porphyre. — La Métempsychose chez les Indous et les Egyptiens. — Plotin, Jamblique, Pythagore. — Les Mystères. — Moïse et le Christ. — Des Druides. — Le Zohar. — Science secrète. — Vies successives. — Saint-Martin le Philosophe inconnu. — Spiritisme. — Réincarnation, etc...
L'introduction de cet ouvrage contient le sommaire des preuves de l'immortalité de l'individualité humaine. — Puis l'auteur étudie l'antiquité profane et sacrée et enfin, il cite l'opinion des modernes et des contemporains sur la croyance à la vie future et il termine son ouvrage par un résumé de ces opinions qui tranchent définitivement la question.

Autre édition :

Paris, 1872. fort in-12, 408 p. (3 fr.).

[R. 46474

C'est le livre de chevet des théosophes et le traité le plus complet sur la matière. — PEZZANI y développe dans toute son ampleur la religion des anciens mystères, les systèmes de Pythagore et des Druides. — Un des côtés attrayants de ce volume est l'exposition des théories de DELORMEL, dans sa « Grande Période » aujourd'hui introuvable, et de celles de DUPONT DE NEMOURS dans sa « Philosophie de l'Univers » tout aussi rare. — Aucun des écrivains, si ignorés soient-ils, qui ont abordé le sujet n'est laissé dans l'oubli, ce qui donne à ce livre une allure encyclopédique. [Dujols].

(G-1973

8590 PEZZANI (André). — Principes supérieurs de la morale, adressés à tous les hommes.

Paris, 1859, 2 forts vol. in-8°, (8 fr.).

[R. 46475-476

Œuvre capitale de l'auteur de la « Pluralité des existences de l'Ame » où tous les systèmes philosophiques orientaux et occidentaux, anciens et modernes sont étudiés avec un talent de premier ordre. On y trouve les magnifiques élans du grand spiritualiste en même temps qu'une science profonde du mystère des êtres et des choses.

8591 PEZZANI (André). — Le Rêve d'Antonio ; 2-ème édition, augmentée de Notes nouvelles et suivie d'un Essai sur le Druidisme

Paris et Lyon, 1851, in-12, (2 fr. 50).

[Rp. 2589

8592 PHAEDRON (Georges). — Vom Stein der Weisen, Theoria und Practica des Edlen, Ehrnohesten und Hochgelehrten Herrn Georgii PHAEDRONIS geschrieben ; à la suite de Triumph Wagen Antimonii. (1604). 399-450.

(O-987

8593 PHANEG (G.). Pseudonyme de M. DESCORMIERS, employé à l'Administration des Postes, à Paris. — Etude sur l'Envoûtement (Les Chaînes invisibles; l'envoûtement inconscient ; l'envoûtement conscient; les moyens de défense, etc...)

Paris, in-8°. (1 fr. 50).

8594 PHANEG (G.). — Louis XVII et l'astrologie : avec une lettre autographe du duc de Normandie et cinq figures astrologiques.

Paris, Dujarric, 1906, in-18, VI-60 p. avec cinq figures astrologiques et fac-simil. (1 fr. 25).

[8° Lb³⁵. 11925

Intéressante étude pour ceux que passionne la question de Louis XVII.

8595 PHANEG (G.). — Méthode de Clairvoyance psychométrique. — Préface du Dr Papus.

Paris, Libr. des Sciences Psychiques 1902, in-12, 71 p. (1 fr. 50).

La lecture de l'Aura (rayonnement invisible des êtres et des choses) est un des sujets les plus captivants de la pratique occulte. — Vision simple, vision avec clairaudience. — De la clairaudience sans vision. — Vision de l'état astral ou mental d'un être humain.

8596 PHANEG (G.). — Méthode pratique d'Astrologie onomantique.

Paris, Librairie Française, 1906, in-16, 64 p. fig. (1 fr. 25).

[8° R. 20240

Docteur en Hermétisme, G. PHANEG s'est fait remarquer par ses facultés extraordinaires de psychométrie. — Son traité d'Astrologie est la quintessence de ses cours à l'École Hermétique. — Clair et précis, il résume lumineusement tous les travaux antérieurs et rend agréable et facile cette science présentée jusqu'ici sous des aspects rébarbatifs. — Il contient toutes les règles pour dresser en quelques leçons les horoscopes les plus exacts et les plus complets.

8597 PHANEG (G.). — Nos Maîtres. Le Docteur Papus, par G. PHANEG, professeur à l'École Hermétique de Paris, avec une Étude Chiromantique de Mme Fraya.

Paris, Librairie Hermétique, 1909, in-16 de 115 p. et Table. Portrait de Papus et Fac-simile d'écriture. (2 fr.)

Trois parties : L'Homme. — L'Érudit et le Penseur. — Le Médecin savant et le Guérisseur intuitif.

La Bibliographie qui termine ce livre est malheureusement assez incomplète, sauf en ce qui concerne les « *Principaux articles de Papus dans l'Initiation* » (10 pages, environ). L'Analyse de ses principaux Travaux vaut mieux : (23-72).

Ouvrage destiné à rendre de grands services aux occultistes et aux amis du maître. — On y trouve le compte-rendu des ouvrages de Papus, de 1884 à 1908 et la liste de tous les articles écrits par lui dans la revue *l'Initiation*, avec les renvois aux numéros correspondants de cette revue.

8598 PHARUS Chymiæ, oder hell-leuchtender Wegweiser zur chymischen Wissenschafft, welcher in dem ersten Theile von der Möglichkeit einer zu bereitenden Universal-Medicin handelt; und in dem zweiten Theil die dunckeln, fabulosen und allegorischen Redens Arten der Philosophen nebst der Zubereitung solcher Medicin selbst klar und deutlich anzeiget ; auf vieler Kunst-Liebenden Verlangen zum Druck gegeben von einem in chymicis experimentis cooperante.

Regensburg, Emanuel Adam Weiss, 1752, in-8° de VI-120 pp.

(O-1460-1470

8599 PHELIPEAUX (abbé Jean) Précepteur du neveu de Bossuet, né à Angers, mort à Meaux en 1708. — Relation de l'Origine, du Progrès et de la condamnation du Quiétisme répandu en France, avec plusieurs anecdotes curieuses.

S. l. 1732-33, 2 parties in-12, (6 fr.).

8600 PHELIPPEAUX (Dr). — Étude pratique sur les frictions et le massage ou guide du médecin masseur.

Paris, 1870, in-8° (2 fr. 50).

8601 PHELON (W. P.) author of « *Esoteric Vibrations* ». — Love — Sex — Immortality.

San Francisco, 1900, in-12, carré. (1 fr. 50).

PHILALÈTHE. Nom Mystique de deux Alchimistes que l'on confond généralement : l'un est Thomas VAUGHAN, et l'autre son disciple américain George STARKEY.

PHILALETHES (Eugenius). — Voir : VAUGHAN (Thomas).

PHILALETHES (Irenaeus, ou Airenaeus, Philoponus, etc.) Voir : STARKEY (George).

Néanmoins, quand on parle du Philalèthe, sans autre désignation, on entend généralement le maitre et non le disciple : Thomas VAUGHAN, et non pas George STARKEY.

8602 PHILASTRE (P. L. F.). — Le Yi: King, ou Livre des changements de la dynastie des Tsheou, traduit pour la première fois en français avec les Commentaires traditionnels complets de Tshèng Tsé et de Tshou-hi, et des extraits des principaux commentateurs.

Paris, 1885-03, 2 forts vol. in-4° de plus de 600 p. chacun. (30 fr.).
[O² 610 (8.22)

Traduction excellente d'un des Livres sacrés les plus importants de la Chine, dont ils renferment les éléments du plus profond ésotérisme.

PHILELEUTHERIUS HELVETICUS, voir :
ZIMMERMANN (Jean-Jacques).

8603 PHILIBERT-SOUPÉ (A.). — Corneille Agrippa.
S. l., 1883, in-8°, (3 fr.).

Etude publiée dans l'*Annuaire de la Faculté des Lettres de Lyon*, 1883. On y trouve encore de curieuses stances sanscrites et articles intéressants sur Pasitèle et Colotès etc...

8604 [PHILIP (le Docteur)]. Doyen de la Faculté. — La Mesmériade, ou le triomphe du magnétisme animal. Poème en 3 chants dédié à la lune.
Genève et Paris, Conturier, 1784, in-8°, 15 pages. (2 fr.).

Pièce de vers, satire assez spirituelle, attribuée à M. Pittar, doyen de la Faculté.

(D. p. 20

8605 PHILIPON DE LA MADELAINE (M. V.). — La Mythologie illustrée, contenant les morceaux les plus célèbres en prose et en vers des écrivains anciens et modernes sur les Dieux de la Grèce, de Rome, de l'Inde, de la Scandinavie et de l'Amérique, etc.

Paris, 1842, in-12, (3 fr.).

Ouvrage orné de 100 vignettes, de 25 planches tirées à part et d'un frontispice sur chine représentant les diverses divinités d'après les dessins de Baron.

8606 PHILIPPE (A.). — Histoire des Apothicaires chez les principaux peuples du monde, depuis les temps les plus reculés jusqu'à nos jours ; suivie du tableau de l'état de la pharmacie en Europe, en Asie, en Afrique et en Amérique.

Paris, 1853, in-8° (10 fr.).

Le mot « pharmacien » signifiait empoisonneur dans l'antiquité. — Abus de médicaments chez les anciens Mages. — La pharmaceutique en Chine, en Egypte, en Assyrie, dans l'Inde, chez les Juifs. — Onguent d'Agrippa. — La Pharmacie sacrée (dans les cultes). — Drogues miraculeuses, etc...

PHILOMÈNE (sur Sainte) : voir :
BARELLI (le P. J. F.) S. J.
DARCHE (Jean).

PHILOMNESTE. — Pseudonyme employé avec une trop légère variante par deux littérateurs et bibliographes :

Sc. psych. — T. III. — 18.

G. P. PHILOMNESTE, voir :
PEIGNOT (Etienne Gabriel).

PHILOMNESTE Junior voir :
BRUNET (Pierre-Gustave).

8607 PHILON LE JUIF ou D'ALEXANDRIE, né en cette ville vers l'an 20 av. J.C., mort vers 80, âgé de près de cent ans. Philosophe mystique et platonicien célèbre, autant que Kabbaliste profond. — Omnia quæ extant opera ex accuratissima Sigismundi Gelenii et aliorum interpretatione partim ab Adr. Turnebo partim à Davide Haeschelio.

Francofurti, Sebrey et Conradi. s. d., (1601), in-fol. (20 fr.).

Autre édition :

Paris, 1640.

[C. 0

Texte grec et traduction latine en regard, des œuvres de Philon. — Cette édition latine est beaucoup plus complète que les traductions françaises.

8608 PHILON Juif. — Philonis Ivdaei, scriptoris eloqventissimi, ac philosophi summi, lucubrationes omnes quotquot haberi potuerunt, nunc primum Latinæ ex Graecis factae. Per Sigismundum Gelenium. Additio in fine rerum memorandarum indice fœcundissimo.

Lvgdvni, apud Th. Paganum, 1555, in-8°. (10 fr.).

[C. 4201
(G-834

8609 PHILON Juif. — PHILON luif, authevr tres eloqvent et philosophe tres graue. Les Œvvres. Contenant l'exposition litérale et morale des liures sacrez de Moyse et des autres Prophètes, et de plusieurs diuins Mysteres, pour l'instruction d'un chacun en la piété et aux bonnes mœurs. Translatez en François sur l'original grec, par Federic (*sic*) MOREL.

A Paris, chez Iacqves Bessin. 1619, in-8°. (12 fr.).

[Rés. C. 4262

Les traductions françaises de PHILON, philosophe juif, sont fort rares. — C'est PHILON qui ouvrit la carrière du syncrétisme aux gnostiques et aux alexandrins. — La Gnose y a puisé largement et la théologie chrétienne a trouvé dans Philon un commentaire supérieur de la doctrine rationnelle. — C'est le dernier mot de la sagesse hébraïque. — Cette édition contient le traité des Allégories, un de ceux qui font le mieux connaitre la doctrine de Philon ; ainsi que ceux de la Création du monde, la Vie de Moïse, le Décalogue, la Circoncision, Des Hosties, des Sacrifices, de la Vie contemplative, des Malédictions, etc...

(G-1074

8610 PHILON Juif. — Les œuvres de PHILON Ivif, avthevr très éloquent et philosophe très grave. Contenans l'interpretation de plusieurs divins et sacrez mystères, et l'instruction d'vn chacun en toutes bonnes et sainctes mœurs. Mises de grec en François par Pierre Bellier, docteurs (*sic*) ez droicts.

A Paris, chez Michel Sonnivs, 1588, pet. in-8°. (15 fr.).

[Rés. C. 2513

Autre édition :

Paris, Sonnivs, 1598, fort vol. in-4°.

Paris, 1612, in-12 de 1236 pp.

[C. 2514
(G-833
(S-218 Supplément

8611 PHILON LE JUIF. — Philonis Judaei, opera exegetica in libros Mosis, de Mundi opificio historicos et legales.

Coloniae. Excudebat P. de la Roviàre, 1613, in-fol. (5 fr.).

[C. 5

Excellente édition du texte grec avec la traduction latine en regard.

8612 PHILON Juif. — Le livre de PHILON de la Vie contemplative, trad. du grec par le P. de Montfaucon.

Paris, 1789, in-12.

[C. 2515
(S-1057

PHILON Juif (sur). — Voir :
HERRIOT (Ed.).
DE LAUNAY (Ferd.).

8613 PHILOPHILUS. — PHILOPHILI Reise in den Mond, auff welcher Er bey der neulichen allgemeinen Sächsischen Flucht lernete : die Kunst die Bemüther derer Menschen zu erforschen sey überaus nützlich und nöthig. Die erste Tour.

S. l., 1767. in-8° de 80 pp.

(O-1396

8614 PHILOSOPHIE (la) de tous les tems (sic) et de tous les âges.

S. l. n. d., (vers 1795). in-16. (2 fr.).

Petite brochure peu commune.

(G-835

PHILOSOPHIE (la) des Vapeurs. — Voir :
PEAUMERELLE (l'abbé de).

8615 PHILOSOPHISCHE (Das) Auge in der Chymie, den so lange von den allermeisten in Blindheit des Verstandes vergeblich gesuchten Lapidem Philosophorum oder Stein der Weisen zu sehen, und so viel leichter zu finden der Richtschnur der Vernunft gemäsz... bey mäszigen Stunden geschärffet von F. A. G.

Iena, Theod. Wilh. Ernst Güth, 1751, in-8° de XXIV-72 pp.

(O-1468

8616 PHILOSOPHISCHE Schatz - Kammer dess verborgenen Kleinods der Natur, worinnen die Erkäntnis der hohen Universal-Medicin als der hinterlassene Seegen unserer Alt-Vätter an ihre erstgebohrne Söhne enthalten,.. von einem Liebhaber der wahren Philosophie.

Nürnberg, Johann Paul Krauss, s. d. (17...), pet. in-8° de 15 pp.

La première édit. est de 1651.

(O-1256

8617 PHILOSOPHISCHER (Ein) und chemischer Tractat gennant : *Der kleine Baur* (ou *Bawr*) *:* von der Materia und Erkantnusz desz einigen und wahren Subjecti Universalis Magni et illius Præparatione ; sampt beygefügten Commentariis Johannis Walchii, und in dieser andern Edition ist das Supplementum von grünen Underzug beygedruckt...

Strasburg, Eberh. Zetzner. 1658, pet. in-8° de XVI-368-XIII pp.

Le Traité ne remplit que les 43 premières pages, les Commentaires de Jean WALCH forment le reste du vol.

(O-1266

8618 PHILOSOPHISCHES Tractätlein, enthaltend eines Anonymi züfällige Bedancken von der animalischen, vegetabilischen und mineralischen Artzney, wie auch von der Universal-Medicin.

Gedruckt im J. 1735, in-8° de 46 pp.

(O-1637

8619 PHILOSOPHUMENA, quae sub ORIGENIS nomine circumferuntur, Græcè et Latinè, edente J. C. Wolfio.

Hamburgi, 1706, in-8°. (Fournier, 8 liv.).

Edition ancienne de cet ouvrage célèbre dont une traduction française est actuellement en cours de publication dans une intéressante Revue parisienne : « La Gnose. ».

(F.

8620 PHILOSOPHUMENA. — Φιλοσοφού-μενα, ἢ κατὰ πασῶν Αἱρέσεων Ἔλεγχος. Philosophumena sive Hæresium omnium confutatio ; opus Origeni adscriptum e codice parisino productum, recensuit, latine vertit, notis variorum suisque instruxit, prolegomenis et indicibus auxit Patricius CRUICE, S. Theologiæ doctor in Universitatibus Monacensi et Parisiensi...

Parisiis, Excusum in Typographeo Imperiali, de auctoritate imperatoris. M. DCCCLX [1860]. In-8° de XL-548 p. (10 fr.).

[C. 4420

Texte grec et traduction latine. Impression à l' « l » barrée.

Autre édit.

Oxonii, 1851, in-8°.

[Rés. C. 4240

Cette réfutation de toutes les Hérésies est diversement attribuée à Origène, à St-Hippolyte, à Tertullien ou à quelqu'un des Disciples de ce dernier.
La première partie expose les Doctrines Philosophiques de l'Antiquité ; la seconde les Hérésies principales. Le IV° Livre est consacré à la réfutation de la Magie.

PHILOSOPHUMENA. — Voir aussi :
CRUICE (l'abbé).

8621 PHILOSTRATE (Flavius) Sophiste grec né à Lemnos ou à Athènes et florissant au II° siècle de notre ère. Fut protégé par l'Impératrice Julia DOMNA. — Les Images ou Tableaux de plate peinture des deux PHILOSTRATE, mis en François par Blaise de VIGENÈRE.

Tournon, 1611, 3 vol. in-8°. Tit. gravé.

Autres éditions :

Paris, en la boutique de l'Angelier, chez C. Cramoisy, 1629, in-f°. Titre gravé. Figures de Jasper-Isaac et de Thomas de Leu.

[Z. 1527

Paris, 1614, 1 fort vol. gr. in-fol.

[Rés. g. Z. 10

C'est la description de 70 tableaux qui décoraient le Portique de Naples.

(St. Y-2307 et 98.

8622 PHILOSTRATE. — Les Images, ou tableaux de platte peinture des deux PHILOSTRATE, sophistes grecs et des statues de Callistrate. Mis en françois par Blaise de Vigenère, Bourbonnois, enrichis d'arguments et annotations ; reveus et corrigez sur l'original par un docte personnage de ce temps en la langue grecque, et représentez en taille-douce en cette nouvelle édition. Avec des épigrammes sur chacun d'iceux par Artus Thomas, sieur d'Embry.

Paris, Cramoisy, 1637, fort in-fol. 68 planches gravées par Jaspar Isac, Léon Gaultier et Th. de Leu. (60 fr.).

[Z. 501 et 502

Édition bien complète, contenant la « Suite de Philostrate par Blaise de Vigenère. »

8623 PHILOSTRATE. — PHILOSTRATI lemnii senioris Historiae de vita Apollonii Tyanei libri octo, Alemano Rhinuccino Florentino interprete ; Eusebius contra Hieroclem qui Tyanem Christo conferre conatus est. Zenobio Acciolo Florentino interprete. Omnia hæc Græcam veritatem diligenter castigata et restituto, adjectis ubi opus esse videbatur, annotatiunculis.

Luteliae, apud Egidium Gourbinum. 1555, in-16 de 10 ff. prélim. et 634 p. (10 fr.).

Édition parfaitement imprimée en caractères italiques. — Le privilège est au nom de Guillaume CAVELLAT et le volume est imprimé par B. Prévost.

8624 PHILOSTRATE. — PHILOSTRATE, De la Vie d'Apollonius Thyanéen, en VII Livres. De la Traduction de Blaise de Vigenère Bourbonnois. Reueuë et exactement corrigée sur l'original grec par Fed. Morel et enrichie d'amples commentaires par Artvs Thomas sieur d'Embry, Parisien.

A Paris, chez la veufue Abel L'Angelier, 1611, 2 vol. in-4°. Portr. d'Apollonius gravé, au milieu du Titre. (30 fr.).

[J. 6004-6095]

Très rare.

(G-1975
(S-6893

8625 PHILOSTRATE. — PHILOSTRATE, de la Vie d'Apollonius Thyanéen, avec des Commentaires de Charles Blount.

Berlin, 1774. 4 vol. in-12. (10 f.).

[J. 20269-272]

Autre édition :

Amsterdam, 1779, 4 vol. in-12. (15 fr.).

Cette édition (1779) est la meilleure qui ait été faite sur la vie et la doctrine du célèbre thaumaturge et philosophe pythagoricien initié aux Mystères d'Eleusis, et que certains ont opposé à Jésus-Christ, mission pour mission et miracles pour miracles.

Paris, Didier, 1862, in-12 par CHASSANG. q. v.

(S-6894

8626 PHILOTHAUME. — Explication physique de la Fable, ou Introduction à l'intelligence des Philosophes ; par PHILOTHAUME.

Autre traduction :

Paris, Ve d'Et. Papillon, 1724, in-12, 3 parties de IV-60, II-60, et II-29 pp. rel. en 1 vol.

(O-553

8627 [PHILOVITE]. — Die aus dem hermetischen Brunnen hervorquellende Wahrheit, oder : die wahre solarische Quintessenz; der Wurzelbalsam alles Wesens, und Ursprung alles Lebens, die Universallatwerge ; aus dem Französischen (von PHILOVITE***) übersetzt von AdaMah (*sic*) Booz (Adam Melchior BIRKHOLZ).

Leipzig, Joh. Phil. Haug, 1783, in-12 de 166 pp.

(O-1320-1321

8628 PHILOVITE. — Lettre philosophique de PHILOVITE à Heliodore ; dans *Biblioth. des philosophes alchimiques*, IV (1754). 511-51.

Signée : Philovita, ò Uraniscus.

L'écrivain caché sous ce pseud. a revu et corrigé différents traités d'alchimie qui se trouvent dans la *Biblioth. des philosophes chimiques*. (1741-54). il est désigné sous le pseud. d'Un Amateur de vérités hermétiques dont le nom est anagrammatisé : *Philovita, ò Uraniscus*, et sous celui de Ph... Ur...

(O-1322

8629 [PHILOVITE]. — La vérité sortant du puits hermetique ou la Vraye quintessence solaire et lunaire, baume radical de tout estre, et origine de toute vie, confection de la médecine universelle.

Londres s. adr. 1753. (*Paris, Lamy*, 1783), in-12 de 156 pp, avec 1 gr. pl.

P. 154. l'auteur dit : « Vil mortel que je suis, je ne désire que d'être ignoré, et dans cette vue j'anagrammatise mon nom ».

Philovite, *. *** cosmocole.

(O-1319

8630 PHILPIN DE RIVIERES. — Questions Egypto-Bibliques : difficultés chronologiques ; difficultés historiques ; l'Exode et ses suites, d'après les monuments.

Paris, 1876, in-8° (2 fr.).

Chronologie égyptienne. — Témoignages alexandrins. — Les temps primitifs. — Idées et habitudes égyptiennes, etc...

8631 PHILTRES MAGIQUES (Les)

triomphateurs de l'amour et de la femme.

Paris, s. d., in-8⁰ (5 fr.).

Moyens d'exciter l'amour. — Moyens de conserver l'amour.— Moyens d'anéantir l'amour. — Curieux grimoire contenant un grand nombre de recettes curieuses et qui peuvent avoir des résultats efficaces.

8632 PHINELLA (Philippus). — De duodecim cœlestibus signis in 360 gradibus divisis cum eorum inclinationibus et naturis.

Antverpiæ, ex officina Plantiniana 1650, pet. in-8⁰. Figures sur bois.

8633 PHINELLA (Philippus). — Primo libro de Nevi.

In Antverpia, 1652, pet. in-8⁰. Figures sur bois.

8634 PHINELLA (Philippus). — Finella (sic). De qvatvor signis quæ apparent in vnguibus manuum.

Neap. typis O. Gaffari. 1640, pet. in-8⁰. Figures sur bois.

8635 PHOENIX Atropicus de morte redux, der Wiederum frisch belebte gebenedeyte philosophische Adrop, aus dem Grab der Vergessenheit hervorgesucht, seinem Wesen,... und allen hiernach verlangenden curiösen Gemüthern, nebst noch einem Tractätlein von Johanne ISACO (Hollando) de Urina, wie man durch ihren Spiritum alle Tincturen extrahiren soll ; aus Arabische - Chaldäisch - Frantzösisch - und Lateinischer in Hochteutsche Zungen beseelet und vorgestellet.

Franckfurt und Leipzig, s. adr., in-8⁰ de 63 pp.

Le petit traité d'ISAAC commence à la p. 58.

Ces deux petits ouvr. sont la traduction de *Guidonis de Monte discipuli anonymi tractatulus*, et du traité *de Urina* de ISAAC Hollandus.

(O-1263-820)

8636 PHORE (J.).— Sur quelques faits coutumes et particularités extraordinaires des Indiens.

Paris, 1810, in-8⁰.

8637 PIC Prince de LA MIRANDOLE Comte de CONCORDIA et de QUARANTOLA (Jean) né au château de la Mirandole, près de Modène, en 1463, mort en 1494. Ce prince est illustre par la précocité de son intelligence. A vingt-quatre ans, il s'engageait à Rome à soutenir ses fameuses Thèses « *De Omni Re Scibili* » auquel VOLTAIRE ajoute « *et quibusdam aliis* ». Il se fit condamner par l'Inquisition, et ne reçut son bref d'absolution qu'en 1493, un an avant sa mort qui survint dans sa trente et unième année. — Opera omnia, cont. Heptaplus de opere Sex dierum geneseos. — Deprecatoria ad Deum elegiaco carmine ; Apologia tredecim quæstionum ; Tractatus de ente et vno cum objectionibus quibusd. et responsionibus ; Epistolæ ; Testimonia eius vitæ et doctrinæ, Disputationum aduersus astrologos lib. duodecim, etc...

Paris, Jehan Petit. (1517). 2 vol. petit in-fol. Figures. (40 fr.).

8638 PIC DE LA MIRANDOLE. — Omnia Ioannis PICI MIRANDULÆ Concordiæque comitis, Theologorum et Philosophorum, sine controuersia Principis.

[In fine]. *Basileæ, per Henricum Petri*, anno 1557. in-f⁰. (55 fr.).

[Z. 570

Edition rare et très complète, renfermant entre autres Traités : Heptaplus, de Dei Creatoris sex dierum opere Geneseos. — De Astrologia Disputatione Libri duodecim. — In Platonis Conuiuium Libri Tres. — Item, Cabala Ioannis Reuchlini, ad intelligenda loca quædam Pici.

(G-1976

8639 PIC DE LA MIRANDOLE. — Cabalistarum selectiora obscurioraque dogmata, a Joanne PICO ex eorum commentationibus pridem excerpta et ab Archangelo Burgovensi Minoritano, nuncprimum luculentissimis Interpretationibus illustrata.

Venitiis, 1569, pet. in-8°. (12 fr.)

[A. 6588
(S 3103 b

8640 PIC DE LA MIRANDOLE (sur). — Joannis Pici Mirandulæ Heptaplus modo schematis ad oculos comparata. — Accessit item abbreviata expositio cabalistica primæ dictionis, id est : In principio. Tabulam construxit Josephus Jankowski, miri Pici ingenii, vitæ plenitudinis scriptorum adamans contemplator, vestigia ejus perpie iniens.

Paris, s. d., (3 fr.).

[A. 4500

Grande table schématique selon Pic de la Mirandole de la septuple exposition des Jours de la Création, contenus dans la Genèse de Moïse. Travail latin, pour lequel l'auteur a reçu le titre de docteur en Cabale ; tiré seulement à 100 exemplaire numérotés.

8641 PIC DE LA MIRANDOLE. — Joan. Franc. Pici Mirandulæ, opus aureum de Auro tum aestimando, tum conficiendo, tum utendo; dans *Theatrum chemicum* (1613) II, 337-408.

(O-877

8642 PIC DE LA MIRANDOLE. — J. Pici Mirandulæ, Strix, sive in ludificatione Dæmonum libri III ; edente Carolo Weindrichio.

Argentorati, apud Paulum Ledetz, 1612, in-8°.

[R. 20090
(S-3188 b

8643 PICARD (Eudes). — Manuel synthétique et pratique du Tarot, par Eudes Picard.

Paris. H. Daragon. [1909], in-8° de 189 p. orné de 78 planches dessinées par l'auteur d'après des documents personnels. (4 fr.).

279

Ce sont surtout les Lames Mineures qui ont fait le sujet d'études fort intéressantes de l'auteur : leur symbolisme est des plus curieux et leur dessin ne ressemble en rien à celui des Tarots communs.

Les Pentacles Géométriques, les Quatre éléments, les Signes Astrologiques viennent se marier fort heureusement aux Sceptres, aux Deniers, aux Coupes et aux Epées. Il est seulement à regretter que l'exécution, au point de vue du dessin, ne soit pas plus artistique ; elle est vraiment fruste à l'excès.

8644 PICART (Bernard). — Cérémonies et coutumes religieuses de tous les peuples du monde, représentées par des figures dessinées de la main de Bernard Picart, avec une explication historique, et quelques dissertations curieuses (rédigées par J. Bernard, libraire, Bernard ministre à Amsterdam, Bruzen de la Martinière et autres). — Superstitions anciennes et modernes. 2 vol.

Amsterdam, Bernard, 1728-1743, 11 vol. in-fol. Frontispice et nombr. pl. gr. (54 fr.).

[Rés. G. 558-565

Ouvrage très recherché.

(S-5239

8645 PICART (Bernard). — Cérémonies et coutumes religieuses de tous les peuples du monde : avec des explications historiques et des dissertations curieuses. — Nouvelle édition entièrement conforme à celle de Hollande, corrigée, augmentée d'un grand nombre d'articles supplémentaires sur les sectes qui ont pris naissance depuis 1723, et qui existent soit en Europe, soit dans les Etats-Unis d'Amérique, de dissertations nouvelles sur le culte et les cérémonies de plusieurs peuples de l'Asie et de l'Afrique, etc... I. Cérémonies des Juifs et des Chrétiens catholiques. II. Cérémonies des Catholiques romains. III. Grecs et protestants. IV. Anglicans, Quakers, Anabaptistes, etc... V. Mahométans. VI. Peuples des Indes orientales. VII. Peuples idolatres de l'Asie, l'Afrique et l'Amérique. VIII. Fête des Fous, des processions et messes singulières. IX. Schismes, les Wiclélites et les Hussites. etc... X. Histoire de la Théophilantropie en France. Histoire complète et l'origine de la Franc-Maçonnerie, avec la description des réceptions dans les différents grades, etc... XI et XII. Superstitions.

Paris, Prudhomme, 1807-10, 12 tomes in-fol. (80 fr.).

Ouvrage du plus haut intérêt documentaire et artistique, contenant un frontispice et 270 planches gravées en taille douce par B. Picard, hors et dans le texte dont un grand nombre doubles. Plusieurs volumes sont consacrés aux messes singulières, aux pratiques superstitieuses, aux talismans, aux enchantements et sorcelleries, à la baguette divinatoire, aux Théophilantropes, à la Franc-Maçonnerie, à la procession de la Fête-Dieu d'Aix en Provence, à la Fête des Fous, aux processions d'Orléans, de Beauvais et de Rouen, aux ordres militaires, au sacre des Rois, aux épreuves, etc, etc... Le tout très copieusement illustré.

8046 PICART (Bernard). — Histoire des religions et des mœurs de tous les peuples du monde. Augmentée des cérémonies de certaines Messes et processions singulières ; des Convulsionnaires ; de l'histoire de l'Inquisition ; de la superstition ; des Sorciers ; des Enchantements de l'apparition des Esprits, de la Baguette divinatoire ; de la Fête des Fous ; des Saturnales ; des Sectes religieuses ; des événements survenus dans le Clergé et l'Eglise Catholique en France, depuis 1780 ; de l'origine, de l'utilité et des abus de la Franc-Maçonnerie, etc...

Berlin, 1816-19, 9 vol. in-4°. (70 fr.).

[G. 7993-7968

Ouvrage du plus haut intérêt documentaire et artistique, contenant 638 planches hors texte gravées d'après les dessins de Bernard Picart, et dont quelques-unes sont fort belles. — Le Tome VI en particulier, est des plus intéressants ; il contient entr'autres des études sur la conformité des cérémonies chrétiennes avec celles des Grecs et des Romains, sur les mascarades, les Fêtes des Fous et de l'Ane, sur les talismans et la sorcellerie et une histoire complète de la Franc-Maçonnerie, le tout avec figures à l'appui. — Cette édition est d'ailleurs rare, car elle n'a été tirée qu'à 400 exemplaires et mise en vente aux prix de 195 fr.

8047 PICCIOLI (Ant.). — Ant. Piccioli de Manus Inspectione Libri Tres.

Bergomi, [Bergame], J. B. Ciotti, 1687, in-8°.

[V. 21949
(S-3411

8648 PICCOLOMINI (Alexandre), écrivain et prélat italien né et mort à Sienne (1508-1508). Archevêque de Patras, in partibus. — La Philosophie et Institution morale du Seigneur Alexandre Piccolomini. Mise en françois par par Pierre de Larivey, Champenois.

A Paris, chez Abel l'Angelier, 1583, fort in-8°, (50 fr.).

[R. 18181
(G-1077

8649 PICCOLOMINI (Alexandre). — La sphère du monde, composée par Alexandre Piccolomini, gentilhomme italien, en si grâde facilité que chacun ayât les principes ci-après mis, pourra le tout facilement entendre ; traduite de Tuscan, en François par Jacques Goupil, docteur en médecine. Préface du traducteur.

A Paris, Pour Guillaume Cavellat, 1550, pet. in-8°, Figures. (15 fr.).

Autre édit. :

Paris, Guillaume Cavellat, 1608, in-8°.

[V. 20695

8650 PICHARD. — Admirable Vertu des Saints Exorcismes sur les Princes d'Enfer par Pichard.

Nancy, par S. Philippe, 1622, in-12. Avec une planche.

[L.n° 16974
(S-3226 b

8651 PICOT (Jean). — Histoire des Gaulois depuis leur origine jusqu'à leur mélange avec les Francs et jusqu'aux commencements de la monarchie.

Genève, 1804, 3 vol in-8°. (10 fr.)

Religion des Gaulois, leurs Dieux, leurs Temples, leurs Druides, leurs cérémonies. — Travail important pour l'étude des anciennes mythologies.

8652 PICTET (Adolphe) écrivain et philologue suisse, né et mort à Genève (1799-1875). D'abord officier d'artillerie. — Du culte des Cabires chez les anciens Irlandais.

Genève, Paschoud, 1824, in-8°. (7 fr.).

« Il est impossible de méconnaître ici la doctrine et jusqu'au style d'un élève direct de Fabre d'Olivet » (S. de G.).

(G-837

8653 PICTET (Ad.). — Le mystère des Bardes de l'île de Bretagne, ou la doctrine des Bardes Gallois du Moyen-Age, sur Dieu, la vie future et la transmigration des âmes. — Texte original traduction et commentaire.

Genève, Cherbuliez, 1856, in-12 de 82 pp. (2 fr. 25).

(G-838

8654 PICTET (Adolphe). — Les Origines Indo-Européennes, ou les Aryas Primitifs. — Essai de Paléontologie linguistique.

Paris, 1863, 1 fort vol. gr. in-8° formant plus de 1200 p. (30 fr.).

Cet ouvrage de Pictet est célèbre et capital pour l'étude de l'Inde et de ses croyances, aussi est-il fort recherché des savants et des philosophes. — Bien qu'il s'impose par sa grande valeur et sa renommée universelle, nous citerons quelques unes des subdivisions de ce travail cyclopéen : les superstitions, la croyance aux Esprits, la magie, la médecine, les Divinités Hindoues, les Eléments. — Les mythes, le culte, le Symbolisme, les nombres, etc...

Analysé dans Larousse : v. Indo-Européennes (les Origines).

8655 PICTET (Raoul) savant suisse né à Genève en 1842. Professeur à l'Université de sa ville natale. — Etude critique du matérialisme et du spiritualisme par la physique expérimentale par Raoul Pictet.

Paris, Alcan. Genève, Georg, 1896, gr. in-8°. (5 fr.).

[8° R. 14178

8656 PIDERIT (Théodore). — La mimique et la physiognomonie. Traduit de l'allemand par A. Girot.

Paris, Alcan, 1888, in-8°. Orné de 95 figures dans le texte. (4 fr.).

[8° V. 9989

En allemand :

Hersfeld, 1888, in-8°.

[8° V. 8725

Deuxième édition.

8657 PIÈCES philosophiques contenant I Parité de la Vie et de la Mort. — II. Dialogues sur l'Ame. — III. J. Brunus redivivus, ou Traité des Erreurs populaires.

S. l. n. d., [1771], in-12. (6 fr.).

« Les deux autres parties de la Troisième Pièce, hypothétiquement annoncées à la fin du volume n'ont jamais paru que je sache » (St. de Guaita).

(G-1978

8658 PIEL (le Docteur). — Observations sur le magnétisme par le docteur Piel.

Metz, 1839, in-8°.

(D. p. 184

8659 PIERART (Z.). — Le magnétisme, le somnambulisme et le spiritualisme dans l'histoire, affaires curieuses des possédées de Louviers, par Z. PIERART.

Paris, l'auteur, 1858, in-12 (3 fr.)

Intéressante brochure. Ce n'est pas la dernière qui devra être écrite sur cette affaire dont le côté physiologique et médical n'a jamais été traité complètement. Nous avons essayé de le faire à ce point de vue et nous publierons quelques observations à ce sujet.

Autre édition (?)

Paris, Dentu et Baillière, 1858, in-8°.

(D. p. 166
(Y- P.-1377

8660 PIERART. — Révélations et commentaires sur l'histoire du monde primitif. Genèse nouvelle de l'Humanité.

Paris, Dentu, 1879, in-12 (3 fr.).

Avec un plan obtenu par la voie médianimique pour l'intelligence des chapitres.

8661 PIÉRART (Z.). — Revue spiritualiste, journal bi-mensuel, principalement consacrée à l'étude des facultés de l'âme et à la démonstration de son immortalité par l'examen raisonné des divers genres de manifestations médianimiques et de phénomènes psychiques tels que le somnambulisme, l'extase, la vue à distance, etc., sous la direction de Z. PIERART, ex rédacteur en chef du Journal du Magnétisme.

Paris, Galerie Vivienne, 5, 1858, mensuel, in-8° (10 fr. par an).

Rival et souvent guerroyant avec la *Revue Spirite*, ce journal où ne manquent pas les articles d'érudition, ne paraît pas régulièrement. Son directeur, homme de foi sincère a dépensé beaucoup d'enthousiasme et un talent réel à soutenir son œuvre. M. PIERART est l'un des collaborateurs de la Nouvelle Biographie Générale publiée sous la direction du docteur HOEFER.

(D. p. 165

8662 PIERIUS. — PIERRI, Hieroglyphica. Lugduni, 1610, in-F°. Figures.

Autre édit. :

Lugdunum, Frelon, 1602, in-fol.
[Z. 477
(S-195 Supp-

8663 PIEROTTI (Dr Ermete). — Le Cantique des Cantiques, illustré et commenté sur le sol même de la Palestine.

Paris, chez l'auteur, 1871, in-4° (3 fr.).

Avec 12 lithogr. en couleurs.

8664 PIERQUIN (l'abbé Jean) ecclésiastique français, né à Charleville en 1672, mort en 1742. — Œuvres physiques et Géographiques.

Paris, 1744, in-12.

Choix d'articles publiés dans le « Journal de Verdun », et qui sont tirés d'un ouvrage inédit sur les « *Créatures Invisibles et Aériennes*. »

Réflexions philosophiques de M. (l'abbé Jean) PIERQUIN sur l'évocation des morts ; dans LENGLET-DUFRESNOY : Recueil de dissertations. 144-50.

(O-1777-

8665 PIERQUIN (Hubert) Docteur en Droit. — La table d'émeraude (Le Phénix, le Graal, le Zodiaque, l'Astrologue), etc...

Paris, Plon-Nourrit et Cie, 1906, in-16, 368 p. (2 fr.).

[8° Y². 55343.

Poésies.

8666 PIERQUIN DE GEMBLOUX (Claude Charles) érudit français né à Bruxelles en 1798, mort en 1863.

Docteur en médecine et Inspecteur d'Académie. — Le Christ et les Langues. A M. le Chevalier Drach.

Paris, 1844, in-8° de 82 p.

8667 PIERQUIN DE GEMBLOUX (ancien médecin). — Réflexions philosophiques et médico-légales sur les maladies intellectuelles du sommeil, par PIERQUIN ancien médecin de l'hospice de la Charité, etc.

Paris, 1829, in-8°, 84 pages.

L'auteur s'occupe peu du magnétisme, qu'il appelle une chimère, mais ce mémoire est indispensable à consulter pour l'étude du somnambulisme. PIERQUIN, de Gembloux, était un esprit original ne manquant pas d'érudition. Les diverses notices qu'il a publiées sur des sujets divers de médecine, d'archéologie, etc., sont aujourd'hui rares et recherchées.

(D. p. 107)

PIERRE D'ABAN, D'APONE ou D'ALBANO. — Voir :

ABAN (Pierre d')

8668 PIERRET (Alfred) éditeur parisien. — L'Anti-Maçon [Hebdomadaire illustré. Revue spéciale du mouvement Anti-Maçonnique] organe officiel de la Ligue du Labarum Anti-Maçonnique.

Paris, du 1er Janvier au 20 Décembre 1896. 51 n°s in-8° de plusieurs grandeurs (0 f. 15 c. le n° de 16 p.)

[4° H. 214]

La Bibliothèque Nationale ne possède que cette seule année. Il est, dans ce périodique, abondamment question de l'énigmatique Miss Diana VAUGHAN, qui était un de ses rédacteurs, et de ses nombreux ouvrages et opuscules : presque tous furent édités par M. PIERRET. On y trouve aussi des articles de KOSTKA de BORGIA, ou Jules DOINEL, etc.

Intéressant « portrait à la plume » de Paul ROSEN (p. 167) (1er Juin 1896) — et de Domenico MARGIOTTA (p. 202) — puis de Miss Diana VAUGHAN (p. 259) et curieux renseignements sur la même (N° 30, 19 Déc., p. 150-154). Le pseudonyme

Paul de RÉGIS, appartient, là, à Léo TAXIL.

8669 PIERRET (Paul). — Dictionnaire d'archéologie égyptienne.

Paris, Impr. Nationale, 1885, fort vol. in-12 (6 fr.).

8670 PIERRET (Paul). — Le Livre des Morts des anciens égyptiens ; trad. complète d'après les mss. du Louvre, accompagnée de notes et suivie d'un index alphabétique.

Paris, Leroux, 1882, in-16.

[8° Z. 437]

8671 PIERRET (P.). — Petit manuel de Mythologie, comprenant les mythologies indo-européennes et sémitiques (Hindoue, Zende, Grecque Romaine, Gauloise, Scandinave, Assyrienne, Phénicienne, Arabe, Egyptienne), et suivi d'un index alphabétique.

Paris, 1878, in-12 (5 fr.).

Savant ouvrage de l'auteur du « Dictionnaire d'archéologie égyptienne », et traducteur du « Livre des Morts ».

8672 [PIERRUGUES (le chevalier P.)] personnage énigmatique qui fut peut-être ingénieur à Bordeaux, vers 1826. — Glossarium Eroticum Linguæ Latinæ, sive Theogoniæ, Legum et Morum Nuptialium apud Romanos, Explanatio nova ex Interpretatione propriâ et impropriâ, et Differentiis in Significatu ferè duorum Millium Sermonum, ad intelligentiam poetarum et ethologorum tam Antiquæ quam Integræ, Infimæque Latinitatis : auctore P. P. [P. PIERRUGUES].

Parisiis, Dondey-Dupré, 1826, in-8° (15 fr.).

[X. 9015]

8673 PIESSE (S.), chimiste parfumeur à Londres. — Des odeurs, des parfums et des cosmétiques. Histoire naturelle, compositions chimiques, préparation, recettes, industrie, effets

— 284 —

physiologiques et hygiène des poudres, vinaigres, pommades, fards, etc....

Paris. Baillière, 1865, pet. in-8° (3 fr. 50).

Un des meilleurs ouvrages sur ce sujet. Orné de nombreuses figures sur bois.

Autre :

Ibid. Id., 1903. in-18, VIII-580 p. (2 fr. 50).

[8° V. 29808

Ibid. Id., 1905.

8674 PIGAULT-LEBRUN (Charles Antoine Guillaume PIGAULT de L'EPINOY, dit) Romancier et Dramaturge français, né à Calais en 1753, mort à La Celle-St-Cloud (Seine et Oise) en 1835. D'abord Gendarme de la Reine. Plusieurs fois incarcéré à la demande de son père, Comédien, etc. sa vie fut des plus agitées. — Encore du magnétisme par PIGAULT-LEBRUN, membre de la Société philotechnique.

Paris, Barba, 1817. in-8°, 71 pages (5 fr.).

L'auteur, romancier célèbre, raconte dans cette nouvelle comment il s'y prit pour convaincre une jeune dame du monde incrédule. Celle-ci devint somnambule. Si non e vero, e bene trovato ! PIGAULT-LEBRUN fut membre de la Société du magnétisme.

(D. p. 90

8675 PIGAULT-LEBRUN. — Epître à MM... de la Marne, sur le même sujet par PIGAULT-LEBRUN.

S. l., 1728.

Indiqué par le Journal belge le Magnétophile. Je doute qu'il ait été mis en brochure.

(D. p. 106

8676 PIGEAIRE (le docteur J.). — Puissance de l'électricité animale ou du magnétisme vital et de ses rapports avec la physique, la physiologie et la médecine par J. PIGEAIRE, docteur en médecine.

Paris. Dentu, Germer Baillière, 1839. in-8°, 316 pages (2 fr.).

Intéressant ouvrage à consulter pour les rapports de l'auteur avec la Faculté de Montpellier et l'Académie de Médecine de Paris. Un grand nombre de médecins distingués sont cités dans cet écrit comme ayant été témoins des expériences offertes par la propre fille de l'auteur.

Expériences magnétiques. — Expériences de somnambulisme. — Vision somnambulique. — La lucidité magnétique. — Effets thérapeutiques du magnétisme. — Guérisons curieuses. — Vue à distance, etc...

(D. p. 116

8677 PIGENAT ou PIGHENAT (François ou Pierre) ligueur fanatique, élève des jésuites, né à Autun, mort en 1590. Curé de St-Nicolas des Champs à Paris. — Prosa cleri Parisiensis, ad Ducem de Mena, post Cædem Henrici III.

Lutetiæ. S. Nivellius. 1589.

Traduction de la même, par F. (ou Pierre) PIGENAT (ou PIGHENAT). Curé de St-Nicolas des Champs.

In-8°.

[Réserve Lb³⁴, 810

« Ce livre extraordinairement rare,
« monument du plus horrible fanatisme,
« a été imprimé en deux fois. La Prose
« latine, imprimée en caractère italique,
« contient 24 strophes de 6 vers chacune,
« et porte 24 pages, dont la dernière ne
« contient que 6 vers. La Traduction
« fait partie d'un Volume, commence à
« la page 13 et finit à la page 21, contient le même nombre de strophes,
« chacune de 12 vers de 6 syllabes. »

(Cat. Sépher)

Réimpression faite en 1786 par Didot l'aîné :

Lutetiæ, apud Sebastianum Nivellium. Typographum Unionis, 1589, pet. in-8° de 25 p.

[Réserve Lb³⁴. 810 A
(S-5739

8678 PIGEON (Edmond). — La vraie médecine naturelle par les plantes, les herbes et les tisanes, publiée d'après les préceptes des hommes les plus célèbres de l'antiquité et de nos jours.

Vaux Audigny (Aisne) l'auteur, s. d., [1807], pet. in-8° (2 fr.).

[Te¹ˢ 826

Cette médecine par les simples contient une quantité de recettes et de remèdes fort utiles ; elle est accompagnée de figures coloriées et d'un lexique donnant l'explication des mots techniques employés.

8679 PIGHIUS (Albert) Mathématicien et controversiste hollandais, né à Kenpen (Over Yssel) en 1490, mort à Utrecht en 1542. Chanoine et Prévôt de St Jean d'Utrecht. — Albertus Pighius Campensis, philosophus mathematicus ac theologiæ baccalaureus formatus. Adversus prognosticarum vulgus, qui annuas predictiones edunt, et se astrologos mentiuntur. Astrologie defensio, ad Avgvstinvm Nyphum Suessanum philosophorum nostræ ætatis principem et astrologiæ synceriotis restauratorem.

Parisiis, Henrici Stephani, 1518. pet. in-8° de 32 ff. (25 fr.).

[V. 1008

Opuscule fort rare du célèbre mathématicien Pighius. Aucun théologien n'a poussé plus loin que lui la défense des prérogatives du St-Siège ; il apporte même une telle passion à réfuter les doctrines de Bucer et de Calvin qu'il se jeta dans une autre extrémité et rendit suspecte l'orthodoxie de ses ouvrages ; l'Inquisition d'Espagne en défendit quelques-uns et il fallait, selon le Cardinal Bona, les manier avec précaution.

(S-3438

8680 PIGNATA (Joseph). — Les Avantures de Jos. Pignata, échappé de l'Inquisition.

Cologne, P. Marteau. 1725, in-12, (3 fr.).

(S-5382

8681 PIGNOTIUS (Laur.). — Laur. Pignorii, Mensa Isiaca.

Amstelodami, A. Frisius, 1669, in-4° Figures.

[J. 4077
(S-6390

8682 [PILLET-WILL (Comtesse)], née Briatte, morte à Paris (?) vers le mois de juin 1910. — Ch. d'Orino. — Contes de l'Au-delà sous la dictée des esprits de : Lamartine, Alex. Dumas, Théophile Gautier, H. de Balzac, etc...

Paris, Juven, 1904, in-12, XIV-300 p. (2 fr.).

8683 [PILLET-WILL (Comtesse)]. — Charlotte d'Orino. — Nos invisibles.

Paris, Chacornac, 1907, in-4° raisin de IV-242 p. 33 planches en couleurs hors texte, 54 en têtes en coul. (100 fr.).

[Fol. R. 512

Le texte est signé des maîtres de la pensée humaine qui évoluent maintenant dans l'Au-delà : Lamartine, Musset, Balzac, Maupassant, Renan, Lamennais, Mgr Dupanloup, le Père Henri, savant théologien, etc... et enfin l'admirable curé d'Ars. — Cet ouvrage mérite l'attention des collectionneurs et des Bibliophiles.

8684 [PILLET-WILL (Comtesse)]. — Ch. d'Orino. — Reflets de l'Erraticité.

Paris, Bibliothèque Chacornac, 1906, in-12, 308 p. (2 fr.).

[8° R. 20853

Traité de morale et de philosophie. — Questions et réponses sur l'antiquité, le Spiritisme et la Religion dictées par de nombreux esprits.

8685 PILLON. — L'Entretien de Lvther avec le Demon, contre le saint sacrifice de la messe, selon le Recit qve Lvther en a fait luy-meme dans ses Œuvres.

A Paris, chez l'Auteur, 1680, in-12, (10 fr.).

Petite pièce très rare.

(G-1979)

8686 PILLON-DUCHEMIN (Anne-Adrien Firmin) littérateur né et mort à Paris (1766-1844). D'abord peintre, élève de David.— Essai sur la Franc-Maçonnerie, poème en trois chants dédié à son Altesse Sérénissime le Prince Cambacérès. Archi chancelier de l'Empire.

Paris, 1807, in-8°. (3 fr.).

Très rare.

PILLON-DUCHEMIN était M∴ de la R∴ L∴ du *Centre des amis* à l'O∴ de Paris. — Ces vers sont de toute beauté et d'un ésotérisme très profond; mais ce qui fait surtout la valeur de l'ouvrage, ce sont des notes très érudites placées à la fin de chaque chant et contenant d'importants renseignements sur les origines maç., les religions anciennes, le symbolisme, etc...

8687 PINAULT (Abbé). — Histoire abrégée de la dernière persécution de Port-Royal, suivie de la vie édifiante des domestiques de cette sainte maison. Edition royale.

S. l., 1750, 3 vol. in-12, Vignettes en taille-douce sur les titres. (12 fr.).

8688 PINAULT (Pierre Olivier), avocat au Parlement de Paris, mort en 1790. — Jugements portés sur les Jésuites par les grands hommes de l'Eglise et de l'Etat; ou portrait des Jésuites par les plus illustres catholiques depuis l'an 1540 jusqu'en l'année 1650 c'est à dire avant les disputes qui se sont élevées sur le livre de Jansénius.

Lisbonne, 1761, in-8° (3 fr.).

(G-1226)

8689 PINÇON (Georges). — La Fin du Christianisme. Préface de Papus.

Paris, Librairie du XXme siècle, in-12 de 176 p. et tab. Fig. schématique, (1 fr. 50).

Ecrit fort bizarre et dont le style (vers et prose) ne constitue pas la moindre curiosité. C'est une description de Songes et de Visions sortant tout à fait de la banalité.

D'un état d'âme. — L'Affaire. — Mes premiers Songes. — Retour aux anciens errements. — Série de Songes à écueils et précipices. — Troisième lettre à mon Astrologue. — La Grande-Trappe. — Satan. — Vierge et Christ. — Résumé graphique. — Dieu.

8690 PINETTI de WILLEDAL (Joseph, chevalier) célèbre Prestidigitateur de Louis XVI, né, croit-on, en 1750, à Orbitello, dans le Grand Duché de Toscane, mort en Russie, à Bartitschoff (Volhynie), vers 1800. — Amusemens Physiques, et Différentes Expériences Divertissantes, Composées et exécutées, tant à Paris que dans les diverses Cours de l'Europe ; Par le sieur Joseph PINETTI, Romain, Chevalier de l'Ordre de St Philippe, professeur de Mathématique et de Physique, Protégé par toute la maison Royale de France, Pensionnaire de la Cour de Prusse, Agrégé à l'Académie de Bordeaux, etc...

A Paris, chez Hardouin. M. DCC. LXXXIV [1784], in-8° de 95 p. planches. (3 fr.).

[Fb. 20407

Se joint très généralement à la « Magie Blanche » de D∴REMPS, q. v.

Ouvrage curieux d'un prestidigitateur du XVIII-e siècle, avec figures gravées.

8691 PINGRÉ (Alexandre-Gui) Astronome né et mort à Paris (1711-1796). Bibliothécaire de Ste Geneviève, Chance∴r de l'Université. A donné une excellente édition de MANILIUS, q. v. — Cométographie, ou traité historique et théorique des comètes.

Paris, Imprimerie Royale, 1783, 2 vol. in-4°. (15 fr.).

[V. 8005-8006

Edition originale de cet ouvrage remarquable, un des meilleurs et des plus complets sur cette question. — « On sait que FRANKLIN pendant son séjour en France, rechercha souvent la société de PINGRÉ. »

8692 PINKERTON (J.). — Recherches sur l'origine et les divers établissements des Scythes ou Goths, avec une carte du monde connu des anciens.

Paris, Imprimerie de la République an XII in-8°. (4 fr.).

Travail important sur cet ancien peuple cité par Hérodote pour sa sagesse, et au cours duquel l'auteur a remué une masse de documents curieux. — L'ouvrage est complété par des notes d'une grande richesse.

8693 PINON. — Annuaire universel de tous les rites de la Maçonnerie française et étrangère.

Première édition,

Paris, 5802-5863, in-8° (4 fr.).

Autres éditions :

Paris, chez le F.·. Pinon, s. d., [1866-67], in-8°.

Paris, 1868-69, fort in-8° de 400 p.

Paris, 1881, in-8°.

A la fin, se trouvent « les adresses par lettre alphabétique des FF.·. de l'Orient de Paris et de sa banlieue » : ces adresses sont au nombre de plus de 7.000. Cet ouvrage est l'on des plus complets comme annuaire.

PIOBB (Pierre) : Pseudonyme du Comte

VINCENTI, q. v.

8694 PIOGER (Abbé L. M.). — Les Splendeurs de l'astronomie, ou, il y a d'autres mondes que le notre.

Paris, 1883-84, 5 vol. in-18. Figures. (5 fr.).

[8° V. 5542

Opinion des plus grands philosophes de l'antiquité jusqu'à nos jours. — Gradation de tous les êtres créés. — Comment sont faits les habitants des autres mondes, leurs conditions de vie. — Harmonie des mondes et des âmes. — Migration des âmes, etc...

8695 PIOGER. — La Vie après la mort, ou la vie future selon le Christianisme, la science et notamment les magnifiques découvertes de l'astronomie moderne.

Paris, s. d., in-12, (2 fr. 50).

Mystères du principe vital. — La mort est le sommeil du corps et le réveil de l'âme. — Résurrection des morts. — L'âme dans l'autre vie. — Les univers lointains, etc...

8696 PIORRY (Dr P. A.). — Discours sur l'organicisme, le vitalisme et le Psychisme, etc... suivis de fragment sur le Matérialisme et le spiritualisme, sur l'âme ou Psychatome, et sur l'avenir de l'humanité.

Paris, 1860, in-8°. (1 fr. 25).

8697 PIRON (le Docteur). — L'Avenir Médical, Journal des intérêts de tous, ayant pour but la démonstration pratique du nouvel art de guérir, l'homœopathie et le magnétisme, par la fondation d'un hopital homéopathico-magnétique pour 150 à 200 enfants, rédigé par un comité de docteurs médecins magnétiseurs.

Paris, 1844, in-8° par livraisons de 32 pages.

Ce journal eut pour rédacteur en chef un médecin, M. Piron, il parut deux ans environ.

(D. p. 130

8698 PIRON (Alexis) célèbre poète français né à Dijon en 1689, mort en 1773. Il avait beaucoup — peut-être même trop — d'esprit. — Œuvres badines d'Alexis PIRON.

Paris, Cannigeaux, 1839, in-16, (3 fr.).

(G-839

8699 PISANELLI (Balthasar) Médecin de Bologne. — Balthasaris PISANELLI Doctoris Medici Bononiensis, De Alimentorum Facultatibus, Libellus Aureus.

Bruxellis, Typis Francisci Foppens M. DC. LXII, [1662], pet. in-12 de 398 p. et 2 f^{os} d'index. (5 fr.).

[T^{z0}. 10

Curieux ouvrage sur les propriétés et l'Histoire naturelle de tous les aliments les plus communs.

8700 PISANI (Octave). — *Octavii Pisa-nii Astrologia sev motvs et loca sidervm.*

Antverpiæ, Bruneau, 1613. in-fol. (140 fr.).

Ouvrage d'une excessive rareté, illustré du portrait de l'astronome Octave Pisani par Jean Wierix, d'une vignette au titre et de 23 planches gravées à figures mobiles.

8701 PISO (Guilhelmus) ou Pison, naturaliste et médecin hollandais du début du XVIIe siècle : découvrit l'ipécacuanha. — *De Indiæ utriusque re naturali et medica libri quatuordecim.*

Amstelœdami, apud Lud. et Dan. Elzevirios, 1658. in-8° (18 fr.).

Ouvrage très rare sur l'histoire naturelle de l'Amérique. Suivi des traités de Marggravius de Liepstadt intitulés : *Tractatus topographicus et meteorologicus Brasiliae* — et — *Commentarius de Brasiliensium et Chilensum indole ac lingua*, etc...

8702 PISTORIUS (Jean) historien et controversiste allemand, né à Nidda (Hesse) en 1544, mort à Fribourg vers 1607. Médecin du Margrave Jacques de Bade-Dourlach. — *Artis Cabalisticæ : hoc est reconditæ Theologiæ et Philosophiæ, Scriptorum. Tomus I [et unicus] in quo praeter Pavli Ricii Theologicos et Philosophicos Libros, sunt Latini poenè omnes et Hebraici nonnulli praestantissimi Scriptores qui Artem Commentarijs suis illustrarunt. Ex D. Ioannis Pistorii, Nidani, Med. Doctoris et Marchionvm Badensivm consilarij Bibliotheca.*

Basileæ Sebastianvm Henricpetri, s. d., (anno 1587, mense Aprili). in-f°, (70 fr.).

[A. 737

« Collection complète des Cabalistes de Pistorius. L'Ouvrage devait comprendre 2 volumes: le premier seul a paru » (St. de Guaita).

Pauli Ricii : — *De Communicatione Sacramentorum.* — *De Arcana Dei Providentiā.* — *De Animā Cæli.* — *De Mosaicæ Legis Mandatis.* — *De Thalmudicā Doctrinā.* — Etc.

Rabi Joseph : — *De Portā Lucis.*

Leosis Hebræi [Abarbanel] : — *De Amore.*

Joannis Reuchlini : — *De Arte Cabalisticā.* — *De Verbo Mirifico.*

Archangeli Burgosovensis, *Interpretationes in Cabalistarum Dogmata.*

Abrahami : — *De Creatione et Cabalistinis.* hebraïcè. *Sepher Iezira.*

(G-1980

8703 PISTORIUS. — *Dæmonomania Pistoriana. Magica et Cabalistica Morborum curandorum Ratio, à Ioanne Pistorio Niddano, Medicinæ quondam, nunc Theologiæ Papisticæ Doctore, ex lacunis Iudaicis ac Gentilitiis hausta, post Christianis propinata. Cum antidoto Prophylactico Iacobi Heilbronneri.*

Excusa Lavinga, Typis Palatinis, anno 1601, in-12 ou pet. in-8° (18 fr.).

[D² 3333

Très rare. L'Exemplaire de Guaita provenait des « *Archives G. du Rite Ecoss. Phil.* » qui ont été vendues aux Salles Sylvestre en mars 1863. Voir « *Catalogue...* » C'en est le N° 723, p. 69.

(G-1081

PITHOYS (Claude), né en Champagne en 1596, entra jeune dans l'ordre des Minimes, puis dégoûté de la vie monastique, se retira à Sedan, où il embrassa la Réforme, et devint professeur et bibliothécaire du duc de Bouillon.

8704 [PITHOYS (Claude)]. — L'Apocalypse de Méliton, ou Révélation des Mystères Cénobitiques, par MÉLITON.

A Sainct-Léger, chez Noel et Jacques Chartier, 1685, in-12, Frontispice (5 fr.).

[D. 21234

Jolie édition, s'ajoutant à la Collection Elzévirienne. Curieux Frontispice, représentant la perception de la Dîme par les Moines.
Ecrit satirique piquant contre les moines, attribué par VOLTAIRE à CAMUS, évêque de Belley, mais qui est dû à Claude PITHOYS, lequel s'est simplement servi de certains écrits antimonachiques de CAMUS.

L'édition originale est de :
Ibid. Id., 1662, in-12.

Réédité encore
Ibid. Id., 1668.

(S-4053
(G-1082

8705 [PITHOYS (C.)]. — Traitté cvrievx de l'Astrologie Ivdiciaire, ov Préservatif contre l'Astronomie des Généthliaqves. Auquel quantité de questions curieuses sont résolues pour la satisfaction des Esprits curieux.

A Mont-Belliard, par Jacques Foy-let, 1646, pet. in-8°, (10-15 fr.).

[V. 21810

Edition beaucoup plus recherchée, dit-on, que celle marquée *Sedan*, 1641, bien que ce soit la même :

« Nouveau frontispice mis à l'ouvrage intitulé : *Traité cvrievx... des Esprits curieux*, par C. PITHOYS, professeur en philosophie en l'académie de Sedan, et Préfect de la Bibliothèque de son Altesse. *A Sedan, par Pierre Iannon* 1641, in-8°. »

(BARBIER)

(S-3451 b
(G-840-1903

706 PITHOPAEUS (Wilhelm), médecin de Vienne. — Vincedoxicum, das ist : wie man sich wider heftige, geschwinde und gefährliche Kranckheit der Pestilentz oder Infection, und auch wider alles Gifft und-Vergeben (nächst Gott) nicht allein praeserviren sondern auch curien könne ; sampt einem Antidotario, darin viel hohe vortreffenliche Artzneyen, Arcana, und Praeparationes oder Compositiones chymicae ;... durch Vilhelmum PITHOPAEUM, med. in Wien.

Nürnberg, Christoph Endler, 1674 in-8° de XXVI-143 pp.

(O-1621

[PITOIS (Christian)]. Historien, littérateur, bibliographe et journaliste français, plus connu sous son pseudonyme de P. CHRISTIAN.

Bibliothécaire à l'Arsenal ; Rédacteur du « *Moniteur du Soir* », de Paris en 1850, 51 et 52 ; célèbre surtout par ses profondes recherches sur la Science des Mages Egyptiens (*Histoire de la magie* et *l'Homme Rouge des Tuileries*).

8707 [PITOIS (Christian)]. — Histoire de la magie, du monde surnaturel et de la fatalité à travers les temps et les peuples par P. CHRISTIAN.

Paris, Furne Jouvet et Cie, s. d., [1870], fort vol. gr. in-8°, VIII-666 p. et table (20 fr.).

[R. 7150

L'ouvrage de Christian PITOIS, devenu rare, constitue une véritable encyclopédie de l'occultisme. — La Kabbale, la Magie les Mystères antiques, la Franc-Maçonnerie et les Sociétés secrètes, la Sorcellerie, en un mot toutes les branches de l'occultisme y sont longuement passées en revue et rendues vivantes par de nombreuses illustrations hors et dans le texte. — La partie astrologique y est plus spécialement développée et renferme des documents de premier ordre. Ce magnifique travail est incontestablement unique en son genre.

8708 [PITOIS (Christian)]. — L'Hom-

Sc. psych. — T. III. — 19.

me rouge des Tuileries, par P. Christian, ancien Bibliothécaire au ministère de l'Instruction publique.

Paris, publié par l'auteur, M DCCC LXIII [1863], in-12, 464 p. illustré de 22 figures kabbalistiques. Bibliographie de l'auteur à la fin (p. 460-464), (25 fr.).

[V. 34817

Peu commun.

Cet ouvrage aujourd'hui fort recherché contient les plus profonds mystères de l'astrologie. — Il est illustré de 22 figures cabbalistiques, qui constituent à elles seules un document des plus précieux. L'astrologie onomantique, si inconnue, est exposée ici avec la plus grande clarté, et les mystères des nombres et de la Kabbale y sont soigneusement analysés. — On y trouve encore une foule d'anecdotes historiques les plus piquantes et les plus extraordinaires, et l'on peut disséquer avec son aide le mécanisme des lois qui régissent le monde, expérimentalement démontrées par les concordances historiques. L'histoire et l'étude du Tarot, y sont aussi longuement traitées. En un mot, ce merveilleux ouvrage permet à tous de pénétrer les plus profonds arcanes de l'ésotérisme, privilège qu'on ne pouvait obtenir dans l'antiquité qu'après avoir subi de longues et terribles épreuves et acquis un haut degré d'initiation.

(G-1243

8709 [PITOIS (Christian)] fils du précédent. — P. Christian fils. — La reine Zinzarah. — Comment on devient Sorcier.

Paris, aux bureaux de la « Lumière » s. d. [1804], in-12, (1 fr. 50).

[8° Y¹ 48776

Roman occulte précédé d'une étude (66 p.), excessivement bien faite, sur la sorcellerie à travers les âges.

8710 PITRES (le docteur A.). — Leçons cliniques sur l'hystérie et l'hypnotisme faites à l'hopital St-André de Bordeaux. Précédé d'une préface du Dr Charcot.

Paris, Doin, 1891, 2 vol. in-8°, 133 figures dans le texte et 16 pl. hors texte, (6 fr.).

[Td⁸⁵. 852

8711 PITRES et REGIS (les Docteurs). — Les obsessions et les impulsions.

Paris, Oct. Doin, 1902, in-18 de 434 p. (3 fr.).

[T²². 51 (48)

8712 PIZZURNI (le R. P. Gervais). — R. P. Gervasii Pizzurni, Enchiridion exorcisticum.

Lugduni, 1668.

« Peu commun » dit le Cat. Sepher. Ne se trouve pas à la Biblioth. Nat.

(S-3224

8713 PLACET (le R. P. François) Prieur de La Bellozanne. — La corruption dv grand et petit monde où il est montré que toutes les créatures qui composent l'Vnivers, sont corrompues par le péché d'Adam ; que le Soleil a perdu sept fois plus de lumières qu'il n'en possède ; que la Nouvelle-Lune estoit pleine lune en la iustice originelle et qu'elle estoit égale en lumière au soleil d'aujourd'hui. Qu'il n'a point plu ny neigé sur la Terre avant le déluge. Que devant le déluge l'Amérique n'estoit point séparée des autres parties dv monde, etc. Troisiesme édition augmentée d'un traité des Talismans, d'vn de la Poudre de Sympathie, etc.

Paris, Alliot, 1668, in-12, (5 fr.),

Les songes. — Pouvoir des démons sur le monde. — Les sorciers. — Les géants et les Pygmées. — Les monstres humains extraordinaires. — Les Faunes, les Satyres, les Nymphes, etc...

(G-841
(S-2918

8714 PLACET (François). — L'Etat des Ames séparées, par François Placet.

Paris, 1070, in-12.

(S-2918

8715 PLACET (le R. P. F. Franç.), prieur de la Bellozarine. — La svperstition dv temps, reconnuë aux talismans, figures astrales et statues fatales, contre vn livre anonyme intitulé

Les Talismans ivstifiez. Avec la povdre de sympathie soupçonnée de Magie.

Paris, *Alliot*, 1667, in-12, (12 fr.)
[R. 46741

Edition originale de ce traité singulier dirigé contre les pratiques cabalistiques et contre les charlatans qui en font usage.

Autre édition :

Ibid. Id., 1668, 2 parties in-12.
(G-842
(S-2918

8716 PLAHN (Joach. Nic. Friedrich).— Kurz abgefaste Geister-Lehre, entworfen und dem Druck übergeben von Joach. Nic. Friedr. PLAHN.

Hamburg, Joh. Adolph Martini, 1793, in-8° de XXXII-424-VIII pp.
(O-1716

8717 PLAIN (Virginie). — Almanach du magnétiseur hygiénique et populaire pour 1847 par Virginie PLAIN.

Paris, 1846, in-12.
(D. p. 130

8718 PLANCHENAULT (M. N.). — Etudes sur Jean BODIN, par M. N. PLANCHENAULT, président du Tribunal civil d'Angers.

Angers, imprimerie de Cosnier et Lachèse, 1858, in-8° de 97 p. portrait de Bodin en taille douce. (1 fr.).

Tirage à part des « *Mémoires de la Société Académique d'Angers* » Tome second.

8719 PLANE. — Physiologie morale ou l'art de connaître les hommes sur leur physionomie.

Paris, Johanneau, 1819, 2 vol. in-8°, orné de 9 planches et d'un titre gravé. (7 fr.).

8720 PLANE (J. M.). — Apologie des Templiers et des Francs-Maçons.

Meudon, imp. de P. S. C. Demailly. 1797, (10 fr.).
[H. 17356

8721 PLANIS-CAMPY (David de) chirurgien du Roi, philosophe hermétique, disciple de Paracelse. — Bouquet composé des plus belles fleurs chimiques, ou Ajencement des preparations et experiences ès plus rares secrets, et medicamens pharmaco-chimiques, prins de mineraux, animaux et vegetaux ; le tout par une methode tres facile et non commune aux chimiques ordinaires ; par David de PLANIS-CAMPY, dit l'Edelphe, chirurgien du roi.

Paris, Pierre Billaine. 1624, in-8° de plus de 1.000 pp. rel. qq. f. en 3 vol.
[R. 46763

Divisé en onze fleurs, ayant trait à la médecine empyrique ; les deux premières seules concernent la chimie.
(O-1616

8722 PLANIS CAMPY (David de). — Générale instruction et très assurée méthode qu'il favt tenir en la consulte des maladies ; divisée en trois parties.

Paris, 1644, in-12, (16 fr.).

8723 PLANYS CAMPY (Dauid de), dit l'Edelphe, chirurgien du Roy. — L'Hydre morbifiqve exterminée par l'Hercvle chimique ou les sept maladies tenves povr incvrables iusques à present rendües guérissables par l'archymique médicale. Où est traicté briefuement leur définition, causes, différences, signes, pronostics et cures.

Paris, Herod Duménil, 1628. in-8° (20 fr.).

Ouvrage de la plus grande rareté, orné d'un portrait de l'auteur gravé par Michel l'Asne et d'un beau frontispice par le même artiste réunissant les portraits de PARACELSE, d'Hippocrate et du Roi Louis XIII, flatteusement désigné par l'épithète *Hercvle Gallicvs*.

(G-843

Seconde édit :

Paris, Billaine. 1629. in-8°.

[Te¹³¹ 84

8724 PLANIS CAMPY (David de). — L'ouverture de l'Escolle de philosophie transmutatoire où la plus saine et véritable explication et consiliation de tous les stiles desquels les philosophes anciens se sont servis en traitant de l'œuvre physique sont amplement déclarées.

Paris, Charles Sevestre. 1633, pet. in-8°. Frontispice et portrait de l'auteur gravé. (15 fr.).

[R. 46764

Rare ouvrage de ce célèbre médecin Paracelsiste, qui attribuait les causes de certaines maladies à l'influence des astres et prétendait les guérir par la méthode de PARACELSE.

8725 PLANIS CAMPY (David de). médecin spagerie et chirurgien du Roy. — Traicté de la vraye, vnique, grande et vniverselle médecine des Anciens dite des Recens, or potable. Ouvrage avtant enrichi des passages de l'Ecriture saincte, tesmoignage des SS Pères, exemples des Hébreux. et des Cabalistes philosophes hermétiques, que de la doctrine receuë en l'Escolle.

Paris, Targa, 1633, in-8°. Beau portrait de l'auteur gravé par Michel L'Asne, (18 fr.).

(G-844

8726 PLASMAN (M. de). — D'où vient l'âme et comment se transmet-elle ?

Paris, 1860, in-12. (4 fr.).

Catholique, M. de PLASMAN ne veut point s'en tenir au cadre étroit du dogme et l'élargit au point de le faire craquer. — Son ouvrage fut l'objet d'attaques vives, et l'auteur, menacé des foudres de l'Eglise dut revenir sur son opinion, ou, tout au moins, atténuer par des restrictions habiles tout ce qui s'écartait de la théologie orthodoxe. — Cet ouvrage est aujourd'hui assez rare.

PLATEL (François) erreur de copie ou d'impression du *Catalogue Sepher,* pour :

PLACET (le R. P. François) q. v.

(S-2918

8727 PLATEN (M.) Professeur de Médication Naturelle. — Livre d'Or de la Santé. Méthode Nouvelle, complete et pratique, de la Médecine Naturelle, et de l'Hygiène privée, permettant de traiter soi-même toutes les maladies et assurant la Conservation de la Santé, par M. PLATEN, professeur de médication naturelle... Ouvrage traduit et augmenté par le Docteur Léon Deschamps, de la Faculté de Paris... 2ᵐᵉ Edition.

Paris, Bong, et Cie, s. d., [1907], 3 forts vol. in-8° de 1788 p. pour les 2 premiers et 842 p. pour le 3ᵐᵉ, 430 fig. dans le texte ; 20 pl. en coul. et 10 tableaux d'anatomie démontab. (25 fr.).

[Te¹⁸. 808 à 10 A.

La première édition a été déposée à la Bibliothèque Nationale en 1905.

[Te¹⁸. 808 à 10

Cet excellent ouvrage est un traité de toutes les Méthodes connues de Médication naturelle, prises des ouvrages de Priessnitz, Schroth, Rikli, Kneipp, Kuhne et tant d'autres, résumées et coordonnées par un spécialiste. Il traite également de Gymnastique hygiénique et de tous les moyens d'entretenir le corps humain en bonne santé.

8728 PLATINE ou PLATINA (Barthélemi DE'SAHCCI dit) historien italien né à Piadena près Crémone vers 1421, mort en 1481, Bibliothécaire du Vatican. — PLATINÆ Opus de vitis ac gestis Summorum Pontificum... Accessit breve quidem, sed longe utilissimum omnium Romanorum Pontificum et schismatum chronicon ONUPHRII Patavini.

Coloniæ, Cholinus, 1562, in-fol. (10 fr.).

[H: 337

La page 119 contient une histoire de la *Papesse Jeanne*.

8729 PLATINE. — B. Platinæ, Cremonensis. Opus de Vitis ac Gestis Summorum Pontificum. Accessit, præter B. Platinæ vitam, brevis, quidem, sed longe utilissimus, Romanorum pontificum, Conciliorum sub illis celebratorum, et Imperatorum Catalogus.

S. l., 1664, in-12, (3 fr.).

[H. 17303

« Edition assez jolie, faite en Hollande d'après le texte de celle de 1479 et 1529. » (Brunet).

(G-1085

8730 PLATINE (Bapt.), de Crémone.— Les vies, faietz et gestes des saincts Péres, papes, empereurs et roys de France. Ensemble les hérésies, scismes (sic) conciles, guerres et autres choses dignes de mémoire, aduenues tant en la chrétienté que autres pays étranges et barbares durant le règne dung chascun diceulx. Escriptes en latin et depuis tournées en Françoys.

On les veud à Paris, par P. Regnault, s. d. [1544], pet. in-8º. (25 fr.).

[H. 8059

Edition rare et estimée avec de nombreux portraits assez grossièrement gravés sur bois, des papes, rois et empereurs.

(G-845

8731 PLATON illustre philosophe grec né à Athènes, ou dans l'île d'Egine, vers 430 av. J. C. mort en 347. Son nom véritable était Aristocles. Disciple de Socrate, après la mort de son maître il séjourna longtemps en E-gypte, à Héliopolis, puis revint à A-thènes ouvrir dans les jardins d'Akademos, son « *Académie* » ou école. — Omnia divini Platonis Opera transl. Marsilii Ficini, emendatione et ad græcum codicum collatione Simonis Grynæi summa diligentia repurgata, etc...

Index locupletissimus.

Basileæ, impr. Froben, 1551, fort in-fol. de 1000 p. (100 fr.),

Edition recherchée à cause de la version très estimée de Marsile Ficinus et pour l'élégance de son impression.

Autres édit :

Basileæ, in officina Frobeniana, 1532, in-fol.

[R. 1116

Lugduni, apud Ant. Vincentium, 1548, in-fol.

[R. 1118

etc.

8732 PLATON. — Opera omnia gr. et lat. ex nova Serrani interpretatione perpetuis ejusdem notis illustrata : H. Stephani de quorundam locorum interpretatione judicium et multorum contextus graeci emendatio.

Excudebat H. Stephanus, 1578, 3 vol. in-fol. (70 fr.).

[R. 63-65 et
[Rés. R. 556-558

8733 PLATON. — Opera omnia quæ existant, Marsilio Ficino interprete.

Francofurti, Marnium, 1602, in-fol. (10 fr.).

[R. 62

8734 PLATON. — Œuvres complètes de Platon. Texte grec et traduction latine. Edit. Hirschig, avec un index alphabétique et systématique, par MM. Hunziker et Dubner.

Paris, P. Didot, s. d., 2 vol. gr. in-8º. (25 fr.).

[4º Z. 355

8735 PLATON. — Œuvres complètes de Platon, traduites du grec en français, accompagnées de notes et précédées d'une introduction sur la philo-

sophie de PLATON, par Victor Cousin.
Paris, Bossange, Rey, Pichon, 1822-1840, 13 vol. in-8°. (50 fr.).

[R. 46016-928

8736 PLATON. — Œuvres : suite des dialogues scientifiques et moraux. Les Rivaux ou de la Philosophie ; Charmide ou de la Sagesse ; Lachès, ou du Courage ; Hipparque, ou de l'amour du gain ; le second Hippias, ou du mensonge ; Protagoras ou les Sophistes ; Theagès, ou de l'instruction ; Phèdre, ou de la beauté ; le premier Hippias, ou du beau Minexène, ou de l'oraison funèbre ; Ion, ou de la poésie ; Lysis, ou de l'amitié ; le Banquet, ou de l'amour ; la Politique ou de la royauté. — Précédés d'arguments et d'une esquisse de la philosophie de PLATON, par Schwalbé.
Paris, 1843, fort in-12, (2 fr. 50).

8737 PLATON. — Œuvres complètes publiées sous la direction de Émile Saisset. — Traduction Dacier et Grou, révisées et complétées par une nouvelle version de plusieurs dialogues, avec notes et arguments par E. Chauvet et A. SAISSET.
Paris, Charpentier, 1869-1873, 10 vol. in-12. (28 fr.).

[R. 46953-959

Autre édition :

Paris, s. d., 10 vol. in-18.

Collection complète d'une bonne édition, contenant : Dialogues socratiques. — Dialogues polémiques. — Dialogues dogmatiques. — Dialogues apocryphes. — La République. — Les Lois.
Revenu à Athènes après ses voyages, PLATON se fixe à l'Académie, se recueille au fond de lui-même et là, dans le silence d'une réflexion nourrie de toute la substance des grands philosophes du passé, il arrête les grandes lignes de sa propre philosophie et écrit ces dialogues si profonds où il dit son dernier mot sur la nature, sur la divinité, sur l'art d'élever et de gouverner les hommes.

8738 PLATON. — Œuvres traduites par Victor Cousin. — Seconde édition par B. Saint-Hilaire (Socrate et Platon. Apologie de Socrate. Criton, Phédon).
Paris, Hachette, 1896. in-8°. (3 fr. 50).

[8° R. 14125

8739 PLATON. — Diagramme de la création du Monde, de PLATON, découvert et expliqué en grec ancien et en français après 2.250 ans, par C. Minoïde Mynas.
Paris, Franck, 1848, gr. in-8°. (7 fr.).

Solution personnelle du théorème de PLATON dans le huitième livre de sa République. — L'expression même de Platon qui regarde comme indispensable, pour les gouverneurs de villes, une connaissance parfaite des influences astrales sur les individus, constitue un plaidoyer en faveur de l'Astrologie judiciaire.

8740 PLATON. — Fragments du Timée, du Protagoras, de l'Économique, trad. en latin par M. T. Cicéron et en français par M. J. Mangeart.
Paris, 1835, gr. in-8° de 76 p.

8741 PLATON. — Morale de Platon. Traduite par Florent Le Cointe.
Paris, Denys de la Noue, 1642, in-8°. (5 fr.).

Autre éd. :

Paris, M. Bobin, 1657. in-8°.

[R. 46903
(G-846

PLATON (Sur). — Voir :
BENARD (Ch.).
LENORMANT (Ch.).

8742 PLATO [TIBURTINUS] traducteur italien du début du XII° siècle, né, croit-on, à Tivoli. — PLATONIS libri IV Quartorum, seu Stellici, cum Commento Hebuhabes Hamed, explicati ab Hestole, e manu exaratis codicibus desumpti, nunc primum typis donati ; dans *Theatrum chemicum*, V (1622). 144-208.

(O-1097

8743 PLESENT (P.). — Description du Temple de Salomon au point de vue maçonnique.

Or∴ de Paris, s. d., in-12. (4 fr.).

Très rare opuscule du plus grand intérêt et non mis dans le commerce. On sait que le Temple maç∴ est construit sur le modèle de celui de Salomon et que sa description symbolique est l'objet d'une partie des catéchismes.

8744 PLETHON (Georges GÉMISTE, surnommé) philosophe platonicien byzantin du XVe siècle, né vers 1350, mort vers 1450. Né, croit-on à Constantinople, il fut Conseiller de Michel Paléologue, maître de Marsile FICIN et adversaire de GEORGE de Trébizonde. Son *Traité des Lois* a été en grande partie détruit sur l'ordre du Patriarche de Constantinople GENNADE. — Πληθωνος νομων συγγραφης τα σωζομενα. — Traités des Lois, ou Recueil des Fragments, en partie inédits de cet ouvrage. Texte revu par C. Alexandre. Traduction par A. PELLISSIER.

Paris, Didot, 1858, in-8°. (6 fr.).

[R. 47049

Texte Grec, et Traduction en regard.

(G-1986

8745 PLEYTE (Dr W.). — Chapitres supplémentaires du Livre des Morts 162 à 174, publiés d'après les monuments de Leide, du Louvre et du Musée britannique. — Chapitres supplémentaires du Livre des Morts, 162, 162*, 163, traduits et annotés.

Leide, Brill, s. d. et 1881, 2 vol. in-4°. planches. (12 fr.).

[O³ a 564

8746 PLINE le Jeune (Caius PLINIUS Cæcilius Secundus) neveu de PLINE l'Ancien, né à Côme vers 62, mort sans doute dans la même ville vers 120. Avocat, Proconsul de Bithynie, Augure, et ami de Trajan. — C. PLINIUS Secundus De Naturali Hystoria diligentissime Castigatus.

[In fine] : *Impressum Veneliis accuratissime per Bartolomeum de Zanis de portesio anno nostri salvatoris Md ccccLxxxxvi* (1496) in-fol.(120fr.).

[Rés. S. 425

Belle édition, enrichie de grandes lettrines sur fond noir, remarquablement gravées sur bois.

8747 PLINE (C.). — C. PLINII Secundi naturalis historiæ.

[In fine :] *Veneliis in ædibus hæredum Aldi, et Andreæ Asulani soceri*, 1536-38, 4 vol. pet. in-8°. (80 fr.).

[S. 0550-0553

Rare édition, que l'on rencontre difficilement avec le volume d'index.

8748 PLINE. — PLINII secundi historiæ mundi libri XXXVII.. Omnia quidem multorum antehac doctorum hominum, Jacobi Dalecampii...

Lugduni, apud B. Honoratum, 1587, très fort vol. gr. in-fol. (15 fr.)

[S. 369.

8749 PLINE. — Caii PLINII secundi Historiæ naturalis libri XXXVII. Quos recensuit et Notis illustravit Gabriel Brotier.

Parisiis, typis J. Barbou, 1779. 6 vol. in-12. (15 fr.).

[S. 9577-0582

Frontispice d'après Marillier.

8750 PLISSON (F. E.). — Les Mondes, ou essai philosophique sur les conditions d'existence des êtres organisés dans notre monde planétaire.

Paris, 1847, in-12. (2 fr. 50).

8751 PLOIX (Charles). — Le Surnaturel dans les Contes populaires.

Paris, Leroux. 1891, in-12. (2 fr.)

[8° Y². 45602
(G-1087

8752 PLOTIN, Philosophe néo-platonicien d'Alexandrie, né à Lycopolis, dans la Thébaïde, vers 205, mort en Campanie, vers 270. Instruit dans les Mystères des Mages. — PLOTINI platonici operum omnium philos. lib. LIV. nunc primum graece editi, cum latina Mars. Ficini interpretatione et commentatione.

Basileæ, 1580, 2 parties de 200 et 203 folios en 1 vol. in-fol. (20 fr.) (Première édition).

[R. 60

8753 PLOTIN. — PLOTINI Enneades. trad. Creuzer et Moser. PORPHYRII institt. Plotinianae et PROCLI Platonici institutiones Theologicae, par Dubner.

Paris, 1855, in-4° de 480 p. (10 fr.).

[Z. 10415

8754 PLOTIN. — Les Ennéades de PLOTIN, Chef de l'Ecole Néoplatonicienne. Traduites pour la première fois en Français, accompagnées de Sommaires, de Notes et d'Eclaircissements et précédées de la Vie de PLOTIN et des Principes de la Théorie des Intelligibles de PORPHYRE, par M. N. Bouillet.

Paris, Hachette, 1851-1861, 3 forts vol. in-8° de CXXXIV-548 — XLV-692 — LII-700 p. (70 fr.).

[R. 47050-47058

Tome I : — Traité des Facultés de l'Ame, par Porphyre.— Fragments d'Ammonius Saccas et de Numénius. — Sommaire des Ennéades. — Vie de Plotin, par Porphyre. — Les Deux premières Ennéades (traitant des moyens d'élever l'Ame au Monde Intelligible : De l'Influence des Astres ; Des Trois Hypostases Divines ; Métempsychose : Gnosticisme : Les Eons ; le Plérôme ; le Cénôme ; Sophia Achamoth : l'Eon Jésus ; le Démiurge ; Critique du Système Gnostique).

Tome II : Troisième et Quatrième Ennéades. — (Du Destin, de la Providence, du Démon qui est propre à chacun de nous.) — Traité de l'Ame, de Porphyre et de Jamblique. — Dialogue sur l'Ame de Théophraste.

Tome III : Cinquième et Sixième Ennéades. (Des Trois Hypostases principales. De la Génération et de l'Ordre des Choses qui sont après le Premier ce qui est après lui. — Quel est le premier Principe pensant.) — Traités de Porphyre, de Simplicius, d'Olympiodore, de St-Basile, etc.

(G-1088

PLOTIN (sur). — Voir : CALAS (T.).

8755 [PLUCHE (Noël-Antoine)] érudit, né à Reims en 1688, mort en 1761. Professa la rhétorique, puis se fit prêtre et devint principal du Collège de Laon. — Histoire du Ciel, considéré selon les Idées des poètes, des philosophes et de Moïse. Où l'on fait voir 1° l'Origine du Ciel poétique, 2° la méprise des philosophes sur la fabrique du Ciel et de la Terre, 3° la Conformité de l'Expérience avec la seule Physique de Moïse.

Paris, Veuve Estienne, 1739. 2 vol. in-12. Figures. (5 fr.).

[V. 20715-716

Avec 25 pl. gravées par J. P. Le Bas, représentant les Dieux Egyptiens et Grecs, Sphinx, Symboles divers, etc.

(G-1089

8756 [PLUCHE (Noël)]. — Histoire du Ciel où l'on recherche l'Origine de l'Idolâtrie et les Méprises de la Philosophie, sur la Formation et sur les Influences des Corps Célestes.

Paris, Estienne, 1740. 2 vol. in-12 Frontispice de Le Bas, et pl. gravées. (5 fr.).

Ibid., Id., 1748, 2 vol. in-12.

Ouvrage utile à toute personne s'occu-

8757 PLUCHE (Noël). — Le spectacle de la nature, ou entretiens sur les particularités de l'histoire naturelle.

Paris, Estienne, 1745-50, 9 vol. in-12. (12 fr.).

Chaque volume est orné d'un frontispice et d'un grand nombre de planches d'histoire naturelle, de figures géométriques, de dessins industriels, scènes mythologiques, etc., gravées par Le Bas, d'après Eisen, Boucher, Canot, Robert, etc... Traité des vers à soie, abeilles, plantes, graines, fleurs, pêche, faïence, teinture, fourrure, horlogerie, etc.

8758 PLUCHE (Noël). — Le Spectacle de la Nature, et l'Histoire du Ciel, par PLUCHE.

Paris, les frères Estienne, 1764, 12 vol. in-12.

[S. 21271-21279
(S-3257

8759 PLUME (La). — Numéro exceptionnel, consacré, sous la Direction de M. PAPUS, à la Magie.

Paris, la Plume, 1892, in-8° de 28 p. portr. et pl. Couv. ill. (4 fr.).

Rare. Contient des articles de PAPUS, St. de GUAITA, BARLET, Alber JHOUNEY, J. Bois, A. POISSON, LERMINA, etc. — Portrait de PAPUS et reproduction de 10 figures du Tarot des Bohémiens.

(G-1001

8760 PLUQUET (l'abbé François André Adrien) professeur au Collège de France. Né à Bayeux en 1716, mort à Paris en 1790. Chanoine de Cambrai.—Dictionnaire des hérésies, par M. PLUQUET.

Paris, 1764, 2 vol. in-8°.

Autres éditions :

Paris, Royer, 1845, 2 vol. in-12, (4 fr.).

[H. 17364-17365

Paris, 1847, 2 forts vol. gr. in-8° à 2 colonnes (10 fr.).

Ouvrage précieux pour l'énorme quantité de documents qu'il contient. Signalons particulièrement : Dictionnaire des Jansénistes, contenant un aperçu historique de leur vie, et un examen critique de leur livres. Listes complète des ouvrages condamnés par les Tribunaux français. — Philosophie religieuse des Chaldéens, des Persans, des Egyptiens, des Indiens. — Pythagore. — Histoire des Hérésies et des Sociétés secrètes depuis le I-er siècle jusqu'au XIX-e. — Voici qq. titres que nous relevons dans la Table : Adamites. — Albigeois. — Pneumatique. — Arnaud de Villeneuve. — Basilide. — Bohémiens. — Cabbale. — Cathares. — Chevaliers de l'Apocalypse. — Eon de l'Etoile. — Frères Bohémiens. — Gnostiques. — Jean Huss. — Illuminés. — Invisibles. — Lucifériens. — Manichéens. — Martinistes français et russes. — Ménandre. — Moutan. — Frères Moraves. — Esséniens. — Ophites. — Origène. — Préadamites. — Valentin. — Vaudois. — Vintras, etc...

(S-1164

8761 PLUQUET (l'abbé). — Mémoires pour servir à l'histoire des égarements de l'esprit humain par rapport à la religion chrétienne : ou dictionnaire des hérésies, des erreurs et des schismes ; précédé d'un discours dans lequel on recherche quelle a été la religion primitive des hommes, etc.

Paris, Nyon, 1704, 2 vol. pet. in-8° (10 fr.).

[H. 11265-11266
(G-847

8762 PLUTARQUE DE CHÉRONÉE célèbre polygraphe, né et mort à Chéronée, Béotie, en 50 et 120 de notre ère. Son Traité d'Isis et Osiris est curieux pour l'étude de la Religion Egyptienne. — PLUTARCHI Chæronei, de Oraculorum defectu Liber.

Lutetiæ, Vascosan, 1556, in-4°.
(S-3468)

8763 PLUTARQUE. — De naturâ et effectibus Dæmonum, libri duo Plutarchii Chæronensis cum notis Joac. Camerarii.
Lipsiæ, J. Steinman, 1576, in-4°.
[R. 55137
(S-3147 b.

8764 PLUTARQUE. — Œuvres complètes. — Les vies des hommes illustres, trad. du grec par Amyot avec des notes et des observations par MM. Brotier et Vauvilliers. Edition augmentée par E. Clavier.
Paris, 1801-1805, 25 vol. in-8°, figures hors texte et médaillons, (35 fr.).

8765 PLUTARQUE. — Les œuvres morales et philosophiques translatées de grec en françois (par J. Amyot) revues et corrigées en ceste présente édition en plusieurs passages par le translateur.
Paris, Frédéric Morel, 1581, fort in-fol. (25 fr.).

Autres édit.

Paris, 1572, 2 vol. in-fol.
[Rés. J. 108-109
Paris, 1574, 7 vol. in-8°
[Rés. J. 2088-2094
Paris, 1575, in-fol.
[J. 734
Lyon, 1579, in-fol.
[J. 735
Etc.

8766 PLUTARQUE. — Opvscvles de Plvtarche Cheronee. Traduictz par Est. Pasquier.
Lyon, de Tournes, 1546, in-8°, (20 fr.).
[Rés. J. 2077

Le traducteur, Estienne Pasquier était recteur des écoles de Louhans.

Orné de 3 curieuses vignettes sur bois, entre autres celle qui se trouve en tête du « Dialogue démonstrant que les bestes ont l'usage de raison ».

Autre édition :

Cinq Opuscules de Plutarque Cheronée, traduitz par Maitre Estienne Pasquier.
Paris, Marnef, 1546, in-18,
[Rés. J. 2076

8767 PLUTARQUE. — Les Vies des Hommes Illustres, et Œuvres Morales de Plutarque, traduites par Amyot.
Genève, 1642, 4 vol. in-8°.

Autres édit.

Paris, 1559, 2 vol. in-fol.
[Vélins 701-702
Paris, 1565, in-fol.
[J. 729
Paris, 1567, 6 vol in-8°
[Rés. J. 2082-2087
[*Genève*] 1610, 6 vol. in-fol.
[J. 698-703
Lion, 1611, 2 vol. in-8°.
[J. 10802-10803
Etc.
(S-6873

8768 PLUTARQUE. — Vies des hommes illustres, traduites du grec par Amyot, avec éclaircissements par Brothier, Dacier et Vauvilliers.
Paris, 1811, 15 vol., in-18, (15 fr.).
[J. 11098-11112

Autre édition :

Paris, Emler, 1820, 10 vol. in-8°, (30 fr.).

Traduction de Ricard Dominique.

8769 PLUTARQUE. — Vies des Hommes illustres de Rome, traduction de Ricard, avec des appréciations, des notes, des médailles antiques servant

d'illustrations et d'éclaircissements pour le récit, par Mr Dauban.
Paris, 1873, 2 vol. in-8°.
[J. 20401-20402

Autre édition :
Paris, 1840, 3 vol. in-8°. Édit. ornée de nombreux portraits hors texte.

8770 PLYTOFF (G.). — La Magie, les lois occultes, la théosophie, l'initiation, le magnétisme, le spiritisme, la sorcellerie, le sabbat, l'alchimie, la kabbale, l'astrologie.
Paris, 1892, in-16, 342 p. 71 figures. (4 fr.).
[8° R. 10556

Ouvrage estimé, bien documenté, enrichi de nombreuses planches et gravures dans le texte et hors texte. — Les forces occultes. — Les forces cosmiques selon Pythagore. — Les lois des sciences occultes. — L'analogie. — Les opérations théosophiques. — La langue occulte. — Les histoires symboliques. — Cours méthodique d'occultisme. — Les degrés d'initiation. — Le magnétisme, le spiritisme. — Origine du langage. — La tradition orale. — Les pyramides. — Théories magiques. — Initiations aux mystères de la magie. — Conseil aux adeptes. — La suggestion mentale. — Histoire de la sorcellerie. — Les pactes. — Les conjurations. — Le laboratoire et les opérations alchimiques. — La pierre philosophale et la panacée universelle. — Preuves de l'existence de la pierre philosophale. — La Kabbale et ses applications. — Le Sépher Jetzirah. — La Cabbale des Bohémiens. — Histoire de l'Astrologie. — Les hiéroglyphes astrologiques. — Comment on érige un horoscope. — Tables des cercles astrologiques. — Les connaissances des anciens. — Parmi les magnifiques gravures qui enrichissent ce si intéressant ouvrage, citons : Les chiffres de Pythagore, d'après Boèce. — Écritures hiéroglyphiques. — Bas-reliefs égyptiens. — Extases religieuses. — Talisman de Catherine de Médicis. — Sorciers en transe. — Les appareils alchimiques. — Signes conventionnels de l'alchimie. — La Rose-Croix. — Rapport du corps humain avec les signes du Zodiaque. — Le Zodiaque de Dendérah. —
L'alphabet des Mages. — Le système du Monde au moment de la naissance de Louis le Grand (Horoscope de Louis XIV). — Figures d'horoscopes divers. — Le Zodiaque indien d'Éléphanta, etc...

8771 PLYTOFF (G.). — Les Sciences Occultes : Divination, Calcul des Probabilités, Oracles et Sorts, Songes, Graphologie, Chiromancie, Phrénologie, Physiognomonie, Cryptographie, Magie, Kabbale, Alchimie, Astrologie, etc...
Paris, Baillière, 1891, in-12, avec 174 fig. et Fac-similés dans le texte, (3 fr. 50).
[8° R. 10324
(G-1092

PLYTOFF (G.). — On attribue aussi à cet auteur un gros ouvrage sur les Sciences Occultes par Un Initié, q. v.

8772 POCHE (Guillaume). — Origine des forces de la nature, nouvelle théorie remplaçant celle de l'attraction.
Paris, G. Masson, s. d., [1801], in-12, 342 p. 32 figures. (2 fr.).
[8° R. 10133

Volume savant, où sont exposées des théories singulières qui seront peut-être les vérités de demain.

8773 PODMORE (Frank). Un des co-auteurs de Hallucinations télépathiques :
[8° R. 11451

Et « Phantasms of the living » :
[8° R. 7754

— Apparitions and Thought Transference, an examination of the Evidence for Telepathy. By Frank Podmore, M. A. With Numerous illustrations.
London, Walter Scott Ltd., 1894, in-8° de XIV-401 p. nomb. figures, (5 fr.).

Position of the Subject. — Society for

Psychical Research. — Experimental Transference of simple Sensations in the Normal State. — Experimental Production of Telepathic effects at a Distance. — General Criticism of the Evidence for Spontaneous Thought-Transference. — Coincident Dreams. — On Hallucinations in General. — Spontaneous Telepathic Hallucinations. — Collective Hallucinations. — On Clairvoyance in Trance. — On Clairvoyance in the Normal State. — Etc.

8774 POE (Edgar ALLAN) célèbre écrivain américain né à Baltimore (Maryland) en 1813, mort dans la même ville en 1849. Devenu orphelin en bas âge, il fut adopté par un riche planteur M. ALLAN dont il joignit le nom au sien. Sa vie fut fort accidentée. Tantôt soldat, puis éditeur d'une revue, puis romancier, il s'adonna à l'alcoolisme, et mourut âgé de 37 ans. — Eureka, traduit par Charles BEAUDELAIRE.

Paris, Lévy, 1864, in-12. (12 fr.).
[R. 47139

Première édition.

Autre éd.

Paris, Lévy, 1871, in-12. (2 fr. 50)
[R. 47140

Le célèbre écrivain expose dans cet ouvrage des idées panthéistes.

8775 POE (Edgard). — Histoires extraordinaires, traduction de Charles BEAUDELAIRE.

Paris, 1856, in-12. (7 fr.).
[Y² 59471

Edition originale.

POE, savant initié, fait revivre, dans ces pages troublantes, les mystères les plus profonds des sciences occultes.

8776 POE (Edgar). — Œuvres : Histoire extraordinaires, Nouvelles histoires extraordinaires. — Traduction BEAUDELAIRE.

Paris, Lévy, 1857-58. 5 vol. in-12 (8 fr.).
[Y² 59472

Autres édit.

Paris, Lévy, 1864, 2 vol. in-12, (6 fr.).
[Y² 59475

Paris, Lévy, 1869, in-12.
Paris, Lévy, 1885. 2 vol. in-12.

8777 POE (Edgar). — Histoires extraordinaires. — Nouvelles histoires extraordinaires, traduites par BEAUDELAIRE.

Paris, Quantin, 1884, 2 vol. in-8°, 1 portrait, (45 fr.).
[8° Y² 6750

Orné de 26 eaux-fortes hors texte par MM. *Wogel, Feral, Fierge, Meyer,* gravées par *Abot.*

8778 POILLE (Guillaume). — Le nom de Christ contre les Ante-Christ, par Guill. POILLE.

Paris, 1620, 2 vol. in-8°.
(S-568

8779 POILLI ou POUILLI DE BURIGNY (Jean LEVESQUE de) historien français né à Reims en 1692, mort à Paris en 1785. Collaborateur de ses deux frères, CHAMPEAUX et LEVESQUE de POUILLY, pour une Encyclopédie restée inédite. — Histoire de la philosophie payenne par POILLI DE BURIGNY.

La Haye, Pierre Gosse et P. de Hondt. 1724, 2 vol. in-12.
[R. 9556-57
(S-2664

Voir aussi :

LEVESQUE DE POUILLY (Louis Jean).

8780 POINSINET de SIVRY (Louis), né à Versailles en 1733, mort à Paris en 1804. Dramaturge et littérateur. — Origine des premières sociétés des peuples, des sciences, des arts et des idiomes anciens et modernes.

Paris, Lacombe, 1769, in-8°, (5 fr.).

Dans cet ouvrage, l'auteur se propose de prouver que les sociétés doivent leur origine à la connaissance des divers usages du feu. D'après lui, ce sont les Celtes ariens qui furent les premiers habitants dela terre, et il donne l'étymologie d'un très grand nombre de noms dérivés du celte.

8781 POINSINET de SIVRY. — Le Phasma, ou l'Apparition. Histoire Grecque, contenant les Aventures de Néoclès, fils de Thémistocle. Ouvrage tiré d'un manuscrit trouvé à Smyrne.

Aux Deux-Ponts, 1772, in-12, (3 fr. 50).

[Ne se trouve pas à la Bib. Nat. (G-1993)

8782 [POINSOT (Edmond Antoine)] né à Nogent-sur-Seine (Aube) en 1833. Chef de bureau dans une des grandes administrations de l'Etat. A généralement adopté le pseudonyme de d'Hailly et plus tard d'Heylli. — Dictionnaire des pseudonymes, où sont divulgués et rétablis les noms inventés, tronqués, travestis, arrangés ou dérangés.

Paris, Rouquette, 1868, in-18 de 128 pp.

[L°n. 163

Paris, Dentu, 1869, in-12 de 301 pp.

Paris, Dentu, 1887, in-12 de 560 pp.

Dans cette dernière édition l'auteur orthographie son nom « d'Heylli ».
Edit. de 1869. — Eliphas Lévi (p. 193) épouse Claude Vignon (pseudonyme) (p. 356) dont le nom de jeune fille n'est pas donné.

« Un décret du 26 août 1866 a d'ailleurs autorisé Mme Constant à substituer à ce nom le pseudonyme sous lequel elle est connue » (*Claude Vignon*).

Erdan (p. 103) né en 1826, Jacob (Alexandre André).

Curieuses révélations, surtout au sujet des auteurs gais. D'autres touchantes : Mlle de Meulan et Guizot, (p. 219).

8783 POINSOT (M.C.) et NORMANDY. — L'Echelle. Roman.

Paris, F. Fasquelle, 1901, in-12 de 330 p.

[8° Y² 53153

Poignante étude du Sadisme contemporain.

Prend le héros Joachim de Mersenne, à son enfance, dans sa cruauté inconsciente à torturer un pinson, le suit comme Directeur d'une Maison de Correction, meurtrier d'une fille publique et finalement, comme aliéné dans une maison de fous.

8784 POINTCARRÉ. — Etudes physiologiques sur le Magnétisme animal par M. Pointcarré, professeur à Blois à l'Ecole de médecine, membre titulaire de l'Académie de Stanislas. Discours de réception.

Nancy, impr. Vve Raybois, 1865, in-8°, 50 pages.

Extrait des *Mémoires de l'Académie de Stanislas*, 1864.

Malgré des conclusions favorables, l'auteur repousse la pratique du magnétisme.

(D. p. 170)

8785 POIRET (Pierre). Théologien mystique et philosophe français, né à Metz en 1646, mort à Rheinsbourg en 1710. D'abord élève chez un sculpteur puis pasteur à Anweiler (Deux Ponts). C'est à Hambourg où la guerre l'avait contraint à fuir, qu'il connut Antoinette Bourignon : il a donné une édition de ses ouvrages. Poiret vécut aussi à Amsterdam, et se retira enfin à Rheinsbourg, où il vécut encore plus de trente ans. Théologien fort tolérant, il ne s'attachait qu'à la morale et dédaignait les détails du Dogme et des Rites. — P. Poireti, Cogitationum rationalium de Deo, Anima et Malo, libri IV.

Amstelodami, 1715, in-4°.

Autre édit.

Amstelodami, apud Elzevirium, 1677, in-4°.

[R. 8265
(S-3104)

8786 POIRET (Pierre). — (1) Fides et Ratio, collatæ à Petro POIRET.
(2) Bibliotheca Mysticorum selecta. *Amstelodami, ex officina Wetsteniana*, 1707 et 1708, 2 vol. in-8°.

(1) [D² 4354
(2) [D² 10124
(S-1074

8787 POIRET (Pierre). — L'Œconomie divine, ou Système universel et démontré des Œuvres et des Desseins de Dieu envers les Hommes. Où l'on explique et prouve l'Origine, avec une évidence et une certitude métaphysique, les Principes et les Vérités de la Nature et de la Grâce, de la Philosophie et de la Théologie, de la Raison et de la Foi, de la Morale naturelle et de la Religion chrétienne. Et où l'on résoud entièrement les grandes et épineuses difficultés sur la Prédestination, sur la Liberté, sur l'Universalité de la Rédemption et sur la Providence.
Amsterdam, Henri Wetstein, 1687 7 vol. in-12, (25 fr.).

[D² 3778

Ce Titre est le Titre général du 1-er vol. l'ouvrage est divisé en 6 parties qui sont :
I. — L'Œconomie de la Création. 2 vol.
II. — L'Œconomie du Péché, 1 vol.
III. — L'Œconomie du Rétablissement avant l'incarnation de J. C. 1 vol.
IV. — L'Œconomie du Rétablissement après l'incarnation de J. C. 1 vol.
V. — L'Œconomie de la Coopération de l'Homme avec l'Opération de Dieu, 1 vol.
VI. — L'Œconomie de la Providence Universelle, 1 vol.

(O-67
(G-848-1994

8788 [POIRET (Pierre)]. — La pratique de la vraie Théologie mystique contenue dans quelques traités de Fr. MALAVAL, de M. de BERNIÈRES et de sainte THÉRÈSE [par Pierre POIRET, d'après BARBIER].

Liège, 1709, 2 parties in-12.

(S-872.

8789 [POIRET (Pierre)]. — La Théologie de l'Amour, ou la Vie et les œuvres de Ste Catherine de Gênes, [par POIRET].

Cologne, Jean de la Pierre, 1691, in-12. (10 fr.).

[D. 17820

Curieux frontispice gravé. — Très rare ouvrage anonyme de ce mystique renommé, disciple de Jacob BOEHME et d'Antoinette BOURIGNON. Comprenant : *La Vie de Ste Catherine de Gênes : la Doctrine du pur amour de Dieu, et le Traité du Purgatoire*.

(S-5120

8790 [POIRET (Pierre)]. — La Théologie du cœur. Recueil de divers traités de Théologie Mystique ou recueil de quelques traités qui contiennent les lumières les plus divines des âmes simples et pures. Seconde édition augmentée et plus correcte.

Cologne, J. de La Pierre, 1697 et 1699. 3 vol. in-12. (10 fr.).

[D. 17745

Ce recueil comprend : *Le Berger illuminé. — L'Abrégé de la Perfection chrétienne. — La ruine de l'amour-propre. — La vie intérieure. — L'amour aspiratif.— Abrégé de la théologie mystique* — Ces pièces sont l'œuvre anonyme d'un protestant mystique qui a publié entre autres ouvrages, une édition des œuvres de Mme GUYON.

(S-866

8791 [POIRET (Pierre)]. — La Théologie réelle, vulgairement ditte (sic) la Théologie germanique, avec quelques autres traités de même nature ; une lettre et un catalogue sur les écrivains mystiques, une préface apologétique sur la théologie Mystique, avec la nullité du jugement d'un protestant sur la même théologie mystique.

Amsterdam, Wetstein, 1700, très fort in-12. (20 fr.).

[D. 17761

Ce volume est la traduction anonyme

d'un célèbre ouvrage de mystique allemande du XVIe siècle. — POIRET l'accompagne d'une très curieuse et très longue lettre (222 p.) et d'une étude sur les auteurs mystiques au nombre de cent trente, avec des détails précieux sur leurs ouvrages. — On y trouve, notamment, une excellente analyse de Jacob BOEHME, Antoinette BOURIGNON, etc...

8792 POIRIER (André). — Traité de l'Ante-Christ, recueilli de la sainte Ecriture et de la doctrine des pères de l'Eglise, par André POIRIER.

Paris, 1655, in-12.

[D. 12076
(S-570

8793 POISSON (Albert), savant alchimiste moderne, né et mort à Paris (1868-1893), Etudiant en médecine. — Cinq traités d'alchimie des plus grands philosophes : Paracelse, Albert le Grand, Roger Bacon, Raymond Lulle, Arnaud de Villeneuve. Trad. du latin en français par Albert POISSON.

Paris, Bibliothèque Chacornac, 1890, in-8°, VIII-134 p. et tab (5 fr.).

[8° R. 10030

Livre fort bien fait, où est admirablement exposée la littérature alchimique.— On ne saurait trop le recommander à ceux qui veulent savoir comment de l'alchimie a pu naitre la chimie. — Ce précieux recueil contient, en outre, des notes biographiques sur les cinq plus grands alchimistes dont voici les œuvres les plus réputées : le Chemin du chemin, d'ARNAUD DE VILLENEUVE, la Clavicule, de RAYMOND LULLE, le Composé des Composés, d'ALBERT LE GRAND, le Thrésor des Thrésors de PARACELSE, et le Miroir d'Alchimie de Roger BACON.

8794 POISSON (Albert). — Etudes sur la philosophie hermétique. Le traité de la Nature des choses, de Paracelse.

Paris, 1891, in-8°.

8795 POISSON (Albert). — Histoire de l'Alchimie, XIVe siècle — Nicolas FLAMEL, sa vie, ses fondations, ses œuvres : suivi de la réimpression du Livre des figures hiéroglyphiques.

Paris, Bibliothèque Chacornac, 1893, in-8°. XII-539 p. (5 fr.).

Initiation à la vie intime d'un alchimiste du Moyen-Age. Nicolas FLAMEL, type grandiose du chercheur convaincu, dépense vingt ans de sa vie à la recherche d'un problème et quand il en a trouvé la solution, il emploie ses nouvelles richesses à faire irradier le bien autour de lui, sans cesser de vivre modestement.

8796 POISSON (Albert). — L'Initiation Alchimique. — Treize lettres inédites sur la pratique du Grand Œuvre, avec une préface du Dr. Marc Haven [Emmanuel LALANDE] et un portrait de l'auteur.

Paris, édition de l' « Initiation », 1900, in-18, portrait. (1 fr.).

[8° R. Pièce 8670

On ne saurait louer assez le pieux devoir et le dévouement amical qui nous valent la publication de cet ouvrage. — La pensée intime d'un homme tel que Albert POISSON, ne saurait assez se communiquer et le présent opuscule est recommandé à tous ceux qui s'occupent d'alchimie.

8797 POISSON (Albert). — Le Livre des feux de MARCUS GRÆCUS, traduit intégralement en français et commenté pour la première fois.

Paris, 1891, in-8°. (1 fr. 50).

Le Livre des feux est un ouvrage des plus intéressants sur l'alchimie.

8798 POISSON (Albert). — Théories et symboles des alchimistes. Le grand œuvre. Suivi d'un essai sur la bibliographie alchimique du XIVe siècle.

Paris, Chacornac, 1891, in-8° XII-189 p. Avec 15 planches représentant 42 figures. (6 fr.).

[8° R. 10679

Ce bel ouvrage, recherché à l'heure actuelle, est, de l'avis de tous, le plus savant et le plus clair qui ait été écrit sur l'alchimie ; il peut remplacer avantageusement tout ce qui a paru sur la question.

(G-851

8799 POISSON (Albert). — L'Unité de la Matière : hypothèse alchimique prouvée par la chimie.

Paris, 1892, in-8°.

8800 POISSON-GRANDVAL. — Qu'est-ce qu'un franc maçon ? Réponse pièces en main.

Paris, 1875. in-16. (2 fr.).

Curieux ouvrage de critique qui contient d'intéressants renseignements: Initiation aux grades d'apprenti, compagnon, maître, Kadosh. La Franc Maçonnerie aux points de vue de la religion, de la propriété et des gouvernements, etc.

8801 POISSONNIER, CAILLE. MAUDUYT. ANDRY. — Rapport des commissaires de la Société royale de médecine nommés par le Roi pour faire l'examen du magnétisme animal, imprimé par ordre du Roi.

Paris, in-4°. 10 août 1784, 39 pp. (Il y a une édition in-8° de 47 pages).

Ce rapport est signé POISSONNIER, CAILLE, MAUDUYT, ANDRY, et ses conclusions sont à peu près les mêmes que celles qui précèdent. M. MIALLE et quelques auteurs l'attribuent à THOURAT, ce dont je doute. Ce n'est ni le style de cet auteur, ni son opinion.

Cette commission s'était aussi rendue chez d'ESLON, et cite un M. LAFISSE comme prenant la parole au nom de d'ESLON et en présence de ce dernier pour donner les explications nécessaires.

Voir à BAILLY.

(D. p. 36

8802 POLDO (Jean). — Des Mœurs et dépravée Religion des Taborites en Bohème [par Æneas SILVIUS] ; mise de latin en françois par Jean POLDO, d'Albenas.

Paris, Vincent Sertenas, 1562, in-8°.

Autre édition :

Paris, V. Norment et J. Bruneau, [1500], in-8°.

[H. 11306

Les *Taborites* de Bohème suivaient les Doctrines des Gnostiques, Adamites, Luciferiens et autres groupes dits sataniques du Moyen-Age. On les brûla en masse.

Cet ouvrage est de : Æneas SILVIUS (Pie II pape). POLDO n'est que le traducteur.

(Y-P-898

8803 POLEMAN (Joachim). — Nouvelle Lumière de médecine, du mistère du Souffre des Philosophes. — Traduction du latin.

Rouen, Guillaume Behourt, 1721, in-12. (15 fr.).

[R. 47181

Traduction française très rare de ce célèbre ouvrage d'alchimie. POLEMAN fut un habile artiste qui avait le secret des vrais adeptes.

8804 POLEMANN. — Joachimi POLEMANN novum Lumen medicum (alias chymicum), in welchem des hochbegabten Philosophi (van HELMONTII vortrefflich-und höchstnöthige Lehre von dem hohen Geheimnis des Sulphuris Philosophorum, aus getreuem wohlmeynendem Gemüthe gegen die Unwissenden und Irrenden, wie auch aus mitleidendem Hertzen gegen die Krancken gründlich erkläret wird.

Franckfurt und Leipzig, Joh. Friedr. Fleischer, 1747, in-8° de 168 pp.

La première édition est d'Amsterdam, 1659.

(O-1608

8805 POLIDORUS (F. Valerivs) Patavinvs. — Practica exorcistarum ad doemones et maleficia de Christi fidelibus expellendum.

Patavii apud Paulum Meietum, 1582, in-8°. (15 fr.).

Ouvrage d'une grande rareté.

Autre édit. :

Veneliis, R. Mejellus, 1606, in-8°.
[E. 0780
(G-1606)

Voir aussi :
POLYDORUS.

8806 POLIER (feu le Colonel de). — Mythologie des Hindous travaillée par Mme la Chanoinesse de POLIER, sur des manuscrits authentiques rapportés de l'Inde par feu M. le Colonel de POLIER, Membre de la *Société Asiatique de Calcutta*.

Rondolstadt et Paris, F. Schoell, 1809, 2 vol. de LX-628 et XII-722 pp. Impression allemande. La dédicace est signée : « de POLIER, Chanoinesse *du Heilig-graben* ». (18 fr.).
[Ok² 302

Idées générales de la mythologie des Hindous. — Vichnou. — Ram et Chrisnen (pour Chrisna). — Le Bhajavat et le Mohabarat. — Origine des Peiotas et des Daints. — Résumé des deux systèmes principaux des Bramines sur les êtres intermédiaires. — De l'origine de l'âme Métempsychose. — Chrisnen et Arjoon. — Le Geeta [Bhagavad-Gita]. — Etc.

8807 POLLACUS (Gior.) ou POLACCO (Giorgio). — Anti-Copernicus catholicus, seu de Terrae Statione, et de Solis Motû, auctore GIOR. POLLACO.

Veneliis, apud Guerilios, 1644. in-4°.
[V. 7472
(S-4719)

8808 POLTI (Georges). — Notation des Gestes.

Paris, Savine, s. d., in 12 (1 fr. 50).

8809 POLTI et GARY. — La Théorie des Tempéraments et leur pratique.

Paris, Georges Carré, 1889, in-12 de XII-42 p. figures au trait (6 fr.).
[Th⁷⁸. 24
(G-1995)

8810 POLYDORUS CHRYSOGONUS. — In hoc volvmine de alchemia continentur hæc : GEBRI Arabis, philosophi solertissimi, rerumque naturalium, praecipue metallicarum, peritissimi, de inuestigatione perfectionis metallorum liber I. Summæ perfectionis metallorum, siue perfecti magisterij, libri II. Quæ sequuntur, omnia nunc primum excusa sunt. *Eiusdem* de inuentione ueritatis seu perfectionis metallorum. De fornacibus construendis. *Item*, Speculum Alchimiæ : doctissimi uiri Rogerii BACHONIS, correctorium Alchemiæ doctiss. uiri RICHARDI Anglici. Rosarius minor de Alchemia. *Incerti authoris*. Liber secretorum Alchemiæ CALIDIS filii Iazichi Iudæi. Tabula Smaragdina de Alchemia. HERMETIS Trismeg. HORTULANI philosophi, super Tabulam Smaragdinam Hermetis Commentarius.

Norimbergæ, apud Ioh. Petreium, 1641. pet. in-4° (45 fr.).
[P. R. 1406

Collection d'une extrême rareté. — Elle contient les traités sur l'Alchimie de GEBER, le célèbre chimiste arabe, que Roger BACON appelle « *Le Maître des Maîtres* » et que CARDAN place au nombre des douze plus subtils génies du monde. — Il mérite d'être placé au premier rang des chimistes et alchimistes et ceux du Moyen Age n'ont souvent fait que le copier textuellement.

Les autres ouvrages contenus dans ce volume sont les traité non moins célèbres de Roger BACON, *le Miroir d'Alchimie*; la Table d'Emeraude de HERMES TRISMEGISTE; l'HORTULAN sur la dite table; le *Livre secret d'Alchimie* de CALID juif; le *Rosarius minor* de l'Alchimie.

Orné de curieuses figures gravées sur bois.

Voir aussi :

POLIDORUS

8811 POMET (Pierre) Droguiste et Botaniste français, né et mort à Paris (1658-1699). Il voyagea en Angleterre, Hollande, Italie, etc. et ouvrit un magasin de droguerie à Paris. Il professa au jardin des Plantes. — P. POMET, marchand épicier et droguiste.

— Histoire générale des Drogues, traitant des plantes, des animaux et des minéraux; ouvrage enrichy de plus de 500 figures en taille-douce tirées d'après nature ; avec un discours qui explique leurs différens noms, les pays d'où elles viennent, la manière de connoître les véritables d'avec les falsifiées, et de leurs propriétez, où l'on découvre l'erreur des anciens et des modernes.

Paris, J. B. Loyson, 1694, grand in-fol. (20 fr.).
[Te^{138}. 08

Ouvrage curieux, qui était le guide et le manuel des Herboristes et Apothicaires du XVII° siècle.

8812 POMET (P.). — Histoire générale des drogues, simples et composées; renfermant dans les trois classes des végétaux, des animaux et des minéraux, tout ce qui est l'objet de la physique, de la chimie, de la pharmacie, etc....

A Paris, chez El. Ganeau et L.-El. Ganeau fils, 1735, 2 vol. in-4° (6 fr.).

Traité le plus complet que l'on possédât alors sur la matière médicale.
Nouvelle édition, corrigée et augmentée par POMET fils et enrichie de plus de quatre cents figures en taille-douce.

8813 POMEY (François Antoine) humaniste et jésuite français né à Pernes (Comtat Venaissin) en 1619, mort à Lyon en 1673. Préfet des classes au collège de Lyon. — Méthode pour apprendre l'histoire des Faux Dieux de l'antiquité ou le Panthéon mythique, trad. du latin par Tenand.

La Haye, Scaart, 1732, 2 vol. in-12 (7 fr.).

Excellent traité de mythologie comparée.

8814 POMEY (F.). — Pantheum mythicum, seu fabulosa deorum historia, hoc epitome eruditionis volumine breviter dilucideque comprehensa.

Amsterdam. 1777. in-12 (4 fr.).

Excellent traité de mythologie, enrichi de nombreuses gravures hors texte, dont plusieurs se déploient.

8815 POMMEREL (A). — Les Sorcelleries Lorraines, par A. POMMEREL.

Metz, Pallez et Rousseau. 1853, gr. in-12 de 50 p.
[R. 47216

Légendes locales réunies en un conte intéressant.

Arbre des Sorciers. — Farfadets. — Lièvres Sorciers. — Loups-Garous. — Lanternottes. — Sabbat. — Vampires. — Etc.
(Y-P-922

8816 [POMMEREUL (François René Jean, baron de)] général et administrateur français né à Fougères (Bretagne) en 1745, mort en 1823. Il professait l'athéisme. — Contes théologiques, suivis des litanies des catholiques romains du dix-huitième siècle et de poésies érotico-philosophiques, ou recueil presque édifiant.

Paris, de l'Imprimerie des Chartreux, 1785. in-8° (20 fr.).

Edition originale.

Réimpression :
Bruxelles, Gay et Doucé, 1879. in-12.
[Rés. Ye 3764

Ce Recueil, attribué par plusieurs bibliographes à Dr BUSCA, officier d'artillerie, est l'œuvre du général Fr. René Jean de POMMEREUL. — Il renferme des contes badins, ou grivois, en vers, par CRÉBILLON père, VOLTAIRE, BOUFFLERS, de la POPELINIÈRE, FAVART, etc....

8817 POMPEIUS (Nicolas), professeur de Mathématiques à l'Académie de Wittenberg. — Præcepta Chiromantica clarissimi Nicolai POMPEII, inferiorum Mathematum in alma Wittebergensium Academia, dum vixit, professoris celeberrimi, prælecta olim ab ipso, anno Christianorum 1653-tio, jam vero recognita. descripta, figurisque ligno incisis aucta.

Hamburgi, sumpt. Zachar. Hertelii, 1682, in-12, 163 p. etc. et 153 fig. sur bois (25 fr.).

[V. 21951

Ouvrage assez peu connu.

8818 POMPONACE (Pierre POMPONAZZI, dit) Philosophe Italien, né à Mantoue en 1402, mort à Bologne vers 1525. Il professa avec éclat la Philosophie à Padoue, Ferrare et Bologne et était partisan d'Aristote. — PETRI POM | PONATII Philosophi | et Theologi Doctrina et | ingenio præstantissimi Opera. | De Naturalium effectuum admirandorum causis. | Et de Incantationibus Liber : | Item de Fato : | Libero Arbitrio | ....

[In fine:] *Basileæ ex officina Henricpetrina*. 1567, in-8° de 31 f^{os} dont 4 blancs et 1015 pp. (Marque de l'imprimeur au v° du dernier f°).(20 fr.).

[R. 12565

Pierre POMPONACE, célèbre par la hardiesse de ses opinions philosophiques est le premier qui ait osé formuler sur le « *Merveilleux* » des opinions positivistes. Pour lui, le miracle est l'effet d'une cause naturelle que l'on ne connait pas encore, mais que l'on expliquera tôt ou tard. — Il reconnait la puissance de la *Volonté* et ses effets bénéfiques ou maléfiques sur certains sujets impressionnables. Tous les Secrets de la Magie sont en nous : l'Homme est une Batterie de Forces redoutables pour qui sait les mettre en mouvement.

L'illustre éditeur de cet ouvrage hardi, Henry PETRI, est né à Bâle en 1508. Docteur en Médecine, il succéda comme imprimeur à son père Adam PETRI. Créé Chevalier en 1556 par CHARLES-QUINT, à partir de ce moment il prit, lui et sa famille le nom d'HENRICPETRI, pour se distinguer des autres branches de même nom.

Henry PETRI était un des notables de Bâle, et c'est lui qui, le 8 Janvier 1563 reçut l'empereur FRÉDÉRIC à son entrée solennelle dans la ville.

Son premier livre imprimé sous son nom d'HENRICPETRI porte la date de 1566. Généralement, son nom se trouve en colophon : « *Ex Officina* HENRICPETRINA... » avec sa marque au V°. Cette marque, tirée d'un verset de Jérémie (XXIII, 29) représente une pierre (petra), qu'une main sortant des nuages frappe d'un marteau, pendant que le souffle du vent attise la flamme produite par le choc.

Voir, pour plus de détails : HECKETHORN, *The Printers of Basle*, London, 1897, in-4°, p. 155.

(S^t-Y-1076

(S-2680, 3119 et 20

8819 POMPONACE (Pierre). — Petri POM | PONATII Mantua | ni summi et clarissimi suo tempore philo | sophi, de naturalium effectuum | causis, sive de Incanta | tionibus, | opus abstrusio | ris philosophiæ plenum | , et brevissimis historiis illustratum, atque ante....

[In fine :] *Basileæ, Henricus Peter*, M.D.LVI [1556], pet. in-8° de 7 f^{os} non chiffrés (outre le Titre), 349 pp. et 1 f° à la fin, pour la marque de l'imprimeur, Henri PETRI, (une pierre frappée par un marteau avec un bras sortant d'un nuage) (15 à 20 fr.).

[R. 12564

Très rare.

Ouvrage curieux à bien des titres ; son exécution, d'abord, est singulière, typographiquement : quoique en caractères ronds, elle conserve bon nombre des ligatures habituellement réservées aux incunables Gothiques (syllabes qui, quo, quam, per, pro, est, etc.) ; ensuite c'est la première édition de cet ouvrage singulier : et enfin, il contient en germe la médecine suggestive, qui s'est si bien épanouie avec l' « *École de Nancy* » (hypnotisme), par exemple. Déjà au début du XVIIIe Siècle, le savant médecin hollandais Thomas FYENS avait noté avec une certaine indignation (*De Viribus Imaginationis*, Leyde, 1635, p. 192) que d'après POMPONACE, la principale vertu curative des Reliques, consistait en la Foi qu'on avait en elles. Et dans le présent livre POMPONACE, en effet, n'hésite pas à déclarer que, si l'on avait la même foi en des os de chiens, au lieu de Reliques de Saints, les résultats curatifs seraient les mêmes. Inutile d'ajouter que, en cela, il différait radicalement des opinions alors courantes, qui étaient peut être plus encore exagérées dans leur sens que lui dans le sien. Mais enfin, il fait entendre une note reposante dans le concert d'effroyable superstition qui assourdissait l'époque.

(S-3254 b)

8820 POMPONACE (Pierre). — Petri Pomponatii Tractatus de Immortalitate Animæ.

Bononiæ, 1516, in-8°.

Autres édit. :

S. l. n. d., in-8°.
[R. 12566

S. l. n. d., in-8°.
[R. 12567. différent

S. l., 1534, in-8°.
[R. 12568
(S-3120

8821 PONCELET (le Père Polycarpe) religieux Récollet et célèbre agronome né à Verdun et vivant dans la seconde moitié du XVIII° siècle. — La nature dans la formation du tonnerre et la reproduction des êtres vivans.

Paris, Le Mercier, 1766, in-8° (15 fr.).

Frontispice gravé par Baquoy et 2 planches d'électricité.

(G-852

8822 PONCELET (Le P. Polycarpe). — Nouvelle Chymie du Goût et de l'Odorat, ou l'art de composer facilement et à peu de frais les liqueurs à boire et les Eaux de Senteurs. — Nouvelle édit. avec figures.

Paris, Pissot, 1773, in-8° (7 fr.).

Ouvrage intéressant et recherché, contenant 6 figures explicatives gravées sur cuivre.
Cet ouvrage a été mis à contribution par Gauthier, qui l'a réédité sous son nom.

Autre édition :

Paris, Delalain, An VIII, 2 vol. in-8° (7 fr.).

Frontispice de Debucourt et 6 planches gravées par De la Gardette.

8823 PONCET. — Les Mystères de la Création et la destinée de l'homme, suivant Jésus-Christ et les philosophes de l'antiquité ; avec des considérations sur les principales causes de la décadence des nations, et sur les moyens qui peuvent empêcher la ruine.

Paris, 1830, in-8° (3 fr.).

L'auteur démontre l'existence des âmes parfaitement distinctes de la lumière ; il prouve l'existence d'une autre vie ; il fait connaître quels ont été et quels sont les moyens de Dieu dans la création, car la matière n'est point incréée.

8824 PONCHON (F.). — Le Croyant et ses Paroles.

Paris, Daulu (sic), 1854, in-8° de 208 p. sans table (5 fr.).
[R. 47235

Ouvrage mystique de tendance socialiste chrétienne comme certains d'Eliphas Lévi, d'Esquiros, etc. Style évangélique.

8825 [PONS (Edouard)], pseudonyme : d'Arianys. — En XII Leçons. Covrs de Tovte Puissance et des Phénomènes provoqués par la Bague Toute-Puissante, Bijov Radio-Actif, par le Professeur d'Arianys.

Toulouse, impr. spéciale de la « Toute Puissante » s. d., [1906] in-8° de VI-109 p. et tab. fig. couv. illust. (8 fr.).
[8° R. 21073

L'auteur, un ancien ouvrier tapissier de Toulouse a été arrêté en Février 1910 « sous l'inculpation de Commerce d'Amulettes et de Talismans ». En Juillet il comparaissait en police correctionnelle.

8826 PONS (Dr J. A.). — Dynamisme vital de l'homme.

Montpellier, 1844, gr. in-8° de 48 p. (2 fr.).

8827 PONSIN (J. N.). — Nouvelle Magie Blanche dévoilée. Physique Occulte et Cours complet de Prestidigitation, contenant tous les tours nouveaux qui ont été exécutés jusqu'à ce jour sur les théâtres ou ailleurs et qui n'ont pas encore été, publiés, et un grand nombre de tours d'un effet surprenant d'une exécution facile, et tout-à-fait inconnus du Public et des professeurs, ouvrage entièrement nouveau et le plus complet qui ait paru sur cette matière.

Reims, Huet, 1853-1854, 2 vol. in-8° (7 fr.).

[R. 47242-43

Exemplaires numérotés et signés par l'auteur (?).

(G-1906

8828 PONTANUS ou PONTANO (Jean Jovien), homme d'Etat, poète et historien italien : l'écrivain le plus élégant du XV° siècle, né près de Carreto (Ombrie) en 1426, mort à Naples en 1503. Premier ministre des rois de Naples Ferdinand I° et Alphonse II. — Centum Ptolemæi Sententiæ ad Syrvm fratrem a Pontano è Græco in latinvm tralatæ (*sic*) atqve expositæ. Ejusdem Pontani Libri XIIII de Rebvs Cœlestibvs. Liber etiam de Lvnâ imperfectûs.

Veneliis, in æd. Aldi et Andr. Soceri 1519, pet. in-8°.

[Rés. Z. 1053

« Plein de verve et d'esprit, mais d'une excessive obscénité (?) » nous apprend Larousse.

(S¹ Y-1510

8829 PONTANUS (Jean). — Joannis Pontani, philos. epistola in qua de Lapide, quem philosophorum vocant, agitur; dans *Theatrum chemicum* (1613) III, 775-77.

(O-1004-1005

8830 PONTANUS. — De Rebvs cœlestibvs, lib. XIIII.

Florentiæ, 1520, fort in-12. (12 fr.).

[Z-19029

Belle édition florentine du XVI-e siècle de ce célèbre traité.

8831 PONTET (L.). — D'où nous venons, essais suivis d'une étude sur la décadence des peuples.

Paris, Fontemoing, 1902, in-8° de 381 p. (4 fr.).

[8° R.18029

Après une étude préparatoire sur les rôles de l'intelligence, de la forme et de la matière et un résumé de l'opinion des Anciens sur la nature et sur la vie des êtres, l'auteur étudie les causes du chaos. — Les chapitres nous montrent notre globe à son origine, la diversité de la nature organique, l'évolution naturelle des individus, les états de la nature avant l'ère moderne et nous font enfin pénétrer dans celle-ci. — L'apparition de l'homme ouvre cette partie importante de l'ouvrage et, successivement, nous assistons aux origines de l'humanité, de son langage, de ses lois, de ses arts, etc...

8832 PORDAEDSCHE (Johann). — Ein gründlich philosophisch Sendschreiben vom rechten und wahren Steine der Weiszheit : worinnen der gantze Process des Philosophischen Wercks ..... Geschrieben durch Johann Pordaedsches... Numehro allen in diesem processe begriffenen, gleichfalls zur Warnung und Unterrichte, aus den Englischen übergesetzet und an Licht gegeben, gedruckt im J. 1698, zu Amsterdam..... dans *Deutsches Theatrum chemicum* de Fr. Roth-Scholtz (1728), I, 557-96.

Voy. Ficulo : *Probier-Stein*, I, 127-28 qui écrit le nom de l'auteur Poordetsch.

Selon Ficulo cette lettre est adressée à Leona Constantia (Mad. Joh. Leade).

(O-1363

8833 [PORÉE (l'abbé Ch. G.)]. — Examen de la prétendue possession des Filles de la paroisse de Landes, diocèse de Bayeux ; et réfutation du Mémoire par lequel on s'éforce (*sic*) de l'établir.

A Antioche, chez les historiens de la Bonne Foi, à la Vérité, 1737, in-4°, (A la fin) : le 6 septembre 1735, in-4° de 40 p. (6 fr.).

[Lk⁷ 3397

Plaquette rarissime, qui fut publiée ainsi sans aucun titre, et dont une nouvelle édition de format in-12 parut deux ans plus tard en 1737.

(G-1997

8834 [PORÉE et DUDOUET.]— Le pour et contre de la possession des filles de la parroisse (sic) de Landes, diocèse de Bayeux.

A Antioche [Caen] chez les Héritiers (?) de la bonne foy, à la Vérité, 1738, in-8° (12 frs).

[Lk⁷ 3398
(G-854

8835 [PORÉE]. — Réponse de l'auteur de l'Examen de la possession de Landes à la Lettre de M. de *** P. A. P. D. N. pour servir de suite au pour et contre.

A Antioche [Caen], 1739, in-8° (8 frs).

Mémoires très rares sur cette fameuse possession de *Landes*, la dernière qui eut lieu en Normandie.

(G-854

8836 PORET, marquis de BLOSSEVILLE (Ernest). — Les Puysegur. Leurs œuvres de littérature, d'économie politique et de science. Etude.

Paris, Aubry, 1873, in-8° de 161 p. (3 fr.).

[Lm³ 1322

Très intéressant pour l'histoire des assez nombreux auteurs du nom de PUYSEGUR dont le principal pour nous est : Amand-Marc (et non Marie) Jacques de CHASTENET, premier quart comte de Soissons, comte de Chessy, vicomte de Busancy, dont l'auteur donne une biographie complète — mais un peu sujette à caution dans les menus détails : *Magnétisme amoureux* pour *Magnétiseur amoureux* (p. 111). Quelques notes sur Charles VILLERS, auteur de ce dernier ouvrage et aide de camp du marquis (p. 112-114). — Généalogie des PUYSEGUR en appendice (151-161).

8837 PORPHYRE. — Célèbre philosophe platonicien, né à Botanea (Phénicie) en 233, mort à Rome en 304. Son véritable nom était MALK qui en syrien signifie Roi ; d'où « *purpuratus* » et en grec PORPHYRE. Il fut disciple d'ORIGÈNE et de PLOTIN, et maître de JAMBLIQUE. Mystique et ascète profond. — De abstinentia ab esu animalium libri quatuor, cum notis integris P. Victorii et Ioannis Valentini, et interpretatione latina Ioan. Bern. Feliciani, editionem curavit et suas itemque I. J. Reiskii notas adiecit Jac. de Rhoer. Accedunt IV. Epistolæ de apostasia PORPHYRII.

Trajecti ad Rhenum. Abrahamus a Paddenbourg, 1767, in-4° (20 frs).

[R. 1736

8838 PORPHYRE. — De antro Nympharvm, græce cum latina L. Holsten versione ; præmissa est Dissertatio Homerica ad PORPHYRIUM.

Trajecti ad Rhenum [Trèves], 1765, in-4° (7 frs).

[Yb 182

Edition très estimée de l' « Antre des Nymphes », qui n'est autre que le symbole de l'âme unie à la matière.— « Les âmes éprises d'amour pour les corps, attirent une vapeur humide qui se condense comme un nuage ; quand cette vapeur ou esprit qui entoure les âmes s'est suffisamment condensé, celles-ci deviennent visibles » (PORPHYRE).

8839 PORPHYRE. — PORPHYRIUS. De Antro Nympharum Graecè, cum Latinà L. Holsteni Versione et animadversionibus R. M. van Goens. Ejusdem de Abstinentia ab Esu animalium, Libri Quatuor, cum notis integris P. Victorii et J. Valentinii, etc.

Lugduni Batavorum, 1792, in-4° (10 fr.).

Texte grec et traduction latine en regard.

(G-1990

8840 PORPHYRE. — Traité de Porphyre, touchant l'Abstinence de la Chair des animaux ; avec la vie de Plotin par ce philosophe et une dissertation sur les Génies par M. Poulli de Burigny.

A Paris, chez de Bure l'ainé, M.DCC. XLVII (1747), in-12 de 11-498 p. et 3 fol. lim. (9 fr.).

[R. 9060
[R. 1509 A.

« Ce traité de Porphyre n'est pas moins qu'un livre d'occultisme très profond, en dépit des choses assez insignifiantes que le titre : De l'Abstinence, semblait nous promettre. On y trouve des notions très particulières, notamment sur le lien fluidique qui rattache les âmes à leur dépouille corporelle et sur l'abus que les Magiciens Noirs savent faire de cette affinité posthume pour leurs maléfices. » (S. de G.).

(G-855 et 1998
(S-2666

8841 PORPHYRIUS. — Porphyrii, de non necandis ad Epulandum animantibus Libri IV : ejusdem selectæ brevesque Sententiae, graecè, cum interpretatione latinè ; scholiis et praefationibus F. de Forgerolles.

Lugduni, Morillon, 1620, in-8" (5 fr.).

[R. 47202

Texte grec et traduction latine.

(S'Y-1050

8842 PORPHYRE. — Porphyrium, de vita Pythagorae.

Romæ, 1630, in-8" (?).

Autre édit.: Altorfii, C. Agricola 1610, in-8".

[Rés. J. 2638
(S-6890

. 8843 PORPHYRE. — Porphyrus, philosophe pythagoricien, de l'Abstinence pythagorique.

Paris, P. Chevalier, 1622, in-8".

[R. 9059
(S-2962

8844 PORPHYRE. — Voir : QUILLARD, traducteur de l'Antre des Nymphes.

8845 PORRÉ (Jean). — Traité des anciennes cérémonies, ou histoire contenant leur histoire et accroissement, leur entrée en l'Eglise, et par quel degré elles ont passé jusques à la superstition.

Se vend à Quilly, par Jacques Lucas, 1673, in-12 (15 frs).

[D² 10148

Livre protestant très curieux mis à l'index en 1669.

Autres éditions : Se vend à Charenton, Olivier de Varennes, s. d. (1650) (1670).

S. l., pet. in-8" (1602).

8845 bis PORRÉ (Jonas). — Histoire des cérémonies et des superstitions qui se sont introduites dans l'Eglise. On a joint à ce livre quelques autres traités qui estoient devenus rares.

Amsterdam, Bernard, 1717, in-12 (5 fr.).

(G-856

8846 PORT-ROYAL (Abbaye de). — Les constitutions du monastère de Port-Royal du Saint-Sacrement.

Mons, Gaspard Migeot (à la Sphère), 1665, pet. in-12 (30 fr.).

[Lk⁷ 7007

8847 PORT-ROYAL. — Nécrologie de l'abbaye de Notre-Dame de Port-Royal des Champs. Ordre de Citeaux, institut de Saint-Sacrement.

Amsterdam, Potgieter, 1723, in-4° illustré d'un fleuron sur le titre et de douze vignettes d'en-tête (15 frs).

Cet ouvrage contient les éloges historiques avec les épitaphes des Fondateurs et Bienfaiteurs de ce monastère et des autres personnes de distinction qui l'ont obligé par leurs services, honoré d'une affection particulière, illustré par la profession monastique, édifié par leur pénitence et leur piété, sanctifié par leur mort ou par leur sépulture.

PORT-ROYAL (sur l'Abbaye de). — Voir :

BESOIGNE (abbé Jérôme).
BOYER (Fr.).
DAVIN (l'abbé V.).
FONTAINE.
FUZET (abbé).
GARSONNET (E.).
LE SESNE D'ESTEMARE (abbé)
MOULIN (A.).
PINAULT (abbé).
RICARD (Mgr).
SAINTE-BEUVE.
SÉCHÉ (Léon).

8848 PORTA (Giambattista della), célèbre physicien, philosophe et kabbaliste italien, né à Naples en 1540, mort en 1615. Elève d'Arnauld de Villeneuve. Il écrivit aussi des comédies et deux tragédies. — J. B. PORTAE. de Æris Transmutationibus, Libri IV, in quo opere diligenter pertractatur de ijs quae, vel ex aere vel in aere oriuntur; multiplices opiniones, quae illustrantur ; qua resellantur. Demum variarum causae mutationum aperiuntur.

Romae, apud J. Mascardum, 1614, in-4 de 211 p. Figures sur bois dans le texte (25 frs).

[V. 8402
(S-3385 b

8849 PORTA (Gio. Batt. della).— Della celeste fisonomia. Libri sei nei qvali e ribvttato la vanita dell' Astrologia givdiciara.

S. l. (1680), in-12 (7 fr.).

Nombreuses figures fort bien gravées.

Autre édit. : *Padova, per Pietro Paolo Tozzi*, 1623, in-4".

[R. 3474

8850 PORTA (J. B.). — Jo. B. PORTA, de Furtivis Litterarum Notis, vulgo Zifferis Libri IV.

Neapoli, apud Joa. Mariam Scotum, 1563, in-4" (15 fr.).

[Rés. V. 1806

1ʳᵉ édition, rare, de cet ouvrage sur les écritures secrètes, avec des écritures schématiques et 3 tableaux concentriques mobiles.

(S-3401
(G-857

8851 PORTA (J. B.). — J. B. PORTA, Neapolitanus. Magiae Natvralis, Libri Viginti Ab ipso quidem Authore adaucti, nunc vero ab infinitis, quibus editio illa scatebat, mendis, optime repurgati in quibus Scientiarum Naturalium Diuitiae et Deliciae demonstrantur.

Rothomagi [Rouen] sumptibus *Io. Berthelin*, 1650, in-8" (15 fr.)

Figures sur bois.

[R. 12016

Autre édition

Lugduni Batavorum, Leffen, 1651, in-12.

Amstelodami, Veyerstraten, 1664, fort in-16.

[R. 12019
(G-2003

8852 PORTA (J. B.). Neapolitanus. — Magiae naturalis libri viginti. Ab ipso quidem authore adaucti, nunc vero ab infinitis, quibus editio illa scatebat mendis, optime repurgati ; in quibus scientiarum naturalium divitiae ac deliciae demonstrantur.

Lugd. Batav., Leffen, 1651, in-12 (10 fr.).

[R. 12014

Frontispice gravé.

(S-3191
(G-858-2003

8853 PORTA (J. B.). — La Magie Natvrelle, qvi est les Secrets et Miracles de Nature, mise en Quatre Livres, par Jean-Baptiste PORTA, neapolitain. Nouvellement traduit de latin en françois.

A Lyon, par Jean Martin, 1565 (30 fr.).

Edition originale fort rare d'un ouvrage célèbre et maintes fois réimprimé.

Autres éditions :

..... Et nouvellement l'Introduction à la Belle Magie par Lazare Meyssonnier...

Rouen, Clément Malassis, 1657, in-12 (20 fr.).

Lyon, Claude Prost, 1650, in-12 de 400-25-6 p., etc.
[R. 47273

Lyon, 1719, in-12.

Rouen, Séjourné, 1680, in-12.
[R. 12618

Lyon, S. Polin, 1678, in-12 (15 francs).

Les traductions françaises de cet ouvrage jouissent parmi les initiés d'une grande réputation. C'est le meilleur traité de Magie pratique ou cérémonielle, et il renferme toutes les pratiques employées par les nécromanciens du Moyen Age. — Il contient de fort curieux secrets sur la beauté des femmes, les teintures, les fards, les cosmétiques, etc...

(S-3191 b
(G-859-2001 et 2

8854 PORTA (J. B.). — Jo. Bap. Porta de Miraculis rerum naturalium.
Antverpiæ, 1560, in-8°.
(S-3190 b

8855 PORTA (Gio. Batt. della). — Dei miraculi et maraviglosi effetti dalla natura prodotti libri III. Nuovamente tradotti di latino in volgare.

In Venegia, presso Altobello Salicato, 1572, pet. in-8° (12 frs).

Edition italienne ravissante d'impression (en grosse italique).

Autre édit. italienne :

In Venetia, L. Avanzi, 1560, in-8°.
[R. 12620

8856 PORTA (J. B.). — J. B. Porta, de Occultis Litterarum Notis seu artis animi sansa occulte aliis significandi, aut ab aliis significata expiscandi enodandique. libri quinque, quibus auctarium accessit additamenta quædam continens ad praecedentes libros, tum pluribus exemplis, auctores et illustriores reddendos.

Argentorati (Strasbourg), 1603, in-4° (?) (10 fr.).

Autres édit. :

Strasbourg, 1650, in-8°.

Argentorati, Zetzner, 1606.
[V. 49827

Montisbeligardi, J. Foillet, 1593, in-8°.
[V. 40825

Ouvrage fort rare et extrêmement curieux, où le célèbre magiste Porta embrasse dans une harmonieuse synthèse les différents problèmes de l'occulte ; les symbolistes y trouveront de très suggestives figures avec de savants commentaires. Il peut être mis en parallèle avec la Steganographie de Trithème et le Traité des Chiffres de B. de Vigenère.

(S-3491
(G-860

8857 PORTA (Gio. Batt. della). — Della fisionomia dell' hvomo, Libri sei, tradotti di latino in volgare e dall' istesso Autore accresciuti figure et di passi necessarii a diuerse parti dell' opera et hora in quest' vltima editione migliorati più di mille luoghi, che nella stampa de Napoli si leggeuano scorrettissimi.

In Padoua, 1613, in-8° (10 fr.).

Avec frontispice, portraits du cardinal d'Este et de l'auteur et un grand nombre de gravures sur bois de physiognomonie.

Autres édit. :

Napoli, Gio. Giacomo Carlino, 1610 in-fol.
[R. 416

Padova, per Pietro Paolo Tozzi, 1623, 2 vol. in-4°.
[R. 3471-3472

8858 PORTA (J. B.). — Della physionomia dell'Huomo del Signor Giovanni Battista della PORTA et Agiontovi il discorso di Livio Agrippa sopra la Nature è Complesione humana.

In Venetia, presso C. Tomasini, 1644, in-4°.

[V.8859
(S-3454

8859 PORTA (J. B.). — Ioannes Baptista PORTA Neapolitanus. De Humana Physiognomonia Libri IV. Qvi ab extimis, quæ in hominum corporibus conspiciuntur Signis, ita eorum Naturas, Mores, et Consilia (egregiis ac viuum expressis iconibvs) demonstrant, vt intimos animi recessus penetrate videantur.

Rothomagi, sumptibvs Ioannis Berthelin, 1650, in-8°. Figures sur bois, (10 fr.).

[R. 12622

Nombreuses et curieuses figures sur bois. Edition la plus complète et la plus rare.

Autre édition :

Francofurti, 1618, in-8°.

[V. 49829
(S-3453 b
(G-2000

8860 PORTA (Jean Baptiste). — La physionomie hvmaine, divisée en qvatre livres. Enrichie de quantité de figures tirées au naturel, ou par les signes extérieurs du corps, on voit si clairement la complexion, les mœurs, et les desseins des hommes qu'on semble pénétrer jusqu'au plus profond de leurs âmes. Œuvre d'une singulière érudition, traduite du latin en français, par le Sr Ravlt, auec deux tables.

A Rouen, chez Berthelin, 1660, in-8°. (12 fr.)

[R. 12621

Avec de nombreuses et fort singulières figures sur bois.

Autre édition :

Rouen, I. et D. Berthelin, 1655, fort in-8° de 572 p. etc. nombr. fig.

[R. 12621

Les illustrations sur bois qui remplissent ce livre sont très curieuses et naïves, surtout celles de l'homme et de la femme dans leur nudité.

(G-861

8861 PORTA (J. B.). — Le physiognomiste, ou l'observateur de l'homme considéré sous les rapports de ses mœurs et de son caractère d'après les traits du visage, les formes du corps, la démarche, la voix, le rire, etc... avec des rapprochements sur la ressemblance de divers individus avec certains animaux, traduit du latin.

Paris, H. Tardieu. 1808, in-8°, planches (5 fr.).

[R. 12628

8862 PORTA (J. B.). — Joannis Baptistæ PORTÆ Phytognomia [de « *phuton* » végétal].

Francofurti, 1608, in-8°.

(S-3264 b

8863 PORTA (J. B.). — Phytognomonica octo libris contenta. in quibus nova, facillimaque asseritur methodus, qua plantarum, animalium, metallorum, rerum denique omnium ex prima extimæ faciei inspectione quiuis abditas vires assequatur. Accedunt ad hæc confirmanda infinita propemodum selectiora secreta, summo labore, temporis dispendio, et impensorum jactura vestigata explorataque.

Rothomagi [Rouen]. J. Berthelin, 1650. fort in-8°. Figures gravées. (10 fr.).

[R. 12684

Un des ouvrages les plus curieux qu'ait écrits le fameux occultiste napolitain. Il traite de la ressemblance, des correspondances, des sympathies et antipathies qui existent entre les plantes et les minéraux, les animaux et l'homme.

8864 PORTAL (Frédéric). — Des couleurs symboliques dans l'Antiquité, le moyen Age et les temps modernes, par Fréd. PORTAL.

Paris, Treuttel et Wurtz, 1837, in-8°. 309 p. et tab. (12 fr.).

[Z. 57920

« Rare et précieux. Cet ouvrage est un de ceux qu'a dû connaître ELIPHAS LEVI, et qui lui ont servi à composer ses merveilleux travaux d'Exégèse Kabbalistique. » (St de GUAITA).

Principe de la symbolique des couleurs. — Du Blanc — Du Jaune — Du Rouge — Du Bleu — Du Noir — Du Vert — Du Rose — Du Pourpre, de l'Hyacinthe et de l'Ecarlate — Du Violet — De l'Orange. — Du Tanné — Du Gris.— Résumé. — Conclusion.

(G-862

8865 PORTAL (Frédéric). — Les Symboles des Egyptiens, comparés à ceux des Hébreux.

Paris. Dondey-Dupré. 1840. Figures. (7 fr.).

De la symbolique. — Symboles de l'Egypte. — Symboles des couleurs. — Symboles de la Bible.

(G-2004

PORTE DU TRAIT DES AGES (Aimé Anthelme), littérateur et psychiste français, né à St Michel de Maurienne (Savoie), le 23 Octobre 1883. Collaborateur du Journal *le Progrès* et romancier de grande valeur.

8866 PORTE DU TRAIT DES AGES (A.). — L'Envoûtement. — Histoire d'une suggestion. — Préface de Papus.

Paris, H. Daragon, 1908. in-16 de 64 pp. (0 fr. 50).

Histoire émouvante d'un Envoûtement qui met en garde contre les pratiques de la magie noire et en révèle les terribles méfaits.

8867 PORTE DU TRAIT DES AGES (A.). — L'Envoûtement expérimental. Etude scientifique.

Paris, 1904. in-8° de 18 p.

8868 PORTE DU TRAIT DES AGES (A. A.) et G. LE GOARANT DE TROMELIN. — Essai résumant la philosophie de G. de TROMELIN, par A. PORTE DU TRAIT DES AGES. — Philosophie moderne basée sur l'expérimentation. Dieu. — L'Esprit. — La Matière. — Dualité de tous les corps. — Les Etres. — L'Homme. — La Personnalité. — La Création. — Origine de la Vie. etc.

Suivi de deux appendices extraits de Lettres et de Mss inédits de M. de TROMELIN : La *Force Biologique* engendrant la Vie. — Précisions sur la Génération des Etres. — Sur ce qu'est Dieu. — La Force et la matière. — Forces et Fluides. — L'Electricité. — Problèmes Psychiques. — Le Sommeil, etc.

Paris, 1012. in-8° jésus d'environ 500 pp.

Ouvrage des plus importants, mais qui n'est pas encore paru au moment où nous mettons sous presse, de sorte que le titre est susceptible d'être modifié lors de son apparition définitive.

8869 PORTE DU TRAIT DES AGES (A. A.). — L'Ether et la Force Psychique. Essai de Théorie. 2-me Edition.

Paris. Librairie du Magnétisme, in-12 de 18 pp.

Intéressant Essai d'explication des phénomènes psychiques.

8870 PORTE DU TRAIT DES AGES (A.). — Etudes magiques et philosophiques.— Théories diverses de l'Envoûtement. Corps astral. Extériorisation de la Sensibilité, l'Ame humaine.

Paris, 1903. in-8° de 40 p.

8871 PORTE DU TRAIT DES AGES (A. A.). — Les mystères de l'Occulte par A. PORTE DU TRAIT DES AGES.

Paris. G. Ficker, in-12 de 72 pp.

L'auteur nous expose l'histoire curieuse et passionnante d'une association d'occultistes à la recherche de l'Absolu ; il nous fait en même temps toucher du doigt la puissance redoutable des Sociétés Secretes.

8872 PORTE DU TRAIT DES AGES (A.). — Le Renouveau de Sathan.

Paris. 1904, in-8° de 24 p. (1 fr. 50).

[8° Y² Pièce 1857

8873 —— La Rénovation Mystique [1] Le Mal métaphysique.

Paris. H. Durville, 1904, in-16. 305 p. portr.

[8° Y² 54735

Décrit, sous forme de roman, les dangers des suggestions solitaires qui créent dans l'Invisible les redoutables *Elémentaux* : les Incubes et les Succubes.

8874 PORTE DU TRAIT DES AGES (A. A.). — Le Secret de Michel Oppenheim. Roman occulte.

Paris, Hector et Henri Durville, 1911, in-12 de 128 pp.

Intéressant roman sur l'*Homunculus* de PARACELSE supposé réalisé par un médecin allemand moderne.

8875 PORTE DU TRAIT DES AGES (A.). — Les Yeux Marrons. — Heures noires.

St Jean de Maurienne. Vulliermet, 1904, in-8° de 44 p. (1 fr. 25).

[8° Z. Pièce 1411

Poème mystique.

Paris, 1904, in-12 jés. (40 p).

8876 PORTHAISE (J.). — De la Vraie et Fausse Astrologie, contre les Abuseurs de notre Siècle, par J. PORTHAISE

Poictiers, 1578, in-12,

[V. 21828
(S-3467

8877 PORTIER (B.). — Le Carré Diabolique de 9 et son dérivé, le Carré Satanique de 9 (carré de base magique aux deux premiers degrés), Tirés du carré magique de 3.

Paris, 1895, in-8° de 32 p.

[8° V. Pièce 11043

8878 PORTIER (B.). — Le carré diabolique de 9 et son dérivé le carré satanique de 9 (carré de base magique aux deux premiers degrés) tirés du carré magique de 3.

Alger. Ad. Jourdan et Paris, Lucien Bodin, 1902, in-8° de 20 pp. (1 fr. 75).

[8° V. Pièce 14303

Le carré cabalistique de 8, diabolique au premier degré ; magique aux deux premiers degrés (Satanique) ; solution donnant en plus 8 compartiments sataniques ; exposition pratique.

Alger et Paris, Ad. Jourdan, 1903 in-8°, 17 p. (1 fr. 50).

[8° V. Pièce 14354

On sait l'importance de ces combinaisons numérales dans l'initiation profonde; 7 des principales nous ont été conservées par AGRIPPA dans sa Philosophie occulte ; et bien qu'à l'étude ils apparaissent déformés par de nombreuses erreurs de détails ils sont pour celui qui sait les déchiffrer par le poids et par la mesure, comme dit St-Martin, révélateurs au premier chef. [Dejous].

(G-863

8879 PORTIER (B.). — Le Carré panmagique à grille de module 8. Exposition pratique.

Paris et Toulouse, C. Dirion, 1904 in-8°, 8 p. (1 fr.)

[8° V. Pièce 15033

8880 PORTIUS (Simon), Neapolitanus. — De rervm natvralium principiis. Libri dvo : qvibvs plvrimae coeq; haud contemnendæ questiones naturales explicantur.

Neapoli, aped Gio. Mariam Scotum 1561. in-4".
(G-864

8881 PORTIUS (Simon). — De coloribvs libellvs, latinitate donatus et comentarijs illustratus, vna cum eiusdem præfatione, qua coloris natura declarat.

Florentiæ, ex officina Laurentii Torrentini, 1538, in-4º.

Les 2 Nºˢ ensemble : (30 fr.).

Ouvrages fort rares et curieux non cités par Brunet, de ce Simon PORTIUS, qui fut fanatique de POMPONACE et dont la doctrine, à l'instar de celle de son maître, tend, dit-on, à nier l'immortalité de l'Ame.
(G-864

8882 POSKIN (Dr A.). — Préjugés populaires relatifs à la médecine et à l'hygiène.

Bruxelles, 1808, in-12, figures. (2 fr. 25).

Préjugés relatifs à la genèse des maladies, à la thérapeutique et aux médicaments, à quelques maladies. — Pharmacopée populaire. — Amulettes et talismans, etc...

8883 POSSIN (Auguste). — Le somnambule, Journal de magnétisme fondé et dirigé par Auguste POSSIN.

Lyon, M. Possin, 40 Cours Bourbon, 1843, mensuel, in-8º de 232 p. (6 fr. par an).
[T¹², 10

Je ne connais [et il n'a paru] qu'une année de ce journal dont le premier nº est daté du mois d'Aout 1843. Il précède le spiritisme et raconte des faits tout aussi extraordinaires que ceux que nous lisons aujourd'hui (DUREAU).
L'auteur est de l'école du Dr BILLOT. q. v. — Lettre de M. le Marquis de GUIBERT (p. 39). — du Dr BILLOT (p. 60).
Il y a une quinzaine journaux de magnétisme catalogués aux « Sciences médicales » (Biblioth. Nat. I-233).
(D. p. 126

8884 POSTEL (le docteur E.). — Etude philosophique, historique et critique sur le magnétisme des médecins spagiristes au XVI-e siècle par E. POSTEL, docteur médecin.

Caen, Philippe, 1860, in-8º, 87 pages. (6 fr.).
[Tc¹¹ 27

Travail d'érudition. Je connais peu de monographies aussi intéressantes que celle-ci.
(D. p. 174

8885 POSTEL (Dr E.). — Etudes et Recherches philosophiques et Historiques sur les Hallucinations et la Folie jusqu'à la fin du Siècle dernier.

Caen, imprimerie Laporte, 1859, in-8º (2 fr.).
[Td⁸⁶ 214

Folie et hallucinations. — Exemple d'aliénation des cinq sens jusqu'au XV-e siècle. — Etude des médecins de l'antiquité sur ce sujet. — Théories philosophiques et médicales au XVI-e, XVII-e et XVIII-e siècles, etc...
(Y-P-795

POSTEL (Guillaume) grand Mystique et Voyant français, peut-être Rose ✠ Croix, l'homme sans doute le plus érudit de son siècle, né à Dolerie, Diocèse d'Avranches en 1510, mort à Paris en 1581. Il fut d'abord maître d'Ecole à Say (ou Essai?) près d'Alençon, puis domestique au Collège Ste Barbe où il apprit sans maître le Grec et l'Hébreu. Il voyagea en Grèce, en Asie Mineure, en Syrie, étudia les langues de ces pays et fut nommé professeur de Mathématiques et de Langues Orientales au Collège de France. Mais en 1544, il alla à Rome, se présenta à St Ignace, qui l'admit d'abord dans sa *Compagnie de Jésus*, puis l'en renvoya. De ce moment datent ses persécutions ; il fut condamné à une réclusion perpétuelle, s'échappa, fut aumônier d'un hopital de Venise et devint le Directeur de la célèbre « *Mère* JEANNE ». L'Orient l'attira de nouveau, puis il revint professer les langues orientales à Paris et à Vienne. Après un autre voyage en Italie, il revint se fixer définitivement à Paris, et reprit possession de sa chaire au Collège Royal jusqu'en 1564, date de sa retraite à l'abbaye de St Martin des Champs, où il termina ses jours sans cesser de professer.

D'après LAROUSSE, il aurait laissé cinquante sept ouvrages. On trouve les titres de quarante d'entre eux dans PEIGNOT, *Dic. des Livres condamnés au feu*, II-229 à 31. Les autres dit-il, existent manuscrits à la *Bibliothèque Nationale*. Voir aussi la Bibliographie qui termine le livre du père DES BILLONS.

8886 POSTEL (G.). — Abrahami Patriarchæ Liber Jesirah.

Parisiis. 1552. in-16.

[Rés. D² 5253
[et 5254
(S-1786

8887 POSTEL (Guill.). — Absconditorum a constitutione Mundi clavis, qua mens humana tam in divinis, quam in humanis pertinget ad interiora velaminis æternæ Veritatis. Guilielmo POSTELLO ex divinis decretis exscriptore. Una cum appendice pro pace religionis christianæ. Editore A. Franc. de Monte. S. [FRANKENBERG]. — De Nativitate Mediatoris ultima nunc futura, etc.

Amsterodami. apud Janssonium, 1646. 2 parties, in-18, (25 fr.).

[Rés. D² 5264

Edition de beaucoup préférable à celle de Bâle 1547 [Rés. D² 5265] et fort augm. C'est celle donnée par le Voyant FRANCKENBERG.

(S-1761
(G-865 et 2008

8888 POSTEL (Guilame). — Absconditorum Clavis, ou la Clef des Choses cachées. Traduit du latin pour la première fois et tiré à très petit nombre.

Paris, Bibliolb. Chacornac. 1899, in-16 jés. 104 p. 1 fig. cabalistique, (5 fr.).

[8° Z. 14619

Splendide ouvrage de haute kabbale, portant en faux-titre : Clef des choses cachées dans la constitution du monde par laquelle l'esprit humain, dans les notions tant divines qu'humaines, parviendra à l'intérieur du voile de l'Eternelle Vérité. — A la fin se trouve la « *Clef de la Clef de l'auteur* » donnée par l'éditeur et qui n'est pas moins importante que l'ouvrage lui-même. — Pentacle mystérieux, représentant une clef synthétique de la plus haute portée. — Recommandé à tous les Kabbalistes.

8889 [POSTEL (Guill.)]. — Alcorani seu legis Mahometi et Evangelistarum Concordiæ Liber, in quo de calamitatibus orbi Christiano imminentibus tractatur. Additus est libellus de vniuersalis conuersionis indicii ac tempore [Authore Gulielmo POSTELLO].

Parisiis, Petrus Gromorsus. 1543. in-8°, (30 fr.).

[Rés. D² 5248 (2)
[et D. 13416
(S-1785

8890 POSTEL (Guill.). — Asterimus sive signorum cœlestium vera Configuratio.

Parisiis. 1553. in-4°.

(S-1795

8891 POSTEL (Guillaume). — Cosmographicæ Disciplinæ Compendium, à Guilielmo POSTELLO.

Basileæ. J. Oporinus, 1561, in-4°.

[D² 1561 et
[G. 3082
(S-4615

8892 POSTEL (Guillaume). — De cosmographica disciplina et Signorum cœlestium vera configuratione libri

II. — De Universitate libri duo ; In quibus Astronomiæ Doctrina cœlestis compendium...— De Republica, seu Magistratibus Atheniensium liber Ex Musæo Ioan Balesdens.

Lugduni Batavorum, apud I. Maire 1635, in-24, (8 fr.).

8893 POSTEL (Guillaume).— De Cosmographica disciplina, et Signorum cœlestium vera configuratione, lib. II.

Lugduni Batavorum, 1636, in-32 (4 fr.).

Edition elzévirienne rare, d'un curieux traité de ce célèbre savant et cabaliste, classé parmi les Rose ✝ Croix.

8894 POSTEL (Guill.). — Divinationis sive divinæ, summæque veritatis discussio.

Parisiis, 1571, in-16.

[Rés. D² 5262

Le Cat. Sépher donne la date de 1570.

(S-1793)

8895 POSTEL (Guill.). — Eversio falsorum Aristotelis dogmatum autore D. Justino martyre, Guillelmo Postello in tenebrarum Babylonicarum dispulsionem interprete. — Liber de causis seu de principiis et originibus naturæ utriusque, in quo ita de æterna rerum veritate agitur.

Parisiis, 1552, in-16. (40 fr.).

(S-1787)

8896 POSTEL (Guillaume). — Histoire et Considération de l'Origine, Loy et Coustumes des Tartares, Persiens, Arabes, Turcs, etc. par Guillaume Postel.

Poitiers, s. d., in-4°.

(S-6338)

8897 POSTEL (Guill.). — Des Histoires Orientales et principalement des Turkes ou Turchikes, et Schitiques ou Tartaresques, et aultres qui en sont descendues. Œuure pour la tierce fois augmenté par Guillaume Postel, cosmopolite, deux fois de là retourné, et véritablement informé.

A Paris, de l'Imprimerie de Hierosme de Marnef et G. Cauellat, 1575, in-12. (30 fr. en maroquin).

[Rés. D² 5258 et 5259

Charmante édition, très recherchée, de ce livre curieux, qui outre les « *Histoires Orientales* », contient une « *Instruction des Motz de la Langve Turquesque les plus communs* » ainsi que l'*Oraison Dominicale* en cette même langue.

(G-2005)

8898 POSTEL (Guillaume). — Liber de Causis seu de principiis et originibus Naturæ in quo ita de eterna rerum veritate agitur, etc... Contra Atheos et huius larvæ Babylonicæ alumnos, ad finem autem potissimum Aristotelis authoritas est adscripta.

Paris, Seb. Niuellius, 1552, in-16. (15 fr.).

8899 POSTEL (Guillaume). — La Loy Salique. — Livret de la premiere humaine vérité, où sont en brief les origines et auctoritez de la loi Gallique nommée communément Salique, pour montrer à quel poinct fauldra necessairement en la Gallique Republique venir : et que de ladicte République sortira vng Monarche temporel.

A Paris, S. Nivelle, en la rue Sainct Jacques aux Cicougnes, 1552, in-16. (80 fr.).

[Rés. Le³ 4

Premiere édition.

8900 POSTEL (Guill.). — La Loy Salique, Livret de la premiere humaine Vérité, la ou sont en brief les Origines et Auctoritez de la Loy Gallique nommée communément Salique, pour monstrer à quel point fauldra necessairement en la Gallique Republique venir et que de ladicte Republique sortira ung Monarche temporel.

Suivant la Copie de 1552.

Paris, Lamy, 1780, in-16. (12 fr.)
[Vélins 1852 et 1853]

Réimpression à petit nombre, et rare, d'un rarissime opuscule du XVI-e siècle. L'éditeur dans sa préface, déclare lui avoir « précieusement conservé toute la rouille du Langage Gothique dans lequel il a été écrit ».
(G-2006)

8901 POSTEL (Guillaume). — Guillelmus Postellus, de Magistratibus Athenensium.

Parisiis, Vascosan, 1541, in-4°.

Première édition.
[J. 6136]

Autre édit.

Basileæ, 1551, in-8°.

[Rés. p. Z. 422
(S-0493)

8902 [POSTEL (Guillaume)]. — De natiuitate Mediatoris vltima, nunc futura, et toti orbi terrarum in singulis ratione prœditis manifestanda opus ? in qvo totivs Naturæ obscuritas, origo et creatio, ita cum sua causa illustratus, exponiturque ut uel pueris sint manifesta, quæ in theosofiæ et filosofiæ arcanis hactenus fuere. Auctore Spiritu Christi.

S. l. [Basileæ, 1547]. pet. in-4°. (25 fr.).
[Rés. D² 1554]
Traité singulier. — 1-re édition.

8903 POSTEL (Guill.). — Guillelmi Postelli, de Orbis terræ Concordiæ, libri IV, mvltiivga ervditione de Pietate referti, quibus nihil hoc tam perturbato rerum Statu uel utilius, uel accomodatius potuisse in publicum edi quiuis æquus lector iudicabit.

S. l., [Basileæ, circa 1544] in -12 (30 fr.).
[D² 263]

Selon le Catalogue de Vogt, c'est « l'un des plus rares parmi les rares Écrits de Guillaume Postel ». C'est aussi l'un des plus estimés et des plus recherchés.
(G-2000
(S-1782

8904 POSTEL (Guill.). — Guilielmus Postellus, Barentonius QuatuorLibrorum de Orbis Terræ Concordia Primus.

Excudebat ipsi Authori Petrus Gromorsus, s. d., [1543]. in-8°, (20 fr.).
[Rés. D² 5248 (1)

Titre avec encadrement gravé sur bois.
(G-2010

8905 POSTEL (Guill.). — Proto-Evangelion divi Jacobi Minoris, accessit huic Dialogus quidam Christiani cum Judæo, etc.

Argentorati, 1570, in-16.
(S-1788

8906 POSTEL (Guill.). — Proto-Evangelion, sive de Natalibus J. Christi et ipsius Matris Virginis, etc.

Basileæ, 1552, in-8°.
(S-1789

8907 POSTEL (Guill.). — De rationibus Spiritus Sancti Libri Dvo, Guilielmo Postello Barentonio authore.

Parisiis excudebat ipsi authori Petrus Gromorsus, 1543. pet. in-8°. (20 fr. ou 30 fr. en maroquin de Derôme).

Ouvrage dans lequel Postel essaye de prouver qu'il n'y a rien dans la religion qui ne soit conforme à la nature et à la raison.
(G-2010 et 11
(S-1783

8908 POSTEL (Guillaume). — De republica seu magistratibus Atheniensivm liber. Ex Musæo J. Balesdens.

Lugduni Batavorum, ex officina Ioannis Maire, 1635, in-16, (2 fr. 50)
[Rés. J. 3255

Voir aussi le N° 8892.

8009 POSTEL (Guillaume). — De la République des Turcs, et là où l'occasion s'offrira, des Mœurs et Loys de tous les Mahomédistes.

Poitiers, Enguilbert de Marnef, s. d., [1560], 3 part. in-4°.

[D² 1504 et 1565
(St.Y-1050

8910 POSTEL (Guill.). — Sacrarum Apodixeon, seu Euclidis Christiani libri II.

Parisiis, excudebat Petrus Gromorsus, [1543], in-8°. (28 fr.).

[Rés. D² 5248 (3)
Titre encadré.
(G-2010
(S-1784

8011 POSTEL (Guill.). — Syriæ descriptio.

Parisiis, apud Hieronymum Gormontium, 1540, in-8°.

[Rés D² 5250 et 5251
(S-1704

8012 POSTEL (Guillaume). — Les tres merveilleuses victoires des Femmes du nouveau Monde, et comment elles doibuent à tout le Monde par Raison commander et mesme à ceulx qui auront la monarchie du Monde Vieil. A ma dame Marguerite de France. A la fin, est adioustée : La doctrine du siècle d'oré, ou de l'éuangélique règne de Iesus Roy des Roys. — Par Guillaume Postel.

A Paris, chez Iehan Ruelle, 1553, in-16 de 51 f⁰⁵ chif. — 16 f⁰⁵ chif. pour le Siècle Doré.

[Réserve D² 5255 et 56

Le célèbre voyant POSTEL déclare (dans ce livre) parler au nom et sous l'inspiration d'une certaine Mère JEANNE, Eve nouvelle qu'il avait connue en Italie et dont il prétend que la substance est passée dans la sienne.

A été réimprimé au XVIII⁰ siècle : (18 fr.).

La seconde partie possède un titre spécial : « La Doctrine de Siècle D'oré, ou de l'Euangelike regne de IESVS, Roy des Roys, par Guillaume Postel, [sans autre indication].

8013 POSTEL (Guill.). — Les tres merveilleuses victoires des Femmes du Nouveau-Monde. Suivi de la Doctrine du Siècle doré. Avec une notice biographique et bibliographique, par G. BRUNET.

Turin, Gay, 1869, in-4° carré. (20 fr.).

[Rés. D² 13360

Rare réimpression de deux Traités rarissimes.

Des admirables Excellences et Faictz du Sexe Féminin. — Particulières Histoires des Sages Femmes. — Des Tres admirables, et jusques icy non considerées vertus de Jehanne la Pucelle. — Etc.

Cet ouvrage le plus recherché du grand initié du XVI-e siècle est introuvable en édition originale. — BRUNET ne l'a vu passer en vente que deux fois au cours du XIX-e siècle et à des prix fort élevés. — Cette recherche empressée n'était pas justifiée seulement par l'extraordinaire rareté de l'œuvre, mais encore par sa profonde doctrine ésotérique. POSTEL, qui était peut-être le plus grand savant de son siècle s'était d'abord fait rabbin pour pouvoir étudier à fond la Kabbale dans les centres initiatiques israélites. Les très merveilleuses victoires des femmes du Nouveau Monde, et la Doctrine du siècle doré ou de l'Évangélique Règne de Jesus Roy des Roys, réunies, constituent le véritable canon initiatique de la doctrine secrète de POSTEL le Ressuscité. « Je me vets et couvre aujourd'hui volontairement par le présent livre, dit-il, de très souverain opprobre ou mépris et perds du tout la réputation. » Il appartenait à notre siècle de découvrir l'immense trésor de science et de sagesse dissimulé sous l'apparente folie de sa sublime mystique. [DUJOLS.]

(G-866 et 2007

8914 POSTEL (Guill.). — De universitate Liber.

Parisiis, 1503, in-4°.

[Rés. G. 1033

Sc. psych. — T. III. — 21.

.Figures.
Autre édit.
[Paris] 1552, in-4º.

|G. 3983
(S-1792

8015 POSTEL (Guillaume). — De universitate libri duo, in quibus astronomiæ doctrinæve cœlestis compendium...

Lugduni Batavorum, 1635, in-16.

|G. 0165

8916 POSTEL. (Guill.). — La Vie de J.-Ch. N. S. composée et extraite des IV. Evangelistes.
Description de la Terre-Sainte.

Paris, 1553, 2 ouvrages in-16.

(S-1790

8017 POSTEL (Guillaume). — Theophili Renaudi, Dissertatio de sobriâ alterius sexûs frequentatione per religiosos homines, inædificata narrationis queis puella veneta, per Guill. Postellum, etc.

Lugduni, 1653, in-8º.

(S-918

POSTEL (sur).— Voir :

LEFRANC (Abel) (Sur sa retraite à Saint-Martin des Champs et sa Biographie en général).

DES BILLONS (le P.) son Bio-Bibliographe.

8918 POTIER (Michel), en latin Poterius, alchimiste français du XVIIe siècle, dont 7 autres ouvrages sont énumérés dans Larousse (XII-1519).— Michaelis Potier, philosophia pura de Lapide philosophali, et judicium de Fratribus Rosæ ✝ Crucis.

Francofurti, 1619, in-8º.

(S-3403 b.

8919 POTOCKI (Comte Arthur). — Fragmens de l'histoire de Pologne, Marina Mniszech.

Paris, Delaunay, 1830, in-8º de 212 p. Portrait de Marina Mniszech, lithogr. par Engelmann. (40 fr.).

[M. 31041 : (Sans le portrait).

Ce curieux récit d'histoire renferme des pages où il est incidemment traité de Kabbale et de Magie. Cette famille de Mniszech, dont il est question dans ce livre a donné un adepte dévoué des Sciences occultes, à la fois élève d'Eliphas Lévi et son magnifique Mécène.

Le livre, tiré à petit nombre pour les seuls membres de la famille n'aurait pas été mis dans le commerce.

Publication d'un soi disant manuscrit : " un vieux prrchemin roulé " trouvé (?) par l'auteur. Suite d'Histoires de Sorcières et de " rebbés " (rabbins ?).

(G-867

8020 POTTECHER (Maurice). — La Peine de l'Esprit.

Paris, Librairie Fischbacher, 1891, in-8º, 197 p. (3 fr.).

[8º Yf. 688

Drame philosophique, en prose.
La doctrine des esprits captifs dans les éléments et reprenant aux évocations de la magie, liberté et immortalité, exposée par les Kabbalistes, est celle qu'a suivie Maurice Pottecher dans ce volume étrange et trop ignoré.

8921 POTTER (Franc.). — Franc. Potteri Explicatio Numeri Bestiæ.

Basileæ, 1650, in-8º.

Très rare.

(S-1940

8922 POTTER (Louis-Joseph-Antoine de), homme politique belge, né à Bruges en 1786, mort à Bruxelles en 1859. — Histoire philosophique, politique et critique du Christianisme et des Eglises chrétiennes depuis Jésus jusqu'au XIX-e siècle.

Paris, 1836-37, 8 vol. in-8º. (25 fr.).

Ouvrage rare, et d'une très grande impartialité, plutôt anticlérical et d'une importance considérable pour l'étude du Christianisme à travers les siècles : (Jésus-Christ. — La doctrine. — Les hérésies. — Les Nazaréens. — Les Gnostiques. — Théosophie des Gnostiques. — Le Bouddhisme et le Christianisme. — Les Pères de l'Église. — Les Conciles et les Schismes. — Christianisme platonicien d'Alexandrie. — Sectes gnostiques. — Les Manichéens. — Les Albigeois. — Les Vaudois. — La Sorcellerie. — L'Inquisition. — Les Origéniens. — Les Guelfes et les Gibelins. — Les Templiers. — Les Illuminés et les Francs-Maçons. — L'Inquisition, etc.)

8923 POUCHET (F. A.). — Histoire des Sciences Naturelles au Moyen-Age ou ALBERT LE GRAND et son époque, considérés comme point de départ de l'École expérimentale.

Paris, Baillière, 1853, in-8°. (5 fr.).

(G-2012

8924 POUGENS (Alexandre). — L'art de conserver la santé, de vivre longtemps et heureusement, avec une traduction en vers français des vers latins de l'*Ecole de Salerne*.

Montpellier, 1825, in-8°. (6 fr.).

8925 POULE NOIRE (La) ou la poule aux œufs d'or. Avec la science des talismans et anneaux magiques, l'art de la Nécromancie et de la cabale. Etc. Par A. J. S. D. R. L. G. F.

En Egypte, 740, in-16 de 120 pp. (environ). (8 fr.).

(*Paris, imp. de Brasseur ainé*, 1820).

[V. 47375

Réimpression moderne. Figures.

Pour conjurer les esprits aériens et infernaux, les sylphes, les ondins, les gnomes ; acquérir la connaissance des sciences secrètes ; découvrir les trésors et obtenir le pouvoir de commander à tous les êtres et déjouer tous les maléfices et sortilèges, etc.

(G-868

8926 POULIN (P.). — La religion sans culte ou le spiritualisme basé sur la science.

Paris, 1885, in-12. (2 fr.).

[8° R. 6775

8927 [POULTHIER] d'ELMOTTE. — Essai philosophique et critique sur la vie et les ouvrages de J. B. VAN HELMONT de Bruxelles, l'un des plus grands hommes du XVIe siècle.

Bruxelles, s. d. [1830], in-8°. (2 fr. 50).

8928 POUPART, chanoine de St-Maur. — Dissertation sur ce qu'on doit penser de l'apparition des Esprits, à l'occasion de l'aventure arrivée à St-Maur, par M. POUPART, chanoine de St-Maur près Paris ; sur l'imprimé à Paris, 1707, dans LENGLET-DUFRESNOY : *Recueil de dissert.* 73-127.

Publié à part :

Paris, Claude Cellier, 1707, in-8° (3 fr.).

(Y. P.-397
(O-1774-1775

8929 POUPLART (le Père Pierre Xavier) Jésuite. — Un mot sur les Visions, Révélations, Prophéties par le Père Pierre Xavier POUPLART de la Compagnie de Jésus.

Paris, Victor Palmé, 1883, in-12 VI-177 p.

[D. 67141

Livre courageux d'un Père Jésuite qui ose dire enfin de très dures vérités et ne craint pas de démasquer certaines impostures. — La célèbre *prophétie d'Orval* tombe en poussière sous son inflexible critique. — Elle fut fabriquée de toutes pièces par un prêtre mystificateur qui en a fait l'aveu par écrit. — Les voyants et voyantes modernes passent également un mauvais quart d'heure sous la férule du bon Père, dont la poigne est vigoureuse autant qu'impitoyable. [DUJOLS.]

Réédité :

Paris, Téqui, 1895, in-12, VI-177 pp. ; sur le titre le nom de l'auteur est corrigé : POUPLART au lieu de POU-PLARD.

8930 **POURS** (Jér. de). — Le Raccourcissement des Jours, ou Examen si, en cet aage accourci, nos jours peuvent être allongés et acourcis (sic), par Jer. de POURS.

Amsterdam, 1638, in-4°.

(S-3413 b)

8931 **POUSSE** (Fr.). — Examen des principes des alchimistes sur la pierre philosophale.

Paris, Jollet, 1711, in-12. (4 fr.).

(G-800)

8932 **POUSSIN** (Abbé C.). — Le Spiritisme devant l'histoire et devant l'Eglise.

Paris, V. Sarlit, 1866, in-12 de v-331 p. (10 fr.).

[R. 47393]

Opinions des Pères sur les Esprits (p. 13). — Epreuves judiciaires du Moyen-Age (p. 70). — MESMER, CAGLIOSTRO, etc. (p. 104). — L'Ascension de M. HOME (p. 143). — Du pouvoir des démons (p. 232). — Le magnétisme est-il permis (!!) (p. 281).

Un des plus rares volumes sur la question, et pour ainsi dire inconnu. — Les faits rapportés sont tellement nombreux que nous n'essaierons pas de les décrire. — Les procédés thibétains recueillis par M. de VALDEMAR, la petite table de laurier des conspirateurs romains PATRUCIUS et HILARIUS, et tant d'autres moyens autrefois en vigueur, pour communiquer avec l'au-delà, font de cette histoire du Spiritisme un livre utile à consulter au point de vue philosophique et expérimental.

8933 **POUVOURVILLE** (Albert PUYOU, Comte de), Philosophe, Orientaliste et Publiciste, né à Nancy le 7 août 1862. Son nom mystique MAT-GIOI, Œil du Jour, signifie " Soleil " en Chinois. — **La Chine des Mandarins**, par Albert de POUVOURVILLE (*Matgioi*).

Paris, Schleicher frères, 1901, in-18 de 167 p. (3 fr.).

[8° G. 7738]

La meilleure analyse que nous puissions faire de cette nouvelle œuvre de MATGIOI, c'est de reproduire la table des chapitres les plus intéressants : L'écriture idéographique. — La Tradition primitive. — Le Taoïsme. — Constitution des sociétés mystiques. — Le Culte des ancêtres. — Les Sacrifices symboliques. — Culte des Génies et des Intercesseurs. — Description d'une pagode et de sa théogonie. — Adaptation des dogmes chrétiens aux traditions chinoises. — La Grande formule symbolique. — Les sociétés secrètes mystiques et politiques. — Les Monastères. — Les Grades de la science. — Le Lamaïsme. — Les Sciences Secrètes. — Les livres sacrés et leurs meilleures traductions, etc.

8934 [**POUVOURVILLE** (Albert de)]. — MATGIOI. — L'Esprit des Races jaunes. — L'Opium ; sa pratique.

Paris, l' " Initiation ", 1903, in-16, 50 p. (1 fr. 50).

[Tf²°. 139 (5)]

Pourrait avoir pour titre : *Conseils au fumeur d'opium*, soit que ce dernier cherche une volupté nouvelle, soit qu'il veuille se livrer à des expériences scientifiques. — En lisant cette brochure, on se demande si l'auteur conseille l'usage de cette substance soporifique, stupéfiante et toxique, ou si, par les détails très précis qu'il donne sur la manière de procéder, il veut mettre en garde contre les dangers de l'opium. — Quoi qu'il en soit, ce n'est pas le reproche d'incompétence que nous adresserons à M. MATGIOI. — Il connaît admirablement le sujet qu'il a traité [Dujors.]

8935 [**POUVOURVILLE** (Albert de)]. — MATGIOI. — L'esprit des races Jaunes. Les sept éléments de l'homme et la pathogénie chinoise.

Paris, Chamuel, 1895, in-8° de 62 p.

[T³. 158]

Savante plaquette, ornée de gravures synthétiques du plus grand intérêt. — L'auteur a habité la Chine pendant de

longues années et est d'une grande compétence sur ces matières.
(G-870

8936 POUVOURVILLE (Albert de). — L'esprit des races jaunes. Le TAO de LAOTSEU, traduit du Chinois par A. de POUVOURVILLE.

Paris, Librairie de l'Art indépendant, 1894, plaq. in-8° écu. (2 fr.).
[O²n. 920
(G-870

8937 POUVOURVILLE (A. de). — Le TÉ de LAOTSEU, traduit du Chinois par A. de POUVOURVILLE.

Paris, Librairie de l'art indépendant (?), plaq. in-8° écu. (2 fr.).
(G-870

8938 [POUVOURVILLE (Albert de)]. — MATGIOI. — L'Esprit des Races Jaunes. — Le Taoïsme et les Sociétés secrètes chinoises.

Paris, Chamuel, 1897, in-18 jés. (1 fr. 50).
[O² n. 988

L'Ésotérisme mystique et magique prend en Chine, le nom de taoïsme; il est l'apanage exclusif des lettrés et des savants : M. A. de POUVOURVILLE, dans la présente brochure, en fait l'historique très attachant et en donne un examen consciencieux que le lecteur est libre d'approfondir en se reportant aux ouvrages spéciaux.

8939 [POUVOURVILLE (Albert de)]. — MATGIOI. — Études coloniales. — — III. La politique Indo-Chinoise (1892-1893).

Paris, Savine, 1894, in-12. (2 fr.).
[Lk¹⁰ 335

8940 [POUVOURVILLE (Albert de)]. — MATGIOI. — Stanislas de GUAITA, avec portrait et autographe.

Paris, Librairie hermétique, 1909, in-18 (2 fr.).
[8° Ln²⁷ 54235

I. L'homme. — II. Au seuil du Mystère. — Le serpent de la Genèse. — III. Le geste et la doctrine. — La sortie en corps astral. — La loi androgynique de l'Aimantation sexuelle. — La chaîne magique. — La suggestion.

8941 POUVOURVILLE (A. de). — L'esprit des races jaunes. — Le traité des Influences errantes de QUANDZEU, traduit du chinois par A. de POUVOURVILLE (Matgioi).

Tiré à 300 exemplaires.

Paris, Bibliothèque de la Haute Science, 1899, in-8° de 52 p. (2 fr.).
[O²n 976

Seule traduction française de ce traité dont les préceptes ou les propositions ressemblent tantôt à DANTE, tantôt à PARACELSE. Les influences errantes sont celles qui peuplent le plan astral, et que l'on appelle de nos jours élémentals et élémentaires.

8942 [POUVOURVILLE (Albert de)]. — MATGIOI. — La Voie métaphysique. *Paris, 1905, in-8° (7 frs 50).*

La Tradition primordiale. — Le premier monument de la Connaissance. — Les Graphiques de Dieu. — Les Symboles du Verbe. — Les formes de l'Univers. — Les lois de l'Évolution. — Les Destins de l'Humanité. — Les conditions de l'individu. — Les instruments de la divination, etc...
Cet ouvrage réservé aux étudiants spéciaux des Sciences traditionnelles, résume l'héritage antique des Sages de l'Extrême Orient. — Il présente les théories cosmogoniques des races jaunes, qui sont les plus anciens monuments de la connaissance humaine, et il saisit, depuis la première action de la Volonté directrice jusqu'aux conditions de l'individu humain, le grand problème de la Formation, de la Vie et de la Réintégration universelles.
C'est dans ce bel ouvrage, le premier de sa grande trilogie, que l'éminent auteur qu'est MATGIOI a exposé les princi-

pes essentiels de la pure tradition de la race jaune qu'il a reçue des maîtres mêmes et la seule qui se soit conservée intacte jusqu'à nos jours. On y trouve l'analyse profonde du Yiking, dont les arcanes métaphysiques et cosmogoniques, qui lui servent de trame, ont été écrits par Fo-Hi, 3.700 ans avant Jésus-Christ. — Le YIKING, « premier monument de la connaissance humaine » est le troisième traité composant l'œuvre de Fo-Hi, les deux premiers ayant été perdus.

Les fameux trigrammes au moyens desquels fut écrite l'œuvre Fohiste, y sont aussi étudiés à fond dans leurs divers sens ésotérique, politique, magique, moral, social ou divinatoire, sous ce titre : « Les Graphiques de Dieu ». Ils constituent avec leurs six lignes indéfinies, comme la portée métaphysique où vient s'inscrire l'harmonie éternelle, et où se posent les accords particuliers à chaque connaissance de l'esprit humain. La Légende du Dragon, symbolisme tiré de l'interprétation ésotérique des Trigrammes, dans laquelle on retrouve l'origine de la Genèse mosaïste aussi bien que la synthèse alchimique, et qui au fond n'est que le symbole du Verbe, y reçoit la plus lumineuse interprétation. — Les Tétragrammes de Wenvang, qui donnent la clef du phénoménisme universel, qui sont la moelle même du Yiking, et dans lesquelles toute la cosmogonie taoïste est contenue, y sont analysés dans leur constitution la plus secrète. Le fameux symbole du YXANG, qui a la forme d'une S. inscrite dans un cercle et qui représente l'évolution individuelle de chacun, y est aussi l'objet de la plus savante explication. — Chaque page de ce chef-d'œuvre serait à analyser pour pouvoir en donner une juste idée ; disons seulement que jamais rien d'aussi complet et d'aussi synthétique n'a été écrit sur la Tradition Jaune et que MATGIOI a le droit d'être cité comme un initiateur de premier ordre. [DUJOLS].

8943 [POUVOURVILLE (Albert de)]. — MATGIOI. — La Voie rationnelle. Préface par ALTA.

Paris, Société d'éditions contemporaines, 5, rue du Pont de Lodi.

L. Bodin, 5, rue Christine, 1907, fort vol. in-8° (7 frs 50).

Ce second ouvrage de la « Trilogie de Pouvourville » non moins important que le premier, « la Voie métaphysique », expose la systématisation de la Tradition, avec le Taoïsme, ou « Voie et vertu de la Raison » de LAOTSEU. — Dans une remarquable préface, le célèbre auteur de l'Evangile de l'Esprit selon St-Jean, ALTA, démontre l'incompétence de ceux qui ont écrit sur la matière, traducteurs ou commentateurs, pour n'en avoir pas saisi le sens ésotérique. — Et partant de ce principe, avec toute l'autorité de celui qui sait, MATGIOI expose avec une clarté admirable et avec une profondeur de vue peu commune, tout ce qu'il est permis de révéler à un adepte. — Voici d'abord la reproduction de la table des matières qui donne une idée suffisante de l'importance de cette œuvre. — LAOTSEU. — Les Concordances taoïstes. — Le TAO. — Le TE. — Les Actions et Réactions concordantes. — Le Kan-Ing, traduction. — Les Hiérarchies taoïstes et les Sociétés secrètes. — Les sciences sacrées. — Les Sciences expérimentales. — Les sept éléments de l'homme et la Pathogénie chinoise. — Le taoïsme contemporain. — Les Influences errantes. — Textes et documents. [DUJOLS].

POUVOURVILLE (Sur Albert de).
— Voir :

THÉOPHANE.

8944 POYSEL (Ulrich). — Spiegel der Alchymen Ulrich POYSELLI, eines Priesters... der anno 1471 gestorben, und zu Mannsmünster in der alten Pfaltz begraben gehabt...; dans Thesaurinella olympica aurea... (1682), pp. 277-99.

(O-1110)

8945 PRACHE (Laurent). — Pétition contre la Franc-Maçonnerie.

Paris, 1985, in-18. (3 fr.).

Publiée par L. PRACHE.

8046 — Le Grand Orient au-dessus des lois. — Discours prononcé par L. PRACHE...

Paris, G. Caron, s. d. [1905], in-8°, 55 p.

[Le n° 1363.

8047 PRACHE (Laurent). — La pétition contre la Franc-Maçonnerie à la 11e commission des pétitions de la Chambre des Députés. — Motifs et conclusions de la Commission. — Nouv. édit.

Paris, Hardy et Bernard, 1905, in-12 (3 frs).

Histoire du Grand Orient, du Rite écossais, de l'Ordre de Misraïm, de la maçonnerie mixte. — Moyen occulte. — La Maçonnerie internationale. — But secret de l'Institution. etc...

Autre :

Ibid. « *Patrie Française* » [1902], in-18. 260 p.

[Le*° 148

8048 PRACTICA Leonis viridis, das ist : der rechte und wahre Fussteig zu dem königlichen chymischen Hochzeit Saal F. C. R. (fratrum Crucis Roseæ) ; neben einem Anhang und Explication zweyer Tage der chymischen Hochzeit... durch C. V. M. V. S.

(*Frankfurt*), *Gedruckt in verlegung Joh. Thiemen*, 1619.
Pet. in-8° de II-131 pp.

(O-1545

PRÆFATIO LAUDATORIA IN ARTEM CHIROMANTICAM. — Voir : [HASIUS (Johann)] ou Jean HAAS, de Memmingen, surnommé *Princeps chiromantiæ*.

8049 PRÆTORIUS (Johannes). — Demonologia Rubinzalii Silesii, das ist ein ausführlicher Bericht von den wunderbarlichen sehr alten und welt-beschrienen Gespenste dem Rubezahl, welches sich auf den Gebirgen in Schlesien und Boehmen den Wanderslenten... erzeiget... durch M. Joahannem PRAETORIUM. Zetlingensem...

Leipzig et Arnstadt, in-12 de 12 ff. non chiff. et 343 pp. (20 frs).

Édition originale (?) de ce recueil de légendes sur les spectres et apparitions de la Silésie et de la Bohême.

8050 PRÆTORIUS (Johannes). — J. Prætorii Lvdicrvm Chiromanticvm seu Thesaurus chiromantiae, locupletissimus : multis jocis et amaenitatibus, pluribus tamen seriis instructissimus ; ex omnibus, qui prostent, et de chiromantiã seu pro. seu contrá ; vel multum, vel parum litterarum monumentis consignarunt, scriptoribus ; plurimis perspicuis iconibus, evidentibus experimentis, et singulari mnemonicâ methodo elaboratissimus : in quo utilitas cum jucunditate pari passu ambulant, uti proefamen ulterius declarabit.

Iena, 1664, pet. in-4°. (20 fr.).
Frontispice et fig.

Ouvrage de chiromancie excessivement rare, dans lequel se trouvent intercalés : « *Prætorii Centifrons iddam Jani, hoc est metoscopia* » et « *Ph. Phinellæ libri tres de Methoposcopia* ». Accompagné d'un fort curieux frontispice gravé par J. B. PERAVICINUS, et contenant un tableau hors texte et des figures de chiromancie et physiognomonie.

Autre édition :

Ienæ, Litteris Casp. Freyschmici, 1661, pet. in-4° de 1026 p.

[Rés. V. 1356

8051 PRÆTORIUS (J.). — Philologemata abstrusa de pollice, in qvibvs singularia animadversa vom Diebes-Daume et manu : item de patibulo, virgula mercuriali, abruna esu casei magico, etc... guerræ profanorum refutatæ, cum revelata origine vera et admiranda superstitionum etc...

Lipsiæ, impensis E. Tiebig, 1677, in-4° (10 frs).

[V. 10797

Ce curieux traité donne, 3 siècles à l'avance une idée de la mensuration actuelle du pouce des criminels. — Vignettes au titre et figures sur bois dans le texte.

8052 PRAT (Louis). — Le mystère de

PLATON AGLAOPHAMOS, par Louis PRAT.

Paris, J. Alcan, 1901, in-8°. XXII-215 p. (4 frs).

[8° R. 17047

Ouvrage de haute métaphysique, dont le porte-parole AGLAOPHAMOS dit le sens orphique. — Cet AGLAOPHAMOS est un théologien inspiré, narrateur de merveilles auquel Platon s'intéresse pour étudier la religion mystérieuse de ce prêtre venu de régions inconnues et investi d'une secrète mission. — Ce volume remue les idées les plus étranges de l'occulte et a une grande portée initiatique.

PRAT (S. J.). — Origène.

Paris, 1907, in-12 (3 frs).

8953 PRATIQUE (La) de la vraie Théologie Mystique. Voir :

POIRET (Pierre).

8954 PRATT (Oxon). — A Series of pamphlets : to which is appended a discussion held in Boston between elder Wil. Gibson, president of the Saints in the Manchester Conference, and the Rev. M. Woodman. Also a discussion held in France between elder J. Taylor one of the twelve Apostles, and three Reverend Gentlemen of different orders, containing a fac simile of writings engraved on six metallic plates, taken out of an ancient mound in the state of Illinois, in the year 1843.

Liverpool, 1851, in-8°. Planches (3 frs).

Kingdom of God.—Remarkable visions. — New Jerusalem, of the Fulfilment of modern Prophecy.— Divine authenticity of the book of Mormon, etc...

8955 PRAXIS spagyrica philosophica Lapidis philosophorum, oder deutliche und aufrichtige Anweisung, wie der alten Weisen ihr höchstes Geheimnisz oder Stein zu verfertigen, allen aufrichtigen Liebhabern dieses hohen philosophischen Geheimnüsses wohlmeinende an Tag geleget von Anonymo.

Leipzig, David Fleischer, 1711, in-8° de 40 pp.

(O-1434

8056 PRÉCIS CURIEUX des Hérésies, suivi de Réflexions sur les différentes sectes.

Paris, 1840, in-8° de 400 p. (5 frs).

On trouve dans ce curieux ouvrage une étude sur toutes les sectes philosophiques et religieuses depuis la plus haute antiquité. — Adamites. — Albigeois. — Cabalistes. — Ebionites. — Esséniens. — Gnostiques. — Hussites. — Jansénistes. — Illuminés. — Incestueux. — Joachimites. — Isochristes. — Manichéens. — Marcionites.— Millénaires. — Nazaréens. — Nicolaïtes.— Origéniens.— Pélagiens. —Porphyriens. — Préadamites. — Quakers. — Quiétistes. — Sabéens. — Templiers, etc... Les sectes étudiées dans cet ouvrage sont au nombre de près de 250.

8957 PRÉDICTION de la vision prodigieuse d'un aigle épouvantable (qui prophétisa), apparu le 25 juillet 1022, entre la Normandie et la Bretagne, proche la ville de Pontorson.

Paris, jouxte la copie impr. à Rennes, (1652): dans LENGLET-DUFRESNOY : Recueil de dissertations sur les appar. (1752), I, part. II : 131-48.

8958 PRÉDICTIONS des choses plvs mémorables qui sont a aduenir depuis l'an 1504 jusqu'à l'an mil six cens et sept, prises tant des eclipses et grosses Ephémérides de Cyprian Leouitie, que des prédictions de Samuel Syderocrate.

S. l., 1508, pet. in-8° de 79 p. (45 fr.)(en maroquin par Duru 1861).

[V. 21375

« Pièce si rare que BRUNET n'en connait que le présent exemplaire».(S. de GUAITA).

(G-2013

8059 PRÉDICTIONS sur la Destinée de plusieurs Peuples et Etats du Monde.

Anvers, 1684, in-12.

(S-3059

8060 PRELLER (Louis), archéologue allemand, né à Hambourg en 1809, mort en 1861. Professeur à Iéna puis bibliothécaire à Weimar. — Les Dieux de l'ancienne Rome. Mythologie romaine, traduction de L. Dietz, avec préface de Alfred Maury. Deuxième édition.

Paris, 1865, in-8° (10 frs).

La Magie, le Culte des Génies, l'Astrologie occupent une large place dans ce bel ouvrage où les théurges retrouveront les primitives traditions. — L'explication des mythes anciens y est savamment développée et tous les rites antiques y sont reproduits avec une précision rigoureuse. — Cet ouvrage se distingue de tous les autres du même genre par une érudition de première main et une originalité très personnelle.

8061 PREMARE (Le P. Joseph Henri de), savant jésuite français né en Normandie en 1670, mort à Pékin, vers 1735. Sinologue remarquable. — Vestiges des principaux dogmes chrétiens, tirés des anciens livres chinois; avec reproduction des textes chinois; traduits du latin, accompagnés de différents compléments et remarques par MM. A. Bonnetty et P. Berny.

Paris, Bureau des Annales de philosophie chrétienne, 1878, in-8° de 512 p. (15 fr.).

[D. 65398

Œuvre de haute science, d'une importance considérable pour l'étude des religions. — L'auteur qui était d'une immense érudition, ayant habité la Chine pendant de longues années avait une connaissance parfaite de la langue chinoise, ce qui lui permit d'étudier sur les textes mêmes ; son travail gigantesque, qui lui valut d'ailleurs des attaques acharnées de la part de ses coréligionnaires, est peut-être le plus profond et le plus savant qui ait été fait sur cette matière si ardue. — La reproduction des principaux titres de chapitres en fera mieux ressortir l'intérêt que l'analyse la meilleure. — Les livres *Kings* et de l'*Y-King* en particulier, de leur antiquité ; la tradition de leur doctrine s'est perdue, on ne sait en quel temps. — Principaux vestiges de la Religion chrétienne primitive relatifs à la notion de Dieu un et trine ; témoignages du Chou-King, de Confucius, de Meng-tseu de l'*Y-King*. — Le suprême commencement, les 4 images, les 8 koua ou symboles et leur explication. — Forme du ciel supérieur et du ciel inférieur. — Figure du triangle lucide et obscur. — Traditions sur l'état de nature déchue. — De la chûte des Anges. — Le Tchy-Yeou ou Lucifer. — De la chûte de l'homme. — Des noms du Saint-Homme au nombre de sept. — Une Vierge Mère honorée encore aujourd'hui chez les Chinois. — Les travaux et la mort du Saint pour le salut du monde. — Témoignages tirés des caractères hiéroglyphiques. — Le sacrifice juif et chrétien. — Liste des noms donnés au Verbe. — Jésus dans la Bible et les offices. — De l'hiéroglyphe Yang, agneau. — Origine des sacrifices de l'agneau chez tous les peuples ; rites de l'immolation chez les Juifs, les Grecs, les Latins. — Du Long, ou Dragon, symbole du Saint; du Kylin, ou Licorne ; du Fong, Oiseau; du Kouei, symboles du Saint. — Commencements mythiques des divers peuples : des Japonais, des Indiens, des Assyriens, des Egyptiens, des Etrusques, des Grecs, etc... Identité des 10 premières générations chinoises avec les 10 générations bibliques d'avant le déluge. — Noé identifié avec Ty-Ko. — Des types ou personnages fabuleux qui convergent tous vers le seul Verbe Christ. — De plusieurs types qui se trouvent en tête de l'histoire chinoise et qui prouvent que l'on ne peut les admettre comme historiques. — Légendes diverses, etc...

8062 PRESCIENCE (La), ou grande interprétation des songes, des rêves et des visions ; traité curieux, extrait de tous les ouvrages des anciens et des modernes qui se sont adonnés à l'étude de la philosophie et à l'explication des Sciences Occultes.

Paris, s. d., fort in-12. (5 fr.).

Orné de nombreux gravures et dessins.

8963 PRESSAVIN (sur). — Lettres d'un élève de MESMER à M. PRESSAVIN. S. l., 30 septembre 1784, in-8° 16 pages (2 fr.).

Cette lettre est datée du 30 Septembre. L'auteur essaie de tout concilier et cherche à persuader à M. PRESSAVIN que le magnétisme ne peut dépendre d'une seule expérience bien ou mal réussie.

(D. p. 43

8964 PRESSAVIN. — Lettres sur le Magnétisme, par M. PRESSAVIN, gradué de l'Université de Paris et agrégé au Collège royal de chirurgie de Lyon, à M. Dutrech.

S. l., 11, 12, 14 Septembre 1784.

M. PRESSAVIN voulait être cataleptisé, étant loin de croire que le magnétisme fut une vérité. DUTRECH lui répond en le persiflant quelque peu. PRESSAVIN ayant échoué dans une entreprise d'aérostation, il lui propose à sa prochaine ascension de le suivre dans sa nacelle et de le magnétiser quand il aura trop chaud ou trop froid, etc. PRESSAVIN réplique à DUTRECH, en totalité trois lettres datées des 11, 12, et 14 septembre.

Voir à CONSTANTIN. (N° 2595. Tome 1. p. 388), la suite amusante de cette polémique.

(D. p. 42

8965 PRESSENSÉ (Edmond de). Pasteur protestant et Sénateur inamovible français, né à Paris en 1124. Orateur éloquent, et écrivain de grand mérite. — Les origines. Le problème de la connaissance, le problème cosmologique, le problème anthropologique, l'origine de la morale et de la religion. 4e édition.

Paris, 1883, in-8° de 558 p. (4 fr. 50).

[8° R. 4725

8966 PRESTON (William). — Erläuterung der Freymäurerey, aus dem Englischen des Bruder (William) PRESTON übersetzet von J. H. C. Meyer.

Stendal, D. C. Franzen und J. C. Grosse, 1780. in-8° de XVI-184 pp. avec 1 fig.

(O-393

8967 PRÊTRE JEAN. — La Fondation, Vie et Règle du Grand Ordre Militaire et Monastique des Chevaliers Religieux de St-Antoine en Ethiopie. Monarchie du PRÊTE JEAN.

Paris, J. Tompère. 1632, in-8°.

[A. 11202
(S-4086

8968 PRÊTRE-JEAN. — Historiale Description de l'Ethiopie, contenant une vraye Relation des Terres et Pays du Grand Roy et Empereur PRÊTRE-JEAN... [et au commencement, les Voyages d'André CORSAL : Ouvrage écrit premièrement en Espagnol par Fr. ALVAREZ. et trad. en François].

Anvers, chez Jehan Bellère, au Faucon, 1558, Imprimé par Christ. Plantin. pet. in-8°. Figures.

[O°c. 4

L'Epitre dédicatoire est signée de Jean Bellère, l'éditeur, qui est sans doute aussi le traducteur.

(St-Y-4110

8969 PRETREAUX (J. D.). — Electricité naturelle, ou Mesmérisme mis en pratique à l'usage des familles par J. D. PRETREAUX, professeur d'électricité naturelle, etc....

Cambrai. A. Girard. 1840, in-8°.

(D. p. 144

8970 PREVILLE (de). — Méthode aisée, pour conserver sa Santé jusqu'à une extrême vieillesse, fondée sur les loix de l'œconomie animale, et les observations pratiques des meilleurs médecins, tant anciens que modernes ; trad. de l'anglais, par M. de PREVILLE.

Paris, 1752, fort in-12. (4 fr).

Ouvrage contenant une quantité de recettes, de secrets et de formules pour la préparation de médicaments utiles et précieux pour la guérison des maladies.

8071 PREVOST (Constantin). — De la déomanie au XIXᵉ siècle. SAINT SIMON, ENFANTIN, Auguste COMTE, PROUDHON.

Toulouse, 1860. in-8°. (4 fr.).

Cet ouvrage n'a été ni publié, ni mis en vente à l'époque de sa publication.

8072 PREVOST (Jean), médecin suisse d'origine française, né à Dilsperg, près Bâle, en 1585, mort à Padoue en 1635. — La médecine des pauvres, où sont contenus les remèdes à toutes maladies, âges et tempéraments de chaque personne, lesquels se peuvent préparer à peu de frais par toutes personnes, en tous lieux et en toutes saisons.

Paris, Gervais Clousier, 1646, in-12. (8 fr.).

8073 PRICHARD (S.). — La réception mystérieuse des membres de la célèbre société des Francs-Maçons contenant une relation générale et sincère de leurs cérémonies. — Traduite de l'Anglois, éclaircie par des remarques critiques. Suivie de quelques autres pièces curieuses, relatives à la Grande-Bretagne, avec des observations historiques et géographiques.

A Londres, par la Compagnie des Libraires, 1738. in-16. (18 fr.).

Petit ouvrage, très rare. — PRICHARD fut membre d'une loge et après l'avoir quittée, a donné une relation exacte des cérémonies mystérieuses de la Franc-Maçonnerie. — Cet ouvrage devait contenir dix articles, qui sont énumérés au commencement, mais les 4 premiers seuls ont paru. Ils sont relatifs à la « réception mistérieuse des membres de la célèbre société des Francs-Maçons », aux évènements et révolutions arrivés en Angleterre et aux faits étranges relatifs à ce pays, avec le Portrait de Pierre le Grand.

8074 PRIERATIS (R. P. Silvester). —

R. P. Silvestri PRIERATIS, de Strigimagarum Dæmonumque mirandis, libri tres ; Vnâ cum praxi exactissima, et ratione formandi processus contra ipsas, a mendis innumeris, quibus scatebant, in hac vltima impressione purgati.

Romæ, in ædibus Po. Ro., 1575. in-4°. (20 fr.).

[E. 2340

Très rare ouvrage de démonologie.

(S-3153 b.

8075 PRIEUR (F. Claude) de l'ordre des Mineurs de l'Observance. — Dialogve | de la Lycan | thropie, ov transferma | tion d'hommes en lovps, vulgairement dits Loups-Garous. | et si telle se peut faire. |

Auquel en discourant est traicté de la maniere de se contre-garder des enchantemens et sorcelleries, ensemble de plusieurs abus et superstitions lesquels se commettent en ce temps. Par F. Clavde PRIEVR | natif de Laual au Mayne, et religieux de l'Ordre des Frères Mineurs de l'Observance.

A Lovvain, chez Iehan Maes et Philippe Zangre, 1596. pet. in-8° de 72 p. compris le Titre. (50 fr.).

[Rés. R. 2447

Opuscule d'une insigne rareté.

(S-3102 b.

(G-2014

8076 PRINCIPES généraux de la Philosophie Cosmique.

Paris, 1907. in-8°. (2 fr. 50).(Tiré à petit nombre).

Dieu et la Matière. Les Formateurs. Le Déséquilibre. Formation de la terre et de l'homme. La dualité de l'être. Sociologie cosmique, etc.

8077 PRISCIEN de Césarée (Vᵉ Siècle de notre ère). — Poésies. — La Périégèse, les poids et mesures. — Eloge d'Anastase.

STERENUS SAMMONICUS. — Préceptes médicaux.

MACER FLORIDUS. — Des vertus des plantes.

MARCELLUS. — De la médecine. — Traduits par L. Baudet et E. F. Corpet.

Paris, Panckoucke, 1845, 4 ouvrages en 1 vol. in-8º de la *Collection Panckoucke*. (5 fr.).

Texte latin avec la traduction en regard.

8077 *bis* PROCEEDINGS of the Society for Psychical Research.

London, Trübner and Co, depuis 1883.

[8º R. 0212

Voici un aperçu du contenu des premiers volumes :

Tome I. — Parties I à IV. — But de la Société. — Lecture des pensées. — Maisons Hantées. — Mesmérisme. — Constitution et Règles de la Société.

Tome II. — Parties V à VII. — Transmission de Pensées (avec illustrations).— Baguette Divinatoire. — Expériences de Mesmérisme.

Tome III. — Parties VIII et IX. — Ecriture automatique. — Fantômes des morts. — *Rapport sur les phénomènes relatifs à la Théosophie* : Investigation et Discussion des lettres de Koot Hoomi.— Rapport sur la Correspondance BLAVATSKY-COULOMB. — Expériences de Transmission de Pensée. — Mesmérisme. — Catalogue abrégé de la Bibliothèque.

La plus grande partie des lettres écrites par Mme BLAVATSKY à M. et Mme COULOMB est en *français*, et met au jour un côté généralement ignoré de la fondatrice de la Société Théosophique : elle s'y révèle un expert illusionniste.

M. Alexis COULOMB était Bibliothécaire et Madame COULOMB « *Assistant Corresponding Secretary* » de la *Société Théosophique* d'Adyar, près Madras.

Tous deux, éventuellement, furent « expulsés » de la *Société Théosophique*, en mai 1884, par le Conseil général de cette Société, et alors que Mme BLAVATSKY et le Colonel OLCOTT étaient en Europe.

Tome IV. — Partie X. — Etude de Phénomènes Hypnotiques, Spirites, etc. — Application du Calcul des Probabilités aux recherches Psychiques.

8978 PROCÈS-VERBAL de la commémoration funèbre des membres du G. O. de France dont les décès ont été connus pendant l'année 5837 célébrée par le G∴ O∴ de France la 28e J∴ du 13e M∴ lunaire Veadar. 5837 (24 Mars 1838 Ère vulgaire).

Procès verbal de la commémoration funèbre des membres du G∴ O∴ de France décédés pendant les années 5841 et 5842 célébrée le 11e J∴ du M∴ lunaire Nisan. 5843 (11 Mars 1843 ère vulgaire).

Doudey Dupré, 1843.

Procès verbal de la commémoration funèbre des membres du G∴ O∴ de France décédés pendant les années 5834 à 5845 célébrée le 2e J∴ du M∴ lunaire Veadar 5845 (27 février 1846 ère vulgaire).

Doudey Dupré, 1838 à 46, 3 brochures, in-8º. (7 fr.).

8979 PROCÈS-VERBAL du crime détestable de trois sorcières surprinses es faulx-bourgs Saint-Germain des Prez, ensemble leur interrogatoire, sentence du Bailly dudit lieu, Arrest du Parlement et exécution d'iceluy.

S. l., 1619, in-8º. (2 fr.).

Réimpression à *Lyon, chez Louis Perrin*, vers 1875-76.

8980 PROCOPE - COUTEAU (Michel COLTELLI, dit), écrivain et médecin, fils du gentilhomme de Palerme qui fonda à Paris le premier café. Il est né à Paris en 1684 et mort à Chaillot en 1753. — L'Art de faire des Garçons, par PROCOPE.

Montpellier, 1748, 2 vol. in-12.

[Th⁶ˢ 70
(S-3348

8981 PROCOPE-COUTEAUX (Dr Michel COLTELLI dit). — L'Art de faire des Garçons (ou Nouveau Tableau de l'Amour Conjugal).

Montpellier. F. Maugiron, s. d., (vers 1750), in-12. (5 fr.).

[Tb⁵⁸ 70 A.

Rare et singulier. — Séministes, Animalistes, Ovistes, etc. — Sur la Ressemblance et la Dissemblance. — Sur les Monstres. — Moyen de faire des Filles. — Cause de Plaisir. — Etc.

Idem :

Montpellier, 1770, 1 vol. in-12.

8982 PROESAMLE (J. F.). — Rumpler peint par lui-même, par J. F. PROESAMLÉ.

Strasbourg, an IX, in-8°.

Pièce rare sur le fameux Chanoine Louis RUMPLER de ROHRBACH, célèbre par ses facéties et ses mystifications.

(G-2070

8983 PROMÉTHÉE. — Paradis trouvé. Etude socialiste dédiée aux Francs-Maçons.

S. l., in-12. (3 fr. 50).

Sous le pseudonyme allégorique de PROMÉTHÉE, un vrai maçon qui prend au sérieux son rôle de constructeur, rappelle ici à ses F∴ les doctrines traditionnelles de l'ordre relativement à l'architecture de l'édifice social.

8984 PROMÉTHÉE (Le), revue scientifique du magnétisme animal.

Besançon, imprimerie Deis, 1840, prospectus in-8°, 8 pages.

Je ne connais que ce prospectus.

(D. p. 12)

8985 PRONOSTICON super novis stupendis Planetarum Conjunctionibus Anno 1524.

Oppenheimii (Oppenheim), 1521, in-4° figures.

(S-3460

8986 PROPHECEIEN und Weissagungen. Vergangne, Gegenwertige und Kunfftige ding Geschichten vund Zufall aller Stende. Den frommen zur ermanung und trost, den Bosen, zum schrecken und warnung bisz zum ende verkund. Als doctoris Paracelsi, Johan Liechtenbergers, M. Josephi Grunpeck, Joan Carionis, der Sybillen und anderer

S. l.. (commencement du XVIᵉ siècle), in-4°.

Edition très rare ornée de nombreuses figures sur bois d'une haute curiosité et d'une exécution naïve et hardie.

(G-871

8987 PROPHÈTES PROTESTANTS (Les), réimpression de l'ouvrage intitulé le Théatre sacré des Cévennes ou Récit des Diverses Merveilles récemment opérées dans cette partie de la province du Languedoc (Londres, 1707) avec une préface et des notes de A. Bost, pasteur.

Melun et Paris, 1847, in-8°. (4 fr.).

[Lb³⁷ 4249

Durand FAGE, un des Prophètes des Cévennes a fourni le fond de cet ouvrage, qui d'ailleurs tient plus du Roman que de l'Histoire, et dont Maximilien MISSON a été le Rédacteur.

8988 PROPHÉTIE dont l'accomplissement parait devoir être assez prochain.

S. l. 1784, in-8°, 15 pages, (2 fr.).

Facétie assez spirituelle fort rare. « Il paraîtra un homme qui dira que la nature veille avec plus de soin encore à la conservation des hommes que la Société Royale de médecine... et les médecins et les apothicaires disparaîtront de dessus la surface de la terre. Ainsi soit-il ».

(D. p. 53

8989 PROST (Auguste). — Les Sciences et les Arts occultes au XVIᵐᵉ siècle : Corneille Agrippa, sa vie et ses Œuvres.

Paris, Champion, 1881-82, 2 vol. in-8° de XXIV-401 et 543 p. — 1 f°

d'errata. Portrait d'Agrippa à l'eau forte. (12 fr.).

[8° M. 2285

C'est l'ouvrage le plus érudit, le plus complet et le meilleur sur le célèbre philosophe. Il renferme un préambule sur la Cabbale, une bonne Bibliographie de ses Œuvres (I-18-38).

Le caractère de la Philosophie d'Agrippa y est étudié et sa Biographie exposée dans tous ses détails. On y remarque encore :

Relations d'AGRIPPA et de TRITHEME (que l'auteur écrit avec juste raison : TRITHEIM) (I-194). — Analyse du « Pimander » (I-251). — Histoire des Trois Magdeleine et des Trois Marie (I-330) donnent une juste idée de nos connaissances exactes en Histoire Sainte, et où AGRIPPA se montre un peu l'abbé LOISY de ce temps-là. — AGRIPPA emprisonné à Lyon en 1535, par ordre de François I-er, à cause de ses assertions injurieuses sur l'origine des Capétiens : (II-400). — Mort d'AGRIPPA à Grenoble chez M⁰ François de VACHON, Président au Parlement du Dauphiné, à une date assez incertaine, comprise entre 1534 et 1538. — Résumé (II-415 à 429).

(G-872 et 2016

8900 PROTESTANTISCHE (Das) Freymaurerklerikal : aus den eigenen Schrifften und ungedruckten Pappieren desselben gezogen : mit Protokollen.

S. l. n. adr. [Greiz, Henning], 1788, in-8° de 130 pp.

(O-407

8901 PROU (Maurice) Membre de l'Institut, professeur à l'École des Chartes. — Manuel de Paléographie, Latine et Française, par Maurice PROU..... 2ᵐᵉ édition... accompagnée d'un album de 24 planches.

Paris, Alphonse Picard et fils, 1910 in-8° de 509 p. Album de 24 planches libres. en phototypie Longuet. (15 fr.).

Ouvrage de la plus haute utilité pour la lecture des anciens textes. Même certains ouvrages imprimés (les Gothiques, par exemple) ne peuvent se lire si l'on ne connait les abréviations, ligatures et signes conventionnels qui étaient d'un usage absolument universel dans les manuscrits.

Ce manuel comprend un bon Dictionnaire des abréviations ; néanmoins sur ce sujet spécial, on peut aussi voir CHASSANT et CAPPELLI.

Définition de la Paléographie. — Bibliographie. — Matériaux et Instruments de l'Écriture. — Écritures Romaines. — Écritures dites « Nationales ». — ABREVIATIONS. — Période Carolingienne. — Période Post-Carolingienne, — Signes auxiliaires de l'Écriture. — *Dictionnaire des Abréviations*. — Index Bibliographique. — Etc...

Autre édition :

Paris, 1890, in-8°.

[8° V. 21499

8902 PROUDHON (Pierre Joseph), philosophe, économiste et publiciste né à Besançon en 1809, mort à Paris en 1865. — Œuvres complètes.

Paris, édit. Lacroix, 1867-1870, 26 vol. in-12, (80 fr.).

[R. 47009-47094

I. Qu'est-ce que la propriété. — II. Avertis. aux propriétaires. — III. De la création de l'ordre dans l'humanité. — IV, V, Système des contradictions économiques. — VI. Solution du problème social. — VII. La révolution sociale. — VIII. Du principe fédératif. — IX. Idée générale de la Révolution. — XI. Manuel du spéculateur à la bourse. — XII. — Des réformes à opérer dans les chemins de fer. — XIII et XIV. La guerre et la paix. — XV. Théorie de l'impôt. — XVI. Majorats littéraires. — XVII à XIX. Brochures et articles de journaux. — XX. Philosophie du progrès. — XXI à XXVI. De la Justice dans la révolution.

Œuvres posthumes.

Ibid., Id., 6 vol. in-12.

Théories de la propriété. — De la capacité politique des classes ouvrières. — France et Rhin. — Théorie du mouvement constitutionnel. — Les évangiles. — Les apôtres. — La pomocratie.

8993 PROUDHON (P. J.). — Les Actes des Apôtres, les Epitres, l'Apocalypse annotés.

Bruxelles, Lacroix, 1867. in-12, (3 fr. 50).

8994 PROUDHON. — Idée générale de la Révolution au XVI-e siècle ; choix d'études sur la pratique révolutionnaire et industrielle.

Paris, 1851, in-12 (2 fr. 50).

Anarchie économique. — L'autorité absolue. — La monarchie constitutionnelle. — La Société sans autorité, etc...

8995 PROUDHON. — Jésus et les origines du Christianisme. — Préface et manuscrits inédits classés par Cl. Rochel.

Paris, G. Havard, fils, 1896. in-8°, portrait à l'eau-forte, (2 fr. 50).

[8° H. 6126

Histoire de Jéhovah. — Le surnaturel. — Jésus dit le Christ. — L'idéal messianique. — Le merveilleux et la légende. — Survie de Jésus, etc...

8996 PROUDHON (P. J.). — De la justice dans la Révolution et dans l'Eglise. Nouveaux principes de la philosophie pratique adressés à son Eminence Monseigneur Mathieu cardinal archevêque de Besançon.

Paris, Garnier, 1858, 3 vol. in-12 (12 fr.).

[Rés. R. 2612-2614

Edition originale et rare de cet ouvrage fameux condamné : 1° par la congrégation de l'index ; 2° par le tribunal correctionnel de la Seine comme contenant des outrages à la morale publique et religieuse ; 3° par le tribunal correctionnel de Lille. — La destruction en fut ordonnée.

8997 PROUDHON (P. J.). — La Pornocratie, ou les Femmes dans les Temps modernes.

Paris, Lacroix, 1875, in-12. (2 fr. 50).

[R. 47718

Ouvrage d'une violence rare contre le beau sexe.

PROUDHON (Sur). — Voir : SAINTE-BEUVE.

8998 PROUVOST (Dr. Maurice). — Le Délire prophétique. Etude historique et Clinique.

Bordeaux, 1896, gr. in-8° de 144 p. (4 fr.).

[Manque à la Bib. Nat.

Le Délire prophétique dans l'Histoire. — Egyptiens, Perses, Assyriens. — Les Temples de Memphis. — Le Délire Prophétique chez le peuple juif ; — chez les Grecs ; — chez les Romains. — Druides et Druidesses. — Le Délire prophétique au moyen-Age. — Les Nabis Musulmans. — Manichéens, Albigeois et Vaudois. — Le Délire prophétique dans les temps modernes. — L'illuminé Simon MORIN, DESMARETS ; KUHLMANN ; COTTERUS ; Christine PONIATOVA ; SWEDENBORG ; DU SERRE. — Les Convulsionnaires Jansénistes. — Eugène VINTRAS. — L'abbé BOULAND (Dr JOHANNÈS). — Les Prophéties de Suède. — Les « Camp Meetings » Méthodistes. Etc. etc.

8999 PROVENCHÈRES (Siméon de). Médecin du roy. — Histoire de l'Inappétance d'un enfant de Vauprofonde prez Sens, de son désistement de boire et de manger quatre ans unze mois, et de sa mort par Siméon de PROVENCHÈRES médecin du Roy Quatriesme édition, augmentée par l'autheur d'un quatriesme discours.

Sens, chez George Nicerd, 1616, in-8° (9 fr.).

9000 PROYART (Abbé Liévain-Bonaventure) écrivain religieux né dans l'Artois en 1748. mort à Arras en 1808. Principal du collège du Puy. — Louis XVI détrôné avant d'être roi ou tableau des causes de la Révolution Françoise et de l'ébranlement de tous les trônes, faisant partie d'une vie de Louis XVI, qui suivra. Par M. l'abbé PROYART.

Paris, chez l'auteur, 1803, in-8°. (3 fr. 50).

Ouvrage singulier et assez peu commun, édition expurgée.

L'édition originale sans mutilations est de :

Londres, 1800, in-8°.

Il en existe une autre :

A Hambourg, 1800, in-8° de 410 p.

[L.b³⁹. 11
(G-874

9001 PROYART (Abbé). — Louis XVI détroné avant d'être roi, ou tableau des causes de la Révolution française et de l'ébranlement de tous les trônes, etc...

Liège, 1814, in-8° de 520 p. (12 fr.).

Ouvrage peu connu et du plus grand intérêt, dans lequel on trouve de curieuses révélations sur les personnalités politiques du règne de Louis XVI et de l'époque qui précéda son avènement au trône. — La partie la plus importante de l'ouvrage est consacrée à l'étude de l'action de la Franc-Maçonnerie et de son influence sur la Révolution. — A la fin se trouve in-extenso, le testament de Louis XVI.

9002 PRUDENCE (Aurelius PRUDENTIUS Clemens) poète latin chrétien né à Calahorra (Espagne) en 348. Avocat, juge puis gouverneur de Saragosse. — Opera.

Bâle, 1527, fort in-12. (10 fr.).

Admiré du savant ERASME, PRUDENCE mérite l'attention des Gnostiques par son livre *Hamartigenia*, (de l'origine des péchés), livre écrit contre les *Marcionites*. Signalons encore la *Psychomachia* ou combat de l'esprit contre les passions, le *Cathemerinon* recueil d'hymnes pour divers moments de la journée, l'*Apotheosis* qui est une défense de la foi contre les héré-

tiques : le *Peristhanon* (des couronnes) et son vigoureux traité contre *Symmaque*, etc....

9003 PRUDENT LE CHOYSELAT, procureur du Roy à Sezanne. — Discours œconomique, non moins vtile que recreatif, monstrant comme de cinq cens liures pour vne foys employées, l'on peult tirer par an quatre mil cinq cens liures de proffict honneste, qui est le moyen de faire profier (sic) son argent.

Rouen, Martin le Menestrier, 1612 in-12. (10 fr.).

Curieux ouvrage d'économie rustique, où l'auteur vante l'élevage des poules, et recommande d'en apporter les œufs à Paris : « Tu prendras habitude et cognoissance à quinze ou vingt reuenderesses et regratieres de celles qui ont la babillouère mieux emmanchée, qui sont espandués par divers endroits et carrefourgs de ladicte ville : comme aux Halles, et à la Porte Baudays, etc... ».

(G-2017

9004 [PRUDHOMME] (Louis Marie), journaliste et compilateur français né à Lyon en 1752, mort à Paris en 1830. Pamphlétaire révolutionnaire. — Les crimes des empereurs d'Allemagne, depuis Lothaire I, jusqu'à Léopold II.

Paris, Bureau des Révolutions, 1793, in-8°, orné de 5 curieuses gravures hors texte. (7 fr. 50).

Cette publication comprenait : « *Les crimes des Reines de France* » par Mlle de KERALIO ; ceux « *des Rois de France* » par LA VICOMTERIE ; ceux « *des Empereurs Turcs* », etc.

9005 [PRUDHOMME (L.)]. — Les crimes des reines de France depuis le commencement de la monarchie jusqu'à Marie-Antoinette [par Mlle de KERALIO].

Paris, Bureau des Révol. et Prudhomme ainé, 1791, in-8° de XVI-460 p. 2 f° cat. Orné de 5 curieuses gravures. (5 fr.).

Autre édition :

Paris, *Lemoine*, 1830, in-10, figures.

9006 PRUDHOMMEAUX (Jules). — Etienne CABET et les origines du communisme icarien.

Nîmes, 1907, in-8°, XXI-310 pp. (3 fr.).

9007 —— Icarie et son fondateur. Etienne CABET. Contribution à l'étude du socialisme expérimental par Jules PRUDHOMMEAUX.

Paris, E. *Cornély*, 1907, in-8°, XL-688 p. portr. fig. pl. et cartes.

[8° R. 21666

9008 PRUDHOMMEAUX. — Hist. de la communauté icarienne, 3 février 1848-22 oct. 1898. Contribution à l'étude du socialisme expérimental.

Paris, 1900, in-8° de 482 pp. (5 fr.).

9009 PRUGGMAYR (Martin Maximilien). — D. Martin Maximil. PRUGGMAYR's philosophische Untersuchung des wahrhaften Lebenselixieres oder des echten philosophischen Trinkgoldes, wodurch ehemals nicht nur alle Krankheiten des menschlichen Leibes geheilet, sondern auch die unreinen und aussätzigen Körper der Metallen zu ihrer vollkommenen Reinigkeit gebracht wurden: aus dem Lateinischen übersetzt und mit Anmerkungen versehen.

Leipzig, *Adam Friedr. Böhme*, 1790, in-8° de 512 pp. avec 1 gr. pl. hiéroglyphique.

(O-1430

9010 PSELLUS (Michel Constantin), célèbre érudit bysantin né et mort à Constantinople (1020-1110). Mathématicien, philosophe hermétique, Orateur, médecin, précepteur puis conseiller de l'Empereur Michel DUCAS dit PARAPINACE. — Michaelis PSELLI De Operatione Dæmonum Dialogus Gilbertvs GAVLMYVS Molinensis primus Græcé edidit et notis illustravit.

Lutetiæ Parisiorum Hieronym. Drovart. 1615, in-8° de 153 p. etc. avec un titre en grec. (10 fr.)

[Réserve R. 1870

Texte grec et latin.

L'éditeur Gilbert GAULMYS est un célèbre linguiste et auteur qui fait le sujet d'un article du présent manuel.

(S-3200 b

9011 PSELLUS (M.). — Traicté par dialogue de l'énergie ov operation des diables. Traduit en françoys du grec de Michel PSELLUS, poète et philosophe, précepteur de l'empereur Michel surnommé *Parapinacien* ou *Affamé*, environ l'an de grâce 1050, etc... par Pierre Moreau Tourianio.

Paris, G. *Chaudière*, s. d. (1576), in-8°.

[R. 9524

Très rare. PSELLUS décrit les pratiques malpropres des Manichéens, qui, selon lui, goûtaient au commencement de leurs cérémonies, les deux excréments et mêlaient de la semence humaine à leurs hosties.

(G-875
(Y-P-817

9012 PSYCHÉ. — Revue mensuelle d'art et de littérature. Rédacteur en chef : Émile MICHELET. Secrétaire de la rédaction : Augustin CHABOSEAU.

Paris, du 1ᵉʳ novembre 1891 au 1ᵉʳ décembre 1892. 7 n°ˢ in-8° (3 fr.).

Collection complète de cette curieuse Revue d'Art, de Littérature et d'Esotérisme, rédigée par MM. MICHELET, CHABOSEAU, Albert JOUNET, M. BOUCHOR, Jules BOIS, P. SÉDIR, etc.

Il paraît actuellement une autre revue de même titre éditée par M. BEAUDELOT, mais il ne reste guère que M. SÉDIR parmi les collaborateurs primitifs.

Sc. psych. — T. III. — 22.

PSYCHISME. — Mot créé par M. QUESNÉ, q. v. pour exprimer l'idée d'un fluide analogue au *Magnétisme* mais d'un champ d'activité beaucoup plus étendu.

9013 PSYCHOLOGIE EXPÉRIMENTALE (Congrès international de). — Réuni à Paris du 15 au 20 novembre 1910. Compte rendu des Travaux par Henri DURVILLE fils, secrétaire général.

Paris. Publications du Psychisme expérimental, s. d. [1011], in-8° de 245 pp. avec une trentaine de figures dans le texte (15 fr.).

Tiré à nombre limité. Fort intéressant résumé de l'état actuel de la question.

Appareils imaginés par LAFONTAINE, LEMOINE-MOREAU, E. BOIRAC, l'abbé FORTIN, de PUYFONTAINE, Louis LUCAS, CRUOKES, BARADUC, JOIRE, THORE, de TROMELIN, Dr ALRUTZ, G. de FONTENAY, Mme AGACHE, Mr MILLERY. — Amulettes et Talismans. — Recherches sur la Photographie fluidomagnétique. — La Magie chez les Araucaniens. — Etude scientifique du spiritisme. — Le fluide humain et la Force biologique. — La Psychométrie. — Méthode de dédoublement personnel. — Les Radiations de la Terre et la Baguette divinatoire, etc.

PSYCHOMÉTRIE. — Découverte vers 1849 par le Professeur et Docteur en Médecine Joseph Rodes BUCHANAN (q. v.).

Voir aussi sur ce sujet :

COATES (James).
DENTON (Professeur).
DUCHATEL (Edmond).
PHANEG (G.).

PTOLÉMÉE DE PÉLUSE (Claude) né, croit-on, en Thébaïde, vers le commencement du IIe siècle de l'Ère Chrétienne, et vivant à Alexandrie. C'est le plus célèbre Astrologue de l'Antiquité. Son grand ouvrage, la « *Composition* » ou « *Syntaxe mathématique* » (que les Arabes ont nommé « *Almageste* »), est basé sur le système d'HIPPARQUE, dont les ouvrages ne nous sont pas parvenus.

Les ouvrages de PTOLÉMÉE ont été commentés par de nombreux et érudits auteurs, parmi lesquels nous citerons JUNCTIN *de Florence*, commentateur de l' « *Apotélesmatique* » ou « *Quadripartite* » et Nicolas BOURDIN, traducteur des *Quatre livres des Jugements des Astres*.

Le « *Traité des Mathématiques Célestes* » de Julius FIRMICUS MATERNUS, prêtre sicilien du IVe siècle, est aussi un dérivé de la Doctrine de PTOLÉMÉE. L'édition de 1551 contient en outre l' « *Apotélesmatique* » ou « *Quadripartite* ».

Joannes de MONTE-REGIO [MULLER] a donné un abrégé de l' « *Almageste* » avec des modifications estimées.

0014 PTOLEMAEUS (CI.). — Omnia, quae extant, opera, geographica excepta.

Basileæ. Henricum Petrum. 1541, in-fol. Figures dans le texte. (45 frs).

[V. 1606

Edition estimée des astronomes.

0015 PTOLÉMÉE (Claude). — Clavdii Ptolemæi liber de Analemmate, a Federico COMMANDINO Vrbinate, instauratus et commentariis illustratus, qui nunc primum ejus opera e tenebris in lucem prodit. Eiusdem Federici COMMANDINI liber de Horologiorum descriptione.

Romæ, apud Paulum Manutium Aldi F. 1562. pet. in-4° (18 frs).

[V. 6074 (4)

Ouvrage rare du célèbre mathématicien italien Frédéric COMMANDINO d'Urbin (1509-1573), qui par ses travaux et ses traditions des Anciens a contribué le plus aux progrès des sciences mathématiques. — Ses ouvrages sont la source où les traducteurs et commentateurs postérieurs ont presque tous puisé. — Le traité des Cadrans solaires de Ptolémée ainsi du reste que celui de Commandino sur les Horloges, qui sont contenus dans ce volume, sont en édition originale, et ornés d'un grand nombre de figures très bien exécutées.

9016 PTOLEMAEUS. — Liber quadripartitum in quatuor tractatuum in radicanti discretione, per stellas de futuris : et in hoc mundo constructionis et destructionis contingentibus : cum commento Haly Heben Rodan (In Fine) :

Veneliis, Octavianus Scotus, 1519. in-fol. gothique. Figures (30 frs).

[Rés. V-190

Edition rare, ornée de figures astrologiques et de jolies lettrines gravées sur bois, à la suite de laquelle on trouve les traités d'Hermès, d'Almanzor, de Zahel et de Messahalah.

9017 PTOLÉMÉE. — In Claudii Ptolemaei Quadripartitum, Porphyrii introductio ad Philosophiam Ptolemæi. — Hermes philosophus, de Revolutione Nativitatum.

Basilea (1550). in-fol. Grec et latin (20 francs).

[Rés. V. 187

Edition très recherchée donnant le texte grec et la traduction latine de ces fort rares traités, accompagnée de thèmes et de figures astrologiques.

PTOLÉMÉE. — Voir :
BOURDIN.
FIRMICUS MATERNUS.
JUNCTIN.
MULLER.
PONTANUS.

9018 PUAUX (Le pasteur F). — Histoire de la Réformation française.

Paris, Michel Lévy, 1850, 6 vol. in-12 (6 frs).

9019 PUEL (le docteur T.). — De la Catalepsie, par T. Puel, docteur en médecine, chevalier de la Légion d'honneur, mémoire couronné par l'Académie de médecine.

Paris, J. B. Baillière, 1856, in-4°, 118 p. (2 frs 25).

Excellent travail, le plus complet sur la matière. Le mot *magnétisme* a été évité, mais les faits s'y trouvent et les procédés thérapeutiques aussi.

Périodes arabe, grecque, romaine et moderne. — Catalepsie avec état de mort apparente. — Catalepsie compliquée de somnambulisme. — Voix et parole, etc...

(D. p. 162

9020 PUGET DE St-PIERRE. — Histoire des Druses, peuple du Liban formé par une colonie de François, avec des Notes politiques et géographiques par Puget de St-Pierre.

Paris, Cailleau, 1763, in-12 de XII-358 p. Titre encadré et planches hors texte. (4 fr.).

[Oc² 134

Etat ancien des Druses. — Etat actuel des Druses. — Du commerce des Druses. — Notes historiques, politiques et géographiques.

(S-6393

9021 PUIG (A.). — Solution de la question juive. — La race de vipères et le rameau d'olivier.

Paris, Lyon, Delhomme et Briguet, 1898. in-12 (4 frs).

[8° H. 6229

Histoire complète des Juifs depuis Jésus-Christ jusqu'à nos jours.

9022 PUISSANT (Ad.). — Erreurs et préjugés populaires.

Paris, Germer-Baillière, 1873, in-12 (3 fs).

9023 PUJALS DE LA BASTIDA (Dr Vicente). — Filosofia de la numeracion, o Descubrimiento de un nuevo mundo scientifico.

Barcelona, 1844, in-12 (15 frs).

Très curieux volume sur les nombres.

— L'auteur déclare au début de cet ouvrage qu'il a découvert un grand secret basé sur l'interprétation mystique des nombres, qu'il qualifie de découverte d'un monde nouveau scientifique. — Des figures schématiques pentaculaires et des tableaux numériques complètent ce profond travail, peu connu en France.

9024 PULLER (Rév. Frederick William), ordonné en 1866. — Anointing of the Sick in Scripture and Tradition : some Considerations on the Numbering of the Sacrements.

Londou, S. P. C. K., 1904, in-12 de 416 pp.

9025 PURITY JOURNAL (The). — Remarquable Revue Américaine publiée à Chicago, Illinois, par « *The National Purity Association* » 79-81 Fifth Avenue. Depuis 1887. trimestriel. 50 cents par an.

Ce journal, sans doute unique en son genre, et dont le Dr. Leroy BERRIER est un des principaux collaborateurs, s'est donné pour mission le Perfectionnement de la Race Humaine au moyen d'influences « *prénatales* » convenables.

Il insiste sur ce fait que tout enfant a un droit à être « bien né », et que le devoir de tous les parents est de n'engendrer que des enfants vivement désirés et sagement procréés.

Ce nous semble être la première manifestation d'un mouvement d'amélioration rationnelle et scientifique de la Race humaine, dont le besoin se fait sentir de nos jours avec une intensité exceptionnelle.

Le Dr Leroy BERRIER est l'auteur de plusieurs ouvrages de très grand intérêt sur le *Magnétisme personnel*, où il effleure assez souvent ce sujet.

9026 PURPER (L.). — La Résurrection de la Mythologie. — Le véritable Hercule. Io et Argus. Hercule et Déjanire...

Paris, L. Vanier, 1894, in-12 (4 frs).

[8° G. 7121

Ouvrage singulier illustré de 59 figures reproduites d'après d'anciens monuments, et très curieuses par leur symbolisme. — L'explication des mythes donnée par M. PURPER est très neuve et ne ressemble à rien de ce qui a été fait jusqu'ici. — On remarque entre autres curiosités, l'interprétation du *Petit Poucet*, d'après des procédés philologiques vraiment extraordinaires.

9027 PUYMAIGRE (Th. de). — Traité de la démonomanie contre les sorciers par Jean BODIN.

Metz, s. d. (vers 1830), in-8°, 43 pp. (3 fr. 50).

Plaquette très rare.

(G-876

9028 PYRON (Le F∴), ill∴ secrétaire du St-Empire. — Discours prononcé dans la séance du S∴ Conseil du 33° degré en France le 5 mars 1813, lors de l'initiation au 32° degré donnée par S. A. S. le prince Archi-Chancelier de l'Empire au Prince Ch. B. de Saxe Weimar.

S. l. [1813], in-8° (2 frs).

Ce discours traite de l'origine de la Franc-Maçonnerie.

PYTHAGORE (Indice 1311), illustre philosophe grec né à Samos en 500 av. J. C., mort à Tarente en 470. Son père était Tyrien ou Tyrrhénien. PYTHAGORE fut initié à Thèbes en Egypte, puis envoyé en captivité à Babylone. De retour en Grèce, il émigra à Tarente, puis à Crotone, où il fonda son Ecole ou « *Institut* ». Un soulèvement populaire détruisit cette Association et PYTHAGORE se réfugia à Tarente où il mourut.

Voir :

DACIER (*Biographie*, etc., et *Vers Dorés*).
DEVAY (Dr Fr.).
DUGUET.
FABRE D'OLIVET (*Vers Dorés*).
MARTIN (Ph. H.).
MOURGUES.

9029 PYTHONISSE (La) du XIX° siècle.

Paris, s. d., in-12 (2 frs).

Etude sur une célèbre cartomancienne du XIX° siècle (Mme Lacombe).

QUÆRE et INVENIES. — Voir :
GOUPIL.

9030 QUAKERS. — Histoire abrégée de la Naissance et des Progrès du Kouakerisme avec celle de ses dogmes.

Cologne, 1692, in-12.

(S-5357)

9031 QUALDIANUS (Fridericus). — Geheime Ecstasis oder Abhandlung und Betrachtung groszer und übernatürlicher Geheimnüsse entworfen von einem lehrbegierigen Jünger des Weisheit und als ein unschätzbares Kleinod hinterlassen, von Friderico QUALDIANO sonst genannt Holtasop, einem gebohrnen Orientalischen Prinzen und Blutsverwandten des Kaisers von Marocco.

S. l. n. adr., 1707, in-8°, de 138 pp.

(O-1420)

9032 QUENSTED (Jean André) Théologien luthérien allemand né à Quedlimbourg en 1617, mort à Wittemberg en 1688, professa la géographie, la morale, la métaphysique et enfin la Théologie, à Wittemberg. — Sculptura Veterum, sive tractatus de Antiquis Ritibus Sepulchralibus, Operâ Jo. Andreæ QUENSTED.

Wittebergæ, J. Mevii, 1660, in-8°.

[J. 15017
(S-6529)

9033 QUENTIN. — Dictionnaire maçonnique ou recueil d'esquisses de toutes les parties de l'Edifice connu sous le nom de Maçonnerie dans lequel on trouvera des explications ou observations extraites des meilleurs ouvrages, sur tous les grades et les Rites pratiqués et non pratiqués, appartenant à la Maçonnerie, ou imités de cette institution, contenant aussi les mots rectifiés avec leur sens et leur explication et terminé par les instructions des Sept degrés du Rite français, celle du Carbonari primitif, ou Fendeur, etc...

Paris, 5825, in-12, (10 fr.).

Avec 3 curieuses grandes planches, offrant une nouvelle combinaison des Symboles secrets de la Maçonnerie.

9034 QUERARD (Joseph Marie) célèbre bibliographe français né à Rennes en 1797, mort à Paris en 1865. Ses ouvrages et son caractère lui firent beaucoup d'ennemis. — La France littéraire, ou dictionnaire bibliographique des savants, historiens et gens de lettres de la France, ainsi que des littérateurs étrangers qui ont écrit en français, plus particulièrement pendant les XVIII-e et XIX-e siècles.

Paris, Didot, 1827-30, 10 vol. in-8°, (85 fr.).

[Salle de Travail, Casier J. 225-236

Ouvrage indispensable à tout bibliophile, donnant une foule de renseignements, tant biographiques que littéraires et bibliographiques.

Autres éditions :

Paris, Didot, 1863, 10 vol. in-8°.

Paris, 1859-64, in-8°.

9035 QUERARD (J. M.). — Les supercheries littéraires dévoilées. — Galerie des écrivains français de toute l'Europe qui se sont déguisés sous des anagrammes, des astéronymes, des cryptonymes, des initialismes, des pseudonymes facétieux ou bizarres, etc., 2-ème édition considérablement augmentée, publiée par G. BRUNET et P. JANNET, suivie : 1° du Dictionnaire des ouvrages anonymes par Ant. Alex. BARBIER, 3-ème édition, revue et augmentée par O. BARBIER ; 2° d'une table générale des noms réels des écrivains anonymes dans les deux ouvrages.

Paris, Daffis, 1869-89, 4 tomes en 7 vol. gr. in-8° à deux colonnes, (25 fr.).

[Réserve in Q. 44

Ouvrage des plus utiles à tout bibliophile, donnant une foule de renseignements tant biographiques que littéraires et bibliographiques.

QUERCETANUS (Josephus). — Voir :

DUCHESNE (Joseph). sieur de la Violette.

9036 QUERDU LE GALL (de). — Recteur de Servel en Bretagne.—L'oratoire du cœur ou méthode très facile pour faire oraison avec Jésus Christ dans le fond du Cœur.

Lyon, Carteron. 1689, in-12, (20 fr.).

Autre édit. :

Paris. J. de Laize-de-Bresche, 1682 in-12.

[D. 49328

Avec un frontispice et 7 très curieuses figures gravées, une pour chaque jour de la semaine et ainsi composées : un cœur coupé par une croix et surmonté d'une tête de saint. Au centre du cœur avec quelques motifs mystiques une scène de la vie du Christ.

(G-877

9037 QUERERO (Dr). — La Flagellation dans l'Amour et dans la Médecine.

Joinville le Pont, (Seine), H. Pauwels. (1907), in-18. couv. ill. 16 pl. hors texte. (4 fr. 50).

[Tb⁵¹ 257

La Bastonnade chez les Egyptiens, chez les Israëlites, en Perse, aux Indes, en Grèce, en Chine, en Amérique, chez les Musulmans, dans le Droit romain, chez les Ecclésiastiques. — Des Verges dans les Ecoles et dans les Collèges. — Vanda, une des Victimes des aberrations ataviques. — Treize pièces de Vers sur la Flagellation.

9038 QUERLON (Pierre de). — Les Célébrités d'aujourd'hui. — Rémy de Gourmont. par Pierre de Querlon. Portrait-Frontispice de F. Maillaud. Biographie illustrée de Portraits, Dessins autographes, suivie d'opinions, de documents et d'une bibliographie. Ornements typographiques d'Orazi.

Paris, Bibliothèque internationale d'édition, 1903, in-18 de 42 p. et table, figures, (1 fr).

[Ln²⁷. 50310

Très intéressante étude sur cet écrivain artiste et érudit.

9039 QUESNÉ (Jacques Salbigoton) littérateur français né à Pavilly en Caux en 1778, mort à St-Germain en Laye en 1850. Clerc de notaire, marin, soldat puis administrateur. — Lettres à Mme de Fronville sur le Psychisme.

Paris, Ladrange. Saint Germain en Laye, Picault, 1852 in-8° de XXVII-101 p.

[R. 47833

Ce curieux ouvrage, qui eut son heure de célébrité, à cause de sa métaphysique considérée alors hardie, a eu six éditions, de 1812 à 1852, savoir : en 1813, 1824, toutes ces quatre in-8° : 1818, in-18 : et 1821, in-12.

C'est dans ce livre singulier que le mot *Psychisme* fut employé pour la première fois par Quesné, pour expliquer certains phénomènes complexes de l'occulte. Depuis, le mot a fait fortune et l'idée a marché : mais à l'époque l'auteur eut plutôt une mauvaise presse, et son livre fut âprement discuté. Il est évident que cette étude sur la lumière astrale, son rôle dans l'univers, ses manifestations chez l'homme, et l'usage pratique qu'il en peut faire, était de nature à bouleverser toutes les conceptions scientifiques d'alors. On y remarque des observations singulières qui constituent une documentation précieuse.

La doctrine philosophique de l'auteur est d'ailleurs assez particulière, car, s'il admet une *Cause Première*, il repousse d'autre part toute différence essentielle entre l'Homme et les Animaux. Malgré cette erreur fondamentale, son livre est des plus intéressants.

9040 [QUESNEL (Pierre)] littérateur français né à Dieppe en 1699, mort à la Haye (Hollande) en 1774. Élève et ennemi des Jésuites. — Hercule RASIEL DE SELVA. — Histoire de l'admirable Dom Inigo de Guipuscoa, chevalier de la Vierge, fondateur de la monarchie des Inighistes. — Avec une description abrégée de l'Etablissement et du Gouvernement de cette formidable monarchie. Nouvelle édition augmentée de l'Anticotton, et de l'Histoire critique de ce fameux ouvrage.

La Haye. 1758. 2 vol. in-12. Frontispice. (10 fr.).

L'*Anticotton* brochure parue s. l. en 1610, eut pour premier titre : « *Anti-Coton, ou réfutation du P.* COTON, *livre où il est prouvé que les Jésuites sont coupables et auteurs du parricide exécrable commis en la personne du roi très chrétien Henri IV, d'heureuse mémoire* ». on l'a attribué à divers auteurs et principalement à César DE PLAIX, avocat à Orléans.

9041 QUESNOT. — Plusieurs secrets rares et curieux pour la guérison des maladies, pour la Métallique, l'Aconomique et les Teintures et la Médecine du Floscoeli et autres curiositez.

Paris, Aubouyn. 1708. in-12, (4 fr. 50).

QUESTIONS du jeune Docteur RHUBARBINI de Purgandis. — Voir :

SERVAN.

9042 QUET (Jean Antoine) Physicien français né à Nimes en 1810. Professeur de Physique à Grenoble, Versailles, etc. Recteur à Besançon. — De l'électricité, du magnétisme et de la capillarité.

Paris, imp. Impériale. 1867. pet. in-4° (5 fr.).

Mémoire rare, fait sous les auspices du Ministère de l'Instruction publique, orné de nombreuses figures dans le texte.

9043 QUETELET (Lambert Adolphe Jacques). mathématicien et statisticien belge né à Gand en 1796, mort à Bruxelles en 1874. Directeur de l'Observatoire de Bruxelles. — Lettres sur la théorie des probabilités appliquées aux sciences morales et politiques.

Bruxelles, Hayez. 1846, gr. in-8°. (20 fr.).

9044 QVEVEDO Y VILLEGAS (Don Francisco) spirituel littérateur espagnol né à Madrid en 1580, mort à Villanueva-de-los-Infantes en 1645. Protégé de d'Ossuna vice roi de Naples. Il fut un peu le Voltaire de l'Espagne. — Les œuvres contenant les Sept Visions de l'Algouazel démoniaque ; de la mort : du Jugement final ; des Feux amoureux ; du Monde en son intérieur : de l'Enfer ; et de l'Enfer réformé.

Nouvelle traduction de l'espagnol en français par le Sr. Raclot, Parisien.

Cologne, chez P. Marteau. 1711, in-12, frontispice gravé par de Martincourt. (6 fr.).

(G-878)

9045 QVEVEDO Y VILLEGAS (Dom Francisco de). — L'Enfer réformé, VII visions de Dom Francisco de Quevedo Villegas. chevalier de l'ordre de St-Jacques, et seigneur de Juan-Abad, traduites de l'espagnol par le sieur de la Geneste.

Paris, P. Bilaine, 1634. in-8°. (5 fr.).

9046 QUEVEDO VILLEGAS (Don Francisco de). — Les Visions de D. Francisco de QUEVEDO VILLEGAS ; augm. de l'Enfer réformé ; trad. de l'espagnol par le Sr da Geneste.

Paris, Clément Mallassis. 1667, pet. in-16 de 350 p. et 3 f^{ts} de tab. (9 fr.).

[Y² 11126]

Autre édition :

Rouen. 1683, fort in-16.

9047 QUILLARD (Pierre). — L'Antre

des Nymphes de Porphyre, traduit pour la première fois du grec en français par Pierre Quillard.

Paris, Librairie de l'art indépendant. 1895. in-8° écu (1 fr. 50).

[8° Yb pièce. 91

Ce traité contient l'explication ésotérique du sens de certains passages qui se trouvent dans Homère. — L'*Autre des Nymphes* est le symbole du monde et des énergies universelles, ainsi que le symbole de l'essence intelligible et de ce que les sens perçoivent, c'est pourquoi il a deux entrées. — Il est consacré aux Naïades qui veillent sur les énergies des eaux et dont le nom est aussi celui de toutes les âmes qui se soumettent à la génération. — Ce traité de Porphyre est hautement initiatique et complète heureusement le « *Livre de Jamblique sur les Mystères* ».

9048 QUILLARD (P.). — Le Dieu futur.

Paris, 1895. in-8°.

9049 QUILLARD (Pierre). — La fille aux Mains coupées. Mystère.

Paris, sans adresse, 1886. in-8° de 27 p. et 1 f° n. c.

[8° Yf. Pièce 53

Tiré à 100 exemplaires sur Hollande.

Etrange et émouvant poème mystique en partie dialogué.

9050 QUILLARD (Pierre). — La gloire du verbe (1885-1890).

Paris, Librairie de l'Art indépendant. 1890. in-12. (2 fr. 50).

[8° Ye 2600

Edition originale tirée à petit nombre. Recueil de poèmes.

9051 QUILLARD (P.). — Préface au Livre de Jamblique sur les Mystères.

Paris, 1895. in-8°.

9052 QUILLARD (Pierre). — Le livre de Jamblique sur les Mystères traduit du Grec par Pierre Quillard.

Paris. Librairie de l'Art indépendant. 1895. in-8° écu de XV-200 p. et tab. (6 fr.).

[8° R. 12833

9053 QUILLOT (Maurice). — Le Nihilisme sentimental. L'Entraîné.

Paris. Perrin. 1892. in-12. (2 fr.)

[8° Y² 40002

Edition originale.

(G-2019

9054 ——— Le Nihilisme sentimental. Le Traité de la Méduse par Maurice Quillot.

Dijon, imp. Darantière, 1892, in-12, pièce de 40 p.

[8° R. Pièce 2414

Essai de mystique transcendante.

QUIMBY (Phineas Parkhurst). guérisseur Métaphysique, le premier en date des temps modernes, né à Lebanon (New Hampshire) en 1802, mort à Portland (Maine) en 1866. Malheureusement l'exposé de son Système est resté manuscrit sans être publié. Quimby fut d'abord un horloger, puis un habile magnétiseur. Vers 1840, ses expériences magnétiques furent publiées dans les journaux du Maine. C'est vers 1858 qu'il s'établit définitivement comme guérisseur *Métaphysique* à Portland où il mourut.

Parmi les Cures les plus importantes de P. P. Quimby, il faut citer en première ligne celle de Mrs Eddy (alors Mrs Patterson), qui eut lieu en 1862. Après six mois de maladie considérée comme incurable, elle fut guérie par Quimby en trois semaines.

Ses autres Cures importantes furent celles de Julius A. Dresser, l'un des originateurs de la *New Thought*, et du Rev. Warren F. Evans.

(Voir à ces trois noms et spécialement à Dresser (Annetta G.), qui lui a consacré tout un ouvrage.

9055 QUINET (Edgar). philosophe, poète, historien et homme politique français, né Bourg (Ain) en 1803 mort à Versailles en 1875. — Œuvres complètes.

Paris, Pagnerre, 1857-58, 10 vol. in-12. (24 fr.).

[Z. 30208-218

Génie des religions. — De l'origine des Dieux. — Les Jésuites. — L'ultramontanisme. — Essai sur les œuvres de Herder. — Le christianisme et la révolution française. — Ex. de la Vie de Jésus. — Révolutions d'Italie. — La Grèce moderne et ses rapports avec l'antiquité. — Les Roumains. — Allemagne et Italie. — Ahasverus. — Le Juif errant. — Prométhée. — Napoléon. — Les Esclaves. — Mes vacances en Espagne. — Epopées du XII-e siècle. — Histoire de mes idées. — 1815 et 1840, etc...

9056 QUINET (Edgar). — La Création.

Paris, 1870, 2 vol. in-8°, jés., 17 fr.).

Edition originale.

La nouvelle Genèse. — Espèces prophétiques. — Bible de la Nature. — L'Adam tertiaire et de la Bible. — Plainte des races qui s'éteignent. — Premier germe des religions et des dieux. — Nativité du Dieu. — Hymnes de l'Hymalaya expliqués par les Alpes. — Langues de l'âge de pierre. — Dieu dans l'homme, etc.

9057 QUINET (E.). — La croisade autrichienne, française, napolitaine, espagnole, contre la République romaine.

Paris, Chamerot, 1850, in-12. (4 fr.).

(G-214

9058 QUINET (Edgar). — Le Génie des Religions. — De l'origine des Dieux.

Paris, Chamerot, 1851, in-12, (2ᵉ édit.) (2 fr. 50).

[R. 47865

Le célèbre philosophe étudie dans ce livre, les cultes de l'Orient et leurs rapports avec ceux de la Grèce et de Rome. C'est toute la tradition de l'Antiquité avant le Christianisme. Pour lui le christianisme existait avant les institutions modernes, et toutes les révolutions politiques et sociales découlent naturellement de l'idée que les peuples se font de la divinité. — Parmi les nombreux chapitres de ce travail, signalons : Comment la tradition orientale a été perdue et retrouvée ; de la révélation par la lumière; le panthéisme indien ; la philosophie hébraïque ; le divin dans l'humanité, et nombre d'autres qui renferment des pages magistrales.

Autre édition :

Paris, Pagnerre, 1857, 1 fort vol. in-12.

9059 QUINET (Edgar). — Merlin l'Enchanteur.

Paris, Michel Lévy frères, 1860, 2 vol. in-8°, XI-448 et 431 p. (6 fr.).

[Y² 61071-61072

Edition originale.

Comment Merlin devint enchanteur. — Merlin enchante Paris et la terre de France. — Le Livre des prophéties. — Les Spectres. — Le Trésor des Sages. — Le Magicien. — Les Fées. — Les Génies. — Félicité. — Triomphe, etc...

9060 QUINET (Edgar). — L'Ultramontanisme, ou l'Eglise romaine et la société moderne.

Paris, 1844, in-8° (4 fr.).

Dans ce volume, qui eut un grand retentissement à son époque, Quinet livra sa première bataille contre l'Eglise romaine qu'il accusait de perdre le Christianisme. Ce fut le point de départ de sa disgrâce. Il dut abandonner sa chaire, et rentrer dans la vie commune. On trouve dans cet ouvrage de haute envolée le procès de l'Inquisition au Moyen-Age, et des Jésuites à toutes les époques, et une forte réponse aux protestations de l'archevêque de Paris, contre les théories de l'auteur.

9061 QUINET (Edgar). — Vie et mort du Génie Grec. (Inédit).

Paris, s. d., in-8°. Orné d'un portrait gravé par Braun. (2 fr. 50).

QUINET (sur Edgar).[— Voir : *CHASSIN* (Ch. Louis).

9062 QUINZE JOYES de Mariages (Les) Ouvrage très ancien, auquel on a joint le Blason des Faussses Amours, le Loyer des Folles Amours ; et le Triomphe des Muses contre Amour.

La Haye, Derogissart, 1726, pet. in-8° (15 fr.).

[Y² 12310

Edition estimée. Morgand (N° 6189 du *Répertoire* de 1893) en cote Cent francs un ex. jauni mais relié en maroq. rouge par Derome,.. (S. de G.).

QUIVOGNE (Mme de). — Mme Marie Amélie Chartroule de Montifaud femme de lettres née en 1850, a épousé en 1865 Mr Juan Francis Léon de Quivogne, homme de lettres.

Mme de Quivogne s'est surtout adonnée à la littérature Clérico-Galante, sous le pseudonyme bien connu de Marc de Montifaud.

9063 [QUIVOGNE (Mme de)]. — Marc de Montifaud. — Les Courtisanes de l'Antiquité : Marie-Magdeleine. Avec notes inédites.

Paris, l'Auteur, 1879, in-12, (3 fr.).

[8° J. 441

Des courtisanes enfantées par les religions de l'Orient. — Sappho. — Les précieuses de la Voie sacrée. — Lesbie. — Les maîtresses d'Horace. — Jésus et Magdelaine, etc...

Autre édition :

Paris, 1876, in-12.

9064 [QUIVOGNE (Mme de)]. — Marc de Montifaud. — Les Vestales de l'Eglise.

Bruxelles, chez tous les libraires, 1877, in-8°. II-177 p. et table, qq. ex. avec un frontispice sur Chine, (4 fr.).

[Rés. H. 2130

Hroswitha, Ste Térhèse, l'abbé de Choisy ; Gabrielle de Rochechouard, la Cadière, Mme Guyon ; l'abbesse de Chelles.

Autre édit. :

Bruxelles, Gay et Doucé, 1881, in-8° II-204 p. et table.

[Rés. H. 2147

9065 QUO VADIS, ou Censure des Voyages par Théo. Jaquemot.

Genève, 1628, in-12.

(S-2021

9066 R... (Mr de). — Lettre à Madame la Comtesse de L... contenant une observation magnétique faite par une somnambule sur un enfant de six mois, par M. de R...

Besançon. 1787, in-8°, 16 pages.

(D. p. 71

9067 R. A. M. — Résumé de la Philosophie rationnelle (Base de la Connaissance. — Résumé symbolique. — La Recherche du Bonheur. — Les 4 Classes de l'Amour. — Tableau des sentiments. — La Voie de la Sagesse — Constitution de l'Homme, etc...)
Paris, s. d., in-12. (1 fr. 25).

9068 R. D. V. F. M. — Le Suprême testament. La Révélation.

Paris, Chamuel. 1805. in-8° de 64 p. (0 fr. 50).

Fort étrange brochure de Métaphysique illuminée, exposant une Ontologie mystique intéressante.

9069 RABACHE. — Valse qu'il suffit de jouer pour endormir magnétiquement.

Bordeaux. 1854.

On me signale sans m'en donner le titre exact cette brochure imprimée à Bordeaux, je ne l'ai pas trouvée à la bibliothèque de la Rue de Richelieu. [DUREAU].

(D. p. 18

9070 RABANUS MAURUS, ou RABAN MAUR, quelquefois appelé HRABANUS MAGNENTIUS, savant moine allemand, originaire de Mayence ou des environs, né vers 786, mort à Winfel, près de Mayence en 856. Il étudia à Tours sous ALCUIN, fut Archevêque de Mayence, et présida trois conciles. RABAN MAUR était un sectateur d'Aristote et un Philosophe remarquablement érudit. — Magnencij RABANI MAURI de Laudibus sanctæ Crucis Opus, erudicione versu prosaq; mirificum.

[In fine] : Phorcheim. in ædibus Thomæ Anshelmi, martio mense, 1503, pet. in-f°. (130 fr.) (en maroquin de Thibaron).

[Rés. C. 696

Edition princeps de cet ouvrage fort rare et fort remarquable par la singulière disposition du Texte, imprimé en noir et rouge et au travers duquel se trouvent de curieuses figures en couleurs, représentant le Christ, des Anges, des Animaux Apocalyptiques, des Signes cabbalistiques, de simples lettres, même parfois, etc. De plus, il y a, en tête deux vignettes sur bois, coloriées, représentant l'auteur (accompagné d'un autre Moine, dans la première, et seul dans la seconde) présentant son Livre au Pape.

(G-2021

9071 RABAUT DE SAINT-ETIENNE (Jean-Paul) homme politique français né à Nimes en 1743, exécuté à Paris en 1793. Elève, à Lausanne, de Court de Gébelin, et pasteur à Nimes. — Lettres à M. Bailly sur l'Histoire primitive de la Grèce.

Paris. 1787, fort in-8°. (0 fr. 1

RABAUT DE ST-ETIENNE était disciple de COURT DE GÉBELIN. — Ses Lettres à BAILLY abondent de cette prodigieuse érudition qui caractérisait son maître, et peuvent être considérées comme un précieux supplément du Monde Primitif. — Tout le symbolisme de la carte céleste y est profondément étudié au point de vue ésotérique. — RAGON a recueilli dans cet ouvrage d'importants matériaux pour son Cours philosophique et interprétatif des Initiations anciennes et modernes. — Citons une prophétie, aujourd'hui avérée, de RABAUT: " Les lumières en se communiquant bientôt aux dernières classes des citoyens, les affranchiront de la plus dangereuse de toutes les servitudes : l'esclavage de la pensée. — Alors, ou les prêtres seront citoyens, ou l'on ne voudra plus de prêtres. »

9072 RABBINOWICZ (Dr Israël Michel). — La Médecine du Thalmud, ou tous les passages concernant la médecine extraits des 21 traités du Thalmud de Babylone.

Paris. l'auteur, 1880. in-8°. (10 fr.).

348

Manière de tuer les animaux pour en manger la viande. — Difformités, etc..., et curieuses explications au point de vue de la génération chez les Juifs.

En Allemand :

Trier (?). 1881. in-8°.

[A. 14004

9073 RABBINOWICZ (D.). — Le rôle de Jésus et des apôtres.

Paris. 1860. gd in-8°. (2 fr. 50).

9074 [RABE (Carl Ludwig Friedrich)]. — Anleitung, eine deutsche Freimaurer Bibliothek zu sammlen (von Carl Ludw. Friedr. RABE).

Stendal. Dam. Christ. Franzen und Grosse. 1783-88. 2 parties in-8° de IV-44. et II-68 pp.

Contient 511 titres d'ouvrages maçonniques, sans aucuns renseignements sur ces ouvrages et les auteurs.

(O-210

9075 RABELAIS (François) illustre écrivain, philosophe et prélat français, né à Chinon vers 1495, mort à Paris vers 1553. D'abord Cordelier, puis Bénédictin et Médecin de Montpellier (sa robe de Docteur est encore, dit-on, conservée dans cette faculté). Il fut quelque temps médecin à l'hôpital de Lyon, puis, enfin, en 1550, curé de Meudon. — Les songes drôlatiques de Pantagruel où sont contenues 120 figures de l'invention de Maître François RABELAIS, copiées en fac-similé par J. Morel sur l'édition de 1565 pour la récréation des bons esprits, avec un texte explicatif et des notes par le grand Jacques (Gabr. Richard).

Paris, chez les bons libraires, 1860. in-8°.

[Y². 01200

Orné des 120 curieux bois dessinés par RABELAIS lui même pour son édition de 1565.

(G-880

RABELAIS (Sur). — Voir : NOEL.

9076 RABELLEAU (M.). — Histoire des Hébreux, rapprochée des temps contemporains : de la création du monde au dernier sac de Jérusalem, sous Vespasien.

Paris. 1828. 2 vol. in-8°. (18 fr.).

Cet ouvrage est précédé d'une introduction dans laquelle est traitée l'histoire générale des Hébreux, des objections accumulées contre ce peuple et en quoi les doctrines de l'ancienne et de la moderne philosophie concourent ou puisent à la foi de la révélation. — L'ouvrage est divisé en six livres, savoir : Des Patriarches, des Juges, des Rois, de la grande captivité et du rétablissement de Juda, des Machabées, de l'état des Juifs depuis que le sceptre est sorti de Juda. — On y joint des tableaux historiques et chronologiques pour servir à l'histoire des Hébreux rapprochée des temps contemporains et une foule de notes fort curieuses.

9077 RACINE (Jean-Baptiste) illustre poète tragique né à La Ferté Milon en 1639, mort à Paris en 1699. Il fut Académicien. Son tombeau, d'abord à Port-Royal a été transporté à Saint-Etienne du Mont, à Paris. — Abrégé de l'histoire de Port-Royal.

Paris, Lottin, 1770. in-12. (4 fr.).

[Ld³ 91 B

Autre édition :

Paris, Lottin. 1767. in-18.

9078 RADAU (R.). — L'Acoustique ou les phénomènes du son.

Paris, Hachette et Cie. 1867, in-12 Avec 114 vignettes. (2 fr. 50).

Langage des bêtes. — Le son dans la nature. — La musique comme remède. — PYTHAGORE. — Musique et science. — Vie nocturne des animaux dans les forêts, etc...

De la Bibliothèque des Merveilles.

Autre édition :

Ibid., Id., 1880. in-12 de 315 p.

[8° R. 3032

Curieux et intéressant.

9070 **RADAU (R.).** — Le Magnétisme.

Paris, Hachette, 1881, in-12, 104 gravures, d'après les dessins de B. Bonnafoux, A. Jahandier, etc..... (3 fr.).

[8° R. 17015

La pierre d'aimant chez les anciens. — Les deux fluides. — Magnétisme terrestre. — L'électro-magnétisme, etc...

9080 **RADENHAUSEN.** — Isis, der Mensch und die Welt.

Hamburg, 1870-71, 2 vol. in-8°. (6 fr.).

Entsthueng der Vorstellungen M. Begriffe. Gott in der Geschichte. Des Mensch und seine aussersinnlide Wiet. Geist u. Unsterblichkeit. Bose u. gut. Pelicht sunde Gem'ssen. Lohn u. Strase. Erlosung. Christenthum. Wissenschaft u. Religion. Vater u. Sohn. Gesprache über Gott u. Unsterblichkeit. etc...

9081 **RADINUS (le Frère Thomas) de Plaisance.** — Sideralis Abyssus.

Venalis est liber in via Jacobea sub signo Lunæ crescentis, Juxta ædem divo benedicto sacram.

[In fine] : *Adulescentis artium disciplinarumque olim amatoris necnon Hierosophiæ proculloris fratris Tho. RADINI Todischi Placentini... Lutetiæ impressum opera Thomae Kees, impensis vero honestissimi bibliopolæ Hedmundi Fabri, 1514, pet. in-4°. Figures. (100 fr.).*

[Rés. V. 1320

Traité astrologique très rare, composé en l'honneur de St-Thomas, enrichi d'un grand nombre de figures et de la marque d'HÉMON LE FÈVRE, gravée sur bois.

9082 **RAGON (Jean-Marie),** célèbre écrivain franc-maçon né à Bray-sur-Seine en 1781, mort à Paris en 1862. Chef de bureau au Ministère de l'Intérieur. Fondateur des Ateliers des Trinosophes, membre des Néo-Templiers. — Cours philosophique et interprétatif des initiations anciennes et modernes.

Paris, Berlandier, 1841, in-8°. (20 fr.).

[H. 17547

* Ouvrage d'un haut intérêt pour l'étude des initiations aux mystères anciens et du symbolisme maç.·. RAGON, en composant cet ouvrage, démontre par l'origine et l'histoire des symboles, comment ils ont contribué au moyen de la Franc-Maçonnerie, à conserver et propager des doctrines salutaires qui, sans eux, n'auraient pu venir jusqu'à nous.

Édition originale, et, dit-on, la seule complète. — Cette œuvre est d'une importance considérable pour l'étude de la Fr.·. M.·. initiatique, à tel point qu'il n'est guère d'écrits sur la question qui ne la citent. — Les mystères anciens. — Interprétation des grades d'Apprenti, de Compagnon, de Maître, des grades Chapitraux et des Hauts Grades. — Des nombres. — La Pierre Cubique. — De l'ablution, et de la purification par le feu. — Opinions sur les emblèmes religieux. — De la Croix. — Sur la Rose. — Interprétation du grade de Rose ✠ Croix. — De la parole perdue et retrouvée. — La Maçonnerie philosophique : Emm. SWEDENBORG, B. CHASTANIER, SAVALETTE DE LANGES, WILHAUPT, KRAUSE. — Les 90 grades du rite de Misraïm. — Les grades philosophiques. — Des rituels et de leur but. — Dodécalogue des anciens sages. — Règles pour l'admission des néophytes. — Récapitulation analytique des 33 degrés de l'Ecossisme, avec l'indication du but auquel chaque grade est consacré, etc...

Autre édition :

Nancy, 1842, in-8°.

[H. 17548

9083 **RAGON (le F.·.).** — Crata Repoa ou Initiation aux anciens mystères des prêtres d'Égypte. Et autres pièces relatives à la Franc-Maçonnerie.

Paris, Bailleul, 5821 (sic) [1821], in-8°.

[H. 20001

Cet ouvrage est attribué tantôt à BAILLEUL, tantôt à KOEPPEN qui y ont sans doute aussi collaboré.

(G-1090

9084 [RAGON (le F∴)]. — Hermès, ou Archives maçonniques ; par une société de F∴ M∴ (sous la direction du fr. J. M. Ragon).

Paris, A. Bailleul, 5818-19 [1818-19], 2 vol. in-8° de 408 pp. et 404 pp.

[8° H. 785]

Ouvrage périodique dont il paraissait par an 1 vol. en 6 livres : le second n'en a eu que 5 ; le journal s'est arrêté au N° 11, fin du T-e II.

Des poésies, des compte-rendus de séances, des détails de fêtes : aucun travail de quelqu'étendue.

(O-252)

9085 [RAGON (le F∴)]. — Hiérologies, ou discours historiques et dogmatiques sur les superfétations apportées à la Révélation du Christ, prononcés au Temple des Chrétiens primitifs, depuis le 13 août jusqu'au 1-er décembre 1833, et depuis le 2 février jusqu'au 25 mai 1834, suivis du discours sur les trois versions de la Bible prononcé le 20 Juillet 1834 ; par M. le C. Marie de Venise, vicaire primatial de l'Eglise de France.

Paris, 1834, in-8°. (12 fr.).

[D² 9205]

Ouvrage d'une insigne rareté, écrit sous le pseudonyme de Marie de Venise par le F∴ Ragon. — C'est un fait presque complètement ignoré que Ragon faisait partie de l'Ordre des Néo-Templiers, dont il était le grand théologien comme il l'est devenu par la suite de l'Ordre maçonnique. — Parmi ces discours, tous du plus grand intérêt, nous devons mentionner spécialement ceux relatifs à l'histoire de l'Ordre du Temple, à la condamnation et aux supplices des Templiers, ainsi que ceux consacrés à la défense de leurs continuateurs directs Jean Huss, Luther, etc... Les différentes sociétés secrètes antiques n'y sont pas non plus oubliées, ainsi que les Gnostiques, et tous ceux qui cherchèrent à faire prévaloir l'ésotérisme sur l'exotérisme.

9086 RAGON (le F∴ J. M.). — Maçonnerie Occulte ; suivie de l'Initiation Hermétique. Rôles des Planètes dans les Doctrines Hermétiques et Mythologiques des Anciens Philosophes, et des Poëtes de l'antiquité. Des Génies, Esprits et Anges Gardiens. Division du Monde Angélique, ou des Génies, suivant Zoroastre, les Egyptiens et les Arabes. Un mot sur le livre « Des Esprits », qui vient de paraitre ; et une Analyse des Lettres Odiques-Magnétiques du Chevalier de Reichenbach.

Paris, Dentu, 1853, in-8°, portrait lithographié de l'auteur, (15 fr.)

[H. 17507]

« Volume rare : tirage ésotérique, pour les seuls Francs-Maçons » (S. de G.).

Ce célèbre ouvrage devenu classique, est à l'heure actuelle assez recherché. — Il contient l'histoire générale de la F∴ M∴ dans laquelle on trouve des données peu connues sur les différents rites : Elus Coëns, Illuminés d'Avignon, Chevaliers de la Toison d'Or, Bénédict Chastanier, Martinisme, Sublimes maitres de l'anneau lumineux, Sophisiens, Frères Moraves, Saint-Joachim, Stricte observance : Architectes de l'Afrique, Rite de Schroepffer basé sur la Magie et les évocations, Frères initiés de l'Asie, Système de Fessler, etc... Dissertations très étendues sur les nombres, le magnétisme, la divination l'astrologie, la kabbale, la magie. La maçonnerie occulte est particulièrement intéressante, elle contient les données les plus curieuses sur l'alchimie, les animaux symboliques, les plantes hiéroglyphiques.

(G-2023)

9087 RAGON (le F∴). — Manuel complet de la Maçonnerie d'adoption ou maçonnerie des dames.

Paris, Collignon, s. d. [1860], in-8° (4 fr.).

[H. 17550]

Origine de la maç∴ d'adoption. Grands maitres qui ont illustré le maillet d'adoption, maç∴ androgyne, rite d'ad∴ de Cagliostro, palladium des dames maç∴, palladiques, etc...

9088 [RAGON (le F∴)]. — La Messe et ses Mystères comparés aux Mystères anciens, ou Complément de la

Science Initiatique par Jean-Marie de V***.

Paris, Berlandier. 1844, in-8°. (18 fr.).

[D. 44270

« Ceci est la toute première édition du célèbre ouvrage de RAGON, beaucoup plus rare et recherchée que les suivantes. C'est la seule où RAGON prenne le pseudonyme de Jean-Marie de V*** ; la seule également *imprimée à Nancy* » (S. de G.)

Ouvrage d'une extrême importance pour l'étude du Christianisme ésotérique et des religions de l'antiquité. — Voici un extrait de la table : Épisode de l'initiation d'Apulée aux rites de Memphis, nécessaire à rapporter pour l'intelligence des rites modernes religieux et maçonniques, dont l'examen comparatif est le but principal de cet ouvrage. — Confession publique des anciens Initiés. — Moïse, haut Initié de l'Égypte, accomode les mystères au génie israélite. — Le Credo des anciens mystères grecs. — Explication ésotérique du Credo actuel. — Le Paraclet. — De l'Unité d'Orient des Initiés dans tous les siècles. — Discours d'un hiérophante des temps anciens. — L'Arche initiatique. — La prière du lavabo, copiée de celle d'Orphée. — De Mithra, l'ange du Soleil. — Fragment d'un hymne chanté aux mystères d'Isis, analogue au Sanctus. — Dégénération du culte. — Mânes. — Larves Lémures. — Enfers des païens. — La philosophie hermétique. — Fêtes funèbres des maçons. — Les Déniçales, cérémonies funèbres des anciens païens, leurs ipsiles et nos envoûtements. — Noms mystérieux de Saint-Étienne et d'autres saints. — La Cène ou Messe de l'Ancienne Égypte. — Le Kodisch ou Pater de Voltaire. — Vertu des Initiés véritables et Credo moral des premiers chrétiens, fidèles à la maçonnerie primitive. — Le dernier évangile expliqué par la Cosmogonie de Sanchoniaton. — Symbole des lettres I. N. R. I. — Fêtes religieuses anciennes comparées aux fêtes modernes. — Précis historique sur l'établissement primitif du Christianisme en Égypte, etc...

(G-2044

9089 RAGON (J. M.). — La Messe et ses mystères comparés aux mystères anciens.

Paris, Dentu, 1882, in-12, (5 fr.).

[D² 14649

Étude très documentée sur la messe catholique dans ses rapports avec les mystères des initiations antiques.

Religion des Israelites, Grecs, Brahmes, Égyptiens, de Zoroastre, de Mithra, des Chérokées de l'Amérique du Nord, de la Franc-Maçonnerie, etc.

Les Habillements sacrés, les Prières, la Disposition des Lieux Saints, les Cérémonies, etc.

(G-882 et 2025)

9090 RAGON (J. M.). — Notice historique sur le calendrier avec un comput maçonnique pour le XIX-e siècle, à l'usage des hauts grades.

Paris. Berlandier. 1842. in-8° de 42 p. (5 fr.).

[V. 47922

9091 RAGON (le F∴). — Ordre chapitral, nouveau grade de Rose-Croix, et l'analyse des 14 degrés qui le précèdent : etc...

Paris, Collignon. s. d., [1860], in-8°. (5 fr. 50).

[H. 17552

Maître secret. — Origine de la Rose Croix ou maçonnerie chrétienne. — Rose Croix de la Nouvelle Atlantis de Bacon. — Grade jésuitique. — Rituel de l'ancien Rose-Croix français, etc...

9092 RAGON (J. M.). — Orthodoxie maçonnique suivie de la maçonnerie occulte et de l'initiation hermétique.

Paris. E. Dentu. 1853. in-8°, (25 fr.).

[R. 47900

Ouvrage fondamental pour l'étude de la Franc Maçonnerie, dans lequel se trouvent d'intéressants chapitres sur les différents rites et sur SWEDENBORG, la secte des Illuminés, des Templiers, ST-MARTIN, le philosophe inconnu, sur la puissance des nombres et enfin sur la signification des signes secrets.

(G-883 et 2026)

9093 RAGON (le F∴). —

Rituel de la Maçonnerie de Royale Arche, improprement appelée Rite d'York, contenant une notice scientifique sur le nombre 4, et sur l'esprit de la Franc-Maçonnerie aux États-Unis.

Paris, Collignon, 1801. (2 fr.).

[H. 17554

Rituel de la Maçonnerie d'Adoption (2 fr. 50).

Paris, Collignon, 1860.

[H. 17560

9094 RAGON (le F.·.). — Nouveau rituel de Kadosch parfait Initié ; grade philosophique 8e et dernier degré du Rite français, dit aussi grand Élu, Chevalier de l'Aigle blanc et Noir, remplaçant le 30e degré Templier du Rite Écossais.

Paris, Collignon, s. d.. [1801], in-8° (4 fr.).

[H. 17551

Le serpent d'airain. — Grand commandeur du Temple. — Réception d'un chevalier Templier. — l'Échelle mystérieuse. — Interprétation des symboles, etc...

9095 RAGON (J. M.) - Franc Maçonnerie. — Rituel de l'apprenti maçon, contenant le cérémonial, l'explication de tous les symboles du grade, etc...

Paris, Collignon, s. d.. [1860], in-8°. (3 fr.).

[H. 17555

Ce premier grade contient la partie historique de l'initiation et fait connaître les principes fondamentaux de la maçonnerie, ses lois, ses usages, ses symboles, etc.

9096 RAGON (J. M.). — Franc-Maçonnerie. — Rituel du grade de compagnon.

Paris, Collignon, s. d.. [1860], in 8°, (3 fr.).

[H. 17556

Le deuxième grade recherche les causes et les origines des choses et explique divers symboles.

9097 RAGON (J. M.). — Franc-Maçonnerie. — Rituel du grade de Maître.

Paris, Collignon, s. d.. [1860]; in-8°. (3 fr.).

[H. 17558

Le troisième grade est le couronnement de toute initiation dans la maçonnerie, complète l'antique initiation et lève le voile de l'initiation actuelle et donne la clef des symboles maçonniques.

9098 RAGON (J. M.). — Rituels du grand Inspecteur, Inquisiteur, commandeur, 31e degré et du prince de Royal secret, 32e degré.

Paris, Collignon, s. d.. [1801], in-8° de 80 p. (3 fr.).

[H. 17503

Contient les rituels des 31 et 32-e degrés, des notes sur le 32-e degré et les statuts et règlements généraux du G. Consistoire de France.

9099 RAGON (J. M.). — Franc-Maçonnerie. — Rituel du Souverain Grand Inspecteur général, 33e et dernier degré.

Paris, Collignon, s. d.. [1801], in-8° de 64 p.

[H. 17501

Constitution, statuts et règlements, travaux, historique du Rite. — Notice sur les principaux Convents en France et en Allemagne, etc...

9100 RAGON (J. M.). — Rituel d'adoption de jeunes Louvetons, improprement appelée baptême maçonnique.

Paris, Collignon, s. d.. [1860], in-8° (3 fr.).

[H. 17564

Les anciens reconnaissaient trois sortes de baptêmes. — Décorations du Temple. — Réception. — Exhortation. — Origine de l'âge d'or. — Consécration.

9101 RAGON (J. M.). — Rituel d'installation du Vénérable et des Officiers dignitaires d'une Loge, d'Installation d'une Loge et d'Inauguration d'un Temple maçonnique.

Paris, Collignon, s. d., [1801]. in-8º (0 fr.).

|H. 17502

9102 RAGON (J. M.). — Liturgie maçonnique. — Rituel d'une pompe funèbre maçonnique.

Paris, Collignon, s. d., [1861]. in-8º de 20 p. (3 fr.).

|H. 17565

Deuil français jadis porté en blanc. — Pourquoi le nom de Blanche a été donné aux reines veuves de nos rois. — Invocations, etc... C'est le 3e rituel de la liturgie maçonnique.

9103 RAGON (J. M.). — Rituel de la Maçonnerie Forestière, contenant tout ce qui a rapport à la Charbonnerie et à la Fenderie, suivi d'une analyse de 14 associations politiques secrètes, provenant de ces deux anciennes institutions, etc.

Paris, Collignon, s. d., [1861]. in-8º. (3 fr.).

|H. 17555

Origines de la Maçonnerie forestière. — La Franc-Charbonnerie. — Cabanes d'épreuves. — Carbonaro. — Carbonari espagnols. — Associations exécrables. — Sociétés secrètes anciennes. — Tugend-Bund, etc.

9104 RAGON (J. M.). — Rituel de Reconnaissances conjugales, improprement nommées mariages maçonniques.

Paris, Collignon, s. d., [1861]. gr. in-8º (2 fr.).

|H. 17566

Ordre conjugal. — Ouverture des travaux. — Invocation. — Divorce, etc...

Collection de rituels maç., la plus importante qui existe. — Ces rituels qui sont très complets, contiennent, en plus de l'exposé technique des formules, des mots et des cérémonies, l'exposé historique et philosophique de chaque grade.

9105 RAGON (J. M.). — Tuileur général de la Franc-Maçonnerie ou manuel de l'Initié contenant le régime identique de l'Ecossisme et de l'Israïmat les nomenclatures des 75 maçonneries 52 rites 34 ordres dits maçonniques 26 ordres androgynes 6 académies maçonniques et de plus de 1400 grades.

Paris, Collignon, s. d., [1861]. in-8º. (25 fr.).

|H. 17508

Excellent ouvrage à consulter.

C'est le tuileur le plus complet qui existe, et il a l'avantage de renfermer une foule de notes et d'éclaircissements historiques et philosophiques. — Il donne en outre, de précieux renseignements sur plusieurs branches de la maç... qui sont presque inconnues, telles que l'ordre des Fendeurs, du Palladium, des Mopses, des Feuillants, des Amazones, du Vaisseau, de la Chaîne, du rite d'adoption de Cagliostro, du Souv... Chap... des Dames écossaises de Mont-Thabor, des Chevaliers et des Dames Philocorêtes ou Amants du plaisir, etc...

9106 RAGOTZKY (Karl August). — Unterhaltungen für denkende Freymaurer; von Karl Auguste Ragotzky.

Berlin, Heinrich. Aug. Rottman, 1792, in-8º de VIII-121 pp.

(O-420

9107 RAGUSIUS (Georgius). — Georg. Ragusii. Epistolarum Mathematicarum, seu de Divinatione Libri Duo.

Parisiis, 1623, in-8º.

(S'Y-1417

9108 RAHLENBECK (Ch. A.). — Catalogue de la Bibliothèque Ch. A. Rahlenbeck.

Amsterdam, 1904, in-8º de 180 p. (4 fr.).

|A. 43258

Catalogue consacré aux Sectes Religieuses, et contenant une intéressante Collection d'ouvrages sur l'Occultisme, la Mystique et la Franc-Maçonnerie.

Sc. psych. — T. III. — 23.

9109 RAHUL der Freie über Sarsena, Ähnliche Schriften und über die Freie Maurerei überhaupt im Occidente und dem Jahre 5818, nebst einem Vorworte über Anti-Sarsena.

Germania (Breslau. Holäufer) 1817 in-8º de XII-94 pp.

(O-327)

9110 RAILLARD (Célestin). — Pierre LEROUX et ses œuvres : l'homme, le philosophe, le socialiste, par Célestin RAILLARD.

Châteauroux imp. de P. Langlois, 1899. in-8º. portr. (2 fr. 50).

[Ln27 46733]

Très curieux ouvrage bien documenté sur Pierre LEROUX, surnommé le LEIBNITZ *du XIX-e siècle*.

9111 RAIMON (Auguste). — Dieu et l'Homme (Etude philosophique).

Paris, 1801, in-8º (3 fr. 50).

[8º R. 10803]

Prolégomènes et considérations générales sur l'existence de Dieu. — Croyances et théologies des anciens. — De l'inertie et du transformisme. — Origine de l'homme. — Paléontologie. — De l'âme. — De la civilisation. — De la prédestination. etc...

9112 RAINAUDUS (P.). — Eunuchi nati facti Mystici, ex sacra et humana Natura illustrati Zacharias Pasqualigus puerorum Emasculator, ob Musicam quo loco habendus, auctore P. RAINAUDO.

Divinione (Dijon), 1655, in-4º.

(S-6940)

RAIS ou RETZ (Gilles de), baron de MACHECOUL, Maréchal de France, dit « BARBE-BLEUE ».
Né en 1396, exécuté à Nantes en 1440.
Voir Bibliographie Yves-Plessis, nº 1251-1259; p.160-161.

9113 RAISSON (Horace). — Code conjugal contenant les lois, règles, applications et exemples de l'art de se bien marier et d'être heureux en ménage.

Paris, J. P. Rorel, 1829, in-18, orné d'une vignette gravée. d'après Tony Johannot, (4 fr.).

Edition originale.

Ce volume fait partie d'une série dans laquelle figure également le *Code des gens honnêtes* écrit par le même auteur en collaboration avec H. de Balzac.

9114 RAMA PRASAD. — La Science du Souffle et la Philosophie des Tattvas, traduit du Sanscrit, avec introduction et essais explicatifs sur les Forces Subtiles de la Nature par RAMA PRASAD. Traduit de l'anglais par Emile Desaint.

Paris, Publications théosophiques, 1910, in-18 jésus de 324 p. (3 fr.50).

L'Original Anglais : « Nature's Finer Forces : The Science of Breath and the Philosophy of the Tatwas » est de :

Londres, Calcutta, New-York, the Theosophical Publishing Cº, 1800, in-8º de II-258 p. (5 fr.).

Ouvrage des plus intéressants sur la « Cosmogenese » indoue.

9115 RAMACHARAKA (le Yogi). — The Hindu-Yogi Science of Breath A complete Manual of Breathing Philosophy of Physical, Mental, Psychic and Spiritual Development. By Yogi RAMACHARAKA.

Chicago (Illinois), Yogi Publication Society (Masonic Temple), 1900, in-8º de 73 p. (75 c.). (3 fr. 50).

Le plus remarquable ouvrage que je connaisse sur la *Science du Souffle*, au point de vue *pratique*. Avec une clarté et une simplicité savantes, l'Auteur donne tous les renseignements pratiques du « *Pranayama* » des Yogis et expose dans ses 73 pages la substance — et même un peu plus — des deux livres du Dr ARNULPHY (q. v.) sur *la Respiration*.

Voici la Table des matières :
Salaam. — « Breath is Life ». — The Exoteric Theory of Breath. — The Esoteric Theory of Breath. — The Nervous System. — Nostril Breathing vs. Mouth Breathing.—The Four Methods of Respiration. — How to acquire the Yogi Complete Breath. — Physiological Effect of the Complete Breath. — A few Bits of Yogi Lore. — The Seven Yogi Developing Excercises. — Seven Minor Yogi Exercises. — Vibration and Yogi Rhathmic Breathing. — Phenomena of Yogi Breathing. — More Phenomena of Yogi Psychic Breathing.— Yogi Spiritual Breathing.

9116 RAMACHARAKA (le Yogi). — Hatha Yoga. The Yogi Philosophy of Physical Well-Being. With numerous Exercises. etc. By Yogi RAMACHARAKA.

Chicago, The Yogi Public. Society, in-8° de 250 p. (6 fr. 50) (neuf).

Traité de l'Hygiène Physique de ceux qui veulent pratiquer les Sciences Psychiques : Hygiène alimentaire, respiratoire, gymnastique, etc. Bains de Soleil, Hydrothérapie, etc. Le tout en préceptes raisonnables, clairs et simples. On retrouve dans ce volume une bonne partie des matières du si remarquable petit ouvrage du même auteur sur « La Science du Souffle » (The Hindu-Yogi Science of Breath).

9117 RAMACHARAKA (le Yogi). — The Science of Psychic Healing. By Yogi RAMACHARAKA... A Sequel to Hatha Yoga.

Chicago. Yogi Publication Society, Masonic Temple. 1909. in-8° de 190 p. (6 fr. 50).

Suite du précédent.
Encore un ouvrage remarquable de cet extraordinaire auteur : cette « Science de la Guérison Psychique » est un Traité à la fois clair et hautement philosophique de tous les moyens de guérir de la Science Psychique. C'est un véritable exposé complet de la Médecine des Mages. Outre une pratique claire et sensée, on y trouve la Théorie la plus élevée de tous ces procédés empiriques singuliers qui ont fait la fortune de la « Christian Science » en Amérique, du Zouave JACOB en France, et encore actuellement d'ANTOINE LE GUÉRISSEUR, de Jemeppe-sur-Meuse, qui vient de mourir le 25 Juin 1912.

Voici une traduction en français de la Table des matières

But de l'ouvrage. — Lois Naturelles du Corps humain. — La Mentalité Instinctive. — Mentalité des Cellules, et Communauté de Cellules [les Archées de VAN HELMONT]. — Les Trois Formes de la Guérison Psychique. — Principes de Guérison Pranique [par le « Prana »]. — Pratique de la Guérison Pranique. — Respiration Pranique. — Traitements Praniques. — Traitement Auto-Pranique.— Guérison par la Force-Pensée. — Guérison Suggestive. — Pratique de la Guérison Suggestive. — Traitements Suggestifs. — Auto-Suggestion. — Guérison Mentale. — Méthodes de Guérison Mentale. — Guérison Métaphysique.— Guérison Spirituelle. — Pratique de la Guérison Spirituelle. — Avis final.

Bien entendu, le « Prana » dont il est ici question, est le mot Sanscrit qui peut se traduire par « Force-Vie », et qui dans ses diverses modifications donne le « Magnétisme Animal », la « Force Nerveuse », la « Force Neurique Rayonnante » du Dr BARÉTY, ou toute autre Force du même genre baptisée d'un nom plus ou moins baroque : l'étiquette change, mais c'est le « Prana » qui agit ! Comme l'explique clairement ce remarquable ouvrage, c'est encore le « Prana » qui agit à Lourdes et ailleurs (quand une action se produit, bien entendu!) pour la bonne et simple raison que le « Prana » est le Véhicule obligé de la « Vie » sur la Terre.

Entre autres choses remarquables, l'auteur éclaircit à fond les différences jusqu'à présent assez confuses entre le « Magnétisme Animal » pur et simple et la « Suggestion ». Il évite d'ailleurs complètement toute mention de l' « Hypnotisme » pur, qu'il considère évidemment comme fort périlleux, et à juste raison. Par « Hypnotisme », nous entendons le « Braidisme » pur, ou le fait d' « endormir » par la fixation d'un objet brillant. Ce procédé n'est jamais mentionné par le présent auteur sans qu'il n'en déconseille vivement la pratique, et on sent qu'il ne le cite jamais qu'à regret et comme à contre cœur.

9118 RAMACHARAKA (le Yogi).—Yogi Philosophy. I.—Fourteen Lessons in Yogi Philosophy and Oriental Occultism). By Yogi Ramacharaka (1911, 285 pages).

Yogi Philosophy. II. — Advanced Course in Yogi Philosophy and Oriental Occultism. By Yogi Ramacharaka. (1909 ; 337 pages).

Yogi Philosophy. III. — A Series of Lessons in Raja Yoga. By Yogi Ramacharaka. (1911 ; VII-298 pages).

Yogi Philosophy. IV. — A Series of Lessons in Gnani Yoga (The Yoga of Wisdom). By Yogi Ramacharaka. This Book gives the highest Yogi Teachings regarding The Absolute and its Manifestations. (1909, 302 pages).

Yogi Philosophy. V. — The Inner Teachings of *The Philosophies and Religions of India*. By Yogi Ramacharaka. S. D. [1909] (359 pages).

Chicago (Illinois), The Yogi Publication Society, Masonic Temple.... 5 vol. in-8°, Reliure d'éditeur bleu foncé, Tomaison au dos de I à V. (1 dol. 10 pièce) (6 fr. 50 pièce).

Cette série d'Ouvrages constitue l'exposé le plus clair, le plus pratique, le plus élevé et le plus complet à la présente date, de la *Science des Mages de l'Inde*, ou Yoga. Nul n'ignore que cette Science est la même partout, mais c'est toujours l'Inde qui, dans tous les Temps semble en avoir été le foyer principal et c'est de là encore aujourd'hui, en passant par l'Amérique, qu'elle nous revient dans toute sa splendeur.

Ces leçons satisferont pleinement les esprits nets et précis, pour lesquels le Mysticisme nébuleux et vague est une véritable torture ; qui sont rebutés par des excès de Symboles ayant sans doute eu jadis un sens lumineux, mais que personne n'interprète plus exactement aujourd'hui ; et qui enfin sont las de lire des Ouvrages d'Auteurs superbement ignorants de la pratique du sujet qu'ils traitent — et plus mystificateurs qu'autre chose.

Le présent ouvrage est sous forme de *Leçons pratiques* ; c'est un véritable *Cours de Psychisme* ; en même temps qu'il expose les Théories bien connues des Mages, il donne les précieux moyens de se les assimiler complètement, et de les mettre en œuvre.

Les trois premiers volumes sont consacrés au Psychisme proprement dit, tandis que les deux derniers exposent lumineusement la Métaphysique « *Spirituelle* » la plus élevée qu'il soit donné à l'homme de concevoir.

C'est, en somme, le monument pur et simple d'une Doctrine qui, seule entre toutes, n'oblige à aucune Foi particulière, et constitue la grande Synarchie *absolue* rêvée par tous les Penseurs.

Extrait de la Table des cinq volumes. (Traduit en français).

I. — Les Trois Premiers Principes (de l'Homme). — Le Quatrième et le Cinquième Principes. — Les Principes Spirituels (6° et 7°). — L'Aura Humaine. — Dynamique de la Pensée. — Télépathie. Clairvoyance, etc. — Magnétisme Humain. — Thérapeutique Occulte. — Influence Psychique. — Le Monde Astral. — L'Au-Delà. — Évolution Spirituelle. Cause et Effet Spirituels. — La Voie de Développement du Yogi.

II. — Lumière sur le Sentier. — Davantage de Lumière sur le Sentier. — Conscience Spirituelle. — La Voix du Silence. — *Karma Yoga*. — *Gnani Yoga*. — *Bhakti Yoga*. — Dharma. — Encore le Dharma. — L'Énigme de l'Univers. — Matière et Force. — Force Mentale et Esprit.

III. — Le « Moi ». — Les Outils mentaux du « Moi ». — L'Expansion du « Moi ». — Contrôle Mental (Maîtrise de Soi). — La Culture de l'Attention. — La Culture de la Perception. — Le Développement de la Conscience. — Les Sommets et les Vallées de l'Esprit. — Les Plans Mentaux. — *Sub-Conscience*. — Constitution du Caractère Subconscient. — Influences Subconscientes.

IV. — L' « Unique ». — Vie Omniprésente. — La Volonté Créatrice. — L'Unité de la Vie. — L'Unique et les Multiples. — Au dedans de l'Esprit de l'Unique. — Évolution Cosmique. — L'Ascension de l'Homme. — *Métempsychose*. — Évolution Spirituelle. — La *Loi de Karma*. — Mélanges Occultes.

V. — Le Pays du Gange. — Les Enseignements Ésotériques. — Le Système *Sankhya*. — Le Système *Vedanta*. — Le Système de la Yoga de Patanjali. — Les Systèmes Secondaires. — *Buddhisme*. — Sufisme. — Les Religions de l'Inde. — Prodiges Hindous. — Les *Vedas*. — *Glossaire de Sanscrit*.

9119 RAMACHARAKA. (le Yogi). —

Mystic Christianity, or The Inner Teachings of The Master. By Yogi RAMACHARAKA.

Chicago, Yogi Publication Society, Masonic Temple ; London. L. N. Fowler et C°. s. d. [1907]. in-8° de 269 p. (6 fr. 50).

Ouvrage fort intéressant sur la Vie et les Enseignements du Christ, selon la tradition Hindoue, conservée par les Occultistes de ce pays.
Voici la traduction de la Table des Matières
La Venue du Maitre. — Le Mystère de la Naissance Vierge. — La Jeunesse Mystique de Jésus. — Le Commencement de son Ministère. — La Fondation de son Œuvre. — Le Travail d'Organisation. — Le Commencement de la Fin. — La Fin du Travail de sa Vie. — Les Enseignements Secrets. — La Doctrine Secrète. — La Sagesse Ancienne. — Le Message du Maitre.

RAMAZZINI. — Editeur et commentateur de
CORNARO. q. v.

RAMBAUD (Yveling). — Pseudonyme de :
GILBERT (Frédéric) q. v.

9120 RAMBOSSON (Jules) Professeur de Mathématiques et de Sciences, et Publiciste né à St-Julien (Haute-Savoie) en 1827, mort à Paris en 1886. — Les harmonies du son et l'hist. des instruments de musique.

Paris, Didot, 1878. in-8° de 582 p. Illustré de 200 gravures et de 5 planches Chromolithographiques (10 fr.).

[8° V. 2097

Origine de la musique ; influence générale de la musique ; la musique au point de vue de l'hygiène, de la médecine, de la nostalgie, de la morale. — Production du son ; propagation du son ; qualités principales du son ; l'écho, sa nature, sa production, etc...

9121 RAMBOSSON (J.). — Histoire des astres. — Astronomie pour tous.

Paris, Didot, 1874. in-8° de 468 p. (5 fr.).

9122 RAMBOSSON (J.). — La loi absolue du devoir et la destinée humaine au point de vue de la science comparée.

Paris, Didot, 1875, in-8° de 320 p. (4 fr.).

9123 RAMBOSSON (J.). — Les lois de la vie, et l'art de prolonger ses jours.
Paris, Didot, 1871. in-8° (4 fr.).
[Tb¹¹. 92

L'Essence de la vie. — Longévité humaine. — Moyens de prolonger ses jours. — De l'Astrologie et de la transfusion du sang. — Alliances consanguines. — De la vieillesse et de la mort. — De la résurrection dans la mort apparente, etc....

Autre édition en 1872. in-8° (2ᵐᵉ).

9124 RAMBOSSON (J.). — Phénomènes nerveux, intellectuels et moraux, leur transmission par contagion.

Paris. 1883. fort. in-8° jés. Figures (4 fr.).
[T¹⁰. 326

Loi de transmission et de transformation du mouvement expressif, son application à la propagation du mouvement cérébral d'un cerveau à un autre. — A la propagation des maladies mentales. — A la fascination. — A la terreur panique. — Au caractère essentiel du langage chez l'homme et les animaux, etc.

9125 RAMÉE (Daniel) Architecte et Philosophe sociologue français, né à Hambourg (Allemagne) en 1806, mort en 1887. — Histoire de l'origine de inventions, des découvertes et des institutions humaines.

Paris, Plon, 1875, in-8° (4 fr.).

9126 RAMÉE (D.). — La Mort de Jésus. — Révélations historiques sur le véritable genre de mort de Jésus, traduites du latin en allemand et de l'allemand en français d'après le manuscrit d'un Frère de l'ordre sacré des Esséniens, contemporain de Jésus.

Paris, Dentu, 1863, in-8° de 205 p. et tab. (4 fr.).

[H. 20043

Rare ouvrage, qui fut immédiatement enlevé aussitôt paru. A remarquer la « *Lettre de l'Ancien des Esséniens de Jerusalem à l'Ancien des Esséniens d'Alexandrie.* »

9127 RAMÉE (D.). — Théologie Cosmogonique, ou Reconstitution de l'Ancienne et Primitive Loi.

Paris, Amyot, 1853, in-12 (3 fr.).

[R. 47941

Autre édition :

Paris, Garnier, 1853, in-12.

Exposé des idées politiques de l'auteur et puissante étude sur la tradition. — Dans cette œuvre de haute science, et de haute histoire, puisée dans les découvertes antiques et modernes, RAMÉE dévoile les Arcanes des religions fossiles et en ressuscite l'esprit en des pages admirables. — Les partisans de WRONSKI trouveront dans ce livre des appréciations intéressantes sur ce philosophe et sa doctrine. — Religion primitive. — Les Juifs. — Les Races d'or et de fer. — Christianisme. — Bibliothèques de Bergame et d'Alexandrie. — Gaulois. — Celtes. — Albigeois. — Origine du mal en Occident. — Origine des Pères de l'Eglise. — Le Panthéisme, etc....

(G-2028

9128 RAMON DE LA SAGRA célèbre économiste espagnol né à La Corogne en 1798, mort en 1871. Directeur du Jardin Botanique de la Havane. — L'Ame ; Démonstration de sa Réalité déduite de l'étude des effets du Chloroforme et du Curare sur l'économie animale, par M. RAMON DE LA SAGRA.

Paris, Germer Baillière, 1868, in-12 de 225 p. (5 fr.).

[R. 47945

Livre très recherché pour les curieuses observations de l'auteur, et l'originalité de ses preuves basées sur le rôle des anesthésiques dans les phénomènes d'extériorisation.

Phénomènes psychiques des plus intéressants.

(G-2029

9129 RAMON DE LA SAGRA. — Le mal et le remède, aphorismes sociaux.

Paris, 1859, in-8° de XLVIII-201 p. (2 fr. 50).

9130 RAMPALLE écrivain français mort vers 1660. Il fut attaché à la maison de Tournon et assista au siège de Philipsbourg en 1644. — L'erreur combattue. Discours académique où il est curieusement prouvé que le monde ne va point de mal en pis.

Paris, Courbé. 1641. in-8° (10 fr.)

[Rés. X. 2572

Curieux ouvrage très peu commun.

(G-884

RAMPALLE. — Traducteur de la chiromancie de

RONPHILE q. v.

9131 RAMSAY (Charles-Louis ou Charles Alexandre) littérateur anglais de la fin du XVIIe siècle. Chimiste et médecin. — Tacheographie, ou l'Art d'Ecrire aussi vite qu'on parle, par Ch. Alexandre RAMSAY.

Paris, 1681. in-12.

[V. 25082

Méthode inspirée de celles de CROSS et de SHELTON.

(S-3402 b

9132 RANCÉ (de) Ancien Député. — Révélations d'un esprit familier sur les Esprits en général et sur les communications qui se sont établies entre les hommes et le monde extérieur.

Paris, Ledoyen. 1860. in-12 (3 fr.)

Après avoir relaté quantité d'expériences dont il fut témoin, l'auteur est conduit à dire que toute personne s'occupant de spiritisme en tant qu'étude, fait une bonne chose, mais que la pratique est nuisible.

RANDOLPH (Paschal Beverley).— Le Docteur Paschal Beverley RANDOLPH, M. D. [Medicinæ Doctor], est né à New-York en 1825. Entre 1860 et 1870, et plus tard, il a publié de nombreux et singuliers Ouvrages ; les uns de pur et simple Spiritisme, les autres de véritable Magie. Malheureusement, la coutume abréviative des descriptions anglaises donne un trop strict minimum de renseignements bibliographiques sur l'état civil de ces singularités.

L'Auteur semble avoir été fréquemment son propre éditeur, de sorte qu'il a échappé en grande partie aux Bibliographies commerciales.

9133 RANDOLPH (Paschal Beverley). — After Death ; or Disembodied Man, etc.

L'auteur, 1808, in-8° (2 dol. 25).

9134 RANDOLPH (P. B.). — Eulis. (2 dol. 50).

9135 RANDOLPH (P. B.). — The First Revelation of Sex. Love : its Hidden History.

9136 RANDOLPH (P. B). — The Second Revelation of Sex ; Love, Woman, Marriage, The Woman's Book. For those who have Hearts.

(2 dol. 50).

9137 RANDOLPH (P. B.). — Hermes Mercurius Trismegistus.

(3 dol.).

9138 RANDOLPH (P. B.). The Mysteries of the Magnetic Universe. Seership.

9139 RANDOLPH (P. B.). — The New Mola ; The Laws et Principles of Magnetism, Clairvoyance, and Mediumism.

(o dol. 60).

9140 RANDOLPH (Paschal Beverley). —Pre-Adamite Man.

New-York, Griffin Lee, 1803, in-12.

(2 dol.).

4° édition en 1869 (in-12).

9141 [RANDON (G. J.)], poète décadent moderne ; pseudonyme : Jehan Rictus. — Cantilènes du malheur.

Paris, P. Ravin et E. Rey, s. d., in-8°, 30 p., pl. gravée (55 frs).

[8° Ye Pièce 6653

Tiré à 130 exemplaires.

9142 [RANDON(G.J.)]. — Jehan Rictus. — Les soliloques du pauvre. — Poésies.

Paris, Mercure de France ou bien l'auteur, 1897, in-8° de 169 p., tab. et cart. (15 fr.).

[8° Ye 4375

Édition originale, tirée à 500 exemplaires seulement et ornée d'un portrait de l'auteur par Steinlen.

Poésies en langue verte ; à noter, Jésus-Christ « Le Revenant » (p. 69) :

L' gas qu'a porté sur sa dorsale.

Une aut' crois qu' la Légion d'honneur.

9143 [RANDON (G.J.)]. — Jehan RICTUS. — Les soliloques du pauvre. — Édition revue, corrigée et augmentée de poèmes inédits.

Paris, Rey et P.Sévin, 1903, in-12. Édition illustrée d'environ 120 lithographies originales de Steinlen. (10 frs).

Autre édition :

Paris, Rey, 1900, in-12.

9144 RANTZAU, en latin RANZOVIUS (Henri de). — Vi-duc Cimbrique, homme d'État et astrologue Danois, né en 1526, mort en 1598. Gouverneur du Sleswig-Holstein et diplomate. —

Catalogvs imperatorvm, regvm ac principvm qvi astrologicam artem amarunt, ornarunt et exercuerunt; quibus additae sunt astrologicae quaedam praedictiones verae ac mirabiles omnium temporum... adjectvs est praeterea tractatus de annis climactericis... Versus insuper nonnuli de planetis ac signis mensiumque laboribus. Collecta ab RANTZOVIO ac edita Th. SILVIO.

Antverpiæ, ex officina Christophori Plantini, 1580, in-12 (14 frs).

Très rare ouvrage d'astrologie, avec 2 tableaux d'années climatériques servant de base pour tirer l'horoscope.

Autre édit. :

Lipsiae, 1581, in-8°.

[V. 20304

9145 RANTZAU (H. de). — Tractatvs astrologicvs de Genethliacorvm thematvm iudiciis pro singulis nati accidentibus, etc...

Francofurti, 1625, pet. in-8° d'environ 400 p. (8 frs).

Cet ouvrage est l'un des plus complets des traités anciens d'astrologie judiciaire; il est accompagné de tableaux hors texte, de thèmes et de figures astrologiques.

Autres édit. :

Francofurti, imp. Fischeri, 1602, in-8°.

[V. 21786

Ibid., N. Hoffmanis, 1615, in-8°.

[V. 21787

Ibid., I. Rosæ, 1633, in-8°.

[V. 21788

9146 RANTZAU (H. de). — Traité astrologique des thèmes genethliaques pour tous les accidens qui arrivent à l'homme après sa naissance. Pour cognoistre les tempéramens et inclinations ; colligé par l'industrie de Henri RANTZAU, Vi-duc Cimbrique, Fait François par Iacques Alcaume, augmenté d'aphorismes et annotations sur les douze Maisons célestes, colligées de diuers autheurs, et traduit par Alex. Baulgite, professeur es mathématiques.

Paris, Pière Ménard, 1657, in-8°, figures (35 francs).

[V. 21789

Ouvrage intéressant sur l'astrologie et les horoscopes avec des tableaux hors texte.

Il lui faut pour être complet un appendice : « *De la Façon de construire les Figures Célestes.* »

(G-885

(S-3452

9147 RANTZAU (H. de).— Thematum Celestium Directiones ab Henrico RANZOVIO.

Francofurti, 1611, in-8°.

(S-3459 b

9148 RAOUX (Edouard), ancien professeur à l'Académie de Lausanne, docteur en philosophie, etc. — Le tocsin des deux santés, fragments sur l'hygiène et l'éducation du corps et de l'âme, par Edouard RAOUX.

Lausanne, Imer et Payot, 1878, in-12 de 120 p. (2 frs).

[Tcl² 07

Nervosisme. — Désordres psychologiques. — Végétarisme et Physiatrie. — Mariages prématurés, tardifs, d'âges disproportionnés, consanguins, etc... Enfants illégitimes, etc...

Publication d'un hygiéniste connu, favorable au végétarisme, citée dans beaucoup de bibliographies végétariennes (Dr BONNEJOY entre autres).

9149 RAPHAEL, pseud. de ?... — The guide to Astrology; cont. the complete rudimental part of genethliacal astrology by which every person may calculate their own nativity, and learn their own natural character and proper destiny, etc... also an Epitome of Cl. Ptolemy on genethliacal astrology and approximate longitudes and declinations of the superior planets from 1880 to 1920.

London, W. Foulsham, 1880, 2 vol. in-12. Figures (4 frs).

Réédité en 1895 (6th edition).

9150 RAPHAEL. — Raphael's Ephemeris.

They contain the longitudes of all Planets daily, and the longitude of the Sun to seconds ; the latitudes and declinations of the Planets for every third day ; Sidereal time for every day ; the lunar and principal mutual aspects for every day, and, in short, all that an Ephemeris needs contain.

London, W. Foulsham et C⁰. 4 Pilgrim St. Ludgate Hill. 1/— par année (1 fr. 25).

Ces éphémérides Astrologiques, les seules de leur genre, ont été réimprimées depuis l'année 1800, et sont publiées en vue de l'établissement des Thèmes Astrologiques, avec un minimum de calculs. Elles sont réellement pratiques.

(O. P. C.)

9151 RAPHAEL. (Abbé). — Le Doute.

Paris, Marpon frères, 1866 [1865] gr. in-8° de 287 p. et errata (12 fr.).

[D. 56035

Ouvrage fort rare et très recherché du monde spiritualiste. — C'est l'histoire racontée par lui-même, d'un curé de campagne, homme de bien et de progrès, très attaché d'abord à la foi orthodoxe, mais que la réflexion et l'observation conduisent à un doute désespérant. — Un ami, curé aussi, lui expose alors une doctrine qui n'est autre que la philosophie spirite, et qui ramène en son âme l'espérance et le calme en sa conscience.

361

L'abbé et la dame « au mois de Mai 1805 » (p. 11)... Il avait « 27 ans alors » (p. 13), puis toute une auto-biographie.— Jean le meunier et un bain involontaire dans l'étang (p. 53)... Théorie spiritualiste de l'auteur (p. 138). — Son interdit (p. 276). — Son départ (p. 246).

9152 RAPHAEL A PURIFICATIONE (Rév. P. M. Fr.), professeur de Théologie au Brésil. — Figmenti Cabalistici Enodatio, rythmicæ quæstionis resolutio à quodam Cabalisticâ de Inspruch confictæ Cabalam suam consulente circa ortum desideratissimum Archiducis per hæc Vocabula:

21   28   320   131
Edic Cabala Quo Anno

519   705
Nascetur Archidux

à R. P. M. Fr. Raphaele à Purificatione, sacræ Theologiæ primario professore in Provinciâ S. Antonii de Brasiliâ.

Ulyssipoui Occidentali (Lisbonne du Couchant ?), 1728, pet. in-4°, 2 Tableaux hors texte. (35 fr.).

Rarissime ouvrage de Kabbale.

9153 RAPIN (le P. René) jésuite né à Tours en 1621, mort à Paris en 1687. — Histoire du Jansénisme depuis son Origine jusqu'en 1644, par le P. René Rapin. Ouvrage complètement inédit, revu et publié par l'abbé Domenech.

Paris, Gaume, 1861, in-8°. (4 fr.).

(G-2030

9154 RAPIN (le P. René). — Réflexions sur la philosophie ancienne et moderne, et sur l'usage qu'on en doit faire pour la religion.

Paris, Muguet, 1676, in-12. (3 fr.).

(G-886

9155 RAPPORT (Du) de la Magie avec la Théologie Payenne.

S. l., 1733. in-4° de 10 p. (1 fr. 50).

(G-2031)

9156 RAPPORT du rapport de MM. les Commissaires nommés par le Roi, etc. par un amateur de la vérité excité par l'imagination, l'attouchement et magnétisé par le bon sens et la raison. Adressé à M. Caritidès, fils de cet illustre savant qui avait conçu l'ingénieux projet de mettre toutes les côtes du royaume en port de mer, actuellement résident au Monomotapa.

Pékin et Paris. Couturier. 1784. in-8°, 34 pages. (2 fr.).

En faveur du magnétisme de MESMER (puisqu'à cette époque on distinguait la théorie de MESMER de celle de d'ESLON). Sans grand intérêt.

Le véritable RAPPORT des Commissaires est attribué à BAILLY (J. S.), q. v.

(D. p. 40)

9157 RAPPORT sur les expériences magnétiques faites par le commission de l'Académie royale de Médecine, lu dans les séances des 21 et 28 juin 1831.

S. l. n. d., in-4°. (2 fr. 50).

Ce rapport n'a été distribué qu'aux membres de l'Académie de médecine ; il est signé BOURDOIS DE LA MOTTE, FOUQUIER, GUÉNEAU DE MUSSY, GUERSENT, ITARD, LEROUX, MARC. THILLAYE et HUSSON, rapporteur.

9158 RASPAIL (François-Vincent), célèbre chimiste, savant et homme politique français né à Carpentras (Vaucluse) en 1794, mort à Arcueil (Seine) en 1878. Élevé au Séminaire, il devint libre penseur et carbonaro. Médecin sans diplôme il fut poursuivi et condamné à 15 fr. d'amende.— Histoire naturelle de la santé et de la maladie chez les végétaux et chez les animaux en général et en particulier chez l'homme... par F. V. RASPAIL.

Paris, Schneider, 1846, 3 vol. gr. in-8°, planches sur acier. (2° édit. augmentée, ornée de figures sur bois dans le texte et de 18 gravures sur acier dont une coloriée).(10 fr.).

[T^{30} 151 B.

Autres éditions :

1re édit. Paris. A. Levasseur. 1843. 2 vol. in-8°.

[T^{30}. 151

2° tirage. Ibid. Id., 1845. 2 vol. in-8°.

[T^{30} 151 A.

Paris, Bruxelles, 1860. 3 vol. gr. in-8°.

9159 RASPAIL. (F. V.). — Nouvelles études scientifiques et philologiques (1861-1864) avec 10 planches sur cuivre et 4 lithographies.

Paris, l'Auteur. 1864. in-8°. (2 fr.).

9160 RASPAIL. (F. V.). — Revue élémentaire de médecine et de pharmacie domestiques ainsi que des services accessoires et usuelles mises à la portée de tout le monde.

Paris, l'Auteur, 1848-1849. 2 années in-8°. (10 fr.).

Revue terminée avec le N° du 15 mai 1849 par suite de la détention de l'auteur.

9161 RATIONARIUM evangeli | starum omnia in se euangelia | prosa uersu, imaginibusque qua | mirifice cóplectens. |

[In fine :] ista tibi lectori ingenuo, Thomas Badensis cognomento Anshelmi tradidit, 1522. in-4°, 18 pages, (en maroquin. par Koehler) (200 f.).

Edition rarissime en caractères gothiques de l'Ars memorandi ornée de 15 grandes et curieuses figures sur bois et imprimée à Hagueneau (Alsace).

(G-887)

Autre édit.:

S. l. n. d., 1507. 15 fig. sur bois. in-4°.

[Rés. Z. 1103.

9162 RAETZE (J. G.). — Blumenlese aus Jacob BÖHMENS Schriften ; nebst der Geschichte seines Lebens und seiner Schicksale ; von J. G. RAETZE.

Leipzig, C. H. F. Hartmann, 1819, in-8º de VIII-264 pp.

La vie de BÖHME commence, p. 209 et est terminée par la liste de ses écrits.

(O-43

9163 RAUTERT (le F.'.). — Maurer-Lieder, von Fr.'. RAUTERT.

Essen und Duisburg, G. D. Bädeker, 1810, pet. in-8º de VIII-88 pp.

(O-388

9164 RAULIN (Dr). — Observations pratiques sur l'action de l'électricité dans les névroses en général, spécialement dans l'épilepsie, et sur les principaux moyens propres à combattre ces affections.

Paris, 1852, in-8º, (2 fr. 50).

Névroses en général. — Épilepsie. — Du mariage chez les épileptiques. — Folie. — Hystérie. — Danse de Saint-Guy, etc...

9165 RAVLIN (le R. P. Hippolyte). — Panégyre orthodoxe mysterievx et prophétique svr l'antiquité dignité noblesse et splendeur des flevrs de lys. Ensemble des bénédictions et prerogatives surcelestes et suremi- nentes des très chrétiens et très invincibles Roys de la Monarchie Françoise sur tous ceux de la terre.

Paris, chez Fr. Jacquin, 1626, in-8º. (50 fr.).

[Li²² 8

« Ouvrage rarissime (inconnu à BRUNET). Je ne l'ai pas vu passer une seule fois dans les catalogues depuis plus de quinze ans que je les suis. » (S. d. G). Joli titre gravé avec portrait de Gaston d'Orléans, frère du Roi.

(G-888

9166 RAVIART (Emile). — Comment on devient un homme d'action.

Paris, Bouvalot-Jouve, s. d., [1907] in-8º de 391 p. (3 fr.).

[8º R. 21221

Peut-on agir sur la volonté. — Formation de la volonté. — Le passage de l'idée à l'acte. — L'Éduction intellectuelle. — Traité complet de Régénération morale et physique. — Se rattache à l'ouvrage de M. DOUMER : « le Livre de mes fils. » Ce sont les théories qui ont flori sous la Révolution : elles sont entachées de déséquilibre et de violence.

9167 RAY NYST. — Un Prophète. rétorsion liminaire au Sar Joséphin Péladan.

Paris, Chamuel, 1895, portraits à l'eau-forte. (3 fr.).

[8º Y² 49155

Curieux ouvrage sur la mission secrète et philosophique de Jésus. — Dans ce livre l'auteur restitue à Jésus sa présence corporelle, sa robe, ses apôtres et la douceur de sa parole qu'il promena par la Judée.

9168 RAYMOND ou RÆMOND ou encore RÉMOND (Florimond de) historien français né à Agen vers 1540, mort à Bordeaux vers 1602. Il fut quelque temps protestant, puis redevint catholique. Conseiller au Parlement de Bordeaux. — L'Antéchrist. — Dernière édition reveüe corrigée et de beaucoup augmentée par l'Auteur.

Arras, Bavdvyn, 1613, in-12, (9 fr.).

Rémond réfute dans cet ouvrage l'opinion des théologiens protestants qui traitaient le pape d'Antechrist.

Autres édit.

Lyon, J. Pillehotte, 1597, in-8º.

[D. 49490

Paris, l'Angelier, 1599, in-4º.

[D. 5957

Ibid. A. l'Angelier, 1607, in-8º.

[D. 49491

9169 RAEMOND (Florimond de). — L'Antechrist, par Florimond de RÆMOND, conseiller du Roi en sa cour du Parlement de Bordeaux.

Cambrai, J. de la Rivière, 1613, in-8°. (15 fr.).

Impression de Cambrai.

(G-907 et 8
(S-50. Supp.

9170 RÆMOND (Florimond de). — L'Anti papesse ov errevr popvlaire de la Papesse Ieanne.

Cambrai, Iean de la Rivière, 1612.

De la Couronne du soldat, traduict du latin de Q. Septim Tertvllian.

Cambray, 1613, in-8°.

[H. 9120
(G-908

9171 RAEMOND (Florimond). — L'Anti Papesse, ou Erreur populaire de la papesse Jeanne, par Florimond de RÆMOND.

Cambrai, J. de la Rivière, 1613. pet. in-8°.

[H. 9131

Autres édit.

Erreur populaire de la papesse Jane.

Bordeaux, imp. de S. Millanges. 1587, in-4°.

[H. 3212

S. l., 1588. in-12.

[H. 9128

Bordeaux, imp. de S. Millanges, 1594. in-8°.

[H. 9129

Lyon, par B. Rigaud. 1595, in-8°.

[H. 9125
(S-4883

9172 RAYNALY (E.). — Les propos d'un escamoteur. — Étude critique et humoristique. — Prestidigitation magnétisme, spiritisme.

Paris, Ch. Noblet, 1894, in-18, XII-242 p. et tab. (2 fr. 50).

[8° R. 13095

Contenant un curieux chap. sur les ..Aissaouas.

9173 RAYNOUARD (François Juste Marie), poète, dramaturge et érudit français, né à Brignoles (Var) en 1761, mort à Passy en 1836. D'abord avocat à Paris et dans le Var. Sa célèbre tragédie des *Templiers* (1805) fut remarquée par Bonaparte, qui en ordonna la représentation. RAYNOUARD fut académicien et membre du corps législatif. Vers la fin de sa vie, il s'adonna à la Philologie. — Monumens historiques relatifs à la Condamnation des Chevaliers du Temple et à l'Abolition de leur Ordre, par M. RAYNOUARD, Membre de l'Institut impérial de France...

Paris, Adrien Egron, 1813, in-8° de XXXVI-317 pp. (5 fr.).

[B. 11101

C'est l'ouvrage en quelque sorte classique, le plus exact en ce qui concerne les citations et les documents. — Il se termine par un appendice qui est un trésor d'érudition et dans lequel se trouve un examen des diverses procédures faites dans toute la chrétienté contre les Templiers et une référence des pièces inédites.

(G-2033 et 34

9174 RAYNOUARD. — Les Templiers, tragédie représentée pour la première fois sur le Théâtre Français le 24 floréal an XIII, Précédé d'un précis historique sur les Templiers.

Paris, Giguet et Michaud, 1805, in-8°. (5 fr.).

[Yth. 17142

Contenant le portr. en pied du Grand Maitre des Templiers. C'est un brillant plaidoyer en faveur de ces derniers.

Édition originale, ornée d'un frontispice gravé par Baquoy.

Autres éditions :

Paris, Barba, 1823, in-8°.

Paris, Mame, 1815. in-8°.

(G-889

9175 RAYSSAC. — Agrippa le diable.

Paris, s. d., in-12. (2 fr. 50).

9170 REAL (Jean). — La Science des Religions et le Problème religieux au XXᵉ siècle. — A propos de l'Orpheus de Salomon REINACH.

Paris, Fischbacher, 1900, in-8° de 95 p. (2 fr.).

9177 [REBELL (Hugues)] romancier contemporain, un des titulaires du pseudonyme collectif : Jean DE VILLIOT. — Les anglaises chez elles. Le Magnétisme du Fouet, ou les Indiscrétions de Miss Darcy, traduit de l'anglais par Jean de VILLIOT.

Paris, Charles Carrington, MCMII, [1902], in-8° de 283 p. (15 fr.)

[Rés. p. Y² 521

Tiré à 750 ex. sur Hollande.

Voici de cet ouvrage érotique un extrait relatif à la *Verge Magnétique* : «On se couche avec une Verge, que l'on pose entre ses jambes, la poignée tournée vers les pieds, la pointe contre le corps. Avec la main, on fait des passes tout le long de la Verge, jusqu'à ce qu'une chaleur soit sensible. Alors on invoque les Esprits... La Verge devient un conducteur puissant : elle se magnétise, communique à d'autres les mêmes désirs... (p. 160).»

C'est bien là l'application de la Magie Noire aux passions les plus perverses. — Le volume se termine par une intéressante étude sur le Sadisme contemporain. (p. 237-280).

9178 REBELL (Hugues). — La Camorra, roman d'aventures Napolitaines.

Paris, La Revue Blanche, 1900, in-18 de 429 p. et table.

Intéressant roman de mœurs napolitaines, avec des scènes de passion cruelle et de flagellation qu'affectionne l'auteur.

9179 [REBELL (Hugues)]. — Jean de VILLIOT. — Etude sur la Flagellation à travers le monde aux points de vue médical, religieux, domestique et conjugal, avec un exposé documentaire de la flagellation dans les écoles anglaises et dans les prisons militaires. 2ᵉ édit. augm.

Paris, Carrington, 1901, in-8°, figures hors texte gravées sur bois. (40 fr.).

[Tb¹¹. 196 A

La première édition de cet ouvrage a paru sans nom d'auteur :

Ibid., Id., 1890, in-8°.

[Tb¹¹. 196

Il ne faut pas confondre cet ouvrage singulier avec un autre du même auteur; « *Curiosités et Anecdotes sur la Flagellation* », dont la couverture imprimée porte assez maladroitement en avant titre « *La Flagellation à travers le Monde* » puis « *Curiosités...* » etc.

9180 REBIÈRE (J.). — Anniversaire du martyre de Jean le Précurseur, discours prononcé le 20 juin 1834 à l'Eglise des Chrétiens primitifs.

Paris, Secrétariat du Temple, 1834 in-8° de 16 p. (1 fr. 50).

Relatif à l'ordre des Néo Templiers.

9181 REBOLD (Emmanuel) ex-député du Grand-Orient et magnétiseur à Paris vers 1850-1855. — Documents pour servir à l'histoire de la loge *La Clémente Amitié* et de la Loge *Bonaparte* soumis au T∴ Ill∴ G∴ M∴ le prince Lucien MURAT.

Paris, 1868, (3 fr.).

9182 REBOLD (Emmanuel). — L'Electricité, moteur de tous les Rouages de la Vie, sa Physiologie, les Propriétés de ses Types, etc.

Paris, l'auteur, 274, rue St-Honoré, 1868, in-8°, 6 pl. (2 fr.)

9183 REBOLD (E.). — La Franc-Maçonnerie philosophique; son importance morale et sociale. — Exposé historique contenant les preuves irrécusables de sa filiation non interrompue depuis les Collèges de Constructeurs Romains, jusqu'aux corporations des Free-Masons de la Grande-Bretagne dont est issue en 1717 la

Franc-Maçonnerie moderne. — Suivi de l'examen de la question : la Franc-Maçonnerie doit-elle être considérée comme la Religion universelle ; et de la publication d'un manuscrit intitulé : Réformes soumises à l'examen de l'Institut dogmatique du G∴ O∴ de France.

Paris, chez l'auteur, rue d'Orléans St-Honoré, 17, 1859, in-8°, (4 fr.).

9184 REBOLD (E.). — Histoire des trois Grandes Loges de Francs-Maçons en France ; le Grand Orient, le Suprême Conseil, la Grande Loge Nationale ; précédée d'un Précis historique de la Franc-Maçonnerie ancienne depuis sa fondation jusqu'à sa formation en institution philosophique en 1717, fondée sur de nombreux documents, suivie de l'Histoire des Rites de Misraïm et de Memphis et de tous les systèmes introduits dans la Maçonnerie ; d'un abrégé de l'Histoire de la F∴ M∴ en Angleterre, en Danemarck, en Suède, en Hollande, en Belgique, en Allemagne, en Russie, en Pologne, en Suisse, en Italie, en Portugal et en Espagne, et d'un grand nombre de tableaux historiques.

Paris, Collignon, 1864, fort vol. gr. in-8° de 700 p. (15 fr.).

[H. 17594

Ouvrage de premier ordre considéré comme un des meilleurs qui aient été écrits sur la Franc-Maçonnerie. — Le titre en donne d'ailleurs une idée suffisante pour qu'il soit inutile d'insister sur l'intérêt qu'il comporte.

9185 REBOLD (Emmanuel). — Histoire générale de la Franc-Maçonnerie basée sur ses anciens documents et les monuments élevés par elle depuis sa fondation en l'an 715 avant Jésus Christ, jusqu'en 1850.

Paris, Franck, 1851, in-8°, (20 fr.)

[H. 17595

L'un des ouvrages les plus complets sur la matière et formant une véritable Chronologie des Évènements intéressant la Franc-Maçonnerie, aussi recherché que l'Histoire des 3 grandes Loges de France qu'il complète; il est indispensable pour l'Étude de la F∴ M∴. Origine de tous les cultes, des hiéroglyphes et symboles, mystères, etc... Origine des collèges de constructeurs romains, berceau de la F∴ M∴. But de l'Initiation antique. — La F∴ M∴ imitation et non continuation des anciens mystères. — Précis historique sur les Corporations maç∴ dans les Gaules. Chronologie de l'histoire générale de la F∴ M∴. Précis des cultes et des mystères de l'antiquité: Inde, Perse, Eleusis, Mithra, Samothrace, etc... — Noms des fondateurs de cultes et de mystères avec le résumé de leurs doctrines. Les Cosmogonies des divers peuples. — Les légendes maç∴ et leur origine. — Les nombres. — Les 12 préceptes et les 7 principaux symboles de la F∴ M∴.

(G-800 et 2035

9186 REBOLD (Emmanuel). — La médecine du pauvre et du riche, problème résolu par le triple-électro-galvanique, nouveau système curatif réunissant tous les avantages de la vieille médecine, de l'homeopathie, du magnétisme et de l'hydrothérapie, sans présenter aucun de leurs inconvénients, par Emmanuel Rebold.

Paris, l'Auteur, 1854, in-8°, 40 pages, (1 fr. 50).

L'auteur de cette brochure pense avoir inventé un instrument « dans lequel un récipient reçoit le fluide électrique de l'homme lequel est purifié par les substances que contient ce récipient... »

(D. p. 153

9187 REBOLD (Em). — Origine de la Franc-Maçonnerie ancienne et moderne, ses doctrines, son but artistique et moral, d'après de nombreux documents et les monuments élevés par cette institution.

Paris, chez l'auteur, 1859, in-12 de 52 p. (4 fr.).

Origine de la maçonnerie ancienne et moderne. — Charte d'York de 926. — Notices historiques sur les principaux convents de 926 à 1787. — Liste des gr. M.

367

9188 RECÉJAC (E.). — Essai sur les fondements de la connaissance mystique, par E. Recéjac.

Paris, F. Alcan, 1897, in-8°. (3 fr. 75).

[8° R. 14246

L'absolu. — De la conscience mystique. — Les symboles. — Le cœur.

RECHERCHES sur ce qu'il faut entendre par les Démoniaques... — Voir :
TWELLS.

(G-2017

9189 RECHTE WEG (Der) zu der hermetischen Kunst vor die Lehrbegierigen Schüler und Liebhaber dieser Wissenschaft ; nebst verschiedenen Anmerkungen über das betrügliche Verfahren der sogenannten Sophisten und ihrer Irrwege, herausgegeben von Anonymo.

Franckfurt und Leipzig, Joh. Georg. Fleischer. 1773, in-8° de 104 pp.

(O-1504

9190 RECIT FIDELLE de la Tortue Vivante tirée du genou d'un Musicien bourgeois d'Annessy en Savoye, par les Merveilleux secrets d'un Seigneur sicilien.

Chambéry. 1686, in-8° de 45 p. fig sur bois. (1 fr. 50).

Réimpression de Lyon, chez Louis Perrin, vers 1875-76.

Presque toutes les pièces de ce genre sont groupées, à la Bibliothèque Nationale sous le titre : *Diverses pièces curieuses publiées par* Anatole Claudin. Cote :

[8° G. 72

9191 RECIT VERITABLE de ce qui s'est passé aux Exorcismes de plusieurs Religieuses de Louviers.

Paris. 1643.

(S-3231

9192 RECIT VERITABLE de l'Effet d'un malheureux sort magique nouvellement arrivé sur cinq Habitans et deux Damoiselles de la Ville de Chasteaudun et des effroyables actions qu'ils font journellement...

Paris. 1637, in-8° de 14 p. (1 fr. 50).

Réimpression Lyonnaise, par Louis Perrin, vers 1875-76.

9193 RECIT VERITABLE des Choses estranges et prodigieuses arrivées en l'exécution de trois Sorciers et Magiciens defaits en la Ville de Lymoges.

A Bourdeaux. s. d.. in-8° de 15 p. (1 fr. 50).

Réimpression de Lyon, chez Louis Perrin. 1875-76.

9194 RECKE (Charlotta Elizabeth Konstantia von der) comtesse de Medem. — Nachricht von des berüchtigten Cagliostro Aufenthalte in Mitau, im Jahre 1779, und von dessen dortigen magischen Operationen; von Charlotta Elizabeth Konstantia von der Recke geb. Gräfinn von Medem.

Berlin und Stettin. Friedr. Nicolai. 1787, in-8° d. XXXII-168 pp.

(O-516

RECONDITORIUM AC RECLUSORIUM OPULENTIÆ SAPIENTÆQUE NUMINIS... — Voyez à :
CHYMICA VANNUS.

(L'ouvrage est décrit en détail au nom de VAUGHAN (Thomas de) dit le Philalethe).

9195 RECREATIONS mathématiques composées de plusieurs problèmes plaisans et facétieux, d'arithmétique, géométrie, astrologie, optique, perspective, méchanique et d'autres rares et curieux secrets, plusieurs desquels n'ont jamais esté imprimez.

Lyon, 1653, in-12. Nombreuses figures gravées sur bois. (5 fr. 50).

9196 RECUEIL choisi de chansons et de poésies maçonnes.

Jérusalem aux dépens de la Loge St Jean, s. d., in-8° de 102 pp.

(O-589)

9197 RECUEIL de Chansons et Poésies Maçonnes.

A Jérusalem, de l'imprimerie de la Vérité, 1782, pet. in-8°. (3 fr.).

(G-2030)

9198 RECUEIL des pièces les plus intéressantes sur le magnétisme animal.

S. l. 1784, in-8°, 470 pages. (4 fr.).

Seul volume d'une collection qui devait être continuée. Il contient : *Mémoire sur la découverte du magnétisme animal*, par M. MESMER ; *lettre de l'auteur du Monde primitif sur le magnétisme* ; *lettre sur la mort de Court de Gébelin*; dialogue entre un docteur de toutes les universités et académies du monde connu, et un homme de bon sens ; deuxième dialogue entre le même docteur et son égal en science ; *lettre d'un médecin de la faculté de Paris à un médecin du collège de Londres*; *lettre d'un anglais à un français sur la découverte du M* ; *lettre sur le M. adressée à M. PERDRIAU* par M. MOULINIÉ; détail des cures opérées à Buzancy; détail des cures opérées à Lyon; etc... par M. ORELUT; nouvelles cures opérées par le M; extrait du Journal de Paris, cure par M. TERS ; lettre de M. MESMER à M.

(D. p. 55)

9199 RECUEIL de pièces pour servir à l'histoire du magnétisme.

S. l. 1786, in-8°. (3 fr.).

Intéressant recueil sur le magnétisme animal. Réédition du précédent?

(G-1824)

9200 RECUEIL des poésies et chansons maçonnes, nouvelle édition considérablement augmentée.

Jérusalem, 1758, in-12. (3 fr.).

Ce sont toutes les chansons des apprentis, compagnons et maîtres.

9201 RECUEIL Officiel des principales Prières lucifériennes, dévotions palladiques et formules rituelles d'évocation à l'usage des groupes familiaux, publié par ordre du Comité fédéral du Palladium régénéré et libre, précédé des règlements pour les groupes familiaux voté par le Convent Palladiste indépendant de Londres.

Paris, s. d., in-8°. (2 fr.).

9202 RECURT (M.). — Résurrection du Père ENFANTIN. — Quelques lumières sur la Doctrine de St-SIMON.

Paris, Dentu, 1848, in-8° de 78 p. (2 fr. 50).

9203 RÉDARÈS (le F∴). — Discours sur le principe social et sur la doctrine philosophique et philanthropique de la Maçonnerie Symbolique.

Paris, Meulan, 1846, in-8° (4 fr.).

9204 RÉDARÈS (le F∴). — Etudes historiques et philosophiques sur les trois grades de la maçonnerie symbolique, suivies de l'influence morale de la Maçonnerie sur l'esprit des nations.

Paris, 1850, in-18. (12 fr.).

Adhésion des Vén∴ de l'O∴ de Paris. Liste des Vén∴ de l'O∴ de Paris qui ont donné leur adhésion à l'ouvrage du F∴ Rédarès. — Etudes, réception et discours; ouvrage devenu introuvable.

Les ouvrages concernant le symbolisme maçonnique ne sont pas communs, et celui-ci est un des meilleurs sur cette branche si intéressante. Toute la maç∴ y est passée en revue et l'auteur étudie à fond son origine et son histoire avec une compétence parfaite.

Autre édition :

Paris, 1858, in-12.

9205 RÉDARÈS (le F∴) — De l'influence de la Franc-Maçonnerie sur l'esprit des Nations.

Lyon, (La Croix Rousse), 1845, in-8°. (3 fr.).

Origine de la Fraternité Maç∴ — De la Théo-philosophie. — Des initiations. — Du symbolisme maç∴ européen. — Charte de Cologne, etc…

9206 REDE auf den Höchsterfreulichen achtundsechzigsten Geburtstag Friederichs des Grossen, gehalten in der Mutterloge zu den drey Weltkugeln, vom Br. H***.

Berlin, Decker, 24 jenner, 1779, in-8° de 12 pp.

(O-358

9207 REDE bei Eröfnung des von der gerechten und vollkommenen S. Joh. Loge zu G. H. in O. zu Wien im J. 1782 errichteten neuer Tempels; nebst einer zweiten am St. Johannistage; gehalten von F. Bruder, Redner gedachter Loge.

S. l. et s. d., in-8° de 38 pp.

(O-360

9208 REDE bey Uebernahme des Amts als deputirter Meister in der Loge zur Eintracht gehalten vom Bruder D*** (……)

Berlin, Decker, 13 april 1778, in-8° de 13 pp.

(O-359

9209 REDE von den Ursachen der Dauer dem Freymäurerordens, gehalten am Johannistage 1776. von dem Redner der Militairloge zum Flammenden Stern in Berlin.

Berlin, Decker, 1778, in-8° de 16 pp.

(O-355

9210 [REDERN (Comte de)]. — Des modes accidentels ou examen sommaire des modifications que des circonstances particulières apportent à l'exercice de nos facultés et à la perception des objets antérieurs [par le Comte de REDERN].

S. l. 1815, in-8°, 64 pages. (1 fr. 50).

Intéressant mémoire. Il y a eu une seconde édition en 1818 de 69 pages, et une traduction en Anglais parue à Londres.

(D. p. 86

9211 REFORME ALIMENTAIRE (La), Organe de la *Société Végétarienne de France*, [puis] des *Sociétés Végétariennes de France et de Belgique*.

Paris, Société végétarienne de France, 1er avril 1881 à septembre-octobre 1882, puis depuis 1899, in-4°.

[T³⁶, 54

Cette Revue du Végétarisme a été fondée par le Dr HUREAU de VILLENEUVE en 1880, interrompue de 1882 à 1899, et paraît régulièrement depuis cette dernière époque.

La *Société Végétarienne de France* est peut-être le Groupement le plus scientifique du monde qui s'occupe d'Alimentation au point de vue hygiénique et normal, souvent désigné par l'appellation « *Naturiste* ».

9212 REGA (Joseph Henri), médecin belge né et mort à Louvain (1690-1754). Professeur puis Recteur de l'Université de Louvain. — De Sympathia, seu consensu Pactium corporis humani, ac Potissimum ventriculi in statu morboso.

Harlem, 1734, in-12. (4 fr.).

Ouvrage curieux d'un médecin célèbre par ses recherches sur l'uroscopie. — Son traité *de Sympathia* est un monument de science.

9213 REGAZZONI (Ant.), célèbre magnétiseur italien, pratiquant à Paris vers 1855-60. — Nouveau manuel du magnétiseur praticien par A. REGAZZONI, précédé d'une introduction par un magnétiseur spiritualiste.

Sc. psych. — T. III. — 24.

Paris, Denlu. 1859. in-12. 106 pages. (1 fr. 50).

[Te¹⁴ 26

M. REGAZZONI est un magnétiseur italien qui fit courir le Tout Paris curieux et mondain à ses Séances expérimentales de magnétisme. Doué d'une volonté énergique et sachant former de bons sujets, il donnait à ses expériences une physionomie toute particulière. Plusieurs d'entre elles : la catalepsie magnétique, l'insensibilité, la turgescence de la région mammaire, attirèrent chez lui un bon nombre de médecins. Monsieur DELAAGE est l'auteur de la préface enthousiaste de cet ouvrage de circonstance dont il a sans doute mis en ordre les matériaux : REGAZZONI ne se piquait pas d'être écrivain.

(D. p. 169

9214 REGHELLINI .·. de Schio, célèbre écrivain franc maçon né de parents vénitiens à Schio en 1757. mort à Bruxelles au dépôt de mendicité en 1855. Professeur de chimie et de mathématiques à Vienne, Bruxelles, Paris, etc. — Esprit du dogme de la Franche Maçonnerie, recherches sur son origine et celle de ses différents rites compris celui de carbonarisme

Bruxelles, 1825, in-8°. (15 fr.).

Prêtres Égyptiens ; mystères du Temple et la Maç.·. juive à Babylone ; Mystères Juifs; Manes et les légendes juives, chrétiennes et maç.·. en Palestine. — Les chev.·. Templiers et les doctrines de Jésus et de Zoroastre, et leur fusionnement avec les confréries maç.·. etc...
Ouvrage précieux, rempli de renseignements initiatiques de premier ordre. — Il contient l'explication des signes et abréviations maç.·. Les initiations antiques y sont décrites tout au long ; pour l'auteur, c'est là que l'on doit chercher l'origine des cérémonies maçonniques.

9215 REGHELLINI de Schio. — Examen de la religion chrétienne et de la religion Juive.

Paris, 1834, 3 vol. in-8°, (20 fr.).

Extrait de la table : Abraham prostitue sa femme, Adonaja assassiné par Salomon, la tour de Babel, Indécences dans Sora, Bigamie, Miracles des cailles, création de l'homme, Hermaphrodite, Eunuques, leur origine, Juda, patriarche incestueux, Juifs : leurs maladies honteuses, pourquoi ils portaient des culottes Sodomistes, etc...

REGIOMONTANUS (Joannes). — Voir :

MULLER de KŒNIGSBERG (Jean).

REGLÀ (Paul de). — Voir :

DESJARDIN (Docteur Paul) de Régla.

9216 RÈGLEMEN (sic) généraux de la R.·. L.·. de la Réun.·. des Etr.·. à l'O.·. de Paris, sanctés dans son assemblée générale du quatorzième jour du douzième mois 5788.

S. l. n. adr. (Paris). 1780. in-12 de 187 pp.

(O-238

9217 REGLEMENS de la R.·. L.·. Saint Jean sous le titre distinctif de la triple harmonie régénérée à l'O.·. de Paris.

S. l., 5814. in-8°. (3 fr. 50).

Contient la liste de tous les membres composant la dite loge au 15 juin 1814.

9218 RÈGLEMENS particuliers de la R.·. L.·. Ec.·. du Phœnis, régul.·. const.·. à l'O.·. de Paris.

Paris, F. Porthmann, impr. 1807, in-8° de 15 pp.

(O-239

9219 REGLEMENT de la R.·. L.·. de la Paix Immortelle à l'O.·. de Paris.

Paris, 1806, in-8° Avec deux grandes planches pliées des travaux de loge et de banquet. (10 fr.).

9220 RÈGLEMENTS généraux de la Maçonnerie Ecossaise pour la France et ses dépendances.

O∴ de Paris, 1846, in-8°. (3 fr.).

9221 RÈGLEMENTS généraux de la Maçonnerie Ecossaise pour la France et ses dépendances.

Paris, 1861, in-8°, (8 fr.).

9222 RÈGLEMENTS généraux de la maçonnerie Ecossaise.

In-8°.

Année 1776....	15.fr.
1812	10.—
1818 suivie de tableaux des membres du du suprême Conseil et de ses diverses sections	10.—
1846	6.—
1854 intitulé : modifications aux règlements généraux	10.—
1863	4.—
1867	4.—
1873	3.50
1884	3.—

9223 REGNARD (A.). — Aryens et Sémites. — Le bilan du Judaïsme et du Christianisme.

Paris, 1890, in-12, (2 fr. 25).

[8° H. 5733 et 5801

Caractéristique des races civilisées. — Le sentiment religieux chez les bêtes. — Le Rigvéda. — Les Druides. — Anthropologie des Juifs. — Langues sémitiques. — Le « dieu inconnu ». — La prostitution sacrée dans le Temple de Jérusalem, Sodome, etc...

9224 REGNARD (A.). — Génie et Folie, réfutation d'un paradoxe, par A. REGNARD.

Paris, O. Doin, 1899, in-8°, 166 p. (2 fr. 50).

[8° R. 17899

Les médecins mystiques. — L'Inconscient. — Le « Moi » des métaphysiciens. — Réformateurs et fanatiques religieux.— Le Dante. — L'Amulette, etc.

9225 REGNARD (Dr Paul).—Les Maladies épidémiques de l'esprit. Sorcellerie, Magnétisme, Morphinisme, Délire des Grandeurs.

Paris, Plon, 1887. in-8°, figures, (7 fr.).

[Td⁸⁹. 539

Avec 120 gravures la plupart hors texte, reproduisant des pièces anciennes, principalement sur le Sabbat et les Convulsionnaires, ou encore des Photographies : Cataleptiques, Hallucinés, Hystériques, etc.

(G-892 et 2042

9226 REGNAULT (Dr Félix). — Hypnotisme, religion, Préface de Camille Saint-Saens.

Paris, Schleicher frères, 1897, in-12 Nombreuses figures. (2 fr. 50).

[8° R. 14131

Sorcellerie. — Pratiques pour arriver à être sorcier. — Possession démoniaque. — Incubes.— Les hystériques fondateurs de religions. — Fakirs. — Thérapeutique hypnotique. — Médiums. — Les rêves curatifs. — Télépathie, etc.

9227 REGNAULT (Dr Félix). — L'Evolution de la Prostitution.

Paris, Ern. Flammarion (Biblioth. de Vulgarisation Anthropologique) [1906], in-18 de VII-354 pp., pl. (2 fr.).

[8° R. 20928

La Prostitution à travers les Peuples et à travers les Ages. — La Prostitution existe bien chez les Peuples Sauvages, mais elle est toujours due aux Européens. — Débauche religieuse. — Prostitution Sacrée et Civile. — Premières Maisons Publiques. — Prostitution Musulmane.— Almées. — Aux Indes, les Bayadères. — En Chine les bateaux de Fleurs. — Au Japon les Guéchas, le Yoshiwara. — Étude de la Prostitution actuelle dans les Pays civilisés. — Vie de la Prostituée. — Maisons de Passe, Maisons de Bains, Brasseries de Femmes. — Comment la Fille sort de la Prostitution. — Traite des Blanches. — Disparition des Maisons publiques ; leur remplacement par les Maisons de Rendez-vous et les Maisons Ouvertes. — Maladies Vénériennes et Réglementation.

9228 REGNAULT (Dr J.). — Les Envoûtements d'amour et l'Art de se faire aimer ; avec 23 figures magiques.

Paris, Chacornac, s.d. [1000], in-8° 37 pages, 23 figures magiques par Warech. (2 fr. 50).

Tout est mis au point dans cet ouvrage, honnêtement écrit ; on n'y trouvera donc pas les mille fadaises que l'on rencontre dans les livres dont le titre seul est affriolant.

9229 REGNAULT (Dr Jules). — Médecine et Pharmacie chez les Chinois et chez les Annamites par le Dr Jules REGNAULT.

[*Paris*]. *A. Challamel*. 1902. gr. in-8° de 233 p. fig. (0 fr.).

[T³. 177

Savant ouvrage unique en son genre, du célèbre auteur de la " *Sorcellerie* ".— Ayant fréquenté longuement les médecins et pharmaciens de ces pays, le Dr REGNAULT a obtenu d'eux les renseignements les plus exacts, les recettes les plus curieuses, la thérapeutique de ces peuples étant bien différente de la nôtre. — Notions générales de médecine chinoise. — Principe actif yang et principe passif yn. — Les Douze organes. — Les six viscères. — Correspondance des organes. — Signature des remèdes. — Massage. — Anesthésie. — Impuissance sexuelle. — Pollutions nocturnes. — Maladies vénériennes. — Accouchements. — Magie et Superstition médicales. — Index latin-français des médicaments. — Index pharmaceutique (texte chinois et définition des termes en français). — Les nombres. — Petit lexique français-chinois-annamite, à l'usage des médecins.

9230 REGNAULT (Dr J.). — La Sorcellerie. Ses Rapports avec les Sciences Biologiques par le Dr J. REGNAULT.

Paris, F. Alcan, 1897. gr. in-8°. (5 fr.).

Historique de la Sorcellerie dans les différentes Races du Globe. — Dans ses rapports avec les principales religions. — Conséquences de la croyance au Pouvoir des Sorciers. — Pratiques de la Sorcellerie. — Sorciers. — Maléficiés. — Etc...

C'est une véritable histoire de la sorcellerie, riche en documents de toute sorte et suivie d'une précieuse bibliographie.

Autre édit. :

Bordeaux, Imp. de P. Cassignol, 1899. in-8°.

[T²¹. 044

9231 REGNAULT (P.). — Le Rig-Veda Texte et traduction. — Neuvième mandala. — Le culte védique du Soma.

Paris, Maisonneuve, 1900. pet. in-4°. (15 fr.).

Le *Rig-Veda* et la religion indo-européenne. — Développement de la liturgie brahmanique du Soma. — Remarque sur l'interprétation de Bergaigne, etc.

9232 REGNAULT DE BÉCOURT de Metz. — La création du monde ou système d'organisation primitive, suivi de l'interprétation des principaux phénomènes et accidents qui se sont opérés dans la nature, etc.

Paris, Girel, 1819. in-8°. (3 fr. 50).

9233 [REGNAULT-WARIN (Jean-Baptiste-Joseph-Innocent-Philadelphe)], romancier et compilateur français, né à Bar-le-Duc en 1755, mort à Paris à l'hôpital de la Pitié en 1844. Il se fit aussi appeler SAINT-EDME. — Les Carbonari, ou le Livre de sang ; par M. W*-R* (J. B. J. I. Ph.) [Jean-Baptiste Joseph-Innocent-Philadelphe REGNAULT WARIN].

Paris, J. N. Barba, 1820. 2 vol. in-12 de IV-VIII-187, et IV-217 pp.

Les VIII pp. en-tête du 1ᵉʳ vol. contiennent une Notice sur les Carbonari ; c'est tout ce qu'il y a d'historique dans cet ouvr. le reste n'est qu'un roman.

(O-535.

9234 REGNERUS à CASTRO. — REGNERI à CASTRO, Medicina Spiritualis, deducta è Corporali.

Delphis (*Delfi*). 1701, in-8°.

(S-3327)

9235 REGNIER (Dr L. R.). — Hypnotisme et croyances anciennes par le Dr L. R. Régnier. Avec 46 figures et 4 planches.

Paris, Progrès Médical, Lecrosnier et Babé, 1801, in-8°, XXIII-291 p. et tab. 46 fig. et 4 planches. (8 fr.).

[Te¹³. 195

9236 REGULATEUR (Le) du Maçon. Hérédon, l'an de la G∴ L∴ 5801. (*Paris, Caillot et Brun*, 1801).

3 brochures in-4°. (15 fr.).

1ᵉʳ grade, ou grade d'apprenti, 51 pp. avec 1 pl.

Grade d'apprenti. 1ᵉʳ surveillant, 14 pp.

1ᵉʳ Grade ou grade d'apprenti. 2ᵐᵉ surveillant. 15 pp.

(O-298

9237 REGULATEUR des Chevaliers Maçons ou les quatre ordres supérieurs suivant le régime du G∴ O∴ (Elu écossais, chev∴ d'O∴ Rose † Croix).

Hérédom et Paris, s. d. (1801), in-4°. (12 fr.).

Rituel très rare à l'usage du président lequel prend les titres de *très sage* au grade d'Elu de *très grand* au grade d'Ecossais de *Souverain maitre* comme chevalier d'O∴ et de *très sage et parf∴ maitre* au chapitre.

Avec une double planche gravée représentant les quatre faces de la pierre cubique.

9238 [REIBEHAND (Christophe)]. — Heinrich von Batsdorff. — Le filet d'Arianne pour entrer avec seureté dans le Labirinthe de la philosophie Hermétique.

Paris, d'Houry, 1695, in-12. (7 fr.).

[R. 36030

373

Petit traité peu commun que Brunet attribue à G. Le Doux, dit de Claves, et la *Bibliothèque Nationale* à Christophe Reibehand.

(G-43

9239 [REIBEHAND (Christophe)]. — Filum Ariadnes, das ist : Neuer chymischer Discurs von den grausamen verführischen Irrwegen der Alchymisten, dadurch sie selbst und viel Leute neben ihnen verleitet werden, und dann, was doch endlich der rechte uhralte einige Weg zu dem allerhöchsten Secreto,.... durch Heinrich von Batsdorff, Hermundurum. Denen sind noch beygefüget LXXIX grosse und sonderbahre Wunder...

Leipzig und Gotha, Augustus Boetius, 1660, in-8° de 151 pp.

La 1-re édit. est de 1639 ; Lenglet-Dufresnoy qui donne le titre en latin, dit 1636.

Voy. *Beitrag z. Gesch. der Chemie*, 615, qui nous apprend que le vrai nom de l'auteur est Reibehand.

(O-1188-1189-1190

9240 REICHEL (Willy). — A travers le Monde : investigations dans le domaine de l'Occultisme.

Paris, Gittler, 1907, in-16 de 111 p. Portrait. (2 fr.).

[8° R. 21132

Curieuse relation d'expériences médiumniques occultistes auxquelles l'auteur a pris part dans ses nombreux voyages dans le monde entier.

REICHENBACH (Charles, Baron de), Naturaliste allemand, né à Stuttgard, en 1808, mort à Leipzig en 1869. — Il consacra la fin de sa vie à des études sur certaines radiations émises par les animaux, les végétaux les cristaux, les aimants et en général par toutes les substances dont les molécules présentent une orientation bien déterminée. — Il constata, en outre, que l'on trouvait ces radiations dans la lumière solaire, dans l'électricité et le magnétisme terrestre. —

C'est pour cela qu'il appela cette force nouvelle " Od ", d'un mot sanscrit signifiant *"qui pénètre tout"*.

9241 REICHENBACH (Baron de). — Les effluves odiques. — Conférences faites en 1866 par le baron de Reichenbach, à l'Académie I. et R. des Sciences de Vienne, précédées d'une notice historique sur les effets mécaniques de l'Od par Albert de Rochas.

Paris, Flammarion, s. d. [1897], in-8°. Figures dans le texte. (10 fr.).

[8° R. 14274

9242 REICHENBACH (Chev. de). — Lettres odiques-magnétiques traduites de l'allemand par L. A. Cahagnet.

Paris, chez M. Cahagnet, 1853, in-12. (3 fr.).

[R. 48603

Le savant Reichenbach, étudie longuement ici la nature et les manifestations de la Lumière astrale à laquelle il donne le nom de fluide odique et qui est émané par tous les êtres.

Réédité :

Paris, Vigot frères, 1897, in-18.

[8° R. 14342
(G-744

9243 REICHENBACH (Baron de). — Mémoire relatif à certaines radiations, perçues par les sensitifs, publié par le colonel de Rochas.

S. l. (1890), (1 fr. 25).

Extr.

9244 REICHENBACH (Baron Charles de). — Les Phénomènes odiques, ou recherches physiques et physiologiques sur les dynamides du Magnétisme, de l'Electricité, de la Chaleur, de la Lumière, de la Cristallisation et de l'affinité chimique, considérés dans leurs rapports avec la force vitale par le Baron Charles de Reichenbach. Traduction française par Ernest Lacoste, ingénieur.

Paris, Bibliothèque Chacornac, 1904 in-8° de XIV-564 p. Figures. (6 fr.).

Reichenbach étudie dans cet ouvrage toutes les manifestations de la lumière astrale auxquelles on a donné le nom de phénomènes odiques. — Une grande quantité d'expériences des plus curieuses faites avec des sensitifs y sont relatées et viennent apporter des preuves irréfutables à l'appui des théories occultistes.

9245 REICHENBACH (Charles de). — Physico-Physiological Researches on the Dynamics of Magnetism, Electricity, Heat, Light, Cristallization, and Chemism, in their relation to *Vital Force*. By Baron Charles von Reichenbach. The Complete Work, from the German Second edition, with the addition of a preface and critical Notes by John Ashburner, M. D.

London, Hippolyte Baillière, 1850, in-8° de XII-600 p. figures et pl. (4 fr.).

C'est une traduction anglaise de l'ouvrage capital du Baron de Reichenbach le premier savant moderne qui ait étudié la Polarité dans l'Homme et dans la Nature.

9246 REINACH (S.). — L'Inquisition et les Juifs. Conférence...

Paris, A. Durlacher, 1900, in-8° de 16 p. (1 fr. 50).

[8° H. Pièce 770

9247 REINACH (Salomon). — Orpheus, Histoire générale des Religions.

Paris, Alcide Picard, 1907, in-18 de XXI-625 p. imprimé sur papier anglais dit « *Bible Paper* ». (5 fr.).

Intéressant Manuel qui passe en revue toutes les Religions du Monde, et dont l'auteur est un des hommes les mieux qualifiés pour exposer le sujet.

9248 REINACH (Théodore). — Mithridate Eupator, Roi de Pont, par Théodore Reinach.

Paris, Firmin Didot, 1890, gr. in-8° de XVI-494 p. Illustré de 4 Héliog.

4 Zincog., et 3 Cartes. Publié à 10 fr. : (5 fr.).

[O²a 266

Ce grand MITHRIDATE, IV° de sa dynastie qui fut frappé de la foudre dans son berceau (p. 51) naquit à Sinope en 132 av. J. C. Il se cacha jusqu'à sa 20° année puis reprit le trône à sa mère qu'il emprisonna et épousa sa sœur LAODICE, suivant la coutume Perse. Elle tente plus tard de l'empoisonner et il l'envoie au supplice avec son complice. Ses Poisons, p. 283 : son antidote, p. 285.— Renversé par son fils PHARNACE, le vieux Roi se donne la mort, à l'âge de 69 ans (p. 410) ou plutôt se fait tuer volontairement par un archer, les Poisons n'ayant plus d'action sur lui.

9249 REINAUD. — Monuments arabes, persans et turcs, du cabinet de M. le duc de BLACAS et d'autres cabinets...

Paris, Imprimerie Royale, 1828, 2 vol. in-8°, XV-400 et 488 pages. Dix belles planches hors texte à la fin du Tome II. (25 fr.).

(*Nota Bene* en regard du titre) : Quelques exemplaires ont déjà été distribués sous le titre de 'Description des Monuments musulmans du cabinet de M. le Duc de Blacas. Le nouveau titre a paru devoir donner une idée plus juste de la nature de l'Ouvrage.

Ouvrage du plus grand intérêt pour les magistes. — L'auteur y enseigne l'art de connaître la vertu secrète des pierres précieuses, d'après les Arabes, et la manière de les graver. — Les bons et les mauvais anges d'après les Musulmans et les rabbins. — Les Génies, les Dives, les Péris. — Salomon et la magie. — Son bouclier et son anneau merveilleux, ses clavicules, comment elles se sont conservées. — Enoch et Elie, leur retour. — La croyance des Arabes que Jésus et Marie ont été exempts du péché originel. — Les amulettes et les talismans. — Les Coupes magiques, leur description, leur usage pour deviner l'avenir. — Des planètes et de leurs influences. — Nombreuses citations de livres magiques inédits, avec dix grandes planches pliées, représentants 75 talismans de toute beauté.

9250 [REINHOLD (Carl Leonhard)], professeur à Kiel. — Die Hebräischen Mysterien oder älteste religiöse Freymaurerey : in zwey Vorlesungen gehalten in der ☐ zu*** (Loge zu Wien) ; von Br. Decius (Carl Leonh. REINHOLD, Professo in Kiel).

Leipzig, Georges, Joachim Gösch, 1788, in-8° de 102 pp.

(O-183

9251 RELANDUS (Hadrianus) ou RELAND, savant orientaliste hollandais, né à Ryp en 1676, mort à Utrecht en 1718. Il professa à Hardwyck puis à Utrecht. — Antiquitates sacrae veterum Hebraeorum breviter delineatae ab Hadriano RELANDO.

Trajecti ad Rhenum, 1741, in-4°, 2 fr. 50).

(G-893

9252 RELANDUS (Adr.). — Adr. RELANDUS, de Nummis veterum Hebræorum.

Trajecti ad Rhenum (Utrecht). 1700. in-12.

(S-0025

9253 RELATION de la fête solennelle célébrée le 7 avril 1878 par la R∴ L∴ le mont Sinaï pour fêter le 100° anniversaire de l'initiation maçonnique de VOLTAIRE.

Paris, 1878, in-8°, 32 pages. (3 f.)

Portrait de VOLTAIRE.

9254 RELATION de la maladie et de la guérison de Mlle DES ROUSSES.

S. l., 1810.

Cet ouvrage m'est inconnu.

(D. p. 93

9255 RELATION Historique et Apologétique de la Société des Francs Maçons.

Dublin, 1738, in-12 (?).

(S-5399

9256 RELIQUIEN aus dem goldnen Zeitalter der Deutschen Freymaurerey also weder Sarsena, noch Mac Ben Nac. wohl aber kein unwichtiger Beytrag zur Würdigung der Wahren

Tendenz und zur Bestimung des eigentlichen Characters der echten Maurerey.

Leipzig, Wilhelm Lauffer, 1818, in-8° de VI-140 pp.

(O-452

9257 [REMI (l'abbé Joseph-Honoré)], écrivain français né à Remiremont en 1738, mort à Paris en 1782; Franc-Maçon et Encyclopédiste. — Sa bienfaisance était notoire et son grand savoir modeste. Son ouvrage « Les Jours » rempli d'ésotérisme, est un véritable bréviaire philosophique.
— Les Jours pour servir de correctif et de supplément aux Nuits d'Young par Un Mousquetaire.

Amsterdam, 1770, in-12. (2 fr.50)

9258 REMO (Félix). — La Vie galante en Angleterre, par Félix Remo.

Paris, Lib. française et internationale, s. d. [1888], in-18, 208 p. Couv. ill. en coul. (4 fr.).

|Nk. 240

Mœurs galantes. — Autour du Trône. — Enlèvements et Mariages clandestins. — La Beauté Anglaise. — Le Mari aux Indes. — Les Soutanes Galantes — Trafics Réprouvés. — L'Irlande amoureuse. La Pudique Ecosse. — Etc.

Collection inépuisable de « potins » de la Cour d'Angleterre.

RÉMOND (Florimond de). — Voir : RAYMOND.

9259 RÉMOND (L.). — Douze cent mille ans d'Humanité et l'âge de la Terre par l'explication de l'évolution périodique des climats, des glaciers et des cours d'eau ; Deuxième édition augmentée d'un Supplément contenant la discussion occasionnée par cet ouvrage et l'explication raisonnée d'une énigme astronomique aussi importante que curieuse posée à Hérodote par les astronomes égyptiens.
— Deuxième et dernier supplément à « Douze cent mille ans d'Humanité » contenant la suite de la controverse...

Paris, Lucien Bodin, 1903-04, 2 vol.in-12 de 114 et 118 p. (3 fr.).

[8° S. 11572

Edition originale :

Impr. de Monaco, 1902, in-16 de 104 p.

[8° S. 1333

Ouvrage fort curieux qui fit sensation dans le monde savant officiel. — La première édition de ce livre fut épuisée rapidement, elle fut faite aux frais du prince de Monaco. — Cette explication est fondée sur la variation continue de l'inclinaison de l'axe terrestre, mouvement observé depuis plus de 3.000 ans.

9260 REMONTRANCES au Parlement. *Au Paraguay*, 1760, in-8°. (2 fr.).

Brochure dirigée contre les Jésuites ornée d'une vignette et de 3 figures satiriques.

(G-1205

9261 REMORA (Loys de). — Les doctrines et les pratiques du Spiritisme.

Paris, s. d., in-10. (1 fr. 50).

Doctrine d'A. Kardec. — Doctrine des anciens nécromants. — Manuel opératoire des séances de Spiritisme. — Théories idéalistes et matérialistes des faits spirites, etc.

9262 REMORA (Loys de). — Les phénomènes du spiritisme.

Paris, Ginyol, s. d., in-12. (0 fr. 50).

Bonne étude sur la question.

9263 RÉMUSAT (François Marie Charles de), philosophe et homme d'état, né et mort à Paris (1797-1875). Académicien. — Bacon, sa Vie ; son Temps, sa Philosophie, et son Influence jusqu'à nos jours.

Paris, Didier et Cie, 1858, fort in-12. (5 fr.).

[Nx. 165 A.

Première édition :

Paris, Didier et Cie, 1857, in-12.

[Nx. 165

Bacon fut un des plus grands promoteurs de l'Esprit moderne. Il a puissamment contribué à lui donner sa direction, à lui inspirer confiance dans sa puissance et dans ses destinées. On sait, aujourd'hui, qu'il fut aussi l'un des principaux Hiérophantes de la Franc Maçonnerie. Ce détail donne la Clef de certains points obscurs de son œuvre basée sur le Rationalisme expérimental et de son attitude indécise dans les Questions Religieuses qui agitèrent son Epoque. [Dujols].

9264 REMY (M.). Membre du Jury au Concours International de Prestidigitation du 5 Juin 1909. — Spirites et Illusionnistes de France… Avec huit Planches hors texte.

Paris, A. Leclerc, 1911, in-12 de 257 pp., planches.

L'auteur est un incrédule convaincu, ou à peu près : il donne une si simple explication de la manière de produire l'« arbre aux dix mille images » qu'on est tenté de lui demander d'en produire un lui-même avec une petite imprimerie portative !

Pratiques magiques et spirites en Chaldée, Egypte, etc. — Classement des Phénomènes Spirites. — Théories et Appréciations. — Fakirs, Brahmanes et Yogis. — *La marche des Brahmanes à travers le feu* (Petit Journal du 20 Mai 1908). — Faux Yogis. Vrais Fakirs. — Singuliers Phénomènes Naturels. — Expériences de Victor Hugo à Jersey. — Etc.

9265 RÉMY (Nicolas) ou RÉMI : en latin REMIGIUS, Célèbre Juge et Démonologue, né en Lorraine en 1554 ; il fit, dit-on brûler plus de 800 personnes ; finalement, d'après ERDAN [voir: JACOB]. *France Mystique*, I-5 il se dénonça lui-même et fut également brûlé à Nancy, en 1600. La biographie HŒFER renvoie à BEXON. « *Hommes illustres de Lorraine* » (à la suite de son « *Histoire* » de cette province) et à MICHEL. « *Biographie Lorraine* ». — Nicolaii REMIGII sereniss. dvcis Lotharingiæ à consiliis interioribus, et in eivs ditione Lotharingicâ cognitoris publici, Dæmonolatreiæ Libri Tres, Ex Ivdicijs capitalibus nongentorum plus minus hominum, qui sortilegij crimen intra annos quindecim in Lotharingiâ capite luerunt.

Lugduni in officinâ Vincentii, M. D. X. C. V. (1595), in-4º de 12 fºˢ prélim. comp. le titre, et 934 pp. (Ed. originale), (Nº 163, vente Bourneville, 10 fr.). (20 fr.).

[R. 8877

Réimp. :

Coloniæ Aggripinæ, apud Henricum Falkenburg. Anno 1595, pet. in-8º.

[R. 48642

Francofurti, in officinâ Palthenii, 1596, pet. in-12.

(St-Y-1490
(S-3225 b

9266 RENAN (Joseph Ernest) philosophe et philologue français né à Tréguier (Côtes du Nord) en 1823, mort à Paris vers 1895. — Ernest RENAN. L'Abbesse de Jouarre.

Paris, C. Lévy, 1886, in-8º; (3 fr.).

[8º Yf. 257

Drame philosophique.

9267 RENAN (Ernest). — L'Antechrist.

Paris, M. Lévy, 1873, in-8º, (6 f.)

Edition originale.

9268 RENAN (Ernest). — Les Apôtres.

Paris, Lévy. 1866, in-8º (10 fr.).

Edition originale.

Autre édition :

Paris, 1903, in-8º.

9269 RENAN (Ernest). — Averroés et l'Averroïsme, essai historique.

Paris, Durand. 1842, in-8º, (5 fr.)

Edition originale.

Autre édition :

Paris, Lévy, 1861, in-8º.

9270 RENAN (Ernest). — Caliban.
Paris, Lévy, 1878, in-8º (2 fr.).

Drame philosophique.

9271 RENAN (Ernest). — Le Cantique des Cantiques, traduit de l'hébreu avec une étude sur le plan, l'âge et le caractère du poème.
Paris. 1860. in-8º. (4 fr. 50).

Edition originale.

9272 RENAN (Ernest). — Le Cantique des Cantiques, traduit de l'hébreu avec une étude sur le plan, l'âge et le caractère du poème.
Paris. M. Lévy, 1861, in-8º. (4 fr. 50).

Autre édition :
Paris. 1884. in-8º.

9273 RENAN (Ernest). — Dialogue des morts.
Paris, C. Lévy. 1886. in-8º de 12 p. (6 fr.).
[8º Yf Pièce 62
Edition originale.

9274 RENAN (Ernest). — L'eau de Jouvence.
Paris. Lévy. 1881, in-8º, (2 fr.).

Drame philosophique.

9275 RENAN (Ernest). — L'Ecclésiaste. Traduit de l'hébreu avec une étude sur l'âge et le caractère du livre.
Paris, C. Lévy. 1890, in-8º. (4 fr.)
[A. 14946

9276 RENAN (Ernest). — L'Eglise chrétienne. — Origine du christianisme.
Paris, C, Lévy. 1879, in-8º. (6 fr.)

Edition originale.

9277 RENAN (Ernest). — Etudes d'histoire religieuse.
Paris, 1857. in-8º, (3 fr. 50).

9278 RENAN (Ernest). — Les Evangiles et la seconde génération chrétienne.
Paris, C. Lévy, 1877, in-8º. (6 fr.).

9279 RENAN (Ernest). — Jésus.
Paris, M. Lévy frères. 1864. in-16, (2 fr.).
[H. 17833
De la 1re à la 15e édit.
[H. 17833-17845
Toutes ces édit. sont de :
Paris. Michel Lévy, 1864, in-16.

9280 RENAN (Ernest). — Vie de Jésus.
Paris. Lévy, 1870, in-4", 60 gravures sur bois, hors texte de Godefroy Durand. (4 fr.).
[H. 5702
Autres éditions :
Paris, 1863. in-8".
[H. 17855
Paris. 1867. fort in-8".
[H. 17859
Paris. Lévy. 1882. in-8".
Etc.

9281 RENAN (Ernest). — Le livre de Job. Traduit de l'Hébreu. Etude sur l'âge et le caractère du poème.
Paris, M. Lévy, 1859, in-8", (5 fr. 50).

Première édition.

9282 RENAN (Ernest). — Melitonis episcopi sardium, apologiæ ad Marcum Aurelium imp. fragmentum e syriaco vertit Ernest RENAN.
Paris, 1855, gr. in-8º.

Texte syriaque et traduction latine.

9283 RENAN (Ernest). — De l'origine du Langage.
Paris, M. Lévy, 1875, in-8º (5 fr).

9284 RENAN (Ernest). — De la part des peuples sémitiques dans l'histoire de la civilisation.

Paris, 1862, in-8°.

8285 RENAN (Ernest). — Philon d'Alexandrie et son œuvre.

Paris, 1894, in-8°.

Extrait.

Le Logos. — La vie contemplative. — Mysticisme et Kabbale. — Etc...

9286 [RENAN (Ernest)]. — Catalogue de la Bibliothèque de M. Ernest Renan.

Paris, Calmann Lévy, 1895, in-8° de 495 p. (2 fr. 50).

[8° Q. 2177

Ce catalogue de 5516 n°° est des plus intéressants en lui-même, et de plus, comme la Bibliothèque qu'il décrit a été achetée par l'État, tout ce qu'il indique se trouve à la *Bibliothèque Nationale*.

9287 RENARD. — Eloge de l'Enfer, ouvrage critique, historique et moral.

La Haye, Pierre Gosse junior, 1759 2 vol. in-12, frontispice, 2 fleurons, 3 vignettes 4 culs-de-lampe et 15 curieuses figures (6 fr.).

9288 RENAUD (André). — Critique sincère de plusieurs écrits sur la Baguette Divinatoire contenant la décision de ce qu'il en faut croire avec la règle pour justifier et pour condamner de magie mille effets qui nous surprennent, par André Renaud.

Lyon, Langlois, 1693, in-12. (5 fr.).

Ouvrage de toute rareté, et fort curieux, sur la baguette divinatoire.

(S-3178 b

9289 RENAUD (Hippolyte). — Destinées de l'homme dans les deux mondes.

Paris, 1862, (4 fr.).

Excellent livre dans lequel l'auteur démontre que l'origine du mal vient uniquement de l'homme et où il étudie longuement les transformation du corps astral ou âme, après la mort, les réincarnations, la vie des mondes et l'évolution planétaire, le tout basé sur la loi de l'analogie et parfaitement d'accord avec les théories occultistes.

9290 RENAUD (Hippolyte). — Solidarité. — Vue synthétique sur la doctrine de Ch. Fourier, par H. Renaud.

Paris, Noirot, 1866, in-12 (3 fr.).

Ce livre est un résumé rapide et général de la conception de Fourier.

9291 RENAUD (Paul). — Christianisme et Paganisme, identité de leurs origines, ou Nouvelle Symbolique.

Paris et Bruxelles, 1861, in-8° de 430 p. (6 fr.).

Ouvrage extrêmement intéressant, contenant une masse de documents de tout premier ordre sur les religions anciennes et la Mythologie comparée. — L'auteur reprend l'œuvre de Dupuis qu'il complète et rectifie quant à l'interprétation. — Loi du développement religieux de l'humanité. — Origine des sacrifices humains. — Le Zoomorphisme ou culte des génies animaux. — Le Zoosabéisme. — Origine et signification des zodiaques. — Idée primitive des incarnations divines. — Naissance de l'Astrologie. — Magie. — Origine de l'Idolatrie, des Talismans, des Processions. — Nature de la conception théogonique des mythes. — Différence entre le mythe et la légende. — Mythes tauroboliques et ophiolatriques. — Culte du bœuf et du serpent. — Epreuves initiatiques. — Symbolisme des nombres sacrés. — Symbolisme des couleurs. — Origine des augures, des oracles. — Les Prophètes, Sibylles, magiciens, sorciers. — Clef générale des mythes. — Cultes de Mithras, de Sérapis. — Dionysius. — Sigurd. — Jason. — Orphée. — Hercule, etc...

9292 RENAUT (l'abbé Charles), Docteur en droit Canonique et Licencié en Théologie. — L'Israélite Edouard Drumont et les Sociétés secrètes actuellement, par M. l'abbé Charles Renaut...

Paris, chez l'Auteur, rue du Mont Cenis, 9, s. d.: [1896], in-12 de 654 p.

[I.n²⁷. 44416

Ce livre est rare, parce que toute l'édition a été retirée du commerce et mise au pilon par l'auteur lui-même, à la suite d'un blâme qu'il encourut de la part de son évêque.

C'est une violente attaque de DRUMONT, nourrie de documents généralement peu connus, dévoilant un côté ignoré de sa personnalité.

Pourquoi cette étude. — Le modèle : CARLYLE. — La Copie : E. DRUMONT. — L'Anti-Juif. — L'Anti-Papiste. — L'Anti-Français. — L'Israélite. — Le Franc-Maçon. — Le Rose ✝ Croix. — L'Anarchiste. — Le Précurseur du Christ. — L'avenir.

9293 RENDEZ à César ce qui appartient à César. Introduction à une nouvelle histoire philosophique des papes.

S. l., 1783, in-8°.

[H. 17886

Violent pamphlet contre la papauté, orné de deux très belles gravures. En plus d'un frontispice, ce curieux ouvrage est orné d'une gravure représentant l'aigle impérial, arrachant la triple couronne du front du souverain pontife, etc...

Cette image symbolique, répandue dans le public qq. années avant la révolution, semble bien annoncer l' « aquila rapax » de la vaticination de Saint MALACHIE, qui s'est trouvée personnifiée dans l'aigle impériale de NAPOLÉON 1-er. — On sait d'autre part, que la fin du règne de Napoléon III a coïncidé avec la chute du pouvoir temporel des Papes. [DUJOLS]

(G-202

9294 RENGADE (Dr J.). — La création naturelle et les êtres vivants. — Histoire générale du monde terrestre. — Géologie. — Botanique. — L'évolution, les harmonies naturelles, les êtres vivants. — Protiste, végétaux.

Paris, 1883, in-4°, nombreuses gravures en noir et en couleurs. (6 fr.).

[4° S. 500

9295 RENGADE (Dr J.). — Les grands maux et les grands remèdes, traité complet des maladies qui frappent le genre humain, avec l'exposition détaillée de leurs causes, de leurs symptômes; des troubles et des lésions qu'elles produisent dans l'organisme, et des moyens les plus rationnels de les prévenir et de les combattre.

Paris, Librairie illustrée, 1870, 1 fort vol. in-4°. (8 fr.).

[Te¹⁷ 245

Illustré d'une quantité de figures noires et coloriées. — Maladies constitutionnelles, infectieuses, de l'appareil respiratoire de l'appareil digestif, des appareils de sécrétion, de l'appareil circulatoire, l'appareil innervateur et des organes des sens, de l'appareil locomoteur. — Maladies accidentelles, manuel du malade. — etc.

9296 RENGADE (Dr J.). — La vie normale et la santé. — Traité complet de la structure du corps humain, (l'enfance, la croissance, l'homme et la femme, les passions, etc...).

Paris, librairie illustrée, 1881, in-4°, nombreuses gravures en noir et en couleur. (6 fr. 50).

[Ta⁹ 392

9297 RENNEVILLE (Mme de). — Coutumes Gauloises, ou origines curieuses et peu connues de la plupart de nos usages.

Paris, s. d., in-12, (3 fr. 50).

Parmi les jolies figures qui illustrent ce volume, celle de la Cérémonie du Gui est particulièrement remarquable et comporte, à elle seule, tout un ésotérisme profond.

9298 RENOOZ (Mme Céline). — La Force.

Paris, Société d'éditions scientifiques 1895, in-8°, (2 fr. 50).

9299 RENOOZ (Céline). — La nouvelle science. — La Force.

Paris, 1901, in-8°. (7 fr.).

Autre édit :

Paris, administration de la « Nouvelle Science », 1800, 5 vol. in-8°.

[8° R. 9508

« On s'est beaucoup occupé depuis qq. années, dit l'auteur, de la Force et de la Matière ; on a érigé sur ces deux mots, des systèmes philosophiques pleins de promesses. — Cependant, on est resté sur le terrain des hypothèses : on a entrevu des causes probables, on n'a rien affirmé. — La philosophie nouvelle n'a apporté que des négations, ce qui a fait douter de sa valeur. — Pour fonder une doctrine nouvelle, sur une méthode scientifique solide, il faut commencer par définir la Force et la Matière ; il faut savoir comment l'une sort de l'autre, quel est le mécanisme de ce changement d'état, quelles sont les causes qu'il fait naître, les effets qui en résultent. — C'est cette grande histoire de la force dans l'Univers que nous entreprenons de faire ». Ce traité contient une théorie complète de la radiation, ses actions diverses, son dynamisme. — Les alchimistes y trouveront une histoire du carbone très curieuse. « Vouloir faire du diamant avec du carbone, dit C. Renooz, c'est vouloir faire du bois avec de la fumée, parce que, en brûlant, le bois donne de la fumée. » L'Electricité, son essence, sa substance, son influence ; la Lumière, sa couleur spécifique, son action chimique, etc...

Le Tome II contient : Histoire de l'oxygène cosmique. — Origine scientifique de la théogonie primitive. — Le principe du bien et le principe du mal. — Les Dieux secondaires. — Origine scientifique du Dogme de la Trinité. — Origine scientifique de la théodicée primitive. — L'idée de Dieu dans les religions. — Les preuves de l'existence de Dieu. — Conceptions primitives de l'origine de la vie. — Inde, Egypte, Chaldée, Grèce, Océanie, Scandinavie, etc... [Dujols]

9300 RENOOZ (Céline). — L'origine des animaux. Histoire du développement primitif.

Paris, 1901, fort in-8° d'environ 600 p. (10 fr.).

L'étude de la botanique renferme les plus grands mystères, dit l'auteur, elle est la clef des arcanes de notre origine, le livre de la vie. — Toute une révélation nouvelle, révélation transcendante, palpite dans ces pages hardies, grosses de découvertes sensationnelles et présagent une grande révolution dans les Sciences.

Edition originale :

Paris, 1883, in-8°.

[8° S. 5060

9301 RENOOZ (Céline). — Psychologie comparée de l'Homme et de la Femme.

Paris, Passy, l'Auteur, 1898, fort vol. gr. in-8° de 270 p. (8 fr.).

[4° R. 1417

« En écrivant l'histoire de l' « Evolution psychique » nous n'avons voulu faire que l'histoire du développement normal des facultés humaines... Les troubles pathologiques ne peuvent être compris, si le fonctionnement régulier des organes n'est pas connu. — Pourquoi alors s'occuper si ardemment des déraillements psychiques, quand on ne peut rien expliquer ni comprendre si l'on ne connaît d'abord les phénomènes naturels, réguliers, constants? En expliquant par la science les mystères de la vie psychique, nous arrivons d'abord à supprimer l'ancienne métaphysique remplacée par les bases retrouvées de la loi normale. — Et nous estimons que c'est là la plus belle conquête de la science retrouvée, de la Néosophie. — La morale doit être le véritable but de la Science ». « Oui, dit encore ailleurs C. Renooz, les convulsions sociales prédites par l'Apocalypse vont devenir une réalité. — Cela ne viendra ni de la politique des vieux gouvernements, ni de la dynamite des anarchistes, ni de la science des Darwinistes, mais d'une force plus puissante que toute celles là : de la parole de Vérité qui secoue et ranime les Esprits, de la parole de la Femme qui fait vibrer la conscience des hommes. — C'est d'elle que vient la Vraie Science, qui va donner au monde une foi nouvelle. »

9302 RENOOZ (Céline). — La religion naturelle restituée.

Paris, s. d., in-8° (0 fr. 50).

Les Religions s'en vont, c'est-à-dire les formes religieuses périssables disparaissent, mais la religion antique est immuable. — L'auteur restitue ici le dogme de la religion naturelle par la Nouvelle Science qui redonne, sous la forme moderne, les grands principes voilés dans tous les exotérismes.— La Fin des Temps est arrivée. — La Religion de l'Ante-Christ; son dogme, sa morale. — La Femme-Esprit. — Les Vierges folles. — La Foi.

9303 RENOOZ (Céline). — La Science et l'Empirisme.

Paris, Nouvelle Encyclopédie, 1898 in-8° pièce (0 fr. 50).

[8° R. Pièce 7918

Etude consacrée à la Mathèse. « J'entends par *Mathèse*, dit l'auteur, une méthode applicable à toutes les Sciences, mais qui n'est spéciale à aucune d'elles ».

9304 RENOUARD (P.). — Saint-Pierre Fourier et Charles Fourier. — Contribution à l'étude des origines de la mutualité.

Paris, 1904. in-8°, (1 fr. 50).

[8° F. 16042

Thèse pour le Doctorat.

9305 RENOUARD de BUSSIÈRES (Marie Théodore de).— Les Anabaptistes. Histoire du Luthérianisme, de l'Anabaptisme, et du règne de Jean Bockelsohn à Munster.

Paris, Collin de Plancy, 1853, in-8° planches.

[M. 24624

Les Planches sont curieuses, notamment celle du « *Supplice de Jean de Leyde et de ses compagnons* ».

9306 RENOULT (le père Jean Baptiste) cordelier devenu protestant, né vers 1604. Il fut pasteur en Irlande. — Les Avantures (sic) de la Madona et de François d'Assise. Recueillies de plusieurs ouvrages des docteurs romains ; écrites d'un stile (sic) récréatif, en mêmetems capable de faire voir le Ridicule du Papisme sans aucune controverse.

Amsterdam, 1745, in-12. 10 gravures, (18 fr.).

Livre dirigé contre le Catholicisme et condamné au feu. Il contient des passages très libres et peu évangéliques. Une des gravures représente la « *divine amante recevant S. Dominique dans son sein virginal, le baisant tendrement et amoureusement et se découvrant ensuite le sein etc.* ».

Autres éditions :

Amsterdam, D. de la Feuille, 1701 in-12.

[H. 11807

Amsterdam, 1750, pet. in-8°.

[H. 10704
(G-2043

9307 RENOULT (J. B.). — Les Aventures galantes de la Madone avec ses dévots, suivies de celles de François d'Assise.

Paris, Vve Pairault, 1882. in-12. (3 fr.).

[D². 14613

Bonne réimpression de ce roman impie, rempli de choses indécentes.

Autre édition :

Paris, 1862. in-12 (?).

9308 RENOULT (J. B.). — Taxe de la chancellerie romaine, ou la banque du pape, dans laquelle l'absolution des crimes les plus énormes se donne pour de l'argent. — Ouvrage qui fait voir l'ambition et l'avarice des papes ; traduit de l'ancienne édition latine et nouvelle édition revue, corrigée et augmentée de plusieurs pièces qui ont rapport à la même matière.

Rome, 1644, in-12, orné d'un curieux frontispice et d'une gravure, (10 fr.).

Autre édition :

Londres, 1701, in-12.

[D² 4345

Ces célèbres Taxes sont, dit-on dues au Pape Sixte IV, q. v. ou à Jean XXII, bien que n'ayant été publiées que sous le pontificat de Léon X. Elles ont fait le sujet d'innombrables éditions, parmi lesquelles celle donnée par Collin de Plancy sous le pseudonyme de Julien de Saint Acheul:

Paris, 1820, in-8°.
[D² 7304

Paris, 1833. 3° édit. in-16.
[D² 7305

9309 RENOUVIER (Charles Bernard), philosophe français, né en 1815. Élève de l'Ecole Polytechnique. — Manuel de philosophie ancienne.

Paris, Paulin, 1844. 2 vol. in-12. (12 fr.).

9310 RENOUVIER et PRAT. — La nouvelle Monadologie.

Paris, A. Colin, 1899, in-8°. (7 fr.).
[8° R. 15870

9311 RENOUVIER (Ch.). — Philosophie analytique de l'histoire : Les Idées. — Les Religions. — Les Systèmes.

Paris. E. Leroux, 1896-97. 4 forts vol. gr. in-8°. (25 fr.).
[4° R. 1293

Ouvrage capital du célèbre philosophe.

9312 RENOUVIER (Ch.). — Uchronie. L'Utopie dans l'Histoire. — Esquisse historique apocryphe du développement de la civilisation européenne, tel qu'il n'a pas été, tel qu'il aurait pû être.

Paris, Bureau de la Critique philosophique, 1876, in-8°, (12 fr.).

9313 RÉNOVATION MORALE (La). — Revue Mensuelle. Directeur Adolphe Morel.

Fontainebleau, 18 bis, rue de la Paroisse, depuis 1908, in-8°.
[8° R. 23394

Intéressante revue du mouvement Néointellectuel contemporain.

9314 RENUCCI (J. E.). — Conciliation Scientifique du Matérialisme et du Spiritualisme, du Théisme et de l'Athéisme, par la révélation médianimique de l'extatique Michel de Figanières avec préface de René Caillié.

Paris, Comptoir d'éditions, 1894, in-8° carré de 48 p. pièce (1 fr.).
[8° R. Pièce 5951

9315 RENUCCI. — Projet d'une Constitution politique-sociale-humanitaire.

Paris, 1802, in-12. (Tableaux pliés) (2 fr.).

Œuvre spiritualiste de premier ordre. Le Spiritisme. — L'œuvre d'Allan Kardec. — L'œuvre de Michel de Figanières. — Du mystère de la Sainte-Trinité. — De la chûte de l'homme et du péché originel. — Destinée de l'âme après la mort. — Fins dernières de l'homme. — De l'âme collective des animaux et du rôle de ceux-ci dans la vie omniverselle, etc...

9316 RÉPONSE au libelle diffamatoire de M. J. Duchesne Ainé, ayant pour titre : Histoire de la condamnation d'un Templier en 1832, précédée de la réponse à un écrit intitulé : Ad majorem Dei gloriam, rapport ministériel du Grand Maitre.

Paris, Guyot, 1833. in-8° de 56 pp. (1 fr. 50).

Relatif aux Néo Templiers de Fabre Palaprat.

9317 REQUÊTE burlesque et arrêt de la cour du Parlement, concernant la suppression du magnétisme animal.

S. l., 1785. in-8°, 21 pages (2 fr.).

Rare.

Parodie de la requête présentée par Mesmer. Celle-ci ne manque pas d'esprit: « Mesmer aurait commis plusieurs voies de fait tendant à la démolition de l'Univers par la soustraction et mutation de plusieurs fluides très connus et se serait ingéré à l'aide de plusieurs quidams ses complices, de ramasser les parties globuleuses ou cannelées de la matière de Descartes, desquelles il aurait formé un *fluide universel* etc... » L'arrêt du Parlement « condamne la doctrine du Magnétisme à rentrer dans le néant dont elle était malicieusement sortie ». Décide qu'à l'avenir « aucuns êtres vivants ou animés n'auront aucune influence les uns sur les autres, etc... que la commotion électrique sera regardée comme l'effet de la peur dans celui qui la reçoit le premier, et de l'imitation dans tous ceux qui y participent, etc... conserve aux médecins le privilège qu'ils ont toujours eu de n'être jamais d'accord dans leurs consultations, attendu que leur but est toujours le même... ».

(D. p. 05)

9318 REQUIER (Jean Baptiste) Oratorien et écrivain français né à Pignans (Provence), en 1715, mort en 1799. — Hiéroglyphes dits d'Horapolle. Ouvrage traduit du Grec par M. Jean Baptiste REQUIER.

Paris, Musier, 1779, in-12. (5 fr.)
[Z. 17361]

La collection de ces *Hiéroglyphes* est attribuée à PHILIPPE, qui, lui-même dit les avoir traduits de la Langue Egyptienne. Il vivait dans le XVe Siècle. A la fin de l'Ouvrage se trouve la Traduction d'un petit nombre d'Hiéroglyphes.

L'édition princeps de ces hiéroglyphes est d'ALDE, dans sa « *Collection des Fabulistes Grecs.* »

Venise, 1505, in-f°.

9319 RÉSIE (Comte de). — Histoire ou traité des Sciences Occultes ou examen des croyances populaires sur les êtres surnaturels, la magie, la sorcellerie, la divination, etc... depuis le commencement du monde jusqu'à nos jours par le Comte de RÉSIE.

Paris, Louis Vivès, 1857. 2 forts vol. in-8° de XXIV-642 et 693 p. (10 fr.).

[R. 48917-918]

Fictions en général et origine des croyances populaires. — Démons. — Esprits servants ou Génies domestiques. — Nains et gardiens des trésors cachés. — Fées, elfes, esprits légers et bienfaisants. — Héros légendaires, tels ARTHUR, CHARLEMAGNE, Frédéric BARBEROUSSE. — Géants et êtres monstrueux. — Chasses aériennes et croyances qui s'y rattachent. — Magie, astrologie, talismans. — Divinations anciennes et modernes, tables tournantes, épreuves de l'eau et du feu. — Chiromancie et cartomancie. — Baguette divinatoire. — Magnétisme animal que l'auteur appelle la plus grande mystification du XVIII-e et du XIX-e siècles. — Magie mesmérienne ou somnambulique. — Songes, extase, seconde vue. — Prédictions qui ont annoncé la Révolution française. — Sorcellerie, charmes, mauvais œil, fascination, prestiges, lycanthropie. — Croyances de tous les peuples sur l'état des âmes après la mort. — Apparitions, revenants, vampires. — Croyance populaire du juif errant, etc...

9320 RÉSIE (Comte de). — Lettre à M. l'abbé CROIZET sur le magnétisme et la danse des tables par le Comte de RÉSIE.

S. l., 1853.

Un certain nombre d'ouvrages sur les tables tournantes se sont occupés quelque peu de magnétisme.

(D. p. 130)

9321 RÉSIMONT (Charles de) docteur en médecine. — Le magnétisme animal considéré comme moyen thérapeutique ; son application au traitement remarquable de 2 cas de névropathie par Charles de RÉSIMONT, docteur en médecine.

Paris Londres, G. et H. Baillière, 1843, in-8°. 318 pages. (4 fr.).

Ce livre intéressant contient tous les détails des deux maladies indiquées ; il rappelle les deux observations de PETETIN, de DESPINE Père, etc.

(D. p. 128)

9322 RESPOUR (P. M. de) philosophe hermétique. — P. M. von RESPUR (*sic*) besondere Versuche vom Mineral Geist zur Auflösung und Verwandlung derer Mettallen, auch von der Bewegung der Welt und ihrer Theile ; aus dem Frantzösischen, mit Anmerckungen herausgegeben von Johann Friedrich HENKEL.

Dresden und Leipzig Friedr. Henkel, 1743, in-8° de XXII-XXII-450 XVI pp. avec 1 pl. gr.

LENGLET-DUFRESNOY (I, 274) en annonçant l'édition originale, *Paris*, 1668, in-12 dit : « Livre rare et curieux, il regarde surtout les opérations par le zinck. » RESPOUR n'a d'article biographique nulle part ; GOBET (*Anciens Minéralogistes*) qui cite tant d'écrivains français métallurgistes, n'en parle pas.

Les commentaires de HENKEL dépassent le texte en étendue.

(O-1085

9323 RESPOUR (de). — Rares expériences sur l'esprit minéral pour la préparation et transmutation des corps métalliques, etc. par de RESPOUR Nouvelle édition corrigée par Ch. Fr. KELLER.

Leipzig, 1777, pet. in-8° (10 fr.).

Ouvrage très rare et l'un des plus curieux traitant de la pierre philosophale.

(G-806

9324 RESTAUT (Pierre), grammairien, avocat au Parlement et aux Conseils du roi, né à Beauvais en 1696, mort à Paris en 1764. Janséniste convaincu il a donné une traduction française de la Satire d'Inchoffer contre les Jésuites :

9325 [RESTAUT (Pierre)]. — La monarchie des solipses, traduite de l'original latin de Melchior INCHOFER, jésuite, avec des remarques.

Amsterdam, 1721, in-12. (3 fr. 50).

Voir aussi : à SCOTTI.

RÉSUMÉ de l'Histoire des Traditions morales et religieuses... par :

SENANCOUR (Etienne Pierre PIVERT de).

9326 [RESTIF [dit] de la BRETONNE] (Nicolas Edme) écrivain fort original et licencieux ; romancier et philosophe né à Sacy près Vermenton (Yonne) en 1734 mort à Paris en 1807. Son père, honnête cultivateur avait eu quatorze enfants. Il fut employé à l'Impririe royale. — Philosophie de Monsieur Nicolas.

Paris, de l'imprimerie du Cercle Social, 1796, 4 parties en un vol. in-12.

Ouvrage rare que le bibliophile JACOB déclare l'ouvrage le plus raisonnable qu'on puisse faire entrer dans une bibliothèque des fous telle que Ch. NODIER en avait tracé le plan et commencé le catalogue ; il a sa place à côté du *Voyage dans la Lune* de Cyrano de BERGERAC.

(G-897

9327 RÉTIF de la BRETONNE, vén.'. des *Hospitaliers français*. — Suite du vade-mecum maçonnique, extraits des statuts, rituels et règlements de l'ordre au rit écossais ; deuxième degré. — Développement du premier, étude du second. — Discours, poésie, cantiques, etc...

Paris, 1841, in-16. (6 fr.).

9328 RETOUR (Le) des morts ou traité pieux qui prouve par plusieurs (huit) histoires authentiques que les âmes des trépassés reviennent quelquefois, par la permission de Dieu, (sur l'imprimé à Tolose en 1694) ; dans LENGLET-DUFRESNOY : *Traité historique et dogm. sur les apparitions* (1751), II, 391, 43.

Cette réimpression est accompagnée d'observations.

(O-1740

9329 RETZ (de Rochefort) médecin français né à Arras, mort vers 1810. Médecin de la marine à Rochefort, puis destitué, membre de la Société royale de Médecine, à Paris, et Médecin ordinaire du roi. — Apologie de MESMER en réponse au *Mémoire pour servir à l'histoire de la Jonglerie* par RETZ. (V. ce *Mémoire*).

S. l., 1784.

L'apologie n'a jamais été publiée à part contrairement à ce que pensent divers auteurs. Elle est contre MESMER, malgré son titre.

(D. p. 55)

9330 RETZ (Dr). — Lettre sur le secret de M. MESMER ou réponse d'un médecin à un autre, qui avait demandé des éclaircissements à ce sujet, par M. RETZ, docteur médecin.

Paris, Méquignon, 10 mai 1782, in-8°, 22 pages, (2 fr.).

RETZ, médecin instruit et qui a beaucoup écrit sur la médecine, était médecin ordinaire du roi et ancien médecin de la marine à Rochefort. Il ne nie pas l'influence « *du phénomène mesmérien* » mais il rejette tout sur l'imagination et par une sorte de contradiction, au moins dans la forme, après avoir rapporté des guérisons dues à cette influence et dont il est l'auteur, RETZ ajoute « que ces exemples de guérisons sont ridicules dans leurs principes mais d'ailleurs étonnants dans leurs effets ». Nous indiquons plus loin d'autres écrits de RETZ.

(D. p. 14)

9331 RETZ (Dr). — Mémoire pour servir à l'histoire de la jonglerie, dans lequel on démontre les phénomènes du Mesmérisme. Nouvelle édition précédée d'une lettre sur le secret de M. MESMER, avec figures, par M. RETZ médecin ordinaire du Roi, servant par quartier, ancien médecin des Hopitaux de la marine. On y a joint une réponse au *Mémoire* qui paroit ici pour la première fois.

Londres, et se trouve à Paris chez Méquignon l'aîné, libraire, Rue des Cordeliers, 10 août 1784, in-8°, 48-8 pages et planche, (4 fr.).

[Tb^bs 26

La lettre a été publiée en 1782 et l'auteur est heureux, dit-il d'avoir pressenti les conclusions des commissaires. Dans le mémoire, il rappelle brièvement sous le nom de jongleries : GASSNER, Circé, la Magie, la Poudre de sympathie, etc. A entendre l'auteur, l'attrait de l'harmonica serait pour beaucoup dans le succès de MESMER. Le ton et le style du mémoire laissent à désirer. L'auteur écrit par exemple, que : MESMER *rattait* la plupart des malades. L'apologie qui a l'air de défendre MESMER contre le mémoire est en réalité contre MESMER. Une planche de six petites gravures accompagne cette brochure; la première représente MESMER étendant la main. Il est en habit brodé, la culotte courte, l'épée au côté avec cette devise : « *Il n'y a au monde qu'une maladie et j'en ai le remède au bout du doigt* ». Dans la seconde, MESMER prend le bras d'Antoine son domestique et lui dit : « *Antoine je te fais mon coadjuteur*.» Dans la troisième Antoine (si l'on se porte au *Mémoire*) met la main vers le sein d'une jeune femme ; la devise « *Sentez vous cela, Mademoiselle ? — Et vous Monsieur ?* » est une allusion au rapport des commissaires. La quatrième gravure représente les malades au baquet. La cinquième, la salle de l'Ordre de l'*Harmonie*, MESMER est sous un dais, et les sociétaires lèvent une main en tenant une bourse; devise « *Ordre de l'Harmonie pour 100 louis* ». La sixième gravure représente les tombes de l'ELBAVIN (de Versailles), COURT de GEBELIN, marquise de FLEURY, etc... que le Magnétisme ne put guérir. Il est bon de remarquer ici que quelques adversaires de MESMER, bien que médecins, se firent une arme de ses insuccès oubliant qu'eux mêmes étaient loin de sauver tous leurs malades.

(D. p. 38)

9332 REUCHLIN (Johann) célèbre humaniste et kabbaliste allemand né à Pforzheim en 1455, mort à Stuttgard en 1522. Professeur de Grec, de latin, diplomate, juge, etc... Il grécisa un moment son nom en CAPNION. — De Arte Cabalistica libri tres, iam denvo adcurate revisi.

[In fine] : Haganoæ, apud Ioh. Secerium 1530. in-fol. de 90 ff. (20 fr.)

[Rés. A. 1432

Edition très rare de cet ouvrage dans lequel l'auteur cherche à établir un complet accord entre l'enseignement des premiers philosophes, les pythagoriciens surtout, et les doctrines de la *Kabbale*.

L'édition originale (?) est de :

Spire, 1494, in-f°.

9333 REUCHLIN (Johann). — Jo. REUCHLIN liber de verbo mirifico.

Tubingæ, ex ædibus Thomæ Anshelmi Badensis, 1514.

[Rés. A 1431 bis

Autre édit.

Spiræ, 1494, in-fol.

[Rés. A. 1429

De Arte Cabalistica libri tres. Leoni X dicati.

Haguenoæ, apud Thomam Anshelmum, 1517, 2 ouv. in-f°. Frontispice (35 fr.).

[Rés. A 1431 bis

Elève du Rabbin Abdias SPORNO, Jean REUCHLIN, le plus grand des Kabbalistes, connu encore sous le nom de CAPNION, établit dans ce magnifique ouvrage, l'accord complet qui existe entre l'enseignement des premiers philosophes grecs notamment Pythagore, et les doctrines de la *Kabbale*. — Division de l'art kabbalistique en ses différentes parties. — La *Kabbale* nous acquiert l'amitié des anges et produit des choses merveilleuses. — Des démons obsesseurs et des moyens à leur opposer. — PYTHAGORE père de la philosophie, était Kabbaliste : comparaison entre ses doctrines et celles de la *Kabbale*. — Sa Symbolique. — Des pantacles, des sceaux et des mots kabbalistiques. — Philosophie des nombres, etc...

(S-3164)

REUCHLIN (Sur Jean). — Voir : *LAMEY* (Dr).
MAJUS (J. H.).

9334 REUILLY (J. de). — La Raucourt et ses Amies. Mœurs Lesbiennes.

Paris, Daragon, 1909. in-8°, 3 pl. hors texte (12 fr.).

[Ln27 54119

Etude Historique des Mœurs Saphiques au XVIII-e siècle. — Les Lesbiennes du Théâtre et de la Ville, — Melpomène et Sapho. — Lesbos à Paris. — Courtisanes, Filles Galantes et « *Honnestes dames* ». — Etc...

9335 REUSS (Edouard Guillaume Eugène) théologien protestant français, né à Strasbourg en 1804. — Les Sibylles chrétiennes.

Paris, 1861, in-8° de 60 p..

Extrait.

Substantiel opuscule du plus grand intérêt.

9336 REUSS (R.). — La sorcellerie au XVI-e et au XVII-e siècles, particulièrement en Alsace, d'après des documents en partie inédits.

Paris, Cherbuliez, 1872, in-8°, (5 fr.).

9337 REUSSELIUS (Gabriel). — Judæorum de amentia, cœcitate et stupore, qui tempus adventus Messiæ ex conjunctione Saturni et Jovis præsumunt dissertatio.

Ienae, typis S. Krebsii, 1677, in-4" de 48 p. (15 fr.).

9338 REUTTER (Dr Louis). — De l'embaumement, avant et après Jésus Christ, avec analyses de masses résineuses ayant servi à la conservation des corps chez les anciens Egyptiens et les Carthaginois.

Paris, Vigot frères, 1912, in-8° raisin de XLI-172 pp. 8 fig. dans le texte, pl. en coul. h. t. (10 fr.).

9339 REVEL (Jean). — Multiple vie.

Paris, G. Charpentier et E. Fasquelle, 1894, in-18, 318 p. (2 fr.)

[8° Y2. 48519

Curieux volume d'inspiration occultiste, où l'auteur envisage, de ce point de vue, tous les évènements contemporains.

9340 REVEL. (L.). — L'Evolution de la Vie et de la Conscience, du règne minéral aux règne humain et surhumain.

Paris, Lucien Bodin, 1905, in-12, (2 fr.).

Les conceptions biblique, chrétienne et philosophique. — L'énergie universelle. — La vie suivant les physiologistes. — Physiologie moléculaire et atomique. — L'atome, tourbillon d'énergie divine. — La vie nirvânique. — Tradition de la vie. — Tradition de la vie d'après les doctrines philosophico-religieuses d'Orient et d'Occident. — Le Dualisme. — La Vie d'après les doctrines des Saint-Simoniens et de quelques philosophes humanitaires. — Conceptions théosophiques sur la vie. — L'Evolution physique humaine. — Les Monades de Leibnitz, des Jivas, des Hindous et les Monades de la théosophie. — L'évolution de la conscience d'après la psychologie théosophique. — L'Unité de conscience. — L'immortalité conditionnelle et l'âme. — Le Panthéisme, etc...

9341 REVEL (L.). — Les Mystiques devant la Science, ou Essai sur le mysticisme universel.

Paris, Lucien Bodin, MCMIII [1903] in-16, 160 p. (1 fr. 25).

[8° R. 18585

Investigations scientifiques dans le mysticisme. — Les mystiques devant les philosophes modernes, les philosophes éclectiques et les théologiens. — Le mysticisme catholique, l'Ecole d'Alexandrie et la trad. ésotérique de l'antiquité, du Musulman, de l'Hindou. — Unité de croyances : La Réincarnation, la Déification, la Morale, Mystères gnostiques, les Bardes gallois. Credo ésotérique.

9342 REVEL (L.). — Vers la Fraternité des religions, par l'unité de la Pensée ésotérique. 1° Anarchie de la lettre ; l'Unité de l'esprit dans les Ecritures ; 2° l'Esotérisme dans les religions de l'Inde et de la Perse ; Le Judaïsme ; le Christianisme : l'Apocalypse.

Paris, Publications Théosophiques, 1900, in-12. Orné d'un tableau synthétique, représentant la marche des différents courants philosophiques depuis la plus haute antiquité. (3 fr.).

Ouvrage d'actualité, en face de l'anarchie philosophique dont l'influence néfaste affecte si cruellement l'état social. — L'auteur décompose la pensée mystique en ses principaux éléments intégrants. — Il démontre avec une érudition peu commune que le mysticisme des grands courants religieux est partout identique à lui-même, et est pour ainsi dire la religion vraie de toutes les religions qui, toutes, viennent communier dans le même symbole. — Ce volume de près de 400 p. renferme une brillante étude sur la Kabbale comparée avec la philosophie hindoue. — Les séphiroth, les mondes divins, intérieurs, les essences fusionnent dans une admirable synthèse avec l'Enseignement des Védas. — L'Esotérisme chrétien, le symbolisme des Ecritures, la pensée secrète de St Jean, de CLÉMENT d'Alexandrie et d'ORIGÈNE sont l'objet de commentaires lumineux. — Enfin, L. REVEL ouvre le livre fermé de l'Apocalypse et nous explique le grand mystère du voyant de Pathmos avec une clarté qui dissipe toutes les ombres. [Dejots].

9343 REVEL (P. Camille). — Esquisse d'un système de la Nature, fondé sur la loi du Hasard, suivi du sommaire d'un essai sur la Vie future considérée au point de vue biologique et philosophique.

Nouvelle édition.

Paris, 1892, in-12. (2 fr. 50).

[8° R. 11041

De l'invisible et du visible. — De la non-identité des phénomènes. — De l'infini et de l'indéfini. — Théorie atomistique. — Les Rêves etc...

Autres éditions :

Lyon, 1890, in-16.

[8° R 10153

2me édition Lyon, 1891, in-12.

[8° R. 10467

9344 REVEL (P. Camille). — Le Hasard, sa loi et ses conséquences dans la science et en philosophie, suivi d'un Essai sur la métempsychose, considérée au point de vue de la biologie et du magnétisme physiologique.

Paris, Chacornac, 1905, in-8°, 396 p. (3 fr. 50).

[8° R. 20597

Œuvre bien composée, qui envisage le problème le plus intéressant et le plus difficile à résoudre que se soit posée sans cesse l'humanité. — L'auteur examine ses données, les décompose, les détaille et les discute avec une remarquable sagacité, une rare lucidité. — Tous les aspects scientifiques ou philosophiques de la question y sont montrés, et les conclusions en sont ingénieuses et savantes.

9345 REVEL (P. Camille). — Lettre au Dr Dupré sur la vie future, au point de vue biologique ; suivie de notes sur les Rêves et sur les apparitions (théories et faits).

Paris, 1895, in-12, (1 fr. 25),

Cet ouvrage est suivi d'une *Esquisse d'une théorie des phénomènes d'apparition et de matérialisation.*

9346 REVELATIO quæ ostensa est Stephano papae, et memoria de consecratione altaris SS. Petri et Pauli, quæ est situm ante sepulcrum S. Dionysii, sacrorumque ejus, quæ revelatio et consecratio acta est V kalend Augusti (id est 28 julii).

LENGLET-DUFRESNOY : *Recueil de dissertations...* T. I., part. I, p. 180-81

(O-1748

9347 REVELATION au Roi de l'affreux complot tramé dans les repaires de la Franc Maçonnerie contre la religion et le trône suivi d'un avertissement à S. A. R. le duc d'Orléans odieusement trompé par la profonde hypocrisie de plusieurs loges maçonniques

Paris, Hivert, 1827, in-8°, (3 fr. 50).

9348 RÉVÉLATIONS CURIEUSES sur la Franc-Maçonnerie mère du Libéralisme suivi d'un aperçu sur l'Eglise catholique par A. J. V.

Bruxelles, 1870, in-18, (1 fr. 50).

Doctrine et morale de la Franc Maçonnerie. Les Saints de l'ordre maçonnique ; nombre général de ses adhérents.

9349 RÉVÉREND (Dominique) physicien français né à Rouen en 1648 mort à Paris en 1734. Il était diacre, et pourvu de plusieurs bénéfices. — Lettres à Monsieur H... sur les premiers Dieux, ou Rois d'Egypte.

Paris, Ribon, 1733, in-12, (3 fr. 50).

Avec une intéressante étude sur MERCURE TRISMÉGISTE.

RÊVES D'UNE FEMME DE PROVINCE SUR LE MAGNÉTISME...
par :

LA FAVRYE (Mlle de) q. v.

9350 REVILLE (A.). — Histoire des Religions des peuples non civilisés.

Paris, 1883-1880, 3 forts vol. in-8° de 412, 276 p. et ? (20 fr.).

[8° H. 5200

Le tome III manque assez souvent.

Très bon ouvrage, dans lequel l'auteur passe en revue et analyse toutes les religions, croyances, mythologie et coutumes du monde entier. — Les Dieux des Noirs. — Cultes de la lune, des arbres, des eaux, des morts, sacrifices humains; Animisme et Fétichisme ; Sorcellerie noire. — Sacerdoce et sociétés secrètes religieuses : mutilations. — Divinités, cultes, initiations des Cafres, des Hottentots, des Buschmans. — Religions de l'Amérique du Nord et du Sud. — Les Manitous. — Esprits. — Sorciers. — Totémisme, Sacrifices, Vie d'outre-tombe. — Temples et idoles. — Mythes divers. — Les esquimaux. — Mythologie australe ; scène de sorcellerie esquimaude. — Les Caraïbes. — La mythologie polynésienne. — Le Tabou et le tatouage. — L'ordre des Areoi. — L'animisme, la vie future et le culte en Polynésie. — Les religions Finno-Tartares. — Le Shamanisme. — La mythologie finnoise. — Les Dieux souterrains de l'animisme finno-tartare. —

Légendes. — Conclusions. — Identité foncière des religions du monde civilisé. — La sorcellerie universelle. — Evocation et conjuration. — Pouvoir magique des paroles, etc... L'ouvrage se termine par une précieuse table alphabétique.[DUJOLS].

9351 REVILLOUT (Eugène). — L'Ancienne Egypte d'après les Papyrus et les monuments.

Paris, Ernest Leroux, Imprimerie Nationale, 1907, [4] vol. in-8° de 227 p. pl. en couleur pour le tome I. (9 fr.).

[8° O³ a. 1247

Tome I : Le Roman et les Chansons de Geste dans l'ancienne Egypte.
Tome III : La Femme dans l'Antiquité Egyptienne (seconde partie).
Tome IV : Le Papyrus moral de Leide ; texte démotique transcrit en hiéroglyphes avec traduction française et commentaires.
Le Tome II semble n'avoir pas encore paru.

9352 REVUE d'anthropologie catholique.

Paris, Sagnier et Bray, 1847. 1 vol. in-8°, 975 pages ; plus 3 Nos de la 2-ème année, 240 pages.

[R. 48952-953

Ce journal fondé par l'abbé LOUBERT, eut pour collaborateurs les docteurs CHARPIGNON, DESPINE père, Léon SIMON, JOLLY, LE GUILLOU, PASCAL, SARDAILLON, SALES-GIRONS, TESSIER, VIANCIN ; Ferdinand BARREAU avocat, le Comte de BONNEVAL, l'abbé MAUPIED, professeur à la Sorbonne, l'abbé LE GUILLOU, l'abbé de BOUCLON. le vicomte de KERSADIEC, l'abbé POCH, etc... Le comte de MIRVILLE, LOISSON de GUINAUMONT, etc...
Toutes réserves faites sur ses convictions arrêtées et sur son but qui était « *d'apporter au mouvement catholique... plus de vie, d'unité, et d'universalité* » (introduction page 11) il faut reconnaître que ce journal est bien fait, le mieux fait peut-être des journaux de magnétisme. Articles de fonds, d'érudition sur plusieurs sujets, philosophie, morale, polémique, sciences médicales, actualités, documents officiels, tout s'y rencontre en abondance

et les travaux qu'il renferme sont marqués au coin du savoir. Son directeur que l'on accusait alors de jésuitisme ce qui était en ce temps là une grosse injure, soutenait avec énergie l'alliance de la Science avec l'idée catholique pure, alliance difficile pour ne pas dire impossible, mais dans tous les cas anti-Jésuitique. Le docteur VIANCIN a donné à ce recueil 16 articles les plus hardis et les plus nouveaux.

(D. p. 138

9353 REVUE COSMIQUE consacrée à la restitution de la Tradition Originelle. Source commune des Traditions Religieuses et Philosophiques. Directeur F. Ch. BARLET. Secrétaire de la Rédaction : J. LEJAY.

Paris, première année 1901-1902, in-8° de 768 p. (10 fr.).

[8° Z. 10414

Cette Revue a cessé de paraître au bout d'un an ou deux et les exemplaires ont été retirés du commerce. Elle formait le complément d'une curieuse publication la « *Tradition cosmique* » (q. v.). que l'on attribue généralement à un auteur mystique d'origine algérienne, Mr Max THEON.
Formation du *Cosmos* et Origine du mal. — Rôle de l'Initié. — Histoire de l'Homme Terrestre. — Communication de l'Homme avec l'Invisible et avec les Etres supérieurs. — Développement des Facultés Psychiques. — La Tradition et l'Enseignement des Mages. — Reproductions de Textes Anciens : « *Notes du Mage* KELAOUCHI », « *Mémoires d'Outre-Tombe d'Attanée Oannès* » 1er Livre L'Ascension dans les Régions de l'invisible; 2me livre. Le Voyage de retour ; 3me livre : A la Recherche de Ma-Vasha. — Les Visions d'Amen. — Etc.

9354 REVUE MAÇONNIQUE. Union-Fraternité-Progrès-Civilisation.

Paris, 1834-35, première et deuxième année. (25 fr.).

[H. 11668-670

9355 REVUE de PSYCHIATRIE, de Neurologie et d'Hypnologie. Recueil des travaux publiés en France et à l'Etranger [Nouvelle série].

Paris, *Maloine*, janvier 1897, in-8º, (10 fr. par an).

[T¹², 31

REVUE des HAUTES ÉTUDES. — Voir :
CALLIÉ (René).

REVUE MENSUELLE. Voir :
HACKS (Dr Charles).

REVUE DU PSYCHISME EXPÉRIMENTAL. Voir :
DURVILLE (Dr Gaston et Henri)

REVUE SPIRITE. Voir :
RIVAIL.

REVUE SPIRITUALISTE. Voir :
PIÉRART (Z).

REVUE THÉOSOPHIQUE. Voir :
BLAVATSKY (Mme).

9356 REYBAUD (Marie Roch Louis). Écrivain et homme politique français né à Marseille en 1799, mort en 1879 Académicien. — Etudes sur les réformateurs ou socialistes modernes, SAINT SIMON, Ch. FOURIER, Robert OWEN.

Paris, *Guillaumain*, 1848, 2 vol. in-12. (4 fr.).

Ouvrage honoré du *Prix Montyon*.

9357 REYBAUD (Louis). — Jérôme Paturot à la recherche de la meilleure des républiques. — Edition illustrée par Tony Johannot.

Paris, *Michel Lévy*. 1849. in-4º, (30 fr.).

9358 REYMOND. — Histoire de l'Eléphantiasis.

Lausanne, 1767, in-12, (10 fr.).

Contenant aussi l'origine du scorbut, du feu de St-Antoine, de la Vérole, etc... avec un précis de l'histoire physique des temps.

9359 REYNAUD (Jean), grand philosophe français né à Lyon en 1806, mort à Paris en 1863. Polytechnicien et ingénieur des Mines. Un moment Conseiller d'Etat. — Considérations sur l'esprit de la Gaule.

Paris, *Martinet*. 1847, in-8º, (3 fr.).

9360 REYNAUD (J.). — L'Esprit de la Gaule.

Paris, *Furne*. 1864. in-8º II-373 p. (5 fr.).

[La² 96

Étude approfondie sur les doctrines philosophiques et religieuses des Druides et de leurs mystères. — L'auteur cite entièrement la rarissime plaquette de PICTET : « *Les mystères des Bardes et l'île de Bretagne* ». — (Symboles. — Culte et Dieux des Druides. — Rite du Gui. — Ecriture végétale des Druides. — Mystères des Bardes, etc...),

Réédité en 1866.

9361 REYNAUD (Jean). — Philosophie religieuse : Terre et Ciel.

Paris, Furne, 1858. in-8º, (7 fr.).

Ouvrage devenu très rare condamné par la congrégation de l'Index en 1863.
La Terre. — Les Ages. — Le Premier Homme. — Le Ciel. — Les Anges. — L'Enfer.

On y joint :

Réponse au Concile de Périgueux.

Paris. *Furne*. 1858, in-8º.

C'est la réponse de J. RAYNAUD aux Pères du Concile de Périgueux qui avaient censuré son ouvrage.

(G-888 et 2049

Autres édit. :

Paris, *Furne*, 1864. 4ᵉ édit. in-16.

[R. 49030

Paris, *Furne*, 1866. 5ᵉ édit. in-16.

[R. 49031

Paris, *Furne*, 1875, 6ᵉ édit. in-8".
[R. 40032

9362 REYNAUD (J.). — Philosophie religieuse : Terre et Ciel.

Paris, Furne, Jouvet et Cie. 1854, in-8°, XIV-441 p. 5 fig. géographiques dans le texte. (4 fr. 50).
[R. 49029

L'auteur nous initie à l'antique foi gauloise de l'immortalité de l'âme. — La Théorie du passé et de l'avenir de l'homme repose sur le principe de la Réincarnation. — Reynaud reçut le Spiritualisme actuel par initiation. — (La Terre. — Les Anges. — Le premier homme. — Doctrine du Péché originel. — Préexistence. — Le Ciel. — Des Anges. — Etres supérieurs. — L'Enfer. — Le Génie druidique, etc...)

Autres éditions :

Ibid., Id., 1855, in-8°.

Puis 1875, etc. Voir ci-dessus.

9363 REYNIER (Gustave). — De Marcelli Palingenii Stellati poetæ Zodiaco vitæ. Hanc Thesim Facultati litterarum Parisiensi proponebat Gustave REYNIER Scholae Normalis olim Alumnus.

Parisiis, apud Hachette et socios, bibliopolas, 1873, in-8°, 96 p. fig. (4 fr.).
[8° Yc. 427

Pas dans le commerce.

Intéressante Thèse sur MANZOLLI dont le nom mystique était PALINGENIUS, et sur son curieux ouvrage le *Zodiaque de la Vie*. C'est le seul ouvrage de quelque importance sur le sujet.

Pierre Ange MANZOLLI est né à Stellata, près de Ferrare vers la fin du XVᵉ siècle.

RHAZÈS, ou RAZY, ou RASIS; en arabe, AHMED BEN MOHAMMED BEN MOUSA ABOU BEKR AL RAZY, célèbre historien et médecin arabe, né à Cordoue, mort en 923, a été un des hommes les plus utiles et les plus remarquables de son siècle. — Il fit faire un grand pas aux sciences médicales : c'est lui qui le premier fit une description exacte de la petite vérole. Dans ses « *Aphorismes* » il expose les découvertes qu'il a faites. Ses maximes ne manquent ni d'originalité, ni de sens : il s'occupa aussi d'alchimie et d'astrologie.

9364 RHAZÈS. — Abubecri RHAZÆ maomethi Ob vsvm experientiamqve mvltiplicem et ob certissimas ea demonstrationibus logicis indicationes, ad omnes præter naturam affectus, atque etiam propter remediorum uberrimam materiam, summi medici opera exquisitiora, quibus nihil utilius ad actus practicos exstat, omnia enim penitus quæ habet aut Hippocrates obscuriora, aut Galenus fusiora fidelissime doctissimeque exponit et in lucem prefert. Per GERARDUM TOLETANUM medicum Cremonensim, Andream VESALIUM Bruxellensem, Albanum TORINUM Vitoduranum latinitate donata, ac iam primum quam castigatissime ad uestutum codice summo studio collata et restaurata, sicut ad medicinæ candidatis intelligi possint, qvibvs nihil prorsius salutarius in miserorum mortalium usum aduersus tot morborum species, conferri potuit.

Basileæ, in officina Henrichi Petri s. d., [1544]. in-f°, (35 fr.).
[T²¹. 2

9365 RHÉAL (Sébastien GAYET DE CESENA, dit Sébastien) poète et écrivain né à Beaujeu en 1815, mort en 1863. — Les divines féeries de l'Orient et du Nord. Légendes, ballades, gazals, romances, myriologues, petits poèmes indiens, arabes, persans, serviens, turcs, moresques, celtes, scandinaves. — Traditions pittoresques, mythologiques et populaires des Deux-Mondes.

Paris, Fournier. 1843, gr. in-8°, (6 fr.).

Illustré d'un frontispice et de 31 lithographies hors texte.

9366 RHODES (Jean de) médecin

français né et mort à Lyon (1635-1695) Médecin de l'Hôtel-Dieu de cette ville. — Lettre en forme de dissertation de Mr de Rhodes, escuyer, aggrégé au Collège des Médecins de Lyon, à M. Destaing, Comte de Lyon au sujet de la prétenduë Possession de Marie Volet, de la Paroisse de Pouliat en Bresse, dans laquelle il est traité de la cause naturelle de ses Accidens et de sa Guérison.

A Lyon, chez Th. Amaubry, 1691, in-12, (10 fr.).

[Ln²⁷ 20740 A.

Autre édit.

S. l. n. d., in-8°.

[Ln²⁷ 20740

Lettre assez bien écrite et recherchée pour sa rareté. On y trouve de curieuses hypothèses pour expliquer la possession. (S. de G.).

Se trouve également dans Le Brun, (Histoire des Pratiques superstitieuses. Pièces justificatives) et dans les Causes célèbres de Guyot de Pitaval, Tome II (p. 583-5).

(G-2050

9367 RHODIO (Ambrosio). — Dialogus de transmigratione animarum pythagorica. Quomodo eadem concepi (sic) et defendi possit.

Hafniæ, 1638, in-16, (5 fr.).

Ce volume, classé parmi les ouvrages les plus rares par Heumann, Gerdes et Vost, expose la doctrine pythagoricienne dans toute son ampleur.

,9368 RHOIDIS (Emmanuel). — La papesse Jeanne, roman historique écrit d'après les documents puisés aux sources originales, précédé d'une importante étude historique, accompagné de nombreuses notes. — Ouvrage traduit du grec moderne. — Deuxième édition.

Paris, Maurice Dreyfous, 1878, in-12. Avec Portrait de la Papesse d'après le mss de Cologne, (2 fr. 50).

[8° Y² 1417

Traduction d'un ouvrage qui a paru en 1866 et qui a été traduit en Allemand Italien, Danois et Russe (Préface).

L'édition originale est également de 1878.

Réimprimé :

Paris, Fasquelle, 1908, in-12, (traduction A. Jarry et J. Saltas).

9369 RHONÉ (A.). — Résumé chronologique de l'histoire de l'Egypte depuis les premières dynasties pharaoniques jusqu'à nos jours.

Paris, 1877, gr. in-8°, carte et figures. (4 fr. 50).

Sources historiques. — Dynasties égyptiennes. — Règnes, faits, monuments. — Ancien, Moyen et Nouvel Empire. — Gnosticisme et Christianisme. — Néo-Platonisme et Ecole d'Alexandrie. — Période Musulmane etc...

RHUBARBINI DE PURGANDIS. — Voir :

SERVAN.

9370 RHUMELIUS ou Rhumel (Jean Conrad, ou Jean Pharamond) médecin allemand né à Neumark (Haut Palatinat) en 1597, mort à Nuremberg en 1661. — Dispensatorium chimicum. dast ist : Kurtze doch gründliche Beschreibung aller hermetischen unnd chymischen Artzneyen, derer Praeparation unnd Bereitung, auch rechter Gebrauch und Nutz...; durch Johannem Pharamundum Rhumelium.

Nürnberg, Wolffg. Endter, 1637, in-8° de XVI-81 pp.

(O-1080

9371 RHUMELIUS. — Medecina Spagyrica oder Spagyrische Artzneykunst, in welcher I. Compendium hermeticum darinnen die Kranckheiten in gemein in ihrem Ursprung zu erkennen und wie sie zu curiren ; II. Antidotarium chymicum, darinnen allerhand chymysche Medicamenta ; III. Jatrium chymicum, darinnen unterschiedliche Kranckeiten auff spagyrische Weisz zu curiren gelehret wird, erstlich von Johanne Pharamundo RHUMELIO.

Franckfurt, Joh. Hüttner, 1648, in-8° de LVIII-769-XXIII pp.

[O-1613

9372 RIALLE (Girard de). — Agni, petit-fils des eaux dans le Véda et dans l'Avesta.

Paris, 1869, in-8°.

9373 RIALLE (Girard de). — De l'Anthropophagie. Etude d'ethnologie comparée.

Paris, 1875, in-8°. (1 fr. 25).

9374 RIAMBOURG (Le Président Jean Baptiste Claude de) écrivain et magistrat français né et mort à Dijon (1776-1836). Philosophe chrétien. — Rationalisme et tradition, avec un appendice sur les traditions de l'Orient. — Publié par MM. Th. et S. Foisset.

Paris, Dubécourt, 1837, in-8°. (4 fr.).

Les « Œuvres très complètes » de RIAMBOURG ont été publiées par l'abbé *Migne* :

[Paris], *Au Petit Montrouge, J. P. Migne*, 1859, in-4° de 695 pp. avec deux tables très détaillées (3 fr.).

[R. 8420

9375 RIAUX (Francis Marie), professeur de Philosophie né à Rennes en 1810. — Essai sur Parménide d'Elée, suivi du texte et de la traduction des fragments.

Paris, 1840, in-8°, (4 fr. 50).

PARMÉNIDE et les Pythagoriciens. — De l'idéalisme pythagoricien. — De l'être et du non être. — PARMÉNIDE et PORPHYRE. — Idéalisme de l'Ecole d'Alexandrie. — PLOTIN, etc...

9376 RIBET (J.). — La Mystique divine, distinguée des Contrefaçons Diaboliques et des Analogies Humaines. Les phénomènes mystiques, la contemplation, les phénomènes distincts de la contemplation, les causes des phénomènes mystiques.

Paris, Poussielgue, 1879-1883. 4 vol. in-8°, (25 fr.).

[D. 6603

Ouvrage estimé, qui se joint souvent à celui de GŒRRES sur le même sujet, publié chez le même éditeur.

Travail considérable, mieux à jour que la Mystique de Gœrres et parfaitement en rapport avec les études contemporaines. — Ribet y analyse copieusement tous les systèmes actuels, y passe en revue un grand nombre de phénomènes jusqu'aux plus récents, et épuise son sujet avec une vaste érudition. — Le Tome 4 particulièrement consacré à l'Occultisme dans le passé et le présent, est, à lui seul un document remarquable pour la richesse des matériaux mis à contribution.

Autres éditions :

Paris, Poussielgue, 1883-95, 5 vol. in-8°.

Paris, 1903, 4 vol. in-8°.

(G-2051

9377 [RIBON (Paul)]. — Serge BASSET. — Vers le Sabbat, évocation de sorcellerie en un acte.

Paris, Chamuel, 1897, in-12 de 26 pp. (1 fr. 50).

[Manque à la Bib. Nat.

Curieux.

(G-42

9378 RIBOT (P.). — Spiritualisme et matérialisme. — Etude sur les limites de nos connaissances.

Paris, G. Baillière, 1873, in-8°. (5 fr.).

2me édition :

Ibid., Id., 1887, in-8°.

[8° R. 7943

9379 RIBOT (Théodule), philosophe français né à Guingamp (Côtes du Nord) en 1839. Professeur au Collège de France. — Essai sur l'Imagination créatrice.

Paris, Alcan 1900, in-8°, VII-304 p. (5 fr.).

[8° R. 17063

Bibliothèque de Philosophie contemporaine.

9380 RICARD (Mgr). — Les premiers Jansénistes et Port-Royal.

Paris, Plon et Cie, 1883, in-8°, (5 fr.).

[Ld³. 322

Édition originale de ce très intéressant travail.

9381 RICARD (Mgr). — La vraie Bernadette de Lourdes. — Lettres à M. Zola. — Nouvelle édition revue et augmentée.

Paris, Dentu, 1894, in-16, (2 fr. 50).

[Ln²⁷. 42607

9382 RICARD (J. J. A.). « *Professeur de Magnétologie* ». — Almanach populaire du magnétiseur praticien, pour 1846.

Paris, 1846, in-12 de 170 p. (3 fr.).

[T⁵¹ 1

A la fin, se trouve une curieuse biographie de l'abbé A. CONSTANT qui écrivit plus tard, sous le nom d'ELIPHAS LÉVI, et donnant la liste de tous ses écrits. — Contient en outre certaines cures intéressantes et des séances en Normandie, très curieuses.

(D. p. 135

9383 RICARD (J. J. A.). — Arrêt de la Cour suprême, touchant le magnétisme animal, M. J. J. A. RICARD, professeur de Magnétologie et Mlle Virginie, somnambule magnétique.

Paris, 1843, in-12, (1 fr. 50).

[Tb⁰³ 167

Intéressante affaire, appelée devant la Cour de Cassation, annulant un arrêt par lequel RICARD avait été condamné. Contient le mémoire de MANDAROUX-VERTAMY soutenant l'appel de RICARD.

9384 RICARD (J. J. A.). — Cours théorique et pratique du magnétisme animal, par J. J. A. RICARD.

Toulouse, chez l'auteur, 1830, in-8°, 96 pages, (2 fr. 50).

C'est dans ce cours que l'auteur, homme intelligent cependant, enseigne les moyens de magnétiser les nuages, d'éloigner ou de rapprocher les orages, etc...

[Il n'est pas le seul : voir sur ce même sujet la *Magie Magnétique*, de CAHAGNET, p. 500].

(D. p. 117

9385 RICARD (J. J. A.), — Doctrine du magnétisme humain et du somnambulisme, par J. J. A. RICARD.

Marseille, Impr. Vial, 1855, in-18 (2 fr.).

[Tb⁰³ 49

Esquisse de l'histoire du Magnétisme humain, depuis MESMER, jusqu'en 1856. — Procédés pour Magnétiser.—Pratiques de MESMER, PUYSÉGUR, FARIA, DELEUZE, de LAUZANNE, etc...

(D. p. 161

9386 RICARD (J. J. A.). — Esquisse de l'histoire du magnétisme humain depuis MESMER jusqu'en 1848.

Bordeaux, Institut magnétologique, 1848, in-18.

[Tb⁰² 17

(D. p. 141

9387 RICARD (J. J. A.). — Journal de magnétisme animal publié sous la direction de J. J. A. RICARD.

Paris et Toulouse, novembre 1830, 3 vol. in-8°, (15 fr.).

[T¹² 7

Ce journal, commencé à Toulouse, continué à Paris en 1840, vécut trois années. Les principaux articles de la collection sont : Vol. 1 Précis historique du magnétisme animal, depuis MESMER jusqu'à présent ; détails biographiques et séances du somnambule Calixte RENAUX ; articles de clinique signés des docteurs CHARPIGNON, JESSÉ, L. ALBERT, GOUTEY ; le rapport de M. HUSSON à l'Académie ; le compte rendu des séances magnétiques du rédacteur en chef, etc. — II. Articles de MM. les docteurs CHARPIGNON, Eugène VILLEMIN (ce dernier devenu rédacteur en chef du journal) Louis PREJALMINI, KÉRAUDREN, GOURÉ, CREMMENS (ouverture d'un panaris sans douleur sur une de ses parentes magnétisées), LAFFON : etc. une lettre curieuse du docteur FRAPART : un projet de société de magnétisme dû à M. RICARD : les expériences de M. le Baron DU POTET sur des sourds muets désignés par l'*Académie des sciences* et le rapport peu favorable de MAGENDIE à cette Académie ; la lettre de l'évêque de Lausanne qui donna lieu à la célèbre réponse de la Sacrée Pénitencerie de Rome de 1841, laquelle est ainsi conçue : « *L'usage du magnétisme ainsi qu'on vient de l'exposer est illicite* : » ce qui indique clairement qu'il s'agit d'un fait particulier (somnambulisme) et non du magnétisme thérapeutique direct. — III. La polémique intéressante engagée entre les docteurs VILLEMIN, FRAPART et DECHAMBRE : les *Essais sur le magnétisme* du Docteur VILLEMIN. etc...

(D. p. 117)

9388 RICARD (J. J. A.). — Lettres d'un magnétiseur par J. J. A. RICARD.

Paris, l'auteur, 1843, in-12, 170 pages avec portrait (2 fr. 50).

[Tb⁶¹ 170

Autre édition :

Paris, Le Gallois, 1845, in-12.

Il s'agit de lettres adressées à MM. le Marquis d'AVILA, docteur TROUSSOT, docteur D., Marquis de SAINT-VICTOR, etc.., et d'expériences faites chez eux par MM. BABINET, LAUGIER, de l'Institut, Comte DUCHATEL, ministre ; Victor HUGO, Général JACQUEMINOT, etc... A en juger par le récit, ces expériences étaient d'un intérêt réel les personnages que nous venons de citer en ayant été les acteurs.

(D. p. 127)

9389 RICARD (J. J. A.). — Le Magnétiseur praticien par M. J. J. A. RICARD.

Paris, chez tous les libraires, 1855, in-18, (2 fr.).

[Tb⁶ᵃ 50

A la fin se trouve la liste des ouvrages de l'abbé CONSTANT (ELIPHAS LÉVI) avec notice.

(D. p. 161)

9390 RICARD (J. J.). — Le magnétisme en cour d'Assises, acquittement, par RICARD.

Paris, 1845, in-12, 65 pages, (2 fr. 25).

Suite de l'ouvrage et du procès indiqués plus haut.

« Cour d'assises des Deux-Sèvres (Niort et Bressuire). M. RICARD, magnétiseur, prévention de diffamation et d'outrages envers le Procureur du Roi ».

Voir aussi, sur les Procès de RICARD, au nom de son avocat, Mᵉ MANDAROUX-VERTAMY.

(D. p. 152)

9391 RICARD (J. J. A.). — Physiologie et hygiène du magnétiseur ; Régime Diététique du magnétisé ; mémoires et Aphorismes de Mesmer avec des notes par J. J. A. RICARD.

Paris, Germer Baillière, 1844, in-12, XII-210-228 pages (2 fr. 50).

[Tb⁶³ 25

L'auteur, très bon expérimentateur et démonstrateur, se répète trop dans ses divers ouvrages. Les deux mémoires de Mesmer, les Aphorismes forment la deuxième division de ce livre dont la première partie n'offre rien de nouveau.

Excellents ouvrages sur la théorie et la pratique du Magnétisme. Le premier justifie amplement son titre. Quant au second : Mémoires et Aphorismes de Mesmer, il est précieux et intéressant au plus haut point, car on ne trouve pas ailleurs les documents qu'il contient Persécutions et voyages de Mesmer : ses œuvres. — Opinions des siècles précédents sur les esprits, les démons, les archées, etc... Qualité de la matière. — Propriétés des corps. — Le courant des fluides. — Attraction et répulsion magnétiques. — La cohésion, l'Elasticité, la Gravité, la matière phlogistique. — Constitution magnétique de l'homme. — Effet des pointes. — Les sensations. — Guérisons magnétiques. — Procédés du Magnétisme animal. — Magnétisation à distance. — L'incubat, etc...

(D. p. 129)

9392 [RICARD]. — *Le Révélateur*, journal de magnétisme animal publié par une société de magnétiseurs.

Bordeaux, 1837, in-8º, 1ère année 388 p.
[T⁴² 6

Ce journal dont il n'a paru qu'un volume terminé en 1838 est le premier journal fondé par un magnétiseur très connu RICARD. Il contient les débats de l'Académie de médecine, des lettres des docteurs Berna, Pigaire, Despine père, Frappart, Kunholz, Sylvain, Eymard, etc.

(D. p. 113

9393 RICARD (J. J. A.). — Traité théorique et pratique du magnétisme animal ou méthode facile pour apprendre à magnétiser, par J. J. A. RICARD.

Paris, Germer Baillière, 1841, in-8º, 556 pages, (2 fr. 50).
[Tb⁶³ 23

Ce livre est en partie la reproduction d'ouvrages déjà publiés par l'auteur, soit dans ses livres soit dans ses journaux ; c'est bien plutôt le récit des expériences de RICARD et de ses voyages qu'un ouvrage scientifique.

(D. p. 122

9394 RICARD (J. J. A.). — Vade Mecum du magnétiseur par J. J. A. RICARD.

Bordeaux, Institut magnétologique, 1848, in-18.
[Tb⁶³ 36
(D. p. 141

9395 RICCIUS ou RICIUS (Paulus) rabbin Kabbaliste. — De Cœlestiâ Agricvltvrâ.

Excusum Augustæ Vindelicorum, per Henricum Slayner, 1541, in-fº, (20 fr.).

Rare ouvrage Kabbalistique.
(G-2009

9396 RICCIUS (Paulus), Israelita. — De sexcentum et tredecim mosaice sanctionis edictis. Eiusdem philosophica : prophetica : ac talmudistica. pro christiana veritate tandem cum iuniori hebreor. synagoga mirabili ingenii acumine disputatio. Eiusdem in cabalistar. seu allegorisantium eruditionem ysagoge. Eiusdē de nouem doctrinar. ordinibus ; et totius perypatetici dogmatis nexu compendium conclusiones atque oratio. Cum priuilegio concesso a francorum Rege christianissimo.

[In fine] *Papie impressum per magistrum Jacob de Burgofrancho anno dni* 1510, 4 ouvrages de 41 fᵒˢ-36 mal paginés [daté 1611]—26 fᵒˢ et 27 fᵒˢ pet. in-4º. — Petite vignette sur le titre ; en-têtes et lettres ornées, gravées sur bois, titre en rouge et noir, (60 fr.).

[Rés. A. 2963
[et 5285

Edition originale rare, de ces quatre traités du célèbre philosophe de l'école kabbalistique fondée par REUCHLIN et PIC de la MIRANDOLE.

Imprimé à Pavie par Jacob de BURCOFRANCO avec sa marque à la fin des trois premiers traités.

9397 RICCIUS (Paulus). — Portæ lucis h. e. Tetragrammaton justi intrabunt per eam, de hebraïco lat. donavit P. RICIUS.

Augusta Vindelicorii, ex officina Millerana, 1510, in-4º, curieux titre orné gravé sur bois. (25 fr.).

9398 RICH (A). — Dictionnaire des antiquités romaines et grecques ; accompagné de 2000 gravures d'après l'antique, représentant tous les objets de divers usages d'art et d'industrie des grecs et des romains ; trad. de l'anglais par Chéruel.

Paris, 1883, fort vol. pet. in-8º, (8 fr.).

Ouvrage très estimé pour l'étude des mythologies grecque et romaine, pour l'étude et l'interprétation du symbolisme antique, etc...

Edition de 1873, in-12 :

[8° J. 5404

9399 RICHAGNON. — La vérité sur les Tables tournantes.

Lyon, s. d., gr. in-8°, (o fr. 60).

Curieuse étude d'un disciple de l'école de Guaita, Barlet, Papus, Rochas, Gieber. etc...

RICHARD (l'abbé), Hydro-géologue; voir :
VIGEN (Ch.) son Biographe.

9400 RICHARD (Adhémar). — Souvenirs, expériences, réflexions et menus propos d'un penseur moderne, en l'an de grâce actuel.

Paris, Daragon, [1908]. gr. in-8°, 511 p. (3 fr.).

[8° R. 22063

La Vie. — Le Sommeil. — La Mort. — L'Eternité. — Mes conclusions.

9401 RICHARD (l'abbé Charles Louis) né à Blainville-sur-l'Eau en 1711, fusillé à Mons en 1794, à cause de ses opinions anti-républicaines. — La théories des Songes par l'abbé Richard.

Paris, Estienne, 1766. in-12, (12 fr.).

[V. 21944

Origine et principe des songes : comment ils se forment ; causes ; état de l'âme ; état du sommeil ; liaison des idées ; variété ; durée ; crédit des songes dans l'antiquité ; songes merveilleux ; danger de la divination par les songes ; cause physique de l'action des somnambules, extatiques et visionnaires ; de la folie.

(G-2052
(S-3463 b

9402 RICHARD (Charles Louis). — Dissertation sur la possession des corps et sur l'infestation des maisons par les Démons ; par le p. Charles Louis Richard, avec l'approbation authentique de m. l'évêque d'Amiens ; sur l'impr. à Amiens, 1741 ; dans Lenglet-Dufresnoy, Recueil de dissertations, 181-242.

(O-1779

9403 RICHARD (Christian) de Bourges. — Memorabilis Historia Persecutionum in Valdenses, à Christiano Richardo Biturige.

Genevæ, 1581. in-8°.

(S-5290

9404 RICHARD (G.). — Les Reptiles humains, hontes et infamies de la société moderne par Richard.

Paris, Librairie universelle, 1890. in-12, (3 fr. 50).

[Li³. 798

Les Cocottes. — Les Souteneurs. — Les Mouchards. — Décorés pour rire. — Les Courtisans. — Les Logeurs. — Les Usuriers. — Les Prostituées. — Les Pédérastes. — Les Infanticides, etc...

9405 RICHARD (l'abbé Jérome) né à Dijon. — Etude sur le mysticisme spéculatif de St-Bonaventure, docteur du XIII-e siècle.

Heidelberg, s. d., in-8°, (2 fr. 25).

9406 RICHARDUS Anglicus, ou Anglus Alchimiste anglais du début du XIVe siècle. — Richardi Anglici Correctorium Alchemiæ dans Theatrum chemicum (1613) II-418-40.

[R. 52269-52274

Edition séparée :

Correctorium... Libellus utilissimus περὶ χημείας cui titulum fecit correctorium.

Strasbourg, 1596, in-8°.

(O-705

9407 RICHARDUS ANGLUS. — Correctiorum alchemiæ Richardi Angli, das ist : Reformierte Alchimy, oder Alchimeibesserung, und Straffung der alchimistischen Miszpräuch, vom alten und längstberümten Medico Ri-

CHARDO aus Engelland beschrieben. — Rainmundi LULLI Apertorium et Accuratio vegetabilium, von Eröffnung und Entdeckung wachsender Sachen. Des Königs GEBERS ausz Hispanien Secretum...; alles nun erstmals zu Dienst und Nutz allen reyner und Geheymnuszreicher Artz...

Straszburg, Bernhart Jobin. 1581, in-8º de VIII-151 ff. chiffrés avec 1 pl.

Pour les ouvrages de R. Lulle et de Geber qui se trouvent dans ce vol. voy. ces noms.

(O-796-797

9408 RICHELIEU (sur) (Armand Jean DU PLESSIS, cardinal duc de) né et mort à Paris (1585-1642). Destiné d'abord à la carrière des armes. Evêque de Luçon, Aumônier de Marie de Médicis, puis Ministre de Louis XIII (1624). — Amours du Cardinal de Richelieu.

Cologne. 1687, in-12.

Très rare.

(S-5873

9409 [RICHEMONT (Louis Auguste CAMUS Baron de)] général français né à Montmarault (Bourbonnais) en 1770, mort près de cette même ville en 1853. Commanda un moment l'Ecole militaire de St-Cyr. — Examen du magnétisme, théorie, initiation et pratique appréciées et jugées par la raison.

Paris, chez les marchands de nouveautés. 1847, in-8º de 49 p. (1 fr.).

A la fin : Belgique, juillet. 1846, Baron de RICHEMONT, ancien Député et Conseiller d'Etat.

(D. p. 138

9410 [RICHEMONT (Cte de)]. — Le Mystère de la danse des tables dévoilé par ses rapports avec les manifestations spirituelles d'Amérique par un Catholique.

Paris, 1855, in-8º (5 fr.).

9411 RICHEOME (R. P. M. Loys). — L'adieu de l'âme dévote laissant le corps. Avec les moyens de combatre (*sic*) la mort par la mort, et l'appareil pour heureusement se partir de ceste vie mortelle.

Rouen, Osmont, 1602, in-12, (10 fr.).

[D. 50561

Intéressant ouvrage de mystique chrétienne.

(G-899

9412 RICHEOME (Lovys). — Le Jugement général et dernier Estat du Monde, divisé en cinq livres, et dédié à nos seigneurs de la cour de parlement de Bourdeaux, par Louis RICHEOME, provençal, religieux de la Compagnie de Jésus.

Paris, S. Cramoisy. 1620, in-8º. Titre Frontispice gravé par L. Gaultier (Nº 3 vente Bourneville : 1 fr.), 10 fr.).

9413 RICHEOME (Lovys). — La saincte messe déclarée et défendue contre les erreurs sacramentaires de nostre temps ramassez au livre de l'institution de l'Eucharistie de du Plessis.

A Arras, de l'Impr. de Guillaume de la Rivière, 1601, 2 vol. pet. in-8º (10 fr.).

9414 RICHEOME (Lovys). — Tableaux sacrez des figures mystiques du très auguste sacrifice et sacrement de l'Eucharistie, dédiez à la très chrestienne royne Marie de Médicis.

Paris, Sonnius. 1601. in-8º, (12 fr.).

Curieux ouvrage de mystique, orné de 1 titre gravé par Th. de Leu et de 13 belles gravures par Mallery Gaultier.

Autre édition :

Paris, L. Sonnius, 1609, pet. in-8º.

9415 RICHEOME. Lovys) — Trois Discovrs povr la religion Catholique :

des Miracles, des Saincts et des Images.

Paris, Iamet et Metayer, 1602, in-8º, (10 fr.).

[D. 50580

Autre édit. :

Rouen, Osmont, 1600, fort vol. in-12.

[D. 50579

Puissance de chasser les Diables donnée aux Apostres et à l'Eglise. — Luther battu du Diable.—Miracles de l'Ante-Christ et Faux Prophètes és Derniers Temps.— Miracles des Images. — Caluin réfuté.— Etc.

(G-2053

9416 RICHEPIN (Jean). poète, romancier et dramaturge français, né à Médéah (Algérie) en 1849. Fils d'un médecin militaire et Elève de l'Ecole normale. — Le Mage. Opéra en cinq actes et six tableaux, musique de J. Massenet.

Paris, G. Hartmann et Cie. 1801 in-18, (2 fr.).

[Yth. 24238

Edition originale.

Sur ZOROASTRE OU ZARASTRA. — Drame impressionnant, surtout la fin : la sortie du Mage prêtre du feu. au milieu d'un incendie dont les flammes lui obéissent et le respectent. Ce prodige est d'ailleurs un de ceux qui se répètent encore de nos jours dans l'Inde, où l'on allume des brasiers sacrés que l'on peut traverser impunément.
(*Petit Journal* du 20 mai 1908, cité par RÉMY « *Spirites et Illusionnistes* ». 1911, p. 156).

9417 RICHER (Edouard). — Des guérisons opérées par Mme de SAINT AMOUR, par Ed. RICHER.

Nantes, Forest, 1828, in-8º, plus de 100 pages, (7 fr.).

[Te¹⁸ 256

Religion Swedenborgienne, pièce rare. Scandales de Nantes.

(D. p. 106

9418 RICHER (Edouard). — La Nouvelle Jérusalem, par Edouard RICHER.

Paris, Treuttel et Wurtz, 1835, 4 vol. in-8º d'environ 500 p. chacun (20 fr.).

[D². 10717

Ouvrage de haute Mystique d'un des plus grands initiés du XIXᵉ siècle.

De la Vie qui conduit au Ciel. — Du Monde intermédiaire. — Théorie des Degrés. — De la correspondance de l'Ame et du Corps. — De la Révélation primitive. — De l'Essence divine et de ses attributs. — De la Forme première. — Des Correspondances et des Relations Symboliques qui existent entre les deux mondes. — Du Soleil-Type. — De l'Homme après la mort. — De l'Amour conjugal céleste. — Cosmogonies anciennes. — Le Moyen-Age. — De l'Astronomie sacrée. — Du Magnétisme animal. — De l'Accusation d'Illuminisme. — De la difficulté d'admettre comme faits les Visions de SWEDENBORG. — De la Médecine spirituelle qui avoue certains effets physiques produits par l'exaltation mentale ; et si cette Science existe, peut-on y rattacher des Phénomènes regardés jusqu'ici comme simplement psychologiques. — Etc.

9419 RICHER (J.). — De la venue de l'Ante-Christ : comment et en quel tems il viendra, Par J. RICHER.

S. l. 1602, in-8º.

(S-1801

9420 RICHER (Dr Paul). — L'Art de la Médecine.

Paris, Gaultier, Magnier et Cie. [1802]. fort vol. in-8º, 562 p. fig. (15 fr.).

[T²¹. 724

Dans ce superbe ouvrage, illustré de 344 reproductions d'œuvres d'art, le Dr Paul RICHER étudie les multiples rapports que semblent toujours avoir entre eux l'Art et la Médecine. — Il y présente mille curiosités : malades, difformes, grotesques, scènes de consultations médicales ou d'interventions chirurgicales, dans les tableaux, sculptures et autres œuvres d'art, depuis les Grecs jusqu'à nos jours.

9421 RICHER (Dr Paul). — Etude descriptive de la grande attaque hystérique ou attaque hystéro-épileptique et de ses principales variétés.

Paris, 1870, gr. in-8°, (5 fr.).

Avec 4 belles eaux-fortes et 33 curieuses figures. — Troubles psychiques. — Hallucinations. — Contorsions et grands mouvements (clownisme). — Attitudes passionnelles. — Attaque démoniaque. — Extase. — Catalepsie. — Léthargie. — Somnambulisme, etc...

9422 RICHER (Dr Paul). — Etudes Cliniques sur la Grande Hystérie, ou Hystéro-Epilepsie, précédée d'une Lettre-Préface du Professeur J. M. Charcot.

Paris, Delahaye, 1881, gr. in-8°, Fig. et Pl. (5 fr.).

[Td⁵ 571

Très nombreuses Figures et 9 Eaux-fortes hors texte. Hystérie, Chorée, Possession Démoniaque, etc.

Autre édition augmentée avec 10 Eaux-Fortes.

Ibidem, Idem, 1885, in-8°.

(Y-P-800

9423 RICHER (Dr Paul). — Introduction à l'étude de la figure humaine.

Paris, Gaultier, Magnier et Cie, s. d., [1902], gr. in-8°, VIII-100 p. (4 fr.).

[8° V. 29024

La science et les arts plastiques. — Quelques chapitres de la science du nu. — Essai d'esthétique scientifique.

9424 RICHET (Dr Charles), Médecin et physiologiste français né à Paris en 1850, docteur ès Sciences, Professeur à la Faculté de Médecine de Paris, etc. Directeur de la «*Revue Scientifique*». Pseudonyme Charles Ephryre.— Docteur Charles Richet. — L'Homme et l'Intelligence, Fragments de Physiologie et de Psychologie.

Paris, Félix Alcan. 1884, in-8°.

[8° R. 5712

Les Démoniaques d'Aujourd'hui (Ch. V). — Les Démoniaques d'autrefois (Ch. VI). — Les Exorcismes aux temps modernes ; quelques Epidémies de Démonopathie (Ch. XVI). — Quelques jugements de Sorcières (Ch. XVIII). — Lycanthropie (Ch. XIX). — Dernières exécutions de Sorcières : Affaire de la « *Servante de la Vie* » et de la « *Vieille Comtesse* » brûlées à Pau, le 11 mai 1671 (Ch. XX).

(Y-P-812

9425 RICHET (Professeur Charles). — Le Passé de la Guerre et l'Avenir de la Paix.

Paris, P. Ollendorff. 1907. in-8°, VII-410 p. (5 fr.).

[8° R. 21440

9426 [RICHET (Charles)]. — Charles Ephryre. — Possession, roman Occultiste.

Paris, Ollendorff. 1887, in-12.

[8° Y² 48664

L'auteur a signé du même pseudonyme plusieurs autres romans : « *Sœur Marthe* » « *Une conscience d'homme* », etc.

(Y-P-1722

9427 [RICHTER (Samuel)] de Breslau. — Sinceri Renati (Samuelis Richter zu Breslau) sämtliche philosophisch- und chymische Schrifften, als : I die Wahrhaffte und volkommene Bereitung des philosophischen Steins, etc; II Theo-philosophia theoretico-practica oder der wahre Grund göttlicher und natürlicher Erkänntnisz, etc ; III. Goldene Quelle der Natur und Kunst, bestehend in lauter Experimentis und chymischen Handgriffen, etc.

Leipzig und Breslau, Michael Hubert. 1741. in-8° de XVI-752 pp.

(O-1318

9428 RICHTER (S.). — Die warhaffte und vollkommene Bereitung des philosophischen Steins der brüderschafft aus dem Orden des Gülden-und Rosen Creutzes, darinne die materie zu

Sc. psych. — T. III. — 26.

diesen Geheimnisz mit seinem Namen genennet, auch die Bereitung von Anfang bisz zu Ende mit allen Hand-Griffen gezeiget ist.... denen Filiis Doctrinæ zum Besten publiciret von S. R. (Sincero Renato, pseud. de Samuel RICHTER, de Breszlau); nebst einem Nutzbringenden und gewissen Particular...,

Breszlau, Fellgiebl's Wittwe, 1710 in-8° de XVI-126 pp.

(O-1553-1554

9429 RICHTIGKEIT (Die) der Verwandlung derer Metalle aus der wahrhaften Begebenheit welche sich im J. 1761. auf der kurfürstl. trierischen Münzstatt zu Koblenz mit einem Adepten Namens Georg STAHL zugetragen hat ; beschrieben von dem damaligen kurtrierischen Münzdirektor K. K. virkl. Hofrathe Herrn von M***

Leipzig, Ad. Friedr. Böhme, 1783, pet. in-8° de 60 pp.

(O-1512

9430 RICK (Iacobus) d'Arweiller. — Defensio compen | diosa certis | qve modis astricta | probae(vt loqvntvr) aqvae | frigidæ, qua in examinatione Maleficarum ludi | ces hodie vtuntur, omnibus scitu per | quam necessaria ; quatuor di | stincta capitibus. | Authore | Iacobo RICKIO I.L. Licentiato | ab Arvveiller. |

Coloniae Agrippinae, Ap. Ioannem Gymnicum, CIƆ IƆXVII. in-8° [1517]. de [16°]-80 pp.

|Réserve R. 2441

9431 RIEBESTHAL (le F.·.). — Rituel maçonnique pour tous les rites.

Strasbourg, s. d., (1850), in-8°. (8 fr.).

9432 RIES. — Die Sage vom Meister im Osten, Allen freyen Maurern gewidmet ; von Ihrem Bruder RIES.

Altona, Pinckvosz, 1831, in-32 de 30 pp.

(O-459

9433 RIGAUD (Et. Cés.), philosophe hermétique. — L'existence de la pierre merveilleuse des philosophes prouvée par des faits incontestables ; dédié aux adeptes par un amateur de la sagesse.

En France, 1765, in-12, (20 fr.).

Célèbre ouvrage d'alchimie, contenant six raisons qui prouvent la possibilité de la Pierre Philosophale.

9434 [RIGAUD DE VAUDREUIL] (le Comte Pierre Louis). — De l'Afrique et des Chevalier Hospitaliers de St-Jean de Jérusalem, par L. C. P. D. V

Paris, Adrien Egron, 1818. in-8° 97 p. (2 fr. 50).

[8° H. 5045

Curieux ouvrage sur les chevaliers de St-Jean de Jérusalem, et sur les Templiers.

Projet de reconstitution de cet ordre pour annihiler les déprédations des corsaires barbaresques, etc. — Fondation d'une colonie de moines militaires mariés dans le Nord de l'Afrique. — Préconise l'expulsion radicale des Arabes des pays conquis et colonisés.

9435 RIGAULT (Abel). — Le procès de GUICHARD, évêque de Troyes (1308-1313). par Abel RIGAULT.

Paris, A Picard et fils, 1806, gr. in-8°. (8 fr.).

[L⁴⁵. 69

Très curieux procès de sorcellerie ; GUICHARD fut accusé entre autres crimes, d'avoir envoûté la reine de France, empoisonné la reine douairière de Navarre et cherché à faire périr par le même moyen Charles de Valois et Louis le Hutin.

9436 RIGAULT (H.). — Histoire de la querelle des Anciens et des Modernes.

Paris, 1856, in-8°, (8 fr.).

Rapports du Christianisme avec l'idée de progrès et avec l'antiquité. — Roger Bacon. — Fontenelle et le Dialogue des Morts. — Homère. — Vico et la Science nouvelle, etc...

9437 RIKLI (Arnold) thérapeute naturiste Suisse, né dans le canton de Berne vers 1824, mort vers 1906, à l'âge de 82 ans. — Arnold RIKLI. — Médecine naturelle et Bains de Soleil.

Lausanne, Bridel, 1905.

La Méthode thérapeutique de RIKLI est très bien exposée par le Dr Fernand SANDOZ, q. v., dans sa Thèse : « *Introduction à la thérapeutique Naturiste...* » (p. 115-129).

9438 RINGELBERGIUS ou Joachim STERCK van RINGELBERG, humaniste flamand, né à Anvers vers 1499, mort vers 1536. Professeur de Belles lettres et d'Astrologie. — Joachimi Forte RINGELBERGII, Andoverpiani, Opera.

Lugduni, apud Vincentium, 1556, in-8°, (18 fr.).

[Z. 19106

Ouvrage fort curieux pour les sciences mathématiques, astronomiques et occultes. — Horoscopus : Astrologia cum geomantia, Urina non visa, et interpretatione somniorum.

Nombreuses figures de mathématiques, chiromancie, optique, horoscopes, etc...

9439 RINN (Louis). — Marabouts et Khouan. — Etude sur l'Islam en Algérie, avec une carte indiquant la marche, la situation et l'importance des ordres religieux musulmans.

Alger, 1884. fort vol. gr. in8°, (8 fr.).

[Lk⁸. 1335

Ouvrage extrêmement intéressant, contenant des études approfondies sur l'origine, le développement et l'organisation des ordres religieux ; leurs pratiques, leur rites ; etc... ainsi que sur leur rôle politique, questions très importantes à l'heure actuelle. — Seddikya. — Aouïssya-Chaldelya. — Aïssaoua. — Snoussya, etc...

9440 RIO (M.). — Essai sur l'Histoire de l'Esprit humain dans l'antiquité.

Paris, 1827, 2 forts vol. in-8°. (8 fr.).

La Chine. — L'Inde. — La Perse. — l'Egypte. — La Judée. — La Science d'Homère. — Le génie de Platon. — La puissance d'Aristote.

9441 RIOLAN (Jean) Médecin français né à Amiens en 1539, mort à Paris en 1606. Doyen de la Faculté de Paris. — Discours sur les Hermaphrodites par J. RIOLAN.

Paris, 1614, in-8°.

[Tb⁷³ 10
(S-3286 b

9442 RIOLAN (J.). — Gigantologie ; Histoire de la Grandeur des Géans, où il est démontré que de tout temps les plus grands hommes et Géans n'ont été plus grands que ceux de ce temps; par J. RIOLAN.

Paris, 1618, in-8°.

[Tb⁷¹ 13
(S-3284

9443 RIOLLOT. — Les Carrés Magiques. Contribution à leur étude.

Paris, Gauthier Villars, 1907, in-8°, 119 p., 311 fig. (3 fr.).

[8° V. 31604

9444 RIOTOR (Léon) et LEOFANTI. — Les Enfers Bouddhiques. Le Bouddhisme Annamite, avec trois notices de RENAN, LEDRAIN, et FOUCAUX. Vignettes, En Têtes, un Frontispice, douze Planches en couleurs hors texte, dessinées à la plume de roseau par PHA et LY, d'après les Hauts reliefs de la Pagode Ténébreuse des Supplices d'Hanoï.

Paris, Chamuel, 1895. in-4° carré de 93 p. planches hors texte, (5 fr.).

[O²m 144

Très bel ouvrage, imprimé en plusieurs teintes.

Ce splendide ouvrage révèle tout un côté ignoré de la religion bouddhique. — Ses nombreuses illustrations en font un volume qui peut trouver place dans toutes les bibliothèques, et le texte des savants éminents qui y ont collaboré l'indiquera à l'attention des hommes d'étude.

(G-2054)

9445 RIOTOR (Léon). — Le Pressentiment. — La Jument noire. — Préface de Papus.

Paris, Chamuel. 1895. in-16. pièce.

[8º Y² Pièce. 1364
Nouvelles ésotériques.

9446 RIPLEY (Georges) en latin RIPLÆUS ou RIPLÆUS célèbre alchimiste anglais né vers 1450 (?). mort vers 1490. Chanoine de Bridlington dans le diocèse d'York. — Georgii RIPLAEI.... chimische Schrifften, darinnen von dem gebenedeyten Stein der Weisen und desselben kunstreichen Præparation gründlich gehandelt wird ; nach der Lateinisch und Englischen Edition H. William SALMON, ins Teutsche übersetzet durch Benj. ROTH-SCHOLTZEN.

Wienn, Joh. Paul Kraus;. 1750, in-8º de II-233 pp. avec 1 pl.

Les œuvres de RIPLEY finissent à la p. 104 ; le reste du vol. contient : Das eroffnete philos. Vatter-Hertz... et ARTEFIUS : Geheimer Haupt-Schlussel.

(O-094-868)

9447 RIPLEY (Geo). — Des grossen Engelländischen Philosophi Georgii RIPLAEI experientzreiche hermetische Schrifften, betreffend die Universal-Tinctur ; dans Antrum Naturæ et Artis (1710), 379-710.

Cette réunion des œuvres de RIPLEY se compose de 15 traités, dont :

1) Tractat von 12 Porten des philosoph. Wercks (en vers).

2) Warnungs-Schrifft des Authoris... (en vers).

3) Epistel an König Eduard den Vierdten.... (en vers).

4) In Reimen gestelltes Lied... (en vers).

5) Büchlein von den Mercurio der Weisen und ihrem Stein.

6) Medula Philosophiæ oder Kern der chymischen philosophiæ.

7) Eidvertrauliches Kunst-Buch der Alchimisten.

8) Der Schlüssel der güldenen Pforten.

9) Aug-Apffel der Alchimey.

10) Die Erde der philosophischen Erden.

11) Übereinstimmung Raimundi Lullii und Guidonis des Griechischen Philosophi.

12) Componirung des allerstärcksten Effigs.

13) .... des Alchimischen Mercurii.

14) Zehrgeld und mancherley Practic.

15) Abkürtzund und Raymundische Practic.

(O-867)

9448 RIPLEY (Geo.). — Opuscula quædam chemicæ. G. RIPLEI Angli medulla philosophiæ chemicæ. Incerti autoris canones decem, mysterium artis mira brevitate et perspicuitate comprehendentes. — HELIÆ monachi. franciscani speculum alchymiæ. Ioan AURELII AUGURELLI Chrysopœica compendium paraphrasticum. ARTEFII clavis maioris sapientiæ. Ioan. PONTANI. epistola de lapide philosophorum. GALLI et SCHENREVTERI medici epistola ad Guil. GRATAROLUM.

Francofurti. Ioan. Briegeri, 1614. pet. in-8º (12 fr.).

9449 RITE écossais ancien et accepté.. Compte rendu de la fête offerte le 24 Octobre 1878 par le suprême Conseil du Rite Ecossais pour la France et ses dépendances aux Maçons étrangers dans la grande Salle du Palais du Trocadéro.

Paris, 1878, in-8º. 24 pages (8 fr.).

Ce compte rendu orné d'une double vue du Trocadéro, d'une vue du Palais pendant la fête maçonnique et du F∴ Crémieux d'après B. Ullmann, contient le texte des discours prononcés au cours de cette solennité par les FF∴ Crémieux et Arago.

9450 RITE Ecossais ancien et accepté. — Grande Loge de France. Constitution et règlements généraux de la Fédération.

Paris, 1901, in-16 (4 fr.)

9451 RITE Ecossais ancien et accepté. MEMORANDUM.
Origine : Mai 1848 à 1806 inclus. 130 N^{os} en 6 volumes, in-8° (150 fr.)

Collection rare de cette publication qui est l'organe officiel du Rite écossais ancien accepté de France; à partir de 1893 la publication a pris pour titre : *Bulletin officiel du suprême Conseil de France.*

9452 RITE Ecossais ancien et accepté Sup∴ Cons∴ pour la France et ses dépendances. Rituel des trois premiers degrés symboliques de la Franc Maçonnerie Ecossaise∴

Paris, s. d. [*Quantin*, vers 1800], in-4° (20 fr.).

Rituel rare non mis dans le commerce, tiré à petit nombre d'exemplaires numérotés et remis seulement aux loges du rite, avec la signature et le cachet en trois endroits différents du chef du secrétariat général du Rite.

9453 RITE ORIENTAL DE MISRAIM ; ou d'Egypte. Fête d'ordre du 4 Août 1880.

Paris, 1880, in-8°, 52 pages (2 fr.).

9454 RITTANGEL (Steph.), Professeur de Langues Orientales à Kœnigsberg. — Liber lezirah qui Abrahamo patriarchæ adscribitur, una cum commentario Abraham F. D. super 32 Semitis sapientiæ, a quibus liber lezirah incipit. Translatus et notis Illustratus a J. Steph. RITTANGELIO, ling. Orient. in Elect. Acad. Regiomontanæ prof. extraord.

Amstelodami, apud Ioan. et Iod. Iaussonios, 1642, in-4° (60 fr.).

[A. 2861

Ouvrage cabalistique d'une excessive rareté. Texte hébreu et traduction latine en regard.

(G-500
(S-2107

9455 RITTER (Dr Henri) philosophe allemand, né à Zerbst en 1791 mort à Gœttingue en 1869. Professa à Berlin, Kiel, etc. — Histoire de la Philosophie ancienne, traduite de l'allemand, par C. J. Tissot.

Paris, Ladrange, 1837, 3 vol. in-8° (15 fr.).

Autre édition :

Paris, Ladrange, 1858, 4 vol. in-8°.

9456 RITTER (Dr H.). — Histoire de la Philosophie Chrétienne ; précédée d'un mot sur la relation de la croyance avec la science ; traduit de l'allemand par J. Trullard.

Paris, 1844, 2 forts vol. in-8° (16 fr.).

Sectes gnostiques et affiliations au Gnosticisme. — Les Manichéens. — Sens philosophique du manichéisme. — Valentin. — Ecole d'Alexandrie. — Clément d'Alexandrie. — Origène. — St-Augustin. — Denys l'Aréopagyte. — Le Mysticisme. — Doctrine secrète, Boèce, etc.

9457 RITTER (Dr Henri). — Histoire de la philosophie moderne.

Paris, 1861, 3 vol. in-8° (8 fr.).

9458 RITUALE ROMANUM Pauli V pontificis maximi jussu editum.

Lugduni, Chevalier, 1616, pet. in-8°. Figures (10 fr.).

Autre édit. :

Lugduni, Chevalier, 1618, in-8°.

[B. 16740 bis

Belle édition, imprimée en rouge et en noir, avec le plain chant noté, enrichie de jolies vignettes gravées sur bois. C'est le manuel des exorcismes en vigueur dans l'Eglise catholique, et à l'usage exclusif du sacerdoce. On y trouve toutes les formules et les procédés traditionnels pour chasser les démons, conjurer les tempêtes, bénir les remèdes, etc... C'est en somme, la contre-partie des grimoires de magie, et son emploi est certainement précieux en cas de maladies, maléfices et périls de toute espèce.

Autres éditions :

Paris, 1888, fort in-16 d'environ 800 p.

Paris, Adr. le Clère, 1858, in-8° de 384 p. et 108 d'Appendix, texte en rouge et noir, plain chant noté en deux coul. (4 fr.).

[B. 16774

La Bibliothèque Nationale possède un très grand nombre d'autres éditions de Rituels Romains Anciens ou récents, en latin, cotées :

[B. 16740 à 16777

dont les dates s'étendent de 1618 à 1860.

Les formats sont tous in-8° ou plus petits. On n'en rencontre guère que deux in-4° qui sont les suivants :
Venetiis, apud Juntas, 1620.

[B. 1663

Et :

Brudigalæ, S. Millangius, 1620.

[B. 1664

9459 RÉGULATEUR du Maçon (Le).

Hérédom, l'an de la G∴ L∴, 5801, 9 vol. in-4° de 15 à 50 pp. chacun, planches de symboles.

[H. 5788 (1 à 8)

Comprend le rituel de *Vénérable*, 1ᵉʳ et 2ᵐᵉ *surveillant* pour les loges d'apprenti. — *Vénérable* 1ᵉʳ et 2ᵐᵉ *surveillant* de loges de compagnons. — *Vénérable*, 1ᵉʳ et 2ᵐᵉ *surveillant* des loges de maîtres.

Autre édition :

Régulateur (le) des Chevaliers Maçons ou les quatre ordres supérieurs suivant le Régime du Grand Orient.

A Hérédom. Se trouve à Paris, chez les F.F. Caillot...., Brun...., s. d., 9 brochures in-4°.

[H. 5787

Rituels des grades d'Elu, d'Ecossais, de Chevalier d'Orient, de Rose ✠ Croix, pour le *Tres Sage*, le *Grand Inspecteur* et le *Sévère Inspecteur*.

9460 RITUEL DES TROIS PREMIERS degrés symboliques de la Franc Maçonnerie écossaise.

Imprimerie Mélotte, s. d. [vers 1860], in-4° (20 fr.).

Rituel autographié en rouge et noir.

9461 RITUEL du grade d'apprenti et du grade de compagnon adopté par la R∴ L∴ la Clémente Amitié à l'Orient de Paris.

Paris, s. d. in-4°, 16 pages (6 fr.).

Non mis dans le commerce.

9462 RITUEL du grand Elu, chevalier Kadosch, 30ᵉ Deg∴ de la Franc Maçonnerie Ec∴.

Paris, Impr. Lourdol, s. d. (1880), in-4° (16 fr.).

« Ce rituel n'a jamais été mis dans le
« commerce. Il est présumable que ré-
« servé aux aéropages de Kadosch on le
« refuse même à leurs membres pris in-
« dividuellement. — Quoiqu'il en soit le
« présent exemplaire collationné et para-
« phé par le F∴ Millet Saint Pierre 33∴
« (c'est-à-dire Souverain grand inspecteur
« général) est l'exemplaire même (ou
« l'un des exemplaires) du Suprême con-
« seil de France, etc..., etc....
(S. de G.)

(G-2055

9403 RITUEL INTERPRETATIF pour le grade d'apprenti rédigé à l'usage des ateliers symboliques de tous les rites et de toutes les obédiences par le groupe maçonnique d'études initiatiques.

Paris, s. d. (vers 1890). in-8°. 75 pages (7 fr.).

Non mis dans le commerce et remis seulement aux Loges.

RIVAIL (Hippolyte-Léon-Denizard) dit ALLAN KARDEC, né à Lyon le 3 Octobre 1804, acheva ses études à Yverdun (Suisse) ; bachelier èslettres et sciences on le dit souvent à tort *Docteur en Médecine*. D'après nos recherches personnelles à ce sujet, ALLAN KARDEC bien qu'ayant des connaissances médicales incontestables, n'a jamais été reçu *Docteur en Médecine*. Il fonda un *Institut technique* à Paris, 35, rue de Sèvres et ne s'occupa de spiritisme qu'à partir de Mai 1855. Son pseudonyme « ALLAN KARDEC » était son nom dans une précédente existence, au temps des Druides.

En 1861 l'évêque de Barcelone, « *renouvelant les fastes et bûchers du Moyen-Age* » fit brûler en place publique par la main du bourreau, environ 300 exemplaires des ouvrages d'ALLAN KARDEC. (9 octobre 1861, à 10 h. 30 du matin sur l'Esplanade de la Ville de Barcelone).

ALLAN KARDEC mourut à Paris, rue Ste-Anne, le 31 Mars 1869 à l'âge de 65 ans, de la rupture d'un anévrisme.

Ses œuvres occupent les colonnes 310-327 du Tome II du Catalogue général de la Bibliothèque Nationale (Article ALLAN KARDEC).

9404 [RIVAIL]. — ALLAN KARDEC. — Le Ciel et l'Enfer ou la Justice divine selon le Spiritisme, contenant l'examen comparé des doctrines sur le passage de la vie corporelle à la vie spirituelle, les peines et les récompenses futures, les anges et les démons, les peines éternelles, etc.... suivi de nombreux exemples sur la situation réelle de l'âme pendant et après la mort.

Paris, les éditeurs du « *Livre des Esprits* », 1865, in-12 de 500 pp. (3 fr. 50).

[R. 39898

L'enfer existe-t-il ? Que faut-il penser des peines éternelles. Peut-on passer de la terre au ciel sans une longue évolution de l'âme ? Toutes ces questions sont élucidées, dans ce volume, avec une émouvante érudition.

9405 [RIVAIL]. — ALLAN KARDEC. — L'Evangile selon le Spiritisme contenant l'explication des maximes morales du Christ, leur concordance avec le Spiritisme et leur application aux diverses positions de la vie. 14e édition.

Paris, les édit. du « *Livre des Esprits* », 1880, in-12 de 450 pp. (3 fr.).

[8° R. 2387

Les trois révélations. La vie future. Différentes catégories des mondes habités. Mondes d'expiations et d'épreuves. Résurrection et réincarnation. Pertes de personnes aimées. Mystères cachés. Don de guérir, etc...

Autre édition :

Paris, Dentu, 1864, in-12.

9406 [RIVAIL]. — ALLAN KARDEC. — Filosofia espiritista : El Libro de los espiritus. — El Libro de los mediums. — El Evangelo segun el espiritismo.

In-8° à 2 colonnes (4 fr.).

Traduction en espagnol des trois principaux ouvrages d'ALLAN KARDEC.

9407 [RIVAIL]. — ALLAN KARDEC. — Les Fluides. (Les miracles. Le Surnaturel et les religions. Le Périsprit. Photographie de la pensée. Vie psychique. Double vue. Somnambulisme. Rêves. Catalepsie. Apparitions. Obsessions et possessions), etc...

Paris, Libr. des Sciences psychologiques, 1881, in-12 (0 fr. 60).

[8° R. 326-

9408 [RIVAIL.(Hippolyte-Léon D.)]. — ALLAN KARDEC. — La Genèse, les miracles et les prédictions selon le spiritisme.

Paris, Libr. Spirite, 1872, in-12. (4 fr.).

[R. 30905

« Ce livre est un des plus remarquables et des moins choquants pour le sens commun qu'ait écrits ALLAN KARDEC. » (S. de G.).

L'auteur y explique le merveilleux dans les religions, l'histoire, et en déduit une philosophie des plus consolantes.

Destruction des êtres vivants les uns par les autres. — Succession éternelle des mondes. — Ames de la terre. — Réincarnations. — Les fluides. — Résurrections. — Songes. — Possédés. — La Prescience. — Perisprit. — Photographie de la pensée. — Double vue. — Somnambulisme. — Rêves. — Apparitions. — Transfigurations. — Possessions, etc...

(G-1108

9409 [RIVAIL]. — ALLAN KARDEC. — Instructions pratiques sur les manifestations spirites contenant l'exposé complet des conditions nécessaires pour communiquer avec les esprits et les moyens pour développer la faculté médiatrice chez les médiums.

Paris, Bureau de la Revue Spirite, 1858, in-12. (2 fr.).

[R. 34013

Cet ouvrage, excessivement bien fait comprend l'exposé des principes généraux de la doctrine Spirite ainsi qu'un vocabulaire donnant la signification des mots employés dans le spiritisme.

9470 [RIVAIL]. — ALLAN KARDEC. — Philosophie spiritualiste. — Le Livre des Esprits contenant les principes de la Doctrine Spirite sur l'immortalité de l'Ame, la nature des esprits et leurs rapports avec les hommes : les lois morales, la vie présente, la vie future et l'avenir de l'humanité, selon l'enseignement donné par les Esprits supérieurs à l'aide de divers médiums ; recueillis et mis en ordre par ALLAN KARDEC. II-e édit. entièrement refondue et considérablement augm.

Paris, Didier et Cie. Ledoyen, 1860, in-8° de IV-XLIV-474-IV pp.

[R. 39908

Si nos renseignements sont exacts, ALLAN KARDEC est le même qu'ELIPHAS LEVY, et ces deux théurgistes ne seraient autre que M. Louis CONSTANT, qui après avoir quitté le sacerdoce, se maria avec la dame artiste qui signe ses charmantes nouvelles du pseudonyme de CLAUDE VIGNON.

Par décret impérial du 26 août 1865, madame Noëmi CONSTANT la charmante romancière, le sculpteur de l'escalier de la Bibliothèque du Louvre, du bas relief de la fontaine Saint-Michel, etc... a été autorisée à prendre pour nom de famille, le pseud. de Claude Vignon.

Depuis que cette note est rédigée, nous avons eu sous les yeux le Diction. des pseud. par G. d'HEILLY, qui nous dit qu'ALLAN KARDEC est le pseud. d'un M RIVAIL, ancien chef d'institution, mort le 31 mars 1869 [Note de M. Ladrague].

(G-351
(O-1727

Autres éditions :

Paris, Librairie des Sciences psychologiques, 1883, in-12. (4 fr.).

— Intervention des Esprits dans les choses de ce monde, leur rôle dans les destinées humaines. Bons et mauvais esprits. Ce qui les attire ou les éloigne. Comment se comporter à leur égard suivant les circonstances.

Paris, 1866, in-8°.

L'édition originale est de

Paris, Didier, 1860.

[R. 39907

9471 [RIVAIL]. — ALLAN KARDEC. — Le Livre des Médiums, ou guide des Médiums et des évocateurs contenant l'enseignement spécial des esprits sur la théorie de tous les genres de manifestations, les moyens de communiquer avec le monde invisible, le développement de la médiumnité, les difficultés et les écueils que l'on peut rencontrer dans la pratique du Spiritisme.

Paris, Librairie de la Revue spirite in-12, (3 fr.).
[R. 39024

Le Merveilleux. Le Surnaturel. La Folie. L'hallucination. Système somnambulique. Phénomènes des apports, Apparitions. Transfiguration. — Invisibilité, Action magnétique curative. Pneumatographie. Obsessions. Fascination, etc...

L'édition originale est de

Paris, Didier, Ledoyen, 1861, in-18.
[R. 39018

9472 [RIVAIL]. — ALLAN KARDEC. — Œuvres posthumes.

Paris, Société de librairie spirite. 1800. in-12, (2 fr.).
[8° R. 14129

Vie d'ALLAN KARDEC. Sa profession de foi raisonnée. Comment il devint spirite. Les divers phénomènes dont il a été témoin ou qu'il a provoqués. Ce volume renferme les choses les plus étranges et constitue un document précieux pour l'histoire du Spiritisme en France.

9473 [RIVAIL]. — ALLAN KARDEC. Qu'est-ce que le Spiritisme ; introduction à la connaissance du monde invisible par les manifestation des Esprits contenant le résumé des principes de la doctrine spirite et la réponse aux principales objections.

Paris, Ledoyen. 1859. in-12, (1 fr. 25).
[R. 39926

Phénomènes. Fluide magnétique, Médiums. Moyens de communication avec le monde invisible. L'Homme pendant la vie terrestre. L'homme après la mort, etc....

Autres éditions :
Paris, 1862, 1863, 1865, in-12.

9474 [RIVAIL]. — Revue Spirite, journal d'études psychologiques publié sous la direction de M. ALLAN-KARDEC

Paris, 8, rue des Martyrs, 1858, Mensuel, (10 fr. par an).
[8° R. 561

On trouve dans ce journal quelques faits de somnambulisme et de magnétisme ; mais il est le moniteur officiel du Spiritisme dont M. Kardec (son véritable nom est RIVAIL) est le grand prêtre. Il aurait été fondé grâce aux libéralités d'un spirite convaincu initié par un esprit de l'autre monde.
Peu de journalistes ont acquis autant d'influence sur leur monde spécial de lecteurs que M. KARDEC. Je suis trop libre-penseur pour blâmer chez mes contemporains la hardiesse des opinions, mais en songeant que tout ce que dit la Revue Spirite est parole d'Évangile pour ses lecteurs je me demande si nous sommes bien au dix-neuvième siècle ? [DUREAU]
(D. p. 166
(G-2045, 6 et 7

9475 [RIVAIL]. — ALLAN KARDEC. — Le spiritisme à sa plus simple expression, exposé sommaire de l'enseignement des esprits et de leurs manifestations.

Paris, les éditeurs du Livre des Esprits. 1862. in-12 (1 fr. 50).
[Rp. 9042

33e édition en 1884 :
[8° R. Pièce. 2876

9476 [RIVAIL (sur M.)]. — ALLAN KARDEC. — Anniversaire de la mort de Allan Kardec. 31 mars 1874. — Discours de MM. LEYMARIE, MICHEL (médium), Paul GILLARD, DUNEAU (médium), BOISTE, etc....

Paris, 1874, in-12, (0 fr. 60).

9477 [RIVAIL (sur M.)]. — Discours prononcé pour l'anniversaire de la mort de ALLAN KARDEC. Inauguration du monument (Lettres de MM. VANDERYST, DELANNE. L'Homme est esprit et matière. Le spiritisme dans l'antiquité. Réponse de l'Esprit d'Allan Kardec, etc...).

Paris, 1870, in-12, (1 fr. 25).

(Vue du monument-dolmen d'ALLAN KARDEC au Père Lachaise).

RIVAIL (H. L. D.). — ALLAN KARDEC. — Voir :

SAUSSE son biographe.

9478 RIVAL. — Le drame contemporain, ou la guerre maçonnique.

Paris, Bloud. 1891, in-12. (2 fr.).

[Lb⁵⁷ 10567

9479 RIVARD (Dominique François), Mathématicien français né à Neufchâteau (Lorraine) en 1697. Mort à Paris en 1778. Professeur de philosophie au Collège de Beauvais. — Traité de la sphère et du calendrier, 5-ème édit. revue et augmentée par J. de Lalande

Paris, Guillaume, an VI. in-8°, planches, (4 fr.)

Ouvrage remarquable par sa clarté, comme tous ceux de l'auteur et recherché surtout pour son Traité du calendrier, l'un des meilleurs qui existent. — Avec plusieurs planches.

9480 RIVE (Abbé Joseph Jean) savant biographe né à Apt (Vaucluse) en 1730, mort à Marseille en 1791. Bibliothécaire du Duc de La Vallière, et ardent révolutionnaire. — Lettre vraiment philosophique à Monseigneur l'Evêque de Clermont sur les différentes motions qu'il a faites dans notre auguste Assemblée nationale, depuis la fin de septembre dernier jusqu'à présent, par l'Abbé RIVE.

A Nomopolis [Aix en Provence]. chez le Compère Eleuthère. 1790, in-8° de 448 p. plus 159 de notes. (25 fr.).

[Lb³⁹. 3289

Violent ouvrage anticlérical, et remarquable, écrit par un prêtre révolutionnaire, ci-devant curé de Mollégès près d'Arles.

« Quand, perclus de tous ses membres, couché sur un grabat, il soulevait sa tête sur ses oreillers, il faisait trembler les aristocrates » dit de lui Camille DESMOULINS. — En dehors de son puissant intérêt relativement au culte primitif de l'Eglise, ce pamphlet révolutionnaire est fort rare, n'ayant été tiré qu'à qq. exemplaires.

Pendant plus de quatre cents pages l'auteur interpelle directement « Monseigneur » et lui expose crânement de ces vérités qui, selon le proverbe. ne sont pas bonnes à dire. [DUJOLS].

9481 RIVET (Mme M. né BRIERRE DE BOISMONT). — Les aliénés dans la famille et dans la maison de santé.

Paris. 1875, in-12, (2 fr. 25).

Folie suicide et homicide. Chagrins d'amour, hallucinations, folie hystérique. Folie religieuse. Folie politique. — Le réveil de la raison, etc...

9482 ROBERT. — L'art de connaître les défauts et les qualités des gens.

Paris, s. d., in-18. Orné de 145 figures, (2 fr.).

9483 ROBERT (Docteur). — Recherches et considérations critiques sur le magnétisme animal avec un programme relatif au somnambulisme artificiel ou magnétique traduit du latin du docteur Metzger accompagné de notes et suivi de réflexions morales ou pensées détachées applicables au sujet, par M. ROBERT, docteur en médecine, etc. médecin en chef des hopitaux de Langres.

Paris. Baillière et Deulu. 1824, in-8°, 396 pages. (3 fr. 50).

Fatigante critique, sans valeur aucune.

(D. p. 97
(G-2056

9484 ROBERT LE JEUNE. — Essai sur la Mégalanthropogénésie, ou l'art de faire des enfants d'esprit, qui deviennent de grands hommes; suivi des traits physiognomiques propres à les faire reconnaître, décrits par Lavater et du meilleur mode de génération.

Paris, Debray, an X. in-12, (5 fr.).
[Tb^{ns} 84

La véritable heure pour la génération d'un grand homme. — Moyen facile d'avoir des femmes d'esprit. — Art de procréer les sexes à volonté. — Des tempéraments, etc...

Dans la seconde partie de l'ouvrage, se trouve une analyse complète du système de MILLET sur l'art de procréer les sexes à volonté avec expériences et preuves à l'appui.

9485 ROBERT LE JEUNE. — Nouvel essai sur la Mégalanthropogénésie, ou l'art de faire des enfants d'esprit, qui deviennent des grands hommes; suivi des traits physionomiques propres à les faire reconnaître, décrits par Aristote, Porta et Lavater.

Paris, An X (1803), 2 vol. in-8°. (25 fr.).

9486 ROBERT (A.). — Choléra et magnétisme : révélation de la liqueur anti-cholérique par une somnambule.

Nice. 1883, in-8°. (1 fr. 75).

9487 ROBERT (Cyprien) littérateur et philosophe né à Angers en 1807. — Essai d'une Philosophie de l'Art, ou introduction à l'étude des monument chrétiens.

Paris, 1836, gr. in-8°. Figures (12 fr.).
[V. 51701

Curieux ouvrage de théosophie appliquée à l'Art. — Volume probablement unique dans ce genre. « Tout vrai chrétien dit l'auteur dans sa conclusion, doit être un organe debout sur la terre, agissant et parlant pour que la chair et le sang reçoivent en eux l'esprit d'amour, et que de plus en plus, les ténèbres s'illuminent. Malgré que l'humanité ne revienne jamais sur ses pas, il n'en est pas moins vrai que tout en accomplissant, comme un astre déchu, sa lente réascension vers Dieu, chaque époque progressive trace son cercle agrandi en le modelant sur le cercle inférieur. — Lorsque, dans sa majestueuse spirale, pareil à l'aigle qui plane sur l'abime, l'esprit humain s'arrête au sommet de son dernier cercle, et se prépare dans la tempête, à en tracer un nouveau, il correspond précisément au point de naissance du cercle inférieur, le sonde du regard et puise dans cet organisme disparu de nouveaux germes plus parfaits. N'est-ce pas le moment où nous sommes? » Cette citation éloquente révèle suffisamment l'ésotérisme de cet ouvrage rayonnant. [DUJOLS].

9488 ROBERT (P.). —XIX-e siècle. — Cycle solaire, ou calendrier séculaire et hebdomadaire, à l'usage de toutes les classes de la société sans exception, suivi de l'annuaire des fêtes patronales et grandes fêtes correspondantes, de plusieurs tables, notes historiques pour servir à vérifier les dates et de la concordance des calendriers grégorien et républicain.

Paris. Delaunay, 1821. in-8°. (4 fr.).

ROBERT-HOUDIN (Jean Eugène). — Jean Eugène ROBERT, né à Blois, en 1805, mort à Saint-Gervais près de Blois en 1871, épousa Mlle Joséphe Cécile Eglantine HOUDIN, d'où son nom de ROBERT-HOUDIN.

Il fut d'abord clerc de notaire, puis devint un prestidigitateur célèbre.

Voir à son sujet le livre remarquable de M. EVANS « *The Old and the New Magic* » (en anglais) où on trouve un résumé biographique et technique sur tous les prestidigitateurs connus, et leurs rapports entre eux.

9489 ROBERT-HOUDIN (Jean Eugène). — Comment on devient sorcier. — Les secrets de la prestidigitation et de la magie.

Paris, C. Lévy, 1878, fort in-12. Nombreuses figures, (2 fr. 50).

Ventriloquie. — De la magie simulée et de ses adeptes. — Prestidigitation de l'esprit. Les médiums. — Le Magnétisme simulé. — Escamotage, etc...

Id. :

Paris, 1868. in-8°.

9490 ROBERT-HOUDIN (Jean Eugène) — Confidences d'un prestidigitateur. Une vie d'artiste.

Paris. Librairie nouvelle, 1859. 2 vol. in-8°. (10 fr.).

Edition originale.

Curieux et intéressant ouvrage, contenant un grand nombre d'anecdotes amusantes. — Le tome II est terminé par 16 expériences expliquées, illustrées chacune d'une figure hors texte.

9491 ROBERT-HOUDIN (Jean-Eugène). — Confidences et Révélations : Comment on devient sorcier.

Paris. Delabays. 1868, in-8° Nombreuses vignettes et photographie de l'auteur. (4 fr. 50).

9492 ROBERT-HOUDIN (Jean Eugène). — Magie et physique amusante.

Paris, Calmann Lévy, 1877, in-12 Orné d'un portrait de l'auteur et de vignettes. (2 fr. 50).

9493 ROBERT-HOUDIN (Jean Eugène) — Les tricheries des Grecs dévoilées, l'art de gagner à tous les jeux.

Paris, 1863, in-12, figures.

Maison de jeu. — Tripots. — Catégories d'escrocs. — Prestidigitation raffinée. — Délicatesse du toucher. — Trucs et supercheries, etc.

9494 ROBERTSKI (Paul de). — Le Fouet en Pologne et en Autriche-Hongrie (1830-1848).

Paris, Carrington, 1906, in-18, 501 p. (5 fr.).

[8° Y² 22168

Le regard de Jeno. — Marpha. — Le Tortionnaire. — La nuit sublime. — La Vierge Verte. — Récréations. — Les Proies. — Marpha flagellée. — Recommencements. — Des yeux dans l'ombre. — Le Pressoir. — Etc.

9495 ROBERTSON (Etienne Gaspard Robert dit), physicien et aéronaute belge, né à Liège en 1763, mort aux Batignolles (Paris) en 1837. Il professa la Physique à Liège et a, dit-on, inventé le parachute employé en aérostation. — Mémoires récréatifs, scientifiques et anecdotiques du physicien aéronaute E. G. Robertson connu par ses expériences de fantasmagorie et par ses ascensions aéronautiques.

Paris, chez l'auteur, Wurtz, 1831-33, 2 vol. in-8°, (18 fr.).

[R. 40301-302

Mémoires très intéressants non seulement au point de vue aéronautique ou fantasmagorique, mais aussi pour servir à l'histoire des événements et des mœurs de la Révolution et de l'Empire. Nombreuses anecdotes sur Marie-Antoinette, Barras, Bonaparte. Moreau, etc... Avec figures hors texte. Rares avec les deux frontispices dessins par Robertson lui-même qui sont curieux pour les costumes du temps.

(G-001

9496 ROBERTSON. — Recherches historiques sur l'Inde ancienne et sur la connaissance que les anciens en avaient, etc...

Paris, 1821, in-8°, cartes, (5 fr.).

Philosophie des Indiens. — Idée des philosophes sur l'Ame. — Théologie des brahmines. — Divinités. — Les Fakirs. — Femmes consacrées aux plaisirs charnels par la religion. — Livres sacrés. — Pratiques religieuses. — Superstitions, etc.

9497 ROBERTUS (le P. Jésuite). — Roberti Curationis Magneticæ et Unguenti Armarii Magica Impostura lare demonstrata...

Luxemburgi, H. Reuland, 1621. in-8°.

[Te⁵⁶ 24
(S-3399

Controverse célèbre à laquelle ont pris part GOCLENIUS et VAN HELMONT.

9408 ROBERTUS (Jo). — GOCLENIUS Heautontimorumenos, id est Curationis Magneticæ Unguenti Armarii ruina, auctore Jo. ROBERTO.

Luxemburgi, 1618, in-8°.

" *Heautontimorumenos* " est le titre d'une Comédie grecque de MÉNANDRE, imitée en latin par TÉRENCE et signifie : " *L'Homme qui se punit lui-même* ".

(S-3309

9499 ROBERTUS Vallensis. — ROBERTI VALLENSIS, de Veritate et antiquitate artis chemicæ et pulveris sive medicinæ philosophorum vel auri potabilis, testimonia et theoremata ex variis auctoribus ; dans *Theatrum chemicum*, I (1613), 1-24.

(O-546

9500 ROBIANO (l'abbé Comte Aloïs de). — Névrurgie ou le Magnétisme animal devenant une science physique mathématique, par l'Abbé comte Aloïs de ROBIANO.

Bruxelles, 1846, in-8°, 2-me édition.

[Manque à la Bibliothèque Nat.

A paru à Paris en même temps qu'à Bruxelles.

Intéressant ouvrage où se trouvent de curieuses expériences personnelles à l'auteur, et du genre de celles reprises depuis par le comte de *TROMELIN*, q. v.

(D. p. 135

9501 ROBIANO (Abbé, comte de). — Névrurgie, ou le magnétisme animal, enrichi, démontré, visible dans plusieurs phénomènes nouveaux. — Découverte d'un état inconnu jusqu'à ce jour.

Bruxelles, 1847, in-8°. (3 fr.).

Curieuse étude sur le Magnétisme, science physique, dit l'auteur.

Il a paru une *4-me édition*, très augmentée :

Bruxelles, Vve Wouters, 1851, in-8° de 234 pp. avec un " *Supplément* ": Qu'est-ce que la Table qui marche et la Table qui répond ". Bruxelles, Kiessling et Cie, 1853, in-8° de 23 pp., brochés ensemble.

La première édition de cette brochure (*Névrurgie*) était intitulée : " *Mesmer, Galvani et les Théologiens* " Bruxelles, 1844 ou 45.

9502 ROBILLARD (J. B. P.), membre de la Société de Magnétisme de Paris. — Essais sur l'Epilepsie ; hommage à la Société de Magnétisme de Paris.

S. l. (1863), in-8° (1 fr.).

9503 ROBILLARD. — Recherches sur les phénomènes de la vie.

Aurillac, 1870, in-8°. (2 fr.).

Ame fluidique ou vitale. — Magnétisme — Traitement magnétique. — Charmeurs. Effluves. — Seconde vue. — Puissance magnétique de l'œil entre les sexes. — Etc...

Autre édit. :

Aurillac, 1878, in-8°.

9504 ROBILLARD (J. B. P.). — Etude sur différents attributs de l'âme humaine, et sur la lucidité dans la veille et pendant le sommeil magnétique.

Paris, 1864, in-8°. (2 fr.).

Système de l'âme. — Fluide nerveux. — Lucidité. — Extase. — Intuition. — Prévision. — Rêves. — Hallucinations. — Vue à distance, etc.

9505 ROBIN (Dr Albert). — Les ferments métalliques et leur emploi en thérapeutique.

Paris, J. *Rueff*, 1907, in-18, VIII-252 p. graphiques. (4 fr.).

[8° Te⁷. 450

9506 ROBIN (Abbé Claude), curé de Saint Pierre d'Angers. — Histoire critique des mystères de l'antiquité suivie d'un supplément intitulé : Recherches historiques sur les Initiations des premiers peuples du monde.

A Hispahan, 1788, in-16. Figures. (5 fr.).

Ouvrage cité avantageusement par RAGON. — Philosophie des Mages, leurs dieux ; origine des mystères et des fêtes de l'antiquité.— Réceptions et initiations aux mystères. — Description des épreuves, serments, secrets etc... Un intéressant chapitre au nombre ternaire, avec un pantacle.

L'abbé ROBIN, curé de *Saint-Pierre d'Angers*, était F∴ M∴ et fut l'un des fondateurs de la loge des *Neuf-Soeurs*.

9507 [ROBIN Claude]. — Recherches sur les initiations anciennes et modernes ; par M. l'abbé R... (Claude ROBIN). (IIe édit.) avec cette épigraphe :
Mire silentio et tenebris animus alitur. Plin. L. IX.

Dresde, les frères Wallher, 1781, pet. in-8° de 116 pp.

Selon BARBIER et QUÉRARD, d'après ERSCH : *France littér.* t. IV, cette édit. aurait été publiée avec le nom de RAYNAL: il n'en est rien, ou au moins tous les exemplaires ne portent pas cette dénomination ; ceux que j'ai vus n'avaient que l'initiale que j'indique.

Id. :

Amsterdam et Paris, Valleyre, 1779 pet. in-8°. (3 fr. 50).

[J. 24756 et 10605
(St-Y-4277
(O-175 et 176
(G-002 et 2057

9508 ROBIN (R.). — Plaidoyé d'un Monstre, par R. ROBIN.

Paris, 1620, in-8°.

(S-3282 b

9509 ROBINET (Jean-Baptiste-René), écrivain et philosophe français né à Rennes en 1735, mort en 1820. Censeur Royal. — Vie philosophique de la gradation naturelle des formes de l'être ou les essais de la nature qui apprend à faire l'homme.

Amsterdam, 1768, in-8°. (7 fr.).

« Ouvrage peu commun et très original. Jolie édition avec titre en deux « couleurs, vignettes et de nombreuses « planches gravées avec soin... L'auteur « a donné une audacieuse théorie du « monde, renouvelé de l'Esotérisme an-« tique : l'Univers est pour lui un ani-« mal infini et chacune de ses parties « vivent également d'une existence qui « leur est propre. » Etc. (S. de G.).

(G-903)

9510 ROBINSON. — Antiquités grecques, ou tableau des mœurs, usages et institutions des Grecs, dans lequel on expose tout ce qui a rapport à leurs Religions, Lois, Fêtes, Jeux publics, Repas, Spectacles, Funérailles, Habillements, Edifices publics, etc...

Paris, 1822, 2 vol. in-8°. (6 fr.).

Les Dieux. — Temples, autels, images. — Prêtres et leurs fonctions. — Sacrifices. — Divination et oracles de Jupiter, d'Apollon, de Trophonius. — Théomancie. — Magie et enchantements, etc.

9511 ROBINSON (John). — Preuves de conspirations contre toutes les religions et tous les gouvernements de l'Europe, ourdies dans les assemblées secrètes des Illuminés, des Francs-Maçons, et des sociétés de lecture, recueillies de bons auteurs ; par John ROBINSON, professeur de physique et secrétaire de l'acad. roy. d'Edimbourg; avec cette épigraphe :
Nam tua res agitur paries cum proximus ardet.

Trad. de l'angl. d'après la III-e édit. (par....)

Londres, J. Cadell jun. et W. Davies, etc. 1799, 2 vol. in-8° de VIII-372 et IV-365 pp.

[G. 28568-00

T-e I. Ch. I. Schismes dans la Maçonnerie ; — Ch. II. les Illuminés ; — T. II. Ch. III. l'Union germanique ; — Ch. IV. la Révolution française.

Le titre de l'ouvrage indique l'esprit dans lequel cet ouvrage est écrit.

Ouvrage rempli de faits et de documents dont BARRUEL a beaucoup profité pour son *Histoire du Jacobinisme*.

Autre édit. :

Londres, Cadell. 1798, 4 parties in-8°.

(O-201

9512 ROBINSON (John). — Proofs of a conspiracy against all the Religions and Governments of Europe, carried on in the secret meetings of Free-Masons, Illuminati and reading societies ; collected from good authorities ; by John ROBINSON. III-rd édit. corrected.

London, T. Cadell..., 1798, in-8° de IV-548 pp.

(O-200

9513 ROBLIN (Justin) de Senlis. — Explication du Zodiaque de Denderah, des Pyramides et de la Genèse, par Justin ROBLIN, de Senlis. Dédiée à tous les Chefs d'Etat.

Caen, 1861, in-8° de 17 p. fig. et planche pliée. (3 fr.).

[Manque à la Bib. Nat.

9514 [ROBOAM]. interne des Hôpitaux de Paris. — Lettre au Courrier français sur les variétés du drapeau blanc du 6 septembre 1821 par M. L... étudiant en médecine.

Paris, les marchands de nouveautés, 1821, in-8°, 8 pages.

Attribué à un interne des hôpitaux nommé ROBOAM.

(D. p.96

9515 ROBVILLE. — Le dragon rouge ou l'art de conjurer les esprits démontré par des faits et des exemples.

Paris, Le Bailly. s. d.. (vers 1865) in-12, (7 fr.),

Autre édit.

Paris, Le Bailly, (1883), in-12.

[8° V. 10630
(G-904
(Y-P-1094

9516 ROCA (l'abbé). Le Christ, le Pape et la Démocratie.

Paris, 1884, in-18, (4 fr.).

[D². 14907

Rien de plus actuel et de plus vivant que cette œuvre énergique, où passe un grand souffle de liberté, et où retentissent d'un bout à l'autre, les trompettes sacrées de la rédemption des peuples sonnant tantôt le couvre-feu des temps anciens, tantôt la diane des temps nouveaux, toujours et partout la générale du Christ et le rappel du libérateur, sur des airs inconnus de la chaire romaine.

9517 ROCA (Abbé). — La crise fatale et le salut de l'Europe,

Etude critique sur les Missions de M. de ST. YVES.

Paris. Garnier, in-8°, 124 pages, (2 fr. 50).

Intéressante brochure sur les ouvrages de ST YVES D'ALVEYDRE.

(G-905

9518 ROCA (l'abbé). — La fin de l'ancien Monde. — Les Nouveaux Cieux et la Nouvelle Terre.

Paris, 1886, fort vol. in-8°. (5 fr.)
[8° H. 5085

Cet ouvrage donna lieu à d'importantes polémiques. — L'auteur est le premier qui ait osé prêcher au Pape la raison occulte des dogmes dont le Saint-Père ignore l'explication. — L'abbé ROCA est de plus, un des grands promoteurs contemporains du socialisme chrétien. — L'esprit conciliateur des divers systèmes religieux qui domine dans cet ouvrage, fait faire un grand pas dans l'évolution humaine. — On y trouve une étude remarquable des « missions » de ST-YVES D'ALVEYDRE, et l'auteur met en lumière tous les précurseurs de la rénovation religieuse dans le sens le plus large du mot.

9519 ROCA (Abbé). — Glorieux centenaire : 1889. Le Monde nouveau, nouveaux cieux, nouvelle terre.

Paris, Ghio, 1889, in-8° (4 fr.).

[8° H. 5668

Intéressant ouvrage consacré au développement du Système Social appelé « *Synarchie* ».

Le Corps, l'Ame et l'Esprit de l'Univers. — Enseignement de St Paul et des premiers Pères sur la Trinité Humaine.— Constitution Hermétique et Kabbalistique de l'Homme, type de la Constitution Sociale future. — Le mystère de l'Eternel Masculin-Féminin, ou l'Androgyne Céleste. — La Vierge-Mère, la *Sophia* des Théosophes. — Le Christ Esotérique. — Le Christ Solaire et le Christ Planétaire, Etc.

(G-906

9520 ROCHAS d'Aiglun (Eugène-Auguste-Albert de), colonel, érudit et physicien français né à St Firmin (Hautes Alpes) en 1837. Ancien administrateur de l'Ecole Polytechnique. — Les Effluves odiques : conférences faites en 1866, par le baron de Reichenbach à l'Académie des Sciences de Vienne; précédées d'une notice historique sur les effets mécaniques de l'Od.

Paris, Ernest Flammarion, s. d. gr. in-8° LIX-102 p. figures. (6 fr.).

Effets mécaniques de l'Od. — Le flambloiement odique. — Les tables tournantes. — Objets que l'on peut faire mouvoir. — Imposition des mains. — De la charge odique. — Action mécanique des effluves humains sur un organisme humain vivant, etc.

9521 ROCHAS (A. de). — L'Envoûtement. — Documents historiques et expérimentaux.

Paris, 1803, in-12 de 30 p. (2 fr).

[8° R. Pièce 5604

Tout le monde sait aujourd'hui que le savant directeur de l'Ecole polytechnique a fait la preuve expérimentale de l'envoûtement, et démontré par des exemples positifs la réalité de ce terrible phénomène, nié jusqu'à ce jour, comme un préjugé enfantin. — Bravant les sarcasmes de son siècle, le colonel de Rochas s'est jeté dans l'arène avec l'intrépidité du soldat, et, preuves à l'appui, a fait mordre la poussière à ses adversaires. — La brochure est le résultat de ses études pratiques, et les procédés qu'il y expose font entrer, désormais, l'envoûtement dans le domaine de la science la plus absolue. [Dujois].

9522 ROCHAS (A. de). — Les Etats superficiels de l'Hypnose.

Paris, Chamuel, 1803, in-8°, 140 p. tab, fac similés. (2 fr. 50).

[8° R. 11.471

La notation rigoureuse des phénomènes constatés par l'auteur, et les nombreuses citations des expériences faites par lui, rendent cet ouvrage aussi précieux qu'un document. — Il constitue en outre, et en dehors de la partie didactique occulte un faisceau de preuves indiscutables. — Les œuvres du colonel de Rochas sont toujours des succès de librairie; cela ne nous étonne point, car l'auteur met autant de talent que de probité à établir ses dires sur des bases scientifiques. — On peut donc, après la lecture, en nier les conséquences : on n'a pas le droit de récuser le témoignage.

9523 ROCHAS (Albert de). — Les Etats profonds de l'Hypnose.

Paris, Chamuel, 1892, in-8°, figures. (2 fr.).

Ouvrage d'un passionnant intérêt scientifique où le savant auteur analyse les forces peu connues de la nature humaine. L'hypnotisme et le magnétisme surtout font l'objet de ce volume où de nombreuses découvertes excitent au plus haut point la curiosité.

Id. : Paris, Biblioth. Chacornac, 1904, in-8° de 110 p. et catalogue. Figures. (2 fr.).

[8° R. 18972
(G-2059

9524 ROCHAS (A. de). — L'extériorisation de la Motricité. — Recueil d'expériences et d'observations.

Paris, Chamuel, 1896 [puis 1899, 2e édition], in-8°, VIII-432 p., figures et planches hors texte. (8 fr.).

[8° R. 13736

Cet important ouvrage est le recueil le

plus complet des faits psychiques recueillis durant ces dernières années et dont la plupart se sont produits en présence du colonel de Rochas, ce qui est un des meilleurs garants de leur authenticité. l'auteur les ayant soumis au contrôle scientifique le plus rigoureux. — Une grande partie du volume a trait aux expériences qui eurent lieu avec la célèbre Eusapia Paladino, et qui émurent le monde entier. Il y est aussi longuement question des expériences de W. Crookes avec Katie King, et de celles de Séguin et du comte de Gasparin, à propos des Tables tournantes. — Les grands médiums D. Home, H. Slade, Mac-Nab et Poutet, y sont aussi étudiés en détail. — On y trouve encore un intéressant chapitre sur les femmes électriques. — De nombreuses photogravures hors texte rendent vivantes les expériences relatées dans cet intéressant ouvrage qui en est aujourd'hui à sa 4º édition. Paris, 1906, in-8º.

9525 ROCHAS (Albert de). — L'Extériorisation de la Sensibilité. Étude expérimentale et historique. Deuxième édition.

Paris, Chamuel, 1895, in-8º de VIII-250 p. et 1 pl. finale. Avec, en outre, IV curieuses pl. lithographiées en trois couleurs et imprimées sur 2 pages seulement, recto et verso, d'après les aquarelles d'Albert Lévy, dessinateur et sensitif. (7 fr.).

[8º R. 12894

Constatation d'un fait surprenant et son explication satisfaisante, documentée par les nombreuses expériences de l'auteur, suffisante raison donnée à la réalité de l'envoûtement et à l'efficacité de la poudre de sympathie, de la zoothérapie, etc...

(G-2058

*526 ROCHAS (A. de). — Le fluide des magnétiseurs. — Précis des expériences du Baron de Reichenbach sur ses propriété physiques et physiologiques, classées et annotées par le Lt-Colonel A. de Rochas.

Paris, Georges Carré, 1891, gr. in-8º. 180 p. Figures. (10 fr.).

9527 ROCHAS (A. de). — Les Forces non définies, recherches historiques et expérimentales par Albert de Rochas, ancien élève de l'École Polytechnique...

Paris, G. Masson, 1887, in-8º de 302 p. XVIII pl. (sur 9 pages) et 1 fº appendice. (50 fr.).

[8º R. 8403

Ouvrage devenu réellement presque introuvable ; et où l'auteur expose des théories fort avancées qui faillirent attirer sur lui les foudres de l'Université.
C'est peut-être l'ouvrage le plus intéressant de l'intrépide investigateur du surnaturel.

9528 ROCHAS (Lieutᵗ-Colonel Alb. de). — Les frontières de la science.

Paris, Libr. des Sciences psychologiques, 1902-1904, 2 vol. in-8º, fig. (2 fr. 25).

[8º R. 17000

I. L'état actuel de la Science Psychique, les propriétés physiques de la Force Psychique, etc.

II. Les localisations cérébrales. — Les actions psychiques des contacts, des onctions et des émanations. — La lévitation du corps humain.

9529 ROCHAS (A. de). — La Lévitation, par Albert de Rochas.

Paris, P. G. Leymarie, 1897, in-8º de 110 p. 1 planche. (3 fr.).

[8º R. 14330

Intéressant recueil de théories et de faits relatifs à ce curieux phénomène psychique, avec une planche hors texte représentant le miracle de San Diego, d'après le tableau de Murillo. — Cas empruntés à l'Orient. — Lévitations de Home, d'Eusapia Paladino. — Transport par la foudre d'objets inanimés, et de personnes vivantes.

9530 ROCHAS (le Colonel Albert de) — Le Livre de Demain.

Achevé d'imprimer à Blois, le 30 Novembre 1884 sur les Presses de Raoul Marchand, avec le concours de

Vasseur, Conducteur Typographe, Fleury, Conducteur Lithographe, Hervy, Chef d'atelier, Meunier, Typographe, in-8° d'environ 400 pages tirées à 250 ex. numérotés sur 46 sortes différentes de papier. (80 fr.).

[Rés. p. Q. 37

Cet ouvrage de M. de ROCHAS est une sorte de *Spécimen artistique* de ce qui peut se faire de plus remarquable en édition moderne, au point de vue du choix, de la texture, et de la teinte des papiers et des encres, de l'ornementation, des encadrements, etc. Il est impossible de détailler toutes les couleurs essayées; parmi les plus réussies sont le papier « *Azur* » de *Renage*, le « *Rose* » de *Renage*, l' « *Ivoire* » et le « *Vélin pâle* » de même provenance. A remarquer aussi les encres bleue et vert clair. L'ouvrage comporte aussi des « *Cercles chromatiques* » et plusieurs planches : eaux-fortes, photo-lithographies, etc. Il se termine par une « *Table par ordre de Matière pour servir au classement des fascicules* » laquelle est indispensable pour le collationnement, car il n'y a pas de pagination suivie.

Les caractères employés sont des « *Elsévier* » romains et italiques. Il est à regretter que l'époque de publication de cet ouvrage soit antérieure à l'apparition des deux plus remarquables innovations typographiques de notre temps en fait de caractères d'imprimerie : les caractères GRASSET, de la Fonderie Peignot, genre de « *Néo-Elsévier* » demi-gras, d'une superbe facture, qui rappelle les plus beaux caractères romains du milieu du XVI° siècle, et le *Type* BEAUDOIRE, fondu par le fils de son créateur, et qui est un modèle de pureté classique et de parfaite lisibilité. C'est un devoir de signaler ces chefs d'œuvre contemporains du genre aux amateurs de belles productions typographiques.

9531 ROCHAS (A. de). — La Science dans l'Antiquité, les origines de la Science et ses premières applications par Albert de ROCHAS. Les peuples préhistoriques, la civilisation égyptienne, la science grecque, l'origine du feu, la Statue de Memnon, les prestiges des temples, les automates d'Homère et de Héron, les miroirs ardents, les premiers appareils de physique, les machines de guerre. etc...

Paris, G. Masson, s. d. [1884], in-8° de 288 p. orné de 116 figures dont 5 planches hors texte. (20 fr.).

De la « *Bibliothèque de la Nature* ».

[8° R. 5699

9532 ROCHAS (Lieutenant Colonel Albert de). — La science des philosophes et l'art des Thaumaturges dans l'antiquité.

Paris, Masson, 1882, in-8° de 218 p. 24 planches hors texte (10 fr.)

[8° R. 4784

Après une introduction contenant un exposé sommaire des progrès des sciences psychiques dans l'antiquité et de l'influence exercée sur les savants de la Renaissance par les traditions de l'Ecole d'Alexandrie, M. de ROCHAS donne la première traduction française des *Pneumatiques* de HÉRON d'Alexandrie et de PHILON de Bysance. — L'ouvrage se termine par 24 planches hors texte.

Tiré à 220 exemplaires, dont 20 sur papier à la cuve de Renage. — La p. 17 est cotée par erreur 185, et toute la feuille qu'elle commence est à pagination différente (dans l'Exemplaire de la Bibliothèque Nationale).

9533 ROCHAS (A. de). — Les sentiments, la musique et le geste.

Grenoble, H. Falque et Félix Perrin, 1900, in-4°, 270-CI pp. figures planches, couverture illust. en couleurs par Mucha, (30 fr.).

[4° V. 4808

Très bel ouvrage tiré à onze cents exempl. tous numérotés.

Illustré d'une quantité de phototypies et de dessins dans le texte, lettres ornées en couleurs, musique notée, polyptiques, etc...

Basé sur les poses suggérées à un remarquable sujet somnambule Mlle Lina X*** qui a depuis été exhibé dans des Conférences par M. Jules Bois.

Ce que détermine le Geste. — Les Suggestions verbales. — Les Suggestions

Musicales. — Action de la Musique sur les animaux. — Expériences anciennes avec des Sensitifs. — Expériences avec Lina. — Théories sur l'Action de la Musique. — La Chorégraphie. — Comparaison de Lina avec d'autres sujets. — Action de la Musique sur le Corps astral. — APPENDICE : les muscles expressifs de la face : les localisations cérébrales : les Actions Psychiques des Contacts et des Emanations. Les Vibrations créatrices des Formes. — TABLES.

9534 ROCHAS (A. de). — Traité de Fortification, d'attaque et de Défense des Places, par Philon de Bysance, traduit du grec par De Rochas d'Aiglun.

Paris, Tanera. 1872, in-8°, figures (6 fr.).

9535 ROCHAS (A. de). — Traité des pneumatiques de Philon de Bysance.

Paris, 1881, in-8°, 12 figures, (2 fr. 50).

Ce mémoire ne fut pas mis dans le commerce.

9536 ROCHAS (Albert de). — Les Vies Successives. Documents pour l'étude de cette question.

Paris, Chacornac. 1911, in-8°, 504 pp. portrait et gravures.

Ouvrage des plus importants et intéressants sur cette question. Il débute par un résumé des opinions les plus qualifiées anciennes et modernes, et constitue le plus éloquent plaidoyer possible en faveur de la *Métempsychose*.
Croyances Antiques et raisonnements modernes. — Expériences magnétiques. — Le Corps astral. — Souvenirs des Vies antérieures. — La Précognition. — Les Changements de Personnalité. — Le cas de Mlle SMITH. — L'Evolution de l'Ame. — La Religion de l'Avenir. — Conclusions.

9537 ROCHAS (Henry de). Escuyer, Sieur d'Ayglun, Conseiller et médecin ordinaire du Roi Louis XIII. — La Phisique demonstrative divisée en trois livres. La première (*sic*) traicte des Eaux Minerales. Le second contient la Philosophie et l'Esprit vniuersel, et des principes Spagyriques et plusieurs autres belles Curiositez. Et le troisiesme des Obseuations ou Guerison de plusieurs grandes maladies et autres matieres necessaires aux Medecins et aux Malades. Ensemble vn Examen ou Raisonnement qui fait connaître la Peste par sa cause et la Guerison assurée par son Remede Specifique. Par Henry de ROCHAS Escuyer, sieur d'AYGLUN, conseiller et medecin ordinaire du Roy.

A Paris, chez Pierre Lamy, M DC XLIIII [1644], pet. in-8° de 32-208-148-363 p. et pièces liminaires. Titre frontispice gravé en cinq médaillons : Hippocrate, Paracelse, Dioscoride, Théophraste et des armoiries (sans doute celles de l'auteur.) (20 fr.)

[Te^{131} 100 A.

Autre édit.

A Paris, chez l'Auteur, 1643. in-8°.

[Te^{131} 100

Curieux ouvrage de Médecine Spagyrique par un auteur qui a fait de merveilleuses cures par ses Eaux Minérales. Contient aussi quelques renseignements sur la famille de ROCHAS.

9538 ROCHAS (Henry de). — Henric de ROCHAS nobilis et domini de Ayglun Tractatus observationibus novis et vera cognitione aquarum mineralium et de illarum qualitatibus et virtutibus antehac incognitis, item de Spiritu universali ; dans *Theatrum Chemicum*, VI (1661), 716-720.

(O-1135

9539 ROCHAS (Henry de). — La Vraye Anatomie spagyrique des eaux mineralles et de toutes choses qui les composent, avec leurs qualitez et vertus curieusement observees. Par Henry de ROCHAS, sieur d'AYGLUN, médecin ordinaire du Roy.

Imprimée pour l'auteur et se vend à Paris. 1636, in-8°.

« *Rare, mais de bien peu de valeur* » d'après le Supplément à Brunet.

Réédité :

Paris, Pierre Billaine. 1637, 2 vol. pet. in-8°, (25 fr.).

9540 ROCHAS (Victor de), cousin du Col¹ de Rochas et ancien officier de marine, mort vers 1883. — Les Parias de France et d'Espagne. (Cagots et Bohémiens).

Paris, Hachette, 1876, in-8°, (3 f.).

Très intéressant ouvrage sur ces « *races maudites* » : les Cagots Chrestiaas des Pyrénées, Gahets et Capots de Guyenne-et-Gascogne et Languedoc, Cacous de Bretagne, Bohémiens du pays basque, Gitanos du Roussillon et d'Espagne. Avec des vocabulaires.

ROCHE (J. M. de) : (*Le Succès dans la Vie*). — Pseudonyme de :

SANTINI (Emmanuel Napoléon), qui a aussi signé ses ouvrages : J. de Riols et Santini de Riols.

9541 ROCHE du TEILLOY (Alexandre de) professeur honoraire au Lycée de Nancy. — Le « *Recueil des Remèdes* » de Mme Fouquet, la mère des pauvres, 1590-1681, par Alexandre de Roche du Teilloy.

Paris et Nancy, Berger-Levrault et Cie. 1906, in-8°, 61 p. (2 fr.).

[8° T⁰ˡˢ. 025

Tiré à 150 exempl.

Extrait des *Mémoires de l'Académie de Stanislas.* 1905-1906.

Savante étude bibliographique sur le « Recueil | de Remèdes | faciles | et domestiques | Choisis, Experimentez | et tres approuvez pour toutes sortes | de Maladies internes et externes, | invétérées et difficiles à guérir, Recueillis par les ordres charitables d'une | illustre et pieuse Dame, pour soulager les pauvres malades | .... | Imprimé à Dijon et se vend | «A

Paris. | Chez Estienne Michallet,... | M. DC. LXXVIII... [sans nom d'auteur].

9542 ROCHEN (Hier. Alveol.). — Libro de Pace et armonia Christiana, copioso di passi del novo et vecchio Testamento, cō moltissensi Spirituali et Cabalistici, pieno di bellissimi discorsi circa tutte le parti del mondo, per iquali apertamēte se vedano i mali causati de le discordie et i beni de la pace et vnita, abundantissimo de historie antique.

S. l. (Venegia), 1530, in-18. Gothique. (7 fr.).

Très joli encadrement à vignettes, sur bois, sur le titre. — Livre très précieux pour l'étude des traditions cabalistiques.

9543 ROCHESTER (Ecole de). — Magnétisme, hypnotisme. — Réunion de 6 brochures américaines.

Rochester, s. d., in-8° et in-4°, avec illustrations photographiques.

1. Cours d'hypnotisme, par J. S. Wharton. (1 fr.).

2. Magnétisme personnel et comment le développer, par P. Weller. (1 fr.).

3. Cours supérieur de magnétisme personnel ; de l'hypnotisme, par La Motte Sage. (1 fr. 25).

4. Un cours de correspondance sur la vitaopathie, par F. Adkin. (1 fr. 50).

5. La puissance en soi. (1 fr.).

6. Un cours par correspondance sur le magnétisme personnel par La Motte-Sage, (2 fr. 50).

Voir aussi :

TRENTE AUTEURS.

9544 ROCHESTER (J. W.). — Œuvres médianimiques de Mlle W. Krijanowsky.

1) — Episode de la Vie de Tibère.

Paris Dentu, (5 fr.).

2) — L'Abbaye des Bénédictins.
2 vol. (6 fr.).

3) — Le Pharaon Mernephtah.
Ghio, 1888. figures. 2 vol. (6 fr.).

4) — Herculanum.
Ghio. s. d. 2 vol. (5 fr.).

5) — La vengeance du Juif.
Paris, 1890. 2 vol. (6 fr.).
[8° Y². 44356

6) — La Reine Hatasou.
Paris. 1891. portr. 2 vol. (7 fr.).
[8° Y². 45747

7) — In hoc Signo Vinces.
Paris, 1893. (4 fr.).
[8° Y². 48073

8) — Nahéma, Légende de Sorcellerie. (5 fr. 50).

9) — Le Chancelier de Fer de l'antique Egypte.
Paris Chamuel. 1900. (4 fr.).
[8° Y². 51947

10) — Les récits occultes. Paris. Journaux Spirites réunis. 1901. (3 fr. 50).
[8° Y². 53105

Tous à Paris. Format in-12 ou in-18.

Le N° 6, « La Reine Hatasou » est orné d'un portrait de l'auteur. Tous sont de curieux Romans Spirites, dictés par l'esprit de J. W. ROCHESTER à Mlle W. KRIJANOWSKY.

(Pen. p. 197

9545 ROCHETAL (Albert de). pseud. de M. Albert RICHOUX. — Une Science nouvelle : l'Onomatologie. — Le Caractère par le prénom, suivi de la liste des prénoms usuels avec l'explication des qualités et défauts que chacun d'eux impose à celui qui le porte.

Paris. P. Bischoff. s. d., [1908], in-8°. 187 p. (3 fr.).
[8° R. 22046

Curieux et très intéressant ouvrage de l'éminent graphologue.

9546 ROCHETAL (Albert de) — [Alb. RICHOUX]. — Les derniers papes jugés par leur écriture.
Paris, C. Amat, 1904. in-8°, 27 p. fac similés (1 fr. 50).
[8° H. Pièce 890

Le lecteur verra par l'écriture et la signature des quatre derniers papes la caractéristique de chacun d'eux.

9547 ROCHETAL (Albert de) — [Albert RICHOUX]. — Drumont jugé par son écriture.
Paris. s. d.. (1 fr. 50).

9547 bis ROCHETAL (Albert de). — [Albert RICHOUX]. Directeur de la « Revue Graphologique ». — La Graphologie mise à la portée de tous, par Albert de ROCHETAL, Directeur de la « Revue Graphologique ». Texte orné de 800 modèles d'écriture.
Paris, Ern! Flammarion, s. d., [1919?]. in-18 de 348 pp.

Peut-être le meilleur — le plus clair et le plus concis — de tous les manuels pratiques de graphologie.
Règles graphologiques. — Choix de documents. — Inclinaison de l'écriture. — Généralités sur les lettres. — Ponctuations. — Signatures. — Ecritures à la mode. — Ecritures anormales. — Enveloppes : marges ; etc.
L'intelligence. — Résultantes ou combinaisons de figures. — Graphologie médicale. — Ecritures nationales. — Liste alphabétique des facultés, instincts, sentiments, passions, etc...

9548 ROCHETAL (Albert de) — [Albert RICHOUX]. — Pour devenir Graphologue. Etude de caractère et des aptitudes d'après l'Ecriture, avec portrait de l'auteur et 200 figures.

Paris, Librairie du magnétisme, s. d., in-18, 76 p. portr. et fac-similé, (1 fr.).
[8° V. 31030

Bon ouvrage de Vulgarisation.

9549 ROCHETAL (Albert de) — [Alb. Richoux]. — Le Précurseur. Une voix dans le désert. — Révolution de 1901-02. Anéantissement de l'Angleterre, visions traduites et commentées par A. de Rochetal.

Paris, Imp. A. Malverge, 1901, in-8°, de 108 pp. (1 fr. 50).

Ce précurseur s'appelait Carve. Il annonçait de grandes choses qui se réaliseront peut-être un jour.

9550 ROCHETTE (Raoul), Archéologue, membre de l'Institut, secrétaire perpétuel de l'Académie des Beaux Arts, né à Saint Amand en 1789, mort à Paris en 1854. — De la Croix Ansée, ou d'un Signe qui lui ressemble considéré principalement dans ses rapports avec le Symbole Egyptien sur les Monuments Etrusques et Asiatiques.

Paris, Imp. Royale, 1846, in-4° de page 285 à 382, 3 planches. (3 fr.).

[Casier M. 283

Extrait des *Mémoires de l'Académie des Inscriptions et Belles Lettres.* Tome XVI (2ᵉ partie), 1846.

C'est la suite d'une controverse entre ce savant et M. Letronne dont le mémoire se trouve dans le même Tome XVI 2ᵉ partie.

9551 ROCINE (Docteur Victor G.). — Mind Training, A Practical System for Developing Self-Confidence, Memory, Mental Concentration and Character. By Victor G. Rocine.

Chicago (Illinois) Human Science School, s. d. [1905], (130 Dearborn Street), in-8° de 215 p. et Catalogue, (8 s.).

Très bon ouvrage de Psychologie appliquée, par un maître psychologue pratique. Des plus intéressants pour tout pratiquant des Sciences Psychiques. Evidemment le fond n'est pas neuf et ne saurait l'être tout en restant vrai, mais il est présenté d'une façon des plus nette, claire et originale.

Practical System of *Self-Confidence Training.*

Secrets of Sucess. — How to eat for Health and Strength. — How to improve Digestion. — Conservation of Sex Vitality. — Physical Culture Exercises. — Nerve Tension Exercises. — How to Develop Strength of Mind through Thought Culture. — Self-Confidence Attitudes and Rules. — Self Confidence Training leading to Self-Mastery. — Magnetic Culture. — Conservation:

Practical System of *Memory Culture.*

Memory and its Many-Sidedness. — Causes of Poor Memory. — Training of Memory Centres.

Practical System of Developing *Concentration of Mind.*

Conservation of Sex Vitality. — Développement of Concentration.

Character Building. — Religious Culture. — Etc.

9552 ROCOLES (Jean Baptiste de) historien français né à Béziers en 1620, mort en 1696. Il fut un moment bénédictin, puis vint à Paris où il fut nommé Aumonier, Conseiller et Historiographe du roi. Il quitta ces postes pour aller se faire protestant à Genève, puis en Allemagne et se marier. Il se fit réintégrer dans le catholicisme — puis redevint encore protestant, changea de nouveau et mourut sous le froc de St-Benoit par lequel il avait commencé. — La Fortune marâtre de plusieurs Princes et Grands Seigneurs par J. B. de Rocoles.

Leide. 1684. in-12, figures.

[G. 17618

(S-6078

9553 ROCOLES (De). — Les Imposteurs Insignes ou Histoire de plusieurs hommes de néant, de toutes Nations qui ont usurpé la qualité d'Empereurs, roys et princes : Des guerres qu'ils ont causées, accompagné de plusieurs circonstances, par Jean Baptiste de Rocoles.

Bruxelles, 1728, 2 vol. in-8°, figures. (8 fr.).

[G.28576-28577]

Autre :

Amsterdam, Wolfgang. 1683, pet. in-12, frontispice et portraits.

[G.28575
(S-6979

9554 RODARGIR (Luc). — Lucæ RoDARGIRI Eutopiensis Pisces Zodiaci inferioris, vel de Solutione philosophica cum ænigmatica totius lapidis epitome : dans Theatrum chemicum. V. (1602), 800-54.

(O-938

9555 RODET (J. B. C.) vétérinaire militaire. — Des Amulettes Corporelles considérées dans leur influence sur la conservation des Animaux, par J. B. C. RODET, ancien vétérinaire en chef des Hussards de la Garde.

S. l. [Lille], 1834, in-8°.

Se retrouve dans : «Mémoires de la Société Royale des Arts et Sciences de Lille » année 1834. Lille, in-8° p. 541

(Y-P-1043

9556 RODRIGUES (H.). — La Justice de Dieu, introduction a l'histoire des Judéo-Chrétiens.

Paris, 1869, fort in-8°. (3 fr.).

Le Péché originel. — A travers la Bible. — La déviation. — Le Paulinisme. — La prescription de la Bible. — Triomphe et chute de Paul. — Télesphore et le compromis. — (Ouvrage basé sur l'étude approfondie de la Kabbale et du Talmud.)

9557 RODRIGUES (Hippolyte). — Le Monde qui s'avance et le Déisme scientifique.

Paris, 1892, 3 pièces gr. in-8°, (2 fr. 25).

[4° R. 972 et 1828

La Providence, le Ciel, les Anges, le Diable, les Etoiles doubles, les Déismes Gnostiques. — Déisme du Miracle, Déisme idolâtrique, Déisme païen. — La Rémission des péchés, etc...

9558 RODRIGUEZ CAMPOMANÈS Y SORRIBA (Don Pedro) 1723-1802.— Dissertationes historicas del Orden y Cavalleri... | Dissertations historiques sur l'Ordre des Chevaliers Templiers, ou résumé historique des principes de ces chevaliers, de la Fondation, du Progrès et de la Destination de leur Ordre, par Don Pedro RODRIGUEZ CAMPOMANÈS... etc]

Madrid, A. P. de Soto, 1747, in-4°.

[H. 5212

9559 ROESSINGER (F.). — Fragment sur l'électricité universelle ou attraction mutuelle.

Paris, 1839, in-8°, (2 fr.).

ROGER (Abraham), pasteur protestant, s'embarqua en 1640 pour les Indes Orientales, et resta près de six ans attaché comme ministre de l'Evangile à la factorie hollandaise de Palivent, sur la côte de Coromandel. Il profita de son séjour dans cette contrée alors peu connue, pour s'instruire des usages des Hindous, et ayant eu le bonheur de se lier avec quelques brahmines, il en obtint des renseignements précieux sur leur croyance et leur culte.

9560 ROGER (Abraham). — Le Théâtre de l'Idolâtrie, ou la porte ouverte pour parvenir à la cognoissance du Paganisme caché, à la vraye représentation de la vie, des mœurs, de la religion et du service divin des Bramines, qui demeurent sur les costes de Choromandel et aux pays circonvoisins. Par le sieur Abraham ROGER, qui a fait sa résidence plusieurs années sur les dites costes. Traduite en François par Th. LA GRUE.

Amsterdam, Schipper, 1670, in-4°,

Frontisp. et nombr. fig. gravées, (10 fr.).

[O²k 384

Il existe une autre édition, d'ailleurs en tout point semblable comme texte, de cette même date, même éditeur mais avec un titre débutant un peu différemment :

La Porte ouverte pour parvenir à la connoissance du Paganisme caché. Ou la vraye représentation de la vie, des mœurs, de la religion et du service divin des Bramines...

Amsterdam, Schipper, 1670, in-4° (même valeur).

[O²k 384 A

Le frontispice représente une Fête Hindoue. L'ouvrage traite fort au long des Superstitions de l'Inde et des Maléfices qui s'y exercent. Il est très complet et très recherché.

(G-990 et 2001
(S-2144

9561 ROGER (J.). — Histoire de Nicole de Vervins, d'après les historiens contemporains et témoins oculaires; ou le triomphe du Saint-Sacrement sur le Démon, à Laon en 1566 ; précédée d'une lettre du chevalier Gougenot des Mousseaux ; etc.

Paris, 1863, in-8°, (6 fr.).

Ouvrage intéressant, à la fois pour l'histoire des Possessions et pour celle de la Sorcellerie dans le Laonnois, accompagné d'une grande et curieuse figure, hors texte, en fac-simile, représentant la délivrance de Nicole Obri, du démon, dans la cathédrale de Laon.

9562 ROGERS (William) chirurgien dentiste à Paris. — La Buccomancie ou l'art de connaître le passé, le présent, et l'avenir d'une personne d'après l'inspection de sa bouche. Nouveau système buccognomonique basé sur la doctrine des plus célèbres physiognomonistes et principalement sur la découverte d'un alphabet buccal, c'est-à-dire sur les signes caractéristiques et révélateurs de la bouche humaine.

Paris, l'auteur, G. Baillière, etc., 1851, in-8°, XV-270 p. et 11 p. de catalog. descriptif des ouvrages de l'auteur ; portrait de l'auteur lithographié, (7 fr.).

[V. 51813

Cet ouvrage comprend la *Buccognomonie* ou science du rapport des faits intérieurs révélés par la conformation de la bouche et la *Buccomancie* ou connaissance du passé, du présent et de l'avenir de chaque individu d'après les signes extérieurs et révélateurs de la bouche. — C'est un livre singulier et curieux de divination par les signes de la bouche. — Au moyen de son système, l'auteur avait prédit la mort de Mlle Lenormand, d'Ibrahim Pacha, d'O'Connell, etc... et fait à plusieurs écrivains célèbres des révélations surprenantes. — Ce n'est point ici une œuvre de charlatan, mais un traité scientifique formulé d'après une longue expérience personnelle de William Rogers, auteur estimé de *l'Encyclopédie du Dentiste*, du *Dictionnaire des Sciences dentaires*, etc...

9563 ROHLING (Auguste), doct. en théologie et philosophie. — Le Juif Talmudiste, résumé succinct des croyances et des pratiques dangereuses de la Juiverie, présenté à la considération de tous les Chrétiens. — Ouvrage entièrement revu et corrigé par M. l'abbé Max de Lamarque.

Paris et Bruxelles, 1888, in-8° de 68 p. (2 fr. 50).

[A. 20558

Très curieux et destiné à devenir rare, la majeure partie de l'édition ayant été rachetée pour être détruite, dit-on. — Sur la couverture on lit : « Récompense de 10.000 francs à celui qui prouvera qu'une seule des citations contenues dans cet ouvrage est fausse. »

9564 ROHLING (Dr A.). — Louise Lateau, la stigmatisée du Bois d'Haine, d'après des sources authentiques médicales et théologiques — Trad. du doct. A. de Noüe.

Bruxelles et Paris, 1874, in-12, (2 fr.).

Stigmates. — Extases. — Vie intérieure de Louise, etc.

9565 ROISEL. — Etudes anté-historiques; les Atlantes.

Paris, 1874, in-8° de 570 p. (10 fr.).

[G. 28590

Cet ouvrage à peu près inconnu est cependant d'une importance considérable car c'est le seul qui ait été fait sur la question ; l'existence de l'Atlantide, le fameux continent disparu et dont parlent PLATON et FABRE D'OLIVET, est scientifiquement prouvée ici, et tout ce qui concerne la religion, les mystères, l'organisation sociale, etc... des Atlantes y est longuement traité de main de maître : on est même très souvent surpris de voir avec quelle intuition, quelle largeur de vues et quel discernement, le savant auteur traite le sujet ; on dirait vraiment l'œuvre d'un Initié, elle est en tous cas initiatique au premier chef ; c'est un livre d'un prix inestimable pour tout occultiste sérieux. — Voici d'ailleurs, retracés a grands traits, les principaux points de l'ouvrage . Dans la première partie, l'auteur traite la question aux points de vue archéologique et historique, à la lumière des œuvres de PLATON, PHILOS. de BOURNOUF, ROSNY, etc... La langue des Atlantes conservée par les Druides, révélée par le Désatir, seul ouvrage des plus anciens Mages. — Puis l'étude prend alors un caractère philosophique : Apostolat de ZOROASTRE. Les Mages antérieurs aux prêtres égyptiens. — Commentaire ésotérique sur la table de Médée. — L'Astrologie chez les Atlantes. — Rapports musicaux et planétaires. — Les religions primitives. — Explication du culte du Phallus. — Les Emblèmes des Atlantes. — Le serpent, sa signification ésotérique. — Dans la troisième partie, l'auteur recherche quelle était la foi réelle des Atlantes et quels principes se cachaient sous leurs mythes et leurs symboles. — La quatrième partie a pour objet la recherche de la Doctrine unique, l'idée mère de toutes les religions, et c'est une étude de mythologie comparée d'un intérêt capital, au cours de laquelle on trouve de longues citations du rarissime ouvrage de CREUZER. — L'ouvrage se termine par un résumé des théories des plus fameux philosophes anciens : PYTHAGORE et son école, ARISTOTE, etc... [DUJOLS].

9566 ROISSELET de SAUCLIÈRES. — Traité philosophique, théorique et pratique du Magnétisme Animal, précédé de recherches historiques sur le magnétisme et le somnambulisme dans l'antiquité, et de réflexions philosophiques sur les causes évidemment naturelles des phénomènes physiologiques et psychologiques du magnétisme et du phénomène des tables tournantes par ROISSELET de SAUCLIÈRES.

Paris, Germer Baillière, 1854, in-8°.

C'est le prospectus d'un ouvrage qui n'a pas paru.

(D. p. 156

9567 ROLFI (le Père Pie-Michel). — La magie moderne, ou l'hypnotisme de nos jours, traduit de l'Italien par l'abbé H. Dorangeon.

Paris, Douniol, Téqui succ. s. d., [1002], in-18.

[8° R., 18130

Pour ceux qui veulent juger le merveilleux moderne en toute connaissance de cause, l'ouvrage du P. ROLFI, est un précieux document à consulter. Ils y trouveront un recueil piquant de phénomènes singuliers habillés de commentaires originaux. — L'auteur est certainement pénétré de bonnes intentions ; mais, par endroits, son livre étudie certaines pratiques qui auraient les plus dangereuses répercussions, si elles venaient à se répandre, principalement les procédés inquiétants révélés par le Dr FAREZ. — De nombreux faits inédits, dont quelques-uns terribles, montrent sous un jour redoutable l'abus de certaines expériences qui aboutissent à de désolantes catastrophes. — Après la lecture de ce volume on comprend mieux pourquoi la magie était et aurait dû rester le privilège des Sacerdotes et des Initiés. [DUJOLS].

9568 ROLLE (P. N.). — Recherches sur le culte de Bacchus, symbole de la force reproductive de la nature, considéré sous ses rapports généraux dans les mystères d'Eleusis et sous ses rapports particuliers dans les Dionysiaques et les Triétériques.

Paris, Merlin, 1824, in-8°, (15 fr.)
(G-910

9569 ROLLIN (Henry) ancien sous brigadier retraité de l'Octroi de Paris. — Les mystères du Pouvoir occulte. L'Art de faire des Fous et des Folles, démasqué par les Révélations sur l'Origine de la Folie, et Histoire d'un Fou racontée par lui-même, accompagnée de quelques appréciations personnelles par ROLLIN Henry, ancien sous brigadier retraité de l'Octroi de Paris, à Monthureux sur Saône (Vosges).

Monthureux-sur-Saône, l'Auteur, 1897, [la couverture porte 1896], in-8° (1 fr.).

[Ln^{27}. 44910

Tiré à 300 exemplaires seulement.
Œuvre d'un aliéné.

Extraordinaire origine de la folie, due, suivant l'auteur à l'absorption de marrons d'Inde (!!!). — Plus loin deux Députés s'interpellent en « *Langage mental* » (p. 5). — Le corps de la brochure est une narration du malheureux auteur en proie à une « *subjugation* » comme eût dit Allan Kardec et de son odyssée dans divers asiles, etc.

(Y-P-666

9570 ROLLOF (Armide). — La Science de Pythagore, ou l'art de découvrir les nombres et les dates qu'il faut connaître pour arriver à être heureux dans la vie, etc...

Paris, s. d., in-8°. figures, (3 fr.).

Qu'est-ce que la Science de Pythagore. — Des différentes espèces de nombres.— Du nombre de bonheur, du nombre de malheur. — Du nombre zodiacal. — De l'influence des nombres. — Manière de trouver le nombre personnel, etc.

9571 ROMAN CABALISTIQUE. — Le | Roman | Cabalistique. |

A Amsterdam. | Chez Joli libraire, M. DCC. L. (1750). in-12 de 72 p. compris le titre, sans aucune pièce liminaire. (10 fr.).

Rare. Inconnu de tous les Bibliographes. Manque à la Bibliothèque nationale.

« Ce Roman Cabbalistique n'est pas commun. Soit hasard, soit que l'auteur fût Initié, il a dépeint très nettement, sous l'appellation des Animaux invisibles, les Êtres inconscients. semi-conscients, ou simplement instinctifs, que les occultistes nomment Elémentaux, Larves, Fantômes astraux... » (S. de G.).

Curieux Opuscule, qui mériterait d'être réimprimé, et qui rappelle un peu la brochure de KIRK : « *La République mystérieuse des Elfes...* » q. v.

(G-2063.

9572 ROEMELING (Christian Anton). — Christian Anton RÖMELINGS Nachricht seiner von Gott geschehenen völligen Herausführung aus Babel, das ist : Vorstellung des gantzen Verlauffs, wie er seines Dienstes entsetzet und wie es damit zugegangen, nebst nöthig gefundener Entdeckung zweyer Briefe. zur Offenbahrung Babels wie auch treuhertziger Erweckungs-Stimme zum Ausgange aus Babel.

Franckfurt und Leipzig. s. adr... 1710, in-8° de XVIII-412 pp.

(O.87

9573 ROMMELAERE (Dr V.). — Etudes sur J. B. Van Helmont.

Bruxelles. 1868, in-4° de 272 p. (4 fr.).

9574 RONCIN (Edouard). — Etude physiologique sur les Fakirs.

Paris, 1904, gr. in-8°, (4 fr.).

Excellent ouvrage donnant les divers procédés de la *Yoga* et suivi d'une bibliographie.

9575 RONDET (Abbé Victor). — Les Initiations. — La religion.

Paris, 1907, in-8°, carré (6 fr.).

Voici un extrait de la table des matières de cet intéressant ouvrage : Notions cosmogoniques ou philosophie des origines. — Notions mythologiques ou histoire des aventures des Dieux. — Théologie primitive. — L'idée d'un dieu Un, conscient et juste se rencontre dans toutes les mythologies. — Religion et magie. — La Démonologie l'art et la morale. — La Démonologie, et la littérature. — La Démonologie et le dogme. — Merveilleux divin et merveilleux démoniaque. — Merveilleux féerique, etc.

9576 RONPHILE. — La chyromancie natvrelle de RONPHILE.

Paris, Loyson, 1653, in-12.

Quatre planches chiromantiques gravées en taille douce.

Autres éditions :

Lyon, A. Jullieron, 1653, in-16.
[V. 21933
Paris, E. Pépingué. 1655, in-16.
[V. 21935
Paris, P. Lemonnier, 1671, in-16.
[V. 21936
(G-1800

9577 RONPHILE — La Chyromantie natvrelle de RONPHYLE.

A Paris chez I. Baptiste Loyson, M. DC. LXV, [1665], pet. in-8° de 7 fol. n. c. 78 p. 6 pl. en taille douce dans le texte, (6 fr.).

L'Epître est signée RAMPALLE, qui ne s'y donne que comme le traducteur de son ami RONPHYLE. Néanmoins, on trouve assez souvent ce petit volume catalogué sous le nom du traducteur.

C'est un des meilleurs traités de chiromancie qui existent, orné de nombreuses figures finement gravées. — Les rapports de l'astrologie avec les tempéraments y sont longuement étudiés et permettent d'obtenir des résultats plus sûrs qu'avec les autres méthodes.

Autres éd :

Paris, J. Ribou, 1665, in-12, Figures en taille-douce.

Lyon, Jullieron, 1666, pet. in-8°, fig. en taille douce.
[V. 21934

Lyon, Fourny, 1666, pet. in-8°.
(S-2459 b
(G-912

9578 ROQUES (Pierre) Théologien protestant né à La Caune en 1685, mort en 1748. Pasteur à Bâle. — Dissertation Théologique et Critique dans laquelle on tâche de prouver par divers passages des Saintes Ecritures que l'Ame de Jésus-Christ était dans le Ciel une Intelligence pure et Glorieuse avant que d'être unie à un Corps humain dans le sein de la Bienheureuse Vierge Marie.

Londres, 1739, in-12. (4 fr.).
(G-2172

9579 ROQUETAILLADE (Jean de), en latin Johannes de RUPE SCISSA, célèbre alchimiste, de l'ordre de Saint François vivant au milieu et à la fin du XIVe siècle, à Aurillac, en Auvergne. Il prophétisa sur le sort des souverains et même du pape, de sorte que Innocent IV le fit emprisonner en 1357. Il est enterré à Villefranche près de Lyon. Roquetaillade, son lieu d'origine est en Gironde, entre Langon et Bazas. — Magistri Johannis de Rupescissa, de Confectione veri lapidis philosophorum clare et absque palliatione : dans *Theatrum chemicum* (1613). III, 170-88.

(O-700-800

9580 ROQUETAILLADE (Jean de). — La vertu et la propriété de la Quinte Essence de toutes choses faite en latin par Johannes de RUPESCISSA, et mise en françois par Antoine DU MOULIN Masconnois.

Lyon, Jean de Tournes, 1581, pet. in-16 de 170 (et 1 f. pour la marque de l'impr.) pp.
(O-801

9581 ROSACCIO (Gioseppe di), Cosmografo, et dottore in filosofia et medicina.— Mondo elementare et celeste, etc...

Trévise. s. d., [1595], in-12, figures et nombreuses cartes enluminées à la main et de l'époque. (500 fr.).

Cet ouvrage est du plus haut intérêt à des points de vue divers. L'occultiste y trouvera des recherches précieuses sur la constitution du monde céleste, avec figures à l'appui. — La situation des lymbes, et de ce que l'Ecriture appelle le « Sein d'Abraham » offre des aperçus singuliers sur cette question de cosmographie religieuse. — L'astrologie occupe une partie du volume. — Mais ce qui en fait surtout la valeur, c'est l'importante série de cartes géographiques coloriées de l'époque, et comprenant une des premières cartes complètes de l'Amérique (si ce n'est la toute première) avec la Virginie et la Floride qui venaient à peine d'être découvertes au moment de cette publication. — Le chapitre consacré à l'Amérique présente d'ailleurs un texte précieux pour l'histoire contemporaine de cette partie du monde. — En dehors de cette carte générale de l'Amérique, l'ouvrage en contient deux autres petites, où l'Amérique se trouve également figurée, et plusieurs autres des diverses contrées du monde. [Dujols].

9582 ROSE (Roman de la). — Le roman de la Rose. Nouvelle impr. à Paris, par Guill. Eustace. Edit. très ancienne, sans chiffres, réclames, points ni virgules.

In-fol. figures sur bois.

(S-3777

ROSE (sur le roman de la). — Voir :

GUILLON (Félix).
LANTIN de DAMEREY.
LORRIS (Guillaume de)
MEUNG (Jehan de).

ROSE MAGNETIQUE (Système de la). — Voir.

SYSTEME de la ROSE.

9583 ROSE (Christian). — Freye Bermerkungen über die politische Verfassung des Ordens der Freyen Maurer : von dem Bruder Christian Rose, Rittern zum heil. Grabe.

Leipzig, Carl Friedr. Schneidern.

1787. pet. in-8° de XVI-247 pp.

(O-423

9584 ROSE † CROIX. — Examen sur l'inconnue et nouvelle Cabale des Frères de la Rose † Croix; habitués depuis peu de temps en la ville de Paris...

S. l.. 1624. in-16.

[Hp. 1135

Autre édit.

Paris, 1623. in-16.

[Hp. 1134

Avertissements pieux et utiles de la Rose † Croix.

Paris, 1623.

Responsum ad Fratres Rosaceæ † Crucis illustres.

S. l. 1622.

Sylloge an Hostia sit verus Cibarius à Fratre Rosaceæ † Crucis.

Hanover, 1618. in-16 (?).

L'exemplaire SEPHER contenait encore d'autres pièces non décrites.

(S-3403

9585 ROSELLY de LORGUES (Antoine François Félix) écrivain français né à Grasse (Var) en 1805. — Le Christ devant le siècle, ou nouveaux témoignages des sciences en faveur du catholicisme.

Paris, Hivert. 1835, pet. in-12, (10 fr.).

Edition originale.

Célèbre ouvrage qui eut un grand retentissement vers le milieu du XIX° siècle. — L'auteur y rapporte toutes les traditions antiques relatives à la Vierge mère et au réparateur, et s'appuie sur la Kabbale pour justifier sa thèse.

Paris, 1841, in-12.

Paris, Hivert, 1845. (2° édition,) in-8° de 620 p. (4 fr.).

Paris, 1852, in-8°.

9586 ROSELLY de LORGUES. — De la mort avant l'homme et du péché originel.

Paris, Hiverl, 1841, in-8°, (3 fr. 50).

Sagesse de la mort. — Inexistence du mal avant l'homme. — La Déchéance.— Pénalité humaine et jurisprudence divine sur le péché. — Preuves physiologiques de la souillure héréditaire. — Cultes sanglants, etc...

(G-913)

9587 [ROSEN (Samuel-Paul) Juif Polonais)]. — Aujourd'hui et demain : les évènements dévoilés par un ancien Rose ✚ Croix. [Samuel Paul Rosen].

Paris, Bloud et Barral, s. d., [1882], (2 fr.).

(G-1064)

9588 ROSEN (Samuel Paul) juif polonais. — L'Ennemie sociale. Histoire documentée de la Franc-Maçonnerie de 1717 à 1890, en France, en Belgique et en Italie.

Paris, Bloud et Barral, 1890, in-12, (6 fr.).

[N° H. 5508

Cet ouvrage contient des documents officiels d'une authenticité indiscutable : on trouvera réuni dans ce volume tout ce qui concerne une étude sérieuse de la Franc-Maçonnerie, ses origines, son but, son programme, son rôle et son enseignement.

9589 [ROSEN (Paul)]. — La Franc-Maçonnerie, Histoire authentique des sociétés secrètes depuis les temps les plus reculés jusqu'à nos jours, leur rôle, politique, religieux et social, par un Ancien Rose-Croix.

Paris, Bloud, 1883, in-8°, (6 fr.).

Mystères d'Egypte et d Eleusis,—Brahmanes, Druidisme, Magisme. — Chaldéisme, Mystères de Mithra, Ordre des Assassins. — Templiers. — Illuminés. — Carbonari. — Fenians. — Nihilistes, etc...

Histoire critique et philosophique de la Franc-Maçonnerie, cet ouvrage d'une érudition profonde et d'une haute envergure jouit auprès des maçons d'une juste renommée. Voici un aperçu des principaux sujets qu'il traite. Les préhistoriens de la F∴ M∴ Le F∴ MAZAROZ. Les épreuves et les grandes initiations maç∴ en Egypte ; origines et cérémonial des initiations aux Mystères d'Eleusis. ZOROASTRE et ses mystères. Initiations mithriaques. Les Brahmanes, les Gymnosophistes et les Druides. Légendes maç∴. Origine et mission des Templiers, leur condamnation. Les F∴ M∴ continuateurs des Corporations de constructeurs du Moyen Age. Les Sociniens et les Free Masons. La F∴ M∴ et les Jésuites. Les Illuminés et leurs doctrines SWEDENBORG, SAINT-MARTIN, PERNETTY, WEISHAUPT, CAGLIOSTRO, SAINT GERMAIN, Rites de Misraïm et de Memphis. Le Tugendbung. Les Carbonari, leur organisation et leur but, etc.

9590 [ROSEN (P)]. — Maçonnerie pratique. — Cours d'enseignement supérieur de la Fr∴ M∴, Rite Ecossais ancien et accepté. Suivi du rituel du 33° et dernier degré : de l'encyclique « Humanum genus » ; du Compte-rendu des Travaux du Convent des Sup∴ Cons∴ du R∴ Ec∴ ancien et accepté, réuni à Lausanne en septembre 1875, et du Tuileur des 33 grades arrêté par le Convent de Lausanne.

Paris, Battenveck, 1885-86, 3 vol. in-12, (40 fr.).

Cet ouvrage devenu rare, un des plus sérieux qui aient jamais été écrits sur la Franc-Maçonnerie, contient un grand tableau des « catéchismes » des 33 degrés de l'écossisme ; un certain nombre de figures dans le texte et une grande planche héliogravée des portraits des membres du Suprême Conseil pour la Suisse. — Il a été composé par un juif polonais, Samuel Paul ROSEN qui, après avoir passé tous les grades de la Franc-Maçonnerie, se retourna contre elle et trafiqua de ses secrets.

9591 ROSEN (Paul). — Satan et Cie, Association universelle pour la destruction de l'ordre social. Révélations complètes et définitives de tous les secrets de la Franc-Maçonnerie.

Paris, Casterman, 1888, in-8° de 408 p. (8 fr.).

Cette violente critique maçonnique eut un prodigieux succès à son apparition. — Ce sont bien là, en effet, des révélations complètes, mais dans lesquelles chacun pourra facilement discerner la vérité. — C'est un des ouvrages les mieux faits sur la question. Il est orné de nombreuses planches hors texte, se déployant, représentant les costumes, insignes et décorations pour chacun des grades, ainsi que des tableaux chronologiques et généalogiques. — Le frontispice est une grande planche tirée en sanguine et intitulée : Emblème suprème de la Franc-Maçonnerie, présentant la récapitulation complète des doctrines Franc Maçonniques.

9592 ROSEN-MULLER (J. G.). — Lettre à la Société exégétique et philanthropique de Stockholm concernant les phénomènes du magnétisme animal et du somnambulisme traduite de l'almand de J. G. Rosen Muller, professeur de théologie à Leipsick.

Strasbourg, 1788, in-8°, 80 pages.

(D. p. 74.

9593 ROSENCREUTZER (Marc Friedrich). — Astronomia inferior, oder : septem Planetarum terrestrium spagyrica Recensio, das ist : Erwehlung der sieben irdischen Planeten, als da sind : Bley, Zin, Eisen, etc. wie und woraus dieselbe in der Erden empfangen.... aus vielen, Theils vornemer alten und neuen Hermeticorum Schriften zusammen getragen, Theils mit selbst eigener Hand experimentiret, durch Marcum Friederich Rosencreutser, astronomum, chymicum, und der natürlichen magischen Künsten Liebhaber....

Nürnberg, Christoph Endters, 1674 in-8° de XX-410-XXX pp.

(O-1547

9594 ROSENKREUSER (Der) in seiner Blösse. Zum Nutzen der Staaten hingestellt durch Zweifel wider die wahre Weisheit der so genannten ächten Freymaürer oder goldnen Rosenkreutzer des alten Systems von Magister Pianco, vieler Kreisen Bundsverwandten.

Amsterdam, s. adr. (Nürnberg, Bauer), 1781, in-8° de 232 pp. avec 1 gr. tabl.

(O-1560

9595 ROSENTHAL (Jacques) Libraire à Münich. — Bibliotheca Magica et Pneumatica. Geheime Wissenschaften Sciences Occultes. Occult Sciences. Folk-Lore. Kataloge. 31-35.

München, Jacques Rosenthal, s. d.. [vers 1909]. In-8° de 48-680 p. et tab. (8 fr.).

Remarquable Catalogue contenant 8875 Nos relatifs aux Sciences Occultes et aux Curiosités et Raretés de toute nature.

Avec un Index alphabétique très complet de tous les noms cités, et des Titres des Ouvrages Anonymes.

9596 ROSINUS. — Rosinus ad Euthiciam ; dans Auriferæ artis..... (1572) 1-267-98.

(O-952-953-954

9597 ROSNEL (Pierre de) orfèvre français, joaillier en titre de Louis XIII. — Le mercvre Indien ou le trésor des Indes, Première partie dans laquelle est traitté de l'or, de l'argent et du vif argent, de leur formation, de leur origine, de leur usage et de leur valeur. Seconde partie dans laquelle est traitté des pierres précieuses et des perles, par Pierre de Rosnel.

Paris, aux dépens de l'autheur, 1668, 3 parties in-4°.

Outre les deux parties annoncées sur le titre et d'ailleurs parfaitement complètes en elles-mêmes puisqu'à la fin de la deuxième se trouve le privilège, certains exemplaires en possèdent une troisième traitant de l'estimation des pierres précieuses et des perles.

(G-914

9598 ROSNY (Léon de) Orientaliste, né à Loos (Nord) en 1837. Sinologue distingué et Professeur de Japonais à l'Ecole des Langues Orientales. — Le Bouddhisme éclectique. — Exposé de quelques-uns des principes de l'Ecole.

Paris, Leroux, 1894, in-12 (1 fr. 50).

[8° Z. 437

Très sérieux travail sur la question.

Paris, 1889, in-8° de 30 p.

9599 ROSNY (L. de). — La Morale du Bouddhisme.

Paris, Carré, 1891, in-8° (3 fr.).

[O² m. 110

9600 ROSNY (L. de). — Le Taoïsme, introduction par Ad. Franck.
Paris, 1892, in-8° (2 fr. 75).

[O² m. 122 (1)

Lao-Tse. — La religion première des chinois. — Les commentateurs de Lao-Tse. — Philosophie de Lao-Tse. — La création du monde. — Usage des nombres, etc...

9601 ROSS (Alexandre). — Les religions du monde, ou démonstration de toutes les religions et hérésies de l'Asie, de l'Afrique, Amérique et de l'Europe, depuis le commencement du monde jusqu'à présent. — Traduit par le Sr. Thomas LA GRUE.

Amsterdam, Jean Schipper, 1666, in-12 de 867 p. (9 fr.).

Etude sur les religions des peuples de l'antiquité, sur le christianisme, sur les moines, les Jésuites, les hérésiarques SIMON le Magicien, WICLEF, J. HUSS, LUTHER, CALVIN, POSTEL, R. LULLE. — Frontispice et 15 curieuses gravures en taille-douce hors texte pliées.

Amsterdam, Schipper, 1666, in-4°.

Amsterdam, Wolfgang, 1686, fort in-12.

9602 ROSSELLIUS (Don Timotheus). Della summa de secreti universali in ogni materia.

In Venetia, per G. Bariletto, 2 vol. pet. in-8° (25 fr.).

9603 ROSSET (Mgr). — La Franc-Maçonnerie et les moyens d'arrêter ses ravages.

Paris, 1882, in-12 (4 fr.).

Origine et organisation de la F∴ M∴ comme confrérie. — Satanisme de la F∴ M∴ — Le poignard clef de voûte de la F∴ M∴ — Son rôle dans la proscription religieuse, etc... Ce livre de combat est fort rare, et contient des données précieuses sur le mouvement maçonnique de notre temps.

9604 ROSSET (François de) écrivain français né en Provence vers 1570, mort après 1630. Poète, romancier et traducteur. — Les histoires tragiques de nostre temps. Où sont contenuës les morts funestes et lamentables de plusieurs personnes, arriuées par leur ambition, amours déréglées, sortilèges, vols, rapines et par autres accidents diuers et mémorables, par François de ROSSET.

Paris, Heby, 1614, in-12.

Autres éd. :

Rouen, chez Claude Amiot, 1700, in-8°.

[G. 15691

Lyon, Vigniou, 1721, in-8°.

Rouen, 1624 (?) in-8°.

[G. 15688

Rouen, 1654, in-8°.

[G. 15690

Lyon, 1701, in-8°.

[G. 15689.

(G-915

9605 ROSSET (Fr. de). — Histoires tragiques de nostre temps, ov sont décrites les morts funestes, déplorables et désastreuses de plusieurs personnes, arriuées par leur ambition, amour desreglés, sortilèges, vols, rapines, abus de faueurs, et amitiez des princes et autres diuers et mémorables accidents. — Augmentées en cette dernière édition des morts tra-tragiques arrivées à aucuns personnages de France, Espagne, et autres lieux de l'Europe, depuis l'an 1010, jusqu'à présent.

Paris, Heby, 1623, fort in-12 (12 fr.).

Parmi les très curieux chapitres composant cet ouvrage, citons : De l'horrible et espouuantable sorcellerie de Louys GOFFREDY prestre de Marseille. — Des amours incestueuses d'vn frère et d'une sœur et de leur fin malheureuse et tragique. — D'un démon qui apparoist en forme de demoiselle au lieutenant du chevalier du Guet de la ville de Lyon.— De leur accointance charnelle et de la fin malheureuse qui en succéda. — Canope gentilhomme renommé de Perse, ayant faict donation de son corps et de son âme aux demons, après qq. apparence de bonheur est emporté misérablement par le malinq Esprit.—Des horribles excès commis par une jeune religieuse à l'instigation du diable, etc...

9606 ROSSET (François de). — Histoires tragiques de nostre temps, augmentées en ceste première édition des morts tragiques arrivées à aucuns personnages de France, Espagne, et autres lieux d'Europe, depuis 1010 jusqu'à présent.

Rouen, Oursel, 1030, pet. in-8° (10 fr.).

9607 ROSSI (Dr Pascal). — Les suggesteurs et la Foule. — Psychologie des meneurs : artistes, orateurs, mystiques, guerriers, criminels, écrivains, enfants, etc.... Préface du Professeur H. Morselli.

Paris, A. Michalon, 1904, in-16, XII-222 p. (2 fr. 50).

[8° R. 19112

Très intéressante étude sur les meneurs immédiats, la suggestion chez la foule, les meneurs médiats et la valeur sociale des meneurs.

Paris, 1907, in-8°.

9608 ROSSI PAGNONI et MORONI (Dr F.). — Quelques essais de médiumnité hypnotique (traduit de l'italien).

Paris, 1889, in-8° (2 fr.).

[8° R. 0390

Volume rempli de phénomènes anormaux, du plus haut intérêt scientifique et spiritualiste, qui se sont déroulés au delà des Alpes où ils ont produit une profonde sensation.

9609 ROSSIGNOL (Jean Pierre) érudit français né à Sarlat (Dordogne) en 1804. Académicien et Professeur au Collège de France. — Des artistes homériques, ou histoire critique des artistes qui figurent dans l'Iliade et dans l'Odyssée.

Paris, 1861, gr. in-8° (2 fr. 50).

Ouvrage très intéressant pour l'étude du symbolisme de ces grandes épopées initiatiques.

9610 ROSSIGNOL (J. P.). — Discussion sur l'authenticité d'une clochette d'or découverte à Rome, et prise pour une amulette ; suivie de questions sur le mauvais œil, sur les Amulettes, les cloches amulettes et leur origine.

Paris, 1883, in-8° de 70 p.

Intéressant ouvrage.

9611 ROSSIGNOL (J. P.). — Explication et restitution d'une inscription en vers grecs consacrée au dieu Mithras et gravée dans le porche de l'Église de Labège (Haute-Garonne). Renseignements nouveaux sur Mithras et sur son culte.

Paris, 1868, in-8° de 40 p.

9612 ROSSIGNOL (J. P.). — Les métaux dans l'Antiquité. Origines religieuses de la métallurgie ou les dieux de la Samothrace représentés comme métallurges d'après l'histoire et la géographie de l'Orichalque, histoire du cuivre et de ses alliages suivie d'un appendice sur les substances appelées électre.

Paris, Durand, 1803, in-8° de 400 p. (6 fr.).
[V. 51022

Ouvrage très intéressant pour les recherches et les documents qu'il contient sur les religions de l'antiquité. En voici d'ailleurs un faible aperçu que nous extrayons de la table alphabétique. — L'Arche, plante produite par le sang des Cabires. — Initiation d'Agamemnon aux mystères de Samothrace. — Procédé d'Albert le Grand pour obtenir l'orichalque. — Initiation d'Antalcidas. — Aristote a-t-il composé un ouvrage sur la Lumière. — Les Cabires ou Génies ; leurs noms profanes et mystiques ; interprétation de ces noms ; leur culte. — Prodiges de la pierre calaminaire. — Culte de Cérès et de Proserpine. — Les Corybantes ou gardiens de Jupiter. — La symbolique de Creuzer et les Mystères de Sainte-Croix. — Les Curètes, génies métallurges. — Les Cyclopes, Génies travaillant au collier d'Harmonie. — Documents pour l'histoire des Génies Dactyles, les maitres d'Orphée ; on les appelle magiciens ; leur nom regardé comme un préservatif. — Enlèvement de Proserpine, ou figure de l'union des mystères d'Eleusis et de Samothrace. — Les Lettres Ephésiennes, leur vertu. — Les mystères d'Hécate. — Opinion de Kircher sur l'orichalque. — Linéaires attestant de la célébration des mystères de Samothrace jusqu'à la fin du IVe siècle de l'ère chrétienne. — Initiation de Lysandre. — Les Génies métallurges de Samothrace. — Initiation d'Orphée. — Le Sanctuaire de Samothrace ; ses Dieux et leur vertu purificatrice, etc.

(G-010)

9613 ROSSIGNOL (J. P.). — De la Religion, d'après des documents antérieurs à Moïse.

Lyon, 1837, in-8° (3 fr. 50).

Caractère du peuple de Dieu. — De la Trinité. — Le Soleil. — Etat primitif de l'homme. — Chûte primitive. — Immortalité de l'âme, etc...

9614 ROSSIGNOL (J. P.). — Trois dissertations.

Paris, 1862, in-8° (3 fr.).

Ouvrage d'une grande érudition et des plus intéressants ; que l'on en juge d'ailleurs par le détail ci-après : Sur l'inscription de Delphes, citée par Pline. A ce sujet : Histoire de l'alphabet grec. — Recherches sur les Dimes sacrées, etc... Sur l'ouvrage d'Anaximènes de Lampsaque, intitulé : Des peintres antiques. — A ce sujet : De l'influence de la Religion et de la Poésie sur les œuvres d'art et réciproquement, etc... Sur la signature des œuvres de l'art chez les anciens. — A ce sujet : Les artistes se préoccupèrent-ils de l'idée de modestie ou de vanité dans la forme de leurs inscriptions ? Fut-il interdit aux artistes de l'antiquité de signer leurs œuvres ? etc...

9615 [ROSTAING (Baron de)]. — Historique de la maladie d'Alphonse, fils de Monsieur le baron de ROSTAING, Intendant militaire, traité par une somnambule magnétique au moment où l'on en désespérait.

Paris, Dentu, 1818, in-8°, 25 pages.

Extrait de la *Bibliothèque du magnétisme*.

(D. p. 91)

9616 ROSTAN. — Du magnétisme animal, par M. ROSTAN.

Paris, impr. de Rignoux, 1825/27, in-8°, 40 pages (2 fr.).

Extrait du dictionnaire de Médecine et d'un cours élémentaire d'hygiène. Cet article est de 1824, mais la brochure très rare et non destinée au commerce est de 1825. L'article du professeur ROSTAN est l'un des plus intéressants qui aient été publiés sur la matière. Il fut très remarqué et attira plus d'un reproche à son auteur. On ne lui pardonnait pas d'avoir soutenu les idées magnétiques.

Article inséré dans le XIIIe volume du *Dictionnaire de Médecine*.

(D. p. 102)

9617 ROTH-SCHOLTZ (Fridrich). — Frider. ROTH-SCHOLTZII Bibliotheca chemica, hoc est Collectio auctorum fere omnium, qui de Naturæ arcanis, re metallica et minerali, item de amelioratione corporum artificiali, etc. hermetice scripserunt, recensuntur

Sc. psych. — T. III. — 28.

etiam diversae librorum editiones alia-
que hujus generis manuscripta hactenus inedita.

*Norimbergae et Alldorfii, Joh. Dan.
Tauber*, 1727-33. 5 fascicules, ensemble de 238 pp. avec un beau
portr. de Roth-Scholtz.

Ce titre est celui de la réimpression du
1-er fascicule (1735), car les autres ont
un titre allemand. Cette réimpression
qui n'a pas été continuée devait être
plus soignée et imprimée avec un caractère plus gros : les 48 pp. de la 1-re édit.
en sont devenues 80 dans la seconde.

Malgré les promesses du titre, cet
ouvrage est loin d'être complet, car il ne
contient qu'environ 600 titres, avons-nous
vu quelque part. C'est peu, mais du
moins ces titres sont bien copiés, et si
l'auteur avait suivi le moindre ordre ou
système, son ouvrage pourrait être utile.

(O-537)

9618 ROTH-SCHOLTZ (Friedrich). —
Deutsches Theatrum chemicum, auf
welchem der berühmtesten Philosophen und Alchymisten Schriften, die von dem Stein der Weisen,
von Verwandlung der schlechten
Mettalle in bessere, von Kraütern,
von Gesund-und Sauer Brunnen....
vorgestellet werden durch Friedr.
Roth-Scholtzen.

*Nürnberg. Adam Jonathan Felszec-
ker*, 1728-32, 3 vol. in-8° d'un 1.000
de pp. chaque, avec portr. et fig.

[R. 52282-52285

Cette bibliothèque contient 79 ouvrages
que nous avons tous détaillés. En tête
des divers ouvrages, il se trouve souvent
des notices bibliographiques assez détaillées.

(O-18 numéros de 618 à 1544)

ROTHE (Anna), née vers 1850,
connue sous le nom du « *Médium
aux Fleurs* », victime le 23 mars
1902, d'un procès célèbre à Berlin,
dans lequel on retrouve de malheu-
ses analogies avec le procès Leymarie,
en France ; l'impartialité ne semble
pas être toujours le fait de la « *Justice* », témoin l'affaire Dreyfus, entre
autres.

Anna Rothe fut domestique dans
sa jeunesse, et épousa en 1870, un
nommé Rothe, chaudronnier à Gera ;
toute sa vie elle fut une voyante et
un médium à matérialisations, principalement de fleurs. La police Berlinoise lui tendit un piège grossier et
si maladroit qu'il est tout à fait impossible de dire moralement qu'elle a
été surprise en fraude.

Elle n'en a pas moins été condamnée à dix mois de prison et 500
marks d'amende, après avoir subi *dix
mois* de prison préventive.

Voir Maxwell (Joseph), dans la
« *Revue Philosophique de Bordeaux et
du Sud-Ouest* » 7me année, N° 4, 1er
avril 1904, et aussi Bohn (N° 1324).

9619 ROTHE (G.), médecin de Leipzig
— Introduction à la chymie, accompagnée de deux traitez, l'un sur le sel
des métaux, et l'autre sur le soulphre
anodyn de vitriol. — Avec une analyse raisonnée de l'antimoine et un
traité sur les teintures antimoniales,
par M. Meuder. — Traduit de l'allemand par J. L. Clausier.

Paris, 1741, in-12. (10 fr.).

9620 ROTHIUS (G. C.). — Gotter.
Christ. Rothius, de Imagunculis Ger-
manorum Magicis, quas Abrunas vocant.

*Helmstadii [Helmstadt, en Basse-
Saxe]*, 1737.

(S-6515)

9621 ROTHMANUS (J.), médecin et
philosophe. — Chiromantiæ theorica,
practica, concordantia, genethliaca,
vetustis novitate addita.

Erphordiæ, Pistorius, 1595, pet.in-
4°. (18 fr.).

Contenant de nombreuses planches de
chiromancie et d'astrologie.

9622 ROUBAUD (Dr Félix). — La Danse des Tables. Phénomènes physiologiques démontrés.

Paris, Librairie Nouvelle, 1853. in-10, 108 pages, planche. (1 fr. 50).

9623 ROUDÈS (Silvain). — L'Homme qui réussit. — Sa mentalité. — Ses méthodes.

Paris, Pancier, s. d. [1908], in-18 XI-347 p. (1 fr. 50).

[8° R. 22194

Excellent traité qui eut un succès prodigieux et mérité.

9624 ROUDÈS (Silvain). — Pour faire son chemin dans la vie. — Moyens et qualités qui permettent d'arriver au succès et à la fortune.

Paris, Pancier, s. d. [1907]. in-18, VII-272 p. (1 fr. 50).

[8° R. 21932

Instructions pratiques pour toute personne qui désire arriver à son but avec ordre et méthode.

9625 ROUGÉ (Jacques de). — Inscription de quelques monnaies nouvelles des Nômes d'Egypte.

Paris, 1882. in-4' fig. (2 fr.).

9626 ROUGEMONT (E. de). — Biographie et bibliographie. — Avec un portraits et deux autographes.

Paris, 1910, in-12. (2 fr.).

9627 ROUGEMONT (Frédéric de). — Le peuple primitif, sa religion, son histoire et sa civilisation.

Paris, 1855, 2 forts vol. in-12, (8 fr.).

Précieux ouvrage pour l'étude des peuples anciens et des religions primitives. — Dogmes, symboles, mythes et rites du peuple primitif, déduits de ceux les peuples païens ou essai de mythologie comparée et clef du langage symbolique. — Elohim Jehovah et les dieux doubles. — Dieu triple. — Les symboles de la Divinité. — Emblèmes des divines harmonies du monde. — Symboles apocalyptiques. — En plus des nombreuses révélations qu'il contient, [cet ouvrage donne une clef de tous les symboles secrets.

9628 ROUGEMONT (Frédéric de). — La Philosophie de l'Histoire aux différents âges de l'humanité.

Paris, 1874, 2 vol. in-8°, (8 fr.).

Le peuple primitif. — Ecrits hermétiques. — L'Inde. — Les Hébreux. — Les Livres sacrés. — Philon. — Hénoc. — Pythagore. — Mystères de Mithra. — Jésus-Christ. — Les Gnostiques. — Valentin. — Manès. — Jamblique. — Denys l'Aréopagite. — J. de Flore. — St-Martin le Philosophe inconnu. — Fabre d'Olivet, etc...

9629 ROUGEMONT (F. de). — Qq. mots sur les nombres rythmiques de la prophétie et de l'histoire.

Neuchatel, 1862, in-8°, (15 fr.).

9630 ROUGEMONT (Frédéric de). — La vie humaine avec et sans la foi.

Neuchatel, 1869, in-12 de 380 p. (3 fr.).

Méditations et Dialogues. — Dans les lieux célestes. — Les trois étages de la vie. — Les Béatitudes. — L'Oraison dominicale. — La vie humaine avant et après la foi.

9631 ROUGET (Ferd.). — La photographie mentale des esprits dévoilée. Connaissance de la cause qui produit les effets naturels et magnétiques du spiritisme depuis l'antiquité jusqu'à nos jours.

Toulouse, Bompard, 1870, in-8°, (3 fr.).

(G-917)

9632 ROUGET (Ferdinand). — Traité pratique de magnétisme humain ou résumé de tous les procédés du magnétisme humain, pour rétablir et développer les fonctions physiques et les facultés intellectuelles dans l'état de maladie, par Ferdinand Rouget.

Paris, E. Dentu et Germer Baillière, Toulouse Gimet, 1858, in-12, 156 pages. (2 fr.).

L'auteur pense que la magnétisation d'une partie du corps d'un malade par la partie correspondante du corps du magétiseur est d'une efficacité souveraine. C'est un procédé difficile à employer.

(D. p. 164

9633 ROUGEYRON (l'abbé). — Les Derniers Temps.

Paris, 1866. in-12. (3 fr. 50).

En quoi consistera la future régénération du monde. — L'Ante-Christ, ses prodiges, ses crimes, son pouvoir magique, ses miracles, le retour d'Elie et d'Enoch, etc..]

9634 ROUHET (Dr Georges). — De l'entrainement complet et expérimental de l'homme avec étude sur la voix articulée, suivi de recherches physiologiques et pratiques sur le cheval.

Paris, Bordeaux, 1902. gr. in-8°, Nombreuses gravures. (5 fr.).

Voir aussi à DESBONNET, « L'Art de créer le pur sang humain ».

Paris, 1808, in-8° de LXXV-398 p. fig.

[8° Te¹⁸ 116

9635 ROUILLAC (le P. Philippe) cordelier Piémontais.— Abrégé du Traité du grand œuvre des Philosophes, par Philippe ROUILLAC, piedmontois, cordelier, revu et corr. par Ph... Ur...; dans Bibliothèque des philosophes alchimiques, (1754). 234-94.

(O-924

9636 ROUILLARD (Sébastien). — Les Gymnopodes, ou de la Nudité des pieds par Sébastien ROUILLARD.

Paris, 1624. in-4°.

[Ld²⁴ 252
(S-4315

9637 ROUJOUX (P. G. de). — Essai d'une histoire des Révolutions arrivées dans les Sciences et les Beaux-Arts.

Paris, 1811, 3 vol. in-8°. (10 fr.)

Nous relevons à la table des matières les chapitres suivants : Art Cabbalistique : Agrippa et Trithème : Ce que c'est l'art cabalistique. — Reuchlin. — Substances incorporelles de H. Moore. — Nature plastique de Rudolph Cudworth. — Astrologie. — Pic de la Mirandole. — L'astrologie du XV-e siècle. — Philosophie. — La magie. — La théurgie. Plotin, etc...

9638 ROULLIER (Auguste), médecin de Montpellier, Chirurgien militaire. — Exposition physiologique des phénomènes du magnétisme animal et du somnambulisme contenant des observations pratiques sur les avantages et l'emploi de l'un et de l'autre, dans le traitement des maladies aigües et chroniques, par Auguste ROULLIER, docteur en médecine de la Faculté de Montpellier ancien médecin des armées et membre de la Société de magnétisme.

[8° T6³

Paris, Dentu, 1817, in-8°, 236 pages. (2 fr.).

Influences et effets magnétiques. — Extase. — Catalepsie. — Seconde vue. — Convulsionnaires. — Puissance curative du magnétisme, etc...

(D. p. 89

9639 ROULLIER (G.). — La marquise de Brinvilliers. Récit de ses derniers moments (manuscrit du P. Pirot, son confesseur); notes et documents sur sa vie et son procès.

Paris, Lemerre, 1883. 2 vol. pet. in-12. (6 fr.).

[Ln²⁷. 34114

9640 ROUQUETTE (Abbé). — Les Sociétés secrètes chez les Musulmans.

Paris, Lyon, 1899, in-8° d'environ 600 p. (6 fr.).

Travail formidable de tout premier ordre sur cette question si peu connue. — L'auteur a longtemps habité l'Afrique et fréquenté de près les Sociétés secrètes de ces pays, ce qui lui permet de traiter la question avec toute la compétence désirable. — Signalons particulièrement les articles suivants : Caractère général des Sociétés secrètes musulmanes. — Panislamisme. — Soufisme. — Extases et Visions. — Interprétation des songes. — Ordres religieux en général. — Recrutement, organisation et fonctionnement des sociétés secrètes en Afrique. — Les Qadria et les Francs-Maçons, leurs doctrines. — Les Chadelya, leurs cérémonies, leur doctrine secrète. — Les Aïssaoua, leurs pratiques magiques, leur influence politique. — Les Cheikhya. — Les Tydjanya, leurs initiations. — Les Kelouatya et les Rahmanya. — Les Snoussya, leur importance, leur but et leurs rapports avec les autres ordres religieux. — Etc.

9641 ROUSSAT (Richard) Chanoine et Médecin de Langres. Astrologue français du début du XVIe siècle. Docteur de Montpellier, et Oncle d'un historien du même nom. — Des Elemens et principes d'Astronomie [lisez Astrologie judiciaire], avec les universels iugements d'icelle : item un traité très exquis et recreatif des Elections de choses à faire ou désirées à faire ; d'avantage plusieurs chap. servants à l'Astronomie, et principalement aux Nativitez, et pour dresser celestes figures par diverses manieres. Le tout de nouveau mis en lumiere par Richard Roussat, chanoine et medecin de Langres.

Paris, imprimerie de Nicolas Chrestien, 1552. in-8° de VIII-81-62 ff.

Le *Traité d'Astrologie judiciaire*, a 81 ff.; celui des *Elections* 63 ff.

Ce rare ouvrage contient d'incroyables preuves de la crédulité du temps. [LADRAGUE].

(O-1865

C'est un curieux traité d'astrologie devenu presque introuvable.

« Ouvrage rare et singulier dans lequel on trouve une digression sur l'antiquité de la ville de Langres ».

(Denis RECH. *Bibl. sur la Champagne*).

(G-918

9642 ROUSSAT (Richard). — Livre de l'Estat et Mvtation des Temps, prouuant par authoritez de l'Escripture saincte et par raisons astrologales, la Fin du Monde estre prochaine.

A Lyon chez Guillaume Rouillé, 1550. in-8° de 180 p. et fig. astrologiques dans le texte.

[Réserve G. 2109

C'est une compilation de l'ouvrage de TURREL, q. v. et il fut publié 19 ans après l'apparition de « *La Période* ».

On y trouve la date de 1793 pour « *la future Renovation du Monde* » (BARESTE, *Nostradamus*, 199-205).

9643 ROUSSEAU (l'abbé) connu sous le nom de CAPUCIN DU LOUVRE, médecin empirique, né vers 1630, mort en 1606. Louis XIV lui fit expédier un brevet de Médecin par la Faculté de Paris. Il eut d'abord son Laboratoire au Louvre, puis se retira dans une abbaye de Cluny, où il continua à exercer la médecine. C'est lui qui a, le premier, rendu compte de l'expérience de fascination qui consiste à faire mourir un crapaud enfermé dans un bocal, en le regardant fixement. Un jour même, paraît-il, ce fut le crapaud qui eut le dessus et l'abbé tomba en syncope et faillit mourir. Les matérialistes du XVIIe siècle se sont fort divertis de l'abbé ROUSSEAU et de son crapaud. — Préservatifs et remèdes universels, tirez des animaux, des végétaux et des minéraux. Entr'autres le Mercure diaphorétique de Paracelse la Pierre de Butler de Van Helmont, la Pierre de Feu de Basile Valentin et le Mercure des Philosophes.

Paris, Cellier, 1706, in-12, (6 fr.)

[Te¹⁸ 507

Edition originale (?)

Paris, 1697, in-12.

(G-919

9644 ROUSSEAU (Ludwig). — Ludwig ROUSSEAU's Abhandlung von den Salzen nach seinen Lehrstunden verfaszt.

Eichstädt und Günzburg, Joh. Bapt. Widenmann, 1781. gr. in-8° de XVI-

192 pp. avec 2 tabl. de fig. des sels.

(O-1417

9645 ROUSSEL (Mme). — Mes entretiens avec les Esprits et avec les mondes des planètes supérieures à la Terre par Madame Roussel.

Rennes, imp. de L. Radijois, 1906, in-16, 134 p. (2 fr.).

[8° R. 20852

Avec une introduction de M. de Ville-Frémois.

9646 ROUSSEL. — Système physique et moral de la femme. Nouvelle édition, contenant une notice bibliographique sur Roussel, une esquisse du rôle des émotions dans la vie de la femme et des notes sur qq. sujets importants.

Paris, Fortin, 1845, in-12. (2 fr. 50).

On trouve dans l'introduction de cet ouvrage une histoire abrégée des stigmatisées du Tyrol.

9647 ROUSSEL (André). — La Franc-Maçonnerie à Beauvais.

Beauvais, 1866, in-8° de 24 p. (1 fr. 75).

Intéressante étude sur la Franc-Maçonnerie Beauvaisienne de 1763 à 1875.

9648 [ROUSSEL (P. J. A.)]. — Annales du crime et de l'innocence, ou choix des causes célèbres anciennes et modernes, réduites aux faits historiques par MM. R... et P. V... (P. J. A. Roussel et Plancher Valcour) anciens avocats.

Paris, Lerouge, 1813, 20 tomes en 10 vol. in-12. (9 fr.).

Collection complète.

9649 ROUSSEL DE VAUZESMES. — Mémoire lu dans l'assemblée générale de la Faculté de médecine, le 18 Septembre 1780.

D'Eslon avait demandé une assemblée de la Faculté pour y communiquer les propositions de Mesmer. Quelques membres, dit-on, se concertèrent avec Roussel de Vauzesmes, jeune médecin qui ne demandait pas mieux que de faire parler de lui, et il se chargea de traduire d'Eslon à la barre de la compagnie, en raison de ses *Observations* récemment parues. Le doyen fixa une même assemblée pour les deux lectures et Roussel de Vauzesmes lut un réquisitoire en règle. Quelques auteurs pensent que ce mémoire a été imprimé en brochure. Je ne l'ai jamais rencontré. Il a dû cependant en être distribué quelques copies et il se trouve en entier dans le *Précis historique*. Ce mémoire très vif contient quelques détails sur les voyages de Mesmer, son séjour à Orléans. Il critique le livre de d'Eslon et discute les cures affirmées par son collègue.

Voir :
MESMER (Frédéric).

(D. p. 12

9650 ROUSSELOT (Abbé). — La vérité sur l'évènement de la Salette, du 19 septembre 1848, ou rapport de Mgr l'évêque de Grenoble sur l'apparition de la Sainte Vierge à deux petits bergers, sur la montagne de la Salette, canton de Corps (Isère).

Grenoble, 1840, in-12, avec 1 plan lithographié et replié du lieu de l'apparition, (3 fr.).

9651 ROUSSELOT (A.). — Etude d'histoire religieuse aux XII° et XIII° siècles : Joachim de Flore, Jean de Parme, et la Doctrine de l'Évangile éternel.

Paris, Thorin, 1867, in-8°. (2 fr.).

[D. 58505

Intéressante étude sur le célèbre prophète Joachim, abbé de Flore et Jean de Parme.

(G-2004

9652 ROUSSELOT (Xavier). — Histoire de l'Evangile éternel.

Paris, Didier, 1861, in-8° (2 fr. 50)

[D. 50015

Intéressante étude sur le célèbre Prophète JOACHIM, abbé de FLORE, et sur Jean de PARME.

(G-956 et 2065)

9053 ROUSSELOT (Xavier). — Etudes sur la Philosophie dans le Moyen-Age.

Paris, Joubert, 1840-42, 3 vol. in-8°, (30 fr.).

Le savant auteur de l'*Evangile éternel* révèle dans cet ouvrage puissant tout l'ésotérisme des philosophies qui eurent cours au Moyen-Age, et qui sont pour la plupart, à peu près inconnues.

ALBERT le Grand, philosophe et alchimiste, étude appuyée sur les œuvres de PARACELSE et d'AGRIPPA. — Raymond LULLE, la profondeur de sa métaphysique, développement étendu de sa philosophie et l'Ars Magna. — Le Mysticisme. — La *Kabbale*, les Magiciens, etc.

9654 ROUSSIER (l'abbé) Chanoine d'Ecouis. — Mémoire sur la Musique des Anciens où l'on expose le Principe des Proportions authentiques dites de Pythagore, et de divers systèmes de Musique chez les Grecs, les Chinois et les Egyptiens et celui des Modernes, par M. l'abbé ROUSSIER.

Paris, Lacombe, 1770, in-4° de XXIV-252 p. tableau plié et fig. dans le texte, (25 fr.).

[V. 10649

Mémoire curieux et rare et des plus intéressants.

Réédité :

Ibid. Id., 1774, même format avec une légère variante dans le titre : *Mémoire historique et pratique* sur la Musique, etc.

Sur un ancien système à quatre cordes appelé Lyre de Mercure. — Sur le système à six cordes des Chinois. — Sur l'Heptacorde et l'Octocorde. — Système des Egyptiens. — Du Sacré Quaternaire des Pythagoriciens. — Rapport des Sons de la Musique aux Planètes, aux Jours de la Semaine et aux heures du Jour, selon les Egyptiens. — Parallèle entre le Système des Egyptiens et celui des Modernes. — Etc, etc.

(G-2066

9655 ROUSTAING (J. B.) avocat à la Cour d'Appel de Bordeaux, et spirite. — Devant le Spiritisme; réponse à ses élèves (Allan Kardec et Roustaing. — Réponse à M. Guérin, par G. Delanne, etc...).

Paris, 1883, in-16. (0 fr. 75).

9656 ROUSTAING (J.-B.). — Les Quatre Evangiles.

Paris, 3 forts vol. in-12, (10 fr.).

Avocat distingué, ROUSTAING avait analysé le spiritisme comme on étudie une cause célèbre. — Après avoir fait son procès en règle et conclu à la justice de sa cause, il a pris sa défense publiquement. — Ces trois gros volumes constituent son éloquent plaidoyer. — On peut ne pas admettre sa thèse, mais on n'en demeure pas moins vivement frappé par les arguments qu'il enchaîne à l'appui de sa cause, et qui sont de nature à ébranler le scepticisme le plus obstiné. — Ajoutons que le grand initié que fut René CAILLÉ a prêté à ROUSTAING et à son œuvre l'appui de sa suprême autorité.

9657 ROUSTAING (J. B.). — Les quatre Evangiles, de J. B. Roustaing. — Réponse à ses critiques et ses adversaires. (Synthèse philosophique au XIX° siècle, — Coup d'œil sur la phénoménalité du spiritisme moderne. — Caractère et importance de la révélation, comme ouvrant la phase théologique).

Bordeaux, 1882, in-16. (1 fr. 50).

[8° L. 5072

9658 ROUSTAING (J.-B.). — Spiritisme chrétien, révélation de la révélation. Les Evangiles, suivis des commandements expliqués en esprit et en vérité, par les évangélistes, les apôtres et Moïse.

Paris, 1884, in-8°, (5 fr.).

Analysé et résumé par René CAILLÉ.

9659 [ROUVIER (le père Frédéric)]. —

— 440 —

La Franc-Maçonnerie au pouvoir ; 1789 à 1880 par E. d'Avesne.

Paris, V. Palmé. 1881, in-16, (1 fr. 50).

Travail intéressant à plus d'un titre donnant outre des détails curieux sur son but, les menées et l'état de la Franc Maçonnerie sous la troisième République avec documents à l'appui (Liste des Fr∴ Maç∴ sénateurs, députés, conseillers, journalistes, etc...), une étude rétrospective en 8 chapitres consacrés chacun à l'histoire de la Franc Maçonnerie sous un régime, à commencer par la Révolution pour finir avec la Commune.

La F∴ M∴ n'est pas une Société de bienfaisance, elle s'occupe de politique. — Sous la Révolution. — Sous l'Empire. — Sous la Restauration — Sous le Gouvernement de Juillet en 1848. — Sous la Commune. — Comment la Franc-Maçonnerie fait de la politique — Etc.

9660 ROUVIN (Ch.). — La tête humaine, études illustrées de phrénologie et de physiognomonie appliquées aux personnages célèbres anciens et modernes.

Paris, Boyer. (1873). gr. in-18, figures. (3 fr. 50).

[Th^èn^ 126

Dans cet ouvrage, la deuxième partie est consacrée à la phrénologie appliquée à l'étude des personnages célèbres anciens, du Moyen-Age et des temps modernes.

9661 ROUX (le Docteur) de Cette. — Magnétisme, moyen d'affermir le magnétisme dans la voie scientifique par le docteur Roux de Cette.

Paris, Voitelain. 1863. in-8°. 32 pages.

Tirage à part d'un mémoire couronné au concours du jury magnétique et inséré dans le journal l'*Union magnétique*.

(D. p. 186

9662 ROUX (Dr). — Somnambulisme magnétique, par le docteur Roux (de Cette).

Paris, Voitelain, 1864, in-8°. 38 pages.

Mémoire couronné au concours de l'*Union magnétique*. Il a été tiré à part à 50 exemplaires seulement pour l'auteur et les membres du jury.

(D. p. 177

9663 ROUX (Dr F.). — Examen de la prophétie de Blois, au point de vue de la situation actuelle, avec un appendice sur la faculté des prévisions observée dans qq. états physiologiques et morbides.

Paris, 1871. in-12. (2 fr.).

Ouvrage dans lequel se trouve un tableau synoptique dans lequel figurent, sur deux colonnes, les prédictions et les évènements réalisés.

9664 ROUX (F.). — Coup d'œil sur le magnétisme animal et le somnambulisme considérés sous le rapport médical et religieux, par F. Roux.

Montpellier et Paris. 1846. in-8°. x-125 pages.

Travail intéressant dû à l'une des autorités du magnétisme scientifique.

(D. p. 135

9665 ROUX (Jean Isidore). — Un fils d'Hiram.

Paris, 1880. in-16, (1 fr.).

Jolie poésie maç∴ d'un caractère prophétique et d'une grande envolée.

9666 ROUX (Pierre). — Traité de la science de Dieu, ou découverte des causes premières. Ouvrage révélant le grand mystère de l'électricité et du magnétisme, etc...

Paris, Masson. 1857. in-12. (3 fr. 50).

(G-780

9667 ROUX-LAVERGNE. — De la Philosophie de l'Histoire.

Paris, 1850. in-12. (3 fr.).

Etude sur Ballanche, Fourier, Saint-Simon, Pierre Leroux, Buchez. — Des Mystères, des attributs de Dieu. — Du but de la création, etc...

9668 ROUXEL. Professeur à l'École Pratique de magnétisme et de massage. — Histoire et philosophie du magnétisme chez les anciens et chez les modernes.

Paris, Librairie du magnétisme, 1893-1894, 2 vol. in-18, 359 et 324 p. nombreuses gravures. (4 fr.).

[Th⁶² 30

Cet ouvrage étudie sommairement les doctrines de la Magie chez les peuples de l'antiquité, des voyants, des inspirés, des thaumaturges, les guérisons miraculeuses opérées dans les temples; l'évolution du magnétisme à travers les siècles en passant par la sorcellerie, la Kabbale et la Philosophie hermétique. Cagliostro, Mesmer, Puységur, Du Potet, Deleuze, etc... jusqu'à l'hypnotisme contemporain.

9669 ROUXEL. — La Quintessence du Spiritisme.

Paris. P. Leymarie. 1907. in-18, 62 p. (1 fr.).

[8° R. 21540

9670 ROUXEL. — Rapports du Magnétisme et du Spiritisme.

Paris. Librairie des Sciences psychologiques, 1892, gr. in-8° de XIII-354 pp. (4 fr.).

Chardel et son œuvre. — Les Trois Principes universels. — Le marquis de Puységur. — Deleuze. — Divers ouvrages sur le magnétisme. — De Lauzanne (Bruxo). — Le général Noizet. — Daloz. — Loisson de Guinaumont. — Olivier. — Le baron Du Potet. — Mesmer. — Principes fondamentaux du magnétisme. — Braid. — Le Dr Paul Régnard. — Le Dr Gilles de la Tourette. — Le prof. Charcot. — L'élève Baruscky. — Résumé. — Conclusion.

(G-2067
(Pen. p. 197

9671 ROUXEL. — Les remèdes secrets.

Paris, in-12 de 64 p.

Curieux et assez recherché.

9672 ROUXEL. — Le Spiritisme avant le nom. — Des faits, des idées.

Paris, Libr. des sciences psychiques 1906, in-8° de 32 p. (0 fr. 50).

[8° R. Pièce 10997

9673 ROUXEL. — Spiritisme et Occultisme. — Les pouvoirs occultes. — Le corps astral, etc...

Paris. 1892. in-12 de 72 p. (2 fr. 50).

Examen et comparaison entre ces deux doctrines. — L'une est une science, l'autre une religion et l'auteur conclut en faveur du spiritisme.

9674 ROUXEL. — Théorie et pratique du spiritisme. — Consolation à Sophie, l'Âme humaine, démonstration rationelle et expérimentale de son existence, de son immortalité et de la réalité des communications entre les vivants et les morts, avec 2 portraits et 5 figures emblématiques.

S. l. s. d. [1903]. in-12 de 64 pp. (0 fr. 70).

9675 ROUY (Mlle Hersilie) né à Milan (Italie) le 14 avril 1814 ; professeur de piano, morte à Orléans le 27 septembre 1881. — Mémoires d'une aliénée, publiés par E. Le Normant des Varannes. Préface de Jules Stanislas Doinel.

Paris, Paul Ollendorff. 1883, in-18 X-540 p. portrait de Mlle Rouy et plan lithographié et plié, p. 52, (3 fr. 50).

[8° Ln²⁷. 33859

Cet ouvrage des plus singuliers, préfacé par le célèbre archiviste d'Orléans, rénovateur de la Gnose traite entre autres de trois problèmes historiques : Si Louis XVII a pu être sauvé? — Si Louis XVII a été le baron de Richemont? — Si le mariage du duc de Berry avec Caroline de Naples a été valable.

9677 ROUZADE (L.). — Connais-toi toi-même.

Paris, Lacroix, 1871, in-12, (1 fr. 50).

9678 ROUZADE (D.). — Voyage de Théodose à l'île d'Utopie.

Paris, 1872, in-12 (2 fr. 50).

9679 ROVÈRE (Jules de). — Correspondance sincère et impartiale n° 309; phénoménologie humaine, par Jules de Rovère.

Paris, Besnard, 1849, in-4°.

Il s'agit d'une lettre de l'auteur et de certificats demandés et délivrés attestant des guérisons opérées par lui. Nous ne connaissons qu'une feuille imprimée semblable à celle-ci. Le n° 309 n'est pas un n° d'ordre d'impression.

(D. p. 144

9680 ROVÈRE (J. de). — Fiction et Réalité par J. de Rovère. De l'influence modificatrice et conservatrice que l'homme peut exercer sur lui-même et sur ses semblables.

Paris, l'Auteur, 1854, in-8°, 88 pages avec 9 planches lithographiées en 2 tons et 5 tableaux synoptiques (4 fr.).

Cet ouvrage, qui serait mieux appelé « Mémoires de l'auteur », devait paraître par séries. Il contient quelques articles et dessins originaux : des procès-verbaux de séances expérimentales données par M. de Rovère, etc. MM. les docteurs Huguet, Petiau ont collaboré ainsi que M. Dupuy Delcourt le courageux aéronaute. L'auteur était un homme fort honorable et d'un esprit indépendant. Il a beaucoup travaillé pour ses idées. Nous avons déjà dit qu'il n'adoptait pas la transmission d'un fluide magnétiseur du magnétiseur au magnétisé, mais un système de vibrations et d'influences réciproques.

Etudes sur le Mesmérisme, la connaissance et la recherche des eaux souterraines, la navigation aérienne, la routine et le progrès, etc...

(D. p. 158

9681 ROVÈRE (Jules de). — Initiation aux mystères de la sympathologie animique ou nouveau Cours expérimental, analytique, et synthétique du Mesmérisme, généralement connu sous le nom de Magnétisme animal, par Jules de Rovère.

Paris, 1853, in-8° (3 fr.).

L'auteur soutient qu'il n'y a aucune transmission d'agent fluidique dans les phénomènes magnétiques, mais simplement influence du magnétiseur sur le magnétisé à l'aide de l'électricité de l'air ambiant : l'une de ses cures les plus importantes est celle de la sœur de M° Marie le célèbre avocat.

Non mis dans le commerce.

Dunkerque, 1858, in-4°.

(D. p. 140

9682 ROVÈRE (J. de). — Institut polytechnique, sciences naturelles, nouvel enseignement des notions anti-mystiques de magnétisme minéral et animal par J. de Rovère.

Paris, Impr. Bénard, 1850, in-folio plano.

Série de 24 tableaux lithographiés explicatifs, cours de 24 séances démonstratives.

(D. p. 146

9683 ROVÈRE (Jules de). — Les magnétiseurs ont-ils tort ou raison ? That is the question ! Appréciation et solution en deux parties par Jules de Rovère.

Paris, l'auteur, 1858, in-8° 31 pages.

D'après la théorie de l'auteur, le magnétiseur ne guérit jamais, c'est le magnétisé qui se guérit lui-même. L'auteur propose aussi des termes nouveaux et mêle les vers à la prose.

(D. p. 166

9684 ROWE (Edward). — Histoire de l'efficacité de l'eau et de son influence sur la Santé et la Beauté du corps entremêlée d'anecdotes curieuses sur ses propriétés comme boisson, comme moyens préservatifs et curatifs des maladies et comme avantages dans la génération et l'éducation physique des enfants ; d'après l'avis des plus célèbres médecins et philosophes anciens et modernes. Par Edouard Rowe. Traduction de l'anglais augmentée de l'opinion de quelques médecins français, allemands et italiens.

Paris, Lugan, Gabon et Cie, etc., 1824, pet. in-12 de 259 p. (3 fr.).
[Te¹⁵ᵇ. 5

De l'excellence de l'eau. — Pour la gravelle, pour les femmes enceintes, pour apaiser la faim, pour fortifier les enfants faibles, pour la colique, pour les fièvres ardentes, pour les ulcères, pour les maux de tête, pour les défaillances, pour l'inflammation des yeux, pour conserver la mémoire et guérir les démangeaisons, pour le scorbut, pour la difficulté d'uriner et la constipation, etc. — Comment il faut distinguer la bonne eau d'avec la mauvaise. — Opinion d'Hippocrate. — Frédéric HOFFMANN. — NOGUEZ. — Louis LEMERY. — HECQUET. — GEOFFROY. — G. HUFELAND. — Etc.

9685 ROY. — Traité médico-philosophique sur le rire.

Paris, 1814. in-8° (2 fr. 50).

9686 ROY (Emile) Chirurgien major. — Observation de magnétisme occulte, par Emile Roy, docteur médecin, ancien chirurgien major.

Metz, imp. X., 1840, in-8° 14 pages.

L'auteur affirme être obsédé par des magnétisations faites à distance par ses ennemis. Cette brochure fait songer aux jeteurs de sorts !

Autre édition :

Paris, Impr. Bourgogne et Martinet, 1840, in-8°.

Cas de « *Subjugation* » curieux : l'auteur, comme BERBIGUIER et plusieurs autres « *subjugués* » (ROLLIN, la malade citée par Eléonore de MONTGUYON, etc.) est en proie à un Envoûtement, réel ou imaginaire.

(D. p. 120

9687 ROY (Mme J.). — La Puissance Magique, mise à la portée de tous.— Moyens scientifiques et infaillibles de conjurer la Fatalité et de provoquer la Chance, par l'utilisation de certaines forces mystérieuses de la nature. — Cours pratique d'Hypnose évocatoire et curative et d'influence suggestive, permettant de dominer ses semblables et d'acquérir facilement la Santé, le Bonheur, la Richesse.

Paris, in-8° carré illustré de 11 gravures hors texte (5 fr.).

Les procédés révélés par l'auteur de ce remarquable ouvrage sont simples, clairs et pratiques et sont accompagnés d'explications empreintes de loyauté autant que de science ; si bien qu'il ne s'agit que de le lire pour partager la conviction de l'auteur sur la facilité que tout le monde peut avoir d'acquérir par un simple effort de volonté, Santé, bonheur, richesse.

9688 ROYANNAIS - SAINT - CYR. — L'Antiquité, son histoire et son influence.

Paris, in-8° (5 fr.).

Utilité de l'étude de l'Antiquité. — Sagesse primitive des Grecs. — Orphée. — Les Mystères. — Sibylles. — Ce que c'est que le symbole, la fable, le mythe, la légende. — Les doctrines orphiques enseignées dans les cérémonies des Mystères. — Tableau d'une initiation à ces Mystères chez les Grecs. — Orgie. — Mystagogie d'Eleusis et de l'Egypte. — Devins. — Prophétesses. — Homère. — Hésiode. — Théognis. — Les sept Sages. — Pythagore, etc...

9689 ROYER COLLARD (Hippolyte Louis) Médecin né et mort à Paris (1802-1852). Elève de Dupuytren et Professeur d'Hygiène à la Faculté. Membre de l'Académie de Médecine. — Consultations médico-légales relatives au magnétisme animal, par H. ROYER COLLARD, docteur en médecine, professeur à la Faculté de Médecine de Paris, rapporteur.

Paris, 1843, in-8°, 14 pages.

Fort rare.

Tiré à part, extrait des *annales médico-psychologiques*.

(D. p. 185

9690 ROYER (Mme Clémence-Auguste).

femme auteur, économiste et philosophe française, née à Nantes vers 1830. Professa la philosophie à Lausanne en 1859. — La Constitution du Monde. — Dynamique des atômes, nouveaux principes de philosophie naturelle.

Paris, Schleicher, 1000. très fort vol. in-8° 92 figures et 4 planches coloriées hors texte (8 fr.).

[8° R. 16676

9691 ROYER (Mme Clémence). — Origine de l'homme et des sociétés.

Paris, Guillaumin, librairie Masson, 1860, in-8° (5 fr.).

[G. 28716

Origine et développement de la vie et de la pensée sur la terre. — Origine et développement de l'homme comme individu. — Origine et développement des sociétés humaines.

9692 ROYER (Mme Clémence). — DARWIN. — De l'origine des espèces. — Traduction de Mme Clémence ROYER.

Paris, Guillaumin, 1862, in-18, LXIV-712 p. (5 fr.).

[Salle de lect. 8° li 2777

Edition originale de cet ouvrage auquel le traducteur a dû la célébrité.

Autres édit. :

Paris, V. Masson et fils, 1866, in-8°.

[S. 25742

Paris, V. Masson et fils, 1870. 3e édit. in-8°.

[S. 25743

9693 ROYS (Marquis de). — La vérité sur le spiritisme. — Des évocations et du commerce avec les esprits au XIXe siècle.

Paris, 1874, in-16 de 70 p.

9694 ROZARD, Champenois. — Les apparitions épouvantables de l'esprit du marquis d'Ancre, venu par ambassade à Jules Mazarin. Le marquis d'Ancre en reproche avec Mazarin.

S. l., 1649, in-4° de 8 pp. (2 fr.).

[Lb^{37}. 435

Voir aussi à l'article *DRAZOR*, anagramme du nom de l'auteur ci-dessus.

9695 ROZE (J.) Médecin. — Révélations du Monde des Esprits.

I. — Des Communications sur l'Astronomie, les Sciences, par l'Esprit d'Arago ; des Conseils, etc. par divers Esprits.

II. — Commentaires sur les Quatre Évangiles suivis du Texte.

Paris, Ledoyen, 1862, in-12, 2 tomes formant chacun un tout complet (2 fr. 50 pièce).

[R. 40665-67
(G-2008

9696 ROZIER (Dr F.) Licencié ès-Lettres. — Etude sur la prière. — Le plan astral. — Génies Élémentals.

Paris, 1903, in-8°.

9697 ROZIER (Dr F.). — La Malédiction et l'Envoûtement.

Paris, 1901, in-8°.

9698 ROZIER (Dr F.). — Les Puissances invisibles : les Dieux, les Anges, les Saints, les Egrégores, Ste Philomène.

Paris, C. Chaumont, 1907, in-8°, 214 p. (3 fr. 50).

[8° R. 21529

Cet ouvrage est le résumé d'une partie des cours faits par le Dr ROZIER pendant une dizaine d'années. — C'est une introduction à l'étude des Sciences Occultes. Le Dr ROZIER occupe, à Paris, une des principales chaires de l'Occultisme, et ses cours sont très suivis. — Ce volume traite de l'angéologie des hébreux et des chrétiens, de la haute magie, de l'Alchimie, du Karma, des Egrégores, de l'Histoire de Psyché. — Etc...

9699 RUCCO (Dr). — La médecine de

la nature, protectrice de la vie humaine.

Paris, Baillière, s. d, [1854] (la couv. porte 1855), in-8° de 255 p. (3 fr. 50).

[Te¹³¹ 34

Ce singulier volume renferme entre autres, un traité de la respiration d'après les lois de la nature, et un chapitre consacré aux diverses affections de l'âme.

Traitement homœopathique (p. 47) et jusqu'à la fin.

9700 RUDIGERUS (And.) ou RUDIGER. — And. RUDIGERI, Physica Divina, recta via...

Francofurti ad Mœnum (Francfort s/le Main), 1710, in-4°.

[R. 6075
(S-3243

9701 RUDOLFF (Johan Heinrich) de Dresde. — Johann Heinrich RUDOLFFS, Dresdensis, Elementa amalgamationis oder Gründlicher Unterricht worinnen die Amalgamatio bestehe, nebst denen Hülff-Mitteln und führenden Endzweck, sambt beygefügter Praxi einiger diese Jahre her, durch diesen Modum et Motum untersuchter Ertze, Vitriolen und Mineren auch hierzu dienlichen Processen und Handgriffen Wegen seiner Seltenheit von neuem zum Druck befordert, durch Fr. ROTH SCHOLRZ dans *Deutsches Theatrum chemicum* (1730) II, 407-30.

(O-1356

9702 RUELLE (de). — La Schmita, conférence historique sur la Clef de l'Evangile, demandée à la Bible.

Paris, 1809, in-8°, (3 fr. 50).

Forte étude ésotérique, au cours de laquelle l'auteur donne des clefs de l'Apocalypse qui lui sont personnelles et fort curieuses.

9703 RUESENSTEIN (Baron Alexis von) — Auserlesene chymische universal und particular Processe, welche Herr (Alexius) Baron von RUESENSTEIN aus seinen zweyen Reisen mit sechs Adepten, als : Gualdo, Schulz, Fauermann, Koller, Fornegg und Monteschider, erlernet, auch viele selbst dav n probirt und mit eigener Hand im J. 1663 zusammen getragen hat, und wovon die Originalien in seinem Schlosz in einer Mauer gefunden Worden sind.

Frankfürt und Leipzig, Peter Conrad Monath, 1754, in-8° de XVI-288 pp.

(O-1323

9704 RUFFUS (J. J.) « *sauvage européen* ». — Lettres Chérakéesiennes, mises en Français de la traduction Italienne.

Rome, 1769, in-8°, (3 fr.).

Singulier ouvrage, attribué à Jean Henri MAUBERT.q.v.et contenant une spirituelle critique non pas de la religion chrétienne mais de l'Eglise qui théorise sans cesse et ne pratique jamais. L'exégèse évangélique du *Sauvage européen,* est une courageuse réfutation des sophismes enseignés sous le manteau de la Religion, et qui font le malheur des peuples, alors que le Christ est venu pour leur salut.

9705 RUHIG (H. Fréd.). — Exercitatio rabbinico-metaphysica de Kabbala recentiori Spinozismi genitrice, quam consentiente amplissimo philosophorvm ordine, pro receptione in evndem in Academia ad Pregelam Regia, pvblico ervditorvm examini subjicit J. W. Milo, respondente P. F. RUHIG.

Regiomonti, 1743, in-8° de 37 p. (4 fr.).

9706 RUHS (Friedrich). — Das Märchen von den Verschwörungen ; von Friedrich RUHS.

Berlin, Realschulbuchhandlung, (*Reimer*), 1815, in-8° de 24 pp.

(O-526

9707 RULANDUS (Martinus), ou RULAND, médecin français. — Curationum empyricarum et historicarum in.

certis locis et notis personis optime expertarum et rite probatarum centuriæ decem. Qvibus adjuncta de nouo eiusdem authoris Medicina practica.

Lugduni, apud Ravard, 1628, (12 fr.).

[Te¹ᴀ 36

Partisan de l'alchimie et de l'empirisme RULAND prétendait avoir contre toutes les maladies des remèdes infaillibles, composés pour la plupart de préparations antimoniales. — On trouve dans cet ouvrage, les actions de grâces que RULAND offrait à Dieu après la guérison de ses malades et ses invocations à la divinité pour rendre ses remèdes efficaces.

9708 RULOW (Erhard). — Præcipitatum solare exaltatum, oder : eine kurtze Anterzuchung der Mercurii. und der daraus verfertigten höchstkräftigen Medicin, vermittelst welcher, unter Göttlichen Seegen, der Aussatz, Scorbut, Grind, Krätze, Fristel-Krebs-und andere Saltzflüszige unheilbare Schäden,... beschrieben und heraus gegeben von Erhard RULOW.

Hamburg, Conrad König, 1736, in-8° de 63 pp.

(O-1638

RUMPLER DE RORBACH (Louis) Chanoine de Varsovie et de St-Pierre le Jeune à Strasbourg, né à Oberné ou Ober-Ehnheim (Alsace) vers 1732.

9709 RUMPLER DE RORBACH (Louis) chanoine de Varsovie. — Arrêt définitif du Parlement de Metz, au sujet de l' « *Histoire véritable* ».

A Metz chez la mort, 1788. in-8°.

9710 RUMPLER. — Consultation pour M. Louis RUMPLER contre J. Lantz et M. J. Zœpffel.

S. l. n. d.

RUMPLER peint par lui-même, par J. F. PROESAMLÉ.

Strasbourg, an IX, 2 pièces, in-8°. (8 fr.).

Ces recueils des Facéties du célèbre Chanoine contiennent en général ses Portraits, sa carte de visite pour l'an 1784 et d'autres singulières vignettes (Architecture, etc.).

(G-2070

9711 RUMPLER de RORBACH. — Dossier des pièces pour un chanoine ressuscité à demi.

S. l. [Francfort], 1784, in-8°, orné d'un portrait du chanoine Rumpler gravé par Guerin et d'une planche de Durig. (4 fr.).

[Ln²⁷ 18133

9712 RUMPLER de RORBACH Chanoine de Warsovie et de St-Pierre le jeune, à Strasbourg. — Histoire véritable de la vie errante et de la mort subite d'un chanoine qui vit encore ; écrite à Paris par le défunt lui-même. Publié à Mayence, depuis sa résurrection.

Paris, Buisson, 1788, in-8", portr. et fig. hors texte, (4 fr.).

Récit des niches les plus extravagantes. — Livre singulier parmi les singuliers : L'errata vaut son pesant d'or.

9713 RUMPLER de RORBACH (Louis) Chanoine de Warsovie et de St-Pierre le Jeune à Strasbourg. — Histoire véritable de la Vie errante et de la mort subite d'un Chanoine qui vit encore ; écrite à Paris par le défunt lui-même. Publiée à Mayence depuis sa résurrection.

Paris, Buisson, 1788.

Question intéressante pour tout le Clergé, consultée à Paris.

S. l., 1784.

Arrêt définitif du Parlement de Metz au sujet de l'Histoire Véritable.

A Metz, chez la mort, 1788.

Dossier des pièces pour un Chanoine ressucité à demi, contre les Auteurs de sa Mort et leurs complices.

S. l. 1784. [Ln²⁷ 18133

Curieux ouvrages, surtout l'*Arrêt du Parlement* qui est le plus rare. Avec 2 portraits gravés et 2 fig. hors texte.

Tous in-8°, (10 fr.).
(G-2069)

9714 RUMPLER, chanoine de St Pierre le Jeune à Strasbourg. — Histoire véritable de la vie errante et de la mort subite d'un chanoine qui vit encore écrite à Paris par le défunt lui-même. Publiée à Mayence depuis sa résurrection. — Dossier des pièces pour un chanoine ressuscité à demi. Question intéressante pour tout le clergé consulté à Paris.

S. l. [*Francfort*], 1784. in-8°.
[Ln²⁷ 18133

Ouvrages singuliers avec deux portraits du chanoine Rumpler gravés par Guérin, une planche de Durig, et la singulière *Carte de Visite* gravée dans le texte, pièce n° 100.
(G-920)

9715 RUMPLER DE RORBACH. — Proesamle dénoncé par un sot.
Strasbourg, an IX, in-8°.

9716 RUMPLER DE RORBACH. — Question intéressante pour tout le clergé consulté à Paris.
S. l. 1784. in-8°. (4 fr.).

9717 RUMPLER DE RORBACH. — Recueil de lettres et d'approbations de différens souverains, militaires, littérateurs, etc… pour être joint à l'*Histoire véritable*.
Francfort, 1788. in-8°, (2 fr.).

RUMPLER DE RORBACH (sur). — Voir :
PROESAMLE (J. F.)

9718 RUPERT (Expert). — Hülffe wider die Armuth ausz den geheimen Schatz-Lasten der überreichen alleredelsten Chimie und Alchimie, allen Mittel und Hülff-bedurfftigen, die durch Kunst, der Natur wollen Handbieten, und sich vor Arbeit nicht wollen eckeln lassen ; zu einträglichen Nutzen wolmeinend mitgetheilet von Experto Ruperto.

S. l. ni adresse, 1702, très petit in-12 de 128-X pp.

Après la p. 120, il y a une clef des signes métalliques qui du reste abondent dans le volume.
(O-1329

9719 RUPPÉ (R. P. Chérubin de Ste. Marie) de l'ordre des Récollets. — La Maison de la Sainte-Vierge dans laquelle Dieu s'est fait homme, enlevée de Nazareth par les Anges, et après plusieurs changemens portée à Lorete etc…

Lyon, Certe, 1680, in-12, (8 fr.).

Très rare ouvrage sur N. D. de Lorette avec un front. représentant la maison de la vierge transportée par les Anges.

[RUSCELLI (Girolamo)], littérateur et érudit italien, né à Viterbe vers 1520, mort à Venise en 1566. Il fonda à Rome l'Académie dello Sdegno, puis *passa à Venise* où il fut correcteur d'imprimerie chez Valgrisi. On lui attribue généralement le célèbre recueil des Secrets intitulé : *Segreti nuovi* » (1567, in-8°) maintes fois traduit en français sous le titre de :
Secrets du seigneur Alexis Piemontois.

Voir :
ALEXIS PIEMONTOIS.
(O-951

9720 RUSSELL (Charles T.), — L'Aurore du Millenium. Vol. I. Le plan des âges. Traduit de l'Anglais (par Adolphe Weber).

Allegheny (Pa.) *Tower Publishing Co,* 1897, in-16.
[D² 17522

L'original en langue anglaise : « *Millenial Dawn* ».

Ibid. Id., 1886, 3 vol. in-16 de 350 p. et ?

[D² 17217

Les tomes II et III ne sont pas à la Bib. Nationale.

Le tome I est orné d'une « *Carte des Ages* » sur papier bleuté et pliée.

Curieux ouvrage d'interprétation de la Bible, avec prophéties, etc...

9721 RUYSBROECK (Jan) né à Ruysbroeck, près de Bruxelles en 1294, mort à Gronendale en 1381. Mystique célèbre, quelque temps Vicaire de Ste Gudule à Bruxelles. Bossuet le considère comme un ancêtre du *Quiétisme*. — De Nuptiis vel de Ornatu Nuptiarum Spiritualium, libri III.

Cologne, 1552, in-4°.

Autre édit. :

Parrhisis. H. *Stephanus*, 1512, in-4°.

[Rés. D. 9070

L'Ornement des Nôces spirituelles, composé par J. Rusbroche (*sic*).

Tolose. 1612, in-12.

Autre édit.

Toloze, Vve de J. Colomiès et R. Colomiès, in-12.

[D. 50957
(S-1005

Voir aussi :

MAETERLINCK (Maurice).

8722 RUYSSEN (Théodore). — Les Grands philosophes. KANT, par Théodore RUYSSEN.

Paris. Fél. Alcan. 1900, in-8°, (4 fr. 50).

[8° M. 11384

De la Collect. *Les Grands Philosophes*.

RYNER (Han). — Voir :

NER (Henry).

9723 RYTHMI germanici von diesem hohen Tinctur Werck, anonymi authoris; dans *Pandora magnalium*, (1608) 202-71.

(O-898

9724 S... (Mme). — La somnambule, souvenirs de Dresde, 1815, par Mme S...

Paris, Guyot, 1834, in-8°, 388 pages.

Insipide ouvrage où il n'est vraiment pas question du magnétisme.

(D. p. 110)

9725 S. I. E. D. V. M. W. A. S. — Hippolytus Redivivus id est remedium contemnendi sexum muliebrem Autore S. I. E. D. V. M. W. A. S.

S. l. 1644, in-24 de 96 p. (5 fr.).

C'est la première édition de ce curieux ouvrage, satire contre les Femmes, où l'auteur déclare que s'il les déteste en théorie, il les adore en pratique!

(G-1453
(S-4250

9726 SABATIER. — Célébration du 50-ème anniversaire de la fondation du Souv.'. Chap.'. Les Amis Triomphants. — Discours prononcé par le F.'. A. Sabatier le 14 novembre.

Paris, 1866, in-8° de 24 p. (1 fr. 50).

9727 SABATIER. — Discours du F.'. A. SABATIER, Chev.'. Kadosch, orateur de la R.'. L.'. les Trinosophes. — Tenue symbolique du 20 Août 1858.

Paris, 1858, in-8° de 16 p. (1 fr. 50).

9728 SABATIER-DESARNAUDS (Bernard). — Du magnétisme animal et du Somnambulisme artificiel par Bernard SABATIER DÉSARNAUDS.

Montpellier, imp. Veuve Ricard, 1838, in-8° de 59 p. (2 fr.).

Thèse médicale.

(D. p. 114)

9729 SABATIER (Paul). — Les Modernistes. Notes d'Histoire Religieuse Contemporaine. Avec le Texte intégral de l'Encyclique « Pascendi », du Syllabus « Lamentabili », et de la Supplique d'un groupe de Catholiques Français au pape PIE X.

Paris, Fischbacher, 1909, in-12, (2 fr.).

9730 SABBAT (Description du) ; dans Voyages imaginaires (1788) X, XXVI, 335-57.

(O-1676

9731 SABBATHIER (le R. P. Esprit, d'Ivoy en Berri, prédicateur Capucin).— Idealis Umbra Sapientiæ generalis, à R. P. SABATIER.

Parisiis, 1679, in-4° gravé, rare, (dit le Cat. SEPHER).

Le titre porte en outre : « Veneunt exemplaria apud Dam Jablier, sororem R. P. Francisci Mariæ, via veteri templariâ, prope moniales calcariæ paludanae. M. DC. LXXIX.

Il faut 24 planches doubles, (les 3 premières non chiffrées), montées sur onglets, plus le titre.

Il existe une traduction française de la même date :

L'Ombre | idéale | de la | Sagesse | univer | selle. | — Les exemplaires se vendent à Paris, chez Mademoiselle Jablier, sœur du R. P. François Marie, dans la Vieille rue du Temple, proche les religieuses du Calvaire du Marest. M. DC. LXXIX.

Il faut également 24 pl. doubles, (dont 3 n.c.) plus le Titre. La 10° porte: Caumart in fecit,

(50 fr. les deux éditions ensemble)

[Z. 11262

Excessivement rare.

« Ouvrage fort rare de haute mystique et de Kabbale chrétienne composé par le R. P. Esprit SABBATHIER, berrichon, prédicateur capucin et édité par le R. P. FRANÇOIS MARIE du même ordre. Ces deux éditions parallèles française et latine sont entièrement gravées l'une sur l'autre. « L'ombre idéale de la sagesse universelle » constitue un traité fort singulier et d'une saveur mystique très personnelle. C'est de la Théosophie scolastique dans le bon sens du mot ». (S. de GUAITA.)

M. LADRAGUE, rédacteur du *Cat. Ouvaroff*, doute, en revanche, du bon sens de l'auteur. Voir son article dans les « *Jons littéraires* » qu'il a publiés sous le pseud. de TCHERPAKOFF, voir aussi l'errata des mêmes à la fin du volume.

Cet ouvrage était sans aucun doute tiré sous forme d'un grand tableau à compartiments, à six colonnes, que l'on découpait ensuite à volonté pour le conserver sous forme de livre. Cette disposition insolite explique l'extrême rareté des exemplaires qui ont subsisté, et leur apparence singulière.

(O-1822
(S-2905
(G-921

9732 SABBATHIER (le R. P. Esprit). — L'ombre idéale de la sagesse universelle [vingt-cinq planches reproduisant en phototypie cet ouvrage introuvable et purement cabbalistique].

Paris, Chamuel, 1897, in-16, jés. (10 fr.).
[8° Z. 14619

A été tiré à 100 exemplaires numérotés dont 50 seulement furent mis dans le commerce.

Reproduction de la Traduction française seule.

L'original latin n'a jamais été réimprimé.

9733 SABBATIER (J.). — Affaire de la Salette. — Mademoiselle de Lamerlière contre MM. DÉLÉON et CARTELLIER; demande en 20.000 fr. de dom. intérêts. Recueilli et publié par J. SABBATIER.

Grenoble, Vellot, 1857, in-12. (3 50).

Les abbés DÉLÉON et CARTELLIER, avaient accusé Mlle ST-FERRÉOL de LAMERLIÈRE, religieuse, d'avoir joué le rôle de la Ste-Vierge dans l'apparition de la Salette.

9734 SABIN (Oliver C.), Évêque, Fondateur de la *Christology* ou *Evangelical Christian Science Church*, résidant à Washington (D. C.) États-Unis. Éditeur de la Revue mensuelle « *The Washington News Letter* ». La « *Christology* » est une Secte Dissidente de la « *Christian Science* » de Mrs EDDY, q. v. — Christology. Science of Health and Happiness, or Metaphysical Healing Exemplified through Rules, Formulas and incidents. Twenty third Edition By Oliver C. SABIN.

Washington, D. C., News letter press, 1910, in-8° de 331 p. portrait de l'auteur (1 dollar).

L'ouvrage fondamental de la Secte fondée par l'auteur à côté de la « *Christian Science* » de Mrs EDDY, q. v. On y trouve en appendice, à la fin, sous le nom de « *Clef de la vie éternelle* » l'intéressant « *Traitement vibratoire* » de l'auteur, qui consiste, en résumé, à psalmodier le mot sacré AUM dans l'état de recueillement convenable.

Man's conception of God. — What is Life ? — Force of Thought. — Disease a delusion. — Supremacy of Spirit. — Healing of Diseases. — Law of Harmony. — Power of Prayers. — Denial and Affirmations. — Fear versus Freedom. — Mind over Matter. — The Drink Habit. The Tobacco Habit. — The Morphine Habit — Unreality of Evil. — Early Healing. — Personnality of God. — Etc.

9735 SABIN (Oliver C.). — Christian Science Instructor. — An Exposition of Evangelical Christian Science Teaching, with Rules, Formulas and Instructions. By Oliver C. SABIN, Bishop of the Evangelical Christian Science Church. First edition.

Washington, D. C., News Letter Press, 1905, in-8°, de 350 p. (1 dollar).

Série de Conférences faites par l'auteur à *Popham Beach* (Maine, U. S. A.) en juillet 1905.

God's Attributes. — In Tune with Infinite Good. — Infinite Mind controls. — Man, the Image and Likeness of God. — Prayer, the Christian's Working Tool. — The Prayer which heals. — The Realisation : how to obtain it. — Length of Treatment. — Laying on of Hands. — The Study of Orientalism. — Etc...

9736 SABIN (Oliver C.). — Christian Science made plain. The Science, how to overcome Poverty and Sickness, plainly taught

S. l., in-8º (4 shil.).

God, His Character. — *Man*, his Relations to God, and God's Relation to him. — Man and his Dominion. — Prayer of understanding. — The Denials. —The Affirmations. — The Praise. — Absent Treatment. — Etc...

9737 SABIN (Oliver C.). — Sacred Science. The Highest Thought Cure.

S. l., in-8º de 131 p. (8 shil.).

Sacred Science. — Love and Trust. — Temple of God. — Mind and Matter. — Concentration. — Introspection. — Harmony. — Thought Transference. — Mental Therapeutics. — The Vital Spark. — Higher Metaphysics. — Inspiration. — The Spoken Word. — The God Within. — Retrospection. — Preface to Vibrating Treatment. — The Key to Eternal Life.

SACHER - MASOCH, (Léopold), romancier allemand est né à Lemberg en Galicie, en 1836, et mort en 1895. Il était Espagnol et Bohémien par son père et Slave par sa mère ; ni l'un ni l'autre n'étaient Israélites, comme on le croit assez généralement. Il fut d'abord professeur d'histoire à l'Université de Gratz. Son premier ouvrage notable, traduit en français, est un recueil de Contes : le « *Legs de Caïn* » (Paris, 1874, in-18). Il est surtout célèbre par des particularités érotiques, qui ont conservé son nom: « *Masochisme* » et qui sont un genre spécial d'aberration génésique. La Flagellation, entre autres, y joue un rôle prépondérant. [Extrait en partie d'une Notice de R. Ledos de Beaufort].

9738 SACHER-MASOCH. — La Vénus à la Fourrure. Roman sur la Flagellation, traduit par [Raphael] Ledos de Beaufort. Frontispice d'après Bakalowicz.

Paris, Charles Carrington, 1902, in-8º de XXXVII-216 p. texte encadré rouge. Frontisp. (12 fr.).

[Réserve p Y². 322

Cet ouvrage est au moins singulier. Il débute par une intéressante Notice sur la Vie et l'Œuvre de Sacher-Masoch. Bibliographie de ses Œuvres, p. XXXV. — Le titre de Départ, comme le Titre courant est : « *La Vénus en Fourrure* ». C'est l'histoire d'un amoureux vigoureusement battu et satisfait.

9739 SACHS (Ph. J.). — Or végétable. Or chimique ou Transmutation des métaux imparfaits en or, par Ph. J. Sachs à Lewenheimb ; dans *Mémoires littéraires contenant*... tr. de l'angl. (par Eidous, 1750), 28-34, et 35-51, avec 1 pl.

(O-1388

9740 SACRIFICE (Le) de la Croix représenté en l'Eucharistie par l'Hostie Miraculeuse de Paris.

Paris, 1664, in-4º.

« On y a joint les figures de Ragot ».
(S-594

SACRO'ARSENALE QUERO PRATTICA... INQVISITIONE — Voir : MASINI (Eliseo).

SACROBOSCO (Jean de). — Voir HOLYWOOD (John of).

SACY (Silvestre de). — Voir : SYLVESTRE de SACY (le baron Antoine Isaac).

SADE (Sur le Marquis de). — Voir :

ALMÉRAS (H. d').
BRUNET (Gustave).
DUEHREN (Doct. Eug.)
JACOBUS (Doct.)
JANIN (Jules).

9741 SAGE (M.). — Madame Piper et la société Anglo-Américaine pour les Recherches Psychques. — Préface de Camille Flammarion.

, Paris, P. G. Leymarie, 1902, in-18 VIII-272 p. (3 fr. 50).

[8° R. 17909

Mme PIPER, le célèbre médium qui a fait couler des flots d'encre dans les pays d'outre-mer, est révélée dans ce volume, dans tout l'épanouissement de ses facultés prodigieuses. — Les faits émouvants et profondément suggestifs qui enveloppent cette personnalité étrange sont si surprenants qu'on refuserait de les admettre, s'ils n'étaient garantis par la haute probité de la Society for Psychical Research, dont on connait l'impitoyable sévérité. — C'est donc un document précieux pour la cause spiritualiste, et une pièce à conviction inattaquable.

9741 bis SAGE (M.). — Le Sommeil naturel et l'hypnose, leur nature, leurs phases...

Paris, J. Alcan, 1904, in-18, 367 p.

[8° R. 19226

9742 SAGE (M.). — La zone-frontière entre l'autre monde et celui-ci.

Paris, Leymarie, 1903, pet. in-8°, 418 p. (2 fr.).

[8° R. 18250

L'Homme Cérébral et l'Homme Magique. — L'Au delà. — Magnétisme et Médiumnisme. — Les Fantôme des Morts. — Les Matérialisations. — Etc.

9743 SAIGNIER (Jo.) philosophe hermétique. — Jo. SAIGNIER, Magni Lapidis naturalis Philosophia et vera Ars.

Bremæ, sumpt. J. Koehleri, 1664, in-4°.

[R. 8486
(S-3382 b

SAINT-ACHEUL (Julien de) pseud. de :

COLLIN DE PLANCY.

9744 SAINT-AIGNAN (A. de). — L'Egypte et les Hébreux, d'après les découvertes récentes.

Paris, 1874, gr. in-8°.

9745 SAINT-ALBIN (Alexandre de). — Du culte de Satan.

Paris, Paulmier, André, 1867, in-12 de XII-237 p. et tab. (5 fr.).

[D. 57147

Très rare. Ouvrage Clérical.

« Il y a des Hommes intrépides dans le Mal, qui vont jusqu'au bout, et offrent à Satan les Hommages, le Culte et l'Adoration qu'ils doivent au Dieu de Vérité ». Tout le Livre est résumé par ces quelques mots.

L'auteur s'efforce d'établir par des faits que Lucifer a ses temples, son sacerdoce, ses fidèles, sorte d'Église à rebours dont Huysmans, depuis, a décrit certains rites.

9746 SAINT-ALBIN (Al. de). — Les Francs Maçons.

Paris, Dentu, 1862, in-12. (4 fr.).

9747 SAINT-ALBIN (Alex. de). — Les Francs-Maçons et les Sociétés secrètes. — Deuxième édition revue et considérablement augmentée et suivie des Actes apostoliques des Souverains Pontifes Clément XII, Benoit XIV, Pie VII. etc.

Paris, Wattelier, 1867, fort vol. in-8°, (7 fr.).

[H. 18430

Ouvrage très recherché et qui, quoique conçu dans un esprit critique, est très documenté et l'un des meilleurs du genre; il est enrichi d'un vocabulaire fort bien fait de tous les termes maç∴ — Principaux systèmes des F∴ M∴ sur l'origine de la Maç∴ — Les Initiations de l'Inde. — Le mythe d'Adoniram. — L'antique tradition. — Origine Socinienne. — Le Congrès de Cologne. — Universalité de la F∴ M∴ — Les Princes dans la F∴ M∴ — Initiat∴ de Voltaire. — Ouverture des Tenues. — Le grade d'apprenti, épreuves, voyages, questions, initiations. — Les Grades de compagnon et de mait∴ — La légende d'Hiram. — Le grade de Kadosch, son rituel. — Les hauts grades. — Les chevaliers et les nymphes de la Rose. — Le temple de l'Amour. — Maç∴ d'adoption. — Adoniram, Bacchus, le Soleil, St-Jean et Janus. — La parole retrouvée : I. N. R. I. — Explication maçonnique du Christianisme. — La Croix, image des équinoxes. — Récit maç∴ de la vie de N. S. J. C. — Le G∴ A∴ de l'U♣. Les Gnostiques. — Explication maç∴ des sacrements. — Le Décalogue maç∴ — La F∴ M∴ et la Révolution. — Détails intéressants sur Cazotte. — Duc de Brunswick. Mazzini, de Haugwitz. — Le Carbonarisme. — Etc...

(G-922

9748 SAINT-ALBIN (Alex. de). — Les libres-penseurs et la ligue de l'enseignement.

Paris, 1808, in-8°, (4 fr.).

Intéressant ouvrage de critique maç∴. La tradition voltairienne. — L'Église de l'abbé CHATEL, institution maç∴. — La Franc-Maçonnerie et la ligue de l'enseignement. — Le protectorat maç∴. — Notions curieuses sur diverses personnalités maç∴ peu connues, etc...

9749 SAINT-AMOUR (Mme de). — Madame de SAINT AMOUR à l'Académie de Nantes.

Nantes. 1828. in-8°, 46 pages.

Curieuse étude sur SWEDENBORG et la *Nouvelle Jérusalem*.

(G-1572

SAINT-AMOUR (Sur Mme de).— Voir :

CANTIQUE...
HISTOIRE VÉRIDIQUE...
RICHER.

9750 SAINT-ANDRÉ (le Docteur de).— Lettres de M. de SAINT-ANDRÉ, médecin, à quelques uns de ses Amis, au sujet de la Magie, des Maléfices et des Sorciers. Où il rend raison des effets les plus surprenans, qu'on attribue ordinairement aux Démons, et fait voir que ces intelligences n'y ont souvent aucune part, et tout ce qu'on leur impute, qui ne se trouve ni dans l'ancien, ni dans le nouveau Testament, ni autorisé par l'Église, est naturel ou supposé.

Paris, Despilly. 1725, in-12, (12 fr.).

[R. 49802 et 49803
[et 49084 et 49805

Ces Lettres furent réfutées par le sieur BOISSIER.

(S-3241 b
(G-923 et 2072

9751 SAINT ANDRÉ (C. C. de). — Francs-Maçons et Juifs, Sixième Age de l'Église d'après l'Apocalypse.

Paris. *Palmé*, 1880, fort in-12 de 820 p. (3 fr.).

(G-2073

9752 SAINT CYRAN (Jean DUVERGIER de HAURANNE, abbé de), illustre janséniste, un des fondateurs de Port Royal né à Bayonne en 1581 mort à Paris en 1643. Ami personnel de JANSENIUS. — Lettres de Cornélius Jansénius et de quelques autres à Jean DU VERGER, abbé de SAINT-CYRAN.

Cologne. 1702. in-12.

(S-535

9753 SAINT-DOMINIQUE (de). — Animal Magnetism (Mesmerism) and artificial Somnambulism; being a complete and practical treatise on that science, and its application to medical purposes. Followed by observations on the affinity existing between Magnetism and Spiritualism ancient and modern.

Boston. 1874, in-8°, (3 fr.).

9754 SAINT-EDME (E. Th. BOURG, dit). — Constitution et organisation des Carbonari, ou Documents exacts sur tout ce qui concerne l'existence, l'origine et le but de cette société secrète : par M. (E. Th. BOURG, dit) SAINT-EDME.

Paris, Corby, Peytieux, Delaunay, Pélicier, 1821, in-8° de IV-VI-216 pp. avec 1 pl. double coloriée (7 fr.).

[K. 13639

La Planche représente un Diplôme de Carbonaro.

Initiation aux différents Grades. — Fêtes. — Calendrier. — Etc.

Aut. édit. :

Paris, Brissot-Thivars, 1822, 2ᵉ édit., in-8°.

[K. 13640

Paris, Peytieux, 1822, 2ᵉ édit., in-8°.

[K. 13641
(G-690
(O-534

9755 SAINT-EDME. — Dictionnaire de la pénalité dans toutes les parties du monde connu.

Paris, Rousselon, 1824-28, 5 vol. in-8° (30 fr.).

[F. 44090-44094

Orné de 60 gravures à l'aqua-teinte représentant les scènes de supplices de tous les peuples et de toutes les époques. — Ouvrage des plus curieux, tableaux historique, chronologique et descriptif des supplices, tortures ou questions ordinaires et extraordinaires, tourments, peines corporelles et infamantes, châtiments, corrections, etc... ordonnés par les lois, ou infligés par la cruauté ou le caprice, chez tous les peuples de la terre, tant anciens que modernes.

9756 SAINT-FARGEAU. — Bernard le Trévisan ; légende du XVᵉ siècle.

Paris, 1892, in-8°.

9757 SAINT-FARGEAU. — Etude sur la doctrine de Paracelse.

Paris, 1891, in-8°.

9758 SAINT-FÉLIX. — Aventures de Cagliostro.

Paris, Hachette, 1854, in-12 (3 fr. 50).

[K. 13642

Première édition.

Idem.

Paris, 1855, in-12 (5 fr.).

[K. 13643

Un des meilleurs écrits de St-Félix sur Cagliostro, intéressant surtout pour les rapports du thaumaturge avec le Comte de Saint-Germain, et son rôle dans la F∴ M∴ et les loges occultes.

(G-924

9759 SAINT-GEORGES DE MARSAY. Mystique du XVIIIᵉ Siècle. — Témoignage d'un enfant de la vérité et droiture des voyes de l'esprit ou explication mystique et litérale (sic) de l'épitre aux Romains à laquelle on a joint divers discours spirituels qui regardent la vie intérieure.

Berlebourg, Regelein, 1739, in-8° (10 fr.).

|Manque à la Bib. Nat.

Introuvable comme tous les autres ouvrages du mystique St-Georges de Marsay, publiés tous à Berlebourg dans la première moitié du XVIIIᵉ siècle, etc., etc...

(S. de Guaita).

(G-925

9760 SAINT-GERMAIN (le Comte de) personnage mystérieux du XVIIIᵉ siècle, mort, croit-on, à Eckernfoerndt (duché de Sleswig) en 1780. Il vint à Paris en 1750. Larousse croirait assez qu'il était le fils naturel d'une princesse bavaroise, veuve de Charles II d'Espagne, réfugiée à Bayonne, et d'un juif Portugais de Bordeaux (?) ou bien encore d'un certain comte Adanero, banquier. On le disait Alchimiste et Rose ┼ Croix. — La Trinosophie ; par le comte de Saint-Germain ; dans Annales maç..... par Caillot, V (1808), 5-45.

Traité (ou plutôt roman) de maçonnerie hermétique dont la composition, selon l'éditeur des Annales maçonniques, est attribuée au fameux comte de Saint-Germain.

(O-1569

SAINT-GERMAIN (sur le Comte de). — Voir :

LAMOTHE-LANGON (De)

9761 SAINT-GERMAIN (Chev. J. de). — La conservation de l'homme puisée dans la science hermétique ou l'art divin de prolonger la vie à l'état de force et de santé. Nouvelle et facile application des œuvres mystérieuses de la Nature aux phénomènes de la vie humaine.... par le Chevalier J. de SAINT-GERMAIN.

Paris, au dépôt des œuvres hermétiques, 1847, in-8° de 70 p. sans tab. (4 fr.).

[T¹³¹c. 155

Curieux : serait-ce l'ancêtre des électro-homœopathies MATTÉI et autres ?

« On prendra donc l'élixir hermétique au moment du repas en commençant à manger. La dose sera d'une cuillerée moyenne (cuillerée ordinaire à potage)..., une plus forte dose.... n'augmenterait en rien sa propriété vivifiante (p. 68-69). »

« *Elixir hermétique*, 10 fr. le flacon. »
« *Eau balsamique de santé*, 10 fr. les 6 flacons. »

9762 ST-HYACINTHE (Hyacinthe COR-DONNIER, dit) littérateur français né à Orléans en 1684, mort à Genecken près Bréda (Hollande) en 1746. Fils d'un écuyer de Monsieur, frère de Louis XIV. Il fut d'abord militaire, puis mena une vie errante, tantôt protégé de la duchesse d'Ossuna, tantôt journaliste, etc. Il est l'auteur du célèbre « *Chef d'œuvre d'un inconnu* »... satire du pédantisme et de l'érudition abusive. — Recherches philosophiques sur la nécessité de s'assurer par soi-même de la vérité sur la certitude de nos connoissances et sur la nature des êtres, par M. de ST-HYACINTHE.

Amsterdam, 1743, in-8°.

Autres édit. :

Londres, J. Nourse, 1743, in-8°
[R. 10093

Rotterdam et La Haye, A. Johnson, 1743, in-8°.
[R. 10094
(S-2662

9763 SAINT-JACQUES (le R. P. de). — Lumière aux vivans par l'expérience des morts, ou diverses apparitions des âmes du Purgatoire, par le R. P. de ST-JACQUES.

Lyon, 1675, in-8°.
(S-660

9764 [SAINT-MARTIN (Louis Claude de)] dit le PHILOSOPHE INCONNU, célèbre philosophe illuminé, né à Amboise en 1743, mort à Aunay près de Paris en 1803. D'abord officier au régiment de Foix en garnison à Bordeaux, où il connut le Juif MARTINEZ de PASQUALIS, Portugais d'origine Orientale. Puis démissionnaire, il voyagea en Angleterre, Italie, etc. et pendant la Révolution fut un moment « *élève-professeur* » à l'Ecole Normale. Il fut constamment en relation avec les femmes distinguées de son temps : Mme de KRUDENER, Mme d'ALBANY, Mme de NOAILLES, etc.— Le cimetière d'Amboise, par le PHILOSOPHE INCONNU.

Paris, An IX (1801) in-8° (?) de 16 p.

Le cimetière d'Amboise est une pièce de vers, de 16 pages, et qui est à peu près introuvable de nos jours.

Réimprimé dans les *Œuvres Posthumes* (T. I). Voir n° 9781.

9765 SAINT-MARTIN (L. C. de) dit le PHILOSOPHE INCONNU. — Correspondance inédite avec Kirchberger, baron de Liebistorf, membre du Conseil souverain de la République de Berne, du 22 Mai 1792 jusqu'au 7 Novembre 1797. Ouvrage recueilli et publié par L. Schauer et Alp. Chuquet.

Paris, Dentu, 1862, in-8°.

[Z. 10025

Portrait lithographié de SAINT-MARTIN. Ouvrage fort important élucidant nombre de points restés obscurs dans les différents écrits du PHILOSOPHE INCONNU.

Cet ouvrage est très important pour l'étude de la doctrine.

Le baron de LIEBISTORF, était un grand admirateur de SAINT-MARTIN, aussi pendant les cinq années où ils furent en relation (1792-97) les questions les plus intéressantes furent-elles abordées et discutées à fond. — C'est dans cette correspondance que l'on peut voir l'immense influence qu'eurent sur ST-MARTIN les œuvres du grand philosophe Jacob BOEHME.

(G-027 et 2081

9706 [SAINT-MARTIN]. — Le Crocodile, ou la guerre du bien et du mal arrivée sous Louis XV ; poème épiquo-magique en 102 chants, dans lequel il y a de longs voyages sans accidens qui soient mortels ; un peu d'amour sans aucune de ses fureurs ; de grandes batailles sans une goutte de sang répandu ; quelques instructions sans le bonnet de Docteur ; et qui, parce qu'il renferme de la prose et des vers, pourroit bien en effet, n'être ni en vers, ni en prose. Œuvre posthume d'un amateur des choses cachées (L. C. de SAINT-MARTIN).

A Paris, de l'Impr. librairie du Cercle social, an VII [1799], in-8° de IV-460 pp. (40 fr.).

[Ye. 10272

Allégorie de longue haleine, pleine de beaucoup de récriminations contre les compagnies savantes et les savants... c'est une de ces créations qui attestent une rare fécondité dans l'imagination et une merveilleuse entente de la langue, seulement la sévère raison et le bon goût.... ne règnent pas là au degré voulu.... Ce chaos rappelle, en un grand nombre d'excentricités, que son auteur fut compatriote de RABELAIS. Mais son traité des Signes, inséré par voie de fiction prophétique dans le corps de cette longue allégorie, est une vraie perle enchâssée dans une pierre lourde et opaque... (MATTER, p. 300-01).

De l'Influence des signes sur la pensée (dont il y a deux éditions partielles, 1799, et II° édit. 1801) remplit tout le chant 70 du *Crocodile*. pp. 279-355.

(O-140
(G-920

9707 [SAINT-MARTIN]. — Ecce homo par SAINT-MARTIN.

Paris, imprimerie du Cercle social, an IV [1792], in-12 de 166 pp.

M. MATTER en cite une édition de Paris, même imprimerie, 1792, in-8° ; il doit se tromper.

Ecce homo est *le Nouvel homme* sous une forme plus populaire. SAINT-MARTIN le composa pour la duchesse de BOURBON. — Dans cette œuvre, il peint les splendeurs dont était vêtu l'homme entrant dans la création, les misères où il est tombé en écoutant le principe du désordre qui ne cesse de lui faire sentir sa puissance et la gloire à laquelle il est assuré d'aller s'il se laisse rappeler dans la vraie voie.

Réimpression :

Paris, 1901, in-8° 64 p. (1 fr. 50).

[8° R. 17617
(O-144

9708 [SAINT-MARTIN (L. Claude de)]. — Eclair sur l'Association humaine.

Paris, Cercle social. An V, 1797, in-8° (30 fr.).

[R. 11586

9709 [SAINT-MARTIN]. — Des Erreurs et de la Vérité, ou les Hommes rappellés (*sic*) au principe universel de la science ; Ouvrage dans lequel, en faisant remarquer aux Observateurs l'incertitude de leurs Recherches, et leurs Méprises continuelles, on leur indique la route qu'ils auroient dû suivre pour acquérir l'évidence Physique sur l'origine du bien et du mal, sur l'Homme, sur la Nature matérielle, la Nature immatérielle et la Nature sacrée, sur la base des Gouvernements politiques, sur l'Autorité des Souverains, sur la Justice Civile et Criminelle, sur les Sciences, les Langues et les Arts : par un Ph...... In.: [Louis Claude de SAINT-MARTIN].

Edimbourg, 1782, 2 vol, ou parties in-8° de 230 et 236 pp. (30 fr.).

[R. 11579-580 et 55188-189

« C'est à Lyon que j'ai écrit ce livre. Je l'ai écrit par désœuvrement et par colère contre les philosophes. Je fus indigné de lire dans BOULANGER, que les religions n'avaient pris naissance que dans la frayeur occasionnée par les catastrophes de la Nature. Je composai cet ouvrage vers l'année 1774, en quatre mois de temps et auprès du feu de la cuisine, n'ayant pas de chambre où je puisse me chauffer. » (SAINT-MARTIN : Œuvres posthumes).

La 1ʳᵉ édition est d'Edimbourg (Lyon). 1775, in-8° de VIII-546 pp.

[R. 11578 et 18492

Réimprimé sous les mêmes titre, lieu et date, 2 vol. in-8°, avec une Table des matières où l'on a négligé de changer la pagination faite pour une autre édit. (MATTER).

IIᵉ édit. retouchée par le frère Circonspect. *Salomonopolis chez Androphile à la Colonne inébranlable*. 1781. in-8° de XIII-546 pp.

Autre édit. Edimbourg. 1782, 2 vol. in-8°, celle ci-dessus décrite.

Autre édit. Edimbourg. s. adr. (Lyon), 1782, 2 vol. in-12.

Autre édit. Edimbourg. 1782. 2 tomes in-8° de XVI-407. et 440 pp. (Édit. citée par KLOSZ. N° 3893).

Autre édit. *Salomonopolis, chez Androphile*.... 1784. 2 vol. in-8° et 3 vol. en y joignant la *Suite des Erreurs*, publiée en même temps.

Cette dernière édit. a été représentée sous le titre *les Hommes rappelés au principe universel de la science*.... (avec la *Suite des Erreurs*....) et forme alors les tomes I-III des *Œuvres philosophiques* de M. de ST-MARTIN, Londres, de l'impr. de la société philosophique. 1808. 6 vol. in-8°, les autres vol. de cette collection factice sont : *l'Homme de désir*. t. IV, et *Tableau naturel*, t. V. et VI.

Total : sept édit. différentes.

Traduit en allemand par Matthias CLODIUS, avec une bonne préface (Breslau, 1782).

Cet ouvrage a été frappé par l'Inquisition d'Espagne ; voici ce que dit de cette sentence, SAINT-MARTIN lui-même : « Le 18 janvier 1798, jour où j'ai atteint ma cinquante-cinquième année, j'ai appris que mon livre *des Erreurs et de la Vérité* avait été condamné en Espagne par l'Inquisition, comme étant attentatoire à la Divinité et au repos des gouvernements. » (MATTER, 305-07).

« L'Impératrice CATHERINE II chargea PLATON, évêque de Moscou, de lui rendre compte du livre *des Erreurs*.... qui était pour elle une pierre d'achoppement. Il lui en rendit le compte le plus avantageux et le plus tranquilisant. » (SAINT-MARTIN, par MATTER. p. 138).

Ayant eu l'occasion de procurer cet ouvrage, ainsi que les principaux écrits de SAINT-MARTIN, à un grec orthodoxe adonné à la lecture des écrivains mystiques, cette personne ne voulut point en prendre connaissance avant d'avoir l'assentiment de Mgr PHILARÈTE, métropolitain de Moscou, mort tout récemment. Ce successeur de Mgr PLATON fut également de l'avis de son prédécesseur. Nous prendrons de là l'occasion de faire observer combien l'église d'Orient diffère de celle d'Occident, lorsqu'elle pense qu'un livre écrit par un dissident peut servir à l'édification des fidèles.

(G-2075
(O-139

9770 [SAINT-MARTIN]. — Suite des Erreurs et de la Vérité, ou Développement du livre des Hommes rappelés au principe universel de la science, par un Ph.... In.... (le chevalier Charles de SUZE).

A Salomonopolis, chez Androphile, à la Colonne inébranlable. MMMMM. DCC. LXXXIV. in-8° de IV-435 pp. (20 fr.).

[R. 11581 et 11582 exemp. différent

SAINT-MARTIN a fortement désavoué cet ouvrage. Tout me porte à croire que cette *Suite* est du chevalier Ch. de SUZE, l'auteur de la *Clef*..... voici ce qu'il dit, en se plaignant de la critique de la *Suite* faite par l'*Examen impartial du livre intitulé : des Erreurs....* : par un frère laïque en fait de science (J. Joachim Christoph BODE) (s. l. 1782. in-8° de 118 pp.) « A travers le barbouillage moitié français, moitié tudesque de ce nouveau Don Quichotte, on découvre.... qu'il cherche à jeter du ridicule sur l'auteur de la *Suite des Erreurs et de la vérité* ; ouvrage capable de servir de contre-poison aux idées alambiquées qu'on trouve dans l'autre, et composé sur les notions d'une physique guidée par l'expérience, et une philosophie raisonnable ; si tant est qu'une œuvre raisonnable puisse sortir de la main des hommes... » (*Clef*, p. 26).

Puis dans la *Suite des Erreurs*.... on lit : « L'homme se trompant sans cesse sur les moyens qu'il emploie pour trouver la Vérité, j'ai attribué ce penchant à se tromper, moins à l'ignorance de toute vérité qu'à la faute de la méthode illusoire dont il fait usage.... Pour découvrir cet état (la vérité), il faut encore se servir du ternaire sacré. Vérité dans nos opinions.... Vérité dans nos actes..... Vérité dans nos discours.... » (p. 2-3). Voilà les trois grands marteaux du « *Serrurier Connu* ».

(G-2075

(O-140

9771 [SAINT-MARTIN]. — Clef des Erreurs et de la Vérité de (L.C. de SAINT-MARTIN), ou les Hommes rappelés au principe universel de la raison, par un Serrurier Connu (le Chevalier Charles de SUZE).

Hersalaïm, s. adr. (Paris), 1780, in-8° de 128 pp.

[R. 11601

Pamphlet violent contre l'ouvrage de SAINT-MARTIN et un peu contre Nic. de BONNEVILLE, contre lequel il se propose d'écrire pour rectifier ses écrits contre les Francs-Maçons. Ch. de SUZE ne manque ni de logique, ni d'énergie : « Nous désirions que cette clef (une clef d'acier poli) pût ouvrir les coffres où les hommes ont surement enfermés (*sic*) leur bon sens, depuis que des fripons hypocrites ont publié mille et un systèmes ridicules pour se les assujetir ; mais le mal est si enraciné, l'espèce humaine si crédule, l'erreur si douce, que nous serons forcés de faire retentir souvent notre enclume, sous les trois grands marteaux qui ouvrent et ferment le temple de vérité. » Certes, il y a du vrai pour tous les temps et pour tous les pays, dans cet aphorisme du Serrurier.

(O-141

9772 SAINT-MARTIN (sur) (*Erreurs et Vérité*). — Le Diadème des Sages ou Démonstration de la nature inférieure, dans lequel on trouvera une analyse du livre *des Erreurs et de la Vérité*....; par PHYLANTROPOS (O. H. de Loos).

Paris, 1781, in-12.

[R. 11599

(O-142

9773 [SAINT-MARTIN]. — De l'Esprit des choses, ou Coup-d'œil philosophique sur la nature des êtres et sur l'objet de leur existence ; avec l'épigraphe : « quia mens hominis rerum universalitatis speculum est. » Ouvrage dans lequel on considère l'Homme comme étant le mot de toutes les énigmes ; par le Philosophe inconnu [SAINT-MARTIN].

Paris, Laran, Debray, Fayolle, an VIII (1800), 2 vol. in-8° de IV-326-IV et IV-346-V pp. (40 fr.).

[R. 11590-11591

« Ce ne sont pour ainsi dire, que des esquisses, parce que cet ouvrage embrasse l'universalité des choses, tant physiques, scientifiques que spirituelles et divines, et qu'il m'eût été impossible d'approfondir chaque sujet dans un si petit espace. D'ailleurs, ce n'est qu'une introduction préparatoire aux ouvrages de J. BOEHME....» (SAINT-MARTIN).

Ce n'est pas une des meilleures compositions de SAINT-MARTIN. Ce qu'il en dit lui-même est trop vrai : « Ce n'est pas un livre, ce sont des articles cousus ensemble. »

Traduit en allemand par Schubert (Leipzig, 1811), 2 vol. in-12.

L'un des plus rares ouvrages du Théosophe d'Amboise.

(G-2076

(O-147

9774 [SAINT-MARTIN], — L'homme de désir ; par l'auteur des Erreurs et de la Vérité (SAINT-MARTIN).

Lyon, J. Sulpice Grabit, 1790]. in-8° de IV-412 pp. (35 fr.).

[R 11577

Reproduit comme : Nouv. édit. Londres, de l'impr. de la Société philosophique. 1808. 1 in-8° de IV-412 pp. avec un faux titre portant : *Œuvres philosophiques de Saint-Martin* tome IV.

Il résulte d'une lettre de Salzmann à Herbort que c'est à Strasbourg et sous la direction de Salzmann, que la première édition de cet ouvrage, a été imprimée. Elle s'est vendue à Lyon chez Sulpice Grabit. MATTER parle d'une édit. de Lyon, 1790, 2 petits vol.

QUÉRARD cite une édition de Metz, an X (1802), 1 vol. pet. in-8°. L'édition citée par MATTER et cette dernière citée par QUÉRARD ne seraient-elles pas une seule et même ?

Une note de feu PÉTILLOT, libraire distingué à Lausanne, dit que cet ouvrage a été souvent réimprimé.

Il a été traduit en allemand par Wagner. Lepzig, 1813, 2 vol.

On sait que « L'homme de désir » est une des œuvres les plus admirables et les plus élevées du PHILOSOPHE INCONNU ; le penseur y trouvera matière à de longues et fructueuses méditations sur les lois secrètes des êtres, les nombres, la philosophie de l'Univers, les harmonies occultes des choses, la culture de l'homme interne et la mise en œuvre de ses facultés latentes ; sa lecture est profondément attachante.

Autre édition :

Milan, 1901, 1 vol. in 8°

(G-2078-79
(O-143.

9775 SAINT-MARTIN (Claude de). — Interprétation de la véritable doctrine et de son application comme base de la sociologie.

Nantes, 1905, in-12. (3 fr.).

Livre d'un puissant intérêt pour tous les Martinistes et tous ceux qui recherchent les écrits sur St-Martin. — L'homme, selon lui, est la clef de toute énigme et l'image de toute vérité.

9776 SAINT-MARTIN [L. Cl. de). — Lettre à un ami ou considérations politiques, philosophiques et religieuses sur la Révolution française, suivies du précis d'une conférence publique entre un élève des Ecoles Normales et le professeur Garral.

A Paris, J. B. Louvet, an III [1795] in-8°, (30 fr.).

[R. 11585

Ce fut après sept années que SAINT-MARTIN, sur les instances d'un de ses amis, publia sa grande pensée sur la scène qui se passait dans le monde. — Il regardait la Révolution française comme celle du genre humain, et comme une image en miniature du jugement dernier, mais où les choses devaient se passer successivement à commencer par la France. — KIRCHBERGER trouvait que l'auteur de ce livre, en considérant ce grave événement dans son origine et dans son résultat, quoique jugeant peut-être avec trop de sévérité de malheureux instruments qui en ont été victimes, avait su résoudre avec sagesse et modération les grandes difficultés de théorie de l'édifice social, dont les constructions, dit-il, sont toujours à recommencer, si elles ne sont fondées sur une base élevée et fixe, et coordonnées à un but grand et moral.

9777 SAINT-MARTIN (Cl. de). — Lettres philosophiques sur l'origine des préjugés, du dogme de l'immortalité de l'âme, de l'idolâtrie et de la superstition : sur le système de Spinosa et sur l'origine du mouvement dans la matière, trad. de l'anglois de J. Toland.

Londres, 1768, in-12, (6 fr.).

[R. 13152

9778 [SAINT-MARTIN]. — Le Ministère de l'Homme-Esprit (en trois parties qui traitent de l'homme, de la nature, de la parole) : par le Philosophe Inconnu [SAINT-MARTIN].

Paris, de l'impr. de Migueret, an XI-1802, 1 vol. in-8° de XVI-472 pp. (30 fr.).

[R. 11575

QUÉRARD présente cet ouvrage, comme n'étant sans doute qu'une traduction de BOEHME ; ce n'est pas exact, car l'auteur dans le cours de l'ouvrage (pp. 28 et suiv.) en recommandant la lecture des œuvres de Boehme et en indiquant l'Aurore naissante, et les Trois Principes comme deux ouvrages de cet auteur, nouvellement traduits par lui, invite le lecteur à s'armer de patience et de courage pour n'être pas rebuté par la forme peu régulière des ouvrages de BOEHME, par l'extrême abstraction des matières qu'il traite... D'ailleurs aucun ouvrage de BOEHME ne porte ce titre. L'objet de ce livre est de montrer comment l'Homme-Esprit (en exerçant un ministère spirituel) peut s'améliorer et régénérer lui-même et les autres, en rendant la parole ou le Logos (le Verbe) à l'Homme et à la Nature. L'auteur le considérait comme ne pouvant être compris que par ceux qui connaissaient ses ouvrages antérieurs. Il ajoute (OEuvres posthumes. 1. 128). « Quoique cet ouvrage soit plus clair que les autres, il est trop loin des idées humaines pour que j'ay compté sur son succès. J'ai senti souvent, en l'écrivant, que je faisais là, comme si j'allais jouer sur mon violon, des valses et des contredanses dans le cimetière de Montmartre où j'aurais beau faire aller mon archet. Les cadavres qui sont là, n'entendroient aucun de mes sons et ne danseroient point ».

(O-148

9779 SAINT-MARTIN (L. C. de). dit le Philosophe inconnu. — Des Nombres œuvre posthume, suivie de l'Eclair sur l'Association humaine, et d'une introduction par MATTER; recueillis et publ. par L. Schauer.

Paris. Dentu. 1861. gr. in-8° de XV-107 et 47 p. Portr. de St-Martin lith. par Ch. Vernier et fig. dans le texte. (8 fr.).

[R. 8480

« Cet ouvrage a été laissé inachevé par son auteur, et ce qui en est ici publié ne se compose que de Notes éparses ».

Curieuses formules numériques. (p. 44) pantacles et figures kabbalistiques. (p. 63 et 69).

Edition assez rare. — Avec un portrait lithographié de St-Martin. — Nourri des systèmes de Martinez Pasqualis, et d'Emmanuel Swédenborg, Saint-Martin composa une philosophie particulière, sorte de spiritualisme pur qui se rapporte toute à Dieu. — C'est la seule édition contenant l'Eclair sur l'Association humaine. — La connaissance des nombres, est comme on le sait, une des principales clefs de l'occultisme, et Saint-Martin regardait leur étude comme la plus délicate et la plus sacrée. « Les nombres, dit-il ne sont que la traduction abrégée ou la langue concise des vérités et des lois dont le texte et les idées sont dans Dieu, dans l'Homme et dans la Nature... ils sont la sagesse des êtres. — L'intelligence de l'homme peut retirer d'immenses avantages de l'usage des Nombres, etc... » Ce traité est d'ailleurs le seul qui ait été consacré spécialement à leur étude ésotérique.

(G-2080

9780 [SAINT-MARTIN]. — Le Nouvel Homme [par SAINT-MARTIN].

Paris. les directeurs de l'imprimerie de cercle social. an IV (1796). in-8° de IV-432 pp. (35 fr.).

[R. 11570

MATTER indique cet ouvrage comme imprimé en 1792, c'est une erreur. l'an IV de la République correspond à 1795-96.

Voy. MATTER. chap. XIII, et QUÉRARD VIII. 353.

(O-145
(G-2082

9781 SAINT-MARTIN. — Œuvres posthumes de M. de ST-MARTIN.

Tours. Letourmy. 1807 2 vol. in-8° de XXXII-408, et IV-484 pp. (35-40 fr.).

[R. 11592-593

Contient Tome I. Avertissement des éditeurs (contenant 4 lettres adressées à l'auteur et un extrait de la notice biographique publiée dans le Moniteur, puis dans le Mercure par M. TOURLET). — Portrait historique et philosophique de ST-MARTIN fait par lui-même: (l'auteur commença ce portrait en 1789, et le continua sans suite et sans autre espèce d'ordre que celui dans lequel sa mémoire lui retraça sa vie. Il y a des lacunes dans les numéros de ces pensées, les éditeurs n'ayant pas voulu nommer les personnes encore vivantes qui y étaient indiquées).— Pensées sur la mort. — Recherches sur la doctrine des Théosophes (par un ami de Saint-Martin). — Des trois époques du traitement de l'âme humaine. — Pensées extraites d'un manuscrit de St-Martin (par M. TOURNIER); (il n'y en a que 208, de 1000 que contient le recueil). — Stances sur l'origine et la destination de l'homme. — Le Cimetière d'Amboise. par le philosophe inconnu, (réimpression). La Source de nos connaissances et de nos idées. — Quelques opuscules sur des formes gouvernementales en rapport avec ses idées.

Tome II: Questions proposées par l'Académie de Berlin : Quelle est la meilleure manière de rappeler à la raison les nations. etc. — Les voies de la sagesse. — Loix temporelles de la justice divine. — Traité des bénédictions. — Rapports spirituels et temporels de l'arc-en-ciel. — Phanor, poëme sur la Poésie, (avec une préface). — Fragments littéraires (sur Voltaire, Rousseau, etc. contenant un Parallèle entre Rousseau et Buffon, par Herault de Sechelles. extrait du *Journal Encvcl*. du 15 avril 1786) — Fragments d'un traité sur l'admiration. — Des Prières. précédées d'une introduction.

(O-140

(G-2085

9782 SAINT-MARTIN (Claude de). — Pensées choisies.

Paris, 1856, in-16, (15 fr.).

Cet ouvrage est une sorte de résumé des idées de St-Martin destiné à rendre plus clairs certains passages restés obscurs dans ses écrits. — Il est composé en forme de sentences ressemblant à s'y méprendre au style de *l'Homme de Désir* et d'une aussi haute envolée mystique.

9783 SAINT-MARTIN (Cl. de). — Pièces philosophiques. J. Brunus Redivivus, ou traité des erreurs populaires. — Ouvrage critique, historique et philosophique. imité de Pomponace ; dialogues sur l'Ame par les interlocuteurs en ce temps-là ; parité de la vie et de la mort.

S. l., 1771. in-12. (5 fr.).

[Rés. R. 2579

9784 [SAINT-MARTIN]. — Tableau Naturel des Rapports qui existent entre Dieu, l'Homme et l'Univers.

(Avec cette Epigraphe : « Expliquer les Choses par l'Homme et non l'Homme par les Choses ». *Des Erreurs et de la Vérité* par un Ph.... Inc..., p. 9).

A Edimbourg [*Lyon*], s. ad., 1782. 2 parties in-8° de 276 p. 1 f° d'Avis, et 244 p. 1 f° de Tab. (25 fr.).

[R. 11445-446
[R. 11547-548

(Ex. différant par les caractères)

Voici une note qui se trouve sur un des exemplaires de S. de Guaita, elle est de sa main

« Ouvrage assez peu commun du Théosophe Claude de St-Martin. C'est son deuxième en date ; j'en connais trois éditions différentes, publiées toutes trois sous l'indication trompeuse d'Edimbourg (Lyon). et le millésime 1782. — L'une est discernable au premier coup d'œil, parce que l'imprimeur y a constamment fait usage de l'ancien caractère typographique de l's allongée : f. Pour distinguer les deux autres. il faut recourir à de petits détails typographiques du texte et aussi du Titre ; elles se ressemblent très fort... ».

(G-2085 et bis

9785 SAINT-MARTIN (Louis Claude de). — Tableau naturel des rapports qui existent entre Dieu. l'Homme et l'Univers. — Préface de Papus.

Paris, 1900, in-8°. [Réimpression de l'ordre Martiniste]. (5 fr.).

[8° R. 16358]

Cet ouvrage est certainement le chef-d'œuvre du Philosophe inconnu, dont il contient toute la doctrine. — Basé tout entier sur les 22 clefs du Tarot et sur la grande loi de l'analogie il a surtout pour but «d'expliquer les choses par l'homme» autrement dit, d'étudier l'Univers ou Macrocosme par le Microcosme. — L'homme est le Prêtre de Dieu, chargé de porter dans l'Univers les décrets de la Providence. — Avant la chute, il était au centre et en rapport direct et constant avec son Principe, mais par sa prévarication, il créa la matière et en fut immédiatement enveloppé. — Néanmoins la miséricorde suscita des Agents chargés de rétablir l'harmonie détruite et de rendre à l'homme sa fidélité primitive en le rétablissant dans ses droits.

L'Univers matériel avec ses contingences doit disparaître : ce qui persistera seulement, c'est le nombre immatériel par lequel tout ce qui existe a été créé et doit retourner au plan principal. — Cet ouvrage contient l'essence la plus pure du Martinisme.

9786 SAINT-MARTIN. — Vom Geist und Wesen der Dinge oder philosophische Blicke auf die Natur der Dinge und den zweck ihres Dasenns wobei der Mensch überall als die Losung des Rathsels betrachtet wird. Aus dem Französischen übersetzt von Dr Schubert.

Leipzig, 1811. 2 vol. in-8°. (7 fr.).

9787 SAINT-MARTIN. — Notice biographique sur Louis-Claude de SAINT-MARTIN, dit le Philosophe Inconnu.

Paris, 1824, in-8° de 28 p. (o fr.)

9788 SAINT-MARTIN (Claude de). — Recueil de 6 notices sur le Philosophe inconnu.

Paris, s. d., in-8°. (5 fr.).

9789 SAINT-MARTIN (sur). — BOUCHITTE. — Saint-Martin; dans *Dictionnaire des sciences philosophiques* (1849), IV, 125-30.

(O-150

9790 SAINT-MARTIN (sur). — SAVENAY (Edgar). — Un Épisode contemporain de l'histoire du merveilleux; — le Spiritisme et les Spirites (analyse et appréciation de HOME : RÉVÉLATION et ALLAN KARDEC : *Qu'est-ce que le Spirit*.); dans *la Revue des Deux Mondes*, 15 sept. 1863.

Nous pensons qu'il est utile de citer l'opinion d'un homme que les adeptes des Sciences Occultes ne pourront récuser celle de SAINT-MARTIN. Voici ce que dit MATTER, son historien. SAINT-MARTIN était très dédaigneux pour les pratiques de la théurgie. « Ceux qui se plaisent dans l'état où l'âme est tombée, dit-il, et qui ne savent pas le chemin de la sphère supérieure à laquelle nous appartenons de droit primitif, acceptent l'empire des intelligences astrales et se mettent en rapport avec elles. C'est la grande aberration de ceux qui pratiquent la magie, la théurgie, la nécromancie et le magnétisme artificiel. Tout n'est pas erreur ou mensonge dans ces pratiques ; mais il faut se défier de tout, car tout se passe dans une région où le bien et le mal sont mêlés et confondus ». (p. 356)... SAINT-MARTIN est puissant dans le rôle de pein-

tre de la décadence humaine. En sincère Juvénal de l'humanité, il est très incisif quand il aborde les fausses missions et les fausses manifestations du temps. Les fausses missions, ce sont les clairvoyances et les cures merveilleuses du magnétisme, les fausses manifestations, ce sont toutes ces apparitions que des Esprits de la région astrale font à ceux qui, par des moyens quelconques, savent se mettre en rapport avec eux. C'est le principe des ténèbres qui les a souvent mises en avant selon la diversité des temps. « Un des signes particuliers qui doit mettre en garde au sujet de ces missions extraordinaires c'est ce fait que le plus souvent ce sont les femmes qui sont choisies de préférence aux hommes, pour être comblées de faveur. Ces missions en promettent toujours à leurs agents... Or, pour quelques hommes qui remplissent des rôles dans plusieurs de ces merveilles et de ces manifestations, les femmes s'y glissent en foule et sont presque partout employées pour en être les organes et les missionnaires. Avec une habileté qui nous jette dans des aberrations bien funestes, le principe des ténèbres fait qu'avec de simples puissances élémentaires ou figuratives, peut-être même avec des puissances de réprobation, nous croyons revêtus des puissances de Dieu ! » (p. 180 et suivantes).

9791 SAINT-MARTIN (Louis Claude dit le Philosophe Inconnu). — Catalogue des livres rares et précieux du cabinet de feu M. de SAINT-MARTIN, dont la vente se fera le lundi 2 juin 1806 et jours suivants rue des Bons Enfants n° 30.

Paris, chez Tilliard frères, 1806, in-8° de 172 p. (Prix 1 fr. 25 cent.)

[A. 34038

A remarquer, le N° 157, FÉNELON. — *Démonstration de l'existence de Dieu*, avec notes mss. de J. MESLIER, curé d'Estrepigny en Champagne. — 196 numéros, surtout de belles-lettres et d'histoire.

9792 SAINT-MARTIN (Antoine Jean) Orientaliste et Chronologiste né et mort à Paris (1791-1832). Elève de Silvestre de Sacy, Académicien, Membre de la Congrégation du Sacré Cœur et royaliste. — Notice sur le Zodiaque de Denderah.

Paris, Delaunay, 1822, in-8° de 51 p.

(G-1859

9793 SAINT-MARTIN (l'abbé Michel de) littérateur français né à St-Lô en 1614, mort en 1687. Recteur de l'Université de Caen, et Protonotaire apostolique. Il fut un grand original.— Moiens faciles et eprouvez, dont Monsieur de LORME, premier médecin et ordinaire de trois de nos Rois et Ambassadeur à Clèves pour le Duc de Nevers, s'est servi pour vivre près de Cent ans.

Caen, chez Marin Yvon, 1682, in-12, (5 à 6 fr.).

[Te^{18} 120

L'abbé de ST MARTIN, éditeur (ou plutôt, en grande partie, auteur) du présent ouvrage, est le fameux « abbé Malotru. »

(S-3327 b

9794 SAINT-MAXENT. — Le cœur humain (le Gnautiséaulon) : précédé d'une lettre d'Alexandre Dumas fils.

Paris, P. Dupont, s. d., [1806], in-12, (2 fr. 50).

[8° R. 13415

SAINT-PATRICE. — Voir :

HICKEY (Baron Harden).

SAINT-PIERRE (Ch. Irénée Castel de). — Voir :

CASTEL DE SAINT-PIERRE. (Charles-Irénée).

9795 SAINT-ROMAIN. (G. B. de). — La science naturelle dégagée des chicanes de l'école, ouvrage nouveau enrichi de plusieurs expériences curieuses tirées de la Médecine et de la Chymie et quelques observations utiles à la santé du corps.

Paris, Ant. Cellier, 1679, in-12, (8 fr.).

Très curieux, contient un certain nombre de secrets et de recettes, tirés en partie de la Philosophie hermétique.

(G-941 et 2086

9796 SAINT-SIMON et ENFANTIN. — Claude Henri Comte de SAINT-SIMON, Créateur de la Doctrine de ce nom, né et mort à Paris (1760-1825), proche parent de l'auteur des fameux Mémoires. D'abord soldat en Amérique, puis sociologue illustre. Il tenta de se donner la mort d'un coup de pistolet en 1823, mais ne mourut qu'en 1825 dans les bras de ses disciples. — Œuvres publiées par les membres du Conseil institué par ENFANTIN, pour l'exécution de ses dernières volontés.

Paris, Dentu, Leroux, 1865-1878, 48 vol. in-8° (100 fr.).

[R. 49872-49910 (12)

9797 SAINT-SIMONISME. — Nouveau Christianisme. — Lettres d'Eugène Rodrigues sur la religion et la politique. — L'Education du genre humain de Lessing.

Paris, Bureau du Globe, 1832, in-8°, (6 fr.).

9798 SAINT-SIMONIENNE (Religion). — Procès en police correctionnelle, le 19 octobre 1832.

Paris, Johanneau, 1832, in-8°, (3 fr. 50).

Avec les portraits lithogr. du père ENFANTIN et de FOURNEL.

9799 SAINT-SIMONIENNE. — La Doctrine St-Simonienne. Exposition.

Paris, Librairie Nouvelle, 1854, in-12, (4 fr.).

Véritable Synthèse de la Doctrine St-Simonienne.

(G-2087

SAINT-SIMONISME (Sur le). — Voir :

GLOBE (le) Journal.

RECURE (M.).

SAINT-YVES D'ALVEYDRE (Joseph Alexandre), célèbre occultiste et sociologue moderne né à Paris le 26 mars 1842 à une heure du matin, et mort à Versailles au commencement de février 1900. Son père se nommait Guillaume Alexandre SAINT-YVES, et était médecin aliéniste. C'est en 1880 seulement que Joseph Alexandre ST-YVES a obtenu du Pape le titre de Marquis d'ALVEYDRE.

Il avait fait une partie de son éducation à Mettray, s'était engagé dans l'infanterie de marine, puis avait été étudiant en médecine navale à l'Ecole de Brest. Devenu ensuite professeur libre à Jersey, la guerre de 1870 le rappela en France, où il servit comme aide major pendant les hostilités. Appelé alors à un poste au Ministère de l'Intérieur, il le quitta pour épouser la comtesse Marie de KELLER. C'est à cette époque qu'il prit le titre de Marquis d'ALVEYDRE. Vers 1900, à la suite de revers de fortune, il se retira à Versailles, où, presque aussitôt il perdit sa femme. Lui-même ne survécut que peu d'années et succomba à une maladie de cœur.

C'est à la dernière période de sa vie que se rattache sa grande invention de l'ARCHÉOMÈTRE (Brevet du 26 juin 1903), qui est pour ainsi dire la traduction matérielle du Verbe en Forme, Couleur, Parfum, Résonnance et Goût. Voir sur ce curieux principe : BARLET, *Saint-Yves d'Alveydre*, et la Revue « *La Gnose* », N°s 6 et suivants (1910).

9800 SAINT-YVES D'ALVEYDRE. — Amrita. — Credo. — Bénédiction — L'Etoile des Mages.

Paris, 1901, gr. in-4°.

Non mis dans le commerce.

9801 SAINT-YVES D'ALVEYDRE. — Archéomètre. Brevet d'invention N° 333.393 (26 Juin 1903).

Paris, *Imprimerie Nationale*, Belin et Cie, 1903, 1 fascicule, in-8° de 8 p. avec 5 planches hors texte. (1 fr.).

On pourrait appeler cet ouvrage le *Canon Cabbalistique*.

Ce document d'ailleurs peu connu, constitue tout ce que l'auteur a bien voulu livrer à la publicité de cette œuvre précieuse entre toutes. — L'*Archéomètre* proprement dit consiste en une figure synthétique de forme circulaire divisée en zones concentriques. — Ces divisions contiennent les correspondances qui existent entre les nombres, les lettres, les couleurs, les notes musicales, les signes du zodiaque et les planètes. — On y trouve aussi la reconstitution précieuse de l'alphabet Watan qui, dit l'auteur, était employé par la race rouge ; ces lettres sont du plus haut intérêt et on peut y retrouver les éléments des signes symboliques figuratifs légués par l'antiquité et restés depuis immuables, à travers les siècles. — L'*Archéomètre* comprend encore un étalon métrique, destiné à réformer la sonométrie, et qui peut servir de règle pour les proportions esthétiques de toutes les constructions graphiques. — Ce document est donc de la plus haute importance. [DUJOLS].

9802 SAINT-YVES D'ALVEYDRE. — Le Centenaire de 1789, sa conclusion.

Paris, 1880, gr. in-8°,

Exposition des desiderata synarchiques de l'auteur.

9803 [SAINT-YVES D'ALVEYDRE]. — Clefs de l'Orient.

Paris, *Didier, Perrin*, 1877, in-12 5 fs. 141 p. (10 fr.).

[8°] J. 46

La Dédicace est signée : Guillaume Alexandre SAINT-YVES.

Cette brochure a un but particulier. — Elle devrait attirer l'attention des civilisés du Nord et de l'Orient qui vivent soit en Europe soit en Asie, en contact avec les plus cultivés parmi les Mahométans, car elle indique la possibilité d'une conciliation des divisions politiques et religieuses de la Chrétienté et de l'Islam. — La Préface, le second chapitre et la conclusion indiquent seuls ce que l'auteur doit laisser entrevoir de ses pensées. — Le

9804 [SAINT-YVES D'ALVEYDRE]. — Diatonie archéométrique. Les Heptacordes. Conjugaisons modales binaires. Marquis de Saint-Yves d'Alveydre.

Paris, imp. de Dupré, s. d. [1907] in-f° de 18 p.

[Vm° 1608

9805 SAINT-YVES D'ALVEYDRE — L'Empereur Alexandre III.

Paris, 1880, pet. in-4°.

[8° Ve 2207

Dans l'intéressante préface, nous relevons le passage suivant, qui indique l'esprit de ce beau travail. — « Une épigraphe au sujet des lettres sacrées que j'emploie dans ce poème, opère leur rattache pieuse aux Écoles antiques ».

9806 SAINT-YVES D'ALVEYDRE. — La France vraie.

Paris, Calmann Lévy, 1887, 2 part. in-12, 311 et 542 p. (5 fr.).

[Lb⁵⁷ 9403

La première partie de cet ouvrage, intitulée « Pro Domo » est consacrée à l'histoire de la vie du maitre St-Yves. On verra en lisant ces pages, à combien d'attaques l'auteur a été en butte, combien d'odieuses calomnies ont été lancées contre lui, jusqu'à le traiter de plagiaire ! comme si tout écrivain n'était pas obligé de se rapporter à ses devanciers pour ce qui est des sources documentaires. — La seconde partie. « Pro Patria » comprend l'exposition de notre histoire nationale et fait nettement ressortir les défectuosités des systèmes gouvernementaux divers auxquels nous avons été assujettis jusqu'à nos jours ; c'est alors que la lumineuse constitution synarchique apparaît comme seule capable de conserver l'équilibre dans la société, évitant le despotisme et l'anarchie, et donnant à chacun le maximum de possibilités pour son évolution. — L'auteur montre que l'Ordre du Temple a tenté le premier de réaliser la société synarchique et que la jalousie du césarisme royal et papal a fait tous ses efforts pour en faire avorter l'œuvre universelle et régénératrice. SAINT-YVES D'ALVEYDRE est le premier auteur qui ait montré sous son vrai jour l'œuvre grandiose des Templiers et qui leur ait rendu le tribut d'honneur et de reconnaissance qui leur est dû. — Tout occultiste, tout français, devrait avoir lu et médité cet ouvrage. Ajoutons que l'auteur parle longuement de Fabre d'Olivet et donne de nombreux détails sur la vie psychique de ce Maître. [Dujols].

9807 SAINT-YVES D'ALVEYDRE. — Les Funérailles de Victor Hugo.

Paris, s. d. [1885], in-4°.

[4° Ye Pièce 140

9808 SAINT-YVES D'ALVEYDRE. — Jeanne d'Arc victorieuse, épopée nationale, dédiée à l'Armée française.

Paris, Sauvaitre, 1890, in-8° de 300 p. (5 fr).

[8° Ye 3045

La magnifique introduction de cette œuvre contient l'exposition du système synarchique. — Le poème est basé sur 25 chants correspondant aux noms des Anges d'après la Kabbale et qui développent la mission occulte de Jeanne. — L'initiateur de Jeanne. — Le Génie lumineux. — Destruction de l'Ordre du Temple, ce qu'il était, son but universel. — Vocation de Jeanne, son mystère. — St-Michel et le Soleil. — St-Gabriel et la Lune. — L'Éther et l'Ame universelle. — Le Baptême du feu. — L'extase sacrée et son mystère. — Le rite de la Colombe et celui du Serpent. — Le secret de Jeanne. — Les ordres et les sphères angéliques. — Les voix de Jeanne : Séraphiques, Planétaires, Élémentaires. — Sylphes, Fées, Ondines, Gnomes. — L'Atlantide, la Celtide et la France. — Le saint Graal. — La Chevalerie et les Templiers. — Voix de Jacques Molay. — Satan dans la Forêt de Chênes. — Sabbat nocturne. — Les Guerres de Jéhovah. — Le Cycle des Patriarches. — La Magie militaire. — Le plan des Templiers. — Interrogation de Jeanne. — Le sexe des Anges et des Esprits. — Le Sabbat. — Les herbes magiques. — L'extase infernale, ce que l'on y voit. — Opinion de Jeanne sur la magie des sorciers. — L'Étendard symbolique de Jeanne. — Bénédiction des 3 Églises

Sc. psych. — T. III. — 30.

du Verbe. — Ram et l'église des Patriarches. — Concordance lumineuse des Védas, de la Thora et de l'Évangile.

(G-2089 et 90)

9809 SAINT-YVES D'ALVEYDRE. — Maternité royale et mariages royaux.

Paris, 1889, pet. in-4°. (8 fr.).

[8° Ye Pièce 2167

Poème basé sur les XVI caractères de l'alphabet runique, représentant également les Arcanes de la Parole et les Mystères des Nombres.

9810 SAINT-YVES D'ALVEYDRE. — Mission actuelle des ouvriers.

Paris, Dentu, 1882, in-8°. (2 fr.).

Paris, C. Lévy, 1884. in-8°, de 64 p. 3° éd.

[8° R. 9998

C'est dans cet ouvrage que l'on trouve la première exposition complète du Système Synarchique, qui fut amplement développé plus tard dans la « France Vraie ».

(G-945)

9811 [SAINT-YVES D'ALVEYDRE]. — Mission actuelle des Souverains par l'un d'eux.

Paris, E. Dentu, 1882, gr. in-8°, 435 p. (9 fr.).

Autre édit :

Paris, C. Lévy, 1884. in-8°.

[8° *E 220

Cet ouvrage magnifique, publié sous le voile de l'anonymat est l'exposé philosophique de l'histoire de l'Europe moderne, éclairé par d'importantes considérations sur la politique générale des nations occidentales et sur leurs buts secrets. — L'auteur arrive ici encore, à démontrer que la constitution sociale Synarchique est la seule capable de faire progresser le monde et d'assurer la paix internationale.

9812 SAINT-YVES D'ALVEYDRE. — Mission de l'Inde en Europe. Mission de l'Europe en Asie. La question du Mahatma et sa solution. Ouvrage orné de deux portraits hors texte. [ST-YVES et le Prince HARDJII SCHARIPF].

Paris, Librairie Dorbon Ainé, s. d. [1910], in-8° de 213 p. 2 pl. hors texte et fac similé. (5 fr.).

[8° G. 8900

Très intéressant ouvrage posthume du grand écrivain, où il décrit le Centre initiatique Hindou et donne les détails les plus curieux sur « la plus ancienne Université de la Terre ». On se souvient que Mme BLAVATSKY et la Société Théosophique qu'elle a fondée se sont toujours rattachées à ce mystérieux « AGARTTHA ».

Le Sanctuaire Métropolitain du Culte de RAM. — Où est l'AGARTTHA ? — L'AGARTTHA depuis RAM. — Organisation centrale de l'AGARTTHA. — Hiérarchie Agartthienne. — Confirmation de la Loi Synarchique. — Périple d'Iambule. — Le Mystère du Sommeil chez les Initiés. — La Profanation des Mystères depuis cinq mille ans. — Sagesse de l'AGARTTHA. — Les Secrets et le Rôle des Fakirs. — Le Sanctuaire central où réside le Brâhatmah. — Portrait du Brâhatmah. — La Maîtrise de la Terre est à l'Agarttha. — L'Humanité est le reflet vivant de la Divinité. — Lettre à l'Empereur de Russie. — Lettre à la Reine d'Angleterre. — Renaissance future de l'Egypte, de la Chaldée et de la Palestine. — Importance du Temple Agartthien pour nos Cultes et nos Universités. — L'AGARTTHA dans les Epîtres de l'Evangile. — L'Art Royal et l'Initiation dans l'Antiquité, au Moyen-Age et aujourd'hui. — Etc.

9813 SAINT-YVES D'ALVEYDRE. — Mission des Juifs.

Paris, Calmann Lévy, 1884. gr. in-8° de 947 p. [Avec table publiée à part, XXIV p. en plus]. (18 fr.).

[8° H. 870

C'est ici le plus formidable ouvrage qui ait été jamais écrit sur la Tradition Judéo-Chrétienne. — C'est un résumé gigantesque des connaissances antiques, auquel on est obligé de se référer constamment pour l'étude de l'ésotérisme en toutes ses branches. — L'auteur nous fait revivre la science immense des anciens sanctuaires depuis la plus haute antiquité, et chaque page est une révélation nouvelle, solidement étayée. Voici un faible aperçu des matières qui y sont traitées. — La Science moderne et l'Ancien Testament. — Essence et Substance de l'Univers, des Etres et des choses terrestres. — La Science dans l'antiquité. — Origine réelle des Hébreux. — Cycle de Ram. — Empire universel du Bélier. — Synarchie trinitaire. — Schisme d'Irshou. — Christna. — Fo-Hi. — Mystères d'Isis. — Zoroastre. — Les Abramides. — L'Egypte. — Moïse. — Orphée. — L'exode. — Constitution synarchique d'Israël. — Conseils de Dieu, des Dieux, des Anciens. — Prise et ruine d'Israël. — Le Talmud. — L'Empire persan. — Les sanctuaires et les Initiés. — La Judée sous les Grecs. — Le Bouddhisme. — La Chine. — L'Empire romain. — Odin. — Apollonius de Tyane. — Jésus. — Marie. — Vie publique de Jésus, sa science, ses miracles, sa mort, sa résurrection. — La loi de sa promesse sociale est la synarchie. — De la dispersion des juifs et leur reconstitution possible en Palestine. etc..

Il a été publié une Table Alphabétique de tous les Noms propres cités dans la *Mission des Juifs*.

Sans aucune indication, ni nom d'imprimeur, in-8° de XXIV p. (1 fr. 50).

Cette table contient près de *deux mille* Noms et permet de s'orienter dans le gigantesque travail du marquis d'ALVEYDRE.

9814 SAINT-YVES (Alexandre). — Le mystère du progrès, tragédie héroïque en 5 actes avec chœurs et ballets.

Paris, Didier, 1878, in-12. (8 fr.).

Très rare, tiré à 100 exemplaires pour les amis de l'auteur [plus connu sous le nom de SAINT-YVES D'ALVEYDRE].

Le principal héros de cette tragédie est Prométhée, symbole de la Perfectibilité laissé à la Grèce par Orphée. — Cette belle œuvre ouvre et ferme le cycle de Prométhée, depuis les Origines sauvages de l'Humanité sur cette Terre, jusqu'à sa réintégration dans la Perfection divine, par le total développement de la Perfectibilité. — Elle prend la Race Blanche à l'Etat de Nature, et lui donne l'initiation et la vision de l'état social; elle conduit à travers cinq actes, le mythe prométhéen jusqu'au drame d'Eschyle. — Une introduction hautement initiatique avertit le lecteur de l'idée générale de la tragédie qui est ainsi distribuée : Acte 1-er L'autorité, Les abords de l'Olympe : Jupiter, Minerve, Mercure. — Acte II. La Révolte. L'extérieur du volcan de Moschyle: Prométhée. Minerve, les Cabires. — Acte III. Le Complot. — L'intérieur du volcan : Prométhée, Mercure, Cabires. — Acte IV. La Lutte. — L'intérieur du Palais Céleste : Jupiter, Minerve, Mercure. — L'amour, Prométhée. — Pan, L'Océan, Pluton. — Acte V. La Réalisation. — L'extérieur du Volcan. — Nuit des Origines. — La colère Céleste. — Cabires. — Atlantides, Hésione, Deucalion, Prométhée, Némésis, Jupiter, Minerve, Dieux célestes et terrestres. [Dujols].

(G-942

9815 SAINT-YVES D'ALVEYDRE. — Notes sur la tradition cabalistique.

Paris, « *L'Initiation* », 1901, in-16 16 p. (1 fr.).

[A. 21505

Précieuse plaquette dans laquelle l'éminent occultiste établit définitivement l'orthographe du mot Cabale et donne sur la doctrine cabalistique des aperçus fondamentaux qui en font voir le caractère traditionnel. — Il y est aussi question des alphabets solaires ou lunaires qui caractérisent toujours une tradition, de l'alphabet watan et de l'*Archéomètre*.

9816 SAINT-YVES D'ALVEYDRE. — The poem of the Queu Victoria translated into english verses by the Earl of LYTTON from « *le Poème de la Reine dédié avec autorisation royale à S. M. la Reine d'Angleterre, Impératrice des Indes* ».

Paris, Labure, 1882, petit in-8°. Avec un fac-similé d'autographe. (10 fr.).

Les XXII lettres bibliques qui rythment la pensée du *Poème de la Reine* sont aussi les XXII Anges du Verbe, les XXII Arcanes de la Parole, les XXII mystères des Nombres. — Traduction anglaise de Lord LYTTON, accompagnant l'original français.

En français :

Paris, 1889, in-8°.
[8° Ye Pièce 2070

9817 SAINT-YVES (Alexandre). — Le Retour du Christ. (L'éveil. — La Vocation. — Les Epreuves. — Les Mystères. — Le Retour, appel aux femmes); avec une lettre d'Alexandre Dumas fils.

Paris, 1874, in-8°, (12 fr.).
[D² 15805

9818 SAINT-YVES (Alexandre). — Le Testament Lyrique.

Paris, Didier, 1877, in-8°. (30 fr.).

Très curieux ouvrage de SAINT YVES D'ALVEYDRE avant son mariage avec la Comtesse Marie de KELLER. Il n'a pas été mis dans le commerce et quelques exemplaires seulement en ont été distribués aux plus proches parents de l'auteur.

(G-943)

9819 SAINT-YVES D'ALVEYDRE. — Œuvres posthumes. — La Théogonie des Patriarches : Jésus (Nouveau Testament). — Moïse (Ancien Testament). — Adaptations de l'Archéomètre à une nouvelle traduction de l'Evangile de St-Jean et du Sepher de Moïse.

Paris, Librairie hermétique, 1909, in-4°, VIII-103 p. Orné de 6 planches et d'un portrait inédit de l'auteur (10 fr.).
[A. 15263

La Bible est indispensable à bien connaître pour tout esprit cultivé. Dans la Bible même, le Sepher Bereschit (la Genèse) de Moïse cache les plus importants secrets de la science égyptienne sur les forces occultes de la Nature et de l'Homme. Or les clefs véritables de la langue sacrée n'ont jamais été données et tous les dictionnaires de la langue hébraïque, composés d'après les fausses révélations des Septante, sont incapables de permettre une traduction réelle de la Genèse. — Il s'ensuit que les savants contemporains discutent sur des textes trahis et non traduits, que l'Eglise réformée commente des versions fausses et que l'on fait dire à Moïse des enfantillages et des niaiseries, indignes d'un Initié de sa valeur. Après plus de vingt ans d'efforts, ST-YVES D'ALVEYDRE, est parvenu à établir enfin une véritable traduction de la Genèse, conforme aux idées de Moïse et révélant la grandeur de la pensée du génial initiateur. — Cette traduction fidèle, d'après les clefs de la langue primitive retrouvée par SAINT-YVES, est faite en prose rythmée, comme l'original moïsiaque. — Le sens ésotérique de tous les termes spéciaux est révélé et commenté. — Pour bien prouver qu'il ne s'agit pas d'une œuvre d'imagination, les mêmes clefs sont adaptées aux premiers versets de l'Evangile de St Jean. — Enfin, chacune des clefs de la langue secrète des Temples est analysée et commentée dans une section spéciale. [Dujols].

9820 SAINT-YVES D'ALVEYDRE. — De l'utilité des algues marines.

Paris, O. Berthier, 1879, gr. in-8° de 60 p. (2 fr. 50).
[8° S. 1568

On sait que le maître regretté avait consacré une partie de sa fortune à l'exploitation des algues marines dont on peut retirer d'excellentes ressources au point de vue hygiénique, alimentaire et industriel. — On en faisait, dit ST-YVES, un mets consacré en Chine et au Japon de Temps immémorial ; les anciennes traditions en font la nourriture des Daïmas, et leur usage se trouve lié au culte des ancêtres. — Toutes les ressources que l'on peut tirer de cette plante marine sont énumérées dans cet ouvrage que tous les disciples du maître doivent posséder à côté de ses œuvres purement philosophiques.

SAINT-YVES D'ALVEYDRE (Sur) — Voir :

BARLET (F. Ch.).

9821 SAINTE-BEUVE. — Port Royal. (5 vol.). Table analytique et alphabétique des noms propres de personnes contenus dans l'ouvrage avec les principaux faits qui s'y rapportent. (1 volume).

Paris, Hachette, 1860-1861, en tout 6 vol. in-8°, (30 fr.).

Édition très recherchée, à laquelle ont été annexés les articles de critique d'Ernest RENAN, relatifs à cet ouvrage et publiés en 1860.

La Table, publiée après coup, en 1861, est assez difficile à rencontrer.

9822 SAINTE-BEUVE. — Proudhon, sa vie et sa correspondance, 1838-1848.

Paris, Lévy frères, 1875, in-12. (2 fr.).

Autre édit.

Paris, Lévy, 1838, 1 vol. in-12.

9823 SAINTE-CROIX (Guillaume Emmanuel Joseph GUILHEM DE CLERMONT-LODÈVE, baron de) antiquaire et érudit français né à Mormoiron (Comtat Venaissin) en 1746, mort à Paris en 1800. D'abord militaire il vécut ensuite à Avignon, à Thiais, près Paris, puis à Paris. Il était Académicien. — Mémoires pour servir à l'histoire de la religion secrète des anciens peuples ou recherches historiques et critiques sur les mystères du paganisme.

Paris, Nyons, 1784, in-8°, (4 fr. 50).

IJ. 10602

Doctrine sacerdotale des Égyptiens. — Religion primitive des Grecs. — Mystères Cabiriques. — Mystères Éleusiniens. — Magistrats et prêtres préposés à l'intendance de ces Mystères. — Fêtes mystérieuses de Cérès et de Proserpine. — Mystères de Bacchus. — Mystères de Vénus et d'Adonis, etc...

Première édition. — D'ANSSE DE VILLOISON, qui s'était chargé de corriger les épreuves de cet ouvrage, y inséra, sans l'aveu de l'auteur, plusieurs notes assez ridicules et surtout une dissertation latine : *De Triplici theologia mysteriisque Veterum*, dans laquelle il exposait une manière d'envisager ce sujet fort éloignée sur plusieurs points de celle de STE-CROIX. — Ce dernier qui n'en eut connaissance qu'à la publication du volume, en fut vivement affecté.

(G-046

9824 [SAINTE-CROIX (Baron de)]. — L'Ezour Vedam ou ancien commentaire du Vedam, contenant l'exposition des opinions religieuses et philosophiques des Indiens. Traduit du Samscretan, par un Brame. Revu et publié avec des notes.

Yverdon (Avignon) de Felice, 1778 2 vol. in-12 de xij-332 et 264 p. (5 fr.).

L'Ezour Vedam, a été attribué au missionnaire ROBERTO DE NOBILI qui se rendit dans l'Inde en 1606 et qui fut le premier Européen ayant surmonté les difficultés du sanscrit. Ce poème en vers sanscrits offre un étrange amalgame des idées hindoues et des idées chrétiennes. Cette traduction fr. du baron de SAINTE-CROIX, fut envoyée à VOLTAIRE qui déclara que c'était le don le plus précieux que l'Orient eût jamais fait à l'Occident. (St. de GUAITA a mis sur son exemplaire une longue et bien curieuse note manuscrite relative à cet ouvrage, que lui appelle « *une odieuse supercherie Jésuitique*). »

Document précieux et authentique, complété à l'aide des savants travaux d'ANQUETIL DU PERRON. — On y trouva pour la première fois l'histoire de l'incarnation de Chrisnou, que l'on a accusé à notre époque, JACOLLIOT d'avoir forgée de toutes pièces, en nous retraçant la légende de Christna. A signaler, au livre VI, les chapitres I, II et III consacrés aux noms de Dieu, les Chapitres IV et V au Lingam. — Le livre VII traite de l'âme, le livre VIII des métamorphoses, les différentes contemplations, la prière liturgique, le temple de l'âme, etc...

(G-614 et 2094

9825 SAINTE-CROIX. — Recherches historiques et critiques sur les Mystères du Paganisme. Seconde édition revue et corrigée par le Baron S. de Sacy.

Paris, De Bure, 1817, 2 vol. in-8° Avec 2 grands plans hors texte. (15 fr.).

(G-2093

9826 SAINTE-MARIE (La sœur) Bénédictine. — Récits par elle-même. — La Procédure. — Les Enquêtes. — La Preuve. — Orgueil et Placement au B. S.

Caen, impr. de Laporte, 1846, in-8°, (8 fr.).

Ouvrage ayant été en grande partie détruit, concernant la vie monastique d'un couvent au XIX-e siècle. — Récits, aventures, orgueil, etc... Brillante plaidoirie de M. Léon TILLARD, avocat à Bayeux. — Il s'agit ici du procès de Sœur Marie ; cette bénédictine fut extraite malade d'un cachot pour être jetée, à l'insu de sa famille, dans un dépôt d'aliénés, et de là sur le pavé, sans pain, sans asile, après seize années de vie monastique.

9827 SAINTE-MARIE-MAGDELEINE (P. de). — Traitté d'Horlogiographie, contenant plusieurs manières de construire sur toutes surfaces toutes sortes de lignes horaires, et autres cercles de la Sphère. — Avec qq. instrumens pour la mesme pratique et pour connoistre les heures durant la nuict, et l'heure du flus et reflus de la mer. Avec les boussoles qui sont en usage pour la navigation des deux mers. — Plus la méthode de couper en pierre, ou en bois les corps réguliers et autres Polyèdres, par le cube et par le cylindre, etc...

Lyon, 1674, fort in-10, (5 fr.).

Ouvrage curieux, enrichi de 72 planches gravées, hors texte.

9828 SAINTEAU (Fernand). — Cours complet de la science de l'hypnotisme, du magnétisme et du massage, par Fernand SAINTEAU.

Vincennes, impr. G. Gillot, 1904, in-8° de 68 p. (6 fr.).

Donne des notions succintes et parfois suffisantes pour corriger ses défauts, développer des qualités, faire qq. expériences intéressantes et traiter certaines maladies.

9829 SAINTES (Armand). — Histoire de la vie et des ouvrages de B. de SPINOZA, fondateur de l'Exégèse et de la Philosophie modernes.

Paris, 1842, in-8°. (4 fr.).

Démêlés de SPINOZA avec ses maitres en religion. — De l'influence de la Cabale sur les idées de Spinoza. — Dieu et l'Univers. — Personnalité de Dieu et l'immortalité de l'âme, etc...

9830 SAINTINE (Joseph Xavier BONIFACE, dit) romancier et dramaturge français né et mort à Paris (1798-1865). Auteur consciencieux et spirituel. — La seconde vie. — Rêves et rêveries. Visions et cauchemars.

Paris, L. Hachette et Cie. 1864, in-8°, 370 p. (4 fr.).

Édition originale de cette suite de contes, dont quelques-uns en vers, curieux récits du monde des rêves.

Erreur et Vérité. — Le Moucheron d'Or. — Théâtre de Marionnettes. — La prise de Ptolémaïs. — Les Ibis d'Ybsamboul. — Le rêve d'un Inquisiteur. — Mes funérailles. — Le Journal de mes rêves. — Etc. etc.

SAINTYVES (Pierre). — Voir : NOURRY (Emile).

9831 SAISSET (Ad.). — Dieu et son homonyme.

Paris. 1867. in-8°, (8 fr.).

9832 SAISSET (A.). — L'origine des cultes et des mystères.

Paris, 1870, fort vol. in-8°. (6 fr.)

9833 SAISSET (Emile-Edmond) philosophe français, né à Montpellier en 1814, mort à Paris en 1863. Académicien et Professeur de Philosophie à la Sorbonne. — Œnésidème.

Paris, Joubert, 1840, in-8°, (18 f.)

Rare ouvrage sur le premier sceptique de l'Antiquité.
Thèse de Doctorat de l'auteur.

9834 SAISSET (Emile). — Essai de philosophie religieuse.

Paris, Charpentier, 1850, fort in-8°, XXVII-489 p. (4 fr.).

Édition originale.
Contient d'intéressantes études histori-

ques sur Descartes, Malebranche, Spinoza, Newton, Leibnitz, Kant et Hégel.

Paris. Charpentier, 1862. 2 vol. in-12.

[R. 50000-01

9835 SAISSET (Emile). — Précurseurs et disciples de Descartes

Paris. Didier, 1862. in-8° (8 fr.).

Roger Bacon. — La réforme de Ramus. — La vie et l'œuvre de Descartes. — Spinoza et la philosophie des Juifs. — La personne de Malebranche. — Leibnitz et la dernière philosophie allemande.

9836 SAISSET (Emile). — Le scepticisme. — Œnésidème. Pascal. Kant. — Etudes pour servir à l'histoire critique du scepticisme moderne et ancien.

Paris. Didier, 1865, in-12 (3 fr.).

9837 SAL..... (Mr de) médecin. — Lettre de M. de SAL..... médecin. a M. l'abbé de M. D. L. ou Dissertation critique sur l'apparition des Esprits : sur l'imprimé à Paris, 1731 ; dans LENGLET-DUFRESNOY : *Recueil de Disert.* 151-00.

Analyse dans le *Journal des savans*, 1731, pp. 551-52. On trouve encore dans le *Journal des savans* appartenant aux mêmes sujets :

1660. Analyse de : Erici Mauritii dissertatio de denonciatione sagarum.. ... pp. 284-86.

1686. Analyse de : Rickii Tractatus duo de examine sagarum super aquam frigidam..... pp. 286-87.

1702. Analyse de la 1re édit. de l'Histoire critique des pratiques superstitieuses..... par le p. Le Brun. pp. 103-10.

1725. Analyse des Lettres de M. de Saint-André.... au sujet de la magie, des maléfices et des sorciers.... pp. 411-20.

1745. Analyse des Œuvres physiques et géographiques de l'abbé Jean PIERQUIN, qui roulent presqu'en entier sur les Sciences Occultes.pp. 412-22.

(O-1778

9838 SALAH-BEN-ABDALLAH. — Le Magisme.Grande initiation,anatomie; loi physiologique, physique, botanique, magisme, magisme religieux, somnambulisme, homéopathie, prophéties, divination, astrologie, etc., par le docteur SALAH BEN ABDALLAH.

Paris, 30, R. du Fbg. St-Honoré, l'auteur, 1857, in-8° de 184 pages (3 fr.).

[R. 50016.

Ce nom arabe cache, dit-on, celui plus véritable de l'auteur, ancien élève en médecine, nommé LEVASSEUR. Il est plus question d'homœopathie que d'autre chose dans cette brochure, dédiée au Dr MURE.

Plantes magiques (p. 70) — Préparation des plantes (p. 77) :

Antidote au citron :
Jus de citron 20 gram.
Alco. camphré 5 gram.
100 secousses dans un flacon neuf.

Serait-ce un système précurseur des remèdes Mattéi ? L'auteur connait d'ailleurs peu la suggestion et le haut magnétisme. — Langage des fleurs (p.162). — Arbre de Kounhoum (p. 169).

(D. p. 163

9839 SALAVILLE (Jean Baptiste) né à Saint-Léger (?) en 1755, mort à Paris en 1832. Journaliste et pamphlétaire modéré. — Le moraliste Mesmérien ou lettres philosophiques sur l'influence du magnétisme.

Londres et Paris, 1784, in-12 (4 fr.).

Ouvrage sur le magnétisme omis par M. DUREAU.

(G-1012

9840 SALBERG (Mme R.de). — Manuel de graphologie usuelle enseignée par l'exemple en 10 leçons et par 040 types d'écriture.

[*Paris*], *Hachette*, s. d.. [1901], in-16 IV-307 p. (4 fr.).

[No V. 28022

Autres ouvrages sur la graphologie de Madame R. de Salberg au Cat. de la Bib. Nat.

9841 SALERNE (le Sieur de). — La Géomance et Nomance des Anciens. La Nomancie cabalistique, avec l'Hevre dv Berger, mises en françois par le Sieur de Salerne.

Paris, chez l'Avteur, 1669, in-12. Gravures et tableaux astrologiques (8 fr.).

Petit volume rare.

(S-3170)

9842 SALERNE. — La Géomancie et Nomancie des Anciens. La Nomancie Cabalistique avec l'Heure du Berger, mises en François par le Sieur de Salerne.

A Paris, chez Laurent d'Houry, 1687, pet. in-12 (8 fr.).

[V. 21849
(G-2095)

9843 SALERNE (Ecole de). — De Conservanda bona valetudine opusculum Scholæ Salernitanæ : cum Arnoldi Novicomensis enarrationibus utilissimis, denuo recognitis et auctis, per Joan. Curionem et Jacob Crellium.

Parisiis, Hier. de Marnef, 1572, in-16 (10 fr.).

Préceptes de l'école de Salerne, suivis de plusieurs traités d'hygiène.

Autres édit. :

Francofurti, apud C. Egenolphum, 1545, in-8°.

[Te¹⁰. 11

Parisiis, apud G. Cavellat, 1555, in-16.

[Te¹⁰. 13 (1)

Francofurti, apud hæredes C. Egenolphi, 1557, in-8°.

[Te¹⁰. 13 A

Parisiis, apud, G. Cauellat (s. d.), in-16.

[Te¹⁰. 12

Parisiis, apud H. Marnef....,1580, in-16.

[Te¹⁰. 12 A

Francofurti, Franc. Egenolphum, 1545, in-12 (20 fr.)

Antverpiæ, apud J. Bellerum, 1557, in-16.

Londres, janvier 1804.

[Te¹⁰. 55

9844 SALERNE (Ecole de). — Schola Salernitana, [auctore Jo. de Mediolano] ex recensione Zac. Silvii.

Roterodami, A. Leers, 1607, in-12.

[Te¹⁰. 16 B.

Autres édit. :

Roterodami, A. Leers, 1649, in-12.

[Te¹⁰. 16

Ibid. id. 1657, in-12.

[Te¹⁰. 16 A

Ibid. id., 1683, in-12.

[Te¹⁰. 16 C
(S-3324)

9845 SALERNE (Ecole de). — L'Art de conserver sa Santé, composé par l'Ecole de Salerne. Avec une Traduction en Vers François. Augmenté d'un traité sur la conservation de la beauté des dames et de plusieurs autres secrets utiles et agréables. Par Mr. B.L.M. [Bruzen de La Martinière].

Paris, Le Prieur, 1749, in-12, XXXVII-78 p. (3 fr. 50).

[Te¹⁰ 29

Le Texte latin est en regard de la Traduction française.

Autres édit. :

Paris, Cie des Libraires, 1760, in-12 de 165 p. etc. (3 fr.)

Paris, 1766, in-12 de 172 p.

Paris, 1777, in-12.

[Te¹⁰. 29. A
(S-3324)

9846 SALERNE (Ecole de). — L'Ecole

de Salerne, Poëme Macaronique. Voyage de Mercure, par Furetière.

Paris, 1659, in-12.

Autre édit. :

L'Eschole de Salerne en vers burlesques. Duo poemata macaronica ; de bello Huguenotico ; et de gestis magnanimi et prudentissimi Baldi. — Suivant la copie imprimée à Paris, 1651, in-12.

(Une note mss. attribue cet ouvrage à : Simon MOYSET).

[Rés. p. Yc. 961

(Une note mss. porte : Edition des Elzévirs).

[Rés. p. Yc. 960
(S-3845

ECOLE DE SALERNE (Sur L'). — Voir :

ARNAULD de VILLENEUVE
BRUZEN de la MARTINIÈRE
LEVACHER de la FEUTRIE
MARTIN (Louis)
MEAUX SAINT-MARC
POUGENS (Alexandre)

9847 SALETTE (La). — L'Apparition de la Très Sainte Vierge sur la Montagne de la SALETTE.

Paris, s. d., in-12 de 32 p.

SALETTE (Sur la). — Voir :

BERLIOZ (J. B.)
DELEON (Abbé)
DONNADIEU
FAVRE (Jules)
JOURDAN (Doct.)
LAINE
NICOLAS (Amédée)
SABBATIER (J.)
SCHMID (A.)

9848 SALGUES (Jacques Barthélemy) littérateur et journaliste français né à Sens vers 1760, mort à Paris en 1830.

Prêtre et Principal du Collège de Sens, puis émigré et enfin journaliste à Paris. — Des Erreurs et des Préjugés répandus dans la Société.

A Paris, chez F. Buisson, 1810, in-8° (4 fr. 50).

Cet ouvrage peu connu est une véritable encyclopédie de l'occultisme. — Baguette divinatoire. — Les comètes présagent-elles des malheurs ? — Astres, astrologues, astrologie judiciaire. — La lune mange-t-elle les pierres ? — Les dames ont-elles quelque chose à craindre des noueurs d'aiguillette ? — Les rois et les écrouelles. — Magiciens, sorciers, enchanteurs, spectres, fantômes, revenants. — Sabbat, possédés, loup-garous, incubes, succubes, lutins, farfadets. — Papesse Jeanne. — Accouchements extraordinaires. — Hermaphrodites. — La Pucelle d'Orléans. — Les Templiers. — Philtres et recettes. — Bohémiens. — Chiromancie. — Grimoire. — Faut-il excommunier les comédiens ? — Les enfants d'esprit vivent-ils moins que les autres ? — Est-il un moyen de distinguer une dame d'une demoiselle ? Hommes incombustibles. — Les excommuniés sont-ils sujets à maigrir ? Etc.

Paris, Buisson, 1811, 4 vol. in-8°.

Edition la plus complète.

Paris, V° Lepetit, 3° édit., 1818, 3 vol. in-8°.

Paris, Dentu, 1828, 2 vol. in-8°.

[Z. 27835-857

Bruxelles, Bois-le-Duc, Leipzig, Périchon, etc. 1847. Cinquième édition, 3 vol. in-8° (6 fr.).

(G-2096

9849 SALIGNAC DE LA MOTTE DE FÉNELON. — Abrégé de la vie des plus illustres philosophes de l'Antiquité avec leurs dogmes, leurs systèmes, leur morale et leurs plus belles maximes, auquel on a ajouté un abrégé de la vie des femmes philosophes de l'Antiquité.

Paris, 1822, in-8°. Orné de 28 portraits gravés, par David d'après des pierres gravées antiques (5 fr.).

9850 SALLENGRE (Albert Henri de) littérateur flamand, né et mort à La Haye (1694-1723). Avocat à la Cour de Hollande. — L'Eloge de l'Yvresse [par Albert Henri de SALLENGRE].

La Haye, P. Gosse. 1715, in-8°.
|Z. 32187

Nouvelle édition revue, corrigée et considérablement augmentée [par P.-A.-M. MIGER].

Paris, Michel. an VII 1800. in-12 (3 fr.).

Cette nouvelle édition est tellement augmentée, qu'elle est en réalité un ouvrage nouveau dans lequel est fondu celui de SALLENGRE.

Autres éditions :

La Haye, Moetjens. 1720 (N^{lle} éd. rev. et augm.) in-12.

A Bacchopolis, l'an de la Vigne 5555 et à Paris, an VII [1799] in-12. Fig.

Paris, An VI-1799, in-12. Frontisp. gravé.

(Toutes de 3 à 4 fr.).

(S-4305

9851 SALLES (Manlius) Libraire à Nimes. — Revue contemporaine des sciences occultes et naturelles consacrée à l'étude et à la propagation de la doctrine magnétiste appliquée à la thérapeutique, à la démonstration de l'immortalité de l'âme et au développement de nos facultés naturelles, à la réfutation de certaines croyances et préjugés populaires, à la consécration du principe de la solidarité universelle, et Psychologie et physiologie de la vie universelle ... etc, publiée avec l'approbation ou le concours de plusieurs docteurs en médecine, avocats, théologiens, littérateurs, magnétiseurs, médiums et de simples magnétistes, par Manlius SALLES, membre correspondant de la Société du Mesmérisme de Paris et de la Société philanthropico-magnétique de la même ville. Cartomancie, nécromancie, chiromancie et autres sciences dévoilées par la pratique du magnétisme.

Nimes, Bd de la Madeleine, 1850, in-8°.

Ce journal devait d'abord paraître par semaine, soit par an 52 livraisons de 16 pages ; ce n'était pas trop, pour traiter toutes les questions de son programme. Son directeur M. Manlius SALLES était libraire à Nimes et fort enthousiaste du magnétisme avec lequel il voulait tout expliquer, même la cartomancie. C'est lui qui imagina d'envoyer un talisman magnétique, c'est-à-dire son portrait photographié, avec l'aide duquel et aussi de Dieu (*sic*) on réussissait toutes sortes d'expériences. Cette revue vécut jusqu'en 1861, en totalité 16 numéros (?). Elle contient quelques lettres intéressantes de MM. Mabru, Morin, Charpignon, Salgue (d'Angers), etc... écrites à des points de vue différents, mais le fond du journal est loin de présenter une rigueur scientifique, si désirable en pareils sujets.

(D. p. 168

9852 SALLUSTIUS (Secundus SALLUSTIUS Promotius) surnommé PHILOSOPHUS. Préfet des Gaules sous Constance et Consul avec JULIEN, né en Gaule vers le début du IVe Siècle, mort vers 370. Ami de l'empereur JULIEN le Philosophe. — Sallustii philosophi, De Diis et Mundo. Leo ALLATIUS, nunc primus è tenebris eruit, et latiné vertit.

Roma, 1638, pet. in-12 (Texte latin suivi de notes) (6 fr.).

A été traduit en français par FORMEY (Berlin, 1748).

9853 [SALMON (Guillaume)] Médecin parisien de la première moitié du XVIIe Siècle. — Bibliothèque des philosophes (chimiques), ou Recueil des œuvres des auteurs les plus approuvez qui ont écrit de la Pierre philosophale ; avec un discours servant de préface, sur la vérité de la science, et touchant les auteurs, et une Liste des termes de l'art et des mots anciens qui se trouvent dans ces traitez, avec leur explication : par le sieur S. M. D. P. [Guillaume SALMON, med. paris.]

Paris, Charles Angot, 1678, 2 vol. in-12 (15 fr.).

[R. 28970-28972

La II⁰ édit. est la reproduction pure et simple de la première.

Le détail du contenu se trouve dans LENGLET-DUFRESNOY · *Hist. de la philos. herm...* III, 44.

Cette Bibliothèque contient 12 traités : la Table d'Emeraude d'Hermès ; la Tourbe des Philosophes ou l'assemblée des disciples de Pythagore ; le Livre de Nicolas Flamel, et les figures d'Abraham Juif ; le Livre de la Philosophie naturelle du Trévisan. — L'Opuscule de D. Zachaire. — Le Traité du Ciel Terrestre de Lavinius. — Le Philalèthe ; les sept chap. d'Hermès ; le Livre d'Artephius. — La Somme de Perfection de Geber, etc...

(O-630

9854 [SALMON (Guillaume)]. — Bibliothèque des Philosophes chimiques [recueillie par Guill. SALMON]. Nouv. (III⁰ édit.) rev. corr. et augm. de plusieurs Philosophes, avec des figures et des notes pour faciliter l'intelligence de leur doctrine ; par m. J. M. D. R. [Jean MANGIN DE RICHEBOURG, avec des notes par l'abbé LENGLET-DUFRESNOY].

Paris, André Cailleau, 1740-40-40 3 vol. in-12 de cxliv-418-564-526 p. figures.

[8⁰ R. 18675

Bibliothèque des Philosophes alchimiques ou hermétiques, contenant plusieurs ouvrages en ce genre très curieux et utiles, qui n'ont point encore paru, précédés de ceux de Philalethe, augm. et corrigés sur l'original anglois, et sur le latin. T-e IV.

Paris, André Charles Cailleau, 1754, in-12, viij-592 p.

En tout 4 vol. in-12. fig. (40 fr.).

[8⁰ R. 18675

473

LENGLET-DUFRESNOY (*Hist. de la philosophie hermét*. III-45-7) en donnant le titre et le détail de cette édit c.-à-d. des trois volumes parus alors, nous apprend qu'elle devait avoir 6 vol.

Voy. pour le détail du contenu des trois premiers vol. cette *Histoire de la philos. hermét*. III, 45-7. Voici le contenu du tome IV dont il ne parle pas :
Tome IV.
1) Philalethe : Traité de l'Entrée ouverte du Palais fermé.
2) Explication de ce traité par l'auteur.
3) Expériences de Philalete sur l'opération du Mercure philosophique.
4) Explication par Philalete de la Lettre de George Ripley.
5) Principes de Philalete pour la conduite de l'œuvre hermétique.
6) L'Arche ouverte, ou la Cassette du petit paysan.
7) Abrégé de l'œuvre hermétique, par Phil. Rouillac.
8) L'Elucidation, ou éclaircissement du Testament de R. Lulle par lui-même.
9) Explication.... des énigmes et fig. hyeroglifiques du portail de N. D. de Paris... par Esprit Gobineau de Montluisant.
10) Le Psautier d'Hermophile, envoyé à Philalethe.
11) Traité d'un philosophe inconnu, sur l'œuvre hermétique.
12) Lettre philosophique de Philovite à Héliodore.
13) Préceptes et Instructions d'Abraham arabe, à son fils.
14) Traité du Ciel terrestre de Vincesslas Lavinius.
15) Dictionnaire de l'art hermétique.

Il a été publié à part une suite de gravures non signées, mais portant la Tomaison et la Pagination : Tome 3, Pag. 7 ; — Tome 3, Pag. 23 ; — Tome 3, Pag. 27 ; — Etc. pour illustrer le Tome III de cette édition, c'est-à-dire « *Les Douze Clefs de Basile Valentin* » et « *L'Azoth ou le Moyen de faire l'Or caché des Philosophes* » du même.

Cette Suite comprend (au moins) 29 planches gravées sur cuivre et datant du XVII⁰ Siècle. Douze et un Frontispice (13 en tout) se rapportent aux « *Douze Clefs* » et le reste (16 planches) à l'« *Azoth* ».
La suite vaut environ 12 f. complète.

(O-631 et 638-642-059
067-683-698-714-780-
829-1159-1482
(G-2007

9855 [SALMON (Guillaume)]. — Dictionnaire abrégé des termes de l'art (hermétique) et des anciens mots qui ont rapport aux Traités des Philosophes contenus dans la Bibliothèque alchimique ; à la fin du 1-er vol. de la *Bibliothèque des philosophes chimiques* (1672, ou 1678), et du IV-e vol. de l'édit de 1754.

(O-500)

9856 [SALMON (Guillaume)]. — Dictionaire (sic) hermétique contenant l'explication des termes, fables, énigmes, et manière de parler des vrais Philosophes ; par un Amateur de la Science [Guill. SALMON], accompagné de deux Traitez [de Gaston DULCO, dit de CLAVES], singuliers et utiles aux curieux de l'art.

Paris, Laurent d'Houry, 1695, in-12 de XII-216 (sans les Traités) pp.

[R. 33711

Pour les Traités, voy. DULCO. SALMON a abrégé ce *Dictionnaire* et s'en est servi pour sa *Bibliothèque des philosophes chimiques*.

Je ne sais pourquoi ce titre a été tronqué par M. LADRAGUE : le voici rétabli dans son entier d'après celui-ci-dessus et le Catalogue GUAITA, n° 2098 :

(O-568

9857 [SALMON (Guillaume)]. — Dictionaire (sic) Hermétique, contenant l'Explication des Termes, Fables, Enigmes, Emblemes et Manière de parler des Vrais philosophes ; Par un Amateur de la Science [Guillaume SALMON]. Accompagné de deux Traités singuliers et utiles aux curieux de l'Art : Traité philosophique de la Triple Préparation de l'Or et de l'Argent, par G. LE DOUX [Gaston DULCO] dit de CLAVES. — De la Droite et vraie manière de produire la Pierre Philosophique, ou le Sel Argentifique et Aurifique. (10 fr.).

[R. 33712

(O-568

(G-949 et 2098

SALMON (Marie Françoise Victoire). — Voir :

CONSULTATION pour... N° 2603 p. 389.

SALOMON (Clavicule de), manuscrit de la *Bibliothèque Nationale*. — Voir :

FYOT.

9858 SALOMON. — Le Grand Grimoire avec la Grande Clavicule de SALOMON ; et la Magie noire ou les Forces infernales du grand Agrippa, pour découvrir tous les trésors cachés, et se faire obéir à tous les Esprits ; suivie de tous les Arts magiques.

S. l. et s. date, pet. in-18 de 103 pp. fig. dans le texte.

(O-1711

9859 SALOMON. — Les Véritables Clavicules de SALOMON (alias trad. de l'hébreu par de Plaingière), suivies du fameux Secret du Papillon vert.

Memphis, chez Alibeck l'Égyptien, s. d. [vers 1830], in-18 de 99 pp. avec fig. (20 fr.).

Grimoire de sorcellerie, avec la figure du papillon sur le titre ; il contient 18 signatures de démons avec les rites indiqués pour appeler Lucifer, les consécrations du sel, de l'eau, etc....

Nombreux secrets magiques. C'est dans ce livre que se trouve, dit-on, la véritable clef du Grand-Œuvre.

(O-1712

9860 SALT (H.). — Essai sur le systéme des hiéroglyphes phonétiques du Doct. YOUNG et de CHAMPOLLION avec qq. découvertes additionnelles qui le rendent applicable à la lecture des noms des anciens Rois d'Egypte et d'Ethiopie ; trad. de l'anglais et augm. de notes par L. Devers.

Paris, 1827, gr. in-8°. Avec 6 gr. planches gravées hors texte. (3 fr.).

Tiré seulement à 300 exemplaires.

9861 SALTZMANN (Alphonse), com

missionnaire en vins. — Le Magnétisme Spirituel. Guérissez-vous vous-mêmes par la Prière, par Alphonse SALTZMANN.

Paris, l'Auteur, 3 rue Francisque Sarcey, s. d., [vers 1907], in-12 de XIX-286 pp. portr. du Christ hors texte.

Les Pouvoirs, la Force d'Amour. — La Foi. — La Volonté. — La Substance d'Amour. — La Respiration. — La Bonté. — La Force de Haine. — Les Deux Forces. — Les Effets de la Haine. — Comment on se préserve de la Haine. — Les Talismans. — La Pensée. — La médecine Divine. — Etc.

9862 SALTZTHAL (Solinus) de Kœnigsberg. — Solini SALTZTHALS Regiomontani Discurs von der groszmächtigen philosophischen Universal-Artzney von den Philosophis genant Lapis Philosophorum Trismegistus. Symbol. In silentio et spe erit fortitudo mea.

S. l. s. adr., 1654, pet. in-12 de 60 ff. non chiffrés.

(O-1141-1142)

9863 SALVADOR (J.). — Paris, Rome, Jérusalem, ou la question religieuse au XIX° siècle.

Paris, 1860, 2 forts vol. in-8°. (10 fr.).

Une grande érudition, puisée aux sources rabbiniques, emplit les 1000 pages de cette œuvre d'un intérêt puissant. Tout y serait à citer. — Nous nous bornerons à faire remarquer le Chapitre sur Melki-Sedec, moyen perpétuel de renouvellement en matière de sacrifice ; Melki-Sedec, autrement dit le roi de justice. — Le anciens mystères. — Trinité et Quaternité. — Mystère de la Trinité et sa solution actuelle dans la quaternité antique. — La sainteté du nombre 12 ; l'unité et ses douze manifestations, et les quatre triplicités du père et du fils, de l'esprit et de la mère. — Des nouveaux cieux. — Des Transmigrations, etc...

9864 SALVATOR (Ewald). — Le Graphologue. — Instruction pratique et des plus faciles à comprendre pour juger du caractère des personnes d'après leur écriture.

Genève, Leipzig, 1905, in-12 de 32 p. (1 fr. 25).

9865 SALVATOR (Ewald). — Puissance. Influence, succès dans la vie. — Instruction des plus faciles à comprendre dans l'application experte des procédés hypnotiques, de la suggestion, de la faculté de lire la pensée d'autrui (suggestion mentale) et de la catalepsie, démontrée par des études expérimentales dans le domaine de l'hypnotisme. Puissance de la pensée, magnétisme personnel et leur application dans la vie pratique. — Partie spéciale : Suggestion à l'état de veille (sans avoir recours à l'hypnotisme). Traduit de l'allemand, par F. Graser-Héridier.

Genève, 1905, in-8°, (5 fr.).

9866 SALVERTE (Anne-Joseph Eusèbe BACONNIÈRE de), écrivain et philosophe, né à Paris, en 1771, député libéral en 1828, mort en 1839. Il fut d'abord avocat et vécut cinq ans à Genève. — Essai historique et philosophique sur les noms d'hommes, de peuples et de lieux, considérés principalement dans leurs rapports avec la civilisation, par Eusèbe SALVERTE.

Paris, Bossange père, 1824, 2 vol. in-8° de XI-407 et 585 pp. Index des « noms principaux » à la fin du Tome II. (10 fr.).

[X. 6078 et 9

Ouvrage genre COURT DE GÉBELIN.

Tous les noms propres sont originairement significatifs. — Erreurs et croyances superstitieuses nées de la signification des noms propres et de leur interprétation mystique. — Actes religieux pratiqués dans l'imposition des noms. — Des noms de Divinités. — Recherche des Présages heureux. — Les Mages, leur religion, leurs fables et symboles. — SALVERTE a étudié dans cette œuvre trapue, la valeur et l'importance mystique du nom dans toutes ses manifestations et sous toutes ses formes, et jusque dans son efficacité théurgique. [DUJOLS].

9867 SALVERTE (Eusèbe). — Des Sciences occultes, ou Essai sur la Magie, les prodiges et les miracles, par Eusèbe SALVERTE.

Paris, Sédillot, 1829, 2 vol. in-8°, XXIII-412 et 384 p. (8 fr.).

[R. 50059-60

Edition originale.

Hiéroglyphes et écriture sacrée, langage énigmatique des évocations, les francs-maçons successeurs des philosophes théurgistes; les sorciers continuateurs des prêtres égyptiens : secrets pour se préserver de l'atteinte du feu, du venin des serpents. — L'onction magique. — Art de soutirer la foudre des nuages, traditions merveilleuses et historiques à ce sujet. — La poudre connue de Samuel et employée par les prêtres hébreux sous Osias et Hérode, etc... Traité recommandable par ses nombreuses recherches et qui complète heureusement l'excellent ouvrage de DUTENS.

9868 SALVERTE. — Des Sciences Occultes, ou Essai sur la Magie, les Prodiges et les Miracles, par Eusèbe SALVERTE. Troisième édition précédée d'une Introduction, par E. LITTRÉ.

Paris, Baillière, 1856. 3ᵉ édit. in-8° portrait de l'auteur, (15 fr.).

[R. 50063

Cette 3ᵉ édition est, dit-on, plus complète que la précédente :

Paris, Baillière, 1843. in-8°. 2ᵉ édit.

[R 50062

M. SALVERTE a consacré son livre à l'étude des pratiques magiques. Ces pratiques sont rangées suivant un ordre méthodique qui y jette beaucoup de clarté. — A signaler les chapitres consacrés aux compositions fulminantes et à certains artifices pour soutirer la foudre des nuages.

Autre édit.

Paris Baillière, 2ᵉ édit. 1842, in-8°

[R 50061

(1842 et 1843 portent toutes deux 2ᵉ édit.)

(G-2099

9869 SALVOLINI. — Des principales expressions qui servent à la notation des dates sur les monuments de l'ancienne Egypte d'après l'inscription de Rosette.

Paris, Dondey-Dupré 1832-33 2 parties in-8° (3 fr.)

(G-1099

9870 SALZÈDE (le chevalier de la). — Lettres sur le magnétisme animal, par le Chevalier de la SALZÈDE.

Paris, Labbé, 1848. in-12, (2 fr. 25).

Ouvrage d'un fervent apôtre du magnétisme. Il consiste en lettres écrites à un médecin. L'auteur donne des explications hardies sur l'agent magnétique, ses lois et ses propriétés ; il est plus réservé sur la question du somnambulisme.

(D. p. 141

9871 SAMLUNG neuer Freymäurer-Reden, Oden und Lieder, in teutsch und französischer Sprache bey verschiedenen feyer-lichen Gelegenheiten gehalten in der Loge zu den drey Weltkugeln zu Berlin.

Berlin und Leipzig, G. J. Decker. 1777, in-8° de VI ff. non chiffrés, plus 1 portr. de Frédéric II.

Titre général et introduction à une réunion de différentes pièces publiées par les loges de Berlin : un second titre a été publié depuis :

Zweyte Sammlung neuer Freymäurer-Reden, Oden und Lieder, in teutsch und französischer Sprache bey verschiedenen feyerlichen Gelegenheiten gehalten zu Berlin.

Berlin und Leipzig, (les mêmes), 1779, in-8° de 2 ff.

Dritte Sammlung etc... 1779, in-8° de 2 ff.

Ce troisième titre est suivi d'une pièce de vers :

Lehrsprüche de 14 pp.

(O-342

9872 SAN (le P. Louis de). — Etude Pathologico-Théologique sur Sainte-Thérèse. — Réponse au Mémoire du P. G. Hahn.

Louvain, 1886, in-8°, (2 fr.).

[D. 81154
(G-2100

9873 SANCES (Frère Télesphore de) Ermite de Thèbes. — Livre merveilleux contenant en bref la flevr et svbstance de plvsieurs traittez tant des prophéties et reuelations qu'anciennes Croniques... comme des scismes (*sic*) discordes et tribulations à aduenir en l'église de Rome et d'vn temps auquel on ostera et tollera aux gens d'Eglise et Clergé, leurs biens temporels tellement qu'on ne leur laissera que leur viure et habit nécessaire. Item aussi est faicte mention des souuerains Euesques et Papes, qui après régneront et gouuerneront l'Eglise, et Spécialement d'vn Roy de France, nommé Charles, sainct homme. — Item du temps et dernier Antechrist, et après sa mort, iusques au dernier iour du Iugement, et en la fin du monde et quand ce doit estre, etc...

Paris, T. Beffault, 1505, pet. in-8°, (40 fr.).

[R. 42101

Recueil de prophéties, faites vers 1386 par un ermite de Thèbes, Télesphore de Sances, et qui offrent de curieuses coïncidences avec certains événements de la Révolution, notamment en ce qui a trait à l'abolition du pouvoir temporel du Clergé.

9874 SANCTORIUS, en italien Santorio, célèbre médecin italien né à Capo d'Istria en 1561, mort à Venise en 1630. Professa la médecine à Padoue. Surtout célèbre par ses recherches sur la « *Transpiration insensible* ». — Ars Sanctorii sanctorii. De statica medicina.... Aphorismorum sectiones septem : cum commentario.

Londini, Bowyer, 1716, pet. in-12, (3 fr. 50).

Autre :

Leyde, Cornelius Boutesteyn, 1711, 9 f°s n. c. 236 p. 2 f°s de catalogue. Frontispice représentant la célèbre balance.

[Tc¹¹ 91

9875 SANCTORIUS. — Sanctorii Sanctorii Justinopoli doctoris medici et medicinæ olim professoris primarii in lycæo Patavino De medicina statica Aphorismi. Commentaria notasque addidit A. C. Lorry.

Paris, Pierre Guillaume Cavelier, 1778, in-12 de xxxvj-305 p. Frontispice de la Balance, (4 fr.).

Edition paraissant meilleure que la précédente (impression plus claire).

Maintes fois réédité et traduit en français (voir Bibliothèque Nationale, Catalogue des *Ouvrages de Médecine*,

[Tc¹¹ 91, etc.)

SAND (George). — Voir : DUDEVANT (Mme).

9876 SANDER et TRENEL. — Dictionnaire hébreu-français.

Paris, Au Bureau des Archives Israélites, 1859, in-8° de 811 p. (10 fr.

« Seul ouvrage du genre ». Utile à l'étude des ouvrages occultes : contient entre autres : la nomenclature et la traduction de tous les mots hébreux et chaldéens contenus dans la Bible ; l'explication des passages bibliques ; un supplément donnant, avec des notices, tous les noms propres mentionnés dans le Traité d'Aboth.

9876 bis SANDERVAL (le Cte de). Ingénieur. — De l'absolu. Théorème de l'Etre [Les Sanctions de la Vie] par le Cte de Sanderval. Ingénieur. Notes sur l'Analyse et la Synthèse de l'Etre, du Non Etre au Non Etre. Dissymétrie, progression, permanence. Quel est le rang de l'homme dans la série des possibilités ? Quelle est sa fonction dans l'Univers, dans l'Unité de l'Etre ? Devoir de l'Homme vis à vis de lui-même ; le secret de la vie. L'ANABARRE.

Digne, imp. Constans et Davin, 68, boul. Gassendi, 1911. gr. in-8° de XLIII-804 pp.

[4° R. 2333

9877 SANDOZ (A.). Ingénieur. — Les Traitements Naturels.

Paris, 1892. in-8° (?).

9878 SANDOZ (A.). — La Santé pour tous sans frais. Séb. Kneipp, son nouveau traitement par l'eau froide et par l'hygiène naturelle. Considérations scientifiques... par A. Sandoz, ingénieur.

Paris, chez l'Auteur, 1 rue Lincoln 1891, in-8°, pièce.

[Te158. 99

Curieux et fort intéressant.

9879 SANDOZ (Dr Fernand), né à Neufchâtel (Suisse), le 19 Février 1878. Docteur en médecine de la Faculté de Paris, exerçant dans cette ville. — Introduction à la Thérapeutique Naturiste par les Agents Physiques et Diététiques [Thèse]; par Fernand Sandoz docteur en médecine.

St-Didier (Hte Marne) impr. Thevenot.

Paris, G. Steinheil. 1907, in-8°, 200 p. et tableaux. (6 fr. 50).

[8° Th. Paris 1971

De la Méthode en Thérapeutique. — Thérapeutique naturiste des maladies aiguës. — Thérapeutique naturiste des maladies chroniques : Priessnitz, Kneipp, Rikli, Schroth. — Les autres Cures ou procédés Naturistes : Régime végétarien, Lait caillé, etc.

Index Bibliographique de 69 titres, à la fin.

Il existe deux éditions de même date: l'une avec la mention « Thèse » l'autre sans cette mention.

9880 SANDRAS de Courtilz (Gaston de)] ou Courtilz de Sandras, écrivain fécond, né et mort à Paris (1644-1712). D'abord capitaine dans le Régiment de Champagne. Emprisonné 2 ans à la Bastille. Auteur des « Mémoires de d'Artagnan », prototype des Trois Mousquetaires de Dumas. — Les Fredaines du diable, ou Recueil de Morceaux épars, pour servir à l'histoire du Diable et de ses Suppôts, tirés d'auteurs dignes de foi, par feu Sandras. Mis en nouveau style et publiés par Née de la Rochelle.

Paris, Merlin. 1797. pet. in-8°, (7 fr.).

[8° Y² 50007

La Grande Diablerie de Louvier. — La Lourde de Loudun. — L'Incube du Port St Landry à Paris. — Le Diable de la Rue du Four. — Le Succube de Lyon. — Le Loup-Garou de Beauvais. — La Possession du Diable devenue contagieuse à la Cour de France. — Le Beau-père dans le corps de sa bru. — La Veuve et son cochon. — La Chandelle miraculeuse de Langres. — Le Diable dans le pot de chambre. — Le vautour au dortoir. — L'Évêque séduit par le Diable, etc..

(G-2101

9881 SANFORD (Edmund T.). — Cours de Psychologie Expérimentale (Sensations et Perceptions), par Edmund T. Sanford...

Traduit de l'Anglais par Albert Schinz, revu par M. Bourdon.

Paris, Schleicher frères, 1900, in-8° de VI-177 p. 140 fig. dans le texte et 1 planche. (5 fr.).

[8° R. 10899

De la Bibliothèque de Pédagogie et de Psychologie, sous la direction d'Alfred Binet.

Les Sens Cutanés. — Les Sens Cinesthétiques et statiques.— Goût et Odorat. — Ouïe. — La Vision en général. — Lumière et couleur. — Perception visuelle de l'espace et du mouvement. — La Loi de Weber et les méthodes psycho physiques. — Indications pour les appareils. — La loi de Listing dans le champ hémisphérique et dans le champ plan de fixation. — Quelques cas simples de l'horoptère mathématique. — Etc.

9882 SANGUTELLI (Ant.). — De Gigantibus, nova Disquisitio historica et critica, auctore Ant. Sangutelli.

481

Allonc, 1756, in-8°.

(S-3283)

9883 SANSON (Charles Henri) exécuteur des Hautes Œuvres de Paris, né en 1740, mort en 1793, six mois après avoir exécuté Louis XVI. — Sept Générations d'Exécuteurs (1688-1847). Mémoires des Sanson, mis en ordre, rédigés et publiés par H. Sanson, anc. exécuteur des Hautes Œuvres de la Cour de Paris.

Paris, 1862-1863, 6 vol. in-8°. (25 fr.).

Important ouvrage, précieux pour ce qui touche la Révolution, mais dont on doit user avec précaution. Il a été mis au jour par une spéculation de M. Dupray de la Mahérie, éditeur assez tristement célèbre, qui l'a fait revoir et abondamment corriger par un romancier nommé d'Olbreuse, et un autre écrivain encore : c'est un Roman plus qu'un document d'histoire.

H. Sanson, l'éditeur des mémoires a été révoqué à cause de ses dettes.

9884 SANSON-BIRETTE (le P.), religieux Augustin de Barfleur en Normandie. — Refutation de l'erreur dv vvlgaire tovchant les responses des diables exorcizez.

Rouen, Besongne, 1618, in-12. (10 fr.).

Ouvrage de démonologie fort rare, citant et analysant de nombreux cas de possessions qui se sont produits en Normandie, à Coutances, Valognes, Barfleur, etc.

(G-953)

9885 SANTANELLI (Fern.). — Fern. Santanelli, Philosophiæ reconditæ, sive Magicæ Mageticæ munialis Scientiæ, Explanatio.

Col[oniæ Agrippinæ, Cologne], 1723, in-4°.

[R. 8503
(S-3400)

SANTINI (Emmanuel Napoléon), né en 1847. A écrit sous les Pseudonymes :

J. de RIOLS.

Dr J. M. de ROCHE.

SANTINI de Riols.

9886 SANTINI. — L'Art de la Divination (Astrologie. — Baguette divinatoire. — Botanomancie. — Cabale. — Cartomancie. — Chiromancie. — Démonomancie. — Géomancie. — Goétie. — Horoscopie. — Métoposcopie. — Nécromancie. — Onéirocritie. — Onomancie. — Physiognomonie. — Rhabdomancie, etc...)

Paris, s. d., in-12, (2 fr.).

9887 [SANTINI]. — J. de Riols. — La Cartomancie, contenant la signification des cartes et l'explication du grand jeu, avec figures.

Paris, s. d., (1 fr.).

9888 [SANTINI]. — J. de Riols. — L'Art de la Divination. Description des 133 procédés différents employés...

Paris, Ch. Mendel, 1895, in-8°, (2 fr.).

9889 [SANTINI]. — J. de Riols. — La correspondance secrète dévoilée, explication des combinaisons anciennes et modernes les plus ingénieuses, usitées dans l'armée, la diplomatie, etc... comprenant plus de vingt procédés spéciaux pour composer les encres sympathiques et suivi d'un traité complet de cryptographie.

Paris, Le Bailly, s. d., in-8° de 31 p. orné d'une planche. (1 fr. 50).

9890 [SANTINI]. — J. de Riols. — La Graphologie. Traité complet de l'Art de connaitre les défauts, les qualités, les passions, le caractère et les habitudes des personnes par le moyen des écritures et suivant les méthodes des plus célèbres graphologues.

Sc. psych. — T. III. — 31.

Paris, Le Bailly, s. d., [1887], in-8° de 40 p. (1 fr.).

9891 [SANTINI]. — J. de Riols. — Magnétisme et somnambulisme. Méthode nouvelle facile et pratique expliquant les principes réels du Magnétisme, les moyens infaillibles pour arriver promptement à bien magnétiser suivis de documents historiques et de nombreuses anecdotes.

Paris, Le Bailly, s. d., in-8°, (1 fr. 50).

Hypnotisme et suggestion.

Paris, Le Bailly, s. d., [1888], (1 fr. 50).

Astrologie ou l'art de tirer un horoscope.

Paris, Le Bailly. s. d. in-8°. (1 fr. 50).

Figures.

(G-000)

9892 SANTINI DE RIOLS (E. N.). — Les Parfums magiques. Odeurs, onctions, fumigations, exhalaisons, inhalations en usage chez les Anciens, dans les temples, pour consulter les dieux dans le sommeil sacré, ou en particulier ; au Moyen-Age dans différents buts ; actuellement dans les cérémonies magiques.

Paris, Genonceaux, 1903, in-12, 208 p. (2 fr. 50).

[8° R. 18810

Ouvrage assez intéressant.

Effets physiologiques des parfums sur l'homme. — Magie naturelle de Porta.— Parfums chez les Egyptiens. — Parfums d'Albert-le-Grand, Collin de Plancy, Lenain, Agrippa, Eliphas Lévi, etc...

9893 SANTINI (Emmanuel Napoléon).— La Photographie des Effluves Humains.

Paris, in-8° de 130 p. nombr. reproductions photogr. (3 fr. 50).

9894 SANTINI DE RIOLS (E. N.). — Les Pierres magiques. Histoire complète des pierres précieuses ; leur origine, leurs vertus et leurs facultés ; leur puissance occulte ; leurs influences diverses sur l'homme et les animaux ; philtres, remèdes qu'elles servaient à composer ; thérapeutique lapidaire : pierres aphrodisiaques et pierres anaphrodisiaques.

Paris. Chacornac, 1905, in-18, XXX-174 p. (3 fr. 50).

[8° R. 20858

Ce livre concerne la femme, l'artiste, l'orfèvre, le critique d'art, et même, quoique pour un autre motif, les médecins. — Correspondances magiques et astrologiques des pierres. — Pierres du Rational d'après la Kabbale. — Rapports mystiques qu'ont entre eux les gemmes, les quatre éléments, les douze signes du zodiaque, les plantes, les génies, d'après Kircher, etc...

9895 [SANTINI].— J. de Riols. — Spiritisme et tables tournantes. — Nouvelle méthode facile et complète, expliquant les principes réels du spiritisme, les moyens infaillibles pour arriver promptement à évoquer les esprits et se mettre en rapport avec eux, suivie de la démonstration théorique et pratique du pendule-explorateur et de la baguette divinatoire.

Paris, s. d., in-8°. Curieux frontispice.

9896 [SANTINI].— Dr J.M. de Roche.— Le succès dans la vie, ou l'influence sur ses semblables par le magnétisme l'hypnotisme et les rayons.

Deuxième édition comprenant en supplément le cours complémentaire scientifique de magnétisme et d'hypnotisme rédigé par A. Tranquilli et M. Aucaigne.

Paris, Union psychique, 1905, in-12 de 208 p. et tab. (3 fr. 50).

[8° R. 21658

Ouvrage d'ailleurs assez peu recommandable.

9897 [SANTINI].— J. de RIOLS.—Traité de Phrénologie ou Art de découvrir par les protubérances du crâne, les qualités, défauts, vices et aptitudes, etc... des personnes, avec figures.

Paris, s. d., (1 fr.).

9898 SARAK (Docteur Albert de), Comte de DAS, né dit-il dans le Thibet, fils d'un Rajah de ce pays et d'une marquise française. (EVANS, Magic, p. 254). Grand Occultiste contemporain. Pour de plus amples renseignements (d'ailleurs peu favorables) sur cet auteur, consulter la *Revue du Psychisme expérimental* à partir de novembre 1910 jusqu'à juin 1911 ou plus. Le Docteur de SARAK serait en réalité un illusionniste italien, Albert SARTINI-SGALUPPI.

Doct. A. de SARAK. — L'Etoile d'Orient. Revue de hautes études Psychiques, organe officiel du Centre Esotérique Oriental de France; fondateur Dr de SARAK; directeur : Professeur Ch. BARLET. Mensuel; chaque N° avec illustrations hors texte. (N° spécimen gratuit).

Paris, 122, *Avenue Victor Hugo*, 1re année 1908. gr. in-8° fig. et pl.

Abonnements France (10 fr.).
Etranger (20 fr.).

[4° R. 2210

9899 SARAK (Le Doct. A. de). — La Voix de Rama.

S. l., [Paris. Lucien Bodin. 1907] in-8° de 15 p. av. 7 pl. hors texte : portr. de l'aut. et de sa famille.

Premier fascicule, seul paru, de cet important ouvrage sur les Sciences Occultes de l'Orient qui devait se composer de 3 gros volumes de 600 pages grand format in-8° avec de nombreuses gravures, sujets d'étude, planches ésotériques, photographies astrales, doubles fluidiques de l'espace, etc. Il devait être le plus important ouvrage, révélateur de l'Occultisme et en Initiation ésotérique : « Ceux qui souffrent et ceux qui pleurent ; ceux qui, animés d'un ardent désir de connaître la Vérité, veulent étudier pour trouver le chemin qui conduit à la Grande Voie de la Sagesse infinie ; ceux enfin qui veulent pratiquer les vertus nécessaires pour pouvoir s'élever, ceux là trouveront dans l'ouvrage de l'Adepte Thibétain, un vaste champ pour satisfaire leurs désirs élevés. La *Voix de Rama* est le titre du premier volume, il sera suivi par l'Initiation Esotérique dans l'Inde, pour finir par la Théorie et la Pratique de l'Occultisme, avec un Glossaire pour les termes sanscrits et orientaux ».

Malheureusement l'auteur fut surpris en fraude et quitta Paris précipitamment.

9900 SARDOU (Charles), disciple du célèbre Voyant Louis MICHEL de Figanières. — Résurrection. Entretiens sur la Science vivante de Dieu, revu et corrigé par Louis MICHEL de Figanières.

Deuxième édition.

Paris. *Dentu*, 1878, in-12 de XLI-398 p. (4 fr.).

[R. 50123

On trouve dans cet excellent ouvrage l'exposition complète des théories ésotériques sur Dieu, l'Homme et l'Univers.— L'œuf des mondes. — L'Ame collective planétaire. — Les concordances du quaternaire universel. — Résurrections successives, etc...

Autre édition :

Paris, *C. Albessard*, 1866, in-18.

[R. 50122

9901 SARDOU (Victorien) dramaturge français, né à Paris en 1831. D'abord étudiant en médecine. — La Sorcière, drame en 5 Actes.

Paris, *Calmann-Lévy*, 1903, in-12 (3 fr.).

[8° Yth. 30674

Edition originale.

Paris, *C. Lévy*, 1904, in-8°.

Edition spéciale réimposée; tirée à 50 exemplaires numérotés.

L'action à Tolède en 1507. Episode de l'Inquisition Espagnole.

9902 SARI-FLEGIER (Blanche). — Lettres à une amie sur la théosophie. D'où venons-nous ? Où allons-nous ? Tout ce qui est acquis reste acquis et toute lueur irradie pour jamais.

Paris, Gustave Ficker. 1908, in-12 de 184 p. (2 fr.).

[8° R. 22298

9903 SARLANDIERE (J. B.), ancien Chirurgien Major. — Histoire d'un cataleptique, F. J. Bousch, dont la maladie qui a duré 6 mois a été observée à l'hôpital militaire de Montaigu par J. B. SARLANDIERE, docteur en médecine chirurgien interne dudit hopital, ex chirurgien major.

Paris, Migneret, 1816, in-8°, 20 p. et port. du malade.

Intéressant mémoire.

(D. p. 87

9904 [SARLUIS (S.)]. — Hommes : Voici le Messie. Préface d'Ernest la Jeunesse.

Paris, Paul Dupont, 1898. gr. in-8° de 85 pp. couverture à pantacle (point et cercle : carré et triangle inscrits).

[4° R. 1401

« J'ai vu M. SARLUIS aux heures où il écrivait ce qui suit : il était près de la sorte d'épilepsie qu'on a coutume d'appeler l'Esprit de Dieu. Il ne tient rien des livres. — Ses paroles ont une force, une flamme, un accent, un rhythme venus tout seuls ; une poésie et une éloquence ; une antiquité et une nouveauté ; un air d'éternité et un air d'au delà, qui ne peuvent que troubler et surprendre les Hommes » (*Préface*).

Ouvrage en versets, de style biblique : la Création, l'Homme, la Mort (p. 31), l'Amour (p. 48) ; explication du pantacle du titre (p. 56-59) ; Verset final : « Et tout ce qui arrive et va arriver est inscrit dans le *Livre de l'Apocalypse* ».

9905 SARPI (Pierre) dit FRA PAOLO, historien et théologien italien né et mort à Venise (1552-1623). De l'ordre des Servites. Professeur de Théologie à Mantoue, à Padoue, etc. Provincial de son Ordre et grand ennemi de la Cour de Rome qui tenta de le faire assassiner. Son ouvrage capital est le « *Traité de l'Interdit* ». — Historia della Sacra Inqvisitione. Opera pia, dotta e cvriosa.

Serravalle, 1638, in-4°, (5 fr.).

9906 SARRASI. — L'Orient dévoilé, 2ᵐᵉ édition revue et augmentée.

Paris, Leroux, 1881, in-8°, (7 fr.).

De l'écriture antique. — Du langage. — Races humaines. — Migrations. — De l'âme. — Du culte des ancêtres. — De l'art en général. — De la révélation et des révélateurs. — Du prophétisme en Orient. — Chronologie religieuse. — Le culte du feu. — Les dieux créateurs. — Culte phallique, etc...

9907 SARRAUTON (H. de). — L'Heure décimale et la division de la circonférence.

Paris, 1890, in-8° de 38 p.

Savantes recherches sur l'origine cabalistique de la division du cercle.

SARRASIN DE MONTFERRIER (Alexandre André Victor). Magnétiseur, mathématicien et publiciste né et mort à Paris (1792-1863). Plus connu des Magnétiseurs sous son pseudonyme de DE LAUSANNE. Il a rédigé presque seul les premiers volumes des « *Annales du Magnétisme Animal* » (1814) : a contribué à la fondation de la « *Société Parisienne de Magnétisme* » et donné ensuite divers ouvrages de Mathématiques et de Sciences. Il avait entrepris en 1856 une « *Encyclopédie Mathématique* » d'après les idées de son beau frère, le célèbre mathématicien et philosophe Hœné WRONSKI ; le premier volume seul a paru.

9908 [SARRASIN DE MONTFERRIER]. — Eléments du magnétisme animal, ou Exposition succincte des procédés, des phénomènes et de l'emploi du magnétisme par M. de LAUSANNE, l'un des fondateurs de la *Société du magnétisme* à Paris.

Paris, Dentu, 1818, in-8°, 56 pages, (3 fr.).

Les procédés, les phénomènes de la direction du Magnétisme, de son emploi et table alphabétique des maladies guéries par le Magnétisme jusqu'à ce jour.

(D. p. 90

9909 [SARRAZIN DE MONTFERRIER]. — Des principes et des procédés du magnétisme animal et de leurs rapports avec les lois de la physique et de la physiologie par M. de LAUSANNE l'un des fondateurs de la Société du magnétisme de Paris.

Paris, G. Dentu, 1819, 2 vol. in-8°, xli-242, 315 pages. (7 fr.).

Intéressant, connu et recherché.

Le premier volume est attribué par M. MIALLE à M. de BRUNO : l'auteur s'y montre partisan de la doctrine des esprits animaux appliquée à un fluide magnétique animalisé. Le second volume est relatif au traitement des maladies par le magnétisme et il contient un certain nombre de cures. Quelques parties de ce volume ont déjà été publiées dans les *Annales du magnétisme*. L'avertissement qui est en tête de l'ouvrage serait la plus grande partie d'un discours prononcé par un M. PERREAU à l'ouverture d'un cours à la *Société de l'Harmonie* en 1785.

Cité avec éloge par OCHOROWICZ dans sa « *Suggestion mentale* ».

(D. p. 93

9910 SARSENA oder der vollkommene Baumeister, enthaltend die Geschichte und Entstehung des Freimaurerordens und die verschiedenen Meinungen... in dem ersten, und die Beförderung in dem zweiten und dritten der St Johannesgrade; so wie auch die höhern Schottengrade und Andreasritter. Treu und wahr niedergeschrieben von einem wahren und vollkommenen Bruder Freimaurer. Aus dessen hinterl. Papiern gezogen,... III-te mit der zweit. ganz gleich. Auflage.

S. l. ni adr., im Jahr 5617 (1817), gd in-8° de VIII-245 pp.

(O-324

9911 SATURNIUS. — Mlle Coudéon et les prophéties modernes.

Paris, 1897, in-8°.

9912 SATURNUS (S∴ I∴). — Iatrochimie et Electro-Homéopathie ; étude comparative sur la médecine du Moyen-Age et celle des temps modernes ; traduit de l'allemand.

Paris, Chamuel, 1897. in-12, 75 p. planches dont 1 en coul. et pliée, portraits, (2 fr.).

Avec deux portraits de C. MATTEI et de PARACELSE.

Résumé des théories de la médecine hermétique et de l'électro-homéopathie. — Macrocosme et microcosme. — Forces cosmiques et telluriques. — Art spagyrique. — Médecine secrète etc...

On y trouve aussi une bonne Biographie du célèbre *Electro-Homœopathe* Comte César MATTEI.

SATYRE MÉNIPPÉE. — Voir : *MÉNIPPÉE* (La Satyre).

9913 SAUDE Y LAGO (Fernando de). — Compendio de Albeyteria sacado de diversos autores.

Madrid, 1717, pet. in-4°, figures, (15 fr.).

Traité d'art vétérinaire et de maréchalerie d'après l'astrologie : — Des jours dangereux pour chaque mois, suivant le cours de la lune. Des changements occasionnés par les astres en chaque mois de l'année. — (Avec les dates). — Les heures planétaires. — Des maléfices jetés aux chevaux, etc.

Ouvrage singulier et fort curieux.

9914 SAULCY (Louis Félicien Joseph CAIGNART de) membre de l'Institut, archéologue et numismate français, né à Lille en 1807, mort à Paris en 1880. D'abord capitaine d'Artillerie, puis sénateur. — JÉRUSALEM.

Paris, Vve A. Morel et Cie, 1882, in-8º de 336 p. 32 planches et plan plié. (10 fr.)

[O² f. 615

Orné de 32 planches hors texte et d'un plan de Jérusalem. — Le Temple de Salomon et le Temple de Zorobabel. Temples d'Hérode, de Jupiter, etc.. Tombeau des Prophètes. — Ossuaires judaïques. — Grotte de l'Agonie. — L'Arc de l'Ecce Homo. — Le Cénacle, etc...

9915 SAULCY (M. E. de). — Etude sur la série des Rois inscrits à la Salle des Ancêtres de Thouthmès III.

Metz, 1863. in-8º, planches et tableaux. (5 fr.).

Savante étude égyptologique sur la Chambre des Ancêtres du Palais de Karnac. — L'ouvrage comprend des planches et des tableaux se dépliant, d'un grand intérêt archéologique, et des reproductions d'hiéroglyphes dans le texte, avec essais d'interprétation.

9916 SAULNIER (J.). — Cosmologie du Monde, tant céleste que terrestre, par J. SAULNIER.

Paris, M. Daniel, 1618. in-8º.

[V. 20727
(S-3240 b.

9917 SAULNIER Fils (Sébastien Louis) fonctionnaire et littérateur, né à Nancy en 1790, mort Préfet d'Orléans en 1835. — Notice sur le voyage de M. Le Lorrain en Egypte et observations sur le zodiaque circulaire de Dendérah.

Paris, chez l'Auteur, 1822, in-8º, avec une Planche in-f° pliée représentant le Zodiaque de Dendérah. (3 fr.).

C'est l'auteur qui avait fait les frais de cet important voyage archéologique.

(G- 1099, 2102 et 03

9918 SAUMAISE (Claude de), érudit français, fils d'un conseiller au Parlement de Bourgogne né à Semur en 1588, mort à Maestricht en 1653. Il fit son droit à Heidelberg et se convertit au Protestantisme, puis épousa la fille d'un riche négociant protestant. Mme de SAUMAISE est restée célèbre au même titre que XANTIPPE. L'intolérance religieuse détermina SAUMAISE à accepter à Leyde la chaire de SCALIGER. Après un voyage en Suède près de la Reine Christine, il revint à Leyde et mourut peu après. — Claudii SALMASII, de Annis Climatericis et Antiquâ Astrologiâ diatribæ.

Lugduni Batavorum, Ex officina Elzeviriorum, 1048, pet. in-8º de 800 p. environ. (7 fr.).

[V. 52386
(S-3447 b

9919 SAUMAISE (Claude de). — Claudii SALMASII, de Mannâ et Saccharo Commentarius.

Parisiis, C. Dumesnil, 1663, in-8º

[S. 20727 et 13270
(S-3374

9920 SAUNIER (Claudius).—Le Temps, ses divisions principales, ses mesures et leurs usages aux époques anciennes et modernes.

Paris, Parmentier, 1858, in-12, (3 fr.).

Divisions du temps. — Formation d'un calendrier. — Histoire des instruments horaires. — Histoire de la fabrication des instruments. — Usage de la mesure du temps. — De l'équation du temps.

9921 SAUNIER (M.). — La légende des Symboles philosophiques, religieux et maçonniques.

Paris, Sansot, 1911, in-8º.

9922 [SAUNIER DE BEAUMONT (l'abbé)]. — Lettres philosophiques, sérieuses, critiques et amusantes, traitant de la Pierre Philosophale, de l'incertitude de la Médecine ; si les Esprits reviennent ; des Génies ; de la Magie ; du Célibat ; du Mariage ; de la Comparaison des deux Sexes ; des

Ris, des Pleurs ; de la Mort ; des Paniers ; des Femmes, etc.

La Haye, 1748, 2 vol. in-12, (6 fr.).

Paris, 1753, fort in-12, de 500 p. (6 fr.).

(G-2104

9923 [SAUNIER de BEAUMONT (l'abbé)]. — Production d'Esprit ; contenant tout ce que les Arts et les Sciences ont de rare et de merveilleux. Ouvrage critique et sublime composé par le Dr Swift, et autres personnes remplies d'une érudition profonde. Trad. par M..... [SAUNIER de BEAUMONT].

Paris, Chez Th. Le Gras, 1756. 2 parties, in-12, (4 fr. 50).

Dissertation sur la Pierre Philosophale. — Sentimens de C. Agrippa sur les qualités des Élémens. — Ce que c'est que le Phénix des Philosophes. — Science de tout l'Art hermétique réduite par préceptes... etc...

9924 SAUR et St GÉNIÈS. — Les aventures de Faust et sa descente aux Enfers.

Paris, Arthus Bertrand, 1825, 3 vol. in-12, Portrait lithographié et 3 Frontispices sur acier. (6 fr.).

(G-054

9925 SAURA (Raphaël). — Thèse sur le magnétisme soutenue à la Faculté de Médecine de Paris, le 28 Février 1834 par Raphaël SAURA.

Paris, 1834, in-4°.

(D. p. 109

9926 SAUREL (Louis J.).—Observation sur le Priapisme et l'Impuissance. — Exposé historique et critique de la Vaccination syphilitique et de la Civilisation.

Montpellier, 1851, in-8°. (1 fr. 50)

(G-2105

9927 SAUSSE (Henri). — Biographie d'ALLAN KARDEC. Discours prononcé à Lyon, le 31 mars 1856, par M. Henri SAUSSE. Préface de G. DELANNE.

Tours, imp. de E. Arrault, s. d., [1896], in-8°. Pièce de 32 pages, (0 fr. 35).

[Ln^{27}. 44461

Hippolyte Léon Denizard RIVAIL, dit ALLAN KARDEC. C'est par erreur que l'on trouve dans cet ouvrage qu'ALLAN KARDEC était *Docteur en Médecine*. Bien que fort versé dans cette Science, il n'a néanmoins jamais été officiellement reçu Docteur.

(Pen. p. 199

9928 [SAUTIER (Heinrich)]. — Warum soll ich ein Freymäurer werden ? von E. SERVATI [pseud. de Heinr. SAUTIER] an Seinem Freund in W...

Basel, Joh. Jacob Flick, 1786, in-8° de XIV-258 pp.

(O-226

9929 [SAUTIER (H.)]. — Apologie der ersten Frage : Warum soll ich ein Freymäurer werden ? Beylage zu dem Bruchstücke zur Geschichte deutscher Freymäurerey gegen Franz Joseph Bob von Erich SERVATI (c-à-d. H. SAUTIER].

Halle, Fried. Dan. Francke, 1788, in-8° de XVI-158 p5.

(O-227

9930 SAUVENIÈRE (Alfred de). — Les Visionnaires.

Paris, 1885, in-12. (2 fr.).

[8° Y^2 8732

Le Crâne qui rit. — Le Fantôme de Hampton-Court. — Un Évocateur des Spectres. — Le Chant du Barde. — Etc. Bizarres histoires fantastiques, assez intéressantes.

9931 SAUVESTRE (Nicéphore. Charles SAUVAITRE dit) publiciste et pédagogue français, né au Mans en 1818, mort à Paris en 1883. Ouvrier typographe, instituteur, puis journaliste. — Les congrégations religieuses dévoilées.

Paris, Dentu, 1870, in-12. (6 fr.).

Paris, Dentu, 1870, in-8°.

(G-785)

9932 SAUVESTRE (Charles). — Monita Secreta Societatis Jesu. — Instructions Secrètes des Jésuites, précédées d'une introduction et de Notes curieuses par Charles SAUVESTRE. Cinquième édition très augmentée contenant le Dénombrement des Jésuites en France, par département, et orné d'une Gravure.

Paris, Dentu, 1805, in-12 de 168 p. planche pliée en travers. (4 fr. publié à 1 fr.).

Ouvrage qui a eu une vogue immense. La planche représente un singulier Tableau allégorique, saisi chez les Jésuites à Billom en Auvergne. Ce livre est devenu très rare, parce que les Jésuites se sont toujours appliqués à en détruire tous les exemplaires. Il est un odieux monument de leur morale. — Les Instructions elles-mêmes sont d'ailleurs assez brèves : Texte Latin et traduction française occupent les p. 74-159 de cette édition.

Pour d'autres éditions, voir :

SECRETA MONITA
Et MONITA SECRETA.

9933 SAUVESTRE (Charles). — Sur les genoux de l'Eglise, par Charles SAUVESTRE.

Paris, Dentu, 1868, in-12 de 139 p. (3 fr. 50).

[Ld⁴. 6199

La Morale : Huit sortes de consciences. — Moyens de transport pour aller au ciel. — Tenue de la conscience en partie double. — Deux mots sur le célibat ecclésiastique, etc... La Science : Le Danger de la Science. — Le Catéchisme de persévérance. — Les visions de sœur Ste-Marguerite, etc...

9934 SAUVIAC (général Joseph Alexandre BETBEZÉ LARUE de) né dans le Languedoc en 1757, mort vers 1817. Colonel de la Révolution et Général de l'Empire. — Recherches physiques sur le magnétisme par le Général SAUVIAC.

[Paris]. 1790. in-8°, 20 pages, (2 fr.).

Extrait du Journal des Savants (Année 1790). L'auteur est le premier croyons-nous, qui ait parlé de l'influence magnétique exercée par la seule approche de l'homme sur l'aiguille de la boussole. Il se déclare partisan de l'emploi des baquets magnétiques, des arbres magnétisés, etc... Le Journal des savants fit assurément preuve d'impartialité en publiant ce mémoire et ses rédacteurs ordinaires durent le lire avec stupéfaction.

(D. p. 76)

9935 SAVARY (Claude Etienne) voyageur et orientaliste français né à Vitré (Ille et Vilaine) en 1750, mort à Paris en 1788. — Le Coran, traduit de l'Arabe, accompagné de notes et précédé d'un abrégé de la Vie de Mahomet, tiré des écrivains orientaux les plus estimés, par SAVARY.

Paris, Knapen, 1783, 2 vol. in-8°. (12 fr.).

Bon ouvrage, encore estimé de nos jours.

(G-190)

9936 SAVÉRIEN (Alexandre), savant philosophe, biographe, mathématicien et physicien français né à Arles vers 1720, mort à Paris en 1805. Ingénieur de la marine. — I. Histoire des philosophes anciens jusqu'à la renaissance des Lettres. 4 volumes.

II. Histoire des philosophes modernes. 4 volumes.

Paris, Lacombe et Bleuet, 1770-73, 8 vol. in-12. (18 fr.).

Cet ouvrage très recherché, contient, outre 5 frontispices, 77 portraits et allégories, gravés en taille-douce, par François d'après Lisen, Balthazar, Parisot et

Delsol. — Le tome VII est entièrement consacré aux Alchimistes : Paracelse, Lemery, Hombert, etc...

9937 SAVERIEN. — Histoire des philosophes anciens, jusqu'à la Renaissance des lettres. 5 vol.
Histoire des philosophes modernes. 8 volumes.

Paris, Bleuel, 1773. 13 vol in-12. (45 fr.).

Avec 8 frontispices, 1 portrait de l'auteur et 18 planches allégoriques.

9938 SAVERIEN (A.). — Histoire des philosophes modernes, avec leurs portraits gravés dans le goût du crayon d'après les dessins des plus grands peintres.

Paris, Bluet, 1760-69. 8 tomes en 2 vol. in-4". (45 fr.).

Ouvrage très recherché, contenant, outre des frontispices, titres ornés et vignettes diverses, 67 portraits gravés par François, graveur du Roi de Pologne, duc de Lorraine et de Bar, en sanguine à l'aide de son procédé dit « *en manière de crayon* ». Parmi ces portraits se trouvent ceux de Bacon, Pascal, Ramus, Montaigne, Spinosa, La Bruyère, Locke, Paracelse, Nic. Lemery, Képler, etc...

9939 SAVONAROLE (Frère Jérôme), illustre prédicateur et réformateur italien. Dominicain, martyr de la vérité, né à Ferrare en 1452, mort à Florence en 1498. Ami de Pic de la Mirandole, et Prieur du Couvent de St Marc, à Florence. Cette ville fut un moment sous son étrange domination ; puis ses attaques contre le pape Alexandre VI amenèrent son excommunication ; il fut jeté en prison, torturé, puis conduit au bûcher avec deux autres dominicains. Il avait été un prophète illuminé incompris. — Savonarolæ Epistolæ spirituales et asceticæ per F. Jacq. Quetis

Parisiis, L. Billaine, 1674, 2 vol. in-12.

[D. 17256
(S-891

9940 SAVONAROLE (Jérôme). — Hieronymi Savonarolæ, Opus eximium adversus Divinatricem Astronomiam, interprete Boninsignio.

Florentiæ, apud G. Marescotum, 1581, in-8°, XVI-136 p.

[V. 29303
(S-3465 b

9941 SAVONAROLE (Jérôme). — De simplicitate Christianæ vitæ libri V, ad exemplarium Parisiense anni 1511.

Lugduni Batavorum, 1638, in-12.

Autre édit :

Parrhisiis in chalcographia Ascensiana Ad Sextum Calendas Junias Anni salutis MDXI. in-12.

[Rés. D. 51640
(S-890

9942 SAVONAROLE (Jérôme).— Libro del R. P. Fr. Hiero. Savonarolla, de la vita semplicita la vita Christiana, tradoto in vulgare.

In Venetiis, per Bened. de Viano de Lexona, 1533. in-8°.

(S-888

9943 SAVONAROLE (Jérôme). — Le Triomphe de la Croix.

Paris, Ch. Douniol, 1855, in-12. (3 fr.).

[D. 51676

Traduction d'un excellent ouvrage du fameux dominicain brûlé comme hérétique.

9944 SAVONAROLE (Jérôme). — Hieronymi Savonarollæ universæ Philosophiæ Epitome, etc. operâ J. Jessenii à Jessen.

Witebergæ, typis S. Gronenbergii sumt. A. Hoffmanni, 1596, in-8°.

[R. 9590
(S-2711

SAVONAROLE (Sur). — Voir :
PERRENS (F. T.).

9945 SAWYER (Jeanne Lydie). — Le Livre des Augures, contenant 450 présages (de bonheur et de malheur) recueillis dans les traditions de tous les pays.

Paris, Chamuel, 1897, in-12 de 128 p. (3 fr.).

[8° R. 14408

Recueil curieux et intéressant.

9946 [SAXE WEIMAR (Ernst August von)]. — Zu dem hoechsten alleinigen Jehovah gerichtete theosophische Herzens-Andachten, oder fürstliche selbst abgefassete Gedancken, wie wir durch Gottes Gnade uns von dem Kuch des Irdischen befreyen und im Gebet zum wahren Lichte und himmlischer Ruhe in Gott eingehen sollen; nebst einigen aus dem Buch der Natur und Schrifft hergeleiteten philosophischen Betrachtungen, von denen dreyen haushaltungen Gotten im Feuer, Licht, und Geist zur Wiederbringung der Creatur.

S. l. n. adr. 1742, in-8° carré, de 148 pp. avec titre gravé.

Une note en russe sur l'exemplaire cité au Catalog. OUVAROFF nous apprend qu'il y a une réimpression de Philadelphie 1786, et que l'auteur de cet ouvrage est le duc Ernst August von SACHSEN WEIMAR.

Cette note renvoie à *Freymaurer Bibliothek*. On trouve dans ce recueil rédigé sous la direction de J. W. B. von HYMMEN, I; 92, une analyse de cet ouvrage. Ernst August né le 19 avril 1688, mort en 1748 : voyez sur lui un court article dans l'*Art de vérifier les dates*. XVI, 174.

(O-126

9947 SCALIGER (Jules César). — Ivlii Caesaris SCALIGERI Exotericarum excitationvm liber qvintvs decimvs. de svbtilitate, ad Hieronymvm Cardanvm...

Lvletiæ, Apvd Federicvm (sic) *Morellum, in uico Bellouaco*... M. D. LVII....

in-4° de 676 ff. et l'index.

A la fin on lit :

Lvletiæ Parisiorvm Imprimebat Michael VASCOSANVS, An. D. M. D. LVII..

[R. 8514

La légende veut que cet ouvrage soit entièrement pur de toute coquille : *sine menda* comme on disait alors.

Michel VASCOSAN était imprimeur du roi, renommé pour la pureté de ses éditions, et mourut en 1576. Il était le gendre de Josse BADIUS, le beau frère de Robert ESTIENNE et le beau-père de Frédéric MOREL, tous célèbres imprimeurs.

9948 SCARLATINI (R. D. Octavius). — Homo et ejus partes figuratus et symbolicus, anatomicus, rationalis, moralis, mysticus, politicus et legalis collectus et explicatus, cum figuris, symbolis, anatomiis, factis, emblematibus moralibus, mysticis proverbiis, hieroglyphicis, prodigiis, ritibus, signaturis, fabulis, miris, physiognomiis et somniis, etc...

S. l.. 1695, 2 tomes in-fol. Figures (40 fr.).

Savant ouvrage illustré de magnifiques figures gravées sur cuivre, et où l'homme est approfondi dans sa double nature externe et interne, c'est-à-dire spirituelle et matérielle. Ses rapports avec la Mystique la Symbolique, les hiéroglyphes et tous les Mystères de l'Occulte. — On y trouve les signatures des herbes et leur correspondance astrologique pour le traitement des maladies de toutes les parties du corps humain. — La magie proprement dite n'y est pas oubliée, et l'auteur révèle plusieurs secrets merveilleux, tels que les propriétés occultes de la salive, des urines, du sperme, des excréments, à l'aide desquels on peut obtenir des résultats surprenants. L'auteur qui a beaucoup fréquenté les alchimistes, décrit en outre une foule de préparations précieuses. — C'est un ouvrage unique en son genre. [DUJOLS.]

9949 SCHALTEN (J.). — Le supranaturalisme dans ses rapports avec la Bible, le Christianisme et le Protestantisme.

Paris, 1807, in-8° de 50 p.

9950 SCHARFSINNIGEN (Eines) chymici hinterlassene Gedanken von Verbesserung der Metallen, oder naturgegründete und experimentirte Metallurgie.

Hermanstadt, G. Bauer, 1757. in-8° de 32 pp.

(O-1473

9951 SCHAUBERDT (Johann). — Consumata sapientia, seu Philosophia sacra. — Praxis de Lapide minerali, Johannis de Padua. Epistola Johannis TRITHEMMII von den dreyen Anfängen aller natürlichen Kunst der Philosophie Epistola Joh. TEUTZCHESCHENI de Lapide philosophorum; vor niemals in Druck gangen, jetzo aber an Tag gegeben durch Johann SCHAUBERDT dans Neue Sammlung von... alchym. Schriften (1770), II, 271-456.

L'ouvrage de JEAN DE PADOUE remplit les pp. 201-428.

La 1re édit. de ces trois ouvr. publiés par SCHAUBERDT a paru à Magdebourg, 1602.

(O-1075

9952 SCHEELE (Charles Guillaume) illustre chimiste suédois, né à Stralsund en 1742, mort à Kœping en 1786. Il était pharmacien. — Mémoires de chimie, traduit du suédois et de l'allemand.

Dijon, 1785, 2 tomes in-18, (4 fr.)

9953 SCHEELE (C. G.) — Supplément au traité chimique de l'air et du feu, contenant un tableau abrégé des nouvelles découvertes sur les différentes espèces d'air, traduit par De Dietrich.

Paris, 1785, in-12, (3 fr.).

9954 SCHEFFER (Jean), antiquaire allemand, né à Strasbourg en 1621, mort en 1679. Bibliothécaire à Upsal, en Suède. — Histoire de la Laponie, sa description, l'origine, les mœurs de ses habitants, leur religion, leur magie, et les choses rares du pays.

Paris, 1678, in-4°, fig. (15 fr.).

La Magie des Lapons est étudiée minutieusement dans ce livre, avec nombr. fig. magiques à l'appui. — La reproduction des tombeaux magiques couverts de signes kabbalistiques ajoute à ce travail un document des plus suggestifs.

9955 SCHEIBLÉ (B.). — Bibliotheca Magica... (Catalog. N° 47).

Stuttgart, J. Scheiblé, 1874, in-4°.

N° 1787 (p. 226) de la Bibliographie d'YVE-PLESLIS.

Ne se trouve pas à la Bibl. Nat^{le}.

9956 SCHERETZ (Sigismund). — Sigismundi SCHERETZII, libellus consolatorius de Spectris.

Witteb. (sic), 1621. (sans format).

(S-3154 b

9957 SCHERZER (J. A.). — Selecta rabbinico philogica (Kabbale). I. Commentar. Rasche in Parsch. Berescoth. II Commentar. P. Abarbanel in Haggæum. III. Commentar. Mos. Maimonides. Mercaba. IV. Commentar. Rasche in Parsch. Noach. V. Commentar. R. Aben Escae in Haggæum, revu et augmenté per J. G. Abicht.

Lipsia, J. Heinichii, 1705, pet. in-4° de VIII-294 p. (12 fr.).

Commentaires kabbalistiques très rares, texte et traduction latine sur la Bible.— Le traité de la Mercabah par MAIMONIDE est son œuvre la plus mystérieuse. — Ces traités ne figurent ni dans la Kabala, ni dans PISTORIUS.

9958 SCHERZER (J. A.). — Trifolium Orientale continens Commentarias R. Abarbanelis in Haggæum. R. Sal. Jarchi in Parsch I Genesceos, et R. Mos. Majemonidæ Theologiam, cum versione, notis philologico philosophicis, et appendice. Speciminis Theologiæ Mythicæ Ebræorum, functis Autorit. SS. Script. etc...

Lipsiæ, 1663, in-4°, (10 fr.).

9959 SCHEUCHZER (Jean Jacques) médecin et naturaliste suisse né à Zürich en 1672, mort dans la même ville en 1733. Professa les mathématiques à Zürich. — Physica Sacra J. Jacobi Schevchzeri (*sic*) iconibus æneis illustrata.

Augusto-Vindelicorum et Ulmæ, 1731, 4 vol., in-f°.

[A. 1371
(S-109

9960 SCHEUCHZER (Jean Jacques). — Physique sacrée, ou Histoire Naturelle de la Bible, traduite du Latin de M. Jean Jacques Scheuchzer [par de Vakenne]. Enrichie de figures en taille-douce, par les soins de Jean André Pfeffel.

A Amsterdam, chez Pierre Schenck 1732-37, 8 vol. in-fol. avec 750 gravures, (70 fr.).

[Rés. A. 1374

9961 SCHEUCKIUS (J. Georg.). — Monstrorum Historia memorabilis, monstrosa, etc... referens... a J. Georg. Scheuckio. Accessit analogicum argumentum De monstris brutis.

Francofurti, Matth. Beckerius, 1609 in-4°, figures, (15 fr.).

Ouvrage sur les monstruosités humaines et animales avec 98 curieuses figures 70 pour la première partie, 28 pour la seconde.

(S-3281

9962 SCHIKARD (Guillaume) orientaliste et mathématicien allemand né à Herrenberg en 1592, mort de la peste en 1635. Recteur de l'Université de Tubingue. — Wilhelmi Schikardi Horologium Hebræum...

Ultrajecti (Utrecht), 1661, in-12.

Autres édit. :
Lipsiæ, A. Oleus, 1633, in-8°.

[X. 6126

Tubingeæ, J. G. Cottae, 1670, in-8°.

[X. 31841
(S-3166 b

9963 SCHICKSALE der geheimen Gesellschaften in Deutschland ; ausdem Portefeuille eines reisenden Franzosen übersetzt.

S. l. n. adr. (....), 1800, in-8° de II-108 pp.

(O-202

9964 SCHILLER (Johann Christoph Friedrich) illustre poëte allemand, né à Marbach (Wurtemberg) en 1759, mort à Weimar en 1805. Il fut d'abord chirurgien militaire, comme son père. — La Mission de Moïse. Etude sur les initiations anciennes, traduite pour la première fois de l'allemand par F. Seippel.

Paris, 1859, in-8°, (8 fr.).

Publication maç∴ du plus haut intérêt au point de vue des origines de la religion des hébreux, ses rapports avec les anciens mystères égyptiens et ses attaches avec la F∴ M∴ moderne.

9965 SCHLEGEL (G.). — Uranographie chinoise, ou preuves directes que l'astronomie primitive est originaire de la Chine, et qu'elle a été empruntée par les anciens peuples occidentaux à la sphère chinoise.

La Haye, Nijhoff, 1875, 2 vol. gr. in-8°. Avec un tableau plié hors texte (8 fr.).

9966 SCHLEGEL (Charles Guillaume Frédéric de), littérateur, poëte et savant allemand, né à Hanovre en 1772 mort à Dresde en 1829. Philosophe mystique. — Philosophie de la Vie. Ouvrage traduit de l'allemand par M. Guénot.

Paris, 1838, 2 vol. in-8°. (4 fr. 50).

9907 SCHLEGEL (Fred). — Essai sur la langue et la philosophie des indiens, et suivi d'un appendice contenant une dissertation sur la philosophie des temps primitifs, dens laquelle sont controversés plusieurs points de la partie du livre de SCHLEGEL qui traite de la philosophie de l'Inde par Mazure.

Paris, Parent-Desbarres, 1873, (?) in-8° (4 fr. 50).

Paris, 1837, in-8° de 51 et 395 p.

Sur la langue des Indiens. — Philosophie. — Histoire. — Poésie. En tête une importante Notice sur SCHLEGEL et sur l'étude des langues orientales.

9968 SCHLEGEL (F. de). — Philosophie de l'Histoire : traduit de l'allemand par Lechat.

Paris, 1830, 2 vol. in-8°. (6 fr.).

Communauté d'origine de toutes les races humaines. — Religion et science des Chinois. — Philosophie de l'Inde. — Mysticisme hindou. — Mystères païens. Esséniens. — Gnosticisme, etc...

9969 SCHLEGEL (J. S. B.). — J. S. B. SCHLEGELS, ehemaligen Logen-Meister der Loge zur Linde in Leipzig. Tagebuch seines mit J. G. Schrepfer gepflogenen Umgangs, nebst Beylagen, vielen Briefen und einer Charakterschilderung Schrepfers, zu deutlicher Uebersicht seiner Gaukeleyen und natürlichen Magie.

Berlin und Leipzig, s. adr. (K. F. Hohler), 1806, pet. in-8° de VIII-213 pp. avec 1 tabl.

Briefe und Beylagen, commence à la p. 67 et Charakterschilderung de Jean George SCHREPFER à la p. 192.

(O-522

9970 SCHLEIERMACHER (Friedrich Ernst Daniel). — F. (redr.-Ernst-Daniel) SCHLEIERMACHER an den Herrn Geheimenrath Schmalz ; auch eine Recension.

Berlin, Realschulbuchhandlung, Novbr. 1815, in-8°.

(O-527

9971 SCHLUMBERGER (Gustave), médecin, Archéologue et numismate français né à Guebwiller (Haut Rhin) en ?, Académicien. — Amulettes Byzantins anciens, destinés à combattre les Maléfices et les Maladies, par Gustave SCHLUMBERGER.

Paris, Ern. Leroux, 1892, in-8°, 21 p. figures.

[8° J. Pièce 839

La Couverture imprimée sert de Titre. Intéressante description (avec figures) d'une quinzaine de pièces, médailles talismaniques, 'abraxas « amygdaloformes », et un anneau magique : ce dernier en forme d'alliance plate gravée. Beaucoup sont des « Sceaux de Salomon », à inscriptions grecques.

(Y-P-1059

9972 SCHLUMBERGER (Gustave). — Un Empereur Byzantin au X° siècle. Nicéphore Phocas. — Ouvrage illustré de 4 chromo-lithographies, 5 cartes et 240 gravures d'après les originaux ou d'après les documents les plus authentiques.

Paris, Firmin Didot, 1900, in-4°. Nombr. planches, figures et cartes en noir et en couleur. (65 fr.).

Paris, Firmin Didot, 1890 pet. in-4°.

[4° J. 183

9973 SCHLUMBERGER (Gustave). — L'Epopée byzantine à la fin du X° siècle.

Paris, Hachette, 1896-1905, 3 vol. gr. in-8° (120 fr.).

[4° J. 376

Illustré de 765 gravures dans le texte et de 31 planches hors texte. — Guerre contre les Russes, les Arabes, les Allemands et les Bulgares. — Basile le tueurde Bulgares. — Les Porphyrogénètes. — Zoé et Théodora, etc...

9974 SCHMALZ (Théod. Ant. Heinrich) — Berichtigung einer Stelle in der Bredow-Venturinischen Chronik für das Jahr 1808, ueber politische Vereine und ein Wort über Scharnhorsts und meine Verhältnisse zu ihnen ; von Geheimenrath (Théod. Ant. Heinr.) SCHMALZ zu Berlin.

Berlin, Maurer, 1815, in-8° de 16 pp.

Premier pamphlet de SCHMALZ contre le *Tugendbund*, qui souleva contre lui tous les écrivains marquants et tous les patriotes de l'Allemagne.

(O-525

9975 SCHMALZ (T. A. H). — Letztes Wort über politizche Vereine von Geheimen Rath (Th Ant. H.) SCHMALZ.

Berlin, Maurer, 1816 in-8°.

(O-531

9976 SCHMALZ (T. A. H).— Ueber des Herrn B. G. Niebuhrs Schrift wider die meinige politische Vereine betreffend ; von Geheimen Rath SCHMALZ.

Berlin, Maurer, 1815, in-8° de 15 pp.

(O-530

9977 SCHMID (A.), — Mélanie, bergère de la Salette et le cardinal Perraud. Procès civil et religieux. Documents recueillis et publiés par SCHMID.

Paris, Chamuel, 1808. in-12, 418 p. portraits. (4 fr.).

[Ln²⁷ 47913

Entre autres pièces extraordinaires, ce volume contient « in extenso » le fameux « *Secret de la Salette* ». — Ce secret, qui est la prophétie des évènements qui doivent se dérouler jusqu'à la fin des Temps, a été, jusqu'à ce jour infaillible dans ses prédictions. — Les tremblements de terre, l'anéantissement des villes de Sicile et de Calabre qui ont si vivement ému l'humanité, il les avait annoncés, et bien d'autres catastrophes encore à venir. Le clergé violemment attaqué dans cette révélation, jeta feu et flamme contre la « *Bergère* » et la prophétie qui mettait au grand jour leurs pires turpitudes. — Le Cardinal PERRAUD dont, on le sait maintenant, le frère, quoique prêtre, chanoine et curé d'une grande paroisse, était marié et vivait maritalement avec sa femme tout en exerçant son ministère sacerdotal, le Cardinal PERRAUD dut se sentir particulièrement atteint par les urures de cette terrible flagellation. — Ainsi s'explique sa longue lutte contre la « *pauvre Bergère des Alpes* » dont ce volume raconte le douloureux calvaire et la haute mission. Au moment où les évènements donnent au « *Secret de la Salette* » une si terrible consécration cet ouvrage, trop peu connu redevient d'une actualité brûlante.[DUJOLS].

9978 SCHMID (Rud. Jos. Fried.). — Ueber die allgemeine Auflösung-smittel, von D. Rud. Jos. Frid. SCHMID ; dans *Magazin für die... Chemie* (1784 I. 1-216.

(O-1420

9979 SCHMIDT (C.). — Les Libertins Spirituels. Traités Mystiques écrits dans les années 1547 à 1549. Publiés d'après le Manuscrit original, par SCHMIDT.

Bale, 1876. in-12. avec un fac-similé. (4 fr. 50).

Tiré à 350 exemplaires.

(G-2106

9980 SCHMITZ DU MOULIN en Arabe: MUHAMMAD ALID. — Les Chevaliers de la Lumière. Pas de Races : Pas de Classes : Tous Frères : Premier Volume.

Paris, (VI-e) Gustave Ficker, 1905 pet. in-8° de XIV-160 p. (2 fr.).

[8° O² g 698

Dans l'Europe Chrétienne. — Chrétiens ou Païens. — Le Christianisme. — Notre but. — Prêtres-Rois. — La Chevalerie.

L'auteur est évidemment rempli de bonnes intentions et déplore hautement les travers de notre époque : malheureusement le remède à tous ces maux ne paraît guère près de s'imposer.

9980 bis SCHMITZ DU MOULIN. — L'Islamisme, ou la Résignation à la Sainte Volonté de Dieu. Deuxième Volume.

Paris, G. Ficker, s. d., [1905], pet. in-8°, XIV-292 p. (2 fr.).
[8° O²g 698

9981 SCHMITZ DU MOULIN. — Les Chevaliers de la Lumière. Troisième Volume. L'Abomination de la Désolation par MUHAMMAD AILD ; SCHMITZ DU MOULIN.

Paris, Gustave Ficker, s. d., pet. in-8° de XV-310 p. (2 fr. 50).

L'auteur annonce comme sous presse :

Les Chevaliers de la Lumière. Quatrième volume : Islamboul, la Ville de la Foi.

Les Chevaliers de la Lumière. Cinquième Volume : DAR-UL Islam, le Pays de la Foi.

Les Chevaliers de la Lumière. Sixième volume : La Délivrance de la servitude Egyptienne.

En allemand, 4 vol. in-16.

Neuwied a. R., F. Bertram.

Leipzig, R. Uhlig, 1904.
[O²g. 668

9982 SCHMOEGER (Le P.). — Vie d'Anne-Catherine EMMERICH, traduite de l'allemand, par E. de Cazalès.

Paris, Bray, 1868-72, 3 vol. in-8°, (15 f.) (Portrait).

Vie de cette célèbre visionnaire allemande, née près de Münster, en 1824, religieuse chez les Augustines de Dulmen ; fort jeune encore, elle crut avoir des visions, et jusqu'à sa mort, elle s'imagina être favorisée de relations surnaturelles ; le bruit se répandit que son corps offrait l'empreinte des stigmates du crucifiement et qu'il sortait parfois du sang d'une croix marquée sur sa poitrine.

9983 SCHMOLL (A.). — Essais de transmission hyperphysique de la pensée traduit de l'allemand par Yves LE LOUP. [Véritable nom de Paul SEDIR].

S. l. [1887] in-12, figures. (o f. 75)

Extrait.

9984 SCHNEIDER. — L'Hypnotisme.

Paris, et Lyon, s. d., [1894], fort in-12, (2 fr. 25).

Mesmer, Puységur, Faria, Deleuze, etc. Les écoles de Nancy et de la Salpétrière. — Les hypnotisables. — Procédés divers. — Les Phénomènes. — Résistance aux Suggestions. — Télépathie. — Intuitions. — Causes et nature des rêves. — Haschisch et Morphine. — Hallucinations. — Procès de Sorcellerie, etc...

9985 SCHNEIDER (Henri). — Turris Eburnea. Etude du Mystère de l'Amour par les Moyens de la Science et de l'Art. Causerie philosophique.

Paris, 1908, in-12 de 182 p. (2 fr.)

Etude Philosophique sur cette grande Force Occulte : l'Amour. Son Essence, sa Dynamique Mystérieuse, sa Puissance Magique. — L'Auteur trouve une solution dans la Théorie Théosophique des Nombres et donne le « signe mathématique, le Chiffre Secret » de la grande Loi des Etres.

9986 SCHŒBEL (Charles), Orientaliste français né à Ludwigslust (Mecklembourg) en 1813. Professeur au Lycée de Reims, puis au Collège Ste Barbe, à Paris. — Recueil de ses œuvres.

I. L'Eternité et la consommation des temps.

II. De l'Inde et de sa littérature.

III. Le naturalisme du Rig-Véda et son influence sur la société indienne.

IV. Dhourta-Samagama, pièce du théâtre indou.

V. La Légende des Pandavas d'après le Mahabharata.

VI. Le Bouddha et le Bouddhisme.

VII. Examen des études d'histoire religieuse d'Ernest Renan.

VIII. De l'universalité du Déluge.

Paris, 1852-58, 8 ouvrages en 1 vol. in-8°, (10 fr.).

Collection unique, faite par l'auteur. — Ces ouvrages n'ont d'ailleurs été tirés qu'à un nombre restreint d'exemplaires, 40 ou 50 suivant une note manuscrite de l'auteur, qui modestement déclare que « dans 50 ou 100 ans, ils seront trouvés d'un haut intérêt ».

9987 SCHOEBEL (C.). — L'Ame humaine au point de vue de la science ethnographique, suivi d'une note sur Claude Bernard et son principe du Criterium expérimental.

Paris, 1878, in-8°, (1 fr.).

9988 SCHOEBEL (C.). — Le Bouddha et le Bouddhisme.

Paris, Duprat, 1857, in-8° de 188 p. (4 fr.).

9989 SCHOEBEL (C.). — Démonstration de l'authenticité de la Genèse.

Paris, Maisonneuve, 1872-77, 2 vol. in-8° de 166 et 178 p. (5 fr.).

9990 SCHOEBEL (C.). — L'Episode d'Homunculus, Nouveau contingent pour la critique du *Faust* de GOETHE.

Paris, Challamel, 1867, in-8°. (3 fr.).

(G-956)

9991 SCHOEBEL (C.). — Etude comparative sur le panthéisme égyptien et indien.

S. l. n. d. [1878], in-8°, (1 fr. 25).

9992 SCHOEBEL (Ch.). — Etude sur le rituel du respect social dans l'état Brahmanique.

Paris, 1870, in-8° de 25 p.

9993 SCHŒBEL. — L'Histoire des Rois Mages, par Charles SCHOEBEL.

Paris, Maisonneuve et Cie, 1878, in-8°, 132 p. (2 fr. 50).

[8° H. 318

Intéressante brochure sur les Mages, adorateurs d'Ahura, et prêtres du feu, AGNI. — Sur l'étoile qui les a conduits. — Sur leur véritable qualité royale. — Sur leur nombre exact. — Sur leur vêtement. — Etc.

9994 SCHOEBEL (Charles). — Philosophie de la raison pure, avec un appendice de critique historique.

Paris, 1865, in-12, (1 fr. 75).

Contient une intéressante notice sur la vie et la doctrine de Jésus.

9995 SCHŒBEL (Ch.). — Le Râmâyana, au point de vue religieux, philosophique et moral.

Paris, 1888, fort vol. in-4°, (14 f.).

[O² 019 (13)

Belle étude sur la grande épopée ésotérique décrivant la vie et les aventures de RAMA. — « C'est un rituel d'observances et de pratiques kabbalistiques, légendaires, mythologiques et symboliques évidemment inspiré. » La plus grande partie de Râmâyana, n'est que la mise en scène de la magie dans toutes ses branches dont RAMA a reçu le suprême pouvoir. — Cette étude est excessivement intéressante.

9996 SCHOELL (Maximilien Samson Frédéric) diplomate et historien allemand, né à Harskirchen (duché de Nassau Saarbrück) en 1766, mort en 1823. Attaché à la légation Prussienne de Paris. — Tableau des Peuples qui habitent l'Europe et des Religions qu'ils professent.

Paris, 1812, in-8°. (6 fr.).

Documents précieux sur les chrétiens de Saint-Jean, dont certains font dériver la Franc-Maçonnerie, les Mystiques, les Moraves, les Méthodistes, la mythologie scandinave. — Culte des fétiches, les Bohémiens, etc...

9997 SCHONERUS (Ioannes) Astrologue allemand, compatriote et ami de REGIOMONTANUSS (Jean MULLER), en allemand SCHONER. — Ioannis SCHONERI, Carolostadii, De Iudiciis Nativitatvm

Libri Tres. Item Præfatio D. Philippi Melanthonis. in hos de Iudiciis Nativitatum Ioannis Schoneri Libros.

Norimbergæ, in Officina Ioannis Montani et Ulrici Neuber, 1545, in-fol. (20 fr.).

[V. 1806

Le Catalogue Graesse indique comme date 1645.

(G-2107

9998 SCHOOCKIUS ou SCHOOCK (Martin) érudit hollandais, né à Utrecht en 1614, mort à Francfort sur l'Oder en 1665. D'abord professeur puis historiographe de l'Electeur de Brandebourg. — Martini Schookii, de Sternutatione Tractatus.

Amstelodami, 1664.

(S-5312 b.

9999 SCHOONEBEEK (Adrien). — Histoire de tous les Ordres militaires ou de Chevalerie, contenant leurs institutions, leurs Cérémonies, leurs pratiques, leurs principales Actions et les Vies des Grands Maîtres, avec leurs Vêtements, leurs Armes et leurs Devises, gravées en cuivre par Adrien Schoonebeek.

Amsterdam, H. Desbordes, P. Sceperus et P. Brunel, 1699. 2 vol. pet. in-8° de 288 et 234 p. avec 115 planches, 2 titres gravés et 1 frontispice au tome II. (80 fr. en très bel ex. relié maroquin par Thomas).

[H. 3073

Consacre quelques pages aux Templiers (I-240 à 281) et donne leur règle en latin.

Le *Beauséant* était : « *parti d'argent et de sable à la croix de gueules brochant sur le tout* » avec la devise : « *Non nobis, Domine, sed nomini tuo da gloriam* ». (I-271).

10000 SCHOPENHAUER (Arthur) philosophe allemand né à Dantzig en 1788, mort en 1860. — Parerga et Paralipomena. — Aphorismes sur la sagesse dans la vie. Traduit en français pour la première fois par J. A. Cantacuzène.

Paris, Baillière. 1880. in-8°. (5 frs).

C'est un traité de la vie heureuse, ou *Eudémologie*. — On pourrait la définir comme une existence qui, considérée au point de vue purement extérieur, ou plutôt qui, après froide et mûre réflexion, est préférable à la non existence.

10001 SCHOPENHAUER (Arthur). — Le Monde comme volonté et comme représentation.

Paris, Alcan. 1888-90, 3 vol. in-8° (15 fr.).

[8° R. 8785

10002 SCHOTT (Gaspard) Jésuite et physicien allemand né à Kœnigshofen en 1608, mort à Wurzbourg (Herbipolis) en 1666. Professeur de Physique, Mathématiques, etc. à Palerme, Rome et Wurzbourg. — Iocoseriorum naturæ et artis, sive magiæ naturalis centuriæ tres, auctore Aspasio Caramuelio. Accessit (Athanasii Kircheri) diatribe de prodigiosis Crucibus, quæ tam supra vestes hominum quam res alias, non pridem post ultimum incendium Vesuvii Montis Neapoli comparuerunt.

S. L. [*Herbipoli*], [1650]. 2 ouvrages en 1 vol. in-4°. (20 fr.).

[R. 7117

Edition originale de cet ouvrage curieux, orné d'un frontispice et de 22 planches gravées en taille-douce.

Contient de très intéressants chapitres de physique, de tours amusants, de recettes en tous genre spour guérir les maux de dents, l'avarie, empêcher les cheminées de fumer, prendre les poissons, même avec la main, arrêter les hémorragies, marcher sur l'eau, etc... Langue universelle. — Tachygraphie et sténographie, etc...

10003 SCHOTT (Gaspard). — Magia universalis naturæ et artis sive recondita naturalium et artificialium rerum scientia, etc...

Sc. psych. — T. III. — 32.

498

Bambergæ, sumptibus J. M. Schönwetteri, 1677, 4 vol. in-4°. (25 fr.).

[V. 6459
(Le tome I seulement

Ouvrage recherché, enrichi d'un nombre considérable de fig. gravées hors et dans le texte. — L'ouvrage de Schott est le meilleur exposé des connaissances physiques au XVII-e siècle ; il traite de l'optique, de l'acoustique, de la mécanique, des mathématiques, de la physique, de la musique, de la statique, de l'hydrostatique, de l'hydrotechnique, etc... et enfin, le 4-ème tome est consacré à la Cryptographie, au magnétisme (Sympathicis et antipathicis), à la Médecine curieuse, à la Divination, à la Physiognomonie, à la Chiromancie, etc.

Autre édit :

Herbipoli, Sumptibus Hæredum J. G. Schönwetteri, 1657-1659. 4 vol. in-4°.

[V. 6454-57

Bambergæ, sumptibus, J. A. Cholini, 1674, in-4°.

[V. 6458 pars II

10004 SCHOTT (Gaspard). — Physica curiosa, sive mirabilia naturæ et artis libris XII comprehensa, quibus pleraq; quæ de angelis, dæmonibus, spectris, energumenis, monstris, portentis, animalibus, meteoris, etc...

Herbipoli, sumpl. J. A. Endteri et Wolfgangi, 1662, 2 vol. in-4", (1-re édition 42 planches gravées sur cuivre. (5 f.)

[V. 6448-6449
(S-3243 b.

10005 SCHOTT (Gaspard). — Physica curiosa, sive Mirabilia naturæ et artis, libri XII comprenhensa, quibus pleraque quæ de Angelis, dæmonibus, hominibus, spectris, energumenis, monstris, portentis, animalibus, meteoris, etc... rara, arcana, curiosaque, etc... cum figuris æri incisis.

Herbipoli, sumpt. J. A. Endteri et Wolfgangi, 1667, 2 forts vol. in-4° de 700 p. environ. (30 fr.).

[V. 6450-6451

Ouvrage fort recherché pour ses nombreuses et extraordinaires figures d'êtres monstrueux de l'espèce humaine qu'on trouve dans la mer, les bois, les phénomènes tératologiques (on y remarque l'homme sans tête, l'homme à tête d'éléphant, la femme à 6 têtes, le coq à queue serpentine, etc...) C'est encore et surtout un traité de démonologie des plus complets et d'une érudition remarquable. — Il se divise en 10 chapitres sur les anges, 38 chapitres sur les démons, leurs rapports avec les sorciers : les incubes et succubes. — Les démons des montagnes et des souterrains, gardiens de trésors ; les démons familiers. — Les spectres, leurs manifestations dans les solitudes, les vieux châteaux, les souterrains, les monastères. — Moyens de chasser les spectres. — De l'emploi des épées, des lances et autres armes ; des fumigations, comment on se débarrasse de leurs tracasseries etc... Les comètes, leur influence, leur malignité, leurs présages, etc., Tout serait à citer de cet énorme ouvrage véritable encyclopédie du merveilleux et de l'occulte. — Gaspar Schott était l'ami du P. Kircher, le savant occultiste.

Troisième édition :

Herbipoli, Excudit Jobus Hertz... M. DC. XCVII. [1697], in-4° de 17 fos n. c. 1380 pp. — 10 fos n. c. Nombreuses pl. hors texte, certaines pliées. (12 fr.).

Avec la seconde c'est l'édition la plus complète.

10007 SCHOTT (Gaspard). — Pat. Gasp. Schotti, Schola Steganographica in Classes Octo distributa.

Norimbergæ, apud Endteros, 1680 in-4° figures, (20 fr.).

[V. 17384

L'un des plus curieux livres sur l'art d'écrire en chiffres, orné d'un frontispice et de nombreuses planches d'écriture et autres.

Autre édit.

Norimbergæ, apud Endteros, 1665 in-4".

[V. 17383
(S-3488

10008 SCHOTT (Gaspard). — Thaumaturgus Physicus sive magiæ universalis naturæ et artis etc...

Herbipoli, 1659, in-4". Orné de planches et frontispice, (15 fr.).

10009 SCHOTT (Gaspard). — P. Gaspardi Schott Technica curiosa sive mirabilia artis.

Norimbergæ, sumpt. J. A. Endteri et Wolfgangi, 1664, 2 vol. in-4° de 1048 p. (30 fr.).

[V. 6452

Renfermé en 12 livres qui se composent d'expériences variées sur la pneumatique, l'hydraulique, la mécanique, la cryptographie cyclométrique, chronométrie, automatique, l'optique et enfin la cabale. — Ce livre se subdivise en 27 chap. également très curieux.

Nombreux documents scientifiques.

(S-3346 b

10010 SCHOTUS TOLET (Friedrich). — Des durch seine Zauber-Kunst bekannten Christoph Wagners (weyland gewesenen Famuli des weltberuffenen Ertz-Zauberers D. Joh. Faustens,) Leben und Thaten,... weyland von Friderich Schotus Tolet, in teutscher Sprach beschrieben und nunmehro mit einer vorrede. von dem abschenlichen Laster der Zauberey vermehret von P. J. M. (Paul Jacob Marperger).

Berlin, Job. Andr. Rüdiger, 1712, in-8° de XXXII-236 pp. avec 1 pl.

(O-1790

10011 SCHREBER ou Schreiber. — Gymnastique de chambre médicale et hygiénique, ou représentation des mouvements gymnastiques n'exigeant aucun appareil ni aide et pouvant s'exécuter en tout lieu, à l'usage des deux sexes, suivi d'applications à diverses affections.

Paris, Masson, 1890, in-8°, (2 fr. 50).

10012 SCHREBER. — Système de gymnastique de chambre, médicale et hygiénique, ou représentation et description de mouvements gymnastiques. Traduit de l'allemand.

Paris, Masson, 1856, in-8°, figures (1 fr. 50).

10013 SCHREIBEN an die Gold-begierigen Liebhaber der Chymie und Alchymie, worinnen ihnen wohlmeinend durch ein und andere in der gefunden Vernunft und Experience begründeter Beweisz-Ursachen,... durch einem wahren Vereher der Wahrheit, und aufrichtigen Liebhaber seines Nächstens, wer das Abysinische Alphabet kennet, kennet meinen Namen [lettres abyssiniennes].

Frankfurt und Leipzig, Krausz, 1770, in-8° de 190 pp.

(O-1492

10014 SCHREIBEN an den Verfasser der Gedanken über die Freymaurerey Germanien, 1782, (in-12 de 32 pp.).

Eleutheropel, 1782, in-8° de 23 pp.

(O-411

10015 SCHRIFTEN zur Alchemie ; dans *Beytrag zur Geschichte der böh. Chemie* (1785), 547-695.

(O-542

10016 SCHROEDER (Frédéric Joseph Guillaume) médecin allemand né à Bielefeld en 1733, mort en 1798, à Marbourg où il était Professeur à l'Université. — Dr Fr. Ios. Wilhelm Schröders Geschichte der ältesten Chemie und Filosofie, oder sogenanten (hermetischen) Filosophie der Egyptier ; dans Schröder (F. J. W.) : *Neue Sammlung der Bibliothek für...*, *Chemie* (1779), I, 89-412.

(O-545

10017 [SCHROEDER (Fr. Jos. G.)]. — Neue Alchymistiche Bibliothek für den Naturkundiger unsers Jahrhunderts ausgesucht (und herausgegeben) von S. (Fr. Jos. Wilh. Schröder).

Francfurt und Leipzig. Heinr. Lud. Bronner, 1772-74. 2 tomes in-8° de quatre parties de XIV-260, VIII-314-XXVI, X-424. et VI-258-XXX pp.

Contient quinze traités que nous avons indiqués et dont plusieurs n'avaient pas encore été imprimés.
Voy. *Beytrag zur Geschichte der h. Chemie*. 674-75. Selon cet écrivain. Schröder est mort avant la fin de sa publication, il y a certainement erreur dans cette assertion; il a voulu sans doute parler de l'ouvrage suivant.

(O-624 675 732 748
1011 1500 1506

10018 SCHROEDER (Fr. Jos. G.). — Dr. Fried. Jos. Willh. Schröders neue Sammlung der Bibliothek für die höhere Naturwissenschaft und Chemie. Zweyte Auflage (du tome I).

Leipzig. Abr. Fr. Böhme, 1779, (pour le tome I);

Marburg, und Leipzig. Joh. Carl Müller, 1776, (pour le tome II).

2 tomes en quatre parties in-8° de XII-740, et 280-VI-438-XI pp.

La 1re édit. du tome I est de 1774.

Cette collection contient 14 ouvrages.

(O-625 057 1507
1515. 1575

10019 SCHROEDER (Fr. Jos. G.). — Fr. Jos. Wilh. Schröder sieben artztneyliche Abhandlungen aus der Alchemie, von deren Nutzanwendung und Grundanfängen, vom Salze, und von Fettigkeiten der Körper, jetzo aufs neue und in eins gesammlet herausgegeben; nebst der Vorrede von der goldkünstlerischen Alchemie; dans Schröder (F. J. W.). *Neue Sammlung der Bibliothek für... Chemie* (1770), II, 1-re p. 240-86.

(O-595

10020 SCHROEDERN (Wilhelm Freyherr von). — Wilhelm Freyh. von Schrödern, Unterricht von Goldmachen, denen Buccinatoribus oder so sich selbst nennenden Foederatis Hermeticis, auf ihre drey Episteln zur freund Nachricht anno 1684; dans *Deutsches Theatrum chemicum* de Fr. Roth-Scholtz (1728), I, 210-88. avec 2 pl.

La première édit. est de Leipzig, 1684.

(O-583

10021 SCHUBERT (Gotthilf Heinrich von) philosophe et naturaliste allemand, né à Hohenstein (Saxe) mort à Laufzorn en 1800. Précepteur de la Duchesse Hélène d'Orléans et Professeur à Erlangen et à Münich. — Altes und Neues aus dem Gebiet der innren Seelenkunde, heraus gegeben von Dr Gotthilf Heinrich Schubert.

Leipzig, Heinr. Reclam. 1817, in-8° de VI-438 pp.

(O-109

10022 SCHUBERT (G. H. von). — Die Symbolik des Traumes; von Dr. G. H. Schubert.

Bamberg, C. F. Kunz, 1814, in-8° de VI-200 pp.

(O-1827

10023 SCHUBERT (G. H. von). — Der Messiasfreund, für die Bekenner und Nachfolger Jesu Christi; herausgegeben von Gottlieb Heinrich Schubert.

St-Pétersbourg, M. C. Iversen, 1818, in-24 de IV-239 pp.

(O-170

10024 SCHULER (Conrad). — Gründliche Auszlegung und warhafftige Erklerung der Rythmorum fr. Basilii Valentini, vonn der Materia, ihrer Geburt, Alter, Farb, Qualitet und Namen des grossen Steins der uhralten

Philosophen, gefertiget durch Conrad SCHULERN.

Eiszleben (gedruckt durch Jac. Gaubisch). 1608. pet. in-8° de XI. ff. non chiffr.avec fig. s.b. dans le texte.
(O-001

10025 [SCHULZ (Carlotto)]. — La Table du Végétarien [par Carlotto SCHULZ]. Quatrième édition revue et augmentée, contenant 953 recettes. Prix 4 fr. [La 3ᵉ édition donnait 895 recettes].

Paris, Société Végétarienne de France, 1910, in-8° de 470 p. et 4 fᵉˢ n. c. de catalogue intéressant. (2 fr.)

Ouvrage savant et pratique de très haute importance pour la cuisine et l'alimentation scientifiques : végétariennes, bien entendu. On y trouve tous les renseignements, toutes les adresses utiles à qui veut pratiquer le végétarisme de façon raisonnée.

Le Végétarisme. — Ce que mange le Végétarien. — Organisation rationnelle de l'alimentation. — L'Art de manger. — Règles de Cuisine. — Le Pain. — Les Céréales. — Les légumes. — Protose, Nuttolène (Produits Kellogg).— Œufs — Entremets. — Desserts. — Soupes. — Boissons. — Salades. — Sauces. — Fruits. — Confitures, Sirops, Conserves. Rations alimentaires. — Régime à suivre dans des cas particuliers. — Transition au Végétarisme. — Etc.

Catalogue des Publications de la *Société Végétarienne de France*, à la fin de l'Ouvrage.

Autre édition (la 3ᵐᵉ).

Paris, 1903, in-16, 422 p.
[8° V. 30007

10026 [SCHUMACHER (le Dr)]. — Die drey Säulen der Unbekannten in Lande (von Dr. SCHUMACHER).

Reval und Leipzig, Albrecht, 1780 in-8° de 54 pp.
(O-413

10027 [SCHUMACHER (le Dr)]. — Der Siebenjährigen Isis : Gnoti se auton und Maurerinnen (VON SCHUMACHER). 1ste Fortsezung des Drez Säulen...

Reval und Leipzig, Albrecht, 1780, 5782, in-8° de 92 pp.
(O-414

10028 SCHURÉ (Edouard), écrivain philosophe et musicographe français né à Strasbourg en 1842. Admirateur de WAGNER. — Le drame musical. — Richard Wagner, son œuvre, son idée.

Paris, Perrin et Cie, 1904, in-12, (2 fr. 50).

Nouvelle édition augmentée des *Souvenirs sur Richard Wagner*.

Autre édition :

Paris, 1886, 2 vol. in-16.
[8° V. 7832

10029 SCHURÉ (Ed.). — L'Esotérisme chrétien.

Paris, 1908, gr. in-8°.

Extrait.

10030 SCHURÉ (Edouard). — Les Grandes Légendes de France. — Troisième édition.

Paris, Perrin et Cie, 1903, in-12, (2 fr. 50).

Les Légendes de l'Alsace. — La Grande Chartreuse. — Le Mont Saint-Michel et son histoire. — Les légendes de la Bretagne et le génie celtique, etc.,.

Autre édit.

Paris, 1892, in-16.
[Liᵗ 56

10031 SCHURÉ (Ed.). — Les grands Initiés, esquisse de l'histoire secrète des religions.Rama, Krishna, Hermès, Moïse, Orphée, Pythagore, Platon. Jésus.

Paris, Perrin, 1889, in-8°, (10 fr.).
[8° H. 5423

Il existe une autre édition moins complète (?) de format in-12.

« Ouvrage des plus recommandables, fortement conçu et délicieusement écrit. La Pensée maîtresse du Livre est que dans tous les temps, la Doctrine Esotérique se maintient une et invariable sous le Voile des Symbolismes les plus divers et des Mythes en apparence les plus contradictoires... » (S. de G.).

Après une introduction sur la doctrine ésotérique l'auteur étudie Rama qui ne fait voir que les abords du Temple, puis Krishna et Hermès qui en donnent la clef; ensuite Moïse, Orphée et Pythagore, qui en montrent l'intérieur et J. C. qui en représente le Sanctuaire.

Paris, 1902, in-12.

(G-955 et 2108)

10032 SCHURÉ (Ed.). — Précurseurs et Révoltés.

Paris, Perrin et Cie, 1904. in-12, V-377 p. (2 fr. 50).

[8° Z. 16460

Edition originale.

Shelley. — Nietzche. — Ibsen. — Mæterlinck. — Gobineau. — Gustave Moreau, etc...

10033 SCHURÉ (Edouard). — La Prêtresse d'Isis. — La Légende de Pompéi.

Paris, Perrin, 1907, in-16, 334 p.

[8° Y² 56106

Le Voile. — Le gardien du seuil. — Dans le Temple. — Envoûtement. — Magie noire et magie blanche. — La Fleur de Lotus, etc...

10034 SCHURÉ (Edouard). — Sanctuaires d'Orient, Egypte, Grèce, Palestine.

Paris, Perrin, 1898, in-8°, (4 fr. 50).

[8° G. 7508

Très intéressant ouvrage, récit d'un voyage à ces pays mystérieux, où l'auteur dans un style des plus captivants, passe en revue les traditions, les religions, les mystères de l'Egypte ancienne, d'Eleusis et de la Terre Sainte.

10035 SCHURÉ (Edouard). — Le Théâtre de l'Ame : Les Enfants de Lucifer, drame antique. — La Sœur Gardienne, drame moderne.

Paris, Perrin, 1900, in-12. (2 fr. 50).

[8° Yf. 1155

10036 SCHURÉ (Edouard). — Vercingétorix. Drame en cinq actes.

[Yth. 22590

L'auteur, dans ce drame, éclaire l'histoire dans la légende, le héros national par sa religion. — Il met en lumière l'importance capitale de la Druidesse, tour à tour prophétesse et magicienne dangereuse chez les Celtes.

10037 SCHUTZ. — De l'alphabet universel.

S. l. n. d. (Nancy vers 1870), in-8°, (3 fr.).

(G-956

10038 SCHUTZE (Tobias). — Harmonia Macroscomi cum Microcosmo, dast ist : eine Ubereinstunnung der grossen mit der kleinen Welt als dem Menschen, in zwey Theil abgetheilet; in deren ersten Theil gelehret wird, wie die grosse Welt, mit der kleinen dem Menschen, in einer wundersamen und anmutigen Harmonia stehe,... (ander Theil darinnen gelehret wird, welcher gestalt wegen böser Aspecten und Influenzien die Krannckheiten in den, nach Astralischen Influenz...), allen Chirurgis und sothaner Kunstliebenden zum besten in Truck verfertiget, durch Tobiam Schutzen.

Franckfurt am M., Daniel Reichel, 1654, 2 vol. in-8° de XX-124, et VIII-106-XVIII pp. avec 1 portr. et 2 grandes pl. astrologiques.

Médecine astrologique.

(O-1626

10039 SCHWAB (Moïse). — Les incunables orientaux et les impressions orientales au commencement du XVIᵉ siècle.

Paris, Téchener, 1883, in-8° de 138 p. (2 fr. 50).

[8° Q. 692

Bibliographie des livres imprimés en hébreu, en turc, en arabe, en éthiopien, etc., au XV-e et au XVI-e siècle.

10040 SCHWAB (M). — Le Manuscrit N° 1380 du fonds hébreu à la Bibliothèque Nationale ; supplément au Vocabulaire de l'Angélologie.

Paris, 1899, in-4°. (2 fr. 50).

Très curieux pour l'étude des noms sacrés (cabalistiques).

10041 SCHWAB (Moïse). — Traité des Barakhoth, ou première partie du Talmud de Jérusalem et du Talmud de Babylone, traduit pour la première fois en français.

Paris, 1871, gr. in-8°, (2 fr. 50).

10042 SCHWAEBLÉ (René Paul), littérateur. — Chez Satan. — Roman de mœurs de satanistes contemporains.

Paris, Lucien Bodin, s. d., in-12, 221 p. Figures (2 fr.).

Contenant le récit d'une messe sataniste.

10043 SCHWAEBLÉ (R.). — Commentaires alchimiques.

S. l. (Paris), 1903, in-12. (5 fr.).

Plaquette rare, non mise dans le commerce. La matière est une. — Création du soufre, le mercure, le sel philosophique, — Expériences pour la création de l'or. — La pierre philosophale. — L'œuf philosophique. — Le petit œuvre, l'élixir de vie, poudre de projection, etc...

10044 SCHWAEBLÉ (R.). — Cours pratique d'Alchimie. Deuxième édit. augmentée.

Paris, Lucien Bodin, 1904, in-12, (2 fr.).

Un des ouvrages les plus pratiques sur l'alchimie.

XIII chap. La matière. — Constitution moléculaire. — Expériences pour la création de l'or. — La Pierre philosophale. — Variations atomistiques étranges. — Putréfaction. — Le Petit œuvre. — La Voie sèche.

10045 SCHWAEBLÉ (R.). — Cours pratique d'Astrologie (Figures et tableaux).

Paris, 1900, in-16 jés. (2 fr.).

10046 SCHWAEBLÉ (René). — Les Détraquées de Paris.

Paris, s. d., in-12, orné de 18 curieux lavis, d'après nature, de Lubin de Beauvais, représentant la *Magie noire*, la *Fumeuse d'opium*, la *Morphinomane*, les *Tatouées*. etc... (3 fr. 50).

L'auteur ne redoute pas de dénoncer toutes les pratiques bizarres auxquelles se livrent les Détraquées. — Dans son livre on trouvera tous les renseignements désirables sur les endroits où se célèbrent les « Messes noires » et les personnes qui y assistent, sur les fumeries d'opium de l'avenue d'Iéna et de la rue Marbeuf, les bars où l'on consomme de l'éther, les hôtels où l'on pique à la morphine, la Loge « Un pour tous » dont les membres mettent leurs femmes en commun, la chapelle de la rue Truffault que fréquentent ceux et celles qui recherchent la compagnie des incubes et des succubes; les dernières prêtresses du culte de la Femme, les têtes données actuellement dans les catacombes, les tatouées, les satanistes, les établissements où l'on prend des bains de sang, les érotomanes, etc...

10047 SCHWAEBLÉ (René). — Grimoires de Paracelse, traduits pour la première fois en français, avec préface et notes par René SCHWAEBLÉ.

Paris, 1911, in-12.

Des Nymphes, Sylphes, Pygmées et autres Êtres. — Des Forces de l'Aimant. — Le Ciel des Philosophes. — De la Philosophie Occulte. — Manuel de la Pierre des Philosophes. — De la Teinture des Physiciens. etc.

10048 SCHWAEBLÉ (R.). — Pour devenir alchimiste. — Alchimie simplifiée. — Cours pratique à la portée de tous.

Paris, Libr. du magnétisme, s. d., in-12, avec 1 portrait et une figure, (1 fr.).

10049 SCHWAERTZER (Sebald). — Chrysopœia Schwaertze-riana: dast ist: Sebaldi Schwaertzers ehemahligen-berühmten Churfürstl. Sächsischen Artisten...Manuscripto, von der wahrhafften Bereitung des Philosophischen Steins, wie selbige vor diesem mit seiner eigenen Hand entworffen., nebst dem rechtem zu solchen Manuscriptis gehörigen Schlüssel ; auch unterschiedlichen Abrissen der darzu dienlichen Ofen....

Hamburg, Samuel Heil, 1718, in-8° de XVI-180-IV pp. avec 6 pl.
(O-1316

10050 SCHWAERTZER (Sebald). — Sebald Schwaertzers und andere Metallverwandlungs-Künste, aus den sichersten Urkunden hervorgezogen und mit allgemeinen filosofischen Betrachtungen begleitet von W (....) dans *Neue alchym bibliothek* de Schröder (1772) L. 2° partie, 1-158.

Sebald Schwaerzer est mort à la cour de l'Empereur Rudolphe II, en 1601.
(O-560

10051 SCHYLANDER (Cornelius). — Medicina Astrologia, omnibus Medicinae studiosis necessaria, auctore Cornelio Schylandro.

Antverpiæ, Tilenius, 1577, in-8°.
[Te¹³⁹ 14
(S-3398 b

10052 SCIANDRO (Victor Bernard). — Le Compagnonnage. Ce qu'il a été, ce qu'il devrait être, par Victor Bernard Sciandro Dit *la Sagesse,* de Bordeaux, Compagnon passant tailleur de Pierres... Ce livre renferme en outre plusieurs chansons de Compagnons par le même.

Marseille, Association d'ouvriers, 1850, in-16 de 153 pp. et table.
[R. 30856

Abrégé de l'histoire de la Franc-Maçonnerie. — Abrégé de l'histoire du Compagnonnage. — Liste du rang qu'occupent les Compagnons du Devoir. — Chansons.

10053 SCIENCE CURIEUSE (La), ou Traité de la Chyromancie recueilly des plus graves autheurs qui ont traité cette matière, et plus exactement recherché qu'il n'a esté cy devant par aucun autre. — Enrichy d'un grand nombre de figures pour la facilité du lecteur. — Ensemble la méthode de pouvoir s'en servir.

A Paris, chez François Cloesier, 1665, in-4°. Figures (25 fr.).
[V. 8805

Avec 90 planches gravées, contenant chacune 16 figures de chiromancie ; plus de 1400 mains analysées.

Autre édition :

Ibidem Idem, 1667, in-4°, (25 fr.).
[V. 8806
(S-3457 b
(G-957 et 2109

10054 SCIENCE (La) des hyéroglyphes ou l'art d'exprimer par des figures symboliques, les vertus, les vices, les passions et les mœurs, etc... avec différentes devises historiques. Ouvrage utile aux peintres, aux statuaires, aux graveurs, etc...

La Haye, 1736, in-4°, (15 fr.).

Ouvrage orné de 7 à 800 figures symboliques gravées, fort intéressantes.
(G-958

10055 SCIENCE (La) du Diable, almanach pour 1849.

Paris, Martinon, 1848, in-16, (0 fr. 50).

Moitié politique, moitié magique ;

il s'agit d'un pamphlet qui fut saisi, dit-on.

(D. p. 142)

10056 SCIENCE DU SUCCÈS (La). — Le Vrai Succès dans la vie par les Sciences occultes. — L'homme vainqueur par les vrais secrets etc... mis à la portée de tous.

Paris, 1904. 2 vol. in-12, (7 fr.).

Ces deux volumes renferment : le Grand Grimoire ou Grand Oeuvre ; la Clavicule de Salomon ; le Véritable Sanctum Regnum ; les talismans et anneaux merveilleux. — Recettes magiques, exorcismes, contre-envoutement ; Secrets merveilleux de l'amour, les mystères de la Kabbale, etc...

10057 SCIENCE NATURELLE (La) ou explication curieuse et nouvelle des différents effets de la nature terrestre et céleste.

Paris, 1724. in-12. (2 fr.).

On trouve dans le livre intitulé : La Science naturelle, une dissertation pleine d'intérêt sur la nature de la lumière astrale envisagée au point de vue des doctrines hermétiques et sur la formation des métaux.

10058 SCIENCE UNIVERSELLE (La). — De l'Usage et de la Mélioration (sic) et perfection ou imitation des choses corporelles et spirituelles.

Paris, 1608, in-12. (12 fr.).

Contenant : de la chymie, du pouvoir sur les minéraux et sur les métaux ; de la pierre philosophale ; de l'usage des perfections des plantes ; de la médecine ; de la prolongation de la vie ; de la magie naturelle ; des secrets sympathiques ; des talismans ; de la physionomie ; de l'astrologie judiciaire ; de plusieurs divinations ; des vrayes prédictions de la magie et sorcellerie ; de la théurgie, etc..

10059 SCINFLENI (C. Berardus). — Cabalomachia, hoc est artis Cabalisticæ oppugnatio. Diatriba exegetica, didascalica, catacritica duobus distincta capitibus, in quorum uno agitur de Cabala Hebraica, de Pythagorica in altero.

Venetiis ex typographia Bragadena, 1718, in-8°, (15 fr.).

Thèse latine d'une exceptionnelle rareté, non citée par BRUNET où l'auteur entreprend la réfutation des deux Kabbales, Juive et Pythagoricienne.

(G-959)

SCOBARDI (le R. P.). — Voir : MIALLE.

10060 SCOPITS. — « Eunuques » en Roumain. Nom d'une Secte singulière dont le caractère spécial repose tout entier dans la castration du croyant. Elle a paru vers 1770 avec l'apôtre SELIVANOFF, qui fut d'abord envoyé à Irkoutsk en Sibérie, puis relâché. Après quelques années de propagande paisible à St Pétersbourg, les persécutions recommencèrent contre lui et il se retira finalement à Suzdalu (Bulgarie ?) où il mourut en 1832. Voir, sur cette Secte, le Grand Dictionnaire LAROUSSE au mot SKOPTZI.

.... SCOPIT (Le). Histoire d'un Eunuque Européen. Mœurs Russo-Bulgares.

Se trouve à Bruxelles chez l'éditeur Henri Kistemaeckers, s. d., in-16 de 221 pp.

Curieux Roman basé sur les pratiques de la secte exercées envers un descendant de SELIVANOFF ; ce descendant de l'apôtre, resté orphelin, est élevé par un Hongrois, se fait aimer de la fille de son bienfaiteur, l'enlève pour l'épouser malgré la volonté de ses parents ; puis, aidé par ses coréligionnaires vit en paix quelques années. Après quoi sur la foi d'un serment extorqué lors de l'enlèvement de sa femme, on lui fait subir la mutilation habituelle. Sa femme dans un accès de délire se donne la mort avec ses deux enfants et le nouveau « Scopit » se retire à Bucarest.

On sait qu'ORIGÈNE s'était infligé à lui-même une mutilation identique en s'appuyant sur les mêmes textes bibliques que les « Scopits ». (Matth. XIX, 10, 11, et 12).

10061 SCOT (Reginald) bibliophile, agronome et philosophe anglais, né à Smerth (comté de Kent), mort en 1599. — The Discoverie of Witchcraft, by Reginald SCOT, being a reprint of the first edition published in 1584. Edited with explanatory notes, glossary, and introduction by Brinsley Nicholson.

London, Eliot Stock, 1886, in-4°. (10 fr.).

Tiré à 250 exemplaires.

Vivement attaqué par Jacques Ier d'Angleterre, cet ouvrage fut brûlé par la main du bourreau ; l'auteur, heureusement pour lui était mort à cette époque.

10062 SCOTT (Edouard Léon). — Les noms de baptême et les prénoms. — Nomenclature, signification, tradition, légende, histoire, art de nommer.

Paris, Alexandre Houssiaux, 1857 pet. in-8° de 122 pp. et tab. (2 fr. 50) [X. 31966

Petit dictionnaire curieux, d'environ 50 pages de noms avec la « *condition du Saint* » la signification, l'origine, et la date de la fête.

Renseignements utiles : De l'influence des noms sur la personne. — De la superstition du nom. — Importance du prénom. — La légende et les noms, etc.. On sait l'importance que l'Initié BALZAC accordait aux noms et à la sorte d'envoûtement qu'ils exercent sur ceux qui les portent.

Voir aussi à ce sujet l'ouvrage très curieux de M. de ROCHETAL. *Le Caractère par le Prénom.*

Autre édition :

Ibid. Id., 1858, in-16 de III-124 p. (3 fr.).

10063 SCOTT (Th.) Recteur. — Le Saint Evangile de N. S. Jésus Christ, selon St-Mathieu, avec des notes explicatives, des réflexions pratiques et de nombreux parallèles ; traduit de l'anglais.

Paris, 1828, 1 vol. in-4" (3 fr. 50).

Dans son récit de la vie de Jésus, St-Mathieu cherche surtout à faire accorder la venue du Messie avec les prophéties de l'Ancien Testament, et il semble avoir écrit moins pour convertir les païens que les juifs ses compatriotes.

10064 SCOTT (Sir Walter) illustre romancier écossais, né à Edimbourg en 1771, mort à Abbottsford en 1832. — Le Château périlleux, roman écossais du XIVe siècle. — Traduit par Dufaucompret.

Paris, Furne, 1832, in-8°.

10065 SCOTT (Sir Walter). — Letters on Demonology and Witchcraft addressed to J. G. Lockhart, Esq. by Sir Walter SCOTT, Bart.

London, John Murray. 1830. pet. in-8" de IX-402 p. Frontisp. de J. Skeene gravé par Lizars (4 fr.) « (Price Five shillings) ».

« *The Family Library*, N° XVI ».

Autre édit. :

Paris, A. and W. Galignani, 1831. in-12.

[R. 55283.

10066 SCOTT (Walter). — La Démonologie, ou Histoire des Démons et des Sorciers. Traduction de A. Montémont.

Paris, Ménard, 1838, in-8° (8 fr.)

Les sorcières chez les hébreux. — Double sens du mot chasaph. — Les dieux du Mexique et du Pérou. — Les Powahs de l'Amérique du Nord. — La Démonolatrie dans les tribus celtiques d'Ecosse. La fête Beltane. — Démonologie des Barbares du Nord : Nicksas, Bhvar Geist. — La fascination, exemples tirés de l'Eyrbigia-Saga. — Superstitions du Nord. — Ourisck, Montagnard, Meming le Satyre. — La féerie. — Adoration classique des Sylvains ou divinités champêtres. — Le duergar gothique ou nain. — Croyances des Islandais. — Gallois et Highlanders. — Histoire des sorciers Hudhard. — Dessi-Dunlop, la dame Fowlis et Hector Munro, John Steward. — Isabelle Gowdie, etc... — Caractère des esprits familliers anglais. — Les sorciers, en Espagne, en Suède, etc... Les sorcières de Warbois, la famille Samuel Kopkins, le découvreur de sorciers. — Les sortilèges, leur transformation en lièvres, leurs crimes. — Les sorciers naufrageurs. — Des autres crimes mystiques indépendants de la sorcellerie. — Astrologie, son influence durant les XVIe et XVIIe siècles. — Rapports des astrologues et des Esprits élémentaires. — Extraordinaires histoires d'apparitions, etc....

Paris, Armand Aubrée, 1832, in-8°.

(G-1169)

10067 [SCOTTI (Jules Clément)] Théologien et Jésuite Italien, véritable auteur de la « *Monarchie des Solipses* » né à Plaisance en 1602 mort à Padoue en 1669. Il fut Recteur à Carpi, puis se retira de la Société de Jésus. — La Monarchie des Solipses. — Traduit de l'original latin par P. Restaut ; accompagnée de notes, remarques et de pièces ; précédée d'un discours préliminaire. Publié par le baron Hénin de Cuvilliers.

Paris, Barrois, 1824, in-8° (8 fr.)

[H. 18573]

Le titre latin de l'ouvrage est : *Lucii Cornelii Europæi Monarchia solipsorum, ad Leon. Allatium.* (Venise 1645).

Cette satire ingénieuse a été attribuée au P. Melchior Inchofer ; pourtant le P. Oudin a démontré, par des preuves suffisantes, qu'on ne pouvait l'attribuer qu'au jésuite italien J. C. Scotti. Le nom allégorique de « *Solipses* » est donné aux Jésuites, parce qu'on les accuse de ne songer qu'à eux-mêmes.

Suivant M. Drujon qui, dans sa *Bibliographie des Livres à clefs,* consacre un long article à cet ouvrage, ce serait là, la dernière et meilleure traduction de ce fameux ouvrage contre les Jésuites, digne d'attention à cause des renseignements fort exacts, paraît-il, qu'elle donne sur l'organisation et les ressources de la Célèbre Compagnie.

Amsterdam, 1754, in-12.

[H. 10939]

SCOTTI (J. C.). — Voir aussi :

RESTAUT (Pierre) Traducteur de l'ouvrage ci-dessus.

10068 SCOTUS (Michael), ou Michel Scot, Théologien, Astrologue et Alchimiste écossais, né à Balwearie (Comté de Fife, en Ecosse) vers 1214 mort vers 1291. Il étudia à Oxford et à Paris. Il semble avoir été un grand Thaumaturge. Sa mort survint dans l'abbaye de Melrose où il était en prière : il fut écrasé par la chûte d'une pierre, ainsi qu'il l'avait, dit-on, prédit lui-même. — Phisionomia.

[In fine :] M. Scoti de procreatione et hominis phisionomia opus feliciter finit. *Exaratum Parrhisiis sumptibus Johannis Parvi.*

In-12 (12 fr.).

Ouvrage fort rare imprimé par Jean Petit dans les dernières années du XVe siècle. Imprimé en caractères gothiques à grandes lignes. Marque de libraire.

Autres édit. :

Gothique (incunable).

S. l. n. d.

[Rés. T^{b^{on}}. 6

S. l., 1477.

[Rés. T^{b^{er}}. A

S. l., 1496.

[Rés. V. 1274

10069 SCOTUS (Michaël). — Michaelis Scoti 'Quæstio curiosa de natura Solis et Lunæ; dans *Theatrum chemicum,* V. (1622), 795-805.

(O-998)

10070 SCOUTETTEN (Dr). — Cours de phrénologie en 20 leçons.

Paris, Baillière, 1836, in-8°. Avec 2 planches repliées (3 fr. 50).

10071 SCRIBANUS (Carolus) ou Charles Scribani, Jésuite et littérateur belge né à Bruxelles en 1561, mort à Anvers en 1629. Il fut deux fois Provincial de son ordre. — Caroli Scribani, medicus religiosus de animorum morbis et curationibus.

Lugduni, 1619, in-12.

Rare (dit le cat. SEPHER).

(S-902)

10072 SCRIBLERUS. — Devine si tu peux, Discours prononcé dans une Assemblée de Francs Maçons, avec notes de SCRIBLERUS.

Londre, 1744, in-4° pièce.

[H. p. 228
(S-3589

10073 SDEM [Pseudonyme de M. S*** de M*** (?)]. — Ne crois pas que les Morts soient Morts.

Paris, Henry Paulin, 1910, in-12 de 304 pp.

[8° Y². 58613

Recueil de quatre nouvelles intéressantes, basées sur le « surnaturel » : La Vengeance veille. — Lendemain d'Amitié. — Gâteau des Rois. — À nouveau.

10074 SEBON (Raymond) ou SEBONDE, ou de SABUNDE, philosophe et théologien espagnol, né à Barcelone, mort à Toulouse en 1432. Il professa les Sciences dans cette dernière ville. — La théologie naturelle de Raymond SEBON. Traduicte en François par Messire Michel seigneur de MONTAIGNE.

A Tournon, par Cl. Michel, 1605. in-8° (17 fr.).

[Z. Payen 409

Traduction rare de MONTAIGNE.

La Théologie Naturelle de Raymond SEBON, en laquelle, par l'ordre de la Nature est démontrée la Vérité de la Religion Chrétienne et Catholique, trad. de Latin en François, par Michel de MONTAIGNE.

Paris, Vve M. Guillemot, 1611, in-8°.

[Z. Payen 411

Autre :

Rouen, Jean de la Mare, 1641, in-8°.

[Z. Payen 412

Rare.

MONTAIGNE traduisit cet ouvrage pour son père, auquel il l'a adressé par une *Lettre préliminaire*.

(G-963
(St-Y-361

Autres édit. :

Paris, Gilles Gourbin, 1569, in-8°.

[Z. Payen 400

Ibid., Michel Sonnius, 1500, in-8°.

[Z. Payen 401

Ibid. G. Chaudière. 1581, in-8°.

[Z. Payen 402

Ibid. G. Gorbin, 1581, in-8°.

[Z. Payen 404

Ibid. Michel Sonnius, 1581, in-8°.

[Z. Payen 406

Rouen, Roman de Beauvais, 1603, in-8°.

[Z. Payen 407

10075 SEBONDE (Raymond de). — La Violette de l'Ame, composée en forme de dialogue, traduite par D. Charles Blendec.

Arras, 1600, in-12.

[Z. Payen 622

La même :

Arras, 1617, in-12.

[Z. Payen 623

10076 SEBRON. (Pseudonyme de Laurent LAPERLIER, né à Paris en 1805).— Enseignements spirites et moraux selon St-Eloi. — Le Spiritisme en sincère aveu.

Paris, 1860, in-12. (1 fr.).

——— Les outrecuidances humaines.

Paris, 1860, in-12 (4 fr.).

10077 [SEBRON]. — Ouvrage spirite. Manifestation en Médiumnité, Saint-Louis, sa vie en Dieu. — Ouvrage appartenant à tous.

Paris, Libr. spirite de Ledoyen,

1858, in-fol. de 24 f°* n. c. dont un blanc (8 fr.).

Ouvrage autographié, fort singulier. La vie de St-Louis, dictée par son esprit, au médium écrivain SEBRON. — Ouvrage spirite qui ne fut pas mis dans le commerce.

10078 [SEBRON]. — Le médium aimé de Dieu.

Paris, Ledoyen, s. d., in-12.

10079 SEBRON. — Le médium comme il doit être dans la foi spirite de saine application et de saine appréciation.

Paris, Ledoyen, s. d., in-12.

10080 SEBRON. — La médiumnité à l'œuvre selon St-Eloi.

Paris, Didot, 1859, in-12.

10081 SEBRON. — Prières dictées en médiumnité : 1° Dix prières de dix saints. — 2° Dix prières de dix saintes.

Paris, Ledoyen, s. d., 2 parties in-12.

10082 SEBRON — Saint-Eloi, explications, semonces, récits et morales.
Paris, Ledoyen, s. d., in-12.

10083 SECCHI (Le P. Angelo), Jésuite et astronome italien, né à Reggio en 1818, mort à Rome en 1878. Directeur de l'Observatoire établi sur l'église St-Ignace de Rome. — L'unité des forces physiques. — Essai de philosophie naturelle. Deuxième édition.

Paris, Savy, 1874, in-8° de 616 p., 36 figures. (12 fr.).

Paris, 1899, 1 vol. in-18.

10084 SÉCHÉ (Léon). — Les derniers Jansénistes, depuis la ruine de Port-Royal, jusqu'à nos jours, 1710-1870.

Paris, Perrin, 1891, 3 vol. in-8°. (12 fr.).

[Ld⁹ 364

Ouvrage faisant suite à l'histoire de « Port Royal » de STE-BEUVE, orné d'une reproduction d'un portrait de la mère Angélique ARNAULD, dernière abbesse de Port-Royal.

10085 SECONDE vue anti-magnétique.
S. l., 1853.

Nous ignorons si cet ouvrage a été mis dans le commerce.

(D. p. 149

10086 SECRET (Le) de l'Ecole Mesmérienne.

S. l., 1800.

Cité par MIALLE sans autres indications.

(D. p. 78

10087 SECRET (Le) de la Réussite auprès des dames. — Quelques conseils pour conquérir une demoiselle riche, faire la cour au sexe, évincer le rival, gagner la faveur des dames, etc... dont l'auteur qui ne possédait rien, a réussi à épouser une jolie héritière avec une dot de un million.

Genève, 1905-06, in-12 de 64 p. (4 fr.).

10088 SECRET DE LA VIE (Le). — Le Mystère dévoilé, la vie éternelle.

Paris, Leymarie, 1906, in-12 (o fr. 50).

10089 SECRET (Le) des Compagnons Cordonniers, dévoilé par les Compagnons du Devoir, les Sociétaires, les Indépendants, les Compagnons de liberté et ceux de l'Ere nouvelle du Devoir, réunis en Société de Secours Mutuels à Paris.

Paris, Payrard, 1858, in-12.(6 fr)..
[R. 50905.

10090 SECRET (Le) des Secrets de Nature extrait tant du Petit Albert que d'autres philosophes, hébreux, arabes, caldéens (sic), latins, et plusieurs autres auteurs modernes. Enrichi de divers rares secrets de C. Agrippa, Mereare, Trimegiste, (sic!) d'Anosa de Villeneuve, de Cardan, d'Alexis Piémontois et de plusieurs autres.

A Lion, chez Michel Laroche, s. d.. (vers 1720), in-12 de 64 p. (6 fr.).

Plusieurs autres édit. :
1813, 1816, 1818, etc.

[V. 52631-52638
(G-964

SECRET (Le) des Secrets de Nature extrait tant du Petit Albert que d'autres Philosophes hébreux, grecs, arabes, caldéens (sic), latins, egyptiens et plusieurs modernes. Enrichi de plusieurs rares secrets d'Agripa (sic) Cornélius, Mérac, Thesmégiste (sic), Arnosa, Villeneuve, etc... et diverses instructions pour les subtilités de la main.

Troyes, Baudot, s. d., in-16. (6 fr.).

Impression Troyenne du commencement de ce siècle. Edition de Colportage peu commune.

(G-2111

SECRET DES SECRETS DE NATURE, etc... — Voir aussi : *MALLEMANS*.

10091 SECRETA MONITA, ou les Avis secrets de la Société de Jésus.

A Paderborne, 1661, in-12, (6 fr.)

Edition ancienne, rare, comme d'ailleurs toutes les éditions, qui ont été soigneusement recherchées et détruites par la Société de Jésus.
V. aussi MONITA SECRETA, et SAUVESTRE (Charles).]

(G-2112

10092 SECRETS concernants les arts et métiers. — Nouvelle édition augmentée.

Avignon, 1810, 2 vol. in-12 (8 fr).

Le premier volume contient des milliers de secrets pour la gravure, les métaux, les vernis, le verre, les pierres précieuses, les couleurs et la peinture, la dorure, pour colorer le bois, les os, l'ivoire, etc... : secret des encres, pour le vin, le vinaigre, les liqueurs et essences, confitures, sirops, pâtés, gelées, le tabac, pour enlever les taches, pour la pêche, pour la capture des oiseaux. — Le second volume est entièrement consacré au teinturier. — Curieux et peu commun.

10093 SECRETS DE LA VIE (Les). — La Force-Pensée. — Son action et son Rôle dans la Vie. — Science mentale pratique par W. W. ATKINSON.

Méthode parfaite pour l'Hypnotisme et le Mesmérisme, la Clairvoyance, la Thérapeutique suggestive et la guérison par le sommeil, par Hiram JACKSON.

Etude progressive sur le Traitement magnétique. — Philosophie du magnétisme. — Cours spécial aux étudiants. — Règles pour le développement de la Puissance magnétique. — Applications du traitement magnétique. — Traitement à distance.

Cours de magnétisme personnel. — De l'empire sur soi-même et du Développement des Dispositions naturelles, par Victor TURNBULL.

Paris, Bureaux d'Etudes Psychiques, 1904, 4 brochures in-8°.

Le dernier ouvrage et surtout le premier ont une importance considérable pour *développer la volonté,* apprendre à diriger ses forces, acquérir la confiance en soi et réunir les principaux moyens de réussir. — Le 1ᵉ et le 3ᵉ sont surtout destinés à ceux qui veulent pratiquer le Magnétisme et l'hypnotisme sans en connaître la technique.

Voir aux divers auteurs, pour plus de détails.

10094 SECRETS et mystères de la Magie et de la Sorcellerie. :

Paris, Pegal, 1893, in-12. (2 fr.).

10095 SECRETS et mystères de la magie et de la sorcellerie.

Paris, s. d., in-16 (2 fr.).]

Œuvre de vulgarisation qui peut être mise dans toutes les mains.

10096 SECRETS et mystères de la sorcellerie ou la magie mise à portée de tout le monde.

Paris, Lebigre-Duquesne, 1865, in-16. (4 fr.).

Figures hors et dans le texte.

Magie naturelle, son objet. — Secrets divers. — Magie noire. — Les Druides. — Grégoire de Tours. — Le Sabbat. — Evocation du duc de Richelieu. — Cagliostro et Cazotte. — Formulaire de la Magie. — Laboratoire, costumes, parfums, conjurations. — L'Illuminisme. — Le Comte de Fénix et le Régent ou l'évocation de Vaugirard. — Astrologie. — L'art de diriger les rêves selon la méthode de Pierre Mora. — Tableau Sélinocratique, etc.

(G-966

10097 SEDELIVS (Wolfgang) de Münich. — De templo Salomonis mystico tractatvs insignis, quem egregius præco uerbi Dei. Vuolfgangus SEDELIUS concionator ducalis, populo Monacensi dexteritate per homelias fructuose ac luculenter prædicauit.

Apud S. Victorem, prope Moguntiam, exudebat Franciscus Behem, 1568, in-8°. (25 fr.).

Rare petit traité mystique.

(G-968

10098 SEDILLOT (Louis-Pierre-Eugène-Amélie), Orientaliste né à Paris en 1808. Secrétaire du Collège de France. — Des savants Arabes et des savants d'aujourd'hui, etc..., lettre à M. Boncompagni.

Rome, 1871, in-4°. (1 fr. 75).

Sur l'astronomie et les mathématiques des anciens Arabes.

10099 SEDILLOT (A.). — Lettre à M. le Dr. F. HŒFER au sujet des sciences mathématiques des Indiens et des origines du sanscrit.

Rome, 1876, in-4°.

10100 SEDILLOT (A.). — Mémoire sur les instruments astronomiques des Arabes.

Paris, s. d., orné de 36 grandes planches. (6 fr.).

10101 SEDILLOT (A.). — Sur l'origine de la semaine planétaire et de la spirale de Platon.

Rome, 1874, in-4°. Figures. (1 fr. 75).

SEDILLOT (L. Am.). — Voir :

OLOUG-BEG.

SÉDIR (Paul). — Voir :

LE LOUP (Yves ou Yvon).

10102 SEGHART (J.). — Albert-le-Grand, sa vie et sa science, d'après les documents originaux. (Traduit de l'allemand par Ch. B. Muller).

Paris, Poussielgue, 1862, fort in-8°. (15 fr.).

Le Grand Albert ! Ce nom résume toute la science du moyen-âge et fleure on ne sait quel parfum troublant. On sait les étranges légendes qui se sont attachées à cette grande figure et dont l'histoire ne dissipera jamais complètement les ombres inquiétantes. — L'auteur s'y efforce de tous ses moyens et ne dissimule rien des merveilleux pouvoirs attribués au savant : il tâche de les expliquer par un certain rationalisme plein de portes de derrière. Il convient, en effet, que Ulrich, le disciple d'Albert, avait révélé les hautes connaissances magiques du maître; mais il y oppose un habile distinguo. Ce magnifique travail, qui nous révèle un moyen-âge inconnu, dont les prodigieuses connaissances feraient peut-être même l'étonnement de notre siècle, est complété par la riche nomenclature des ouvrages manuscrits d'Albert le Grand, pour la plupart inédits, de la bibliothèque royale de Munich, parmi lesquels un grand nombre traitent de magie, d'alchimie, de chiromancie, etc- que l'auteur discute un à un dans une substantielle bibliographie. [Dujols]

10103 SEGNI (G. B.). — Trattato de Sogni.

Urbino, 1591, in-4°, (4 fr.).

Traité sur les songes, curieuses lettres ornées sur bois.

10104 SEGNO (Victor). — La Loi du Mentalisme. — Exposé pratique et scientifique de la pensée ou force de l'esprit ; la loi qui gouverne toute action et phénomène mental et physique : la cause de la vie et de la mort.

Los Angeles (Californie), l'institut américain du mentalisme, s. d., [1906?], in-8°, 212 p. et pl. (8 fr.).

[8° R. 21854]

Qu'est-ce que le Mentalisme ? — L'importance du Pouvoir de la Volonté. — Le Pouvoir supérieur de l'Homme ; son Harmonie, sa clef. — Comment cultiver le pouvoir de la volonté. — La Solitude et la concentration, etc... Précieux traité d'auto-suggestion et d'entraînement psychique dont l'application méthodique rend l'homme maitre de lui-même et de son entourage.

10105 SEGNO (Victor). — Le Secret de la Mémoire. Démonstration d'une nouvelle théorie.

Los Angeles (Californie). Société de Publication du Segnogram. 1907. (10 fr.).

Bon ouvrage qui tient une place respectable à côté des meilleurs ouvrages de Magnétisme personnel.

10106 SEGOUIN (A.). — Les mystères de la magie ou les secrets du magnétisme dévoilés par A. SEGOUIN, suivis d'un aperçu sur la danse des Tables et la Magie de M. DU POTET.

Paris, l'Auteur et Moreau 1853, in-12, 236 p. Quelques figures. (4 fr.).

Rien de bien nouveau dans cet ouvrage (d'après M. DURVAL).
Principes de Magnétisme. Somnambulisme. Clairvoyance, Thérapeutique magnétique. Extase. Sympathie, etc...

(D. p. 149
(G-969 et 2114

C'est un ouvrage peu connu, mais remarquable par ses théories originales et ses pratiques curieuses. — L'auteur, entre autres révélations explique un passage du Faust de Gœthe, très obscur, sur le rôle du Pentagramme, et propose une expérience qu'il a souvent renouvelée, au moyen de laquelle il explique le sens caché de ce symbole magique. — Il dévoile plus loin, le secret enseigné à M. Léon de LABORDE par le magicien arabe ACHMED, et nombre d'autres procédés occultes de réalisation qu'on ne rencontre pas dans les grimoires, et qui sont autrement efficaces. [Dujols].

10107 SEGOUIN (A.). — Nouveau guide du magnétiseur, par A. SEGOUIN.

Paris, l'auteur, 1853, in-12.

Ouvrage élémentaire.

(D. p. 140

10108 SEGOUIN. — Nouvel Almanach du magnétiseur, par SEGOUIN.

Paris, l'Auteur, 1855, in-16, 147 pages et vignettes.

Petit ouvrage plus sérieux que ses devanciers. Il contient quelques notes curieuses sur une somnambule Mme BELLISSON avec laquelle l'auteur donna des séances qui attirèrent quelques savants.

(D. p. 161

10109 [SEGUIER (Jérome)]. — Histoire Miraculeuse de la Sainte Hostie gardée en l'Eglise de S. Jean en Grève. Ensemble quelques hymnes de l'Eglise au S. Sacrement de l'Autel, de la Traduction de H. S. P. [Hyeronimus SEGUIER Praetor].

Paris, F. Morel. 1604. pet. in-8°.

(S-5159

10110 SEGUR (de). — Les Francs-Maçons.

S. L., in-18. (3 fr.).

10111 SEILLIÈRE (Ernest). — Apollon, ou Dionysos. — Etude critique sur Frédéric NIETZSCHE et l'Utilitarisme Impérialiste.

Paris, Plon, 1905, in-8°, (3 fr.).

10112 SEJOUR DES THONS. — Les

secrets de la beauté du visage et du corps de l'homme et de la femme.

Paris, l'auteur, 1857, in-12. (4 fr.).

[Te¹² 13. A

Autre édit :.

Paris, l'auteur, 1857, in-12.

[Te¹² 13
(G-1030)

10113 SELDENUS ou SELDEN (Jean), homme d'état et jurisconsulte anglais, appelé par Grotius « la gloire de l'Angleterre », né à Salvington (Sussex) en 1584, mort à Londres en 1654. — Mare clausum seu de Dominio Maris libri duo. Quotum argumentum pagina versa.

Londinense, Richardo Meighen, 1636, pet. in-12. Nombreuses planches. (5 fr.).

Cet ouvrage a donné lieu à controverse, et l'auteur a publié ensuite des « Vindiciæ secundum integritatem existimationis suæ... de Scriptione Maris Clausi... etc...

Londini, Cornelius Bee, 1653, in-4°.

[F. 7876

10114 SELENUS (Gust.). — Gust. Seleni Cryptomenytices et Cryptographiæ Libri IX in quibus plenissima steganographiæ a Ioh. Trithemio olim conscriptæ, enodatio traditur.

Luneburgi, Sternii, 1624, pet. in-f°.

(Titre d'après Brunet, manque à la Bib. Nat¹ᵉ).

(S-3488

10115 SELIGNY (Guillaume de). — Nouveau zodiaque réduit à l'année 1755, avec les autres étoiles dont la latitude s'étend jusqu'aux 10 degrés au nord et au sud du plan de l'éclip-

tique, dont on pourra se servir pour en mesurer les distances au disque de la lune, ou aux planètes.

Paris, Imp. Royale, 1755, pet. in-8°, 34 planches ou tableaux gravés en taille-douce dont plusieurs avec de fort jolies vignettes représentant les signes du Zodiaque. (12 fr.).

10116 SÉLIS (Nicolas Joseph) littérateur français né et mort à Paris (1737-1802). Professeur au Collège de France. — L'inoculation du Bon sens.

Londres, 1761, in-8°.

Brochure dirigée contre les Jésuites.

(G-1265

10117 SELVA (H.). — La Théorie des déterminations astrologiques de Morin de Villefranche, conduisant à une méthode rationnelle pour l'interprétation du Thème astrologique.

Paris, Lucien Bodin, s. d. [1902], in-8°, 218 p. et 3 f⁶⁵ n. c. Portrait et figures. (4 fr.).

[4° V. 5343

Tiré à 500 exempl. numérotés.

Morin de Villefranche est peut-être le plus grand astrologue français qui soit connu. — Néanmoins, comme son ouvrage fondamental « l'Astrologia Gallica » est excessivement rare, H. Selva a rendu un signalé service à la science astrologique en extrayant la quintessence de ce monumental ouvrage et en mettant ainsi à la portée de tous et d'une façon claire et méthodique les données véritablement pratiques de l'Astrologie.

10118 SELVA (H.). — Traité théorique et pratique d'astrologie généthliaque.

Paris, Chamuel, 1900, [la couv. porte 1901], in-8°, 300 p. (5 fr.).

[8° V. 28977

Cet ouvrage est un exposé de la théorie astrologique qui embrasse l'étude des sources, des influences astrales, de leurs générations et de leurs propriétés générales.

10119 SEMENENKO (Pierre). — Towianski et sa Doctrine.

Paris, 1850, in-8°, (10 fr.).

Exposé complet de l'Illuminisme de Towianski et de sa révélation mystique, qui est le « *Messianisme* » développé par Wronski. On y trouve la reproduction in-extenso du livre de Towianski intitulé « *le Banquet* », qui contient tout le Système ésotérique du grand Révélateur Polonais. Le Banquet est donné en trois langues : Polonais, Latin et Français. On sait que la Chaire du Collège de France fut retirée au célèbre poète Polonais Adam Mickiewicz pour avoir publiquement adhéré à la Doctrine de Towianski.

10120 SEMLER (Johann Salomon). — Samlungen von Briefen und Aufsätzen über die gasznerischen und schröpferischen Geisterbeschwörungen, mit eigenen Vielen Anmerkungen, herausgegeben von Johann Salomo Semler.

Halle im Magdeburgischen, Carl. Herm. Hemmerde, 1776, 2 vol. in-8° de XXVIII-292, et XXXVIII-304 pp.

On trouve, pp. 204-81 du tome II, la table détaillée de la *Bibliotheca acta et scripta magica* du D. Ebh. Hauber, (Lemgo 1738-45). Cette table des 213 art. se trouve aussi dans Graesse *Bibliotheca magica*, pp. 118-30, mais le travail de Semler doit être préféré, étant raisonné.

(O-1791

10121 SEMLER (J. S.). — Unparteiische Sammlungen zur Historie der Rosenkreuzer ; D. Joh. Salomo Semler.

Leipzig, George Emanuel Beer, 1786-88, 4 vol. in-8° de XXIV-182, XXVIII-179, XII-204, et VIII-196-XVIII pp.

(O-1583

10122 [SEMLER (Jean Salomon)]. — Von ächter hermetischer Arzenei. An Herrn Leopold Baron Hirschen in Dresden. Wider falsche Maurer und Rosenkreuzer [von Joh. Salomo Semler].

Leipzig, Georg Emanuel Beer, 1786, in-8° de 84 pp.

La dernière p. est signée du nom de l'auteur.

Von ächter hermetischer Arzenei. zweites Stück. Zur Bertheidigund des Luftsalzwassers wider die Anzeige in der Stettinischen Zeitung und der Berlinischen Monathsschrift. April ; von Dr Joh. Sal. Semler.

Leipzig, Georg. Emanuel Beer, 1776 pag. 85-196.

Von ächter hermetischer Arzenei. Drittes Stück. Antwort auf Herrn Hofrath Karstens Abhandlung.

Leipzig, Georg Emanuel Beer, 1786 XXIV pages signées du nom de l'auteur, puis pp. 107-348.

(O-1584

10123 SEMLER (J. S.). — D. Joh. Salomon Semlers Briefe an einen Freund in der Schweiz über den Hirtenbrief der unbekanten Obern des Freimaurerordens alten Systems.

Leipzig, Georg Emanuel Beer, 1786 in-8° de XXXVI-156 pp.

(O-1580

10124 SEMLER (J. S.). — D. Johann Salomo Semler's Zusätze der teutschen Uebersetzung von Fludds Schutzschrift für die Rosenkreuser.

Halle, Johann Jacob Gebauer, 1785 gd in-8° de XXXII-212 pp.

(O-1536

SEMPÉ (sur Jean), Magnétiseur Mystique. — Voir :

HOUSSAY (l'abbé).

10125 [SENANCOUR (Etienne Pierre Pivert de)], littérateur français né à

Paris en 1770, mort à St Cloud en 1846. Emigré en Suisse. — Résumé de l'histoire des traditions morales et religieuses chez les divers peuples, par M. de S***.

Paris, Lecointe et Durap, 1827, in-18 de 428 p. (6 fr.).

[G. 28416

Ed. originale :

Ibid. Id., 1825, in-18.

Très intéressant ouvrage, utile pour l'étude de l'histoire de la philosophie chez les anciens peuples et des religions comparées. — Perse, Arabie, Inde, Chine Chaldée, Egypte, Abyssinie, Phénicie, Arabie, Celtes, Japon, Syrie, Scandinaves, Arabie, Fêtes antiques. — Langage symbolique. — Livres sacrés. — Transmigration. — Védas. — La musique et les nombres. — Les mages. — L'Astrologie. — Les noms sacrés. — Religion égyptienne. — Cosmogonies. — Métamorphoses. — Esséniens. — Magie théurgique. — Zend-Avesta. — Druides. — Initiations. — Orphée. — Vers d'Or de Pythagore. — Doctrine de Platon. — Les Messies. — L'Edda. — Fétichisme. — Bouddhisme. — La Théosophie en Europe etc...

Condamné en 1827 par un arrêt, cassé par la Cour le 22 janvier 1828.

18126 SENANCOUR (P. P. de). — Rêveries sur la nature primitive de l'homme, sur ses sensations, sur les moyens de bonheur qu'elles lui indiquent, sur le mode social qui conserverait le plus de ses forces primordiales.

Paris, Laveaux, an VIII, in-8°, (4 fr.).

Ouvrage curieux de ce célèbre contemplatif, auteur d'Obermann, roman de rêves.

(G-970

10127 SENAULT (le P. Jean François), prédicateur et théologien français né à Auvers, près de Pontoise, en 1601, mort à Paris en 1672. Supérieur général de l'Oratoire. — De l'usage des Passions, par le P. Senault.

Paris, Compagnie des marchands libraires de Paris, 1665, in-12.

[R. 51075

« Très curieux et très recherché » (S. de G.).

Ouvrage estimé, dans lequel l'auteur, fin psychologue, démontre que la Passion est une force qu'il n'appartient qu'à nous de détourner et d'employer dans un but utilitaire.

Autres éditions :

Paris, Iournel, s. d., [1641], in-12, (7 fr.).

[R. 51070

Paris, Journel, 1660, in-12.

[R. 51073

Paris, Raveneau, 1669, pet. in-12.

[R. 51078

Paris, Bouillerot, 1662, in-32 de 491 p.

Paris, 1643, pet. in-12.

[R. 51071
(S-2891
(G-2115

10128 SENDA MACONNICA o Conductor dos Lojas Regulares secundo o rito Francez reformado tradusita do Hespagnol por J. J. B — C∴ R∴ † ∴ P∴ A∴.

Rio de Janeiro, 1832, in-16, (8 fr.).

Très rare.

Origine et progrès de la M∴. — Du secret∴. — Des nombres maçonniques. — Privilèges, prérogatives et obligations des off∴ dig∴ dans les LL∴. — Pièces d'architecture, etc...

10129 SENDIVOG (Michel) nommé aussi Sendivoge et Sendivogius, célèbre alchimiste né en Moravie en 1566 mort à Olmutz en 1646. Son vrai nom est Sensophax. Il délivra de sa prison de Dresde l'alchimiste Alexandre Séthon, le Cosmopolite à ce moment torturé par l'électeur de Saxe Christian II. Mais SETHON mourut des suites de ses tortures, peu après avoir atteint Cracovie. SENDIVOG épousa sa veuve et publia ses ouvrages. Voir SÉTHON, et aussi un bon article dans LAROUSSE : XIV-534. — Michaelis SENDIVOGII eines groszen Philosophen fünf und funfzig Briefe, den Stein der Weisen betreffend ; aus dem Lateinischen übersetzt.

Frankfurt und Leipzig, Joh. Georg Fleischer, 1770, in-8° de 152 pp.

C'est la traduction des lettres qui se trouvent déjà à la suite du *Novum Lumen chemicum* et dont le texte latin est à la suite des *Chymische Schrifften.*

(O-1072-1073)

10130 [SENDIVOG]. — Traicté du soulphre, second principe de nature, faict par le mesme autheur, qui par cy-devant a mis en lumière le premier principe, intitulé le Cosmopolite : trad. de latin en françois par F. Guiraud ; avec plusieurs autres opuscules du même suject.

La Haye, imp. de Theod. Maire, 1639, pet. in-12 de VI-49 pp. (7 fr.)

Les plusieurs opuscules indiqués sont le COSMOPOLITE ; *Traitez de l'harmonie,* et *Poème philosophique,* par NUISEMENT, édités en même temps.

[R. 45244]   (O-1071)
              (G-1925)

10131 SENDIVOGIUS. — Traitez du COSMOPOLITE nouvellement découvert. Où après avoir donné une idée d'une société de philosophes on explique dans plusieurs lettres de cet autheur la théorie des Veritez Hermétiques.

Paris, L. d'Houry, 1691, in-12, (7 fr.).

La seconde partie de cet ouvr. contient les lettres de Michel SENDIVOGIUS communément appelé COSMOPOLITE sur la théorie et la pratique de la pierre philosophale.

(G-972 et 1925)

10132 [SENDIVOG]. — Lettre philosophique très estimée de ceux qui se plaisent aux verités hermétiques, traduction d'allemand (de SENDIVOGIUS ou plutôt de SETHON) en françois par Antoine Duval, (Nouv. édit. d'après celle de 1674) avec l'extrait d'une autre lettre assez curieuse sur le même sujet.

Paris, L. d'Houry, 1723, in-8° de II-92 pp.

(O-1070)

10133 [SENDIVOG]. — Cosmopolite ou nouvelle Lumière chymique, pour servir d'éclaircissement aux trois Principes de la Nature, exactement décrits dans les trois Traitez suivans :

Le I-er de la Nature en général, où il est parlé du Mercure ;

Le II du Souffre ;

Le III du Vray sel des Philosophes.

Dernière édition revue et augmentée de la Lettre philosophique (de la traduction) d'Antoine Duval et de l'Extrait d'une autre Lettre assez curieuse.

Paris, Laurent d'Houry, 1723, in-12 de XII-333 (92 pour la Lettre) pp. (12 à 15 fr.).

Le faux-titre porte : *les Œuvres du Cosmopolite divisées en trois Traitez; dans lesquels sont clairement expliqués les trois Principes...*

Le IIIe traité n'est pas de SENDIVOG, ce n'est pas celui composé en fr. par Nuisement et trad. en latin par Louis COMBACHIUS. Serait-ce celui composé par Jean HARPRECHT et publié par lui sous le nom de SENDIVOG ; n'ayant pas le latin d'HARPRECHT sous les yeux, je ne puis vérifier le fait.

(O-1069)

10134 [SENDIVOG]. — Cosmopolite ou nouvelle Lumiere de la phisique naturelle, traittant de la constitution generale des Elemens simples et des composez, trad. nouvellement de latin en françois par le sieur De Bosnay.

La Haye, imprimerie de *Theodore Maire*, 1630, pet. in-12 de XIV-58 pp.

[R. 45243]

Joint au *Traittez de l'Harmonie* de NUI-SEMENT, donné par le même éditeur.
La trad. des *Aenigma Philos.* et du *Dialogus Mercurii alchemistae et Naturae*, se trouve à la fin.

Autres édit. :

Paris, 1600, in-8°.

[R. 32445]

Paris, 1618, in-8°.

[R. 29625]

Paris, Billaine. 1629, in-12.

[R. 32432]

[R. 32446-447] *Paris*, d'Houry. 1691. in-12.

Paris, d'Houry. 1669. in-12.

[R. 32437. 40] (O-1068

10135 SENDIVOG. — Michaelis SENDIVOGII Novum Lumen chemicum aus dem Brunnen der Natur durch handangelegte Erfahrung bewiesen, anagramma authoris : Divi Leschi genus amo : nebst dem Gespräche des Mercurii, Alchymisten und der Natur, und dem Tractat vom Schwefel anagramma authoris : Angelus doce mihi jus : und denen fünf und funfzig Briefen, worbey die obern drey Tractat nach dem lateinischen Original bestens collationiret...

Nürnberg, Joh. Jos. Fleischmann, 1766, in-8° de XIV-368 pp. avec 1 pl. et un grand portait de Sendivog.

Autre édit. (manque le portr.).

(O-1066-1067

10136 [SENDIVOG].—Colloquium oder Gespräch der Natur, desz Mercurii und eines Alchymisten... von einem Nominis erfahrnen Philosopho anonymo in Latein beschrieben, dessen Symbolum anagrammaticum : Divi Leschi genus amo (SENDIVOG).., in-

517

terprete B. Figulo; dans *Thesaurinella olympica aurea*..... (1682), pp. 121-41.

(O-1060

10137 [SENDIVOG]. — Michaelis SENDIVOGII chymische Schrifften, darinnen gar deutlich von dem Ursprung, Bereitung und Wollendung des gebenedeyten Steins der Weisen gehandelt wird ; nebst einem kurtzen Vorbericht ans Liecht gestellet durch Friedr. ROTH-SCHOLTZ.

Wienn, Joh. Paul Krausz, 1750. in-8° de II-404 pp. avec 1 pl.

On trouve dans ce vol. M. SANDIVOGII *Epistolae LV quae a Joh. Jac.* MANGETO *in Biblio.heca curiosa... primo donatae ;* pp. 237-348. Le vol est terminé par SYNESII *chimische Serbifften :* et BASILII VALENTINI *Via veritatis*.

(O-1059-855

10138 SENDIVOG. — Michaelis (SENSOPHAX, dicti) SENDIVOGI chimisches Kleynod, das ist : I) zwölff Tractätlein von dem Philosophischen Stein der alten Weisen ; II) ein Gespräch eines Alchymisten mit dem Mercurio und der Natur. III) ein Tractat und chymisch Gespräch von Schwefel ; IV) der dritte Anfang der Mineralischen Dinge, oder von philosophischen Saltz; erstlichen Lateinisch beschrieben, nun aber Teutscher Nation zu Ehr fleissig verteutscht durch Hisaiam sub Cruce, Ath.

Straszburg, Georg Andreas Dolhopff, 1681, in-8° de XX-236 pp.avec 1 pl.

Réimpression, avec un traité de plus, du précédent.

(O-1058

10139 SENDIVOG. — Tripus chimicus SENDIVOGIARUS ; dreyfaches chimisches Kleinod das ist : zwölff Tractätlein, von dem philosophischen Stain, der Alten Weisen, in welchem desselbigen Ursprung, Beraitung, und Vollendung; so hell und klaar, ausz dem Liecht der Natur... II. ein artlich unnd sinnreiches Gespräch eines Alchymisten, mit dem Mercurio, und der Natur... III. ein Tractat und Gespräch von Schwefel, dem anderen Hauptstück der Tinctur... erstlichen, von einem Hocherleuchten... Philosopho Lateinisch beschrieben, nun aber Teutscher Nation zu Ehr..., zum erstenmal fleiszig... verteutschet, durch Hisaiam sub Cruce, Ath :

Strasburg, Lazaretzner, 1628. pet. in-8º de XXII-190 pp.

[R. 32830]   (O-1057)

10140 SENDSCHREIBEN an die erhabenen Unbekannten, oder die ächten und rechten Freymäurer.

S. l. ni adr. (*Berlin, Stahlbaum*), 1781, in-8º de 200 pp.

(O-1558-1559)

10141 SENDSCHRIBEN an all Völker auf Erden als eine Einleitung samt der Schlusz-schrift zu dem ABC derer ächten Weisen alter und neuer Zeiten : diesem vorangesandt von einem wahren Gottund Menschenfreunde.

Berlin und Leipzig, Christ. Ulrich Ringmacher, 1777. in-8º de 65 pp.

(O-1510)

10142 SENEPIN. — Grammaire hebraïque élémentaire.

Fribourg en Br., 1888, in-8º. (2 fr. 50).

Cette grammaire est une des plus réputées.

10143 SENGUERDIUS (Wolferdus) — Wolferdi Senguerdii, Tractatus Phsicus de Tarentulâ.

Lugduni Batavorum, apud Gaasbeekios, 1568, in-32.

Le Catalogue Sépher donne la date 1668.

(S-3277 b)

10144 SENLI (P. E.), Aumônier du 15ª Rgt. de ligne. — Purgatoire de feu M. le comte Joseph de Maistre, pour l'expiation de certaines fautes morales qu'il a commises dans ses écrits.

Paris, 1823, in-8º de 84 pp. (3 fr. 50).

Dirigé contre le « *Pape* » et l'« *Eglise gallicane* » de J. de Maistre.

10145 SENNERTUS ou Sennert (Daniel) célèbre médecin spagyrique allemand, né à Breslau en 1572 mort à Wittemberg en 1637. Professa trente cinq ans la médecine à Wittemberg. — De Chymicorum cum Aristotelicis et Galenicis consensu ac dissensu lib. I., controversias plurimas tam Philosophis quam Medicis cognitu utiles continens.

Witteberg. 1619, fort pet. in-8º. (10 fr.).

Excellent traité d'un médecin spagyriste et discussion sur la méthode de Paracelse.

10146 SEPET (Marius).— Jeanne d'Arc.

Tours. Mame. 1885, in-4º (12 fr.).

[Lb²⁶ 151. 0

Nombreuses gravures hors et dans le texte.

10147 SEPET (Marius).— Saint-Gildas de Ruis.— Aperçus d'histoire monastique.

Paris, P. Téqui. Douniol, 1900, in-18, 416 p. (2 fr. 50).

[Lk⁷ 35735

Le monastère celtique ; la colonie de St-Benoît-sur-Loire ; Abélard ; L'abbaye jusqu'à la Révolution ; Nouvelle renaissance ; La congrégation de la Charité de Saint-Louis.

SEPHER HA ZOHAR (Le livre de la Splendeur).

Voir :

ZOHAR (le).

10148 SÉPHER (abbé Pierre-Jacques), bibliophile Kabbaliste, né et mort à Paris (1710-1781), Docteur en Sorbonne, Chanoine de St-Etienne des Grès et Vice-Chancelier de l'Université. Il a édité plusieurs ouvrages historiques. — Catalogue des livres rares et singuliers de la bibliothèque de l'abbé Sepher, dont la vente se fera le lundi 6 mars 1786.

Paris, Fournier, 1786, in-8° de IV-VI-222 p. — 4 pp. — 4 pp. et 14 p. de supplément. (20 fr.).

[A. 3618

« Ce catalogue devenu très rare mentionne les livres les plus rares sur les sciences occultes, la sorcellerie, la divination, la possession, la magie, et la mystique. On peut le considérer comme complet sous ce rapport, etc. » (Note de S. de G.).

Contient en tout 6993 numéros et 221 au Supplément. La Bibliothèque comptait au total plus de *Trente mille* volumes (p. III).

(G-1232

10149 SEPP (Dr J. N.). — Jésus-Christ études sur sa vie et sa doctrine dans leurs rapports avec l'histoire de l'humanité.

Bruxelles et Leipzig, Flatau, 1866, 2 vol. in-8°. (6 fr.).

SEPTCHENES (J. de).— Voir :

COLLIN de PLANCY.

10150 SÉRAILS (Les) de Londres, ou les amusements nocturnes, contenant les scènes qui y sont journellement représentées, les portraits et la description des courtisanes les plus célèbres et les caractères de ceux qui les fréquentent. — Traduit de l'anglais.

Bruxelles, Kistemaeckers, s. d., in-12. (5 fr.).

10151 SÉRAILS DE PARIS (Les), ou Vies et Portraits des dames Paris, Gourdan, Montigni et autres appareilleuses. Ouvrage contenant la description de leurs Sérails, leurs Intrigues et les Aventures des plus fameuses Courtisanes ; le tout entremêlé de réflexions et de conseils pour prémunir la Jeunesse contre les Dangers du libertinage.

A Paris, chez Hocquart, An X-1802, 3 vol. in-18, 3 Portraits (20 fr.).

Les Portraits sont ceux de Justine Paris, d'Alexandrine Gourdan, dite *la Petite Comtesse*, et de Claire Montigny, dite la Mamas.

Ouvrage curieux et rare.

10152 SERARIUS. (Nic.). — Rabbini, et Herodes, seu de tota Rabbinorvm jente, partitione, creatione, avctoritate, plvribvsq ; rebvs aliis, et sacris et prophanis : maxime de Herodis Tyranni natalibus, Iudaismo uxoribus, liberis et regno. Lib. tres, a Nic. Serario.

Moguntiæ, 1607, in-12. (4 fr.).

Ouvrage curieux pour l'étude des travaux des vieux Rabbins et de la Kabbale juive.

10153 SERDES (Jacques), Vicaire d'Appleby, dans le Comté de Lincoln. Théologien protestant né à Genève en 1695, mort à Londres en 1762. — Traité sur les Miracles dans lequel on prouve que le Diable n'en sauroit faire pour confirmer l'Erreur, et où l'on examine le Système opposé tel que l'a établi le Dr Samuel Clarke.

Amsterdam, Humbert, 1700.

Réimprimé en 1729.

Ibid. Id. [avec en plus dans le titre :] «... l'Erreur ; où l'on fait voir par plusieurs exemples que ceux qu'on lui attribue ne sont qu'un effet de l'imposture ou de l'adresse des hommes ; et où l'on examine... » etc.

Les deux éditions, in-12. (5 fr.).

[D² 4528
(G-674 et 2116
(S-1601

10154 SERCLIER (Jude) Chanoine régulier de St Ruf. — L'Anti-Démon historial, par Jude SERCLIER.

Lyon. P. Rigaud, 1600, in-8°.

[R. 51176
(S-6967

10155 SERCLIER (Jude). Chanoine régulier de Sainct Ruf. — Le Grand Tombeav dv Monde : dans leqvel auec vn merueilleux artifice sont descriptes les principales cironstances de tout ce qui doit arriuer au Iugement final.

A Lyon, par Iean Pillehotte. 1628, in-8°. (10 fr.).

[D. 65108
(G-2117

10156 SÉRÉ (le docteur Louis de). — Application du somnambulisme magnétique au diagnostic et au traitement des maladies par le docteur Louis de SÉRÉ.

Paris, Germer Baillière, 1854, in-12, 302 pages, (4 fr.).

L'auteur s'est marié à une somnambule et son livre relate un certain nombre de cures et de consultations faites par sa femme.

Autre édition :

Appplication... des Maladies, sa Nature, ses Différences avec le Sommeil et les Rêves.

Paris, chez l'auteur. Germer Baillière, Dentu, 1855, in-12 de 302 pp. (4 fr. 50).

(D. p. 158
(G-2118

10157 SERGE-PAUL (Dr). — Les grandes empoisonneuses (Circé, Sémiramis, Cléopâtre ; le poison des Borgia; sadisme et ambition ; la Brinvilliers ; la Voisin : maisons d'avortement au XVII° siècle. la Messe noire de Mme de Montespan ; le poison au XIX° siècle : les poisons usités).

Paris, l'Edition. 1900, in-12, (1 fr. 50).

10158 SERGE PAUL (Dr). — Le Vice et l'Amour. Etude Médicale, Philosophique et sociale des Perversions du Sens Génital.

Paris, Nouvelle Librairie médicale, s. d., [1903 ou 1904 ?]. in-8°, 341 p. (3 fr. 50).

Le Vice et l'Amour. — Anesthésie et Hyperesthésie de l'Amour. — Le Fétichisme en Amour. — Le Sadisme. — Le Masochisme. — L'Inversion Sexuelle. — L'Exhibitionnisme. — Zoophilie. — Nécrophilie. — Mixoscopie. — Amour des Statues. — Le Vice, l'Amour, l'Histoire. Analogue à l'Ouvrage du Dr GALLUS sur le même sujet.

10159 SERGUEYEFF (S.). — Le Sommeil et le système nerveux : Physiosiologie de la veille et du sommeil par S. SERGUEYEFF.

Paris, Félix Alcan. 1890, 2 forts vol. gr. in-8° de XXI-800 et XVIII-962 p. (12 fr.).

[Tb⁶⁰. 31

Très important ouvrage, le plus complet paru jusqu'à ce jour sur cette question.

Mécanisme fondamental de la fonction Veille et Sommeil. — Le Phénomène de la caloricité. — Les Ganglions, les Muscles et la Chaleur. — La substance nerveuse centrale et son transfert éventuel à la grande innervation végétative. — Le Problème de la veille et du sommeil, la méthode suivie pour le résoudre. — Le mécanisme consécutif à l'emprunt et au rejet dynamique. — Le Myélencéphale dans la veille et le sommeil. — Les expansions périphériques du myélencéphale. — Les nerfs cérébro-rachidiens durant la veille et le sommeil. — Théorie de la conduction. — Nerfs crâniens de sensibilité spéciale. — Les nerfs moteurs dans la veille et le sommeil. — La périphérie nerveuse et les fonctions végétatives. — Les exercices cérébraux à l'état de veille et à l'état de sommeil. — Etc.

SERMON SUR LA MONTAGNE. — Chapitres V, VI et VII de l'Evangile de St Matthieu, qui contiennent les enseignements ésotériques peut-être les plus importants de la doctrine originelle du Christ lui-même.

Ce Sermon se trouve commenté dans la XIIme Leçon du livre « *Mystic Christianity*» par le Yogi Ramacharaka q. v.

Voir aussi les « *Méditations* » du Duc du Maine.

10160 SERRE (Joseph). — La Religion de l'esprit large.

Paris, Société parisienne d'éditions, 1903. in-18, 236 p. (2 fr. 50).

[8° R. 18477

Au moment où le Modernisme fait éclater les cadres de la vieille orthodoxie religieuse et où novateurs et rétrogrades se heurtent violemment en des controverses épiques, Joseph Serre, avec son maître livre : « *La Religion de l'esprit large* », vient de jeter dans le débat son verbe équilibrant et donner la solution du problème. — Distant également et des catholiques étroits, qui préfèrent le maillot puéril du vieux dogme et ne veulent pas grandir à la vie de l'Esprit, et des pyrrhoniens de l'exégèse dont les sublimations alchimiques convertissent tout en vapeur, le haut penseur qu'est Joseph Serre brasse à nouveau tous les éléments de ce conflit gigantesque et d'un monstrueux chaos arriver à créer une merveilleuse synthèse. — Ce livre d'une envolée supérieure, est certainement la préface du dogme de demain. — Les théosophes, les occultistes, les philosophes, les libres-penseurs aussi bien que les chrétiens de toutes les confessions cueilleront dans ces pages mâles et vraiment éloquentes les clartés nécessaires à l'évolution inévitable qui tend à faire des Eglises une seule Eglise, et de toutes les croyances une seule et même Foi. [Dujols].

10161 SERRES (Jean de), en latin Serranus, frère cadet de l'agronome Olivier de Serres, historien français né à Villeneuve de Berg (Vivarais), vers 1540, mort à Genève en 1598. Professeur de Théologie et pasteur à Nîmes. Théologien conciliateur. Nommé par Henri IV, bibliographe de France. — Rerum in Gallia ob Religionem gestarum, Libri Tres....... per J. de Serres.

Lugduni Batavorum, per J. Iuncunt-dum, 1500, 5 parties en 3 vol. in-8°.

[Rés. La²¹ 5

Le Cat. Stupier donne la date 1570.

(S-5661

10162 SERRURIER (Jean Baptiste Toussaint) médecin français né à Orléans en 1796, mort à Paris vers 1860. — Phrénologie morale en opposition à la doctrine phrénologique matérielle de Broussais par J. B. Serrurier, D. M.

Paris, Dentu, 1840. in-8°, (4 fr. 50).

10163 [SERVAN] (Joseph Michel Antoine) né à Romans (Dauphiné) en 1737 mort à St Rémi (Bouches du Rhône) en 1807. Magistrat français et avocat général à Grenoble.—Doutes d'un provincial proposés à MM. les médecins commissaires chargés par le roi de l'examen du Magnétisme animal.

Lyon et Paris, Prault, 1784, in-8° 136 pages. (3 fr.).

Le plus habile plaidoyer qui ait été

écrit en faveur du magnétisme. C'est de cet ouvrage que GRIMM disait : « M. SERVAN a prouvé que l'on revient de tout en France, même du ridicule. » SERVAN, célèbre avocat général à Grenoble, et l'un des brillants orateurs de son temps, avait été infructueusement traité par la médecine classique et soulagé, presque guéri à la suite d'un traitement magnétique (omission de la *Biographie Didot*).

Ouvrage écrit avec beaucoup d'esprit et d'élégance ; on y discute très bien ce que les commissaires n'ont pas voulu faire, ce qu'ils ont fait, et ce qu'ils aurait dû faire; et l'on y montre l'insuffisance de leurs observations et la fausseté des conséquences qu'ils en tirent.

(D. p. 50

10164 [SERVAN]. — Questions du jeune docteur RHUBARBINI DE PURGANDIS adressées à MM. les docteurs régens de toutes les Facultés de médecine de l'univers au sujet de M. MESMER et du Magnétisme animal, [par SERVAN].

Padoue, dans le Cabinet du Docteur. 1784. in-8°, XII-50 pages. (3 fr.).

[Tb⁶¹ 67

Défense spirituelle du magnétisme attribuée par QUÉRARD à l'avocat SERVAN. C'est une prétendue relation d'une conversation de l'auteur avec un Mesmérien. L'éditeur ami supposé du Docteur RHUBARBINI termine ainsi sa préface : « Ce jeune docteur n'aura pas plutôt tué quatre ou cinq cents malades qu'il dira avec Salomon : *Vanitas vanitatum et medicina vanitas*... Alors il se renfermera modestement dans sa famille avec ses amis, se moquant doucement et secrètement de ses erreurs humaines, ne disputant plus sur rien et doutant de tout, même des rapports des commissaires nommés par le Roi ; ce qui est pourtant un peu fort. »

(D. p. 51

10165 SERVATUS GALLÆUS. — SERVATUS GALLÆUS, de Sibyllis, earumque Oraculis.

Amstelodami, apud Henricum et viduam Th. Boom. 1688. in-4°, Figures.

[Yb 368 et
[Rés. Yb. 332

Voir, plus loin, à :

SIBILLIAKOI KRESMOI..... N° 10170.

(S-3469 b

10166 SERVET (Michel) en espagnol Micael SERVETO, médecin, philosophe et mystique espagnol, né en 1509 à Villanueva (Aragon). brûlé à Genève avec ses livres, en 1553, par ordre de CALVIN. Se rattache aux Anabaptistes. Il voulait une réforme plus logique et plus complète que celle des protestants. —

1) Historia Mich. SERVETI. ab Henr. Allwœrden.

Helmestadii, stanno Buchholtziano, s. d., in-4°, XVIII-240 p. avec le portrait de Servet.

[Oo 647

2) De Trinitatis erroribus libri septem. per Mich. SERVETO, alias REVÈS, ab Aragoniâ Hispanorum.

S. l., 1531. in-8°.

[Rés. D² 4947

3) Dialogorum de Trinitate libri duo : de Justiciâ regni Christi libri IV, per Mic. SERVETO, aliás REVÈS, ab Aragonia Hispanorum.

S. l. 1532, in-8°.

[Rés. D² 4040

Voir aussi :

TOLLIN (en allemand).

(S-1510, 1520 et 1521

10167 SERVIUS (Pierre) médecin et archéologue italien. né à Spolète (Ombrie) à la fin du XVe siècle, mort à Rome en 1648. Il a indiqué le premier la distillation de l'eau de mer pour la rendre potable. — Dissertatio de unguento armario sive de naturæ artisque miraculis.

Romæ, typ. Marciani, 1643, pet. in-8°.

[Te 56 29. A.

Autre édit :

Romæ, typ. Marciani, 1642, in-8°.

[Te 56 29

10168 SERVIUS (P.). — Dissertatio philologica de odoribus.

Romæ, 1641, pet. in-8°.

10169 SESTIER (Dr Félix), médecin français né à Genève en 1807. Interne des hôpitaux de Paris, agrégé de la Faculté. — De la foudre, de sa forme et de ses effets sur l'homme, les animaux, les végétaux et les corps bruts etc...

Paris, J. B. Baillière et fils, 1866, 2 forts vol. in-8°, (10 fr.).

[R. 51222-51223

Histoire des feux de Saint-Elme. — Ses manifestations sur les clochers, les navires, les rochers, les eaux, les arbres, ses transformations en décharges foudroyantes. — Globes de feu. — Météores ignés. — Bizarreries incroyables de la foudre. — Ses caprices, ses formes extraordinaires. — Fulgurites ou pierres de tonnerre. — Ouvrage très curieux et le plus complet sur cette matière intéressante.

SETHON (Alexandre) célèbre alchimiste, martyr de la vérité né en Écosse, mort à Cracovie en 1604. C'est lui le véritable titulaire du pseudonyme de « COSMOPOLITE ». Son nom latinisé s'énonce aussi SETHONIUS, SIDONIUS, SUTHONEUS, SUETHONIUS, SEETHONIUS, etc.

Le COSMOPOLITE est un des Alchimistes qui a opéré le plus grand nombre de Transmutations historiques, à Bâle, à Strasbourg, à Francfort-sur-le-Mein, à Cologne, etc.

Dans ses voyages, il s'arrêta à Munich pour se marier, puis fut attiré à la Cour de l'Électeur de Saxe, Christian II, qui d'abord se montra plein d'égards pour lui, espérant qu'il lui révélerait le secret de la Pierre. Mais déçu dans son attente, il fit emprisonner SETHON, et le fit soumettre à d'horribles tortures, sans d'ailleurs réussir à lui arracher son secret.

Un autre Adepte, Michel SENDIVOG, réussit à sauver le COSMOPOLITE de sa prison, en l'emportant sur ses épaules après avoir enivré les gardiens, et l'amena à Cracovie où il était en sûreté. Mais SETHON succomba peu après aux suites de ses tortures, dans les premiers mois de l'année 1604.

SENDIVOG épousa la veuve de son ami, qui lui livra tous les manuscrits du COSMOPOLITE, parmi lesquels le « *Livre des douze Chapitres* » que celui-ci publia sans se le distinguer suffisamment de ses propres ouvrages.

On a réuni tous les Traités de ces deux auteurs au nom de SENDIVOG.

Le *Grand Dictionnaire* LAROUSSE consacre deux fort intéressantes Notices à ces grands Alchimistes. (Tome XIV-p. 634 et 544).

Voir aussi FIGUIER (Louis) « *L'Alchimie et les Alchimistes* », p. 254-288

SETHOS. — Titre d'un intéressant ouvrage anonyme de l'Abbé

TERRASSON, q. v.

SÉVÈRE (l'Empereur). — Voir :

VATICINIUM.

10170 SEVERIN (Jules). — Toute la Chimie Minérale par l'Électricité.

Paris, H. Dunod et E. Pinat, 1908 gr. in-8°, IV-793 pp. avec 60 fig. (15 fr.).

[8° R. 22070 et
[8° R. 22176

Avec l'épigraphe : *Rien d'impossible par l'électricité* ».

MÉTALLOÏDES : les Eléments de l'Eau. — La famille du Chlore. — de l'Oxygène. — du Phosphore. — du Carbone. — MÉTAUX : métaux alcalins. — à oxydes peu solubles dans l'eau. — qui se déposent métalliquement en bain neutre. — Hydrogène. — Métaux qui se déposent à l'état métallique même au bain acide. — Etc.]

10171 SÉVERINE (Caroline RÉMY, femme du docteur GUEBHARD, connue sous le pseudonyme de) femme de lettres et journaliste née à Paris le 27 avril 1855. Collaboratrice du socialiste Jules VALLÈS. Autres pseudodymes : JACQUELINE (Gil Blas) et RENÉE (Gaulois). — Pages Mystiques.

Paris, H. Simonis-Empis, 1895, in-12, 322 p. Portr. de l'auteur par Hawkins.

[8° Z. 14060

Les Fêtes des Morts. — Le Miracle de San Tonio. — Le Christ aux mineurs. — Autour d'un problème. — Les Rédempteurs. — Les Créanciers de Jésus. — Pour la Mort ! — Le Voile de Véronique. — Une audience de Léon XIII. — L'Ame des Choses. — Notre-Dame de Bon Secours. — Etc.

10172 SEVILLE (Jean de) dit LE SOUCY, médecin mathématicien. — Le Compost manuel, Calendrier, et Almanach perpétuel, par Jean de SEVILLE, dit LE SOUCY, Médecin Mathématicien.

Rouen, 1595, in-4°, fig.

(S1 Y-1440

10173 SEZE (Mr de) ou DESÈZE, Docteur en médecine de l'Université de Montpellier, Agrégé à la Faculté de Bordeaux, de l'Académie des Sciences de la même ville, etc. Sans doute l'un des douze enfants de Jean de SÈZE, parmi lesquels s'est trouvé l'avocat de Louis XVI. — Recherches Phisiologiques et Philosophiques sur la sensibilité ou la vie animale par M. de SÈZE, docteur en médecine, etc... (voir ci-dessus).

A Paris chez Prault Imprimeur du Roi, 1786, in-8° de 2 fol. 334 p. et 4 p. d'errata, (5 fr.).

[Th² 10

Curieux ouvrage de « Haute Physique » comme le dit l'Approbation signée Raulin.

De la Vie Animale en général. — De l'Ame sensitive. — Des Sensations et des Passions. — Des causes générales qui modifient la Sensibilité. — De l'Age, du Sexe, de l'Air. — De la Vie particulière du Cerveau. — Des Altérations générales de la vie du cerveau.

10174 SEZE (Comte de). — Nouveaux souvenirs d'Holy-Rood.

Paris, G. A. Dentu, 1832, in-16, (2 fr.).

[L.b⁵¹ 1114

Avec 4 figures lithographiées. — Contient qq. prophéties et oracles de Mlle Lenormand.

SHARP (Testament de Jérôme).

Voir :

DECREMPS.

10175 SHERINGHAM (Robert). — Joma, Codex Talmudicus, in quo agitur de Sacrificis, à Rob. SHERINGHAMIO.

Londini, J. Junius, 1648, in-4°.

[A. 2800
(S-5450

10176 SHERLOCK (Thomas) prédicateur et Théologien anglais né et mort à Londres (1678-1761) Maître du Temple, Evêque de Salisbury, puis de Londres. — Discours sur l'usage et les fins de la Prophétie dans les divers âges du Monde. — Traduit de l'Anglois par Abraham Lemoine, ministre d'une église françoise à Londres.

Amsterdam et Leipzig, 1712. in-8°. (5 fr.).

10177 [SHEURLEER (Henri)]. — Le Parti le plus sûr ou la Vérité reconnue, en deux Propositions au sujet du « *Discours de la liberté de penser* » par le chevalier à qui l'auteur de ce discours l'avait adressé.

Bruxelles, les frères Serstevens, in-8° de 3 f⁰ˢ et 200 p. (5 fr.).

(S-2822

10178 SIBLEY (Ebenezer) Astrologue anglais du XVIII⁰ siècle. — A New and Complete Illustration of the Occult Sciences : or the Art of Foretelling Future Events and Contingencies, by the Aspects, Positions, and influences of the Heavenly Bodies. Founded on Natural Philosophy, Scripture, Reason, and Mathematics. In four Parts, by Ebenezer SIBLEY.

London, 1700, (50 fr.).

(O, P. C.

10179 SIBILLIAKOI KRESMOI, hoc est Sibyllina Oracula ex veteribus codicibus emendata ac restituta et commentariis diversorum illustrata opera et studio SERVATII GALLÆI : accedunt etiam oracula Magica ZOROASTRIS, Jovis, Apollinis, etc. ALTRAMPSYCHI Oneiro-Criticum, etc. græce et latine, cum notis Variorum.

Amstelodami, apud Henricum et viduam Th. Boom, 1689, pet. in-4°, (20 fr.).

[Yb 367 et
|Rés. Yb 333

Autres éditions :

A Paris, en 1599.

[Yb 2149

Et 1607.

[Yb 2164

Les *Sibylles*, comme on sait, étaient des extatiques religieuses particulières, dont le langage prophétique était exprimé en vers. Les plus célèbres se rencontraient en Perse, en Libye, à Delphes, à Cumes, etc. DEIPHOBE, Prêtresse d'Apollon était une des plus célèbres. Il nous reste huit livres de *Poésie Sibylline* qui nous ont été transmis par les Gnostiques.

Voir aussi sur ce sujet l'ouvrage ancien d'OPSOPÆUS, ou le plus moderne de M. ALEXANDRE à l'article « ORACULA SIBYLLINA. »

Consulter également notre N⁰ 10105 :

SERVATUS GALLÆUS.

SIBYLLA (le P. Barthélemy). —

Voir :

SYBILLA.

10180 SICH (Der) aller Welt zeigende König in seinem Purpur-Mantel, das ist : die ohnverfälschte Wahrheit unserer chymischen Operation in Bereitung der Universal-Tinctur, entdecket sich ohne einzige dunckle Redens-Art aus zweyen uhr-alten Manuscriptis...; welches zu Dienste seines bedürftigen Nächstens zum Druck befördern und an Tag geben wollen ein Liebhaber der Philosophie.

Franckfurt am M.Joh. Friedr.Fleischer, 1725, in-8° de 48 pp.

(O-1448

10181 SICLER (Adrien), médecin spagyrique. — La Chiromancie royale et nouvelle ; enrichie de figures et d'exemples ; et de quantité d'observations de la Cabale, avec les prognostics des chiromanciens, anciens et modernes,.... par le sieur Adrien SICLER medecin spagyrique.

Lyon, Daniel Gayet, 1666, pet. in-12 de XXVI-227 pp. (30 fr.).

Rare avec la planche in-4⁰ de J. Fayneau représentant les lignes de la main.
Le plus rare et le plus savant traité de chiromancie. — Basé sur la Kabbale, l'as-

trologie et la médecine, il offre un champ de spéculation original. — Le texte est semé de profonds arcanes qui constituent, à eux seuls, toute une révélation nouvelle, car ils ne se rencontrent dans aucun autre traité.

(O-1842
(G-976

10182 SICLER (Adrian), médecin spagyrique. — Chiromancie royale et nouvelle, enrichie de figures, de moralitez et des observations de la Cabale, avec les prognostics des chiromanciens tant anciens que modernes. — Ouvrage très utile et particulier pour les femmes de tous estats et conditions.

Lyon, Gayet, 1667, in-12, Planche (12 fr.).

Un des meilleurs ouvrages pour l'étude de la chiromancie, car chaque ligne ou signe est étudié séparément.

10183 SIDEROCRATES (Samuel). — Sam. SIDEROCRATES, de Usu partium Cœli Oratio.

Perussæ (Pérouse ?), 1564, in-12.
(S-3408

10184 [SIEBMACHER (Ambrosius)]. — Das Güldne Vliesz, oder das allerhöchste, edelste, kunstreichste Kleinod, und der urälteste verborgene Schatz der Weisen, in welchem da ist die allgemeine Materia Prima, derselben nothwendige Præparation und überaus reiche Frucht des philosophischen Steins augenscheinlich gezeiget und klärlich dargethan, philosophischer und theologischer Weise beschrieben und zusammen verfaszet durch einen ungenannten, doch wohlbekannten, etc. Ich Sags Nicht. (auctore Ambrosio SIEBMACHER).

Leipzig, Samuel Benj. Walther, 1736, in-8º de XIV-210 pp. avec 4 pl. assez bien gravées.

(O-1180-1181

10185 [SIEBMACHER (Amb.). — Wasserstein der Weysen, oder chymisches Tractätlein darinn der Weg gezeyget, die Materia genennet, und der Process beschrieben wird, zu dem hohen Geheymnüs der Universal-Tinctur zu kommen (von Ambrosius SIEBMACHER);..... nehmlich : 1) Johann von Mesung (lisez MEUNG); II) Via Veritatis, der einigen Warheit; vormahlen durch Lucas Jennis ausgeben ; nunmehro aber wiederund new aufgelägt, und noch dabey gefüget zwey Respons, von dem F. R. C. (Frater Rosæ Crucis) so an etlichen ihro Zugethanen abgefertiget.

Francfurt, am M. Christoff le Blon, 1661, in-8º de 206 pp.

La 1ʳᵉ édit. est de Francfort, 1609.

Outre le traité d'Ambroise SIEBMACHER qui remplit les 127 premières pages, on en trouve quatre autres petits : ce sont: Beweisz der Natur (Remontrance de Nature) par J. De MEUN, avec Gegenantwort desz Alchymisten (Réponse de l'Alchimiste), du même ; puis kurtzer Tractat Summarium philosophicum, de N. FLAMEL; et enfin *Via Veritatis*.

(O-790-809-891-1177-1178

10186 SIGAUD DE LA FOND (Joseph Aignan) chirurgien et Physicien français né et mort à Bourges (1730-1810). Médecin accoucheur, puis Professeur de Physique au Collège Louis-le-Grand, et Proviseur à Bourges. — Dictionnaire de physique.

Paris, 1781-82, 5 vol. in-8º (8 fr.)

10187 SIGAUD DE LA FOND. — Dictionnaire des merveilles de la nature, contenant de profondes recherches sur la nature des accouchemens, attachemens, échos, évacuations, grossesses, maladies, mangeurs, plongeurs extraordinaires, antipathie, cadavres, catalepsie, cerveau, cheveux, corps étrangers dans celui de l'homme, etc....

Paris, Desray, 1790, 2 vol. in-8º (6 fr.).

Curieux ouvrage, contenant aussi d'intéressants chapitres sur la baguette divinatoire, la catalepsie, les enfants précoces, les incendies spontanés, les moffètes, la superfétation, le tarentisme, etc....

Paris, 1781, 2 vol. in-8°.

10188 SIGAUD DE LA FOND. — Essai sur différentes espèces d'air que l'on désigne sous le nom d'air fixe.

Paris, 1779, in-8°, 5 planches (4 fr.)

10189 SIGAUD DE LA FOND. — Précis historique et expérimental des phénomènes électriques.

Paris, 1781, in-8°, 9 planches (5 fr.).

Paris, 1785, in-8°, 10 planches.

10190 SIGNE MERVEILLEUX, apparu en forme de procession, arrivé près la ville de Belac en Limosin ; tiré de l'impr. à Paris 1621 ; dans LENGLET-DUFRESNOY : *Recueil de dissertations...* (1752), t. partie II, 115-22.

(O-1762

10191 SIGNES (les) effroyables nouvellement apparus en l'air sur les villes de Lyon, Nismes, Montpellier et autres lieux circonvoisins, au grand estonnement du peuple.

S. l., 1621, in-8° (2 fr.).

Réimpression à *Lyon, chez Louis Perrin*, vers 1875-76.

10192 SIGNES merveilleux apparuz sur la ville et chasteau de Bloys, en la présence du Roy et l'assistance du peuple : ensemble les signes et comètes apparuz près Paris, le douziesme de janvier 1589, comme voyez par ce présent pourtraict. (Curieuse vignette sur le titre).

S. l., 1589, in-8° (2 fr.).

Réimpression à *Lyon, chez Louis Perrin*, vers 1875-76.

10193 SIGORGNE (l'abbé Pierre) philosophe et physicien français né à Rembercourt aux Bois (Lorraine) en 1719, mort à Mâcon en 1809. D'abord Professeur au Collège du Plessis, puis Vicaire général à Mâcon. — Astronomiæ physicæ juxta Newtoni principia breviarium.

Parisiis, Quillau, 1749, in-12 (5 fr.)

Cet ouvrage fut trouvé si clair qu'on le réimprima à Upsal, en 1761 ; à Tyrnau en 1762. — Il devint classique dans l'Université de Tubingue, où il eut une 5me édition en 1769.

10194 SIGORGNE. — Institutions Newtoniennes.

Paris, Guillyn, 1769, in-8°, 7 planches gravées (5 fr.).

Pierre SIGORGNE, chanoine de Mâcon, contribua beaucoup par ses écrits aux progrès de la bonne physique et se fit surtout connaître par ses ouvrages sur le Cartésianisme et le système de Newton.

10195 SILAS (Ferdinand). — Instruction explicative et pratique des Tables tournantes, d'après les publications allemandes, américaines, et les extraits des journaux allemands, français et américains. Précédée d'une Introduction sur l'action motrice du Fluide Magnétique, par Henri DELAAGE. 3e édition augmentée d'un Chapitre sur le Rôle du Fluide Magnétique dans le mécanisme de la Volonté, par H. DE BALZAC.

Paris, Houssiaux et Dentu, 1853, in-8° de 46 p. Frontispice sur bois (6 fr.).

[R. p. 6637

Paris, 1852, in-8°.

Rarissime Plaquette recherchée surtout à cause du Chapitre écrit par Honoré de BALZAC.

2me édition, *Ibid. Iid.*, 1853.

[Rp. 6638

3me édition, *Ibid. lid.*, 1853.
[Rp. 6639

10196 SILENTO (Petrus de) philosophe hermétique. — Petri de Silento opus ; dans *Theatrum chemicum*, IV (1613). 1113-27.

(O-1010

10197 SILHOUETTE (Etienne de) financier et philosophe français né à Limoges en 1709, mort à Bric-sur-Marne en 1767. Contrôleur général des Finances sous Louis XV. — Dissertations sur l'Union de la Religion, de la Morale et de la Politique.

La Haye, 1742. 2 forts vol. in-12 (10 fr.).

Ouvrage du plus haut intérêt pour l'étude des Mystères de l'antiquité et la science initiatique. — Citons de la table des matières : De l'établissement des mystères et de leur utilité pour la société ; De l'Initiation aux Mystères ou explication de la descente fabuleuse des anciens héros aux Enfers ; Utilité des mystères, prouvée par l'explication de la métamorphose de l'âne d'or d'Apulée. — Examen de la Philosophie de Pythagore, où l'on explique la doctrine de la Métempsychose et l'origine des Métamorphoses, etc.... Ce précieux ouvrage contient une explication ésotérique du sixième livre de l'Enéide dont l'auteur révèle savamment le symbolisme secret.

10198 SILLIG (Johann Friedrich). — Jakob Böhme. Ein biographischer Versuch (von Johann Friedrich Sillig).

Pirna, Arnold, 1801, in-8° de 253 pp.

(O-56

SILLON (Le). Mouvement catholique démocratique contemporain, condamné par la Papauté. — Voir :

BARBIER (Abbé Emmanuel)

10199 SILVESTRE DE SACY (Antoine Isaac baron) célèbre Orientaliste, né et mort à Paris (1758-1838). Son père, Abraham Sylvestre, était notaire à Paris, et le nom de Sacy est celui d'un village de la Brie. Académicien, Professeur de Persan au Collège de France, puis Administrateur de ce Collège et de l'Ecole des Langues Orientales, Membre de presque toutes les Académies de l'Europe. — Lettre au citoyen Chaptal, au sujet de l'inscription égyptienne du monument trouvé à Rosette.

Paris, 1802, in-8° de 48 p. avec 2 planches hors texte.

On sait que la fameuse pierre trouvée à Raschid (Rosette) portait une inscription en trois caractères différents : hiéroglyphiques, grecs et égyptiens, ce qui permit, par comparaison, de retrouver la signification de beaucoup de mots égyptiens restés jusqu'alors indéchiffrables.

10200 SILVESTRE DE SACY (A. I.).— Mélange de Littérature Orientale.

Paris, in-8°. Portrait (8 fr.).

Consacre de longues recherches à la Société Secrète des Druses. En décrit minutieusement les Neuf degrés d'Initiation. — Dissertation sur les Pyramides et leur Signification Mystérieuse.

10201 SILVESTRE DE SACY. — Observations sur une pratique superstitieuse attribuée aux Druzes et sur la Doctrine des Nozaïriens.

Paris, 1827, 2 vol. in-8° (4 fr.).

Réponse de l'auteur à un passage du livre de M. Regnault: « *Recherches sur les Druzes et leur religion* » et intitulé : Lumière de la chandelle du Soir du Vendredi et attribué à Hanizé.

10202 SILVESTRE DE SACY. — Recherches sur l'initiation à la secte des Ismaéliens.

Paris, 1824, in-8°.

La secte des Ismaéliens fut fondée par Ismaël en l'an 148 de l'Egire ; c'était une secte politique et philosophique qui avait neuf degrés d'initiation. — Son but était le pur matérialisme (?).

SILVIUS (Æneas) pape sous le nom de Pie II. — Voir :

POLDO (Jean), son traducteur en français.

10203 [SILVY (Louis)], théologien français né à Paris en 1760, mort à Port-Royal en 1847. Adversaire des Jésuites. — Relation concernant les Evènements qui sont arrivés à un laboureur de la Beauce dans les premiers mois de 1816.

Paris, Egron, 1817, in-8°. (4 fr.).
[Lb¹ˣ 527

Autre édit. :
Paris, Hivert, 1839.
[Lb¹ˣ 528 D

Curieuse relation d'Apparitions arrivées à Thomas Martin, laboureur de Gallardon, et des Prophéties qui lui furent faites.

(G-2110)

10204 [SILVY (Louis)]. — Relation concernant les évènemens qui sont arrivés au sieur Martin, laboureur à Gallardon, en Beauce, dans les premiers mois de 1816. Nouv. édit. augm. de plusieurs lettres de Martin sur de nouvelles apparitions.

Paris, Hivert, 1830, in-8°.
[Lb¹ˣ 528
(G-708)

10205 SIMMONITE (W.J.), Astrologue anglais. — Complete Arcana of Astral Philosophy, or the Celestial Philosopher, being Genethliology simplified, or the Doctrine of Nativities, to which is added the Ruling of the Microscom. — Mathematical and Astronomical Tables, for the use of students to astro mathematics, for the practical Astronomers, Astrologers et Astrometeorologists ; W. introd. cont. an Explanation and use of the Tables.

London, 1890, in-8°. (12 fr.).

Manuel très complet et très précieux.

SIMON LE MAGICIEN. — Voir :
METTAIS.

10206 SIMON (G.). Journaliste à Nantes. — Mémoire sur le Magnétisme Animal et sur son application au traitement des maladies mentales, lu au Congrès scientifique de Poitiers, le 11 septembre 1834, par G. Simon (de Nantes).

Paris, Guirandel et Jouaust, 1834, in-8°, 19 pages.

L'auteur était rédacteur d'un journal de Nantes et son mémoire lu à la section de médecine du congrès fut écouté avec intérêt dit le procès verbal du Congrès scientifique tenu à Poitiers. 1834. (Collection des Congrès scientifiques).

(D. p. 109)

10207 SIMON-SUISSE (Jules-François),, plus connu sous le nom de Jules Simon, philosophe, publiciste et homme d'Etat français né à Lorient (Bretagne) en 1814. Mort à Paris en 1896. D'abord professeur de Philosophie à Caen, Versailles, puis à l'Ecole Normale de Paris. Député, Ministre, Sénateur, Académicien et orateur habile. — Du commentaire de Proclus sur le Timée de Platon.

Paris, imp. de Moquet, 1839, in-8°, (15 fr.).

[R. 51335

L'auteur en faisant l'analyse de ce commentaire, en a extrait toutes les idées philosophiques, et tous les renseignements relatifs à l'histoire de la philosophie ; ensuite, il a reproduit et discuté les points principaux de l'interprétation du Timée de Platon par Proclus.

10208 SIMON (Jules). — Histoire de l'Ecole d'Alexandrie.

Paris, Joubert, 1845, 2 vol. in-8°. (50 fr.).

[R. 51302-303

Sc. psych. — T. III. — 34.

Cette histoire de la fameuse École d'Alexandrie est fort recherchée pour sa haute valeur : elle contient un exposé complet de la doctrine des principaux philosophes qui allèrent chercher l'initiation dans la métropole égyptienne. — Le Tome I est consacré en grande partie à la philosophie de Plotin, Vie de Plotin, Théorie générale des émanations. — De la matière et de l'essence. — Lois générales du monde. — De la Providence. — Des différentes espèces d'êtres, et particulièrement de la nature humaine. — Des facultés de l'âme. — Théorie de la volonté. — Erennius. — Origène. — Longin, Amélius. — Doctrine de Porphyre. — Doctrine de Jamblique. — Disciples et successeurs de Jamblique. — Doctrine de l'empereur Julien. — Rapports de l'école d'Athènes avec l'école d'Alexandrie, Plutarque et Syrianus. — Doctrine de Proclus. — De la production du monde. — Nature et facultés de l'âme, etc...

10209 SIMON (Jules). — La religion naturelle.

Paris, Hachette, 1856, in-8°: (3 fr. 50).

10210 SIMON (N.). — Voyage humoristique à travers les religions et les dogmes.

Paris, s. d., 2 vol. in-16. (1 fr. 75)

Les Déluges. — La pomme de Mme Ève. — Adoration des parties sexuelles dans diverses religions. — Les Paillardises de la Bible. — Le cimetière des religions. — Jezeus Christna, etc...

10211 SIMON (Richard), Oratorien, savant hébraïsant et controversiste français né et mort à Dieppe (1638-1712). Professeur de philosophie et Prieur de Bolleville en Caux. Précurseur des Modernistes actuels. — Histoire critique du texte du Nouveau Testament, où l'on établit la vérité des actes sur lesquels la religion chrétienne est fondée.

Rotterdam, 1689, in-4°. (15 fr.).

Les ouvrages de Richard Simon fort recherchés jusqu'ici, sont vivement disputés aujourd'hui par les modernistes dont il fut le précurseur et peut être considéré comme le père. — On y remarquera sa discussion sur le texte de l'Évangile de St-Jean que l'on peut rapprocher de l'opinion des néo-templiers-maçons qui possédaient une curieuse version apographe du XII° siècle de cet évangile, fort différente du texte orthodoxe.

L'édition originale, S. l. [Paris, Vve Billaine, 1678], in-4° fut supprimée sur l'avis de Bossuet, alors évêque de Coudom.

10212 SIMON (P. Max), Médecin en chef de l'Asile public d'aliénés de Bron et Inspecteur des asiles privés du Rhône. — Hygiène du corps et de l'âme ou conseils sur la direction physique et morale de la vie, etc...

Paris, Baillière, 1853, in-12. (2 fr.).

10213 SIMON (le Dr P. Max). — Le Monde des Rêves. Le Rêve, l'Hallucination, le Somnambulisme et l'Hypnotisme, l'Illusion, les Paradis artificiels, le Ragle, le Cerveau et le Rêve, par P. Max Simon, Médecin en chef à l'Asile public d'Aliénés de Bron, Médecin-Inspecteur des Asiles privés du Rhône. Deuxième édition.

Paris, J. B. Baillière et fils, 1888, in-16 de VIII-326 p. (2 fr.).

Du Rêve en général. — Le Rêve et les Sens ; — et l'Esprit ; — et l'Organisme. — L'Hallucination Visuelle. — Les Invisibles et les Voix. — Hallucinations de la Sensibilité, de l'Odorat et du Goût. — Incubes, Succubes et Vampires. — Hallucinations Physiologiques et Hypnagogiques. — Du Somnambulisme et de la Vision somnambulique. — De l'Extase. — De l'Hypnotisme. — De l'Illusion. — Les Paradis artificiels. — Le Ragle, ou Hallucination du Désert. — Le Cerveau et le Rêve.

Autre édition :

Paris, 1882, in-16.

[Tb⁰⁰ 27

10214 SIMON-THÉOPHANE, membre de l'Église Néo-Gnostique actuelle.

Les Enseignements secrets de la Gnose, avec des notes documentaires par ✝ SYNÉSIUS, patriarche de l'Eglise Gnostique de France.

Paris, Société d'Edit. contemporaine, Lucien Bodin, 1907, in-8° de 100 pp. (4 fr.).

Excellent ouvrage sur la Doctrine de la Gnose. Définitions précises des Termes Gnostiques : « *Syzygies, Eons, Plérome* ».

Les Ténèbres extérieures. — La Vie Universelle et la Vie Pneumatique. — Le Monde Individuel et le Démiurge. — La Voie Rédemptrice. — L'Etoile Flamboyante. — Les Correspondances.— Etc.

Les Principales théories de la Kabbale y sont passées en revue car on sait le rapport étroit qui unit la Kabbale et la Gnose dont les sources orientales sont la véritable origine et qui est au premier chef une doctrine traditionnelle et d'éléments constitutifs cosmogoniques et métaphysiques. — Entre autres chapitres intéressants, nous devons signaler tout particulièrement celui qui traite de l'architecture au point de vue du symbolisme, ainsi que ceux consacrés à la définition précise des termes gnostiques cités plus haut.

10215 SIMONIN (A.). — Psychologie humaine. — Le matérialisme démasqué.

Paris, Didier, 1878, in-12. (1 fr. 75).

10216 SIMONIN (A.). — Solution du problème de la suggestion hypnotique. — La Salpêtrière et l'hypnotisme. — La suggestion criminelle. — La loi doit intervenir.

Paris, 1880, in-12. (2 fr.).

10217 [SIMONET (l'abbé)]. — Réalité de la Magie et des apparitions, ou contre-poison du Dictionnaire infernal ; ouvrage dans lequel on prouve, par une multitude de faits et d'anecdotes authentiques, et par une foule d'autorités incontestables, l'existence des sorciers, la certitude des apparitions, la foi due aux miracles, la vérité des possessions, etc., etc., etc., précédé d'une Histoire très précise de la Magie considérée sous son véritable point de vue, depuis le commencement du monde jusqu'à nos jours (le tout propre à démontrer combien la France est encore trompée par l'auteur du Dictionnaire infernal) (par l'abbé SIMONNET).

Paris, Brajeux ; P. Mongie aîné, 1819, in-8° de XXII-152 pp. (10 fr.).
[R. 51340

Une note du Catalogue EMERIC-DAVID (1862) n° 876, dit : « Ouvr. Jésuitique si absurde en fait de miracles de toute espèce, que la congrégation de Rome dépensa des sommes considérables pour en retirer les exemplaires des bibliothèques particulières.»

L'auteur de cette réfutation ne se doutait guère, lorsqu'il publiait ce *Contre-Poison*, que COLLIN DE PLANCY deviendrait un des plus zélés partisans de la bonne cause, publierait une 3ᵉ édit. qui aurait la sanction des évêques, et que le dit COLLIN DE PLANCY mentirait encore mieux en faveur de l'orthodoxie catholique qu'il n'avait menti en faveur du Diable.
[LADRAGUE].

(O-1695
(G-977

SINISTRARI (le Père Louis-Marie), de l'Ordre des Mineurs Réformés de l'étroite Observance de Saint François, né à *Ameno*, Diocèse de Novare, en 1622, mort en 1701. Ce Capucin et Casuiste italien a été remis en lumière par la publication d'un ouvrage sur l'Incubat que M. Isidore LISEUX a découvert à Londres.

D'une érudition générale et étendue, il professa la philosophie et la théologie à Pavie, et fut Vicaire général de l'Archevêque d'Avignon.

10218 SINISTRARI d'AMENO. — De la démonialité et des animaux incubes et succubes où l'on prouve qu'il existe sur terre des créatures raisonnables autres que l'homme, ayant comme lui un corps et une âme naissant et mourant, comme lui rachetées par N. S. Jésus Christ et capables de salut et de damnation. Ouvrage inédit publié d'après le manuscrit original et traduit du latin par I. Liseux.

Paris, Liseux, 1875, in-8°. (10 fr)

Texte latin et traduction française en regard. Tirage unique à 598 exemplaires numérotés.

[D. 63115
(G-978

Autre édition :

Paris, Liseux, 1876, fort in-16.

[D. 64393

10219 SINISTRARI D'AMENO. — De la Démonialité et des Animaux Incubes et Succubes, où l'on prouve qu'il existe sur Terre des Créatures raisonnables autres que l'Homme, ayant comme lui un Corps et une Ame, naissant et mourant comme lui, rachetées par N. S. Jésus-Christ et capables de Salut et de Damnation, par le R. P. Louis-Marie SINISTRARI D'AMENO. Publié d'après le manuscrit original et traduit du latin par Isidore LISEUX.

Paris, Isidore Liseux, 1882, in-18 de XXIV-160 p. et 8 de catalog. (2 fr.).

Joli petit volume édité par l'éditeur de la « *Petite collection elzévirienne* ».

Comment une jeune femme peut être fécondée par un Incube. — Sorciers et Sorcières. — « Luxuria in humido ». — Crimes de Bestialité et de Sodomie. — Hommes procréés par les Incubes (Platon, Merlin l'Enchanteur, Luther, etc.). — Commerce d'une Sorcière avec le Diable, etc. — Curieuse étude sur la Démonialité et sur les différences que présente ce crime avec la Bestialité et la Sodomie.

(G-2120 et 21

10220 SINISTRARI D'AMENO (R. P.). — Demoniality or incubi and succubi. A treatise wherein is shown that there are in existence on earth rational creatures besides man, endowed like him with a body and a soul, that are born and die like him, redeemed by Our Lord Jesus-Christ, and capable of receiving salvation or damnation. Published from the original Latin ms. discovered in London in the year 1872 and translated into English with the Latin text.

Paris, Isidore Liseux, 1879, in-12. (8 fr.).

[D. 65619

Édition anglaise avec le texte original latin.

10221 SINISTRARI D'AMENO. — De Sodomia, tractatus in quo exponitur doctrina nova de Sodomia Foeminarum a Tribadismo distincta.

Parisiis, Isidore Liseux, 1879, in-18. (6 fr.).

[Enfer 30

Ouvrage singulier.

N° 51 de la *Petite collection elzévirienne*.

Trad. franç.: De la Sodomie et particulièrement de la Sodomie des femmes distinguée du Tribadisme.

Paris, I. Liseux, 1883, in-16.

[Enfer 97

10222 SINNER (Jean-Rodolphe de), savant suisse né et mort à Berne (1730-1787). Bibliothécaire de sa ville natale. — Essai sur les dogmes de la métempsychose et du Purgatoire enseignés par les Bramins de l'Indostan ; suivi d'un Récit abrégé des dernières révolutions et de l'Etat présent de cet empire.

Berne, 1771, in-12. (6 fr.).

Travail d'érudition où l'auteur cherche à démontrer que les dogmes de l'immortalité de l'âme et de la nécessité des épreuves ont pris naissance en Orient, d'où ils ont passé aux Egyptiens, aux Grecs et aux Chrétiens.

10223 SINNETT (Alfred Percy) vice-président de la Société Théosophique, né à Londres en 1840. Fils d'un journaliste et littérateur. — Le Bouddhisme Esoterique, ou Positivisme Hindou, par A. P. SINNETT, auteur du Monde Occulte. Traduit de l'Anglais par Mme Camille Lemaitre.

Paris, Art indépendant, 1890, gr. in-18 jésus de IV-343 p. (3 fr. 50).

[O² m. 107

Très intéressant ouvrage donnant l'exposé complet de la doctrine bouddhique, professée par la *Société Théosophique*. — Les maitres ésotériques. — Constitution de l'homme. — La chaîne planétaire. — Les périodes du monde. — Dévachan. — Le courant de l'ondulation humaine — Bouddha. — Nirvâna. — L'Univers.

(G-981

En Anglais :

London, 1883, in-8°.

[O² m. 84

10224 SINNETT (A. P.). — Le Développement de l'Ame, suite du « *Bouddhisme ésotérique* » traduit de l'anglais.

Paris, Publications théosophiques, 1902, in-8° carré XI-424 p. (5 fr.).

[8° R. 18121

10225 SINNETT (Alfred Percy). — Incidents in the Life of Madame BLAVATSKY, Author of « *Isis Unveiled* ». Compiled from information supplied by her relatives and friends, and edited by A. P. SINNETT, Author of « *Esoteric Buddhism* ».

London and New York, 1886, in-8° de 324 p. Portrait de Mme BLAVATSKY, d'après un tableau de Hermann Schmiechen. (15 fr.).

(O. P. C.

10226 SINNETT (A. P.), Président de la *Société théosophique éclectique de Simla*. — Le Monde Occulte, Hypnotisme transcendant en Orient. Traduit de l'Anglais avec l'approbation de l'Auteur, par F. K. Gaboriau.

Paris et Bruxelles, Georges Carré, A. Manceaux, 1887, in-18 de XXXV-366 p. et tab. errata, (1 f°.) (3 fr. 50).

[8° R. 11843

Nouvelle édition :

Paris. Librairie théosophique, 1901, in-18 de 264 p.

[8° R. 17135

En Anglais.

London, 1881, in-8°.

[8° R. 3881

10227 SINNETT (A. P.). — Les premières races de la terre. — Cataclysmes périodiques. — Atlantis, Lemuria, la loi cyclique.

Paris, 1890, in-12.

10228 SINNETT (A.P.). — The purpose of theosophy.

London, 1885, in-8° (4 fr.).

10229 SIRIUS DE MASSILIE. — Oracle des Sexes. — Prédiction du sexe des enfants avant la naissance.

Paris, in-16, Figures, (1 fr. 50).

Vulgarisation de l'astrologie à un point de vue spécial et qui préoccupe un certain nombre de personnes s'adonnant à cette science. — Brochure répondant suffisamment aux desiderata des dames qui ne veulent que dresser des thèmes généthliaques par la méthode onomantique.

Quelle mère ne désire savoir à l'avance si l'enfant qu'elle attend, dans un délai plus ou moins rapproché, sera garçon ou fille ? C'est là une pensée qui la harcèle jusqu'au moment de sa délivrance. — Désormais, grâce à l' *Oracle des sexes* tous les parents peuvent résoudre ce mystérieux problème. Basé sur une ancienne tradition qui a fait ses preuves, la méthode de S. de MASSILIE répond pleinement à leurs secrets désirs et leur permettra de faire, en même temps, de piquantes prédictions dans leur entourage.

10230 SIRMOND de SAINT-BRISSON.

— Théorie du magnétisme animal, essai sur le système de l'Univers par SIRMOND DE SAINT BRISSON.

S. l., 1790.

Cité par M. MIALLE comme étant en faveur des idées de MESMER.

(D. p. 76

10231 SIVRI (L. de) et CHAMPAGNAC — Dictionnaire des Pélerinages anciens et modernes et des lieux de dévotion les plus célèbres de l'univers.

Paris, Migne, 1850, 2 vol. in-4°, (6 fr.).

Contient l'histoire des sanctuaires, des fêtes, des cérémonies et des processions ayant la religion pour objet. — L'énumération des reliques. — Une notice spéciale et curieuse sur les statues miraculeuses de la Vierge. — Un dictionnaire des mots employés dans la religion du faux prophète de l'Islamisme, etc...

10232 SIXTE IV (François d'ALBESCOLA DE LA ROVÈRE) pape successeur de Paul II, né en 1414, mort à Rome en 1484. — Regule ordinationes : et constitutiones Cancellerie Sanctissimi Domini Nostri : domini Sixti diuina prouidentia Pape Quarti : scripte et correcte in cancellaria apl'ica.

[In fine] Lecte et publicate fuerunt supra scripte regule Ro. in Cancellaria apostolica die Martis xxvii mensis Augusti Anno d. M. cccc lxxi.

Rome, la Chancellerie Romaine, 1471. in-4° de 9 ff. à 35 lignes par page, sans chif. signat. ni récl : caract. ronds.

C'est l'édition originale des célèbres Taxes de la Chancellerie Romaine, maintes fois rééditées par des auteurs anti-cléricaux.

Autre édition ancienne :

Regulæ et constitutiones Cancellariæ Sanctissimi Domini nostri [:] domini Sixti diuina prouidentia scriptæ et correctæ in Cancellaria apostolica.

Le colophon donne : Romæ, in Cancellaria apostolica, die Martis xxvij mensis Augusti anno domini m. lxxi.... pet. in-4° gothique de 16 ffos sans chiffres ni réclames, d'un caractère typique fondu hors d'alignement.

On croit l'édition de Strasbourg ou de Nüremberg.

L'ouvrage se continue, au v° du dernier feuillet par les « Regulæ Expectativarum » de 5 ffos de plus, également n. c.

3 exemplaires :

[Réserve E. 3107, 3108
[et 3108 bis

Voir BRUNET (V-404 et 5) et encore : (V-682) — HAIN : (IV 331).

Antoine DU PINET en a donné une édition :

Lyon [Genève], 1564. pet. in-8°. 5 ff. prélim. texte pp. 11 à 174, à 2 col. plus 6 ff de table. (9 à 10 fr.).

[D² 4231 (5)
[et D² 7303

Autres éditions :

Londres, 1701, in-8°.
Rome [Hollande], 1744, in-12.
Paris, Ponthieu, 1820, in-8°.

[D² 7304

Paris, 1883, 3ᵉ édit. in-16.

[D² 7305

Voir aussi :

COLLIN DE PLANCY.
GARINET.
RENOULT.
TAXÆ.

10233 SKEPTO. — L'hypnotisme et les religions ou la fin du merveilleux.

Paris et Bordeaux, 1888, in-12, (2 fr. 25).

Fascination. — Suggestion. — Charco et les témoins. — Les crucifixions jansénistes. — Théorie physiologique des miracles, etc...

(G-46)

10234 SKINNER. — The Source of Measures.

(5 dol.).

Je ne connais que le titre de cet ouvrage.

10235 SLEUMER (Albert). — Index Romanus.

Osnabrück, G. Pillmeyer, 1906, in-16 de 87 p. (2-ème édit.)

[8° Q. 3393

Edition allemande de l'Index, contenant les livres postérieurs à 1870.

Extrèmement curieux : on y voit à l'Index : l'abbé Assault, Balzac, Jules Bois, Burnouf, Descartes, les deux Alexandre Dumas, Flaubert, Kant (!) le Grand Dictionnaire Larousse (en 1873), etc...

Pour les éditions anciennes de l'Index, voir ce mot.

10236 SMILES (Samuel) écrivain écossais, né à Haddington en 1815. — Self-Help, ou caractère, conduite, persévérance, traduit de l'anglais par Alfred Talandier.

Paris, Plon, 1882, in-12. (2 fr. 25).

Livre fort célèbre en Angleterre. Illustré à l'aide de biographies : Bernard Palissy, Watt, Franklin, etc...

Autre édition :

Paris, 1886, in-18.

[8° R. 0382

10237 SMITH. — Traité des vertus médicinales de l'eau commune, où l'on fait voir qu'elle prévient et guérit une infinité de maladies etc... avec qq. règles pour le régime de vivre : et le grand fébrifuge du Dr Hancock, traduit de l'anglais : on y a ajouté les thèses de MM. Hecquet et Geoffroy, avec qq. réflexions sur le remède de l'eau à la glace.

Paris, 1626. in-12. (6 fr.).

Ouvrage curieux d'une grande analogie avec celui de Rowe (Edward).

Autres éditions :

Paris, Guillaume Cavelier fils 1725 pet. in-8° de xciij p.-1 f°-335 p.-3 f°s de table. (4 fr.).

[Te^{157} 1

Paris, 2e édit. Id. 1726. petit in-8°.

[Te^{157} 1. A.

10238 SMITH (M). — Histoire des Druides et particulièrement de ceux de la Calédonie ; suivie de recherches sur les antiquités celtiques et romaines.

Arbois, 1845. in-8°, (6 fr.).

De l'institution des Druides et de leurs différents ordres. — Des Druides considérés comme prêtres: examen de leur doctrine et de leur culte. — Les monuments druidiques. — Les fêtes druidiques. — Les cérémonies et mystères des Druides. Astrologie. — Médecine.

10239 SNELL (Louis) homme d'état suisse, né à Idstein (Duché de Nassau) en 1785, mort en 1854. Professeur à Bâle, Zurich et Berne. — Petit traité de métaphysique élémentaire, traduit par Mme Wronski. — Suivie de qq. considérations sur la philosophie absolue.

Paris, Amyot, 1854. in-12 de 47 p. (2 fr.).

10240 SNIDER (A). — La création et ses mystères dévoilés. — Ouvrage où l'on expose clairement la nature de tous les êtres, les éléments dont ils sont composés et leurs rapports avec le globe et les astres. — La nature et la situation du feu et du sommeil. — L'origine de l'Amérique et de ses habitants primitifs. — La formation forcée de nouvelles planètes. — L'origine des langues et les causes de la variété des physionomies, le compte courant de l'homme avec la terre, etc. avec dix gravures. Par A. SNIDER.

Paris, A. Franck, E. Dentu. 1858, in-8° de 486 p. 10 pl. hors texte, à fond noir. (6 fr.).

[A. 11434

Ouvrage orné de 10 planches; renfermant en près de 500 p. une théorie complète du monde. COURT DE GÉBELIN avait tenté au siècle précédent ce prodigieux travail, son œuvre est toujours consultée avec fruit ; l'américain SNIDER aidé des progrès de la science, traite entièrement le même sujet. Tous les chapitres seraient à citer, le titre ne donnant qu'une faible idée du contenu de l'ouvrage dont le but principal est la recherche de l'origine de l'Amérique, son identification avec l'Atlantide. En résumé cet ouvrage est à joindre dans la bibliothèque de tout chercheur de l'au-delà passé, aux ouvrages de COURT DE GÉBELIN et FABRE D'OLIVET.

(G-982

10241 SOANEN (Mgr Jean), évêque de Senez, Oratorien, Janséniste et l'un des Appelants. — La Vie de Messire Jean SOANEN, évêque de Senez [par J. B. GAUTIER], avec ses lettres.

Cologne [Paris], 1750, 2 vol. in-4°. Portrait.

On trouve dans ce livre une histoire très curieuse sur le *Secret de la transformation des Métaux*. [dit le Catalogue de la Bibliothèque du Château de St-YLIE].

Autre édition :

A Cologne aux dépens de la Compagnie, 1750, in-12 de XV-535 p. et tabl.

[Ld¹. 2244

Mgr SOANEN, célèbre comme l'un des quinze « *appelants* » Jansénistes de la bulle Unigenitus naquit à Riom en 1647 et mourut à la Chaise Dieu en 1740.

(St-Y-294 l

10242 SOCIÉTÉ de l'HARMONIE d'Ostende. — Système raisonné du Magnétisme universel d'après les principes de M. Mesmer, auquel on a joint l'explication des procédés du Magnétisme animal tant par M. MESMER que par le chevalier de BARBERIN, et par M. de PUYSÉGUR, relativement au somnambulisme ainsi qu'une notice de la constitution des Sociétés dites de l'Harmonie qui mettent en pratique le Magnétisme animal, par la SOCIÉTÉ DE L'HARMONIE D'OSTENDE.

Ostende. 1786. in-12. 133 pages, (3 fr.).

[Th⁶² 1,
(pièce 146, Tome XIII)

Cet ouvrage pourrait se trouver mieux à sa place dans la liste des ouvrages publiés à l'étranger mais je n'en ai trouvé aucun exemplaire et peut-être a-t-il été imprimé à Paris. Il est très rare.

(D. p. 70

10243 SOCIÉTÉ DE L'HARMONIE de Guienne. — Recueil d'observations et des faits relatifs au Magnétisme animal présenté à l'auteur de cette découverte et publié par la SOCIÉTÉ DE L'HARMONIE DE GUIENNE.

Bordeaux et Paris. 1786. in-8°, 168 pages. (3 fr.).

[Th⁶¹ 262

Intéressant rapport de l'une des sociétés fondées en province à l'instar de la SOCIÉTÉ DE L'HARMONIE de Paris. Il fut rédigé par ARCHBOLD, Médecin, d'après BARBIER.

(D. p. 68

10244 SOCIÉTÉ DE MESMÉRISME de Paris.— Statuts et règlement.

Paris, Réné, 1848. in-8°.

Autres éditions en 1851 et 1852.

(D. p. 142

10245 SOCIÉTÉ EXÉGÉTIQUE et philanthropique de Stockholm. — Lettre sur la seule explication satisfaisante des phénomènes du Magnétisme animal et du somnambulisme, déduite des vrais principes fondés dans la connaissance du Créateur de l'homme et de la nature et confirmées par l'expérience, adressée à la Société des Amis réunis de Strasbourg par la SOCIÉTÉ EXÉGÉTIQUE et PHILANTHROPIQUE de Stockholm et précédé d'un mémoire présenté à S. M. le Roi de Suède par la mé- Société.

Stockholm, 1788, in-8°, 87 p. ou 56 p.

Très rare.

D'après l'original imprimé à Stockholm il y a une édition sans le mémoire au Roi de Suède, in-8°, 56 pages. (Note de M. MIALLE).

(D. p. 74

10246 SOCIÉTÉ HARMONIQUE.... de Strasbourg. — Suites des cures faites par différents magnétiseurs membres de la Société HARMONIQUE DES AMIS RÉUNIS de Strasbourg.

Strasbourg, Lourens et Schouler, 1787, in-8°, 348 pages. (4 fr.).

[T⁵ᴿ 55

C'est le deuxième volume des « *Annales de la Société harmonique des Amis réunis de Strasbourg, ou cures que les membres de cette société ont opérées par le Magnétisme animal* ».

On trouve de curieux détails sur cette Société (Liste des membres, fac similes de leurs signatures, etc.) dans un singulier ouvrage par M. HUGUENY (Charles) de Nancy, intitulé « *Système de la Nature* », q. v.

(D. p. 71

10247 SOCIÉTÉ PHILANTHROMAGNÉ- TIQUE de Paris. — Statuts.

Paris, Boisseau, 1849, in-8°.

(D. p. 144

10248 SOCIN (Faust), en italien SOZZINI neveu et disciple du célèbre hérésiarque LELIO SOZZINI, né à Sienne en 1539 mort à Luchavie (Pologne) en 1604. Il avait épousé la fille d'un seigneur Polonais, son disciple, Christophe MORSZTYN. — Vita Fausti SOCINI, descripta ab equite polono, cui accedit dissertatio quam Ejusdem operibus præmitti voluit. cum *Catalogo* ejusdem SOCINI operum.

Euleutheropoli, 1658, in-8°.

(S-1522

10249 SŒDERBLOM (N). — La vie future, d'après le Mazdéisme, à la lumière des croyances parallèles dans les autres religions.

Paris, in-8°, (7 fr. 50).

10250 SOGOLO (Dr). — Le signe de Caïn.

Paris, 1803, in-8° de 50 p.

Curieuses recherches sur la signification cabalistique du mot CAIN et de qq. signes symboliques.

*10251 ——— Le Verbe.

Paris, 1884, in-8°.

[8° X. Pièce 571.

10252 SOLDI (Emile Arthur) dit SOLDI COLBERT de BEAULIEU, graveur en médaille et archéologue français né à Paris en 1846. — L'art et ses procédés depuis l'antiquité. — La sculpture Egyptienne.

Paris, Ern. Leroux, 1876, gr. in-8° de 128 p. avec gravures. (3 fr.).

[4° V. 21

10253 SOLDI (Emile). — La langue sacrée : [I]. La cosmoglyphie, le mystère de la création.

Paris, Achille Heymann, 1897, gr. in-8° de XVI-677 p. (18 fr.).

Illustré de 900 dessins réunis en 400 figures gravées sur bois. Dans cet ouvrage, l'auteur montre en dévoilant le secret des signes magiques qu'elle employait, comment « l'Initiation » aux mystères antiques donnait la certitude de la vie future ; il éclaire les origines de l'homme et de la civilisation et traduit l'hymne première dans laquelle l'humanité encore unie, célébrait en une même langue, la vie, le feu sacré, comme le principe de l'évolution cosmique et il en donne la philosophie. — Les Mystères. — Vertu des paroles magiques. — L'Initiation de Paracelse. — Symbolique des Nombres. — Germes divins. — Pièces alchimiques. — L'arbre magique, etc.....

10254 SOLDI (Emile). — La Langue sacrée [II]. — Le temple et la fleur ; les signes construits et fleuris. — Origines de l'art. — Des pyramides au Parthenon. — Le voyage de l'âme dans l'autre monde. — Origine de l'art.

Paris, Londres, Boston, Achille Heymann [et alii], 1899. gr. in-8º XV-300 p. Nombreuses figures. (14 fr.).

10255 SOLDI (Emile). — Les origines de l'homme et de la civilisation. — La langue sacrée: [III].—L'arbre de la science. — Origine de l'écriture et de l'alphabet. — La lettre S.

Paris. Ernest Leroux, 1900, gr. in-8º, XV-158 p.

[4º R. 1444

20256 SOLDI (Emile). — La langue sacrée : [IV] Les armes magiques.

Paris, Ernest Leroux, 1902-03, in-8º. Nombreuses planches et figures. (4 fr.).

[4º R. 1444

IVᵉ volume. fascicule 1. Origine de l'alphabet phénicien.—Fascicule 2. Le signe de la Croix, l'enveloppe universelle, la lettre T et H.— Fascicule 3. Le signe de la Croix. — Le divin sacrifice de la messe égyptienne. — L'arc solaire. — La lettre Zaïn.

IVᵉ Volume. Fascicule 2. — Les armes magiques. le Signe de la Croix.

Paris, Ernest Leroux, 1903. gr. in-8º. fig.

[4º R. 1444

10257 SOLDI (Emile). — La langue sacrée : [V etc.]. — Origine des Religions. des Arts, des Ecritures. des Alphabets.

Paris, (en tout) 4 forts vol. gr. in-8º contenant 1.500 dessins. (40 fr.).

Véritable encyclopédie sur la question de l'ouvrage : — Le mystère de la Création. — Origine des Religions. — La Cosmoglyphie. — Le Soleil. — Le Feu. Les Transformations magiques. — Le corps. — L'Energie et l'intelligence. — L'attraction. — Constitution des êtres vivants. — Le Temple et la Fleur. — Origine de l'Art. — Les Signes construits et fleuris. — Les Eléments créateurs. — Le Drame céleste. — L'Arbre de la science. — Origine de l'Ecriture. — La lettre S. — La Science antique. — Mécanisme de la Langue sacrée. — Lois formatrices de l'Ecriture. — Evolution Chaldéenne et Chinoise. — Tableaux comparatifs des Alphabets Egypto-Chaldéo-Phénicien et commentaires. — L'Enveloppe universelle. — La lettre Teth. — Les signes en croix — Une phrase mystique. — Les Sphères serpentines. — Le Dieu Sir. — Shou et Tafnout. — Le Caducée. — La Clef 142. — Le Dragon.— Le Nom et la lettre. — Transformation du Disque. — L'Arbre de Vie. — Le divin sacrifice de la Messe Egyptienne. — Variété des Foudres. — La Spirale volante. — L'Arc belier. — Sortir à la voix. — Horus et Maït. — Origine de la Harpée. — La Crosse Flamme. — Le Bâton spiralé. — Zeus Kéraunios. etc.

10258 [SOLEIL (Félix)]. — La Vierge Marguerite substituée à la Lucine Antique. Analyse d'un Poème inédit du XVᵉ siècle. Suivi de la Description du Manuscrit et de recherches historiques. Par un Fureteur [Félix Soleil].

Paris. Adolphe Labitte, 1885. in-8º. Frontisp.

[8º Ye. 863

Tiré à 500 ex.

Le Frontispice reproduit la première page du Manuscrit, où la Sainte est représentée chevauchant le Diable.

(Y-P-1762

10259 SOLIS (Antonio de). historien et dramaturge espagnol, né à Placentia (Vieille Castille) en 1610. mort à Madrid en 1686. Il entra dans les ordres en 1667, un an après avoir été nommé Historiographe des Indes, par la régente Marie-Anne d'Autriche. — Histoire de la Conquête du Mexique ou de la Nouvelle Espagne, traduite de l'Espagnol de Antoine de Solis.

Paris, par la compagnie des libraires, 1730, 2 vol. in-12. (0 fr.).
[Ol. 680. D.

Autre édition :

A Paris, chez Rob. Pepie, 1691, in-4°. Planches : Vues et Cartes, hors texte. (15 fr.).
[Ol 680

Traduit par Cotry de la Guette.

Autre édition :

Paris, Veuve Claude Barbin. 1704, 2 vol. in-12.
[Ol. 680 B.

Paris, 1714, 2 vol. in-12.
[Ol. 680 D.
(S-6461
(G-2122

SOLITAIRE DES ROCHERS (La), ou des Pyrénées. — Voir :

BÉRAULT-BERCASTEL.
NICOLSON.

10260 SOLLIER (Dr Paul). — Les Phénomènes d'Autoscopie.

Paris, Alcan, 1903, in-16 de 175 p.
[T⁸⁶d. 831

De la Biblioth. de Philosophie Contemporaine.

Très intéressant. — Curieux cas de projection consciente mais involontaire de l'astral ; — de clairvoyance inopinée devant des miroirs ; — d'autoscopie négative... et d'autoscopie interne (vue des organes du corps).

(L'*Autoscopie négative* consistant à *ne pas se voir* dans un miroir).

10261 SOLLIER (Dr Paul). — Psychologie de l'idiot et de l'imbécile.

Paris, Alcan, 1891, in-8°. Orné de 12 planches. (3 fr.).

Autre édition :
Ibid., id., 1901, in-8° de II-236 p. fac-similés.
[Td⁸⁶ 600 A.

10262 SOLOVIOFF (W. S.) ou SOVO-LIOFF. — Les Mages, roman occulte, traduit du Russe par Maurice LUQUET.

Paris, Librairie Hermétique. 1910, in-12 de 252 p.

Tome I, *seul paru*, d'un ouvrage de fantaisie sur CAGLIOSTRO en Russie.

10263 SOMMERUS (Gottofr. Christoph). — Specimen theologiæ Soharicæ cum christiana amice convenientis exhibens articulorum fidei fundamentalium probationes, e Sohare antiquissimo Judæorum monumento petitas...

Gotha, 1734, in-4° carré. (10 fr.).

10264 SOMNAMBULE (La).

S. l., 1819.

Cet ouvrage m'est inconnu. [Note de M. DUREAU].
(D. p. 93

SOMNAMBULE (Le), Journal de Magnétisme. — Voir :

POSSIN (Auguste), son Directeur.

SOMNAMBULE (le). ŒUVRES POSTHUMES en prose et en vers. — Cet ouvrage est un de ceux qu'ERSCH, « *France Littéraire* » (I-93), attribue à P. DIDOT et que QUÉRARD, « *France Littéraire* » (T. II) se dit autorisé à donner à la Comtesse *F. DE BEAUHARNAIS*, q. v.

10265 SONNE (Die) von Osten, oder philosophische Auslegung der Kette des goldenen Vliesses nebst dem Kreuze der Ritterorden der Tempelherrn, Johanniter, Teutschenherrn, u. a. d. und etwelcher cabalistischen Figuren, samt einem Spiegel oder Probierstein der philosophischen Materie, und einer besondern Auslegung desselben an seine Freunde der Weiszheit Söhne von Rosa significet Hunnis ea.

S. lieu et s. adr., 5783. in-8º de XII-278 pp. avec 3 pl.

(O-1563

10266 SONNET (Thomas), sieur de Courval, gentilhomme Virois. — Satyre contre les Charlatans et Pseudo-Médecins Empyriques, en laquelle sont amplement descouuertes les ruses de tous les Thériacleurs, Alchymistes, Chymistes, Paracelsistes, Distillateurs, Extracteurs de Quintescence, fondeurs d'or potable, Maistres de l'Élixir et telle pernicieuse engeance d'Imposteurs. En laquelle d'ailleurs sont réfutées les erreurs, abus et impietez des Iatromages ou Médecins Magiciens qui usent de Charmes, Billets, Parolles, Charactères, Inuocation de Demons, et autres détestables et Diaboliques Remèdes, en la Cure des Maladies par Thomas SONNET, Sieur de Courual, gentilhomme Virois.

Paris, J. Milot, 1610, in-8º (20 fr.).

[T²¹ 72

Autre édition :

A Paris, chez Jean Milot, 1618. in-8º. Avec deux Portraits dont un fort beau par Léonard GAULTIER. (60 fr.).

(G-2123
(S-3368 b

10267 SOPHRON und Medon-über die gemeine und höhere Magie, ihre verschiedene Gattungen und deren Werth oder Unwerth.

Magdeburch, Creutz, 1798. in-8º de IV-170 pp. avec titre grav. contenant 1 fig.

(O-1604

10268 SOPHRONIUS [Nom Mystique du Dʳ L. S. FUGAIRON, q. v.] Evêque, gnostique de Béziers de l'Eglise Néo-Gnostique (moderne), restaurée par Jules Stanislas DOINEL, q. v. — Catéchisme expliqué de l'École Gnostique, approuvé par sa grâce SYNÉSIUS, [FABRE DES ESSARTS], Patriarche Gnostique.

Paris, Chamuel, 1899-1900, in-8º de 240 p. en 3 fascicules. (5 fr.).

[8º A. 6378

La *Gnose* est la Connaissance par excellence, la Science sacrée : c'est la pure doctrine chrétienne, révélée oralement par le Christ et confiée à l'Eglise primitive, qui, pendant quatre siècles, la transmit en secret sous le nom de Tradition. — Elle fut restaurée en 1889 par Jules DOINEL. — Cet intéressant catéchisme très recherché aujourd'hui, en contient la partie essentielle sous forme de questions et réponses. — On y trouve l'exposé de la doctrine de l'Emanation, de la hiérarchie des Eons, du Plérôme, de la Création, de la Chûte de Sophia, de l'Incarnation du Christ et de son enseignement ésotérique et oral. — Contient une grande planche hors texte en couleurs du plus grand intérêt qui représente le Plérôme et l'Univers hylique. — Contient aussi une planche représentant le schéma du Corps pneumatique du Christ et deux figures reproduisant les images astrales produites au moment de la consécration des espèces, images vues par les sensitifs. [DUJOLS].

10269 SOREL. —

I. — La science universelle.

II. — De l'vsage et de la perfection de tovtes les choses du monde.

III. — Où l'on trouve les plus beaux secrets des arts et les plus curieuses inventions des hommes.

Paris, Toussainct Quinet, 1641, 3 vol. in-4º. (20 fr.).

Avec un superbe portrait gravé par Michel l'Asne.

(G-984

10270 [SOREL sieur de SOUVIGNY (Charles)], littérateur français né à Paris, vers 1597, mort vers 1674. Historiographe de France. — Des Talismans ou Figures faites sous certaines constellations pour faire aymer et respecter les hommes, les enrichir, guerir les maladies, chasser les bestes nuisibles, destourner les orages et accomplir d'autres effets merueilleux. Auec des obseruations contre le liure des

Curiositez inouyes de M. J. Gaffarel. Et un traicte de l'unguent des armes, ou unguent sympathique et constellé pour sçavoir si l'on peut guerir une playe, l'ayant appliqué seulement sur l'espée qui a faict le coup, ou sur un baston ensanglanté ou sur le pourpoint et la chemise du blessé... par le sieur de l'Isle [Charles SOREL DE SOUVIGNY].

Paris, A. de Sommaville, 1636. in-8° (16 fr.).

Rare et curieux. Recherché surtout pour le « Traicté de l'unguent sympathique ». SOUVIGNY est également l'auteur de la « Vraye Histoire Comique de Francion ».

(S-3174
(G-983

SORNIN (Marie de). — Sujet d'une « cause célèbre » du XVIe siècle roulant sur l'apparition d'un mari assassiné par sa femme. Voir notre n° 452 : *Arrêt de mort*...

10271 SOUBIROUS (Bernadette). — La bergère de Lourdes, en religion Sœur MARIE-BERNARD, sa vie, sa correspondance, sa mort, ses funérailles, par P. M.

Toulouse, 1880, in-12. (2 fr. 50).

10272 SOUCHON (A.). — Traité d'Astronomie pratique, comprenant l'Exposition du calcul des éphémérides astronomiques et nautiques.

Paris, Gauthier-Villars, 1883. in-8°. (7 fr.).

[8° V. 6619

10273 [SOUCHU DE RENNEFORT (Urbain)]. — L'Ayman Mystique. Clef de la véritable Sagesse, trouvée dans les Opérations de l'Ayman Vulgaire. [Par Urb. SOUCHU DE RENNEFORT].

Paris, Quinet et Chenault, 1689, in-12.

[S. 20622
(G-986

10274 SOUCY (Fr. de). — Sommaire de la médecine chymique, où l'on void clairement beaucoup de choses que les autheurs ont tenues iusques icy dans l'obscurité. — Avec un recueil de divers secrets de médecine.

Paris, Billaine, 1632, pet. in-8° (12 fr.).

Les « *Secrets de médecine* » qui occupent une bonne partie du volume sont très curieux : pierre philosophale, élixir de vie, eaux, sirops, pilules, fards (plusieurs chapitres), etc...

10275 SOUFFRANCE (Jacques) pseud. de M. Louis ULBACH (?) à qui appartient certainement, en tout cas, celui de Jacques SOUFFRANT. (Le « *Propagateur de l'Aube* », en 1848). — Le Couvent de Gomorrhe, roman historique anti-clérical.

Paris. B. Simon et Cie. s. d., in-12, 271 p (2 fr.).

C'est l'histoire romanesque de Madeleine BAVENT, q. v.

10276 SOULIÉ (Frédéric). — Le magnétiseur, par Frédéric SOULIÉ.

Paris, Dumont (Palais-Royal) — Gosselin (r. St-Germain-des-Prés), 1834, 2 vol. in-8° ensemble de 47 feuilles.

[Y². 69169-70

Livre où le magnétisme joue le premier rôle. Le roman avec détails très dramatiques a eu un grand succès et de nombreuses éditions en ont été données. Ce n'est point un livre pour les jeunes filles. (DUREAU).

Le même :

Paris, Librairie Nouvelle, 1857, in-12 de 330 p. (1 fr.) 2 fr.

[Y². 69176.

Cette édition est, par erreur, annoncée comme « *originale* » dans le Catalogue GUAITA (N° 2124). Il y a en outre des édit. intermédiaires.

(D. p. 109
(G-2124

10277 SOULIÉ (Frédéric). — Les mémoires du diable.

Paris, 1844, gr. in-8º (4 fr.).

Cet ouvrage forme le tome 2 des *Mille et un Romans*. Orné d'un portrait de l'auteur.

Autre édition (3e) :

Paris, Charles Gosselin, 1845. 3 vol. in-12 de 432-480-447 p. (4 fr.).

10278 SOULIÉ (Frédéric). — Sathaniel. — Edition revue et corrigée.

Paris, Ch. Gosselin, 1841. in-12 (3 fr.).

10279 SOUMET (Alexandre) poète français né à Castelnaudary en 1788, mort à Paris en 1845. Bibliothécaire des Palais de St-Cloud, Rambouillet, puis Compiègne — La Divine Epopée.

Paris, 1841, in-12 (4 fr.).

Véritable poème initiatique, la *Divine Epopée* est le chef-d'œuvre de Soumet et un des plus beaux monuments de la langue Française. — L'ésotérisme y coule à pleins bords, et toute la philosophie occulte du christianisme y est épandue en strophes larges et puissantes. — Il a fallu le grand mouvement rénovateur contemporain pour faire découvrir dans ces pages inspirées les trésors de science cachée qui s'y trouvent renfermés.

Analysé dans LAROUSSE, à *Divine Epopée*. (VI-970).

10280 SOURIAU (P.). — La Suggestion dans l'Art.

Paris, Alcan, 1893, in-8º (4 fr.).

[8º R. 11190

10281 SOURY (Jules-Auguste) philosophe français né à Paris en 1842. Archiviste Paléographe et Bibliothécaire à la Bibliothèque Nationale (1881). — Bréviaire de l'histoire du matérialisme par Jules Soury.

Paris, Charpentier, 1881, in-12 de XII-704 p. (3 fr. 50).

[8º R. 4005

Edition originale.

10282 SOURY (Jules). — Les fonctions du Cerveau, doctrines de l'Ecole de Strasbourg, doctrines de l'Ecole Italienne.

Paris, 1892, fort in-8º. Figures. (4 fr.).

Fonctions motrices du cerveau. — Fonctions de l'intelligence. — Recherches expérimentales, etc...

10283 SOURY (Jules). — Philosophie naturelle.

Paris, Charpentier, 1882, in-12 (2 fr.).

[8º R. 4025

10284 SOURY (Jules). — Le système nerveux central, structure et fonctions. — Histoire critique des théories et des doctrines.

Paris, G. Carré et C. Naud, 1899, gr. in-8º (15 fr.).

[Tb^{45}. 28

10285 SOUS l'accacia mystique.

Neuchatel, 1904, in-18 (2 fr.).

Ouvrage inconnu en France.

Les hauts faits de la Franc Maçonnerie. Notes et documents.

10286 SOUSSELIER de la TOUR (le Comte) Ecuyer, Seigneur de La Tour de Bissey et de la Charmée. — L'Ami de la Nature, ou Manière de traiter les maladies par le prétendu Magnétisme animal, par M. SOUSSELIER de LA TOUR, écuyer, Seigneur de la Tour de Bissey et de la Charmée.

Dijon, Capel, 1784, in-8º XIII-176 pages (3 fr.).

[Te^{14}. 5

La préface de l'auteur est curieuse et fait connaitre l'ouvrage... « L'auteur a écrit à MESMER, qu'il ne connaissait pas, pour lui demander s'il ne lui serait pas désagréable qu'il instruisît le public sur les moyens qu'il a trouvés de guérir et soulager les maladies.... MESMER a répondu que la découverte de l'auteur n'avait aucun rapport avec la sienne, et qu'il pouvait la publier... L'auteur veut mettre le public en état de se passer de médecin... En parlant de physique, il contredit souvent les savants en réputation... Ses procédés pour guérir sont l'électricité étincelante, le prétendu *Magnétisme animal* qui n'est qu'une électricité muette et déguisée... Toutes les maladies sont causées par un épaississement des fluides... Le *Magnétisme Animal* dissipe les fluides... il (l'auteur) a souvent le plaisir d'enlever un mal de dents en une minute, etc., etc.»

Il y a dans cet ouvrage un certain nombre de cures et d'expériences dont nous reparlerons ; M. SOUSSELIER conclut « que la matière électrique est l'agent de la nature. »

(D. p. 47

10287 SOUSSELIER (Comte). — Le soleil de la Vérité.

Paris, 1801. in-8°, 351 pages (5 fr.).

Je n'ai pas rencontré cet ouvrage que je trouve dans une note manuscrite de feu ENGLER, que j'ai sous les yeux. ENGLER est un ancien magnétiste, qui avait commencé une collection d'ouvrages sur le magnétisme. Ce Monsieur SOUSSELIER est sans doute le même que celui cité plus haut ; les évènements politiques avaient raccourci son nom. [DURKAU].

(D. p. 78

10288 SOUVERAIN (Mathieu) ministre protestant originaire du Bas Languedoc, mort à Londres vers le début du XVIII° Siècle. Quitta la France à la Révocation de l'Edit de Nantes. — Le Platonisme dévoilé, ou Essai touchant le Verbe Platonicien.

Cologne, 1700, in-8° (12 fr.).

Ouvrage de première importance pour l'étude de la *Kabbale* et du *Gnosticisme*, et l'interprétation ésotérique de l'Evangile de St-Jean. — Opinion des anciens sur le Verbe. — Ce que c'est que l'Esprit de Dieu. — Il ne se révèle que sous des images accomodées à la petitesse de notre entendement. — Les Trois principes des philosophes. — Le Démon de Socrate. — Le Plérôme des Valentiniens. — La théologie allégorique. — Platon, sa doctrine. — Examen des théories du Juif Philon. — Le Pasteur Hermas ; Barnabé, leur interprétation entièrement gnostique des Ecritures, exégèse transcendante des symboles de Pythagore, etc...

10289 SPADACINE (de). — Le Miroir d'Astrologie naturelle, traitant de l'inclination de l'homme et de la femme, de leur naissance et de ce qui peut leur arriver durant la vie.

Lyon, s. d (XVIII° S.) pet. in-8° (3 fr.)

Très curieux traité d'astrologie.

Autres édit. :

Aix, J. Tholosan, 1606, in-4°.

[Rés. V. 1229

Troyes, N. Cudot, 1676, in-8°.

[Vz. 1989

Paris, 1626, 2 parties en 1 vol. in-12.

[V. 21799

10290 SPANHEIM (Frédéric de) théologien suisse, né à Genève en 1632, mort à Leyde en 1701. Professeur puis Recteur de l'Université de cette ville. — Histoire de la papesse Jeanne, fidèlement tirée de la dissertation latine.

La Haye, 1738, 2 vol. in-8° (12 fr.).

Edition recherchée ornée de 5 figures hors texte dont celles dites de *la procession* et de *la chaise*.

La Haye, H. Scheurléer, 1720, 2 vol. pet. in-12.

(G-987

10291 SPANHEIM. — Histoire de la Papesse Jeanne, par de SPANHEIM.
La Haye, 1736, 2 vol. in-8°.

Ouvrage orné de 5 figures hors texte dont celles dites de *la procession* et de *la chaise*.

La *Bibliothèque Nationale* n'en a qu'un exemplaire de *La Haye, Aux Dépens de la Compagnie*, M.DCC.LVIII (1758) 2 v. pet. in-8° incomplet des planches.

[H. 9151 et 2
(S-4878

10292 SPATANTIGARUDE, Vieux Conte Nouveau.

A Londres, et se trouve à Paris, chez Cailleau, Libraire-Imprimeur, M.DCC.LXXXV [1785]. in-8° de 86 pp. avec Frontispice symbolique représentant un rat jouant de la musette au centre d'une ronde de petits satyres ; au dessous, le mot : SPATANTIGARUDE (10 fr.).

Pièce satirique contre le magnétisme, qui semble avoir échappé, non seulement à QUÉRARD et à BARBIER, mais encore à MM. MIALLE, puis DUREAU dans leur *Bibliographie spéciale du Magnétisme*.
Il s'agit d'un charlatan du nom de SPATANTIGARUDE (?), d'abord au service du Médecin Suédois UBARREDU (?), puis « *Prophète du Bois* », et enfin associé du Juif Moïse, plus ou moins Kabbaliste.
« SPATANTIGARUDE » serait-il MESMER ? En tout cas, c'est un « *magnétiseur* » plus ou moins éclairé.

10293 SPECHAAN (Von). — Recueil renfermant la manière de composer et d'employer cent-quarante-deux remèdes et moyens.

Paris, 1840, in-8° de 90 p.

10294 SPECTRES et DEMONS.— Spectres et Démons : Le Roi Satan. — Procès entre Satan et la Vierge. — Le Sabbat des Sorcières. — Les Fées et les Follets. — Visions. — Goules et Vampires. — Luttes avec la Mort.

Paris, 1868, in-10, (2 fr.).

Satan courtisane. — Incubes. — Urine du diable. — Crapauds et charognes. — L'amour des Fées. — La verveine et la sauge. — Vision d'Enoch. — Ghouls, lémures et lamies. — La maison hantée, etc...

10295 SPECTRIANA ou Recueil d'histoires et Aventures surprenantes, merveilleuses et remarquables de Spectres, Revenans, Esprits, Fantômes, Gnômes, Diables et démons, etc. Manuscrit trouvé dans les Catacombes.

Paris, l'Ecrivain, 1817, in-12, Pl. hors texte : « *L'Ombre de la Mort* ». (5 fr.).

10296 [SPÉE] (le P. Frédéric von) Jésuite allemand, né au château de Langenfeld, près Keyserwerth, en 1595, mort à Trèves en 1635. — Advis avx Criminalistes svr les Abvs qui se glissent dans les proces de Sorcelerie. Dedies avx Magistrats d'Allemagne. Livre tres necessaire en ce tems icy à tous ivges, conseillers, confessevrs (tant des ivges qve des criminels) inqvisitevrs, predicatevrs, advocats et meme avx medecins. Par le P. N. S. I. theologien romain. Imprimé pour la seconde fois à Francfort en l'année 1632. Et mis en François par F. B. de Velledor M. A. D.

A Lyon, aux dépens de l'autheur, et se vend chez Cl. Prost, 1660, in-8° (30 fr.).

[E. 7440

Cette traduction fort rare de la « *Cautio Criminalis* » serait de F.BOUROT, Docteur en médecine de Besançon qui se serait abrité sous le pseudonyme de VELLEDOR. L'auteur est un Jésuite allemand qui avait assisté plusieurs fois des condamnés pour prétendus crimes de Sorcellerie, lorsqu'on les condamnait à la mort et qui, frappé des abus qui se commettaient dans les accusations et procédures de ce genre, composa ce livre pour tâcher d'en diminuer les effets. Il fit beaucoup de bruit dans son temps.

(G-2208

10297 SPENCER (John) antiquaire anglais né à Bocton (Kent) en 1630, mort à Cambridge en 1695. Principal du Collège du Corps de Christ. — A Discourse concerning Wherein the Vanity of Presages. To which is added a Short Treatise concerning Vulgar Propheties, by John SPENCER.

London, 1665, in-8°.

(S-3480 b

10298 SPENCERUS (John). — Joann. SPENCERI Dissertatio de Urim et Thummim in Deuteronom. [......] in quâ corum natura et origo, non paucorum rituum Mosaicorum rationes, et quædam Scripturae loca, probabiliter explicantur.

Cantabrigiæ. Kottilby. 1670, in-8°.

[A. 6716

Ouvrage Kabbalistique, inspiré des Traditions Rabbiniques les plus anciennes.

(S-2112

10299 SPENCERUS ou SPENCER (John). — De Legibus Hebræorum Ritualibus Libri III, auctore Jo. SPENCERO.

Hagæ Comitum. Arnoldus Leers, 1686, in-4°.

[A. 3680

Edition originale.

Cambridge. Joan. Hayes. 1605. 2 vol. in-f°.

[A. 1415 bis
(S-5438

10300 SPERBER (Julius). — Ein geheimer Tractatus Julii SPERBERI von den dreyen Seculis, oder Hauptzeiten von Anfang bisz zum Ende der Welt: darinnen absonderlich ausz dem Worte Gottes klarlich dargethan wird...

Amsterdam. Benedictus Babusem. 1660, in-8° de XLIV-240 pp.

(O-57

10301 SPERBER (Julius). — Mysterium magnum, dast ist, das allergrösseste sohne, und von 3. der Seele desz Menschen : Julii SPERBERI V. H.

Amsterdam. Benedictus Babusen. 1660, in-8° de 232 pp.

(O-58

10302 SPHAERA sapientiæ in ostio aperto: die Sphär oder Gireckel der Weisheit in einer offenen Thür: in welcher die bisher verborgenen Geheimnisse entdecket und offenbahr werden, so wohl in der heil. Schrifft, als auch in der Natur in der wahren Theologia and Philosophie nach der heimlich verborgenen Weisheit und Theosophia, zum rechten und wahren Erkanntnisz der Obern und Untern, in rechter gründlicher Gewiszheit und Wahrheit.... Zum Lobe Gottes, von welchem alle Weisheit kommt, und zu Liebe den Jüngern der Weisheit und Wahrheit, und zur Freude den Frommen.

Franckfurt und Leipzig. s. adr. 1753. in-8° de 151 pp. avec 1 pl.

(O-127

10303 SPIEGEL des Menschen und Waitzenbäumlein der Alchemey, entworfen in einem Gespräche zwischen Vater und Sohn von einem ehemaligen alten Bruder des guldenen Rosenkreutzes in Deutschland dans SCHRÖDER (F. J. W.) : *Neue Sammlung der Bibliothek für Chemie* (1779). I, 453-528.

Selon l'éditeur, l'auteur vivait du temps de PARACELSE. Cet ouvrage a été imprimé en Allemagne au commencement du XVIIe S.,mais d'une manière défectueuse. Il a été commenté par un français dans le soi disant : *Eröfneten flosofischen Valerkers* ; quel est cet ouvrage français ?

(O-1367

10304 SPIESS (le citoyen) ci-devant Prieur Curé de St Pierre du Bois. — Un mot du plus ancien de tous les évangiles à N. S. P. le pape et à tous les prêtres ; ou lettres philosophiques sur le péché originel, dans lesquelles on démontre que l'église romaine a appris aux hommes à blasphémer contre l'Etre Suprême sous prétexte de croire en lui, etc...

Paris, chez l'auteur. 1794. in-8°, (4 fr.).

[D² 11472

Brochure devenue extrêmement rare, publiée d'abord (sans date) en 1793 par un ancien curé, jadis exilé et embastillé par Louis XVI à cause de sa liberté d'allures et de style. Les « cléricaux » de l'époque du Consulat ont fait disparaître ce qu'ils ont pu des exemplaires de ce dangereux ouvrage contre l'Eglise romaine, ses dogmes, sa morale, ses abus.

(G-988

10305 SPINA (Alphonse de) ou de L'ESPINE Théologien Espagnol du XVe siècle, Franciscain et docteur de l'Université de Salamanque. — Fortalitium Fidei in universos Christianæ Religionis Hostes ; Judæorum et Saracenorum non invalido brevis nec minus lucidi Compendii vallo rabiem cohibens ; Fortitudinis turris non abs re appellatum quinque turrium inexpugnabilium munimine radians; succincte admodum et adamussim quinque partium librorum farragine absolutum.

Norimbergæ, 1494, puis 1498, in-4°.

Autre édit :

S. l., 1487. in-fol.

[Rés. D. 883

10306 SPINA (Alphonse de), — Fortalitium Fidei contra Judeos, Saracenos aliosque Christianæ fidei inimicos.

Lugduni, Ioan Moylin. 1525. in-4° (40 fr.).

[Rés. D. 21669

Incunable Gothique rare.

Ouvrage fort curieux de ce théologien espagnol, publié sous le voile de l'anonymat ; il était dit-on d'origine juive, c'est pour cela que son « *Fortalicium* » peut être classé dans une bibliothèque kabbalistique. — On y trouve dans la 3ᵉ partie des accusations atroces contre les Juifs, et qui servaient de prétexte à leur persécution.

Autre édit :

Lugduni, Johannes de Romoys. 1511 in-8°. Gothique.

[Rés. D. 21668
(S-887)

10307 SPINOZA (Benoit ou Baruch de) Illustre philosophe hollandais, né à Amsterdam en 1632, d'une famille de juifs portugais ; il cultiva la religion de ses pères dans laquelle il avait été élevé, mais connut de bonne heure des doutes qui lui firent déserter la synagogue. — Il changea son nom de *Baruch* en celui de *Benedict*, ou *Benoit*, vécut de son travail d'habile opticien, et mourut à La Haye, d'une phtisie pulmonaire, en 1677. Il fut un métaphysicien admirable.

10308 SPINOZA (Benoit ou Baruch de) — Benedicti de SPINOZA opera quotquot reperta sunt, recognoverunt J. Van Vloten et J. P. N. Land.

Hagæ Comitum, Nyhoff, 1882, 3 vol. in-8°. (15 fr.).

[8° R. 4478

10309 SPINOZA (B. de). — Opera posthuma, quorum series post præfationem exhibetur.

S. l., 1677, 2 part. in-4°. (40 fr.).

[D² 1546

10310 SPINOZA (Benoit ou Baruch de). — Œuvres, traduites par E. Saisset avec une introduction critique. Edition augmentée. — Critique. — Vie de SPINOZA. — Notice bibliographique. — Traité théologico-politique. — Traité politique. — Ethique. — De la réforme de l'entendement —Lettres.

Paris, Charpentier, 1861, 3 vol. in-12 de. IV-368.LXVIII-472 et 462 p. (25 fr.).

[R. 51655-57

Seule édition fort recherchée, contenant toutes les œuvres de SPINOZA

Autres édit :

Paris, Charpentier, 1872, 3 vol. in-12, (25 fr.).

[R. 51658-60

Paris, 1842. 2 vol. in-12, (15 fr.)

[R. 52053-54

10311 SPINOZA (B.). — De la Droite manière de vivre ; traduit en français et annoté par Prat.

Paris, 1877, in-18, (3 fr.).

[8° R. 654

Autre édit.

Paris, 1860, in-12.

[R. 51662

10312 SPINOZA (Benoit). — Renati DESCARTIS principiorum Philosophiæ partes I et II more geometrico demonstratæ per Benedictum SPINOSA.

Amstelodami, J. Riewerts, 1663, in-4°.
[D² 1546
(S-2729)

10313 SPINOZA. — Supplément aux Œuvres de SPINOZA. — Dieu, l'Homme et la Béatitude, traduit pour la première fois en Français et précédé d'une Introduction par Paul Janet. Membre de l'Institut.

Paris, Germer Baillière, 1878, in-12 de LI-136 p. (5 fr.).
[8° R. 1662

De la Bibliothèque de Philosophie contemporaine.
Le Mss de cet ouvrage n'a été retrouvé que vers 1855, et il ne figure pas dans les « *OEuvres complètes* ». C'est le Code de la doctrine secrète du grand Philosophe, qui désirait qu'elle fût conservée entre les mains de ses plus intimes disciples seulement.

10314 SPINOZA (Bénédict de). — B. D. S. Tractatus Theologico-politicus...

Hamburgi, H. Künrath, 1670, in-4°.
[Rés. D² 1545

Autres édit. :
Ibid., 1673, in-8°.
[D² 11476
S. l. 1674, 2 vol. in-8°.
[D². 5209
(S-1743)

10315 SPINOZA (B. de). — La Clef du Sanctuaire, par Un sçavant homme de nôtre Siècle [SPINOZA].

Leyde, Warnaer, 1678, fort in-18, (7 fr.).
[D² 5214

Ouvrage curieux, Traduction du « *Tractatus Theologico politicus* ».

10316 SPINOZA (B. de). — Réflexions curieuses d'un esprit des-intéressé sur les matières les plus importantes au salut, tant public que particulier. [Ouvrage traduit du latin de SPINOZA par de SAINT-GLAIN].

Cologne, Claude Emanuel, 1678, pet. in-12, (20 fr.).
[D² 5215

Edition originale de cet ouvrage rare, qui est la traduction du traité de SPINOZA intitulé : *Tractatus theologico politicus*. — Il a été imprimé sous divers titres, notamment la « *Clef du Sanctuaire* » et « *Cérémonies superstitieuses des Juifs* », Renferme 50 pages de remarques qui forment le complément de l'ouvrage.

10317 SPINOZA (B. de). — Traitté des cérémonies superstitieuses des Juifs tant anciens que modernes.

Amsterdam, Smith, 1678, in-16, (30 à 40 fr.).
[D² 5212

Ouvrage que l'on ajoute à la collection des Elzeviers, et qui a paru avec Trois Titres différents (Cartons).
— La Clef du Sanctuaire par un Savant-Homme de notre Siècle. — *Leyde, Warnaer.*
— Réflexions curieuses d'un Esprit désintéressé, sur les matières les plus importantes au Salut, tant public que particulier. — *Cologne, Claude Emanuel* (sic).
— Et enfin celui ci-dessus : Traitté des...
(G-989 et 2125)

10318 SPINOZA (sur Benedict de). — Vie de Spinosa par un de ses Disciples, augmentée du Catalogue de ses écrits par un de ses disciples. [Richard LA SELVE].

Hambourg, H. Künrath, 1735, in-8°.
[M. 35126
(S-1750)

10319 SPINOZA (sur B. de). — Vie de SPINOSA, tirée des écrits de ce fameux Philosophe, par J. COLERUS.

La Haye, 1706, in-12.
[D². 5223
(S-1751)

10320 SPINOZA (sur B. de). — Réfutation des erreurs de Benoît SPINOSA, par M. de FÉNELON, LAMI et le Comte de BOULAINVILLIERS, avec la vie de SPINOSA, écrite par J. COLERUS.

Bruxelles, 1731, in-12
[D² 5219
(S-1746

10321 SPINOZA (sur B. de). — Inventaire des livres formant la bibliothèque de Spinoza, publié d'après un document inédit avec des notes biographiques et une introduction par A. J. Servaas Van Rvouen.

La Haye, 1888, in-4°. (15 fr.),
[4° Q. 402

SPINOZA (sur Benoit ou Baruch de). — Voir :

CHARTIER (E.).
COUCHOUD (P. L.).
SAINTES (Armand).
WORMS (R.).

10322 SPIRITISME. — Compte-Rendu du Congrès Spirite et Spiritualiste International tenu à Paris du 9 au 16 Septembre 1889. 40.000 adhérents.

Paris, Librairie Spirite, 1890, in-8° de 454 p. 12 planches hors texte. (3 fr. 50).

Histoire du Spiritisme. — Les Diverses écoles officiellement représentées au Congrès. — Discours de MM. J. Lermina, Papus, G. Delanne, Léon Denis, le Chanoine Roca, Dr Chazarain, Camille Chaigneau, Marius George, etc. — Mémoires de MM. Arthur d'Anglemont, Marius George, etc.— Mémoires étrangers : Angleterre, Allemagne, Hollande, Espagne, Italie, Suède-Norvège, Etats-Unis d'Amérique et Mexique, Amérique du Sud. — Procès-Verbaux des Séances. — Presse et Adhésions.

10323 SPLENDOR lucis, oder Glantz des Lichts, enthaltend eine kurtze physico-cabalistiche Auslegung des grösten Natur-Geheimnusz ; insgemein Lapis Philosophorum genannt, aus dem Hebraeischen Grund-Tex der heil. Schrifft gezogen in Hebraeisch- und Teutscher Sprach gleichlautend heraus gegeben ab Aloysio Wienner, nobile à Sonnenfels.

Wienn, Joh. Joseph Peulz, 1747, in-8° de IV-319 pp. avec 1 grande pl. pap. fort de Hol.
[O-1464

10324 SPLENDOR lucis, oder Glantz des Lichts, enthaltend eine kurtze physico-cabalistische Auslegung des grösten Natur-Geheimnusz : insgemein Lapis Philosophorum genannt, aus dem Hebraeischen Grund-Tex der heil..; aufs neue herausgegeben Adamah Booz (Birkholz) ; nebst einem Anhange.

Frankfurt und Leipzig, A. F. Böhme, 1785, in-8° de 143 pp.

Cette réimpression ne contient pas le texte hébreu, et n'a pas la planche cabalistique.
(O-1465

10325 SPLITEGERBER (Fr.). — Après la mort, ou les destinées finales de l'homme, trad. de l'allemand.

Paris, 1879, in-12. (2 fr. 25).

Causes de la mort. — Nature intime de la mort. — Des suites de la mort pour le corps et pour l'âme. — Anéantissement de la mort par la résurrection de la chair, etc...

20326 SPONTONI (Ciro) Ecrivain italien du XVIIe siècle.—Signor Caualier Ciro Spontoni. — La Metoposcopia Ouero. Commensuratione delle linee della fronte. Nouamente ristampata et di bellissime figure adornata.

In Venetia, 1645, in-12, (5 fr.).

Traité sur les Lignes du Front, avec de nombreuses Physionomies gravées sur bois.

Autre édit :

In Venetia, per E. Deuchino, 1645 in-8°. Seconda impresione.
[V. 29311
(G-2126

10327 SPONTONI (Cav. Ciro). — La Metoposcopia, overo commensuratione delle linee della fronti. Aggiuntoni una breve, et nuova fisonomia ; un tratatto dei Nei, et n'altro dell'Indole della persona, con molte curiosità.

Venetia, 1672, in-16, nombreuses figures gravées. (4 fr.).

10328 SPRENGEL. — Alchemie ; dans *Allg. Encyclopädie*, de Ersch et Gruber, II (1819), 414-17.

(O-564

10329 SPRENGER (Jacques). Inquisiteur allemand. — Henrici Institoris et Jacobi Sprenger, Malleus Maleficarum, maleficas et earum Hæresim ut Phramea conterens.

Parisiis. prima editio [dit le *Cat.* Sepher], 1519, in-8°.

(S-3213

Il existe une édition gothique, allemande de la même année.

Voir, pour les autres éditions de ce curieux recueil à

MALLEUS MALEFICARUM.

(S-3213 b

Citons encore les éditions :

S. l. [Paris]. *Venundatur vico divi Jacobi... ab Joanne parvo*. [avec la marque de Jehan Petit]. s. d.

[Rés. E. 4035

S. l. a et typ. n. ; in-4° gothique à 2 col. et 40 lignes de 190 ff. (Hain 2240).

[Rés. E. 3181

10330 SPRENGSEYSEN (E. F. Kessler von). — Abgenöthigte Fortsetzung des Anti-St-Nicaise als eine Beleuchtung des von dem H. Oberhofprediger, Consistorialrath und Definitor D. Starck herausgegeben Krypto-Katolicismus in sofern er die strikte Observanz..... von E. F. Kessler von Sprengseysen.

Leipzig, Friedr. Gottb. Jacobäer, 1788. in-8° de 336 pp.

On trouve à la fin de ce vol. la table du contenu des trois premiers vol. Thory qui n'indique que 3 vol. ne parle pas du second auteur indiqué sur les deux premiers vol. anonymes, Klosz, non plus.

(O-588

10331 [SPRENGSEYSEN (E. F. K. von)] — Anti-Saint-Nicaise : eine Turnier im XVIII Jahrhundert gehalten von zwey T*.*. H*.*. als Etwas für Freymaurer und die es nicht sind (von E. F. Kessler von Sprengseyen).

Leipzig. Friedr. Gottb. Jacobäer, 1786, in-8° de IV-IV-202 pp. avec 1 grav. et 3 tableaux.

(O-485

10332 [SPRENGSEYSEN].— Archidemides oder des Anti-Saint-Nicaise II-ter Theil (von Kessler von S.).

Leipzig, Friedr. Gottb. Jacobäer, 1786, in-8° de XCII-235 pp. avec les silhouettes des deux auteurs gravées sur le titre.

(O-486

10333 [SPRENGSEYSEN]. — Scala algebraica oeconomica oder des Anti-Saint-Nicaise III-ter und letzter Theil [von Kessler von S.].

Leipzig. Friedr. Gott. Jacobäer, in-8° de 64-182 pp. avec 1 grav. sur le titre et 5 tabl.

(O-487

10334 SPURZHEIM (Jean Gaspard) célèbre médecin et phrénologue allemand, né à Longwich près Trèves en 1776, mort à Boston en 1832. Professa la Phrénologie à Paris, puis en Amérique, où il succomba dans une épidémie de typhus. — Essai philosophique sur la nature morale et intellectuelle de l'homme.

Paris, Wurtz, 1820, in-8°, (4 fr.).

10335 SPURZHEIM (J. G.). — Essai sur les principes élémentaires de l'éducation.

Paris, Treuttel et Wurtz, 1822, in-8°. (3 fr. 50).

10336 SPURZHEIM (J. G.). — Manuel de phrénologie.

Paris, imp. de Porthmann, 1832, in-12, frontispice, (3 fr.).

[Tb⁶⁰ 31

Un des meilleurs ouvrage sur la phrénologie. — Généralités. — Des spécialités mentales, son utilité.

10337 SPURZHEIM (J. G.). — Observations sur la Phrænologie, ou la connaissance de l'homme moral et intellectuel, fondée sur les fonctions du système nerveux, par G. SPURZHEIM, M. D. avec Frontispice et six planches.

Paris, chez Treuttel et Wurtz, 1818, in-8°, xxiij-372 p. planches au trait. (3 fr.).

[Tb⁵⁰. 16

Sensibilité. — Les Tempéraments. — Manifestations affectives et intellectuelles. — Cerveau, organe de l'âme. — Amour. — Surnaturalité, etc....

10338 STAFFE (Baronne). — Les pierres précieuses et les bijoux.

Paris, Chamuel, 1896, pet. in-12 carré, 184 p. (1 fr. 50).

Curieux ouvrage donnant la description de toutes les pierres précieuses connues et en indiquant les usages antiques et modernes, les significations symboliques, les propriétés magnétiques, les vertus précieuses attribuées par les anciens et les mages. — Talismans d'amour ou gemmes magiques. — Par qui, dans quelles circonstances et comment les bijoux doivent être portés, etc...

10339 STAFFE (Baronne). — Mes secrets. — Pour plaire, pour être aimée.

Paris, in-12, (4 fr.).

Volume précieux qui révèle une foule de petits moyens pour attirer et conquérir le bonheur. — Les moyens mis en œuvre par l'auteur, pour n'avoir rien de magique, ne relèvent pas moins de la plus subtile psychologie et ressortissent directement au domaine de l'occulte.

10340 STAHL (Georges Ernest) célèbre médecin et chimiste allemand, né à Anspach en 1060, mort à Berlin en 1734. Médecin du Duc de Saxe-Weimar et Professeur à l'Université de Halle. Puis Médecin et Conseiller aulique du Roi de Prusse et académicien de Berlin. Créateur de l'Animisme et de la théorie du Phlogistique. — Auf versuche gegründete metallurgisch-chemische Abhandlung von der Natur des Spiezglases und seinen Würkungen, besonders bey der Amalgamation und Scheidung des Goldes, Silbers, Kupfers und Bleyes... als worinne STAHLS Handgriff, das Silber in Groszen aus silberhaltigen Spieszglas zu scheiden, bestehet.

Jena, Joh. R. Croker, 1784, in-8° de X-144 pp.

(O-1307

10341 STAHL (G. E.). — Traité des sels, dans lequel on démontre qu'ils sont composés d'une terre subtile, intimement combinée avec de l'eau; par George Ernest STAHL, trad. de l'allem. (par le baron d'HOLBACH).

A Paris, chez Vincent, 1771. in-12 de XXIV-474 pp. et de 6 de catalogue.

[R. 51708
(O-1305

10342 STAHL (G. E.). — Traité du soufre, ou Remarques sur la dispute qui s'est élevée entre les chymistes, au sujet du soufre, tant commun, combustible ou volatil, que fixe, etc. trad. de l'allem. de STAHL [par le baron Paul THURY d'HOLBACH].

Paris. Pierre François Didot jeune, 1766, in-12 de [VIII]-392 pp. (10 fr.).

[R. 51709

Ouvrage dû à l'un des plus profonds médecins que le monde ait jamais vus, et dont on ne peut blâmer que la tendance au mysticisme.

(O-1305

10343 STAHL (G. E.). — Vraie Théorie médicale et traités divers.

Paris, 1865, 5 forts vol. in-8° d'environ 700 p. (30 fr.).

Il faut, dit BLUMENBACH, accepter STAHL comme un des médecins les plus profonds que le monde ait jamais vus. — C'est un grand mystique qui a semé ses œuvres de nombreuses invocations ou prières, dont le but est de concourir au succès des traitements thérapeutiques. — Selon STAHL, qui suit VAN HELMONT, sur bien des points, l'*âme est le grand agent guérisseur* qu'il faut savoir employer à bon escient. — C'est ce qu'il démontre dans la « *Vraie Théorie médicale* », ouvrage célèbre, où l'occultiste pourra puiser à pleines mains des trésors inestimables.

10344 STALENS (Jean) Théologien belge, né à Calcar en 1595, mort à Kevelaeren en 1681. D'abord Chanoine et curé de Rees, il se fit Oratorien.— Papissa monstrosa et mera Fabula, auctore J. STALENO.

Coloniæ Agrippinæ, 1630, in-8°.

Edition originale.

(S-4882

10345 STAMMHAMMER (Josef). — Bibliographie des Socialismus und Communismus.

Jena, Fischer. 1893 7 tomes en 1 vol. gr. in-8°. (15 fr.).

[4° Q. 573

10346 STAMPA (Petrus Antonius) Sacerdos Clavenensis. — Fv † ga Satanæ Exorcismvs. Ex sacrarum litterarum fontibus, pioque S. Ecclesiæ instituto exhaustus. Authore Petro Antonio STAMPA Sacerdote Clauenense. Cum Privilegio.

Venetiis, apud Sebastianum de Combis, M. DC. V. [1605], pet. in-8° de 152 p. et 4 fol. de table.

Rituel complet d'exorcismes, fort singulier et rare, qui manque à la Bibliothèque Nationale.

(G-990

STANHOPE (Lady Hester), fille d'un savant pair d'Angleterre, et célèbre par son excentricité et son génie, née à Londres en 1776, morte à Djihoun (Syrie) en 1839. Nièce de W. Pitt, ministre du vieux roi Georges, elle alla d'abord vivre chez son oncle, puis à la mort de celui-ci, partit pour l'Orient. Elle se fixa en Syrie, d'abord dans un vieux couvent grec, Mar-Elias, puis à Dijhoun, près de Saïda, où elle se construisit une sorte de palais. On la nommait la reine de Tadmor, et elle passait pour prophétesse. Elle finit dans la détresse et fut enterrée à Mar-Elias. Voir à son sujet l'ouvrage de M. DESCAUX (Philippe).

10347 STAPLETON (Th). — Histoire de Thomas MORE, grand chancelier d'Angleterre, sous Henri VIII. — Trad. du latin par M. Alex. Martin, avec une introduction, des notes et commentaires par M. Audin.

Paris, Maison. 1849. in-8° portr. (2 fr. 50).

10348 STAR ou Ψ de Cassiopée. Histoire merveilleuse de l'un des mondes de l'espace. Nature singulière, coutumes, voyages, littérature starienne. Poèmes et comédies traduit, du Starien. Fantasia.[Par DEFONTENAY, qui a signé p. 324].

Paris, Ledoyen. 1855 [1854], in-12 de 327 p. (3 fr.).

[Y² 09715

Une étrange composition : introduction en vers et strophes de prose rythmée à six syllabes.

Le manuscrit arrive à l'éditeur « en aérolithe » dans une cassette. — Fantaisie qui rappelle les «*romans subliminaires*» étudiés par FLOURNOY . « '*Des Indes à la Planète Mars* ».

Pièces de vers intercalées partout dans le texte.

(G-991

STAR (Dr Ely). — Pseudonyme de M. Eugène JACOB né à Neufchâteau (Vosges) en 1847. — Voir :

JACOB.

10349 [STARCK (Joh. August)]. — Apologie des Ordens der Frey-Maurer; von dem Bruder**** (Joh. August STARCK), Mitgliede der** Schottischen Loge zu P*. avec cette épigraphe :....

pauci dignoscere possunt vera bona atque illis multum diversa, remota erroris nebula.... Juvenal....

Philadelphia (Königsberg) in Jahr 5051, d. i. 3882 (1770) in-8° de 128 pp.

La Préface de l'éditeur, datée de 1769, est signée : Alexander von ADLERSHEIM.

(O-392

10350 STARCK (J. H.). — Johann August STARCK ueber Krypto-Katholicismus, Proselyten macherey, Jesuitismus, geheime Gesellschaften und besonders die ihm selbst von den Verfassern der Berliner Monatsschrift gemachte Beschuldigungen mit acten Stücken belegt.

Frankfurt und Leipzig, Johann Georg. Fleischer. 1787.

2 vol. — Nachtrag über den angeblichen Krypto-Katholicismus....

Giessen, Just. Friedr. Krieger, 1788
1 vol.

En tout 3 vol. gd in-8° de XVI-608, XX-384-54-151-VII, et XIV-638 72 pp.

(O-490

10351 [STARCK (J. A.)]. — Saint-Nicaise oder eine Sammlung merkwürdiger maurerischer Briefe, für Freymäurer und die es nicht sind [von Joh. Aug. STARCK]; aus dem Französischen übersezt. II-te Auflage mit berichtigenden Anmerkungen von einer deutschen Hand.

S. l. ni adr. (Leipzig). 1780. pet. in-8° de VIII-308 pp.

L'avant propos daté de Paris, 31 octobre 1783, est signé Jean Baptiste LEUILLARD. THORY (*Acta Latom.* 1, 373) dit l'ouvrage écrit en allemand par STARCK, ce qui est confirmé par KLOSZ, N°2 325.

(O-484

10352 [STARCK (J. A.)]. — Ueber den Zweck des Freymaurerordens [von Joh. Aug. STARCK].

Germanien, [Berlin]. 1781. pet. in-8° de XII-240 pp.

Cet ouvrage porte en bas de la 1-re page, imprimé en gros caractères : Johann Heinrich MALER ; que signifie ce nom ?

(O-410

10353 [STARCK (J. A.)]. — Ueber die alten und neuen Mysterien [von J. Aug. STARCK].

Berlin, Friedr. Maurer, 1782. in-8° de VIII-VIII-380 pp. avec titre imp. sur pap. rose portant 1 fig. col.

(O 179

STARKEY (George), fils d'un Apothicaire Anglo-Américain et Philosophe Hermétique, né en Amérique, ami et disciple de Thomas VAUGHAN le PHILALETHE. En souvenir de son maitre, il a malheureusement adopté le même pseudonyme de PHILALETHES, en changeant seulement le prénom de *Eugenius* qui appartient à VAUGHAN en celui de *Irenœus* ou *Aireneus*, qui a été quelquefois traduit *Yrenée* ou *Cyrenée*.

De sorte qu'il existe *deux* PHILALETHE différents : le Maitre et le disciple.

STARKEY a aussi joint à son prénom d'*Irenœus* le second prénom de *Philopone* et a signé alors : *Irenœus Philoponus* PHILALETHES.

10354 [STARKEY]. — ÆRENEUS PHILALETHES. — Enarratio methodica trium Gebri medicinarum in quibus continetur lapidis philosophici vera confectio, autore anonymo sub nomine Ærenæi PHILALETHES, natu Angli, habitatione cosmopolitæ.

Amstelodami, apud Danielem Elsevirium, 1678, in-12, (18 fr.).

[Te¹³¹ 133

Très rare ouvrage d'alchimie, qui contient en outre : « *Experimenta de praparatione mercurii sophici ad lapidem per regulum Martis Antimonalium Stellatumque et Lunum* » et le « *Vade Mecum philosophicum sive breve manuductorium ad Campum Sophiæ, secretioris philosophiæ*

Arcana referens in gratiam doctrinæ filiorum. Auctore Agricola Rhomæ ».

A la fin se trouve un catalogue des œuvres de Philalethe.

10355 [STARKEY]. — Epître de Georges Ripley à Edouard IV, roi d'Angleterre, expliquée par Eyrénée Philalethe, et trad. d'anglois en franç. (sur l'édit. de 1678, par Lenglet-Dufresnoy. *Histoire de la philosophie hermétique* (1742). II, 696-726.

Lettre de Georges Ripley à Edouard IV.... de l'explication d'Ir. Philalethe, dans *Bibliothèque des philos. alchimiques* (1754) IV, 148-73.

Traduction différente de la précédente.
(O-1156-1157

10356 [STARKEY]. — Cyrenæi Philalethæ Eklärung uber die sechs chymischen Pforten des berühmten Englisch Philosophi Georgii Riplaei ; sampt Eugenii Philalethæ Euphrates, oder die Wasser von Auffgang, welches ist ein kurtzer Bericht von den kurtzer Bericht von den geheimen Brunnen, dessen Wasser aus dem Feuer quillet, und bey sich die Strahlen der hochteutsche Sprache übersetzet durch J. L. M. C. (Johan Lange).

Stockholm und Hamburg, Gottfr. Liebezeit, 1689, pet. in-8º de 397 pp.

L'*Euphrate* d'Eugène Philalethe,qui est le même que *Cyrenée*, commence le vol. jusqu'à la p. 98.
(O-1163

10357 [STARKEY]. — Kern der Alchymie, dast ist : ein durch Erfahrung bewährter Tractat welcher eröffnet das geheime und hochverborgene Geheimnusz des Elixirs der Weisen, abgetheilet in zwey Theil worvon der erste fürnehmlich die Theoriam, der ander aber die Practicam der Kunst erkläret,... geschrieben durch *Irenaeum Philoponum* Philaletham, aus dem Englischen übersetzt von Johann Langen.

Leipzig, Valentin Adler, 1685, in-8º de XVI-206 pp.
(O-1170

10358 [STARKEY]. — Liquor Alkaest ou Discours touchant le dissolvant immortel de Paracelse et de Van Helmont, écrit en angl. par G. Starkey, publ. par J. Astel à Londres en 1675, après la mort de Starkey, et trad. en fr. ; dans *Alkaest ou le Dissolvant...* (1706).
(O-1619

10359 STATUTS de l'Ordre Maçonnique en France.

Paris, 1800, in-8º.

Constitutions de l'ordre. Fonctions, Nominations, Installations et démissions des officiers du G∴ O∴. Cotisation des grands directoires des Rites. Des Grandes Loges Provinciales. Des Grands Orients et Maçons étrangers. Etc. etc.

10360 STATUTS et règlements de la R∴ L∴ Aéropagiste de Saint Jean sous le titre distinctif des *Amis de la Vérité* à l'O∴ de Metz.

S. l., 1843, in-16, 90 pages.

Contient la reproduction d'un superbe sceau symbolique.

10361 STATUTS et règlements · généraux de l'Ordre maçonnique en France.

Paris, 5820, in-8º, 300 pages.

Affiliations. Archives, Banquets, Cérémonies, Chapitres. Collège des rites, Correspondance, Cotisations, Décorations, Délits, Diplômes; Elections, Fêtes, Grades, Honneurs maç∴. Initiations, Loges, Planches. Pompes funèbres, Radiations, Secrétariat, Tenues, Visiteurs, etc. etc.

10362 STATUTS et règlements généraux de l'Ordre maçonnique en France.

O∴ *de Paris,* 5839, in-8º, (5 fr.).

10363 STATUTS généraux de l'ordre du Temple voté et décrété par le Convent général assemblé en 1838 et 1839.

Paris, 1839, in-16, 54 pages. (2 fr.).

10364 STECKI (H.). — Le Spiritisme dans la Bible. Essai sur la Psychologie des anciens Hébreux.

Paris, Librairie internationale, 1869 in-12, (3 fr.).

(G-2127)

10365 [STEELE (Richard)], littérateur, critique et dramaturge irlandais né à Dublin en 1671, mort en 1729. D'abord enseigne dans les «borseguards» puis journaliste, directeur du théâtre de Drury-Lane, etc. — Die Veränderungen welche die Wiederkunft der Gerechtigkeit auf Erden so wohl unter männlichen als weiblichen Geschlechte verursachet in einem Traume vorgestellet. Aus dem Englischen des *Tatler* [von R. STEELE] übersetzet.

Halle, 1738, in-8° de 23 pp.

(O-1840)

10366 [STEINBERGEN (Christian Friedrich von). — Chymischer Monder-Schein, worinnen nicht allein angezeiget wird, das wahre Subjectum Philosophiæ, sondern auch wo solches zu suchen sey, und dann wie solches praepariret werden soll....., von einem der die Wahrheit nicht laugnet, verbergen will, noch kan. [Christ. Friedr. von STEINBERGEN].

Franckfurt und Leipzig, Fleischer, 1760, in-8° de 55 pp. avec une pl. triple.

(O-1384)

10367 [STEINBERGEN (C. F. von)]. — Metallischer Baumgarten, in welchem des einzige wahre Subjectum Philosophiæ, oder primum ens Metallorum blosz und gantz offenbar, vor Augen gelegt und beschrieben worden ist ; von einem Freunde (Christian Friedrich von STEINBERGEN), deme die Wahrheit bewust ist, und der einen ie-dem vom falschen Weg gern ableiten hingegen zu dem wahren einzigen Brunnen der Metallen, führen und bringen will.

Franckfurt und Leipzig, Joh. Friedrich Fleischer, 1741, in-8° de 87 pp.

Autre édit. de 1753 avec les commentaires suivants :

Quel est le véritable nom de l'auteur de cet ouvrage et des suivants, tous anonymes, sauf celui paru sous le pseud. de Chrysotome Ferdinand von SABOR (*Practica naturæ vera*). L'auteur du *Beytrag*.... à propos de cet ouvrage, l'appelle Christian Friedrich SENDIMIR von SIEBERNSTERN G. KLOSZ : *Bibliogr. der Freimaur.* toujours à propos du *Practica*... lui donne le même nom. Le premier ne cite son nom qu'à l'ouvrage qui porte le pseud. quoi qu'il cite plusieurs ouvr. anonymes du même écrivain. Nous adoptons de préférence le nom donné par Herm. FICTULD *Probier-Stein*, II. 147-38, qui l'appelle Christian Friedrich von STEINBERGEN. Dans sa note, si non malveillante, du moins très sévère, FICTULD dit que cet auteur s'appelait d'abord STERNENBERG, mais que par le changement de *Sternen* en *Stein*, il est arrivé à la dernière orthographe de son nom.

(O-1381-1382)

10368 [STEINBERGEN (Ch. F. von)]. — Die Neu-aufgehende chymische Sonne, samt ihrem Glantz und Schein weiset all Gott-ergebene Sucher, auf den rechten Pfad, subjectum ac primam materiam Lapidis Philosophorum et omnium rerum zu suchen, zu finden, und zu elaboriren....: von einem Treumeinenden Freunde [STEINBERGEN], zusammen getragen, und allen Verkümmerten zum Trost herausgegeben.

Franckfurt und Leipzig, Joh. Friedrich Fleischer, 1750, in-8° de 127 pp.

(O-1383)

10369 STEINER (Paul). — N. C. P. Paul Steiners Kemnitz oder chemischer Steinbruch in einem abgekürzten Auszuge öffentlich herausgegeben ; dans SCHRÖDER (E. J. W.) *Neue Sammlung der Bibliothek für... Chemie* (1779), I, 529-724.

La 1-re édit. de l'ouvrage entier a été publiée par HAXTHAUSEN superintendant à Allendorf, en 1723.

L'édit. doute que jamais P. STEINER ait existé. Selon HAXTHAUSEN lui-même, l'auteur de l'ouvrage vivait cent ans environ avant la publication de cet ouvrage. Selon l'éditeur, ce M. de HAXTAUSEN serait l'auteur du fameux ouvrage ROBINSON CRUSOÉ; où donc peut-il avoir été dénicher un pareil renseignement bibliographique ? Traducteur passe encore.

(O-561

10370 STEINER (Rudolf), Secrétaire général de la Société Théosophique en Allemagne, né dans la Haute Autriche vers 1861, Docteur en Philosophie.
— L'Initiation et la Connaissance des Mondes Supérieurs, par Rudolf STEINER, traduit de l'allemand et précédé d'une Notice par Jules SAUERWEIN.

Paris, Art indépendant, 1909, gr. in-18 Jésus, avec portrait de l'Auteur.

[8º R. 22921

Etude de Mystique pratique :
Chemin de l'Initiation. l'Illumination, l'Initiation. — Dispositions exigées du candidat. — Conditions imposées. — Les centres astrals. — Les Gardiens du seuil.

10371 STEINER (Dr Rudolf). — Le Mystère Chrétien et les Mystères Antiques, Traduit de l'allemand et précédé d'une introduction par Edouard Schuré.

Paris, Librairie académique, Perrin et Cie, 1908, in-16 de 260 pp.

[8º R. 22224

Introduction. — La personnalité de Rudolf STEINER. — L'avenir de l'Esotérisme chrétien. — Les mystères de la sagesse. — La sagesse des Mystères Egyptiens. — Les Evangiles. — Le miracle de Lazare. — L'Apocalypse de St-Jean. — Le Christianisme et la Sagesse Payenne. — Saint-Augustin et l'Eglise catholique.

10372 STELLA [Pseud. de Mlle LANDAUER]. — Sciences occultes : Science Astrale ; des talismans ; Chiromancie Graphologie.

S. l. [Paris, impr. L. Baudrand, 1900], in-18, 68 p. Figures chiromantiques et astrologiques. (1 fr.).

[8º R. 16533

Cet ouvrage est un petit résumé pratique à l'usage des profanes des Sciences occultes en général : graphologie, chiromancie, science astrale, explication des signes des planètes, des attractions, des rapports, des signes du zodiaque avec les humains, des influences particulières des métaux, des animaux, des plantes, fleurs et fruits ; de l'homme ; des talismans.

STENAY (Victor C*** de). —
Voir :

[COLLIN DE LA HERTE] de Stenay (Victor).

10373 STENTZEL (Christ. God.). — De Somno præstantissimo sanitatis et morborvm præsidio, veroqve hvivs vsv et fero abvsv diatriba.

Francofurti et Lipsiæ, s. d., (1725), pet. in-8º. (4 fr. 50).

Curieux traité sur le sommeil. — Texte grec en regard du texte latin.

10374 STENTZEL (Christ. God.). — Toxicologia pathologico-medica sive de venenis libri tres.

Vitembergæ et Lipsiæ, Eichsfeldius, 1633. in-4º. (5 fr.).

[T^{fia}. 32

10375 STEPHANUM (R. P. F.). — Triumphus christianus Romanos cunctos obscurans ex D. Ægidii. Lusitani Magi olim theurgici et Doctoris Parisiensis, etc. .

Paris, 1580, in-8º, (15 fr.).

Il s'agit dans cet ouvrage d'un célèbre magicien portuguais du XIIIe s. nommé ÆGIDIUS [GILLES], de sa vie pleine de prodiges stupéfiants, de son séjour à Paris après sa conversion, et des miracles qui signalèrent la seconde partie de son existence.

Voir aussi, sur ce même Don GILLES DE VAGLIADITOS le poème de l'abbé GAYRAUD (Tome II, Nº 4415).

[8º Yc. 5131.

10376 STERNANKER (Timotheus). — Versuch über den Zweck und Nichtzweck des Steins der Weisen ; ein Sendschreiben an alle wahre Adepten von Timotheus STERNANKER.

Amsterdam, s. adr., 1782, in-8° de 28 pp.

(O-1421)

10377 STERNHAL (Johann). — Ritter Krieg, das ist : ein philosophisch Geschicht, in Form eines gerichtlichen Process, wie zwey Metallen nemlich Sol und Mars durch Klag, Antwort, und Beweisz, jegliches Natur und Eygenschafft von irem natürlichen Gott und Richter Mercurio gehöret,... Lenger den vor 100 Jaren durch einen denckwirdigen Herrn Joannem STERNHALS damals Catholischen Priester....

Northausen, durch Joh. Schaubert (Gedruckt zu Erffordt, durch Martin Wittel), 1595, in-8° de LX ff. non chiff. avec fig. sur bois.

Voy. *Beytrag z. Gesch. der Chemie.* 642.

Voy. FICTULD : *Probier-Stein.* II. 122.

Ces deux auteurs n'ont pas connu cette édition très rare, car ils ne citent, l'un et l'autre, que l'édit. d'Hambourg, 1680.
Il ne faut pas confondre cet ouvr. avec l'*Uhralter Ritterkrieg*, car ils n'ont de commun que le sujet qu'ils traitent.

(O-997)

10378 STEVENSON (Dr G.). — Nouveau Traité pratique du magnétisme. — Contenant l'exposé des recherches les plus récentes relativement aux phénomènes merveilleux produits par l'hypnotisme ainsi que la théorie pratique de tous les moyens en usage pour faire naitre le sommeil somnambulique.

Bruxelles, 1887, in-12. (2 fr. 50).

Véritable compendium dans lequel tout ce qui se rattache à l'hypnotisme est classé méthodiquement et décrit avec clarté.

10379 STEVENSON (Robert Louis Balfour) né à Edimbourg (Ecosse) en 1850, ingénieur comme son père et grand père, puis homme de loi et littérateur. Il a visité plusieurs fois les Etats-Unis, et vécu un certain temps à Samoa. — Strange Case of Dr Jekyll and Mr Hyde.

London, 1886, in-8°.

Ce roman célèbre sur le dédoublement de la personnalité a eu plus de vingt éditions en Angleterre.

Une des dernières :

London, Longman's, 1901, in-8°.

Traduction française :

Paris, Plon. [1800], in-18.

[8° Y² 43036

10380 STEWART (Balfour) et TAIT. — L'univers invisible. Etudes physiques sur un état futur. — Traduit de l'anglais et précédé d'un avertissement aux lecteurs français.

Paris, Germer Baillière. 1883. in-8°, (5 fr.).

[8° R. 4865

STILL (Doctor A. T.) fondateur de la Curieuse Méthode de Médecine Psycho-Magnétique connue sous le nom d'Ostéopathie. — Voir :

OSTEOPATHY.

10381 STILLER (Johann Martin). — Chymischen Natur-Spiegels ander Theil Ars transmutatoria, das ist : em Species in das andere zu verwandeln, welches durch die edle Alchymia geschicht, dadurch das höchst-verlangende Universal der gantzen Welt für Augen gestellet, und klärlich mit Beweiszthums Gründen, ohne Metaphora gezeiget wird... auff Begehren suchenden Liebhabern der Natur in Druck versertiget durch Johann Martin STILLER.

Hannover, Nicolas Forster, 1685, pet. in-8° de XIV-66 pp.

(O-1185)

10382 [STILLING] [Dr Johann Heinrich JUNG]. — Die Pilgerreise zu Wasser und zu Lende, oder Denkwürdigkeiten der göttlichen Gnadenführung und Fürsehung in dem Leben eines Christen, der solche, auch besonders in seinem Reisen durch alle vier Hauptttheile der Erde reichlich an sich erfahren hat ; von ihm selbst beschrieben in Briefen an einem seiner Christlichen Mitbrüder in den Jahren 1797 und 1798, [von Dr Johann Heinrich JUNG, plus connu sous le pseudo. de STILLING].

Nürnberg, Raw, 1799, in-8° de XXXVI-453 pp.

On trouve en tête (pp. III-XXXVI). *Vorrede. Berichtigung der gewöhnlichen Begriffe von der Mystik*, signé par John Heinr JUNG. Marburg 26 Jun. 1799.

(O-152

10383 [STILLING]. — Taschenbuch für Freunde des Christenthums, auf das Jahr nach Christi Geburt 1814 ; von Dr. Johann Heinrich JUNG genannt STILLING.

Nürnberg, Raw, pet. in-18 de 156 pp. avec le portr. de Ulr. ZWINGLI.

(O-153

10384 STIMME eines Wanderers in Thale Josaphat (vom Br. R. der Loge zu den drei Greifen in Greifswald).

Leipzig, Gräffschen Buchhandlung, 1793, in-8° de XIV-175 pp. avec titre et front. gravés.

La préface est signée H****.

(O-372

10385 STOEFFLER (Jean) Astrologue allemand, né en 1472 à Justingen, mort à Tubingue en 1531. Professeur de Mathématiques à Tubingue. Il mourut d'accident, malgré ses précautions, le jour même qu'il avait prédit d'après son horoscope. — Calendarium romanum magnum, Cæsareæ maiestati dicatum.

[In fine] *Impressum in Oppenheym, per Jacobum Köbel*, anno 1518, in-fol. de 133 feuillets (65 fr.).

Ouvrage ainsi composé : 14 ff. pour titre, dédicace, index ; 74 ff. de texte (avec 1 planche) ; 13 ff. pour l' « *Abacus regionum principatuū ducatuū* » etc... (avec 24 vignettes, vues de châteaux) ; 6 ff. pour le calendrier de 1518 à 1556 (avec 12 très jolis bois, scène pour chaque mois) ; 24 ff. de tableaux pour les éclipses de 1518 à 1573 (chaque éclipse figurée) : 2 ff. (*Horarium generale* et *l'Instrumentum horarum*) ; les 4 dernières parties sont imprimées en rouge.

10386 STOLCIUS ou STOLTZ (Daniel) de Stolcenberg, Médecin de Bohême. — Hortvlvs hermeticvs | flosculis phi | losophorvm cypro | incisis conformatvs, [et breuissimis versiculis ex-] plicatus, | quo | chymiatriæ stvdiosi | pro philotheca vti, fessiqve | laboratoriorum ministri recreari | possint. | Avthore M. Daniele STOLCIO de Stol | cenberg, bohemo. Med : Cand : Poeta | Lau : Cor :

Francoferti, Lucas Jennisius, 1627. in-8° de 105 ff. impr. d'un seul coté et 8 ffs blancs [Vignette au titre].
(30 fr.).

[Manque à la Bibliothèque Nationale.]

Ces emblèmes représentés sur de petits cartouches gravés en rond, sont au nombre de 4 sur les pages ; il y en a en tout 316.

A l'exemplaire *Ouvaroff* se trouvait joint « *Clavis majoris sapientiæ* » d'ARTESIUS, avec une pagination séparée, mais sans titre ; nous pensons que tous les exemplaires doivent avoir cette suite. (LADRAGUE).

Elle manque cependant au plus grand nombre.

(O-1103

10387 STOLL (Johann-Gottlieb). — Etwas zur richtigen Beurtheilung der Theosophie, Cabbala, Magie und anderer geheimer übernatürlicher Wissenschaften ; herausgegeben von Johann Gottlieb STOLL.

Leipzig, s. adr. (Hilscher), 1786, in-8° de II-174 pp. avec 1 pl.

La planche remplace les pp. 55-56.

(O-1653-1654

10388 STOLZ (Der) des Maurers. Eine Rede bey der Johannisfeyer des 1777 J. gehalten von dem Rr. Redner der Loge zum Flammenden Stern in Berlin.

J. G. Decker, in-8° de 12 pp.

(O-349

10389 STOURDZA (Le Prince Grigori). — Les lois fondamentales de l'Univers.

Paris, Baudry, 1891. fort vol. gr. in-8° (4 fr.).

[8° R. 10588

10390 STOWE (Ellias) Professeur contemporain de Magnétisme et d'Occultisme. — Les Parfums-Talismans par le Professeur Ellias Stowe.

Paris, l'auteur, 1905. in-16 de 127 p.

Influences Planétaires auxquelles chaque être humain est soumis. — Les Parfums. — Savons de Toilette. — Pâte pour le Visage. — Eaux et Alcools de Toilette. — Pommades. — Cosmétiques. — Fards. — Produits divers pour la Chevelure. — Vinaigre Dentifrice. — Hygiène du Nez. — Dépilatoires. — Parfums Planétaires. — Choix du Parfum Planétaire. — Plantes et Substances d'où sont extraits les Parfums Planétaires. — Parfums Magiques des Anciens. — Etc.

10391 STRACK (Hermann L.). — Le sang et la fausse accusation du meurtre rituel.

Paris, s. d. (1900), in-12 (6 fr.).

Ouvrage plein de recherches curieuses sur le Mystère du sang au point de vue des rites magiques. — Voici un bref extrait de la table des matières qui en révèle tout l'intérêt : le sang humain sacre le serment. — Le sang d'autrui comme remède. — Le sang humain spécifique de la lèpre. — Emploi du sang personnel. — Sacrifices humains. — Rites du sang. — La pharmacie stercorale et la superstition du sang chez les juifs. — L'auteur donne quantité de recettes magiques dans la composition desquelles le sang et la graisse s'allient dans de mystérieux amalgames soit pour des guérisons extraordinaires, soit pour des envoûtements d'amour irrésistibles, soit pour des volts de haine implacables. — L'ouvrage est écrit en faveur des Juifs et fait bonne justice d'une calomnie qui a trop longtemps duré, en s'appuyant sur les bulles des Papes, les témoignages de divers prélats et du général des Dominicains.

10392 STRADA (José de, ou plus exactement : Gabriel-Jules Delarue de), Poète, philosophe et artiste peintre français, né à Vouillé (Deux-Sèvres) en 1831, mort à Passy (Paris) en 1902. Affectionne la polémique du genre moderniste. — Borgia, la Conjuration du génie.

Paris, 1895, in-12 (2 fr. 50).

Poème violent qui met en scène le Pape Alexandre VI et la chronique scandaleuse de l'époque, dans un esprit férocement anticlérical.

10393 STRADA (J. de). — Le dogme social. — Esquisse d'un traité de la seule institution sacerdotale possible dans les sociétés modernes et solution de la question religieuse.

Paris, Amyot, 1861, in-8° (10 fr.)

Un des premiers ouvrages du célèbre philosophe méthodiste. — Plus tard, il rejeta le point de vue exposé dans le présent volume. — Curieux à étudier au point de vue de l'évolution de ses idées.

10394 STRADA (J. de). — Essai d'un Ultimum Organum, ou Constitution scientifique de la Méthode.

Paris, Hachette, 1865, 2 vol. in-12 (4 fr.).

[R. 51872-873

10395 STRADA (Jules de). — L'Epopée Humaine. La Genèse Universelle.

Paris, Dreyfous, 1890, in-12.

C'est le Tome I de l'Epopée Humaine, qui comprend en tout trois Cycles, et se développe en quinze volumes : les Races (1890), le premier Roi (1890), le premier Pontife (1890), Sardanapale (1891), le Peuple de Dieu (....), le Pallas des Peuples (....), Jésus (1892), la Mort des Dieux (1865), la Mêlée des Races (1873), etc., etc.

10396 STRADA (J. de). — L'Europe sauvée, et la fédération.

Paris, Le Chevalier, 1868, in-8° (2 fr.).
(G-29465)

10397 STRADA (J. de). — Jésus et l'Ère de la science. — La véritable histoire de Jésus.

Paris, Alcan, 1896, in-8° (4 f.).

Très fort ouvrage de polémique entrepris par STRADA, à la demande d'Albert JOUNET, afin d'élucider scientifiquement le problème christique. — STRADA conclut à la Religion de la Science et de l'Esprit pur, la seule, dit-il, qui puisse créer l'unité des hommes sur la terre, l'unité des hommes en Dieu.

Distinct d'un autre ouvrage intitulé : Jésus.

Paris. Ollendorff, 1892, in-8° (3 fr. 50).

L'Épopée humaine. Deuxième Cycle des Civilisations.

10398 STRADA (Jules de). — Philosophie Méthodique. Méthode Générale.

Paris, Hachette, 1867, in-12 (2 fr.).

10399 STRADA (Jules de). — La Religion de la Science et de l'Esprit pur. Constitution Scientifique de la Religion.

Paris. Alcan, 1897, 2 vol. gr. in-8°.

Philosophie de l'impersonnalisme méthodique. Le Théisme scientifique et l'Idéal social métaphysique de la Religion de la Science, seule Religion Universelle.

10400 STRADA (Jules de). — Ultimum Organum. Constitution Scientifique de la Méthode générale.

Paris, Alcan, 1897, 2 vol. in-12.

STRADA (sur J. de). — Voir :

CLARENS (Jean Paul)
PETIT (Ed.)

10401 STRAUSS (David Frédéric) célèbre théologien protestant allemand, né et mort à Ludwigsbourg (Würtemberg) (1808-1874). Professeur au Séminaire de Maulbronn, puis de Tubingue. — Vie de Jésus ou examen critique de son histoire. Traduite de l'Allemand par E. Littré.

Paris, Ladrange, 1839/40, 4 parties, in-8° (25 fr.).
[H. 18878-881]

Autre édition :
Paris, 1864, 2 forts vol. in-8°.

Dernière édition de ce très rare ouvrage, qui produisit dans le monde théologique et au-delà, une commotion profonde. — C'est à la critique du Nouveau Testament et au caractère historique des Evangiles que STRAUSS s'attache le plus.

Cet ouvrage fit un tel scandale à son apparition, que son auteur fut destitué de ses fonctions de professeur à la faculté de Tubingue.
(G-992 et 2138)

Paris, 1853, 4 vol. in-8°.
Paris, 1856, 2 forts vol. in-8°.

10402 STRAUSS (Dr D. F.). — Nouvelle Vie de Jésus; trad. de l'allemand par A. Nefftzer et C. Dolfus.

Paris, Hetzel et Lacroix, 1864, 2 vol. in-8° (Seule traduction autorisée par l'auteur) (9 fr.).
[H. 18882-885]

Cette « Nouvelle Vie de Jésus » de STRAUSS est par le plan, la méthode et les résultats, absolument distincte du premier ouvrage du même auteur.

10403 STREET (Dr. J. C.). — The Hidden Way Across the Threshold ; or the Mystery which hath been Hidden for Ages and from Generations. An Explanation of the concealed Forces in every man to open the Temple of the Soul, and to learn the Guidance of the Unseen Hand. Illustrated, and made plain with as few Occult phrases as possible. By Dr. J. C. STREET.

Boston, 1887, in-8° ou in-12 de 587 p. (15 fr.).

(O. P. C.

10404 STREHLY (G.) agrégé de l'Université, né à Altkirch (Alsace) en 1851. Orientaliste et Hygiéniste. — L'Acrobatie et les Acrobates, texte et dessins par G. Strehly.

Paris, Ch. Delagrave, s. d., [1903] in-18 de 363 p. fig. couv. en couleurs.

[8° V. 30278

Curieux petit volume où l'on retrouve tous les artistes des cirques contemporains avec leurs exercices décrits de main de maître, et pour certains, leurs photographies.
L'acrobatie à travers les âges. — Comment on devient acrobate. — Les spécialités, les écoles. — Les équilibristes sur mains. — Les disloqués. — Les athlètes du tapis. — Les anneaux. — L'unambules etc. — Les jeux Icariens: — Japonais: — Arabes. — Acrobates à cheval. — Cyclistes acrobates. — Etc.

10405 STRIGONI. — Il tremendo [...] svcessodi Givstitia. | Fatta in Monaco Citté di Bavcera.. | .. di sei scelerati Strigoni.

Stampato in Genoua et in Velletri. 1641, in-8° de 4 f°° n. chif.

[Réserve R. 2445

10406 STRINDBERG (Auguste). — Axel Borg (I. Hafsbandet); traduit du suédois par M. L. Littmanson.

Paris, Mercure de France, 1898, in-12, (2 fr. 50).

[8° Y². 51460

Très bel ouvrage consacré à la supériorité manifeste du cerveau masculin. — Sinistre tragédie de l'existence jamais sereine d'un penseur.

10407 STRINDBERG (Auguste). — Inferno.

Paris, Mercure de France, 1898, in-12, portrait. (2 fr. 50).

[8° Y². 51406

Œuvre de raffinement mystique où Strindberg note ses travaux d'alchimiste et ses luttes de matérialiste vaincu par l'Invisible. — Les Tentations du Démon. — Etudes funèbres. — La Chûte et le Paradis perdu. — Inferno. — Swedenborg, etc...

10408 STRINDBERG (Auguste). — Introduction à une chimie unitaire.

Paris, Mercure de France, 1895, (2 fr. 50).

[8° R. 16020

10409 STRINDBERG (Auguste). — Sylva Sylvarum. — Chimie unitaire.

Paris, 1896, in-18, (4 fr.).

10410 STROMBECK (Baron Frédérick-Charles de). — Histoire de la guérison d'une jeune personne par le magnétisme animal produit par la nature elle-même, par un témoin oculaire de ce phénomène extraordinaire, traduit de l'allemand du Baron Frédérick-Charles de Strombeck, avec une préface du Docteur Marcard, médecin des eaux de Pirmont.

Paris, librairie grecque, latine, allemande, [1813]-1814, in-8°, 200 pages (2 fr.).

Cette cure est fort importante, elle est détaillée avec soin. Les journaux du temps ne purent s'empêcher de la considérer comme remarquable.

(D. p. 84

10411 STROZZI (Pierre). — Petri Strozzæ, de Dogmatibus Chaldæorum disputatio.

Romæ, B. Zannetti, 1617, in-4°.

[D. 5759
(S-489

10412 STRUTHIUS ou Strutt (Joseph) — Josephi Struthii, Sphyginica Ars, jam mille ducentis annis perdita.

Basileæ, 1555, in-8°.

Autre édit :

Basileæ, per J. Oporinum (1540), in-8°.

[Td¹⁶ 9
[Rés. Td¹⁶ 9
avec notes mss.
(S-3343

10413 STRUVE. — Historia doctrinæ Græcorum ac Romanorum philosophorum de statu animarum post mortem.

Altonæ, s. d., (1802), in-12.

Traité rare sur l'immortalité de l'âme et sur la résurrection de la chair.

10414 STRUVE (O. G.). — Essais ou réflexions intéressantes relatives à la chymie, la médecine, l'économie et le commerce, avec une dissertation sur la question : Si les causes des maladies de l'âme et des nerfs ont toujours leur siège dans le cerveau ?

Lausanne, Grasset, 1772, pet. in-8°, (3 fr. 50).

10415 STRUVE (W.G.). — Paradoxum chymicvm sine igne, i. e. operationes et experimenta physico-chymico-pharmacevtica, ipsaqve medicamenta chymica ignis ope parari solita sine igne.

Jenæ, Bailliar, 1715, in-12, (12 fr.).

STUART DE CHEVALIER (Mme Sabine). — Voir :

CHEVALIER (Mme de), (Il s'agit d'une dame, née STUART, de la famille des Rois d'Ecosse, et épouse du médecin des Cent Suisses CHEVALIER).

10416 STUBBE (Henry) Médecin anglais de Stratford sur l'Avon, Comté de Warwick. — The | Miraculous Conformist : | or | An account of severall Marvai | lous Cures performed by the | Stroaking of the Hands of | Mr Valentine GREATRICK ; | With | A Physicall Discourse thereupon, In a | Letter to the Honourable Robert BOYLE, Esq: | With a Letter relating some others of his Miraculous Cures, | attested by E. FOXCROFT M.A. and fellow of Kings Colledge in Cambr : | by | Henry STUBBE, Physician at Strat | ford upon Avon, in the County of Warwick.

Oxford, | Printed by H. Hall Printer to the University, | for Ric. Davis 1666, in-8° de 2 fol.-44 p. Titre encadré de deux filets. (7 fr.).

Ouvrage ancien et excessivement curieux sur cet ancêtre des magnétiseurs, généralement connu sous le nom de GREATRAKES, q. v.
Manque à la Bibliothèque Nationale.

10417 SUARD (Georges). — Comment on produit le sommeil magnétique.

Paris, in-12. (3 fr.)

10417 bis SUARD (Georges). — Les Débuts d'un Magnétiseur. Ouvrage Posthume d'André NEFF, publié par Georges SUARD.

S. l., [Paris, imprimerie Coyard, 1908], in-8° de VII-82 p. (1 fr. 50).

[8° R. 22473

Intéressante nouvelle descriptive des effets du Magnétisme et aussi de ses dangers possibles entre des mains peu loyales ou inexpérimentées.

10418 SUARÈS (le R. P. Jacques) de Ste Marie, observantin Portugais. — Le R. P. Jacques SVARÈS, de Ste Marie, observantin Portugais. — Torrent de fev sortant de la Face de Dieu, pour desseicher les eaux de Mara, encloses dans la chaussée du Molin d'Ablon. Où est amplement prouué le Purgatoire et suffrages pour les Trespassez, et sont descouvertes les faussetez et calomnies du Ministre MOLIN.

Paris, Michel Sonius, 1603, pet. in-8°. (40 fr.) (en Maroquin de BRANY).

[D. 52751
(G-2130

10419 SUAREZ de MENDOZA (Dr Ferdinand). — L'Audition colorée, étude sur les fausses sensations secondaires physiologiques et particulièrement sur les pseudo-sensations de couleurs associées aux perceptions objectives des sons.

Paris, 1890, in-8°, Tableaux, (4 fr.).

[Tb⁵⁰. 16

Très curieux.

10420 [SUBERWICK (Mme de)]. — Mystères de l'Inquisition et autres sociétés secrètes d'Espagne par M. V. de Féréal avec notes historiques de Manuel de Cuendias.

Paris, P. Boizard, 1845, in-8° de XV-588 p. (8 fr.).

[Oc. 109

Orné de 200 dessins gravés sur bois hors et dans le texte par les meilleurs artistes de l'époque.

Roman genre « *Mystères de Paris ou de Londres* » par Eugène Sue, ou Francis Trolopp. Sérieusement anti-clérical. Curieux.

(G-1370 et 1786)

Réédité,

Ibid., Id., 1846, puis 1859, in-8°.

Du même esprit que l'ouvrage de Briffault, q. v.

10421 SUBLIMES ÉLUS (les) de la Vérité. Le Siège de cet ordre est à l'O∴ de Rennes. L'an de la V∴ L∴-000, 0000.

(*Rennes*. 18..). in-8° de II-54 pp.

(O-240)

10422 SUCHTEN (Alexander von). — Alexandri von Suchten chymische Schriften alle, so viel deren vorhanden, zum ersten mahl zusammen gedruckt, mit sonderbahrem Fleisz von vielen Druckfehlern gesäubert, vermehret, und in zwey Theile, als die Teutschen und Lateinischen verfasset.

Franckfurt am M., George Wolff, 1680, in-8° de XIV-486-IX pp.

(O-936)

10423 SUCHTEN (A. de). — Liber unus de Secretis Antimonii, das ist : von der grossen Heymligkeit des Antimonii die Artzney belangent, durch den Edlen und hohegel. Hn. Alexander von Suchten, allen Medicis nottwendig züwissen (curà Michaelis Toxitis medici Argentorati).

Strasbourg. Christ. Muller, 1570, pet. in-8° de II-142 pp.

(O-935)

10424 SUCHTEN (A. de). — Alexandri von Suchten Mysteria gemma Antimonii, das ist : von den grossen Geheimnüssen desz Antimonii, in 2 Tractat abgetheilt deren einer : die Artzeneyen zu anfallenden Menschlichen Krankheiten offenbaret, der anderer aber : wie die Metallen eröhet, und die Verbesserung übersetzet werden : mit mancherley künstlichen und philosophischen beyderseits Bereitungen, exempelweise illustrit, und zu Vindicirung seines Lobs und Ruhms publicirt worden durch Johann Thölden, Hessum...

Nürnberg, Paul Fürsten, s. date, (1604). in-8° de VI-380-XXVII pp.

(O-934)

10425 SUDRE (Alf.). — Histoire du Communisme, ou réfutation Historique des utopies socialistes.

Paris, Guillaumin, 1856, in-12, (4 fr.).

Le communisme de Lacédémone, de la Grèce, de Platon. — Le Christianisme, les Pythagoriciens, les Esséniens, les Anabaptistes, Bodin, Morus, Campanella, Morelly, Mably, Roussot, Babeuf, St-Simon, Fourier, Cabet, Proudhon, P. Leroux, etc...

Autres édit. :

Paris, 1850, in-12.

Bruxelles. Pagny, 1850, in-12.

10426 SUDRE (Jean François) musicien inventeur français né à Albi (Tarn) en 1787, mort à Paris en 1862. Elève du Conservatoire, professeur de Musique à Toulouse, etc. — Langue musicale universelle au moyen de laquelle (après trois mois seulement d'études) tous les différent peuples de la terre, les aveugles, les sourds et les muets peuvent se comprendre réciproquement. — Langue à la fois parlée, occulte et muette, inventée par F. SUDRE et approuvée par l'Institut de France.

Paris, la Vve de l'auteur, G. Flaxland, 1866, in-8°, (6 fr.).

[X. 32425

Ouvrage excessivement curieux, publié par sa veuve.
Procédé pour exprimer la pensée par les sept notes de la gamme, écrites, chantées, jouées sur un instrument, ou mêmes indiquées par signes manuels (pour les sourds-muets). Le procédé de traduction se rapproche assez de ce qu'on appelle quelquefois « *le petit nègre* » : moi dire à toi, etc. Il existe en outre un « *Alphabet Phonétique* » pour les noms propres, etc.

10427 SUE (G. A. T.). — Discours sur le Magnétisme animal, lu à la séance publique de la Société royale de médecine de Marseille tenue le 11 novembre 1827, par G. A. T. SUE, Président de la Société.

Marseille, Achard, 1828, in-8°, 24 pages.

Très rare.
Ce discours n'a été tiré qu'à un petit nombre d'exemplaires.

(D. p. 105

10428 SUE (Jean Joseph) Médecin parisien, mort en 1831. Chirurgien de la Charité, Professeur d'Anatomie à l'Académie de Peinture et de Sculpture. — Discours sur le magnétisme animal par le docteur SUE.

Paris, 1827, in-8°.

(D. p. 184

10429 SUE (J. J.). Médecin. — Recherches physiologiques et expériences sur la Vitalité ; suivies d'une Opinion sur le supplice de la guillotine ou sur la douleur qui survit à la décollation.

Paris, 1797, in-8°, 4 planches.

10430 SUE (P.). — Histoire du galvanisme et analyse des différents ouvrages publiés sur cette découverte, depuis son origine jusqu'à ce jour.

Paris, Bernard, 1802, 2 vol. in-8°, (7 fr.).

10431 SULAU DE LIREY. — Histoire des différentes religions depuis leur origine jusqu'à nos jours, offrant le précis exact et détaillé des croyances, du culte et des cérémonies chez les Indiens, les Chinois, les Perses, les Egyptiens, les Grecs, les Romains, les Juifs, les Chrétiens, etc...

Paris, au Bureau de la Publication 1843, in-8°. (4 fr.).

Avec 4 figures de R. Cazes, gravées sur acier.

Paris, 1845, in-8°.

(G-994

10432 SULAVILLE. — Le Moraliste Mesmérien ou lettres philosophiques sur l'influence du Magnétisme, par M. SULAVILLE.

Paris, 1784, in-12, 132 pages.

En faveur du magnétisme.

(D. p. 56

10433 SULLY (James). — Les Illusions des Sens et de l'Esprit.

Paris, Baillière, 1883, in-8°, (3 fr. 50).

[8° R. 81 (42)
(G-2131

SUMMER (Mary). — Voir :

FOUCAUX (Madame).

10434 SUPERSTITIONS (Les) du Paganisme renouvelées, ou le Spiritisme dévoilé pour son Esprit de ce monde.

Paris, 1863, in-12, (4 fr.).

L'univers rempli d'esprits bons et mauvais. — De leur action dans le monde. — Communication des hommes avec les Esprits dans l'antiquité. — Le Dieu Bel. —

Le Dieu Tuhivivi. — Tchatka chef assiniboin etc... Ouvrage des plus curieux.

SUPERSTITIONS et PRESTIGES
— Voir :

WENDEL-WURTZ (l'abbé).

10435 SUPERSTITIONS populaires du moyen-âge et des temps modernes, trad. du *Quaterly Magazine*; dans la *Revue britannique*, août 1837.

Satan et le diable ; les Pucks de Suède les Neckars et Duergars saxons ; le Duende espagnol ; les Gobelins des mines; Walkines de Norvège ; l'Annaberge ; Odin ; Hela ; Rois revenants ; Frédéric Barberousse ; Ogier le danois ; l'Herbe maudite de Normandie ; les Baguettes magiques.

(O-1786)

10436 SUPREME CONSEIL des SS.°. GG.°. II.°. GG.°. du Rite Ecossais Anc.°. et Acc.°. pour la France et ses dépendances. Compte rendu aux Ateliers des travaux de l'année 1904.

Paris, 1905, in-8°, (5 fr.)

Non mis dans le commerce.

Anciens Grands Maîtres. Souverains, Grands Commandeurs. Anciens membres du Sup.°. Cons.°. Dignitaires et membres actifs du Sup.°. Cons.°. — Constitutions d'un Aréopage, d'une loge de Perfection du Conseil Central, atelier de l'Ob.°. du Cons.°. en activité, etc...

10437 SURBLED (Dr Georges). — La morale dans ses rapports avec la médecine et l'hygiène.

Paris, 1891-92, in-12, (6 fr.).

[T¹⁹. 357

Ce volume (le *tome II* de l'ouvrage du Dr SURBLED et qui ne se vend pas séparément) est consacré tout entier aux Sciences Occultes : sorcellerie, envoûtements, don des langues, etc...

On y remarque un chapitre original sur la Hiérognose qui n'avait pas encore été étudiée jusqu'ici et qui met en lumière des phénomènes très captivants.

10438 SUREMAIN de MISSERY (Antoine) ancien officier d'artillerie, mathématicien et littérateur, né et mort à Dijon (1767-1840). — Examen de l'ouvrage qui a pour titre : le *Mystere des magnétiseurs et des somnambules dévoilé* par SUREMAIN de MISSERY, ancien officier d'artillerie, membre de la Société des Sciences de Paris, de celle de Dijon, etc...

Paris, Dentu, 1816, in-8°, 68 pages.

Critique de l'ouvrage examiné.

(D. p. 87

18439 SURIER (Albert) rédacteur en chef de « *l'Emancipation de l'Instituteur* ». — Comment on devient beau et fort. — Traité pratique et élémentaire de culture physique.

S. l. [Levallois Perret, impr. de Roche et Wellhoff], in-8°, 101 p. Nombreuses illustrations dans le texte. (2 fr.).

[8° V. 31032

10440 SURIER (A). — La Force pour tous.

Paris, in-8°, (3 fr. 50).

Traité pratique de culture physique rationnelle. — Santé, force, beauté, nombreuses illustrations dans le texte.

10441 SURIER (A.). — La santé par dix minutes de culture physique chaque jour.

Paris, 1905, gr. in-8°. Nombreuses illustrations dans le texte. (1 fr.).

10442 SURIN (le R. P. Jean Joseph) Jésuite français né et mort à Bordeaux (1600-1665). Il exorcisa les religieuses de Loudun et mourut fou vingt ans après. — Cantiques spirituels de l'amour divin pour l'Instruction et la consolation des âmes dévotes. — Nouvelle édition corrigée et augmentée de plusieurs beaux cantiques, choisis dans divers auteurs, etc...

Paris, N. le Clerc, 1731, fort in-8°. Terminé par 40 pages de musique notée. (4 fr.).

[Ye. 11324

10443 SURIN (le R. P. Joseph). — Catéchisme spirituel de la perfection chrétienne.

Paris, 2 vol. in-12. (3 fr. 50).

10444 SURIN (le P.). — Histoire abrégée de la possession des Ursulines de Loudun et des peines du Père SURIN.

Paris, chez l'éditeur, 1828, in-8°, (7 fr.).

[Lb³⁰. 3399

L'ouvrage du Père SURIN est certainement le plus extraordinaire qui ait été écrit sur cet épisode dramatique de la démonologie en France. — On sait que ce religieux joua dans l'affaire un rôle très actif, en qualité d'exorciste et cruellement passif comme possédé. — Son point de vue mis hors de cause, restent les détails truculents de ce procès célèbre et parfois scabreux en ce qui concerne surtout les rigoureuses disciplines qu'il infligeait aux démons à travers la chair des malheureuses nonnes, qui, évidemment devaient hurler comme de beaux diables. — Tous ces sévices sont narrés avec une naïveté qui désarme. En dehors de sa curiosité même, l'ouvrage du Père SURIN, qui contient en outre tout un traité de démonologie, est un des plus rares sur la possession de Loudun. [DUJOLS].

(G-995)

10445 SUSO (le Bienheureux Henri) ou Henri de BERG, mystique et ascète allemand, né à Constance en 1295, mort à Ulm en 1366. Dominicain et prieur de son couvent. — Œuvres, traduction Cartier.

Paris, 2ᵉ édit., 1850. in-8°, (4 fr.)
[D. 52887

Autres édit. :

Paris, 1852, in-8°.
[D. 52886

Paris, 1878, 3ᵉ édit, in-8°.
[D. 66214

10446 SUSO (le B. Henri). — Le livre de la Sagesse éternelle, par le Bienheureux Henri Suso; avec une introduction sur sa vie et ses écrits par J. GOERRES ; traduit de l'allemand par un proviseur de Collège royal.

Lyon et Paris, F. Guyot, 1840. in-8°. (10 fr.).
[D. 52883

« Cet ouvrage vaut surtout par son étonnante introduction écrite par GÖRRES le fameux auteur de la *Mystique divine naturelle et diabolique* (p. 29 à 131) ». (S. de G.).

(G-996)

10447 SUVIGNY. — La Restauration convaincue d'hypocrisie, de mensonge et d'usurpation, de complicité avec les Souverains de la Sainte Alliance ou preuves du fils de Louis XVI.

Paris, au Bureau de l'Inflexible, 1851. in-12, (12 fr.).

Ouvrage fort rare et très curieux sur M. de RICHEMONT, le faux Louis XVII et ses aventures en Vendée, à l'armée de Condé, en Egypte, en Italie, au Brésil, etc...

(G-997)

SUZE (le Chevalier Charles de), auteur anonyme de la « *Suite des Erreurs et de la Vérité* » et de la « *Clef des Erreurs et de la Vérité* ». — Voir :

SAINT-MARTIN (Louis Claude de) auteur du Livre principal.

10448 SVEN-HEDIN (le Docteur). — Le Thibet dévoilé. — Ouvrage traduit et adapté par M. Charles Rabot.

Paris, Hachette, 1910. in-8. Illustré de 69 reproductions de photographies directes, tirées hors-texte et d'une carte en couleurs. (10 fr.).

[Oᵉm. 221

10449 SVEN-HEDIN (Docteur). — Le Thibet inconnu ; vers la ville interdite, traduit du suédois par Ch. Rabot.

Paris, Juven, s. d. [1907] gr. in-8°. Orné de 4 cartes et de nombreuses illustrations hors et dans le texte. (4 fr.).

SWAMI VIVEKANANDA. — Voir :

VIVEKANANDA (le Swami).

SWEDENBORG (Emmanuel SVEDBERG anobli sous le nom de), Voyant et Mystique illustre, né à Stockholm en 1688, mort à Londres en 1772. Fils d'un professeur de Théologie d'Upsal, évêque de Skara. Vers 1744, il eut à Londres une vision qui détermina sa vocation d'instructeur religieux, et à partir de cette époque, il commença la publication de ses innombrables ouvrages sur « *La Nouvelle Jérusalem* », nom mystique qu'il donna à sa religion. Avant de mourir, il protesta de la parfaite vérité de ses visions et de son enseignement. La « *Nouvelle Jérusalem* » compte encore de nos jours, paraît-il, un demi-million d'adeptes. SWEDENBORG a donné de nombreuses preuves de ses facultés de vue à distance et de Divination.

10450 SWEDENBORG (Emmanuel). — Ouvrages de SWEDENBORG, traduits du latin par LE BOYS DES GUAYS (q. v.) et publiés à *St Amand (Cher) par la Librairie de la Nouvelle Jérusalem* :

1) L'Apocalypse dans son sens spirituel, d'après l'Apocalypse révélée et l'Apocalypse expliquée. 1841-1885, in-8°. (3 fr. 50).

2) L'Apocalypse expliquée selon le sens spirituel où sont révélés les Arcanes qui y sont prédits, 1855, 3 vol. in-8° (7 fr.).

[A. 12462

3) Couronnement ou Appendice à la Vraie Religion Chrétienne, 1850-1894, in-16, (1 fr. 50).

4) Doctrine de la Charité, extraite des Arcanes Célestes, 1853, in-18. (1 fr. 25).

5) Doctrine de la Nouvelle Jérusalem sur la Charité, 1853, in-18. (1 fr. 25).

6) Doctrine de la Nouvelle Jérusalem sur Dieu Tri-un. 1855, in-18, (1 fr. 50).

[R. 52041

7) Doctrine de la Nouvelle Jérusalem sur le Foi, 1844-1888, in-8°. (1 fr. 25).

8) Doctrine de la Nouvelle Jérusalem sur le Seigneur, 1844-1888, in-8° (2 fr.).

[R. 52046.

9) Exposition de la Doctrine de la Nouvelle Eglise qui est entendue dans l'Apocalypse par la Nouvelle Jérusalem, 1847-1891, in-18, (1 fr 25).

10) Du Jugement dernier et de la Babylone détruite, 1850, in-16. (1 fr. 25).

11) La Nouvelle Jérusalem, Revue, Tome V, du 20 Mars 1842-86, au 20 mars 1843-87, in-8°. (2 fr.).

12) La Sagesse Angélique sur la Divine Providence. 1854, in-12, (2 fr. 50).

[R. 52045

13) Des Terres dans notre Monde Solaire, 1851, in-16, (1 fr. 50).

(G-2143

10451 SWEDENBORG (Emmanuel). — Abrégé du Grand Arcane céleste. Traduit du Suédois.

Bâle, 1875, 2 vol. gr. in-8°, (8 fr.).

Œuvre d'une grande valeur initiatique, comprend les premiers livres de Moïse, la Genèse, l'Exode, la Création de l'homme et de la femme, la chute, Babel, Abraham, S.dome, les Anges, Jacob, les Pharaons. etc... Des commentaires originaux et précieux éclairent prodigieusement le texte des Ecritures.

10452 SWEDENBORG (Emmanuel). — Abrégé du traité des merveilles du ciel et de l'enfer, publié et annoté par L. A. CAHAGNET.

Argenteuil, chez l'auteur, [l'annotateur], 1855, in-12, (3 fr.).

Louis Alphonse CAHAGNET, le Magnétiseur Spiritualiste a été le fondateur de l'*Association des Etudiants Swedenborgiens libres*.

10453 SWEDENBORG (Emmanuel). — L'Apocalypse expliquée selon le sens spirituel. Trad. par Le Boys des Guays.

Londres et St Amand, Porte, 1855-1859, 7 vol. in-8°, (15 fr.).

[A. 12461

10454 SWEDENBORG (Em.). — L'Apocalipse révélée, dans laquelle sont découverts les Mystères qui y sont prédits et qui ont été cachés jusqu'à présent, par Emmanuel SWEDENBORG, Serviteur du Seigneur Jésus-Christ. Traduit du Latin sur l'édition d'Amsterdam de 1766, par J. P. NOET, de Versailles, et publié par un Ami de la Vérité.

Paris, Treuttel et Wurtz, 1833, 2 vol. in-8°. (7 fr.).

[R. 51990-991
(G-2132

10455 SWEDENBORG (Em.). — Arcanes Célestes ou l'Ecriture Sainte ou Parole du Seigneur Dévoilée ainsi que les Merveilles qui ont été vues dans le Monde des Esprits et dans le Ciel des Anges. Publié en Latin de 1749 à 1756 et traduit par J. F. E. LE BOYS des GUAYS.

St Amand. Porte, 1841 et 1854, 16 vol. in-8°. (45 fr.).

[A. 11506 et 11506 *bis*

« C'est l'Ouvrage Capital de SWEDENBORG, qui contient les Commentaires des Deux premiers Livres du Pentateuque de Moïse, la Genèse et l'Exode. » (S. de G.)
(G-2133

10456 SWEDENBORG (Em.). — Des biens de la charité, ou bonnes œuvres et explication du Décalogue, traduites du latin par LE BOYS des GUAYS

St-Amand, Porte, 1846-90. in-8°, (2 fr.).

[R. 52023

Ce traité est extrait du grand ouvrage posthume de SWEDENBORG.

10457 SWEDENBORG (Em.). — Le but de la vie humaine terrestre.

Bâle, 1873. gr. in-8°, (7 fr.).

Trad. du suédois.

Œuvre d'une rare valeur, expression condensée de l'enseignement du maître à ce point de vue spécial.

10458 SWEDENBORG (Em.). — Du cheval blanc dont il est parlé dans l'Apocalypse, et ensuite de la parole et de son sens spirituel ou interne d'après les Arcanes célestes.

St Amand, Porte, 1843. in-8°, (4 fr.).

[A. 11507

Fort intéressant ouvrage, rédigé par les disciples de Swédenborg.

Autre édit ;

St Amand, Porte, 1899, in-16.

[A. 11507 *bis*
(G-779

10459 SWEDENBORG (Em.). — Du ciel et de ses merveilles et de l'enfer, d'après ce qui a été entendu et vu. — Traduit du latin, sur l'édition princeps, (Londres, 1758) par le BOYS des GUAYS.

St Amand, Porte, 1850, in-12. (3 fr.).

[R. 52024

Autres :

Paris, Fischbacher, 1899, in-8°.

[D². 17005

2ᵉ édit. :

Paris, Iung-Treuttel. 1872, in-12.

[R. 52025

Traduit par J. P. Moet.

Bruxelles, imp. de J. Maubach, 1819 in-8°.

[R. 51992

11460 SWEDENBORG (Em.). — Du Commerce établi entre l'âme et le corps ; ou Traité de la liaison qui subsiste entre le spirituel et le matériel ; fidèlement rendu du latin d'Emmanuel de SWEDENBORG, par le traducteur de la Nouvelle Jérusalem et de sa doctrine celeste. [Benedict CHASTANIER qui n'a pas donné sa trad. mais l'a remplacée par celle de PERRAUD]. Edition augm. du Discours préliminaire de Th. HARTLEY, doct en théologie (traducteur anglais de l'ouvrage : suivie de 4 lettres de SWEDENBORG à HARTLEY, au landgrave de Hesse-Darmstadt, et à Menander, archev. de Suède, qui se trouvent dans la traduction de HARTLEY ; terminée par : *du Cheval Blanc dont il est parlé dans l'Apocalypse*, de la traduction de PERRAUD).

Londres, Société typographique ; La Haye, P. J. Gosse, (imprimeur de l'ouvrage). 1785, in-8° de 150 pp. (4 fr.).

[R. 11208

On trouve en tête un discours du traducteur (c-à-d. de l'éditeur CHASTANIER) aux universités de sa patrie (la France) pp. 5-10 ; pp. 78-82 se trouve le *Catalogue des Ouvrages imprimés de* SWEDENBORG ; le vol. est terminé (pp. 142-47) par le *Prospectus pour l'impression des Œuvres posthumes du théosophe dont le Catalogue suit.*

Les deux mondes. — Le Soleil du monde spirituel. — Le Soleil du monde naturel. — Les trois degrés du monde spirituel. — Les trois degrés du monde naturel. — Les Fins dans le premier ; les Causes dans le second ; les Effets dans le troisième. — Ouvrage d'une très grande élévation.

(O-115
(G-2134 et 2137

10461 SWEDENBORG (Em.). — Delitiæ sapientiæ de amore conjugiali ; post quas sequuntur voluptates insaniæ de amore scortatorio.

Amstelodami, 1768. in-4°, 1re édi- (12 fr.).

[R. 8008

Autre édit :

Tubingæ et Lipsiæ. Guttenberg, 1841, in-8°.

[R. 52033

10462 SWEDENBORG (Em.). — Les Délices de la Sagesse sur l'Amour Conjugal et les Voluptés de la Folie sur l'Amour Scortatoire, par Emmanuel SWEDENBORG, serviteur du Seigneur Jésus Christ. Traduit du Latin sur l'édition d'Amsterdam, 1768. par J. P. Moet de Versailles et publié par un Ami de la Vérité.

Paris. Treuttel et Wurtz. 1824, fort in-8°, (6 fr.).

[R. 51789 /9

Cette traduction de MOET, le Martiniste, est rare ; il fut intimement lié avec SAINT-MARTIN, le Philosophe inconnu, qui le rechercha pour répandre sa doctrine. Cet ouvrage a pour but d'exalter la sainteté du mariage et de signaler les dangers qu'entraînent l'adultère et le libertinage ; il suit dans toutes leurs phases les profanations de l'amour conjugal et montre leurs funestes conséquences.

(G-2135

10463 SWEDENBORG (Em.). — Du Dernier Jugement et de la Babylone détruite : ce qui fait voir que généralement tout ce qui a été prédit en l'Apocalypse est aujourd'hui parfaitement accompli. Le tout fidèlement rendu du latin en françois par un amateur des vérités du Nouveau Règne (B. CHASTANIER), d'après ce qu'en a ouï et vû Em. SWEDENBORG.

Londres, imp. du bureau typogr. de la Nouvelle église, 1781, in-8° de IV 177 pp. (7 fr.).

[D² 11632

III N° du *Journal Novi-Jérusalémite*. L'ouvrage finit à la p. 140, le reste du vol. est consacré à des notes et à l'annonce de nouvelles traductions.

En tête du vol. se trouve un frontispice et le portr. de SWEDENBORG gravés.

Ouvrage destiné aux *Amis de la Vérité* et aux Francs-Maçons dit le traducteur (Bénédict CHASTANIER). On remarquera, dans ce recueil de traités sublimes, celui *de la vie que doivent mener ceux qui aspirent à devenir membres réels de la Nouvelle Jérusalem.*

(O-118
(G-2137

10464 SWEDENBORG (Em.). — Du dernier Jugement et de la Babylone détruite ; qu'ainsi tout ce qui a été prédit dans l'Apocalypse est accompli, par Emmanuel Swedenborg. Traduit par J. P. Moet de Versailles sur l'édition de Londres, 1758.

Paris. Treuttel et Würtz. 1824, in-8°. (4 fr.).

[R. 51993
(G-2142

10465 SWEDENBORG (Em.). — Continuation du Dernier jugement et du Monde spirituel d'après ce qu'en a ouï et vu Emm. Swedenborg [trad. du latin par B. Chastanier].

Londres, impr. du bureau typogr. de la Nouvelle église. 1787. Portr. de Swedenborg et Frontisp. allégorique à l'eau forte. in-8° de IV-194 -IX pp.

[D² 11033

IVᵉ nᵒ du *Journal Novi-Jérusalémite*. Malgré la satisfaction montrée par le rédacteur Chastanier, sur la réussite de son entreprise, je ne connais rien de ce journal qui, du reste se publiait en plusieurs langues.

Quérard n'a connu aucune de ces traductions faites par Bénédict Chastanier, chirurgien français, et rédacteur du *Journal Novi-Jérusalémite* publié à Londres, en fr. et en angl. Ces traductions ont été effacées par celles de Jean-Pierre Moet, ancien bibliothécaire de Louis XVI, qui a traduit douze vol. publiés, mais il paraît qu'il en est resté en mss. On possède, en français, presque la totalité des œuvres de Swedenborg ; cette collection est due à M. J. F. E. Le Boys des Guays, qui a traduit et publié (1840-63), à Saint Amand-sur-Cher, 28 vol. in-8° et 21 vol. in-12 ; plus un journal : *la Nouvelle Jérusalem*, revue religieuse et scientifique, St-Amand, dont le premier nᵒ a paru le 21 mars 1838 (82ᵉ année de la révélation), j'ignore quand a fini ce journal qui a duré plusieurs années : j'ai sous les yeux la VIIIᵉ année inclusivement. Je relèverai encore une erreur de Quérard, qui prétend que le *Tableau analyt. et raisonné de la doctrine céleste de la nouvelle Jérusalem...* Londres (La Haye, impr. de Gosse), 1786, est de Swedenborg, et est le même ouvrage que la *Vraie religion chrétienne*. Cet ouvrage, précis de la théologie de Swedenborg, est du docteur Chastanier, chirurgien et protestant réfugié, qui se plaint amèrement de ce que son ouvrage a été imprimé incorrectement et mutilé de près d'un tiers par son imprimeur, Gosse, dans des vues économiques assez mal entendues.

(O-119
(G-2137 et 38

10466 SWEDENBORG (E.). — Continuation sur le jugement dernier et sur le monde spirituel.

Paris, 1850, in-24. (5 fr.).

Traduit du latin par J. F. E. Le Boys des Guays.

10467 SWEDENBORG (Em.). — Diarium Spirituale.

Tubingae-Londini, W. Newbery, 1843-1860, 13 vol. in-8°. Planches. (80 fr.).

[R. 52001-52008

Il contient 13 volumes à date et pagination distinctes ou 7 parties comprenant : Le premier et le deuxième volume: *Memorabilia* 149-6096, le 3ᵉ volume : *l'Index* et le 4ᵉ *Diarium Minus*, etc.... De plus, le tome IV contient en reproduction lithographique 24 pages d'écriture de Swedenborg. Dans la *Nouvelle Bibliographie* de Hoefer, le P. Louisy écrit en parlant de cet ouvrage : « C'est dans ce vaste recueil que Swedenborg a consigné le récit de ses innombrables conversations avec les habitants de l'autre monde ».

10468 SWEDENBORG (Em.). — Du divin amour et de la divine sagesse. 2ᵉ édition trad. par Le Boys des Guays.

Paris. Treuttel. 1860, in-8° de 144 p. (4 fr.).

[R. 52035

Autre édition :

Saint-Amand, 1843, in-8°.

[R. 52034

10469 [SWEDENBORG (Em.)]. — Doctrine de la Nouvelle Jérusalem touchant le Seigneur [trad. du latin de Swedenborg, par B. Chastanier].

Londres, impr. de T. Spilsbury ; chez l'auteur ; La Haye, P. F. Gos-

se ; *etc., etc.*, 1787, in-8º de 184 pp. (10 fr.).

[D² 11634

Cette trad. forme le nº 11 du *Journal Novi-Jérusalemite* publié par le traducteur.

Dans la préface, le traducteur dit : « il y a quelques années je publiais les 5 ouvrages suivants : I. *touchant le Ciel et l'Enfer* ; II. *Doctrine de la N. Jérus* ; III. *touchant le Dernier Jugement* ; IV. *touchant le Cheval blanc* ; et V. *touchant les Planètes et Globes terrestres de l'Univers...* Or maintenant je dois par ordre du Seigneur qui m'a été révélé, publier les Traités suivans : I. *Doctrine* (celui cité ici) ; II. *Doctrine de la N. J. touchant l'Ecriture sainte* ; III. *touchant la foi...* etc. etc. » en tout 9 traités dont nous n'avons à l'exception de deux, rien trouvé indiqué nulle part.

Tout nous porte à croire qu'il est question ici non seulement des traductions de CHASTANIER, mais aussi de celles de PERNETY et de PARRAUD, que CHASTANIER aura publiées comme rédacteur et éditeur de la *Société Novi-Jérusalémite*.

(O-117

10470 SWEDENBORG (Em.). — Doctrine de la Nouvelle Jérusalem sur le Seigneur, par Emmanuel SWEDENBORG, traduite du Latin par LE BOIS DES GUAYS sur l'édition princeps (Amsterdam, 1763).

Saint Amand (Cher), Porte, 1844-48, in-8º, (8 fr.).

Autre édition :

Paris, Fishbacher, 1900, in-8º, 36

[D² 17102
(G-2136

10471 SWEDENBORG (Em.). — Exposition sommaire de la Doctrine de la Nouvelle Eglise qui est entendue dans l'Apocalypse par la Nouvelle Jérusalem, traduite du latin sur l'édition d'Amsterdam, 1769.

Paris, Dupuis, An V de la République, in-8º. (4 fr.).

[D² 11638

10472 SWEDENBORG (Em.). — Les Merveilles du Ciel et de l'Enfer et des Terres Planétaires et Astrales par Emmanuel de SWEDEMBORG *(sic)* d'après le Témoignage de ses yeux et de ses oreilles. Nouvelle édition traduite du Latin par A. J. PERNETY.

Berlin, Decker, 1786, 2 vol. in-8º. (12 fr.).

Le Traducteur est sans doute le célèbre Bénédictin de St-Maur, Dom Antoine-Joseph PERNETY, qui fut un moment Bibliothécaire de S. M. le Roi de Prusse, et ébaucha à Berlin la Loge d'Illuminés qui devait plus tard se fonder réellement à Avignon.

Dans la première édition de cet ouvrage :

Berlin, Decker, 1782, 2 vol. in-8º le nom de l'Auteur est écrit : SWEDENBORG.

(G-2139 et 40

10473 SWEDENBORG (Em.). — Miscellanea observata circa Res Naturales et praesertim circa mineralia, ignem et montium strata.

Lipsiae, 1722, in-12. Planches. (10 fr.).

Un des premiers ouvrages du célèbre illuminé.

10474 SWEDENBORG (Em.). — Le Nouveau Salem, ou le Témoignage des Trois (Trad. du Suédois).

Bâle, 1871, gr. in-8º. (5 fr.).

Traité des correspondances, des symboles divins : de l'Age d'or, de l'Ere de Noé, des différentes églises, des renseignements spirituels d'une haute élévation.

10475 SWEDENBORG (Em.). — De la Nouvelle Jérusalem et de sa Doctrine Céleste, d'après ce qu'en a entendu du Ciel Emmanuel Baron de SWEDENBORG, trad. par B. CHASTANIER.

Londres, 1782, in-8º. (4 fr.).

[D² 17651

Vues profondes sur l'Apocalypse d'après le sens interne et spirituel.

(G-2137

10476 SWEDENBORG (Em.). — De la Nouvelle Jérusalem et de sa Doctrine Céleste, d'après ce qui a été entendu du Ciel par Emmanuel de SWEDENBORG. Traduit du Latin sur l'édition de Londres, 1758, par J. P. MOËT de Versailles et publié par un Ami de la Vérité.

Paris, Treuttel et Wurtz, 1821, in-8°. (4 fr.).

[R. 51995
(G-2142

10477 SWEDENBORG (Em.). — Opuscula quædam argumenti philosophici ex autographo ejus in bibliotheca academia regiæ Holmiensis asservato. Nunc primum edidit Jac. Joh. Garth. WILKINSON.

Londini, W. Newbery, 1846. in-8° (3 fr. 50).

[R. 52015

10478 SWEDENBORG (Em.). — Les quatre doctrines de la Nouvelle Jérusalem.

Paris, 1859, in-16. (5 fr.).

10479 SWEDENBORG (Em.). — La Sagesse Angélique sur l'Amour divin et sur la Sagesse divine, trad. du latin d'Emmanuel SWEDENBORG par A. J. P. [PERNETY].

S. l. ni adresse.

(*Berlin, J. Decker ; Genève, Barth. Chirol ; Paris et Lyon Perisse*), 1786, 2 vol. in-8° de IV-VIII-255, et IV-224 pp.

[D² 11640

Les 5 dernières pp. contiennent un *Catalogue des ouvrages de* SWEDENBORG ; le même répété dans les trad. et édit. de PERNETY, de PARRAUD et de CHASTANIER.

Autre édition :

Paris, Treuttel et Wurtz, in-8°.

Trad. par J. P. Moët.

[R. 51996
(O-114

10480 SWEDENBORG (Em.). — La Sagesse Angélique sur la Divine Providence, par Emmanuel de SWEDENBORG.

Paris, Treuttel et Wurtz, 1823, in-8°. (4 fr.).

[R. 51997

Traduction J. P. MOËT de Versailles.

La Providence divine est le Gouvernement du Divin amour et de la divine Sagesse du Seigneur ; elle a pour but la conjonction de plus en plus intime du genre humain avec Dieu.

(G-2141

10481 SWEDENBORG (Em.). — La Sagesse Angélique sur le Divin Amour et sur la Divine Sagesse, par Emmanuel SWEDENBORG, Serviteur du Seigneur Jésus-Christ.

Paris, Treuttel et Wurtz, 1822, in-8°. (5 fr.).

Traduction de J. P. MOËT, de Versailles.

Réédité :

Paris, 1800, in-8°.

[8°. R. 10869
(G-2141

10482 SWEDENBORG (Em.). — Des Terres dans notre Monde Solaire qui sont nommées Planètes et des Terres dans le Ciel Astral ; de leurs Habitants, de leurs Esprits et de leurs anges d'après ce qui a été vu et entendu par Emmanuel SWEDENBORG, Serviteur du Seigneur Jésus-Christ. Traduit du Latin sur l'édition de Londres, 1758, par J. P. MOËT, de Versailles et publiées par un Ami de la Vérité.

Paris, Treuttel et Wurtz, 1824, in-8°. (4 fr.).

[R. 51998

Dans cet ouvrage, Swedenborg montre que les terres dans le monde astral sont semblables à la nôtre, et sont habitées aussi par des êtres humains.

(G-2142

Autres éditions :

Saint-Amand, 1851, in-16.

Saint-Amand, 1862, in-12.

10483 SWEDENBORG (Em.). — Traité curieux des charmes de l'amour conjugal dans ce monde et dans l'autre. Ouvrage d'Emmanuel de SWEDENBORG, traduit du latin en français par M. de BRUMORE (pseudo. de GUYTON); avec cette épigraphe :

Quod sit, quod non sit, quis possit dicere rerum !...

Berlin et Basle, G. Jacq. et J. Henri Decker, 1784, in-8° de IV-206 pp. (18 fr.).

[R. 11456

GUYTON dans cet extrait s'est permis des licences extrêmes. « Il lui fallait, si je peux m'exprimer ainsi, dit-il un habit à la française pour en rendre la lecture agréable pour tout le monde, je me suis permis son travestissement sans défigurer les traits ; et c'est par ceux qui prendront la peine de les comparer que je veux que ma traduction soit jugée... » Guyton a employé le mot juste, travestissement : sa traduction ne contient pas la dixième partie de l'ouvr. de Swedenborg ; c'est un extrait décharné, ce qu'il y a du texte est traduit d'une manière infidèle ; des pages entières sont de la composition du traducteur et dénaturent les idées du théosophe.

Voyez ce que nous disons sur la courte biographie à l'initialisme R. E. J. D. (sur ELIE l'Artiste).

(O-113

Autre édition :

Bruxelles, Gay, 1881, in-12, tiré à 500 ex. (5 fr.).

10484 SWEDENBORG (Em.). — Traité de la vie que doivent mener ceux qui aspirent à devenir membres réels de la Nouvelle Jérusalem d'après les préceptes du Décalogue (trad. du latin d'Em. SWEDENBORG, par Benedict CHASTANIER).

Londres, impr. de T. T. Spilsbubury; chez l'auteur (lisez traducteur); La Haye, P. J. Gosse ; Moscow, Untoff et Bieber ; etc, etc. 1787, in-8° de II-XXII-144 pp.

[D² 0581

Le titre courant indique mieux l'ouvrage : *Doctrine de vie pour la Nouvelle Jérusalem d'après les préceptes du Décalogue.*

Cette traduction forme le 1-er N° d'un *Journal Novi-Jérusalémite* entrepris par CHASTANIER ; les pp. lim. et les dernières sont consacrées à des avis, adresses, etc.

(O-116

10485 SWEDENBORG (Em.). — True Christian religion, containing the universal Theology of the new Church : which was foretold by the Lord, in Daniel chap. VII. 5. 13, 14, and in the Apocalypse, chap. XXI. 1, 2 ; by Emmanuel SWEDENBORG, servant of the Lord Jesus Christ. Now first translated (sic) from the original latin.

London, J. Phillipps, 1781, 2 vol. in-4° de XXIV-472, et 466-XVI pp.

[D² 2641

(O-112

10486 SWEDENBORG (Em.). — Vom Himmel und von den wunderbaren Dingen desselben ; wie auch von der Hölle ; so wie es gehöret und gesehen worden, von Emmanuel SWEDENBORG, aus der zu London 1758 gedrucken lateinischen Urschrift getreulich übersetzt, und mit Anmerkungen begleitet ; nebst einem Vorbericht von des Verfassers rühmlichen Leben und Schriften.

S. l. n. adr. 1784, titre de relai de l'édit. de *Leipzig, Junius*, 1775, in-8° de XLVIII-838-VI pp.

Les pp. liminaires nous semblent ajoutées avec le nouveau titre ; les renseignements bibliographiques indiquent 19 ouvrages.

Autres édit.

Frankfurt am Mayn, 1776, in-8°.

[R. 11202-203

S. l. 1775, in-8°.

[D² 11643

S. l. 1774, in-8°.

[D² 11642

(O-111

10487 SWEDENBORG (Em.). — La

Vraie Religion Chrétienne, contenant la Théologie universelle de la Nouvelle Eglise prédite par le Seigneur dans Daniel, VII, 13, 14, et dans l'Apocalypse, XXI, 1, 2, traduit du latin par J. P. Moet et publié par un ami de la Vérité.

Bruxelles, imp. de J. Maubach, 1819, 2 forts vol. in-8°. (10 fr.).

[R. 51999-52000

La « *Vraie Religion Chrétienne* » dernier ouvrage de Swedenborg, présente les idées religieuses et philosophiques répandues dans ses autres écrits. — Il traite du Dieu Créateur, du Seigneur Rédempteur, de l'Esprit-Saint et de la Divine opération, du Décalogue expliqué dans son sens extérieur et dans son sens intérieur, etc...

10488 SWEDENBORG (relatif à Emmanuel). — La Nouvelle Eglise selon les révélations faites à l'auteur. — Suivi d'un résumé de ses œuvres. (Traduit du Suédois.

Bâle, 1868, gr. in-8°, (5 fr.).

Ce précis de la vie et des écrits de l'auteur est des plus remarquables par la variété, l'élévation et l'intérêt des sujets traités.

10489 Histoire sommaire de la Nouvelle Eglise chrétienne fondée sur les doctrine de Swedenborg, par Un Ami de la Nouvelle Eglise.

Paris, 1879, in-8° jés. (2 fr. 50).

10490 Abrégé des ouvrages d'Emm. Swedenborg, contenant la doctrine de la nouvelle Jérusalem céleste, précédé d'un Discours où l'on examine la vie de l'auteur, le genre de ses écrits et leur rapport au temps présent [par Daillant de la Touche].

Stockholm, et se vend à Strasbourg, J. G. Treuttel, 1788, in-8° de LXXII-396 pp.

[Z. 35457

Si non le plus complet, du moins le plus facile des Exposés de la doctrine de Swedenborg. Cet ouvrage, publié à Stockholm d'après le titre qu'il porte, me semble réellement paru à Strasbourg, si j'en juge par tout l'aspect typographique (Matter ; p. 173).

(O-120

10491 Notice sur la vie et les écrits d'Emmanuel Swedenborg.

Paris, 1888, in-8°, (1 fr. 50).

10492 Notice biographique et bibliographique par Un Ami de la Nouvelle Eglise.

Paris et Londres, 1885, in-8°. (2 fr.).

Naissance et famille de Swédenborg. — Ses écrits littéraires. — Bibliographie de ses écrits. — Ses extases et ses visions. — Mission de Swédenborg. — Ses prophéties, etc...

18493 Swedenborg, opéra fantastique en cinq actes, (par le Dr A. C. Clever).

Paris, Imp. Jouaust, 1865, in-8° de 72 p. (4 fr.).

[8° Yth 16941

La préface est signée : Docteur Clever de Maldigny, et datée de Versailles, août 1854. — Pièce curieuse, avec de nombreuses notes historiques.

Autre édit :

Versailles, imp. de G. Beauguand, 1873, in-8°.

[8° Yth. 16942

10494 Lettres sur la véritable initiale du grand nom Yéhovah, récemment reconnue en France, et sur les conséquences de cette découverte. Par un père de famille catholique providentiel [Œgger (?)].

Lons le Saulnier, 1845, in-8°. (4 fr.).

Fort intéressant ouvrage, rédigé par un des disciples de Swedenborg, sans doute l'abbé Œgger, q. v.

(G-779

BIBLIOGRAPHIE : voir Encausse :

« *Bibliographie méthodique de la Science occulte*, Paris Chamuel, 1892, p. 17 à 20. Enumère une quarantaine d'Ouvrages de Swedenborg, et une vingtaine de Livres de ses Disciples.

Et aussi :

BALLET (Dr Gilbert).

BEAUMONT-VASSY (Vte de).

BYSE (Charles).

ELLIVAN (E).

HINDMARSH (B.). (*Abrégé de la Doctrine*).

MATEX (M.).

NOBLE (R. S.) *Appel aux hommes réfléchis*...

UN AMI DE LA NOUVELLE ÉGLISE.

10495 SWINDEN Docteur en Théologie anglais, Curé de la Paroisse de Cuxton (Comté de Kent). — Recherches sur la nature du Feu de l'Enfer et du Lieu où il est situé, par M. Swinden. Traduit de l'Anglois par M. Bion, Ministre de l'Eglise Anglicane.

Amsterdam, Wetsteins et Smith, 1778, pet. in-8°, 2 planches Cosmographiques (!) gravées. (6 fr.).

L'auteur estime qu'il est très conforme à la raison de croire à une vie à venir et donne le détail des peines destinées aux méchants après cette vie, dans l'enfer, et il affirme que le *Soleil* (!!) est la place locale de l'enfer. — Contient deux planches hors texte.

Autres édit :

Amsterdam, 1745, 1757, in-12, xvj-271 p.

Amsterdam, 1728, in-8°.
[D² 4561

Leide, 1733, in-8°.
[D² 11647

Amsterdam, 1757, in-8°.
[D² 11648
(G-2144
(S-44 Supp.

10496 SYBILLA (le R.P. Bartholomeus) ou Sibylla (d'après Brunet), Théologien, de l'Ordre des Frères Prêcheurs. — Sepeculum peregrinarum Quæstionvm eruditissimi viri Bartholomæi Sybillæ, Monopolitani, ordinis prædicatorum, sacræ Theologiæ professoris, Tres Decades complectens, in quibus variæ questiones de Animalibus rationalibus, in conjuncto et separatim. Deque Angelis bonis et malis, multisque aliis scitu dignissimis : et ad ipsas responsiones ponuntur. Ex vastis et vivacissimis Theologorum, Jurispontificum, Philosophorum ac Astrologorum : Campis et Floribus excerptum. Quod studiosis quibuscumque : et Animarum curam agentibus non minus utile quam necessarium est.

[In fine :]... *Impressum Lugduni in Ædibus Iacobi Myt. Anno...etc* [1521] in-8° gothique de CCXXVIII [228] fos numérotés en lettres, Titre rouge à encadrement sur bois, (15 fr.).

Autre édit :

Argentinum, Ioannis Grüninger, 1499. in-8°.

[Rés. D. 80100

Edition originale :

Rome, Eucharius Silber, 1493.

Réimprimé :

Lyon, Jacob Myt. 1510.

[Rés. D. 11733

Et celle ci-dessus : toutes in-8°. (Brunet, *Manuel*... V-569).

Traduction d'un extrait de la Table :

D'où, où et quand furent créées les Ames raisonnables. — Opinions de Parménide, Origène, Cyrille. — De l'Immortalité des Ames. — Des Lieux (Réceptacles) des Ames après le Décès. — De l'Enfer. — Du Purgatoire. — Des Limbes des Enfants, décédés avec le seul péché originel. — Des Champs-Elysées. — Du Paradis Terrestre. — *Si les Ames des Morts peuvent apparaître aux Vivants* (Chap. IV). — Si les Ames séparées ont conscience de leurs actes vis à vis des Vivants (Chap. VI). — De la Connaissances des Ames séparées (VII). — De la perfection de l'Ame raisonnable en extase (VIII). — De l'Immunité et de la Noblesse de l'Esprit et de la Volonté vis à vis des Corps Célestes ; Astrologie : Divination (IX). — Seconde Décade : *Des Bons Anges*. — *Anges gardiens*. — *Assomption des Hommes dans les Chœurs des Anges*. — Troisième Décade : Des Mauvais Anges. — Leurs Pouvoirs et leurs Faiblesses. — Divination et Invocation des Démons (IX). — *Les Amulettes* (F° CCXX).— De la Lutte des Démons contre les Hommes. — Etc.

On pourrait peut-être essayer de traduire le titre : *Miroir des Questions de Pérégrination des Ames*.

D'après M. VINGTRINIER (*Histoire de l'Imprimerie à Lyon*, Lyon Adrien Stock, 1894, in-8°, p. 140) l'imprimeur Jacques MYT est « *un des plus audacieux contrefacteurs des éditions Aldines* ».

10497 SYLVABEL (André) [pseudonyme de F. d'AUTREMONT]. — L'Incube.

Paris, Chamuel, 1899, in-18. (2 fr.).

[8° Y². 51970

Roman spirite.

10498 SYMBOLIQUE Judéo Chrétienne.

S. l. Extrait de 64 pages, in-8°. (3 fr.).

(G-956)

10499 SYNÉSIUS écrivain et philosophe Grec, Évêque de Ptolémaïs, né à Cyrène, en Afrique vers 365, mort vers 415. Disciple et intime de HYPATHIA. Il était marié avant d'entrer dans les ordres, et continua après à vivre avec sa famille. — Œuvres de SYNÉSIUS, évêque de Ptolémaïs, dans la Cyrénaïque, au commencement du V° siècle traduites entièrement pour la première fois en Français et précédées d'une étude biographique et littéraire, par H. DRUON.

Paris, Hachette, 1878, in-8° de 632 p. (20 fr.).

[C. 4963

On sait que SYNÉSIUS était *Gnostique* et ne voulut jamais abandonner ses croyances philosophiques même au prix d'un siège épiscopal. — Ami de la célèbre HYPATHIE, dont ce volume reproduit les relations épistolaires, et des Alexandrins, ses œuvres sont imprégnées d'un mysticisme élevé et laissent deviner le théurge sous la mitre chrétienne. — La Philosophie de Synésius roule sur Dieu, la Trinité, l'Eternité de la matière. — L'univers selon lui est peuplé d'esprits et de démons. — Son célèbre traité : l'Egyptien, ou la Providence, est en tous points remarquable. — Son fameux traité des Songes, si recherché, est curieux pour les arguments qu'il met en œuvre pour justifier la divination. — Enfin, ses hymnes ont une haute envolée qui les fait rechercher des délicats aussi bien que des penseurs les plus austères. [DUJOLS].

(G-999)

10500 SYNESIUS. — SYNESII philosophi ac episcopi Ptolemaidis Cyrenaicæ, Epistolæ lectu dignissimæ; cum utriusque linguæ studiosorum gratiam græcè ac latinè editæ : Thoma Naogeorgo Straubigensi interprete.

Basileæ, Joa. Oporinus, 1558. pet. in-8°, (8 fr.).

[C. 2715

Edition grecque-latine estimée.

10501 SYNESIUS. — SYNESII Liber de Insomniis, interprete Pichonio.

Lutetiæ, apud Morellum, 1586, in-8°.

[R. 52058
(S-3462 b

10502 SYNESIUS. — Das warhaffte Buch des gelehrten Griechischen Abts SYNESII, von Stein der Weisen, bekommen ausz des Käyserl. Bibliothec (ausz dem Frantzösischen [ARNALDI, sieur de la CHEVALLERIE] in Hochteutsche übersetzet); dans *Zwey auszerles. chimische Büchlein* (1669), 89-110.

Sans doute apocryphe.

(O-660, 802

SYNESIUS (sur). — Voir :

DRUON.

SYNESIUS (Patriarche Gnostique moderne). — Voir :

FABRE DES ESSARTS,

10503 SYSTEM der Freymaurer-Loge Wahrheit und Einigket zu drey gekrönten Säulen in P*** (Prag). 1) Gesetzbuch ; 2) Rituel der Lehrlinge ; 3) Rituel der Gesellen ; 4) Rituel der Meister ; 5) Annalen der Loge ; 6) Ueber die Pflicht für die hinterlassenen Kinder der Brüder zu sorgen.

Philadelphia, s. adr. 1594 (Prag 1794) in-8° de IV-434 pp.

(O-293

10504 SYSTÈME DE LA ROSE (Le) magnétique. [par NÉE DE LA ROCHELLE ?].

[*Paris.* 1784 ou 1789 ?], in-8°. 18 pages ; 2 Pl. pliées. (8 fr.).

Cet ouvrage est cité dans un catalogue de vente de livres. Je n'ai pu trouver aucun renseignement sur cet article, et je crois à une erreur du rédacteur du catalogue, qui aura confondu le Magnétisme animal avec le magnétisme terrestre (DUREAU, page 56).

Plus loin (p. 182), M. DUREAU dit avoir trouvé cette brochure. Mais elle vaut mieux que la description très succincte qu'il en donne : « Elle a deux planches et son auteur propose un appareil pour remplacer le Baquet ».

Cette brochure, inscrite sous le N° 940 du « *Catalogue d'une précieuse Collection de Livres... sur les Francs-Maçons...* » Paris Tross, 1863, in-8° de 111 p. y porte l'indication : « *Paris, Née de la Rochelle. 1789* ». L'appareil est bien ce que dit M. DUREAU, mais les détails en sont des plus remarquables, tels que les deux planches les exposent.

Ces deux Planches, dont la seconde est « *dessinée par le Sr MICHEL, Architecte* » contiennent non-seulement les Symboles les plus profonds de la Franc-Maçonnerie (l'Etoile, la Lettre Mystérieuse ; « G » etc.) mais encore offrent une bien curieuse ressemblance avec la Planche I qui accompagne le *Brevet d'invention de l'Archéomètre*, délivré à ST-YVES D'ALVEYDRE, le 26 Juin 1903 (N° 333-393). Dans les deux cas, le Mystère de la Vie est représenté par un Cercle contenant Quatre ou Huit Triangles équilatères. Les déductions du Marquis de ST-YVES sont autres que celles de NÉE DE LA ROCHELLE, mais tous deux n'en sont pas moins des Disciples de PYTHAGORE.

Le texte de la brochure en question est beaucoup moins intéressant que les planches : il se borne à indiquer les moyens de réalisation pratique et l'usage de cet Appareil magnétique et Symbolique.

En gros, il s'agit de 24 chaises disposées en cercle sur une aire portant le dessin symbolique de la Vie, surmontée d'un Cône et d'une tige supportant, le premier une Aiguille aimantée de forte taille et la seconde une image du Soleil et du Firmament. Les malades, assis sur les chaises sont reliés à l'aiguille aimantée par des Rubans métalliques.

10505 SYSTÈME physico-chimique basé sur l'existence de trois corps élémentaires, par A...

Paris, 1833, in-8°, (2 fr. 50).

L'auteur cherche à concilier l'opinion des anciens sur les principes de la création avec les connaissances nouvelles acquises.

10506 SYVETON (Affaire). — Le Député HICKS. — Ces Dames. Psychologie et Pathologie sexuelles de l'Affaire Syveton.

Paris. Marion. s. d. [1905], in-16 de VI-510 p. La Couv. imp. sert de Titre. (2 fr.).

[8° Y² 55007

Œuvre collective des amis et admirateurs de SYVETON pour réhabiliter sa Mémoire et expliquer sa Mort. Celle-ci tragique autant qu'hypothétique d'ailleurs en ses détails — est impressionnante (p. 246-256).

10507 SZAFKOWSKI (Dr Louis Rulin). — Recherches sur les hallucinations.

Paris, 1849, in-8°, (8 fr.).

Sorciers. — Vampires, succubes, incubes, extases. — Hallucinations de Mahomet. — Luther, Loyola, Jeanne d'Arc, Durer, etc... Ouvrage copieusement documenté, extrêmement curieux.

10508 SZAPARY (Comte F. de). — Magnétisme et magnéto-thérapie par le comte de SZAPARY.

Paris, 1853, in-8° (5 fr.).

[Tb⁶², 31

Edition originale ; deuxième édition plus complète en 1854.
(D. p. 149

10509 SZAPARY (Comte F. de). — Magnétisme et magnétothérapie par le Comte de SZAPARY. Deuxième édition revue et augmentée d'une troisième partie sur le gyro-magnétisme.

Paris. *Dentu et l'auteur*, 1854. in-8°, 448 pages et deux dessins allégoriques, lithographiés, teintés. (12 fr.).

[Tb⁶³ 46 A

Le livre du comte de SZAPARY est marqué au point de vue magnétique d'une originalité incontestable. L'auteur y étudie surtout l'influence de l'esprit sur la matière (psychopathie magnétique) celle de la sympathie des êtres souffrants pour leur guérisseur, le magnétisme du langage dont il cherche à faire une méthode curative, etc... L'ouvrage est orné d'un dessin allégorique copié d'après une gravure d'un ouvrage allemand dédié au comte de SZAPARY : « *Mittheilungen aus dem magnetischen* ». etc.. 1845 et d'un autre dessin représentant la silhouette de Napoléon 1-er due aux contours de deux troncs d'arbres. [Il est debout, à gauche et regarde à droite].
(D. p. 150

10510 SZAPARY (Comte F. de). — La massothérapie ; quatrième partie [sans titre].

[*Paris, Imp. chez Bonaventure et Ducessois*, 1854]. in-8°, 46 pages. [dont une table des matières de tout l'ouvrage]. L'ouvrage complet : (20 fr.).

Très rare.

Publiée à part, cette brochure est à ajouter à l'ouvrage précédent. C'est surtout l'étude du massage qui fait le fonds de cette quatrième partie : l'auteur a ajouté un psychomètre ou esquisse des 47 vertus, défauts, faiblesses et vices à l'aide de laquelle chacun pourra reconnaître et juger son propre caractère et celui d'autrui, découvrir les maladies, etc... et une série d'exemples de diététique psychonométrique. Ce dernier tableau est tout au moins d'un homme d'esprit. Voici un des exemples cités : « 12. Caractère : impatient. — Maladie : trop de bile. Moyens psychiques à l'aide desquels on ramène l'accord dans les nerfs, le laisser enfiler des aiguilles ; lui donner de mauvaises allumettes ? le faire attendre pour les plus petites choses. »

Il faut ajouter que le comte de SZAPARY esprit libéral en toutes choses a su se concilier la sympathie de tous ceux qui l'ont connu pendant son séjour à Paris. Les plus incrédules l'estimaient en raison de ses convictions sincères et de sa parfaite obligeance.
(D. p. 150

T. P. A. P. O. A. B. J. T. C. O S. — Voir :

TWELLS (Léonard).

TABLE DU VEGETARIEN (La), ouvrage de :

SCHULZ (Carlotto), dont la quatrième édition seule (1910) est anonyme.

10511 TABLE parlante (la), journal des faits merveilleux, tables tournantes, mesmérisme, somnambulisme magnétique...

Paris, 8, rue Garancière, 1854, T. I. in-8°, 319 pages. (Première année complète), (5 fr. 50).

Collaborateurs : MM. B. Du Vernet, (réd. en chef) Henry de Courcy, Gougenot des Mousseaux, Salgues. Ce journal est destiné à étudier les phénomènes des tables etc... au point de vue du catholicisme. Il contient quelques documents historiques, entre autres les mandements des évêques et de grands détails sur les évènements de Cideville, en 1850 : bruits, déplacements d'objets etc... En lisant ce journal on se croit en plein Moyen-Age. Il faut une foi bien robuste pour ne pas douter de tout ce qu'il raconte. [Note de M. Derkau].

(D. p. 154

10512 TABLEAU alphabétique des LL ∴ de la correspondance du G∴O∴ de France.

V. M.DCC. LXXXVIII (Paris, 1788) in-24 de XXIV-202 p.

(O-268

10513 TABLETTES maçonniques ou Memento du Franc-Maçon. Neuf tablettes (et une pour le titre) sur cartes renfermant le Rit français et l'Adoption.

Paris, Lorard et Davi, 1821, 10 cartes in-18 dans un étui.

(O-334

10514 TABOUROT (Estienne) Sieur des Accords, procureur du Roi au bailliage de Dijon, né en 1547, mort en 1590. — Les Bigarrvres et Tovches dv Seignevr des Accords, avec les Apophtegmes dv Sievr Gavlard ; et les Escraignes Dijonnoises.

A Paris, Arnovld Colinet. 1662, 2 parties. in-12. (40 fr. en maroquin aux armes par Thompson).

[Z. 19569 et 19570

Des Rébus de Picardie. — Des Equivoques. — Des Entends-Trois. — Des Anagrammes. — Des Allusions. — Des Lettres Numérales. — Des Vers Rapportez. — Des Acrostiches. — Des Vers Couppez. — Des Descriptions Pathétiques. — Des Epitaphes. — Etc...

(G-2145

10515 TABULÆ Geomanticæ.

Francofurti ad Mœnum, 1693, in-

(S-3556

10516 TACXI ou TASSI (Vincent, rebaptisé à Lisbonne sous les prénoms de Jean Baptiste Antoine Joseph François Maria) peintre et sculpteur suisse, célèbre Franc Maçon, et mystique. — Le Suisse catholique deux fois, ou Doctrine philosophique ; dédié aux vrais juges grands commandeurs philosophes in∴. et à tous les membres de l'association maçonnique∴ par Vincent Tacxi, (peintre et sculpteur rebaptisé dans les prisons de l'Inquisition de Lisbonne, sous les prénoms de *Jean Batiste Antoine Joseph François Maria*).

Paris, impr. de L. G. Michaud, 1814, in-8° de 320 pp. (40 fr.).

[H. 18937

L'auteur a fait précéder son ouvr. (pp. 25-43) de : *Abrégé de mon histoire : mes aventures et explications étendues de ce qui donna origine au titre de mon ouvrage.* Ces aventures sont vraiment bizarres, et il n'y aurait rien d'étonnant qu'elles aient détraqué la tête du héros, car son livre est la production la plus incohérente qu'on puisse imaginer. Sur le fond qui est maçonnique, il a brodé des opinions catholico-chrétiennes et alchimiques des plus singulières.

Tacxi ou Tassi, car l'auteur n'est pas

fixé sur son véritable nom, annonce comme devant paraître sous peu :

« *Le Retour du Suisse dans sa Patrie* », qui n'a pas paru.

Ce bizarre ouvrage est un des plus rares que l'on connaisse sur la Franc-Maçonnerie, dont on peut affirmer qu'il contient la quintessence philosophique. — TACXI était *Chevalier de l'Ordre du Christ de Portugal* : on sait que cet ordre fut fondé par les Templiers qui purent échapper au massacre. — Voici la reproduction d'une partie de la table des matières de l'ouvrage qui nous dispensera de toute analyse. — Origine de l'Architecture et des Temples. — Moyens employés par les Initiés pour se garantir des profanes. — Sérapis, le Soleil, la Terre et Jupiter sont un seul Dieu. — De l'Abraxas et d'Alex. Basilide. — Priape, pris pour le Dieu fécondateur, est le même que Bacchus, Dionysius, Sérapis et Jupiter. — Jupiter ou Dionysius assis sur un globe étoilé est Jésus-Christ lui-même. — Le Christ est Lucifer, le fils de Dieu. — La figure du Cerbère représente le triple pouvoir de la vertu solaire. — Diane est la Vierge-Marie. — D'un Abraxas, sept anges, sept cieux, et des trois cent soixante cinq vertus attribuées aux dits anges. — Pourquoi la peinture sur les vitraux des églises. — Où a été trouvée l'idée du feu sur la tête des Apôtres. — Du cercle lumineux que l'on voit autour de la tête des Saints. — Le zodiaque et la morale qu'il renferme. — Effets de la superstition. — Pensée de plusieurs savants sur ce qui existe après la mort matérielle. — Si l'homme a besoin d'un culte, qu'il soit reçu mac∴. — Réception du Chevalier de l'Aigle noir. — Explication de la pierre cubique.

Mais la partie la plus intéressante de l'ouvrage est la suivante :

Tabernacle du Suisse catholique deux fois, retrouvé dans les vieux manuscrits de la bibliothèque des moines du couvent de Saint-Vincent à Lisbonne, en 1780, copié exactement, traduit du portuguais et du latin en français, et copié sous la fidelle (sic) *garde d'un vrai zélé mac∴ au risque d'être pendu à chaque minute.* — Ce chap. est absolument semblable à celui du *Grand Livre de la Nature*, intitulé : *L'Apocalypse philosophique et hermétique*. [DUJOLS].

A remarquer :

La Vignette kabbalistique (aigles à 2 têtes chouettes et coq. etc...) sur le titre. — Reproduction des figures (p. 307) du *Grand Livre de la Nature* (p. 97) outre tout un chap. du même ouvrage.

(O-466

10517 TAFFIN (J.). — Claire exposition de l'Apocalypse, ou Révélation de S. Jean, par J. TAFFIN.

Middelbourg, 1614, in-8°.

(S-177

10518 TAGEREAU (Vincent) jurisconsulte français né en Anjou et vivant au début du XVIIe siècle. Avocat au parlement de Paris.—*Discovrs svr l'Impvissance de l'Homme et de la Femme. Avqvel est declaré qve c'est qv'impvissance empeschant et separant le Mariage. Comment elle se cognoist. Et ce qvi doit estre observé aux procès de separation povr cavse d'Impvissance*, etc...

A Paris, chez la Veufue Iean de Brayel, 1612, pet. in-8°. (15 fr.).

[F. 44913

(G-2146

10519 TAILLEPIED (le Frère Noël), Cordelier et Historien français né en Normandie en 1540, mort à Angers en 1580. Il fut aussi Capucin. — *Histoire de l'Estat e Repvbliqves des Drvides, Evbages, Sarronides, Bardes, Vacies, Anciens François, Gouuerneurs des Païs de la Gavle depuis le Delvge Vniuersel, iusques à la venuë de Iesus-Christ en ce monde*. par P. F. Noël TAILLEPIED, lecteur de Pontoyse.

Paris, Iean Parent, 1585, 2 parties in-8°, (28 fr.).

[La² 29

« Le plus étrange Livre que produisit cet étrange Frère TAILLEPIED, dont tous les Ouvrages sont rares et très recherchés. » (S. de G.).

(G-3147

(S-5554

10520 TAILLEPIED (Frère Noël). — *Psichologie, ov Traité de l'Apparition des Esprits. A scavoir des Ames separées, Fantosmes, Prodiges et Acci-*

dens merueilleux qui precedent quelquefois la mort des Grands Personnages, ou signifient Changemens de la Chose Publique, par Frere Noël TAILLEPIED, Lecteur en theologie.

Paris, Guillaume Bichon, 1588, in-12.

[R. 52134

Edition qui n'est cité ni par GRAESSE ni par BRUNET. Les autres éditions portent le titre « *Traité de l'apparition des Esprits...* »

Autres édit :

Rouen, Romain de Beauvais, 1600, in-12, (N° 167 Bourneville, 9 fr.) (20 fr.).

[R. 52135

Rouen, Romain de Beauvais, 1612, in-12.

[R. 52138

Bruxelles, 1609, in-12.

Paris, Corrozet, 1616, in-12.

[R. 52137

Paris, Corrozet, 1627, pet. in-12.

(G-1000-1 et 2

(S-3156 b

(Y-P-392

10521 TAILLEPIED (le F. Noël). — Le Trésor de l'Eglise Catholique, et Original des Institutions, Statvts et Cérémonies, par F. TAILLEPIED.

S. l. 1586, in-12.

(S-4717

10522 TAILLIAR (Eugène François Joseph) magistrat français, né à Douai en 1803. Conseiller et Président de Chambre à Douai. — Des lois historiques ou providentielles qui régissent les nations et le genre humain, et de leur application à quelques états de l'antiquité.

Douai, 1860, gr. in-8°, (4 fr.).

10523 TAISNIER (Jean) en latin TAISNIERIUS érudit astrologue belge né à Ath (Hainaut) en 1509. Il entra dans les Ordres et fut maitre de la Chapelle Archiépiscopale de Cologne. — J. TAISNIER, Astrologiæ Judiciarium Isagogica, et totius Artis Divinatricis Encomia.

Coloniæ, Apud A. Birckmannum, 1559, in-8°.

[V. 21790

(S-3465 b

10524 TAISNIER (Jean). — Ioannis TAISNIERII Hannonii, Opvs Mathematicvm Octo Libros complectens, innvmeris propemodum figvris idealibvs manvvm et physiognomiæ aliisque adornatvm, qvorum sex priores Libri absolutissimæ Cheiromantiæ Theoriam, Praxim, Doctrinam, Artem et Experimentiam verissiman continent. Septimus Physiognomiæ dispositionem, hominumque omnium Qualitates et Complexiones. Octavus Periaxioniata de Faciebus Signorum...

Coloniæ Agrippinæ, Apud Theodorum Baumium, 1583, in-f°. Nombreuses figures, (20 fr.).

[V. 1027

Portrait de l'auteur, outre quantité de Figures de Chiromancie, Physiognomonie etc.

(G-2149

10525 TALHOUET (Comte de). — Essai sur le Magnétisme. La Vie et l'Esprit.

Rennes, L. Bahon-Rault, 1905, in-8° de XXII-145 p. et table. Fig. au trait dans le texte, (2 fr. 50).

8° R. 19518

La Matière et l'Attraction. — Constitution intime de l'Aimant. — La Dissolution atomique ou cellulaire, l'organisation et la vie. — Le Rôle de la Vie dans l'Univers. — Vers la Synthèse. — La Radio-Activité. — Le Transformisme. — Les Epicycles du Darwinisme et du Transformisme contemporain.

10526 TALLEMANT des Réaux (Gédéon) né à La Rochelle en 1619, mort en 1992. — Falgueras ; dans les *Historiettes* de TALLEMENT DES REAUX, (1834), V, 308-11.

Histoire d'un individu accusé de sortilèges.
(O-1783

10527 TALLENAY (Jenny de). — L'invisible.

Bruxelles. Lacomblez. 1802, in-12. Curieux frontispice par G. Morren. (2 fr. 50).

[8° Y². 47335

10528 TALLENAY (Jenny de). — Le Réveil de l'Ame. — Visions à l'abbaye de Villers.

Paris, P. Ollendorff. 1808, in-12, (2 fr. 50).

[8° Y² 50989

Au moyen d'une fiction pathétique, J. de TALLENAY discute éloquemment, dans ces pages, toute la philosophie des anciennes traditions et reconstitue tout un passé noyé dans l'ombre. — C'est un drame poignant : c'est aussi une œuvre profondément mystique. Elle émeut mais surtout elle fait penser et élève le cœur et l'esprit.\]

10529 [TANCHOU (le docteur)]. — Enquête sur l'authenticité des phénomènes électriques d'Angélique COTTIN.

Paris. 1846. in-8°, 54 pages. (1 fr. 50).

Très intéressante brochure devenue rare ; le docteur TANCHOU en est l'auteur.

(D. p. 135

10530 TANDLER (Tobie). — Tobiæ TANDLERI, Dissertatio de Fascino et Incantatione.

Willebergæ, C. Berger. 1606, in-8°.

[R. 52162
(S-3203 b

10531 TANNER (Adam). — Tractatus Theologicus de Processu circa criminia excepta, præsertim veneficii, ex opere Adami TANNERI desumptus.

S. l. in-4°.

(S-3240

10532 TARCHANOFF (de). — Hypnotisme, suggestion et lecture des pensées.

Paris, Masson, 1891, pet. in-8°. (1 fr. 50).

[8° R. 10338

10533 TARDIEU (Auguste Ambroise) médecin français né à Paris en 1818. Professeur de Médecine légale, et médecin de l'Empereur. — Etude médico-légale sur les attentats aux mœurs.

Paris, Baillière, 1862, in-8°, orné de 3 planches hors texte. (3 fr.).

10533 bis TARDIEU (Ambroise) et X. ROTA, membre de la Société Médicale d'Athènes. — Relation Médico-légale de l'Assassinat de la Csse de GOERLITZ, accompagnée de notes et réflexions pour servir à l'histoire de la combustion humaine spontanée. par MM. Ambroise TARDIEU, Professeur agrégé à la Faculté de Médecine de Paris... et X. ROTA. Dr en Médecine...

Paris. J. B. Baillière; Londres, H. Baillière, 1850, [1851], in-8° de 128 pp.

[Tf¹⁷ 53

Extrait des *Annales d'Hygiène Publique et de Médecine légale,* 1850 Tome XLIV. Paris, Baillière. in-8°.

Un des travaux les plus intéressants sur la *combustion humaine* : voir aussi à ce sujet l'ouvrage de LAIR.

10534 TARDIN (J.). — Histoire naturelle de la Fontaine qui brûle près de Grenoble, par J. TARDIN.

Tournon, G. Linocier, 1618, in-12.

[S. 19869
(S-3261

10535 TARDY (J.). — Révolution scientifique. — Cosmographie de Ptolémée ou essai de physiologie universelle. — Destruction du système de l'école moderne (système de Copernic).

Paris, 1857, in-8°, 5 planches. (4 fr.).

Solutions de toutes les questions politiques, philosophiques, morales et religieuses qui agitent le monde ; solution de tous les problèmes réputés insolubles : La pierre philosophale ou l'absolu, le mouvement perpétuel, la quadrature du cercle et enfin l'unitarisme. — Solution de la question d'Orient. — Généalogie de la papauté où l'on démontre par des preuves matérielles que les papes descendent en ligne directe des Mages ou Initiés de l'antiquité.

10536 [TARDY de MONRAVEL]. — Essai sur la théorie du somnambulisme magnétique, par M. T. D. M.

Londres, 1785. in-8°, 108 pages. (4 fr.).

L'auteur, étonné des phénomènes de clairvoyance dont quelques somnambules l'ont rendu témoin, essaie d'établir avec plus de bonne foi que de science un sixième sens « *qui n'aurait pas d'organe, mais dont le siège serait dans l'estomac* » (sic).

Autre édition :

Ibid., 1787, in-8°.
(D. p. 67
(G-2150

10537 TARDY DE MONRAVEL. — Journal du traitement magnétique de la demoiselle N... par TARDY de MONRAVEL.

Londres, 1785 et 1786, in-8°. 1re partie 255. 2me partie 206 en tout 461 p. (5 fr.).

Volumineuse relation ; bon nombre de détails intéressants à côté d'autres inutiles.

Strasbourg, 1787, in-8°.
(D. p. 69
(G-2150

10538 TARDY de MONRAVEL. — Journal du traitement magnétique de Mme B... (Brown) pour servir de suite au journal du traitement magnétique de la demoiselle N... et de preuve à la théorie de l'Essai, par M. TARDY de MONRAVEL.

Strasbourg, 1787, in-8°, 279 pages
(D. p. 72
(G-2150

10539 TARDY de MONRAVEL. — Lettres pour servir à l'essai sur le somnambulisme magnétique par M. TARDY DE MONRAVEL.

Londres, 1787, in-8°, 55 pages. (2 fr.).

Ces lettres donnent une idée générale des diverses opinions qui existaient parmi les Magnétiseurs de l'époque.

(D. p. 71

10540 TAROTS. — Jeux de Cartes-Tarots et de Cartes numérales du XIVe au XVIIIe Siècle, représentés en cent planches d'après les originaux, avec un précis historique et explicatif, publiés par la Société des bibliophiles français.

Paris. Crapelet. 1844. in-f° de [IV] 21 p. et 100 planches col. ou non.
[Réserve G. 550 bis

Tiré à 132 exemplaires.

Non seulement on trouve dans cet ouvrage plusieurs types de Tarots, mais encore il cite 61 ouvrages « *relatifs aux cartes à jouer* », datant de 1509 à 1842.

17 planches du *Tarot* de Jacquemin GRINGONNEUR (p. 9).

TARTINI (Guiseppe), célèbre violoniste et Compositeur italien, naquit à Pirano, en Istrie, vers 1692, et mourut du scorbut à Padoue, en 1770. Une nuit de 1713 il rêva qu'ayant le Diable à son service, il lui faisait jouer une Sonate. Réveillé en sursaut, il essaya de reproduire le morceau qu'il venait d'entendre, et le résultat fut la « *Sonate du Diable* ».

Voir sa Romanesque Biographie dans MICHAUD (*Biographie universelle ancienne et moderne*. Paris et Leipzig, Desplaces et Brockaus, 1854-65, Tome XLI) Renseignements bibliographiques supplémentaires dans YVE-PLESSIS, p. 73.

10541 TASCHENBUCH der höhern Ma-

gie für Freunde wahrer Weisheit.....
Altenburg, 1801, in-8°.
(O-1690

10542 TASCHENBUCH der höhern Magie für Freunde wahrer Weisheit und höherer Kenntnisse ; herausgegeben von einigen ehemaligen Mitgliedern der Afrikanischen Bauherren-Loge.

Altenburg, Christ. Friedr. Petersen, 1804, in-8° de IV-164 pp.

On trouve pp. 31-98, une liste d'adeptes de la magie et des Sciences occultes, depuis l'an 1656 du monde (3985 avant J. C.) jusqu'en 1802.
(O-304

10543 TASCHENBUCH für Alchemisten, Theosophen und Weisensteinsforscher, die es sind und werden wollen.

Leipzig, Christ. Gottl. Hilscher, 1790, in-8° de XVI-342 pp.
(O-503

10544 TASCHENBUCH für Brüder Freymaurer auf das J. 1784, herausgegeben (von der Loge zum H. Joseph in Wien), zum Vortheil der Armen.

S. l. ni date (Prag, Schönfeld), pet. in-12 de 175 pp.
(O-419

10545 TASCHENBUCH für Freymäurer, und auch für solche, die es nicht sind : aus dem Italiänischen ; nebst einer Zugabe aus der höhern Philosophie, zum Nachdenken.

Frankfurt und Leipzig, Joh. Georg Fleischer, 1780, in-8° de 88 pp.
(O-408 et 409

10546 TASCHENBUCH für Freimaurer auf das Jahr 1798.

Göthen, Joh. Aug. Aue, 1798, pet. in-8° de XVI-400 pp. avec un second titre gravé, le portr. de Karl Aug. Ragotzky, celui de Carolus E. B. ab Hund et Altengratkau (en médaille), 4 grav. (dont 1 coloriée et 1 pl. de musique).

Le titre imprimé porte : *Jahrbuch der Maurerey.*
(O-248

10547 TASCHENBUCH für Freimaurer auf das J. 1799.

Göthen, Joh. Aug. Aue, 1799, pet. in-8° de VIII-310 pp. avec un second titre gr. le portr. de Adam WEISHAUPT, celui du duc Maximilien Julius Léopold (en médaille). 2 grav. et 1 pl. de musique.
(O-249

10548 TASCHENBUSCH für Freimaurer auf das J. 1800.

Göthen, Joh. Aug. Aue, 1800, pet. in-8° de II-VIII-374 pp. avec second titre gr. 3 grav. dont 1 avec la silhouette de Goues, 1 pl. de mus. et la même médaille qu'au tome pour 1798.
(O-250

10549 TASCHENBUCH für Freimäurer auf das J. 1801.

Göthen, Joh. Aug. Aue, 1801, pet. in-8° de II-372 pp.. avec second titre gr. 4 grav. et 1 pl. de musique.
(O-251

10550 TASCHENBUCH für Freimaurer auf das J. 1802.

Göthen, Joh. Aug. Aue, 1802, pet. in-8° de II-476 pp. avec second titre gr. 3 grav. et 1 pl. de musique.
(O-252

10551 TASCHENBUCH für Freimaurer auf das J. 1803.

Göthen, Joh. Aug. Aue, 1803, pet. in-8° de II-430 pp. avec second titre gr. 4 grav. et 1 pl. de musique.

Selon KLOTZ, il n'y a que sept vol. de ce recueil, donc il n'aurait rien paru en 1804.
(O-253

10552 TASCHENBUCH für Freimaurer auf das J. 1805.

Göthen, Joh. Aug. Aue, 1805, pet.

in-8° de 409 pp. avec second titre gr. et 3 grav.

(O-254)

10553 [TASCHER (Paul de)]. — Grosjean à son évêque au sujet des tables parlantes.

Paris, chez Ledoyen, 1854, in-8° 15 pages (2 fr.).

[Rp. 6406

Lettre spirituelle de Monsieur Paul de TASCHER.

(D. p. 155

10554 [TASCHER (Paul de)]. — Seconde lettre de Grosjean à son évêque.

Paris, chez Ledoyen, 1855, in-8° 23 pages (3 fr.).

[R. 50000

C'est une deuxième lettre de M. Paul de TASCHER. L'auteur insiste dans sa seconde partie pour retirer aux faits spirites le caractère démoniaque que voulaient leur donner MM. les évêques.

Cité par le Dr Pierre JANET (*Automatisme psychologique*, p. 397 de l'édition de 1907).

(D. p. 158

10555 [TASSIN (Dom René Prosper)]. — érudit bénédictin français né à Lonlay-l'Abbaye près Domfront, en 1697, mort à Paris en 1777. Ami de dom Toustain qui fut son collaborateur. — Histoire Littéraire de la Congrégation de Saint-Maur... [par Dom René Prosper TASSIN] (avec 14 Cartons).

Bruxelles et Paris, Humblot, 1770, in-4°.

Modèle de méthode et d'exactitude en son genre.

DESPREZ, imprimeur du Clergé, n'osa pas y mettre son nom, et crut devoir emprunter celui de HUMBLOT. L'ouvrage comporte quatorze Cartons. Voy. QUÉRARD, « France Littéraire ». IX-348 (BARBIER).

(S-6762

TAULER ou TAULÈRE ou THAULÈRE (Jean) célèbre mystique dominicain allemand, né et mort à Strasbourg (1290 ou 94-1361). Membre de la *Confrérie des Amis de Dieu* et prédicateur illustre, ami de RUYSBROECK l'Admirable.

10556 TAULER. — Œuvres complètes de Jean TAULER, Dominicain (1294-1361). Traduction littérale de la Version Latine de SURIUS, par E. P. NOEL, O. P. Maitre en Sacrée Théologie.

Paris, A. Tralin, 1910 et suivantes. 8 vol. in-8° de 450 p. environ chacun (en cours de publication) (44 fr.).

[D. 86635

Tome I. — Introduction. — Notice sur TAULER. — Bibliographie. — Epitre dédicatoire de Gérard d'Hamont. — Vie ou Conversion du Maitre. — Sermons du Temps.

Tomes II, III et IV. — Suite des Sermons du Temps.

Tome V. — Sermons des Saints. — Communs des Saints.

Tome VI. — *Institutions de* TAULER. Opuscule sur les 9 Etats du Salut.

Tome VII. — Exercices sur la Vie et la Passion de N. S. J.-C. — Lettres.

Tome VIII. — Sermons de SUSO, des deux ECKARD, de RUSBROSCH, etc.

10557 TAULER (Jean). — Les Institutions de TAULER, religieux de l'Ordre de St-Dominique.

Paris, A. Tralin, 1909, in-16 de XXIII-391 p. (Nouvelle édit.) (4 fr.).

[D. 86167

Parmi les livres de mystique, il est de ceux qui se peuvent aborder le plus facilement. — TAULER est un moraliste. — De lui on peut vraiment dire qu'il pense sa vie et qu'il vit sa pensée. — Personne n'a mieux montré comment la pratique et la spéculation sont solidaires. — Quand donc les théologiens et les philosophes se mettront-ils à considérer les mystiques comme autre chose que des manifestations de piété ou des cas psychologiques? Un des plus grands services à rendre, serait de se mettre à les étudier en les faisant rentrer dans le courant général de la pensée philosophique et théologique pour les confronter avec ceux que l'on nomme les penseurs et les docteurs.

Les mystiques comme TAULER, comme S. Jean de la Croix, ont eu aussi le souci de résoudre les problèmes. — Et n'est-ce pas eux qui ont vu clair ?

10558 TAULER (Jean). — Sermons de Jean TAULER, le docteur illuminé, traduits de l'allemand par Ste-Foi.

Paris, Poussielgue, 1855, 2 vol. in-8° (30 fr.).

TAULER (sur Jean). — Voir : PERROT (de)

10559 TAXÆ Cancellariæ apostolicæ. S. l., 1706, in-12

Opuscule dû au pape SIXTE IV.

Édition latine de ces célèbres Taxes, qui ont été traduites et publiées par tout anti-clérical qui se respecte. RESOULT et COLLIN DE PLANCY q. v. entre autres. Consulter aussi notre article SIXTE IV à ce sujet.

(S-2240

10560 TAXE de la Chancellerie Romaine (avec l'Appendice).
Rome, s. d., in-8°.

Même remarque — sauf que cet ouvrage est traduit en français.

(S-2241

10561 TAXIL (Jean) de Sainte Marie, médecin Astrologue à Arles. — L'Astrologie et physiognomie en leur splendevr par Jean TAXIL, natif des Sainctes Maries, médecin en Arles.

Tournon, par R. Reynaud, 1614. 2 parties in-8°, (12 fr.).

[V. 21817

« Ouvrage très rare que je n'ai jamais vu passer dans les catalogues d'occultisme » (S. de G.)

(G-1003

TAXIL (Léo). — Voir : JOGAND-PAGÈS.

TAYLOR (John). — Traducteur du Livre de MORMON : voir ce dernier mot.

10562 TAYLOR (Samuel). — Système universel et complet de Sténographie ou Manière abrégée d'écrire, applicable à tous les Idiomes, et fondée sur des Principes si simples et si faciles à saisir qu'on peut connoître en un jour les Eléments de cet Art,... inventé par Samuel TAYLOR.... et adapté à la langue françoise par Théodore Pierre Bertin. Troisième édition.

Paris, imp. de P. Didot l'aîné, An IV, in-8°, 117 p. 15 pl. gravées plus le Titre et un Frontispice. (4 fr.).

[8° V. 29522

10563 TAYLOR (Thomas). — The Eleusinian and and Bacchic Mysteries. A Dissertation by Thomas TAYLOR, translator of « Plato » « Plotinus » « Porphyry » « Iamblichus » « Proclus » « Aristotle ». etc. etc. Edited with notes, Emendations, and Glossary by Alexander Wilder, M. D.

New York, 4th édition and London, 1891, in-8°, (25 fr.).

(O. P. C.

TCHERPAKOFF (Av. Iv). — Voir : LADRAGUE (A.). qui a pris ce pseudonyme pour répondre aux « Fous littéraires » de M. Gustave BRUNET.

10564 TECHENER (J.) libraire à Paris. — Description raisonnée d'une Collection choisie d'anciens manuscrits, de documents historiques et de chartes réunis par les soins de M. J. TECHENER et avec les prix de chacun d'eux. Première partie (Seule parue).

Paris, chez J. Techener libraire, 1862, in-8° de VI-320 pp. (4 fr.).

Intéressant pour la description de nombreuses pièces rares relatives aux Sciences Psychiques et Occultes ; entre autres:

N° 37, p. 42. — Les vraies Clavicules du roi SALOMON, traduitte (sic) de l'Hebreux par ARMADEL, 1220. in-4° de 132 ff. (200 fr.) avec une notice de plus de deux pp.

N° 89, p. 135. — Le Lapidaire des Vertus, mss du XVᵉ S., sur papier, pet. in-8° de 77 ff. (120 fr.).

N° 90. — Lettres de la Solitaire des

Rochers.... 3 vol. in-8" (90 fr.) voir nos articles BERAULT-BERCASTEL et NICOLSON.

N° 95. — LOTHARIUS, Liber de Missarum mysteriis. pet. in-4" de 134 pp. à 2 col. vélin (300 fr.).

N° 104. — MANDEVILLE. [*Voyages du Chevalier de Mandeville*], XVI° S. in-8" de 118 ff. vélin (4. 250 fr.).

N° 111 (p. 175). — MERCURIO TRISMEGISTO PIMANDRO.... Mss Italien du XVI° S in-4° de 82 ff. papier (200 fr.). Notice de plus d'une page.

N° 170 (p. 267). — Li Secret as Philosophes (Manuscrit qui fut plus tard imprimé sous le nom de *Cuer de Philosophie* (Notre N° 2718). in-4" de 67 ff. vélin (1500 fr.) M. Paulin PARIS le donne à Jehan BONNET. prêtre, Docteur en Théologie, natif de Paris.

N° 180. — SURIN (le P. Jean Jos). Histoire de la possession des religieuses Ursulines de Loudun, 2 vol. pet. in-4" vélin (150 fr.). Intéressante notice de deux pp.

N° 188. — Traitté curieux contenant la naissance du Monde... (voir notre article OZORIO), pet in-4" de 176 pp., papier (100 fr.).

N° 191 (p. 298). — TREUILLOT DE PONTCOUR (sic), curé du village d'Ansacq, Diocése de Beauvais. Lettre sur l'Akousmate ou Bruits aériens d'Ansacq. 1732. mss. in-12 papier (?) (60 fr.). Relation de bruits extraordinaires entendus « dans l'air » par les habitants d'Ansacq dans la nuit du 27 au 28 janv. 1730. Notice de 2 pp.

10565 TEDER (F∴ ∴ 33). — Origines réelles de la Franc Maçonnerie. III. L'irrégularité du G∴ O∴ de France.

Paris, 1909, in-18. (1 fr. 50).

Publication du Souverain Grand Conseil Général et Grand Orient des rites unis pour la France et les dépendances ; conférence donnée par le F∴ TEDER au *Convent Maçonnique Spiritualiste* de Juin 1908.

10566 TEIRLINCK et MONSEUR. — Le folklore Flamand et le folklore Wallon. I. Folklore mythologique, II. Folklore flamand. III. Folklore wallon.

Bruxelles, Rosez. s. d., 3 vol. pet. in-8". (3 fr.).

Intéressant recueil des fables, contes, légendes, vielles chansons, devinettes, remèdes superstitieux, proverbes, dictons mythologiques, croyances sur la lune, les étoiles, les loups-garous, les sorcières, etc... qui charmaient ou terrifiaient les soirées des Flandres et de la Wallonie.

10567 TEISSIER (Marius Charles Antoine Octave), Architecte de Marseille né dans cette ville en 1825. — Manuel général de maçonnerie comprenant les sept grades du. rite français, les trente-trois degrés du rite Ecossais et les trois grades de la maçonnerie d'adoption, suivi d'un formulaire pour les travaux de banquets, pour les affiliations, pour les installations d'at∴ et inaugurations de temples, pour les baptêmes maç∴ et les cérémonies funèbres, et d'un dictionnaire des mots usités en maçonnerie. — Orné de planches avec l'explication de la pierre cubique et de la croix philosophique, par C. A. TEISSIER.

Paris. 1803. in-8". (10 fr.).

Ouvrage de premier ordre, utile à tous les maçons. — C'est le manuel le plus moderne et considéré comme le meilleur à l'heure actuelle ; il est orné de nombreuses et belles gravures hors texte représentant la pierre cubique et ses hiéroglyphes, la disposition des loges, les emblèmes et les alphabets maçonniques.

10568 TEIXEIRA MENDÈS (R.). — La Philosophie Chimique d'après Auguste COMTE. Indications générales sur la Théorie positive des Phénomènes de Composition et de Décomposition, suivies d'une appréciation sommaire de l'État actuel de la Chimie.

Rio de Janeiro, 1887. in-12. (3 fr.)

[8° R. 7990
(G-2151

10569 TÉLESPHORE DE SANCES (Frère), ermite de la Thébaïde du XIV° siècle. — Liure merveilleux contenant en bref la fleur et svbstance de plvsieurs traittez tant des propheties et reuelations qu'anciennes Croniques... comme scismes (sic) discords et tribulations aduenir en l'eglise de Rome et d'vn temps auquel on ostera et tollera aux gens d'Eglise et Clergé leurs biens temporels, tellement qu'on ne leur laissera que leur viure et habit nécessaire. Item aussi est faicte mention des souverains Euesques et Papes qui après régneront et gouuerneneront l'Eglise. Et spécialement d'vn Roy de France nommé Charles sainct homme Item du temps du grand dernier Antechrist et après sa mort iusques au dernier jour du Iugement et en la fin du monde et quand ce doit estre. Etc... Etc...

Paris, Th. Bessault, 1565, in-8°, (40 fr.).
[R. 42100-101

Recueil de prophéties faites vers 1386 par un ermite de Thèbes. TELESPHORE DE SANCES et qui offrent nombre de curieuses coïncidences avec certains événements de la Révolution, notamment en ce qui concerne l'abolition du pouvoir temporel du clergé.
(G-952

10570 TELESPHORE L'HERMITE. — Livre Merveilleux, contenant en bref la fleur et substance de plusieurs traités, tant des Prophéties anciennes, etc.

Livre Merveilleux du dernier Ante-Christ, et après sa mort, jusqu'au dernier jour du Jugement, etc. par F. TELSFORE *Hermite* (sic).

Paris, 1500, in-8°.

Autre édit :

Lyon, par Benoist Rigaud, 1572, in-8°.
[Rés. R. 2527

Autres éditions du n° précédent.
(S-3474

10571 TELLER (H.). — Fides dogmati de resurrectione carnis per quator priora secula enarratio historico-critica.

Paris, 1766, in-12.

Traité rare sur l'immortalité de l'âme et sur la résurrection de la chair.

10572 TELLIER (Jules). — Les Ecrivains d'aujourd'hui. — Nos poètes.

Paris, 1888, in-12, (8 fr.).
[8° Z. 11020

Leconte de Lisle. — Théodore de Banville. — Sully-Prudhomme. — Fr. Coppée. — Les Rustiques. — Les Modernistes. — Philosophes, historiens, psychologues. — Les Baudelairiens. — Décadents et Symbolistes. — Paul Verlaine. — Stéphane Mallarmé. — Jean Moréas. — Gust. Kahn. — René Ghil, etc...

10573 TEMPELS (P.). — Les Francs-Maçons.

Bruxelles. s. d., in-12. frontispice, (3 fr.).

TEMPLIERS. — Sur cet Ordre, voir *Bibliographie* YVE-PLESSIS, N°s 1203-1223 ; p. 154-157.

10574 TENZELL (Andreas). — Medicina diastatica oder in die Ferne virkerden Artznei Kunst.

Leipzig, 1753, in-12 de 336 p. (10 fr.).

Ouvrage traitant de la guérison par les mumies d'après PARACELSE. Il comprend en outre : *Scripta gemina Andreae Tenzelii, de Amore et Odio*, 1616, traitant de Magie.

10575 TENZEL (Andreas). — Secreta rariora chymico medica, oder Sammlung auserlesener medicinisch-chymischer Geheimnisze, in den Schrittern drey berühmter Philosophorum, nehmlich : Andreas TENZELS chymisch spagyrische Arzney-Kunst ; Georg PHÆRONIS, chymisch medicinisch Arcana (aus dem Lateinischen in das teutsche übersetzt) ; und Henning SCHEUNEMANNS spagyrische Geheimnisse.

Nürnberg, bey Stein und Raspe, s. date, (17...) in-8° de XVI-370 pp. avec 2 pl.

La 1-re édit. latine de l'ouvrage de TENZEL est de 1629 ?
L'*Arcana* de PHÆDRON commence p. 161 et finit p. 329 ; le traité de SCHEUNEMANN termine le vol.
(O-1640

10576 TERNISIEN LE SENNE (le F∴). — Aux Misraïmites. — Discours sur la moralité des statuts généraux et de l'administration de l'Ordre Maçonnique de Misraïm, suivi d'un extrait d'une circulaire adressée par le prince Frédéric à toutes les LL∴ des Pays Bas.

Paris, 1835, in-8°.

10577 TERRASSE (Jean Claude). — Le bienfaiteur de l'humanité. Secrets puisés dans la nature pour conserver la santé et guérir de toutes espèces de maladies.

Paris, 1894, in-8°, (10 fr.).

Recettes dont l'efficacité a été reconnue incontestable dans tous les temps et dans tous les lieux par une foule de personnes qui en ont fait usage.

10578 TERRASSON (l'abbé Jean), Oratorien comme ses deux frères, membre de l'Académie des Sciences, né à Lyon en 1670, mort à Paris en 1750, Professeur de Philosophie au Collège de France. Erudit et spirituel. — La philosophie applicable à tous les objets de l'esprit et de la raison. — Ouvrage de réflexions détachées. — La philosophie des mœurs, etc... Précédée des réflexions de M. d'Alembert, etc...

Paris, Prault, 1754, in-12, (2 fr. 50).

10579 [TERRASSON (l'abbé Jean)]. — Séthos, histoire ou vie tirée des monumens anecdotes de l'ancienne Egypte, traduite [écrite] d'un manuscrit grec [par l'abbé TERRASSON].

Paris, Desaint, 1767, 2 vol. in-12 avec deux cartes gravées.

Idem :

Paris, Jacques Guerin, 1731, 3 vol. in-12 de 562 et 842 p. (en trois tomes) 2 cartes pliées.

[Y² 68324.

Edition originale (Réédité en 1732).

Autre :

Paris, Jean François Bastien, An III 2 vol, in-8° de XVI-455 et 472 pp. 2 cartes gravées.

Intéressant ouvrage, principalement au point de vue de la Religion des Anciens et des Initiations. C'est dans cet ouvrage, que, dit-on, Gust. FLAUBERT puisa son immortel chef d'œuvre « Salammbô » ; il serait plus exact de dire que «Salammbô» est le développement d'un épisode de cet ouvrage, auquel FLAUBERT n'a d'ailleurs rien emprunté.

(S-4094
(G-1006-2152
(O-194

10580 TERTIUS (Jos. de). — De curiositatibus physicis tractatus.

Medioburgi apud Ægidium Horthemels, 1686, pet. in-8°. Orné d'une figure.

TERTIUS DE LANIS (Franciscus) jésuite et phycisien italien, voir :

LANIS (Tertius de).

10581 TERY (G.). — Laïcisons la Franc-Maçonnerie. Réponses d'un Provincial à Louis de Montalte.

Paris, 1904, pet. in-8° de 48 p. (2 fr.).

10582 TESTE (Alphonse) médecin français né à Gray, en 1814. Magnétiseur et homœopathe. — Les confessions d'un magnétiseur suivies d'une consultation médico-magnétique sur les cheveux de Mme LAFARGE, par Alph. TESTE, doct. en médecine.

Paris, Garnier frères, 1848, 2 vol. in-8°. (5 fr.).

Ouvrage sans aucune valeur scientifique. Ce sont des scènes de somnambulisme sous forme de nouvelles ou de romans. Ce ne sont pas même les mémoires de l'auteur.

(D. p. 140
(G-2153

10583 TESTE (Dr Alph.). — Le Magnétisme animal ou leçons analytiques sur la nature essentielle du Magnétisme, sur ses effets, son histoire, ses applications, les diverses manières de la pratiquer, etc... par le docteur Teste.

Paris, Baillière, 1845, in-8°, (4 fr.)

Contient un intéressant résumé historique sur le Magnétisme dans l'antiquité, la médecine clinique du Moyen-Age, etc.

(D. p. 134

10584 TESTE (Dr Alph.). — Manuel pratique de Magnétisme animal. Exposition méthodique des procédés employés pour produire les phénomènes magnétiques et leur application à l'étude et au traitement des maladies; par Alphonse Teste.

Paris et Londres, J. B. Baillière, 1843, in-12.

[Tb⁶³ 22. A

1-re édit. :

Paris, J. B. Baillière, 1840, in-18.

[Tb⁶³ 22

Deuxième édition de ce livre (voir année 1828) [A l'année 1828 on ne trouve rien se rapportant à cet ouvrage].

Première édition, sans doute, en 1828.

Troisième édit. :

Ibid. Id., 1846, in-12 de VIII-500 p

Ouvrage utile à toute personne voulant guérir et faire de la médecine par la pratique du Magnétisme ; il est considéré comme un des meilleurs et des plus clairs.

Paris et Bruxelles, 1840, in-8°

(D. p. 126

10585 TESTE (Alph.). — Manuel pratique du Magnétisme animal par le docteur Alph. Teste.

Paris, J. B. Baillière, 1853, in-12

[Tb⁶³ 22 C

4-me édition.

(D. p. 149

10586 TESTE (Dr Aph.). — Transactions du Magnétisme animal dirigées et publiées par Teste docteur en médecine.

Paris, J. B. Baillière, 1841, in-8°, 384 pages, (4 fr.).

Ce journal ne parut qu'une année, son auteur lui donnait des allures plus philosophiques que consacrées à la pratique. Mme T. était somnambule et s'était traitée elle même pour affection grave.

(D. p. 124

10587 TESTE D'OUET. — Jacquemin Gringonneur et Nicolas Flamel.

Paris, Didron, 1855, in-8° de 64 p (3 fr. 50).

[Ln²⁷ 9157

Curieuse et spirituelle étude sur le célèbre alchimiste et sur l'auteur du fameux *tarot* de Charles VI qui se trouve à la Bibliothèque Nationale, le plus ancien connu.

Antiquité des Tarots (p. 31) venus de Memphis, par Alexandrie (p.32). — Tour St-Jacques, (p. 56) — Etc.

10588 TESTUT (Oscar). — L'Internationale, son origine, son but, son caractère, ses principes, ses tendances, son organisation, ses ressources. — Tableau de la situation actuelle de l'Internationale en France, en Europe et en Amérique. — 5ᵐᵉ édit. revue et augmentée.

Paris, Lachaud, 1871, in-12. (3 fr.).

10589 TESTUT (Oscar). — L'Internationale et le Jacobinisme au ban de l'Europe. L'Internationale s'occupe-t-elle de politique ? Provocations à l'assassinat politique. Les Préparatifs de la Guerre Civile. — L'Internationale à Lyon. — Assassinat du Général Arnaud. — Exploits du Jacobinisme à Toulouse.

Paris, Lachaud, 1872, 2 forts in-8° (6 fr.).

[Lb⁵⁷ 2996

Contient les Dictionnaires et les Alphabets secrets à l'usage des affiliés à l'Internationale.

10590 TEUTZSCHESCHEN (Johann). — Epistola Johannis TEUTZCSHESCHENI de Lapide philosophorum (germ.) faisant partie de *Consumata Sapientia* édité par SCHAUBERDT ; dans *Neue Sammlung von... alchym. Schrifften* (1770), II, 445-56.

(O-999)

10591 TEXELIUS (P.). — Phœnix, visus et auditus sive fictæ illius avis, quæ usque adeo celebratur toto orbe, descriptio symbolica, verum ejus ac proprium continens ἐπιμήθιον hactenus obliteratum.

Amstelodami, apud Vander Plats, 1706, in-8°. (15 fr.).

Ouvrage singulier entièrement consacré au phénix, étudié au point de vue symbolique, contenant un titre frontispice et de nombreuses planches, gravées d'après Lamsvelt, reproduisant des monnaies, des guerriers romains, des coiffures guerrières, la statue de la ville de Rome, le temple de Romulus et de Rémus, des dragons ailés, le phénix sur un bûcher, etc...

10592 TEXTOR (Vincent). — Discours de la Nature du Vin, et de l'abus d'icelui, par Vincent TEXTOR.

Paris, 1604, in-8°.

(S-3331 b

10593 TEYNIER. — La bonne aventure dans la main : éléments de Chiromancie, divination et explication de l'avenir.

Paris, in-12. Nombreuses figures de mains. (2 fr.).

Division de la main. — Signification des lignes. — Des triangles, des angles, des monts. — Lignes de vie, naturelle, du foie, mentale, solaire, etc. — La ceinture de Vénus. — Des lignes sœurs, etc...

10594 THÉÂTRE EROTIQUE de la rue de la Santé. — Il s'agit d'un Théâtre de Marionnettes privé, établi chez M. Amédée ROLLAND de 1861 à 1863. —

Le Théâtre érotique de la rue de la Santé. — Son Histoire.

Batignolles, 1864-66, in-12. (30 à 40 fr.).

[Enfer 146

Première édition publiée à Bruxelles, par Poulet-Malassis, en petit format.

Autre édition :

Le Théâtre érotique de la Rue de la Santé, suivi de la Grande Symphonie des Punaises. Avec un Frontispice dessiné et gravé par S. P. Q. R.

Partout et nulle part, l'an de Joie, 1864, 2 vol. in-8°. 2 Frontispices de Félicien Rops. Annoncé aussi comme édition originale (?). Recueil tiré à 140 ex. Pièces curieuses, précédées chacune d'une Notice. (40 fr.).

Tome I. — La GRISETTE et l'étudiant, par Henri MONNIER. — Le Dernier Jour d'un Condamné, par TISSERANT. — Les Jeux de l'Amour et du Bazar, et un Caprice, par LEMERCIER DE NEUVILLE. — Scapin maq... par Albert GLATIGNY.

Tome II. — Signe d'Argent, par Jean DUBOIS et Amédée ROLLAND. — Le Bout de l'An de la Noce, par LEMERCIER DE NEUVILLE. — La Grande Symphonie des Punaises, par NADAR et Ch. BATAILLE. Singulier et rare.

10595 THEATRE EROTIQUE. — Alfred DELVAU. — Le Théâtre érotique Français sous le Bas-Empire.

Paris, Pincebourse (sic), s. d. ; [Bruxelles, Brancard, 1871], in-12, de 51 p. sur papier vergé (6 fr.).

Réimpression sous le nom de DELVAU de la singulière Notice éditée par Poulet-Malassis sur le *Théâtre de la Rue de la Santé*.

Au dos de la couverture sont énoncées des réimpressions des pièces de théâtre précédemment énumérées, datées 1883, in-12.

10596 THEATRUM CHEMICUM, præcipuos selectorum Auctorum Tractatus de Chimiâ et de Lapidis Physici Compositionis continens.

Ursellis (Ursel), ex officina C. Sutorii, sumtibus Lar. Zetzneri, 1602, 3 vol. in-8°.

Tome I seul : [R. 52268

Une des premières, sinon la première édition de ce célèbre recueil d'Opuscules Hermétiques. L'édition la plus complète et la plus estimée est celle de *Strasbourg* 1613-22, 1659-61.

Comme l'exprime judicieusement M. Bosc, parmi d'excellents Traités, elle renferme malheureusement un assez grand nombre d'Œuvres de bien peu de valeur.
(Bo

10597 THEATRUM CHEMICUM, præcipuos selectorum Auctorum Tractatus de Chimiâ et de Lapidis Physici Compositione continens.

Argentorati (Strasbourg), *sumptibus L. Zetzneri*, 1613-22, 6 vol. in-8°.
[R. 52269-52274
Bonne édition.
(Bo

10598 THEATRUM-CHEMICUM præcipuos selectorum auctorum tractatus de Chemiæ et Lapidis Philosophici antiquitate, jure, præstantia et operationibus, continens... (per Lazarum Zetznerum pro vol. I ad IV, sed per Isaac. Habrechtum pro V vol. collectum).

Argentorati, sumpt. Laz. Zetzneri, 1613-22.

5 vol. in-8° de VIII-869-XXXI, IV-598-VI, IV-911-XII-28, VIII - 1146 - XXXIII, et VIII-1009-XXXI pp. et fig. dans le texte.

Theatri chemici vol. VI, theologis, medicis, et tam vulgaribus quam Hermeticæ chemiæ studiosis utiliss., præcipuos selectorum auctorum hujus sæculi tractatus de Chemia et Lapidis Philosophici antiquitate, veritate, jure, præstantia et operibus continens, ex germanica et gallica lingua in latinam translatum per Johan. Jacobum Heilmannum Bipontino-Palatinum M. D.

Argentorati, sumpt. hæred. Eberhardi Zetzneri, 1659-1661, in-8° de XVIII-772-XXV pp. (100 fr.).

[R. 52276-281

Lenglet-Dufresnoy dit que la II° édit. est préférable, mais il y a fort peu de différences entre les deux (de 1659) ; j'ai comparé la première édition avec la table des Traités qu'il donne (pp. 48-59 de son *Histoire de la philos. hermét.*) et je n'ai trouvé aucune différence si ce n'est quelque confusion dans l'indication : par exemple, il met aux numéros 81 et 82, deux traités qui font partie du n° 78 ; au n° 93 (*Triga chimica*), qu'il indique comme un seul Traité, il a fait double emploi, car le *Triga* est la réunion des trois n°s 88-90. [*Ces numérotages ne concordent pas avec le* Lenglet-Dufresnoy *de 1742*].

(O-603
(G-2154

Voir : Brunet, V-773. Cette troisième édition d'un remarquable Recueil est si importante, que nous allons en donner le contenu in-extenso : voici les 210 pièces qu'il contient d'après Lenglet-Dufresnoy (III-49) :

TOME I

1. Robertus Vallensis. De Veritate, et Antiquitate Artis Chimiæ, ex variis auctoribus.

2. Joannes Chrysippus Fanianus, de Jure Artis Alchemiae.

3. Arnoldi de Villanova, Testamentum.

4. Thomas Muffetus Anglus, de Jure et Præstantiâ Medicamentorum chimicorum.

5. *Ejusdem*, Epistolæ V Medicinales.

6. Theobaldus de Hoghelande, de Alchimiæ Difficultatibus.

7. Gerardi Dornei, Clavis totius Philosophiæ Chemisticæ, pars prima.

8. *Ejusdem*, Pars secunda, Philosophia Speculativa.

9. *Ejusdem*, Artificium Supernaturale.

10. *Ejusdem*, Physica Genesis.

11. *Ejusdem*, Physica Hermetis Trismegisti.

12. *Ejusdem*, Physica Trithemii.

13. *Ejusdem*, Philosophia Meditativa.

14. *Ejusdem*, Philosophia Chemica.

15. *Ejusdem*, Vita Brevis.

16. *Ejusdem*, Duellum Animi cum Corpore.

17. *Ejusdem*, de Gemmarum Structurâ.

18. *Ejusdem*, Congeries Paracelsicæ

Chemiæ de Transmutationibus Metallorum.

19. *Ejusdem*, Genealogia Mineralium, ex Paracelso.

20. Bernardi G. PENOTI, de Verâ Præparatione et Usu Medicamentorum Chimicorum. Tractatus varii.

21. BERNARDUS Comes TREVISANUS, de Chemico Miraculo, quod Lapidem Philosophicum appellant.

22. Dionysii ZACHARII Galli. Opusculum Philosophiæ Naturalis Metallorum.

23. Annotata ex Nicolao FLAMELLO Gallo.

24. Aliæ Annotationes, ex Variis Auctoribus.

25. Collectanea ex Variis Scriptoribus.

26. Collecta ex DEMOCRITO.

TOME II

27. Gastonis CLAVEI, Apologia Chrysopœiæ et Argyropœiæ.

28. Ægidii de VADIS. Dialogus inter Naturam et Filium Philosophiæ.

29. *Ejusdem*, Tabula Chymica Metallorum.

30. Georgii RIPLÆI, Duodecim Portarum Axiomata.

31. *Ejusdem*, Alia Axiomata Philosophica.

32. Physicæ Chymicæ TRITHEMICÆ, Axiomata.

33. ALBERTUS MAGNUS, Breve Compendium de Ortu Metallorum.

34. ISAACI HOLLANDI, Fragmentum de Opere Philosophorum.

35. Bernardus G. PENOTUS, Quæstiones et Responsiones Philosophicæ.

36. *Ejusdem*, Regulæ seu Canones Philosophici.

37. *Ejusdem*, Extractio Mercurii ex Auro.

38. *Ejusdem*, Dialogus de Arte Chimicâ.

39. Jacobi QUERCETANI, ad Jacobi AUBERTI Vendonis, de Ortu et Causis Metallorum Responsio.

40. Joannis DEE Londinensis, Monas Hieroglyphica.

41. Laurentii VENTURÆ, Liber de conficiendi Lapidis Philosophici Ratione.

42. AURELLII AUGURELLI Ænigma versibus latinis.

43. Joannes Franciscus PICUS MIRANDINUS, de Auro.

44. Rogerii BACHONIS, Speculum Alchimiæ.

45. RICHARDI ANGLICI, Correctorium Alchymiæ.

46. ANONYMI Rosarius Minor, de Rerum Metallicarum Cogitatione.

47. ALBERTUS MAGNUS, de Alchymiâ.

48. Joannes Augustinus PANTHEUS, Ars et Theoria Transmutationis Metallicæ, cum Voarchadumiæ Numeris et Iconibus.

TOME III

49. *Incerti auctoris*, de Alchimiâ Liber, LVI Capitibus.

50. *Auctor Incertus*, de Lapidis Magni Compositione.

51. ARISTOTELES, de Perfecto Magisterio.

52. ARNALDI DE VILLANOVA, Perfectum Magisterium.

53. *Ejusdem*, Lumen Luminum.

54. *Ejusdem*, Flos Florum.

55. *Ejusdem*, Practica.

56. EFFERARIUS Monachus, de Lapide Philosophorum.

57. *Ejusdem*, Thesaurus Philosophiæ.

58. Raymundi LULLII, Praxis Universalis Magni Operis.

59. M. ODOMARI, Practica.

60. Arcanum Philosophorum, ex Saturno.

61. Salis Præparatio ad Lapidem.

62. Historia Argenti in Aurum versi.

63. Tractatus de Arsenico.

64. Tractatus de Arsenico.

65. RHASIS, Præparatio Salis Armoniaci.

66. JANI LACINII Pulvis in Malleum et Dulcedinem Metallis, Ferro fusibilitatem.

67. De Sale Alcali.

68. An Lapis Philosophorum valeat contra Pestem?

69. Epistola de Metallorum Materiâ, et Artis Imitatione.

70. Practica CARAVANTIS Hispani.

71. Joannes de RUPE-SCISSA, de Lapide Philosophorum.

72. Jo. AUREL. AUGURELLI, Chrysopœia Carminibus.

73. THOMÆ AQUINATIS, Secreta [Alchymiæ.

74. *Ejusdem*, Thesaurus Alchemiæ Secretissimus.

75. Joannes de Rupe-Scissa, Liber Lucis.
76. Raymundi Lullii, Clavicula et Repertorium.
77. Jo. Isaaci Hollandi, Opera Mineralia, sive de Lapide Philosophico.
78. Ewaldus Vogelius, de Lapidis Philosophici conditionibus.
79. Justi A Balbian Flandri, Tractatus septem de Lapide Philosophico.
80. Jodoci Greweri, Secretum.
81. Alani Philosophi, Dicta de Lapide.
82. *Anonymi*, Rosarium abbreviatum.
83. *Anonymi*, Septem de Lapide Tractatus.
84. Joann. Pontanus, de Lapide Philosophico.
85. Carmina Varia de Lapide.
86. Nicolaus Barnaudus, In Epitaphium Ænigmaticon.
87. Processus Aliquot Chimici.
88. Carmen de Lapide.
89. Lambsprinck, Figuræ XV et Carmina.
90. *Anonymi Delphinatis*, Secreta Maxima.
91. Extractum Cymbali Aurei.
92. *Anonymi*, Arcanum Philosophorum.
93. Nicol. Barnaudi Elucidatio hujus Arcani.
94. *Ejusdem*, Triga Chimica.
95. *Ejusdem*, Quadriga Aurifera.
96. *Ejusdem*, Auriga Chymicus, sive Theosophiæ Palmarium.
97. Epistola de Occultà Philosophià.
98. Dicta Sapientium de Lapide.

TOME IV

99. Raymundi Lullii, Practica.
100. *Ejusdem*, Compendium Artis Transmutationis, ad Rupertum Regem.
101. Arteph. Clavis Majoris Sapientiæ.
102. Heliæ Artistæ, Nova Disquisitio.
103. Hieronymi Zaneti, Conclusio et Comprobatio Alchymiæ.
104. Versus Aliquot de Lapide.
105. Nicolai Nigri Hapelii, Cheiragogia de Auro philosophico.
106. Carmen Apollineum Helianum.
107. Winceslaus Lævinus Moravus, de Cælo Terrestri.

108. Nic. Nigri Happelii, Disquisitio Heliana.
109. *Ejusdem*, Aphorismi Basiliani, sive Canones Hermetici.
110. And. Brentzii, Collectio XVII Processuum.
111. Gasto Claveus Dulco de Triplici Præparatione Auri.
112. *Ejusdem*, de Ratione progignendi Lapidem.
113. Sendivogii, vel *Cosmopolitæ*. aut divi Lesci, Genus Amo. Tractatus XII.
114. *Ejusdem*. Ænigma Philosophicum.
115. *Ejusdem*, Dialogus Mercurii, alchimistæ et Naturæ.
116. Aurelia Occulta Philosophorum. duabus Partibus.
117. Arnoldi de Villanova Speculum Alchymiæ.
118. *Ejusdem*, Carmen.
119. *Ejusdem*, Quæstiones ad Bonifacium VIII.
120. *Anonymi*, Arcanum Philosophicum.
121. XXII Propositiones de Veritate Artis.
122. Joan. de Lassnioro, de Lapide Philosophico.
123. Joan. Trithemii, Tractatus Chimicus.
124. Hermetis Trismegisti Tractatus Aureus.
125. Idem, ab Anonymo Illustratus.
126. Davidis Lagnei, Harmonia Chemicorum.
127. Epitaphium Chymicum.
128. *Anonymi*, Arcanum Philosophicum Versibus.
129. Alberti Magni, Concordantia Philosophorum de Lapide.
130. *Ejusdem*. Compositum de Compositis.
131. *Ejusdem*. Liber Octo Capitum de Philosophorum Lapide.
132. Avicennæ Epistola, de Re Rectà.
133. Avicennæ, Declaratio Lapidis filio suo.
134. *Ejusdem*, de Congelatione Lapidum.
135. Guillelmi Ticinensis, Lilium de Spinis.
136. M. Ortholani, Practica Alchymiæ, probata Parisiis, An. 1358.
137. Lumen Juvenis Experti.

138. M. Valentini, Opus Præclarum ad Utrumque.
139. Incerti, Tractatus.
140. Incerti, Opus ad Album.
141. Thomæ de Aquino Lilium Benedictum.
142. Anonymi, Tractatus duo.
143. Opus Petri de Silento.
144. Anonymi, Tractatus ad Album et Rubrum.
145. Pauli Eck de Sultzbach, Clavis Philosophorum.

TOME V

146. Turba Philosophorum, ex Antiquo Manuscripto.
147. In Turbam, Anonymi Sermo.
148. Allegoriæ Sapientum et Distinctiones CXXIX in Turbam.
149. Micreris Tractatus Alchymicus suo Discipulo.
150. Platonis, Libri Quartorum, cum Commento Hamech.
151. Kalid Regis, Liber Trium Verborum.
152. Senioris Zadith, Tabula Chymica.
153. Guillel. Menens, Aureum Vellus Libri III.
154. Anonymi, Consilium conjugii, seu de Massâ Solis et Lunæ.
155. Petri Boni Lombardi, Margarita Pretiosissima.
156. Michael Scotus, de Naturâ Solis et Lunæ.
157. Lucæ Rhodargiri, Pisces Zodiaci, sive de Solutione Philosophicâ.
158. Lucæ Rhodargiri, Ænigma Versibus.
159. Alfonsi, Regis Castellæ Clavis Sapientiæ.
160. Aristoteles, de Lapide, ad Alexandrum Magnum.
161. Monachii Benedictini, ad Hermannum Coloniensem Archiepiscopum, de Lapide Epistola.
162. Theoria Artis Alchymiae, secundum Platonem.
163. Via Vera Lapidis.
164. Testamentum Arnoldi de Villanova.
165. Georgius Phædro, de Hermaphrodito.
166. Thomas Aquinas, de Essentiâ Mineralium.
167. Cornelius Alvetanus, de Lapide Philosophico.
168. Anonymi, Animadversiones Chymicæ Quator.
169. Rogerius Bacho, de Secretis Operibus Artis et Naturae.
170. Christophorus Hornius, de Auro Medico.

TOME VI

171. Blasius Vigenerus, de Igne et Sale.
172. Joann. Collesson, Idea Philosophiæ Hermeticæ.
173. Anonymi, Instructio de Arbore Solari.
174. Christophori Parisiensis, Elucidarium Artis Transmutatoriæ.
175. De la Brosse, de Compositione Sulphuris, et Menstrui vegetabilis, seu de Auro Potabili.
176. Joan. Grossei, Arca Arcani, de Naturæ Mysteriis.
177. Ejusdem, Consensus Philosophorum.
178. Ejusdem, Lilium inter Spinas.
179. Ejusdem, Praxis Auctoris.
180. Ejusdem, Figura Cabalistica.
181. Ejusdem, Physica Naturalis.
182. Anonymus, de Auro Potabili.
183. Responsio Frat. Roseæ Crucis.
184. Orthelii Commentar. in Novum Lumen Chymicum Sendivogii.
185. Guillel. Trogniani, Scripta de Lapide.
186. Andreæ Blaven, de Auro Potabili Epistola.
187. Orthelii. Discursus de præcedenti Epistola.
188. Anonymus, de Principiis Artis Hermeticæ.
189. Excerpta ex Libro Aromatici... Philosophorum Plinii.
190. Excerpta ex Interlocutione Mariæ et Aaron.
191. Orthelii, Interpretatio Verborum Mariæ.
192. Joan. Pontani, Epistola de Lapide.
193. Orthelii, Commentarium Epistolæ Pontani.
194. Haymonis, Epistola de Lapidibus Philosophicis.
195. Cornelii Alvetani, Epistola de Lapide.

196. Astronomia Inferior.
197. Rithmi de Lapide.
198. Concordantia Gloriæ Mundi.
199. Opus singulare ex Theophrasto redivivo Pezellii.
200. Sententiæ ex Duello Equestri Mercurii, Solis, et Martis.
201. *Anonymi*, discipuli Grassæi, Mysterium Occultum Naturæ.
202. *Anonymi*, discipuli Guidonis de Monte. Tractalulus de Adrop.
203. Calcinatio Metallorum.
204. De Ovo Philosophico.
205. Isaac Hollandus, de Spiritu Urinæ.
206. Joan. Chartieri, de Plumbo sacro seu Antimonio.
207. Joan. Polemanni, Novum Lumen de Mysterio Sulphuris.
208. Solini Salztal, de Medicinâ Universali, seu Lapide Philosophico.
209. Tabula Smaragdina Hermetis.
210. Henricus de Rochas, de Observationibus novis, Aquis Mineralibus, et Spiritû Universali.

10599 THEATRUM SYMPATHETI-CUM auctum, exhibens varios Auctores : de Pulvere Syympathetico, qui dem : Digbæum, Straussium, Papinium et Mokyum. De Unguento, vero, Armario : Goclenium, Robertum, Fluddum, Beckerum, Borellum, Bartholinum, Servium, Kircherum, Matthæum, Sennertum, Wechtlerum, Nardium, Freitagium, Conringium, Burlinum, Fracastorium et Wekerum. Præmittitur his Silvestri Rattray, Aditus ad Sympathiam et Anti-pathiam.

Norimbergæ, apud J. A. Endterum, 1622, in-4°. (20 fr.).

Deuxième édition augmentée, en format plus grand que la première.
L'un des meilleurs ouvrages sur la *Poudre de Sympathie*.

Autre édition :
Ibid., 1662.

[Tc¹⁵¹ 1124
(S. 3398

10600 THEATRUM SYMPATHETI-CUM in quo Sympathiæ actiones variæ, singulares et admirandæ tam macro-quam microscomicæ exibentur et mechanice, physice, mathematice, chimice et medice occasione Pulveris sympatheticæ, ita quidem elucidantur ut illarum agendi vis et modus, sive qualitatum, occultarum, animæ ve mundi, aut spiritus astralis Magnive Magnalis, vel aliorum commentariorum subsidio ad oculum pateat. — Opusc. lectu jucundum et utilissim.; Digbæi, Papinii, Helmontii, etc.

Amstelodami, inp. T. Fontani, 1661, in-18, (8 fr.).

[Tc¹⁵¹ 1123

Curieux ouvrage tendant à la réalisation du *Grand-Oeuvre* et à la *Poudre de Sympathie*.

10601 THEATRUM SYMPATHETI-CUM oste wonder toncel des Natuurs verborgentheden. — Behelfende een uitetehende Oratie, over het gebruik des Poeders de Sympathie, daar in de waarheit zi jner werkinge werd ontdekt : door Ken. Digby, etc...

Amsterdam, 1681, 2 vol. in-12. (5 fr.).

Edition de ce rare traité hermétique et sur la *Poudre de Sympathie*.

Autre édition hollandaise :
Amsterdam, Ian ten Hoorn, 1709, in-12.

[Tc¹⁵¹ 1125

10602 THÈBES (Mme A. de), célèbre Chiromancienne et Voyante contemporaine, de Paris, qui fut initiée aux arts divinatoires par Alexandre Dumas Fils, lequel lui-même tenait une grande partie de sa science du Chevalier d'Arpentigny. — Conseils pour être heureux. — Almanach de Mme de Thèbes pour 1903.

Paris, l'auteur, 1903, in-12. (1 fr. 50).

Le même pour 1904, 1905, 1907, 1908, etc.

10603 THÈBES (Mme A. de). — L'énigme de la main.

Paris, Juven. s. d., [1900]. in-8º, 275 p., couv. rouge, illust. en blanc, planches. (5 fr.).

[8º R. 17366

Élève de Desbarolles, Mme de Thèbes s'est rendue célèbre par ses connaissances profondes de la chiromancie, et ses prédictions étonnantes. « L'*Enigme de la main* » exposé de sa doctrine et de ses découvertes, est un ouvrage de haute science recherché des adeptes et enrichi de superbes illustrations.

10604 THÈBES (Mme A. de). — L'énigme du rêve. — Explication des songes.

Paris Juven. 1903. (4 fr.).

10605 THÈBES (Mme A. de). — Le Livre de tous les prodiges et de tous les mystères. L'an 1903, conseils et prophéties de Mme A. de Thèbes.

Paris, J. Juven, s. d., [1903], in-12 carré. 90 p. (2 fr.).

[8º R. 18591

10606 THÉISME (Le), Essai philosophique.

Londres, 1773, 2 vol. in-8º.

Un ouvrage de titre analogue (*Le Théisme ou Introduction générale à l'étude de la religion* (Paris, Poinçot, 1785, 2 vol. in-12) est donné par Barbier (IV-695) au Marquis C.-E. de Ferrières.

[D² 7684
(S-3107

THEOCOSMITES (Ordre des). — Sorte de Franc-Maçonnerie Catholique fondée vers le début du XIXe siècle par l'abbé Antoine Del Prato, q. v.

10607 THEOLOGIE méthaphysique(*sic?*) divisée en sept méditations.

Cologne, chez Platon le Divin, 1705, in-8º (10 fr.).

Ouvrage qui ne trouve cité par aucun bibliographe.

« Traité curieux et d'une intense concision. » (S. de G.).

(G-1007

10608 THEON DE SMYRNE. Mathématicien et Astrologue Grec, Philosophe Platonicien, du IIe siècle de notre ère sous les règnes de Trajan et Adrien. — Exposition des connaissances mathématiques utiles pour la lecture de Platon, traduite pour la première fois du grec en français par J. Dupuis. — Epilogue : Le Nombre de Platon (Mémoire définitif).

Paris, Hachette et Cie, 1892, in-8º XXVII-403 p. (4 fr.).

[8º V. 23727

Texte grec en regard de la traduction française.

Des nombreux carrés, hétéromèques, promèques, triangulaires, pyramidaux, parfaits, etc. Lois numériques de la musique. Des quartenaires et de la décade. — Astronomie. — Des hypothèses de l'astronomie. — Le nombre géométrique, etc...

Traduit par l'auteur des *Tables de Logarithmes* classiques.

10609 THÉON (Max), littérateur mystique d'origine algérienne. On lui attribue aussi généralement la *Tradition cosmique,* q. v., et la *Revue cosmique,* publication périodique du même genre.

Max Théon. — La Doctrine Spirite et l'Œuvre d'Allan Kardec. Etude critique du Spiritisme.

Paris, H. Durville, s. d [1800], gr. in-8º de 48 p.

[4º R. Pièce 1260.

10610 THÉOPHANE (sans doute le même que Simon Théophane), (q. v.). — Nos Maitres. — Matgioi [le comte Albert de Pouvourville] et son rôle dans les Sociétés secrètes chinoises.

Paris, Librairie Hermétique, 1910, in-12, 111 p. Portrait et facsimilé. (2 fr.).

Etude suivie d'un Résumé de la Métaphysique Taoïste. — Portrait et autographe de Matgioi.

Un ami intime de MATGIOI, tout spécialement qualifié, vient d'écrire la biographie de celui à qui l'on doit la connaissance de l'ésotérisme de la Race Jaune. Une excellente introduction contient la description d'une magnifique cérémonie initiatique chinoise, extraite d'une des œuvres de MATGIOI, devenue aujourd'hui introuvable. Puis toutes les œuvres métaphysiques et philosophiques sont analysées longuement. — La deuxième partie de l'ouvrage (50 p.) constitue à elle seule un travail précieux intitulé : *La Doctrine Métaphysique et la Philosophie jaune*.

10611 THEOPHILOS, surnommé PROTOSPATHAIRE, médecin byzantin de la première moitié du VIIe siècle. Il finit sa vie dans un cloître. — THEOPHILI, de Hominis Fabrica Libri V, græcè et latinè.

Parisiis. G. Morelius. 1555, in-8°.

[Tb⁶ 15

Edition originale.

Quelquefois cité comme : « *De Corporis humani fabrica* ».

(S-3344

10612 THEOPHILUS (Christophorus).
— Christophori THEOPHILI Systema theologico-mysticum, oder der zwölf Apostel ihre mysticher Sieg über Sun de Tod, Teufel, Hölle, Welt, Fleisch und Blut, bewiesen in einer Theosophie, Pneumatologie, Hodosophie, Pantologie, Christosophie, Cabbale und Magie, also in sieben Gesänge gebracht, sammt einer Zugabe von der Alchymie.

Franckfurt und Leipzig. s. adr. 1769, in-8° de XXVIII-238 pp. avec 1 pl. allégor. et 1 tab.

(O-128

10613 THEOPHRASTE, philosophe grec, ami, disciple et successeur d'Aristote, né dans l'île de Lesbos en 371 av. J. C., mort en 264, âgé de 107 ans. Son véritable nom était TYRTAME. Auteur du traité des « *Caractères* ».
— Traité des Pierres de THÉOPHRASTE. traduit du Grec par M. Hill, auquel on a ajouté deux lettres, l'une sur les couleurs du saphir et de la turquoise, l'autre sur les effets des différens menstrues sur le cuivre.

Paris, Hérissant, 1754, in-12, (10 fr.).

[Manque à la Bib. Nat.

Contient de curieux documents sur les propriétés et influences occultes de certaines pierres et sur le symbolisme de leurs couleurs.

(S-3258 b

10614 THEORETISCH und PRAKTISCHER Wegweiser zur höhern Chemie ; ausgefertiget von einem Liebhaber der geheimen Physik und chemisch-physikalischer Wahrheiten.

Bresslau und Leipzig, Christ. Friedr. Gutsch, 1773, in-8° de XVIII-206 pp.

Recueil de quatre traités, dont : Gründliche Beschreib, von der particular u. Universel Tinctur ; Astronomia inferior ; F. Galli : Reise ; G. Phaedron : Stein der Weisen.

(O-622, 988 et 1114

10615 THEORETISCHEN Bruder (Die) oder Zweite Tuffe der Rosen Kreutzer und Ihrer Instruction.

Athen. 1780, in-16 de 278 p. couv ill. d'un Pentacle. (10 fr.).

[H. 18976

Livre secret des Rose † Croix (?), opuscule fort rare.

10616 THÉORIE pratique du magnétisme.

S. l., 1785.

Cet ouvrage cité par quelques auteurs nous est inconnu.

(D. p. 67

10617 THEORIE (Die) und Praktik des Gold-und Silber-Baums ; von einem ungenannten Philosophen. Neue von den Sprach- und Druckfehlern gesäuberte Auflage.

Frankfurt und Leipzig, s. adr. 1787, in-8° de 76 pp.

Traduction de *Theoria et practica arboris aureæ et argenteæ* paru en 1642.

(O-1521

10618 THEOSOPHIA pneumatica, oder Geheime Gottes-Lehre, die Dinge Gottes vortragend im neuen Wesen des Geistes, abthuende das alte Wesen des Buchstabens, zur Entwöhnung der Säuglinge von ihren seetirischen Mutter Brüsten erkläret von zwey glaubhafften Zeugen,...

S. l., Gedruckt im Jahr. 1710, in-8° de XCVI-568 pp. avec 1 tableau.

(O-88

10619 THEOSOPHISCHE Beschreibung der Tinktur der Weisen und der Cur aller Krankheiten aus des gottseligen Jakob Böhmens Schriften herausgezogen von einem Liebhaber göttlicher, 1780. in-8° de 63 pp. avec 1 pl.

(O-1219

10620 THÉRÈSE (Sainte) [de Jésus] en espagnol Teresa de Iesus, célèbre carmélite espagnole, écrivain mystique, née à Avila (Castille) en 1515, morte au couvent des Carmélites d'Albe en 1582. |Illustre voyante, issue d'une très noble famille, sa vie n'est qu'une suite de visions. — Les Œuvres, divisées en deux parties, traduites par Arnauld d'Andilly.

Paris, 1687, in-4°. (10 fr.).

Autre édit :

Paris, 1670, 2 parties en 1 vol. in-fol.

[D. 2576

Sa vie. — Fondations de Médine, du Champ, Malagon, Vailladolid, Carmes Déchaussez, Tolède, Pastrane, Salamanque, d'Albe, de Tormez, Ségovie, Véas, Séville, St-Joseph de Caravaque, Villeneuve de la Xare, de Palence, de Sorie, de Burgos, de Grenade, Chemin de la Perfection ; avis à ses Religieuses sur le Pater, du chasteau de l'Ame, des Pensées, de l'Amour de Dieu après la Communion.

Quantité d'autres édit. allant de 1670 à 1696 et de 1818 à 1859.

10621 THÉRÈSE (Ste). — Œuvres traduites en français par Arnauld d'Andilly.

Limoges, 1828-29, 6 vol. in-12, portrait. (12 fr.).

Vie de Sainte-Thérèse. — Méditations. — Fondations faites par Sainte-Thérèse. — Le Chemin de la Perfection. — Le Château de l'âme. — Pensées. — Lettres diverses. — La glose de Sainte-Thérèse. — Des vertus de Sainte Thérèse, etc.

Paris, 1843, 2 forts vol. in-8°.

10622 THÉRÈSE (Ste). — Le chasteau intérieur de l'âme, traduit de nouveau (par Félibien des Aveux).

Paris, Frédéric Léonard, 1671, in-8°. Vignette portrait sur le titre. (6 fr.).

10623 THÉRÈSE (Sainte). — Los Libros de la Madre Teresa de Iesvs fvndadora de los monasterios de monjas y frayles Carmelitas descalços de la primera regla.

En Madrid, 1602, 3 vol. in-4°, (12 fr.)

Excellente édition l'une des premières, des œuvres de cette célèbre mystique qui fut constamment tourmentée par l'Inquisition. — Bossuet qualifie ses écrits de *Doctrine céleste*.

10624 THÉRÈSE (Ste). — La vie de la séraphique mère Sainte Thérèse de Jésus, fondatrice des Carmes déchaussez et des Carmélites déchaussées, en figures et en vers françois et latins, avec un abrégé de l'histoire, une réflexion morale. et une résolution chrétienne sur chaque figure.

Paris, Ant. Jullieron, 1670, in-12, figures, (10 fr.).

Livre illustré d'un frontispice, du portrait de la reine Marie-Thérèse, et de 54 planches gravées par Claudine Bunand.

10625 THÉRÈSE (Sainte). — Vie de Ste-Thérèse, écrite par elle-même, traduite d'après le manuscrit original avec commentaire historique. complétant son récit par le Père Marcel Bouix.

Paris, Lanier. 1857, in-8°, Portrait de l'auteur. (4 fr. 50).

THÉRÈSE (Sainte), voir :

SAN (le R. P. Louis de).
NIMAL.

10626 THÉRÈSE PHILOSOPHE, ou Mémoires pour servir à l'histoire de D. Dirrag et de Mlle Eradice avec l'histoire de Mme Boislaurier.

La Haye (à la Sphère) s. d. [1748] 2 vol. ou part. pet. in-8° de 148 et 72 pp. encadrées, avec 16 grandes figures libres repliées.

[Enfer 402

Edition originale, *rarissime*.

Réimprimé plus de 20 fois (voir GAY, *Bibliographie*.... T. VI pp. 330 et 331).

Attribué soit à d'ARLES de MONTIGNY, soit au marquis BOYER d'ARGENS.

C'est l'histoire célèbre du P. GIRARD, jésuite et de Catherine CADIÈRE de Toulon. q. v.

10627 THÉRÈSE PHILOSOPHE. — Thérèse philosophe, ou mémoires pour servir à l'histoire du P. Dirrag et de Mlle Eradice. Edition revue sur celle originale, sous la rubrique de la Haye, sans date.

Paris, chez les marchands de nouveauté. s. d. (1800), 2 vol. in-12, (20 fr.).

Londres, 1800, in-16.

Edition ancienne rare de ce roman bâti sur le procès scandaleux qui passionna si fort le XVIII° siècle, qu'intenta la belle CADIÈRE (anagramme : *Eradice*) au P. GIRARD (dont le nom anagrammisé donne *Dirrag*), son confesseur.

20 pl. libres hors texte.

10628 THESAURUS Exorcismorum atque Conjurationum Terribilium.

Coloniæ, 1608.

Tres peu commun.

Autre édit. :

Coloniæ, Zetzneri, 1626. in-8°.

[E. 4652
(S-3221

10629 THESAURUS novus Experientiæ medicæ aureus, oder Guldener Artzney-Schatz neuer niemals entdeckter Medicamenten, wider allerhand Leibs-Kranckheiten : in sich haltënd nachfolgende herzliche medicinische Tractaten, so zuvor niemahl in Druck kommen :

I. Medicina experimentalis Helmontiana, das ist : des vortrefflichen und höchst-erleuchten Francisci Mercurii VAN HELMONT neuentdeckte und bewährteste Artzney-Mittel.

II. Des Fürtrefflichen erforschers natürlicher Dingen Don Silvio BOCCONE, Italiänische best-erfahrene Artzney-Mittel, ausz dessen Ital. Buch, Museo di fisica e di experienze, zu Venedig a. 1697 gedruckt,..... in das Teutsche übersetzet.

III. Georgii Hieronymi WELSCHII.... allerhand bewährte Artzney-Mittel, ausz seinen Mictomimematibus oder Miscellaneis medicinalibus, und Miscell. Curios. Acad. Nat. Cur., decur. I, ann. IV et V, latein.... in das Teutsche übersetzet.

IV. Experta Basiliensia, das ist : glücklich auszgeschlagens Baszlerische Artzney-Mittel ; aus Erfahrung berühmter Doctorum Medicinæ zusammen gelesen.

V. Euporista Helvetica, das ist : allerhand, leichte, sichere und geschwind-helffende Schweitzerische Artzney-und Bausz-Mittel.

VI. Euporista Clauderiana et Ludoviciana, das ist : Leichte jedoch kräfftige und wohl-approbirte Artzney-Mittel Dr. Gabriel Clauders und Dr. Daniel Ludwigs.

VII. Remedia anglica, oder allerhand Englische Artzney-Mittel, sonderbar Robert BOYLE.

Basel, Emmanuel, König, 1707, in 8° de VI-558-XXVI pp. (O-1632

10630 THÉVENOT. — Une leçon d'histoire ou la quatrième au f... BAGARY.

Paris, 1877, in-8°, 54 pages. (3 fr.)

Brillante défense de la Franc-Maçonnerie, histoire en main.

10631 [THIBAULT (Anatole François)] poète et romancier, né à Paris en 1844. Plus connu sous son pseudonyme Anatole FRANCE. — Anatole FRANCE. — Sainte Euphrosine. Les actes de la vie de sainte Euphrosine d'Alexandrie, en religion frère Smaragde, tels qu'ils furent rédigés dans la laure du Mont Athos, par Georges, diacre...

Paris, Ferroud, 1906, in-8°, 47 p. fig. grav. et encadrements. (40 fr.).

[Réserve p. Y². 363

Illustrations et encadrements de Louis Edouard Fournier, eaux-fortes de E. Pennequin, et gravures sur bois de L. Marie. Tiré seulement à 225 exempl. numérotés et paraphés de l'édit.

Charmante légende luxueusement éditée.

10632 [THIBAULT (Anatole)]. — Anatole FRANCE. — Vie de Jeanne d'Arc.

Paris, Lévy, s. d. [1908], in-8°, (12 fr.).

Edition originale.

10633 THIBAUT (P.) dit LE LORRAIN. — Cours de chimie de P. THIBAUT dit le Lorrain. Revu, enrichi de plusieurs figures de Fourneaux et augmenté de la composition du baume vert vulnéraire, avec son emplâtre stiptique, d'un excellent émétique, etc...

Paris, Jean d'Houry, 1674, in-8°. (7 fr. 50).

[R. 52372

Illustré de 5 grandes planches gravées, se dépliant, dont une donnant : *L'explication des caractères chymiques.*

10634 THIBOUDET (l'abbé). — Des Esprits et de leurs rapports avec le Monde Visible d'après la tradition, par M. l'abbé THIBOUDET.

Paris, Louis Vivès, 1854, in-12 de II-350 p. (5 fr.).

. [R. 52374
(G-1000 et 2156

10635 THIERS (l'abbé Jean Baptiste), théologien et érudit français, né à Chartres en 1636, mort dans sa cure de Vibraye (Maine) en 1703. Critique éclairé et plein de sagacité. — Critique de l'Histoire des Flagellans et justification de l'usage des Disciplines volontaires, par J. B. THIERS, curé de Vibraye.

Paris, J. de Nully, 1703, in-12. (6 fr.).

[H. 8435

Réfutation du célèbre Ouvrage de l'abbé BOILEAU sur les « Flagellans ».

Curieux ouvrage de ce fougueux auteur sur les disciplines religieuses et les Flagellants, fanatiques religieux des XIII° et XIV° S. ainsi nommés parce qu'ils se flagellaient en public.

(S-5287
(G-2157

10636 THIERS (J. B.). — Dissertation sur la Sainte Larme de Vendôme. Avec la Réponse du P. Mabillon, touchant la prétendue Sainte Larme.

Amsterdam, 1755, 2 vol. in-12, joli titre gravé avec vignette. (6 fr.).

Curieuse Dissertation critique sur l'authenticité de la fameuse Larme versée par N. S. Jésus-Christ sur le corps de St Lazare et conservée dans le Monastère de la Trinité à Vendôme.

Avec une *Bibliographie* des Œuvres de J. B. THIERS.

(G-2158

10637 THIERS (J. B.). — Dissertation sur les Porches des églises, dans laquelle on fait voir les divers usages auxquels ils sont destinés ; que ce sont des lieux saints, et qu'il n'est pas permis d'y vendre aucune marchandise.

Orléans, Hotot, 1679, in-12.(8 fr.).

Livre curieux.

10638 THIERS (J. B.). — Histoire des Perruques, où l'on fait voir leur origine, leur usage, leur forme, l'abus et l'irrégularité de celles des ecclésiastiques.

Paris, aux dépens de l'auteur. 1690 in-12, (10 fr.).

[D. 12890

Ouvrage curieux. — Antiquité des perruques. — Les femmes juives en portoient. — L'abbé de la Rivière, évêque de Langres, patriarche des ecclésiastiques perruqués. — Des Barètes. — Des Mitres. — Des Aumusses. — Des Capuchons. — Des Chapperons. — Des Coiffes. — Des Amitz, etc...

Autre édit. :

Avignon, Chambeau, 1779, in-12.

10639 THIERS (J. B.). — Traitez des Cloches et de la Sainteté de l'Offrande du Pain et du Vin aux Messes des Morts, non confondu avec le Pain et le Vin qu'on offrait sur les Tombeaux.

Paris, Nully, 1721, in-12. (4 fr.).

[B. 3558

Ouvrage rare de ce savant érudit théologien qui s'attacha toujours à distinguer la vérité de l'opinion, le droit de l'autorité et le devoir de l'intérêt.

(S-5213

10640 THIERS (J. B.). — Traité des Superstitions, selon l'Ecriture sainte, les décrets des conciles, et les sentimens des saints Pères et des théologiens.

Paris, A. Dezallier, 1679, in-12. (10 fr.).

[D. 53216

Edition originale de ce curieux ouvrage. — Des pactes avec les Démons. — De la magie noire. — Des arts divinatoires. — Des Sorts. — Des phylactères ou préservatifs contre les maléfices. — Des talismans. — Des exorcismes. — De l'aiguillette, etc...

C'est tout un arsenal de la sorcellerie qui fut mis à l'index pour ses révélations intempestives, aussi bien que pour ses critiques virulentes des pratiques religieuses de surérogation. L'auteur passe en revue, en donnant les formules, tous les procédés usités en magie : les phylactères pour la guérison des maladies ; prières secrètes; les talismans, les Gamahés ; comment on noue et dénoue l'aiguillette : exorcismes et conjurations pour détourner les orages, les tempêtes, etc... **et** chasser les maladies de l'homme et du bétail. — Les sept sortes de maléfices, comment les éviter. — L'art notoire ; l'art de saint Paul ; l'art angélique ; les jours fastes et néfastes, etc... Toutes les traditions qui nous viennent du passé, sont recueillies dans cet ouvrage rare et précieux pour le magiste réalisateur.

10641 THIERS (J. B.). — Traité des superstitions qui regardent les Sacrements selon l'écriture saincte, les décrets des conciles, et les sentiments des Saints Pères et des théologiens.

Avignon, Chambeau, 1777, 4 vol. in-12, (15 fr.).

[D. 53221

Traité singulier, curieux et toujours recherché. V. BRUNET, T. V. col. 819.

Autres édit. :

Paris, 1741, 4 vol. in-12.

Paris, Dezallier, 1712, 4 vol. in-12.

(G-1010

(St-Y-411

10642 [THILLAC (le R. P. de)]. — Abrégé de l'Histoire de Jean Bertet du Comtat d'Avignon avec une dissertation pour distinguer les vraies possessions d'avec les fausses. Et un abrégé d'un livre intitulé Le Triomphe du Saint Sacrement sur le Démon [par le R. P. de THILLAC].

Paris, rue de la Harpe, au Bon Pasteur, 1732, in-12.

[Ln^{27} 1765

Ouvrage fort rare et curieux, contenant les récits de la possession de Jean BERTET, natif de Chateauneuf du Pape diocèse d'Avignon « *dont la molestation commença par un maléfice qui lui fut don-*

né par un magicien qui tomba amoureux de lui » et de celle d'une femme de Vervins au diocèse de Laon, nommée Nicole Aubry ».

(G-1282
(Y-P-657

10643 THIRIAL (H.). — Histoire pathologique d'un homme présentant des désordres nombreux et insolites dans les fonctions du système nerveux ; lecture par le bout des doigts: abolition des sens, par H. THIRIAL.

S. l. 1846, in-8°.

Extrait du *Journal des conn. médicales*.

(D. p. 134

10644 THIRY (Ainé). — Le Spiritisme ou spiritualisme à Metz ; communication d'outre tombe (Communications spontanées. — Le guide universel. — Conseils aux médiums. — Croyance à l'immortalité, etc...).

Paris et Metz, 1861, in-8°, (1 fr. 50).

10645 THOELDE (Johann). — Haligraphia, dast ist : gründliche und eigendliche Beschreibung aller Saltz Mineralien, darin von desz Saltzes erster Materia Ursprung, Geschlecht, Unterscheid, Eigenschafft,... menniglich sonderlich aber denen so mit Saltzwerck umbgehen am Tag geben, durch Johan THÖLDEN.

S. loco (*Leipzig*), *Jacob Apel*. 1603 in-8° de XLVIII-317 pp.

(O-971

10646 THOLON. — Le Sauveur de demain. — A la veille des plus grands évènements en France.

Paris, Tobra et M. Simonet, 1903, in-8°, 136 p. (2 fr.).

|Lb^{57} 13999

Interprétations prophétiques ingénieuses et souvent frappantes en faveur d'un homme prédestiné qui, suivant les plus anciens oracles, doit surgir d'un moment à l'autre pour sauver la France et rétablir la paix universelle.

10647 THOLON (l'abbé). — Le Surnaturel devant la libre pensée moderne, à l'occasion des faits merveilleux de notre époque.

Paris, Palmé, 1884. in-8°, (3 fr. 50).

[D. 67461

La Messagère céleste. — Révélations à Martin de la Beauce. — Voix prophétiques. — Prophéties d'Orval. — Fin des temps et étoile du Messie. — Diverses apparitions historiques, etc...

10648 THOMAS (l'abbé). — Etudes critiques sur les origines du Christianisme.

Paris, 1870, in-8°, (4 fr.).

Controverse Judéo-Chrétienne. — Unité doctrinale et Christologie du Nouveau-Testament. — Le platonisme dans ses rapports avec le dogme chrétien. — Philon et le Néoplatonisme. — Eclectisme alexandrin. — Le Gnosticisme. — St-Irénée, Tertullien, les Pères Alexandrins.

10649 THOMAS (abbé). — Les origines d'une loge maçonnique à Dijon.

Dijon, Mercier, 1907, in-12, (3 fr. 50).

Histoire de la *Loge des Arts réunis de Dijon* à la fin du XVIII° siècle.

10650 [THOMAS (Abel)] pharmacien à Paris. — Abel HAATAN. — Contribution à l'étude de l'alchimie. — Théorie et pratique du Grand Œuvre.

Paris, Bibl. Chacornac, 1905, in-8° 282 p. pl. (4 fr.).

[8° R. 19520

F. Ch. BARLET a écrit de cet ouvrage, fruit de dix années d'études et de recherches « qu'il n'en est pas de plus explicite, d'aussi clair et de plus propre pour faire apprécier les Hautes Sciences comme degré supérieur à celles qui sont dites « positives ». Et en effet, la doctrine alchimique y est méthodiquement exposée par l'auteur qui est un hermétiste distingué et un pharmacien érudit. Entre autres points essentiels, le lecteur trouvera dans ce livre, la justification expérimentale des théories alchimiques et l'indication d'une pratique rationnelle.

10651 [THOMAS (Abel)]. — Abel HAATAN. — Traité d'astrologie judiciaire. Influences planétaires. — Signes du Zodiaque. — Mystères de la naissance. — Détermination de l'Horoscope. — Domification du Ciel. — Interprétation du Thème Généthliaque. — Clef générale des Prophéties Astrologiques.

Paris, Chamuel, 1895. in-8° de 215 p. Frontisp. fig. et tableaux. (6 fr.).

[8° R. 12898

Edition originale (Certaines couvertures portent : *Bibliothèque Chacornac*, 1902).

Avec nombreux tableaux, tables, figures et dessins et portrait de Mons de Villefranche.

Cet ouvrage, fort bien conçu, présente clairement la vraie science astrologique. Une lecture attentive permet à toute personne qui le voudra, de dresser un thème généthliaque et d'en interpréter aisément les présages. Les calculs sont réduits à leur plus simple expression au moyen des tables que l'auteur a ingénieusement dressées.

10652 THOMAS (Louis). — Le jour du Seigneur. — Etude de dogmatique chrétienne et d'histoire.

Lausanne et Paris, 1892, 2 vol. in-8°, (7 fr.).

I. Le Sabbat primitif d'après l'Ancien Testament et les documents païens (Chaldéens, Arabes, anciens Perses, Grecs et Romains, Chinois, Péruviens, Nègres de la Côte d'Or, etc...). II. Le Sabbat mosaïque. III. Le dimanche.

10653 THOMAS (Louis). — La maladie et la mort de MAUPASSANT.

Bruges, A. Herbert, 1986, in-16, 103 p. (3 fr.).

[8° Ln27 53552

Edition originale.

Intéressante étude, dans laquelle l'auteur réfute les arguments employés par le professeur Lombroso dans l'ouvrage qu'il a consacré à l'auteur de Bel-Ami. — Elle renferme de nombreuses anecdotes relatives aux diverses phases de la paralysie générale qui terrassa MAUPASSANT.

10654 THOMAS (Northcote W.). — Crystal Gazing ; Its History and Practice, with a Discussion of the Evidence for Telepathic Scrying. With an Introduction by Andrew Lang, M. A. LL. D. By Northcote W. THOMAS, M. A. Author of « *Thought Transference* ».

London, W. Alexander Moring Ltd. 1905, in-8° de XLVII-162 p. 3 pl. hors texte et fac-similés (4 fr.).

Intéressant travail sur la *Cristallomancie*, les *Miroirs Magiques*, etc. avec curieuses planches représentant une Boule de cristal montée sur pied, etc.

L'auteur a donné également une *Bibliographie de l'Anthropologie et du Folk Lore* : (en anglais).

[8° Q. 3535

10655 SAINT THOMAS D'AQUIN, illustre dominicain, théologien et philosophe, Disciple d'ALBERT le GRAND, né dans le royaume de Naples vers 1226, de la famille des comtes d'AQUIN, mort à l'abbaye de Fossa-Nuova en 1274. — Secreta alchemiæ magnalia. De corporibus supercœlestibus et quod in rebus inferioribus inveniantur : De lapide minerali, animali et plantali. Accessit et Ioannis de RVPESCISSA liber Lucis, ac Raymundi LULLII opus pulcherrimum quod inscribitur Clavicula et apertorium quo omnia quæ in opere alchimiæ requiruntur, venuste declarantur, et sine quo, ut ipse testatur LULLIUS, alii sui libri intelligi nequeunt. Opuscula studiosis artis secretissimæ, ut summe necessaria, ita lectu iucundissima Opera Danielis Brovchvisii, artium et medicine doctoris, nunc primum in lucem edita. Cum præfatione D. Ioannis Heurnii.

Lugduni Batavorum, ex officina Thomæ Basson, 1592, in-12. Avec une curieuse planche repliée gravée sur bois,.

représentant, verso et recto un fourneau pour l'opération du Grand Œuvre. (15 fr.).

Lugduni Batavorum, 1598, in-12.

Autre éd. :

Colonia Agrippina, excud. N. Bohm-bargen, 1579, in-4°.

[R. 8637

10656 THOMAS D'AQUIN (Saint). — Traité de la Pierre Philosophale, suivi du Traité sur l'art de l'Alchimie, traduits pour la première fois du latin en Français et précédés d'une Introduction.

Paris, Chamuel, 1898, in-16 Jésus. (4 fr.).

[8° Z. 14619

Tiré à très petit nombre.

Bibliothèque Rosicrucienne 1ⁱ Série, N° 6.

(Pen. p. 198

THOMAS DE AQUINO. — Voir :

« THOMAS DE AQUINO », dans Theatrum chemicum.

(O-742, 743, 744

THOMAS D'AQUIN (Sur St). — Voir :

JOURDAIN.

THOMAS DE CANTIMPRÉ ou CATIMPRÉ ou CHANTEPRÉ en latin THOMAS CANTAPRINATUS, écrivain légendaire (?) belge, nous dit LAROUSSE; est né à Leuw-Saint-Pierre, près Bruxelles vers 1201 et mort sans doute à Louvain, en 1263. Il fut Chanoine régulier de l'Ordre de St Augustin, à l'abbaye de Cantimpré, près de Cambrai, puis se fit Bénédictin. C'est comme il précédent un des célèbres disciples d'ALBERT de BOLLSTŒDT plus connu sous le nom d'ALBERT le GRAND. Vers la fin de sa vie, THOMAS de Cantimpré se fixa au Couvent des Bénédictins de Louvain, dont il fut Sous-Prieur.

Ses Ecrits sont principalement Hagiographiques. Eux, sans doute, sont Légendaires, mais l'auteur, non.

Son « Bonum Universale de Apibus » a été publié à Douai, en 1597, in-8° et traduit en Français par VILLART : « Le Bien-Etre Universel, ou les Abeilles Mystiques », Bruxelles, 1650, in-4°.

10657 THOMAS de CANTIMPRÉ. — Les Abeilles Mystiques de Thomas de CANTIMPRÉ, par Marguerite de WARESQUIEL.

Paris, 222 Faubourg St-Honoré, s. d., [1902], in-16 de 106 p.

[D. 85087

10658 THOMAS (Artus) sieur d'Embry écrivain satirique né à Paris, vers le milieu du XVIᵉ siècle, mort après 1614. — Les Hermaphrodites.

S. l., [1605], 2 parties en 1 vol. in-16 (24 fr.).

[Lb³¹ 806

Rarissime édit. originale, sans lieu ni date, qu'il ne faut pas confondre avec l'édition parue 120 ans plus tard chez Foppens (Cologne et Bruxelles, 1724). Le titre divisé en trois parties porte dans la première : « Les Hermaphrodites » dans la seconde, gravée sur bois par Léonard Gaultier, le portrait de Henri III avec cette légende à double entente : « A tous accords » ; dans la troisième ce sixtain

Je ne suis masle ny femelle,
Et sy je suis bien en cervelle
Lequel des deux je doibs choisir :
Mais qu'importe à qui on ressemble
Il vaut mieux les avoir ensemble
On en reçoit double plaisir.

Ce livre hardi dévoile les désordres de la Cour d'Henri III et la vie efféminée de ses mignons.

10659 [THOMAS d'EMBRY (Arthur)]. — Description de l'isle des Hermaphrodites, nouvellement découverte, contenant les mœurs, les coutumes et les ordonnances des habitants de cette isle, comme aussi le discours de Jacophile à Limnes, avec quelques autres pièces curieuses. Pour servir de supplément au Journal de Henri III.

Cologne, chez les héritiers de Herman Demen, 1726, in-12. (15 fr.).

[L.b³¹ 807

Avec un joli portrait en pied gravé de Henri III avec pour légende une pièce de vers curieuse et cette citation de Martial: « Pars est una patris cætera matris habet ».

(G-1011

10660 THOMAS d'ONGLÉE (le Dr F. L.). — Rapport au public de quelques abus auquel le magnétisme animal a donné lieu, par M. F. L. THOMAS d'ONGLÉE, Docteur de la Faculté de Médecine.

Paris, Veuve Hérissant, 1785. in-8° 165 pages. (2 fr. 50).

Ouvrage intéressant, c'est une sorte de défense de l'auteur qui fut l'un des médecins mis au ban de la Faculté pour avoir suivi les traitements magnétiques chez d'Eslon, et surtout pour avoir continué à s'occuper du Magnétisme malgré la défense de la faculté. Thomas d'Onglée donne de curieux détails sur l'interrogatoire que subirent les médecins en question devant le conseil ou bureau de la Faculté, les convocations, les séances, etc... Ces détails sont suivis de réflexions critiques sur le livre de Thouret : *Recherches et doutes sur les deux rapports des commissaires* et sur celui de Jussieu.

(D. p. 64

10661 THOMAS DE RAVENNE. — De la vera Pronostication del Diluvio de 1524, composto per THOMADO da Ravena.

De vera Pronosticatione Diluvii.

S. l. 1524. in-8°.

(S-3476 b

10662 THOMASEN (Christian, ou Chrétien) en latin THOMASIUS, remarquable érudit] et jurisconsulte allemand né à Leipzig en 1655, mort à Halle en 1728. Avocat à Leipzig, puis professeur à Halle. — Vorsuch von Wesen des Geistes oder Grund-Lehren, so wohl zur natürlichen Wissenschafft als der Sitten-Lehre, in welchen gezeiget wird, dasz Licht und Lufft ein geistiges Wesen sey, und alle Cörper aus Materie und Geist bestehen, auch in der gantzen Natur eine anziehende Krafft, in dem Menschen aber ein zweyfacher guter und böser Geist Sey aufgesetzet und allen Wahrheitlieben-den zur Prüfung übergeben von Christian THOMASEN.

Halle im Magdeburg, Kenger, 1709, in-8° de XXXII-190 pp.

(O-1792

10663 THOMIN (Lucien). — Le Manuscrit de Raoul, ou les Sociétés secrètes dévoilées.

Paris, 1880, in-12. (3 fr.).

[8° Y² 3544

Sous la forme d'un roman d'une lecture attachante, l'auteur met en action une cérémonie complète d'initiation relatée dans un manuscrit que le héros de l'ouvrage aurait écrit lui-même.

Autres ouvrages du même genre à la Bibliothèque Nationale :

[8° Y² 47088
[8° Y² 47299

10664 THOMSON (Georges) Ecossais, écrivain mystique traducteur de NÉPER. — Qvatre Harmonies svr la Revelation de S. Iean : tovchant la royavté, prestrise et prophetie de Iesus-Christ par THOMSON. Contenant aussi la prophetie et histoire chrestienne aucunement depuis la naissance de Christ iusques à la fin du Monde, sans interruption des Visions.

S. l. [*La Rochelle*?] 1607. in-12. (10 fr.).

Ouvrage d'un mystique écossais, traducteur des « *Secrets de l'Apocalipse* » du baron de Merchiston, Jean NAPIER, qui se délassait de l'invention des Logarithmes par l'interprétation de l'Apocalypse de St Jean.

10665 THOMSON (T. P.). — Un nouveau système spiritualiste : l'Evolution de l'Idée de Dieu.

Albi, 1887, in-12, (3 fr. 50).
[8° R. 8401

L'auteur cherche à démontrer qu'en prenant pour point de départ les bases du Matérialisme le plus accentué, on peut toujours aboutir à Dieu et ramener à cette grande idée ceux qui s'en seraient écartés.

10666 THONISSEN (J. J.). — Quelques considérations sur la théorie du progrès indéfini dans ses rapports avec l'histoire de la civilisation et des dogmes du Christianisme.

Paris et Tournai. 1860, in-12, (3 fr. 50).

La science moderne et la civilisation de l'Egypte ancienne. — Pressentiments prophétiques de Salvien et de Paul Orose. Services rendus aux Sciences par F. Bacon, Lessing et Guillaume Postel. — La république parfaite de Hume, etc...

10666 bis THOORIS (Dr A.). — Philosophie du Monisme, le Monisme logique, par le Dr A. Thooris,... Préf. de M. Georges Lyon...

Lille, édition de Lille Université, 1906, in-18 de 76 pp.
[8° R. 21038

THORE (J.). Physicien de Dax, observateur moderne de la Force radiante de la matière. — Voir :

BONNAYMÉ (le Docteur) (La Force Psychique), Paris, 1008, p. 107-140).

FILACHOU (Em.).

DE ROCHAS (Les Effluves Odiques, p. XXXI).

Les expériences de M. J. J. Thore, de Dax, ont été publiées en 1887 dans le « Bulletin de la Société Scientifique de Borda. ».

10667 THORÉ (T.). — Dictionnaire de Phrénologie et de physiognomonie, à l'usage des artistes, des gens du monde, des instituteurs, des pères de famille, des jurés, etc...

Paris, Librairie usuelle, 1836, in-12, avec une planche et de nombreuses figures et portraits gravés sur bois dans le texte. (4 fr. 50).

10668 THOREY (Abbé J. M. C.), prêtre du Diocèse de Sens. — Rapports merveilleux de Mme Cantianille B... avec le monde surnaturel, par M. l'abbé J. M. C. Thorey, prêtre...

Paris, Louis Hervé, 1866, 2 vol. in-12 de 356 et 230 p. plus 16 de catalog. (5 fr.).
[Ln^{27}. 22337

Histoire extraordinaire de Démonologie moderne. L'auteur affirme sous serment la vérité de ce qu'il nous expose. Cantianille est livrée au démon par un jeune prêtre démoniaque, et dès lors fréquente assidûment une Société de possédées qui vont au Sabbat comme en plein Moyen-Age. Elle signe des pactes et voyage dans le Purgatoire, ou elle voit les Ames de Marat, Voltaire, Rousseau, Lamennais, etc. que l'on croyait damnés. L'abbé Thorey était en rapport avec le Monde Invisible, et se transportait en Astral ainsi que Cantianille elle-même. Il annonce, dans ce singulier ouvrage, la « Régénération » de l'Église et on attribue à ce fait la rareté de son livre qui se rencontre assez peu en librairie.
Cantianille Madeleine B... née le 22 juillet 1824 à Mont Saint Sulpice (Yonne)

10669 THORNBURGH (Jo.). — Jo. Thornburgh. Nihil, Aliquid, Omnia antiquorum Sapientum vivis coloribus depicta, in gratiam eorum qui Artem auriferam Phisico-Chymicè et piè profitentur.

Oxoniæ (Oxford). Excud. J. Lichtfield et J. Short, 1621, in-4°.
[R. 8639
(S-3385

10670 [THORY (Claude Antoine)] écrivain et botaniste français né en 1757, mort en 1827. — Acta Latomorum, ou Chronologie de l'histoire de la Franche Maçonnerie française et étrangère, contenant les faits les plus remarquables de l'institution, depuis ses temps obscurs jusques en l'année

1814; la suite des Grands-Maîtres; la nomenclature des rites, grades, sectes et coteries secrètes répandues dans tous les pays; la Bibliographie des principaux ouvrages publiés sur l'histoire de l'ordre depuis 1723; avec un Supplément dans lequel se trouvent les statuts de l'ordre civil institué par Charles XII, roi de Suède en faveur des Francs-Maçons; une correspondance inédite de Cagliostro; les Edits rendus contre l'association par quelques souverains de l'Europe; enfin un grand nombre de pièces sur l'histoire ancienne et moderne de la Franche-Maçonnerie (par Claude Antoine THORY).

Paris. P. E. Dufart, 1815, 2 vol. in-8° de XVIII-II-428, et XII-404 pp. avec 2 pl. (35 fr.).

[H. 11968

La *Bibliographie* (pp. 347-421 du T. I) contient l'indication de 514 ouvr. (plus cinq, p. 402 du t. II) rangés chronologiquement, avec 2 tables, l'une alphabétique, l'autre de noms d'auteurs.

On trouve (T. II, 139-206) des pièces curieuses sur les Templiers. J.-C. B... (BESUCHET), dans l'art. bibliographique qu'il a consacré à THORY, dans son *Précis Historique de l'ordre de la Franc-Maçonnerie* (II, 272-75), parle des Archives de la mère loge écossaise fermée depuis 1826, et qui devait passer, ainsi que la bibliothèque, à la loge du Mont-Thabor; il reprochait à THORY de ne pas avoir exécuté cette restitution, et disait qu'à la mort de sa veuve, ces collections importantes seraient dispersées ; ce qui est arrivé. En 1863, cette collection a été vendue par le libraire Tross, et le Catalogue, que j'ai sous les yeux, fait regretter qu'il n'ait pas été rédigé avec soin.

(O-235

Voir notre N° 2075 (T. I, p. 322 [307]).

10671 [THORY (Claude Antoine)]. — Annales originis magni Galliarum O∴, ou Histoire de la fondation du Grand Orient de France, et des révolutions qui l'ont précédée, accompagnée et suivie, jusqu'à mil sept cent quatre-vingt-dix-neuf, époque de la réunion à ce corps de le grande Loge de France, connue sous le nom de Grand Orient de Clermont, ou de l'Arcade de la Pelleterie ; avec un Appendice contenant les pièces justificatives. plusieurs actes curieux et inédits ayant rapport à l'histoire de la Franche Maçonnerie, des détails sur un grand nombre de rites, et un fragment (étendu) sur les Réunions secrètes des femmes, (par Cl. Ant. THORY).

Paris. P. Dufart, 1812, in-8° de VIII-471 pp. avec 3 tableaux et 4 pl. en taille douce.

[H. 15783

Contient des renseignements sur beaucoup de Sociétés secrètes.
. La Bibliothèque Nationale attribue cet ouvrage à LAURY.

(O-236

10672 [THORY (Cl. Ant.)]. — Bibliographie des ouvrages, opuscules, encycliques, ou écrits les plus remarquables publiés sur l'histoire de la Franche-Maçonnerie depuis 1723 jusques en 1814... (par Cl. Ant. THORY) dans ses *Acta Latomorum*, (1815). I 347-421.

[H. 11968

Nous nous sommes servis de cette bibliographie mais encore plus de l'excellente *Bibliographie der Freimaurerei*... von Georg Klosz (Frankf. a. M. 1844).

(O-211

10673 [THORY (Cl. Ant.)]. — Fragments historiques et Pièces originales concernant l'ordre du Temple en France ; dans (C. A. THORY) : *Acta Latomorum* (1815), II, 139-206 :

Contient entre autres, la Charte de transmission de J. M. LARMENIUS ; et *Statuta commilitonum ordinis Templi*.
On possède maintenant un fort intéressant ouvrage sur ce sujet curieux, c'est celui de m. MAILLARD de CHAMBURE, intitulé : *Règle et statuts secrets des Templiers, précédé de l'histoire*...... Voir aussi *Manuel des Chevaliers de l'ordre du Temple*. et GRÉGOIRE (l'abbé) : *Histoire des Sectes religieuses*...

(O-475

10674 THOT. — Le Livre de THOT. — Circulaire adressée aux illustres membres de toutes les sociétés littéraires et philosophiques, aux vrais amateurs du Livre de Thot, à ses honorables interprètes et généralement à toutes les personnes qui ont le goût des sciences et des arts, par le comité de correspondance de MM. les interprètes.

S. l., 1790, in-8°, (3 fr.).

10675 THOURET (le Docteur Michel Augustin), né à Pont l'Evêque en 1748, mort à Paris en 1810. Membre de la Société Royale de médecine. — Extrait de la correspondance de la Société Royale de médecine relativement au Magnétisme animal, par M. THOURET, docteur médecin ; imprimé par ordre du roi.

S.l., 1786, in-4°. 74 pp. (2 fr. 50).

Cet ouvrage aurait dû être placé avant la lettre de WALTON de BOISSIÈRE. Bien que l'auteur soit loin d'être impartial et qu'il se soit borné à enregistrer les lettres de ses confrères opposés au Magnétisme son livre contient quelques renseignements utiles. [Note de M. DUREAU].

(D. p. 07

10676 THOURET (le Dr). — Recherches et Doutes sur le Magnétisme animal par M. THOURET, Docteur régent de la Faculté et Membre de la Société royale de médecine.

Paris, Prault, 1784. in-12. 251 pages, (3 fr. 50).

[Th⁶³ 24

Dans un avant propos, l'auteur reconnaît qu'un nombre considérable de personnes croient à la doctrine de MESMER ; que parmi elles il en est dont les qualités, l'esprit et le rang méritent les plus grands égards et que ce n'est pas par des plaisanteries qu'on peut entrer en discussion avec elles. L'auteur se propose d'examiner plutôt la nature du Magnétisme que son emploi, les propriétés qu'on lui attribue plutôt que les résultats qu'il produit. Le livre de THOURET est plein d'érudition; à tous les arguments invoqués par MESMER il oppose les arguments semblables de tous les spagiristes ou des médecins alchimistes Libavius, Tentzelius, Wirdig, Maxwell, Kircher, etc… il y a des textes d'une exactitude remarquable. Tout en discutant sérieusement, l'auteur n'en déduit pas moins « que la doctrine de MESMER n'est que pure illusion. Toutefois dit-il ce qu'il offre de réel date de ses prédécesseurs…. Les crises sont réelles, mais elles peuvent être dangereuses…… MESMER a bien prouvé l'existence du Magnétisme, mais seulement sur des malades et non sur des corps inanimés ; il n'en est pas de même de l'électricité, etc. etc. ». — On voit par ces courtes citations que THOURET, si clair, si intelligent, quand il s'agit de l'histoire du passé, hésite et est embarrassé quand il faut expliquer les faits de son époque. Aussi son livre, fruit de patientes recherches a-t-il obtenu un résultat tout autre que celui qu'il en attendait. Il a affermi les magnétistes dans leurs convictions en leur prouvant que le Magnétisme existe depuis longtemps, et avait eu déjà des prôneurs et des adeptes ardents. L'auteur a donné l'extrait des registres de la Société royale de médecine contenant le rapport de la Commission chargée d'examiner son ouvrage. Ce rapport approbatif, daté du 9 juillet 1784, est signé Geoffroy Desperrières, Jeanroy, de Fourcroi, Chambon et Vic d'Azyr.

(D. p. 30
(G-2150.

10677 THOUSAND notable things (A) on various subjects, disclosed from the secrets of nature and art.

London, 1785, in-12, (3 fr. 50).

Recueil de secrets, recettes et remèdes.

10678 THOUVENEL (Pierre) médecin français né en Lorraine en 1747, mort à Paris en 1815. Premier médecin consultant de Louis XVIII. — Mémoire (et Second mémoire) physique et médicinal, montrant des rapports évidens entre les phénomènes de la Baguette divinatoire, du Magnétisme et de l'électricité, avec des éclaircissements sur d'autres objets non moins importants qui y sont relatifs.

Paris et Londres, Didot le Jeune,

1781 et 1784. in-8°. (5 fr.).

[Th⁰ˢ 4

Ouvrage rare, surtout le deuxième mémoire qui manque souvent.

(G-1013 et 1792

10679 THRESOR admirable de la Sentence prononcée par Ponce-Pilate contre Nostre Sauueur Jésus-Christ. Trouuée miraculeusement escrite sur parchemin en lettre Hébraïque dans un Vase de marbre, enclose de deux autres vases de fer et de pierre, en la ville d'Aquila au Royaume de Naples sur la fin de l'année 1580. Traduit d'Italien en François.

A Paris, par Guillaume Iulien, 1581. in-8° de 48 p. fig. s/bois au milieu du titre. (90 fr. en Maroquin par Thibaron).

[Rés. H. 2154

La Figure représente le triple coffret où aurait été trouvée la Sentence.

Tout commentaire semble inutile.

(G-2163

10680 THUEMIUS (Th.), ou mieux THUMMIUS — Tractatus theologicus de Sagarum impietate à Theodoro THUEMIO (*sic*).

Tubingæ, J. G. Cottam, 1667, in-4°.

[R. 8642

Le Catalogue Sépmar. indique comme date 1677.

(S-1214

10681 THULIÉ (Dr H.). — Le Dressage des jeunes Dégénérés, ou Orthophrénopédie. Avec 53 figures dans le Texte.

Paris, F. Alcan, 1900, in-8°, (3 fr.).

10682 THYANE (A. de). — Petit manuel pratique d'Astrologie.

Paris, H. Daragon, s. d., [1908], in-12 carré de 109 p. (1 fr.).

[8° R. 22128

Ce manuel, fort bien conçu, est destiné à rendre un grand service à ceux qui débutent dans la science astrale, car il en expose les principes de la façon la plus claire. — Il présente en outre un intérêt tout spécial dans sa manière d'interpréter l'horoscope pour les différentes questions qui peuvent se présenter, ce qui a rarement été fait aussi bien dans les divers ouvrages écrits sur le sujet.

10683 THYBOUREL et APPIER. — Méthode pour escrire de nuict à son amy absent, et luy faire conceuoir son intention. Ensemble pour avoir response de luy, de tout ce qu'il luy plaira. Chose très vtile à toutes personnes qui exercent l'art militaire : Mise en lumière, par la diligence et frais de François THYBOUREL, maistre chyrurgien et Jean APPIER, dit Hanzelet, chalcographe du Pont-à-Mousson.

Av Pont-à-Mousson, par Charles Marchant, imprimeur de son Altesse, s. d., [1620], pet. in-8° de 2 feuillets titre compris.

Curieux. Voir le suivant.

10684 THYBOUREL et APPIER. — Méthode pour escrire occultement à son amy par l'alphabet de Trithemivs par laquelle on peut escrire et composer congrûment en latin promptemêt, soit par gens ignorans de la langue latine ou non, en cachant soubs ce latin vne missive en quelle langue que l'on voudra, sans qu'il soit possible à l'homme viuant de l'entendre sans avoir vne alphabet semblable.— Recveillie et mise en lumière par le diligence et frais de François THYBOUREL, maistre chirurgien, et Jean APPIER dit Hanzelet, chalcographe du Pont-à-Mousson.

Av Pont-à-Mousson, par Charles Marchand, impr. de son Altesse, s. d. [1620], in-8°.

Curieux.

Se trouve également réuni à plusieurs autres pièces dans un recueil intitulé :

Recueil de plusieurs machines militaires et feux artificiels pour la guerre et recrea-

Sc. psych. — T. III. — 39.

tion. Avec l'alphabet de TRITEMIUS.... etc...

[V. 9495-9496

10685 THYRAEUS (Petrus) ou THIRESUS, de Nuys, Diocèse de Cologne. — De apparitionibus spirituum tractatus duo : quorum prior agit de apparitionibus omnis generis spirituum, Dei, angelorum, dæmonum, et animarum humanarum libro uno : Posterior continet Divinarum seu Dei in veteri testamento apparitionum et locutio num tam externarum, quam internarum libros quatuor.

Coloniæ Agrippinæ, ex officina Mater Cholini, 1605, in-4° de 486 p. (45 fr.).

[Rés. D. 11176

10686 THYRÆUS (L.). — Demoniaci, hoc est : de obsessis et spiritibvs dæmoniorvm hominibvs, liber vnvs. In qvo dæmonvm obsidentium conditio : obsessorum hominum status : Rationes et modi, quibus ab obsessis dæmones exigentur : causæ item tum difficilis exitus ipsorum, tum signorum quæ exituri relinquunt : loca denique, quo agressi tendunt et his similia, discutiuntur et explicantur, denuo monia repurgata et aucta.

Lugduni, Pillehotte, 1603. in-12.
[D.65196

Autres édit. :

Coloniæ Agrippinæ Ex officina Mater Cholini, Sumblibus Gofuini Cholini, Anno 1594, gr. in-8°.

Coloniæ, 1604, gr. in-4".

10687 THYRÆUS ou THIRESUS. — Petri THYRÆI Dæmoniaci, hoc est de obsessis à Spiritibus Dæmoniorum hominibus.

Lugduni, J. Pillehotte, 1626, in-8°.
[D. 65133

Le Catalogue SÉPHER donne 1628.

Autre :

Coloniæ Agrippinæ, ex officina Mater Cholini. 1598, in-4°.

[D. 11174
. (S-3200 b et 3218

10688 THYRÆUS (P.). — Loca infesta, hoc est, de infestis, ob molestantes dæmoniorvm et defunctorum hominum spiritus, locis, liber vnus. — Accessit eiusdem libellus de terricvlamentis nocturnis, quæ hominum mortem solent portendere.

Lugdvni, Pillehotte, 1599, in-12.
[R. 52472

Autres édit. :

Coloniæ Agrippinæ, ex officina Mater Cholini. 1598, in-4".

[D. 11175

Lugduni. J. Pillehotte. 1625, in-8°
[D. 65134

10689 THYRÆUS (P.). — Theorema, de fidei christianæ definita mensura, et an haec sit sola scriptura canonica.

Coloniæ, apud Gervinum Calenium et haeredes Quentelios. 1590. pet. in-4°.

10690 THYRÆUS (P.). — P. THYRÆI Novesii, de variis, tam spirituum, quam virorum vivorum prodigiosis apparitionibus libri tres.

Coloniæ Agrippinæ, (Cologne), 1594, in-4".

Rarissime. Manque à la *Bibliothèque Nationale*.

(S-3155 b

10691 TIBERTUS (Antiochus), de Césena, dans la Romagne. — De Chiromantiâ.

[*In fine :*] Explicit Chyromantia Magistri Antiochi TIBERTI Cæsenatis... *impressa Bononiæ per Benedictum hectoris Bononiensem..* M. ccccIxxxiiii [1484], pet. in-4°, lettres rondes, figure sur bois, (60 fr.).

Incunable fort rare.

Autre édit. :
Moguntiæ, Schœffer. 1541, in-8°.
[R. 26716

10692 TIBERTUS (Ant.). — De Cheiromantia, lib. III ; eiusd. argumenti cheiromantia, incerti cuiusdam authoris liber, hactenus nondum tipis excusus per Ioan Dryandrum.

Moguntiæ, 1541, in-12, (12 fr.).
[R. 26716

Traité de chiromancie très peu connu enrichi de jolies figures de mains analysées et de figures mystérieuses et kabbalistiques.

10693 TIECK (Louis). — Le sabbat des sorcières. Chronique de 1459. Traduit de l'allemand.

Paris, Renduel. 1833, in-8°, (7 f.).

Première édition de ce romantique, curieuse chronique qu'analyse Eliphas Lévi dans son *Histoire de la Magie*.
(G-1014 et 2160)

10694 TIEDEMANN (Thierri), philosophe allemand, né à Bremervarde, près de Brème, en 1748, mort à Marbourg en 1803. Professeur de Philosophie. — Disputatio de Quæstione quæ fuerit artium magicarum origo, quomodo illæ abasiæ populis ad Græcos atque Romanos, et ab his ad ceteras gentes sint propagatæ, quibusque rationibus adducti fuerint ii qui ad nostra usque tempora easdem vel defenderent, vel oppugnarent ?

Marbourg, 1787, in-4°, (8 fr.).
[Rz. 1348

Ce traité *de l'origine des arts magiques* est une des œuvres les plus fortes du célèbre Triedemann, le principal adversaire de Kant, et un des plus éminents philosophes de son temps. — Ce volume est divisé en 14 chapitres où l'auteur étudie séparément la magie chez les Chaldéens, les Perses, les Indiens, les Egyptiens, les Grecs, les Romains, ensuite chez les différents peuples modernes de l'Occident depuis le Christianisme jusqu'à nos jours.

10695 TIELE (C. P.). — Histoire comparée des anciennes Religions de l'Egypte et des peuples sémitiques. — Traduit du hollandais par G. Collins; précédée d'une préface par A. Réville.

Paris, 1882, fort vol. gr. in-8° d'environ 509 p. (15 fr.).
[O^{3}a. 746

Cet ouvrage estimé est surtout précieux pour la partie consacrée à la Religion Phénicienne sur laquelle on possède peu de documents : Origine des Phéniciens et leurs rapports avec les Israélites. — Noms généraux de la Divinité chez les Phéniciens. — La religion de Gébal, ou Byblos ; de Paphos et d'Askelon. — Eshsmoun et les Cabires. — Les dieux de Tyr et de Sidon, etc...

10696 TIFFEREAU (G. Théodore). — Collection d'Ouvrages relatifs aux Sciences Hermétiques, sous la direction de M. Jules Lermina. — L'or et la transmutation des Métaux, par G. Théodore TIFFEREAU, l'Alchimiste du XIX° siècle. Mémoires et conférences précédés de Paracelse et l'Alchimie au XV° siècle par M. Franck, de l'Institut.

Paris, H. Chacornac, 1889, in-8° carré de IX-182 p. et table (3 fr.).
[8° R. 10325

Six Mémoires de M. TIFFEREAU, présentés à l'Académie des Sciences. — Lettre de M. LEBRUN de VIRLOY, ingénieur civil des Mines sur l'Accroissement métallique. — Etude scientifique et comparative sur l'or artificiel par M. Gustave ITASSE, chimiste.

10697 TIFFEREAU (Th.). — Œuvres alchimiques.

Paris, l'auteur, 1888-1900, pet, in-8°.

a) Faits curieux de transmutation et de production des métaux précieux. — 1 fr.

b) L'accroissement de la matière minérale par LE BRUN de VIRLOY et la transmution des métaux. — Production artificielle de l'or. — 1 fr. 50:

c) L'art de faire de l'or. — La transmutation du fer, du cuivre et de l'argent en or. — Preuve incontestable basée sur un fait matériel indéniable. — 2 fr. 50.

d) La crise agricole. — Les causes qui l'ont provoquée et les moyens de la conjurer. — 1 fr.

e) La transmutation des métaux. — Les métaux sont des corps composés ainsi que les gaz. — Preuves incontestables basées sur des faits indéniables. — 1 fr. 50.

f) Les métaux sont des corps composés. Production artificielle de l'or. — Lettre à MM. les Membres de la Commission du budget, à MM. des sénateurs et ce qu'a été mon existence jusqu'à ce jour. — 1 fr. 50.

10698 TIFFEREAU (G. Th.). — Les métaux sont des corps composés. Suivi de Paracelse et l'alchimie au XVIe siècle par Franck. 2e édition augmentée.

Vaugirard, l'auteur. 1857, in-12. (5 fr.).

Autre édition :

Paris, Quelquejeu, 1888, plaq. in-8°, (2 fr.).

(G-1015 et 2161

10699 TIPHAIGNE DE LA ROCHE (Charles François) littérateur et médecin français né et mort à Montebourg, près Coutances (1729-1774). — Bigarrures philosophiques.

Amsterdam et Leipsick, Arkstée, 1759, 2 parties in-12, Frontisp. par Louis Legrand. (4 fr.).

[R. 12914-16

Visions d'Ibraïm. — Essai sur la Nature de l'Ame. — Voyage aux Limbes. — Etc.

(G-2162

10700 TIPHAIGNE de la Roche (Ch. F.). — L'amour dévoilé ou le système des simpathistes (*sic*) Où l'on explique l'origine de l'amour des inclinations, des simpathies, des aversions, etc.

S. l. 1749, in-12.

[R. 26509

Edition originale.

—— Edmenil ou le païs des idées, traduit de l'arabe.

La Haye, 1750, 2 volumes in-12.

Ouvrages singuliers de cet auteur original.

(G-1016

TIROUVALLOUVA, « *le seul poète pariah de l'Inde entière* » (JACOLLIOT, « *Le Pariah dans l'Humanité* » p. 3). — Voir :

BARRIGUE de FONTANIEU (G. de).

10701 TISSANDIER. — Origine et développement du Positivisme contemporain ; critique de cette doctrine, essai de conciliation.

Paris, 1874, in-8°, (2 fr. 25).

10702 TISSANDIER (J. B.) professeur de philosophie à la Faculté des lettres de Douai. — Des sciences occultes et du spiritisme.

Paris, Germer Baillière. 1866, in-12, VIII-182 p.(2 fr. 50).

[R. 32504

De la *Bibliothèque des philosophes contemporains.*

(G-293

10703 [TISSART du ROUVRE (Marquis de)]. — Nouvelles cures opérées par le Magnétisme animal.

Paris, 1784, in-8°, 64 pages.

[Te¹ˣ 203

Cet ouvrage se trouve dans le *Recueil des pièces,* etc. cité plus haut. Il est attribué par M. MIALLE au marquis de TISSART du ROUVRE. Un avant propos non signé annonce la publication en trois parties d'un cours contenant le système exact de MESMER cours non imprimé sous ce titre et dont on n'indique pas l'auteur. Les Nouvelles Cures contiennent la relation des cures opérées à Beaubourg en Brie par le moyen d'un arbre magnétisé en Juin 1784 (*sic*) ; une lettre de M. Brilhouet, chirurgien de Mgr le Duc de Bourbon à l'occasion d'une guérison due au Magnétisme ; diverses cures attestées par les médecins Robault, Brazier, etc. le compte rendu, adressé à MESMER par le docteur Giraud de l'état des malades admis au traitement gratuit établi à l'ancien hotel de Coigny.

(D. p. 44

10704 TISSERAND (P.). — L'Anthropologie de Maine de Biran, ou la science de l'homme intérieur, suivie de la note de Maine de Biran de 1824 sur l'idée d'existence.

Paris, Alcan, 1909, in-8°. (8 fr.).

10705 TISSIÉ (Dr Philippe). — L'éducation physique.

Paris, Larousse, s. d., [1901], in-4°, XXXII-179 p. Orné de 460 gravures dans le texte et musique. (4 fr. 50).

[Fol. V. 4202

10706 TISSIÉ (Dr Ph.). — Les Rêves, physiologie et pathologie; préface du Dr Azam.

Paris, 1890, in-12, (2 fr.).

Formation des rêves. — Rêves d'origine psychique. — Sommeil hypnotique. — Suggestion, etc...

Autre éd. :

Paris, F. Alcan, 1898, in-18.

[Tb⁶⁰. 30. A.

10707 TISSOT (Simon André), célèbre médecin suisse né à Grancy (Canton de Vaud) en 1728, mort à Lausanne en 1797. Docteur de Montpellier, un moment professeur à Pavie, puis praticien à Lausanne. — Avis au peuple sur sa santé.

Lausanne, imp. de J. Zimmerli, 1770, 2 vol. in-12, (2 fr. 50).

[Tb¹⁷ 103

Autres éditions en 1779, 1786, 1802, 1772.

10708 TISSOT (le Dr). — Essai sur les maladies des gens du monde.

Paris, 1771, in-12 de 284 p. (2 fr. 50).

[Td³⁷ 7 A

10709 TISSOT (le Dr). — 1) — Dissertatio de Febribus Biliosis...

Lausannæ (Lausanne), Bousquet, 1758.

[Td⁶³ 23

2) — Onania (Anglicè).

Londini, 1737.

3) — A Supplement to the Onania.

Londini, 1737, 3 ouv. in-8°.

(S-3318

10710 TISSOT (le Dr). — L'Onanisme, dissertation sur les maladies produites par la masturbation.

Lausanne et Paris, M. Chapuis, 1764, in-12. (3 fr.).

[Td¹²¹ 1

Les sypmtômes. Les causes. — La curation. — Pollutions nocturnes. — Gonorrhée, etc...

L'ouvrage le plus célèbre de l'auteur, et qui a paru en 1760 (in-12); maintes fois réimprimé.

Lausanne, Marc Chapuis, 1769, quatrième édition in-12 de xiv p. — 1 f° de table — 272 p. (3 fr.).

(S-3360 b

10711 TISSOT (le Dr). — Du régime diététique dans la cure des maladies.

Paris, 1798, in-8° de 290 p. (4 fr.)

10712 TISSOT (le Dr). — De la santé des gens de lettres.

Lausanne, F. Grasset, 1768, in-12 de 224 p. (6 fr.).

[Tc³³ 15

10713 TISSOT (le Dr). — De la santé des gens de Lettres, suivi de l'Essai sur les maladies des gens du monde. — Nouvelle édit. revue sur les derniers manuscrits de l'auteur et publiée par le docteur Bertrand de Saint-Germain.

Paris, Téchener, 1859, in-12. (1 fr.).

[Tc³³ 15. F.

10714 TISSOT (le Dr). — Traité de l'épilepsie.

Paris, P. F. Didot jeune, 1770, in-12 de 420 p. (4 fr.

[Td⁸⁵ 78 tome 3

10715 TISSOT (le Dr). — Traité des nerfs et de leurs maladies.

Paris, Lausanne, P. F. Didot jeune, 1778, 4 vol. in-12, (5 fr.).

[Td⁸⁵ 78

Paris, 1800, in-12.

10716 TISSOT (le Dr). — Vie de Zimmerman, par Tissot.

Paris, 1788, in-8°.

10717 TISSOT (le P. Honoré) ermite de St Augustin. — L'antimagnétisme animal, ou Collection de mémoires, dissertations théologiques, physico-médicales, des plus savants théologiens et médecins sur le Magnétisme la magie, les pratiques superstitieuses etc... Ouvrage utile et nécessaire spécialement aux ecclésiastiques et aux médecins par le P. H. Tissot, ermite de Saint Augustin, fondateur des Frères Hospitaliers de Saint Jean de Dieu, des Sœurs hospitalières de Saint Alban, etc...

Bagnols, Alban Broche, 1841, in-12, 251 pages, (2 fr. 50 à 3 fr.).

[Tb⁶⁴ 217

Comme l'indique son titre ce livre est la réunion d'un certain nombre de dissertations, d'articles de critique, etc, tendant à prouver que le Magnétisme est une œuvre démoniaque. L'auteur argumente comme en rhétorique, par preuve et confirmation de majeure, preuve de mineure, etc... C'est un livre intéressant à lire en raison des citations des divers auteurs commentés ou patronnés par le P. Tissot.

(D. p. 124

10718 TISSOT (le P. Honoré). — L'Apostolique, ou répertoire des matières de haute philosophie, des phénomènes surnaturels, des prophéties, des miracles, de médecine naturelle et surnaturelle, des Sciences Occultes, des faits de magie, de visitation, des obsessions et possessions, du magnétisme ou maléfice somnifique, etc...

Avignon, 1843, in-12, (3 fr. 50).

[R. 52512

10719 TISSOT (le P. Hon.). — Le discernement des esprits, ou relation d'une possession du démon, à St-Laurent du Pape (Ardèche) suivi du Magnétisme animal dévoilé.

Paris, in-18. (10 fr.).

10720 [TISSOT (le Père Hon.)]. — Journal de médecine théologique et des phénomènes surnaturels expliqués d'après les principes d'une philosophie saine, véritable et orthodoxe, utile aux médecins, aux théologiens, aux séminaires, publié par une société de médecins et de théologiens.

Paris, 13, *rue des Postes*, 1847, in-8°.

[T¹² 54

Premier N° en Novembre, 48 pages.
Je ne connais que le premier N° de ce journal qui voit et signale le diable par toute la science médicale. Le magnétisme la phrénologie, Mesmer, Cagliostro, etc., sont les fidèles suppôts de Satan. Le P. Tissot, en était le directeur [Note de M. Dureau].

(D. p. 139

10721 TISSOT (James). — La vie de Notre Seigneur Jésus Christ.

Tours, Mame, 1887, 2 vol. pet. in-fol. (80 fr.).

[Fol. H. 90

Ouvrage illustré de 25 planches coloriées hors texte et 465 gravures dans le texte, dont 92 en couleurs.

Du même auteur, une Bible d'un luxe remarquable, in-f°.

[Réserve A. 2273-2274

10722 TISSOT (Claude-*Joseph*) littérateur et philosophe français né aux Fourgs (Doubs) en 1801. Professeur de philosophie à Dijon, où il est mort en 1876. — L'Animisme, ou la Matière et l'Esprit conciliés par l'identité du principe et la diversité des fonctions dans les phénomènes organiques et psychiques, par J. Tissot.

Paris, 1865, in-8º de 504 p. (4 f.)

10723 TISSOT (Jos.). — Anthropologie spéculative générale, comprenant 1º la psychologie expérimentale en elle-même et dans ses rapports avec la physiologie : 2º l'examen et l'exposition des doctrines de Bichat, Cabanis, Maine de Biran, Broussais, etc. 3º la critique de la physiognomie de Lavater et des leçons de phrénologie de Broussais; 4º la psychologie rationnelle pure.

Paris, Ladrange, 1843, 2 vol. in-8º. (9 fr.).

10724 TISSOT (Joseph). — Essai de logique objective ou théorie de la connaissance, de la vérité et de la certitude.

Paris, 1868, in-8º de 468 p. (4 fr.)

10725 TISSOT (Joseph). — Ethique, ou science des mœurs.

Paris, 1840, in-8º de 474 p. (3 fr. 50).

10726 TISSOT (Joseph). — La folie considérée surtout dans ses rapports avec la psychologie normale.

Paris, 1877, in-8º de 582 p. (5 f.).

L'édition originale est de 1876, l'année même de la mort de l'auteur.

10727 TISSOT (Joseph). — L'Imagination, ses bienfaits et ses égarements, surtout dans le domaine du Merveilleux.

Paris, 1868, fort in-8º, (4 fr.).

[R. 52523

La folie. — Le suicide. — L'immoralité. — Le sommeil et le rêve. — Somnambulisme extatique. — Fétichisme. — Démonisme. — Visions. — Présages. — Mysticisme. — Magie. — Sorcellerie. — Possessions.

10728 TISSOT (Joseph). — De la manie du suicide et de l'esprit de révolte, de leur causes et de leurs remèdes, par Joseph Tissot professeur de philosophie à la Faculté des lettres de Dijon.

Paris, Ladrange, 1840, in-8º, (4 fr.).

[R. 52531

Curieuse et importante étude sociologique contenant un examen des doctrines de Fourier et de Saint-Simon dans leurs rapports avec l'esprit de révolte, des principales causes du paupérisme, etc...

10729 TISSOT (Joseph). — Le mariage, la séparation et le divorce considérés au point de vue du droit naturel, du droit civil, ecclésiastique et de la morale, suivis d'une étude sur le mariage civil des prêtres.

Paris, 1868, in-8º de XIV-352 p. (4 fr.).

[R. 52525

10730 TISSOT (Joseph). — Les Possédées de Morzine, ou le Diable qui n'y voit goutte.

Paris, 1865, gr. in-8º, (2 fr.).

10731 TISSOT (Joseph). — La vie dans l'homme, ses manifestations diverses, son principe, histoire de l'animisme.

Paris, 1861, 2 vol. in-8º, (8 fr.).

10732 TISSOT (Joseph), directeur d'hospice d'aliénés. — Théâtre des Folies humaines, Délire des somnambules, véritables causes, prodiges et miracles ; magnétisme animal, sciences magiques et lubriques.

Paris, Meyrueis, 1855, in-12.

Ouvrage curieux et intéressant par Joseph Tissot, ancien fondateur et directeur d'hospices d'aliénés. L'auteur croit à la présence du démon dans tous les faits ci-dessus.

On signale une édition de 1854 (?).

(D. p. 162

10733 TISSOT (Pierre-François). littérateur et académicien né à Versailles en 1768, mort en 1854. — L'unique et parfait tuileur pour les 33 grades de la Maçonnerie Ecossaise, sans aucune exception. Traduit de l'anglais.

S. l., 1812. (10 fr.).

Ouvrage orné du *Carré de Neuf* des *Grands Ecossais de la Voûte sacrée de Jacques VI*, des 3 *Triangles des Chevaliers d'Orient ou de l'Epée*, et de 2 alphabets de caractères hiéroglyphiques.

10734 TITIS (Placido de). — Physiomathematica, sive Cœlestis Philosophia Libri tres in quibus ex Naturae principiis, desideratis demonstratur Astrologiæ pars illa quae ad meteorologiam, medicinam, navigium et agriculturam spectat.

Mediolani. 1647, in-4°. (15 fr.).

Très curieux ouvrage d'Astrologie, suivi de 12 exemples de thèmes astrologiques et de 8 planches hors texte.— L'influence réelle des astres, leur famille, leurs mouvements et leur nombre sont l'objet de dissertations rigoureuses.

Autre édition :

Mediolani, I.-B. Malalesta, s. d., in-4°.

[V. 8376

Mediolani, I.-B. Malalesta. 1675.

[V. 8375

10735 TOBÉNÉRIAC. — Le Génie et le vieillard des Pyramides. Histoire intéressante des Sciences Occultes. Ouvrage publié 20 ans après la mort de l'auteur [en 1672] par Tobénériac, son héritier. Imprimé sur la copie trouvée chez l'auteur en 1652 [*Lille* vers 1830].

S. l. In-12, de 108 pp.

[R. 52547
(G-347 et 348

10736 TOCCHI (M. E.). — Etudes sur les trois mondes, considérés dans leurs rapports avec la Trinité.

Paris, 1859, 3 volumes in-8° d'environ 550 pp. (8 fr.).

[D. 33376

Savant ouvrage enrichi de deux planches kabbalistiques se déployant. — Du principe actif universel, ou puissance du Verbe. — Archétype universel, ou puissance du Verbe. — Archétype universel symbolisé ou figuré. — Les forces astrales. — Etudes sur les atomes. — Transition ascendante des règnes de la nature et des facultés vitales. — Formation des idées. — Facultés de l'âme. — Du sommeil et des songes. — Principe vital du monde surnaturel. — Des Puissances, etc…

10737 TOCHON D'ANNECY (Joseph-François), antiquaire et numismate français, né au château de Mez, près Annecy, en 1772, mort en 1820 sept ans après un accident de voiture qui ruina sa santé. — Recherches historiques sur les Médailles des Nômes ou Préfectures de l'Egypte par J. F. Tochon d'Annecy…

Paris, Imprimerie Royale, Antoine, Augustin Renouard, 1822, in-4°. Portr. médailles et gravures. (15 fr.).

[O³a. 98

Notice sur la vie et les œuvres de l'auteur au début de l'ouvrage.

10738 TOLAND (John), écrivain irlandais né à Redcastle près Londonderry en 1670, mort en 1722. Il se fit protestant puis professa ouvertement le Panthéisme. — Lettres philosophiques sur l'origine des Préjugés, du Dogme de l'Immortalité de l'âme, de l'Idolatrie et de la Superstition sur le Système de Spinoza et sur l'Origine du Mouvement dans la Matière. — Pièces Philosophiques, contenant : Brunus Redivivus, ou Traité des Erreurs populaires, ouvrage critique, historique et philosophique, imité de Pomponace. — Parité de la Vie et de la Mort. — Dialogues sur l'Ame.

Londres, 1768-1771, 4 parties in-12 (12 fr. bien relié).

[D² 5203

Les *Lettres philosophiques* sont de la Traduction du Baron d'HOLBACH avec Notes de NAIGEON.

(G-2164

10739 TOLAND (John). — Letters to Serena by TOLAND.

London, R. Lintot, 1704, in-8º.

[D² 11768

Fort rare (SEPHER). Edition originale. Traduit en Français par d'HOLBACH (1768, in-8º).

(S-3127 b

10740 TOLLAIRE (A.). — Celtes et Hébreux. — La Légende et l'Histoire.

Paris, Soc. d'édit. et de public. scient., 1900, in-12. (5 fr.).

[8º G. 7700

Excellent ouvrage sur la civilisation et la tradition celtiques. — La civilisation est d'origine occidentale. — La légende Indo-germanique. — Homère est un barde gaulois. — Chanaan c'est l'Espagne. — Les Phéniciens sont des Occidentaux, des Gaulois. — Circé. — Les Druides. — L'astronomie chez les Celtes aux temps préhistoriques. — Origine celtique de la religion, des arts et des sciences, etc.

10741 TOLLENARE (L. F. de). — Point d'effet sans cause, par L. F. de TOLLENARE.

Nantes, Forest, 1828, in-8º, 30 pages.

(D. p. 106

10742 TOLLIN. — Michaelis Villanovani [SERVETI] in quemdam medicum apologetica disceptatio pro astrologia. Nach dem einzig vorhandenen echten Pariser exemplare, mit einer Einleitung und Anmerkungen neu herausgegeben.

Berlin, Mecklenburg, 1880, in-18. (2 fr.).

10743 TOLLIUS (Jacobus). — Fortuita in quibus præter critica nonnulla, tota fabularis historia Græca, Phænicia, Ægyptiaca, ad chemiam pertinere asseritur.

Amstelædami, apud Janssonio Waesbergios, 1687, in-12.

Rare et non cité par BARBIER.

Avec une planche gravée.

(G-1018

10744 TOLLIUS (Jacobus). — Jacobi TOLLII Manuductio ad Cœlum chemicum, Amstelodami quondam primum nunc vero revisa et a mendis typographicis repurgata, iterum edita a auctore tractatus : Con-et dissensus Chymicorum de particulari rustici minoris (1715).

In-8º de 20 pp.

(O-1238

10745 TOLLIUS (Jacobus). — Jacobi TOLLII Manuductio ad Coelum chemicum, das ist : Handleitung und einigen Anmerckungen ; nebst einer Vorrede, in welcher das Leben Jacobi TOLLII beschrieben wird.

Iena, Joh. Christoph Croker, 1752, in-8º de 62 pp.

Il n'y a que le travail de l'éditeur qui soit en allemand.

La première édition est d'Amsterdam, 1688.

(O-1239

10746 TOLSTOI (Léon, comte), illustre romancier et mystique Russe, fils du Comte Nicolas TOLSTOI, né à Yasnaïa-Poliana (Gouvernement de Toula), le 28 août 1828, mort à Astapovo (Russie) le 20 novembre 1910. — Plaisirs cruels contenant la profession de foi de l'auteur. Traduit par E. Halpérine-Kaminsky. Préface par Ch. Richet.

Paris, G. Charpentier et E. Fas-

quelle, 1895, in-12, (1re édit.). (3 fr.).

[8° Z. 14922

Un bon livre et de pensée haute.

Les Mangeurs de viande. — La Guerre. — La Chasse. — Le Bonheur. Profession de foi.

Intéressant au point de vue du *Végétarisme* et de la Vie saine et normale, si généralement méconnue.

10747 TOLSTOI (le Comte Léon). — Plaisirs vicieux, traduction du Russe par Halpérine-Kaminski. Préface par Alexandre DUMAS de l'Académie française.

Paris, Charpentier-Fasquelle, 1892, in-12 de VII-254 p. et tab.

L'Alcool et le Tabac.— L'Ivresse dans les classes dirigeantes. — Des relations entre les sexes. — Le Travail. — L'Eglise et l'Etat. — Lettres de Charcot, Claretie, Daudet, Richepin, Sarcey, Zola, Gounod, etc.

10748 TOLSTOI (Léon). — Qu'est-ce que la religion ? Traduit du Russe par J. W. Bienstock et P. Birukov.

Paris, P. V. Stock, 1902, in-16, 84 p. (2 fr.).

[D². 17315

Edition originale.

10749 TOLSTOI (Léon). — Raison, Foi, Prière (trois lettres) traduit du russe par J. W. Bienstock.

Paris, P. V. Stock, 1902, in-18, 32 p. (2 fr.).

[D² 17240

Edition originale.

10750 TOLSTOI (Léon). — Vie et œuvre. — Mémoires, souvenirs, lettres, extraits du journal intime, notes et documents biographiques réunis, coordonnés et annotés par P. Birukov.

Paris, Mercure de France, 1906, 2 vol. in-18, portr. pl. fac similés, musique (4 fr.).

[8° M.13617

Souvenirs révisés par Léon TOLSTOI traduits sur le Manuscrit par J. W. Bienstock, avec de nombreuses gravures.

TOLSTOI (sur Léon). — Voir :

MANACÉINE (Marie de).
OSSIP-LOURIÉ.

10751 TOMBEAU DE BABYLONE (Le) ou le Christianisme ramené à la pureté de son origine [par M. NÉRON, d'Esquay sur Seulles ?].

Caen, imprimerie de Bonneserve, 1838, 3 tomes en 1 fort in-8°, 303-367 et 214 p. plus l'errata (5 fr.).

[D² 11760

Curieux ouvrage ; une note manuscrite sur le titre d'un exemplaire indique l'auteur comme étant : « M. NÉRON d'Esquay sur Seulles ».

I — Sur la Trinité et sur le Libre Examen.

II — Sur le Baptême et la Confirmation.

III — Sur la Reconstruction de l'Eglise.

10752 TONNEAU jetté (sic) (Le) ou Réflexions sur la prétendue découverte des misères de l'Ordre des Francs-Maçons (par *l'Ordre des Francs-Maçons trahi*, de l'abbé PÉRAU) à S. A. mgr. le prince W.... par un Membre de l'Ordre.

La Haye, s. adr. 1745, in-8° de 28 pp.

L'auteur fait allusion au *Conte du tonneau* de SWIFT.

(O-279

10753 TOPINARD (Dr). — L'anthropologie : préface du Professeur P. Broca.

Paris, 1879, fort in-12. Avec 52 figures. (3 fr. 50).

Rapport de l'homme avec les animaux. — Des races humaines. — Caractères ethniques, linguistiques, historiques et archéologiques. — Origine de l'homme, etc...

10754 TORNÉ-CHAVIGNY (l'abbé H.) curé de Saint Denis du Pin (Charente Inférieure). — Ce qui sera ! Almanach du « Grand Prophète » Nostradamus, pour 1877, — (Que la lumière se fasse ! Qu'était Nostradamus ? Le passé, le présent, l'avenir. — La fin du monde. Voltaire devant Nostradamus). -

Paris, 1878, in-8°, (2 fr. 50).

Curieuses prédictions relatives aux événements de l'année 1878.

10755 TORNÉ-CHAVIGNY (H). — Henri V prédit.

Bruxelles, Van Gompel-Trion, in-8°. (2 fr.).

Résumé des Prédictions de NOSTRADAMUS, des Prophéties d'OLIVARIUS et d'ORVAL.

10756 TORNÉ-CHAVIGNY (H.). — De l'interprétation prophétique et mort de Napoléon III « en janvier » mort de Victor-Emmanuel II « en janvier » mort de Pie IX « en février », d'après l'interprétation des prophéties de Nostradamus publiées du mois d'avril 1860 au 17 juin : l'Avenir prochain de l'Eglise et de la France.

Paris, chez l'auteur, 1878, in-8° de 74 p. (3 fr.).

[Lb⁵⁷ 6791

10757 TORNÉ-CHAVIGNY (H.). — Lettres du grand prophète d'après l'histoire prédite et jugée par Nostradamus et l'Apocalypse interprétée par le même auteur. — Traduction et commentaire.

St-Jean d'Angély, 1870, in-8°. (4 fr.).

[Lb⁵⁷ 6120

10758 TORNÉ-CHAVIGNY (H.). — Portraits prophétiques d'après Nostradamus, ou Napoléon III, Pie IX, Henri V d'après l'histoire prédite et jugée par Nostradamus, et la lettre du grand Prophète.

Poitiers, Oudin, 1871, in-8°, (1 fr. 25).

[Lb⁵⁷ 2443.

10759 TORNÉ-CHAVIGNY (H.). — Le roy blanc et la fusion ou présent et avenir. — Traduction et commentaire par TORNÉ de CHAVIGNY curé de St-Denis du Pin.

St-Denis du Pin (Charente Inférieure), 1863, in-8°. (3 fr. 50).

Curieuses prédictions.

10760 TOROMBERT (H.). — Exposition des principes et classification des sciences dans l'ordre des études et de la synthèse.

Paris, 1821, in-8°; (3 fr.).

Cet ouvrage contient un tableau in-plano. — Ce tableau présente trois grandes divisions : I. Rapports inorganiques. — II. Rapports organiques. — III. Rapports moraux.

10761 TORQUEMADE en latin : de TURRE CREMATA (Antoine). — Hexameron ov six iovrnees, contenant plvsieurs doctes discours sus aucuns poincts difficiles en diuerses Sciences auec maintes Histoires notables et non encore ouyes. Fait en Hespagnol et mis en François par Gabriel Chappuys, Tourangeau.

A Lyon, par Antoine de Harsy, 1582, in-8°. (25 fr.).

[Z. 32343

« Première édition, rare, du livre de Torquemade, qui traite de Sorcellerie, de Magie Naturelle, d'Astrologie et de Singularités aux Pays Septentrionaux ». (S. de G.).

Sorcier transformé en Loup. — Truye qvi fit vn Cochon auec la face d'vn Elephant. — Nation de Longue Vie, blanche en ieunesse, et ayant le poil noir en vieillesse. — Sorcières en quelque sorte que ce soit, sont tousiours portées par les Diables. — Etc.

Autres éditions :

A Rouen, chez Romain de Beauvais 1610, in-12, (25 fr.).

[8° Z. 16268.

— 620 —

Paris, 1583, in-12.

[Z. 32344
(G-2165 et 66
(St Y-2353

10762 TORREBLANCA (François). — Francisci TORREBLANCA Dæmonologia sive de Magiæ naturali dœmoniaca licita et illicita.

Moguntiæ (Mayence), imp. T. Schönwetteri, 1623, in-4°.

[R. 8662
(S-3193

10763 TORREBLANCA (D. Fr.). — Epitome des Délits de Sorcellerie dans laquelle intervient l'Invocation Occulte ou Ostensible du Démon.

Londres, 1679, in-8°.

Cet ouvrage (dont l'existence n'est pas certaine) serait la Traduction de :

Epitome Delictorum in quibus aperta vel occulta Invocatio Dæmonis intervenit. a D. Fr. TORREBLANCA.

Hispali, [Séville] Ildef. Rodriguez Gamara, 1618, in-f°.

[Rés. R. 602
(Y-P 1188

Réédité comme suit :

10764 TORREBLANCA (François). — D. D. Francisci TORREBLANCA Epitome delictorum, sive de magia ; in qua aperta vel occulta invocatio dæmonis intervenit.

Lugduni, I. B. Huguetan, 1678, in-4° (15 fr.).

[R. 6644

De Vanitate Astrologiæ judiciaris. — De Divinatione chyromantica. — De Arte Cabalistica. — De Necromantia. — De Sortilegio. — De signis. — De Magia divina et naturali. — De Magia artificiosa. — De Magia dæmonica. — De Invocatione dæmonis. — De Incubis et Succubis Dæmonibus. — De Maleficio. — Etc.

10765 TORY (Geoffroy). — Le premier des « *Imprimeurs du Roy* », célèbre typographe, écrivain et graveur français né à Bourges vers 1485, mort à Paris vers 1533. Après avoir complété ses études en Italie, à Rome et à Bologne, il fut « *régent* » ou Professeur au Collège du Plessis (1509); puis libraire, graveur, imprimeur, relieur, etc. à l'enseigne du *Pot cassé*, à Paris. C'est très probablement à TORY que l'on doit l'invention de l'apostrophe, de l'accentuation (grave, aigue et « *flexe* »), de la cédille, etc. M. Auguste BERNARD a donné une intéressante étude sur Geoffroy TORY (*Paris Tross*, 1865, (2me éd.). in-8° de VIII-410 pp. fig.). —

Champ Fleury. Au quel est contenu Lart et science de la deue et vraye proportio des lettres attiques, quon dit autremét lettres Antiques, et vulgairement Lettres Romaines, proportionnees selon le Corps et Visage humain.

Paris... a Lenseigne du Pot Casse par Maistre Geofroy Tory de Bourges... [1529]. très petit in-f° de [7 ff] LXXX ff. chiff. nomb. fig. s. bois.

[Rés. V. 515

[*Colophon* :] Cy finist ce present Liure... Qui fut acheue dimprimer Lemercredy. xxviij. Iour du Mois Dapuril. Lan Mil Cincq Cens. XXIX. Pour Maistre Geofroy TORY de Bourges... Et pour Giles GOURMONT... en la Rue Sainct Iacques a Lenseigne des Trois Couronnes.

Ce volume rare, mais très connu porte naturellement la célèbre marque du *Pot Cassé*. et est imprimé en caractères « *romains* », qui rappellent assez les « *Grasset* » modernes. C'est peut-être un des livres les plus singuliers et les plus bizarres qui aient vu le jour.

On y trouve les plus belles proportions géométriques et artistiques des Majuscules romaines : A, B, C, D, E, F, G, H, I, K, L, M, N, O, P, Q, R, S, T, V, X, Y, et Z. en un travail qui n'a jamais été surpassé, basé sur un quadrillage décimal de 100 petits carrés en tout (10 x 10).

L'ouvrage se continue par les Lettres Hébraïques, Lettres Grecques, Latines, « Cadealvx », Lettres de Forme, Bastardes, Lettres Tourneures, Lettres Persiennes, Arabiques, Aphricaines, Turques, et Tartariennes, Lettres Caldaïques, « Lettre Goffe, aultrement dicte Imperiale et Bullatique », Lettres Fantastiques, Vtopiques et Voluntaires, Lettres Flevries, Chiffres de Lettres entrelacées : puis, pour terminer : « Breve Instruction povr faire chifres ».

TORY (Geoffroy). — L'art et science de la vraye proportion des Lettres Attiques ou Antiques, autremēt dictes Romaines, selon le corps et le visage humain, avec l'instructiō et maniere de faire chiffres et lettres pour bagues d'or, pour tapisserie, vitres et painctures. Item de treize diuerses sortes et façons de lettres, d'auantage la maniere d'ordonner la langue Françoise par certaine regle de parler elegamment en bon et plus sain langage Frāçois que par cy-deuant auec figures à ce conuenantes. et autre chose dignes (sic) de memoire, comme on pourra veoir par la table, le tout inuenté *Par Maistre Geofroy Tory de Bourges.* [Titre composé en cul de lampe].

On les vend à Paris à l'enseigne Saint Martin... par Viuant Gaultherot, 1549. pet. in-8° de [15 ff.]-136 ff. — [24 ff.] nomb. fig. s. bois, specimens de lettres et d'alphabets, etc.

[Rés. V. 2003

C'est une réédition du *Champ Fleury*, sous un titre différent, imprimé avec les caractères de GARAMOND, l'élève de l'auteur, et muni cette fois des signes de ponctuation (apostrophes, accents, cédilles, etc.), qui faisaient défaut — et pour cause — dans la première édition.

Le format est malheureusement trop petit pour les nombreux bois du texte, qui sont d'ailleurs les mêmes que ceux du *Champ Fleury.*

10766 TOUCHARD. — Manuel pratique de Magnétisme animal par TOUCHARD.

S. l., 1828, in-18.

Je ne connais que le titre de cet ouvrage.

(D. p. 103

10767 TOUCHARD (Mme R. H.). — Remède contre la rage, avec des considérations sur les causes et le siège de cette maladie : ce que c'est que le Virus Rabique, et quand il doit recevoir cette qualification.

Paris, 1831, in-8° de 60 p. (2 fr.)

10768 TOULOUSE (Dr Edouard) Chef de la Clinique des Maladies mentales de la Faculté de Médecine de Paris. — Emile ZOLA, ou Enquête médico-psychologique sur les rapports de la supériorité intellectuelle avec la névropathie.

Paris, Société d'Edit. scientifiques, 1896, in-18 de XIV-285 p. Portraits, fig. et fac similés dans le texte.(1 fr.)

[Td^{sg} 710

Réflexion profondément vraie sur l'incertitude des diagnostics, (p. 24 ligne 7) qui fait songer au Dr BINET-SANGLÉ, avec sa « *Folie de Jésus* ». — Zola à 6 ans (photographie daguerréotype (p. 115). — Son Bertillonage (p. 132). — Mains (136 à 139). — Empreinte des doigts (141). — Son écriture (p. 192-93). — Curieux « Test » de mémoire (p. 196) dans un encore plus curieux « *Examen psychologique* ».

Un des volumes les plus singuliers du XIXe siècle sur les relations du génie avec le tempérament, de la supériorité intellectuelle avec l'état spécial nommé *névropathie.* Il a ouvert aux sciences médicales et à la physiologie cérébrale une nouvelle voie. — Aristote avait déjà remarqué que les aptitudes poétiques pouvaient se développer sous l'influence de la manie, et que tous les grands esprits étaient tributaires d'un certain tempérament. — Le Dr TOULOUSE, partant de ce point de vue, et l'élargissant, s'est efforcé, dans cette étude de mettre en évidence les réactions du corps sur l'esprit, de l'état pathologique sur la santé psychique. — En déshabillant ZOLA pour le jeter tout nu sur sa table de dissection, il a écrit une œuvre du plus haut intérêt pour les études spiritualistes, et philosophes et occultistes trouveront à glaner de précieuses observations. — De curieuses illustrations documentent ce livre : les divers aspects de Zola aux différentes époques de sa vie, ses mains, les empreintes de ses doigts, son écriture, son champ visuel s'accordent scientifiquement avec les phobies, les manies, les tics du grand écrivain qui avait peur du tonnerre, de la solitude des bois, la nuit, et avait de singulières hantises que sa mort a d'ailleurs justifiées. [Dujols].

10769 TOULOUSE, VASCHIDE et PIÉRON. — Technique de Psychologie Expérimentale par Toulouse, Vaschide et Piéron.

Paris, O. Doin, 1904, 2 vol. in-8° (ou in-18 ?) de 335 p. fig. et ? (9 fr).

[T²². 51 (1)

De l' « Encyclopédie Scientifique Publiée sous la direction du Docteur Toulouse 'Directeur à l'Ecole des Hautes Etudes ».

T. I : Examen des Sujets. — Le But et la Théorie. — Classification des Processus Psychiques. — Mesure des Processus Psychiques. — Mesure des Sensations, de la Mémoire ; de l'Attention ; de l'affectivité ; de l'Objectivation ; de l'Affinité discursive ou Association des Images ; de l'Affinité créatrice ou Imagination ; de l'Affinité synthétique, comprenant l'Abstraction, le Jugement, l'Observation et le Raisonnement. — Synthèse générale de la Personnalité : le Caractère. — Etc.

10770 TOURLET. — Notice hist. sur les principaux ouvrages du philosophe Inconnu et sur leur auteur L. Cl. de St. Martin.

S. l., in-8" (2 fr.).

(G-940

10771 TOURMENTIN (J.). — Les Enfants de la Veuve, par Tourmentin. — La Franc-Maçonnerie devant la loi. — La Franc Maçonnerie n'est pas une Société de bienfaisance. — Les archives du Temple. — La Femme dans la Maçonnerie Française au XIXᵉ siècle. — Le lendemain de l'école.

Paris, V. Retaux, 1900, in-18, (3 fr.).

[8° H. 6423

Préface de M. de Marcère sénateur.

10772 TOURMENTIN (J.). — La Girouette maçonnique.

Paris, Lib. antisémite, 1901, in-18 IX-88 p., pl. et fig. (2 fr. 50).

[8° H. 6500

Singulier ouvrage orné d'un très curieux frontispice satirique se déployant et représentant un moulin à vent simulacre du Temple maçonnique entouré d'une quantité de symboles plus ou moins ridiculisés et de 14 reproductions authentiques de sceaux maç...

10773 TOURNAIRE (Albert). — Ceux qui rêvent.

Paris, 1889, in-12, (2 fr.).

[8° Y². 43148

Curieux roman occulte.

10774 TOURNIER (Ed.). — Némésis et la jalousie des Dieux.

Paris, 1863, in-8° (3 fr. 50).

La Loi du partage et la fable de Prométhée. — La nature divine et la condition humaine. — La Magie et la Divination. — Période mythologique. — Période philosophique, etc...

10775 TOURNIER (Valentin). — Instruction pastorale sur le Spiritisme par Mgr. l'archevêque de Toulouse, suivie d'une réfutation.

Paris, 1875, gr. in-8°, (1 fr.).

10776 TOURNIER (Valentin). — Philosophie du bon sens. — Le spiritisme devant la raison. — Le Dieu de la République. — L'infaillibilité papale. Qu'était Jésus ? Souvenirs inédits sur la 32ᵐᵉ demi-brigade. — Edition posthume.

Tours, chez Anna Tournier, 1900, fort in-8°, (5 fr.).

[4° R. 1523

Avec 5 portraits et fac-simile d'écriture de Tournier et 8 dessins médianimiques. — Ouvrage intéressant surtout pour les mémoires militaires sur la 32-me demi-brigade et aussi pour les études spirites qu'il renferme.

10777 TOURNIER (Valentin). — Le

Spiritisme devant la Raison. 2ᵐᵉ partie : les Doctrines.

Paris. *Librairie Spirite*, 1870, in-8° (1 fr.).

[R. 52633

Autre édit :

Carcassonne, 1868, in-8°.

(G-2167

10778 TOUROUDE (Abbé). — L'hypnotisme, ses phénomènes et ses dangers. Etude.

Paris, s. d., [1889]. in-8°, (2 fr. 50).

[Te¹⁴ 128

Origine de l'hypnotisme. — Le thaumaturge. — Cagliostro. — Somnambulisme. — Braid. — L'hypnotisme et la santé. — Rêves obscènes. — Suggestions criminelles. — Magie. — Pouvoir des magiciens.

10779 TOUROUDE (Abbé). — L'hystérie, sa nature, sa fréquence, ses causes, ses symptômes et ses effets.

La Chapelle Montligeon, 1894, in-16. (2 fr. 50).

[Td⁸⁵. 990

10780 TOUROUDE (Abbé). — Lettres adressées au R. P. Hahn sur les phénomènes hystériques et les révélations de Sainte-Thérèse.

Alençon, 1886, gr. in-8°, (2 fr. 25)

[Oo. 1014

10781 TOURREIL (Louis Jean Baptiste de) né à Toulon en 1799, mort à Paris le 9 Avril 1863. Fondateur de la Religion Fusionnienne. — Œuvres de Louis-Jean-Baptiste de TOURREIL. — Religion Fusionnienne, ou Doctrine de l'Universalisation, réalisant le vrai Catholicisme. Livre de la Connaissance. Première Initiation ayant pour objet de constituer l'Homme dans la Vie par la connaissance de Dieu, de soi-même et du Monde Universel. Catéchisme raisonné. Première Partie [et suivantes].

Tours, Impr. Typo. et Litho. de Juliot, 1879, gr. in-8° de XXVII-861 p. Fig. dans le texte (p. 812 et 847) et deux grandes Lithographies pliées, hors texte (10 fr.).

[4° R. 313

Non mis dans le Commerce. Les lithographies représentent « *l'Esquisse d'une Polyrame et d'un Entrecercle* », sorte de Plan cavalier d'une habitation circulaire, et le « *Plan de l'Univers* » par le « *Révélateur* » (J. B. TOURREIL).

Cet ouvrage est l'exposition complète de la *Religion du Grand M A P*. (Mère-Amour-Père), et le Rituel de son Culte. Stanislas de GUAITA la jugeait un peu sévèrement, peut-être, en lui appliquant le vers des Bucoliques :

« Non equidem invideo ; miror magis.... »

Autres édit..

Tours, 1870, gr. in-8° d'env. 900 p.

Paris, 1864, 3 tomes in-8°.

Paris (1902), in-4°.

(G-2168

10782 TOUSSAINT (François Vincent) littérateur né à Paris vers 1715, mort à Berlin en 1772. D'abord Janséniste, puis professeur à l'Ecole Militaire de Berlin. — Les Mœurs.

S. L. 1766, 3 parties en 1 in-12. Figures (5 fr.).

Ouvrage philosophique qui fut condamné au feu, par arrêt du parlement de Paris ; il est orné d'un frontispice, un fleuron répété sur chaque titre, et de 3 vignettes, non signés.

10783 TOUSSENEL (Alphonse) écrivain français né à Montreuil-Bellay (Maine et Loire) en 1803. — Les Juifs rois de l'époque ; histoire de la féodalité financière ; 4ᵉ édit. précédée d'une préface et accompagnée de notes hors texte, par Gabriel de Gonet.

Paris, Marpon, 1888, 2 vol. in-12 (6 fr.).

[Lb⁵¹. 4042

«.... Tous les Juifs que j'attaque ne sont pas de Judée. » (TOUSSENEL). Ouvrage qui fit un grand bruit, et dont toutes les éditions s'épuisèrent en peu de temps, à cause de l'accaparement de l'ouvrage par les Juifs. (La France saignée à blanc. — Accaparement de la fortune publique. — Banque. — Usure. — Faillite. — Droit de vol. — Monopoles. — Les Loteries, etc....)

10784 TOUT PARIS MAÇONNIQUE contenant 10.000 noms de Francs-Maçons de Paris et de la Banlieue avec l'indication des documents.

Hermlin, 1896, in-8° (4 fr. 50).

[Lb⁵⁷. 11601

Supplément au Tout Paris maçonnique....

Hermlin, s. d. (1898), in-8° (1 fr. 50).

10785 TOUTAIN (Jules) directeur adjoint à l'Ecole des Hautes Etudes. — Etudes de Mythologie et d'Histoire des Religions antiques.

Paris, in-16 (3 fr. 50).

Sous ce titre, l'auteur, directeur-adj. à l'Ecole des Hautes Etudes, a réuni quinze années d'études de ces sujets spéciaux. Grâce à une méthode rigoureuse, il est parvenu à leur donner des clartés attrayantes pour tous les hommes qui recherchent les manifestations de la pensée humaine.

10786 TRACTAT von den particular und universal Tincturen, aus den wahren Fundamenten der Natur und Schrifften der Wahren Philosophen... von einem unbekandten Artisten, und wolerfahrnen Philosopho hinterlassen; à la suite de *Triumph Wagen Antimonii* (1604), 297-307.

(O-807

10787 TRACTATUS de Arte bene viuendi et bene moriendi.

[In fine] : *Impressus Parisius pro Dionysio Roce, Anno Dni millesimo quingentesimo primo* [1501], pet. in-8° de 34 f⁰ˢ. Gothique. (55 fr.).

(Superbe exemplaire en Maroquin par CAPÉ).

Autres :

Paris, Jehan Petit, 1500, in-12, gothique.

[Rés. D. 53464

Paris, 1499, in-12.

[Rés. D. 53463

(G-2169

10788 TRACTATUS diversi super Maleficiis [sic].

Lugduni, 1555, in-4°.

(S-3216

10789 TRACTATUS duo de examine Sagarum super aquam frigidam projectarum.

Lipsiæ, H. Grentzii, 1686, in-4°.

[R. 8677

(S-3237 b

10790 TRADITION COSMIQUE (la). Ouvrage dont on attribue assez généralement la paternité à M. MAX THÉON, littérateur mystique d'origine algérienne, qui se serait adjoint la collaboration de M. F. Ch. BARLET. — La Tradition Cosmique.

Paris, Chacornac, puis « Publications Cosmiques » 1903-1904-1906. 3 vol. in-8° de 375, 380 et 380 p. (20 fr.).

[8° R. 18180

Ouvrage singulier, du genre de la « Lumière d'Egypte » de BURGOYNE, traitant de la *Doctrine des Mages*.

Il n'existait rien de publié jusqu'à nos jours sur l'antique tradition de la Race noire disparue depuis de longs siècles avec la Lémurie sous les flots de l'Océan Pacifique. Cette race, comme on le sait, était arrivée à un très haut degré de civilisation et l'on désespérait à jamais de reconstituer sa tradition propre, dont les débris s'étaient mélangés à celle des autres races. Or, cette tradition a été reconstituée presque intégralement au moyen de la vision astrale par un adepte. Le fond de la Tradition noire était bien devenu dualiste au déclin de la race, et c'est ce qui éclate d'un bout à l'autre de l'ouvrage, mais à côté de cette théorie, on y trouve des données les plus profondes, absolument originales sur la création

de l'homme et la formation des divers mondes, sur la métaphysique de l'astrologie, sur l'origine des races et leur développement à travers les âges, sur la Kabbale en général. Toutefois, on ne saurait trop recommander la prudence pour la lecture de cet ouvr., mais le véritable Initié saura discerner le vrai du faux, la Vérité pure de l'erreur. [Dujols].
Voir aussi : REVUE COSMIQUE.

TRAITÉ contre la nouvelle Rhabdomance, ou la manière de deviner avec la baguette fourchue. — Voir :

VIOLET (P).

10701 TRAITÉ de chymie philosophique et hermétique, enrichi des Opérations les plus curieuses de l'art.

Paris, Ch. Maurice d'Houry, 1725, in-12 de IV-200 pp. (6 fr.).

(O-1450
(G-2170

10792 TRAITÉ de la Physiognomie.
Paris, 1660, in-8°.

Inconnu à Barbier.

(S-3201

10793 TRAITÉ DE LONGUE VIE, dans lequel, par des principes nouveaux de médecine, on donne des moyens certains pour conserver longtemps la vie.

Paris, 1698, in-12 (10 fr.).

L'auteur prétend que le plus sûr moyen d'arriver à la vieillesse c'est la pureté des mœurs ; d'un autre côté, il n'admet pour la guérison des maladies qu'un seul remède : succédané ou substitut du fruit de la vie.

10794 TRAITÉ des anciennes cérémonies, ou histoire contenant leur naissance et accroissement, leur entrée en l'Eglise, et par quels degrés elles ont passé jusqu'à la superstition. [Attribué à PORRÉE (J.), q. v.].

Amsterdam, 1646, in-8°.

Autres édit. :

S. l. n. d., in-8° de 21 ff. lim. et 118 pp.

[D² 10147

Etc. (Voir BARBIER, IV-772).

Quévilly, J. Lucas, 1673 d'après BARBIER ; 1603 d'après le cat. SÉPHER, in-12.

[D² 10148

Mis à l'Index le 3 Avril 1669.
Réimprimé sous le titre « HISTOIRE des Cérémonies et des Superstitions... »

(S-1989

10795 TRAITÉ DES ANGES de Dieu avquel est demontré quelle opinion nous deuons auoir d'iceux et comment Satan est nostre aduersaire et ennemy capital. Auec les tentations du Diable et la défense du bon Ange Gardien de l'homme alleguant l'Escriture Sainte contre icelles tentations.

Lyon, 1561, in-16, 62 pages (15 fr.).

Cest ouvrage écrit par un calviniste est fort rare et des plus curieux.

(G-1020

10796 TRAITÉ DES DROGUES qui ont rapport à la Médecine et du bon choix que l'on doit en faire.

Paris, Est. Michallet, 1697, in-12 (5 fr.).

10797 TRAITÉ des Songes et Visions nocturnes.

Paris, 1660, in-8°.

Inconnu à Barbier et à la Bib. Nat.

(S-3201

10798 TRAITÉ DES SONGES et des visions d'après les Egyptiens et les Perses, suivi de la Clef d'Or (ou le véritable trésor de la fortune) et de l'art de lire dans le marc de café ; avec une table des numéros de la Loterie déterminés par les rêves.

Paris et Lille, s. d. (1820), in-24. Avec 34 curieuses figures noires et coloriées (2 fr. 25).

Sc. psych. — T. III. — 40.

10799 TRAITÉ DES SONGES (Le double) des rêves et des visions, suivi de l'art de lire la bonne aventure dans le marc de café.

Bruxelles, 1845, in-16. Figures (2 fr.).

10800 TRAITÉ DES SONGES (Le Grand) ou explication complète, claire et facile des rêves, visions, apparitions, oracles et inspirations nocturnes, tirées des immortelles traditions sur Joseph Daniel, Apomazor, et autres savants philosophes égyptiens, grecs, arabes et persans. — Avec 52 gravures et les numéros de la loterie indiqués pour les Songes par les plus grands cabalistes et mathématiciens connus ; édit. augm. de l'Art de lire dans le marc de café.

Cologne et Bruxelles, 1838, in-16. Frontispice curieux, sur bois, et nombreuses figures (2 fr.).

10801 TRAITÉ DES TROIS IMPOSTEURS.

A Yverdon, de l'Imprimerie du Professeur de Félice, 1768.

In-12 (8 fr.).

[Rés. D² 5299

Ce très curieux Ouvrage, est « *La Vie et l'Esprit de M. Benoit Spinoza* », rédigée, suivant Prosper Marchand, par Vroes, conseiller de la Cour de Brabant à La Haye, et revue par J. Aymond et J. Rousset. Il ne contient que *six* chapitres :
I. — De Dieu.
II. — Des Raisons qui ont porté les Hommes à se figurer un Etre invisible, ou ce qu'on nomme communément Dieu.
III. — Ce que signifie ce mot « *Religion* ». Comment et pourquoi il s'en est glissé un si grand nombre dans le Monde.
IV. — Vérités sensibles et évidentes.
V. — De l'âme.
VI. — Des Esprits qu'on nomme Démons.

Autre édit. :

(S. l.), 1777, in-8°, 152 pages.

[Rés. H.2050

Mq. le titre, 138 pages.

[Rés. H.2049

Voir, plus loin le traité — dont celui-ci n'est pas du tout de la traduction — intitulé « *De Tribus Impostoribus* ».

(G.2171

10802 TRAITÉ DES TROIS IMPOSTEURS (Le). — Des religions dominantes et du culte, d'après l'analyse conforme à l'histoire : contenant nombre d'observations morales, analogues à celles mises à l'ordre du jour, pour l'affermissement de la République, sa gloire et l'édification des peuplades de tous les pays.

A Philadelphie, sous les auspices du général Washington, *et Paris*, Mercier, 1796, in-8°, 89 pages, avec 3 gravures (10 fr.).

Enrichi de 3 portraits.

C'est l'édition donnée par C. F. X. MERCIER de Compiègne.

10803 [TRAITÉ DES TROIS IMPOSTEURS]. — DE TRIBUS IMPOSTORIBUS. M. D. IIC. Texte latin, collationné sur l'exemplaire du duc de LA VALLIÈRE, aujourd'hui à la Bibliothèque Impériale [Nationale]. Augmenté de Variantes de plusieurs Manuscrits, etc., et d'une Notice Philologique et Bibliographique par PHILOMNESTE *Junior* [Pierre-Gustave BRUNET].

Paris, chez Jules Gay, 1861.

In-12 all. de lv — 57 p. et table. Tiré à 432 ex. numérotés (5 fr.).

[Rés. H.2051

Contient, outre le texte et la traduction de cet ouvrage célèbre, une excellente *Notice Bibliographique* sur les innombrables auteurs à qui il a été attribué, les tromperies auxquelles il a donné lieu, etc. C'est sans doute l'édition originale de l'ouvrage suivant :

10804 TRAITÉ DES TROIS IMPOSTEURS (Le). — (*De tribus impostoribus* 1598), traduit pour la première fois en français, texte latin en regard, collationné sur l'exemplaire du duc de LA VALLIÈRE, aujourd'hui à la bibl. impériale de Paris, augmenté de variantes, de plusieurs manuscrits, etc. précédé d'une notice philologique et bibliographique par PHILOMNESTE *Junior*, [G. BRUNET].

Paris et Bruxelles, Bluff, 1867, pet. in-8° (6 frs.).

[D² 13470

La cote de l'original latin provenant de la bibliothèque du duc de Lavallière est :

[Rés. H.2048

C'est un in-12 de 45 p. daté : Anno M.D.IIC [1598].

Autre édition :

Paris, chez les principaux Libraires, 1598-1870. In-12.

[Rés. H.2057

Les Trois Imposteurs dont il est question dans ce curieux ouvrage sont : MOÏSE, JÉSUS et MAHOMET.

(G-1021

10805 TRAITÉ du Secret de l'art philosophique, ou l'arche ouverte autrement dite la *Cassette du petit Paysan*, commenté par VALACHIUS, corrigé et élucidé par Ph..., amateur de la Sagesse; dans *Bibliothèque des Philosophes alchimiques* (1754). — IV. 186-233.

(O-1483

10806 TRAITÉ PHYSIQUE sur la lumière, source du Feu philosophique, principe de toutes chose.

La Haye, 1790. In-8° (8 fr.).

Ouvrage curieux d'un adepte anonyme. (Origine de la Lumière. — La lumière angélique. — Division du Feu philosophique, du chaud et féminin. — Le Soleil siège du feu chaud. — La lune siège du feu froid. — L'âme du Monde, ou feu philosophique. — Ce que sont les songes, etc... Nombreuses citations d'après Robert Fludd, Porphyre, Sendivogius, Mercure Trismégiste, Basile Valentin, Nuysement, Pythagore, Agrippa, Philalèthe, etc...)

10807 TRAITEMENT MAGNÉTIQUE suivi d'une guérison remarquable opérée par M. COLL, archiprêtre du canton de Dangé, près Châtellerault, département de la Vienne.

S. l., 1817. In-8°, 94 pages.

Extrait de la *Bibliothèque du Magnétisme*.

TRAITEZ... — Voir aussi :

DIVERS TRAITEZ.

10808 TRAKTAT von der ersten Elementen in einem geheimen Unterricht eines Adepten an seinen Sohn, aus einem französischen Manuscript, dem begeifügt ist der Unterricht für den Adeptengrad ; herausgegeben von einem Verehrer der edlen Schmelz- und Maurerkunst.

Leipzig, Christ. Gottl. Hilscher, 1784. In-8° de 136 pp.

Le manuscrit dont il est question ici, ne serait-il pas celui dont parle Lenglet-D. : *Hist. de la Philosophie hermétique*, III, 96, et dont Nuisement aurait imprimé une partie. Le titre français de l'ouvrage dont p. I, est : *Traité des premiers agents lesquels sont premièrement les premiers éléments*.

(O-970-1571-1572

10809 [TRANQUILLE (le Rév. P.), capucin et écrivain français]. — Véritable relation des justes procédures observées au fait de la possession des Ursulines de Loudun, et au procès de Grandier, par le R. P. Tr. R. C. [le rév. père TRANQUILLE, religieux capucin).

Paris, Jean Martin, 1634, in-8°, réimprimé, avec des additions tirées de l'*Histoire des Diables de Loudun*, par AUBIN et d'autres écrivains, dans DANJOU et CIMBER : *Archives curieuses de l'histoire de France*, II-e série, V, 183-223.

Le père TRANQUILLE a été un des exorcistes, dans cette triste tragédie.

10810 TRANSACTIONS du Magnétisme animal.

S. l. [1841].

12 numéros en 1 vol. (6 fr.).

Première année complète et probablement tout ce qui a paru de ce journal de Magnétisme.

(G-1023)

10811 TRANSFORMATION MÉTALLIQUE (De la). Trois anciens traictez en rythme françoise. Assauoir : La Fontaine des amoureux de science autheur I. de LA FONTAINE. Les remontrances de Nature à l'alchymiste errant : avec la response dudict Alchym. par I. de MUNG. Ensemble vn traicté de son Romant de la Rose concernant ledict art. Le sommaire philosophique de N. FLAMEL. Auec défense d'iceluy art et des honestes personnages qui y vaquent : contre les efforts que I. Girard mect à les outrager.

Lyon, Benoist Rigaud, 1590. trois traités en 1 vol. in-16. (20 fr.).

Edition très rare de ces petits traités ; De BURE au siècle dernier faisait remarquer que les éditions du format in-16 de ce recueil étaient beaucoup plus recherchées que celles in-8°.

Autres :
Paris, Guillaume Guillard, 1561, in-8°.

[Rés. Ye.1753]

Lyon, Pierre Rigaud, 1618, in-16.

[Rés. Ye.1755]

(G-1024)

10812 [TRAVENOL] (Louis). littérateur parisien (1710-1780). — Nouveau catéchisme des Francs-Maçons, dédié au beau sexe [par L. TRAVENOL].

In-12, daté [Limoges] 1740 (Cat. SEPHER), édit. orig.

[H.14604]

Troisième édition :

Jérusalem P. Mortier, 5440 depuis le Déluge [vers 1748].

In-12 (d'après BARBIER).

[H. 14605]

Publié d'abord sous le pseudonyme de Léonard GABANON.

(S-5390)

10813 [TRAVENOL (Louis)]. — GABANON. — Catéchisme des Francs-Maçons. Précédé d'un abrégé de l'histoire d'Adoniram, architecte du temple de Salomon, et d'une explication des cérémonies qui s'observent à la réception des Maîtres, le signe. le mot et l'attouchement, qui les distinguent d'avec les Compagnons.

Jérusalem et Limoges, 5440. depuis le déluge, in-12 (4 fr.).

Peu commun.

(G-821)

10814 [TRAVENOL (Louis)]. — La désolation des Entrepreneurs modernes du Temple de Jérusalem par Léonard GABANON.

S. l., 1710, in-12.

(S-5390)

10815 TRÉCOURT (A.). — Nouvelles découvertes et dictionnaire de Magnétisme par A. TRÉCOURT.

S. l., 1853.

Nous ignorons si ce livre a été mis dans le commerce.

(D. p. 149)

10816 TRÉLAT (Le Docteur Ulysse) médecin et homme politique français né à Montargis en 1795. Chirurgien militaire puis Ministre des Travaux Publics. — Recherches Historiques sur la Folie, par Ulysse TRÉLAT, Docteur en Médecine, ancien interne de la maison d'Aliénés de Charenton.

Paris, J.-B. Baillière, 1839, in-8°.

[Td⁸⁶. 110]

P. 91, des Fous crus Démoniaques.

(Y-P-781)

10817 TREMAUX (P.). — Principe universel de la vie, du mouvement et de l'état de la matière. — Base expérimentale et applications.

Paris, Hachette, 1869, in-12. Avec une planche et 6 figures. (4 fr.).

10818 TREMAUX (P.). — Principe universel du mouvement et des actions de la matière résultant de la découverte de cette loi générale. — La force vive se transmet mieux entre corps semblables qu'entre corps différents et application à la matière comme à la vie.

Paris, l'Auteur, 1874, in-12. Orné d'un frontispice et de 6 figures dans le texte. (4 fr.).

10819 TREMBLEURS. — Véritable Portrait et l'Histoire de Jacques Naylor, Chef des Trembleurs, prétendu Messie d'Angleterre, avec les points de son Arrêt de condamnation.

Paris, s. d., [1657 ?], in-4°.

[Nx. 805]

James NAYLOR ou NAYLER, exalté anglais, né près de Wakefield vers 1616, mort vers 1660. Quaker illuminé il fut condamné par le Parlement en 1656. Ses œuvres ont été publiées à Londres, 1716, in-8°.

(S-1668)

10820 TRENTE AUTEURS. — Hypnotisme et Suggestion Hypnotique. Traité scientifique sur l'Emploi, les Ressources de l'Hypnotisme, de la Suggestion et des Phénomènes qui les accompagnent. Par TRENTE AUTEURS. Publié par E. Virgil NEAL, A. M. LL. D ; et Charles S. CLARK, M. E.

Rochester (New-York). New-York State Publishing C°, s. d. [vers 1900] in-8° de viii-259 p. Fig. dans le texte (5 fr.).

Publication de la célèbre « École de Rochester ».
Ce remarquable recueil contient des articles par MM. Scripture, Carr, Moore, Yerkes, Neal, Sextus, Drayton, Allen, Adkin, Lincoln, Hawley, Newbold, Max Dessoir, Mac Donald, Eldridge, Kirschmann, etc.
Ce sont des études savantes sur tous les sujets se rapportant à l'Hypnotisme, à la Suggestion, au Magnétisme personnel, à l'Éducation suggestive, etc.

10821 TRES-ANCIEN DUEL (Le) des Chevaliers ou Dialogue chymique de la Pierre Physique avec l'Or et le Mercure, touchant la veritable matière dont se doit preparer la Pierre des Philosophes, par artifice deu (sic) avec l'étude du feu Luminaire ; mis au jour par un autheur tres-expert ; dans Divers Traités de la Philosophie nat. (1672), 275-98.

C'est un abrégé de l'Ancienne Guerre des Chevaliers, 1er traité de : Le Triomphe Hermétique. LIMOJON, dans le Triomphe Hermet. prévient que celui dont nous donnons le titre ici a été traduit sur le latin de FABRI de Montpellier, qui, ou connaissait peu l'allemand, ou a altéré avec connaissance de cause l'original.

(O-862)

10822 TRÉSOR DES RECETTES (Le) et secrets, ou moyen d'obtenir une santé parfaite et constante, la beauté des traits du visage et du corps ; d'augmenter la puissance de nos facultés ; de perfectionner la race humaine, de prolonger la vie, etc.

Paris, 1855, in-12. (2 fr. 50).

10823 TRÉSOR DU VIEILLARD des Pyramides, véritable science des talismans pour conjurer les esprits de toute nature, leur commander, en obtenir tout ce que l'on veut et déjouer au besoin leurs maléfices. — La Chouette noire, oiseau merveilleux au moyen duquel on découvre immanquablement tout ce que la terre renferme de précieux.

S. l., 1652, in-16. Réimpression sur papier teinté avec figures cabalistiques.

(Lille, vers 1850), in-12.

[R. 52799]

10824 TRESSAN (Louis-Elisabeth DE LA VERGNE, comte de) un des restaurateurs de la littérature romane, physicien et philosophe, né au Mans en 1705, mort à Paris en 1783, des suites d'un accident de voiture. Compagnon d'études puis Aide-de-Camp de Louis XV. Enfin Académicien. — Essai sur le fluide électrique, considéré comme agent universel.

Paris, Buisson, 1786, 2 forts vol. in-8º. (12 fr.).

Savant et curieux ouvrage fort recherché où l'auteur démontre l'analogie de l'électricité avec le Magnétisme et étudie toutes les applications thérapeutiques et autres qu'on en peut faire. Il ressort de ce travail que l'électricité serait peut-être la lumière astrale et le grand agent de la vie des mondes et des êtres. — Une foule d'observations curieuses en tous genres, donnent à ce volume un attrait fort piquant.

10825 TRESSAN (Comte de). — La Mythologie comparée avec l'Histoire, suivie de recherches sur l'ancienne religion des habitants du Nord.

Paris, 1826, 2 vol. in-8º, 16 planches hors texte, gravées au trait et représentant 76 sujets mythologiques. (10 fr.).

Très intéressant ouvrage constituant un traité complet de mythologie comparée. — Tradition des Chaldéens, des Phéniciens, des Egyptiens. — Origine des fables. — Division des temps. — Hésiode et Homère. — Dieux des Grecs, des Romains et des autres peuples de l'Occident. — Histoires particulières de tous les Dieux. — De la métempsychose. — Du culte des enfers. — Divinités particulières. — Demi-Dieux et Héros. — Temps héroïques ou fabuleux. — Déluges d'Ogygès et de Deucalion. — Histoire et explication des fables de l'antiquité. — Les Temples. — Les Oracles. — Odin et son œuvre. — Religion des peuples du Nord depuis Odin. — Dogme des Celtes. — Les Druides, leurs différentes classes, leurs doctrines, leurs cérémonies. — Les Druidesses, etc.

10826 TREVOUX. — Dictionnaire universel, François et Latin, vulgairement appelé Dictionnaire de TRÉVOUX, contenant la signification et la définition tant des mots de l'une et de l'autre langue, avec leurs différents usages, que des termes propres de chaque état et de chaque profession.

Paris, 1755, 7 vol. in-fol. (20 fr.).

La meilleure édition est la septième et dernière :

Paris, 1771, 8 vol. in-fº. (30 fr.).

« Livre utile, et qu'aucun autre n'a entièrement remplacé ». (BRUNET).

(S-185 Supp.

TRIBUS IMPOSTORIBUS (De). — voir :

TRAITÉ DES TROIS IMPOSTEURS.

10827 TRICASSE (Patrice), en italien TRICASSO DA CERASARI, dominicain et mathématicien italien né à Mantoue dans la seconde moitié du XVe siècle mort vers 1550. Ses ouvrages furent interdits par la Cour de Rome. — La Chiromance de Patrice TRICASSE, de la dernière reueue et correction de l'autheur et naguères fidèlement traduicte de l'italien en langage françois. Sur la fin, est adiousté certain petit avertissement pour l'entente des choses qui plus en ont de besoin.

Paris, G. Des Bois, 1561, in-12 enrichi de 49 fig. de mains sur bois dans le texte. (45 fr.).

[V. 21927

Ouvrage remarquable par la large part faite aux enseignements de la tradition.

Autres éditions :

Paris, H. Drouard, s. d., [1600], in-12.

[V. 21930

Paris, A. Drouard, 1583, in-12.

[V. 21929

10828 [TRICASSE (Patrice)]. — Chyromantia dal proprio Exemplar in Vulgar tradutta Ad instantia del Magnifico et Veneto Patricio Domenico Georgio de Aloysio Georgio... [à la fin] : *Impressa in Venetia Per Io. Francisco et Io. Antonio de Rusconi fratelli*, 1524, in-8°.

[Rés. V. 2255]

Autre :

In Venegia, per Vittor. Q. Piero Ravano della Serena, 1585, in-8°.

[Rés. V. 2256]

Relié aux armes de François Ier.

10829 [TRICASSE (Patrice)]. Chyromantia, ingeniosamente estratta da i libri de Aristoteli, e altri Philosophi naturali Nuouamenti reuista et consomma diligentia corretta et ristampata.

S. l. (*Vinigia*), 1543, in-12. (8 fr.).

Ouvrage de chiromancie ancienne, enrichi de nombreuses figures de mains, sur bois dans le texte.

10830 TRICASSE (Patrice). — Trichassio de Cerasari... Epitoma Chiromantico...

In Venetia, stampato per A. de Bindono, 1538, in-16.

[V. 21926]

10831 TRIDON (l'abbé), Curé Doyen de Charny (Yonne). — Une chronique du XIIe siècle, à propos du Magnétisme et des Médiums Modernes, ou la Vie Merveilleuse de Sainte Alpaix de Cudot, Vierge du Pays Sénonais par l'abbé Tridon, Curé Doyen de Charny.

Sens, Imp. de Ch. Duchemin, 1866, in-8°, 3 fol., 123 p.

Assez insignifiant.

On y parle (p. 106-109) de l'Ombre de la Dame Blanche Alpaix, fille des anciens Brenns Gaulois, qui revient la nuit, au milieu des clameurs des Damnés, se promener à Triguères et dont l'Auteur fait « la Très chère Sainte Alpaix ».

(Y-P-534)

TRIMM (Thimothée). — Voir : LESPÈS (Léo).

10832 TRINE (Ralph Waldo) auteur américain qui se rattache au mouvement de la *New Thought*. — In Tune with the Infinite or Fulness of Peace, Power, Plenty.

New-York and London, 1897, in-12.

10833 TRINE (R. W.). — What all the World's a seeking ; or The Vital Law of True Life, True Greatness, Power and Happiness.

London, Gay et Bird, 1898, in-12 de 224 pp.

Deuxième édition :

Ibid., id., 1900, in-8° de 262 pp.

TRINUM MAGICUM. — Voir :

LONGIN (César).

10834 [TRIOULLAIRE]. — Histoire de l'Astrologie, par Vanki.

Paris, Bibliothèque Chacornac, 1906, in-8° de 165 p. (5 fr.).

[8° V. 31451]

« Vanki » est le pseudonyme de Trioullaire.

Après des recherches longues et difficiles, l'auteur a condensé dans la première partie de son ouvrage tout ce que les savants ou philosophes de toutes les époques ont écrit sur cette science, vieille, on peut dire comme le monde. — Dans les autres parties, l'auteur donne les détails sur les deux astrologies, il cite ensuite les astrologues célèbres de tous les temps, les prédictions fameuses réalisées, des anecdotes intéressantes et termine par un abrégé de la science. Cet ouvrage est des plus intéressant : à la fois scientifique, historique et anecdotique.

10835 TRIPIED. — Du vitriol philosophique et de sa préparation.

Paris, Chamuel, 1896, in-12 de 56 p. (0 fr. 50).

[8° R. 13835]

10836 TRIPOLITA (Theod.). — Theod. Tripolitæ, de Diebus et Noctibus, Libri II. interprete Jos. Auriâ.

Roma, 1591, in-4°.
[V. 7602 (3)]
(S-3413)

10837 TRISMEGISTE (Johannès), pseudonyme attribué quelquefois à l'abbé Alphonse Louis CONSTANT. — L'art d'expliquer les Songes et les visions nocturnes ou dictionnaire des mystères du sommeil expliqués par des exemples tirés des prophètes, des mages, de l'histoire et des oracles les plus célèbres de l'Orient.

Paris, [1860], in-18. Illustré de 115 figures. (2 fr.).

Autres édit :

Paris, 1843, in-18.
[R. 52833]

Ibid., 1850, in-18.
[R. 52834]

Ibid., 1854, in-18.
[R. 52835]

Ibid., (1854), in-18.
[R. 52836]

Ibid., (1855), in-18.
[R. 52837]

Ibid., (1858), in-18.
[R. 52838]

Ibid., (1859), in-18.
[R. 52839]

Ibid., (1866), in-18.
[R. 52840]

Ibid., (1867), in-18.
[R. 52841]

10838 TRISMEGISTE (Johannès). — L'art d'expliquer les Songes, ou signification détaillée de tous les songes, visions, rêves, apparitions : précédé de l'histoire des rêves célèbres dont le sens s'est réalisé.

Bruxelles, 1844, in-18. Avec 130 vignettes, (1 fr. 75).

10839 TRISMEGISTE (J.). — Les merveilles du Magnétisme et les mystères des tables tournantes et parlantes par J. TRISMÉGISTE.

Paris, Passard, 1855, in-16. 188 pages avec portraits de MESMER. DE-LEUZE et PUYSÉGUR et un certain nombre de vignettes (2 fr.).
[R. 52844]

Compilation assez complète et quelque peu enthousiaste. Lire à ce propos le chapitre : Voyage des somnambules dans la lune.
Vocabulaire du magnétisme. — Le Magnétisme dans tous les siècles. — Somnambulisme. — Vérités magnétiques. — Pratiques diverses. — Le magnétisme appliqué à la médecine. — Phénomènes. — Miroir magique de Du Potet, etc...

(D. p. 161)

TRISMEGISTE (Johannès), pseud. de :

LOR.AMBERT ; voir aussi à ce nom.

TRISMEGISTE (Mercure ou Hermès), voir :

HERMES TRISMEGISTE.

10840 TRISMOSIN (Salomon) célèbre alchimiste allemand précepteur de PARACELSE, né vers 1500. — La Toison d'or ou la Fleur des thresors, en laquelle est succinctement et methodiquement traicté de la Pierre des philosophes, de son excellence, effect et vertu admirable, plus de son origine, et du vray moyen de pouvoir parvenir à sa perfection, enrichie de figures, et des propres couleurs representées au vif, selon qu'elles doivent necessairement arriver en la pratique de ce bel œuvre, et recueillies des plus graves monuments de l'Antiquité, tant Chaldéens, Hebreux, Ægyptiens, Arabes, Grecs, que Latins et autres autheurs approuvez ; par ce grand Philosophe Salomon TRISMOSIN, précepteur de Paracelse ; trad. d'alemand en françois, et commenté en forme de Paraphrase sur chaque Chapitre par L. I (....).

Paris, Ch. Sevestre, 1613, in-8° de XVI-219 pp. avec un grand nombre de fig. collées dans le texte et coloriées.
[R. 52845]

La 1re édition de cette traduction est de

Paris, le même, 1602.

On cite toutefois une édition antérieure :

Rohrschach, 1590.

(O-800
(St.Y-1500

10841 TRISTAN (Comte I. de). — Recherches sur qq. effluves terrestres.

Paris, Bachelier, 1826, in-8°, figures. (15 fr.).

[S. 35142

Traité scientifique de la baguette divinatoire. — L'auteur arrive à la démonstration du phénomène par les voies positives et conclut à leur réalité. — *E pur si muove*, « et pourtant elle tourne », dit-il comme GALILÉE. — Il indique comment on prépare la baguette, le bois qui convient, la manière de la tenir, les terrains excitateurs, etc. (Planche explicative). Depuis les récentes expériences de M. BARRETT de la Société royale de Londres, et professeur de physique à l'université de Dublin et les recherches, en France, de M. ROBIN, ingénieur des arts et des manufactures, la baguette divinatoire est redevenue un sujet d'études passionnantes.

TRISTAN (Mme Flora). — Voir :
CONSTANT (l'abbé).

10842 TRITHÈME ou mieux TRITHEIM (Johann) en latin TRITHEMIUS, célèbre bénédictin allemand, historien, théologien et Kabbaliste, né à Trittenheim, près Trèves, en 1462, mort à Wurtzbourg en 1516. Abbé des bénédictins de Spanheim, puis de St Jacques de Wurtzbourg, où il mourut. — Joann. TRITEMII. ad Monachos dehortationes.

Mediolani, 1614, in-4°.
(S-784

10843 TRITHÈME. — Ein Büchlein des hocherfahrnen Philosophi D. Johannis TRITEMII abbatis an Pabst Clementem, de Lapide philosophorum.

633

S. l. s. adr, 1619, pet. in-8°.

Cet ouvrage qui commence à la page 43, finit à la page 154 ; il fait sans doute partie d'un recueil.

(O-875

10844 TRITHÈME. — Epistola Johannis TRITHEMII. von den dreyen Anfängen aller natürlichen Kunst der Philosophie (faisant partie de *Consumata sapientia* édité par J. SCHAUBERDT) ; dans *Neue Sammlung von... alchym. Schriften* (1770), II, 429-44.

(O-874

10845 TRITHÈME. — TRITHEMII de SPONHEIM, Güldenes Kleinod, oder : Schatzkästlein, aus dem Lateinischen um seiner Unschätzbarkeit willen, in Deutsche übersetzt von Fr. Basilio Valentino, anno 1482, zum erstenmale herausgegeben, nebst zwoen andern forne mit angedrucken seltenen Handschriften, von Jamimah koranhapuCH (sic).

Leipzig, Paul Gottb. Kummer, 1782, in-8° de 135 pp. avec 1 pl.

(O-876

10846 TRITHEIM. — Ioannis TRITTENHEMII abbatis Spanhemensis, Liber Octo Quæstionum quas illi dissolvendas proposuit Maximilianus Cæsar. I — De Fide et Intellectu. II — De Fide necessaria ad Salutem. III — De Miraculis Infidelium. IV — De Scripturâ Sacrâ. V — De Reprobis atque Maleficiis. VI — De Potestate Maleficarum. VII — De Permissione Diuina. VIII — De Prouidentiâ Dei.

Coloniæ, impensis Melchioris Nouesiani, anno 1534, pet. in-8°, (15 fr.)

Rare. Encadrement gravé s/bois au Titre.

Autre :

Francofurti, Cyriacus Iacobus, 1550, in-8°.

[Z. 12903
(G-2174

10847 TRITHÈME. — Physica chimica TRITHEMICA ; dans *Theatrum che-micum* (1613), II, 128-30.

(O-872-873)

10848 TRITHÈME. — Jo. TRITHEMII Poligraphiæ Libri Tres.

Francofurti, 1550, in-4°.

Autre :
Poligraphiæ libri sex....

[In fine :] (*Oppenhemii*) *Impressum aere ac impensis integerrimi Ioannis Haselbergi de Aia*, 1518, in-fol.

La « *Clavis poligraphiæ Ioannis Tritemii* » se trouve à la suite avec un titre particulier.

[Rés. V. 704, 705
(S-3489 b

10849 TRITHÈME. — Joannis TRITHEMII libri Poligraphiæ VI.

Argentorati. [*Strasbourg*], *sumptibus L. Zetzneri*. 1613, in-8°.

[V. 54290
|et 54291

De septem secundeis; id est Intelligentiis, sive Spiritibus orbis post Deum moventibus.

Argentorati, 1615. 2 ouv. in-8°.

(S-3145

10850 TRITHÈME. — Poligraphie et Vniuerselle Escriture Cabalistique de M. I. TRITHEME, abbé, traduicte par Gabriel de COLLANGE, natif de Tours en Auvergne.

A Paris, Pour Iaques Keruer.... 1561, in-4° de 15 f°s-300 p. figures mobiles. (50 fr.).

[Rés. V. 1751

Edition princeps, de beaucoup la meilleure et la plus recherchée, avec titre orné, portrait du traducteur, figures mobiles cabalistiques, et marque « *à la Licorne* » de Kerver au dernier feuillet, le tout gravé sur bois.

Autre édit :

Paris, 1625, in-4°.

[V. 17774
(S-3490
(G-1027 et bis

10851 TRITHÈME. — TRITHEMIUS, Johannes, de Septem Secundeis, id est Intelligentiis, sive Spiritibus, Orbes post Deum moventibus.

Francofurti, impressum per C. Iacobium. 1545. in-4°.

[V. 8782
(Gr. p. 14

10852 TRITHEMIUS. — Ioannis TRITEMII (sic) abbatis Spanheymensis de Septem secvndeis, id est, intelligentijs, sive spiritibus orbes post Deum mouentibus, reconditissimæ scientiæ et eruditionis libellus. Adiectæ sunt aliquot epistolæ ex opere Epistolarum Io. Tritemii vtilissimæ.

Coloniæ, apud Ioan. Birckmann, 1567 in-12, (20 fr.).

[D. 33710

Très rare. Avec une vignette sur le titre et 7 figures sur bois du célèbre artiste allemand Hans Sebald Beham.

(G-1029

10853 TRITHÈME. — Traité des causes secondes, précédé d'une vie de l'auteur, d'une bibliographie et d'une préface et accompagné de notes (portrait).

Paris, Chamuel. 1897. in-16, 156 p. portr. de Tritheim. (4 fr.).

[8° Z. 14619

Bibliothèque Rosicrucienne. Première série N° 1.
Le vrai titre de ce livre, donné à la page 87, est : Traité des sept causes secondes, c'est-à-dire, des intelligences ou esprits ; petit livre de la science et de la connaissance très secrète des causes secondes ou intelligences régissant le monde après Dieu. — Ce traité d'hermétisme et d'astrologie comparable à nul autre est un sublime enseignement.

10854 TRITHÈME. — Steganographia,

hoc est Ars per occultam Scripturam absentibus mentem suam aperire, à Jo. TRITHEMIO.

Francofurti, 1608, in-4°.

Autres :

Francofurti, J. Bernerus, 1606. in-4°.

[V. 17775

Darmbstadii, J. Bernerus, 1621, in-4°.

[V. 17776
(S-3489

10855 TRITHÈME. — Steganographiæ nec non Claviculæ Salomonis Germani Jo. TRITHEMII dilucida facilisque declaratio.

Coloniæ Agrippinæ, sumpl. auctoris, (?) 1635, in-4°. (20 fr.).

[V. 17777
(S-3183

10856 TRITHEMIUS. — Johannis TRITHEMII. primo Spanheimensis, deinde divi Iacobi Peapolitani abbatis, Steganographia quae hucusque a nemine intellecta, sed passim vt svppositia, perniciosa, magica et necromantica, reiecta, elvsa, damnata et sententiam Inqvisitionis passa ; etc... etc... Autore VVolfgango Ernesto Heidel Wormatiense.

Norimbergæ, apud J. F. Rudigervm 1721, in-4°. (25 fr.).

Autre :

Moguntiæ, J. P. Zubrodl, 1676, in-4°.

[V. 17778
(G-1028

10857 TRITHÈME.— Deffensio Stenographiæ (sic) Johannis TRITHEMII, cum ejus effigie æneâ.

S. l. in-4°.

(S-3489

10858 TRITHÈME. — Specimen Steganographiæ Jo. Trithemii, cum vindicios Trithemianis Jo. Despieres.

Duaci [Douai], apud P. Bellerum, 1640, in-4°.

[V. 14540 et 14541

Rarissime.

(S-3490 b ·

10859 TRITHEMIUS. — Vetervm Sophorvm sigilla et imagines magicæ, e Johannis TRITHEMII abbatis Peapolitani manuscripto ervtæ. Cvi. accessit catalogvs rariorum magico cabbalistichymicorvm Stvdio atqve opera Fr. Rothscholtzii.

Herrenstadii, 1732. 2 parties in-12 (5 fr.).

Cette œuvre tirée des manuscrits inédits de TRITHÈME, expose la philosophie occulte des images, talismans, sceaux magiques et leur influence secrète.— Les sceaux de Raphael. — Les sceaux de Chaël (Ce Chaël, dit l'auteur, était un des plus savants docteurs en Israël). — Les sceaux d'Hermès. — Les sceaux de Thétel (autre grand docteur de l'antiquité). — Mes sceaux de Salomon. — Traité de la fabrication des sceaux et images magiques. — Composition du sceau de Mercure pour augmenter la mémoire. — Explication des causes qui donnent à ces figures la grande puissance dont elles jouissent.

(G-1031

10860 TRIUMF-WAGEN (Der) des Vitriol oder Natur und kunstmäszige Beschreibung von der Generation. und Wunderen dieses groszen Subjects der Alchymie. einem jeden eifrigen Forscher und Sucher dieser edlen Kunst zum Nutzen aufgeführet von E. L. D. K.

Frankfurt und Leipzig, Joh, G. Fleischer, 1770. in-8° de 72 pp.

Imitation de *Currus triumphalis Antimonii* de Basile Valentin.

(O-1488

10861 TROGNIANUS (Guillelmus). — Guillelmi TROGNIANI Galli laconice scripta (*de Lapide philosophico*) ; dans *Theatrum chemicum* (1661), VI, 439-58.

(O-1145

10862 TROIS ANCIENS TRAICTEZ de la Philosophie naturelle : 1) les Sept Chapitres dorez, ou bien les Sept sceaux Egyptiens, et la table d'Esmeraude d'HERMES Trismegiste ; 2) la Response de messire BERNARD comte de la Marche Treuisane, à Thomas de Boulongne, medecin du roi Charles huictiesme ; 3) la Chrysopée de Jean Aurelle Augurel, qui enseigne l'art de faire l'or. Les deux premiers n'ont encore esté trad. en fr. et le troisieme est corrigé des fautes qui estoient en l'ancienne impression, par Gabriel Joly.

Paris, Ch. Hulpeau, 1626, in 8° de VIII-90 pp.

[R. 52863
(O-033, 037 et 884

TROIS TRAICTEZ de la Philosophie naturelle. — Voir :

ARNAULD (Pierre), sieur de LA CHEVALLERIE.

10863 TROISIÈME GRADE ou grade du maître 33 pp. avec 2 pl.

Troisième grade ou grade du 1-er surveillant, 11 pp.

Troisième grade ou grade du 2-d surveillant, 10 pp.

(O-300

TROMELIN (Gustave LE GOARANT Comte de), Physicien et Psychiste français, inventeur des moteurs à fluide humain, et d'instruments de Mesure de la Force Biolique, né à Brest le 20 Novembre 1850. Chevalier de la Légion d'Honneur, etc. Officier en retraite de la Marine française. M. de TROMELIN est également l'inventeur de plusieurs instruments de mesure en usage dans la Marine française ; il est titulaire d'une médaille d'or de l'Académie des Sciences pour un Mémoire sur les machines Dynamo-Electriques (1885). Dès les années 1882 à 1886, M. de TROMELIN a donné de curieuses séances de Magnétisme à Toulon, mais les pouvoirs Psychiques de Voyance, etc. ne se sont développés en lui que vers 1903. Depuis cette époque, M. de TROMELIN s'est livré avec un succès toujours croissant à l'étude pratique des Sciences Psychiques, qui lui doit de nombreuses découvertes consignées dans les ouvrages qui suivent :

10864 TROMELIN (le Comte de). — Le Fluide Humain ; ses Lois et ses Propriétés. La science de mouvoir la matière sans être Médium. Nombreux appareils et Moteurs que l'on peut construire soi-même, mis en mouvement par le Fluide Humain. L'Etre Psychique. Les Fantômes. Doubles des Vivants et Images Fluidiques. Etudes sur la Force Biolique, avec deux Planches hors texte et un dessin semi-médiumnique. Par G. de TROMELIN.

Paris, Librairie du magnétisme, [1909], in-8° de 258 p. (3 fr.).

[Manque à la Bib. Nat.

C'est dans cet ouvrage capital et curieux que se trouve relaté tout au long le moyen de construire et d'actionner les « *Moteurs à fluide humain* » de l'Auteur, qui constituent une des plus intéressantes expériences connues.

Il existe une petite brochure du même auteur avec un titre malheureusement analogue, et qui n'est guère qu'un programme de ce qui a été réalisé dans l'ouvrage ci-dessus.

10865 TROMELIN (le Comte de). — Nouvelles recherches sur le Fluide Humain ou Force Biolique…

Paris, H. Durville fils, [1911], in-8° de 20 pp. fig.

[8° Tb⁶⁴ 336

Suite des recherches de l'auteur sur le même sujet. Tirage à part d'un *Mémoire* de l'auteur présenté au *Congrès International de Psychisme expérimental*. [Voir DURVILLE (Henri)].

10866 TROMELIN (Comte de). — Les Mystères de l'Univers. — Réponse aux Enigmes de l'Univers de Haeckel.

Paris, Baudelot, 1907, fort in-12, 371 p. (1 fr. 50).

[8° R. 21531

Dualité de tous les corps inertes et vivants. — Les Lois divines. — Les Sciences Occultes. — Sur les Esprits. — Substance psychique. — Substance au point de vue occulte ou magique. — La Personnalité et l'Immortalité. — Phénomènes de Vision. — Procédés des Esprits. — Esprits et Mansprits. — Médiums guérisseurs. — Les origines et les Fins. — Voyants, extatiques, mystiques. — Lois naturelles des Puissances occultes, etc... L'auteur fut 1200 jours en relation avec les êtres du monde occulte.

10867 TROMPETTE (La) Françoise ov reveille matin aux Parisiens pour venger l'assassinat commis par le commandement du Marquis d'Ancre le 10 de Juin.

S. l., 1616, in-8°. 16 pages (7 fr.).

[Lb^{36}. 856

Pièce très rare par suite d'une destruction sévère.

(G-1031)

10868 TROUESSART (J.). — Essai Historique sur la Théorie des Corps simples ou Elémentaires et de leurs divers modes de combinaisons, depuis l'Origine de la science jusqu'à l'époque de Lavoisier.

Brest, 1854, in-8° (10 fr.).

[Manque à la Bib. Nat]

Etude des Systèmes des plus grands Alchimistes depuis l'Antiquité la plus reculée :
Eléments des Anciens. — Eléments des Alchimistes et des Spagyristes, Boyle, Becher, Lémery, Homberg, Stahl, etc. — Doctrine de l'École d'Elié, de Leucippe, de Platon (extraits du « Timée »). — Aristote : Du Principe Matériel et des Eléments ; De la Mixtion et du Miscible ; De l'Éther. — Ocellus Lucanus, *De la Nature de l'Univers*. — Géber, Arnauld de Villeneuve, Albert le Grand, Raymond Lulle, J. Béguin, G. Davissonne, Oswald Crollius, D. Seunert, Descartes, R. Boyle, Paracelse. — Stahl : Analyse du *Specimen Beccherianum* ; Extraits du *Traité du Souffre et du Traité du Sel*, etc., etc.

10869 TROUSSET. — Le Fléau des Yvrognes, par Trousset.

Limoges, s. d.

(S-1091)

10870 TRUDON DES ORMES (A.) ancien élève de l'Ecole des Chartes. Sous Bibliothécaire à la Bibl. Nat^{le}. — Etude sur les Possessions de l'Ordre du Temple en Picardie.

Paris, Champion, 1894, in-8° (6 fr.).

Autre édition :

Amiens, 1892, in-8°.

[Lk^2. 4089

10871 TRUFY (Charles). — Causeries spirites.

Paris, Chamuel, 1897, in-12 (2 fr.).

[8° R. 15574

Communications spirites. — Considérations générales sur le spiritisme. — De l'Aliénation mentale au point de vue spirite. — De l'apostolat spirite. — Qq. conseils.

10872 TRUFY (Charles). — La Suggestion au point de vue spiritualiste et spirite.

Paris, Vigot frères, s. d., [1906], in-16 de 420 p.

[8° R. 21049

10873 TSAKNI (N.). — La Russie sectaire (sectes religieuses en Russie).

Paris, s. d. [1888], in-18 (3 fr.).

[8° M. 5538

Les *Staroverr*. — Les fuyards. — Les Christs. — Les *skoplsy* ou *Scopits*, q. v.- Les suicides religieux. — Les *prygouny* (sauteurs). — Courant rationaliste, etc...

10874 TSCHEER (Nicolaus). — Einleitung zum wahren und gründlichen Erkänntnis des grossen Geheimnisses der Göttseligkeit ; Gott geoffenbaret im Fleisch, bestehende in einem kernhafften Auszug aller theologischen, theosoph. und philosoph. Schrifften und Zeugnissen des.... Philosophi Teutonici Jacob Böhmens ;.... ausgegeben von einem Theo-Sophiæ Cultore [Nicolaus TSCHEER].

Amsterdam, G. Wetstein, 1718, in-4° gr. papier fort, format in-fol. de III ff. — 1812 col. et XX ff., avec 1 fig. allégorique.

(O-41

10875 TSCHESCH (Johann Theodor von). — Aufmunternde Gründ zur Lesung der Schrifften Jacob Boehmens bestehend in Joh. von Tschesch Schreiben an Henr. Brunnium und ejusd. kurtzer Entwerffung der Tage Adams im Paradiese, wie auch Halatophili Irenœi Vorstellung.... nebst Ioh. Theodori von TSCHESCH Leben.

Franckfurt und Leipzig, s. adr., 1731, in-8° de 222 pp.

L'ouvrage de Hal. IRENÉE commence p. 122.

(O-46

TSCHOUDY ou TSCHUDI (Théodore Louis, baron de), littérateur français, né vers 1724, mort en 1769. D'abord conseiller au Parlement de Metz, puis Secrétaire de l'Académie de Moscou et Gouverneur des Pages en Russie. Il est un des auteurs à qui on a aussi attribué la célèbre « *Thérèse Philosophe.* »

10876 [TSCHOUDY]. — L'Etoile flamboyante, ou la Société des Francs-Maçons considérée sous tous les aspects [par le baron Théodore Henri de TSCHOUDY, et par BARDOU-DUHAMEL, selon QUÉRARD].

A l'Orient, chez le Silence, s. d., 2 vol. pet. in-18 de IV-172, et IV-158 pp.

La 1re édit. est de *Francfort*, 1766. 2 vol. in-8°.

CHEMIN-DUPONTÈS a analysé cet ouvrage dans *Travaux maçonniques* (1819) p. 143 et suiv.

KLOSZ : N° 1896 cite quatre édit. de cet ouvrage, dont une de *Francfort*, 1812, 2 vol. in-8°, mais il n'a pas connu la nôtre, non plus que deux autres édit. : *à l'Orient, chez le Silence*, s. d., 2 vol. in-18 de 167 et 165 pp. Ces deux édit., même format, mêmes caractères, et imprimées l'une sur l'autre, ligne pour ligne, peuvent pourtant se reconnaître ; par exemple :

1re édition. Tome I
page 6, ligne 4. Le faste et l'étale sont souvent....................
page 7, ligne 2. religieux militants.....
page 9, ligne 4. l'univers étoit son palais, lambrisé des................
etc.
2e édition. T. I
le faste et l'étalage sont souvent.......
religieux militaires................
l'univers étoit son palais, lambrissé des ....
etc.

Ajoutez à ces trois éditions, une autre : *à l'Orient, chez le Silence*, s. d., 2 vol. in-12 de IV-258, et IV-252 pp. avec une pl. que j'ai sous les yeux, et vous aurez 4 édit. à ajouter à celles de la *Bibliographie* de KLOSZ, en tout *Huit* édit. Nous sommes loin de compte avec la seule et unique citée par QUÉRARD.

10877 TUCKEY (C. Lloyd) M. D. — Thérapeutique Psychique, ou Traitement par l'Hypnotisme et la Suggestion. Traduit.... par le Dr J. P. DAVID de Sigean (Aude).

Paris, Sté d'éditions scientifiques, 1893, in-16 de 283 pp.

[Te¹¹. 165

Exemples montrant l'influence de l'esprit sur le corps. — Guérisons par les reliques et les lieux saints. — La concentration énergique de l'attention augmente l'influence prépondérante de l'esprit sur le corps. — Le sommeil naturel peut devenir un sommeil hypnotique et vice versa. — Suggestion curative. — Attention expectante, suggestion et inhibition. — Moyens pratiques à employer dans l'hypnotisme médical. — Etc.

L'original, en anglais : Psycho Therapeutics ; or, Treatment by Hypnotism and Suggestion, second edition.

London, 1880, in-8°.

[Te⁶⁵. 104

10878 TUETEY (Alex.) sous-chef de Section aux Archives Nationales. — La sorcellerie dans le pays de Montbéliard au XVIIe siècle d'après les documents inédits.

Dôle (Jura) A. Vernier-Arcelin, 1886, in-8° de X-94 p. Couv. et Titre frontispice de Lud. Mouchot. (4 fr.).

[Li²⁸. 190

Autre édition :

Lons-le-Saulnier, Vernier-Arcelin, 1880 in-8°.

Aperçu des superstitions concernant la sorcellerie telles qu'elles régnaient au XVIIe siècle, et exposé de la procédure usitée à l'égard de ceux qui étaient accusés de s'y livrer. — Outre l'intérêt historique qu'offre son travail, M. A. TUETEY a encore un mérite, il nous fait toucher pour ainsi dire du doigt les absurdités de la procédure contre la sorcellerie. [N....]

(G-1034

10879 TUKE (Henri). — Exposition succincte des principes religieux que professe la société de chrétiens communément appelés *Amis* ou *Quakers*.

Londres, Philips, 1823, pet. in-8° (3 fr.).

10880 TUKE (Henri). — La vie de Georges Fox, avec un supplément qui contient une revue concise des doctrines et des pratiques qu'il inculquait : traduit de l'anglais.

Guernesey, 1824, pet. in-8° (3 fr.).

Ouvrage estimé sur la vie de ce fameux fondateur de la secte des *Quakers*.

10881 [TURLOT (F. C.)]. — Etude sur la théorie de L'Avenir ou considération sur les merveilles et les mystères de la nature relativement aux futures destinées de l'homme.

Paris, Maradan, 1810, 2 forts vol. in-8°. Frontispice. (12 fr.).

[R. 11668-11669

On y trouve encadrés dans une dissertation philosophique très élevée des aperçus fort curieux sur Nostradamus ; Bernardine Renzi ; Suzette Labrousse la visionnaire ; Bergasse ; Montesquieu prophète de la Révolution et de Napoléon d'après trois de ses lettres reproduites dans le Portefeuille d'un Philosophe ; la Chanson de M. Delisle ; les présages du cardinal de Bernis et la fin de la monarchie, etc.

10882 TURNBULL. (Victor). — Cours de Magnétisme personnel, de l'Empire sur soi-même et du Développement des Dispositions Naturelles, par Victor TURNBULL.

Paris, Bureaux d'Etudes Psychiques, s. d., [1901], in-8° de 47 p. (3 fr.).

Précieuse brochure qui fait partie de la Collection : « *Les Secrets de la Vie* ». Elle émane de l'Ecole Américaine moderne de Magnétisme qui tente courageusement d'améliorer la Race Humaine.

La Presence des Courants Mentaux. — Traits Caractéristiques de l'Individu Magnétique. — Traits caractéristiques de l'Individu non magnétique. — La Puissance tirée du Désir. — Comment tirer profit des Forces contraires. — Le Regard Fixe Central. — La Culture du Regard Magnétique. — Trois Méthodes particulières de Radiation Directe de l'Influence Magnétique. — Le Développement de la Force-Volonté. — Les Méthodes de Projection active. — Etc.

10883 TURPIN, Archevêque de Reims vers 753. D'abord moine de St-Denis, puis Secrétaire et Compagnon d'armes de Charlemagne. — Visio TURPINI Remensis archipisc. qualiter animam Karoli magni dæmonibus abstulerunt duo acephali, beatus scilicet Jacobus Apostolus et Macharius Ariopagita Dionysius ; tiré du ms latin 2447 de la Biblioth. du roi ; dans LENGLET-DUFRESNOY : *Recueil de dissertations....* (1752) T. I., part. I, 182-84.

(O-1749

10884 TURPIN (Eugène) Inventeur de la Mélinite. — L'Univers. — La formation des mondes.

Paris, Savine, s. d. (1893), in-12.

Portrait de l'auteur et 11 gravures hors texte (2 fr. 50).

[8° S. 8138

10885 TURPIN (Eugène). — L'Univers. Les Causes des Phénomènes par Eugène Turpin. Avec de nombreuses figures.

Paris, Albert Savine, 1894, in-12 de 342 p. (2 fr.).

[8° S. 8138

Écrit par l'inventeur de la Mélinite, dans sa prison, après qu'il eut été condamné, plus ou moins équitablement, pour avoir soi-disant vendu à l'étranger le secret de sa découverte.

10886 TURREL (Pierre), Philosophe et Astrologue français, né à Autun dans la seconde moitié du XV° siècle, mort probablement à Dijon dans le premier quart du XVI°. Il était recteur des Écoles de Dijon. Son nom latin est Turellus que l'on traduit quelquefois Tureau ou Turreau. — La Période, c'est à dire la Fin du Monde : contenant la disposition des chouses terrestres par la Vertu et influence des Choses célestes : composé par feu Maistre Turrel, Philosophe et Astrologue, recteur des Escholes de Dijon.

S. l. « Anno Mondy 5531. — Est Cristus 1531 », in-12 de 31 fol.

[Manque à la Biblioth. Nat.

On lit à la fin : « Escript et composé en latin au Monastere des Trois-Valées, et translaté en françoys en la tres noble maison de Commarien, la plus illustre et magnifique que soit en la région de Mandubie. Faict et terminé le second jour de septembre mil cinq cens trente ung. »

Très curieux opuscule de Prophéties, où l'on trouve *la Révolution de 1789 prédite avec sa date exacte.* (Barestl. *Nostradamus*, 193-199).

10887 TURRETIN (Jean Alphonse), théologien protestant suisse, né à Genève en 1671, mort en 1737. Professeur d'histoire ecclésiastique et de théologie à Genève. — Traité de la vérité de la religion chrétienne, trad. du latin de J. Alph. Turretin.

Genève, 1730, 3 vol. in-8°.

(S-451

10888 TURRO (Philippus à). — Monumenta veteris Antii, Tabula Solis Mithræ, et Dissertatio de Beleno, auctore Philippo à Turro.

Romæ, typis C. Zenobii, 1700, in-4°, Figures.

[J. 4348
(S-6388

10889 [TWELLS (Leonhard)]. — An Essay towards vindicating the literal sense of the demoniacks, in the New Testament.... [par Leonhard Twells, selon Watt].

London, T. Roberts, 1737, in-8°.

[D² 4520

Cet ouvrage a fait l'objet de la traduction qui suit

10890 [TWELLS (Leonh.)]. — Recherches sur ce qu'il faut entendre par les Démoniaques dont il est parlé dans le nouveau testament. Par T. P. A. P. O. A. B. J. T. C. O. S. [Leonh. Twells]. Traduites de l'anglais sur la seconde édition.

Leyde, Baudoin et Pierre Van der Aa, 1738.

Autre :

Arnheim, 1755, in-8°.

TWELLS (Leonh.). — Réponse aux Recherches sur ce qu'il faut entendre par les Démoniaques, où l'on fait voir que les Démons étoient des Anges Apostats et que les Démoniaques étoient des personnes réellement possédées. En forme de lettre à l'auteur.

Leide, Baudoin et Pierre Van der Aa, 1738, in-12 ou pet. in-8°. (4 fr. les deux ouvrages).

Très intéressante Controverse sur les

Démons et les Démoniaques, ou Possédés.
(Y-P-609
(S-3216 b
(G-2037 et 2172

10891 TYCHO-BRAHÉ célèbre astronome danois né à Knudstrup (Scanie) en 1546, mort à Prague en 1601. Fils d'Otto Brahé, et seigneur de Knudstrup. Il établit son observatoire à Uranienborg (Palais d'Uranie), dans l'île de Hveen, puis fut contraint de se réfugier à Prague où Rodolphe II le pensionna. — Astronomiæ instauratæ Mechanica.

[In fine :] Impressum Wandersburgi in arce Ranzwiana prope Hamburgum sita, proprio Authoris typographiâ pro Philippi de Ohr chalcographiâ Hamburgensis, 1598. planches. (200 fr. en très bel exemplaire, figures et ornements enluminés).

[Rés. V. 228. 229. 230
(3 exemp.

Édition originale de cet intéressant ouvrage.

10892 TYCHO BRAHE. — Calendarium Naturale Magicum Perpetuum profundissimam Rerum secretissimarum Contemplationem, totiusque Philosophiæ Cognitionem complectens. THICO-BRAHAE, Inventor. 1582. Autore Iohann. Baptista Grosschedel ab Aicha. Theodore de Bry sculpsit.

Estampe gravée par Théodore de Bry, mesurant 1 m. 17 de haut et 0 m. 57 de large. Divisée en une infinité de carrés, avec environ 100 vignettes. Au centre, Horloge magique Universelle.

10893 TYCHO-BRAHÉ, Danus. — I. Epistolarvm astronomicarvm libri, quorum primvs hic Gulielmi Hassiæ Landtgravii et Tychonis literas complectitur.

Vraniburgi Daniæ, 1610.

II. De Mundi ætherei recentioribus phænomenis liber secvndvs.

Typis inchoatus Vraniburgi Daniæ absolutus Pragæ Bohemiæ, 1603, 2 ouvrages in-4°. (30 fr. ensemble).

Ouvrage célèbre, orné de marques typographiques et de nombreuses figures sur bois.

Pour plus de développements sur cet auteur, voir le Catalogue général de la Bibliothèque Nationale, à l'article
BRAHÉ (TYCHO).

10894 TYLOR (Edward B.). — La Civilisation primitive. — Traduit de l'Anglais par Brunet et Barbier.

Paris, 1876-78. 2 forts vol. in-8° de 580 et 600 p. (18 fr.).

Véritable encyclopédie de l'Occultisme dans toutes ses branches et des Religions et mythologies comparées. — L'auteur traite dans ce gigantesque travail de la doctrine de la survivance dans la civilisation, de l'influence du langage expressif direct et de l'invention des chiffres sur la civilisation primordiale, de la place qu'occupent les mythes dans l'histoire primitive de l'esprit humain, du développement et de l'évolution de l'idée religieuse et enfin de l'origine des rites et des cérémonies.

TYMOGUE (de). — Anagramme de :

GUYOT (Edme).

Voir aux :

ADDITIONS et CORRECTIONS, à la fin du présent volume.

10895 TYPOTIUS (Jacobus) ou Jacques TYPOEST, historien flamand né à Bruges vers le milieu du XVIe siècle mort à Prague en 1602. Historiographe de Rodolphe II empereur d'Allemagne. — Symbola divina et humana Pontificum, Imperatorum, Regum ex museo Octavii de STRADA. Accessit brevis et facilis isagoge.

Aruhemiæ, apud Joh. Fr. Hagium, 1676, in-12. Titre frontispice et 178 planches emblématiques gravées. (18 fr.).

Sc. psych. — T. III. — 41.

C'est dans une des planches (*Symbola S. Crucis*) de cet ouvrage que certains Francs-Maçons ont cru trouver l'explication des signes et emblèmes des Rose-Croix.

Autre édit :

Arnheimiæ apud J. F. Hagium, 1666, in-12.

[Z. 17384

10896 TYRRELL (le P. George), Jésuite et célèbre Moderniste. — De Charybde à Scylla. Ancienne et Nouvelle Théologie.

Paris, Emile Nourry, 1910, in-12 de 318 p. (2 fr.).

Ouvrage du célèbre Jésuite, persécuté et excommunié pour avoir voulu tenter (vainement d'ailleurs) d'unir la Vérité à la Religion. Il a choisi la Vérité, d'où Excommunication.

10897 TYRRELL (le P. G.). — Lettre à un Professeur d'anthropologie.

Paris, E. Nourry, 1908, in-12. (1 fr. 25).

[8° H. 6956

Cette lettre du Père Tyrrell marque une période aiguë du Modernisme. — A la suite de ce document plein de hardiesse le Père Tyrrell dut quitter la Compagnie de Jésus dont il était membre. — Il fut depuis excommunié.

10898 TYRRELL, S. J. (le P.). — La religion extérieure, traduit de l'anglais par Aug. Léger.

Paris, V. Lecoffre, 1902, in-12, (2 fr. 50).

[D. 85054

TYRRELL (sur le Père). — Voir : GOUT.

10899 TYSSOT de PATOT. — Voyages et aventures de Jacques Massé.

Bordeaux, 1710, in-12. Orné d'un portrait de Jacques Massé.

Ouvrage contenant de forts intéressants détails sur l'Espagne et sur l'*Inquisition de Goa*.

10900 [UDEN (Conrad Friedrich)]. — Archiv für Freimäurer und Rosenkreuzer.

Berlin, 1783-84. 2 vol. in-8°.

(O-1582

10901 [UDEN]. — Archiv für Freimäurer und Rosenkreuser [herausgegeben von Conrad Friederich Uden].

Berlin. August Mylius, 1783-84, 2 vol. in-8° de IV-474, et XVI-447 pp.

On trouve à partir de la p. 413 du 1-er vol. et de la 337 du II-e, deux bonnes Bibliographies raisonnées pour ces deux années.

(O-244

10902 [UDEN]. — Ephemeriden der gesammten Freimaurerei in Deutschland : auf das Logen-Jahr 5785. [herausgegeben von Conrad Friedr. Uden].

S. l. ni adr. (Altona. J. D. A. Eckhardt), pet. in-8° de IV-XII-175 p.

(O-246 et 247

UDINE (Jean d'). — Voir : COZANET (Albert).

10903 UEBER das Ganze der Maurerey, aus den Briefen der Herren von Fürstenstein und von Stralenberg, die sie auf ihren Reisen durch Deutschland, eines Theils Frankreichs, gezogen; zum Ersatz aller bisher von Maurern und Profanen herausgegebenen unn. Schriften. II-te verbess. und mit Zusätzen versehene Ausgabe.

Leipzig. Weygand, 1787, in-8° de 292 pp. avec 1 pl.

La 1re édit. est de 1782.

(O-424

10904 UEBER den Illuminaten-Orden.

S. l. n. adr. [Leipzig, Bosz], 1799, pet. in-8° de II-87 pp.

(O-206

10905 UEBER die Perfektibilität des

Menschengeschlechts und die nahe Vollendung der Erwählten; eine Trostschrift für die Wartenden ; von .15*.

S. l. ni adr., 1797, in-8° de 51 pp
(O-509

10906 UEBER die Wiederherstellung der Jesuiten, die Unterdrückung des Freimaurerorden sund das einzige Mittel, die Ruhe in Deutschland zu sichern ; mit Beilagen.

Frankfurt-am-M., Franç Varrentrapp, 1815, gd in-12 de VI-284 pp.
(O-207

10907 UEBER geheime Wissenschaften Initiationen und neuere Verbindungen.

Altenburg, Richter, 1786-87, 2 vol in-8° de 368, et 320 pp.

Réunion de 10 articles en partie trad. des langues étrangères et du latin.
(O-1655 et 1679

10908 UEBER Sprache und Schrift als die einzigen Mittel der Kultur des Menschenverstands und der Verbindungen geistiger Krafte ; von 15*.

Leipzig, Grafl. 1797. in-8° de II-62 pp.
(O-508

10909 UHRALTER Ritterkrieg, das ist; ein alchymistich kürztliches Gespräch, unsers Steins, des Golds und des Mercurii, von der wahren Materi, daraus der Stein der Weisen,.... von einem wolerfahrnen Philosopho beschrieben ; à la suite de Triumph Wagen Antimonii (1604), 451-75;

Ce texte de 1604 a été reproduit dans Der Hermetische Triumph...... (1707), avec la traduction française faite par Limojon de St-Didier.
(O-861

10910 UIBER (sic) Eklektiker und Illuminaten zur Vertheidigung des verewigten Kaisers Leopold gegen die Calumnien des angeblichen Wiener Correspondenten in Schleszwigschen Journal ; mit Anmerkungen des Herausgebers.

Germanien (Salzburg, Mayr), 1794 gd. in-8° de 88-II (pour l'errata). pp.
(O-198

10911 ULBACH (Louis), littérateur français né à Troyes (Aube) en 1822, mort à Paris en 1889, Bibliothécaire a l'Arsenal. Son premier pseudonyme fut Jacques Souffrant. — Le Monde Maçonnique. Revue des loges de tous les rites fondée par L. Ulbach et Fr. Fabre.

De l'origine. Mai 1858 à fin Avril 1886, 27 vol. in-8°. (120 fr.).
[H. 11687-11713

Cette collection brochée au catalogue Tissier est cotée 350 fr.

Collaborateurs principaux: MM.Ulbach ; Ragon : le Chansonnier Ch. Vincent ; Elie Plouvier ; Kauffmann ; Amiable ; Ed. Reclus ; Ag. Jouaust ; Rebold ; Littré ; Wyrouboff ; Hector France ; etc... etc...

10912 ULBACH (Louis). — Philosophie maçonnique.

Troyes, 1853, in-16, (4 fr. 50).

10913 [ULMANN]. — Pandora, das ist: die edlest Gab Gottes, oder der werde und heilsame Stein der Weysen, mit welchem die alten Philosophi, auch Theophrastus Paracelsus, die unvollkommene Metallen durch Gewalt, des Fewrs verbessert : sampt allerley schedliche und unheilsame Kranckheiten, jnnerlich und eusserlich haben vertrieben. Ein guldener Schatz, welcher durch einen Liebhaber (Hieronymus Reusner) dieser Kunst, von seinem Undergang errettet ist worden.

Basel, Sebast. Henricpetri s. a. (1582). in-8° de XVI-317 pp. avec un gr. nombre de grav. sur b. intercal. dans le texte et col.

Fictuld dit que l'auteur est un certain Franciscus Epithemius dont le vrai nom était Ulmannus.

(O-1044-1045

10914 ULSTADE (Philippe) Philosophe hermétique de Fribourg en Brisgau. — Cœlum Philosophorum, seu Liber de Secretis Naturæ, per Philippum Ulstadium, ex variis Authoribus accurate selectus, etc...

Lugduni, 1553, in-12. (8 fr.).

[R. 52967

Livre rare de ce célèbre alchimiste de Fribourg en Brisgau, contenant les véritables principes de la philosophie hermétique. — Très recommandé aux adeptes par Lenglet-Dufresnoy dans son *Histoire de la philosophie hermétique*. — Il contient un grand nombre de figures représentant des fourneaux philosophiques, des cornues, des athanors, employés par les alchimistes. — La figure *Forma furni* est particulièrement curieuse.

Autres édit. :

Paris, 1544, in-8°.

[R. 52966

Lugduni, 1572, in-8°.

[R. 52968
(S-3382

10915 ULSTADE. — Le Ciel des Philosophes, où sont contenus les secrets de nature, et comme l'homme se peult tenir en santé, et longuement vivre : composé par Phelippe Ulstade, extraict des livres de Arnould (sic) de ville neusve, du grand Albert, Raymon Lulle, Jehan de la Roche tranchée (Roquetaillade), et plusieurs aultres bons aucteurs; de nouveau traduict de latin en françoys, auquel livre, ont esté adjoutées les figures, pour donner plus facile intelligence.

Paris, par Vivant Gaultherot, 1547 in-8° de 112 ff. (les premiers non chiff. les suiv. chiff. 1 à 96). (25 fr).

Autre édit.

Paris, 1550. in-8°.

(O-882

10916 [ULSTADE]. — Cœlum Philosophorum, die auf alle Liebhaber der wahren hermetischen Weizheit ihre Influenzen herabflöszende, und das Firmament des philosophischen Himmels bestrahlende Planeten, oder : eine auf wahre Praxin gegründete, und durch die Experienz bestättigte.....; von einem gründlicher spagirischer Wissenschafften Cultore.

Dresden und Leipzig. Hübner, 1739, in-8° de XIV-143 pp.

(O-1459

10917 UN ACADÉMICIEN de Londres... — Les singularités de la nature. par un académicien de Londres, de Boulogne, etc...

Basle. 1768, in-12. (3 fr. 50).

De la grotte des fées. — Du feu élémentaire. — Des lois inconnues. — Ignorances éternelles. — Des Vérités condamnées. — Des aiguilles formées de farine et de jus de mouton. — D'une femme qui accouche d'un lapin, etc...

10918 UN ADEPTE. — Spiritisme moderne. — Katie King. Histoire de ses Apparitions d'après les Documents anglais avec illustrations par Un Adepte. Avec une Préface de M. Gabriel Delanne.

Paris, Libr. des Sciences Psychiques, P. G. Leymarie, 1809, in-12 de 150 p. Portrait du Médium Florence Cook et 6 portraits du Fantôme Katie King. (1 fr. 50).

[8° R. 10222

Edition d'Extraits de la *Revue Spirite* de 1897 relatifs à cette manifestation, l'une des plus importantes des temps modernes. Katie King est une Matérialisation d'un Esprit qui, d'après ses dires avait vécu sur terre sous le nom d'Annie Morgan durant la fin du règne de Charles Ier d'Angleterre. sous Cromwell et sous Charl II. Elle se serait « *désincarnée* » à 24 ans. Mais le très grand intérêt qu'elle présente consiste dans ce fait qu'elle a servi aux expériences les plus précises du Professeur William Crookes, l'illustre inventeur des Tubes qui servent en Radiographie. Le célèbre savant avec des précauitions qui excluent toute possibilité de fraude a photographié lui-même et étudié physiologiquement cette extraordinaire Matérialisation.

10919 UN AMI DE LA NOUVELLE E-GLISE. — Histoire sommaire de la Nouvelle Eglise chrétienne, fondée sur les doctrines de Swedenborg, par un Ami de la nouvelle Eglise.

Paris et Londres, 1879, in-8°. (2 fr. 50).

[D² 1445]

Voir aussi à la fin de notre article sur
SWEDENBORG.

(G-1825)

10920 UN AMI DE LA NOUVELLE E-GLISE. — Mélanges de Physiologie, d'Hygiène et de Médecine d'après les Ecrits de Swedenborg, par Un Ami de la Nouvelle Eglise.

Paris. E. Jung-Treuttel. M. Miriot, 1876.
Londres. J. Speirs, in-8° de IV-200 p.

[T³¹. 154

Physiologie et Hygiène. La Santé de l'âme est le principe de la santé du corps. — Toutes choses émanent de l'âme, qui crée, conserve tous les organes. — La volonté est l'homme même. — Une volonté forte peut donc beaucoup pour le maintien de la santé et la guérison des maladies. — Des fibres nerveuses et des Esprits animaux. — De l'origine des Esprits animaux, ou du Fluide nerveux. — Ce fluide puise les éléments dont il est composé : 1° dans le sang ; 2° dans l'atmosphère ambiante. — Hygiène de l'Alimentation. — Règles particulières pour l'Alimentation, — Hygiène de divers organes : Cerveau, Vue, Muscles. Fonctions de la peau. Bains. Barbe et cheveux.

Médecine spirituelle : Des Causes morales ou spirituelles des maladies. — L'Homme ne vivant pas par lui-même mais par l'influx divin, si cet influx cesse il y a maladie. — Toute maladie ou mal dans le corps est une correspondance du mal de l'âme. — De la médecine spirituelle, ou des remèdes moraux. — Des guérisons par la prière. — Traitement des diverses maladies. — Des maladies du Système nerveux. — Des maladies provenant des altérations du sang. — Des moyens d'embellir son corps d'après les ouvrages de Swedenborg. — Etc.

UN AMI DE LA VERITE. —
Voir :
VILLENAVE (G. T.) (sur Mme d'ELDIR).

10921 UN ANCIEN CHANOINE. — Mœchialogia, morale catholique, par un Ancien Chanoine.

Paris, Nilsson, s. d. gr. in-8°. (4 50).

10922 UN ANCIEN CHANOINE. — Mœchialogia, morale matrimoniale, par Un Ancien Chanoine.

Paris, Nilsson, Per Lamm, s. d., gr. in-8°, (4 fr. 50).

10923 UN ANCIEN CHANOINE. — Théologie amoureuse des Peuples d'Occident. Morale Matrimoniale par Un Ancien Chanoine.

Paris, chez tous les Libraires, s. d., gr. in-8°, (4 fr.)

De la Chasteté. — De la Virginité. — De la Luxure consommée. — Du Péché de luxure contre nature. — De la Pollution. — De la Sodomie. — De la Bestialité. — Du Stupre et du Viol. — De l'Inceste. — Des Empêchements au Mariage. — De l'Obligation de l'Acte Conjugal. — Des Plaisirs ou Délectations Charnelles permises ou interdites aux époux. — Etc.

UN ANCIEN ROSE ✝ CROIX. —
Pseudonyme de :
ROSEN (Samuel-Paul) Juif polonais, ancien franc-maçon.

10924 UN BENEDICTIN. — Traité de la Circulation des Esprits Animaux, par un Bénédictin.

Paris, Vᵛᵉ L. Billaine, 1682, in-12.

[Tb¹⁵. 6

Une note manuscrite de FALCONNET attribue cet ouvrage à *Jean* BONET.

(S-3353 b

10925 UN DÉISTE. — Essai critique sur l'Exode, résumé apodictique de la Mission de Moïse ; précédé d'observations nouvelles sur la découverte des Livres Saints, par Un Déiste.

Paris, Librairie Internationale, 1869, in-8°. (5 fr.).

[A. 14006

Ouvrage rare sur l'Egypte ancienne écrit par un Initié anonyme. — Origine du Peuple de Dieu. — L'homme-Divin. — Etat religieux de l'Egypte sous les Pharaons. — Les Mystères. — Le Mot sacré, etc...

(G-1357

10926 UN ESPRIT FRAPPEUR. — Fables et poésies rares. Par Un Esprit Frappeur.

Carcassonne, 1862, in-12.

(G-1361

10927 UN INITIÉ [G. PLYTOFF]. — Mystères des sciences occultes : Physiognomonie, phrénologie, chiromancie, graphologie, divination naturelle et artificielle, organes de la divination, astrologie, divination par les songes, arts divinatoires, divination par les signes, cartomancie, calcul des probabilités, cryptographie, lois des sciences occultes, unité dans la nature, alchymie, hypnotisme, Magnétisme, Télépathie, Spiritisme, Force Psychique, Magie, Sorcellerie, Principes fondamentaux des Sciences Occultes par Un Initié.

Paris, Libr. illustrée, s. d., [1894] in-8° de XIII-595 p. nomb. figures et planches hors texte. (6 fr.).

[8° R. 12230

Ouvrage attribué à G. PLYTOFF, q. v.

La Table des Matières est détaillée sur le titre. Il y a aussi un vocabulaire analytique (p. 573) qui renvoie aux sujets traités.

(G-1647

10928 UN KABBALISTE. — Les Secrets de la Roulette, et des autres jeux, dévoilés pour la première fois, par Un Kabbaliste.

Paris, 1909, in-16, (3 fr.).

Méthode d'entraînement pour gagner à tous les jeux dits de hasard. Théorie et pratique. — Les trois éléments du jeu à l'Elément mathématique ou des systèmes. — L'Elément humain, ou du jeu du Croupier. — L'Elément occulte. — La Volonté humaine et les Forces occultes du jeu. — Comment combattre ces Forces mystérieuses. — Méthodes et talismans. — Ouvrage du plus haut intérêt.

10929 UN NOUVEAU CONVERTI. — Abrégé de l'histoire des magnétiseurs de Lyon, par Un Nouveau Converti.

S. l., 1784, in-8°, 8 pages.

Tel est le titre d'une petite plaquette de 8 pages, que je possède, sans lieu ni date et avec la signature typographique A. Je la crois donc incomplète ; elle a dû paraître sous un autre titre, je ne l'ai point trouvée mentionnée dans les biographies générales sous celui ci.

(D. p. 52

UN OCTOGÉNAIRE. — (Le Secret de Longue Vie, par....) : voir :

[*MOREAU-CHRISTOPHE* (L. M.)].

10930 UN REDACTEUR de l'Anti-Maçon [peut-être Jules Stanislas DOINEL, q. v.].

[La Loque Noire, ou le Complot des Kadosch, par Un Rédacteur de l'Anti-Maçon.

Paris, Alfred Pierret, s. d., [1896] in-12 de 270 p. avec gravures, copiées sur les documents du Cabinet des Estampes de la Bibliothèque nationale]. (5 fr.).

[Manque à la Bib. Nat.

Cet ouvrage est dans les termes ci-dessus, annoncé comme « *venant de paraître* » sur la Couverture des « *Mémoires d'une Ex-Palladiste indépendante* » par Miss Diana VAUGHAN, publiées par le même éditeur, qui était aussi Directeur de la Publication hebdomadaire: «*l'Anti-Maçon*.»

Nous donnons ci-après le titre exact de cette singulière élucubration, fort difficile à rencontrer en librairie, et qui, si on se risque à la parcourir. fait éprouver de sérieuses craintes au sujet de l'équilibre mental de son auteur.

LA LOQUE NOIRE par ***. Ouvrage orné de gravures copiées sur les documents du cabinet des estampes (Bibliothèque nationale).

Paris, A. Pierret, éditeur, s.d., in-12 de 460 pp. Frontispice sur bois, portraits d'Adam Weishaupt, du Cte de St Germain, de la Comtesse de La Motte, Cagliostro. Seraphina Feliciani. la marquise de Douhaut.

Ouvrage divisé en 4 parties : Complot des Kadosch contre le catholicisme. — Causes Occultes des Révolutions françaises de 1789 à 1830. — Anecdotes contre la Franc-Maçonnerie. — Singulière interprétation Kabbalistique (!) de la Tour Eiffel (?!!).

Subdivisions : Le Collier de la Reine ; la Femme sans nom [Marquise de Douhaut (?)].

Voici un échantillon du style et des idées de l'auteur prises à la dernière page de son livre :

« Et la Tour Eiffel, caricature démesurée, insulte au Dôme des Invalides comme à l'Arc de Triomphe : ... elle insulte à la religion [?]...

« Elle est anti-chrétienne !

« Elle est anti nationale !

« Elle est anti française !

. . . .

« A bas la Tour !

[Absolument textuel].

Nous devons la communication de cet ouvrage très difficile à rencontrer, à l'obligeance de M. P. DUJOLS, que nous tenons à remercier ici.

Attribué à Doinel (33°). Cet ouvrage est en somme une violente critique de la Fr∴ M∴. Il dévoile le complot des Kadosch et fait l'exégèse de ce grade philosophique. — L'auteur affirme en révéler tous les mystères d'après un manuscrit qui lui fut confié par un très haut dignitaire du Rit Ecossais, auteur d'ouvrages magiques et ancien correspondant de Weishaupt, Cagliostro, St-Martin, Cazotte. — Quoiqu'il en soit, l'interprétation qu'on y trouve des formules abréviatives du grade est des plus étranges et des plus inattendues. [DUJOLS].

10931 UN REVENANT [Jules GUIRAUDET ?]. — Y a-t-il une Vie future ? Opinions diverses sur ce sujet, recueillies et mises en ordre par Un Revenant [Jules GUIRAUDET ?].

Paris, chez Amyot, 1864, in-12 de 273 p. et table. (2 fr. 25.

[D. 54857

Ouvrage d'un savant mathématicien qui a traité la question avec une remarquable clarté et une logique irréprochable. Les spirites puiseront dans cet ouvrage des arguments pour réfuter leurs adversaires.

Intéressant récit de réincarnations successives (p. 167 et seq.)

10932 UN ROSE CROIX. — La Franc Maçonnerie. Révélations d'un Rose Croix à propos des évènements actuels [par l'abbé Isidore BERTRAND ?].

Bar-le-Duc, imp. de Bertrand, 1877 in-8° (3 fr. 50).

[8° H. 229

Rare.

3ᵉ édit. :

Ibid., (1878), in-8°.

[8° H. 328

6ᵉ édit. :

Ibid., (1878), in-8°.

[8° H. 229

6ᵉ édit. :

Paris, Bloud et Barral, (1878), in-8°.

[8° H. 234

Autre :

Paris. Bloud et Barral, s. d., in-8°.

[8° H. 160

La F∴ M∴ a fait la Révolution de 1789 c'est un fait historique. Elle est aujourd'hui au pouvoir, c'est indéniable. Elle oriente — c'est le cas de le dire — les destinées du monde vers un inconnu mystérieux que les uns appellent le bien, d'autres le mal. Ces révélations d'un haut initié sont une prophétie qui se réalisera mathématiquement car les conclusions répondent pleinement aux prémisses. Les nations comme les individus sont dominés par leur Karma et doivent payer leur tribut à la fatalité créée par leur atavisme politique. Il est donc des événements que rien ne peut enrayer : c'est l'arrêt du destin.

Attribué à l'abbé Isidore BERTRAND.

10933 UN SERVITEUR DU CHRIST. — La Rénovation Religieuse, doctrine et pratique de Haute Initiation, par Un Serviteur du Christ. Deuxième édition.

Paris, Fischbacher, 1901, gr. in-8° 400 pp. (5 fr.).

[D². 17196

Le Livre des Connaissances : Dieu et son Œuvre. — L'Ermite de St Michel (près Ouessant, Finistère). — Ordre de la Création, Monde Angélique. Ame universelle. — L'Homme Spirituel. Incarnation des Esprits. — Le Magnétisme, Spiritisme, etc. (p. 95). — Les Sacrements, la Tradition.

Le Livre des Transformations : L'Humanité et les aptitudes spirituelles. — *Voie purificative*. — La Prière. — La Méditation. — La Dévotion. — La Mortification. — Abandon à la Providence. — Illusions. — Des Devoirs d'État. — *Voie illuminative*. — Imitation de J. C. — Le Roi de Gloire. Abandon. Oraison d'Union Etc.

10934 UNE RÉUNION D'ECCLÉSIASTIQUES. — De l'Eglise Chrétienne primitive et du Catholicisme Romain de nos jours, par Une Réunion d'Ecclésiastiques. [Epigraphe :] Tempus est ut incipiat judicium à Domo Dei.

Paris, Leroy, Houdaille, Denain, Delaunay. 1833. in-8° de 240 p. et errata, avec la croix du Temple (4 triangles) en vign. s/le titre. (20 fr.).

[Ld¹⁴⁹. 8

Œuvre collective de Prêtres affiliés à la *Maçonnerie Templière*. C'était à l'époque où le Chanoine CLOUET célébrait des Messes Templières, devant tout l'Ordre en grand costume, et en plein Paris. Le présent ouvrage est nettement hostile à l'Eglise Romaine et renferme le Credo Néo-Templier (p. 194), qui proclame l'Emanation des Etres, nie la divinité du Christ, sa Résurrection, et la Descente du Saint-Esprit sur les Apôtres, etc. dans le « *Catéchisme* » qui le suit immédiatement.

Ce Christianisme est presque Bouddhique, par son élévation et la place prépondérante qu'il accorde à la Raison (voir p. 206).

L'Exposé Analytique qui termine l'ouvrage (p. 215-240) est des plus instructifs sur la manière dont s'est constitué le Catholicisme de nos jours.

10935 UNBEKANNTEN (Eines) Philosophi und wohlerfahrnen Artisten hinterlassens Gründliche Beschreibung von denen Particular und Universal-Tincturen, aus den wahren Fundamenten der Natur.... ausführlich zusammen getragen und verfasset, im 128 sten Jahre seines Alters. N. de Tr. E. ad S. Michaël, anno 1500, nunmehro aber zum Druck ausgefertiget, und mit einigen Anmerkungen erläutert ; dans *Theoretisch und prakt. Wegweiser* (1773), 1-120.

(O-1503

10936 UND seine Zahl ist 666. Ein Nachtrag zur kurzen Uebersicht der Offenbarung Joannis. Cap. 13, 18 ; von demselben Verfasser.

Leipzig, Erdmann Ferd. Steinacker 1817, in-8° de 16 pp. numérotées 203-10, plus le feuillet du titre.

(O-167

10937 UNGARELLI. — Du divorce dans la Synagogue, par le Chev. Drach ; étude bibliographique et analytique.

S. l., [1841], in-8°. (1 fr.).

(Extr.).

10937 *bis* UN INITIÉ. — Les trois hauts

grades mystérieux de la Maçonnerie Adhoniramite, traduit du Danois par Un Initié

A Amsterdam, L'an 5802 de la V∴ L∴ M∴.

[Second Titre, page 5] :

Recueil précieux de la Maçonnerie Adhoniramite, Contenant le Grade de S 2 r i p h 3 n. Dédié aux M 1 ç 4 n s 3 n 3 t 3 2 s. Aux sublimes mystères du troisième ciel.

A Amsterdam. L'an 5802, de la V∴ L∴ M∴., pet. in-12 de 143 pp. comptant le premier titre, inclusivement.

Ouvrage des plus curieux et des plus rares, où les pratiques de la F∴ M∴ s'allient au Sadisme le plus nettement caractérisé.

Certaines des Cérémonies décrites (p. 22 par ex.) rappellent celles de la secte des *Scopits* de Bucarest (voir Scopit).

D'autres sont des scènes de Flagellation tout à fait dignes de l'imagination du marquis de Sade en personne (pp. 114-115, etc.)

Nous devons la communication de cet ouvrage à l'obligeance de M. Dujols.

10938 UNION ANTI MAÇONNIQUE universelle, acte du premier congrès anti maçonnique international, 26 au 30 Septembre.

Trente, Tournai, 1897/99. 2 vol. in-8°, (10 fr.).

Portraits des principaux membres du congrès et vues hors texte. Ouvrage très intéressant.

10939 UNIVERSALKATECHISMUS für Kenner und Bekenner des allgemeinen Dreiecks und Vierecks in dem Universalreiche und in den drei Reichen der Natur.

Leipzig, Carl Friedr. Enoch Richter, 1803, in-12 de IV-203 pp. avec 1 pl.

Le second folio a un autre titre ainsi conçu : *Allgemeines Hand und Taschenbuch oder Universalphysik für Naturweise und Naturforscher*.

(O-303)

10940 UNION MAGNÉTIQUE (L'), journal de la Société philanthropico-magnétique de Paris. — Numéro spécimen.

Paris, décembre 1853.

Ce journal qui en 1868 compte quinze années d'existence est sans contredit un vaste répertoire de faits et d'excellents mémoires. Ce qui le distingue surtout de ses aînés, c'est la libre discussion et la controverse. Un grand nombre de médecins et de magnétistes indépendants y ont collaboré et l'on peut citer parmi les savants dont il a inséré les travaux les noms de MM. Rostan et Lélut.

(D. p. 154)

10941 UNPARTHEIISCHE Ansichten eines tiefeingeweihten Freimaurers; enthaltend : was derselbe früher von der Maurerei dachte-was er während seiner Aufnahme empfand-was er gefunden, als er Maurer geworden-was er jetzt darüber denkt-und wie sie der Laie zu betrachten hat ; mit besonderer Berücksichtigung des ohnlängs erschienen Buchs : Sarsena..... von dem Ubergeber des Buchs Sarsena zum Drucke.

S. l. n. adr. (Bamberg, Kunz), 5817, in-8° de X-85 pp.

L'éditeur (*Verleger*), Carl Friedr. Kunz, a signé la préface.

(O-328)

10942 UNVORSICHTIG (Die) verlohrne baer doch glücklich wiederum gefundene Philosophische Brieff-Tasche, aus welcher nach Anweisung und zwar grösten Theils mit selbst eigenen Worten, der approbiertesten Philosophen der rechte Grund, die wahrhaffte Materie und der richtige Weeg wie zu der wahren und geheimen hermetischen Wissenschafft zu gelangen seye, nebst einer aufrichtigen Handleitung zur würcklichen Bereitung der sogenandten Philosophischen-Tinctur ;...., versehen und heraus gegeben von einem Freund und Untersucher der Naturlichen und Hermetischen Wahrheiten.

Strasburg, Johannes Beck, 1728, in-8º de VI-306-XVIII pp. plus le titre sur un fol in-4º.

(O-1452

10943 URBIGER. — Aphorismi URBIGERANI, oder gewisse Reguln, welche klärlich anweisen die unfehlbahren Wege umb das Grosse Elixir, oder Circulatum majus der Philosophen zubereiten, wodurch endectet werden so wohl die grösten Geheimnisse als Irrthümer der gemeinen Chymisten in ihren Arbeiten, verfasset in 100 und ein Aphorismos... mitgetheilet von Barone URBIGERO, Gottes getreuen Priester im Tempel Natur. Erst gedruckt zu Londen bey Henrici Faithorn 1690 ; nunmehro aber verteutschet und publicirt zu

Erffurdt, Joh. Caspar Birckner, 1691. in-8º de 30 ff. non chiffrés avec 1 pl.

(O-1186

10944 URNE MAGIQUE (L'), ou oracles inédits de la Sybille de Cumes, tirés de l'ombre et émis sous la responsabilité du vieux CRASINOF ALTIFURET, l'un de nos plus profonds Hiéroglyphiles.

A Divinopolis chez Orer Phylanose s. d. (Paris, chez Alphonse Royer, vers 1842); in-32, figures. (4 fr.).

[R. 53045

Curieux petit ouvrage, espèce d'*Oracle satirique*, orné d'une quantité de figures gaies par Lorentz.

(G-2176

10945 URSINUS (Joachim). — Hispanicæ Inquisitionis et Carnificinæ Secretiora, per Ioachim URSINUM.

Ambergæ. (Amberg, en Bavière), Joh. Schönfeldius. 1611, in-12.

[D². 4185
(S-5377

10946 URSINUS ou Ursin (Jean Henri) antiquaire allemand, mort à Ratisbonne en 1667. — J. Henrici URSINI, de Zoroastre Bactriano, Hermete Trismegisto, Sanchoniathone phœnicio, eorumque scriptis, et aliis, contra Mosaicæ Scripturæ antiquitatem Dissertationes... quibus Christophori Arnoldi spicilegium accessit.

Norimbergæ, 1661, in-12 (Le Cat. SÉPHER indique in-f°).

Ouvrage d'érudition catholique et cabalistique, consacré au triomphe de Moïse, de sa science, de son antiquité. — Les matières traitées sont des plus intéressantes, telles que : la science d'Adam; l'antiquité des Egyptiens ; la bibliothèque Alexandrine ; l'astrolatrie ; Enoch, l'Hermès des Rabbins ; les images parlantes magiques ; les fondateurs de la Magie, la puissance, la théologie, les livres des Mages Mithra, le Dieu des Perses ; l'époque de Pythagore ; les Mages de l'évangile ; le livre de Job ; les livres sibyllins, etc...

(S-6313

Réédité :

Ibid., 1664, in-fol. (LAROUSSE).

10947 URSPRUNG und Gegenstand der Maurerey ; nebst zwoen Freymäurer Reden, von Bruder dem B.'.

Im Osten. s. adr. (Leipzig, Böhme), 7785 d. i. 1783, in-8º de 80 pp.

(O-286

10948 UZIER (Anthoine). — Triomphe dv Corbeav contenant les propriétés, perfections, raretés et vertus soueraines avec les significations des mystères relevés de notre foy et le Triomphe du Monarque Lorrain remettant par favorable présage le Sceptre de Judée en l'Auguste maison de ses Devanciers.

Nancy, 1839, in-8º (5 fr.).

Réimpression d'un livre introuvable, très recherché pour sa singularité, c'est un examen de la marche progressive des facultés de l'esprit humain où se révèle à chaque feuillet un sens mystique.

V... (Suzanne). — Voir : VOILQUIN (Suzanne).

10949 VACANT, Dr en Théologie.— Dictionnaire de théologie catholique, contenant l'exposé des doctrines de la théologie catholique, leurs preuves et leur histoire, continué par E. Mangenot, professeur à l'Institut catholique de Paris.

Paris, Letouzey et Ané, 28 fascic. in-4° de 160 p. chaque. Avec figures. (70 fr.). (En cours de publication).

[D. 10484

10950 VACHEROT (Etienne), philosophe et homme politique français, né à Langres en 1809, mort en 1897. Académicien. — Essais de philosophie critique.

Paris, Chamerot, 1864. in-8°. (4 fr. 50).

10951 VACHEROT (E.). — Histoire critique de l'Ecole d'Alexandrie.

Paris, Ladrange, 1846-1851. 3 vol. in-8°. (60 fr.).

10952 VACHEROT (E.).— Le nouveau spiritualisme.

Paris, Hachette, 1884, in-8° (1re édit.). (4 fr. 50).

[8° R. 6003

10953 VADE MECUM Maçonnique pour les trois premiers degrés du rite écossais ancien et accepté par un ex vénérable de la L∴ Ecossaise.

Paris, 1825. in-12, (5 fr.).

Manuel contenant les rituels d'ouverture et de clôture, les instructions des différents grades, les travaux de banquet, et un traité du calendrier maçonnique.

10954 VADIS. — Tabula chimica metallorum ; dans *Theatrum chemicum* (1613), II.

Cette Table sur un feuillet double se trouve après la p. 104.

(O-969-070

10955 VAILLANT (A.). — Etudes historiques et symboliques sur la Franc-Maçonnerie, dédiées aux Fr∴ M∴ de l'Uruguay et de la Plata.

Paris. imp. de A. Lebon, 1860. in-12, (6 fr.).

[H. 10073

Ouvrage d'un intérêt transcendant dans lequel l'auteur, qui était d'une érudition remarquable, a donné l'explication définitive d'une foule de symboles. — On y trouve l'origine et l'histoire de chacun des trois grades symboliques ; une étude lumineuse et des plus documentées sur les temps primitifs, les fables et mystères de l'antiquité, l'histoire d'Osiris et d'Isis et son exégèse : le mythe d'Hiram et l'emblème du Temple de Salomon : et des explications symboliques très détaillées sur chacune des matières traitées. — L'ouvrage se termine par des notes historiques, critiques et philosophiques qui constituent à elles seules une mine de renseignements précieux qu'on chercherait vainement dans les autres ouvrages écrits sur la question.

10956 VAILLANT (J. A.). — Bible de la Science Bohémienne. Voyage à travers les Temps, les Pays, et les Peuples, ou Révélation de l'Argo Antique et de la Science des Saganes ; par Narad, fils de Nun, publié par J.-A. VAILLANT (de Bucharest). Première-Livraison. Prix : 1 franc.

Paris, imprimerie Prève et Cie, 1851, in-4° de 62 pages. (Le Prospectus, de 2 feuillets, est en pièce liminaire à l'exemplaire de la Bib. Nat.).

[R. 8714

Cet ouvrage dont la première livraison seule a paru, devait paraître sous cet autre Titre : « *Bible de la Science Bohémienne : Evangile selon les plus Vieux Pelerins, le plus franc des prophètes, le plus vrai des Socialistes, le Bohémien Narad, fils de Nun. Vainqueur des Deux Grandes Prostituées d'Orient et d'Occident publié par...* etc., in-8° de 800 pages, illustré de 150 Signes dédaliques, autant de Dessins,

Vues et Figures, d'une Carte Géographique et de deux Cartes Cosmogoniques ; l'une du Panthéisme des Nations, l'autre du Panvirisme des Hébreux, en 25 livraisons de 4 feuilles dont 22 de Texte et 3 de Signes, Figures et Cartes.

La seule Livraison parue contient des Notes Philologiques se rapportant au culte de Satan et à la Sorcellerie.

(Y-P- 880

10957 VAILLANT (J. A.). — Clef magique de la fiction et du fait. Introduction à la Science nouvelle par J. A. VAILLANT.

Genève et Paris, Dentu, 1861. in-12, XLII-202 p. Frontisp. plié et XVI pl. lithogr. (8 fr.).

[R. 53075

Ouvrage de haute Kabbale. — Avec 16 planches fort curieuses basées sur l'étude des Nombres et de la Kabbale ; à remarquer celle représentant l' « Ostensibilité de la vie allégorique de la lumière solaire et des 12 apô-stoles de son étoile stellique ou robe étoilée ». Ouvrage à peu près inconnu. — Il est l'œuvre d'un maçon distingué, célèbre par ses remarquables travaux : Histoire vraie et Bible des Bohémiens ; Etudes historiques sur la F∴ M∴, etc. C'est un livre des plus précieux où abonde l'ésotérisme le plus pur et où l'on sent l'autorité de la véritable Tradition révélée par un de ses rares adeptes. — On y retrouve, un peu avant St-Yves d'Alveydre, le programme de la Synarchie, nettement tracé. — Voici un extrait des principaux sujets qui y sont traités. — Dieu, origine et sens de ce mot. — L'homme créateur des divisions du Zodiaque. — Eve et Hébée. — Jardin d'Adon. — Eden indien. — Révélation ; sens vrai de ce mot. — Noé et son arche du temps. — Origine des 10 commandements. — Origine et sens du mystère. — Verbe et incarnation. — Sens de la Rédemption. — Origine et sens du mot Baptême. — Fêtes, origine et sens de ce mot. — Origine et but du Culte. — Origine et sens du Temple. — Esséniens et leur doctrine. — Ascètes et leurs légendes. — Sens des Mythes. — Origine et sens des Anges, des Démons, de Satan, de Marie. — Jean et Jésus. — Litanies. — Hymnes de Noël. — Identité de Magdeleine et de Médée, lune de Médée. — Origine et sens du mot Ere. — Les Capellæ, temples de chèvres, devenus chapelles. — Horoscope de la réincarnation de Isa-Christna. — Sens du Calendrier. — Explication de l'Apocalypse. — Description du Zodiaque, autrement dit gloire de Dieu. — Preuves écrites du sens du mot Jésus. — Sens et but des Evangiles. — La Synarchie, etc. — Cet ouvrage qui est précédé d'une préface du f∴ Disdier, constituant à elle seule un chef-d'œuvre, est enrichi de 11 superbes planches hors texte, synthétisant en de remarquables schémas, toute la Tradition. — C'est un traité complet d'ésotérisme transcendental, une clef définitive de tous les mystères de l'Esotérisme chrétien, de la Mythologie, de la Kabbale et de la Franc-Maçonnerie. [Dujols].

On signale aussi une édition de : Bruxelles, même date, 1861 (?).

10958 VAILLANT (J. A.). — Grammaire, dialogues et vocabulaire de la langue des Bohémiens ou Cigains.

Paris, Maisonneuve, 1868, in-8°. (10 fr.).

[X. 32819

10959 VAILLANT (J.A.). — L'Islam des Sultans devant l'Orthodoxie des Tezars.

Paris, 1855, in-12, (3 fr.).

Ouvrage rare du remarquable auteur de l'Histoire des Rômes ou Bohémiens.

10960 VAILLANT (J. A.). — Magie et Sagée.

Paris, 1855, in-8°.

Extrait.

Œuvre d'un ésotérisme profond qui témoigne à chaque ligne de la haute initiation de l'auteur du « Livre de la Parole » et de la « Clef magique », etc.

10961 VAILLANT (J. A.). — Les Rômes : histoire vraie des vrais Bohémiens.

Paris, Dentu, 1857, in-8°. (40 fr.).

[G-29856

« Ouvrage devenu presque introuva-
« ble ; il y a douze ans que je le cher-
« chais ; mais quand de loin en loin il ap-

« paraissait dans un catalogue il était
« toujours enlevé quand arrivait ma com-
« mande ». (Note de St. de G.).

Cet ouvrage assez recherché à l'heure actuelle est utile à celui qui veut étudier l'histoire de la Tradition et l'approfondir. — En effet, les Rômes ou Bohémiens originaires de l'Inde, possédèrent la véritable tradition, et au cours de leur histoire faite avec une érudition et une impartialité remarquables, le savant auteur de la « Clef magique de la fiction et du fait » ne manque pas, chaque fois qu'il en a l'occasion de sonder l'ésotérisme des symboles, d'étudier de près la signification Kabbalistique des noms propres, pour aboutir enfin à synthétiser les diverses branches qui constituent la partie métaphysique de l'occultisme et que possédèrent intégralement les pauvres Gitanes, aujourd'hui si décriés. — Ajoutons que VAILLANT, qui avait vécu pendant de longues années en compagnie des Bohémiens, avait appris d'eux la philosophie et le maniement du Tarot qu'il révèle longuement dans cet ouvrage. [DUJOLS].

10962 VAILLANT (J. A.). — La Romanie, ou histoire, langue, littérature, orographie, statistique des peuples de la langue d'or, Ardaliens, Vallargues et Moldaves, résumés sous le nom de Romans.

Paris, Bertrand, 1844. 3 vol. in-8° (28 fr.).

[M. 34700-34711

Ouvrage qui complète « *Les Rômes ou Histoire vraie des Bohémiens* » avec une grande carte ancienne et moderne des pays Romans.

10963 VAIR (Léonard) ou VAIRO, prélat italien né à Bénévent vers 1540, mort à Pouzzoles en 1603. Évêque de cette dernière ville. — Leonardi VAIRI, de Fascino, libri III.

Parisiis, 1583, in-4°.

Ouvrage bien traité et d'une remarquable érudition.

(S-3208 b

10964 VAIR (Léonard). — De fascino libri tres, in quibus omnes fascini species... nec non praestigias, imposturas, allusionesque doemonum, cau-tiones et amuleta praescribuntur, etc. ac denique nugæ, quæ de iisdem narrari solent, dilucide confutantur.

Venetiis apud Aldum, 1589, in-8° (20 fr.).

[Rés. R. 2711

Traité fort rare.

A la suite de cet ouvrage se trouve un catalogue des éditions Aldines.

(G-1111

10965 VAIR (Léonard). — Léonard VAIR, Espagnol. — Trois Livres des Charmes, Sorcelages, ov Enchantemens. Esquels toutes les Espèces et causes des Charmes sont méthodiquemend descrites... auec les vrais contrepoisons pour rabatre les impostures et illusions des Dæmons, et par mesme moyen les vaines bourdes qu'on met en auant touchant les causes de la puissance des Sorcelleries, y sont clairement réfutées. Faicts en Latin et mis en François par Iulian BAVDON, Angeuin.

Paris, Chesneav, 1583, pet. in-8° (35 fr.).

Rare. [R. 53078

(S-3188

(G-1036 et 2178

10966 VAIRASSÉ (Denis). — Histoire des Sevarambes, peuple qui habitent une partie du troisième Continent, communément appelé la Terre Australe. Contenant une Relation du Gouvernement, des mœurs, de la Religion et du Langage de cette Nation inconnue iusques à présent aux Peuples de l'Europe.

Amsterdam, P. Mortier, s. d. 2 vol. in-12. (15 fr. en maroquin de Derome).

[Y². 9303-9304

Ouvrage qui peut se classer avec la « *Description de l'île d'Utopie* » de Thomas MORUS, et qui comme elle contient des idées de Réformation politique et sociale, sous la forme d'un Roman.

Autre :

Paris, C. Barbin, 1677-1679, 5 vol. in-12.

[Y². 9305-9309]
(G-2179

10967 VAISSE (Jean Louis). — Constitution religieuse, économique et politique du Règne de Dieu et du nouveau monde donnée à toutes les créations par le Messie consolateur, libérateur des peuples.

Toulouse, 1880, 3 vol. in-8°. (16 fr.).

Traité de haute théosophie, inspiré de l'Apocalypse, et où le voyant qu'est Louis VAISSE a trouvé la clef du grand mystère des âges et des transformations sociales.

Autres ouvrages au Cat. Gén. de la Bibl. Nat.

10968 VALABRÈGUE (Albin), auteur dramatique, vaudevilliste léger, puis Spirite convaincu, né à Carpentras (Vaucluse) en 1853. — Almanach de la survie pour l'année 1900.

Paris, 1900, in-18 jés. (1 fr.).

Ouvrage où le spiritisme est exposé dans des fragments d'œuvre d'ALLAN KARDEC, et de Mad. NOEGGERATH. — Essai succinct de vulgarisation spirite.

10969 VALABRÈGUE (A.). — La philosophie du vingtième siècle.

Paris, Bibliothèque Villiers, 1805, in-12 de 282 p. (2 fr.).

[8° R. 12770

VALABRÈGUE (A,). — Le Christianisme pour tous. Nouvelle édition de la « Philosophie du XXᵉ Siècle ».

Paris, l'auteur, 1896, in-16.

[8° R. 12831

10970 VALDERAMA (le R. P. P.). — Histoire générale dv monde et de la natvre. Ov traictez théologiqves de la fabrique, composition et conduicte générale de l'Vniuers. Divisez en trois livres ; le premier traictant de Dieu comme souverain architecte du monde suyuant la doctrine sacrée des Péres de l'Eglise, Iuifs, Hébreux, Cabalistes, Turcs, Payens, Ethniques, philosophes anciens et modernes. Le second de la conduicte admirable du monde, les diuers degrez des Anges rapportés à la diuersité des cieux, de leurs fonctions, qualitez et propriétez, Le troisième des grades diuerses des Démons, de la puissance terrible des esprits malins, de leur science appelée Magie, de leur pactiôs horribles, accords, sabbats, etc... Traduit sur le manuscrit espagnol en nostre langue francoyse par le Sr de La Richardier.

Paris, chez Isaac Mesnier, 1617/19 2 vol. in-8°. (20 fr.)

[D. 53932

Rare et intéressant. La Troisième partie (qui forme le Tome II tout entier) traite des Démons et Sorciers, avec quantité d'Histoires relatives à ces sujets.

(G-1038 et 2180

10971 VALDÈS (André). — La prise du regard ; roman d'hypnotisme.

Paris, s. d., [1891], in-12. (2 fr. 25).

[8° Y². 45247

Curieux ouvrage sous forme de roman, exposant, par récits, les phénomènes de l'hypnose, les névroses, les suggestions, les fascinations, les hallucinations télépathiques, le surnaturel en général.

10972 VALE (Dr). — Contribution à l'étude de quelques intoxications surajoutées à la morphinomanie ; de leur traitement.

Paris, 1895, in-4°. (2 fr. 50).

Différentes intoxications. — Opium et morphine — Alcoolisme, éthérisme, cocaïnisme, etc... Troubles de la sensibilité, de la mobilité et de l'intelligence. — Traitement, etc...

10973 VALENTIN. — Πιστις Σοφια (Pistis Sophia). Ouvrage gnostique de Valentin, trad. du Copte en franç. avec une introduction par E. Amelineau.

Paris, Chamuel, 1895, in-8° de de XXXII-204 p. (6 fr.).

[8° R. 13428

Autre édit :

Paris, Chacornac, 1902, in-8°.

La résurrection de l'Eglise Gnostique donne un attrait tout particulier à cette publication, qui d'ailleurs a été fort bien accueillie par les philosophes et les mystiques. L'auteur de Pistis affirme qu'après sa résurrection Jésus passa 11 ans à enseigner cette admirable Gnose à ses disciples et à la réunion des femmes qui l'avaient suivi. La Pistis Sophia était l'une des 24 Emanations supérieures.

Cette œuvre contient l'essence la plus pure de la Gnose, résumé des traditions de l'antique Egypte, elle fut composée à Alexandrie même par le célèbre Valentin. On y trouve l'exposé complet du système gnostique, la doctrine de l'émanation, la hiérarchie des Eons, la chûte de Sophia, etc.. L'ésotérisme des Evangiles, dont l'interprétation peut recevoir plusieurs sens, y est aussi l'objet des commentaires les plus lumineux. — Cet ouvrage est de la plus grande importance pour l'éclaircissement des mystères de la Kabbale et de la Gnose.

(G-2181

VALENTIN (Basile). — Voir :
BASILE VALENTIN.

10974 VALENTINIUS (Petrus Pomartus) — Articella nuperrime impressa cumque plurimis tractatibus pristine impressioni superadditis : vt patet in pagina sequenti.

[In fine] : *Impressum Lugduni per Joannum de la Place*, 1515, in-12, (20 fr.).

Recueil de traités et aphorismes des plus célèbres médecins de l'Antiquité et du Moyen-Age : Hippocrate, Phylarète, Damascène, Celsus, Arnold de Villeneuve, Avicène, Galien, etc...

10975 VALENTINO (le Docteur Charles), médecin de l'Armée Coloniale. — Docteur Charles Valentino. — Notes sur l'Inde. Serpents, hygiène, médecine, aperçus économiques sur l'Inde française.

Paris, Félix Alcan, 1906, in-12 de VI-360 p. (2 fr.).

[Td⁵ᴬ. 93

Etude des plus suggestives sur l'Inde, par un médecin qui y a résidé pendant de longues années. Ce curieux volume donne d'étranges recettes de Sorcellerie Hindoue pour se faire aimer ; un Traité de Médecine Hindoue où les formules magiques jouent un grand rôle, un Précis d'Hygiène conjugale avec recettes, des Conjurations contre la morsure des Serpents, avec des Mantras Magiques, etc.

10976 VALENTINUS (Jos. Stivanus).— Josephi Stivani Valentini de adoratione pedum Pontificis Romani ad s. d. n. Gregorium XIII : ejusdem autoris disputatio de coronatione et elevatione Romani Pontificis.

Venetiis, 1578, in-8°.

(S-2004

10977 VALERIAN (Ian Pierius ou Valeriano Bolzani) en latin Valerianus Pierus, né à Bellune en 1477, mort à Padoue en 1558. Protégé du Cardinal Bembo et des papes Léon X et Clément VII. Poète latin moderne élégant et Protonotaire apostolique. — Ioannes Pierius Valerianus Bolzanius Bellunensis Hieroglyphica, sive de Sacris Egyptiorum Literis Commentarii.

Basileæ, Isingrinus, 1556, in-f°. Nombreuses figures. (18 fr.).

[Rés. Z. 159

Quantité de Vignettes d'Emblèmes gravées sur bois.

Autre :

Coloniæ Agrippinæ, Hierati fr., 1631. in-4°.

[Z. 3506
(G-2185

10078 VALERIAN. — Hieroglyphica, sive de Sacris Ægyptiorum, aliarumque Gentium literis Commentarii, loa. Pierii Valeriani Bolzanii Bellunensis, à Cælio Augustino Curione duobus libris aucti et multis imaginibus illustrati.

Basileæ, Th. Guarinus, 1567, 2 vol. in-f°, portrait et 300 vignettes sur bois, (20 fr.).
[Z. 476

Autre édit :
Lugduni, 1602, in-fol.
[Z. 477

Lugduni, 1616, in-fol.
[Z. 478

18970 VALERIAN. — Ian Pierivs Valerian. — Commentaires Hiéroglyphiqves ov Images des Choses, esquels, commé en vn vif tableav est ingenieusement depeinct et représenté l'estat de plusieurs choses antiques ; comme de Monnoyes, Médales, Armes, Inscriptions et Deuises, Obélisques, Pyramides et autres Monumens avec la Parfaite Interprétation des Mystères d'Egypte. Plvs deux livres de Cœlivs Cvrio touchant ce qui est signifié par les diuerses images et pourtraicts des Dieux et des Hommes. Mis en François par Gabriel Chappvys Tourangeau.

A Lyon, par Barthélemy Honorat, 1576, 2 vol. in-f°. Nombreuses et curieuses vignettes sur bois. (20 fr.).
[Z-479-480
(G-2184

10980 VALERIAN (Ian Pierre). — Les Hieroglyphiqves de Ian Pierre VALERIAN vvlgairement nommé Pierivs. Avtretrement commentaires des lettres et figvres sacrées des Egyptiens et autres nations. Œuvre reduicte en 58 liures ausquels sont adjoincts deux autres de Cœlius Cvrio, touchant ce qui est signifié par les diuerses effigies et pourtraicts des Dieux et des hommes. Novvellement donnez aux François par I. de Montlyart. Auec vn indice très ample.

Lyon, Frellon, 1615, pet. in-fol. (20 fr.).
[Rés. Z. 160

Très recherché, avec un frontispice gravé par Léonard Gaultier, un portrait et de très nombreuses figures hiéroglyphiques et emblématiques gravées sur bois.

10981 VALLE DE MOURA (Emmanuel de), député de l'Inquisition en Portugal. — De Incantionibus seu Ensalmi opusculum primum auctore Emmanuele de VALLE DE MOURA, doctore theologo, ac Sanctæ Inquisitionis deputato Lusitano, patria Calantica.

Eboræ, typis L. Crasbeeck. 1620, in-4°. (1 fr.).
[D. 2731

Livre des plus rares et des plus curieux, où l'auteur traite pêle-mêle une foule de questions bizarres.

VALLEMONT (Pierre LE LORRAIN, abbé de), né et mort à Pont-Audemer (1649-1721). Littérateur et Physicien français, Docteur en Théologie, et un moment professeur au Collège du Cardinal Lemoine.

10982 VALLEMONT (l'abbé de). — Curiositez de la nature et de l'art sur la végétation ou l'agriculture et le jardinage dans leur perfection où l'on voit le secret de la multiplication du blé, etc. et les moyens d'augmenter considérablement le revenu des biens de la campagne.

Paris, Moreau, 1710, 2 parties in-12. (8 fr.).

Outre des chapitres de jardinage proprement dits il y en a quelques autres dans le genre de ceux-ci : « Arbre qui parle. — Plante qui chasse les démons. — Arbre philosophique de Monsieur Hombert. — Le nitre est le sel de fécondité. — La résurrection des plantes par leurs cendres. — Etc... ». Frontispice allégorique et figures gravées.

L'abbé de VALLEMONT est très connu par ses curieux ouvrages d'occultisme et notamment sa *physique occulte* traite dans ses deux volumes de toute sorte de phénomènes étranges. L'arbre de Diane ou végétation métallique artificielle ; le phénix végétal, ou les merveilles de la Palingénésie, ou bien la résurrection des plantes par leurs cendres. — La Palingénésie des animaux ou leur résurrection (avec figures et une foule de recettes mystérieuses ou curieuses et des théories savantes d'après Paracelse, Kircher, Gaffarel, etc...)

Autres :

Paris, C. Cellier, 1705. in-12.
[S. 21407

Bruxelles, 1708. in-12.

Paris, 1732. 2 vol. in-12.
[S. 21408-21410

Paris, J. Moreau, 1709. 2 parties en 1 vol.
[S. 21235

Bruxelles, J. Léonard, 1722, 2 vol. in-8°.
[S. 21236

Tome II seul.
(G-1041

10983 VALLEMONT (de). — Description de l'aimant qui s'est formé à la pointe du clocher neuf de , N. Dame de Chartres ; avec plusieurs expériences très curieuses sur l'aimant et sur d'autres matières de physique.

Paris , d'Houry, 1692. in-12. (4 fr.).
[R. 53160

10984 VALLEMONT (l'abbé de). — La Physique occulte ov traité de la Baguette Divinatoire. Et de son utilité pour la découverte des Sources d'Eau, des Minières, des Tresors cachez, des Voleurs et des Meurtriers fugitifs. Avec des principes qui expliquent les Phénomènes les plus obscurs de la Nature, Par M. L. L. De Vallemont, Prêtre et Docteur en théologie.

A Paris, chez Jean Anisson, Directeur de l'Imprimerie Royale, M. DC. XCIII [1693]. in-12 de 14 f⁰ˢ-609 p. Gravures sur bois. Une seule Pl. en taille douce, dans le texte, en-tête de l'Epître dédicatoire (A Mr Pollart, Conseiller du Roy). (10 fr.).
[V. 21061

C'est l'édition originale de ce Traité bien connu, réimprimé ensuite nombre de fois.
(G-2186

10985 VALLEMONT (l'abbé de). — La physique occulte, ou traité de la baguette divinatoire, et de son utilité pour la découverte des sources d'eau, des minières, des trésors cachez, des voleurs et des meurtriers fugitifs, avec des Principes qui expliquent les phénomènes les plus obscurs de la Nature ; par M. L. L. (Pierre Le Lorrain, abbé) de Vallemont. Suivant la copie de Paris. (1-reédit.).

Amsterdam, Adrian Braakmann, 1608. pet. in-12 de XII-464-VIII pp. avec front. et fig. grav. (8 fr.).

Autre :

Paris, 1696, in-12.
[V. 21062
(O-1817

10986 VALLEMONT (l'abbé de). — La Physique Occulte ou traité de la Baguette Divinatoire. Et de son utilité pour la découverte des sources d'eau ; des Minières, des tresors cachez, des voleurs et des meurtriers fugitifs. Avec des principes qui expliquent les phénomènes les plus obscurs de la Nature. Par M. L. L. de Vallemont. Pr. D. en Th. Augmenté en cette édition d'un traité de la Connaissance des Causes Magnétiques des Cures Sympathiques, des Transplantations et comment agissent les Philtres. Par un Curieux de la Nature. Augmentée de plusieurs pièces.

A Paris, chez Jean Boudot, M. DCCIX (1709), in-16 de 6 fol.-422-34 p. et 4 fol. de tab. Frontispice et nomb. pl. en taille douce. Titre noir et rouge. A la Sphère.
[V. 21063

Réimprimé :

Ibid., Id., 1725, in-16.

Et encore :

Ibid., Id. 1752. in-16.

C'est par erreur que le Cat. Guaita annonce l'édition de 1752 comme la seule contenant le « *Traité de la Connaissance des Causes magnétiques* ». Je possède celle de 1709, ci dessus décrite, et où il se trouve.
(G-2187 et 88

10987 VALLEMONT (Abbé de). — La Physique Occulte, ou le traité de la baguette divinatoire.

La Haye, Moetjens, 1747, 2 vol. in-8°.

Intéressantes figures en taille douce.

Autre :

La Haye, A. Moetjens, 1722, in-12.

[V. 21964
(S-3177
(G-1536

10988 [VALLEMONT (l'abbé de)]. — La Physique occulte, ou traité de la baguette divinatoire.

La Haye, Adrien Moetjens, 1702, 2 vol. gr. in-12 de XXII-275. et VI-246 pp. avec front. et fig. grav. (10 fr.).

Même contenu que dans l'édit. précéd. Dans son avant-propos l'éditeur promet le : *Traité de la connaissance des causes magnétiques, des cures sympathiques, des transplantations et comment agissent les philtres ; par un curieux de la nature,* petit traité qui dans l'édit. de Paris, Jean Boudot, 1696, pet. in-12 est composé de 34 pp. ce Traité, malgré cette promesse ne se trouve pas dans l'édit. de Moetjens, du moins dans l'exemplaire Ouvaroff.

Le p. Pierre LEBRUN a écrit contre cet ouvrage :

Lettres qui découvrent l'illusion des philosophes sur la baguette et qui détruisent leurs systèmes.

Paris, Jean Boudot, 1696, in-12.

(O-1818
(G-1537

10989 VALLEMONT (abbé de). — Petit traité de la Baguette divinatoire pour trouver les choses les plus cachées soit eau souterraine, or, argent mines, minières et pour découvrir les meurtriers.

Limbourg, s. d., [Lille Blocquel, 1840], 2 parties, in-16.

Figures sur bois dont une coloriée.

(G-965

10990 VALLEMONT (l'abbé de). — Petit traité de la Baguette divinatoire pour trouver les choses les plus cachées, soit or, argent, mines ou minières, et pour découvrir les meurtriers. Ouvrage que l'on a fait précéder du Vieux Druide de la Forêt Ménapienne et des Préceptes de Jean de Milan pour la Santé et la Fortune.

A Limbourg, chez l'Editeur. s. d., [Lille, Simon Blocquel, vers 1850], in-12. Figures sur bois, (0 fr.).

Imprimé sur papier vert.

(G-2189

10991 VALLEMONT (P. L. de). — Du Secret des Mystères ou l'Apologie de la Rubrique des Missels, qui ordonne de dire secrètement le Canon de la Messe, par de VALMONT.

Paris, Le Clerc, 1715, 2 parties in-12.

[D. 53961

Autre :

Paris, Le Conte et Montauban, 1710 in-12.

[B. 3540

Troisième Partie, ou Examen des Réflexions de l'abbé Du Pin sur les deux premières.

Paris, 1715, 1 partie in-12.

Apologie des Cérémonies de l'Eglise contre un Livre qui a pour titre : « *Dissertation du Secret des Mystères* » [par de VALMONT], par Dom Claude de Vert.

Bruxelles, 1712, in-12.

(St Y-150 et 151

10992 VALLEMONT (de). — Du Secret des Mystères, ou Apologie de la Rubrique des Missels, par P. L. de VALLEMONT.

Bruxelles, 1721, 3 vol. in-12. (5 fr.).

Dissertation théologique et historique, où l'on montre que la Rubrique des Missels qui ordonne de dire secrètement le canon de la Messe, est une continuation de la discipline du secret et du silence que l'Eglise primitive observait sur le mystère de l'Eucharistie, et que les Prêtres doivent se conformer à cette Rubrique.

Autre :

Paris, 1710, in-12.

(S-24, Supp.

10993 VALLETTA (Niccola) jurisconsulte italien, né à Arienzo (Royaume de Naples) en 1738, mort à Naples en 1814. Il professa dans cette ville le Droit civil et le Droit Romain, et fut Doyen de la Faculté. — Cicalata sul Fascino volgarmente detto Jettatura, di Niccola Valleta.

Napoli, Dai Torchi di Saverio Giordano, 1819, in-8° de VIII-96 p. Frontisp.-Portrait de l'auteur, en taille douce. (5 fr.).

Edition originale, 1787.

Curieux opuscule italien, très rare, sur un sujet assez peu exploré, le Mauvais Œil, ou la *Jettatura*. Voir aussi les romans de Théophile Gautier, Brisset, etc.

[VALLETTE (Mme Alfred)]. — Née Marguerite Eymery, le 11 Février 1800, au Cros près de Périgueux ; petite fille de l'écrivain spirite Urbain Feytaud de vieille origine espagnole.

Pseudonymes : Rachilde (d'une manifestation spirite d'un gentilhomme danois de ce nom) et Jean de Chilra.

Voir à son sujet le premier article publié par Jean Lorrain dans le *Courrier Français*, du 12 décembre 1886. (3me année N° 50) [F° Z. 235] sous le titre « *Mademoiselle Salamandre* ».— Etude sur Rachilde » et aussi Gaubert (Ernest) : Rachilde, (Paris, Sansot, 1907, in-18 de 62 p. portrait, (1 fr.).

Enfin le « *Docteur Luiz* », dans son singulier ouvrage : « *Les Fellatores* », a consacré à Rachilde un curieux quoique très malveillant chapitre (XI), sous le titre : « Rachildisme. »

10994 [VALLETTE (Mme Alfred)]. — Rachilde. — Le démon de l'absurde.

Paris, Edition du Mercure de France, 1895, in-16, (3 fr. 50).

[8° Y² 48540

Remarquable et curieux recueil.

« A Pierre Quillard » : les Fumées, 12 pp. en fac-similé signées. — En tout 13 contes parmi lesquels ; Le Château hermétique. — Les Mains. — Les Vendanges de Sodome. — Le piège à revenant. etc.

10995 VALLETON DE BOISSIERE. — Lettre de M. Valleton de Boissière, médecin à Bergerac, à M. Thouret, médecin à Paris, pour servir de réfutation à l'Extrait de la correspondance de la *Société Royale de médecine*, relativement au Magnétisme Animal.

Philadelphie, 1785, in-8°, 240 pages. (3 fr. 50).

Ouvrage fort intéressant et qui laisse fort à penser sur la manière peu loyale dont Thouret aurait rédigé son mémoire. Ainsi M. Valleton lui reproche d'avoir passé sous silence : les lettres en faveur du magnétisme adressées à la *Société de Magnétisme* par MM. Fitz-Gibbon et Archebol, médecins à Bordeaux, Mazlac médecin à Castres ; Monbalon, médecin à Bayonne; Nicolas, médecin à Grenoble. Il rectifie aussi plusieurs faits importants mal rapportés par d'autres correspondants de la *Société royale*, et s'élève avec raison contre l'opinion de Thouret, de mettre hors la loi les médecins qui s'occupent de la doctrine de Mesmer. Il pense au contraire que tout médecin est juge des moyens à employer dans l'exercice de son art. — Cette lettre est suivie d'un précis des cures opérées à Nantes par les moyens magnétiques. Il y en a d'importantes.

(D p. 58.

10996 VALMIKI, poète indien des temps héroïques, contemporain de Râma.— Ramayana. Poème sanscrit, mis en français par Hippolyte Fauche.

Paris, Frank, 1854-58, 9 vol. in-12 (49 fr.).

[Ya. 521-529

Ouvrage recherché.

10997 [VALMONT (de)] (peut-être l'abbé LE LORRAIN DE VALLEMONT ?). — Dissertation sur les maléfices et les Sorciers, selon les principes de la Théologie et de la Physique, où l'on examine en particulier l'état de la fille de Tourcoing [par de VALMONT].

Tourcoing, 1752, pet. in-12 (12 fr.).

[L.n°7. 25811

Opuscule recherché.

L'exemplaire de l'abbé SÉPHER se retrouve au Cat. de GUAITA ; l'abbé y avait noté à la fin : « ordre, érudition, vivacité, badinage, nulle décision. »

Réimprimé à 200 exemplaires avec le même titre :

Lille, Lefort, 1862. in-18 de 88 pp. (5 fr.).

Assez rare.

Ce curieux ouvrage est rempli de singularités ayant trait aux Sortilèges, aux Maléfices et aux Sorciers ; il renferme en outre, une foule de citations extraites de différents auteurs qu'il serait fort difficile de se procurer, et qui ont écrit pour ou contre la Magie et les Sciences Occultes.

(G-1043, 1615
2190 et 91
(S-3154 b

VAMPIRES. — Voir :

HISTOIRE DES VAMPIRES.

10998 VAN BASHUISEN (Jacques). — Clavis Talmudica maxima, cum notis Ritmeiori, edente Henrico Jacobo VAN BASHUISEN.

Hanoviæ, in typographia Orientali, Sumtibus auctoris. Imprimebat Johannes Jacobus Beausang, 1714, in-4°.

[A. 2945
(S-2137

10999 VAN DALE ou VAN DALEN (Antoine) philosophe et antiquaire hollandais, né à Harlem en 1638 mort en 1708. Commerçant, prédicateur,

anabaptiste, puis Médecin directeur de l'Hospice de Harlem. Sa latinité est médiocre. — Ant. VAN DALE, de Oraculis Veterum Ethnicorum dissertationes duæ, quarum nunc prior agit de eorum origine atque auctoribus, secunda de ipsorum duratione et interitu.

Amstelodami, apud Ph. Boom., 1700, in-4° (10 fr.).

[G. 7019

Illustré de huit grandes planches hors texte se dépliant, gravées sur cuivre, la plupart fort curieuses.

(S-3407 b.

11000 VAN DER HAEGHEN (Ph.). — Rectifications historiques, par Ph. VAN DER HAEGHEN.

Paris, P. Lethielleux. Tournai, H. Casterman, 1859, in-8° 312 p. (4 fr.).

[G. 20887

Recueil complet et rarissime d'un périodique consacré au redressement des erreurs historiques et philosophiques. — Les Francs-Maçons y sont étudiés de près en France, en Espagne, en Italie, en Russie et au Canada. Qu'y-a-t-il de vrai dans tout ce que l'auteur en rapporte? Toujours est-il que son reportage n'a rien de banal et est bien fait pour piquer la curiosité. — Signalons un pittoresque chapitre sur le rôle de la fatalité dans les sacrilèges et les notes suggestives sur Llorente et son histoire de l'Inquisition espagnole et le philosophe libre penseur VANINI.

Vanini. — Les Mexicains. — Histoire et fatalité des sacrilèges. — La Révolution française. — Le travail souterrain. — L'Anglicanisme et les Tortures dans l'Inde. — Llorente et l'Inquisition Espagnole. — Etc.

11001 VAN DER MOCRE. — La fausseté des soi-disantes Prophéties d'Orval, de St-Malachie et de Blois, démontrée par d'irréfutables arguments augmentée de Sept documents prophétiques ; et annotation importante sur un endroit des œuvres de Marie-Lataste.

Gand, 1872, in-8° (2 fr).

Prédiction d'une découverte à faire de silex mis dans le tombeau de Josué, il y a 3.550 ans. — Prophétie adressée par Proud'hon aux socialistes. — Manifeste prophétique de Victor Hugo aux Parisiens, etc...

11002 VAN der MONDE (Charles) médecin français né à Macao (Chine) en 1727, mort à Paris en 1762. Professeur de Chirurgie à la Faculté. — Dictionnaire portatif de santé, dans lequel tout le monde peut prendre une connaissance suffisante de toutes les maladies, des différens signes qui les caractérisent chacune en particulier, des moyens les plus sûrs pour s'en préserver ou des remèdes les plus efficaces pour se guérir, et enfin de toutes les instructions nécessaires pour être soi-même son propre médecin. — Le tout recueilli des ouvrages des médecins les plus fameux.

Paris, 1761. 2 vol. in-8°.

Cet ouvrage contient une infinité de recettes particulières et de spécifiques pour toutes sortes de maladies. — Ouvrage très recherché pour ses recettes pratiques.

11003 VAN DER NAILLEN (A.). Ingénieur Américain. Président de la « *School of Engineering* » d'Oakland, Californie. — Dans les Temples de l'Himalaya, par A. VAN DER NAILLEN. Traduit par le Docteur Daniel, Licencié ès Sciences Physiques.

Paris. Leymarie, 1896. in-12 de 349 p. et table (2 fr. 50).

[8° Y². 50083]

Le premier d'une fort intéressante série de Romans Magiques dont l'intrigue est placée en majeure partie dans les Indes vers l'époque de la Révolution.

11004 VAN DER NAILLEN (A.) — Dans le Sanctuaire, par VAN DER NAILLEN, trad. par le Dr Daniel [faisant suite à : Dans les Temples de l'Himalaya].

Paris, P. G. Leymarie, 1897. in-12 VII-240 p. portr. de l'aut. fig. et pl. h. t. (2 fr. 50).

[8° Y². 50260]

Avec un curieux appendice sur « *La Cellule.* »

Cet ouvrage d'un grand intérêt initiera le lecteur à l'enseignement le plus profond des mages.

11005 VAN DER NAILLEN (A.). — Balthazar le Mage, par A. VAN DER NAILLEN, auteur de « *Dans les Temples de l'Himalaya* » et de « *Dans le Sanctuaire* » [suite de ces deux ouvrages] Traduit de l'Anglais par Mme X.

Paris. P. Leymarie, 1905, in-12 de 354 p. Portrait de l'Auteur, et 16 Figures (2 fr. 50).

[8° Y². 55283]

C'est, à ce jour, le dernier de cette intéressante série. En appendice on trouve les curieuses expériences de Mrs Watts Hughes et de son « *Eidophone* » déjà reproduites par le Colonel de ROCHAS (*Les Sentiments, la Musique et le Geste*, Appendice). Il s'agit de dessins engendrés par des plaques vibrantes.

11006 VAN DER VELDE. (François Charles) romancier allemand né et mort à Breslau (1779-1824), où il était Commissaire de Justice. — Les Anabaptistes. — Les Hussites, traduit par Loëve-Veimar.

Paris, 1843, in-12 (2 fr. 50).

L'article capital de l'Anabaptisme était le double baptême ou la nécessité de baptiser à nouveau à l'âge de raison, et non par aspersion, mais par immersion.

VAN der VELDE. — Voir :
LOEVE-VEIMAR.

11007 VAN DREBBEL. DREBEL OU DREPPEL. (Cornelis) Physicien et Mécanicien Hollandais né à Alkmaar (Hollande Septentrionale) vers 1572, mort à Londres en 1634. Grand inventeur. — Deux traitez philosophiques : (1 de la Nature des Elemens ; 2) de la Quinte-Essence. par Corneille VAN DREBEL. (DREBBEL.) nouvellement trad. (du latin) en françois par un docteur en médec.; dans *Traités Divers de la Philosophie naturelle* (1672) 175-273.

La 1re édition latine, traduite du hollandais, est de Hambourg, 1621, sous le titre :

Tractatus duo : De Natura elementorum ; De Quinta Essentia.

L'édition originale Hollandaise est de Leyde, 1608.

Réédité :

Genevae, sumplibus J. J. de Tournes, 1628, in-12, 70 pp.

[F. 41217

(O-922

11008 **VAN DREBBEL**. — Cornelii Drebbeli (seu Drepelli), von Alkmar, gründliche Auflösung von der Natur und Eigenschafft der Elementen, und was die Ursache dasz Donner und Blitz, Hitz und Kälte Winde, Regen, Hagel und Schnee, sich in der obern und untern Region erzeugen, und worzu selbige Anlasz geben? mit einem Anhang und klaren Beweisz, die von so vielen gesuchte Quint-Essenz aus allen dreyen Reichen zu haben.... von einem Liebhaber der hermetischen Kunst herausgegeben.

Franckfurt am M. Margaretha Bertraud, 1715, pet. in-8° de 118 pp.

Autres ouvrages du même dans des recueils : voir Bib. Nat¹ᵉ, Cat. Gén., XLI-1027 et 1028.

(O-923

11009 **VAN DRIVAL**. — La Croix d'Oisy et autres croix anciennes. Etudes sur les Règles traditionnelles concernant les Crucifix et les Croix.

Paris, 1859, in-8° de 42 p. Fig. (3 fr.).

11010 **VAN DUERM** (Charles). — Rome et la Franc-Maçonnerie. — Vicissitudes politiques du Pouvoir temporel des Papes, de 1789 à 1795, par Charles Van Duerm.

Bruges [et Lille], de Brouwer et Cie, 1896, in-8° de 500 p. (10 fr.).

[8° H. 6247

Ouvrage très documenté sur le rôle anti-clérical et anti-papal de la F∴ M∴. Au moment où le Vatican dénonce à la Chrétienté la guerre ouverte faite au Saint-Siège par les Loges de Rome, il est du plus haut intérêt de saisir ce mouvement à sa naissance et de le suivre à travers l'histoire jusqu'à nos jours.

11011 **VAN GENNEP** (Arnold). — Religions, mœurs et légendes. — Essais d'ethnographie et de linguistique.

Paris, Mercure de France, 1908-09, 2 vol. in-12 de 319 p. et ? (3 fr. 75).

[8° G. 8661

11012 **VAN GENNEP** (Arnold). — Les rites de passages. — Etude systématique des rites de la porte et du seuil, de l'hospitalité, de l'adoption, de la grossesse et de l'accouchement, etc...

Paris, E. Nourry, 1909, in-8° (3 fr.).

[8° G. 8701

11013 **VAN HALEN** (Don Juan) chef d'état major de l'armée de Mina. — Histoire sur l'Inquisition d'Espagne, par Van Halen, chef d'Etat-Major d'une des divisions de l'armée de Mina en 1822-23, contenant le récit de sa captivité dans les cachots de l'Inquisition d'Espagne en 1817-18, de son évasion, etc... avec pièces justificatives.

Paris, Le Bailly, 1835, in-8° de 367 p. (4 fr.).

Curieuses relations sur ce tribunal de sang qui ensanglanta si longtemps les états catholiques ; avec des fac-similés d'autographes d'inquisiteurs, 6 gravures hors texte représentant les supplices de l'Inquisition et le portrait de l'auteur.

Paris, Renouard, 1827, 2 vol. in-8°.

11014 **VAN HALEN** (D. Juan). — Mémoires.

Paris, Renouard, 1827, 2 vol. in-8° (10 fr.).

[Oo. 077

Chef d'état major à l'armée de Mina en 1822, Don Juan fait le récit de sa captivité dans les cachots de l'Inquisition espagnole en 1817, de son évasion, de sa campagne au Caucase en 1819, de son retour en Espagne, etc.... Avec portrait, fac-similé et cartes.

11015 VAN HELMONT (François-Mercure). Alchimiste. Voyant et Kabbaliste hébraïsant, fils du suivant, né en 1618, mort en 1699. Il était médecin et se joignit un moment à une tribu de Bohémiens pour étudier leurs mœurs et leur langue. Il n'avait point le génie de son père. — Alphabeti vere naturalis Hebraïci brevissima delineatio. Quæ simul methodum suppeditat, juxta quam qui surdi nati sunt sic informari possunt, ut non alios saltem loquentem intelligant, sed et ipsi ad sermonis usum perveniant.

Sulzbaci, typis Abr. Lichtenthaleri, 1657, in-16 (12 fr.).

[Rés. X. 1663

Traité peu commun de F. M. VAN HELMONT, avec frontispice gravé par Franck.

(G-1046, 1446 et 7

VAN HELMONT (Jean Baptiste), illustre Alchimiste et Médecin belge, né à Bruxelles en 1577, mort près de Vilvorde le 30 Décembre 1644. Il était Seigneur de Royenborch, Mérode Oorschot, Pellines, etc. Orphelin à trois ans, il étudia à Louvain, eut pour maître le célèbre Jésuite Martin del Rio, puis professa la chirurgie à Louvain. Il épousa Marguerite de Ranst, et vécut dès lors tout à ses travaux d'Alchimie. Il a découvert les gaz acide carbonique, sulfhydrique, chlorhydrique, etc. Voir sur ce grand Alchimiste : « Mémoires sur Van Helmont et ses écrits, par POULTIER D'ELMOTH (Bruxelles 1817) et « Leçons sur Van Helmont » par MELSANS (Bruxelles 1848).

11016 VAN HELMONT (Joann. Bapt.) Toparcha in Merode, Royenborch, Pellines, etc. — Opera omnia. Additis his de novo tractatibus aliquot posthumis ejusdem authoris, maxime curiosis pariter ac perutilissimis, antehac non in lucem editis ; una cum indicibus rerum ac verborum ut locupletissimis ita et accuratissimis.

Francofurti, 1682, 2 tomes in-4°. Frontispice gravé par Vogel contenant le portrait de l'auteur et de son fils ainsi que leurs armoiries (28 fr.).

« VAN HELMONT malgré ses erreurs et « ses conceptions bizarres conserve de la « réputation comme métaphysicien, chi- « miste, physiologiste et médecin. » (BRUNET).

Très important recueil des œuvres d'un chimiste et d'un médecin habile, qui d'abord farouche adversaire des hermétistes, finit par devenir l'un de leurs plus ardents prosélytes. — On y trouve le singulier traité «'De Magnetica vulnerum curatione » où VAN HELMONT paraît avoir connu les faits dont on attribue parfois la découverte à MESMER (Archeus Faber, Vis Magnetica, Aura Vitalis, Arbor Vitæ, In Verbis, herbis et lapidibus est magna virtus, Vita Æterna, etc.)

(G-1045

11017 VAN HELMONT (J. B.). — Les Œuvres de Jean Baptiste VAN HELMONT, traittant des principes de médecine et physique, pour la guérison assurée des maladies ; de la tradvction (du latin) de M. Jean Le Conte, docteur médecin.

A Lyon, chez Jean-Antoine Hvgvetan et Gvillavme Barbier, 1670, in-4° de [VIII]-300 pp. vignette à la sphère sur le titre (15 fr.).

[T25 02

La Médecine censurée. — Traité de la Digestion. — Traité des Humeurs. — Traité des Esprits et du Pouls. — De l'Ame. — Des Maladies. — Des Fièvres. — Du Catarrhe. — Du Calcul.

(O-1617
(G-1044

11018 VAN HELMONT (J. B.). — Ortvs Medicinæ id est initia physicæ inavdita. Progressus medicinæ novus, in morborvm vltionem, ad vitam longam. Avthore Ioanne Baptista VAN

HELMONT Toparchâ in Merode Royenborch, Oorschot,Pellines, etc. Edente Avthoris filio. Francisco Mercurio Van Helmont, cum ejus præfatione ex Belgico translatâ. Editio nova...

Amsterodami, apud Ludovicum Elzevirium, cIɔ. Iɔc. LII [1652], in-4° de 16 fos, 804 p. à 2 colonnes, plus 24 fos d'index. Portrait et lettres ornées. (15 fr.).

Autres éd. :

Veneliis. 1651, in-fol.

Amsterodami, 1648, pet. in-4°.
[T¹⁵ 60

Lugduni, J.-B. Devenet, 1655, in-f°. (10 fr.).

11019 VAN HELMONT (J. B.). — Joannis Baptisti HELMONTII, De magnorum [pour « magneticâ » ?] Vulnerum Curatione.

Parisiis, Vict. Leroy, 1621, in-8°.
[Te¹⁶ 12
(S-3399 b

VAN HELMONT (sur J. B.). — Voir :

BROECKX (Dr).
ROMMELAERE (Dr W.).
POULTHIER D'ELMOTTE.

11020 VAN HOVE (Mme). — Les amants somnambules, par Mme VAN HOVE.

S. l., 1820, in-8° (?).

Pièce signalée par M. Mialle.

(D. p. 94

11021 VAN LOOY (Henri). — Biographie de Louise Lateau, la stigmatisée de Bois d'Haine, d'après les documents authentiques.

Paris, Casterman, 1873, in-12. (2 fr.).

Stigmates. — Extases. — Couronne d'épines. — Longue abstinence. — Etat extraordinaire de L. Lateau, etc...

11022 VAN MUSSENBROCK (ou) MUSSCHENBROECK (Pierre), célèbre physicien hollandais né et mort à Leyde (1692-1761). Docteur en médecine et en philosophie, professeur de Mathématiques et de Philosophie à Utrecht, Académicien de Paris, St-Pétersbourg, Berlin, Montpellier, etc. — Cours de physique expérimentale et mathématique traduit par Sigaud de la Fond.

Paris, 1769, 3 vol. in-4°, 64 planches.

12023 VAN MUSSENBROCK (P.). — Physicæ experimentalis et geometricæ. — De magnete, De tubis capillaribus vitreis, De magnitudine terræ. Introductio ad cohærentium corporum firmorum..

Lugduni, 1729, in-4°. (8 fr.).

11024 VAN RAVESCHOT (L.). — Les Inséparables du progrès. — La Franc-Maçonnerie au Tonkin et les agissements des Missionnaires en Extrême-Orient.

S. l., 1906, in-8° de 80 p.

(Cet écrit porte : *Non destiné à la publicité*).

11025 VAN SWINDEN (Jean Henri), savant Hollandais, né à la Haye en 1746, mort en 1823. Professeur à l'Université de Franeker, puis à Amsterdam. — Recueil de mémoires sur l'analogie de l'électricité et du Magnétisme.

La Haye, 1784, 3 vol. in-8° Planches. (7 fr.).

Ouvrage estimé d'un excellent auteur.

11026 VANIER (Jacques). — Le Mystere du temps et du mem (sic) prophétique expliqué, par Jacques VANIER.

Paris, 1605, in-12.
(S-3471 b

11027 VANINI (l'abbé Lucilio), philosophe italien né à Taurisano (Terre d'Otrante, royaume de Naples) en 1585, mort sur le bûcher à Toulouse en 1619. Aumônier de Bassompierre, puis Professeur de philosophie etc., à Toulouse. — Œuvres philosophiques, traduites pour la première fois par X. Rousselot.

Paris, 1842, in-12, (4 fr. 50).

[R. 53225

Seule traduction française d'un des deux ouvrages de Vanini qui le firent condamné à être brûlé vif à l'âge de 34 ans. Ce volume contient : *L'Amphithéâtre de l'Éternelle Providence et les Dialogues sur la Nature*, dans lesquels il se propose d'expliquer tous les secrets de la nature, parmi lesquels les faits regardés comme miraculeux : c'est en qq. sorte un traité de physique péripatéticienne. Dans l'*Amphithéâtre*, il cherche à expliquer et à éclaircir les mystères de la Providence en puisant aux sources les plus cachées de la Philosophie (Magie naturelle, Traité des Astres, etc.)

Autre édition :

Paris, Delahays, 1856, in-12.

11028 VANINI (Jules César). — Ivl Caesaris Vanini, Amphitheatrum æternæ Providentiæ divino-magicvm, christiano-physicvm, nec non astrologo-catholicvm. Adversus veteres philosophos, atheos, epicureos, peripateticos et stoicos.

Lvgdvni apud vidvam Ant. de Harsy, 1615, in-8°. (35 fr.).

[D² 5161

« Extrêmement rare : l'auteur fut supplicié et le Livre supprimé fort exactement par autorité de justice.» (S. de G.).

(S-1773

(G-2192 et 2194

11029 VANINI (sur J. C.). — Apologia pro J. C. Vanino, à Freder. ARPE.

Cosmopoli, typis Philaletheis, 1712, in-8°, IV-108 p.

[D². 5165

(S-1775

11030 VANINI. — Philosophus et Iuris utriusque Doctor Ivlivs Cæsar Vanini, Neapolitanus Theologus, De admirandis Natvræ, Reginæ Deæque mortalium Arcanis.

Lvtetiæ apud Adrianvm Perier, 1616, pet. in-8°. (50 fr. en beau maroquin).

[D² 5162

(S-1774

(G-2193-2194

VANINI (sur Jules César). — Voir : DURAND (David).

VANKI, pseudonyme, voir : TRIOULLAIRE.

11031 [VARIGNON], peut-être fils du célèbre géomètre normand, professeur au Collège de France. — Présence corporelle de l'homme en plusieurs lieux, prouvée possible. [par Varignon.]

Paris, 1764, in-12.

[D. 22348

Attribué à l'abbé J. A. Lelarge de Lignac d'après Barbier.

(S-3133

11032 VARIGNY (Le Docteur Henry C. de), docteur ès Sciences, naturaliste à Paris, né aux îles Hawaï en 1855. — La Nature et la Vie.

Paris, A. Colin, 1905, in-16, II-350 p. (2 fr. 50).

[8° R. 20014

La vie en général. — La vie de l'inanimé. — La minéralogie de la vie. — L'eau et la vie. — Les poisons nécessaires. — La volonté de vivre. — Ce que veut la nature. — Les degrés de la mort. etc.

Autres ouvrages au Cat. Gén. de la Bib. Nat.

11033 VARILLAS (l'abbé Antoine), Historien Français, né à Guéret en 1624, mort à Paris en 1696. — Histoire de l'Hérésie de Wiclef, Jean

Huss et JÉRÔME de Prague, par VARIL-LAS.

Lyon, 1682, in-12.

(S-5302)

11034 VARIN (Pierre-Joseph), historien français né à Brabant-le-Roi (Meuse) en 1802, mort en 1849. Doyen de la Faculté de Reims puis Bibliothécaire à l'Arsenal. — La vérité sur les Arnauld, complétée à l'aide de leur correspondance inédite.

Paris, Poussielgue-Rusand, 1847. 2 vol. in-8°. (5 fr.).

11035 VASCHIDE (N.), né à Buzen (Roumanie) en 1874, mort à Paris en 1907. — Essai sur la psychologie de la Main, par N. VASCHIDE, directeur, etc. Préface de Ch. RICHET.

Paris, Marcel Rivière, 1909. in-8° de 504 p. avec 37 planches hors texte. (7 fr.).

[8° R.20517

Ce magnifique ouvrage posthume qui a obtenu l'honneur de faire partie de la « *Bibliothèque de Philosophie expérimentale* » est le plus important et le plus scientifique qui ait été fait sur les mystères de la main. — L'auteur a réuni en cette œuvre vraiment unique dans la littérature psychologique toutes les données que l'art, la science, l'observation sociale et l'expérience des laboratoires nous apportent sur *la main*, surtout ce qu'elle peut nous apprendre de notre vie mentale, de nos aptitudes, de notre avenir : 37 superbes planches hors texte reproduisant les photographies de diverses statues, de bas-reliefs égyptiens et assyriens, de tableaux de grands maîtres, dans lesquels *la main* peut être prise comme type, viennent enrichir cet ouvrage qui est aussi un chef-d'œuvre artistique. [DUJOLS].

Les Sciences Divinatoires Chiromantiques. — La Chirognomonie et la Physionomie de la Main. — L'étude de la Main selon la Chiromancie classique. — Le Canon artistique de la Main. — La Main dans les œuvres d'art. — L'Anatomo-Physiologie de la Main. — La Psycho-Physiologie de la Main. — Les EMPREINTES DIGITALES. — La Pathologie de la Main. — La Crampe des écrivains. — La Main au point de vue anthropologique. — La « *Poignée de main* » et le Geste. — La Main au point de vue Psycho-Social. — Méthode des Recherches personnelles. — (Mme FRAYA, Chiromancienne). — L'image motrice. — Recherches expérimentales sur la Divination de l'Avenir. — Essai d'une Théorie à l'appui de la possibilité d'une Révélation Psychique par la main. — Table des Noms d'Auteur.

Nous relevons, p. 472, l'intéressante Note qui suit :

Je citerai, comme simple coïncidence, le fait que Mme FRAYA avait prédit à l'auteur de cet ouvrage, pendant l'hiver de 1904 qu'il mourrait d'une pneumonie. Mme la Comtesse M. de NOAILLES, qui assistait à l'entretien, Mme FRAYA et N. VASCHIDE lui-même m'ont confirmé cette prédiction; qui malheureusement s'est trouvée réalisée le 13 octobre 1907, de point en point. Un an avant la mort de N. VASCHIDE en 1906, une Bohémienne de Roumanie lui avait renouvelé le présage, en lui annonçant sa mort pour l'année qui suivrait. [Note de Mme Vve N. VASCHIDE, née Samfiresco].

11036 VASCHIDE (N.). — Les Hallucinations télépathiques.

Paris, Bloud, 1908, in-16 de X-90 p. (1 fr.)

[8° Td⁸⁶. 95]

Autres ouvrages sur les Rêves, etc. au Cat. Gén. de la Bib. Nat.

11037 VASSAL (Dr). — Cours complet de Maçonnerie ou histoire générale de l'Initiation, depuis son origine jusqu'à son institution en France.

Paris. 1832. in-8°, planches et figures. (14 fr.).

Système maçonnique. — Initiations. — Petits et grands mystères. — Mystères de l'Inde, des Egyptiens, des Cabyres, des Esséniens, des Chrétiens primitifs, etc. Propagation de l'initiation en Orient, en Italie, dans la Haute-Asie, en Chine, dans les Gaules, etc...

11038 VASSAL (Dr). — Fête de famille — Banquet offert au T∴ Ill∴ F∴ VASSAL ex Sec∴ gén∴ du G∴ O∴ par les F∴ F∴ Membres de ces trois ateliers.

Paris, Fournier, 1830, in-8° avec une planche gravée, représentant les médailles offertes au F.·. VASSAL. (2 fr.).

11039 VASSEUR-LOMBARD. — Principes universels du magnétisme humain appliqués au soulagement et à la guérison de tous les êtres malades par VASSEUR LOMBARD.

Paris, Ledoyen, 1859, in-8°, 36 pages, (2 fr.).

2me Ed. en 1860.

L'auteur donne dans cette brochure les moyens simples et faciles pour tous de développer la puissance fluidique, pour l'utiliser ensuite au soulagement de son semblable et de tous les êtres de la nature et il termine en donnant l'emploi du Magnétisme humain approprié aux soins de la famille, de l'horticulture et de l'agriculture en général.

(D. p. 169

11040 VASSILIEFF (M. V.). — Le Bouddhisme, ses dogmes, son histoire et sa littérature. Première partie, aperçu général.

Paris, 1865, in-8°. (12 fr.).

Tout ce qui a paru de cette œuvre transcendante. — Khinaiana ou le Bouddhisme primitif. — Makhaiana et mysticisme. — Roue prouvant la différence entre les opinions fondamentales. — Explication des systèmes philosophiques du Bouddhisme etc... VASSILIEFF est le seul occidental qui ait pénétré complètement les hauts mystères du Bouddhisme.

11041 VATEL (C.). — Dossier historique de Charlotte de Corday. — La maison de la rue du Bègle à Argentan. Documents inédits.

Paris, Rouquette, 1872, in-8°. (5 fr.).

Avec un portrait de Charlotte CORDAY, tiré en bistre d'apr. Hauer : 1 vue de la rue du Bègle et un plan.

11042 VATICINIVM Severi et Leonis, imperatorvm, in qvo videtvr finis Tvr-carvm in præsenti corum Imperatore, vna cum aliis nonnullis in hac re Vaticiniis. — Profetia di Severo et Leone imperatori, nella qvale si vede il fine de Turchi nel presente loro imperatore, con alcune altre profetie in questo proposito.

In Brescia, appresso Pietro Maria Marchetti, 1596, in-16 de 106 p. 16 pl. sur cuivre dans le texte. (12 fr.).

[Réserve J. 2177

Petit ouvrage contenant les prophéties sur les empereurs Sévère et Léon, ainsi que sur la fin des Turcs et de leur empire. — Orné de 16 curieuses figures sur cuivre.

En latin et en Italien, avec le Dauphin des ALDE sur le titre.

11043 VATTIER (Pierre) orientaliste français né en 1623, mort à Paris en 1667. Médecin de Gaston d'Orléans, puis professeur d'arabe au Collège de de France. — L'Egypte de Mvrtadi, fils dv Graphiphe, ov il est traité des Pyramides, du débordement du Nil, et des autres merueilles de cette prouince selon les opinions et traditions des Arabes.

Paris, Th. Ioly, 1666, in-12, (6 fr.).

(G-1047

11044 VATTIER (Pierre). — L'Onirocrite Mvssvlman ou la Doctrine et Interpretation des Songes selon les Arabes, par GABDORRHACAMAN, fils de Nasar. Traduit sur le Manuscrit Arabe par Pierre VATTIER.

Paris, Billaine, 1664, in-12, (18 fr.).

Un des meilleurs ouvrages pour l'interprétation des songes.

Cet ouvrage est l'abrégé du livre de Mahomet, fils de Sirin : *La fleur de l'interprétation*; de celui de Gagazar le Véritable : *La méthode de discourir* et de celui d'Ibrahim le Carmanin, intitulé : *La crème de l'explication*.

(S-3463

(G-2105

11045 VAUDOIS. — La Doctrine des Vaudois représentée par Cl. Seissel et Cl. Coussord, avec notes de Jac. Cappel.

Sédan, 1618. in-8°.

[D². 4169
(S-1409)

11046 VAUDOIS (Sur les). — Trias Scriptorum adversus Waldensium sectam, aut. Jacob. GRETSERO.

Ingolstadii, 1614.

R. P. SEYSELLI. adversus errores et sectam Waldensium disputationes.

Parisiis, 2 vol. in-4°.

(S-1224)

11047 VAUDOIS (sur les). — Waldensia, id est conservatio veræ Ecclesiæ demonstrata ex Confectionibus cum Taboritarum, ante CC. fere annos, tum Bohemiorum etc. aut. Balthasare DIDIO.

Roterodami, 1616. in-8°.

(S-1408)

VAUGHAN (Miss Diana ou Jeanne Marie Raphaelle), personne énigmatique que l'on dit avoir été créée par Léo TAXIL, lors de sa facétie du « Diable au XIX° siècle », et qui a donné lieu à de nombreuses brochures curieuses de MÉRY, VIATOR, NEMOURS-GODRÉ, etc.

On la disait alors originaire de Louisville (Kentucky, Etats-Unis) par son père, bien qu'elle fut née à Paris vers 1863. Sa mère était une française protestante, des Cévennes, qui mourut quand Diana était dans sa quatorzième année.

Miss VAUGHAN résidait habituellement en Amérique et était Grande-Maitresse d'Honneur du Triangle « Phœbé la Rose » de New-York, composé surtout de la colonie française de cette ville.

Le Dr BATAILLE (pseud. du Dr HACKS, q. v.) donne d'intéressants détails supplémentaires dans le « Diable au XIX° siècle » (I-708-720).

Il est assez étrange que Miss VAUGHAN soit le seul personnage imaginaire parmi la quantité que mettent en scène les auteurs, et qu'ils donnent à son sujet des détails biographiques d'ailleurs passablement dépourvus d'intérêt par ailleurs.

Que les livres qui ont paru sous son nom soient en grande partie de MM. TAXIL et autres, cela est assez probable, mais miss VAUGHAN peut néanmoins avoir existé.

Elle reste, en tout cas à l'état d'énigme.

11048 VAUGHAN (Miss Diana). — Mémoires d'une ex-Palladiste. Parfaite initiée, indépendante.

Paris, Alfred Pierret. 1895-97, 24 N°⁸ gr. in-8° (14 fr.).

[8° R. 10266

Collection complète et rare de ce retentissant ouvrage contenant de précieux documents et révélations sur les sectes de la Franc Maçonnerie et des Sociétés secrètes dans ces dernières années. — On y trouve l'alphabet du Magisme palladique renouvelé des mages d'Alexandrie ; la Carte de la Haute-Maçonnerie italienne ; les symboles secrets du palladium ; l'analyse détaillée du fameux *Introitus apertus* du Rose-Croix Thomas VAUGHAN avec traduction d'importants extraits ; le rituel de la messe du Palladium ; des portraits curieux et de nombreux documents sur le Satanisme.

11049 VAUGHAN (Miss Diana). — Le 33-ème Crispi. — Un palladiste homme d'Etat démasqué. — Histoire documentée du héros depuis sa naissance jusqu'à sa deuxième mort.

Paris, A. Pierret, s. d.. [1896]. in-8°, 39 portraits surtout d'hommes politiques italiens, 3 vues et cartes d'Italie, et un document du G∴ O∴ d'Italie. (5 fr.).

[8° K. 2700

Contient la liste des « Mille » de GARIBALDI.

Violente diatribe contre la F∴M∴ italienne. — Crispi et les principaux personnages politiques de la péninsule étaient affiliés aux Sociétés secrètes liguées contre Rome. Étaient-ils lucifériens comme l'auteur l'affirme et s'efforce de le prouver ? Il est indéniable que le célèbre poëte Giosuè Carducci a écrit l'hymne à Satan, qui fit tant de bruit, mais dans un sens tout différent de celui qu'on lui prête. — Que Crispi et ses amis dans des tenues secrètes, aient accompli, comme les Templiers, des rites symboliques travestis systématiquement, c'est encore possible. Dans tous les cas, quelque répugnant et incroyable que paraisse le Satanisme, cet ouvrage nous met en face de ses turpitudes et de ses prodiges. Au lecteur de faire la part de la vérité et de la fable. — Un grand nombre de portraits illustrent cet ouvrage singulier qui donne par ailleurs, le tableau de la Maçonnerie italienne. — A signaler une curieuse photogravure portant le dédicace du démon Azazel (p. 440). [Dujols.]

11050 VAUGHAN (Diana). — La Restauration du Paganisme. Transition décrétée par le Sanctum Regnum, pour préparer l'Établissement du culte public de Lucifer. Les Hymnes Liturgiques de Pike. Texte original d'Albert Pike. Traduction de Miss Diana Vaughan. Rituel du Néo-Paganisme.

Paris, A. Pierret, [1896], in-8°, 94 p. et tab. Portrait d'Albert Pike « 1er souverain Pontife Luciférien… »

[8° H. 6134

Hymnes en vers anglais (et traduction française) — à Neptune, Apollon, Vénus, Diane, Mercure, Bacchus, Cérès. — Culte de Jupiter. — Appel des Songes.

(Y-P-216)

11051 VAUGHAN (Diana). — Le Palladium régénéré et libre. Lien des groupes luciférien indépendants. Directrice Miss Diana Vaughan.

Paris, Pierret, 1895, 3 Nos in-8°.

[8° R. 14101

Collection complète de l'origine, 21 mars, au n° 3 inclus, 20 mai 1895.
Bien singulières histoires !

VAUGHAN (sur miss Diana). — Voir :

LEA (Henry-Chales).
MERY (G.).
VIATOR (E.).

VAUGHAN (Thomas de) ou Waghan plus connus sous son nom mystique de « Philalèthes », ou le Philalèthe, ou encore d'*Eugenius* Philalethes, Illustre Alchimiste et Grand Maître de la Rose ✝ Croix, né en Angleterre vers 1612 ; lieu exact de sa naissance date et lieu de mort inconnus. Ce grand adepte jouissait, de son temps d'une renommée considérable ; c'est lui qui prédisait la venue et les Miracles d'un nouveau Messie. Élie l'Artiste sur lequel il existe quelques ouvrages.

Le *Philalèthe* a eu pour disciple, un Américain, George Starkey, qui a pris dans ses écrits le même nom mystique que son Maître, en changeant seulement le prénom en celui de *Airenæus*, ou Irénée, ou encore *Cyrenée*, etc., quelquefois aussi avec l'addition du nom supplémentaire *Philopone*.

Voir :

STARKEY (George).

L'ouvrage le plus célèbre de Thomas Vaughan est son « Entrée ouverte au Palais du Roi ».

On a prétendu que Vaughan s'était fait appeler en Amérique « le Docteur Zhel » et en Hollande « Carnobe ». Il n'a pas laissé d'écrits sous ces noms, à ma connaissance.

On le donnait aussi jadis, comme un ancêtre de la précédente (?).

11052 [VAUGHAN (Th)]. — Anima magica abscondita, oder eine Rede von dem allgemeinen Geiste der Natur, sampt dessen tieffverborgenen, wunderbahren, und merckwurdigen Auff-und Niedersteigen durch Eugenius Philalethes ; aus den Englischen ins Deutsche übersetzet.

S. l. s. ad. 1704, in-8° de 83 pp.

(O-1717

11053 [VAUGHAN (Th.)]. — Des hochgelehrten Philalethæ und anderer auserlesene chymische Tractätlein, genannt : 1) eröfneter Eingang zu des Königs verschlossenen Pallast ; 2) von dem Stein der Weisen, und wie man den recht bereiten solle Fratris Ferrarii Monachi, geschrieben an ihro Päbstliche Heiligkeit; 2) von Verwandlung der Metallen; 4) von dem Stein der Weisen und seinen Geheimnüssen; 5) Brunnen der chimischen Wissenschafften ; 6) Wigands von rothen Schild, Tractat die Herrlichkeit der Welt ; denen Liebhabern der Welt ; denen Liebhabern der wahren hermetischen Weisheit zu sonderbahren Gefallen ins Teutsche übersetzet von Johann Langen.

Wienn, Johann Paul Krausz, 1748 in-8° de 358 pp.

(O-747-1155

11054 [VAUGHAN(Th.)]. — [Anonymi Philalethæ], Introitus apertus ad occlusum Regis Palatium, autore Anonymo Philaletha philosopho, in gratiam artis chymicæ filiorum nunc primum publicatus.

Amstelodami, Janssonius à Waesberge, 1667, pet. in-8°. (4 fr.).

[R. 40613
(S-3384

11055 [VAUGHAN (Th.)]. — Introitus apertus ad occlusum regis Palatium authore anonymo Philaleta philosopho, in gratiam artis chimicæ filiorum denuo publicatus, cum indice et nova præfatione Georgii Wolffgangi Wedelii.

Ienæ, Io. Bielck, 1690, in-8° de 84 pp.

[R. 38760
(O-1160

11056 [VAUGHAN (Th.)]. — Introitus apertus ad occlusum regis Palatium. — L'Entrée au Palais fermé du roy, (trad. par Lenglet-Dufresnoy), revu et augm. sur l'original anglois ; en latin et en françois ; dans (Lenglet-Dufresnoy) *Histoire de la philosophie hermét.* (1742), II, 121-273.

(O-1161

11057 [VAUGHAN (Th.)]. — Philalethe, ou l'amateur de la vérité. — Traité de l'Entrée ouverte du Palais fermé du roi : (trad. par G. Salmon), revu corrigé et augm. sur l'original anglois (de 1669) et sur la traduction latine, par Ph.... Ur... amateur de la Sagesse ; dans *Bibliothèque des philosophes alchimiques* (1754), IV, 1-138.

Traduit sur l'édition latine donnée par Langius, en 1667, et paru d'abord dans la 1re édit. (1672) de la *Bibliothèque*, ainsi que dans la 2e (1678).

Malgré l'annonce de révision par Ph... Ur... (c-à-d. le Philovite), cette nouvelle édition n'est pas exacte, et ce nouvel éditeur a trop suivi l'ancien traducteur qui, du reste avait prévenu des licences qu'il prenait, p. 327 de la 1-re édition. Il y a des commentaires dans le texte, sans indication des passages intercalés. Il est fâcheux que l'on n'ait pas réimprimé ici la traduction donnée par Lenglet-D, dans son *Histoire de la philosophie hermétique*.

L'édition que nous indiquons ici, contient de plus que celle de Lenglet. *Explication de Philalethe sur son livre : l'Entrée ouverte* (pp. 121-38) ; cette Explication ne se trouve pas non plus dans les deux premières éditions.

Cet ouvrage est le plus important de ceux qu'a donnés l'écrivain caché sous le pseudonyme d'*Irénée* ou *Cyrenée* ou *Eugène*, au *Philopone* Philaletin, Philaletha ou Philalethes.

On présume généralement que le nom véritable de *Philalete*, était Thomas de Vaughan. Du reste on trouve tous les renseignements recueillis sur ce célèbre alchimiste, dans l'*Histoire de la philosophie hermét*. de Lenglet-Dufresnoy, dans l'*Alchimie et les Alchimistes* de L. Figuier.... [Note de M. Ladrague : depuis on a cru pouvoir distinguer deux Philalèthes, comme nous l'avons fait].

(O-1162

11058 [VAUGHAN (Th.)]. — Lumen

de Lumine oder ein neues Magisches Sicht geoffenbahret und der Welt mitgetheilet, durch Eugenium PHILA-LETHEN.... anjetzo aus dem Englischen ins Teutsche übersetzet von I. R. S. M. C.

Hof. Joh. Gottl. Vierling, 1750, in-8° de 288 pp.

(O-1167)

11059 [VAUGHAN (Thomas)]. — Magia ad Amica, or the antiquity of Magie (sic) and the descent thereof from Adam, etc. by Eugenius PHILALETHES.

London, 1650, in-12.

(S-3179)

11060 [VAUGHAN (Th.)]. — Magia adamica oder das Alterthum der Magie, als dererselben von Adam an herabwärts geleitete Erweisung, welcher eine ganz vollkommene Entdeckung des wahren Himmels, der Erden, oder derer Magorum, himmlischen Chaos und erste Materia aller Dinge zugefüget durch Eugenius PHILALETHA.

Leipzig und Hof. Joh. Gottl. Vierling, 1749, in-8° de XVI-322-XIV pp.

La 1-re édit. est d'Amsterdam 1704 et a un titre différent.

(O-1718)

11061 [VAUGHAN (Thomas)]. — Reconditorium ac Reclusorium | Opulentiæ sapientiæque | Numinis Mundi Magni, | Cui deditur in titulum | CHYMICA VANNUS, | Obtenta quidem et erecta Auspice | Mortale Cœpto ; Sed | Inventa Proauthoribus Immortalibus Adeptis. | Quibus | Conclusum est, sancitum et decretum, | Ut | Anno hoc per Mysteriarcham Mercurium, | Velut | Viocurium, seu Medicurium, |

statVta oraCVLa sVa eXorDInè InoLesCerent, | et aVrea Verltas perspICaCIorIbVs IngenIIs | nVDè breVIterqVe InnotesCeret.

Orbe post Christum natum Millesimo, sexcentesimo, sexagesimo, sexto, Idibus Majis.

Amstelodami. Apud Joannem Janssonium à Waesberge, et Eliƶeum Weyerstraet, Anno 1666, in-4° de 392 pp. comprenant le curieux Frontispice (une Croix de Malte dans un cercle, avec des légendes sur toutes les lignes, le tout imprimé d'une bizarre encre rougeâtre mordorée) un second Frontispice gravé, intitulé « *Chorus philosophorum* »; une Pl. au trait p. 30, « *Circus Magicus* »; une Pl. p. 249, « *Cavea Sybillarum* »; une suite de 7 Pl., les 7 Planètes, pp. 272 et seq. et enfin une série de pages bizarrement composées dans des Cercles et des Ovales.

[R. 8357]

Cet ouvrage doit être suivi de :

Commentatio | De | Pharmaco Catholico : | Quomodo nimirum istud in tribus illis naturæ Reg- | nis, Mineralium, Animalium ac Vegetabilium, | reperiendum : atque exinde conficiendum, per | excellentissimum Universale Menstruum, | vi pollens recludenti occludendique, tum | metallum quodlibet, in primam sui | materiam reducendi.

[Etc.]

Ærâ Christianâ Millesimâ, Sexcentesimâ, Sexagesimâ quintâ, Kalendis Octobribus.

Ouvrage dont la réclame : « Com-» se trouve à la dernière page (392) de la CHYMICA VANNUS.

in-4° de 76 pp. — 1 f° d'errata, à la fin, non compris le f° de titre, dont le v° porte le même Frontispice (Croix dans le Cercle) que la *Chymica Vannus*. (ensemble 25 à 30 fr.).

Extrêmement rare.

Stanislas de GUAITA l'apprécie ainsi :

« Très mystérieux ouvrage d'Alchimie et de Philosophie Mystique publié en mai 1666 par les Frères de la Rose † Croix ; il est singulier de texte et de figures et se trouve difficilement en librairie. Le supplément « *Commentatio* », paraît plus rare que l'ouvrage même. Encore que son sous-

.titre mentionne la CHYMICA VANNUS comme écrit par le même paraphraste (sic), ce supplément semble avoir été publié 8 mois auparavant (Oct. 1665). Il fait défaut dans un certain nombre d'exemplaires qui ont passé sous mes yeux. — Le Catalogue de la Bibliothèque de l'abbé SEPHER attribue formellement la *Chymica Vannus* à PHILALETHE. Grand Maître de la R + C. »

Voir aussi à « CHYMICA VANNUS » la reproduction de la mention dans le Cat. de l'Abbé SEPHER.

L'Auteur ne s'est fait connaître que par ce vers :

Gebria mi patria est, se Venloa propria terra.

(O-1284
(S-3584 b
(G-891-1244-2078

11062 VAUGHT (L. A.). — Lecture pratique du caractère.

Bruxelles, 1908, in-8°, (6 fr.).

Traduction française d'un livre célèbre qui a eu déjà dix éditions en anglais et est toujours très demandé. — Il a été écrit pour manier, éduquer, entraîner, gouverner et améliorer la nature humaine avec précision, sécurité et succès. — Rempli d'une foule de curieuses gravures explicatives, il permet en peu de temps de déchiffrer les caractères les plus fermés, de sonder les consciences les plus tortueuses. — Il est vraiment la clef qui ouvre les secrets les mieux gardés de la nature humaine.

11063 VAULX (Barth. Alex. de), dit le docteur Allemand. — La vérité découverte ou exclaircissement pour cognoistre la vraye méthode de guerrir. Contenant quelques unes des principales différences qu'il y a entre la vieille et nouvelle idée de la Médecine, touchant le traitement des malades.

Bruxelles, 1676, in-16, (6 fr.).

(G-1048

11664 VAUTIER (Claire), [Mlle VIGNEAU] de l'Opéra de Paris, née à La Rochelle en 1850. — Dans la boue.

Paris, Marpon, s. d. [1892], in-12, 308 p. (3 fr. 50).

[8° Y² 46211

Édition originale.

11065 VAUTIER (Claire). — Monsieur le Marquis. — Histoire d'un Prophète — Par Claire VAUTIER [VIGNEAU] de l'Opéra.

Paris, Marpon et Flammarion, s. d.. [1886], in-12 de 309 p. Couverture illustrée du Portrait de l'auteur. (10 fr. en bel exemplaire, avec couverture).

[8° Y² 9942

L'ouvrage est daté à la fin :

Paris, 25 avril, 1886.

« Pamphlet contre le marquis de SAINT YVES D'ALVEYDRE, publié sous le nom d'une de ses anciennes Maîtresses. On croit savoir que l'austère Camille FLAMMARION n'aurait pas été étranger à la rédaction de ce Roman. M. CAMINADE passe aussi pour y avoir collaboré.... » (S. de G.).

A donné lieu à une réponse (fort rare) par FABRE DES ESSARTS : « *Mon Maître, Réponse à Mme Claire Vautier* ».

Paris, 1887, in-12.

Curieux et surtout malveillant.

(G-2197

11066 VÉGÉTARISME. — Discours et Toasts prononcés au Congrès International Végétarien. Paris 1900. Prix 40 centimes.

Paris, Publications végétariennes de la S. V. de F., s. d..[1900], in-8° de 16 p.

[Tc⁴⁹. 324

Intéressant pour l'histoire du Végétarisme moderne en France.

VÉGÉTARISME. — Voir :

SCHULZ (Carlotto).

11067 VELLÉDA. — Inauguration de la *Loge Velléda* ; exposé complet des doctrines et des traditions des Martinistes exotériques.

Paris, 3, rue de Savoie, s. d., [1900]. in-8°, 43p. Tab. et portrait de Papus. (2 fr.).

[8° H. pièce 758

Tiré à 200 exemplaires, non mis dans le commerce. Discours initiatiques de Papus, Osw. Wirth, Sédir, etc. C'est l'exposé complet du symbolisme des doctrines Martinistes.

11068 VELTHUSEN (Johann Caspar). Hirtorisch kritische Nachforschungen über Schottische Maurerey ; von D. Johann Caspar Velthusen.

Leipzig, S. L. Crusius, 1803, in-8° de IV-XXX-348 pp.
(O-307

11069 VELTHUSEN (J. C.). — Historische Winke über ächte und unächte Freymaurerey ; von D. Joh. Casp. Velthusen.

Leipzig, Siegfr. Lebrecht Crusius, 1804, in-8° de 31 pp.
(O-308

11070 VELTHUSEN (J. C.). — Pokeach lwrim. Beleuchtung einiger mystichen Allegorien und Hieroglyphen in nächster Beziehung auf den durch Bohemanns Missbrauch und die Bekanntmachung seiner Urkunden merkwürdig gewordenen Orden der Asiatischen Brüder. In Briefen an einem Freund in America ; von Johann Caspar Velthusen.

Stade, auf Kosten der Verfassers, 1804, in-8° de 320 pp.
(O-309

11071 [VÉLYE (Abbé de)]. — Du fluide universel, de son activité et de l'utilité de ses modifications, par les subtances animales dans le traitement des maladies, dédié aux étudiants qui suivent les cours de toutes les parties de la physique.

Paris, Imp. Delance, Kœnig et Renouard, 1806, in-8°, 24 pages. (3 fr.)
[Tb⁰⁴. 92

Brochure rare attribuée à l'Abbé de Vélye.
(D. p. 80

11072 [VÉLYE (Abbé de)]. — Somnambulisme ou supplément aux journaux dans lesquels il a été question de ces phénomènes physiologiques.

Paris, Brébault, [1813], in-8°. 84 pages. (2 fr. 50).
[Tb³¹. 98

Attribué à l'abbé de Vélye.
Ouvrage curieux en faveur du magnétisme.
(D. p. 84

11073 VENDELINUS (Got.). — Got. Vendelini. Pluvia Purpurea Bruxellensis.

Paris, 1647, in-8°.
(S-3289 b

11074 VENETTE (Nicolas), médecin français, né à la Rochelle en 1622, mort en 1698. Professa son art dans sa ville natale. — La Génération de l'Homme, par Venette [pseud. de Ch. Patin, d'après le Cat. Sepher].

Londres, Nouvelle édit., 1751, 3 vol. in-12. (12 fr.).
[Tb⁰⁴. 52 D.
(S-3351 b

11075 VENETTE (Nicolas). — Tableau de l'amour conjugal, publié d'après des recherches nombreuses sur des document anciens et modernes.

Paris, s. d., 4 vol. in-16. (4 fr.).

L'homme et la femme.— Les parfums. Le sens de l'odorat.— Les monstruosités humaines. — Les géants et les nains. — La loi de l'amour. — Comment on aime. — Le mariage, etc...

Autre édit. :

Paris, Louis, 1795, 2 vol. in-18.

C'est le même ouvrage que le précédent, et il est, dit-on, « rempli d'erreurs et indigne de figurer dans la bibliothèque d'un médecin » (Larousse, XV-849).

Sc. psych. — T. III. — 43.

11076 VENETTE (Nicolas). — Tableau de l'amour considéré dans l'état du mariage, divisé en quatre parties, nouvelle édition.

A Parme F. Gaillard [1696] in-12, (6 fr.).

Toujours le même ouvrage.

11077 VENETTE (Nicolas). — Traité des Pierres qui s'engendrent dans les Terres, les Animaux et les Hommes, par Nicolas VENETTE.

Amsterdam, 1701, in-12.

Paris, J. B. Cusson et P. de Witte, 1701, in-12.

[Ta¹¹⁹ 17
(S-3915 b

11078 VENIUS (Otho). — Le Théâtre moral de la vie humaine, représenté en plus de cent tableaux divers, tirez du Poëte Horace par le sieur Otho VENIUS ; et expliquez en autant de discours moraux par le sieur de Gomberville, avec la table du philosophe Cebes.

Bruxelles, Foppens, 1678, in-fol. (30 fr.).

Orné d'un titre-frontispice, d'en-têtes gravés, d'un portrait de l'auteur par sa fille Gertrude, de 103 belles figures gravées d'après les tableaux de Venius et d'une grande planche représentant le tableau de Cébès ou l'image de la vie humaine.

11079 VENTURA (Laurent) Philosophe hermétique vénitien. — Laurentii VENTURÆ Veneti de Conficiendi lapidis philosophici ratione liber ; dans *Theatrum chemicum* (1613), II, 230-336.

Les deux dernières pages contiennent : *Joannis Aurelli* AUGURELLI *Ænigma versibus.*

(O-947

11080 VENTURA baron de RAULICA (le T. R. P. G. D. Joachim), Théatin, célèbre prédicateur et théologien italien né à Palerme (Sicile) en 1792,

mort à Versailles en 1861. Lors des troubles d'Italie il se réfugia en France, à Montpellier, puis en 1851, à Paris, où il prêcha un Carême aux Tuileries en 1857. — Etudes sur les possessions en général et sur celle de Loudun en particulier.

Paris. in-18. (2 fr. 50).

[Lb⁴⁵. 3507

11081 VENUS MAGIQUE, contenant les Théories secrètes et les Pratiques de la Science des Sexes.

Paris, 1897, in-12. Avec 7 Pentacles et Talismans Magiques. (12 fr.).

De la Condition Paradisiaque. — Magie Naturelle. — Instruction pour l'usage des Personnes non mariées. — Acte Sexuel. — De quelques opérations Mystérieuses. Etc.

Joli petit ouvrage d'une allure très sincère et contenant les renseignements les plus curieux sur les lois occultes de la Science des Sexes, particulièrement au point de vue du Magnétisme et de la Kabbale. Signalons tout spécialement les talismans suivants, qui y sont donnés : Pour gouverner entièrement un individu.— Contre l'impuissance de l'homme. — Pour redonner la force virile. — Pour rendre une femme attractive au plus haut degré. — Pour rester indéfiniment aimable. — Pour rompre un amour, etc... Recette intitulée : Philtre des Rose-Croix ou charme tout puissant.

VENUS PHYSIQUE (La). — Voir :

MOREAU DE MAUPERTUIS (Pierre Louis).

11082 VERAX (Abbé Thomas). — La vérité, toute la vérité, rien que la vérité sur la Chasteté et l'Incontinence dans le Clergé catholique.

Paris, Dentu, 1881, in-12. (3 fr. 50).

11083 VERBAL de la réception dans l'ordre des Fr∴ M∴ du F∴ Adkeri Khan, ambassadeur de Perse et discours prononcé à cette occasion par la R∴ M∴ L∴ Ec∴ de France sous le titre distinctif du contrat social et de S. Alexandre d'E∴ à l'O∴ de Paris.

Paris, 1809, in-18. (6 fr.).

11084 VERCOUTRE (Dr A.). — Origine et genèse de la Légende du Saint-Graal.

Paris, E. Leroux, 1001, gr. in-8°, 24 p. (2 fr. 50).

[8° Y². pièce 1735

Travail extrêmement intéressant, dans lequel ce grand problème ésotérique se trouve résolu. — Une précieuse documentation a permis à l'auteur de reconstituer la filiation ininterrompue de la légende initiatique, s'appuyant sur les données du symbolisme et de la mythologie comparée; c'est ainsi qu'il la retrouve dans les mystères des Chevaliers de la Table Ronde, de l'Ordre du Temple, et de la Franc-Maçonnerie même. Tous les ouvrages ayant été écrits sur le St Graal sont cités, ce qui permet au lecteur de se reporter aux sources les moins connues.

11085 VERDUN (Paul). — Le Diable dans la vie des Saints, du X-e au XVIIIe siècle, par Paul VERDUN.

Paris, Delhomme et Briguet, s. d., [1807]. 2 vol. in-12. (5 fr.).

[8° H. 6106

Ouvrage très curieux. — Ordination des exorcistes. — Cérémonie de l'exorcisme. — Persécutions et possessions diaboliques. — Exorcismes et délivrances. — Les Magiciens. — Pratiques magiques. — Les noms des démons, etc...

11086 VERDUN (Paul). — Le Diable dans les Missions.

Paris et Lyon, Delhomme et Briguet, s. d.[1806], 2 vol. in-12.(5 fr.).

[8° H. 6109

Ouvrage fort curieux. — L'onguent magique. — Union infernale. — Fascination magique. — L'Amérique du sud. — Sorciers, Magiciens. — Le Vaudoux. — Culte du serpent. — L'imprégnation diabolique. — L'Amérique du Nord. — Les Peaux rouges. — Bibelots magiques. — Afrique. — Médication de sorciers. — Les Indes. — Les Fakirs. — Chine. — Thibet. — Océanie. — Madagascar. Etc.

11087 VERGILE (l'abbé Polydore) ou VERGILIUS, savant théologien et érudit italien né à Urbin vers 1470, mort en 1555. Camérier du Pape Alexandre III, résidant en Angleterre dans la cure de Langton. — Polidori VERGILII de inventoribus rerum prior editio, tribus primis contenta libris, ab ipso autore recognita, et locupletata, vbi visa et materia sic poscere. Cvi editioni adglvtinavit instituta omnia nostre christianæ religionis aliarum vegentium, ac eorum primordia vndique diligenter qvæinque posterioribus libris continentur, Adiectus est et index, omnia quæ in hoc opere tractantur, serie literaria indicans.

Parisiis, ex officina Roberti Stephani, 1528. pet. in-4°. (20 fr.).

Véritable encyclopédie, remplie de détails et d'anecdotes curieuses.

11088 VERGILE (Polydore). — Polydori VERGILII, de Rerum Inventoribu Libri Octo. Eiusdem in orationem dominicam commentariorum...

Argentorati (Strasbourg), 1606, in-8°, (4 fr.).

Autre :

Lvgdvni, apvd Gryphivm, 1597, fort in-12.

[G. 29936
(Beaucoup d'autres édit.)
(S-6039)

11089 VERGILE (Polydore). — Les Mémoires et Histoire de l'Origine, Inventions et Auteurs des Choses, traduit du latin de Polydore VERGILE, par François de Belle Forest.

Paris, 1582, in-8°. (10 fr.).

[G. 29942

Suite de l'Ouvrage précédent, traduit d'Alexandre SARDE, par Gabriel CHAPUIS.

Lyon, 1584, in-8°.

[G. 28909
(S-6038

Autre :

Paris, L. Manguier. 1576.

[G. 29941

11090 VERGILIUS (Polydorus). — Polydori VERGILII, de Prodigiis Libri III; Joach. Camerarii, de Ostentis, libri II.

Lugduni, 1553. in-8°.

Trad. française :

Lyon, Jean de Tournes, 1553, in-12.

[Rés. Z. 2507 (2)
(S-3279 b

11091 VÉRIDIQUE (Le).

Toulouse, 1830 (?).

Journal de magnétisme qui m'est tout à fait inconnu; le journal Belge *le Magnétophile* le cite dans un bulletin bibliographique.

(D. p. 116

11092 VÉRITABLE ALMANACH (Le) de Milan pour l'an 1698.

S. l., In-12.

(S-3415 h

11093 VERITABLE GREMOIRE (sic) avec un recueil de secret magique (sic).

S. l. n. d., in-18.

Petit grimoire fort rare du milieu du XVIII° siècle, accompagné de 12 figures cabalistiques gravées. — Avec quelques curieux secret tels que ceux-ci : « Pour faire danser une fille nue. — Pour jouir de celle que tu voudras. — Pour empêcher la copulation. — Etc.... ».

(G-1050

11094 VÉRITABLE (La) magie noire ou le secret des secrets ; manuscrit trouvé à Jérusalem dans le sépulcre de Salomon, contenant quarante cinq talismans avec leurs gravures, ainsi que la manière de s'en servir et leurs merveilleuses propriétés et tous les caractères magiques connus jusqu'à ce jour. Traduit de l'hébreu du mage IROE-GREGO.

Voir ce nom.

(G-1051

VERITE (La) du Magnétisme animal. — Voir :

VILLENAVE (M.-G.-T.).

11095 VERITE (La) sortant du puits hermétique ou la vraye quintessence solaire et lunaire. Baume radical de tout estre et origine de toute vie, Confection de la médecine universelle.

Londres. 1753. in-12. (8 fr.).

Traité alchimique fort rare.

(G-1052

VÉRITÉ SUPRÊME (La). singulière brochure de 32 pp. in-18, sur papier « jonquille ». publiée à Genève (S. l.) : voir :

VULLIERME (F.).

11096 VÉRITÉ (La) sur le docteur Noir. Prix 75 cent.

Paris, Librairie Nouvelle. 1859, gr. in-8° de 38 p. (2 fr.).

[Te²⁴ 28

Curieux documents sur un médecin indien nommé VRIES qui guérit miraculeusement plusieurs personnes, entre autres le célèbre musicien-inventeur Adolphe SAX, inventeur du fameux instrument dit « Saxophone », qui était atteint d'une tumeur cancéreuse antérieure à 1859 et qui est mort en 1894.

Le Docteur Noir, M. J. A. VRIES était né, dit on, soit à Java, soit dans la Guyane hollandaise (!), fils d'une Indienne et d'un Hollandais ; il parlait anglais ou hollandais mieux que français et sa femme était anglaise. Il était Docteur de l'Université de Leyde. Ses guérisons portaient surtout sur le Cancer, l'Eléphantiasis, etc. D'après une brochure du Dr Ch. FAUVEL. (Voir aux Additions et Corrections). le présent opuscule serait dû au Dr VRIES lui-même.

11097 VÉRITÉ (La) sur le Spiritisme expérimental dans les groupes, par un Spirite théoricien.

Paris, 1863, in-8°. (1 fr.).

11098 VERKLAERTE (Der) Freymaurer. Eine Schrift, worinn ihre hieroglyphysche Zeichen, Worte, Werke, wie sie sollen verstanden, und so weit es thunlich ist, ausgedeutet werden.

S. l., ni adr. (Wien, Payowski), gedruckt im J. 1791, in-8° de XVI-100 pp. avec 1 pl.

(O-428

11099 VERLAQUE (Abbé). — Jean XXII, sa vie, ses œuvres, d'après des documents inédits.

Paris, Plon, 1883, in-8°. (4 fr.).

[8° H. 758

11100 VERNIS (M.). — Précis d'histoire Juive, depuis les origines jusqu'à l'époque Persane (V° siècle avant J. C.).

Paris, 1880, in-12 d'environ 800 p. Avec 2 cartes. (3 fr.).

[8° H. 5430

Les Patriarches. — La servitude de l'Égypte. — Moïse. — L'ancien royaume Israélite. — L'épopée des Prophètes. — Religion des anciens Israélites. — Les Sanctuaires. — Le Prophétisme. — Idées religieuses. — La grande Synagogue, etc.

11101 VERNET (J.) Ainé. — La Magnétismomanie, Comédie folie en un acte, mêlée de couplets, par J. Vernet ainé.

Paris, Fages, 1810, in-8°. (2 fr.).

Cette petite pièce représentée le 5 Septembre au théâtre des Variétés eut beaucoup de succès. Le fils d'un médecin ennemi du Magnétisme vient se constituer malade chez un Magnétiseur père d'une charmante jeune fille dont il était épris, et... tout finit par un mariage.

(D. p. 87

11102 VERNEUIL (P.). — Dictionnaire des symboles, emblèmes et attributs.

Paris, H. Laurens, s. d., [1897], pet. in-8° carré. (3 fr. 50).

[8° Z. 14680

Au mot placé à son ordre alphabétique, on trouve : 1° l'idée qu'il symbolise, 2° la liste des choses qui peuvent le symboliser.

11103 VERNHES (J. F.). — Essai sur l'histoire générale de la Franc-Maçonnerie depuis son établissement jusqu'à nos jours, suivi de quelques Discours sur divers sujets maçonniques ; par J. F. Verhnes, homme de lettres, vénérable de la loge la Parfaite humanité, à l'Orient de Montpellier.

Paris, Caillot, s. d., [1813], in-12 de XII-130 pp.

(O-220

11104 VERNINAC DE SAINT MAUR (Raymond Jean-Baptiste), marin et homme politique français, né en 1794 mort en 1873. Ministre de la Marine en 1848, Gouverneur de la Réunion. Il était Contre-Amiral. — Voyage du « Luxor » en Egypte, entrepris par ordre du Roi pour transporter de Thèbes à Paris, l'un des Obélisques de Sésostris ; par M. de Verninac Saint Maur, Capitaine de Corvette, Officier de la Légion d'honneur, Commandant de l'Expédition. Ouvrage orné de Planches.

Paris, Arthus Bertrand, 1835, in-8° de 472 p. et 7 planches en taille douce dont 4 pliées (6 fr.).

L'ingénieur Lebas, q. v. a publié en 1839 un ouvrage sur un sujet analogue. Préparatifs de départ. — Départ du « Luxor » de Toulon. — Arrivée à Alexandrie. — Départ d'Alexandrie. — Entrée dans le Nil. — Arrivée à Thèbes. — Abattage de l'Obélisque et son embarquement. — Sept mois d'inactivité à Thèbes. — Départ de Thèbes. — Arrivée à Alexandrie. — Départ d'Alexandrie. — Arrivée à Paris. — Débarquement de l'Obélisque.

Très intéressant ouvrage qui détaille toutes les opérations de transport du monument et donne en outre la reproduction de ses hiéroglyphes et leur traduction partielle d'après CHAMPOLLION.

11105 VERNON (Eugène). — L'homme divin, ou la nouvelle religion.

Paris, Fasquelle, 1908, in-12 de 360 p. (1 fr. 50).

[8° R. 22545

« En résumé, ce qui est le plus admirable, dans l'antiquité, c'est la luxure » (p. 51) — cela suffit.

11106 VEROLA (Paul), littérateur, poète et dramaturge, né à Nice. — Moïse, pièce dramatique en cinq actes.

Paris, H. Floury, 1904, in-4° de VI-184 p.

[4° Yf. 183

11107 VEROLA (Paul). — Le Nirvâna, poème dramatique en 4 actes.

Paris, 1900. in-4°. (4 fr.).

Tiré à 400 exemplaires.

Sous la forme de poème dramatique, cet ouvrage est en réalité une interprétation de la religion bouddhique.

11108 VEROLA (Paul). — Rama, poème dramatique en trois actes.

Paris, Bibliothèque artistique et littéraire, 1808, in-4°. (8 fr.).

[4° Yf. 126

Illustrations de Alphonse MUCHA (Novembre 1895).

L'action générale de ce drame est tirée de l'épisode initial du *Ramayana*.

11109 VÉRON (Pierre), littérateur et journaliste français né à Paris en 1833. — Les Marchands de Santé, par Pierre VÉRON.

Paris, 1862, in-12 de 283 p.

Santé à vendre, scène de mœurs. — La médecine de province. — Consultations gratuites. — Les eaux de Blaguen-Blaguen. — Le contrôleur de la mort. etc.

11110 VERONE (François de). — Apologie pour Iehan Chastel, Parisien. execvté à mort, et pour les Peres et Escholliers de la Société de Iesvs, bannis du Royaume de France. Par François de VERONE, Constantin.

Contre l'arrest de Parlement donné contre evx à Paris le 29 Décembre 1594.

S. l., l'an 1595, pet. in-8°, 243 p. (en beau maroquin aux armes de Gabrielle d'Estrées, 45 fr.).

Libelle violent du célèbre curé ligueur, Jean BOUCHER, faisant l'apologie de l'attentat commis sur la personne de Henri IV par Jean CHASTEL, alors que le Roi se trouvait dans la chambre de Gabrielle d'Estrées.

Autre édition :

S. l., l'an 1610, in-8°, 323.

[Lb³⁵ 588 A.
(G-2196

11111 VERORDNUNGEN, Geschichte, Gesetze Pflichten, Satzungen und Gebräuche der Hochlöblichen Brüderschafft derer Angenommenen Frey-Mäurer, aus ihren eignen glaubwürdigen Urkunden, und Sichern mündlichen Nachrichtgen von vielen Jahrhunderten gezogen, und aus dem Englischen übersetzt von Johann Kūenen... II-te Auflage.

Franckfurt und Leipzig, Mich. Blochberger, 1743. in-8° de 152-VIII pp.

Traduit à l'usage des loges hollandaises ; la 1ʳᵉ édition allemande est de La Haye, 1741, mais la traduction française est de 1736.

(O-269

11112 VERSUCH einer Anwendung der höhern Mathematik auf die Chymie, nebst einem Anhange der neuesten Versuche über das Licht, als Princip der Dinge ; mit den neuesten Erfahrungen belegt ; von 15*.

Leipzig. Gräff, 1707, in-8° de 64 pp.

(O-1520

11113 VERSUCH einer richtigen Darstellung des Freimaurer-Ordens ; (aus alten und neuern bekannten Nachrichten gesammlet und bearbeitet).

Osnabrück. Heinr. Blothe, 1805, pet. in-8º de IV-61 pp.

Dédié au frère Lebrecht von Blucher, général lieutenant prussien, gouverneur de Münster.

(O-219

11114 VERTHEIDIGUNG der Freymäurer wider die Verläumdungen zweener Geistlichen, welche den Orden öffentlich auf der Kanzel angegriffen haben : avec cette épigraphe :

Je ne veux désormais dans les prêtres des Dieux que des hommes de paix. (Les Guebres).

Aus dem Französischen (überstzt von...).

Frankfurt und Leipzig, Joh. Philipp Haug, 1776, pet. in-8º de X-120 pp.

(O-225

11115 VERTOT (René Aubert, abbé de), historien français né au château de Bennetot (Pays de Caux) en 1655 mort en 1735. Il fut capucin (Frère *Zacharie*), chanoine de Prémontré, puis Mathurin, et curé de Croissy-la-Garenne, près Marly. Il n'a pas laissé la réputation d'un historien fort minutieux. C'est lui dont « *le siège était fait* » quand les documents dont il avait besoin finirent par arriver. Cela l'illustra. — L'abbé de Vertot. — Histoire des chevaliers hospitaliers de St-Jean de Jérusalem, aujourd'hui chevaliers de Malthe.

Paris, Quillard père et fils, 1727, 7 vol. in-12. (5 fr.).

[H. 11108-14

Autre édition :

Paris, Bailly, 1772, 7 vol. Le tome VII est formé par la liste alphabétique des Chevaliers de l'Ordre.

[H. 11157-163

Paris, Guillau, 1753-55, 7 vol. in-12.

[H. 11122-128

Édition recherchée et bien complète du tome VII et dernier, contenant les listes chronologiques des Chevaliers de l'Ordre de Malte des différentes langues (Provence, France, Auvergne, Aquitaine, Champagne, Italie, etc), plus de 6.000 noms, avec la description des armoiries.

11116 VERZEICHNISS von gedruckten Schriften, Reden, Gedichten und Liedern, die Freymäurerey betreffend ...:(dans *Almanach oder Taschen Buch für... Freymaur*. 1776-77).

(O-212

11117 VESIN [de Romanini (le Comte Charles François)], Professeur à l'École centrale de commerce et d'industrie (en Belgique). — La Cryptographie dévoilée, ou art de traduire ou de déchiffrer toutes les écritures en quelque langue que ce soit, quoiqu'on ne connaisse ni ce caractère ni cette langue, appliqué aux langues Française, Allemande, Anglaise, Latine, Italienne, Espagnole, suivi d'un précis analytique des langues écrites, au moyen duquel on peut les traduire sans en avoir aucune connaissance préalable, et dédié à S. M. Léopold Iᵉʳ roi des Belges, par le Comte Vesin de Romanini...

Paris, l'auteur, Librairie Nouvelle Dentu, 1857, gr. in-8º de 259 p. port. de l'aut. lithographié par A. Collette. (5 fr.).

Ouvrage sérieux et intéressant sur ce sujet, avec nombreux alphabets secrets maçonniques et autres.

Autre édition :

Bruxelles, Deprez Parent, 1840, in-8º de XXVII-331 p. et 1 fº Frontisp. portrait.

[X. 33028 bis

11118 VESIN [DE ROMANINI]. — Traité d'obscurigraphie, ou art de déchiffrer ou traduire avec la plus grande facilité, et sans en avoir aucune connaissance, toutes les écritures en caractères allemands, anglais, arabes, arméniens, gothiques, grecs, hébraïques, maçonniques, etc... quel qu'en soit l'alphabet, et celles mêmes qui seraient faites par les signes que l'esprit le plus extravagant pourrait inventer, par M. Ch. Fr. VESIN...

Paris, Mme Goullet, 1838, in-8° de 110 p. (4 fr.).

[V. 54850

Ce curieux ouvrage contient une quantité de tableaux hors texte parmi lesquels plusieurs représentent des alphabets maçonniques avec exemples de combinaisons (genre de ceux divulgués par le Dr BATAILLE).

A la fin, formules d'encres sympathiques, etc.

11119 VEUILLOT (Louis François), littérateur et journaliste français né à Boynes (Loiret) en 1813, mort à Paris en 1883. Catholique fougueux et pratiquant. — Rome et Lorette.

Tours, Mame, 1899, in-8°. (1 fr. 50).

Gravures hors et dans le texte. — Edition populaire.

11120 VEYSSIÈRE de la CROZE (Mathurin) érudit et orientaliste né à Nantes en 1661, mort en 1739. D'abord Bénédictin à Nantes, puis protestant à Genève, Bibliothécaire de l'Electeur à Berlin et professeur au collège français de cette ville. Sa Bio-bibliographie a été donnée par M. JORDAN (Amsterdam, 1741, in-8°). — Histoire du Christianisme d'Ethiopie et d'Arménie par LA CROZE.

La Haye, Vve Le Viex, 1739, in-12.

[O³c 51
(S-5245

11121 VEYSSIÈRE de la CROZE. — Histoire du Christianisme des Indes, par LA CROZE.

La Haye, 1747, in-12.

Le meilleur ouvrage de cet auteur estimé.

Autre :

La Haye, Vaillant et Prevost, 1724 in-12.

[O²k. 521
(S-5244

VÈZE (Marcus de), ou d'autres fois : Ernest Bosc de VÈZE. Noms dont a quelquefois signé M. Bosc (q. v.) dont la mère était née J. DEVÈZE.

11122 [VÈZE (Raoul)]. — HERVEZ (Jean). — Anecdotes pour servir à l'Histoire secrète des Bougres. Statuts des Sodomites au XVII° siècle. Introduction et Notes par Jean HERVEZ.

Paris, Bibliothèque des Curieux, s. d., in-16. (3 fr.).

11123 [VÈZE (Raoul)]. — Jean HERVEZ. — Les Femmes et la Galanterie au XVII° siècle, d'après les mémoires, chroniques, libelles et pamphlets du temps.

Paris, H. Daragon, 1907, in-8°. VII-279 p. portraits. (10 fr.).

[8° Li². 165

Louis XIII et ses mignons. — Les Galanteries du Grand Roi. — Les Grandes Amoureuses. — Le Royaume de Braguerie. — Sodome et Lesbos. — Le Fouet. — Messes noires, etc...

11124 [VÈZE (Raoul)]. — Jean HERVEZ. — La France Galante. La Polygamie sacrée au XVI° siècle. Préface, Introduction, Notes et Appendice.

Paris, Bibliothèque des Curieux, 1908, in-8°, 8 pl. hors texte d'après des Bibles anciennes. (12 fr.).

Réédition d'un Pamphlet anonyme de 1581. — Etat des personnes mâles et femelles vivant aux dépens du Crucifix. — La Polygamie des Archevêques, Evêques, Chapelains, Chanoines, Curés et Moines. — Statistique des Filles Cardinales, Archiépiscopales. Monacales. — La Danse macabre de la Polygamie Sacrée.

11125 VÈZE (Raoul). — La Galanterie Parisienne au XVIII° Siècle. La Régence Galante. — Le Libertinage sur le Trône. — Le Parc-aux-Cerfs. — L'amour dépravé, pervers, inverti. — La Flagellation. — Folies et Maisons closes.

Paris, Daragon, 1905, in-8°. Planches. (10 fr.).

11126 [VÈZE (Raoul)]. — Mignons et Courtisanes au XVI° siècle, d'après les Chroniques, Libelles, Pamphlets et Chansons du Temps par Jean Hervez.

Paris, Bibliothèque des Curieux, 1908, in-8°, 6 pl. hors texte. (12 fr.).

Ouvrage de Documentation sincère sur le siècle de Marot, de Rabelais, et de Brantôme, Siècle remarquable par son effrénée course à la jouissance.

11127 [VÈZE (Raoul)]. — Jean Hervez. — Le Parc-aux-Cerfs et les Petites Maisons galantes, d'après les Mémoires, les Rapports de Police, les Libelles, Pamphlets Satires et Chansons du temps.

Paris, Bibliothèque des Curieux, 1910, in-8°. 8 Repro. d'Estampes anciennes. (10 fr.).

[Li². 189 (4)

Sur papier vergé. — Le Parc-aux-Cerfs, harem Royal, gouffre aux millions. — Les Bâtards du Roy. — L'Abbesse du Couvent. — Les pensionnaires. — La Belle Morphi. — Les galantes Folies. — La Raucourt et les Lesbiennes. — Le Répertoire des Petites Maisons. — Les Orgies chez la Guimart. — Etc.

11128 [VÈZE (Raoul)]. — Jean Hervez. — Sociétés d'Amour. — La Secte des Anandrynes. Confession de Mademoiselle Sapho. Introduction et Notes par Jean Hervez.

Paris, Bibliothèque des Curieux, 1910, in 16. (4 fr.).

Tiré à 500 ex.

L'original, en édition ancienne, à la Bibliothèque Nationale :

Paris, An II, in-18.

[Vélins 2432

11129 [VÈZE (Raoul)]. — Jean Hervez. — Les Sociétés d'amour au XVIII° Siècle. D'après les Mémoires, Chroniques et Chansons, Libelles et Pamphlets. Pièces inédites. Manuscrits.

Paris, H. Daragon, 1906, in-8°, 358 p. Portr. 8 Héliogr. hors texte (Reprod. d'Estampes). (12 fr.).

[Li². 162

Les Sociétés où l'on cause d'Amour. — Académie Galante. — Le Code de Cythère. — Les Sociétés où l'on fait l'Amour. — Ordre de la Félicité (p. 176). — Le Culte d'Aphrodite et de Lesbos. — Les « Arracheurs de Palissades ». — Brevets d'Amour. — Etc.

11130 [VIAL], auteur mystique de la fin du siècle dernier, sans doute membre de Sociétés secrètes et dont la vie est assez peu connue.

Son Nom Mystique est A. D'ORIENT, ou ARCADE D'ORIENT.

Voir aussi à l'article :

ARCADE. —

Des destinées de l'âme ou de la résurrection, de la prescience et de la Métempsycose avec un précis des prophéties qui regardent l'Eglise pour reconnaître le temps présent et les signes de l'approche des derniers jours, par A. d'Orient.

Paris, Comptoir des Imprimeurs Unis, 1846, in-12. (5 fr.).

[R. 45506
(G-1321

11131 [VIAL]. — Accomplissement des Prophéties faisant suite au Livre des Destinées de l'Ame, par A. d'Orient.

Paris, Comptoir des Imprimeurs

réunis, Comon, et Cie, 1847-1849-1850-?-?-1857, 8 volumes in-12. (25 fr.).

[R. 45498, 99, 500-505
[les tomes IV à VI paraissent [manquer (?)

T. I. — Explication complète de l'Apocalypse et réfutation de « l'Origine de tous les cultes » de Dupuis. — T. II. — Prédiction sur l'Avenir de l'Eglise et Explication véritable du Magnétisme Animal. — Les Apparitions de Martin de Gallardon. — Résurrection du Paganisme. — T. III. — Philosophie du Magnétisme, ou les rapports de l'Ame Humaine avec les Esprits Invisibles. — Du rôle des Esprits et Génies familiers dans la vie des grands Hommes. — De la Pierre Philosophale et des Alchimistes. — T. IV. — Etat de l'Eglise pendant et après l'Antechrist. — Explication de la prophétie des Papes de St Malachie, avec ce qui doit advenir du Socialisme. — Caractères prophétiques de la Révolution française, et Tableau de la conjuration Philosophique du XVIIIᵉ siècle contre l'Eglise. — T. V. — Le Schisme dans l'Eglise, l'Apostasie, etc. — T. VI. — Le Clergé fidèle proscrit et persécuté, etc.

Le nom de l'auteur : VIAL est assuré par une note au crayon en haut de la garde du Tome I :

[R. 45498
à la Biblioth. Nat^{le}.

11132 VIAL (L.). — Le Juif sectaire, ou la tolérance Talmudique.

Paris, Fleury, s. d., [1809], in-12.

[8° A. 6386

La trahison et la corruption. — Le Talmud. — Les meurtres rituels au XIXe siècle. — Les profanations talmudiques. — Le gouvernement secret des juifs. — La Triplice judéo-maçonnique-protestante. — Les Loges juives à Londres, à Rome et en Allemagne, etc...

11133 VIAL (Louis Charles Emile). — L'amour dans l'univers ; l'inversion dans la création.

Paris, J.-Rothschild, 1890, in-8°. Avec 63 figures. (3 fr.).

[8° R. 13866

Positif + et négatif —. — Récit de la création. — Epîtres au médecin, au philosophe, à l'apôtre, à l'Eglise, etc... Inversion ou création, etc...

11134 VIAL (Louis Charles Emile). — Les Erreurs de la Science. — Orné de 43 figures.

Paris, l'auteur, 1905, in-8°, 293 p. figures. (1 fr. 50).

[8° R. 20228

Radiations psychiques. — La force vitale, ce qu'elle est. — La vie, la mort, mécanisme de la Radio-activité. — L'Hydrogène ou matière originelle. — Tableau chromatique des huit premiers corps gazeux. — Nouvelle conception cosmogonique, etc...

Autre :

Paris, 1906, in-12, puis 1908, in-12 avec 55 figures.

11135 VIAL. (L. C. E.). — Mécanisme et Dynamisme, loi fonctionnelle de la Création.

Paris, l'auteur, 1901, 2 vol. in-8° de 40 p. et ? (1 fr.).

[8° R. 17458

Curieuse théorie.

VIANNEY (Jean Baptiste), le curé d'Ars. — Voir :

MONNIN.

11136 VIATOR (E.). — La vérité sur la conversion de Miss Diana Vaughan par E. VIATOR. 1ʳᵉ et 2ᵉ partie.

Paris, Perret, 1895-96, 2 plaquet. in-12 de 50 p. et ? (Publ. à 0 fr. 30 et 0 fr. 50).

[Pz. 840

Histoire du Socianisme (II-38) : Socin, Rosenkreuz, Michel Maier, Wiclef, Thomas Vaughan, etc... les Rose-Croix.

11137 VIATOR (E.). — Les suites de la conversion de Miss Diana Vaughan par E. VIATOR.

Paris, H. Pierret, 1896, in-12 de 48 p. (Pub. à 0 fr. 50).
[Ld⁴ 8895

Première partie (seule parue?).
A ce moment, TAXIL ne s'était pas encore démasqué et on trouve dans ces brochures les remarques les plus réjouissantes, quand on sait ce qu'il en est.

11138 VIAU (Raphaël). — Ces Bons Juifs ! Préface d'Edouard DRUMONT.

Paris, A. Pierret, 1808, in-12. (2 fr. 50).
[Lb³⁷. 12033

Fêtes et coutumes israélites. — Les grands Juifs. — Les châteaux, les terres et les chasses d'Israël. — Les futurs barons, etc... (Nombreux noms).

11030 VIAUD ou VIAUD-BRUANT (Gabriel), vétérinaire en premier de l'armée, littérateur, végétarien, né à Génissac (Gironde) en 1865. — L'Arbre de vie, par [Gabriel] VIAUD-BRUANT, Vice-Président de la Société Académique, Vice-Président de la Société de Botanique, Lauréat de l'Académie des Sciences de Bordeaux, etc... Illustrations par Henriot.

Tours, Imprimerie Tourangelle, Paris, Eugène Figuière, 1912, in-8° carré de 324 pp. avec 9 ou 10 pl. hors texte.

Idée générale de l'arbre de vie. — Gonimatique (Science de la Génération). — Blastophturie (Science de la détérioration des Germes). — Génétique (Science de l'Hérédité et de la Variation des Espèces). — Le Milieu. — L'Education. — La Femme. — Neutralisons ! Neutralisons ! — Création d'un Institut National d'Amélioration de la Vie. — Hygiène Alimentaire : Régime et Stérilité. — Eugénique (Science des influences qui perfectionnent les qualités innées de la race). — Temps futurs. — Suprême Evangile. — Postface (par Jean Richard BLOCH).

11140 VIAUD-BRUANT (Gabriel). — La nature et la vie. — Régénération de l'homme par le végétal. — Régime végétarien, littérature et philosophie végétariennes.

Paris, Ch. Mendel, 1897 [1896], in-8° de 255 p. (2 fr.).
[T²¹ 024

Nombreux autres ouvrages végétariens au Cat. Gén. de la Bib. Nat.

11141 VICTORIA Iʳᵉ (Alexandrine) reine d'Angleterre, née à Londres en 1819, couronnée en 1837, morte à Londres en 1901. — Méditations sur la mort et l'éternité, publiées avec la permission de Sa Majesté la Reine Victoria, traduites de l'anglais par Ch. Bernard Derosne.

Paris, Dentu, 1863, in-8°. (5 fr.).
[D². 12017

Ces méditations furent traduites par la reine VICTORIA, lors de la mort de son époux. Leur valeur littéraire est modeste (LAROUSSE).

11142 [VIDAL COMNÈNE (François)], Mystique français du XVIIᵉ siècle. — L'Harmonie dv Monde, où il est traité de Dievᵉ et de la Natvre-Essence, en III livres ; I de l'Vnité et de la Trinité ; II de la Nature et de ses principes ; III de l'Union du Créateur aux Créatures par l'incarnation du Verbe, et du sacrement de l'Eucharistie : par Mre F.V.C. [François VIDAL COMNÈNE], Docteur en la sacrée Faculté et Advocat en Parlement.

A Paris, chez la Veuve Claude Thiboust et Pierre Esclassan, 1671, in-12 de XIV-262 pp. (12 fr.).
[R. 11405

Il y a des exemplaires avec le nom de l'auteur sur le titre et dans l'approbation.
(O-72
(S-3112
(G-1054 et 2198

« Les doubles cartons y sont » dit le Cat. SEPHER de son exemplaire.

Autre édition :

S. l. (Moscou), 1786, in-8° de VIII-152 pp. (12 fr.).

Rare.

« Livre avancé de haute mystique. Il est rare et singulier et peu cité des auteurs, quoique bien connu des plagiaires, qui le démarquent volontiers » (S. de G.) Quelques exemplaires de 1671 portent le nom de l'Auteur. (Bh.)

11143 VIDAL-FEZANDIE. — Essai historique sur la Franche-Maçonnerie, depuis son origine jusqu'à nos jours.

Bordeaux, 5830, in-12. (7 fr.).

11144 VIDAL-NAQUET (le F∴). — Loge *Unité maçonnique*. — L'Union générale, les causes de sa chûte, les responsabilités, le rôle du Gouvernement de la République ; conférence.

Paris, 1902, in-8° de 38 p. (2 fr.).

11145 VIDIEU (Abbé). — Saint-Denys l'Aréopagite, évêque d'Athènes et de Paris, patron de la France. — Ouvrage illustré de plus de 200 gravures.

Paris, Firmin Didot, 1889, gr. in-8° XIV-554 p. Portr. de l'auteur. Figures noires et coloriées. (30 fr.).

[Ln²⁷. 3808]

11146 VIDIEU (Abbé). — Sainte Geneviève, patronne de Paris et son influence sur les destinées de la France.

Paris, Firmin Didot, 1884, in-4°. Figures dans le texte et hors texte. (20 fr.).

[Ln²⁷. 3473]

11147 VIEILLIARD (C.). — L'Urologie et les médecins urologues dans la Médecine ancienne. Gilles de Corbeil, sa vie, ses œuvres, son poème des Urines. Préface du professeur R. Blanchard.

Paris, de Rudeval, 1903, in-8°, fig. (8 fr.).

11148 VIEILLES LANTERNES (les), conte nouveau ou allégorie pour ramener les uns et consoler les autres, étrennes pour tout le monde, avec une clef pour rire et des notes pour pleurer. (avec la permission des sages et des fous).

A Pneumatopolis, Lucrain, 5871 [1786], in-8°. 100 pages.

Pièce rare critiquant d'une manière comique Mesmer et sa doctrine.

(D. p. 68

11149 VIEIRA ou VIEYRA (le Père Antonio), est né à Lisbonne en 1608, et mourut à Bahia (Brésil), en 1697. Ce Missionnaire Jésuite est une des plus grandes figures du XVII° siècle. Tour à tour professeur de Philosophie au Collège des Jésuites de Bahia, puis Ambassadeur du roi Jean IV (Joào IV) de Portugal, puis Conquérant pacifique du fleuve des Amazones, il eut des démêlés avec l'Inquisition Portugaise, mais fut soustrait par Clément X à cette juridiction, et jugé par la Congrégation Romaine des Cardinaux. Il voulut reprendre sa vie de Missionnaire et retourna comme Supérieur de toutes les Missions Jésuites à Bahia, où il mourut aveugle, en 1697.

C'est vers 1688 qu'il reçut un singulier Bref de Clément X l'autorisant à publier toutes ses Œuvres sans les soumettre à aucune Censure.

Le P. Vieira a laissé un recueil de *Sermons* (Lisbonne, 1679-96, 12 vol. in-4°) qui est sans doute le plus singulier qui existe.

Il était, en outre, un érudit et un linguiste. — Arte de furtar, espelho de enganos, theatro de verdades, mostrador de horas minguadas, gasua geral dos reinos de Portugal, offerecida á Elrei Nosso Senhor D. Joao IV, para que a emende, Composta pelo P. Antonio Vieira, zeloso da patria.

Amsterdam, na Off. Elzeveriana, (sic). 1652, in-4° de XXIV-512 p.

Voici la Traduction de ce singulier Titre :

Art de voler, Miroir de Fourberies,

Théâtre de Vérité, indicateur des Heures Fatales, à l'usage des Habitants de Portugal : dédié au Roi Notre Maître. D. Jean IV, et soumis à son approbation. Publié par le P. Antonio VIEIRA, pour le Bien de son Pays.

Cet ouvrage est longuement décrit par SILVA, « *Diccionario Bibliographico Portuguez* », 19 vol. in-8° parus, Lisboa, Imprensa Nacional, 1858-1908. Tome I. p. 292 et 306 : N°s 1621 et 1724.
Les éditeurs de l'Index publié à Madrid en 1790, l'accusent d'être apocryphe et le condamnent.

Réimprimé :

Amsterdam, 1744.

Londres, 1820.

Et encore

Lisbonne, 1820 et 1829.

Rio de Janeiro. H. Garnier, 1907, II. 359 p. in-8°.

[Or 181. A Cote du « *Diccionario* » de SILVA à la Bibliothèque Nationale :

(Casier J. 451
(dans la Salle)

11150 VIEL DE SAINT MAUX. — Lettres sur l'architecture des anciens et celle des Modernes dans lesquelles se trouve développé le génie symbolique qui présida aux monuments de l'Antiquité.

Paris, 1787. in-8°, de 265 p. (o fr.).

Ouvrage intéressant au point de vue du symbolisme ésotérique dans l'architecture.

11151 VIER auszerlesene deutsche Chemische Büchlein : I. von wesentlichen Anfangen der Natur, und dero Nachfolgern der Wahren Chemiæ, incerti Autoris ; — II. von dem philosophischen Wasser incerti Authoris : — III. Elucidarius Christophori Parisiensis, mit einer weit besseren version, als er hierbevor ausgangen ; IV. — alte teutsche Reimen von der philosophischen Materi, und deren Bereitung.

Hamburg, Gottfr. Liebez, 1697, pet. in-8° de VIII-248 pp.

Quatre traités, l'*Elucidarius* de Christophore de Paris : *Tractat von den Wesentlichen Anfangen : Tractat von dem philosoph Wasser* ; et *Vier unterschiedene chemische Tractätl*.

(O-615, 1303 et 1304

11152 VIER Mahl vier Zeichen oder das Buch über die Krankheiten der Könige. Ein Manuscript in einer Chiffersprache gefunden ins Hochteutsche übersetzt und mit erläuternden Anmerkungen versehen. Zu finden in allen Europäischen Staaten und in der Asiatischen Türkey. (écrit à la main : Greiz, bey Henning, 1792). Erstes und Zweites Quart ou 2 vol. in-8° de VIII-88, et VI-82 pp.

Je n'ai pas trouvé cet ouvr. cité dans l'excellente *Bibliographie der Freymaurerei* de G. KLOSZ, quoiqu'il appartienne incontestablement aux sociétés secrètes du siècle dernier. Les titres sont imprimés en vert ; il est présumable qu'il doit exister encore deux quarts ou vol.[L.ADRAGUE].

(O-503

11153 VIER REDEN in der St. Joh. ☐ Pyth. (Pythia) Z. d. 3 Höh. zu Liegnitz, gehalten vom Bruder G. Glogau. Günter. 1816. pet. in-8° de 93 pp.

(O-374

11154 VIER SAAMENKOERNCHEN in den groszen Acker der itzt unter dem Pfluge der Zeit liegt ; geschrieben von der Zahl 15, die eine Menschenzahl ist.

Leipzig. H. Gräff, 1797, in-8° de 30 pp.

(O-373

11155 VIER UND ZWANZIG Gesänge zum Gebrauch der Loge z. d. 3. S. (zu den drei Schwerdtern) in Dresden. II-te Sammlung.

(Dresden), 1787, in-8º de 40 pp.

(O-381

11156 VIER UNTERSCHIEDENE chemische Tractätlein, hiebevor in alten Teutschen Reimen ab incertis autoribus gestellet ; VIe traité de *Vier auszerlesene deutsche chemische Büchlein* (1697) pp. 200-48.

Le 1er poème est intitulé *Alchymia vera lapidis philosophorum* ; le second *Chemische Reimen*.

(O-1292

11157 VIERTES bis achtes Schreiben eines Profanen.... alls der Dritte und Letzte Theil der allerneuesten Entdeckung...

Frankfurth und Leipzig, 1770, in-8º de XXIV-80 pp.

(O-285

11157 bis VIETINGHOFF (Jeanne de). — La liberté intérieure.

Paris, Librairie Fischbacher, 1912, in-12 de 300 pp.

[8º R. 25121

Les victoires. — La voix de l'âme. — Les Lois profondes. — L'Amour et le Bonheur. — La Volonté de Dieu. — Les Choses ineffables. — Le Royaume mystique. — La patrie.

11158 VIGEN (Ch.). — Etude sur la vie et le Secret de l'abbé Richard, hydrogéologue, par le Dr Ch. VIGEN.

La Rochelle, imp. de N. Texier, 1908, in-8º. 52 p. Portr. hors texte. (3 fr.).

[8º Ln27 52429

Curieuse Etude sur la Vie et le Secret d'un Hydro Géologue assez mystérieux. — Son Secret pour la Découverte des Sources. — Hydroscopie Sensitive. — La Baguette.

11159 VIGENÈRE (Blaise de) littérateur français né à St Pourçain (Bourbonnais) en 1523, mort à Paris en 1596.

Secrétaire d'Ambassade, puis Secrétaire de la Chambre du roi Henri III. — Traité des chiffres ov secretes manières d'escrire.

Paris, l'Angelier, 1586. in-4º. Figures.

[V. 17868

Ouvrage imprimé en rouge et noir avec des tableaux hors et dans le texte et une grande figure sur bois repliée.
Traité de Kabbale de premier ordre, enrichi d'une grande quantité de figures et de tableaux dans le texte et hors texte Voici d'ailleurs un aperçu du contenu : Table du Sacré Ternaire et ce qui y correspond, dans les trois mondes. — Tables du Quaternaire, du Septenaire et du Duodénaire pour la régle cabalistique de Zairagia. — Table geomantique. — Table de la signification des lettres hébraïques. — Table hébraïque des Ziruphs ou commutations d'alphabets. — Alphabet chimique et sa formation. — Table du quaternaire chimique et de ses correspondances au monde élémentaire. — Table des nombres et leurs correspondances. — Table des douze anagrammes du Tetragrammaton Iehouah. — Chiffre final de la Stéganographie pour découvrir les sens secrets de toutes les écritures. — Alphabets de 56 nations, etc...

(G-1057
(St Y-1524

11160 VIGENÈRE (Blaise de). — Blasi VIGENERI Burbon. Galli Tractatus de igne et sale, post obitum inter mss. repertus, et in latinam linguam translatus; dans *Theatrum chemicum*, VI (1661), 1-139.

11161 VIGENÈRE (Blaise de). — Traicté dv feu et dv sel. Excellent et rare opuscule du sieur Blaise de VIGENÈRE, Bourbonnois, trouvé parmy ses papiers après son décès.

Paris, l'Angelier, 1618, in-4º. (38 fr.).

[R. 8742

Traité recherché, mélange curieux d'alchimie, de Kabbale, de mysticisme, et où l'on trouve la manière de fabriquer l'or.

(O-957
(G-1059

11162 VIGENERES (Blaise de). — Traité des Comètes ou Etoiles Chevelues apparoissantes extraordinairement au Ciel, par Blaise de VIGENERES.

Paris, N. Chesneau, 1578, in-8°.

[V. 21089
(S-3428 b

11163 VIGLIONUS (Jean-Baptiste). — Enchiridion, Tres Tractatus complectens, de Somniis, Cabalis et Cacodaemonibus, ad excellentissimum Principem Julium Visconti....

Neapoli, 1723, in-4°. 22 fr. (en très bel ex.)

(G-2199

11164 VIGNIER (Nicolas) Théologien protestant français, né en Allemagne vers 1575, mort à Blois, où il était pasteur, vers 1645. Fils d'un médecin et historien du même prénom. — Légende dorée ou sommaire de l'histoire des frères Mendians de l'ordre de S. François, comprenant briefuement et véritablement l'origine, le progrès, la doctrine et les combats d'iceux tant contre l'Eglise Gallicane principalement, que contre les Papes et entr'eux mesmes depuis quatre cens ans.

Amsterdam, aux dépens de la Compagnie, 1734, in-12. (20 fr.).

[Rés. H. 1982

Edition originale.

Pamphlet curieux et violent, devenu fort rare, contre les Franciscains et les Dominicains, qui forme en quelque sorte le pendant de l'Alcoran des Cordeliers.

Autre édit. :

Paris, 1608, in-8°.

(G-1060

11165 VIGNOLES (de) et DU BOIS. — La Lire maçonne ou Recueil de chansons des Francs-Maçons revu, corrigé, mis dans un nouvel ordre et augmenté de quantité de chansons qui n'avaient point encore paru ; par les frères de VIGNOLES et DU BOIS ; avec les airs notés mis sur la bonne clef, tant pour le chant que pour le violon et la flûte. Nouv. (IIe) édit. rev. cor. et augm.

La Haye, R. van Laak, 1775, gd in-12 de 46-516 pp.

La 1re édit. est de 1763.

On trouve dans ce recueil une trentaine de chansons en hollandais ; le plus grand nombre des airs sont notés.

(O-380

11166 VIGNON (Paul). — Le Linceul du Christ. Etude Scientifique par Paul VIGNON, Docteur ès Sciences Naturelles. Avec 9 planches hors texte.

Paris, Masson et Cie, 1902, in-4° de VI-207 p. 9 pl. et 38 fig. (autre édition de même année : VI-215 p., mêmes pl. et fig.) (7 fr. 50).

[4° H. 279
[4° H. 280

Ouvrage d'autant plus remarquable que sa conclusion (qui est l'authenticité du St Suaire !) est plus douteuse. Il démontre conclusivement l'inapplicabilité absolue des procédés scientifiques ordinaires aux matières qui relèvent des Sciences Psychiques. Tout ce qui touche au « *Miracle* » doit être soigneusement séparé des « *Sciences Physiques et naturelles* » si l'on a le moindre désir d'atteindre la Vérité.

Description générale et étude physique des images visibles sur le St Suaire. — Recherches expérimentales sur les empreintes négatives qui résultent d'actions chimiques exercées à distance. — Les raisons qui nous déterminent à attribuer au Cadavre du Christ les impressions chimiques produites sur le St Suaire. — L'Histoire et le St Suaire. — Etc.

11167 VIGOUREUX (Mme Clarisse). — Parole de Providence et mélanges.

Paris, 1847, in-12. (1 fr. 50).

Mme VIGOUREUX était un adepte de FOURIER, le célèbre phalanstérien.

11168 VIGOUREUX de KERMOVANT

(le F.·.). — Note sur la célébration de la St-Jean par la Franc-Maçonnerie Mauricienne, les 27 décembre 1858 et 24 juin 1859.

Maurice, 1859, in-8º de 15 p. (3 fr.).

11169 VIGOUROUX (Abbé F.). — La Bible et les découvertes modernes en Palestine, en Egypte, en Assyrie. — Précédé d'une lettre de Mgr l'évêque de Rodez. (4ᵐᵉ édit. revue et augmentée.)

Paris, Berche et Tralin, 1884, 4 vol. in-12. (9 fr.).

Avec 124 plans, cartes et illustrations d'après les monuments, par M. l'abbé Douillard, architecte.

11170 VIGOUROUX (F.). — Dictionnaire de la Bible, contenant tous les noms de personnes, de lieux, de plantes, d'animaux, mentionnés dans les Saintes Ecritures, les questions théologiques, archéologiques, scientifiques et critiques relatives à l'Ancien et au Nouveau Testament, des notices sur les commentateurs anciens et modernes et de nombreux renseignements bibliographiques.

Paris, Letouzey et Ané, 1891-1893 et suivantes. 33 fasc. in-4º de 160 p. Nombreuses gravures. (85 fr.).

[A. 18000

VIGOUROUX (F.). — Voir aussi :
BIBLE.

11171 VIGUIÉ. — La Fête religieuse des Églises réformées des Cévennes à Font-Morte.

Paris, 1887, gr. in-8º. Pièce. (1 fr. 50).

[Ld¹⁷⁷. 176

VIGUIER (Abbé). — Voir :
HOLZHAUSER.

11172 VILATE. — Causes secrètes de la journée du 9 au 10 thermidor an II, suivies des mystères de la Mère de Dieu dévoilés.

Paris Baudoin, 1825. in-8º. (3 fr.)

(G-232

11173 VILBUSSIÈRE (le Commandeur de). — Discours du boiteux sur la Baguette divinatoire qui paroît depuis qq. temps en France, et de ses conséquences envers la philosophie.

Amsterdam, 1712. in-12. (25 fr.).

11174 VILLAGRE. — Le Diable à la Cour du grand Frédéric.

in-8º de 6 pp. Extrait de *la France littéraire*, XXVII (1836), 445-50.

(O-1705

11175 VILLAIN (l'abbé Etienne François). — Essai d'une Histoire de la Paroisse de Saint Jacques de la Boucherie, où l'on traite de l'origine de cette Eglise, de ses Antiquités, de Nicolas Flamel et Pernelle sa femme, et de plusieurs autres choses remarquables.

Paris, Prault, 1758. in-12. 4 plans de la Paroisse et 1 Pl. hors texte. (0- fr.).

[Lk⁷. 7009

Contient le Testament de Nicolas Flamel.

Cet ouvrage est cité par Mérimée comme une excellente histoire de l'église de St Jacques de la Boucherie, dans *le Moniteur* du 17 Sept. 1854, contenant un historique de cette église et du quartier.

(G-2200

11176 [VILLAIN (l'abbé)]. — Histoire critique de Nicolas Flamel et de Pernelle sa femme, recueillie d'actes anciens qui justifient l'origine et la médiocrité de leur fortune, contre les imputations des Alchimistes. On y a joint le Testament de Pernelle et plusieurs autres pièces intéressantes ; par m. L. V*** (l'abbé Etienne François Villain).

Paris, G. Desprez, 1761, in-12 de XII-407 pp. avec 1 pl. pliée. Frontispice portrait et un en-tête de chapitre. (5 fr.).

[Ln²⁷ 7604

Voyez sur cet ouvr. (le marquis DU ROURE) : *Analectabiblion* : (1836) I, 132-34. Ouvrage rare presque toujours incomplet de la LETTRE A PERNETY qui occupe les pp. 407 à la fin.
Portrait en frontispice de Nicolas FLAMEL et planche se déployant, représentant la maison qu'il fit bâtir en 1407, rue de Montmorency.

(G-1061 et 2201
(S-6926
(O-557

11177 VILLANOVENSIS (P. Const. Alb.) — Magica astrologica, clavis sympathiæ septem metallorum et septem selectorum lapidum ad planetas. Opus tam astrologis, quam chymicis per utile et iucundum.

Parisiis, 1611, in-12. (8 fr.).

VILLARS (l'abbé de). — Voir : *MONTFAUCON DE VILLARS* (l'abbé).

11178 VILLE (Nicolas François de) ou DEVILLE, ingénieur français, né à Lyon en 1712, mort en 1770. Ingénieur en chef du Lyonnais, et Membre de l'Académie de Lyon. — Histoire des plantes de l'Europe et des plus usitées qui viennent d'Asie, d'Afrique et d'Amérique : où l'on voit leurs figures, leurs noms, en quel temps elles fleurissent, et le lieu où elles croissent ; avec un abrégé de leurs qualitez et de leurs vertus spécifiques; rangée suivant l'ordre du Pinax de G. Bauhin.

Lyon, 1766, 2 tomes in-12. (8 fr.).

Ouvrage accompagné d'un nombre considérable de figures sur bois représentant les plantes des différents pays du monde, employées en médecine et en pharmacie pour la guérison des maladies, avec leurs propriétés (Médecine, Pharmacie, Droguerie, Herboristerie).

11179 VILLEGARDELLE (François) publiciste français, né à Miremont en 1810. — Accord des intérêts dans l'Association, et besoins des communes avec notice sur Ch. FOURIER.

Paris, 1844.

11180 VILLEGARDELLE. — Histoire des idées sociales avant la Révolution française, ou les socialistes modernes devancés et dépassés par les anciens penseurs et philosophes.

Paris, 1846.

Tentatives socialistes faites par les Albigeois, les Vaudois, les Anabaptistes, les Moraves, etc.

11181 VILLEMAIN (Abel François), né et mort à Paris (1790-1870). Professeur d'Histoire à la Sorbonne. Académicien. Député en 1830 et Ministre en 1839. — Éloge de Montaigne.

Paris, Didot, 1812, in-8°.

Couronné par l'Académie qui avait mis ce sujet au concours.

(G-1366

11182 VILLEMONT (Dr Michel). — L'amour Conjugal.

Paris, 1885-86. 2 vol. in-12. Fig. hors texte. (5 fr.).

[Th⁶⁵ 123

11183 [VILLENAVE (G. T.)]. — La Vérité du Magnétisme prouvée par les Faits : Extrait des Notes et des Papiers de Mme Alina D'ELDIR. Née dans l'Hindoustan; par Un Ami de la Vérité. [G. T. VILLENAVE]. Suivie d'une Notice inédite sur MESMER, qui avait été composée et mise en page pour la « *Biographie Universelle* » [par MM. C. M. PILLET et J.B. GENCE] Prix, 2 fr. 50.

Paris, Rue Neuve du Luxembourg, n° 6, 1829, in-8° de XX-103 p.(2 fr.)

[Te¹⁴. 45

Relatif à Mme d'ELDIR, q. v. dite « *la*

Sc. psych. — T. III. — 44.

Sultane Indienne » qui magnétisait à Paris à l'adresse indiquée ci-dessus. M. VILLENAVE (qui a signé de son initiale l' « Avis de l'Éditeur ») donne un choix des cures remarquables effectuées par cette dame. Elle était de la connaissance du Marquis de PUYSEGUR : Ce dernier la recommandait même dans ses relations.

Mme d'ELDIR (Alina) dite la sultane indienne, aurait été enlevée de bonne heure à ses parents et élevée en France dans la foi catholique. Elle fut liée avec les grands personnages d'alors, qui s'occupaient du Magnétisme et se mit à magnétiser elle-même, dit-on, avec succès. Ses cures sont consignées dans ce livre. La notice sur MESMER qui suit, était destinée à la *Biographie universelle*, elle fut refusée n'étant pas écrite contre le Magnétisme. Cependant elle est bien faite et renferme en peu de pages la vie du célèbre médecin allemand.

(D. p. 107

11184 VILLENEUVE - BARGEMONT (Jean-Paul ALBAN, vicomte de) administrateur et économiste français né à St-Alban (Var) en 1784, mort en 1850. Préfet de Lérida, de Namur (1813), etc. et Académicien. — Le livre des affligés, ou douleurs et consolations.

Paris, Garnier, 1858, 2 vol. in-12. Ornés de 2 frontispices et de 1 planche hors texte gravée sur acier. (4 fr.)
[R. 53573-74

Autre édition :

Paris, Dellope, 1841, 2 vol. in-18. (Edit. originale). (4 fr.)
[R. 53565-66

VILLERS (Charles). —

Charles François Dominique VILLERS, ou DE VILLERS, naquit à Boulay (Moselle), en 1767, et mourut à Gœttingue en 1815. D'abord officier d'artillerie française, ami et aide-de-camp du marquis CHASTENET DE PUYSEGUR, puis émigré, il fut longtemps professeur de Philosophie ou de Littérature française à Gœttingue. LAROUSSE, dans un élan de beau patriotisme veut que sa chaire de professeur lui ait été enlevée vers la fin de sa vie, en punition de son peu d'attachement à la France. Mais le Marquis de PUYSEGUR, avec qui il avait toujours entretenu des relations, dit expressément, page 260 de l'édition qu'il a donnée (puis détruite) du « *Magnétiseur amoureux* » : « ce fut à Gœt-
» thingue, après avoir obtenu dans la cé-
» lèbre Université de cette ville hano-
» vrienne, une chaire de Philosophie qu'il
» termina sa vie dont le cours, depuis
» qu'il m'avait quitté, avait été si souvent
» troublé par les égaremens de sa raison
» et les faux aperçus de son esprit. »
Dans sa réédition, de PUYSEGUR consacre d'ailleurs à son ancien aide de camp une notice biographique de 20 pages, des plus intéressantes. Il l'y nomme constamment « VILLERS » tout court.

Les écrits de Charles VILLERS sont tous philosophiques ou religieux. C'est en 1787, en garnison à Besançon, qu'il composa son roman Magnético-Philosophique du « *Magnétiseur amoureux* ». Il en envoya un exemplaire à de PUYSEGUR et à quelques autres de ses amis, mais tout le reste de l'édition fut saisi et envoyé directement au pilon par ordre du ministre de la police BRETEUIL. Longtemps après, de PUYSEGUR s'amusa à en donner une nouvelle édition, complètement remaniée à sa fantaisie, comme il en prévient d'ailleurs le lecteur dans sa Préface. Plus tard encore, il donna l'ordre de détruire entièrement cette seconde édition sans que l'on sache au juste pourquoi.

Le D' Eugène DUEHREN (*le Marquis de Sade*, Berlin, 1901, p. 431-5) donne d'intéressants détails sur la carrière allemande de Charles VILLERS.

11185 VILLERS (Charles de). — Essai sur l'Esprit et l'Influence de la Réformation de Luther. 5e édition, augmentée du Précis historique de la Vie de M. Luther, de Mélanchton, avec une Préface et des Notes, par A. Mæder.

Paris, Treuttel, 1851, in-12. (3 fr.)

Autres édit. :

Paris, Heinrichs... an XII, 1804, in-8°.
[R. 53583

Paris, Didot, 1808, in-8°.

11186 [VILLERS (Charles)]. — Le Magnétiseur Amoureux par un membre de la *Société Harmonique* du régiment de Metz, du corps royal de l'artillerie [Ch. VILLERS].

Genève, [Besançon], 1787, in-12 ou pet. in-8° de VIII-229 pages. Très rare se vend jusqu'à 15 francs et davantage.

L'honorable M. MIALLE annonce que le ministre de BRETEUIL fit saisir les exemplaires de cet ouvrage pour les mettre au *pilon*. A le lire on ne pourrait supposer que ce livre fût aussi dangereux ; c'est un roman ennuyeux et je ne m'explique pas qu'on le recherche avec tant de zèle. M. de PUYSÉGUR en a publié en 1824 une deuxième édition modifiée dont nous parlerons plus loin [mais « *plus loin* », il ne se retrouve rien].

Manque à la Bibliothèque Nationale.

(D. p. 72
(G-1063

11187 [VILLERS (Charles)]. — Le Magnétiseur Amoureux.

A Paris, chez Dentu, Libraire, 1824, (Soissons, impr. de D. Barbier) 2 vol. in-12 de 200 et 285 p. Une Pensée en vignette ronde sur le Titre : avec cet exergue : « *La Pensée ment la Matière* » et cette Epigraphe :

Comme Horace, je crois qu'on peut
[avec gaieté.

Aux hommes dire tout, même la
[Vérité.
(15 fr.).

Cet ouvrage est un Traité Magnético-Philosophique curieux et beaucoup moins ennuyeux à lire que ne pourrait le faire craindre la note sévère que M. DUREAU lui a consacré. Outre le Roman proprement dit, il comporte une Notice de 19 pages (1-241 à 260) sur « Charles VILLERS, auteur premier du *Magnétiseur amoureux* », un des rares documents sur cet auteur. Il y a aussi des Notes, et à la fin du Tome II, pages 265 à 280, un « *Journal du Traitement magnétique d'un jeune soldat* ... » qui est une curieuse relation de la guérison d'Amand-Honoré BLANCHARD.

Cette édition a été détruite par son éditeur : Voir DRUJON, *Bibliolythie*, n° 220, p. 52. — QUÉRARD, *Supercheries Littéraires*, II-Col. 1109 a. — BARBIER, *Dict. des Ouvr. anon.*, VI-Col. 12.

L'édition originale est de *Genève (pour Besançon)*, 1787, in-8° de VIII-229 p. décrite au n° qui précède.

Manque à la Bibliothèque Nationale.
(G-1064

11188 VILLERS (Charles). — Philosophie de Kant, ou principes fondamentaux de la philosophie transcendentale par Charles VILLERS, de la Société royale des Sciences de Gottingue.

A Metz, chez Collignon, 1801, (an IX), 2 parties in-8° de LXVIII-441 pp. à pagination suivie. (25 fr.).

Le premier ouvrage de tous ceux qu ont contribué à faire connaître en France l'œuvre du célèbre philosophe allemand : c'est une analyse très substantielle de la philosophie critique d'après les principales œuvres de KANT. Des diverses définitions de la Philosophie. — De la Métaphysique en particulier. — Distinction de deux sortes de connaissance que l'on confond d'ordinaire. — Facultés intellectuelles de l'homme — Théorie de la Sensibilité pure : de l'Entendement pur. — Théorie de la Raison pure. — De la Loi de l'Absolu, etc.

11189 VILLETTE. — Histoire de N. D. de Liesse, par VILLETTE, avec un discours préliminaire sur la Vérité de cette histoire, et sur l'antiquité de la chapelle de Liesse.

Laon, F. Meunier, 2e édit., 1728, in-8°. Figures. (5 fr.).
[Lk⁷ 5754 C et D.

Autre édit. :

Laon, Courtois, 1755, pet. in-8°. Edit. rare, enrichie de 9 fig. gravées par Thomassin.

La 1re édit. est de :

Paris, imp. de Vve Romy, 1649, in-4°.
[Lk⁷ 5754
(S-5183

On rencontre encore sur ce même sujet, mais sans nom d'auteur :

11190 Histoire de l'image miraculeuse de N. D. de Liesse. 2ᵉ édition.

Laon, C. Courtois, 1743, in-8°.
[Lk⁷. 5755]

Avec les rééditions :

Ibid., 1755.
[Lk⁷. 5755 A.

Ibid., J. Calvel, 1769, in-8°.
[Lk⁷. 5755 B.

Ibid., Oron, 1853, in-18.
[Lk⁷. 5755 C.

11191 VILLIERS DE L'ISLE ADAM (Cte Philippe-Auguste Mathias de), poète, dramaturge et littérateur français, né en 1840 à St-Brieuc, mort à Paris chez les Frères St-Jean de Dieu en 1889. Un de ses ancêtres fut Grand Maître de l'Ordre de Malte. — L'Amour suprême.

Paris, Brunhoff, 1886, in-12. Illustrations de Gorguet. (10 fr.).
[8° Y² 9313

Edition originale.

11192 VILLIERS DE L'ISLE ADAM (Cte de). — Axël.

Paris, Quantin, 1890, in-8°. (15 fr.).
[8° Y f. 455

Edition originale.

Axël, c'est l'homme qui refuse la Lumière, l'Espérance et la Vie, pour tomber dans le monde passionnel, où il s'exile du ciel. Le monde religieux, le monde tragique, le monde passionnel. — Le monde occulte. — Au seuil. — Le renonciateur. — Etc.

Autre édition :

Paris, 1900, in-12, (4 fr.).

11193 VILLIERS DE L'ISLE ADAM (Cte de). — Contes cruels.

Paris, C. Lévy, 1883, in-12. (20 fr.).
[8° Y² 5724

Edition originale.

11194 VILLIERS DE L'ISLE ADAM (Cte de). — Nouveaux contes cruels et propos de l'au-delà.

Paris, C. Lévy, 1893, in-12 de 280 p. (5 fr.)
[8° Y² 47540

Edition originale collective.
8 Contes et 7 « Propos ».

11195 VILLIERS DE L'ISLE ADAM (A.). — Elën, drame en trois actes en prose.

Paris, Chamuel, 1896, in-8°. (3 fr. 50).
[8° Yth. 27675

Portrait de Villiers sur son lit de mort. — La première édit. est de 1864. — A lire dans cette Pièce le « Songe d'opium » page qui demeurera célèbre.

11196 VILLIERS DE L'ISLE ADAM (Cte de). — L'Eve future.

Paris, Charpentier, 1891, in-12 (3 fr. 50).
[8° Y². 44457

11197 VILLIERS DE L'ISLE ADAM (Cte de). — Histoires Insolites.

Paris, Libr. Moderne, 1888, in-10 de 314 p. (4 fr. 50).
[8° Y². 41177

Edition originale.

La dernière histoire est une fantastique formule de « panclastite » anarchiste pour faire sauter tout Paris.

11198 VILLIERS DE L'ISLE ADAM (Cte de). — Histoires souveraines.

Bruxelles, Deman, 1899, gr. in-8° (10 fr).

Belle édition imprimée en vert et en noir, tirée à petit nombre.

11199 VILLIERS DE L'ISLE ADAM (Cte de). — Isis.

Paris, Dentu, 1862, in-8° (65 fr.)
[Y². 73436

Edition originale.

Curieux roman philosophique de ce remarquable écrivain pour qui les mystères de l'occulte n'avaient aucun secret. — Transfiguration, Isis. — Le Palais enchanté. — Fiat nox. — L'éternel féminin, etc...

11200 VILLIERS DE L'ISLE ADAM (Cte de). — Isis.

Paris, 1000, in-12, 265 p. et table, couv. illustrée (5 fr. 50).

Important ouvrage philosophique du grand écrivain initié. — « Il n'est pas, « dans la langue française, de prose plus « belle, plus puissamment aimantée du « pouvoir mystérieux de résonner jus- « qu'au fond des âmes. — La magique « vertu du Verbe y descendit. »

11201 VILLIERS DE L'ISLE ADAM (Cte de). — Morgane. — Drame historique en cinq actes et en prose.
Paris, 1804, in-8° (10 fr.).

[Yth. 26721

Réimpression d'un ouvrage introuvable et très recherché. — Un des plus beaux drames du maitre ; la première édition a été publiée à St Brieuc en 1866. — Cette nouvelle édition a été copiée sur l'exemplaire de la Bibliothèque Nationale.

11202 VILLIERS DE L'ISLE ADAM (Cte de). — Le Secret de l'Echafaud.
Paris, in-12 (2 fr.).

[8° Y². 40971

L'Amour suprême. — L'instant de Dieu. — La légende de l'Eléphant blanc. — Les expériences du Dr Crookes. — Akédysséril, etc...

VILLIERS DE L'ISLE ADAM (Sur A. de). — Voir :

CHAPOUTOT (Henri)
MICHELET (Victor-Emile)
ROUGEMONT (E. de)

VILLIOT (Jean de). — Pseudonyme collectif, fréquemment usité par M. Hugues REBELL, q. v.

11203 VILLON (Ant. de). — L'vsage des ephemérides avec la méthode de dresser et corriger toute sorte de figures cœlestes et iuger par le moyen d'icelles des diuerses constitutions des Temps et Saisons de l'année et de toutes les autres choses qui en dépendent. Comme sont guerres pestes famines mortalitez et autres. Et encore de tous les accidents qui peuuent arriuer aux hommes tant à raison du corps que de l'esprit. — Tome second contenant la qvatre et cinqviesme partie des natiuitez en général et particulier.

Paris, Ieau Moreav, 1624, 5 parties in-8° (30 fr.).

[V. 21800-801

Ouvrage curieux avec plusieurs tableaux d'astrologie hors texte en noir et en sanguine. — Il est rare de trouver l'ouvrage complet, le tome II ayant paru sous un titre différent du premier.

(G-1065 et 2202

11204 VILLOT (F.). — Origine astronomique du jeu des échecs, expliquée par le calendrier égyptien, ou mémoire relatif à la méthode de formation et à l'exposition d'une table qui présente d'une manière distincte, et dans le plus petit nombre possible, toutes les combinaisons d'un nombre de signes donné ; suivi d'une application de cette même méthode aux sept jours de la semaine représentés par les sept planètes connues des anciens ; application de laquelle il résulte un Calendrier perpétuel et complet pour toute division hebdomadaire du temps, et notamment un triple calendrier pour l'année vague des Egyptiens, pour leur grande période solaire ou année sothique, et pour l'année et la période égyptienne lunaire ; triple calendrier dont le jeu des Echecs offre la fidèle représentation.

Paris, 1825, in-8°. Avec 1 gr. tableau.

Curieux.

11205 VIMONT (Dr J.). — Traité de Phrénologie Humaine et Comparée accompagné d'un... atlas in-folio de 120 planches... par J. Vimont, docteur en médecine...

Paris, J. B. Baillière, 1833, 2 vol. in-4° de 329-VII et VIII-654-VI p. plus 103 p. d'explication des planches et Atlas in-f° de 134 pl. (75 fr.).

[Tb⁵⁰. 32

11206 [VINCENS (Mme).]. — Arvède BARINE. — Névrosés. — HOFFMANN. — QUINCEY. — Edgar Poë. — G. de NERVAL.

Paris, Hachette et Cie, 1898, in-16 de 362 pp. et tab.

[8° Z. 14761

Hoffmann : le Vin. — Quincey : l'Opium. — Edgar Poë : l'Alcool. — Gérard de Nerval : la Folie.

Réédité :

Ibid., Id., 1908.

[8° Z. 17306

11207 VINCENT (Ch.). — Sur le seuil de l'au-delà.

Paris, Douniol, 1901, in-12 (2 fr.).

11208 VINCENT (Dr Eugène) de Lyon. — Doit-on fermer Lourdes au nom de l'hygiène. — Ouvrage contenant les réponses de 3000 médecins.

Lyon, M. Paquet, 1906, in-8° 146 p. (1 fr. 25).

[8° Lk⁷. 36145

11209 VINCENT (F. V.). — De l'idolatrie chez les Anciens et les Modernes. Traité de la science des Mythes dans son application aux formes du Judaïsme et du Christianisme.

Paris, au dépôt, 1850. in-8° (12 fr.).

Ouv. peu commun et d'importance ; il nous suffira de citer le sous-titre pour en donner une juste idée : Esprit des Mythologies et théories des symboles religieux aux divers temps d'initiation ; Homogénéité des principes et leur filiation ; Concordance des emblèmes par le rapprochement et la liaison des images, des noms et des caractères attributifs ; Prototypes, à l'aide desquels on obtient l'explication des Mystères et des autres fictions sacrées ; Signification des divisions et dénominations allégoriques de la géographie des poètes, et l'intelligence des noms figuratifs et des rôles assignés aux Génies, Patriarches, Chefs et Instituteurs de nations, pour les temps héroïques ou fabuleux.

(G-272

11210 [VINCENTI (Comte)]. — Pierre PIOBB. — L'Année occultiste et psychique, ou exposé annuel des observations scientifiques et des travaux publiés en France et à l'étranger dans les « Sciences Mystérieuses » Astrologie. Alchimie. Symbolique, Esotérisme. Arts divinatoires. Prophétique. Psychisme, Spiritisme, Magnétisme. Première année.

Paris, H. Daragon, 1908, in-18 302 p. (2 fr.).

[8° R. 22272

(1re année : 1907).

Recueil indispensable pour quiconque veut se tenir au courant du mouvement occultiste dans le monde entier. — Il contient l'analyse des travaux astrologiques de Flambart, Nébo, Juleveno, etc..., des expériences alchimiques de Sir William Ramsay et de M. Bordas, et de Yon Delage sur la création artificielle des êtres vivants ; il examine les travaux de Oswald Wirth sur le symbolisme, les recherches kabbalistiques de Ch. M. Limousin ; l'ésotérisme dans les Evangiles par Alta ; les curieuses recherches sur les Esséniens, de Téder ; la Yoga, le mythe de Satan, les réincarnations, etc..... À signaler une étude très originale et particulièrement documentée sur le moine auvergnat Jean de Roquetaillade, sur les œuvres récentes du professeur Grasset, Flammarion, Jules Bois, etc... : les hypothèses du Dr. Baraduc sur la force curative à Lourdes, et une foule de renseignements d'un grand intérêt sur l'extériorisation du corps astral, les phénomènes psychiques chez Mme Blavatsky, et enfin, le compte-rendu du Congrès occultiste de 1907. [Dujols.]

Autres années :

2ᵉ année, *Ibid.*, *Id.*, 1909, in-12 (2 fr.).

11211 [VINCENTI (Comte)]. — Pierre Piobb. — Bibliothèque des mystères : 1ʳᵉ partie : Les mystères des dieux : Vénus, la déesse magique de la chair.

Paris, H. Daragon. 1909, in-8° de 224 p. Front. (p. 25) représentant la Vénus Cypris et 2 pl. hors texte représentant les schémas de la Religion et du développement zodiacal du Mythe de Vénus (3 fr. 50).

Les Mythes de Vénus et d'Adonis : dogmes de l'attraction universelle et de l'amour humain ; initiation à Cotyto, Dercéto et Cypris ; morale de la volupté.

11212 [VINCENTI (Comte)]. — Pierre Piobb. — Formulaire de Haute-Magie.

Paris, H. Daragon. 1907, in-16 232 p. couverture illustrée. 50 figures de pantacles dans le texte (2 fr.).

[8° R. 21047

Piobb, dont la silhouette de Magiste se détache si hautement aujourd'hui sur la cohue banale des Ruggieri au petit pied, s'est immédiatement imposé à l'attention des vrais adeptes par cette œuvre maîtresse. — Son « Formulaire » est un résumé de toutes les recettes et formules magiques que renferment les meilleurs auteurs anciens. — Il donne les clefs absolues de la science magique, les correspondances planétaires des plantes, des animaux, des pierres précieuses, de l'être humain, du tarot, des lettres hébraïques, etc... les rites des cérémonies, le symbolisme des Pantacles, la formule des talismans, la méthode d'envoûtement, le mécanisme du vampirisme, etc... Le nom de Piobb est un haut garant de la valeur scientifique et de la tenue sérieuse de cet ouvrage. — [Dujols].

11213 VINCENTI (Gio Mar). — Il Messia venvto, historia spiegata, e provata a gli Hebrei in centi discorsi, opera non solamente necessaria a gli Hebrei, ma molto utile a Cristiani ; confermandoli in essa con eruditione sacra profana, e Traditione hebrea la verita di misteri tutti della Cristiana Fede.

Venetia, 1659, 2 tomes in-fol. (10 fr.).

[A. 1437

Ouvrage fort curieux basé sur les écrits des rabbins et des kabbalistes. — Frontispice gravé sur cuivre ; nombreux textes en hébreu.

VINCI (Léonard de) illustre artiste italien de la Renaissance, érudit, poète et ingénieur, né au village de Vinci, près de Florence, en 1452, mort au château de Clou, près d'Amboise en 1519. Fils naturel d'un notaire de Florence. — Voir :

MUNTZ (E.)
VULLIAUD (Paul)

11214 VINDEVOGEL (Docteur Jules). — La Gnose. I. Essai sur la haute science, les doctrines et écritures à travers les âges. II. Jésus de Galilée et le Christianisme, révélés par la Sagesse de l'Orient, ou la Philosophie ésotérique des Aryas de l'Inde.

Bruxelles, 1907, in-8° de 430 p. (4 fr.).

Intéressant ouvrage pour l'étude de l'ésotérisme dans toutes ses branches.
Le Macroscome. — Théorie complète de la Science des Nombres. — Les divers plans et les Êtres qui les peuplent. — Les deux grands Pouvoirs de l'Homme : sa Constitution Occulte. — Le Magnétisme et la Thaumaturgie. — Le Plan Astral : ce qu'il contient ; l'Homme et les Êtres dans l'Astral. — Graves ensei-

gnements : l'Initiation et ses Mystères ; Cérémonies Initiatiques. — Les Grands Initiés. — Les petits et les grands Mystères. — La Franc-Maçonnerie. — Le Culte de l'Idolatrie et de l'Astrolatrie. — La Kabbale. — Le Mazdéisme. — Le Zohar. — Le Sepher Jetzirah. — Le Livre d'Enoch. — Le Taoïsme. — La Doctrine Secrète. — Source du Christianisme : les Esséniens — Développement de l'Essénisme rattaché au Védantisme et à l'Hermétisme. — Etc.

11215 VINDEVOGEL. (Docteur Jules). — Védanta, ou Hindouisme et Christianisme, ou la Doctrine Secrète des Védas et de Jésus de Nazareth dévoilée et démontrée identique.

Bruxelles, impr. G. Bastiné, 1902, in-8° écu. 218 p. texte encadré et errata.

[8° O²k. 1264

Esotérisme du Triangle de Pythagore. — Initiation du Prophète Daniel à la Science des Mages. — Recherches sur les Esséniens, les Atlantes, les Lémuriens. — Les Upanishads contiennent la Clef des Védas, comme la Kabbale celle de la Bible. — Explication ésotérique du Symbole de la Croix aux points de vue Kabbalistique, Astrologique, etc. — Les Esséniens initiés aux Mystères des Védas, théosophes formés aux grandes Ecoles Sacerdotales de l'Egypte ; leurs pouvoirs thérapeutiques ; Jésus initié à leurs Mystères. — La Doctrine Secrète contenue dans l'Evangile de St-Jean dévoilée. etc.

11216 VINSON (Julien). — Essai d'une Bibliographie de la Langue Basque par Julien VINSON, Professeur à l'Ecole Nationale et spéciale des Langues Orientales vivantes...

Paris, J. Maisonneuve, 1891, in-8° de table-xlviij-471 p. Avec 12 fac-similés. (12 fr.).

[8° Q. 1658

Curieux ouvrage d'un sérieux érudit qui, en sa préface, cite des textes arabes et sanscrits — outre le latin, l'anglais, l'hébreu, etc. — L'Imprimerie à Bayonne. — Les Imprimeurs du Béarn. — Etc.

VINTRAS (Pierre-Michel-Eugène), d'abord contremaître dans une fabrique de papier-carton de Tilly-sur-Seulles. Il n'avait pas d'histoire, lorsque le 5 août 1839, il eut une apparition qui se renouvela presque quotidiennement. C'est alors que commencèrent les révélations et se multiplièrent les visions.

11217 VINTRAS (P. M.). dans la Nouvelle Mission d'Elie. — Chants prophétiques du Carmel.

Londres, 1857. (4 fr.).

Ouvrage du célèbre fondateur de la « *Doctrine du Carmel de la Miséricorde* ».

11218 VINTRAS (Pierre-Michel, etc.). — L'Evangile éternel démontrant la création du Ciel, la préexistence de l'homme, l'origine et la raison de tous les cultes, révélé à Pierre-Michel dans la nouvelle mission d'Elie.

Londres, Trübner and Co. 1857, in-8° de XVI-705 pp. (75 fr.).

Très rare.

L'étrange figure du Prophète VINTRAS, le nouvel Elie et le restaurateur du *Carmel*, a été remise en lumière, naguère, par les événements prodigieux de Tilly-sur-Seulles, qui occupent toujours, sans relâche, le monde religieux et mystique. Or, il faut savoir que le Prophète, excommunié et mis au ban de l'opinion publique, avait justement annoncé que la Vierge apparaîtrait à Tilly, de même qu'il avait prédit depuis longtemps la reconnaissance par l'Eglise de l'Immaculée Conception de Marie. Il mourut même le 8 décembre 1875, jour consacré à la fête anniversaire de la proclamation de ce dogme. L'*Evangile Eternel* de Pierre-Michel-Elie est le prolongement ou le dernier écho de celui de JOACHIM DE FLORE, proféré par STRATHANAEL (le *Clairon de Dieu*), nom angélique de VINTRAS. La publication de cet ouvrage étrange plongea dans la stupeur les plus brillantes lumières de la Théologie. On ne s'expliquait pas qu'un ouvrier illettré pût parler la langue sublime de Daniel, au point de faire croire que les temps bibliques étaient revenus. Mais le clergé, se trouvant un peu trop malmené par les apostrophes du Voyant, décida que le Démon parlait par sa bouche, et on essaya de le murer par l'excommunication. A son tour le Prophète lança l'anathème contre Rome, en strophes fulgurantes, car on ne saurait le nier, c'était plus qu'un Homme qui parlait par la bouche de Pierre-Michel. Il y aurait peut-être lieu de revenir ici sur certaines accusations qui ont éclaboussé la mémoire du *Saint de Tilly*. mais nous savons qu'un très haut personnage du clergé a fait plusieurs démarches à Rome pour plaider la cause du *Maudit*, et qu'il a constitué un important dossier qui verra probablement le jour aux temps marqués. [P. Dujols].

11219 VINTRAS (Eug.) se disant Elie. — Le glaive sur Rome et ses complices. Tenue et enseignement d'Elie sur l'avènement glorieux de Jésus Christ.

Londres, Dulau, 1855, in-8°. (25 fr.).

(G-1067)

11220 VINTRAS (P. M. E.). — Réponse à M. l'abbé Caillau.

Paris, Ledoyen, 1849, in-8° (3 fr. 50).

[Ld¹⁹³. 13

Ouvrage rare du fameux prophète : cette réponse lui aurait été dictée pendant ses extases par l'archange St Michel ou par St Joseph.

11221 VINTRAS (Pierre-Michel). — Le Livre d'or. — Révélations de l'Archange Saint-Michel.

Paris, Ledoyen, 1840, fort in-8°, (12 fr.).

[Ld¹⁹³ 10

Toute la doctrine de Vintras que Guaita a si vigoureusement combattue comme œuvre de magie noire, est exposée par l'abbé Charvoz, dans ce livre aujourd'hui introuvable. Louis XVII (Naundorff) et sa mission politique comme grand monarque, n'est pas le côté le moins curieux de ce volume plein de visions étranges et souvent magnifiques. — Le Règne du Saint-Esprit s'y trouve formellement annoncé aussi bien que la chûte du Romanisme. — Une étude fort documentée

696

intitulée notions préliminaires expose l'historique de l'Eglise Vintrassienne depuis 1772. — Outre les nombreuses curiosités de ce volume, c'est un document du plus haut intérêt.

11222 VINTRAS (Eugène). — Le Sanctuaire intérieur du Carmel, par Pierre Michel dans la nouvelle Mission d'Elie. Sixième partie traduite de la Bible.

Londres, 1858, 2 vol. in-12 de 192 et 211 pp. (20 fr.).

Ouvrage à l'usage exclusif des initiés à l'« Œuvre de la Miséricorde ». Bien que cette secte mystique ait été accusée des pires turpitudes, tous les écrits qui en émanent respirent la plus grande noblesse et la plus stricte pureté.

11223 VINTRAS (P. M.). — Les Témoins des prodiges concernant l'Œuvre de la Régénération Spirituelle, révélée à Pierre-Michel Vintras sous le nom sacré de la Miséricorde.

Blois, 1842, in-8°. (2 fr.).

Brochure en faveur de P. M. Vintras qui venait d'être arrêté pour soi-disant escroquerie.

Autre édit. :

Caen, imp. de C. Woinez, 1844, in-8°.

[Ld¹⁹³. 1

11224 VINTRAS (Pierre-Michel). — La Voix de la Septaine.

Tilly-sur-Seules, 1842 à 1846, in-8° (10 fr.).

[Ld¹⁹³ 2.

Revue très rare de *l'œuvre de la Miséricorde*, fondée par ce célèbre Mystique. L'année 1842 ne comprend qu'une brochure de 108 p. sans table.

La Doctrine, les Visions, le Mysticisme ardent ou équivoque de Vintras sont exposés dans cette série de fascicules. — Malgré les attaques violentes dont Pierre Michel a été l'objet, ce périodique respire, malgré tout, une sérénité qui impressionne et ébranle, et l'on se demande anxieusement si le Prophète fut un imposteur sadique, ou un grand calomnié.

VINTRAS (sur Pierre-Michel). — Voir :

BOUIX (Abbé).
CAILLAU.
CHARVOZ (l'abbé).
DRICAS (C. M. J.).
GOZZOLI (A.).
GRANGE (Hab. L.).

11225 [VIOLET (P.). Jésuite]. — Traité en forme de Lettre contre la nouvelle Rhabdomance, ou la manière nouvelle de deviner avec une Baguette fourchue. Dans lequel on réfute tout ce qu'on a écrit pour en justifier l'usage.

Lyon, H. Baritel, 1694, in-16. (10 fr.).

L'épitre dédicatoire est signée : P. V. J. (P. VIOLET, Jésuite).

C'est l'histoire du paysan du Dauphiné le célèbre Jacques AYMAR Vernin, qui, avec l'aide de sa Baguette découvrit les assassins d'Antoine de Bourbon, tué le 5 juin 1692.

Voir, sur le même sujet, à l'initialisme: I. N.

(S-3178)

11226 VIOLLE (B.), de Dijon, Géomètre, Chevalier de St-Louis. — Traité complet des carrés magiques pairs et impairs, simples et composés, à bordures, compartiments, croix, châssis, équerres, etc... Suivi d'un traité des cubes magiques et d'un essai sur les Cercles magiques, par B. VIOLLE, géomètre...

Paris, Bachelier ; Dijon l'auteur et Douillier, 1837, 2 vol. in-8º, 592 et 616 p. texte encadré et atlas in-fº de 54 pl. plus le titre. (20 fr.).

[V. 55084 et 5

Le plus complet des ouvrages sur le sujet.

Intéressante Introduction, avec bibliographie. — Notions Préliminaires. — Carrés Magiques impairs. — Carrés à bordure. — Carrés impairs à compartimens. — Carrés avec bordure, par les différences. — Méthodes de divers auteurs : La Hire, Bachet de Méziriac, Poignard, Frénicle, Sauveur, Ons-en-Bray, Rallier des Ourmes, le P. Kircher, Meerman. — Carrés magiques pairs. — Méthodes de divers auteurs (les mêmes). — Croix. — Chassis. — Carrés avec fausse croix, équerre, etc. — Formules d'Euler. — Théorie des Parallélogrammes magiques. — Cubes Magiques. — Essai sur les Cercles Magiques.

11227 VIOLLET ET DANIEL. — Résumé des croyances et cérémonies religieuses de la plupart des Peuples du Monde.

Rambouillet, Chaignet, 1827, in-16 de 408 p. (4 fr.).

Religion des Brames, Parses, du Pégu, Thibet, de la Corse, des Chinois, Cingalais, Siamois, Tonkinois, Juifs, Javanais, Japonais, etc., Egyptiens, Coptes, Abyssins, Annamites, Lapons, Manichéens et Albigeois, etc.

11228 VIOLLET (Marcel), Docteur en Médecine, Médecin des Asiles. — Le Spiritisme dans ses rapports avec la Folie. Essai de Psychologie normale et pathologique par le Docteur Marcel VIOLLET. Médecin des Asiles.

Paris, Blond et Cie, 1908, in-10 de 132 p. (1 fr.).

[Td⁸⁸. 864 (7).

De la Bibliothèque de Psychologie expérimentale et de Métapsychie.

Rien de nouveau dans ce petit livre. Depuis qu'elle a été constatée et baptisée par ALLAN KARDEC, la « Subjugation » a pris rang parmi les choses rares, heureusement, mais inévitables, avec les conditions de la vie moderne.

11229 VIRET (Pierre), réformateur religieux ardent, né à Orbe, en 1511, mort à Orthez en 1571. Il se fit ministre protestant, passa en Suisse, à Lausanne principalement, revint en France, à Nîmes, Paris, Montpellier et enfin Orthez, où la reine de Navarre le chargea d'enseigner la théologie dans son Collège. — Satyres chrestiennes de la cuisine papale.

Imprimé par Conrad Badius, [Genève, 1857], pet. in-8°. (4 fr. 50).

[Rés. Ye 4819

Réimpression à petit nombre de ces violentes satires, dont MARIN n'osa pas donner un extrait dans sa *Bibliothèque du Théâtre français*.

Edit. originale :

Genève, 1560. imprimé par Conrad Badius, in-8°.

[Rés. D² 3608

11230 VIREY (Dr J.). Médecin et physiologiste français, né à Hortes (Haute-Marne) en 1770, mort à Paris en 1847. Pharmacien en chef du Val de Grâce, Membre de l'Académie de Médecine et Député. — L'art de perfectionner l'Homme, ou de la Médecine spirituelle et morale, par le Docteur J. VIREY.

Paris, 1808, 2 forts vol. in-8°. (12 fr.).

Traité de la Métaphysique Occulte, de la Dynamique de l'Astral, et des Correspondances de l'Homme avec la Nature Universelle.
Relations Harmoniques du Principe Vital. — Influence occulte de la Musique. — États comparatifs de l'Esprit dans la Veille et dans les Rêves. — De l'Incube; du Somnambulisme, etc. — De l'Interprétation des Songes. — Comment l'Ame peut pressentir les choses éloignées, et de la Divination. — Si l'Esprit peut pénétrer par quelque Science dans l'Avenir. — De l'Empire de l'Ame sur le Corps. — Des Possédés, des Lunatiques, etc.

11231 VIREY (Jules-Joseph). — Examen impartial de la médecine magnétique, de sa doctrine, de ses procédés et de ses cures, par J. J. VIREY, docteur en médecine de la Faculté de Paris et membre de plusieurs sociétés savantes, etc.

Paris, Panckouke, 1818, in-8°, 03 pages.

(Extrait du *Dictionnaire des sciences médicales*).

Avec son talent incontestable, VIREY n'est pas parvenu à dégager le côté scientifique de la question qu'il voulait examiner en toute impartialité. Il a beaucoup lu, il a peu vu, il n'a pas expérimenté. Du reste, il ne cache pas les pièces du débat et fait connaître les opinions des défenseurs du Magnétisme mais sans distinguer le bon grain de l'ivraie. Il donne aussi les critiques des adversaires sans relever l'exagération et le parti pris de la plupart d'entre elles.

(D. p. 02

11232 VIREY (Dr J. J.). — De la Puissance vitale considérée dans ses fonctions physiologiques chez l'homme et chez tous les êtres organisés, avec des recherches sur les forces médicatrices et les moyens de prolonger l'existence.

Paris, 1823, fort in-8° de XXII-596 p. (8 fr.).

Le Dr VIREY fut, au commencement du XIX° siècle, un des rares médecins de l'école de PARACELSE et de VAN HELMONT. — Tous ses ouvrages sont imprégnés de la doctrine occulte de ces deux grands maîtres. — L'ouvrage de la *Puissance vitale* n'est pas seulement un livre de médecine transcendante, c'est surtout un traité de haute philosophie et de science symbolique. — Tout est remarquable dans ce volume. Nous signalerons, toutefois, le superbe chap. intitulé : Qu'est-ce que Hippocrate et les autres médecins ont entendu par το Θειον (divinum quid) ou puissance surnaturelle dans plusieurs maladies.

11233 VIRGILE, Publius VIRGILIUS, ou VERGILIUS Maro, illustre poète latin, né dans le village d'Ande, près Mantoue en 70 avant J. C., mort à Brindes en 19 av. J. C. — Les Faicts merveilleux de VIRGILLE. Réimpression textuelle de l'édition sans date, publiée à Paris, chez Guillaume Nyverd, suivie d'une Notice bibliographique par Philomneste Junior. [Pierre - Gustave BRUNET].

Genève, Gay, 1867, in-12. (5 fr.).

[Rés. Y² 3582

S. l. n. d., pet. in-4° de 32 p.

Paris, Pinard, 1831, pet. in-8° gothique de 31 p.

Rien n'est curieux comme cette légende de Virgile qui, au Moyen-Age passait pour un nécromancien et dont le talent poétique était alors complètement oublié.

(G-310

11234 VIRMAITRE (Charles). — Paris Impur. — Les Maisons de Rendez-vous.

Paris, s. d., [1898]. in-12. (3 fr.).

Autre édition :

Paris. 1889, in-18.

[Li² 783

11235 VIROLLEAUD (Ch.). — La Légende du Christ.

Paris, 1908, in-8° de 48 p. (1 fr. 50).

On trouvera dans cet intéressant opuscule des aperçus tout à fait nouveaux et du plus grand intérêt sur une foule de sujets ayant trait à la Mythologie, à la Kabbale, aux Mystères et aux religions anciennes. etc...

11236 VISION (La) contenant l'explication de l'écrit intitulé : Traces du Magnétisme. et la théorie des vrais sages.

Memphis et se trouve à Paris chez Couturier. 1784, in-8° IV-31 pages et planche. (3 fr.).

Satire assez spirituelle. L'auteur voit en songe Cambry et Court de Gébelin ; il assiste aux séances du baquet, aux cours. etc. On trouve dans sa relation l'une des premières expériences faites à l'aide d'objets magnétisés. Les deux figures de la planche représentent, la première : la coupe et le profil de l'œil ; la deuxième : un magnétiseur présentant une baguette ou un barreau devant le sein gauche d'une jeune femme. avec des lignes ponctuées indiquant « la base de la sphère magnétique, l'angle magnétique qui porte la direction du fluide et du mouvement vers la partie malade. la réciprocité magnétique. »

(D. p. 35

11237 VISION (La) publique d'un horrible et très épouvantable demon, sur l'église cathédrale de Quimpercorentin en Bretagne, le 1 jour de ce mois de février 1620. Lequel demon consumma une pyramide par le feu, et y survint un grand tonnerre et foudre du ciel (Rennes, par Jean Durand, 1620) ; réimprimé : Jouxte la copie imprimée à Rennes...., (Paris. Abraham Saugrain, 1620) ; dans Lenglet-Dufresnoy : *Recueil de dissertations sur les apparitions* (1772). I, partie II, 100-14.

(O-1761

11238 VISIONNAIRE (Le), ou la victime imaginaire du Magnétisme. Histoire véritable. contenant la description d'une monomanie sans exemple et dans laquelle sont consignés les lettres autographes, ainsi que les réflexions. traits de démence et récits du monomane ; le tout précédé d'une esquisse sur sa vie et ses actions jusqu'à ce jour [Avec cette épigraphe].

Quamquam animus meminisse horret, luctuque refugit

Incipiam. (Virg. Eneid. Liv. II.).

A Stuttgard chez Charles Hoffmann 1830, in-16 de 152 pp.

C'est l'observation d'un monomane persécuté « Fr. R*** commis négociant, natif de G... (Wurtemberg)... âgé de 38 ans... ».

11239 VISMES (A. P. J. de). — Nouvelles sur l'origine et la destination des Pyramides d'Egypte. Ouvrage dans lequel on s'applique à démontrer que ces merveilles renferment les principes élémentaires des sciences abstraites et occultes. etc.

Paris, 1812, in-8° (3 fr.).

(G-1009

11240 VISSAC (Marc de). — Allégogories et Symboles ; énigmes, oracles fables, apologues; paraboles, devises, hiéroglyphes, talismans, chiffres monogrammes, emblèmes, armoiries.

Paris, A. Aubry, 1872, in-8° de liij-247 p. et table. (5 fr.).

[Réserve Z. 4377

Tiré à 466 exemplaires seulement.
Curieux oracles antiques (p. 92-3.) — Choix de devises .(p. 124). Malheureusement sans illustrations, sauf le célèbre : KAROLVS.
gravé sur la Coupe d'or de Charlemagne (p. 166). Pour tout le chap. « Monogramme » c'est peu.

(G-1068

11241 VITELINIS (Bonifacius de). — Bonif. de VITELINIS, de Maleficiis.

Florentiæ, 1526, in-8°. Gothique.

Autre :

Lugduni, A. du Ry, 1530, in-4".

[Rés. F. 815
(S-3160 b

11242 VITOUX (Georges). — L'Agonie d'Israël.

Paris, 1891, in-12. (2 fr.).

[8° H. 5377

Influence du précepte religieux sur la production sensuelle. — L'holocauste des mâles. — La femme devant la loi de Manou et du Talmud. — La prostitution, la luxure et l'immoralité juive. — Croyances superstitieuses. — Thaumaturges et revenants. — Sacrifices humains. — Mystère du sang. etc...

11243 VITOUX (Georges). — Les coulisses de l'Au-Delà.

Paris, Chamuel, 1901, in 12, VII-306 p. et tab. (2 fr. 50).

[8° R. 17179

Tout le mouvement occultiste contemporain, avec ses incidents curieux, ses phénomènes troublants et quelquefois, ses drames sombres, vit et palpite, dans ces pages colorées écrites par un initié véritable, au courant de tous les dessous du néo-mysticisme et de ses adeptes. — Le livre de G. VITOUX est indispensable à qui veut connaître la Société des Rose-Croix, le Martinisme, l'Association alchimique de France, dont il a écrit la chronique de visu et auditu et sur des faits pris sur le vif. — Extraordinaires détails sur le rôles de la magie au cours de duels bruyants entre GUAITA, PAPUS et Jules BOIS. [DUJOLS.]

11244 VITOUX (G.). — Les limites de l'inconnu. La Science et les Sorciers.

Paris, Chamuel, 1892, in-8° de 48 p. (2 fr. 25).

[8° R. Pièce 5398
(G-2203

11245 VITOUX (G.). — L'occultisme scientifique.

Paris, Carré, 1891, in-8°, 41 pages, (3 fr.).

[8° R. Pièce 4016

Etude sur l'influence réciproque de la science expérimentale et de l'occultisme.

(G-1060

11246 VITOUX (Georges). — Les rayons X et la photographie de l'invisible.

Paris, Chamuel, 1896, in-16 de 101 p. 40 fig. 18 pl. hors texte. (2 fr. 50).

[8° V. 26414.

Cet ouvrage, orné de 30 figures et dessins et de 18 planches hors texte, a été présenté à l'Académie des Sciences par M. d'ARSONVAL. — C'est la meilleure étude publiée sur la célèbre découverte du professeur ROENTGEN. — Ce travail permet à tout le monde de se faire une idée claire et exacte de cette intéressante question. — A lire, le chapitre consacré aux applications.

11247 VITRINGA (Campeggius) théologien hollandais né à Leeurwarden.

(Frise) en 1659, mort en 1722. Professeur à l'Université de Franeker. — Essai de théologie pratique, ou Traité de la vie spirituelle, trad. du lat. de VITRINGA par de Limiers.

Amsterdam, 1721, in-8°.

(S-864

11248 VIVEKANANDA (le Swami). — Addresses on the Vedanta Philosophy.

Vol. I : — Karma Yoga, or the Realisation of the Divine through Works performed without attachment.

Vol. II : — Bhakti Yoga, or Realisation of the Divine Through Love.

Vol. III : — 1) The Ideal of a Universal Religion. 2) The Cosmos, and Microcosm.

London, Simpkin, 1896, 3 vol. in-8° couronne de 132-128-44 p. (4/s 6 d.) (5 fr.).

Ces ouvrages ont été en partie réédités les années suivantes : nous en donnons le détail ci-après :

11249 VIVEKANANDA (le Swami). — Bhakti-Yoga, by Swami VIVEKANANDA. 2d edition.

Madras, printed by Thompson, 1899 in-8° de 75 pp.

[O² k. 1129

Reprinted from the *Brahmavadin*. — The Brahmavadin, Series n° 3.

11250 VIVEKANANDA (le Swami). — Karma-Yoga. A course of eight lectures delivered at New York by Swami VIVEKANANDA.

Madras, the Vyjayanti Press, 1897 in-8° de 105 pp. portr.

[O² k. 1129

Brahmavadin, Series n° 5.

11251 VIVEKANANDA (le Swami). — Lectures on Gnana Yoga, by Swami VIVEKANANDA.

Madras, Thompson, [1897], 20 parties in-8° en 1 vol.

[O² k. 1126

The *Prabuddha Bharata Vedanta Library Series*.

11252 VIVEKANANDA (le Swami). — Yoga Philosophy. Lectures delivered in New-York, 1895-6, on Raja Yoga or Conquering the internal Nature. Also PATANJALI's Yoga Aphorisms, with Commentaries.

London, Longmans, 1896, in-8° couronne de 246 p. (7 fr. 50).

Réimprimé aux Indes l'année suivante, voir ci-après :

11253 VIVEKANANDA (le Swami). — Yoga Philosophy. Lectures delivered in New York, winter of 1895-6, by the Swami VIVEKANANDA, on RAJA YOGA or conquering the internal nature, also PANTAJALI's *Yoga Aphorisms*, with commentaries.

Madras, printed at the Vaijayanti press, 1897, in-8° de XIII-194 pp.

[O² k. 1125

11254 VIVEKANANDA (le Swami). — Conférences faites en 1895-1896 à New-York. Râja-Yoga, ou Conquête de la Nature intérieure, par le Swami VIVEKANANDA. Traduit de l'anglais par S. W.

Paris, Publications théosophiques, 1910, in-12 de XVIII-132 p. Avec 1 Pl. symbolique hors texte. (2 fr.).

[8° R. 23789

Très important ouvrage de Mystique pratique Hindoue, publié par les soins de la *Société Théosophique*.

Traduction de l'Ouvrage précédent.

11255 VIVÈS (Jean Louis) savant littérateur espagnol, né à Valence en 1492, mort à Bruges en 1540. Ami d'Erasme et un moment précepteur de la princesse Marie d'Angleterre, fille de Henri VIII. — Quæ est præfatio ad

Somnium Scipionis Ciceronis. Eiusdem Vigilia. — Quæ est enarratio Somnii Scipionis Ciceronis.

Basileæ, ex ædibus Ioan. Frobenii, 1521, in-4°. Portrait de l'auteur. (25 fr.).

Edition originale.

11256 [VOGEL (J. Paul Siegm)]. — Brief die Freimaurerei betreffend [von J. Paul Siegm. Vogel].

Nürnberg. Ernst Christoph Grattenauer, 1783-84-85, 2 vol. pet. in-8° en quatre parties, de VI-422, et VIII-224-XIV-163 pp. rel. en 2 vol.

1-te Sammlung über die Tempelherren.
2-te »   »   » Mysterien
3-te »   »   » Freimaurerei.

(O-416)

11257 [VOGEL (J. P. S,)]. — Reden über den Zweck, die Beschaffenheit und den Ursprung der Freimaurerei ; gehalten in den Logen J. z. E. (Joseph zur Einigkeit) und zu d. dr. Pf. in N. (den drei Pfeilen in Nürnberg), von P. J. S. V. (Vogel).

Berlin, Friedr. Maurer. 1792, pet. in-8° de 139 pp.

(O-371)

11258 VOGT (G.). — Comment obtenir des idées lucides et de la clarté d'Esprit ? Manuel complet ayant pour but de vaincre la paresse de l'intelligence, le manque d'énergie, la faiblesse d'esprit, le trouble, la distraction, les défauts de mémoire, l'accablement, le découragement, la peur, l'irritation, la lassitude, la crainte et la folie, et en général tous les affaissements de l'esprit et de l'âme. D'après les découvertes et Méthodes éprouvées de MM. les Docteurs A. Haig, A. Cantini et P. Levy. Par G. Vogt.

A Paris, chez Richonnier et Cie, s. d., in-8° de 120 pp.

Voir aussi notre N° 4936, T. II. p. 230.

Ouvrage qui ressemble à une impression allemande de Leipzig — mais sans aucun nom d'imprimeur. Les principes de suggestion de l'auteur étant diamétralement contraires aux nôtres, nous ne saurions juger favorablement son œuvre : par exemple : l'étalage de maux divers qui rehausse son titre nous paraît singulièrement plus propre à les développer dans des esprits faibles, qu'à les en guérir. D'autre part l'auteur est évidemment animé des intentions les plus pures, et il faut lui en tenir compte. Voici qq. titres de chap.

Le régime contre l'empoisonnement personnel. — La dépuration du sang. — Le menu de la Longévité d'après les méthodes combinées Haig-Cantini. — Les Simples : le Thé d'animation ; le Thé de Mille-feuilles. — La Suggestion d'après le Dr P. E. Levy. — La tactique et l'application pratique de la Suggestion. — Formules de Suggestion, etc.

11259 VOGT (Jo.). — Jo. Vogt, Catalogus Librorum Rariorum.

Hamburgi. C. Heroldus, 1753, in-8°.

[Q. 4019
(S-6740)

11260 VOGT (William). — La grande duperie du siècle. Les Fr∴ M∴ en Suisse et en France.

Paris, Bertout. 1904, in-8°, XV-306 p. (3 fr. 50).

[8° H. 6701

Les FF∴ M∴ en Suisse et en France. Ouvrage de critique historique, très intéressant. — Les origines. — Les trav∴ maç∴. — Hauts grades et rites. — Les scissions dans la Maç∴ mondiale. — Les débuts de la F∴ M∴ en France. — Napoléon 1-er. — La Restauration. — Louis Philippe. — Le Second Empire. — De 1870 à nos jours, etc...

11261 VOIGTIUS (Gothofridus) ou Godefroy Voigt, théologien et physicien allemand né à Delitsch en Misnie, vers 1644, mort en 1682, à Hambourg, où il était recteur à l'Ecole St Jean. — Goth. Voigtii, Curiositates Physicæ, de Ressuscitatione Brutorum ex Mortuis et contra Nivis albedinem realem.

Gustrovi (Gustrow). 1668, in-8°.

(S-3265 b

11262 VOILE D'ISIS (Le), organe hebdomadaire du Groupe Indépendant d'Etudes Esotériques de Paris. Directeur Papus. Rédacteur en Chef : Aug. Chaboseau.

Paris, du 12 Novembre 1890, pet. in-4".

La publication un moment interrompue est maintenant continuée par M. Chacornac, l'éditeur bien connu.

Il l'a reprise le 1-er octobre 1905.

11263 [VOILQUIN (Suzanne)]. — Souvenirs d'une fille du Peuple, ou la Saint Simonnienne en Egypte : 1834 à 1836 Par Mme Suzanne V... [Voilquin].

Paris, E. Sauzel, 1866, in-8° de VII-501 p. (8 fr.).

[Ln²⁷ 22301

Suzanne Voilquin fut une des rares femmes qui accompagnèrent Enfantin et ses Disciples en Egypte. L'ouvrage débute par le récit curieux de sa jeunesse et de sa conversion. Puis vient la relation du Voyage de Paris à Marseille, durant lequel la « *Mission* » fit 14 Conférences : (à Auxerre, Dijon, Lyon, Clermont, Limoges, Toulouse, Sorèze, Narbonne, etc). — Arrivée à Suez chez Ferdinand de Lesseps, — au Caire chez Lamy, où l'auteur retrouve Maréchal et Félicien David. — Fête donnée à Marmont. — Deux jours dans un Harem. — Les Effets du Haschich. — Les femmes au bain public. — Etc. — Un des derniers chapitres expose le suicide de Marie-Reine, autre Saint-Simonnienne célèbre.

VOIRON. — Voir :

BAILLY (J. S.).

11264 VOISIN (Dr A.). — Etude sur l'Hypnotisme et sur les Suggestions chez les Aliénés.

Paris, Rougier, 1884, in-8° de 16 p. (1 fr.).

[Te¹⁴. 119

(G-2204

11265 VOISIN (Docteur Joseph). — Note sur un cas de grande hystérie chez l'homme, avec dédoublement de la personnalité.

Paris, in-8° de 16 p.

11266 VOISIN (Joseph de ou du) théologien hébraïsant français d'abord conseiller au parlement de Bordeaux où il était né en 1610. Mort en 1685. Sa traduction du Missel fut mise à l'index. — Liber de Lege Divina secvndvm statum omnium temporum al Adamo in statu Innocentiæ, et post lapsum vsque ad Noe : à Noe vsque ad Abrahamvm : ab Abrahamo vsque ad Moysem : à Moyse vsque ad Christvm : et regnante Christo.

Parisiis, 1050, in-12 d'environ 700 p. (5 fr.).

Les ouvrages de ce célèbre théologien sont très précieux pour la Kabbale.

VOISIN (Catherine Deshayes, femme Monvoisin, dite la) et ses Complices : empoisonneurs et sorciers du XVIIᵉ siècle. — Voir Bibliographie Yve-Plessis Nᵒˢ 1380-1391, p. 170-178. et aussi :

BLANPAIN.

FUNCK-BRENTANO.

LEGUE.

LESAGE (Etienne Guibourg, dit).

NASS.

11267 VOIX DE LA SAGESSE (La).

Lyon, 1000, in-18, (2 fr.).

Recueil de pensées empruntées aux sages de toutes les époques, de tous les pays, de toutes les religions, divisé en trois cycles. — Ce petit livre est avant tout un recueil de thèmes de méditations, destiné à ceux qui savent le fruit que l'on peut tirer de ces exercices et qui s'y adonnent habituellement.

11268 VOIX (La) du Silence. Fragments choisis du « Livre des Préceptes d'or à l'usage journalier des Lanous (Disciples) ». Traduit et annoté par H. P. B. [BLAVATSKY]. Traduit de l'Anglais par AMARAVELLA. [COULOMB].

Paris, Société Théosophique, 1893 in-16. (3 fr. 50).

Réimprimé avec le nom de l'auteur. voir BLAVATSKY.
(G-2205

11269 VOLET (Marie). Possédée de la Paroisse de Pouliat, en Bresse. — Lettre de RHODES au sujet de la possession de Marie VOLET.

Lyon, 1691, in-8°.
Voir aussi :
RHODES (M. de).
(S-3228 b

11270 VOLEURS et mendiants. — (La Misère. — Cadavres qui chantent. — Choses infâmes. — Refuges de nuit. — Les héros du vice. — Les métiers des pauvres. — Les Cours des Miracles. — Moine et bandit. — La pègre, etc...).

Paris, 1808. in-16. (2 fr.).

11271 VOLLOT (Abbé H.). — Du Système chronologique de Manéthon, confronté avec les plus récentes découvertes de l'Archéologie.

Paris, 1867, in-8°. (3 fr. 50).
[O³ a. 135

Travail important sur l'Egyptologie, basé sur des documents positifs, au moyen desquels l'auteur recherche si l'Egypte remonte vraiment à la prodigieuse antiquité qu'on lui accorde.

Les célèbres Tables chronologiques des Rois d'Egypte dressées par l'Hiérophante MANÉTHON, et qu'on avait si longtemps accusées de fausseté, ont maintenant été reconnues aussi exactes qu'un document de ce genre peut l'être.

11272 VOLLSTAENDIGES Gesangbuch für Freimaurer ; zum Gebrauch der groszen National-Mutter-Loge zu den drei Weltkugeln in Berlin, und aller mit ihr vereinigten in Deutschland. V-te verbesserte und mit drei Anhängen vermehrte Auflage.

Berlin, Friedr. Maurer, 1813, gd. in-8° de II-XII-424 pp. avec un front. gravé.
(O-383

11273 VOLNEY (Constantin François de CHASSEBŒUF, comte de) savant écrivain français né à Craon en 1757, mort à Paris en 1820. Il voyagea en Egypte et écrivit une relation fort exacte de ce qu'il vit. Professeur à l'école Normale à sa fondation, Sénateur et Académicien. — Œuvres complètes.

Paris, Beaudoin frères, 1826, 8 forts vol. in-8°. Tableau et planche. (25 fr.).
[Z. 30107-30205

Cette belle collection fait pendant à l'œuvre célèbre de DUPUIS sur les religions de l'antiquité. — On y trouve le fameux volume *Les Ruines* consacré à l'étude des origines religieuses. — Le culte des Astres. — Le symbolisme, le mysticisme, le démiurge, le feu principe vital de l'univers, et son culte. — Le Christianisme ou culte allégorique du soleil. — Le Mosaïsme ou culte de l'âme du monde, etc... A signaler encore les « Recherches nouvelles sur l'histoire ancienne » où l'auteur démontre que la Genèse est un monument chaldéen retouché et arrangé par le Grand Prêtre Helgiah, explique le sens ésotérique du mythe d'Adam et d'Eve, etc... étudie le sens interne des formes hébraïques, parallèlement avec FABRE D'OLIVET. Ses « *Leçons d'histoire* » contiennent entre autres l'Histoire allégorique de Samuel et celle des Egyptiens. — Enfin le tome VIII comprend un travail précieux pour les Kabbalistes : L'hebreu simplifié par la méthode alfabétique (sic).

11274 VOLNEY. — Œuvres Complètes de VOLNEY, Comte et Pair de France, Membre de l'Académie Française,

Sc. psych. — T. III. — 45.

Membre Honoraire de la Société Asiatique séant à Calcutta. Précédées d'une Notice sur la Vie et les Ecrits de l'Auteur.

Paris, chez Firmin-Didot Frères. Fils et Cie. M. DCCC. LVII. [1857], gr. in-8º de 778 p. à 2 col. et 10 pl. hors texte, à la fin. Portr. frontisp. gravé par Langlois d'après le buste de David.

Les planches, assez bien gravées représentent des Vues (de Palmyre, du Temple du Soleil à Balbeck, des Pyramides); un Tableau du Ciel Astrologique des Anciens; un Plan du Temple du Soleil de Balbeck; un Plan de Babylone; le Zodiaque de Denderah; et 4 Cartes d'Arabie, de Syrie, d'Egypte, et d'ensemble du Monde connu des Anciens.

Etudes très étendues d'Archéologie et d'Histoire ancienne, principalement, par un auteur renommé pour sa sincérité et son exactitude.

11275 VOLNEY. — Œuvres Complètes précédées d'une notice sur la vie et les écrits de l'auteur.

Paris, Didot, 1868, pet. in-4º. Portrait et 11 Pl. hors texte. (12 fr.).

Le Portrait est gravé par Langlois d'a... le buste de David ; les Planches représentent des Vues, le Tableau du Ciel astrologique des Anciens, le Zodiaque de Denderah, des Cartes, etc.

(G-2209

11276 [VOLTAIRE (François Marie Arouet de)] une des lumières du XVIIIe siècle, né à Chatenay (près Sceaux) ou à Paris, en 1694, mort à Paris en 1778. Son nom de VOLTAIRE est emprunté à un petit domaine de sa mère. Il a également signé d'une infinité de pseudonymes souvent assez spirituels ; comme le suivant : *plusieurs aumôniers de S. M. le Roi de Prusse.*
— La Bible enfin expliquée par plusieurs Aumôniers de S. M. R. D. P. [Sa Majesté le Roi de Prusse].

Londres, 1676, 2 vol. in-8º de 275 p. et ? (10 fr.).

[Z. Bengesco. 362.

Genèse. — Exode. — Lévitique. — Nombres. — Deutéronome. — Josué. — Juges. — Esdras. — Les Machabées. — Sectes juives, etc...

Je ne connais pas le Tome II, mais les signatures portent « Tome I ».

11277 VOLTAIRE. — Candide, ou l'Optimisme, traduit de l'allemand de M. le docteur Ralph. [VOLTAIRE].

S. l. 1759, in-12 de 237 p. (5 fr,).

[Z. Bengesco 228

Edition originale.

Maintes fois réimprimé :

11278 VOLTAIRE. — Candide, illustré par Adrien Moreau.

Paris, Charavay, 1809, in-12. (5 fr.).

[8º Y² 19404

11279 [VOLTAIRE]. — Collection d'anciens évangiles ou monumens du premier siècle du christianisme, extraits de Fabricius Grabius et autres savans par l'abbé B...

Londres, 1769, in-8º. (5 fr.).

[Z. Beuchot 101

(G-1071 et 2207

11280 VOLTAIRE. — Dictionnaire philosophique portatif. Nouvelle édition avec des notes, beaucoup plus correcte et plus ample que les précédentes.

Amsterdam, 1765, 2 vol. in-12. (4 fr. 50).

[Z. 27261-62

(G-1072

11281 [VOLTAIRE]. — Examen important de la Religion Chrétienne, par BOLYNGBROCKE [VOLTAIRE], avec des notes de l'Editeur [l'Auteur].

Londres, 1776, in-8º.

[Z. Beuchot. 295

Cité par PEIGNOT, dans le *Dictionnaire des Ouvrages condamnés au feu,* Tome II, p. 211.

11282 [VOLTAIRE]. — Histoire de Jenni, ou le Sage et l'Athée. Par M. SHERLOC. Traduit par M. de LA CAILLE.

Londres, 1775, in-8°. (5 fr.).

[Z. Beuchot 360
(G-2207

11283 [VOLTAIRE]. — La Philosophie de l'Histoire, par feu l'abbé BAZIN.

Utrecht, Aux dépens de la Compagnie, 1765, in-16 de VII-276 p. (5 f.)

[Z. 27301

Ouvrage singulier, rare et peu connu de VOLTAIRE, dont les pseudonymes reflètent l'esprit. Ce serait un singulier abbé celui qui eût écrit un tel ouvrage. Soi-disant édité par le « Neveu de l'auteur » qui signe de cette qualité la Dédicace à « Catherine seconde, Impératrice de toutes les Russies ».

Des Mystères Égyptiens. — Des Oracles. — Des Sibylles Grecques. — Des Miracles. — De la Magie. — Des Mystères d'Éleusis. — Des Anges, des Génies, des Démons, chez les Anciennes Nations et chez les Juifs. — Etc.

11284 [VOLTAIRE]. — Les Questions de Zapata, traduites par le sieur TAMPONAT, docteur de Sorbonne.

A Leipsik, 1766, in-8° de 43 p. (4 fr.).

[Z. Beuchot 728

Édition originale.

Ce sont des sarcasmes contre la Bible : cet ouvrage fut condamné par décret de la cour de Rome, du 22 novembre 1771.

11285 [VOLTAIRE]. — Le taureau blanc, traduit du Siriaque par M. Mamaki, interprète du Roi d'Angleterre pour les langues Orientales.

Londres, 1774, in-8°. (3 fr. 50).

[Z. Beuchot 850

Édition originale.

Cet opuscule est des plus curieux. — Il circula longtemps manuscrit et lorsque VOLTAIRE se décida en 1784 à le publier il eut soin de ne point le signer et d'en attribuer la paternité à Dom CALMET (!).

(G-1073

11286 VOLTAIRE. — Traité sur la Tolérance.

S. l., 1764, in-8°. (5 fr.).

[Z. Beuchot 800 (2)

Édition rare de cet ouvrage publié à l'occasion de l'affaire de Jean CALAS, de Toulouse.

11287 VOLTER (de) docteur en Médecine. — Lettre de M. de VOLTER, docteur en médecine, conseiller aulique médecin de l'électeur de Bavière, etc.

S. l., 1780, in-8° (?).

Cette lettre se trouve dans un journal du temps, la Nature considérée sous ses différents aspects. Elle a été lue par ROUSSEL de VAUZESMES, mais n'a point été imprimée à part ; elle est très courte, à peine une page d'impression, l'auteur pense que l'opération de MESMER, dont il a été témoin, ébranle le système nerveux mais ne peut le guérir. Il avait parié avec MESMER cent ducats contre dix que ce dernier ne guérirait jamais aucune personne vaporeuse et Mesmer aurait refusé. — Ce dernier a formellement démenti le fait dans son Précis historique.

(D. p. 12

11288 VON der Unterschiedlichkeit der Chymie, und in wie fern dieselbe, wie sie bisher gelehret worden, bey Untersuchung der Mineralien und Metallen, und sonderlich in Absicht auf deren Nutzen anzuwenden.

Braunschweig, Schröders, 1765, in-8° de 237 pp.

(O-794-1478

11289 VORAGINE ou VARAGINE (Jacques de), en italien, GIACOMO DA VARAGGIO, auteur ou compilateur de la « Légende dorée », né à Varaggio sur la côte de Gênes, vers 1230, mort en 1298. Il était dominicain et archevêque de Gênes. — Jacobi de VORAGINE Legenda Aurea Sanctorum.

Editio pervetus, sine Anno et loco, sed circà 1472.

[Rés. H. 91

Nombreuses autres édit. à la Bib. Nat.

(S-5000

11290 VORAGINE (Jacques de VARASE dit de). — La Légende dorée, par Jacques de VORAGINE, traduite du latin et précédée d'une notice historique et bibliographique par M. G. B. (Gustave BRUNET).

Paris, Gosselin, 1843, 2 vol. in-12 de 305 p. chacun. (14 fr.).

[H. 19992

1-re édition de cette traduction française, et qui était la meilleure et la plus complète, avant que n'eût paru la suivante :

11291 VORAGINE (Jacques de). — Légende dorée de Jacques de VORAGINE, nouvellement traduite en français avec introduction, notices, notes et recherches sur les sources par l'abbé J. B. M. Roze.

Paris, E. Rouveyre, 1902. 3 vol. in-8° d'ensemble 1700 p. (20 fr.).

[8° H. 6510

Innombrables sont les éditions latines et allemandes de cet ouvrage qui fut pendant des siècles le livre de chevet des artistes, principalement ceux du Moyen-Age, alors que l'art religieux était dans toute sa splendeur. — C'est dans cette Légende Dorée seule que l'on peut trouver l'explication des vieux vitraux des cathédrales du monde entier. — C'est ce qui explique pourquoi la seule édition française moderne qui ait jamais été publiée jusqu'à ce jour (celle de G. BRUNET, 2 vol in-12, à 3 fr. 50 parue chez *Gosselin* en 1843) était si recherchée et se vendait jusqu'à 50 fr. — Cette édition-ci qui comprend le triple de matière est également beaucoup plus correcte et plus savamment annotée. — Tous ceux qui s'occupent de beaux arts et d'archéologie, de même que ceux qui s'intéressent à l'hagiographie, ont intérêt à posséder cette belle édition, qui est en outre ornée de fac simile, dont un en couleurs, d'un incunable de la *Legenda Aurea,* etc...

11292 VORAGINE (Jacques de). — La Légende dorée, traduite du latin d'après les plus anciens manuscrits, par T. de Wizewa.

Paris, Perrin, 1902, fort vol. pet. in-8° de XXVIII-748 p. Frontispice. (3 fr.).

[8° H. 6520

Jacques de VARASE, ou de VARAGIO, reçut le surnom de VORAGINE qui signifie le *Gouffre*, parce que selon les uns, il était un *Gouffre de Science* ; selon les autres un *Gouffre d'Erreurs.* — Sa *Légende dorée* est le livre le plus célèbre du Moyen-Age. Tout ce que le peuple avait recueilli dans ses souvenirs ou poétisé dans son imagination a trouvé place dans ces histoires, véritable Mythologie du Christianisme.

Autre :

Paris, Perrin et Cie, 1905, fort vol. pet. in-8°.

11293 VORLAEUFIGE Darstellung des heutigen Jesuitismus, der Rosenkreuzerey, Proselytenmacherey und Religionsvereinigung.

Deutschland,(Frankfurt,Hermann). 1786, in-8° de XXXVI-370-143 pp.

Les 143 dernières pages contiennent les *Privata Monita und Secreta Monita Societatis Jesu,* précédés d'une Notice littéraire, mais le texte latin n'a pas été reproduit.

(O-495

11294 VOSSIUS (Isaac) littérateur et érudit hollandais, né à Leyde en 1618 mort en 1680. Bibliothécaire de la reine Christine de Suède, puis Chanoine de Windsor en Angleterre. — De Sibyllinis aliisque quæ Christi natalem præcessere oraculis. Accedit ejusdem responsio ad objectiones nuperæ criticæ sacræ.

Leyde, J. Gaal, 1680. in-12. (10 fr.).

[Yb. 5063

Dans cet ouvrage très recherché, le célèbre libre-penseur Vossius fait un très grand cas des oracles sibyllins et y trouve la preuve désintéressée de la Vérité du Christianisme. — Malgré les bonnes intentions de l'auteur, cet écrit ingénieux mais fort singulier a été mis à l'index.

11295 VOUGNY (L. Val. de). — Le Ciel réformé. Essai de traduction de partie du livre italien, Spaccio della bestia triomphante.

S. l. l'an 100070050 [1750], in-12 (6 fr.).

Traduction peu commune d'un ouvrage ancien composé par Jordanus Brunus, qui fut brûlé à Rome en l'an 1600 et dont l'œuvre entière fut mise à l'index.

(G-1074)

11296 VOYAGES IMAGINAIRES, songes, visions et romans cabalistiques.

Amsterdam et Paris, hôtel Serpente, 1787-89, 39 vol. in-8°.

[Y² 0263-0298

Orné de 76 fig. de Marillier, gravées par Delvaux, de Ghendt, Patas, etc... On y trouve réunis par Garnier les ouvrages suivants :

15 Romans : dont Robinson Crusoé, Mémoires de Gaudens de Lucques, Aventures de Pn. Quarll, l'Histoire de Sevarambes, Relation du naufrage et aventures de Pierre Viaud, etc...

18 Voyages merveilleux dont le Voyage de Cyrano de Bergerac et l'Histoire des Oiseaux. — Voyage de Gulliver et ses continuations, Voyages de Quevedo de Villegas, Micromégas, les Hommes volants, etc...

8 voyages allégoriques dont la Relation du royaume de Coquetterie. — Voyages de l'Isle d'amour, etc...

15 voyages amusants, comiques et critiques dont le Voyage Sentimental de Sterne, le Voyage de Chapelle et Bachaumont, le voyage de Piron à Beaune, etc..

4 Songes et visions dont les Songes philosophiques de Mercier.

10 Romans cabalistiques et de magie dont l'Ane d'or d'Apulée, le Démon de Socrate, l'histoire de M. Oufle, etc...

39 Relations de naufrages véritables.

11297 VOYES de la vérité à la vie.

S. l. s. adr., 1795, in-12.

Impression qui nous semble anglaise L'éditeur dit dans son avertissement (verso du titre) «... tels sont les deux petits traités réunis dans cet ouvrage, qui se servent de moyens et preuves réciproques ; leurs auteurs ayant été les deux témoins, hérauts et martyrs de la Vérité.» Voici les titres particuliers de ces deux traités.

De l'Oraison mentale, in-12 de 84 pp.

Ce traité traduit du latin textuellement a conservé une espèce de rudesse pour n'en pas altérer le sens. (l'éditeur).

Voyes de la vérité à la vie. 1795, in-12 de 84 pp.

Ce traité a déjà paru en plusieurs langues (l'éditeur).

(O-128

11298 VRAIE LUMIERE (La), Journal des Francs-Maçons paraissant tous les mois, directeur gérant le F∴ Duplais, Première année.

Versailles, 1851-52, 12 Nos reliés en un vol. in-8°. (20 fr.).

Il contient le compte rendu des séances du *Grand Orient de France,* de la Chambre des correspondances et des Finances de la Chambre symbolique du suprême conseil des rites du Grand collège des rites.

Les travaux des ateliers de France, d'Afrique, de l'Etranger: Des études sur l'immortalité de l'âme sur la Maçonnerie avant l'ère vulgaire et des observations sur les mots : Francs Maçons, Loges et Temples.

11299 VRAI MAÇON (le) contenant le Catéchisme du grade d'apprentif (*sic*) ouverture et clôture des différentes loges, l'instruction de table, les santés générales et particulières ainsi que les devoirs des premiers officiers en charge, enrichi de demandes et réponses symboliques et d'un grand nombre de notes aussi curieuses qu'utiles dédiées aux Maçons instruits.

Philadelphie, 5809 (1809), in-12, planches. (8 fr.).

Ouvrage enrichi de notes du plus grand intérêt et contenant deux planches se déployant.

11300 VRAIS JUGEMENTS (Les) sur la société des Francs Maçons, où l'on rapporte un détail abrégé de leurs statuts; où l'on fait voir ensuite combien ces maximes sont contraires à la religion.

Bruxelles, 1752.

SUPPLEMENT aux VRAIS JUGEMENTS sur la société maçonnique en réfutation de l'intitulé : Le secret des Francs Maçons avec un recueil de leurs chansons, précédé de quelques pièces de poésies. Ouvrage dogmatique et moral sur différents sujets de religion contre l'incrédulité et le déréglement de notre siècle.

Bruxelles, 1754, in-8° (?).

(15 francs les deux parties ensemble).

Ouvrage fort curieux.

11301 VRAYE (la) Pierre philosophale, c'est à dire assuré et légitime moyen de s'enrichir en peu de temps.

Rouen, Cl. le Villain, 1606, in-12, 57 pages. (9 fr.).

(G-1075)

11302 VRIÈS (John Henry) surnommé « le Docteur Noir ». Fils d'un père Européen et d'une mère indienne, né « en Amérique sous le drapeau libéral de la Grande Bretagne » (p. 11). — Le Bien-Etre général, Clef de la Nouvelle alliance et des grands évènements du XIX° Siècle par J. H. VRIÈS, surnommé le Docteur noir.

Paris, Bureaux de la Nouvelle Alliance, 1863, in-8° de 164 p. portrait de l'aut.

[R. 53761]

Suite de prophéties et de récits de visions.

C'est ce docteur étrange dont il est question dans une brochure curieuse intitulé: « *La Vérité sur le Docteur Noire*. » Ce Docteur VRIÈS venait à cette époque de guérir l'inventeur SAX d'un cancer à la lèvre.

Voir aussi FAUVEL aux *Additions et Corrections* (à la fin du Tome III.).

11303 VRINDTS (Abbé). — La Croix de Migné vengée, etc... et présentée aux vrais fidèles comme une annonce des prochains malheurs de la France.

Paris, 1820, fort in-8° de XLVI-530 pp. (10 fr.).

Le 17 sept. 1826, au moment de la clôture d'une mission, une croix lumineuse parut dans le ciel à Migné (Vienne) aux yeux d'une grande foule de fidèles qui se rendaient processionnellement, la nuit, vers un but de pélerinage. — L'évêque de Poitiers fit un mandement à ce sujet, et le phénomène paraît indéniable. — Mais, les Pyrrhoniens de l'époque contestant le prodige, l'abbé VRINDTS écrivit cet ouvrage fort curieux, pour rechercher dans l'histoire toutes les manifestations lumineuses analogues. — Dans ce genre, il est un monument d'érudition et une véritable encyclopédie d'apparitions de même espèce.

11304 VROES. — Traité des trois imposteurs. Revu par J. Aymon et J. Rousset.

En Suisse de l'imprimerie philosophique, 1793, in-12. (5 fr.).

Petit ouvrage rare, mis à l'index, qui avait paru auparavant sous le titre de « *La vie et les esprits de M. Benoît Spinoza.* »

Autre :

S. l., 1775, in-8°.

[R. 52608]

(G-1076)

11305 VUICELIO (Geor.). — De arbore bona, Antechristo, intercessione Diuorum, deque leiunio et mortis Dominicæ die.

Parisiis, apud G. Chaudière, 1564 in-8° (25 fr.).

Plaquette de toute rareté.

(G-1077).

11306 [VUILLAUME.] — Manuel maçonnique ou Tuileur de tous les rites de Maçonnerie pratiqués en France ; dans lequel on trouve l'étymologie et l'interprétation des mots et des noms mystérieux de tous les grades qui composent les différents rites ; précédé d'un Abrégé des règles de la prononciation de la langue hébraïque, dont presque tous les mots sont empruntés ; et suivi du Calendrier lunaire des Hébreux, à l'usage des institutions maçonniques ; par un vétéran de la Maçonnerie (le Fr.·. VUILLAUME).

Paris, Hubert, Brun, 1820, in-8° de VIII-456 pp. avec 32 pl. (25 fr.).

Ce tuileur rarissime est enrichi d'un frontispice symbolique et de 31 planches hors texte représentant le tracé des loges symboliques, les alphabets secrets, etc... Tous les mots sacrés y sont donnés sous leur forme hébraïque véritable avec la traduction française et leur explication.

Autre édit :

Paris, Selier et Brun, 1830, in-8°

(O-331)
(G-1078)

11307 VUILLAUME (F.). — L'Orateur Franc-Maçon, ou choix de discours prononcés à l'occasion des solennités de la Maçonnerie, relatifs au dogme, à l'histoire de l'Ordre, et à la morale enseignée dans ses ateliers.

Paris, 1823, fort vol. in-8° d'environ 500 p. (20 fr.).

Œuvre du plus grand intérêt d'un des plus savants auteurs maçonniques. — Identité de la Maç.·. avec les Initiations anciennes. — Les Mystères antiques d'Eleusis et de Samothrace. — Cérémonies secrètes des Eleusinies. — Initiation. — Cérémonies publiques. — Les Epidauries. — Doctrines secrètes des Initiations. — Explication de tous les emblèmes maçonniques. — Description du temple et des mystères des femmes ou Thesmophories.

710

— Transmission des Mystères anciens à la Maç.·. par les Croisés, etc...

11308 VULLIAUD (Paul). — Le Comte de Gobineau cabaliste.

Paris, 1908, in-8° de 36 p.

Intéressante étude cabalistique sur le célèbre orientaliste.

11309 VULLIAUD (Paul). — De la conception idéologique et esthétique des dieux de l'époque de la Renaissance.

Paris, 1907, in-16 jés. de 38 p.

11310 VULLIAUD (Paul). — Les Heptaples de Pic de la Mirandole.

Paris, 1900, in-8°.

11311 VULLIAUD (Paul). — Première Mystagogique. — Etude ésotérique de Cosmosophie musicale.

Deuxième Mystagogique. — Le Sphinx. — La Résolution des contraires.

Le problème du Sphinx, au point de vue initiatique, peut être considéré comme résolu dans cette étude magistrale.

Troisième Mystagogique. — Les Mystères d'Eleusis. — Origine des Mystères. — Ce qu'on y enseignait. — Epreuves initiatiques.

Quatrième Mystagogique. — Palingénésie.

Etude intéressante sur les transmigrations des âmes suivant les divers systèmes philosophiques et religieux.

Cinquième Mystagogique. — La pensée Origéniste.

Savante étude sur la doctrine d'origène.

Paris, 1909. Tous in-8°.

(Extraits).

Réunis, avec l'addition d'une 6ᵉ Mystagogique : Jean SCOT ORIGENE, sous le titre : LE DESTIN MYSTIQUE.

Paris, 1910, in-8° écu. (5 fr.).

11312 VULLIAUD (Paul). — Notes critiques sur la Cabale, à propos du Zohar.

Paris, 1906, in-8°.

11313 VULLIAUD (Paul). — La Pensée ésotérique de Léonard de Vinci.

Paris, Lucien Bodin, s. d., [1906]. in-12. (2 fr. 50).

[8° V. 31708

Tiré à 200 exemplaires.

Cet ouvrage vraiment original dévoile le côté mystérieux de Léonard de Vinci. — On se doutait que le peintre était un Initié, l'auteur le démontre ; il révèle scientifiquement c'est-à-dire à l'aide de la science traditionnelle du symbolisme, la pensée que l'artiste florentin a cachée à l'instar du DANTE, sous le voile de l'énigme. — La thèse de M. VULLIAUD est surtout établie sur l'examen comparatif des deux toiles du Louvre ; le Saint-Jean et le Bacchus. — A ce propos, l'auteur fait une étude théologique des conceptions Messianiques chez les différents peuples.—Il éclaire de vives lueurs cette époque de la Renaissance, si touffue et encore si mal caractérisée, Marsile Ficin. les deux Pic de la Mirandole sont mis à contribution. — « La Pensée ésotérique de Léonard de Vinci » constitue une véritable découverte dans le domaine esthétique. — Cette étude est vivement recommandée aux philosophes, aux artistes, aux penseurs, aux théologiens et aux occultistes.

11314 VULLIAUD (Paul). — Pensées et fragments de BALLANCHE extraits des Œuvres et des Manuscrits inédits. avec une introduction sur Ballanche.

Paris, Bloud, 1907, in-16. 61 pages. (1 fr.).

[8° R. 14046 (441)

11315 [VULLIERME (F.)]. de Genève. — La Vérité suprême. Principe de la Synthèse du Monde et de l'Univers. Absolument inédit. Cet opuscule fait pour une impartiale élite n'était pas destiné à être mis dans le commerce. Tirage limité. — Exemplaires numérotés. Papier teinté. Tous droits de traduction et de reproduction expressément réservés en tout Pays. Prix Fr...

Sans aucune indication : [Genève, 1901] in-16 de 32 pp., vignettes, sur papier jonquille. (0 fr. 50).

Il semblerait d'après la dernière page (signée « *Diogène et Pallas* ») que l'auteur a été enfermé en France comme aliéné. La brochure a trait à la Franc-Maçonnerie et semble dirigée contre elle (?).

11316 VULPIUS (J. A.). Divinatio in Diptychum eburneum Vaticanum.

Patavii 1750. in-8°, (3 fr.).

11317 VURGEY. — Trois adaptations du microcosme ; l'âme, les sept principes de l'homme et Dieu. Schémas pantaculaires. Préface de Papus.

Paris, Chamuel. 1892, in-8° de 64 p. (3 fr.).

[8° R. 10027

C'est la thèse de doctorat en Kabbale du président du Groupe indépendant d'Etudes ésotériques de Bruxelles et le plus savant travail qui ait été fait sur la question.

(G-1079)

VYASA. — Voir :
JONES (Sir W.).

11318 WACHTMEISTER (la Comtesse Constance), d'origine Suédoise, Membre de la Société Théosophique. Veuve d'un diplomate suédois un moment ambassadeur à Londres. — Reminiscences of H. P. BLAVATSKY and « *The Secret Doctrine* » by the Countess Constance WACHTMEISTER, F. T. S. and others.

London, Theosophical Publishing Society, 1803, in-8° de 162 p. et catalogue.

Contient, dans l'Appendice, des Chapitres par Mr Bertram KEIGHTLEY, par le Dr Archibald KEIGHTLEY, par William Q. JUDGE, par la sœur de Mme Blavatsky, Madame de JELIKOWSKY, par Mme Vera JOHNSTONE, par le Dr HUBBE-SCHLEIDEN, diverses lettres, extraits, etc.

11319 WADDINGTON (Charles Tzaut) ou WADDINGTON-KASTUS, philosophe français, né d'une famille protestante anglaise en 1819. Professeur à la Sorbonne, et Académicien. — L'Athéisme en France à la Fin du XVIIIe siècle (Voltaire, Rousseau, d'Holbach, Naigeon, Lagrange, Sylvain Maréchal, Diderot, Lalande, A. Clotz, Chaumette, Hébert, etc...).

Paris, 1801, in-8°. (1 fr.).

[S° R. 12201

11320 WAFLART (Claude). — Disputes analytiques de la Nature de la Lumière et du Feu, par Claude WAFLART.

Paris, s. d., in-8°.

(S-3428

11321 WAFLART (Claude). — Echantillon des disputes problématiques sur les mystères les plus considérables de la nature. Première bataille de la Condition du Feu, le Prince des agents naturels, par M. Claude VUAFLART...

Paris. L. Hacqueville, s. d., in-8°.

[R. 11909

Suivi avec pagination particulière, sans titre ni faux titre, de :

Sommaire de la Dispute du Progrès de la Lumiere compris en deux points...

[R. 11910

11322 WAFLART (Claude). — Claudii WAFLART, Dissertatio an fieri et naturâ possit ut Aqua in Vinum mutetur.

Paris. L. Boulanger, s. d., in-8°,

[S. 35588 et
[D. 54756
(S-3330

11323 WAGENSEILIUS ou WAGENSEIL (Jean Christophe) érudit allemand né à Nüremberg en 1633, mort en 1705. Professeur à l'Université d'Altdorf. — Tela ignea Satanæ. Hoc est : Arcani et horribiles Judæorum adversus Christum Deum et christianam religionem libri. Etc... Etc...

Altdorfi Noricorum, Schonnerstædt 1681, 2 vol. in-4°, (30 fr.).

[A. 3704

Portrait de l'auteur gravé par Sandrart.

(G-1081

11324 WAGENSEIL (Jo. Christ.). — Sota hoc est Liber Mischnicus ; de uxore adulterii suspecta ; una cum Libri en Jacob excerptiis Gemarae : vers. latina et commentario perpetuo, in quo multa sacrarum literarum, ac Hebræorum scriptorum loca explicuntur etc...

Altdorfi, Schonnerstædt, 1674, fort in-4° d'environ 1300 p. Portrait gravé (16 fr.).

[A. 2771

Très curieux frontispice gravé. — Ouvrage de ce célèbre érudit allemand : les nombreux extraits de la *Mischna* y sont traduits en latin et longuement interprétés.

Alldorfi Noricorum, 1694. in-4".

(S-2304

11325 WAGENTRUZ (Johann Georg). — Lumen Artis, Prudentiæ, Intelligentiæ, Sapientiæ, das ist : wahre klare und aus dem rechten philosophischen grund fliessende Anterweisung, wie und auf was Weis, das biszhero so verborgene Geheimnusz zu der Universal-Tinctur deren Alten auf Menschliche und Metallische Leiber zu gelangen;... welches noch von keinem Philosopho bisz dieser Stund so klar und deutlich mit allen Hand-Griffen erkläret und endecket worden ; dann Theophrasti Paracelsi kurtzer Weeg den Lapidem Philosophorum zu bereiten,... nebst einem gantzen chymischen Corpore uber 100 schönen, kunstlichen Medicamenten, die allen Medicis, Chymicis, Apotheckern höchst dienlich:... von Johanne Georgio WAGENTRUZ Franco-Bambergensi Philosophi...

Francfurt und Leipzig, s. adr. 1740, in-8° de 157 pp. avec titre sur fol. in-4°.

(O-1386

11326 WAGNER (C.). — La vie simple, par C. WAGNER... (Mai 1895).

Paris, Armand Colin, 1895, in-12 de XI-288 p. et tabl.

[8° R. 12921

Traduit en Espagnol et publié à : *Buenos Ayres*.

[8° Z. 16777

Intéressant ouvrage d'Ethique pratique et adaptée à la vie moderne — autant que faire se peut — .

La vie compliquée. — L'esprit de simplicité. — La pensée, la parole, le devoir, les besoins, le plaisir simples. — L'esprit mercenaire et la simplicité. — La beauté simple. — *L'éducation pour la simplicité.* — Etc.

11327 [WAGNER (G. Wilhelm)]. — Schau-Platz vieler ungereimten Meynungen und Erzehlungen, worauf die unter den Vitul der Magiæ naturalis so hoch gepriesene Wissenschaften und Künste, von dem Geistern und dessen Influentz, von den Gistern ihren Erscheinungen und Würckungen, von ander natürlichen Dingen... sich für thörichten Einbildungen und Betrug zu hüten, eröffnet von Tharsandern (G. Wilh. WAGNER).

Berlin und Leipzig, Ambrosius Haude, 1735, in-8° de 200 pp.

Ce n'est que le tome I, si même ce n'est que partie de ce tome I.

(O-1693

11328 WAGNER (Guillaume Richard), compositeur et écrivain allemand, né à Leipzig en 1813, mort à Venise en 1883. — Art et politique.

Bruxelles, imp. de J. Sannes, 1868, in-8°. (2 fr.).

[8° Z. 12760

Edition originale.

11329 WAGNER (Richard). — Le Judaïsme dans la Musique.

Bruxelles, 1869, in-8°. (2 fr.).

Edition originale.

11330 WAGNER (Richard). — Quatre poèmes d'opéras traduits en prose française, précédés d'une lettre sur la Musique.

Paris, 1861, in-12. (6 fr.).

Edition originale.
Le Vaisseau fantôme. — Tannhæuser. — Lohengrin. — Tristan et Iseult.

WAGNER (sur Richard). — Voir : *LICHTENBERGER* (H.).

11331 WAHRE (Der) Freymaurer in einer maurerischen Rede geschildert als am 14 Jenner 1778, die Loge Royal Yorck zur Freundschaft in ihren Versammlungen regelmäszige Arbeiten in Deutscher Sprache feyerlich einfürte von ihrem Redner S. m. ch Zum Besten der Armen.

Berlin, G. J. Decker, 1778, in-8° de 16 pp.

(O-357)

11332 WAHRHEITEN im Licht dem Offenbarung und der Natur erkannt. — Buch der Weisheit 15, 3.

Breslau, Wilh. Gottl. Korn, 1787, 2 vol. gd in-8° de 119, et 112 pp.

(O-135)

11333 WAHU (Le Docteur). Médecin principal des Hôpitaux militaires, retraité. — Le Spiritisme dans l'Antiquité et dans les temps modernes. Exposé chronologique des diverses Religions et des Croyances relatives aux Esprits chez les Peuples anciens et modernes par le Docteur WAHU, Officier de la Légion d'Honneur...

Paris, Librairie Spirite : Liège, Bureau du Messager, 1885, 3 parties in-16 de XX-XIII-351 p. et 308 p. (3 fr. 50).

[8° R. 7184

La plus ancienne Religion connue. — Christna. — Chronologie Brahmanique. — Le Bouddha Çakia-Mouni. — Zoroastre. — Ses idées religieuses. — Egyptiens, Hébreux, Grecs, Romains. — Les Six mille ans de la Bible. — Origines du Christianisme. — Dernier coup d'œil sur les Religions. — La Croyance aux Esprits est aussi ancienne que l'Humanité. — Preuves de l'ancienneté de la croyance aux Esprits. — Le Spiritisme dans les Temps modernes. — Théorie de la Doctrine Spirite. — Spiritologie Pratique. — Doctrine des Réincarnations. — Preuves des Réincarnations.

11334 WAITE (Arthur Edward). — Lives of the Alchemystical Philosophers, based on Materials collected in 1815, and supplemented by recent researches, With a Philosophical Demonstration of the True Principles of the Magnum Opus, or GreatWork of Alchemical Re-Construction and some Account of Spiritual Chemistry ; to which is added a Bibliography of Alchemy, and Hermetic Philosophy. By Arthur Edward WAITE.

London, 1888, in-8°. (15 fr.).

[8° G. 6114

(O. P. C.

11335 WAITE (Arthur Edward). — The Magical Writings of Thomas Vaughan (Eugenius Philalethes). A Verbatim reprint of his first Four Treatises. Anthroposophia, Theomagica, Anima Magica abscondita, Magica Adamica, The True Cœlum Terræ.

With the Latin passages translated into English, with a Biographical Preface and Essay on the Esoteric Literature of Western Christendom. By Arthur Edward WAITE.

London, 1888, in-8° ou petit in-4°. (10 fr.).

(O. P. C.

11336 WAITE (Arthur - Edward). — New Light of Mysticism : Azoth, Star in the East. By Arthur Edward WAITE.

London, Theosophical Society, 1893. Royal in-8° (30-35 fr.).

11337 WAITE (Arthur - Edward). — The occult Sciences.

London, 1891, in-12. (10 fr.).

Traité de doctrine transcendentale et expérimentale comprenant : la Magie blanche et la Magie noire, les sciences divinatoires, la baguette magique, l'astrologie, la Franc-Maçonnerie, une étude sur Mesmer et sur le spiritisme moderne.

11338 WAITE (Arthur Edward). — The Real History of the Rosicrucians founded on their own Manifestoes, and on Facts and Documents collected from the Writings of Initiated Brethren. By Arthur Edward WAITE, Author of « *The Mysteries of Magic: a Digest of the Writings of Eliphas Levi* », etc. With Illustrations.

New-York, J. W. Bouton, 1888, pet. in-8° de viii-446 p. vignettes dans le texte. (10 fr.).

L'auteur attaque assez vivement son prédécesseur, M. Hargrave JENNINGS, qu'il accuse d'avoir rendu l'*Histoire des Rose ✝ Croix* plus obscure, au lieu de l'exposer ouvertement et de s'être contenté de donner une abondance de documents sans s'inquiéter s'ils avaient rapport à son sujet.

Origine du nom de Rose ✝ Croix. — La Philosophie Mystique en Allemagne à la fin du XVIe siècle. — Prophétie de Paracelse. — Le manifeste des Rose ✝ Croix (Fama Fraternitatis). — Le Mariage Chimique de Christian Rosencreutz. — Antiquité de la Rose ✝ Croix. — Progrès de la Rose ✝ Croix en Allemagne. — Maier, Fludd, Thomas Vaughan, John Heydon, etc. — La Rose ✝ Croix en France. — Livre de Gabriel NAUDÉ. — Les Rose ✝ Croix et les Francs-Maçons. — Société moderne de Rose ✝ Croix. — Notes et Appendice.

Intéressant ouvrage en langue anglaise

11339 WAITE (Arthur Edward). — Transcendental Magic. Translated of the « *Dogme et Rituel de la Haute Magie* » d'Eliphas Lévi.

London, Redway, 1896, in-8° de 432 p. Portraits et Planches. (30 fr.).

WAITE (A. E.). Traducteur anglais de :

PARACELSE. q. v.

11340 [WALCHIN (Dorothea Juliana)]. — Das Mineralische Gluten, doppelter Schlangen-Stab, Mercurius Philosophorum, langer und kurtzer Weg zur Universal-Tinctur, deutlich und klärlich entdecket und angewiesen durch D. J. W. (Dorothea Juliana WALCHIN), von Weimar aus Thüringen.

Leipzig, Joh. Heinrich Willisee, 1705, in-8° de 118 pp.

(O-1335-1336-1337-1338)

11341 [WALCHIN (D. J.)]. — Der philosophische Perl-Baum, das Gewächse der drey Principien, zu deutlicher Erklärung des Steins der Weisen, wie er mit seinen Wurtzeln in der äusern-und finstern Welt, mit seiner Blüthe aber in der Paradisischen-und Licht-Welt, und mit seiner reiffen Frucht in der Englischen und Himmlischen Welt stehet und wächset ; beschrieben durch D. J. W. (Dorothea Juliana WALCHIN) von Weimar aus Thüringen.

Leipzig, Johanne Heinrich Willisee, 1705, in-8° de 189 pp.

(O-1333-1334)

11342 WALCKENAER (Baron). — Lettre sur les Contes de Fées attribués à Perrault, et sur l'origine de la féerie.

Paris, Beaudouin, 1826, pet. in-8° (5 fr.).

Édition originale.

11343 [WALL (le Baron de).] — Recherches sur l'ancienne Constitution de l'Ordre Teutonique, et sur ses usages, comparés avec ceux des Templiers [par le baron de WALL].

Mergentheim, Georges Thomen, 1807, 2 vol. in-8°.

[M. 16815-16816

11344 WALLACE (Sir Alfred Russel), naturaliste et philosophe anglais né à Usk (Monmouthshire) en 1822. Adepte du Darwinisme. — Sir A. Russel WALLACE. — Les Miracles et le Moderne Spiritualisme. Traduits de l'Anglais.

Paris, Librairie des Sciences Psychologiques, s. d., [1801], in-8°. Portrait de l'auteur. (3 fr. 50).

[8° R. 10582

Savant ouvrage de cet émule de Darwin qui a consacré ses dernières années à la défense du Spiritualisme scientifique. — La croyance aux miracles. — Aspect scientifique du surnaturel. — La force Od. — La double vue. — Réalité des apparitions. — Théorie du Spiritualisme. —

Photographies spiritiques d'Esprits. — Y a-t-il une autre vie ?... etc.

(G-1082 et 2209

11345 WALLENBERG (Anna). — Paradoxes Philosophiques, traduits du Suédois, par Mme Anna WALLENBERG.

Paris, in-18 jésus. couverture illustrée. (3 fr. 50).

11346 WALLON (H.). — Jeanne d'Arc. Edition illustrée d'après les monuments de l'Art depuis le quinzième siècle jusqu'à nos jours.

Paris, Firmin-Didot. 1876. in-4°. Portr. nombr. pl. et fig. en noir et en chromolithog. carte et fac-similes.

11347 WALLON (Jean). — Emmanuel ou la Discipline de l'Esprit, Discours Philosophique.

Paris, Charpentier. 1877. in-12 (3 fr.).

(G-2210

11348 WALLON (Jean). — Premières études de philosophie.

Paris, Ladrange, 1853. in-12 (3 fr.).

Essai sur la méthode de WRONSKI.

(G-1083

11349 WALRAS (A.). — De la nature de la Richesse et de l'origine de la Valeur.

Paris, 1831. in-8° (3 fr.).

Biens limités et biens illimités. — Choses coercibles et choses incoercibles. — Richesses appréciables et richesses inappréciables. — Richesse naturelle et richesse sociale. — Véritable condition de l'homme et de l'humanité, etc...

11350 WALROND (G. W.). — Practical guide to the investigation of Spiritualism, Healing and the Occult Sciences : (Spiritualism, Mediumship, Magnetic healing, Occultism, Astrology, Clairvoyance. Hypnotism, etc...).

Denver, 1898. in-8° (1 fr.).

11351 [WANCKEL (L. Christ-Lebrecht Traugott)]. — Gegen die Angriffe des Professor Steffens auf die Freimaurerei : von vier Maurern (L. Christ. Lebrecht Traugott WANCKEL, Carl ROSSLER. Chr. WEISS, und Max. Carl Friedr. Wilh. GRAWELL).

Leipzig. F. A. Brockhaus, 1821, in-8° de VI-118 pp.

(O-460

11352 WANNER, de By. — Traité de l'action régulatrice et vivifiante du fluide électrique ou magnétique dans l'économie animale par WANNER, de By.

Paris, imp. Baudoin, 1840. in-8° (4 fr.).

Je ne suis pas certain que cet ouvrage soit relatif au Magnétisme Animal, bien qu'il soit cité par quelques auteurs.

(D. p. 120

11353 WARBURTON (William) savant prélat anglais né à Newark en 1698, mort à Gloucester en 1770. D'abord avocat, puis Vicaire près de Newark, et Chapelain du prince de Galles, enfin évêque de Gloucester. — Dissertation sur les Tremblements de Terre et les Eruptions de Feu qui empêchèrent le Projet de Julien de rebâtir le Temple de Jérusalem, par WARBURTON, et traduit par MAZEAS.

Paris, Le Mercier. 1754, 2 vol. in-12 (8 fr.).

[J. 11720-721

Ce volume est rempli de recherches sur les phénomènes extraordinaires d'origine inconnue. — Les Prodiges qui eurent lieu à Jérusalem sous l'empereur Julien, et sont parfaitement avérés par l'histoire, ont toujours été l'objet d'hypothèses demeurées sans solution. — Warburton rapproche de ces manifestations de l'occulte une foule de faits énoncés parfaitement authentiques, bien qu'humainement inexplicables. — Chose digne de remarque, les différents cataclysmes signalés dans cet ouvrage sont presque toujours accompagnés de croix imprimées mystérieusement par un agent occulte sur les vêtements, les maisons, etc... Ces phénomènes invraisemblables, mais réels, ne sont pas inconnus de notre époque qui a vu la croix de Migné en 1826 et les manifestations analogues de 1870 en Alsace-Lorraine.

(S-5457)

11354 WARBURTON (W.). — Essai sur les hiéroglyphes des Egyptiens, où l'on voit l'origine et le progrès du langage et de l'écriture, l'antiquité des sciences en Egypte et l'origine du culte des animaux, traduit de l'anglois par Léonard des Malpeines.

Paris, Guérin. 1744, 2 vol. in-12. Avec 7 planches gravées en taille-douce par Dheulland (7 fr.).

11355 WARD (Ch. A.). — Oracles of Nostradamus.

London. s. d. (1891). in-8° (3 fr.).

The faculty of anticipating the future, a thing so remarkably developed in NOSTRADAMUS, may be, the author thinks, a perceptive endowment of the whole human race.

11356 WARLISIUS (Christianus). — Christiani WARLISII, Diatribe mœdico-sacra de Morbis biblicis a prava Diæta animique affectibus resultantibus.

Witembergæ, Christ. Theoph. Ludovicus, 1714. in-8°.

[A. 7348
(S-1714)

11357 WARLOMONT (Léopold) receveur de l'enregistrement. — Essai d'une nouvelle théorie du magnétisme animal par Léopold WARLOMONT, receveur de l'enregistrement des domaines.

Paris, 1860, in-8° 25 pages.

L'auteur n'est pas fluidiste dans l'acception du mot mais il est grand partisan de l'éther, animiste, etc... et un peu trop métaphysicien. Cette brochure est un tiré à part du *Journal du Magnétisme*.

(D. p. 173)

11358 WARLOMONT (Dr). — Louise LATEAU. Rapport médical sur la stigmatisée de Bois d'Haine, fait à l'Académie royale de Médecine de Belgique, au nom d'une commission.

Bruxelles, 1875. in-8° (3 à 4 fr.).

Extases. — Stigmates. — Névropathie stigmatique. — Reconnaissance des objets bénis. — Abstinence, etc...

11359 WARNUNGS-Vorrede wider die Sophisten und Betrüger welche ein Anonymus, 1670 und 1691 in Hamburg, desz Johannis Ticinensis, Antonii de Abbatia und Edouard Kellaei chymischen Schrifften vorgesetzet hat; nun aber von neuem zum Druck befördert durch Friedr. Roth-Scholtz; dans *Deutsches Theatrum Chemicum* (1731) III, 561 et suiv. avec 1 portr. de Kelley.

Cette série d'écrits alchimiques contient :

L'Introduction de l'anonyme, pp. 502-606, puis viennent :

Ticinensis (Joh) : Schrifften oder Procesz.

Abbatia (Anth. de) : Sendschreiben.... der Metallen.

Abbatia (Anth. de) : Epistolæ duæ.

Kelley (Ed.) : Buch von dem Stein.....

Pour des détails, voy. ces trois noms.

La 1re édit. est de Hambourg, 1670.

(O-612)

11360 WARRAIN (Francis). — Nombres. — Les Modalités universelles de la Quantité : l'Espace, par F. WARRAIN.

Paris, Fischbacher, 1907, fort in-8° de XII-502 p. Nombreuses figures géométriques (10 fr.).

[8° R. 21796

« Schéma développé suivant les principes de Wronski » (p. 9) Chap. IV : Les Nombres dans les formes régulières des quatre premières dimensions.

Depuis longtemps, les occultistes désiraient un travail approfondi sur la philosophie des nombres. — Le grand ouvrage de M. F. WARRAIN vient répondre complètement à ce desideratum. Dans ces 500 pages in-8°, il épuise le sujet, et bientôt l'on se plaindra sans doute de ne pouvoir suivre l'auteur dans ses magistrales démonstrations à la WRONSKI. « On voit, dit M. Pierre PIOBB, dans l'Année Occultiste, que M. WARRAIN s'est attaqué à la haute science des Nombres et des formes, celle qui, dans les œuvres léguées par l'antiquité, perce de ci de là, mais qui n'avait guère été comprise parce que les auteurs s'exprimaient en symboles.— Aussi le traité de M. WARRAIN fournit-il une base précieuse à tous les chercheurs qui ont entrepris la tâche de restaurer les théories anciennes, car il se dégage de son œuvre une étude très complète sur la valeur des Nombres et des formes, qui constitue le plus solide élément pour les travaux nouveaux. — C'est là de l'occultisme transcendant et du meilleur. — Il unit la mathématique et la métaphysique et, croyons-nous devoir ajouter, c'est encore un merveilleux commentaire scientifique de la Kabbale, au moyen duquel on comprendra dès lors toute l'admirable profondeur de cette science.

11361 WARRAIN (F.). — Synthèse concrète. — Etude métaphysique de la vie, par F. WARRAIN.

Paris, Bodin, 1906, in-8°. Avec 2 planches hors texte : fig. et tableau (5 fr.).

[8° R. 20515

Savant mathématicien et philosophe profond, disciple et continuateur de WRONSKI, F. WARRAIN a réussi, dans cet ouvrage, à dégager des données les plus générales et les moins contestées de la science moderne, les principes métaphysiques de la vie.— Il aboutit à une confirmation rationnelle du dogmatisme ésotérique et religieux, et essaie d'en éclaircir qq. formules. — Une première partie, résumant à grands traits les manifestations essentielles de la vie et de son évolution, cherche à en définir les fonctions par rapport à l'économie cosmique. — Une seconde partie d'un caractère plus critique, tend, par une analyse rationnelle des caractères fondamentaux de la vie, à en pénétrer le principe et à en définir l'essence.

En appendice, se trouve l'exposé succinct de la loi de création d'après M. WRONSKI, armature philosophique qui est la clef des antinomies insolubles pour les autres systèmes, et qui établit l'harmonie entre la critique rationnelle et le dogmatisme religieux et traditionnel, réputés inconciliables. — [DUJOLS].

11362 WARRAIN (F.). — La Triade de la Réalité. — Extrait de la « Revue de Philosophie ».

Montligeon (Orne), imp. lib. de Montligeon, 1906, in-8° de 21 p.(1 fr.)

[8° R. Pièce. 10894

11363 WARUM gelangen nur wenige Menschen zum Meisterstück der königlichen Kunst ? Eine Frage beantwortet von einem ächten Maurer dans Hermetisches Museum (5782), I, 13-64.

(O-588

11364 WATKINS (F.). — L'exercise (sic) du Microscope, contenant un abrégé de tout ce qui a été écrit par les meilleurs auteurs touchant les objets les plus curieux : avec les précautions que l'on doit prendre pour faire les observations avec succès, etc....

Londres, 1754, in-12 (4 fr.).

Ouvrage curieux enrichi de planches gravées hors texte.

WATTERSTRAND (Dr O. G.). — Voir :

WETTERSTRAND

11365 WEBER (Alfred). — Histoire de la philosophie européenne.

Paris, Baillière, 1872, in-8° (6 fr.).

Edition originale. — Un des meilleurs ouvrages, qui, sous une forme restreinte donne l'histoire générale de la philosophie européenne en y comprenant les philosophes qui se sont occupés de magie et de théosophie, Boehme, Campanella, Bacon, etc...

11366 WEBSTER (John). — The Displaying of supposed Witchcraft, etc. by John WEBSTER.

Londou, 1677, in-4°.

(S-4330

11367 WECHNIAKOFF (T.). — Savants penseurs et artistes. — Biologie et pathologie comparées, publiés par R. Petrucci.

Paris, 1899, in-12 de 221 p. (1 fr. 50).

11368 WECKERUS (Jean Jacques) médecin français né à Bâle en 1528, mort en 1586. Professeur au Collège de Bâle puis Premier médecin de la Ville de Colmar. — De Secretis, Libri XVII Ex variis Authoribus collecti, methodiceque digesti et aucti per J. WECKERUM, Basiliensem. Medicum Colmariensem.

Basileæ. 1642, fort in-8°, Figures sur bois. (7 fr.).

Secrets et Recettes médicales. — Dissertations sur Dieu, les Anges et les Démons, les Elements, les Sciences, la Magie, l'Astrologie, etc.

Autre édit :

Basileæ, 1587, in-8°.

[Z. 62569

Basilæ, 1682, in-8°.

[V. 55415

11369 WECKER (J.). — De Secretis libri XVII. Ex variis auctoribus collecti, methodice digesti, et Misaldi, Alex. Pedemontani atque Portæ secretis imprimis locupletati novissima hac editione non solum ab innumeris mendis obscuritateque purgati, sed Theodori Zwingeri additionibus e pharmacia et chymia utilissimis adaucti.

Basileæ. J. P. Thurneisen, 1701, fort in-8° de 798 p. Figures sur bois. (8 fr.).

Autre édit :

Basileæ. J. B. Thurneisen. 1750, in-8°.

[Z. 02570

11370 WECKER (J. J.). — Les Secrets et Merueilles de Nature, recueillis en diuers autheurs et diuisés en XVI liures. Traduits en françois et corrigez outre l'impression precedente selon la traduction latine avec une table très ample.

Lyon, Barthélemy Honorati, 1586, in-8° de 7 f°-1080 p. — 47 f°s table etc...

[Z. 62571

Ouvrage que l'on joint aux « Secrets d'Alexis Piémontois » contenant une infinité de rares secrets occultes, et enrichi de figures magiques et mystérieuses. — On y trouve bon nombre de remèdes secrets pour la guérison des maladies, tirés du Grand et du Petit Albert, d'Alexis Piémontois, Mizauld, Arnauld de Villeneuve, Avicenne, Ste-Brigitte, Cardan, Cornelius Agrippa, Fioravanti, Dioscoride, Runtzau, Hermès, J. Wier, Porta, Lemne, Mercure Trismégiste, Paracelse, Philostrate, Raymond Lulle, Ptolémée, Théophraste, Zoroastre, etc.

Secrets pour nous concilier les bons anges, pour lier les mauvais esprits, magie naturelle, magie mathématique, sorcellerie, goétie, nécromancie, enchantements. — Très certain moyen pour chasser le diable, pour guérir un démoriaque (sic). — Pierres qui font deviner les choses futures, et une foule de recettes étranges relatives aux sciences occultes, à la médecine hermétique et précédés du contre-envoûtement.

(S-3204 b

Autres éd. :

Lyon, Pierre Rigaud, 1611, fort vol. in-8°.

Rouen, chez Clément Malassis, 1639, fort in-8° d'environ 1100 p.

Rouen, 1600, fort in-8° d'environ 1000 p.

11371 WECKER (Jean Jacques) de Basle médecin de Colmar. — Les Secrets et merveilles de nature, recueillis de divers autheurs et divisez en XVII livres.

Lyon, Simon Rigaud, 1653, in-8° 804 pages.

Edition très rare, avec figures sur bois d'un ouvrage rare et recherché.

Autres édit :

Tournon, C. Michel, 1606, in-8°.
[Z. 62172

Rouen, C. Le Villain, 1653, in-8°.
[Z. 62173

Lyon, P. Bailly, 1652, in-8°.
[Z. 62174

Rouen, Le Tourneur, 1699, in-8°.
[Z. 62175
(G-1080

11372 [WEDEKIND (Georg. Christian Gottlieb Théophile von)], médecin allemand né à Gœttingue en 1761, mort à Mayence en 1831. Professeur de médecine à Mayence, Médecin de l'hopital militaire français de Strasbourg. Premier médecin du grand duc de Hesse Darmstadt. — Die Bauloge am 14. VI. 5817 (; von Georg. Christ. Gottlieb von WEDEKIND).

Darmstadt, Stahl, 1817, pet. in-8° de II-57 pp.
(O-375

11373 WEDEKIND (G. C. G. T.). — Baustücke, ein Lesebuch für Freimaurer und zunächst für Brüder des eklektischen Bundes ; von dem Br.·. G. Freiherrn von WEDEKIND. 1-te Sammlung.

Giessen, Heyer, 1820, gd in-16 de XVI-415 pp. avec 1 pl. de musique.
(O-458

11374 [WEDEKIND (G. C. G. von)]. — Installations Feier der gerechten und vollkommenen St. Johannis Loge : Johannes Evangelist zur Eintracht ; im Morgen von Darmstadt, am 23, X. 5810, [von Georg Christ. Gottlieb von WEDEKIND].

Darmstadt, Stahl, pet. in-8° de II-49 pp.
(O-232

11375 WEDEKIND (G. C. G. T.). — Der pythagoräische Orden, die Obskurantenvereine in der Christenheit und die Freimaurerei in gegenseitigen Verhältnissen ; als Manuskript für Freimaurer von dem Freiherrn Georg von WEDEKIND.

Leipzig, Baumgärtner, 1820, gd in-8° de XVI-194 pp.
(O-457

11376 WEDEKIND (Geo.). — Das Suchen des Freimaurers ; ein Baustück für die Trauerversammlung der s. e. ☐ Johannis zur Einigkeit im Aufgange zu Frankfurt-a-M. am 22. XII. 5818 ; von dem Bruder Frhrn. v. WEDEKIND dem Aeltern ; herausgegeben und als Manuskript für Brüder verlegt von Br. Wilmans.

Frankfurt-a-M., 1819, in-8° de 30 pp.
(O-454

11377 WEDEL (Georg Wolfgang) médecin allemand né à Golsen (Lusace) en 1645, mort en 1721. Professeur à l'Université d'Iéna et écrivain fécond. Comte palatin, etc. — D. Georg Wolffgang WEDELS Vernünfftige Gedancken vom Gold-Machen, nebst eine Vorrede D. Christ. Gottfried Stentzels. Zweyte Auflage.

Sc. psych. — T. III. — 46.

Willenberg, Carl. Siegm. Henning 1734 ? in-8º de XXVI-108 pp.

On trouve dans la *Decas II centuriæ secundae exercitationum...* (Jenae, 1708) de G. W. WEDEL, huitième dissertation, que la fable de Mars et Vénus surpris ensemble, loin d'être une fiction, renferme un des plus grands secrets d'alchimie. Mars et Vénus signifient ici le fer et le cuivre, et ces deux métaux sont fort recommandés par les philosophes dans l'opération du Grand Œuvre.

(O-1311

11378 WEG (Der) des Friedens angewiesen von Jacob Brill ; aus dem Niederländischen ins Teutsche übersetzt.

S. l. et s. d., in-8º de 272 pp.

(O-90

11379 WEG (Der) zum Sabbath der Ruhe. durch der Seelen Fortgang in Werck der Wiedergebuhrt; oder kurtze und gründliche Unterrichtung von der neuen Gebuhrt.., durch einem Liebhaber der Wahrheit T. B. zuerst in Englischer und nun zum andernmahl in teutscher Sprach gedruckt ; jezt kommt hinzu eine neue Zugabe, von Belangung zum hohen uebernatürlichen Stande, aus dem Frantzösischen übersetzt.

Offenbach am Mayn, Bonae. de Launoy, 1702, pet. in-8º de XXXII - 145 pp.

(O-85

11380 WEIDLER (Jean Frédéric), Astronome et mathématicien allemand, né à Gross Neuhausen, en Thuringe, vers 1691, mort en 1755 à Wittemberg, où il professait les mathématiques. — Bibliographia Astronomica temporis, qvo libri vel compositi, vel editi sunt, ordine servato, ad svpplendam et illvstrandam Astronomiæ historiam digesta. Acced. Historiæ Astronomiæ svpplementa.

Wittenbergæ, J.-G. Zimmermann, 1755, in-8º. (10 fr.).

[Q. 6273

Cet ouvrage est incorporé en entier dans celui de

LALANDE. q. v. (*Bibliographie Astronomique*).

11381 WEIGEL (Valentin), mystique allemand né à Grossen-Hayn (Saxe) en 1533, mort en 1588, à Zschoppan où il était pasteur depuis près de vingt ans. Ses écrits ascétiques sont tous posthumes. On dit que Jacob BÖHME fut un de ses disciples. — Valentin WEIGELII himmlisch Manna, Azoth et Ignis, das ist : güldenes Kleinod, handelnde von dem köstlichen Eckstein der Natur und desselben wunderbaren unaussprechlichen Kräften und Tugenden ;.... nebst einem Anhang... von einem Anonymo. Neue Auflage.

Amsterdam, Frankfurth und Leipzig. s. adr. 1787, in-8º de 60 pp.

On trouve pp. 55-60, un Catalogue des ouvr. de WEIGEL.

(O-1027-1028

11382 WEIL. (Isidore). — Philosophie Religieuse de LÉVI-BEN-GERSON.

Paris, Ladrange, 1868, in-8º. (6 fr.).

[R. 53013
(G-2211

11383 WEILL (Alexandre), littérateur français, né à Schirof, près Bischwiller (Bas Rhin) en 1813. Juif Kabbaliste. — Histoire de la guerre des Anabaptistes.

Paris, Dentu, 1874, in-12. (5 fr.).

Edition originale.

11384 WEILL (Alexandre). — Les Livres de Dieu : Moïse et le Talmud.

Paris, 1864, in-8º. (4 fr.).

Moïse. — Loi fondamentale de Moïse. — Le Talmud, époque de sa rédaction. — Les textes, etc...

11385 WEILL (Alex.). — Lois et Mystères de l'Amour. Traduit de l'Hébreu par Alexandre WEILL. Nouvelle édition augmentée d'un Moniteur du Traducteur.

Paris, Dentu, 1880, in-12 de 108 p. papier vergé. (2 fr. 50).

[8° R. 2758

Autre édit :

Paris, Dentu, 1882, in-12.

[8° R. 8917

Edition originale :

Paris, Amyot. 1868, pet. in-12, (5 fr.).

[R. 53025

Ce précieux ouvrage est la traduction d'un manuscrit hébraïque légué à M. A. WEILL dans sa jeunesse par le Dr GOLDSCHMID, qui en était l'auteur. L'amour est envisagé ici comme loi suprême dans tous les plans. — L'harmonie des sexes, les mystères de la génération, et les effets terribles des actes contre nature y sont longuement étudiés tant au point de vue philosophique qu'au point de vue hygiénique.

La portée de cet ouvrage est très haute et on pourrait l'intituler : « Causes de la décadence des peuples tant anciens que modernes et le moyen d'y remédier ».

(G-2212

11386 WEILL (Alexandre). — Lois et mystères de la création conformes à la science la plus absolue.

Paris, Sauvaitre. 1896, in-8°. (8 fr.).

[A. 21173

Dans la préface de ce savant ouvrage, Alexandre WEILL fait cette importante déclaration : « Les Mystères de la Création » est la traduction d'un manuscrit hébraïque par un maître de la Cabale, qui m'a été confié par mon professeur de Talmud, Rabbi Aron LAZARUS, un saint homme, et que lui-même avait reçu d'un vieux rabbin de Lauterbourg... Cet écrit proclame l'identité du créateur avec ses créatures, établie d'après le texte même de la Genèse... sur ces données nouvelles, toute l'histoire naturelle est à refaire.

722

11387 WEILL (Alexandre). — Moïse, Le Talmud et l'Evangile.

Paris, 1891, fort vol, in-12. (4 f.)

Ouvrage précieux en ce qu'il contient une critique très étendue du Talmud et sa comparaison avec les Evangiles, on y trouve aussi d'importants aperçus sur la Kabbale.

11388 WEILL (Alexandre). — Mystères de la création, traduit de l'hébreu.

Paris, 1855, in-12. (4 fr.).

Livre curieux d'un Rabbin Kabbaliste dont le vrai titre est « Doctrine secrète sur le chapitre de la Création du Monde ».

11389 WEILL (Alexandre). — Qu'est-ce que le rêve ?

Paris, 1872, in-12, (3 fr. 50).

Ouvrage d'un juif Kabbaliste qui a cherché à résoudre le mystère de STRUVE: La vie de l'âme, plein de révélations surprenantes. — Ce petit traité n'a rien de commun avec les diverses clefs des songes.

11390 WEILL (M.). — Le judaïsme, ses dogmes et sa mission. — Théodicée, Révélation, providence et rémunération.

Paris, 1867-69, 3 vol. in-8°. avec 1 vol. d'introduction, soit 4 in-8°. (25 fr.).

11391 WEISHEIT (Der) Morgenröthe, das ist : von den drey Principiis, oder Ursprung und Angang aller Dinge im Geheimnisz der Weisheit, in welchen der Grund und Schlüssel aller wahren Weisheit geoffenbaret wird,... als Physisophia, Theologia und Theosophia genannt ; zur Ehre Gottes und Nutz des Nebenmenschen Ja zur Offenbarung der wahren Weisheit und zum Dienste der echten Gemeine in Philadelphia ; durch das Zeugnisz Gottes und Jesu Christi zum Druck befordert.

Franckfurt und Leipzig, Friedr. Fleischer, 1762, in-8° de 128 pp.

(O-129)

11392 WEISHEIT (Der) Morgenröthe, oder Reinhard Morgensterns Epilog an meine lieben Brüder Freymäurer und zugleich ans Publikum.

Athen, s. adr. (....), 1786, in-8° de II-238 pp.

(O-228)

11393 WELDON (Georgina) cantatrice anglaise née à Londres en 1837. Un moment internée dans une maison de santé. Amie de Charles GOUNOD. — Georgina WELDON. — Charles Gounod (Esprit). Après vingt ans et autres Poésies, avec quelques mots d'explication.

Paris, Leymarie, 1902, in-8°, XLVIII-127 p. Couv. ill. en coul. et 14 planches en Photogravure. (6 fr.).

[8° Yc. 5657

Ouvrage Spirite. « Presque toutes ces Poésies, dit l'auteur, sont écrites par l'écriture automatique d'un seul *médium* ». Les Pl. manquent à la Bib. Nat.

11394 WELDON (Georgina). — Mémoires de Georgina WELDON. — Justice anglaise [d'où résulta un procès en France, affaire MÉNIER HULLUY].

S. l. s. d. 6 vol. in-18. (20 fr.).

[8° Nx. 3339

Tome I. — Mémoires. — Mystifiée. — Liste de procès. — Frivole ! Vexatoire. — Scandaleux. — Judas et Ananias. — Appendice.

Tome II. — M. Towns. — La Justice. — Sur Thomas Chambers. — Le doux art de faire des ennemis. — Mon orphelinat.

Tome III. — Attaque de nerfs. — Ma belle-mère. — La petite Sapho. — Fuite de Ménier. — Le poison, etc...

Tome IV. — *Compte de Ménier*, 4 décembre 1877. — Note pour M. Besley, 13 avril 1878, etc...

Tome V. — Mise à la porte. — Note de mes délits. — Testament. — Veuve Ménier, etc...

Tome VI. — Weldon, v. Woutner, 1901.

11395 WELDON (Georgina). — Mémoires. — Justice ? anglaise.

S. l., 1901, 6 vol. in-12. (16 fr.).

Dans ces curieux mémoires, l'auteur qui fut comme plaignante, mêlée a plus de cent procès, prend vivement à partie la justice (?) anglaise sans oublier de dire son fait à la justice (?) française à propos des affaires Dreyfus et des frères Desgraves.

Sans doute le même que le n° précédent.

11396 WELDON (Georgina). — (Affaire GOUNOD-WELDON). — Mon orphelinat et Gounod en Angleterre, récit par Mme Georgina WELDON.

Londres, 1875, in-8°. (4 fr.).

2-me partie Les Affaires (la 1-re partie, l'*Amitié* devait paraitre ensuite, mais a-t-elle jamais paru ?). — En tête de ce volume, la curieuse note suivante : « Si ce livre éprouve beaucoup de peine à se répandre, c'est parce que tout ce que l'immense influence du nom de Gounod peut, sera employée pour frustrer les efforts que je fais, » etc.

11397 WELLER (P.). — Magnétisme Personnel et Comment le développer. Traité scientifique sur le Magnétisme Personnel et ses Ressources.

Rochester, (N-Y), s. d. in-8°. (3 fr.).

Publication de la célèbre École Américaine de Rochester, N-Y.

11398 WELLING (Georgius von). — Georgii von WELLING Opus mago-cabbalisticum et theosophicum, darinnen der Ursprung, Natur, Eigenschaften unnd Gebrauch des Saltzes, Schwefels und **Mercurii**, in dreyen Theilein beschrieben, und nebst sehr vielen sonderbaren matematischen, theosophischen, magischen und mystischen Materien, auch die Erzeugung der Metallen und Mineralien, aus dem Grunde der Natur erwiesen wird. ... Andere Auflage.

Franckfurt und Leipzig, Fleischer, 1760, in-4° de VIII-582-XXI pp. avec des pl.

La 1re édit. est de

Hambourg, 1735.

(O-1393)

11399 WELLING (G. von). — Opus mago cabalisticum der Ursprung natur, Salzes, Schwefels und Mercurii.

Francofurti et Leipzig, 1784, in-4° de 582 p. Tables et planches gravées hors texte repliées (12 fr.).

Cabale et astrologie, tables de correspondance, nombreuses planches finement gravées expliquant la Genèse des nombres, des figures et des sphères. — Disciple de Boehme et des Alchimistes, WELLING a essayé de donner une théorie numérale de l'art hermétique.

11400 WELLS (H. G.) romancier anglais moderne. — La guerre des Mondes, roman traduit de l'anglais par Henry D. Davray.

Paris Mercure de France, 1900, in-12. (8 fr.).

[8° Y². 52206

Edition originale.

11401 WELLS (H. G.). — La guerre des mondes. — Traduit de l'anglais par H. D. Davray.

Bruxelles, Vandamme, 1906, in-4° (40 fr.).

Edition tirée à 500 exemplaires numérotés; ornée de 42 compositions hors texte et de 100 vignettes dans le texte, absolument fantastiques, par Alvin-Corréa.

11402 WELLS (H. G.). — La machine à explorer le temps, roman traduit par Henry D. Davray.

Paris, Mercure de France, 1906, in-12, 243 p. (4 fr. 50).

[8° Y². 56873

Edition originale.

11403 WELLS (H. G.). — Une utopie moderne. Traduit par Henry D. Davray et B. Kozakiewicz.

Paris, Mercure de France, 1907, in-12, 427 p. (5 fr.).

[8° R. 21810

Edition originale.

11404 WENCKH (Gaspard). — Gaspardi WENCKH, Notæ Unguenti Magnetici, et ejusdem Actiones publicatæ.

Dilingæ (Dilingen), 1626, in-8°.

(S-3398 et 99

11405 WENDEL-WURTZ (abbé). — L'Apollyon de l'Apocalypse, ou la Révolution française prédite par S. Jean l'Evangéliste, 3-me édit. augmentée.

Lyon, M.-P. Rusand, 1816, in-8°. (4 fr.).

[La³². 102

Ouvrage singulier qui attira sur son auteur non seulement les foudres de l'autorité civile, mais encore celles de ses supérieurs ecclésiastiques.

11406 [WENDEL WURTZ (Abbé)]. — Les précurseurs de l'Ante-Christ; histoire prophétique des plus fameux impies qui ont paru depuis l'établissement de l'église, jusqu'à nos jours; ou la Révolution française prédite par S. Jean l'Evangéliste etc...

Lyon, Rusand, 1817, in-8°. (6 fr.).

Autre édit. :

Lyon, Rusand, 1822, in-8°.

[La³² 104

A la suite de la publication de cet ouvrage singulier qui attira sur lui les foudres de l'autorité civile, l'abbé Wurtz fut suspendu par les grands vicaires de Lyon de ses pouvoirs ecclésiastiques.

Aussi curieux que le titre le promet. Suivi d'une dissertation sur « l'arrivée et le règne futur de l'ante-christ ». (G-1084

Cinquième édition :

Ibid. Id., 1816, in-8º de 328 p. et tab.

[La³² 104 A.

11407 [WENDEL-WURTZ (Abbé)]. — Superstitions et prestiges des philosophes ou les démonolâtres du siècle des lumières, par l'auteur des Précurseurs de l'Ante-Christ.

Lyon, Rusand, 1817, in-12, 232 pages. (3 fr.).

[R. 51935

Rare.

Cet ouvrage est attribué à l'abbé WURTZ ; l'auteur considère le Magnétisme comme une chose diabolique et du ressort de la magie la plus noire possible.

Citons, parmi les chapitres suggestifs de cet ouvrage : Cagliostro (le démoniaque). — Maléfices de Satan sous le règne de la Philosophie. — Sortilège jeté sur la France, ou le véritable secret de la Franc-Maçonnerie. — MARTIN de Gallardon et l'Ange Raphaël, etc... — L'auteur, qui appartenait au Clergé de Lyon, s'attira toutes sortes de désagréments à la suite de cette étrange publication.

(D. p. 90
(G-1085

11408 WENTZ (Henri). Ancien orateur du Grand-Orient de France. — Opuscules maçonniques offerts aux Loges, 1863-64.

Paris, 1864, in-8º. (6 fr.).

Sur les usages maçonniques. — Loge de l'ouest de la France. — Installation du Prince Murat comme G.M. — Inauguration du Temple de la rue Cadet. — Tableau des notabilités maçonniques. — Rapport sur l'Orthodoxie Maçonnique, etc...

11409 [WERDERMANN (Joh. Günther Carl)]. — Materialien für Maurer (; von Joh. Günther Carl WERDERMANN).

Züllichau, N. S. Frommann, 1787-88, 3 vol. pet. in-8º de IV-114, IV-100, et IV-102. (paginé 101 à 202). pp. dans un étui.

(O-425

11410 [WERNER (Friedrich Ludwig Zachar)]. — Die Söhne des Thales. Ein dramatisches Gedicht (von Fried. Ludw. Zachar. WERNER).

Berlin, 1803-04. 2 vol. in-8º.

(O-465

11411 WESLEY. — Médecine primitive ou Recueil de remèdes choisis et éprouvés par des expériences constantes à l'usage des gens de la campagne, des riches et des pauvres.

Lyon, 1772. in-12. (5 fr. 50).

11412 WEST (Emile). — Exposé des méthodes générales en mathématiques ; résolution et intégration des équations ; applications diverses, d'après H. Wronski.

Paris, Gauthier-Villars, 1886, in-4º de 314 p. (18 fr.).

[4º V. 1080

11413 WESTCOTT (W. Wynn). — Numbers : Their Occult Power and Mystic Virtue. Being a Résumé of the Views of the Kabbalists, Pythagoreans, Adepts of India, Chaldean Magi, and Mediæval Magicians. By W Wynn WESTCOTT, Fra. Roseæ Crucis, F. T. S. Honorary Fellow of the Hermetic Society ; Author of the « *Isiac Tablet* »...

London W. C. Theosophical Publishing Society, 1890. in-4" de 52 p. (10 fr.).

Pythagoras, his Tenets and his Followers. — Pythagorean Views of Numbers. — Kabbalistic View of Numbers. — Properties of the Numbers individually : Monad, Duad, Triad.... Decad. — Higher Numbers. — Numbers of the Apocalypse.

11414 WESTPHAL (Alexandre). — Mosaïsme. Prophétisme, Lévitisme. — Essai sur la Révélation dans l'ancienne Alliance.

Paris, 1903, gr. in-8°.

[A. 20826

Extrait.

11415 WETTERSTRAND (Dr O. G.). — L'hypnotisme et ses applications à la médecine pratique, par le Dr O. G. WETTERSTRAND. — Traduit par P. Valentin et Lindford.

Paris, O. Doin, 1899, in-12. (2 fr. 50).

[Te¹⁵. 206

11416 WEYLAND. — Prophéties authentiques sur S.S. le Pape Pie IX et la Révolution de Rome ; S. M. Napoléon III ; la longue durée promise au Grand Empire Britannique ; la Triple Alliance de l'Angleterre, de la Turquie et de la France ; la guerre d'Orient, ses causes, etc. ; le siège de Sébastopol ; enfin le Rétablissement de la Pologne etc. etc., imprimées pour la première fois en 1555, expliquées pour la première fois en 1855.

Metz, Libr. catholique, 1856, in-8° Portrait de NOSTRADAMUS, sur bois. (6 fr.).

[Ld⁵⁶ 631

(G-2213

11417 [WEZEL]. — Kakerlak, oder Geschichte eines Rosenkreuzers aus dem vorigen Jahrhunderte (von WEZEL).

Leipzig, Dyk, 1784, in-8° de XII-205 pp. avec 1 fig.

(O-1568

11418 [WHEELER (Schuyler Skaats)]. — Catalogue of the Wheeler gift of Books, Pamphlets, and Periodicals in the Library of the American Institute of Electrical Engineers. Edited by William D. WEAVER... with introductroduction... and... Notes by Brother POTAMIAN, Sc. D., Lond., Professor... Manhattan College.

New York, American Inst. of El. Ing. 1909, 2 vol, in-8° de VII-504 et 475 pp. Portrait du donateur et d'Andrew CARNEGIE en Front. à chaque vol.

Très intéressant catalogue de 5966 n⁰ˢ très bien décrits et comprenant un grand nombres d'ouvrages aussi rares qu'intéressants sur le magnétisme, l'électricité etc. avec d'amples tables et appendices. Parmi ceux-ci, citons une intéressante étude bibliographique sur « Le Télégraphe sympathique » (II-p. 407-410), et aussi un Index spécial consacré uniquement à ce qui concerne la Télégraphie (II-451-463).

Bien que se rapportant plus spécialement aux Sciences matérielles, on ne rencontre pas moins dans cette collection les ouvrages de VINCENT de Beauvais, Johannes de SACRO BOSCO, ALBERT le Grand, St AUGUSTIN, Oronce FINE, George de PEURBACH, Raymond LULLE, Philippe ULSTADE, Jérôme CARDAN, AGRICOLA, Jean Baptiste PORTA, Jean BODIN, Petrus ARLENSIS de Scudalupis, Camillus LEONARDUS, GOCLENIUS, Denis ZACHAIRE, le P. KIRCHER, Robert FLUDD, Guillaume BLAEU, J. B. VAN HELMONT, etc. etc..,

11419 WHIPPLE (Leander Edmund). — Philosophy of Mental Healing : Natural Restorative Power.

(New York) London, 1894, in-8°. (12 fr.).

11420 WHIPPLE (L. E). — Metaphysical Healing, by Leander Edmund WHIPPLE. Course I : Philosophy.

New York, The American School of Metaphysics, 1897, in-4°. Pièce.

[T¹⁹. 372

11421 WHITE [Andrew Dickson], né en 1832 à Homer (New York), président de l'Université Cornell, puis ambassadeur américain en Allemagne (1879-81). — History of the Warfare of Science with Theology.

New York, 1876, in-12.

Ed. anglaise :

Londres, 1876, in-8". (Préface du Prof. TYNDALL).

2ᵐᵉ édition :

Ibid. 1877.

Autre édit :

London, Macmillan, 1896, 2 vol. in-8°.

[8° R. 13910

11422 WHITE (W. M.). — Constitutions of the ancient Fraternity of Free and accepted Masons, containing the charges, regulations, etc... etc... Published by the Authority of the United Grand Lodge.

London, Norris, 1847, in-8". (6 fr.).

11423 WHITMAN (Walt.) Poète mystique américain, né à West Hills dans Long Island (New-York) en 1819. Mort à Camden, New Jersey, en 1892. Le Dr BUCKE, dans son ouvrage : « *Cosmic Consciousness* » lui consacre un fort intéressant chapitre, (p. 168-196). WHITMAN avait été imprimeur, professeur, éditeur, puis fonctionnaire dans les bureaux de l' « *Attorney général* » des Etats-Unis. — Leaves of Grass. By Walt WHITMAN.

Brooklyn (New-York), 1855, petit in-4" de 95 p. contenant 12 poèmes.

Edition originale de ce recueil de poésies, réédité ensuite en in-16 de 384 p. et 32 poèmes en 1856, puis à Camden (New Jersey), en 1870, puis à Philadelphie, David McKay, 1891-92, etc.

C'est l'ouvrage où l'auteur chante son accession à la « *Conscience cosmique* », le plus haut degré de Spiritualité humaine.

11424 WIART (Henri), magnétiseur. — Cures magnétiques, foulures, entorses, contusions, fièvres, paralysie, efforts, étourdissements, transpiration arrêtée, surdité, brûlures, névralgies, rhumatisme, suivi du magnétisme dans les familles par Henri WIART, membre de la Société Magnétique de Paris.

Cambrai, Lévêque, 1842, in-8°, 72 pages. (1 fr. 50)

(D. p. 126

11425 WIART (Henri). — Cures magnétiques suivies du Magnétisme à l'usage des familles par Henri WIART, membre de la Société magnétologique de Paris.

Cambrai, 1844, in-8", 91 pages. (2 fr. 25).

Deuxième édition augmentée.

Contient plusieurs faits très curieux.

(D. p. 129

11426 WICHARD (A.). — La route de la pensée, ou l'art de concilier les légitimes intransigeances de la raison avec la véritable nature des faits.

Lausanne, 1877, fort in-8" d'environ 750 p. (3 fr. 50).

Qu'est-ce que l'existence ? Spéculations philosophiques. — Immortalité de l'âme. — Hypothèses sur la vie future. — Immortalité chez les différents êtres. — Culte du Vrai.

Paris, Drouin, 1879, fort in-8".

11427 WICHTIGES (Ein) Gespräch vom Kirchengehen und Predigt-hören, zwischen ihr dereyen als Johanne, Martha und Paulo.

S. l. n. d., in-8" de 80 pp.

(O-89

11428 WICLEF ou WYCLIFFE (Jean de) réformateur religieux anglais né près de Richmond (Yorkshire) dans le village de Wycliffe, vers 1324. Mort en 1384. Directeur du Collège de Cantorbéry puis Professeur de Théologie à Oxford, Hérésiarque célèbre. — J. WICLEFI, Dialogorum libri IV.

Francofurti, 1753, in-4°.

In fine reperitur *Tractatus* ejusdem Germanicè.

Autre :

(*In fine*) Excusum anno a Christo nato MDXXV. die VII. *Martis*. [1525], in-4° de 175 ff., plus 6 ff. prélim.

[Rés. D². 531
(S-1308

11429 WIEGLEB (Johann-Christian).— Historisch-kritische Untersuchung der Alchimie, oder die eingebildeten Goldmacherkunst ; von ihrem Ursprunge sowohl als Fortgange, und was nun von ihr zu halten sey : von Johann Christian WIEGLEB.

Weimar, Carl Ludolf Hoffmann, 1777, in-8° de XXII-349 pp. (5 fr.).

On y trouve quelques renseignements bibliographiques, notamment, pp. 372-78.

Excellent bio-bibliographe hermétique.

Weimar, 1793, in-16 de 438 p.

(O-573

11430 WIER (Jean) célèbre médecin belge, dont le vrai nom était WEIHER, né à Grave-sur-Meuse en 1515, mort en 1588. Elève et Disciple du célèbre Henri Corneille AGRIPPA, voyagea à Tunis et dans l'Orient, puis fut Médecin du Duc de Clèves. — Opera Omnia editio nova et hactenus desiderata.

Amstelodami, apud Petr. Van den Berge, 1660, fort vol. in-4° (65 fr.).

[R. 8775
(S-3192 b

11431 WIER (Jean). — Cinq Livres de l'Imposture et Tromperie des Diables : des Enchantements et Sorcelleries. Pris du Latin et faits François par Iaques GRÉUIN, de Clermont en Beauuoisis, Médecin à Paris.

A Paris, chez Iaques du Puys, 1569, in-8° d'environ 500 p. (80 fr.).

[R. 54030

Autre :

Paris, 1567, in-8°.

[R. 54027

« Extrêmement rare et recherché : vendu 355 fr. d'après BRUNET ». (S. de G.)

Cet ouvrage constitue un traité complet de démonologie dans lequel rien n'est oublié et où l'on trouve les détails les plus curieux et les plus extraordinaires. — Le Livre I traite du diable, de son origine, de son étude et puissance ; le livre II traite des magiciens infâmes, des sorcières et des sorcelleries, ensemble de leur pouvoir : le livre III traite de ceux que l'on pense avoir été ensorcelés par les sorciers ; le livre IV comprend la guérison de ceux que l'on pense être charmés par les sorcières ou possédés du diable ; le livre V traite de la peine due aux magiciens infâmes, aux sorcières et aux empoisonneurs. — L'auteur qui était un médecin n'ajoute qu'une foi très relative aux maléfices de la sorcellerie en général, et considère le sorcier comme un malade qu'il faut guérir, il ne croit qu'à la puissance des venins ou breuvages donnés en poisons communément appelés philtres.

(G-2214

11432 WIER (Jean). — Histoire, Dispvtes et Discovrs des Illvsions et Impostvres des Diables, des Magiciens infâmes, Sorcieres et Empoisonnevrs, des Ensorcelez et Demoniaqves et de la Gverison d'icevx : Item de la Pvnition qve meritent les Magiciens, les Empoisonnevrs et les Sorcieres. — Le tout compris en six livres par Iean WIER, Médecin du Duc de Cleues. Devx Dialogves de Thomas ERASTVS, professeur en Medecine à Heidelberg, tovchant le povvoir des Sorcieres et la Pvnition qv'elles meritent. Auec deux Indices.

S. l. (Genève) povr Iaques Chovet, 1579, 2 ouvrages in-8° (75 fr.).

Rare. Cette édition de Genève, 1579, est la seule complète. Les autres ne contiennent pas la moitié du Texte, ni les deux Dialogues de Th. ERASTUS, qui paraissent ici pour la première fois en français.

Réimprimé textuellement par le Dr BOURNEVILLE :

Paris, aux Bureaux du Progrès Médical, 1885, 2 vol. in-8º de LVIII-624 et VI-608 p. Portr. sur acier de Jean WIER, d'après P. LOLSTEYN (12 fr.).

[8º R. 8640
(G-1687-88 ; 2215-16

11433 WIER (Jean). — Joannis WIERI de Lamiis liber : item de commentitiis ieiuniis cum rerum ac uerborum copioso indice.

Basileæ, ex officina Oporiana, 1577, in-4º (20 fr.).

[R. 8774

Ouvrage rare de ce fameux démonographe allemand, élève du célèbre AGRIPPA. Il connaissait si bien les divers personnages de la monarchie infernale qu'il les désigne par leurs noms et par leurs fonctions. Au verso du titre se trouve un curieux portrait de WIER, sur bois.

Basileæ, 1582, in-4º.

11434 WIER (Jean). — De Lamiis, das ist von Teuffels gepenst, Zauberern und Gifftbereytern.... durch Joh. WIERUM lateinisch beschrieben, jetzund in Teutsche Sprach gebracht durch Henr. Petrum Rebenstock.

Franckfort, 1586, in-fol. (10 fr.).

11435 WIER (Jean). — De præstigiis dæmonvm, et incantationibus ac veneficijs libri sex, aucti et recogniti. Accessit rerum et uerborum copiosus index.

Basileæ, ex officina Oporiniana, 1568, in-8º (15 fr.).

[R. 54029

Autres :

Basileæ, 1564, in-8º.

[R. 54025

Basileæ, 1566, 3ᵉ édit. in-8º.

[R. 54026

11436 WIER (Jean). — De Præstigiis Dæmonum et incantationibus ac veneficiis, lib. VI ; accessit Liber Apologeticus et Psevdomonarchia Dæmonum.

Basileæ, ex officina Oporiniana, 1577, in-4º (14 fr.).

[R. 8771-8772

Avec un curieux portrait de WIER, sur bois, au verso du titre. — Ouvrage divisé en 6 parties : la 1ʳᵉ partie traite du Diable, de son origine, sa chûte et sa puissance ; la 2ᵐᵉ des Magiciens infâmes ; la 3ᵐᵉ des Sorcières ; la 4ᵐᵉ des maladies de possessions et des maléfices : dans la 5ᵐᵉ, il passe en revue les moyens mis en usage pour la guérison des possédés. — Jean Wier soutient que le sorcier est non pas un criminel qu'il faille brûler, mais un malade qu'il faut guérir.

Basileæ, 1583, in-4º.

[R. 8773

WIER (sur Jean). — Voir :
AXENFELD

11437 WIGAND. — Ein schönes Tractätlein WIGANDI von dem rothen Schilde, des Philosophi und Medici, genannt die Herrlichkeit der Welt,..... aus dem Lateinischen in Teutsche übersetzet von Joh. Langen ; dans *Philaletbæ chymische Tractätlein* (1748) ; pp. 331-58.

(O-1517

11438 [WILD]. — Etude sur Antoinette Bourignon, la Prophétesse des Derniers Temps. — Les Derniers Temps. — Regne du Saint-Esprit. — Une Nouvelle Communauté de Chrétiens. — Le Retour du Christ.

Paris, Sandoz et Fischbacher, 1876, in-12 de 173 p. et table (3 fr. 50).

[Ln²¹. 29388

Se compose d'une Introduction signée E. S. (Emile Saisset ?), de 43 p. puis de Morceaux choisis de ses Œuvres jusqu'à la fin. A l'avant dernier feuillet, on trouve une Bibliographie des Œuvres de Mlle BOURIGNON, en 22 volumes, édition d'Amsterdam, Pierre Arents et Jean Riewerts.

11439 WILKINS (J.). — Le monde dans la lvne divisé en devx livres. Le premier prouuant que la lvne peut estre un monde. Le second que la terre peut estre vne planète. De la traduction du Sr. de la Montagne.

Rouen, Cailloue, 1655, 2 parties in-8° (15 fr.)

Ouvrage singulier et fort rare qui parut d'abord en 1638, dans lequel CYRANO DE BERGERAC trouva vraisemblablement les éléments de son histoire comique des Etats et Empires de la Lune et dans lequel l'auteur prédit (1ʳᵉ partie p. 267 et suiv.) la découverte des ballons et de la navigation aérienne.

Frontispice gravé et figures astronomiques dans le texte.

(G-1080)

11440 WILLE (Daniel). — Das erläuterte Zeugnusz der Wahrheit, Ez φέγγος dem Irrlicht ein Irrlicht. I Corinth. I. 18-31 : dem einfältigen Auge ein Zeugnusz der Warheit nach der Maasz der Gnade ; durch Daniel WILLE.

Franckfurt und Leipzig, s. adr., 1738, in-8° de 417 pp.

(O-110)

11441 WILLE (Ernest). — Chymisch-unterirzdischer Sonnen-Glantz, das ist : ausführlicher Unterricht, von dem wahren philosophisch-chymischen Subjecto, und dessen natürlich- und nöthigen Hand-Arbeiten, den sogenannten Lapidem Philosophorum aus allen dreyen Reichen sonder Anstand..... von einem der Warheit beisitzend und liebenden Freunde, der sich verdeckt nennet. Christlich, Fürsichtig und Stille, ist des Authoris Ernster WILLE.

Franckfurt und Leipzig, s. adr., 1728, in-8° de XII-426 pp. avec 1 pl.

Contient outre le travail de l'auteur, sept pièces différentes, dont : *Aula Lucis;* les trois derniers chap. *de Occulta philosophorum Chymia* ; *Dicta Alani* ; *Sinde Basilii natürliche und über-naturalische Dinge* ; *Dialogus von Stein der Weisen wo der Praeceptor Georgius und Discipulus Albertus,* tiré de BERNARD Trévisan.

(O-1359)

11442 WILLIAMS (Dr J. K.). — L'Art d'être heureux. — Gaîté, Santé, Réussite. 2ᵐᵉ Mille.

Paris, H. Daragon, 1908, in-18 de 64 p. (0 fr. 90).

[8° R. 22364

Comment exercer sa volonté pour atteindre le bonheur ? C'est simple, dit le Dr. WILLIAMS. Il suffit de savoir faire usage des forces humaines, et la volonté en est l'outil que chacun a à sa disposition. Cette brochure a pour but de mettre chacun à même de devenir l'artisan de son bonheur par des procédés scientifiques à la portée de tout le monde. — Gaîté, Santé, Réussite. — Qu'est-ce que l'homme ? — Les forces humaines. — Exercice des forces humaines. — Classification des fonctions, dans le corps physique, dans le corps mental. — Entraînement des fonctions humaines, l'alimentation, la gesticulation, la copulation, la suggestion, la télépathie, la voyance, la compréhension, l'imagination, la raison. — Comment on doit se conduire ? Comment on doit vivre ? La vie de famille. — Le travail, la lutte pour la vie, l'instruction, les délassements, les relations, le sommeil.

11443 WILLIS (Thomas) médecin et anatomiste anglais, né à Bedwin en 1622, mort à Londres en 1675. Professeur de Philosophie à Oxford puis médecin à Londres. — De anima brutorum quæ hominis vitalis ac sentitiva est, exercitationes duæ.

Amstelodami, 1672, pet. in-8°, planches hors texte (5 fr.).

[T³¹. 25

11444 WILLOF (J. Ph. Laur). — J. Ph. Laur. WILLOF, de Castratis, Commentationes IV.

Dusburgi (Doesbourg), 1756.

Très rare.

(S-3287)

11445 WINDISCH-GRÆTZ (C. de). — De l'Ame, de l'Intelligence et de la Liberté, de la Volonté.

Strasbourg, 1786, in-8° (4 fr.).

Sur la Théosophie Swedenborgienne.

Autre :

Strasbourg. J. G. Treuttel, 1790, in-8°.

[R. 13377

(G-2137)

11446 WINDISCH-GRAETZ. — Objections aux Sociétés Secrètes.
London, 1788, in-8°, (7 fr.).

[R. 54084

11447 WINKLER (G. Th.). — Des Maurers Leben dargestellt in IX Gesängen ; von Br. K. G. Th. Winkler. II-te Auflage.

Dresden, Hartknoch, 1816, in-8° de XVI-110 pp. avec 1 front. et 9 pl. gravées.

Poème maçonnique.

(O-448)

11448 WIRDIG (Sébastien). — Originaire de Torgau, en Misnie (Saxe), Docteur en Médecine et Professeur à l'Académie de Rostock. — Sebastiani Wirdig / Med. D. et PP. Nova Medicina Spirituum : Curiosa Scientia et Doctrina, unanimiter hucusq ; neglecta, et a nemine merito exculta, Medicis tamen et Physicis utilissima. In quâ Primo Spirituum naturalis Constitutio, Vita, Sanitas, Temperamenta, Ingenia, Calidum innatum, Phantasiæ Vires, Ideæ, Astrorum Influentiæ, Μεταμόρφωσις, rerum Magnetissimi, Sympathiæ et Antipathiæ. Qualitates hactenus occultæ, sensibus tamen manifestæ, aliaq ; cæteroquin abstrusa et Paradoxa ; Dehinc Spirituum præternaturalis seu Morbosa Dispositio, Causæ, Curationes per Naturam, per Diætam, per Arcana Majora, Palingenesiam : Magnetissimum seu Sympatheismum, Transplantationes, Amuleta, ingenuè et dilucidè demonstrantur. Ad Regiam Societatem Londinensem.

Hamburgi, Ex Officina Gothofredi Schulzen, Prostant et Amsterodami apud Johannem Janssonium à Waesberge. M. DC. LXXIII [1673], 2 parties in-12 de [XL]-238 et 284-[XIV] pp. (20 fr.).

Ouvrage fort curieux, dans lequel on retrouve, nettement exprimées, les bases actuelles du Magnétisme, de la Suggestion et du Traitement mental, tel qu'il a été exposé de nos jours par l'Américain P. P. Quimby.

Il faudrait consacrer plusieurs pages à cet ouvrage pour lui rendre justice, car, comme on le voit dans son titre, il embrasse toute une Doctrine philosophique qui a d'intimes rapprochements avec la *Doctrine Eternelle des Mages*, qui est la grande Vérité.

Voici par exemple un paragraphe célèbre, déjà cité par M. Billot :

« Universa Natura Magnetica est... Totus Mundus constat et positus est in Magnetismo ; omnes sublunarium vicissitudines fiunt per Magnetissmum : Vita conservatur magnetismo, interitus omnium rerum fiunt per Magnetismum, quem hujus libri epilogus loquitur et concludit. » (p. 178).

Puis un autre relatif au Traitement Mental :

« Nostro seculo Helmontius morbos Medicis primitus monstravit ideales, ex ideis ortos. Ideas Spiritus esse et substantias spirituales, a facultate creatrice Spirituum formatas, nobis hac vice minus usitato scribendi stylo incumbit probare. » (p. 40).

Et dans la Table nous relevons :
De Spiritibus : Deus est Spiritus. — Anima Humana est Spiritus, Deum habet parentem et immortalis est. — Corpus est Animæ Habitaculum. — Omnia Corpora coagulata esse ex Spiritus. — Cap. VII : Ideas Esse Spiritus. — De differentiis inter Animam et Spiritus. — De Definitione Spiritus. — De Vita. — De Sanitate et naturali Spirituum constitutione. — De Nutritione et Metempsychosi. — Cap.

XXIV : De viribus PHANTASIÆ ET IDEIS. — Cap. XXVII : DE MAGNETISMO et *Sympatheismo.* — Cap. XXX : *De Fascinatione.* — De causis naturalis et præternaturalis Spirituum Constitutionis. — Curationibus Spirituum et Indicationibus. — Cap. X recenset primum Remedium, *Naturam.* — De Inedia. — De genuina Spirituum Medicina. — De Arcanis majoribus. — De Lapide Philosophorum.—De Curatione Spirituum Diastatica. — De Curatione Spirituum per Transplantationem.—De Amuletis. — De Vitæ longæ et Palingenesias Remediis. — Epilogus : De Morte Hominis et Mundi Interitu.

11449 WIRDIG (Sebastianus). — Nova Medicina spirituum in qua primo spirituum naturalis constitutio, vita.... etc... dehinc spirituum præternaturalis sive morbosa dispositio, causæ, curationes per naturam, per diætam.. palingenesiam, magnetismum sive sympatheismum.... ingenue demonstrantur.

Hamburgi, 1688. (Rosenthal : 9 Marks).

Cité par BILLOT (II-175).

(Ros-3271

11450 WIRDIG (Sebastianus). — Nova Medicina spirituum, curiosa scientia et Doctrina, unanimiter hucusque neglecta, et a nemine merito exculta, Medicis tamen et Physicis utilissima Worinnen erstlich der Spirituum natürliche Constitution, Leben, Gesundheit, Temperamenta, ingenia, calidum innatum....

Franckfurt und Leipzig, Michael Keyser, 1707, in-8° de 3 fol-222 p. 4 fol. de « register ».

[T³⁰. 80

« Nouvelle médecine des esprits, contenant la constitution naturelle, vie, santé, tempérament, caractère, chaleur innée des esprits, la *Force de l'Imagination,* les *Idées,* la *Métempsychose opérée par le Magnétisme,* et autres choses secrètes, la disposition maladive et contre nature guérie par la nature même ou par la diète, ou par des secrets particuliers. ».

Traduction allemande par L. Christophe HELVIG, de l'ouvrage précédent.

Bizarre dialecte allemand-latin-grec, indifféremment, mais surtout allemand. — Le chapitre XXVII (p. 159) traite du Magnétisme, Sympatheisme, etc... Traité de l'Alkahest en latin (p. 215).

11451 WIRGMANN (Th.). — Divarication du Nouveau Testament en Doctrine (Parole de Dieu) et Histoire (Parole de l'Homme). Traduit de l'anglais par A. F. Lambert.

Paris, Cherbuliez, 1858, in-8°. Planche coloriée, diagramme du Temps et de l'Eternité. (5 fr.).

[D² 12302

(G-2217

11452 WIRTH (Oswald). — La franc maçonnerie rendue intelligible à ses adeptes. Le livre de l'apprenti. Manuel à l'usage des nouveaux initiés.

Publié par la L.'. Travail et vrais Amis fidèles. s. d. (1894). in-12. (3 fr. 50).

[Manque à la Bib. Nat.

Autre édit :

Paris, 1908, in-12.

Quelques figures.

Cet ouvrage est reconnu aujourd'hui comme le mieux fait et le plus complet sur la question, étant donné la haute compétence de l'auteur. — En 100 pages de texte, O. Wirth a su condenser toute l'histoire de la F.'. M.'. à la lumière des travaux historiques les plus récents. — Quant à la partie symbolique, elle contient des données absolument neuves, une quantité de fines gravures représentant les divers symboles avec leur explication. Voici un faible extrait de la table des matières : Origines maç.'. — L'art sacré. — Les confraternités de Saint-Jean. — L'Alchimie. — La Kabbale. — Les Rose-Croix. — Ashmole. — Principes de la maç.'. — L'Initiation maçonnique (partie très détaillée). — Les métaux. — Le testament. — Les voyages. — Les ornements symboliques. — Les Traditions. — Les Epreuves.

11453 WIRTH (Oswald). — L'imposition des mains et la médecine philosophale.

Paris, Chamuel, 1897, in-12, IV-237 p. figures. (3 fr. 50).

[Te¹³¹. 180

Études psychiatres, ouvrage orné de 56 figures tracées par l'auteur. Origines de l'art de guérir. — La Psychurgie. — Cagliostro. — Du Potet. — Le Végétarisme. — Le Jeûne. — Le sommeil magnétique. — L'hypnotisme. — Les Miracles. — L'Entraînement de l'opérateur. — Les Excitants. — L'Alchimie. — La Tradition. — La Gnose. — Les trois principes. — Les quatre éléments. — Couleurs. — Oiseaux hermétiques. — Rose-Croix. — Le Magistère du Soleil. — Les Sept Métaux. — La constitution ternaire et septenaire de l'homme. — Correspondances des métaux et des planètes. — Les sept principes du Bouddhisme ésotérique. — Modifications fondamentales du type humain.

11454 WIRTH (Oswald). — L'ordre du Lion : renseignements historiques, extrait des mémoires d'un conscrit de 1808, trav.·. maç.·. des prisonniers français de Porchester, symbolisme de conspirateurs, rituel de chevalier du Lion.

Paris, 44, rue Beaunier, [1909], in-8°. 14 p. (4 fr.).

[8° H. pièce 1015

Plaquette du plus grand intérêt due à la plume d'un des maçons les plus distingués. — Le rituel du grade de Chevalier du Lion y est donné in-extenso et mérite d'être lu pour sa haute portée initiatique.

11455 WIRTH (Oswald). — Rituel interprétatif pour le grade d'Apprenti. Rédigé à l'usage des Ateliers symboliques de tous les Rites et de toutes les Obédiences par le Groupe Maçonnique d'Etudes Initiatiques.

Paris, s. d. (1894), in-8°, (25 fr.).

[Manque à la Bib. Nat.

Non mis dans le Commerce. L'Auteur est Vénérable de la Loge : « *Travail et Vrais Amis Fidèles* ».

C'est le manuel officiel en usage dans toutes les loges régulières. — Initiation et réception d'un candidat. — Voyages symboliques. — Discours du F.·. orateur. — Questions rituéliques à poser aux F.·. F.·. visiteurs. — Catéchisme. — Description d'un Temple maçonnique et interprétation de ses principaux symboles.

(G-2218

11456 WIRTH (Oswald). — Le Symbolisme Hermétique dans ses rapports avec l'Alchimie et la Franc-Maçonnerie par Oswald WIRTH.

Paris, (1910), in-8° de VIII-192 p. fig. et pl. (3 fr. 50).

[8° R. 23832

Idéographisme Alchimique. — Peinture alchimique exposée dans une Eglise. — Catéchisme Hermético-maçonnique.

Terminé par un Index alphabétique de 10 pages.

11457 WISEMANN (Cardinal Nicolas Patrice Etienne) prélat anglais né à Séville en 1802, mort en 1865. Cardinal-Archevêque de Westminster. — Discours sur les rapports entre la Science et la Religion révélée.

Paris, 1856, fort in-12 d'environ 526 p. (4 fr.).

Une des œuvres les plus fortes qui soient sorties de la plume catholique, dans les temps modernes. — Avec un beau courage et une noble sincérité, l'auteur a recours à la science dans la soutenance de sa thèse, d'après laquelle la religion étant la science révélée, n'a rien à craindre de la science qui est la religion raisonnée. — De nombreux et importants chapitres de ce livre sont consacrés à l'étude de l'Indianisme. — Le Cardinal vide définitivement la fameuse querelle des Zodiaques de Denderah, d'Esnée, et autres, dont il donne la signification astrologique; étudie longuement le parallèle entre Krishna et le Christ, pénètre la philosophie occulte des Hindous, la mystique des nombreuses sectes orientales et fait de singulières révélations du plus haut intérêt. — En somme, travail important à consulter par tous ceux qui s'occupent d'ésotérisme et de religions comparées.

Autre édit :

Paris, 1837, 2 vol. in-8°.

11458 WISERMANN. — Le Magnétisme est la langue universelle de tous les peuples, par WISERMANN.

Paris, Crevelet, [Crapelet ?], 1822 in-8°.

Je ne connais que le titre de cet ouvrage.

(D. p. 96

11459 WITKOWSKI (Dr G. J.). — Les accouchements à la Cour : ouvrage comprenant les six couches de Marie de Médicis par Loyse Bourgeois et la naissance des enfants de France par Deneux.

Paris, s. d. (1890), fort vol. gr. in-8°. (0 fr.).

[Tc^{12o} 34

Ouvrage curieux, illustré de 208 figures d'après les originaux (Cérémonies, réjouissances et particularités curieuses observées à la naissance des monarques dans l'antiquité. — Naissance de qq. personnages célèbres, etc...)

11460 WITKOWSKI (Dr). — Anecdotes Médicales. — Bons mots. — Pensées et Maximes. — Chansons, Epigrammes, etc...

Paris, Marpon, s. d. in-12. (4 fr. 50.)

[T^{21}. 493

« La mère en défendra la lecture à sa fille » (Epigraphe).

11461 WITKOWSKI (Dr). — L'art profane à l'Eglise. — Les licences symboliques, satiriques et fantaisistes. — Contribution à l'étude archéologique et artistique des édifices religieux.

Paris, J. Schmit, 1908, 2 vol. in-8° de IV-480 p. fig. et ? (22 fr.).

[8° V. 32578

734

Curieux volumes illustrés ensemble de près de 1.200 reproductions de peintures et de sculptures plus ou moins décolletées choisis dans des manuscrits anciens ou d'après les monuments religieux de la France et de l'étranger.

11462 WITSIUS ou WITS (Hermann), théologien hollandais né à Enchuysen (Hollande septentrionale) en 1636, mort en 1708. Pasteur, puis professeur de théologie à Franeker, Utrecht et Leyde. — Herm. WITSII Ægiptiaca, seu de Ægiptiacorum Sacrorum, cum Hebræis collatione Libri III. et de Decem Tribubus Israelis liber...

Herbornæ Nassav., 1717, in-4°. Titre gravé.

Autre édit. :

Amstelodami, G. Borstius, 1683, In-4°.

JO^{3}a 478 et 480
(S^{1}Y-4307
(S-6512

11463 [WITT (Johann)] Carbonaro allemand, fut chassé de son pays et emprisonné à Chambéry, Tunis et Milan. — Aventures d'un carbonaro allemand, trad. du North American Review, dans la Revue britannique, août 1829.

C'est un extrait-analyse de : Johann WITT, genannt von Döring, Fragmente aus meinem Leben und meiner Zeit.... Braunschweig, 1827, in-8°.

Pour les écrits de Johann WITT, surnommé Doering, relatifs au carbonarisme qu'il a trahi, voy. KLOSZ Bibliographie der Freimaurer.

QUÉRARD, X, 326, et Supercheries, IV, 653, N° 8889, s'est trompé en faisant du nom de J. WITT un pseudonyme, à propos de son ouvrage traduit par A [Bulos.

(O-536

11464 WITT (Jean ou Johann). — Les sociétés secrètes de France et d'Italie ou fragments de ma vie et de mon temps.

Paris, *Levavasseur*, 1830, in-8° de 519 p. (3 fr.).

[L.a²⁷ 23

Fort intéressants mémoires historiques sur les sociétés secrètes en France et en Italie. Voir entr'autres (pages 264 et suiv.) le chapitre relatif au faux Louis XVII.— Véritable esprit des Carbonari.— Les sociétés secrètes des « *Lutras* ». — Etc.

Curieux mémoire d'un repenti de l'Illuminisme.

(G-1091

11465 WOLF (A.). — Let us be practical. — A Glimpse into Theosophy. Personalities. What is Theosophy?

London, 1889, in-4°. (1 fr.).

11466 WOLFF (Jacques ou Jacob) médecin allemand, né à Naumbourg en 1642 ; mort à Leipzig en 1694. Il pratiqua à Altembourg, puis professa la médecine à Iéna. — Curiosus Amuletorum Scrutator in quo De Natura et attributis illorum uti et plurimis illis, quæ passim in usum tam in Theoria quam Praxi vocari sveverunt, ac in specie, De Zenechtis, vel quæ Pesti opponuntur, agitur ; Superstitiosa atque illicita notantur, rejiciuntur, et utilia illustrantur Theologis, Juris-Consultis, Medicis, Physicis, Philososophis ac quibuscumque in specie Curiosis apprimé inserviens accomodatus et ad normam Academ. Leopoldino-Imper. Curios. adornatus, à Jacobo Wolff Philos. et Medicin. Doct. Prof. Publ. Jenens. Cui accessit Julii Reichelti Exercitatio de Amvletis, Liber utilissimus, æneisque figuris instructus.

Francofurti et Lipsiæ Apud Fridericum Groschuffium., 1692, in-4° de 5 fol. 688 p.-26 fol-94 p.-1 f° d'errata. Front. et 8 pl. h. t. (30 fr.).

[R. 8781-82

Ouvrage réellement rare et l'un des plus importants sur les *Talismans et Amulettes*. La Table des Matières occupe 50 pages : l'auteur est un professeur réputé.

(S-3172 b.

11467 WOLFF (Jacob). — Scrutinium amuletorum medicum, in quo de natura et attributis illorum uti et plurimis illis, quæ passim in usum tam in thoria (*sic*) quam praxi vocari sueverunt ac in specie de Zenechtis, vel quæ pesti oppununtur, agitur, superstitiosa atque illicita notantur et rejiciuntur, et varia non in medicinæ solum, sed etiam aliarium facultatum usum afferentur et illustrantur... a Jacobo Wolff.

Leipzig et Iéna, 1690, fort in-4° d'environ 700 p. (30 fr.).

Dans cet ouvrage rare, qui peut être considéré comme une véritable encyclopédie de la matière, tous les talismans, amulettes et fétiches employés à un titre quelconque se trouvent décrits et analysés dans leur confection, application et leur effet. — Il nous est impossible de donner une idée des sujets traités dans ce gros volume, dont la table des matières ne contient pas moins de 50 pages, nous signalerons cependant : amulettes pour l'amour, pour éloigner les esprits mauvais pour éloigner les incubes et succubes, pour preserver les troupeaux contre l'envoûtement ; les prodiges magiques du sang : pour la guérison de toutes les maladies et préservatifs contre tous les malheurs de la vie.

11468 WOLFIUS ou Wolf (Jean-Christophe), né en 1683 à Wernigerode dans la Haute-Saxe, mort en 1739, Théologien et Philologue, pasteur à Hambourg. — Bibliotheca Hebræa, sive Notitia tum Auctorum Hebraicorum cujuscumque ætatis, tum Scriptorum, quæ vel Hebraice primum exarata, vel ab aliis conversa sunt, ad nostram ætatem deducta.

Hamburgi et Lipsiæ, 1715, 4 vol. in-4°.

[A. 2967

Le Tome I donne 2231 auteurs Hébreux. Le Tome II donne les Ouvrages imprimés ou mss relatifs à l'Ancien Testament, à la Mashore, au Talmud, etc. la notice des paraphrases chaldaïques, les livres sur la Kabbale et des Ecrits anonymes Juifs. Les deux derniers volumes renferment les Corrections et les Suppléments. (Weiss, *Biogr. Univ.* Tome 45.)

C'est un abrégé mis à jour de la *Bibliotheca Rabbinica* de Bartolocci et Imbonati. Malheureusement l'auteur a cru devoir retraduire en latin tous les Titres des Ouvrages et les noms des Auteurs, ce qui retire à son travail énormément de sa clarté.

11469 WOLF (Johann). — Johan. Wolfii Lectionum memorabilium et reconditorum centenarii XVI...

Lavingæ. Reinmickel. 1600, in-fol.

Index absolutissima methodice... Authore M. Johanne Jacobo Linsio cognomino Hagendorn.

Lavingæ. Winter. 1608, in-fol.

Première édition de ce Recueil rare et recherché, surtout avec l'index qui manque souvent.

11470 [WOLFFHART (Conrad)], philologue allemand, né à Rouffach, (Alsace) en 1518, mort en 1561. Il changea son nom en sa traduction grecque « Lycosthène ». Professeur de Grammaire et Dialectique à Bâle, et Diacre de St Léonard. — Conr. Lycosthenes. — Prodigiorum ac Ostentorum Chronicon, quæ præter Naturæ Ordinem, Motum et Operationem et in superioribus et his inferioribus Mundi Regionibus ab Exordio Mundi usque ad hæc nostra Tempora acciderunt. Etc. etc.

Basileæ, H. Petri. 1557. avec fig. s/bois sur le Titre et dans le texte. in-fol. de 6 f. n. c. 678 p. (40 fr.).

[G. 1402

Ouvrage de Compilation, très curieux, intéressant et rare.

(S-3161 b
(Ros-4387

11471 [WOLLNER (Christoph von)].—

Chrysophirons (J. Christoph von Wollner) Reden über einige Pflichten der Gold-und Rosen-Kreuzer alten Systems. Herausgegeben (mit Friedr. Munter's Anmerkungen) ohne Erlaubnisz Obern.

München. (Altona, Hammerich), s. ädr. in-8° de XX-105 pp.

La 1-re édit. est de 1782.

(O-1564

11472 [WOLLNER (C. von)]. — Discours prononcé le 24 janvier 1777, Jour de naissance de Frédéric le Grand dans la loge des trois Globes à Berlin (; par le Grand-Maître J. Christ. von Wöllner).

Berlin. G. J. Decker. (1777). in-8° de 20 pp.

A la suite on trouve : Chanson maçonnique pour le jour de naissance du Roi. 4 pp.

(O-351

11473 [WOLLNER (Ch. von)]. — Rede auf den Geburtstag des Königs gehalten in der alten und gerechten Loge zu den drey Weltkugeln [von Obermeister Br. Wöllner].

Berlin, Decker. 24 Januar 1778 in-8° de 14 pp.

(O-352

11474 WONDERFUL Prodigies of Judgement and Mercy discovered in above three hundred memorable Histories.

London. 1682. in-8°.

(S-3215 b

11475 WOOD (Henry) auteur américain qui se rattache à la *New Thought.* — The New Thought *Simplified. How to obtain Health and Harmony.*

Boston, Lothrop, Lee et Shepard Co in-12.

11476 WOOD (Henry). — The Symphony of Life.

Sc. psych. — T. III. — 47.

Boston, Lothrop, Lee et Shepard Co in-12 de 300 pp.

11477 WOOD (Henry). — Ideal Suggestion through Mental Photography. A restorative System for Home and Private use, preceded by a Study of the Laws of Mental Healing. By Henry Wood. 14 th edition.

Boston, Lothrop, Lee et Shepard Co 1907, in-8º de 163 pp. Portr. de l'auteur. (2 s. 6 d.).

Bon ouvrage de Magnétisme Personnel ou culture psychique avec exposé des Lois de la Guérison Psychique — ou Traitement Mental — et 25 « *Suggestions* » sous forme de tableau à pleine page, pour la pratique des préceptes exposés.

11478 WOOD (Henry). — The New Old Healing.

Boston, Lothrop, Lee et Shepard Co 1908, in-12 de 304 pp. (1 dol. 20 c).

Affirmations. — Mental and Spiritual Gymnastics. — Openness to the Infinite. — The Prayer Cure. — Environment. — Ups and Downs. — Your own New Thought. — Honor the Body. — Be still. The new Healing Movement in the Church. — Why Worry about Worry ? — Music as a Healing Power. — Repetitions not in vain. — Know thyself. — The Silence Room. — Scientific Prayer. — The Positive and the Negative. — Etc.

11479 WOOD-ALLEN (Mrs Mary) docteur en médecine. — Ce que toute Jeune fille devrait savoir, par Mme Mary Wood-Allen. Docteur en médecine.

Genève. s. d., (1909), in-12. (2 fr.).

WOOLSTON (Thomas), Théologien Anglais, né à Northampton, vers 1669, mort vers 1733. Il fut professeur dans un des Collèges de l'Université de Cambridge. Il soutenait dans ses Ouvrages que les miracles du Christ n'étaient que des Allégories Mystiques. Poursuivi en Justice pour sa Doctrine, il fut condamné à la prison et n'en sortit que peu avant sa mort. Certains de ses biographes disent même qu'il « refusa de sortir de prison à la condition qu'on voulait lui imposer... qu'il n'écriroit plus rien de choquant »...

11480 WOOLSTON (Thomas). — Six Discours sur les Miracles de Notre Sauveur.

Londres, 1727-29, 2 vol. in-8º (?).

11481 WOOLSTON (Thomas). — Défense des Six Discours.

Londres, 1729-1730, 2 vol. in-8º (?)

11482 WOOLSTON (Th.). — Discours sur les Miracles de Jésus-Christ. — Traduits de l'anglais de Woolston.

Nostrum est tantas componere lites.

S. l., dix-huitième siècle, 2 tomes in-8º de 261 et VII-239 p. (16 fr.).

[D² 5329

Ce sont encore les « *Six Discours sur les Miracles de Notre Sauveur* ».

L'Avertissement est une biographie de Thomas Woolston (qui est en partie celle reproduite par Larousse) et renvoie au supplément du Dictionnaire de Bayle, par M. de Chauffepié. Article *Woolston*.

(G-2220 et 21

11483 WORMS (R.). — La morale de Spinoza, examen de ses principes et de l'influence qu'elle a exercée dans les temps modernes.

Paris, 1892, in-8º (2 fr. 50).

[8º R. 11068

Origines de la morale de Spinoza. — Exposé critique de la morale de Spinoza. — Le Spinozisme chrétien. — Le Spinozisme en France au XVII-e siècle. — Le panthéisme et le matérialisme français au XVIII-e siècle. — Spinoza et la pensée contemporaine, etc...

11484 WOWERUS ou WOWEREN (Jean de) philosophe allemand né à Hambourg en 1574, mort en 1612. Conseiller du comte d'Ost-Frise. — Jo. WOVWERI, Dies Æstiva, sive de Umbrâ Pægnion.

Francfort, 1610, in-8°.

« *Livre singulier et peu commun* » dit le Cat. SEPHER ; et vraiment, pour qu'il soit tel, dans une telle Collection, que doit-il être !

Autre édit :

S. l. M. Heringius, 1590, in-8°.

[F. 25041
(S-3424 b

WRONSKI (Hoëné). Métaphysicien, Mathématicien, et inventeur polonais né Posen en 1778, mort à Neuilly en 1843. Officier d'artillerie à seize ans, puis lieutenant-colonel en Russie, et soldat dans les Légions polonaises organisées à Marseille par le Directoire. Professeur de Métaphysique à Paris, il donna des leçons au banquier Arson ; leurs relations finirent par un procès.

Les idées de WRONSKI sont en parfait accord avec les enseignements de la Kabbale et des grands mystiques, comme Jacob BÖHME, ST-MARTIN, etc. La vie de ce grand homme fut attristée par des luttes et des dissensions perpétuelles, et il mourut dans une grande misère.

Pour plus de détails, voir : *Notice sur Hoené Wronski* » par Lazare AUGÉ.

Paris, Lagrange, 1865, gr. in-8°.

[Ln^{27}. 20957

et JACOB (dit ERDAN). « *France Mystique* » (II-1 à 42).

11485 WRONSKI. — 1) — Adresse aux Nations civilisées sur leur sinistre désordre révolutionnaire.

Paris, Didot, 15 août 1848.

2) — Les Cent Pages décisives. Pour S. M. l'Empereur de Russie, roi de Pologne, et Supplément.

Metz, 15 août 1850, 2 parties.

3) — Dernier Appel aux Hommes supérieurs de tous les pays, pour mettre fin au sinistre désordre Révolutionnaire du Monde Civilisé ; et Appel spécial au Gouvernement français suivis de Prédictions Scientifiques sur l'avenir de l'Europe.

Paris, Didot, juin 1849.

4) — Document Historique (secret) sur la Révélation des Destinées providentielles des Nations Slaves et des Destinées actuelles du Monde.

Metz, juin, 1851.

5) — Epitre à S. A. le Prince Czartoryski sur les Destinées de la Pologne, et généralement sur les Destinées des Nations Slaves, et Supplément.

Paris, Didot, novembre 1848, 2 parties.

6) — Epitre Secrète à S. A. le Prince Louis Napoléon, président de la République Française, sur les Destinées de la France, et généralement du Monde civilisé dans l'Occident.

Metz, mai 1851.

6 ouvrages, in-f°. (80 fr. le recueil)

Très rares : « tous les ouvrages de WRONSKI ayant été vendus à des épiciers, au poids du papier, par vengeance de libraire » (S. de G.).

(G-2222

11486 WRONSKI (H.). — Adresse aux nations civilisées sur leur sinistre désordre révolutionnaire comme suite de la réforme du savoir humain.

Paris, Didot, 15 août 1848, in-4° de 48 p. (4 fr.).

[Fol. R. 248
et [V. 6317

11487 WRONSKI (H.). — Adresse aux

Nations Slaves sur les destinées du Monde.

Paris, impr. de F. Didot frères, 15 août 1847, in-4°. (4 fr.).

[V. 6135

Philosophie.— Religion.— Mysticisme.— Sciences. — Vie naturelle et surnaturelle, etc....

11488 WRONSKI (H.). — Aperçu des causes et des suites de la spoliation de M. Hoëné Wronski par le bureau des Longitudes de la Grande-Bretagne adressé surtout au Gouvernement de Russie et à ses compatriotes Polonais et Russes.

Paris, 1823, in-12. (3 fr.).

Supplément à l'adresse de M. Hoëné Wronski au bureau des longitudes (de la Grande-Bretagne).

S. l., impr. de M. Rowe. s. d., in-8°.

[8° V. pièce 11649

11489 [ARSON (Affaire)]. — Appel à l'humanité contenant l'exposé de la conduite du nommé Arson, depuis qu'il s'est voué au service de ses semblables.

Paris, imp. de A. Belin, juin 1818 in-4° de 50 p.

[Ln²⁷ 678

Pièce indispensable à qui veut bien connaître à fond le procès Wronski-Arson.

Pour plus de développements sur ce sujet, voir à la Biblioth. Nat. le *Catalogue de l'Histoire de France*, Tome IX, p. 263 à Article Arson.

11490 WRONSKI (H.). — Déclaration concernant le sieur Arson.

Paris, 1818, in-4°, (6 fr.).

[Ln²⁷ 20055

11491 WRONSKI (H.). — Réponse au mémoire du sieur Arson, intitulé document pour servir à l'histoire des grands fourbes qui ont figuré sur la terre.

Paris. 1818, in-4°. (6 fr.).

[Ln²⁷ 675

11492 WRONSKI. — Canon logarithmorum. autore H. W. [Hoené Wronski].

S. l. in-8° plano.

[8° V. Pièce 13136

11493 WRONSKI (Hoëné). — Les Cent Pages décisives ; pour S. M. l'empereur de Russie, Roi de Pologne. — Supplément aux Cent Pages.

Metz, 15 août 1850, 2 parties in-4° (5 fr.).

[R. 1307 et 8791

Révélation des destinées actuelles de l'humanité, nommément, des destinées de l'Occident ou de l'Ancien monde civilisé, et des destinées de l'Orient et du Nouveau monde éclairé. — Génération progressive des Vérités religieuses du Christianisme. suivant la loi de création, depuis leur origine jusqu'à leur accomplissement final accomplissement préparé par la scission providentielle des Église d'Occident et d'Orient. — Génération progressive des Vérités philosophiques, nommément création par les Hommes du Vrai, du Bien et de leur confusion, suivant la loi de création, c'est-à-dire, découverte et établissement progressifs de la Vérité sur la Terre depuis son origine jusqu'à son actuel accomplissement, funeste peut-être dans l'Occident et salutaire dans l'Orient. — Histoire absolue de la Philosophie (Analyse de tous les systèmes des grands Philosophes, Mystiques, Cabalistes, Mages, Hermétistes, etc...)

11494 WRONSKI (H.). — Salut providentiel du monde civilisé spécialement de l'Occident ou de la France (Supplément aux Cent Pages).

Metz. 1850, in-4°. (2 fr.).

[R. 8791

11495 WRONSKI (H.). — Epître à S. M. l'Empereur de Russie, pour compléter les Cent Pages décisives et pour accomplir la Réforme de la Mécanique céleste. — Explication définitive de l'Univers physique et moral.

Metz, imp. de Ch. Dieu et V. Maline 1851, in-4°. (4 fr.).

[R. 1304

Programme des Conférences scientifiques. — Programme des Conférences philosophiques. — Méthode suprême servant à l'exécution algorithmique de la nouvelle mécanique céleste et formant l'accomplissement final de la présente Réforme générale des Mathématiques.

11496 WRONSKI (H.). — Création absolue de l'humanité, prospectus.

Paris, (imp. d'Everat), s. d. (1818-19), in-8°. (3 fr.).

[R. 54153

Contient la comparaison des deux rapports faits à la classe des Sciences de l'Institut de France sur la philosophie nouvelle des Mathématiques.

11497 WRONSKI. — Critique de la Théorie des fonctions générales de M. Laplace.

Paris, imp. de P. Didot l'aîné, août 1810, in-4°.

[V. 6308

11498 WRONSKI (H.). — Dernier appel aux hommes supérieurs de tous les partis pour mettre fin au sinistre désordre révolutionnaire du monde civilisé et appel spécial au gouvernement français ; suivis de prédictions scientifiques sur l'avenir politique de l'Europe.

Paris, Didot, juin 1840, in-4° de 32 p. (3 fr.).

[R. 8787

11499 WRONSKI (H.). — Le destin de la France, de l'Allemagne et de la Russie, comme prolégomènes du Messianisme.

Paris, imp. de F. Didot frères, 1842, in-8° de 584 p. (20 fr.).

[R. 54157

Ces *Prolégomènes du Messianisme* ont pour objet de signaler les nations que le destin fait présider à l'accomplissement des fins ou but dans la création des êtres raisonnables.

11500 WRONSKI. — Développement progressif et but final de l'humanité.

Paris, Amyot, 1861, in-8° de 416 p. (20 fr.).

Très rare.

(G-1092

11501 WRONSKI (H.). — Document historique (secret) sur la révélation des destinées providentielles des nations slaves et des destinées actuelles du monde par l'opposition historique, philosophique, religieuse et politique entre l'Occident et l'Orient, entre l'Ancien monde civilisé et le Nouveau Monde éclairé.

Metz, Alcan, juin 1851, in-4° de 44 pp. (4 fr.).

[R. 8789

Savante étude sur la formation de l' « Union absolue » troisième association morale, ayant pour base fondamentale le respect inconditionnel des institutions politiques existantes et pour but final la simple promulgation spéculative de la vérité, nommément, de la « Vérité absolue ».

11502 WRONSKI (H.). — Epitre à S. A. le Prince Czartoryski sur les destinées de la Pologne et généralement sur les destinées des nations Slaves ; comme suite de la réforme du savoir humain.

Paris, Didot, 1848, in-4° de 32 p. (3 fr.).

[R. 8790

11503 WRONSKI (H.). — Supplément à l'Epitre adressée à S. A. le Prince Czartoryski ; pour servir d'avis aux

11504 WRONSKI (H.). — Epitre secrète à Son Altesse le Prince Louis-Napoléon, président de la République française, sur les destinées de la France, et généralement sur l'absolue impossibilité de rétablir actuellement par les moyens connus, un ordre stable dans le monde civilisé, et sur l'actuelle et progressive dissolution politique des Etats résultant d'un pieux malentendu dans notre sainte religion.

Metz, mai 1851, in-4°. (8 fr.).
[R. 1306

Très forte étude, où les errements scientifiques du clergé catholique, en métaphysique, philosophie et mystique, se trouvent vigoureusement relevés.

11505 WRONSKI (H.). — Le Faux Napoléonisme comme suite du secret politique de Napoléon et comme interprète funeste des idées du prince Louis Napoléon.

Paris, imp. de Didot aîné, 1840, in-8° (3 fr.).
[Lb51 3135

Suite de discussions de l'auteur avec la Gazette de France et le Journal « Le Capitole » sur leurs manières d'envisager ses écrits en les confondant avec d'autres ou en les dénaturant.

11506 WRONSKI (H.). — Jego Zycie i Prace Napisal S. Dickstein.

Kracovie, 1897, in-8° de 368 p. Portrait et fac-similé. (2 fr. 30).

11507 WRONSKI (H.). — Loi téléologique du hasard. — Réimpression de 3 pièces rarissimes (1833) précédée d'une autobiographie et d'un inventaire de l'œuvre.

Paris, 1890, in-12 de 85 p.(2 fr.).

Autre :

Paris, imp. de Trouvé, s. d. (13 avril 1828), in-4°.
[V. 1885

11508 WRONSKI. — Messianisme. Union fatale de la Philosophie et de la Religion constituant la Philosophie absolue.

Tome I — Prodrome du Messianisme : Révélation des Destinées de l'Humanité.

Paris, Doyen, Sept. 1831.

Tome II — Métapolitique Messianique : Désordre Révolutionnaire du Monde Civilisé.

Paris, Didot, Mai 1839, 2 vol. in-4°. Pl. au Tome I (55 fr.).
[R. 2963-2964

Très rare et très recherché.

Les Prolégomènes du Messianisme sont intitulés : Le Destin de la France....
(G-2223

11509 WRONSKI. (H.). — Messianisme, ou réforme absolue du savoir humain. — Tome I. Réforme des mathématiques comme prototype de l'accomplissement final des sciences. — Tome II. Réforme de la philosophie comme base de l'accomplissement final de la religion. — Tome III. Résolution générale des équations comme garantie scientifique de cette réforme du savoir humain.

Paris, Didot, 1847, 3 vol. in-4° (100 fr.).
[V. 6312-6314

11510 WRONSKI. — Messianisme, philosophie absolue. — Apodictique messianique fondant péremptoirement la vérité sur la terre, ou développement génétique de toutes réalités par la loi de création.

Paris, imp. Duval, 15 Août 1876, in-4° de 383 p. Avec planche et portrait (25 fr.).
[Fol. R. 1

11511 WRONSKI (H.). — Messianisme. — Bulletins de l'Union antinomienne.

Paris, 1830, in-4" de 28 p. (2 fr. 50).

N° 1-2. Avril-mai 1832 ; imp. de C. Doyen (s. d.) in-4".

[Rp. 556

11512 WRONSKI (H.). — Messianisme. — Tableau de la philosophie, de l'histoire, depuis l'origine du monde jusqu'à son terme final.

Paris. s. d., grand tableau replié (5 fr.).

Ce tableau est un extrait du tome I du Messianisme.

11513 WRONSKI. — Nomothétique Messianique.

Paris, 1861, in-4".

[Fol. R. 63

11514 WRONSKI (H.). — Nouveaux systèmes de machines à vapeur fondées sur la découverte des vraies lois des forces mécaniques. Introduction philosophique contenant le programme industriel et l'établissement scientifique des nouvelles lois physiques.

Paris, imp. de J. Didot ainé, 1834-35, in-4" de 64 p. (12 fr.).

[V. 10120

11515 WRONSKI (H.). — Pétition aux deux chambres législatives de France sur la barbarie des chemins de fer et sur la réforme scientifique de la locomotion.

Paris, Didot ainé, 1850, in-8° de 10 p. (4.fr.).

[V. 5017

11516 WRONSKI. — Philosophie Absolue de l'Histoire, ou Genèse de l'Humanité. Historiosophie, ou Science de l'Histoire.

Paris, Amyot, Août et Septembre 1852, 2 vol. in-8" de 288 et 302 p. (30 fr.).

[R. 54154-54155
(G-1993-2224

11517 WRONSKI. — Philosophie critique, découverte par Kant, fondée sur le dernier principe du savoir, par Hoëné Wronski.

Marseille, imp. de E. Marlin, an XI (1803) in-8°.

[R. 54156

11518 WRONSKI. — Philosophie de l'Infini, contenant des Contre-Réflexions sur la Métaphysique du Calcul Infinitésimal.

Paris. imp. de Didot l'ainé. 1814, in-8°.

[V. 6305

11519 WRONSKI. — Philosophie de la Technie Algorithmique. 1re Section, contenant la Loi suprême et universelle des Mathématiques.

Paris, 1815 (et 2° Section, 1817), 2 parties in-4" de 968 p. (70 fr.).

[V. 6306-6307

11520 WRONSKI (H.). — Propédeutique messianique, éléments de la philosophie absolue.

Paris. Amyot, 1855, in-8" de 32 p. (4 fr.).

[Rp. 8183

11521 WRONSKI (H.). — Prospectus d'un nouvel écrit périodique ayant pour objet la révélation des destinées actuelles. — Suivi d'une Adresse au Congrès de Varsovie.

Paris. Juin, 1850, in-4" de 32 p. (3 fr.).

[R. 8791 et 1307

11522 WRONSKI. — Prospectus de la philosophie absolue et son développement, recherche de la vérité, fixation absolue des périodes philosophiques parallèles aux périodes historiques de l'humanité comme partie intégrante de l'apodictique messianique.

Paris, 1878, in-4° de 240 p. (20 fr.).

[4° R. 120

Œuvre posthume.

11523 WRONSKI (H.). — Réfutation de la théorie des fonctions analytiques de LAGRANGE. Dédiée à l'Institut impérial de France.

Paris, Blankenstein, 1812, in-4° de 135 p. (20 fr.).

[V. 6400 bis

11524 WRONSKI (H.). — Secret politique de NAPOLÉON, comme base de l'avenir moral du monde.

Paris, 1840, in-8° (3 fr.).

[Lb⁵¹. 3075

On trouvera dans cette brochure l'explication historique des traits principaux du secret Napoléonien tirés de tous les actes et gestes de NAPOLÉON.

11525 WRONSKI (H.). — Sept manuscrits inédits écrits de 1803 à 1806. Philosophie spéculative. — Philosophie du langage. — Philosophie ou législature des mathématiques. — Système général des probabilités. — Économie politique. — Cours de Géographie. — Platine. — Chimie. — Œuvres posthumes.

Paris, novembre 1879. in-8° (8 fr.).

[8° Z. 1253

11526 WRONSKI (H.). — Le Sphinx, ou la nomothétique schélienne.

Paris, 1818, in-4° (8 fr.).

[Lc². 1145

11527 WRONSKI (H.). — Le Sphinx, N° 2.

Paris, au Bureau du Sphinx, 1819, in-8° de 36 p.

[Lc² 1145

Brochure dans laquelle l'auteur fait l'exposé de sa querelle avec « l'Ultra », journal royaliste qui avait dénaturé ses écrits et donne à ce sujet, le complément de la fondation rationnelle du royalisme, tel qu'il le comprenait.

11528 WRONSKI (H.). — Collezione italiana degli scritti filosofici di Hoene WRONSKI.

Vicenza, 1870, 3 fascic. in-8°. (3 fr.).

Traduction complète des 2 n°ˢ du « Sphinx » et de l'Introduction à cette rarissime publication.

11529 WRONSKI (H.). — Sull' urgenza di stabilire de principii assoluti per la salvezza della Francia, et in conseguenza, del mondo incivilito.

Vincenza, Caprolli et Cricellari, 1869, in-8° de 20 p. (1 fr. 50).

[Rp. 10601

11530 WRONSKI (H.). — Trois lettres à sir Humphry DAVY, président de la Société Royale de Londres, sur l'imposture publique des savants à privilèges, ou des sociétés savantes.

Londres, J. Barfield, printer, mars 1822, in-8° de 72 p. (4 fr.).

[Ln²⁷ 20056

11531 WRONSKI (H.). — Urgente réforme des Chemins de fer et de toute la locomotion terrestre.

Paris, mai 1844, in-8°. (4 fr.).

[V. 55504

Très curieuse brochure du célèbre philosophe mathématicien.

11532 WRONSKI (H.). — Véritable science nautique des marées, spécialement sur les côtes maritimes et réforme des mathématiques par leur réduction à trois lois fondamentales.

Paris, Amyot, 1853, in-4° de 48 p. (4 fr.).

[V. 17999

Cet opuscule est la démonstration mathématique des erreurs graves que commet la science actuelle dans la détermination des marées et par conséquent dans la direction de la marine.

11533 WRONSKI (H.). — Mémoire pour servir de complément aux deux opuscules concernant la véritable science nautique des marées, par Hoené Wronski.

Paris, Amyot, septembre 1863, in-4° de 20 p. (3 fr.)

[Fol. V. Pièce 861

11534 WRONSKI. — Application Nautique de la nouvelle Théorie des Marées.

Paris, 1886, in-f°.

[Fol. V. 1630

11535 WRONSKI. — Wronski et l'Esthétique musicale.

Paris, 1887, gr. in-8°.

[4° V. Pièce 2519

WRONSKI (Sur H.). — Voir :

ARSON.
AUGÉ (Lazare).
BUKATY.
CHERFILS (C.).
LAGRANGE (D.).
LANDUR (N.).
WALLON.
WEST.

11536 WRONSKI (Mme Hoéné). — Poésies.

Paris, Amyot, 1855, in-8° de 64 p. (2 fr. 50).

[Ye 35194

11537 WRONSKI (Mme Hoéné). — Petit traité de Métaphysique élémentaire trad. de Skell, suivi de quelques considérations sur la Philosophie absolue.

Paris, Amyot, 1854, in-12 de 47 p. (2 fr.).

11538 WUNDERLICHE Begebenheiten eines unbekandten Philosophi, in Such-und Findung desz Steins der Weisen, in vier Bücher eingetheilet ; welchen beygefüget ein Tractätlein von dergleichen Materie, das Hausz desz Lichts genandt ; vormals in Englischer Sprache beschrieben, und nunmehro in Teutsche übersetzt von Johanne Langen.

Hamburg und Franckfurt, Gottfr. Lieber, 1690, in-8° de 144 pp.

(O-1290-1301

11539 [WULSON ou Vulson de la Colombière (Marc)], héraldiste et écrivain français, né vers la fin du XVI° siècle, mort en 1658. D'abord sergent major d'un régiment de cavalerie, puis Gentilhomme de la Chambre du roi. Chevalier de St-Michel. Il serait, dit-on, l'inventeur des hachures pour représenter les métaux et émaux dans le blason. — Les Oracles divertissans où l'on trouve la Décision des Questions les plus curieuses pour se réjouir dans les Compagnies. Avec un Traitte tres recreatif des Couleurs ou Armoiries, aux livrées et aux faveurs, et à la Signification des Plantes, Fleurs et Fruits. Le tout accomodé à la Diction françoise par M. W. D. L. C.

Amsterdam, Sambix, 1690, 2 ouvrages in-12. (12 fr.).

Autre édit :

Paris, A. Courbe, 1647, in-8°.

[Z. 19833
(G-2225

11540 WULSON DE LA COLOMBIERE — Le Palais des Curieux, de l'Amour et de la Fortune. Où les Curieux trouveront la Réponse agréable des Demandes les plus divertissantes, pour se rejouir dans les Campagnes.

Augmenté de plusieurs nouvelles Questions : ensemble l'Explication des songes et visions nocturnes. Avec un Traité de Phisionomie recueilli des plus graves auteurs de ce Siècle.

Paris, Nicolas Le Gras. 1694, 3 parties in-12. Frontispice de Guillain (12 fr.).

Frontispice curieux représentant un Gentilhomme porteur d'une petite bannière où se lit la phrase, « *Je cherche l'Amour* ». Et en face de lui, une Dame porte, sur une bannière semblable : « *Et moy la Fortune* ».

Autres édit :

Lyon, C. de la Roche, 1672, in-12.

[V. 21942]

Troyes, chez la Cit. Garnier. s. d., (1790). in-12.

(G-2227)

11541 WULSON DE LA COLOMBIERE — Le Palais des Cvrievx. Ov l'Algebre et le Sort donnent la decision des questions les plus douteuses : et ov les Songes et les Visions nocturnes sont expliquez selon la Doctrine des Anciens.

Troyes, Nic. Ovdot, 1655. pet. in-8°. (25 fr. en Maroquin plein, de Hardy.)

[V. 21941]

Seconde édition.... augmentée d'un *Traité de la Physiognomie*...

Imp. à Orléans et se vend à Paris, chez Pierre Lamy, 1662, 2 parties in-8°. frontisp. sur bois. (55 fr.).

(G-2226)

11542 [WUNSCH(Christ. Ernst)]. — Horus oder astrognostiches Endurtheil über die Offenbarung Johannis und über die Weissagungen auf den Messias wie auch über Jesum und seine-ünger mit einem Anhange von Europens neueren Aufklärung und von der Bestimmung des Menschen durch Gott. Ein Lesebuch zur Erholung für die Gelehrten und ein Denkzeddel für Freimaurer (: von Professor Christ Ernst Wunsch).

Ebenezer, im Verlag der Vernunfthauszes, 1783, in-8° de XXVI-74 pp.

(O-181 et 574

11543 [WURTEMBERG (Eugen prinz von)]. — Einige Freimäurerische Versammlungs-reden [von Eugen Prinz von Wurtemberg], herausgegeben von einem innigen Verehrer der Wahrheit und aufricktigen Erforscher derselben und Mitverwandten der ächten Maurerei ; mit Genehmigung der Obern.

Frankfurt und Leipzig. s. adr. 1784 in-8° de XX-116 pp.

(O-1566

11544 [WURTEMBERG (E. von)]. — Freimaurerreden herausgegeben von einem Mitgliede des Erdens [von Prinz Eugen von Wurtemberg]. 1-te (und II-te) Sammlung.

S. l. ni adr. (Breslau, Löve), 1794 2 parties in-8° de XX-116, et XVI-158 pp.

(O-1565

11545 WURTZ (le Docteur Georges Christophe), médecin français né à Strasbourg en 1756, mort en 1823. Membre de l'Académie de Médecine de Paris. — Prospectus d'un nouveau cours théorique et pratique du Magnétisme animal réduit à des principes simples de physique, de chimie et de médecine etc... dans lequel on démontrera le système de M. Mesmer et ses procédés, on rectifiera quelques unes de ses erreurs, on analysera la cause et le mécanisme par lequel les différents effets magnétiques sont produits ; on prouvera enfin l'analogie qu'ils ont avec beaucoup d'autres effets naturels et pourquoi ils ne présentent rien d'opposé aux connaissances que nous avons jusqu'ici de l'économie animale, par M. Wurtz, docteur en médecine de la faculté de Strasbourg, membre du Collège de

Médecine de la même ville et élève immédiat de M. MESMER.

Strasbourg, Treuttel, 1787, in-8°. (1 fr. 25 à 2 fr.).

Ce prospectus serait encore excellent à quelques détails près ; l'auteur indique que MESMER connut le somnambulisme ce qui n'est plus douteux aujourd'hui.

(D. p. 71

WYLM (Dr Antoine) ; Pseudonyme du Dr en Médecine et Magistrat Joseph

MAXWELL, q. v.

11546 WYZEWA (Teodor de). — Contes chrétiens.

Paris, Perrin, 1902, in-12, 379 p. (10 fr.).

[8° Y² 53275

Première édition collective, contenant: Le Baptême de Jésus. — Les disciples d'Emmaüs. — Barrabas. — Le fils de la veuve de Naïm. Illustré de 4 frontispices en phototypie.

11547 X. — Explication d'un bas-relief mithriaque.

Paris, s. d., in-4°. Avec une planche hors texte, représentant un sacrifice mithriaque.

11548 X... (Abbé). — De la guérison des maladies par la prière et l'imposition des mains, par l'abbé X...

Paris, Maulde et Renou. 1868, in-8°, 32 pages.

(D. p. 181

11549 X. Y. Z. — X. Y. Z. oder Neue Aufschlüsse über die Deutsche Union und Schottische Maurerei : ein Blick in den innern Gang geheimer Gesellschaften.

Berlin, Jried. Maurer. 1789, gr. in-8° de 80 pp.

Commence par plusieurs discours entre X. Y. et Z. L'Union allemande ou des XXII a été fondée en 1788, par Charles Fred. BAHRDT et vingt et une autres personnes.

(O. 524

11550 XAMOLXID. — Tractatus aureus doct. philos. XAMOLXIDIS quem Dyrrachium philosophicum vocavit ; item ejusdem Colloquium, quod habuit cum Montanis (germanice); dans Thesaurinella olympica aurea (1682) pp. 91-109.

(O-1183

11551 XEFOLIUS. — Le Manuel de XÉFOLIUS.

[Paris,] au Grand Orient, 1788, in-8°. (15 fr.).

Edition originale. Imprimée à 60 exemplaires.

Cet ouvrage, attribué à Félix WIMPFEN guillotiné en 1793, est un exposé de principes en concordance remarquable avec ceux du Spiritisme. — L'auteur appartenait à la secte des théosophes, qui en ont été les précurseurs les plus directs.

11552 XEFOLIUS. — Le Manuel de XÉFOLIUS. (2me édit.).

Paris, Hachette. 1802. pet. in-8° ou in-16 de VIII-329 p. et 1 f° d'errata. (2 fr. 50).

[R. 42945

Avec l'épigraphe :

« Qui que tu sois, tu y trouveras ton lot ».

Débute un peu comme l'Ecclésiaste : j'ai vu... je me suis aperçu... Philosophie du genre de celle d'Epictète.

11553 YERVALE (le citoyen d'). — L'antiquité dévoilée par les principes de la magie naturelle, ou théorie des anciens législateurs qui a donné l'idée des Jardins des Hespérides et du Paradis Terrestre.

S. l., an VIII. in-8°, de 94 pp. (5 fr.).

(G-277

YOGI RAMACHARAKA. — Voir : *RAMACHARAKA* (le Yogi). pseudonyme de William Walker ATKINSON).

De même pour tous les autres « Yogis », voir au nom qui suit immédiatement leur titre.

On trouve quelques renseignements sur la « YOGA » au nom de son principal fondateur : PATANJALI.

11554 YORITOMO TASHI. — L'art d'influencer, le plus grand élément de réussite, en 12 Leçons. Trad. du Japonais. Commenté par B. DANGENNES.

Paris, Éditions Nilsson, [1912], in-8° de 126 pp. et tab.

[8° R. 25.422

Par l'augmentation du rayonnement des forces psychiques. — Par l'influence du regard. — Par les influences psychiques. — Par le prestige de la concentration. — Acquisition de la puissance dominatrice.

11554 bis YSABEAU (A). — LAVATER et GALL. — Physiognomonie et phrénologie rendues intelligibles pour tout le monde. — Exposé du sens moral, des traits de la physionomie humaine et de la signification des protubérances de la surface du crâne relativement aux facultés et aux qualités de l'homme.

Paris, Garnier, s. d., (1862), in-12. Avec 150 figures gravées sur bois (2 fr. 50).

[V. 55532

Etudes physiognomoniques. — Traits à étudier. — Signes de brutalité féroce. — Des tempéraments. — Ressemblances. — Physionomies des races humaines. — Analogie des figures humaines avec les animaux, etc..,

11555 YUNG (Emile). — Le sommeil normal et le sommeil pathologique, magnétisme animal, hypnotisme, névrose hystérique.

Paris, 1883. in-12. (2 fr. 25).

[8° R. 3922 (12)

11556 [YVELIN (Docteur)]. — Examen de la Possession des Religieuses de Louviers. [Par le Docteur YVELIN].

A Paris. M. DC. XLIII, [1643], in-4° de 18 p.

[Lk⁷ 4175

Réimprimé comme Pièce I de la 2ᵐᵉ partie de la Réimpression par Léon DESHAYS de Rouen, de l'*Histoire de Magdeleine* BAVENT. (Lemonnyer, éditeur. 1878, in-4°). Voir aussi « BAVENT ».

YVELING RAMBAUD. — Pseudonyme de :

GILBERT (Frédéric).

YVERMONT (Ary René d'). — Voir :

PARTHENIS (A. N.).

11557 YVES de PARIS (le P.) Capucin né et mort dans cette ville, âgé de 85 ans. (1593-1678). Il fut d'abord avocat. — Astrologiæ nova Methodvs Francisci ALLÆI Arabis Christiani [sed P. YVONIS Parisini Capucini].

Anno M. DC. LIIII,

—— Fatvm Vniversi observatvm a Francisco ALLÆO Arabe christiano.

Anno M. DC. LIIII.

[in fine :] *Rhedonis ex Typis Ivliani Herbert in vico Diui Germani sub signo Sancti Ivliani* M. DC.LIV [1654].

―― Ad Illustrissimos Viros amplissimi Senatvs Armorici. In Librum de Fato Vniversi nuper editum Disceptatio P. Ivonis Parisini Capucini.

[in fine :] *Rhedonis*, [*Rennes*]... [*ut suprà*]... M. DC. LV. [1655], 3 parties in-f° de : 1 f° N. C. et 12 p- 62 p. et 1 f° d'index ― 25 p. avec 7 planches astrologiques, à double cercle mobile (fréquemment endommagées).

Les trois :
[V. 1907

Remarquable recueil dont l'édition originale, fort rare, a été brûlée à Rennes ou à Nantes par la main du bourreau.
Les Réimpressions sous la même date de 1654 ou sous celle de 1658 ne sont nullement recherchées parce qu'elles sont tronquées. (Peignot, *Dic. des Livres condamnés au feu*, II-204).

11558 YVES (le P.). ― La théologie natvrelle ou les premières véritez de la Foy sont éclaircies par raisons sensibles et morales par le p. Ives de Paris, capucin.

Paris, chez la Veufue Nic. Buon, 1633, in-4°. (4 fr.).
[D. 10569
(G-1467

11559 YVES-PLESSIS. ― Essai d'une bibliographie française, méthodique et critique de la sorcellerie et de la possession démoniaque. ― Pour servir de suite et de complément à la *Bibliotheca magica* de Graesse, à la *Bibliotheca diabolica* anglaise, au catalogue Ouvaroff et aux divers travaux partiels publiés sur cette matière ; avec une préface par Albert de Rochas.

Paris, Chacornac, 1900, gr. in-8° XIV-256 p. 7 pl. hors texte. (12 fr.).
[Réserve m. Q. 58

Ouvrage nécessaire à ceux qui ont en préparation des livres sur la sorcellerie, à ceux qui s'intéressent et à ceux qui veulent se faire une idée des ouvrages qui en ont traité. ― Le nombre de publications sur cette matière étant formidable, ce livre est un vade-mecum indispensable.

11560 YVON (Peter). ― Kurser Begriff unterschiedlicher gottloser und irriger Reden und Sätze, so sich befinden in Anthoinette Bourignons zweyen Büchern, intitulieret Licht der Welt, unb Grab der falschen Theologie : Gott zu Ehren, und vielen Seelen zu gute von Petro Yvon, Diener Jesu Christi.

Altona, Cornelis van der Meulen, 1673, in-8° de 99 pp.
(O-70

11561 YVON (P.). Die wahre und reine Lehre von der göttlichen Praedestination oder Zuvorverordnung und den ewigen rahtschlüssen Gottes,... durch Petrum Yvon.

Altona, Corn. van der Meulen, 1673, in-8° de 67 pp.

Ces ouvrages contiennent la secte *les Labadistes*.
(O-71

11562 ZACCONE (Pierre) et BEAUJOINT (J.). — Les Bandits de Naples ou les Mystères de la Camorra, par P. ZACCONE et J. BEAUJOINT. (*Journal de la Semaine* n° 446 à 508) gravures.

Paris, s. d., in-4°. (2 fr. 50).

11563 ZACCONE (Pierre). — Histoire de la Camorra et des Etrangleurs et Empoisonneurs.

Paris, 1868, in-4°. (2 fr.).

La Camorra ou le manuel des voleurs. — Les Etrangleurs et les Empoisonneurs.

11564 ZACCONE (Pierre). — Histoire des sociétés secrètes politiques et religieuses : l'Inquisition, les Jésuites, les Feniens, les Francs-Juges, les Francs-Maçons, les Templiers, le Conseil des dix, les Carbonari, les Etrangleurs, etc... Suivie d'un précis historique sur le Compagnonnage.

Paris, *Authème Fayard*, 1867, 2 vol. in-4° d'environ 540 p. (T. I.) et de 664 et 92 p. (T. II) (10 fr.).

[G. 8029-8030

Au total, 162 livraisons de 8 p. (voir détail, II-664).

Abondant ouvrage orné de nombreuses gravures.

Autre édit. :

Paris, *Morel*, 1847, 5 vol. in-8°, (25 fr.).

[G. 30413-30416

Cet ouvrage a eu de nombreuses éditions, souvent sans date, et généralement dans le format in-4" à 2 colonnes.

11565 ZACCONE (P.). — Histoire des sociétés secrètes politiques et religieuses depuis les temps les plus reculés jusqu'à nos jours.

Paris, Fayard, 1879, 3 vol. in-4°. (18 fr.).

L'Inquisition, les jésuites, les Féniens, les Francs-Juges, les Francs-Maçons, les Templiers, le Conseil des Dix, les Carbonari, les Skopotki, mutilés russes, les Colombes blanches, les Nihilistes, l'Internationale, la Marianne, les Compagnonnages, les Etrangleurs, les Amis du peuple, les Saints-Simoniens, la Camora, les Illuminés, les Communistes, etc. Orné de deux frontispices symboliques et d'une grande quantité d'illustrations dans le texte gravées sur bois par Prunaire d'après les dessins de Tobb.

11566 ZACCONE (Pierre). — Histoire des Templiers.

Paris, s. d., in-4°. Avec gravures. (3 fr.).

11567 ZACCONE (Pierre). — Histoire illustrée des Francs-Maçons.

Paris, s. d., in-4°. Nombreuses gravures, (2 fr. 50).

Ouvrage de vulgarisation qui, néanmoins, est assez bien fait et contient des documents intéressants pour l'histoire de la Franc-Maçonnerie et des sociétés qui s'y rattachent. — Cagliostro, Philosophes Inconnus. — Rose-Croix, etc...

C'est sans doute un fragment (le début du Tome II) de l'*Histoire des Sociétés secrètes*, où il occupe les 142 premières pages.

11568 ZACCONE (Pierre). — Histoire illustrée des Illuminés et des Rifaudeurs (ou Chauffeurs).

Paris, 1868, in-4°. Illustrations. (2 fr. 50).

Weishaupt. — Les Illuminés de France et d'Allemagne. Le Tugend-bund, etc.

Fait également partie de l'*Histoire des Sociétés secrètes* (Tome II-257 à 360).

11569 ZACHAIRE (Denis), alchimiste français né en Guyenne, vers 1510, mort peut-être en Allemagne vers 1560 ou 1570 (?) Il étudia le droit à Toulouse puis l'Alchimie à Paris. Il fut appelé à Pau par Antoine d'ALBRET roi de Navarre, grand père de Henri IV, puis se rendit à Lausanne et de là en Allemagne où on perd sa trace. — Die natürliche Philosophia von Verwandelung der Metallen in Gold und Silber, durch das allerhöchste Geheimnisz, welches genennet wird der Lapis Philosophorum, wie solchen der weltberühmte Philosophus Dionysius ZACHARIAS, würcklich selbst gemachet, und dessen zeithero sehr rar gewesene Tractätgen um ihrer Fürtrefflichkeit wegen aus dem Frantsözischen ins Deutsche übersetzet worden.

Dresden und Leipzig, Gottfr. Lesch, 1724, in-8° de 150 pp. avec 1 pl.

Il y a une autre édit. de

Franckfurt und Leipzig, Joh. Paul Krausz, 1773, in-8° de 135 pp.

(O-931-932

11570 ZACHAIRE (Denis). — Opuscule tres-excellent de la vraye Philosophie naturelle des metaulx, traictant de l'augmentation et perfection d'Iceux, avec Advertissement d'eviter les folles despences qui se font ordinairement par faute de vraye science; par maistre D. ZACHAIRE, gent. et phil. Guiennois; avec le Traicté de venerable doct. allemant mess. BERNARD, comte de la Marche Trevisane sur le mesme subject. (N. édit.).

Lyon, par Benoist Rigaud, 1574, in-16 de 283 pp.

[R. 54200

Le *Traité de la Philosophie nat. des métaux*, par BERNARD Trevisan, commence à la p. 170.

(O-828-027

11571 ZACHAIRE (Denis). — Opuscule très excellent de la vraie Philosophie naturelle des métaux, par Maistre ZACHAIRE; plus le Traité de BERNARD Allemand [BERNARD *le Trevisan*]. *Lyon*, 1612, in-16. (15 fr.).

[R. 54261

Ce traité donne, sous une forme symbolique, l'élaboration alchimique de la « *Pierre philosophale* », et la Clef du Grand Œuvre. Le Traité de BERNARD-TRÉVISAN, porte comme titre : *Des Inventeurs qui premier trouuerent c'est art precieux, et des Principes et racines des metaux avec raisons euidentes et philosophales*. — ZACHAIRE décrit la façon d'user de l'œuvre divine aux corps humains pour les guérir des maladies.

(S-3397

11572 ZACHAIRE (Denis). — Von der natürlichen Philosophia und Verwandlung der Metallen in Gold und Silber durch das höchste natürliche Geheimnisz und Kunststück, so manden Lapidem philosophorum nennet, drey Tractate, erstlich in französischer Sprache beshrieben durch den... Dyonis. ZACHARIUM.... welcher anno 1550,...; jetzund aber allen kunstliebenden Deutschen,... durch M. Georg Forbergern.

Hall. Erasm. Hynitsz, 1600, pet. in-8° de 62 ff. non chifr.

(O-030

11573 ZACHARIAS (E.). — Numotheca. — Numismata Latomorum.

Dresden, 1840-44, 6 tomes en 1 vol in-4°. (40 fr.).

Recueil de 42 planches de médailles, avers et revers, frappées à l'occasion des fêtes maçonniques, principalement dans les Loges d'Allemagne, de Hollande, de Belgique, etc... On trouve en face de chaque planche la description explicative des médailles.

11574 ZADKIEL'S Almanac containing voice of the stars, forecasts of the weather, aspects of the sun and moon with the planets, astronomical phenomena, numerous useful tables with a hieroglyphic.

London, 1894 et... in-12 avec figures. (1 fr. chaque année).

Almanach du genre, sans doute, des éphémérides de RAPHAEL. q. v.

11575 ZAM (Docteur). — Le magnétisme personnel. (De la culture humaine).

Paris, H. Daragon, 1909, in-16 de 148 p. (3 fr.).

[8° R. 22531

Compilation nouvelle sur le sujet.

Avec une lettre préface de M. Ernest Bosc. — La nature de la force magnétique. — De la pensée. — Les pensées sont des choses. — La pensée intelligente. — De la force et de l'énergie vitales. — Du pouvoir de l'homme. — De l'homme magnétique et de l'homme non magnétique. — Courants mentals. — Le secret, nos impulsions. — Les deux mondes. — La matière astrale. — De la force fluidique. — Du pouvoir de la volonté. — La foi. — De la protection active. — De l'induction active. — De l'induction humaine. — Le plexus solaire. — Radiation directe. — Photographie mentale. — De la méthode musculaire. — La suggestion mentale. — La loi d'attraction. — Le serrement de mains.

11576 ZANCHIUS (Hieronymus) ou Girolamo Zanchi, théologien protestant italien, né à Alzano, près Bergame, en 1516, mort à Neustadt (Bavière Rhénane) en 1590. Chanoine régulier de Latran, puis ministre protestant dans les Grisons. Professeur de Théologie à Heidelberg, etc. — De Divinatione tam artificiosa, quam artis expertae, et utrivsqve variis speciebus tractatvs, etc... de Astrologie Divinatrice.

Hanoviæ, apud G. Antonium, 1610 in-12. (10 fr.).

[V. 21833

Étude complète sur tous les modes de divination.

11577 ZANCHIUS (Hier.) — Hier. Zanchii, de Tribus Elohim, unoque Jehova.

Francofurti ad Moenum, G. Corvinus, 1572. 2 vol. in-fol.

[D². 375

Ed. originale.

(S-38 Supp.

11578 ZANETINIS ou Zanettini (Jérôme) jurisconsulte et philosophe hermétique italien né à Bologne vers 1430 mort en 1494. Il professa le droit à Pise et à Bologne. — Hieronymi de Zanetinis Conclusio et comprobatio Alchymiæ qua, disputationi et argumentis Angeli respondetur ; dans Theatrum chemicum. (1613).IV. 277-82.

(O-580

11579 ZARATE (Augustin de) historien et administrateur espagnol, mort vers 1500. Envoyé au Pérou par Charles Quint. — Histoire de la découverte et de la conquête du Pérou. Traduit de l'Espagnol.

Paris. Charpentier. 1716, 2 vol. in-12.

Avec une carte et 14 figures gravées.

Autre édit :

Amsterdam, de Lorme. 1700, 2 vol in-12.

[Ol. 765
(G-1094

11580 ZEHEN bewährte alchimische Prozesse Liebhabern dieser Kunst gewidmet, von einem erfahrnen und uneigennützigen Freunde A. F. M.

Wien. Martin Weimar, 1790, in-8° de 40 pp.

(O-1523

11581 ZELLER (Edouard) philosophe et théologien allemand né à Kleinbottwar (Würtemberg) en 1814. Agrégé à l'Université de Tubingue, professeur à Berne, Marbourg et Heidelberg. — La philosophie des Grecs, considérée dans son développement historique.

Paris 1877-84, 3 vol. in-8°. (55 fr.).

[8° R. 1065

11582 ZESEN (Philippus comes a), ou encore Cæsius, gentilhomme et poète allemand, né à Priorau, près de Dessau, en 1619, mort en 1689. Il était comte palatin et vécut surtout à Hambourg. — Cœlvm astronomico-

Sc. psych. — T. III. — 48.

poeticvm sive mythologicvm stellarvm fixarvm, hoc est, signorum cœlestium, sive constellationum omnium ad certas imagines redactarum, inque cœlo fictitio sive organo globi astronomici continui, mythologico nomine et pictura, ab antiquis repræsentatarum svccincta descriptio.

Amstelædami, Blaeu, 1662, in-8°, (5 fr.).

11583 ZEUGNISZ eines Kindes von der Richtigkeit der Wegen des Geistes allhier vorgestellet in der göttlichen, englischen, natürlichen und fleischlichen Magie ; aus dem Frantzösischen Original-Manuscript in die teutsche Sprach übersetzet.

S. l. n. adr., 1737, in-8° de 124-XI pp.

Autre édition :

S. l. n. adr., 1740, in-8° de 176 pp.

(O-104 et 105

11584 ZEUGNISZ eines Kindes von der Richtigkeit der Wegen des Geistes, vorgestellet in einer Lebens-Beschreibung der heiligen Patriarchen oder der XXIV Aeltesten, nach dem Spruch Offenb. 4 v. 4...: aus dem Frantzös.... ubersetzt.

S. l. n. adr., 1740, in-8° de 352 pp.

(O-106

11585 ZEUGNISZ eines Kindes von der Richtigkeit der Wegen des Geistes, vorgestellet in einer Erklärung der Epistel an die Ebräer ; aus dem Frantzösischen in die teutsche Sprach überstzt.

S. l. n. adr., 1741, in-8° de 432 pp.

(O-107

11586 ZEVORT (Charles Marie), littérateur français né à Bourges en 1816. Professeur de philosophie, Inspecteur de l'Académie de Montpellier, puis Recteur à Bordeaux et à Aix. — Dissertation sur la vie et la doctrine d'ANAXAGORE.

Paris, 1843, in-8°. (5 fr.).

[R. 54316

Vie d'ANAXAGORE, sa doctrine, son appréciation. — Influence de cette doctrine dans l'antiquité.

11587 ZHORA. — Etudes tentatives. — Lettre-préface de Papus.

Paris, « *L'Initiation* » 1903, in-16, 31 p. (1 fr.).

[8° R. Pièce. 9509

Bel ouvrage rempli de hautes pensées mystiques sur la prière, l'amour, etc...

11588 ZIEGLER (Martin). — Le fluide vital par Martin ZIÉGLER.

Mulhouse, 1866, in-8° 15 pages.

[Tb15. 13

(D. p. 180

11589 ZIMARA (Marc Antoine) médecin italien né à Galatina (terre d'Otrante) en 1460, mort en 1532. Docteur en médecine et professeur de philosophie à Padoue. — Marci Antonii ZIMARÆ Antrvm magico-medicvm in quo Arcanorum magico-physicorvm sigillorum, signaturarum et imaginum magicarum, secundum Dei nomina et constellationes astrorum.... ad omnes corporis humani affectus curandos. — Antri Magico-medici pars secunda.

Francoferti, typis Weisii, 1625, 2 tomes pet. in-8° (15 fr.).

[Rés. Te130. 5

(G-1095

(S-3196

11591 ZIMARA (M. A.). — Marci Antonii ZIMARÆ magische Artzney-Kunst, darinnen enthalten ein gantz neuer überhaus reicher Schatz verschiedener Magisch-Naturgemäszer Geheimnisse, insonderheit aber von Sigillen ....; darzu kommt über dieses noch : I. eine deutliche Handleitung, unterschiedliche rare chymiche Artzney-Mittel aus den Mineralien und Erdgewachsen zu präpariten ; II. ein besonders Tractätlein, handlend von vielen schönen Schmincken, Anstrichen und dergleichen Sachen dadurch sich ein Meinsch eine saubere.... III. eine Anweisung, die Metallen und Mineralien zu bereiten... ; auf vielfältiges Begehren aus dem lateinischen in das teutsche übersetzet....

Franckfurt, 16..... (la date est coupée), in-8" de VI-636-XVI pp. avec 1 pl.

(O-1625)

11592 ZIMMERMANN (Le Dr). — Les phénomènes de la nature, leurs lois et leurs applications aux arts et à l'industrie (Electricité, Magnétisme, Galvanisme, Mécanique, Acoustique, Optique, Calorique).

Paris, 1858, 2 vol. in-8°. Illustré d'un grand nombre de gravures (6 fr.).

[S. 35222-35223

11593 ZIMMERMANN (Carl Friedrich). — Carl Friedr. ZIMMERMANNS Gedanken von der Uebereinstimmung, welche an etlichen Säzen aus der wahren Alchemie, mit verschiedenen im Mineralreich sich erzeigenden Umständen zu bemerken ist, nebst deszen Gedanken über die magische und medizinalische Steine ; dans *Magazin für die..... Chemie* (1784), I, 355-92.

(O-1422)

11594 ZIMMERMANN (Jean Georges) médecin et philosophe suisse né à Brugg (Argovie) en 1728, mort en 1595. Il pratiqua à Berne et à Brugg. — La solitude considérée relativement à l'esprit et au cœur ; traduit de l'allemand.

Paris, Le Roy,. 1788, in-8° (2 fr.).

[R. 18621

11595 [ZIMMERMANN (Jean Jacques)] écrivain Suisse, né et mort à Zürich (1685-1756). Professeur de Théologie et Chanoine. — De Miraculis quæ Pithagoræ, Apollonio Thyanensi, Francisco Assisio, Dominico, et Ignatio Loyolæ tribuuntur Libellus. A PHILELEUTHERO HELVETIO.

Duaci (Douai), typis P. Columbii, 1734, in-8°.

[D². 10058

Edition originale d'un ouvrage curieux.

Autre édition :

Edimburgi, typis P. Fox. 1755, in-8°.

[D². 4512

Voir LAROUSSE pour d'autres ouvrages du même, sur *les Visions, l'Incrédulité,* etc.

(S-4947
(Gr. p. 4

11596 ZIMMERMANN (Dr W. F. A.). — Le monde avant la création ou le Berceau de l'univers.

Paris, Schulz, 1862, fort. vol. in-8°. Orné de 250 gravures sur bois (4 fr.).

[S. 35828

ZIMMERMANN (Sur). — Voir : *TISSOT*

11597 ZIMPEL (Dr). — Le Millénaire, Extrait de ses deux ouvrages. 1° La XIme heure avec l'Antéchrist. — 2° Explication populaire de l'Apocalypse de Saint-Jean.

Francfort-s/M., 1866, in-8° (6 fr.).

(G-1165

11598 ZOHAR (Le). — Traduction française de Henri Château, avec lettre préface de Papus.

Paris, *Chamuel*, 1895, in-8° (5 fr).

|A. 21078

Thèse de doctorat en Kabbale, et première traduction française de ce monument fondamental, tirée de la version latine de Knorr von Rosenroth et collationnée avec le texte chaldaïque. — Le Zohar renferme la portion la plus métaphysique et les plus profonds mystères de la Kabbale. — Il est consacré plus spécialement à l'étude de l'essence divine et de ses modes de manifestation, ce que les Kabbalistes appellent le Char Céleste ou Mercavah.

11599 ZOHAR. — SEPHER HA ZOHAR (Le Livre de la Splendeur) doctrine ésotérique des Israélites. Traduit...par Jean de PAULY....

Paris, E. Leroux, 1906-1911, 6 vol. in-8°, front. et pl. gr. (150 fr.).

|A. 21983

Tiré à 500 exempl. numérotés.

11600 ZOLA (Emile) littérateur français né et mort à Paris (1840-1902) Chef de l'Ecole de littérature naturaliste. D'abord employé chez un libraire, puis journaliste et écrivain. — Lourdes.

Paris, Charpentier, 1894, in-12 (4 fr.).

[8° Y². 4872]

(Edit. originale).

11601 ZOLA (Emile). — Les Trois Villes. — Lourdes. — Edition ornée d'aquarelles de H. Lanos reproduites en couleurs.

Paris, Charpentier, 1896, gr. in-8° figures (5 fr.).

[4° Y². 5427

ZOLA (Sur Emile). — Voir :
LEPELLETIER (Edm.)
MACROBE (Ambroise)
TOULOUSE (le Dr).

11602 ZOROASTRE (Télescope de), ou Clef de la Grande Cabale divinatoire des Mages.

S. l., 1790, in-8° de XXIV-132 p. — 1 f° d'errata. — 6 planches hors texte : p. 33, tableau des 37 loges ; la dernière pl. est repliée et très grande, composée de cellules hexagonales (30 fr.).

[8° Z. 12431

« *Dissertation épistolaire* » signée « *Le Baron de N....* »

Sorte de « *Tarot* » en hexagones de bois au nombre de 112, semblables dessus et dessous.

Ce rarissime ouvrage inconnu de la plupart des occultistes et contre lequel l'abbé BARRUEL s'est vivement élevé est excessivement intéressant et profond, malgré la bizarrerie de son titre. — Il traite en effet de la Haute Cabale et des rapports de l'homme avec les Intelligences célestes. — Malgré toutes nos recherches, il nous a été impossible de trouver le nom de l'auteur de cet ouvrage que nous n'avons vu mentionné dans aucune bibliographie et qui manquait même à St. de Guaita. — Sept grandes planches kabbalistiques hors texte, permettent au lecteur de se servir utilement de cette œuvre précieuse [Dujols].

11603 ZOROASTRE (attribué à). — Teleskop des Zoroasters oder Schlüssel zur groszen wahrsagenden Kabala der Magier : aus dem Französischen.

Leipzig, Wilh. Kein, 1797, in-8° de II-158 pp. avec 7 pl. dont 1 double. Nombreux pantacles magiques (15 fr.).

Edition allemande du précédent, le fameux « *Télescope de Zoroastre* » contre lequel l'abbé BARRUEL s'est si vivement élevé dans ses « *Mémoires pour servir à l'histoire du Jacobinisme.* » C'est la Clef de la grande Kabbale divinatoire des mages, avec table des Principes, Esprits, Intelligences : le grand Miroir ou l'hexagone, le tableau des 28 étoiles natales et les 28 anges gouverneurs, etc....

Stuttgart, 1857, in-18 (3 fr. 50).

(O-1714.

11604 ZOROASTRE. — ZOROASTER, de Occultâ Philosophiâ Libri IV.
  Parisiis, 1565.
  Basileæ, 1567.
  2 éditions in-8°.
  (Gr. p. 46

ZOROASTRE (Sur). — Voir
  CRAWFORD. (Marion)
  DOUGLASS (R. B.)
  MENANT (Joachim)
  NIETSCHE
  PASTORET (de)
  RICHEPIN (Jean)

11605 ZURCHER et MARGOLLÉ. — L'Énergie morale : beaux exemples.
  Paris, Hachette et Cie, 1882, in-12 (2 fr.).
  [8° R. 4724

Ouvrage illustré de 15 vignettes par P. Frizel et A. Brouiller.

11606 ZURCHER et MARGOLLÉ. — Les Tempêtes. — Météores, orages magnétiques, prévisions du temps.— Légendes et traditions.
  Paris, s. d. (1863), in-12 (4 fr.).
  [V. 55597

Livre très curieux par son côté mythique et légendaire et les aspects prodigieux manifestés parfois par les éléments.— La sorcellerie dans ses rapports avec les forces de la nature y est l'objet d'intéressantes observations.

11607 ZURUF an meine Brüder in den Preussischen Staaten, bey Eröfnung des Krieges.
  Berlin. G. J. Decker, 1778, in-8° de 12 pp.
  (O-356

11608 ZWARCK (Franz Xavier von).— Einige Originalschriften des Illuminatenordens, welche bei dem gewesenen Regierungsrath (Franz Xavier von) Zwarck durch vorgenommene Hausvisitation zu Landshut den 11 und 12 octob. 1786, vorgefunden worden....
  München, Johann Bapt. Strobl, 1787, in-8° de VI-407 pp.
  (O-504

11609 ZWEYTES und drittes Schreiben eines Profanen über die glückliche Endeckung der Freimaurerey ; nebst einer Uebersetzung des Französich. Werkgens : la Muse maçonne des h. Lussy (Tschoudy); alls der II-te Th. un Beschlüsz der allerneuesten Entdeckung der verborgensten Geheimnisse der hohen Stufen der Freymaurerei.
  Jerusalem (Berlin, Haude und Spener), s. adr., 1768, in-8° de II-101 pp.

Die Freymaurer-muse de TSCHOUDY, avec musique imprimée, remplit les pp. 14-57.
  (O-284

Additions et Corrections

Au 1er Septembre 1912

TOME Ier. — Les Pages 305 à 320 sont paginées par erreur 320 à 335.

TOME II, Pages 135 et 136. — Le numérotage a été bissé de 4350 à 4350, par suite d'une erreur.

TOME III. — Les Pages 321 à 336 sont cotées par erreur 231 à 236.
La Page 688 a été bissée par erreur.

ABAN (Pierre d'). — N° 6. p. 2, au lieu de : (S-3221, lire (S-3321.

AGRIPPA (H. C.), — N° 96, p. 14. Retrancher tout le numéro : la Librairie DUJOLS et THOMAS, n'a pas donné suite à son projet de publication de cette édition d'AGRIPPA. Par contre la Librairie CHACORNAC a publié à la même date une traduction analogue.

AIA AZIZ. — Pseudonyme de m. MAX THÉON, q. v.

ANTOINE LE GUÉRISSEUR. — N° 328, p. 43. Ce célèbre guérisseur est mort à Jemeppe-sur-Meuse, le mardi 25 Juin 1912.

ART DE JUGER. — N° 459, p. 65. Cet ouvrage anonyme est dû à M. HOCQUART : Voir Tome II, p. 269, N° 5197.

ARVEDE BARINE. — Pseudonyme de
VINCENS (Mme).

ASTROLOGIE. — Catalogues d'Ouvrages d'Astrologie (principalement mss) : voir :
CATALOGUS...
CUMONT.

11610 AUBREY (John), Esq. — Miscellanies. viz : I. Day Fatality. — II. Local Fatality. — III. Ostenta. — IV. Omens. — V. Dreams. — VI. Apparitions. — VII. Voices. — VIII. Impulses. — IX. *Knockings*. — X. Blows invisible. — XI. Prophecies. — XII. Marvels.— XIII. Magick. — XIV. Transportation in the air. — XV. *Visions in a Beril or Glass*. — XVI. Converse with Angels and Spirits. — XVII Corps Candles in *Wales*. — XVIII. — Oracles. — XIX. Exstasie. — XX. Glances of Love, Envy. — XXI. Second sighted persons. — Collected by J. AUBREY, Esq :

London : *printed for Edward Castle...* 1696, in-8° de 179 pp. fig. dans le texte parmi lesquels un cristal monté sur un pied (p. 130).

[Z. 33045

Inépuisable collection d'anecdotes sur tous les sujets indiqués au titre. Qq. renseignements intéressants sur la cristalloscopie et la seconde vue en Ecosse.

AUFFINGER (Louis) Magnétiseur à Paris, l'un des successeurs du Baron DU POTET : son ancien secrétaire. — Voir :
CHAÎNE MAGNÉTIQUE (La).

BAGNEUX DE VILLENEUVE. — N° 635, p. 91. Le véritable nom de l'auteur est M. Raoul VÈZE.

BEAUDOIRE (Théophile) dessinateur et fondeur en caractères, français, né à Mamers en 1833, mort à Paris, directeur de l'ancienne fonderie de Firmin Didot, en 1903. M. Beaudoire débuta comme typographe chez son frère au Mans, travailla un moment chez l'abbé Migne à Paris, puis devint gérant de la « Fonderie générale », (ancienne fonderie Didot), en 1872. On lui doit la remise en lumière des caractères dits « Elzévir », la création du « Type Beaudoire », remarquable par la pureté de ses lignes autant que par sa clarté, et un système de caractères musicaux très perfectionnés. Il consacra la fin de sa carrière à des recherches approfondies sur les origines de l'Alphabet typographique, de la Numération, et sur la Genèse de la Cryptographie Apostolique.

11611 BEAUDOIRE (Théophile). — Genèse de la Cryptographie Apostolique et de l'Architecture Rituelle du Premier au Seizième Siècle, Baptistères, Basiliques, Amulettes, Sarcophages, Fresques, Numismatique, Manuscrits, Chartres et Bulles, Vitraux, Orfèvrerie religieuse, Armoiries, Marques Typographiques, etc...

Paris, en vente chez Honoré Champion, 1903. gr. in-8° de 202 pp. 306 fig. dans le texte et très nombreux signes et hiéroglyphes.

Ouvrage « imprimé avec les Caractères Archéologiques Type Théophile BEAUDOIRE », d'une élégance et d'une lisibilité remarquables.

L'auteur attribue une importance prépondérante au symbolisme de la lettre « RESCH », figurée en Hébreu par une équerre, une crosse ou un crochet. Il donne les documents authentiques les plus intéressants sur l'origine des 3 points .·. les Symboles de Dieu le Père et Dieu le Fils, etc.

Jéhovah et les Sigles qui le représentent. — Jésus-Christ et les Sigles Gréco-Hébraïques. — Triphylle dite « Fleur de Lys ». — Resch, Diresch, Triresch. — Architecture rituelle. — Franc-Maçonnerie. — Etc.

11612 BEAUDOIRE (Théophile). — Origine des signes numéraux, par Théophile BEAUDOIRE.

Paris, l'auteur, 1892, in-8° de 42 pp. fig. et pl. (2 fr.).

L'auteur démontre dans cette brochure l'origine Indienne des chiffres dits « Arabes » dont nous nous servons encore aujourd'hui.

Les chiffres chez les Hindous. — Les lettres numérales chez les Arabes. — Les chiffres chez les Arabes. — Les chiffres chez les Grecs. — Les lettres et les signes numéraux en Occident. — L'art du dessin cambodgien.

11613 BEAUDOIRE (Théophile). — Origines de l'Alphabet de la Typographie et de la Numération.

Paris, l'auteur, 13 rue Duguay-Trouin, 1899, in-8° de 32 pp. 5 fig. et nombreux alphabets dans le texte. (2 fr.)

Remarquable impression en caractères dessinés par l'auteur lui-même.

Le premier Alphabet. — L'écriture en Grèce. — L'écriture en Italie. — L'écriture en Gaule. — La Typographie. — Les Signes de la Numération.

11614 BECHTEREW (le Professeur), de St Pétersbourg. — La Suggestion et son rôle dans la Vie sociale, traduit et adapté du russe par le Dr P. KÉRAVAL, médecin en chef de l'Asile clinique de Ste Anne.

Paris, C. Boulangé (?), 1910, in-12 de 270 pp.

Le but de l'auteur est de montrer que « où que nous nous trouvions dans la société, nous subissons la contagion psychique, et, par suite, nous sommes exposés à être mentalement infectés par l'agent de contagion mentale ».

Il examine donc les différentes opinions sur la nature de la Suggestion, puis en expose sa théorie, basée sur la « sphère personelle » et la « sphère générale » du Psychisme.

Études sur l'action de la foi ; les hallucinations collectives ; les rêves prophétiques ; les épidémies religieuses ; le Mesmérisme ; les paniques humaines et animales, etc.

BEHAISME : nouvelle Religion Universaliste moderne. — Voir :

ABD OUL BEHA.

11615 BENEZECH (Alfred) Pasteur de la Faculté Protestante de Montauban.— Les Phénomènes Psychiques et la Question de l'Au-delà.

Paris, Fischbacher. 1012, in-10 de 272 p. et tab.

[8º R. 25085

L'auteur décrit ses propres expériences et en déduit ses conclusions personnelles.

Les Phénomènes psychiques. — L'Hostilité des savants. — Les groupes d'études. — Expériences. — Psychologie de la Table parlante. — Quelques vues de l'au-delà. — A la recherche d'une explication. — Les probabilités morales de la survie. — La Valeur du Spiritisme. — Etc.

11616 BERDOE (E.). — Origin and Growth of the Healing Art.

London, Sonnenschein, 1893, in-8º.

Curieux pour les anecdotes d'ancienne médecine.

BERGASSE. — Nº 979, p. 141. La Cote de la Bibliothèque Nationale est :

[Th³³, 1

11617 BERGSON (Henri). Membre de l'Institut, Professeur au Collège de France. — L'Évolution créatrice par Henri BERGSON…

Paris, Félix Alcan, 1007, in-8º de VIII-403 pp. et catalog.

[8º R. 21452

De la « *Bibliothèque de philosophie contemporaine* ».

L'évolution de la vie : mécanisme et finalité. — De la durée en général. — Du Transformisme et des manières de l'interpréter. — Recherche d'un critérium : Darwin, De Vries, Eimer, les néo-Lamarckiens. — L'*élan vital*. — Les directions divergentes de l'évolution de la vie. — Torpeur, Intelligence, Instinct. — Processus évolutif. — Vie et Conscience. — De la signification de la vie. — L'ordre de la nature et la forme de l'intelligence. — Rapport du problème de la Vie au problème de la connaissance. — La méthode philosophique. — Création et évolution. — Le mécanisme cinématographique de la Pensée, et de l'illusion mécanistique. — Coup d'œil sur l'histoire des systèmes. — Le Devenir réel et le faux Évolutionnisme. — Le Devenir et la Forme. — La Philosophie des Formes et sa conception du Devenir. — Platon et Aristote. — Métaphysique de la Science moderne. — Descartes, Spinoza, Leibnitz, la critique de Kant, l'évolutionnisme de Spencer.

Cet ouvrage (qui est qualifié, peut-être assez exactement de *Chef d'œuvre*, sur le Titre de l'exemplaire de la Bibliothèque Nationale) se rapproche assez en quelques points, des doctrines les plus pures qui nous aient été transmises par les plus grands Initiés.

BERTRAND. — Nº 1080, p. 155. Le nom complet de l'auteur est *Bertrand de LA COSTE.* Voyez le Nº 5015 bis, Tome III, p. 585.

BIBLIOTHÈQUE DES PHILOSOPHES CHIMIQUES… — Voir : *SALMON*.

BORDELON (l'abbé). — Nº 1425, p. 208. Supprimer la mention : *Londres.* 1750, in-12, (2 fr.). qui appartient à un autre article.

11618 BOYER DE REBIAB. — L'Intelligence Intégrale. Son Encyclopédie rationnelle et pratique Dans toutes les Situations : Libérales, Artistiques, Industrielles, Commerciales, Militaires, Agricoles, Féminines, etc. par Boyer de Rebiab.

Paris, Librairie du Magnétisme, [MM. H. et H. Durville] ou *P. G. Leymarie,* mars 1012, in-10 de 288 pp. portr. médaillon de l'auteur sur le titre.

[8º R. 25429

BRIEU (Jacques). — Nº 1001, p. 244. Rectifier la Cote de la Bibliothèque Nationale, qui est :

[8º R. Pièce 12079

11619 BRIEU (Jacques). Rédacteur et

Critique au *Mercure de France*. — La Méthode Générale et Scientifique, et les Méthodes Rationaliste et Fidéiste.

Paris, Sansot, 1912, in-12 carré de 200 pp.

Les Méthodes Spirites, Théosophiques et Occultistes. — Les Méthodes Spirites. — La Méthode Théosophique. — Les Méthodes Occultistes. — De l'Analogie. — De la Tradition. — Etc.

Finement critiqué dans le *Mercure de France* du 1ᵉʳ Octobre 1912, p. 611.

CAILLET (Albert Louis). — Nº 1924, p. 283. Rectifier la collation de l'ouvrage, qui est de XIII-300 pp. La cote de Bibliothèque est :

[Tᵉ¹² 106, et
[Rés. Tᵉ¹² 106 A.

11020 CAILLET (Albert L.). — Aperçu général sur le Traitement Mental. Orné de 5 planches hors texte.

Paris, Hector et Henri Durville, s. d., [1912], pet. in-8º de 28 pp. et table, pl.

Texte d'une Conférence faite à la Société Magnétique de France le 20 Juin 1911.

CANTIMPRÉ (Thomas de). — Voir :

THOMAS de Cantimpré.

11021 CARPENTER (Edward)(Voir notre Notice, I-299). — The Art of Creation. Essays on the Self and Its Powers. By Edward CARPENTER Author of « Towards Democracy », « Civilisation », etc. etc.

London, George Allen, MCMVII, [1907], in-8º de xi-265 pp.

Ouvrage d'une importance considérable, émanant d'un auteur connu pour ses idées avancées et pour l'élévation de son évolution. Dans ce livre et le suivant, est contenue toute une Théorie de la Création et de l'Origine de l'Homme suivant les points de vue à la fois les plus antiques et les plus adaptés aux dernières découvertes de la Science Moderne.

C'est la *Science éternelle des Mages*, présentée par un Voyant, un poète et un Savant du XXᵉ Siècle.

The Art of Creation. — Matter and Consciousness. — *The three stages of Consciousness*. — The Self and Its affiliations. — Platonic Ideas and Heredity. — The Gods as apparitions of the Race-Life. — The Devils and the Idols. — Creation. — Transformation. — Etc.

11022 CARPENTER (Edward). — The Drama of Love and Death. A Study of Human Evolution and Transfiguration By Edward CARPENTER.

London, George Allen and Cº Ltd., MCMXII [1912], in-8º de vii-300 pp.

Le dernier ouvrage de ce remarquable auteur, où il développe ses idées si précises et si vraies sur la carrière de l'Homme dans tous ses états. Il est impossible de trop recommander la lecture de cet ouvrage, qui est l'apothéose de la Philosophie Monistique Spiritualiste la plus élevée et la plus proche de la grande Vérité que tous les Penseurs poursuivent ardemment, mais que bien peu arrivent à serrer d'aussi près que Mr CARPENTER.

The Beginnings of Love. — Love as an Art. — Its Ultimate Meaning. — The Art of Dying. — The Passage of Death. — Is there an after-Death State ? — The Underlying Self. — The Inner or Spiritual Body. — The Creation and Materialisation of Forms. — Reincarnation. — The Divine Soul. — The return Journey. — The Mystery of Personality. — Conclusion.

L'ouvrage se termine par un Appendice relatif à *la Cellule* avec une planche en noir et rouge. Index alphabétique.

11023 CARRET (Docteur Jules), ancien Député. — Démonstration de l'inexistence de Dieu.

Paris, Lemerre 1912, in-18 de 530 pp.

11024 [CARRET (Dr J.)]. — Cinq preuves de l'inexistence de Dieu, par MYSON (Dr Jules CARRET), 2ᵉ édition.

Chambéry, publication de la Libre pensée de Chambéry, 1908, in-18, 69 pp.

[8° R. 22070

11625 CASTELLANI (Charles), peintre. — Pour rester jeune.

Paris, Flammarion, 1912, in-18.

CATALOGUE... — N° 2075, page 307 (par erreur, 322). — Se rapporte à la vente après décès de la veuve de Thory. Voy. N° 10670, Tome III, p. 607.

CHAMPOLLION (Maurice). — N° 2171, p. 321. La cote restée bloquée doit être lue :

[L^{27}n. 10096

11626 [CHOMEL]. — Histoire des Revenans ou pretendus tels, des gens crus morts rappelés à la vie, et sortis de leurs tombeaux, etc., recueillies et publiées par C.

Paris, Pigoreau, 1808, 2 vol. in-12 figures (6 fr.).

Ouvrage curieux et peu commun.

CHOU-KING. — N° 2348, p. 350 — Voir aussi : Confucius, N° 2549, p. 380, et Couvreur, N° 2674, p. 400.

11627 CHRIST au VATICAN (Le), Poème attribué à divers auteurs, parmi lesquels Victor Hugo. — Voir :

CHAPPUIS (Jacques Antoine).

Victor Hugo [Jacques Chappuis]. — Le Christ au Vatican. Edition définitive, augmentée d'une Eau-Forte par un Artiste en renom.

Bruxelles, Kistemaeckers, s. d., [1880], in-12, tiré à 300 exemplaires, Frontispice de Félicien Rops (5 fr.).

11628 CLAUDIN (Anatole), Libraire à Paris. — Diverses Pièces Curieuses publiées par A. Claudin.

Lyon, Impr. de Louis Perrin et Marinet, 1875-76, 64 pièces en 6 vol. in-12.

[8° G. 72

Chaque pièce a un Titre et une pagination séparée. Voir le dépouillement, Cat. Gén. de la Bib. Nat. XXIX-791 à 799.

Ce sont tous les Opuscules singuliers, généralement anonymes et commençant assez souvent par les mots : '*Discours merveilleux et épouvantable*,... ou bien *Histoire prodigieuse*... etc...

CLAVE (Estienne de). — N°s 2385 et 2386. — Voir Notice et autres ouvrages du même auteur à son nom véritable : Dulco, N° 3340, p. 507.

11629 CLÉMENT (David). — Bibliothèque curieuse, historique et critique, ou Catalogue raisonné de livres difficiles à trouver, par David Clément.

Göttingen, J. G. Schmid, puis Leipsic, Jean Fred. Gleditsch, 1750-1760, 9 vol. in-4°.

[Q. 915-923

Le 6e tome p. 256-282 contient des renseignements détaillés sur les ouvrages de Jérôme Cardan (De Malo recentiorum medendi usu ; Metoposcopia ; Claudi Ptolemaei IIII de Astrorum Judiciis.. Commentaria ; Opus novum, cunctis de Sanitate tuenda... ; De Sapientia ; Somniorum Synesiorum... ; De Subtilitate ; De Rerum Varietate ; De Propria Vita.

11630 COLINS (Jean Guillaume César Alexandre Hippolyte, Baron de), philosophe belge naturalisé français, né à Bruxelles en 1783, mort à Paris en 1859. Fils du Chevalier Colins de Ham, chambellan de l'Empereur à Bruxelles. D'abord soldat, puis vétérinaire militaire, puis Docteur médecin à La Havane (Cuba), il revint se fixer en France vers 1832. Il s'est occupé principalement de la Science Sociale et d'Economie Politique. Ses disciples ont fondé en 1875 une Revue Mensuelle : *La Philosophie de l'Avenir*, où ils développent sa Doctrine. Voir Larousse, 2me Supp. p. 855-56. — Science Sociale.

Paris, Firmin Didot, frères, fils et Cie, (Bruxelles, Manceaux). 1857-1859, in-8°, Tomes I-VII, XII-XIX. (Les Tomes VI à XIX ont été publiés par BROUEZ, AGATHON de POTTER, Albert MANGIN).

[8° R. 5049

CORNELIO GHIRARDELLI. — N° 2627, p. 393. — Voir au nom GHIRARDELLI, N° 4514, p. 159 du Tome II.

11631 CUMONT (Franz). Docteur en philosophie, Membre de l'Académie Royale de Belgique. Professeur à l'Université de Gand et Conservateur du Musée de Bruxelles. — *American Lectures on the History of Religions... Astrology and Religions among the Greeks and Romans.* by Franz CUMONT Ph. D., LL. D. etc.

New York and London, G. P. Putnam's sons, 1912, in-8°, de xxvii-208 pp.

Divisé en six Conférences : Les Chaldéens. — Babylonie et Grèce. — La Dissémination dans l'Ouest. — Théologie. — Mysticisme Astral. — Morale et Culte. — Eschatologie.

Autant que l'on peut le comprendre, l'auteur envisage l'Astrologie comme une « croyance erronée, si longtemps universellement adoptée, et qui a exercé une influence sans fin sur les croyances et les idées des peuples les plus divers... » (p. XVI).

Nous ne pouvons que lui souhaiter de mieux comprendre le sujet qu'il a entrepris de traiter.

[DEFONTENAY]. — Auteur (?) d'un Livre curieux intitulé : STAR ou Ψ' de Cassiopée...

Voir ce titre.

11632 DEJERINE (Docteur J.), professeur à la Faculté de médecine de Paris, et GAUCKLER (Docteur E.). — Les Manifestations fonctionnelles des Psychonévroses. Leur traitement par la Psychothérapie, par J. DÉJERINE... et E. GAUCKLER.

Paris, Masson et Cie, 1911. in-8° de X-561 pp. Frontispice hors texte (La salle Pinel à l'hospice de la Salpêtrière).

Ouvrage fort intéressant pour tout ce qui concerne le TRAITEMENT MENTAL. Il est divisé en trois parties : la première étudie tous les *symptômes* observés au cours des psychonévroses ; la seconde les *causes* de ces troubles nerveux ; et la troisième les *procédés psychothérapiques* employés pour produire la guérison.

Nous ne pouvons résister au plaisir d'extraire de cette troisième partie (Ch. I. p. 395) la phrase par laquelle elle débute (les italiques sont de nous) :

« La thérapeutique, depuis un certain nombre d'années, subit une évolution marquée. De *symptomatique* qu'elle était, elle tend, de plus en plus, actuellement, à devenir *pathogénique*. Le médecin ne s'attaque plus au symptôme qui, considéré isolément, n'a qu'une valeur d'indication minime ; il s'en prend aux causes mêmes des troubles en présence desquels il se trouve... »

Et plus loin :

« L'Hypnotisme soulève encore une question sociale... Il semble bien, qu'au moins pour certains sujets, *ce soit l'École de Nancy qui ait eu raison* [contre celle du Dr CHARCOT], et qu'un grand hypnotisé puisse par la volonté d'autrui, être poussé jusqu'au crime inclus. *Pour notre part nous en sommes convaincus.* » (p. 402)

Voici d'ailleurs un abrégé de la Table des matières.

Les manifestations fonctionnelles dans l'appareil digestif ; — dans l'appareil urinaire ; — d'ordre génital ; — dans l'appareil respiratoire ; — dans l'appareil cardio-vasculaire ; — cutanées ; — dans l'appareil neuro-musculaire. — Manifestations nerveuses et psychiques proprement dites. — La Neurasthénie. — L'émotion et l'émotivité. — Comment on devient neurasthénique. — La suggestion directe. — La persuasion. — Examen et interrogatoire d'un névropathe. — Le fonds moral et mental. la Psychothérapie. — Les adjuvants de la Psychothérapie. — La Psychothérapie suivant les médecins et suivant les malades. — Prophylaxie des névroses. — Rôle moral du médecin. — Conclusions.

DUVAL D'EPREMENIL. — Voir : *DOCTEURS MODERNES* (Les).

11633 DU VIGNOIS (Elisée). — L'Apocalypse interprétée de la Révolution d'après Nostradamus. Traduction de Lemaistre de Sacy. Commentaire, Développements et Notes. Ouvrage précédé d'une Lettre de S.G. Mgr Douais Evêque de Beauvais.

Noyon (Oise), chez l'auteur. 25 rue St Eloi. 1911, in-8° de 142 pp. et tab. (2 fr.).

Les Chefs. — La Vision et les Circonstances qui l'accompagnent. — Les Faits. — Les Débuts de la Révolution. — Le Consulat et l'établissement du Concordat. — La Révolution italienne et le Second Empire. — L'Œuvre sectaire et la Loi de Séparation. — La chûte de Paris : Lamentations sur le sort de cette Capitale. — L'Eglise dans la joie : la venue du Vainqueur annoncé ; le grand Combat ; la Défaite de la Révolution. — Le Rétablissement de la Monarchie ; les dernières luttes du Monde ; la Fin des Temps. — Le Ciel. — Le Bonheur des Elus, etc.

ESPÉRANCE (Madame d'). — Pseudonyme de Mme Juliet Anne Theodora HEURTLEY Hart-Davies, originaire sans doute de Walton-on-Thames (Angleterre) où elle est inhumée. Décédée à Paris le 10 avril 1912 âgée de soixante dix ans. Le Spiritisme la compte parmi ses plus extraordinaires Médiums à incarnation, et elle a fait le sujet de tout un ouvrage d'AKSAKOW. q. v.

EXPÉRIENCES PUBLIQUES. — N° 3732, p. 38. — Ouvrage de DU POTET, classé par erreur comme anonyme.

FABRE d'OLIVET. — N°s 3774 et suivants. D'après notre érudit éditeur, M. Lucien DORBON, qui a été en relation avec la famille de cet auteur, les ouvrages publiés après la date de 1825, année de la mort de l'auteur célèbre *Antoine* FABRE d'OLIVET, seraient dûs à un fils de cet auteur, dont le prénom nous est inconnu.

11634 FAUVEL (Charles) Interne en Chirurgie à l'Hôpital de la Charité.— La vraie vérité sur M. VRIES dit le Docteur Noir, par Ch. FAUVEL... Deuxième édition. Prix 75 centimes.

Paris, A. Delahaye, E. Dentu, 1859. in-8° de 64 pp.

Brochure malveillante sur un Guérisseur étranger, à allures mystiques, qui a fait courir tout Paris au début du second empire.

FLAMBART (Paul). — Pseudonyme de

Mr Paul CHOISNARD (d'après la Bibliothèque Nationale).

FLAMMARION (Camille). — N° 3000, p. 81. Rectifier la Cote de la Bibliothèque Nationale :

[8° R. 21534

11635 FLOURNOY (Théodore) de Genève. — Esprits et Médiums. Mélanges de Métapsychique et de Psychologie.

Genève, Kundig. Paris. Fischbacher 1911. in-8° (?) de plus de 500 pp.

11636 FONS (Pierre). — L'offrande du Mystère.

Paris. E. Sansot et Cie. 1912. in-16.

« Ce curieux et étrange roman est un des rares qui font penser ». (Jacques BRIEU).

11637 GAMON (Christofle de). — La Semaine, ov Creation dv Monde, dv Sievr Christofle (sic) de GAMON, contre celle du Sieur du BARTAS. Dernière edition.

A Niort, chez Jean Lambert, 1615, in-12 de 242 pp. et limin. (15 fr.).

GRANDIER (Urbain). — N° 4719 p. 192. Le renvoi se rapporte au Tome V, IIe Série, des Archives de DANJOU.

GURNEY (Edmund). — La fin de notre note sur le N° 4874, (Tome II. page 220) est inexacte. L'ouvrage « *Phantasms of the Living* » ne comporte pas de tome III. Ce qui a créé la confusion est l'annonce d'un autre ouvrage : « *Proceedings of the Society for Psychical Research* » qui, lui, comporte un grand nombre de volumes.

C'est dans le Tome III (Partie IX) de cet ouvrage que se rencontre le « *Rapport sur les Phénomènes relatifs à la Théosophie* » avec les investigations sur le Mahatma KOOT-HOOMI, la correspondance entre Mme BLAVATSKY et M. COULOMB, etc.

GURTLER (Nicolas). — N° 4876 p. 220. — Cette histoire des Templiers a été traduite par Pierre DUPUY, q. v. (N° 3427, p. 521 du Tome I).

11638 [GUYOT (Edme)]. — De TYMOGUE. — Nouveau Sistème du Microcosme. ou Traité de la Nature de l'Homme : dans lequel on explique la Cause du Mouvement des Fluides : le Principe de la Vie, du Sang et des Humeurs, la Génération, etc.

La Haye, Guyot de Merville. 1727 in-8°. Planche hors texte. (3 fr.).

[Th° 47

DE TYMOGUE est l'anagramme du nom de l'auteur, Edme GUYOT, conseiller du roi, président du grenier à sel, à Versailles. Son fils, libraire à La Haye sous le nom de Guyot de MERVILLE a publié cet ouvrage sur l'ordre de son père... (QUÉRARD, *Supercheries*).

(G-2175

GYCÈS. — N° 4906, p. 225. Lisez GYGÈS.

11639 [HEIDET (Paul Edgar)], Avocat à la Cour d'Appel de Paris ; Fondateur de l'*Union Eclectique Universaliste* ou Confédération générale de la Pensée. — Paul NORD. — L'Essor moderne vers l'idéal des temps nouveaux. Une

764

ère nouvelle de la Science et de la Pensée. L'Universalisme. Doctrine centrale essentielle. Philosophie absolue. Monisme intégral ou Panmonisme.

Paris, Librairie Arnaud. 1910, in-16 de 204 pp. (2 fr. 75).

[8° R. 23346

Œuvre Synarchique des plus remarquables, tant au point de vue philosophique qu'au point de vue sociologique. L'auteur a compris que seule la Doctrine du Monisme Spiritualiste pouvait à la fois donner la Synthèse de toutes les connaissances Humaines, et tracer la voie à suivre à la Civilisation et à la Société.

La grande pensée libre. L'œuvre conciliatrice de l'Universalisme. — Une ère nouvelle de la Science et de la Pensée. — Perspectives nouvelles de la Pensée moderne. — L'Universalisme ou *Monisme intégral*. — La France initiatrice du monde. — Paris, capitale intellectuelle de l'Univers. — Mutualité et Coopération. — L'avenir de la Mutualité. — L'Universalisme ou *Monisme intégral*. — Panmonisme. — Parenté du Monisme et de l'Universalisme. — La Vie de la Matière. — Tendance à l'Unité. — Quelques Arcanes de l'Unité. — Fusion Synthétique des Doctrines. — Manifestations de l'Unité. — Les Mystères du Verbe. — La grande Loi d'Evolution intégrale. — Les Vies successives et progressives. — L'enchaînement ascendant des règnes de la Nature. — La personnalité subconsciente. — L'Être intégral. — L'oubli du Passé. — La Métempsychose ascendante. — Le rayonnement humain. — Les Formes-Pensées. — L'Hexagramme Universaliste.

11640 HERVÉ (Jean François COCQ d'), ou HERVEY, ou ERVÉ, de l'ordre des *Chevaliers de St Jean de Jérusalem*, Chevalier Seigneur de SAUXETOURP, Seigneur et Commandeur de VALCANVILLE, né vers 1580, fut reçu en 1597, « *chevalier de Justice et de majorité* » dans l'ordre des *Chevaliers de St Jean de Jérusalem*. Il devint commandeur de son Ordre en 1616, et dédia son livre au roi Louis XIII. La première édition *connue* est de 1625 (in-8° de 236 pp. comprenant les ff. numérotés en chiffres romains, un portrait de-

Louis XIII et un Frontispice représentant le « *Temple des Oracles* ».

A Paris, de l'Imprimerie de François Huby, rue Saint-Jacques, à la Bible d'Or. MDCXXV, avec privilège du Roy).

Cet ouvrage fut réimprimé en 1630 (voir notre numéro 5121, p. 258), puis en 1651 :

A Paris, chez Cardin Besongne au Pallais, en la Galerie des Prisonniers aux Roses Vermeilles.

L'Edition la plus intéressante et la plus correcte de texte est une réimpression Moderne :

A Paris, chez P. Jannet, libraire, MDCCCLVIII [1858], in-16 de lvj-224 pp. et 63 pp. de Catalogue de la Bibliothèque Elzévirienne de P. Jannet (dont cet ouvrage fait partie).

On trouvera dans cette réimpression une intéressante étude tant sur le Commandeur d'HERVÉ, que sur les auteurs qui l'ont précédé dans ce genre d'ouvrages, etc...

HISTOIRES PRODIGIEUSES... — N° 5186, p. 267. L'auteur de ce recueil est Pierre BOAISTEAU, q. v. (N° 1251, p. 179 du Tome I).

11641 HOME (sur Daniel Dunglas). — D. D. HOME, his Life and Mission by Mme Douglas HOME.

London, etc. Trübner, 1888, in-8°.

The Gift of D. D. Home.

S. I. 1889.

11642 KARADJA (Princesse Mary), d'origine Suédoise, veuve du Prince KARADJA, diplomate Turc en Suède. — King Solomon. A Mystic Drama In five Acts and an Epilogue, With Commentaries. By Mary, Princess KARADJA.

London : Kegan Paul, Trench Trübner and C°, Ltd. 1912, in-8° de 242 pp. et 3 ff. fig. dans le texte.

La Préface est datée de « *Pâques 1912* ».

Le « *Roi Salomon* » est un drame du plus intense intérêt, non seulement à cause de l'abondance de révélations dont il fourmille (et qui sont encore supplémentées de plus de 130 pp. de commentaires) mais encore à cause de l'étrange vision dont il est la suite.

Voici la traduction d'un passage de la notice qui l'accompagne :

« En Novembre 1904, l'auteur a vu, étant dans un état d'extase profonde, les diverses scènes décrites défiler devant sa vision, comme les images d'un cinématographe..... Par de patientes recherches postérieures elle a pu s'assurer que beaucoup des scènes qu'elle a perçues avaient réellement eu lieu dans l'histoire, exactement comme elle les avait perçues dans sa vision... » etc... etc.

L'Auteur est la Présidente de la « *Universal Gnostic Alliance* ».

KHUNRATH (H.). — N° 5753, p. 357. Cet ouvrage est en réalité d'un autre KHUNRATH, prénommé *Conrad*.

11643 KUCKUCK (Martin). — L'Univers Etre Vivant, La Solution des Problèmes de la Matière et de la Vie à l'aide de la Biologie Universelle, par Martin KUCKUCK.

Genève, Kündig, 1912, gr. in-8° de 683 pp. illustré.

D'après une rapide critique parue dans la Revue *Cœnobium* du mois d'avril 1912 cet ouvrage doit être fort intéressant : nous en extrayons ce qui suit :

« L'auteur ne considère pas la Vie comme un phénomène, mais en fait une Entité qu'il identifie avec l'Energie... »

Mais, malheureusement, on trouve aussi, plus loin :

« Tout dans l'Univers est réel et existant — donc physique ou naturel, et rien n'y est métaphysique ou surnaturel. — La prétendue Métaphysique n'est qu'un mot vide de sens (???), — un monstre né sans le concours de la logique (?) » (KUCKUCK).

Cette conclusion bizarre tend donc à affirmer que, parceque le Créateur n'est pas contenu dans sa Création, il n'existe pas ?

Il nous semble que le beau *Monisme* de la *Vedanta* hindoue, par exemple est infiniment plus « *logique* ».

LA RONCIÈRE (sur l'affaire). — N° 6146. p. 421. Rectifier la Cote de Bibliothèque :

[8° Fn³ 1199

MARIE DE VENISE.— N° 7148, p. 40. Ce nom est le Pseudonyme Templier du F∴ RAGON, q. v.

MESMER. — N° 7423, p. 85. Le renvoi se rapporte à notre article sur les *DOCTEURS MODERNES*, N° 3172 et seq.. p. 478 du Tome I.

MONIN et MARECHAL(Docteurs) — N° 7666, p. 125. A la fin de l'article, corriger la date de naissance de Stefano MERLATTI, et lire : 1864.

11644 NOUVEL EDUCATEUR RATIONNEL (Le). — Recherches des Eléments constitutifs de l'Education correspondante à l'usage de la Liberté. Science de la Vie. Science de la Liberté. — Science de la Pensée. — Science de l'Amour. Rédactrice en Chef : Lydie MARTIAL.

Paris, 4, rue Mizon, XV⁰ depuis le 25 janvier 1912 (?), revue mensuelle in-4° (ou très grand in-8°) de 16 pp. par n°.

Publication très intéressante, qui se rapproche par de nombreux points, de l'effort que nous avons signalé comme se produisant actuellement en Amérique sous l'impulsion de M. Leroy BERRIER (V. notre N° 9025, '*Purity Journal*).

11645 ŒGGER (l'abbé G.). — Le vrai Messie, ou l'Ancien et le Nouveau Testamens examinés d'après les principes de la langue de la nature ; par G. ŒGGER, ancien premier vicaire de la Cathédrale de Paris.

Paris, de l'imp. de Félix Locquin, 1829, in-12 de xj-502 pp. et table. (5 fr.).

[A. 10738

Lettre à M. Coquerel. — Introduction sur la langue de la nature. — Clefs hiéroglyphiques. — Jésus Christ d'après l'Ancien Testament. — Jésus Christ d'après le nouveau Testament. — Doctrine de Jésus Christ contenue dans l'Evangile.

11646 [OUISTE (Jean)], né à Marennes (Charente Inf.) le 21 Février 1846. Descendant d'une ancienne famille écossaise, les WHIST fixée en France sous Henri IV. — Comment on devient Medium. Appareils servant à développer les Facultés Médianimiques. Voyance: Boule de Cristal, Verre d'eau, Blanc d'Œuf, Typtologie : Oui-Ja. Ecriture, Chiromancie, Préface de M. Rouxel.

Paris, P. Leymarie, 1910, in-12 de 49 pp. et XI de Catalogue. Figures.

Intéressant petit ouvrage où un expert en science Spirite donne le résumé des méthodes les plus pratiques et les plus efficaces pour entrer en relation avec l'audelà.

PHILOMÈNE (sur Sainte). — Voyez : *BARELLI* (N° 720, p. 104) et *DARCHE* (N° 2790, p 420).

11647 PORTE DU TRAIT DES AGES (A. A.) et G. LE GOARANT DE TROMELIN. N° 8868 (III-315). — Les Auteurs ont décidé de diviser ce grand ouvrage en plusieurs parties distinctes. Voici le titre de la première, qui vient de paraître (Octobre 1912) :

A. PORTE DU TRAIT DES AGES. — Philosophie Moderne basée sur l'expérimentation. Essai résumant la Philosophie de M. de TROMELIN. Dieu. L'Esprit. La Matière. Dualité de tous les Corps. Les Etres. L'Homme. La Personnalité. La Création. Origine de la Vie, etc., etc.

Paris, Vigot frères, 1912. in-8° de 159 pp. tab. et catalog. ; portrait de M. de TROMELIN (2 fr. 50).

Ouvrage des plus intéressants sur le Système philosophique d'un de nos Psychistes modernes les plus savants et les plus expérimentés.

Notice sur le Comte de TROMELIN. — Les deux courants. — L'Homme. — Le Corps Astral. — Le Cosmos. — Existence du Monde Invisible. — Facultés créatrices des Médiums. — Katie KING. — Les prestidigitateurs contrôleurs d'Eusapia PALADINO. — Création naturaliste. — L'Etre Universel. — Multiplication des Germes. — La Naissance et la mort des êtres. — Etc.

11648 SOPHIA. Revista Teosofica-Orientalismo. Occultismo. Organo Oficial de la S. T. en España.

Madrid. Atocha. 127 duplicado, 3°, depuis l'année 1893, Revue Mensuelle in-8° d'environ 76 pp. par N°. Origine officiel de *la Société Théosophique* en Espagne.

FIN

TOURS, IMPRIMERIE PAVY.

ORDRES et Subdivisions	BRANCHES et Sous-Branches	CLASSES et Sous-Classes	SECTIONS et Sous-Sections	SUJETS
(1) **Ordre Divin** **Doctrine des Mages** Yoga (101) **Mystères Antiques** (102) Fêtes et Cérémonies (1021) **Kabbale** Talmud, etc. (103) **Néo-Buddhisme** Société Théosophique (104) **Spiritisme** (105)	(11) Mystique Pneumatique	Extases et Apparitions (111). Songes et Rêves (1110) Prophéties et Oracles (112) Stigmatisés (113)		
	(12) Religions	Théologie pré-chrétienne (121)	Religions de l'Orient (1211) Mythologie (1212) Religions secondaires (1213) Livres sacrés, autres que la Bible (1214)	Buddha et Buddhisme (12111) Druides (12131), Vestales (12132), Phallicisme (12133) Tarot (12141)
		Théologie chrétienne (122)	Bible (1221), Évangiles, Apocalypse Histoire et Philosophie religieuse (1222) Dogmatique (1223) Hagiographies (1224)	Jésus-Christ (12211) Inquisition (12221), Modernisme (12222), Anticléricalisme (12223) Anti-Christ (12224), Papesse Jeanne (12225), St-Suaire (12226), Chouans (12227)
		Ordres, Sectes, Sociétés Secrètes (123)	Ordres divers (1231) Sectes diverses (1232) Sectes chrétiennes hétérodoxes (1233) Franc-Maçonnerie (1233)	Règles Monastiques (12311), Templiers (12312) Mahométisme (13201) Juifs (132202) Quiétisme (12331), Jansénisme (12331aa), Gnose (12331ab), Hussites, etc. (12331ac), Quakers (12331ad), Anabaptistes, etc. Rose + Croix (12331) Compagnonnage (12332) Carbonari (12333) Théophilanthropes (12334) Ordre de la Félicité (12335)
	(13) Philosophie Classification des connaissances humaines (130)	Doctrines particulières (131) Psychisme moderne (132) Paradoxes, Singularités, etc., (133), voir aussi 3241	Pythagore et sa Doctrine (1311)	
(2) **Ordre Naturel** **Magie** (201) **Sorcellerie** (202) Diable, Démons, Enfer, Satanisme, Sabbat, etc. Talismans, Phylactères, Superstitions, etc. (2021) Grimoires, Secrets, Euchiridion (2022) Envoûtement (2023) **Divination** (203) Physiognomonie et Phrénologie (2031) Chiromancie (2032) Bucconomancie (2033) Cartomancie (2034) Onéiromancie; voir (1110)	(21) Sciences	Mathématiques (211) Sciences physiques et naturelles (212)	Nombres et Carrés Magiques (2111) Astrologie (2121) (Géographie) (2122) Géologie et Minéralogie (2123) Alchimie (2124) Physique (2125) Botanique (2126)	Almanach, Calendriers, Zodiaques, etc. (21211) Voyages (21221) Chimie (21241), Matière radiante (212411) Prestidigitation (21251) Drogues et Simples (21261), Poisons, etc. (212611)
(3) **Ordre Humain** **Magnétisme Animal** (301) **Magnétisme Personnel** (302) **Traitement Mental** (303)	(31) Ethnologie Pays basque (3101) Divers (Juifs, Japon) (3102) Bohémiens (3103)	Préhistoire, Archéologie (311) Histoire (312) Linguistique, Idéographie (313) Sociologie (314) Droit, Jurisprudence (315)	(Atlantide) (3111) Chaldée (3112) (Égypte) (3113) (Mémoires) (3121) Épisodiques (3122) Folk-lore et Légendes (3123) Emblèmes, Hiéroglyphes (3131) Écriture (3131) Noms propres (3141) Criminologie (3151) Châtiments, Supplices (3152)	Symbolisme de la Croix (31311) Tachygraphie, Notes Tironiennes (31311), Cryptographie, Sténographie (31312), Geophonologie (31313)
	(32) Lettres Mélanges (321) Périodiques (3201) Encyclopédies (3202) Bibliographies (3203)	Poésie (321) Romans, Contes, Nouvelles (322) Théâtre (323) Singularités, Satires, Pamphlets (324), voir aussi (133)		
	(33) Arts	Musique (331) Danse (332) Arts plastiques (333)		
	(34) Anthropologie Divination, Physiognomonie, Hérédité, Phrénologie, etc., voir 2031, etc.	Génération (341) Éducation (342) Hygiène (343) Personnalités célèbres (344)	Amour (3411) Femmes (3412) Monstres (3413) Mnémonique (3421) Régime alimentaire, Végétarisme (3431) Gymnastique (3432) Vêtement (3433)	Hermès ou Mercure Trismégiste (3441) Zoroastre (3442) Jeanne d'Arc (3443) Buddha, voir 12111 Jésus-Christ, voir 12211
	(35) Médecine Philosophie médicale (351)	Médecine naturelle (351) Médecine magique (352) Médecine curieuse (353) Aberrations, Maladies (354) Sommeil (355), voir aussi 1101 Mort. Crémation, Sépulture, etc. (356)	Homéopathie (3511) Électro-homéopathie (3512) Érotisme (3541) Folie (3542) Maladies nerveuses (3543) Alcoolisme (3544) Morphinomanie, etc. (3545) Vieillesse (3561)	Flagellation (35411), Voir aussi 3152

1064

29   17   9
 7   13   5
275-26-4

www.ingramcontent.com/pod-product-compliance
Lightning Source LLC
Chambersburg PA
CBHW071658300426
44115CB00010B/1246